卢继革
邮箱：1011221167@qq.com

2001 年	获得“中国百名优秀企业家”表彰
2002 年	获得“中国高新技术产业开发区十年发展成就”表彰
2009 年	创立分值绩效系统
2011 年	创立分值股份系统
2014 年	创立分值股权系统
2017 年	任中国管理科学院“国家‘十三五’重点课题”组主任
2018 年	获得中国科研产业化卓越贡献奖
2019 年	提出共生管理学及其基础理论
2021 年	入选《发现》杂志“建党 100 年 100 人”特刊
	任中国管理科学院商学院副院长

知本+

[上册]

企业平台化升级的底层逻辑

卢继革
韦知彤 ◎著

中国市场出版社
China Market Press
·北京·

图书在版编目（CIP）数据

知本+：上下册 / 卢继革，韦知彤著. — 北京：中国市场出版社有限公司，2023.6
ISBN 978-7-5092-2093-1

Ⅰ. ①知… Ⅱ. ①卢… ②韦… Ⅲ. ①企业管理 Ⅳ. ①F272

中国版本图书馆CIP数据核字（2022）第002041号

知本+

ZHIBEN +

著　　者　卢继革　韦知彤
责任编辑　辛慧蓉
出版发行　中国市场出版社 China Market Press
社　　址　北京月坛北小街2号院3号楼（100837）
电　　话　（010）68033692
印　　刷　河北鑫兆源印刷有限公司
规　　格　170mm×240mm　16开本　　版　　次　2023年6月第1版
印　　张　60.75　　印　　次　2023年6月第1次印刷
字　　数　894千字　　定　　价　126.00元
书　　号　ISBN 978-7-5092-2093-1

"损益同报法"的存在可以证明劳资共生绝不是一种幻想，"劳资同心，其利断金"。我们有理由在此书基础上"明修员工栈道，暗渡公司陈仓"，铸就劳资共同体，实现共同富裕。

中安国通董事局主席 谢孝希

不少企业曾从西方修得了管理之“术”，然而在底蕴更厚的东方人面前，我们或许有更高的“道”行。大道至简，悟在天成。越接近真理，道理越简单。本书作者在企业管理实践中创造出的普惠共生理念和方法，更接近了真理。

——桂圣椰芯原董事长 潘希初

读了这本书才恍然大悟，原来"经典管理"让企业"刻舟求剑"了，践行岗位分包、分值量化和动态股份之后，沿用百年的聘用制和百分制确可以成为历史了。

——微能低碳董事长 袁亚平

让打工者在岗位上成功创业，让企业华丽转身实现平台化，这已不是美好的梦想，而是诸多企业实践的优秀成果。此书或可为广大从业者及企业筑就共同发展的快车道。

——粤港澳大湾区产园联盟理事长 郭元伟

传统的股权机制解决了利润怎么分的问题，却没解决利润怎么来的问题。"动态股份"的横空出世，把股东们从聚焦结果分配转到过程创造，股东们从着力股权纷争转向了贡献比拼，这，才是真正的股权激励。此书值得一读。

佰煜昆仑董事长 闵耀武

传统意义的"公司"正在消亡。基于互联网、云计算、人工智能和区块链等数字互联"算法"时代的社群经济正在崛起。"员工"和"岗位"将如何定义？此书意在揭示这样的变化和趋势，并提出可借鉴的策略。推荐阅读。

华信城文化集团总经理、胡梓英

如何吸纳与激励人才，营造共生共荣的合伙生态是现代企业的生存之道。该书通过大量的知名企业案例，剖析了企业的经营困局与管理逻辑，总结出一系列损益同频的"分值管理方法"，让员工从"要我做"转变为"我要做"。

强烈推荐此书

天鹰兄弟创始人 李择

工资成本化的会计准则定死了劳资的矛盾关系，而"风险=收益"和"所有权=分配权"理论则夯实了"以资为本"的地基……自从有限责任分包、分值薪酬、戒私向公、损益同趋、动态估值、按值分配等共生方法和理论的出现，"知本+"便开始迭代"资本+"了。我们可借此书以更新认知。

南京银行上海分行副行长 黄自权

推荐序Ⅰ

十几年前我在出差福建途中看到一副对联：“鸟在笼中，关羽不能张飞；人在世上，八戒尚需悟空”，这可谓是招行文化的注解。招行正是通过对机制的创新，获得了挣脱“笼子”、展翅高飞的能力，通过实现“八戒”与“悟空”的融合，得以释放活力，行稳致远。管理不是要把人管“死”，而是要把人激“活”，招行之所以能从三四十名员工发展成为世界500强，关键在于激活了员工。

从国家“十四五”规划不难看出，鼓励科技创新、激发人才活力，构建体现知识和技术价值的收益分配机制被国家提到了前所未有的高度。

“更无柳絮因风起，唯有葵花向日倾”，柳絮随风飘零，唯有葵花向阳体现生机勃勃、欣欣向荣。在互联网时代，市场的迭代是颠覆式的，所有的结构和作用，都在不断被重新定义。我以为，唯有适应变化才是生存之道，唯有进取和创新才是发展之源。从“资本+”到“知本+”，从行业竞争到圈层合作，从劳资对立到命运共同体，企业管理学在历经百年发展之后，已然形成了一整套纵横交错、完整而繁荣的体系，而任何变化，似乎都悖于经典。可是，固守却总是输给创新，经验一不小心就成了过去，人们的认识好像总是慢半拍，一些看似“专业”的管理，忽然就成了与这个时代有着代沟的负赘。

市场从卖方变成了买方，资本主导转向了技术主导，科技创造力成了核心竞争力，知识经济时代正在来临。本书主创人以敏锐的触角洞悉了“管”和“制”的被动性，提出了“放”和“服”的管理理念，阐明了管理学波浪式发展、螺旋式上升的规律，深入分析了劳资两大生产因素从吸引到矛盾，从矛盾到对立，然后否极泰来从对立再到统一合作的过程，揭示了管理科学在劳资矛盾和市场变化中被要求变革的实质；并基于诸多优秀企业的实践，明晰了“从对立到共生”的劳资关系走向，解开了“人力成本对冲利润”的死结，为生产力的发展找到了新的引擎，同时凝练出“变管为放、化制为服”的管理理念，冲破了传统管理的天花板，为管理学的发展打开了空间。

科学是一般性的规律。管理科学应该大道至简。本书所示之管理方法，日常经营只需6张表，股权管理只需1张表，确为至简，其数字化、系统化的运作模式正是大势所趋。

我们知道，生产要素流转的快慢决定着它价值产生的高低，公司平台化的结构突破了企业发展的瓶颈，为劳动、资本、技术、信息、土地这五大要素的快速流转提供了基础和支持。

本书所列的“分值量化”是精准称量生产价值的方法，它因可作为统一的度量衡，而成了各生产要素融合的媒介。基于此，诸如劳资损益同频、员工自驱动、“股权激励由结果分配转为过程创造”和“股权投资从杠杆实体变成催化资本”这些方法便水到渠成了，于是，“统一阵线”便成了企业最前卫的生态形式。实践显示，这些方法能使生产关系实现有序、走向和谐，能令企业经营达成多向溢价、各方共赢。如斯，可以说企业已然是无为而治了，管理可以不再姓“管”。

本书提出的许多管理方法都令人耳目一新。诸如“有限责任分包”可以实现全员自驱、“分值计酬法”将会覆盖计时工资、“商情兼容法”能使“关系”从“腐法”变成“护法”、“名利兼收法”能令企业主高处不再寒，股权设计从“以果施因”转向“以因定果”，“分值股份制”化解静态股份与动态贡献的矛盾、“分值股权法”让企业告别断崖式融资，以及“矩阵股份制”实现全员合伙、“蛇吞大象术”永保创业团队控制权、“动态估值”令“对赌”成为历史、“动态股份”使企业从“乙方”变成“甲方”，“股权自流通系统”让投资灵活进出等等这些或能让企业“张飞”和“悟空”的方法及蓝本，给了我们许多启发。

根据自己的管理实践，我认为，一切管理归根结底都是制度跟文化的契合与协同。管理制度都是从反复实践中提炼出来的，经历了许多成功与失败、付出了成本与代价，必须坚定不移地执行。但同时我们也必须清醒地认识到，由于实践需要不断地向前发展，制度再成熟也会滞后的；况且制度是在被动地让人执行，往往会“上有政策，下有对策”，因此一定要重视并强化文化。当文化深入人心的时候，制度才会被自觉地执行。“八戒”与“悟空”缺一不可。本书许多管理方法的背后，就是“关羽”与“张飞”、“八戒”与“悟空”的相辅相成。

招商银行原行长

推荐序Ⅱ

经济，是一个国家的命脉；而企业，则是经济发展的基础。

改革开放40年以来，中国经济的发展，创造了举世瞩目的“中国奇迹”。

历经学习与实践，中国企业的组织结构、经营理念、商业模式以及管理水平，都已发生了巨大的变化。从无到有，从弱到强，从模仿到创新，从实践到悟道，从承袭经典到因地制宜，从量体裁衣到推陈出新，汲取和总结了诸多宝贵的教训和经验，其综合竞争力不断增强，在国际上的影响力也与日俱增。

5G技术加速了知识经济的发展和市场业态的变化，但亘古不变的是，实践仍然是人类认知的来源。因此，我们既要明白实践出真知的根本道理，又要知晓理论指导实践的重要作用，唯有坚持理论与实践相结合的原则，方能在未来的发展中立于不败之地。我曾在一次讲座上提到：“理论学科体系的形成要做到站位高、架构新、机制活、要求严、见效快五个步骤。”本书正应了这一点，因循社会主流意识，站在经典理论的基础上，创造性地设计出管理的发展理念，以效能为导向，从实践中总结出化繁为简的灵活机制。

时至今日，不得不说管理变革已成了一个时代的感悟。

纵观企业管理学一百多年的发展史，从工厂管理到人际管理、行为管理，再从系统管理到权变管理、战略管理，演化出了一整套相对稳定的体系。但随着互联网科技的推进，市场环境早已发生了翻天覆地的变化，卖方市场反转成了买方市场，资本引导在向技术引导转变，传统管理的不适应性逐步突显了出来。

突变，才能进化。管理之于市场，一如灵芝孢子的坚韧外壁，破与不破，其效用和能量是截然不同的。20世纪，管理的迭代一直由西方企业引领，在进入21世纪之后，一些优秀的中国企业却先行破壁了“管”和“制”的硬壳，将管理理念从制约和鞭策，升华到了释放和激发，极大地解放了劳动创造力和社会生产力。中国企业能够走上引领管理的高度，得益于中国特有的社会主义市场经济环境，因为劳动创造力成为核心竞争力，而只有在立足大众的社会才能升华出普惠的激励机制。所以，中国企业率先令管理化蝶也就不足为奇了。

本书作者能以“知本时代”概念来定义市场，并率先提出“知本+”迭代“资本+”和“合作制覆盖聘用制”的观点，提出“企业平台化发展”的论断，正是洞察市场、明晰趋势的结果；而能形成“按值分配”置换“按资分配”的思路，找到让股权激励作用“从利益结果纷争转向利润过程创造”、让股权融资机制“从资本杠杆股权变成股权催化资本”的方法，从而达成员工从打工人到创业者的飞跃，达成企业从“资本利润攫取工具”到“所有生产要素价值实现平台”的升级，正是溯本求源、推陈出新所然。

本书的编著者能将多年研发和实践的成果倾献给社会，难能可贵；更可贵的是，作者提炼出的是一整套能适配所有企业的速效实操方法、能突破管理瓶颈的“变管为放、化制为服”理念、能化解劳资对立关系的和谐共生理论。作者在马克思关于人性论述的基础上，结合东方人的特质，提出了将自私和贪婪的人性变成效能的源动力，将“患不均”心理由内耗转化成共振的方法，为劳动潜能的发挥和企业效益的提升打开了新局面。作者基于价值量化的生产实践，透视分配价格的偏离度，去本位化地剖析了“风险等于收益”“所有权等于分配权”“剩余价值”等经典理论，以劳资矛盾零和性为切入口，找到了对立转为共生的按钮，找到了所有生产要素价值归位的通道，为管理学发展的探索打开了新思路。作者还在企业和谐生态的探索中，畅想了人类共生之道，为人们认识文明发展的脉络打开了新视角。

作者提出的新理念、新理论、新方法值得肯定。令人称奇的是，所有这些颠覆传统的方法，竟完全基于传统，从无缝衔接到潜移默化，最后彻底迭代。

有了新思路，才能有大出路。善于自我迭代，才能与时俱进；走出舒适区，方可永葆生机与活力。

变化决定生存力，创新决定生命力，价值决定共生力。而进取，则决定了未来的走向。

中央民族大学原校长
宁夏大学原党委书记
荣仕星

前 言

企业平台化？岗位创业？还有变管为放、自驱动……这样的方式可行吗？劳资可以损益同频？可以成为共同体？

事实上，不少企业已经凭借这些“秘籍”独占鳌头了，小米多年前都“全承包”了，而海尔凭着“小微”模式正在告别发工资的时代，所有员工都已“自创工资”了，“人力成本”五年前就已萎缩到了几近消失……“自管理”成了最时尚的航标，它让很多公司轻装上阵、远离风险；平台化的企业潮起云涌，如何令打工人蜕变为创业者，将“单头牵引的绿皮火车”改装为“每节车厢自驱动的动车组”，成了现代管理最硬核的技术。

或许是您一直忙于“埋头拉车”，抑或是“喝头啖汤”的一众企业并未把“商业机密”晒出来，所以您对此知之不多。

然而，“以‘知’为本”的未来已来，并且资本还鼎力促之。

企业“无为”而治了，管理即将不再姓“管”。

潮流初起，今知不迟，本书当可以让您对自己的认知格式化。

一翻目录，这本书好像概念很多、观点很新，涉及面很宽，信息量还挺大……

其实，本书通篇就只描述了托起“知本+”底盘的一个技术——分值而已。分值技术之所以能显影市场业态的底层逻辑、疏通企业管理的顶层脉络，是因为它能精准称量各生产要素的价值，还能以统一度量衡的形式耦合所有要素并使之形成共振。正是因为能精确赋值和导向共振，分值才能最大限度地消除损耗和内讧，避免人为因素的掺杂。由于量值的客观化、去人化，各方自不必再把成本和精力耗在不能直接增值的关系协调之上，只需致力于自身的贡献即可利益最大化。于是，自驱动局面出现了；进而，管理走向了至简，效益走向了至高。而经营上自然天成、去管理化的方法，却与需要鞭策、监督的传统管理“管”和“制”的理念相悖，颠覆着传统管理的根本，从而起底了企业管理的方方面面，包括权责管理、分配方式、制度方向、劳资关系等。为能让读者透彻解读，本书对各迭代性的实操方法及其演化模型作了系统化解析，所以有一定的篇幅。但梳理出来，主要是介绍了全面简化企业运营的日常管理（上册第3篇之分值绩效系统）、结构管理（下册第4篇之分值股份系统）和融资管理（下册第5篇之分值股权系统）三个核心方法。上册前两篇是所以然，下册后两篇是方法延展和理论升华。

本书的必要性不言而喻，因为时代变了，而且是翻转式地彻底变了，市场由卖方反转到了买方，资本主导逐渐变成了技术主导，“以资为本”（“资本+”）正演变为“创造为本”（“知本+”），支点明显位移，传统结构的正效益开始滑向负效益，管理者迷茫了。的确，在不少企业的时间轴上，成本增加跟利润增长形成了剪刀差、团队规模跟创业激情形成了剪刀差、企业泡沫跟股份空间形成了剪刀差，这些常态的出现，让人不得不解剖曾经很受用的模板。所以，一些敢于“吃螃蟹”的企业冲破了传统管理的天花板，对经典的“管制模式”动了刀，重序着“资本+”底盘。

是的，企业平台化之后，管理在省、成本在省，风险降低了，附着力增加了，而创造性更强了，利润更高了，这是“知本+”的结果。

有人会问，率先破壁管理的为何不是有着百余年管理底蕴的西方企业，而是在“年轻市场”中萌芽出来的中国企业？这是文化级差和时代托举使然。

西方的“一元”社会里，金钱是唯一重要的价值衡量标准，人们面对问题，只要把钱弄平衡了，一切就顺了。所以，起源于西方的“科学管理”，是干巴巴的协约、制度和法规，非常“法不容情”。在社会发展一直可以“以资为本”的时代，以“管”和“制”为基调的“强制管理”是有效的、科学的，能极大地推动物质文明的发展。在资本发展的高级阶段，富余的产业资本升格成了金融资本，它可以在交易和杠杆实体的基础上更快地产出利润（而非“产值”），虽然泡沫也随之产生，但快速增值只会令“资本+”的底盘夯得更实。因此“以资为本”的“强制管理”，从起源、发展到定势、成型，最后形成了模式和经典，并在国家和法律的呵护下，定格成专业，划定为“科学”。

东方社会是“二元”的，权衡标准除了“利”之外，还有“义”。人们面对问题，往往先是择“情”（亲疏关系），再论“理”（合理性），然后才言“法”（规章制度），“不容情”的西式管理从一开始就不能很有效地激发中国劳动者的积极性。中国企业在半蹩脚的状况下，一直力图将“德治”融入其中，从文化墙的开辟，到人文建设，再到人本理念的形成，一步步从末到本，直到“知本+”。

在中国企业成长的过程中，互联网技术催生了信息经济和智慧时代，创造力逐步取代了资本成为第一生产力，而创造力寄生于人，其发挥源于人的自觉，并非强迫。于是，“人本”的中国企业迅速后来居上。

但西方绝大多数企业却因固守资本和迷恋经典，在“人本”发展上始终迈不开步伐。当然，西方企业也试图在“资本+”的基础上前移坐标，以适应智慧时代的发展要求，然而“资本+”的成功法则是“胡萝卜+大棒”，所以，其适应总显得应而不适。这是由于社会发展了，广大劳动阶层基本已不再有生存危机，迫于生存而不得不劳动的“强制管理”前提逐渐消失了。“强制管理”虽然拥有只要给出“胡萝卜”便可挥舞“大棒”赢得利润的“经典血统”，但在被管理者不再稀罕没有想象空间的“胡萝卜”时，“大棒”也就难以万能了。生产关系是由生产力决定的，当生产力条件发生根本反转，再以不变的生产关系来填补生产力代差，只会落得“刻舟求剑”的结果。“管”和“制”是劳动者被动的根源；程式化和规模化的管理是机械化生产的产物，它促使劳动者在物化，在避免差异，在丧失个性，在成为附庸和工具，这正好走向了创造至上时代需求的反面。不能破茧，岂能化蝶？所以，传统管理如不迭代了自己，就只能被时代迭代了。

其实，迭代管理并不需要对传统进行彻底否定和迅速掩埋。本来，本书所列优秀企业实践所得的一系列颠覆性方法，就是在传统管理基础上演变出来的，这个过程和风细雨、循序渐进，在似乎一切都不变的情形下由表及里、潜移默化，最后使“强制管理”完成自我救赎、全面升维。

这种迭代，是在完全聘用制的情形下，由打工者自己“切胡萝卜”（基于基本工资自设绩效考核比例）开始的。绩考比例高就是风险担当力高，打工者只要过了“及格线”，不加工作量，只提升绩考比例就可增收，所以，自会贪婪地升高绩考比例，从而尽可能多地“为自己加薪”；而再增加工作量则会令薪资加速叠增，大家自然就会自觉多做，自驱动理所当然。对于公司而言，绩考比例高了就是固定工资低了，员工们逐得薪资最大化（全绩效工资）之日，也就是“人力成本”归零之时，那么，“有限责任承包”水到渠成；而分值累积挂钩各种中长期权益，则会让员工们“自锁定”，令“岗位创业”蔚然成风。在打工人无须独自创业的基础（启动资金、各方资源、管理经验、全面的能力等），仅凭适应某一岗位的片面专长即可自我成就的局面里，企业的运营成本和风险极低，创造力和效益大幅提升的共生平台浑然自成。当然，员工的“贪婪”就是企业效能之所在了，那么，传统管理最憎恶的员工自私的“弱点”忽然就变成了优点；因“损益同频”的实现，劳资链路迅速贯通，员工利益最大化已然就是企业利益最大化了，在资本倾斜于创造并愈加难舍知本导航后，“知本+”便成了时代的牵引，成了所有资源的对焦点；随着利益的对立性变成了同向性，劳资同盟形成，其“不可调和”的矛盾关系变成了和谐共振的共生关系，共同富裕成了生产各方自觉践行的目标。

因此，本书将传统管理自迭代所得的新型管理定义为“共生管理”。

最强的管理是零管理。

因为平台化了，企业自可“成私而公”，在“全心全意为员工服务”之中坐收渔利，那么，老板们当然就成了甩手掌柜，而监督与鞭策自然也显得多余了，“管”和“制”不再有用武之地，“放”和“服”成了共生管理的核心理念。所以，日常管理只需六张表就搞定了，臃肿的“金字塔组织”自然易为高效的“扁平结构”，自上而下的消耗型权益流转换成了自下而上的供给型权益流。不知不觉中，随着“固定工资”的消失，聘用制走向了历史，合作制浑然天成，而计时工资自然也就被“分值酬劳”替换了，月薪制和年薪制逐步融解。因一切分配源于自身的分值贡献，不再依靠管理人评估，不再能从他人手中抠来，所以，“人治”淡出了历史舞台，员工之间也就从“患不均”的内耗变成了共振。

随着分值分配由工薪延伸至福利和期权，企业共同体形成，“按资分配”自然也就被“按值分配”置换了，“全员合伙”的“矩阵股份制”应运而生。由于分值可对动态生产过程中所有要素精准量值，“动态股份”形成，静态股份无法匹配动态贡献的历史“死结”得以解开。传统股份模式只解决了利益怎么分的问题，没有解决利润怎么来的问题，分值股份模式完成了这一历史任务，将激励对象从聚焦结果分配导向了聚焦过程创造，生产力陡增；动态平衡令“中国式散伙”不再成为现象，曾经一直肢解正式组织的“关系”从“腐法”变成了“护法”。既然能“动态量值”了，“对赌”也就可以放进历史了，而企业“断崖式融资”难题也迎刃而解；动态股份加权平均配比静态股权，则可“无成本地”无限发放“阿拉伯数字”(股份)，还不用变更股比，不必透支未来，企业控制权丧失、股权空间受限的历史难题得以解决，并且大家的贡献和股份只涨不跌、远离泡沫，资金也将不再被锁死，“资本杠杆股权”也升华为“股权催化资本”了。当共生机制形成，就能团结一切可以团结的力量，让企业在“知本+”的基础上拥有一个活水不断的“统一阵线”(生态圈)；在“铁打的营盘流水的兵”换成了“铁打的团队流水的赢利项目”后，企业焉有终止的一天？

而这一切，只因有了渗透本末并精准量值的统一度量衡——分值。

精细化、规范化的“强制管理”犹如在全球规范复制即可成功的“麦当劳”，曾可付诸全球任何企业，套用即获良品，这不禁让人想起21世纪初“万机适配”的一种手机充电器(右图)，它有着一个亮闪闪的名字——万能充，但如今，它啥充都不能了。

“公司 & 打工人”正在切换到“平台

& 创业者”，我们自不甘为落花伊人，末唱盛世悲歌。

那么，为就舞蝶，传统管理中的我们何以无缝对接？书中有鱼，更有渔。

中国管理科学院商学院副院长　卢继革

目 录

第 2 篇 否结归因 管理破壁

千万不要在经验上过于怀旧，因为经验往往就是创造思维的枷锁，是因循守旧的根源。

在员工们“为生存而工作”的原动力消失之后，企业如果找不到劳动者新的动力来源，传统的劳动购买关系将会土崩瓦解。

没有人情的规则太过冰冷，没有规则的人情太过混乱。

不要妄想着去堵截人性、去改造人性，管理需要顺应人性，进而激发人性之善。

管，是约束。管理从出生就流淌着“针对”的血液，它的力量依托，是工资。当知本时代来临，员工们不再被工资绑架时，管理，也就慌神了。

破，是要从根本上破掉一切为资本服务的出发点，要一切为创造服务，变资本导向为价值导向；破，是要从根本上破掉“管”的理念，解放劳动、解放创造力。

很多企业并没意识到，自主权、满足感、存在感和成就感已经成为现代员工的刚需。因此，既有较大利益想象空间又有一定经济责任的岗位分包，不仅正中了现代员工自我实现的下怀，还正中了企业降低风险的下怀，在纵容员工野蛮生长的同时，也能催生出企业的虎狼秉性。

管人是最难的，而企业就是由人组成。所以无数管理者和企业家都希望有一天，在企业内部可以实现真正的“无为而治”，让企业自运行、自发展，自己不必深陷其中，抽身去完成更重要的事情。

——王石

量身高是用尺，称体重是用秤；可我们在丈量员工们的技术值、信息值、经验值、创造值和决断值时，却在用时间尺，付诸月薪或年薪，这跟用皮尺丈量体重一样可笑。

“准四天制”里，低效能员工会自觉工作五天、六天，甚至七天，因为他不会跟自己的收入过不去；能周休三天的，是实现 2 倍产能的人，他一周干完两周的工作，让他多休一天，企业还“赚了四天”！一个企业如果率先抛出四天制，人力部门一定会门庭若市、群贤毕至。

在任何情况下，个人总是“从自己出发的”，任何人如果不同时为了自己的某种需要而做事，他就什么也不能做。

——卡尔·马克思

一个优秀的企业管理者，应当是一个优秀的“游戏规则制定者”。他没有必要事必躬亲，事事亲力亲为；只需制定好游戏规则，让别人去玩，而玩的结果正是他想要的。

——王石

第 11 章 企业平台化——无为而治

固定的月薪，等于月度“大锅饭”；固定的年薪，等于年度“大锅饭”。更好的保障除了能带给员工们安全感之外，更多是集体下坠时的有恃无恐。意识不到员工心态被动的根源是工资的既定和固化，一切“专业的”措施对于员工效能的提升都只是隔靴搔痒；而意识不到雇佣形式的劳动关系和工资成本化的会计法则是劳资对立的根源，一切期待劳资关系从对立转为共生的美好愿望都只会成为泡影。

第 12 章 让劳资对立永远成为历史

第 1 篇

降序生长 企殇之象

规范化的制度，已由覆盖周全变成了体量臃肿和活力坟墓；精细化的分工，由结构完整变成了部门壁垒和通路成本；流程化的操作，由按部就班变成了过程烦琐和反应迟缓。“专业”的管理成了制约劳动创造和应变速度的根本，使企业深陷泥潭、积重难返……

第 1 章

企业难以避免的通病

1.1　制度落地难

1. 制度何求

没有规矩，不成方圆。企业无论大小，都需依靠制度来维系正常的运营。

企业拥有一套完整的规章制度，做到“有法可依”并不难，借鉴相似企业已成形的管理典章，根据自身的特点和需要进行修订即可。真正难的，是制度的落地，是让各种规程变成员工的自觉意识和行为准则。

很多企业在成立之后，管理者容易产生一种错觉，认为只要建立了完整的规章制度来管理和约束员工，企业就能按部就班地顺利发展下去。而现实往往会告诉我们，这只是初创企业时天真的愿望而已。一个企业，从制度建设到效益实现，中间有无数的沟壑需要跨越。真正进入运营实施，管理乱象就会无处不在——被管理者有制度不熟悉的、有熟悉不执行的；管理者有执行不监督的、有监督不考评的；管理结果有考评不客观的、有客观不能服众的；更有甚者，管理体系之中还有特权人士能让制度拐弯的，有高层管理者替代制度“我就是法”的，有监督人没人监督“法不责己”的，有执行层抱成一团“罚不责众”的……无论是管理者还是被管理者，为了自身利益总能找到制度的缝隙，进而“上有政策，下有对策”。所以，很多企业运营规程弄了一箩筐，宣贯培训做了一次次，管理人员招了一大排，可制度落地还是问题一大堆。

制度落地成了企业实现效益过程中的首要难题。

人的行为 80% 来自习惯。**印在册子上的规矩，和挂在墙上的文化，如果不能变成员工的行为习惯，就只是摆设。**

为了制度落地，很多企业会对新员工进行职前培训，短的半天、一天，长的三五天。安排职前培训的初始目的主要是希望员工能熟知企业的制度和规程，以便员工入职后有序地开展工作。但实际上，在入职一段时间之后，员工对于培训的内容就淡忘了，而培训的作用往往最终就只剩下“惩戒告知”，使企业在员工违规时按章处罚“合法化”罢了。即便经过职前培训能让员工记住一些制度条文，可又有多少能变成员工的自觉意识和行为规范呢？职前培训的费用花起来挺快的，但公司利润的实现却慢如蜗牛。想想，一个老板准备开公司，是不是因为担心违法，就要事先进行《公司法》《合同法》《劳动法》《税法》等相关法律法规的学习呢？这么多可能被企业触犯的法律，老板怕是一两个星期也学不完。所以，在企业运营中，简单的制度宣贯是远远不够的。

制度从规划、制定、宣贯，到执行、监督、考评，为了落地，老板们不可谓不费尽心机，该讲的讲、该骂的骂，该哄的哄、该喂的喂，可往往打压也好，施恩也罢，效果都难尽如人意。有的老板觉得自己黔驴技穷了，就亲赴 MBA、EMBA 取经，取得“真经”后便回来复制经典，期许完善的、系统的经典管理能助力企业腾飞。然而，经典管理却是“大而全”的，从岗位职责、业务规程、行政制度、劳动安全、环境卫生，到生产经营、设备管理、工艺流程、物资使用、财务报销，再到节能降耗、企业文化、教育培训、行为规范等，一应俱全。所以，老板们在复刻经典时，不管企业再小，都得先做到“五脏俱全”，从公司到部门、从厂矿到车间，该完善的完善，该规范的规范，最后纵向到底、横向到边，处处实现“有法可依”。然而，完备的管理制度真正执行起来效果却依然不明显，体系繁重、流程烦琐的问题反而更加突出。很多老板在用过了经典管理之后才发现，书本的东西不太接得上地气，也很难让员工走心。因为崇敬学术和膜拜经典，一些老板始终没能明白过来，**那些能写进教科书里的科班模式和管理方法，往往已落后了市场好几个年头，并且，编撰人几乎都是没经营过企业的。**

搞学术研究的，喜欢深邃、求大求全，他们讲求典范、膜拜正统，往往会把企业家的思维也带向复古，引导管理走向复杂化。学者跟企业家的区别是：**学者很善于将一句话说成九句话，以彰显博学，**甚至还必须将这席话的哲学根基刨得一清二楚才肯罢休；**而企业家要做到的是如何将九句话变成一句话，能用一个字讲清楚的就不要两个字，因为他们必须追求时效。**

“灰度管理”（留一些空间和余地给手下），是一种管理艺术。

管理学源于泰勒的《科学管理原理》，经典管理崇尚职位分工精细、职责划分明确，追求精细化、完美化，并尽量做到程式化。规范化的管理易于复制和推广，其突出的作用就是，即使执行者再笨，也能按规范的程序完成生产。“科学管理”的思想和方法核心就是要消灭个体差异、降低对个体技能的要求，以求所有的人在机械生产中提升劳动操作速率，所以，一百多年以来，它的确在智力需求不高的规模化工业生产中，大大促进了生产力的发展。但是今天，市场已经进入了智慧时代，人的潜能发挥成为主要生产力，劳动者的主观能动性和创造性决定了企业的竞争力，企业在激烈的竞争中需要灵敏和迅捷。而**所谓规范化的管理，已由覆盖周全变成了体量臃肿和活力坟墓；精细化的分工，由结构完整变成了部门壁垒和通路成本；流程化的操作，由按部就班变成了过程烦琐和反应迟缓。“专业”的管理成了制约劳动创造和反应速度的根本，使企业深陷积重难返的泥潭，**但绝大多数的企业家，仍迷恋经典，在投入产出南辕北辙的郁闷中思考人生……

2. 制度可否成为员工行为的潜意识

著名企业家王石是这样阐述制度的：制度，最朴素的理解就是“活的游戏规则”。

那些写在纸上、挂在墙上的所谓制度，如果不能体现到当事人的具体行动当中去，就是一堆“死的文字”。不能把“死的文字”当作是制度。真正的制度，是隐含在人们每天发生着的、鲜活的、生动的行为背后的逻辑。那些不成文的乡规民约、社会习俗、行业惯例，尤其是明文规定背后的潜规则、“暗规则”和“隐规则”，天生就是“活的游戏规则”，是真正的制度。有些企业喜欢搞《管理制度汇编》，一搞就是厚厚的一大本，可是效果往往相反，汇编整得越厚，越有可能沦为一堆“死的文字”，因为谁也不可能记住里面的全部规定，记都记不住，怎么可能变成“活的游戏规则”？制度有用，一条足矣；

制度没用，一百条也没用。（王石，2017）

曾经有位老板，一提起企业管理就感慨，说他多年来四处求索，一直找不到真正适合自己企业的真经。他先是从别的企业搬回很多“成功的管理制度”来套用，但用起来总是漏洞百出，他认为这是“不够系统和规范”导致的；后来他花钱上 MBA，用了两年时间学到了一整套完善的科班管理体系，运用到企业里之后发现人员和规模总是增长得比效益快。后来他自己醒悟了，既然学术殿堂地气不多，那就在地上找；于是，地面上火热的管理培训吸引了他的眼球。他想，是不是越火爆的就越值钱、越贵的就越有效？所以他毫不吝啬报名费，交了不少钱参加了“企业管理巅峰培训班”；培训的确达到了“癫疯”的效果，让他感觉自己“脱胎换骨”了，整个人都激情满满，似乎立马可以带着员工起飞了。他回到公司就向员工激情宣教……但是，员工的热情却没被点燃，还暗地里说老板是不是进了传销窝。他不得其解，又向导师去请教，导师说：“你虽然提升了，能在天上飞了，可是，你的员工都还是小鸡，你用鹰的高度，怎么带得飞一群小鸡？就算小鸡飞起来，也会摔死。你的功力只够隔靴搔痒，只有专业团队才能把小鸡们训练成老鹰。”于是，他又花了很多钱把导师团队请进公司，让所有员工停工参加封闭训练。导师的培训倒是立竿见影，彻底引爆了员工们的小宇宙——员工们思过啊，感恩啊，立志啊，那种歇斯底里、恨不早生的状态着实感人；大家一个个自发跑到老板跟前来感谢，称兄道弟，抱头痛哭……员工们说出相见恨晚、再生父母这样话的时候，的确是发自肺腑的模样，这可把他给激动坏了，一时间，他认为员工是彻底洗心革面了，公司从此将走向辉煌……看训练场内，纸巾一地，谁还能怀疑导师不是潜能大师？

为了巩固效果，导师走前特别补充了一套奖励办法：早会喊口号声音最高的、掌声最响的给予奖励。所以，导师的离开，并没有带走每天早上公司响亮的口号声和齐刷刷的鼓掌声。不过后来，员工们虽然口号仍然响亮，但他们的掌声却由激情宣泄，渐渐演变成了一种玩味起哄……十几天后，员工们的工作状态恢复了当初，该慢的还慢，该懒的还懒。这位老板的总结是，最终员工们总会发现，口号和掌声并没能给他们自己带来什么，也无法给公司带来什么，所以激情难以维持。虽然员工不再怀疑老板传销了，但隔壁的公司，却总是投来异样的眼光……老板后来把这种形式上的口号和鼓掌叫停了。再后来，他逢人就念叨：**正如算命先生解不了自己的苦命一样，江湖上有几个导师，曾经把他自己的企业搞上轨道过？没经验，更没教训，那么他，又拿什么来拯救一个公司？**

在员工眼里，公司制度其实就是企业用来实现老板利益的手段，是对员工的限制和约束。这也难怪，我们的制度设计者，从思想上就认为员工是消极的、被动的，所以制定出来的**制度字里行间尽是禁止和不许**，而制度的指针就是如何让员工不偷懒、不使坏。我们都把员工当制约对象来设计“游戏规则”了，还能巴望员工们不抗拒？所以，哪有员工心悦诚服的？制度落地不难才怪。

那到底有什么办法能让制度变成员工的意识轨道和行为指向，成为员工的自觉行为？甚至更进一步，能让员工觉得制度是自己实现利益的保障，而乐在其中，争相维护？

有人曾描述说，好的制度犹如篮球比赛规则，因为那样的规则只会让球员和教练都聚焦在打球本身上。篮球比赛中，没有人会质疑规则，球员认为篮球制度和比赛规则就是自己通向冠军、争取荣誉、获得奖金的基础路径和根本保障，如有对方违规而裁判无视，或遭受错判，球员和教练就会极力申辩，甚至不惜吃 T（球员被判技术犯规）也要争取按规则来判；如果裁判未按规则判罚致使本方受损，球队赛后还会努力申诉，为的就是要维护规则的严肃性和神圣性。公司制度，要怎样设计，才能让管理层和员工像教练和球员一样，自觉地遵循和极力地维护，并在其中不遗余力地聚焦工作呢？

1.2 骨干总是短缺

1. 骨干不足成了企业的常态问题

麻雀虽小五脏俱全，再小的公司，都得涉及行政人事、市场业务、财税管理，甚至少不了公关和法律，老板即使有三头六臂，精力也不够分，没有一个好的管理团队，就会顾此失彼。有些事情好像不得不由老板来亲自做，比如对外拉关系、找项目、跑资金、搞招聘……对内搞经营规划、分派任务、鞭策和监督工作执行……老板总有忙不完的事，所以只能就重避轻。很多的公司都是这样，老板忙得恨不得一天掰作两天用，员工却闲得不知道怎么对付工时，这是为什么呢？也不是缺什么部门、少什么员工，更不是老板没有分派任务。事实上，很多企业是因为在工作执行的时候，很多员工往往赶不上进度或者工作结果达不到标准，导致最后还得老板来“擦屁股”。有的老板会觉得，与其浪费那么多的时间指导和监督员工做，不如自己直接做来得快。其实越是这样，员工就越没有成就感，老板就会越忙，直接后果，就是造成老板忙不过来、员工不知道做什么的恶性循环。这是典型缺乏得力管理骨干的结果。

能人到哪里找？能耐大的很多都有“鸡头”思想，要么自己干了，要么在好位置上坐得稳稳的；散落在市场上的能人，数量寥寥。真正好的管理者，组织力、分析力、领导力、交往力、知识力、预测力、影响力、判断力、决策力、管理力、谈判力、激励力、培训力、执行力、洞察力、监督力、纠错力……似乎都不能太弱。所以，**在管理上，三个臭皮匠是凑不出一个诸葛亮的。**对于老板而言，千军易得、一将难求，难怪老板总是求贤若渴，对如何招募和留住骨干总是绞尽脑汁。

企业很忌讳换将，因为管理者是企业的心脏，任何企业都经不起频繁的心脏手术。

兵熊熊一个，将熊熊一窝。企业要目标落地，要持续发展，强大的管理团队似乎必不可少。但事实上，奢望每个板块都能配备很好的骨干并不现实。

骨干不够，是企业的常态。

伯乐不常有，千里马也不可能多。

然而，在企业正常发展的过程中，不能，也永远不该因为悍将的缺失而歇脚。企业的既定目标，不能因为管理人员是否强大而改变。一般而言，即便来面试的对象不济，也得把必要的管理岗位填上，让企业运作起来。对于必须安排到位的管理人员，没有最好的，只有应该的，所以，**海尔公司提出“赛马不相马”的理念是有道理的**。营造一个好的“赛马场”才是搞好运营的基础所在，因为从相马，到“马儿”就位，再到“马儿”发挥，离创造效益还很远；而让已就位的人员充分发挥作用，效益立马就能呈现。

如果没有一个好的机制，千里马可能也会磨成驴。所谓人才，有经验没发挥等于零，有思想没行动等于零；对于企业，有人才没业绩等于零，有业绩没利润等于零。**如果机制没设计好，忙忙碌碌的局面并不能表示企业利润在增加，而是显示着财务成本在增长。**

2. 企业几乎都患有“骨干依赖症”

干将难求是所有企业的痛点。所以，当招募到一些管理骨干之后，企业往往就会想方设法稳住这些骨干，并且围绕他们来进行团队建设。在企业运行的过程中，管理人员为了工作的推进，会去建立便于自己指令执行的体系，可能就会排除异己、招募亲信，因此“裙带”关系自然就难以杜绝。团队稳定是企业运营所必要的基础条件，但固化的人员结构又会同时滋生山头主义和腐败现象。由于骨干稀缺，所以很多企业都难免患有“骨干依赖症”，一些企业可能好不容易摆脱了无将可用的困境，回过头却又陷入了被团队绑架的深渊。

患“骨干依赖症”的企业往往会有管理成本持续增长的现象，因为管理者需要对工作完成直接责任，却不用对开支成本负直接责任，所以他们免不了会“大手大脚”地开展工作。工作局面动静越大，说明管理者“越有本事”，这是管理者本身的需要，因为这样才能彰显管理的价值，才能拥有光耀的履历，并且这几乎也是企业所需要的，因为这样才能体现工作任务的“完成度”。所以，**总有那么多的企业，在团队轰轰烈烈的工作场面下，惨烈地死去**。老板们都想建立一支铁杆领导团队，但往往事与愿违。人往高处走，围在老板身边的人只要不是肝胆相照的股东，就很难成为企业死心塌地的追随者。在现代打工人身上，效忠的“基因”越来越少。

每个人都有自己的事业目标。如果没有将终生事业和理想寄托在公司，这些打工者只会把工作当作过场，他们表现出来的忙碌和展露出来的笑脸，并不是代表着他们沉心于此，可能只是在迎着什么风就摆什么舵，沿着“赛道”慢跑。

机制决定着人才的作用。

仔细琢磨一下体育彩票（以下简称体彩）的奥妙或许可以明白，其实企业的机制设计是有很大的研究空间和现实意义的。体彩虽然每注只有两块钱，但每年能为国家筹集数百亿的公益基金。彩票之所以能让民众络绎不绝地献爱心，其魅力在于，能让彩民以区区两块钱来博取几十倍甚至几百倍的奖金。事实上，彩民都清楚投注的结果基本上是“打水漂”的，但还是心甘情愿地埋单，这就是机制设计的艺术。其实，投注人在主观上是在为了自己博取巨额奖金，但客观上，确实是为国家和社会作了贡献。

道理非常浅显，方法非常简单，效果却非常显著。

假如不是以满足投注人的私欲为出发点，体彩是集不来什么资的。如果不是“博巨奖”的吸引，而是直愣愣地号召大家为体育事业发展作贡献，即便满大街放高音喇叭呼喊“为国奉献、人人有责，两块不多，也是爱国”，然后再给每位投注者发块“光荣匾”，恐怕也收不上多少钱。

有效激励的奥妙就在于，**把企业的目标实现，转化成了个人的真实追求。**

但很多东方企业，却一直只会号召员工“为公司如何如何作贡献”。

自己的需要，一直就是人的动能源泉。无论如何疾呼为社会、为公司，甚至于老板如何身先士卒，都难以彻底地感召和根本地撬动员工，假如有一种**“成私而公”的方法，把公司目标分解转化为每个员工个人的需求**，让大家打起自己的小算盘来，一切就会变得非常简单。体彩的奥妙告诉我们，不懂机制设计的老板，只能陷入管理乏术、埋怨手下无能的境地；而机制设计得好，就可以让员工为满足自己的需要自动自觉地工作，并且乐此不疲。这种移花接木的机制产生的结果是：似乎人人都在为自己，实则人人都在作贡献。

“成私而公”，管理将会豁然开朗；当所有工作人员为满足自己的需求“自驱动”时，管理骨干缺与不缺，或许将不再是个问题。

1.3　管理成本往往涨得比效益快

1. 过度管理使得遵守制度被当作了工作本身

很多公司创立伊始，几个或十几个人就可以把各方面工作捋顺，虽然部门和职责划分不够清晰，但大家也能高效地完成好工作。然而随着企业运营的继续，在流程化的过程中，部门数量和人员数量基本只会有增无减，而这种增长，往往不会因为效益是否不增长而停止。

西方管理学中有一种“管理幅度”的通则，即，一个人适宜管理的幅度是 7 个人，超过这个幅度就要增加管理的纵深，也就是增加管理的层次。中国企业大都处于向西方管理学习的阶段，所以，进行“管理规范化建设”基本就等于是“部门林立”了。并且，一旦出现生产跟不上计划的情况，或有项目变化，抑或有新官到任，结果就会是岗位和人员的增加。**企业的发展好像总是避免不了岗位越设越丰富、人员越来越繁多、体系越变越庞大。但是大家的工作效率，却很难再达到企业创业之初的那种程度。**

从管理欠缺到过度管理成为企业规范化发展最常见的一种病态现象。而当管理真正成形了，却常常是一控就死、一放就乱。

派代网的一个会员（佚名，2018）曾引用“三个和尚”的故事来形象地描述了企业管理的复杂化。小寺庙里，“一个和尚挑水喝、两个和尚抬水喝、三个和尚没水喝”的问题反映到了总寺庙领导那里，总寺领导极为重视，决定委派一名主持和一名方丈到小寺庙，以解决小寺庙没水喝的问题。主持到任后，认为小庙问题的关键是管理不到位，于是进行招聘，引进了几名和尚成立了寺庙管理部，制定出详细的职能分工和作业流程；为了更好地借鉴国外先进经验，还选派了骨干和尚出国取经；为了真正提升寺庙的管理水平，主持觉得不光要“走出去”，还得“请进来”，于是专门拨款请了天主教堂、基督教会的神父来传授 MBA，神父们也留下了宝贵的财富，比如 BPR（Business Process Reengineering，业务流程再造）、ERP（Enterprise Resource Planning，企业资源计划）系统等。方丈当然也没闲着，他觉得寺庙问题的关键在于人才没有得到充分发挥，他主张成立了人力资源部，执行竞聘上岗和定岗定编，有了竞争机制，三个和尚开始努力挑水了，可庙里人多了，水怎么挑也挑不够。而且，因为小和尚们都忙着挑水，没人念经了，来烧香的客人就越来越少了，香火钱也变得拮据起来。为了增加收入，主持和方丈召集寺庙管理部、人力资源部骨干连续召开了几天的会议，最后决定成立勤务部和业务部；同时，还提拔了一批和尚分别担任副主持、主持助理，并在每个部门任命了部门小主持、副小主持、小主持助理。收入得到缓解了，可各部门水的需求矛盾却越来越突出了，寺庙经开会研究决定，成立了一个协调部，为了便于沟通和协调，每个部门都设立了对口的联系和尚。但喝水协调的效果一直不理想，经深入调查，原来是因为水的需求量统计不准确、水井数量不足等原因造成的。为了加强对饮用水的预测和对挑水和尚满意度测评，建立健全了考核机制，寺院增设了一批电脑设备、购买了几套先进的考评系统，包括挑水打分系统、进香统计系统、捐款分析系统、香客跟进系统等；另外还配套成立了香火钱管理部和出账部，打井策略研究部和建设部等。由于各个系统的数据匹配度不高，寺庙又成立了技术开发中心，进行系统的维护和二次开发。因为部门多、人员多，文件和会议自然就多，为了减少文山会海，寺庙又专门召开了关于减少会议的会议，又下达了“关于减少文山会海”的文件，要求各部门员工认真学习及落实执行；为了提高效率、精简结构，寺院又成立了组织结构改革研究部和精简组织结构工作组……在主持和方丈的领导下，寺院里热火朝天，挑水的和尚拼命挑水、念经的和尚拼命念经、协调的和尚拼命协调，大家忙得不亦乐乎……可忙来忙去，寺庙里的水还是不够喝、香火钱还是不够用……一年后，寺院黄了，人们在水井边发现了几具尸体，是累死的；在寺院里面躺着上百具尸体，是渴死的；还有几个和尚举着横幅在寺庙门口，抗议寺庙暴力裁员……

管中窥豹，可见一斑。

在企业实际的运营管理之中，**领导们总觉得：局面做得越大，存在感和成就感就越大；员工们总认为：自己忙得越狠，就越对得起上司和工资。**

乔布斯曾说：“公司规模扩大之后，就会变得因循守旧，他们觉得只要遵守流程，就能继续成功，于是开始推行严格的流程制度，很快员工就**把遵守流程和纪律当作工作的本身**。”无论管理者还是员工，都在为工作而工作，这种规模化的系统，把员工们绕进去了，把领导也绕进去了，**大家在忙碌中满足，在满足中麻木，就连主要经营者都已经绕不回“投产比”这个最核心的道理上了，于是，管理成本和经营绩效形成剪刀差，成了规模化运营的必然结果。**

2. 管理常因“专业”而复杂

不是管理有多么深奥，而是管理人的思维，常会被经典固化。

这两则事例很能说明问题：

事例一，同一件事，博士后花了 90 万元，而农民工 190 块搞定了。

× 华公司引进了一条香皂包装生产线，结果发现这条生产线有个缺陷：常常会有盒子里没装入香皂。总不能把空盒子卖给顾客啊，于是他们请了一个学自动化的博士后来解决分拣空香皂盒的问题。博士后申请了 90 万元经费，拉起了一个十几人的科研攻关小组，综合采用了机械、微电子、X 射线探测等技术，花了 60 天时间，成功研制出了一套自动化检测系统，获得了 5 项国家专利，填补了国内皂业包装领域的技术空白。技术的先进在于：每当生产线上有空香皂盒通过，两旁的探测器会检测到，并且驱动一只机械手把空皂盒推走。

× 荣公司是中国南方一个乡镇企业，也买了同样的生产线，老板发现这个问题后大为光火，找了个小工来，说：“你给老子把这个搞定，不然滚蛋。”小工情急之下，花了 190 块钱在生产线旁边放了一台大功率电风扇猛吹，于是空皂盒都被吹走了。

事例二，博士和农民的区别。

一农民误入一博士群（微信群），进群后发现这里的人个个知识特渊博，讨论问题深奥得不得了，权威得不得了，农民吓得大气都不敢出。一天，群里有人提出了一个新命题：一滴水从万米高空下落会不会砸死人？一时间近百人发言讨论，有计算重力的，有计算惯性的，有计算加速度的，有计算摩擦力的，从牛顿到伽利略，整整吵了快一天，仍然没人能算出来水滴到底多少米之内下落才不至于伤到人。

农民越发不能理解了：一滴水有这么多学问吗？下雨的时候，我和我的牛都没被砸死呀？

皂盒的例子具有一定的讽刺寓意，但更有讽刺意味的是，如果读者自己作为 × 华公司的老板，估计也会因为博士后给公司创造的专利和带来的荣誉而给予研发团队上万元重奖，高兴之余，我们可能会完全没有了“投产比”的意识。但勾一下手指算算，我们会冒汗——博士后专利系统检出空盒避免的损失，按每月挽回 5000 元计算，回抵 90 万元成本，这套系统得 15 年之后才能实现财务正效应，这都还没计入每年的通货膨胀、利息和时间成本。然而，15 年后，× 华公司还在不在都是个问题，那我们凭什么当初要搞这个科研？或者，单单看 × 荣公司，如果我们作为老板，估计也只会批个 190 元的报销单了事。

水滴的例子让我们对“知识就是力量”产生了另一面的理解，并且能迅速从传统理论的禁锢中走出来，明白了**往往真理就在地上，我们没有必要绕到西天。当我们不再对“专业化”一味膜拜时，就能重新审视和定位规模化、流程化的经典管理，然后带领企业冲破管理投入负效应的怪圈，清晰地树立起追求“投产比”的思想，进而捡起“轻战略”理念和简政思维，实现企业运营的高能效。**

1.4　部门壁垒难以消除

1. 部门间为什么会有壁垒

“管理科学”源于一百多年前的工厂生产。

因为机械制造的效益主要来自操作的规范和速率，所以，生产管理的要求和方式就是规范化、流程化和职能化。在管理科学发展的进程中，以消除人的主观杂念、提升劳动速率为轴心的流程化、机械化管理模式，的确因为极大促进了规模化工业的发展而成了经典，而这经典深入发展的结果就是管理职能化和分工精细化。

由于企业职能化、精细化的发展，导致了企业各部门的责权利越来越局部化，因此，每个部门的人员都会从自己的责任角度出发，维护本部门的利益，久而久之，随着职能化的深入，职员的本位思想和部门之间的壁垒就会更加严重。

在职场中，因为本位思想，各个“山头”之间的问题会层出不穷，大家更多是从本部门角度去思考问题的。在承接任务时会相互推诿，在执行工作时会各自为政，在协调工作时会相互扯皮，在配合工作时会行动迟缓，在触及利益时会相互拆台，在遇见问题时会明哲保身，在出现责任时会相互踢皮球，在分配利益时会据理力争等情况时有发生。

部门间有壁垒，各种力量就会“1+1<2”，就容易造成内耗和资源浪费，部门交叉地带也容易出现管理黑洞。

企业中的各个部门，其实就像是连接浮桥的一只只小船，哪一只小船受力，其他船只都会被牵扯；河水冲垮任何一只船，其他船只也都难以独善其身。其实，没有人不希望公司运转良好、效益更高，更没有人会故意扰乱整体流程，大家都在“一个锅里吃饭”，都希望公司会更好，但到了具体的实际工作中，大家的眼光可能就会低下去，变得很“本位”。

2. 部门壁垒能否去除

面对部门壁垒问题，很多企业在部门关联机制上做了很多努力，明确部门间衔接的方式和配合的规程，建立协调、监督和考核机制等，这会在一定程度上消除部门壁垒带来的问题，但同时也会增加体系的臃肿程度和管理成本。

其实，在部门关联机制上的梳理只能是治标。

管理走向职能化、流程化、规模化、精细化是工业生产要求的结果，因为这样做可以在批量生产的时候更节约成本。然而，随着整个社会生产力的提高，市场的生产要求和条件已经发生了根本的转变，卖方市场已过渡到了买方市场，消费者对产品的要求已由标准转向个性。这样的**市场变化，要求企业的生产必须由规范化、规模化转向差异化和个性化**。那么，**对劳动者的要求，也需要从“去主观化”转向“主观创造”，而规范化、流程化的管理方式是去劳动主观化的，所以它在现代市场中，已由促进生产力发展变成了抑**

制生产力的发展。

为了适应现代市场的变化，提升劳动创造力，企业界已经涌现出很多逆职能化的管理模式，这种模式的特征是结构扁平的、运转灵活的。在扁平的三层管理结构取代金塔式多层管理结构的演进中，一些企业实践出了极其扁平的、随机组合的蜂窝式管理模式。**在蜂窝式管理体系中，所有的员工平行排列、动态组合，决策层跟执行层直接关联，这种“去管理化”的组织结构，直接省却了大量的沟通、协调和监督成本。**

20 世纪 80 年代中国的分田到户改革就是“去管理化”的成功典范。

在分田到户之前，政府花了巨大的人力物力去带动全国的“学大寨”，但农业生产的起色并不显著；分田到户之后，农业生产由农户自己管理，政府不管了，农业生产力反而极大地提升了，这就是化繁为简的管理艺术。当然，要说**“分包”模式最显著的作用，那可能就是彻底实现了每个生产单元的自驱动。**

企业管理也同理，“去管理化”不仅能省去大量的沟通、协调、监督成本，更能大大地提升劳动生产力。所以，面对部门壁垒的问题，仅仅只是“头痛医头”地去疏通部门的工作关系，并不能真正解决问题，要彻底根除部门的壁垒问题，就应该研究如何去管理化、去人化，如何简明客观地“端”到“端”。

1.5 员工的归属感和忠诚度持续走低

1. 公司的“家文化”往往只能停留在墙上

企业大都有迟到早退的处罚规定，所以员工在上班时除了基本不迟到外，很少会有人提早太多到公司；而下班，除了必须加班的以外，也很少有人自觉延长工作时间，大部分员工都是还差十几分钟就把包收拾好，就等时间一到关机走人。掐点上下班是企业里最不足为奇的现象。

说到底，掐点上下班也好，做一天和尚撞一天钟也罢，恰恰都说明了员工对于工作只是被动应付，并未真正把工作事务当作自己的事。

很多老板也曾试图在公司里建立“家”的氛围，什么企业歌曲、温馨布置，什么下午茶、水果宴，什么亲情关怀、生活福利……能投入的都尽量投入，确实也是想要笼络员工的心。在精神建设上，增加文体活动、增设展示平台、拓宽沟通渠道；在物质建设上，优化晋升机制、提升福利待遇、完善奖罚制度，甚至加重月底和年底奖金、配给核心股份等。为提升员工的归属感和忠诚度，老板们可谓费尽心机。可是，似乎在这些人文投入越来越多的背后，却是员工归属感和忠诚度的越来越低……

员工把公司当家？好像没太多企业真正成功过，毕竟“家文化”一直只能停留在墙上。

曾有员工打趣地说：“《劳动法》都说了，加班不算加班费是违法；大家干嘛要那么没良心地在公司耗费电费？处心积虑要让公司违法，要置老板于不义吗？”这好像很准确地找到了准点下班的法律依据和道义依据。

真实的情况是，在打工人心里，公司就只是大家来获取薪水的平台，什么文化活动、领导器重、企业战略、公司荣誉、竞争与未来，对自己来说无关痛痒，如果离开了，谁还能是谁的谁？员工能在公司得到自己的未来吗？大家心里跟明镜似的，公司的未来是老板的，老板搞文化建设的真实目的，是想让员工多付出、少纠结待遇。其实，员工真正在乎的是眼前所能得到的利益——每个月的工资。说白了，绝大部分员工打心里认为和公司就只是出卖劳动换取工资的利益关系，所以，哪一天对工资不满意了，或者另有公司给的价码更高了，就会甩手走人。

真正实践过企业“人文建设”的管理者都会明白，想让员工忠诚于公司，太难；想要员工把公司当家，更难。

有的老板使尽了浑身解数，尊重、信任、关怀、交心，甚至做到让员工都感动了，可是一到了关键的问题，大家就会回到原点——不加薪，走人；加了薪但比别人低，还是走人。

有个效益不错的公司，老板给高管们都配了车，结果，从第二个月开始，汽车的油费维修费没完没了；老板心里窝火得要命，就召集配车的骨干，希望大家体谅一下，公司出了大钱，小钱大家自己承担，大家也表示同意，于是在财务上划了线：汽车相关费用千元以下的不予报销。后来的情况是，汽车的小修都没有了，所有的车都等到了大修才维护，没到两年，有的车就没法再用了。老板只能仰头长叹……

2. 员工的智慧没给公司多少

打工人心里装的是自己。他们根深蒂固地认为，来打工，就是出卖劳动时间换工资。或许这个根本问题，真的决定了打工人无法归心，亦不可能忠心。的确，在劳资只是购买关系，以及利润分配与打工人无关的前提下，公司的归属感号召和人文关怀举措，只会显得很苍白。

人的欲望在不同阶段是不一样的，如果原先的欲望得以满足，就一定会产生新的更高的欲望，欲望是永无止境的，是永远无法全部满足的。所以，把福利制度化，往往就会是刻舟求剑。公司关心员工的父母？只消三五个月员工就会习以为常，而不再因感动转化为工作动力，成本决定了公司领导做不到无止境地增加探望家属的次数。去满足员工的工资收益？也不可能做到无休止地增加。满足员工的晋升？管理岗位无法凭空增加，没有管理者离职就不会有员工的晋升。给员工配股？股份比例更不可能无限扩容。总之，人是有“适应性偏见”（事件的刺激性随时间淡化）的，**用公司静态的有限资源去满足员工动态无止境增长的欲望，几无可能。**

其实人都不笨，打工者的聪明才智只是没有充分为公司施展而已——同样一个人，是打工还是自己创业，潜能发挥真有可能天差地别。员工不发挥还不算悲哀，悲哀的是，很多员工“上有政策、下有对策”，将聪明都用到了跟公司抗争上了。

不少人认为，企业的管理发展到了足够“专业”的地步，就没有多少空间了；也有很多人认为，员工的潜能还没有得到充分发挥，管理其实还有很大的空间可以提升。

事实上，员工从打工状态到干事业状态的确还有很多文章可做。那么，真正实现员工的归属感、让员工义无反顾地工作的玄机到底在哪儿呢？

我们需要寻找可以突破的管理界面。

1.6 “患不均”的事端捋不清

1. 人比人气死人

每个人都是在人群的比较中，获得存在感和价值感的。

“人比人气死人”，在企业中，如果制度和机制不当，就会造成员工相互间的不平衡。因为不平衡，很多员工的心思就用在权衡得失上，无法集中精力做好工作。

孔子说：“不患寡而患不均，不患贫而患不安。”意思是人们不担心分配得少，而纠结分配不均，不担心人少，而担心人心不安定。“患不均”是人的本性，是人与生俱来的特性，所以，平均是人与人之间求共处、求平衡的产物，平均主义在春秋战国时期就已经是常见的社会现象。

在机制不够科学的环境中，“患不均”的人性容易演化出“红眼病”。患“红眼病”的人见不得比自己强的人，见了就想把人拉下马，“为什么是他上？”“他凭啥比我拿得多？”……“红眼病人”见他人优秀就会有一连串的“凭啥”，这种失衡的心态轻则会宣泄不满、贬低他人，重则会煽风点火、造谣生事，他们只有看到优秀者遭殃才会心情舒畅。“红眼病人”往往推崇“无过是功”，他们回避竞争，不仅自己甘于平庸，还会抹杀他人的张性，拖累整个团队的创造力。一个企业如果“红眼病”泛滥，就会扼杀先进，人才也会逐步走向平庸。

人们都会把周围的人当作参照物，通过对比，从而形成心理上的满足或不平衡。

由于中国人突出的“患不均”特性，企业在管理中很难避免员工之间的失衡。比如员工的评优，本来是希望让优秀者获得肯定和满足，刺激其他的员工追赶先进，但结果却往往是奖励了张三，打击了李四，不评还没事，评了反而造成大部分员工的心理不平衡。评优评不好，效果的确会南辕北辙。标准怎么定？由谁来选？这的确是一个令人头痛的问题。员工投票，总是人缘好的票数高，那些埋头苦干的老黄牛、大门不出的技术员，往往评不上；领导评，基本是在照顾大家的面子和情绪，上次评上的，这次就委屈一下，很久没评的，这次照顾一下……不管评选的结果怎样，都很难雨露均沾，全面照顾到员工们的心理，一不小心，激励作用非但没起到，反而会激起一众员工的消极情绪。

很多管理者都以“公平、公正”的思路来分配福利和资源，认为“平分”了就能平衡了，于是人人有份、一律平均。这种所谓“公平、公正”，恰恰是最大的不公平、不公正。因为没有差异，就必然让做好做坏一个样、做多做少一个样。其结果就会让勤奋努力者跟滥竽充数者得到的一样，实质上就是抹杀积极、纵容懒惰。

管理的核心艺术是员工群体的和谐共振。

员工的积极性需要激励，但激励措施得当与否效果差别很大。有个公司年底发福利却严重地刺激了员工们的“患不均”心理：第一年公司效益不错，年底拿出了 30% 的利润平分给员工，每个人拿到的相当于中层骨干两个月的工资，比其他公司好很多。可春节过后却发现，只是小兵小将回来了，中层骨干因为心理失衡大都另谋高就了……一将难求啊！第二年，公司吸取教训了，按职位高低差异化发放，最高拉开十倍差距，虽然春节后只走了一些小兵小卒，但因为分配的差距大，后来公司里形成了层级隔阂，很多员工开始不买上司的账，他们觉得管理者多付出、自己懒一点是应该的……第三年，公司不按职位发了，年终福利民主化发放，由全员评优，按优秀等级发放。可结果是，没评上优秀的人毕竟占大多数，更让人无语的是，红包少的没再被气走，优秀的员工却被大多数人团结起来一个个挤走了……真是大写的无奈。

2. 工资失衡的恶性循环

员工的工资平衡是最让管理者费心费神的。本来，在员工入职前后的短时期考量就很难准确地估算其工作价值，员工入职后的能力发挥程度更是难以确认，所以，入职前就写进合同的工资额度，对公司而言是一场赌局。虽然很多公司想定岗定薪招人，但实际上在招聘时，面对应聘对象的经验和水平是不一样的，特别是如果碰见了水平高些的应聘者，那是很难得的，公司会满足他们更高的工资要求，所以招录的相同职级员工的工资会不一样，这等于是在员工之间埋下了“患不均”的种子，给企业的后续管理带来了无尽的隐患。

当员工深入开展工作之后，就会逐步发现工资有高有低，于是会相互比较，如果员工发现有人工资比自己高却做得没自己多，就会不平衡，会懒下来；别的员工看见有人懒下来，又会产生新的不平衡，也懒下来……于是，整个团队就会形成一种恶性循环。

很多时候，人事部门为保险起见，给普通员工的试用工资都会尽量压低些，是为了给员工转正加薪留有空间。“人往高处走”，一般情况下，为使员工持续努力，无论公司的利润是涨是跌，员工的工资都会只涨不跌。对于员工的转正加薪和晋升加薪，人事部门往往是根据员工的实际工作表现来考核评定，可员工们往往都是在转正前和晋升前努力表现，转正或晋升“大功告成”之后反而不积极了，这又会引发很多的“患不均”——工资高的（转正和晋升了的）懒过工资低的（未转正和未晋升的）。

一般情况下，员工只要“不懒到要降职降薪的程度”，人事部门是无法动“员工奶酪”的。为了平衡，也只能对那些薪资相对低，表现又相对积极的员工加薪以求平衡，可被加完薪的员工又会因为暂时进了保险箱而放松下来，于是，新的“患不均”又出现了……“按下葫芦浮起瓢”，是人事部门最常有的无奈现象。企业的加薪往往是一个没有终点的运动。所以，很多公司随着时间的增长，整体的工资水平就会走向虚高。即便如此，加薪循环还得继续，否则，员工就会却步。**员工的表现是动态起伏的，贡献也是因每月任务不同而波动的，以固定的月薪来匹配变化的贡献，其结果除了失衡，还是失衡。**

为了避免员工“患不均”，很多企业不得不选择执行薪资保密制度。可是，越保密，员工越好奇，各种猜测和消息传得越快。

“患不均”既然是人们身上抹不掉的特性，惹不起还躲不起吗？于是，有的企业干脆就死守定岗定薪，让同职级的员工薪资完全一样。可是，这种绝对同岗同薪的体系，只会让同职级的员工，不管经验多少和能力强弱都吃绝对的“大锅饭”。然而，“大锅饭”只会让整个企业成为一潭死水。

3. 失衡何须抹杀

没有差异哪来竞争？没有竞争又哪来进步？

事实上，因为害怕“患不均”而试图抹杀不平衡的做法，都是在抹杀差异、抹杀动能。因为，失衡本身就是人的行为动因，抹杀了失衡，就抹杀掉了人的主观能动性。

员工可以“患”不均，管理者却不应该“患”员工的“患不均”。

量子力学认为，万物都是振动的，相互影响的。人们的思想和行为也是一种振动，也会相互影响，“患不均”就是人们相互影响的结果。

有这么个物理实验：N 个会发声的钟摆，实验者随意拨动钟摆，一开始所有摆动杂乱无序，逐渐地，这些钟摆有的逐渐慢下来，有的逐渐加速，它们的摆动频率不断趋同；在临界时间点 1 分 04 秒，所有声音突然变得整齐划一，从 1 分 35 秒开始，最后一个方向相反的钟摆也开始加快摆动速度，与其他钟摆趋同；最后，所有钟摆的摆动、声音和方向都完全一致。

振动同频，就会产生共振，1+1>2；振动不同频，就会能量消耗，1+1<2。

网上流传着这么一个问题，很有启发意义：假如有一张足够大的纸对折 51 次，会有多高？我们可以算算：一张纸的厚度假设是 0.1 毫米，假设纸张折后空隙为 0，那对折 51 次就是 0.1 毫米乘以 2 的 51 次方，结果是 225179981368524.8 毫米，也就是 22518 万公里，比太阳与地球的最远距离 15210 万公里还要多 7000 万公里。这，就是叠加的力量。

“一个中国人一条龙，两个中国人两条虫”，说的是中国人容易内讧。没有好的机制，“患不均”的确会让 1+1<2；但如果有好的机制，“患不均”就会让 1+1>2。那么，把“患不均”导向共振的机制到底该如何设计呢？

1.7 员工效能难以提高

1. “权不带责”制约着员工的效能

一个正常的公司，让员工忙碌起来并不难，难的是员工的效能要怎样才能提高。很多公司都有这样的现象：员工上上下下都忙碌了，但其实大家的工作效率很低；工作事项都执行了，但实际产能却很差。员工效能低下是企业普遍面临的难题。

一些中国企业效能低下，往往跟中国特有的“管人文化”有关。

“管人文化”，就是上司在“管人”，下属听命于上司。

在“管人文化”中，**管理者对“管理手下”乐此不疲，高兴于属下的唯命是从和忙忙碌碌，而头脑里没有什么投产比思维，他们追求的是属下热闹的工作过程和工作行为量，并没有把财务消耗成本当作工作考量或关联标准。**那么相应地，在“管人文化”中员工们会努力迎合上司，凡事按上司的旨意去做，不去忤逆领导的意愿，就算对工作有不同见解一般能不说就不说，免得给自己的职务升迁和奖金评定带来不利。在“管人文化”中，**大家都以履行制度和工作流程为工作内容，并且以工作的行为量大和对上级的服从度高作为优秀标准；至于工作中出现的成本高消耗、利润低产出，也都不会直接影响自己在上司脑海中的地位，更不会影响自己每月能领到的工资，所以大家当然就不会在意了。**

“管人文化”是企业里的各种好人主义、形式主义以及玩花拳绣腿、拍马屁等务虚现象滋生的温床。然而，因为务虚，表面上企业是一团和气、“热火朝天”的，所以产能低下的本质很自然地被掩盖掉了。“管人文化”几乎渗透在所有的中国企业中，很多老板都会被这种文化麻痹，如果他们看到员工们是忙忙碌碌的，就会倍感欣慰，即便月底看到财务报表上利润低于成本，也只认为该在战略和竞争上找问题，而不会认为需要从员工身上找问题。员工只要没闲着，老板就不会觉得他们对不起工资。

“管人文化”滋生于“金塔式”的管理结构，疯长于“权不带责”的运营体系。

“金塔式”管理结构就是人员级别由高到低、人员数量由少到多地自上而下分解责权利的多层管理结构。这种管理结构适宜于高度集权、任务机械化执行的组织。为能准确执行顶层管理人的旨意，组织体往往要求中层管理者和基层执行者任务信息传递准确无误、任务执行不折不扣。所以，中层管理者和基层执行者就不可以太主观。

在君主制的国家管理中，帝王必须高度集权，如果下辖的各个地方拥有过大的权力就是对统治者的一种威胁，受辖人群太有想法就不利于统治和管理。而下层人群越奴性、越机械，帝王的旨意就越不容易被曲解和篡用，江山就越容易稳固。

军队强大的战斗力也得益于"金塔式"的管理。军队行军打仗时，上级的命令必须不折不扣执行才能打胜仗，如果士兵们总是有自己的想法，仗就没法打好。比如上级要求敢死队哪怕不要命也必须把山头给拿下，而队员们却说能不能讨论一下看有没有少死几个人的更好方案，而后举手表决，少数服从多数……这样还会有敢死队吗？还能有令必行吗？所以，军队必须"官大一级压死人"，军人必须以服从命令为天职，不能有太多自己的想法，必须去主观化。

塔式管理，因为任务指令需要经过多个层级的管理人员，而人是很难做到绝对没有想法、绝对去主观化的。所以，塔式管理的任务指令多少都会在传递的过程中产生一些偏差。电视上常可以看到一种"鹦鹉学舌"的娱乐节目，主持人给其中一个人单独说几句话，这个人再将这些话单独复制给下一个人，依次传递了五六个人后，最后那个人说出来的话已经"面目全非"了！这种"击鼓传花"式的传话之所以成为娱乐，是因为话的内容每传一个人就会被扭曲不少，一步步就成了"笑话"。

塔式管理的主要弊病就是信息传递变形、指令被管理者的意志替代。为了保证任务指令多层传递尽量不被扭曲，塔式管理必须强调遵从，下级必须遵从上级。因为强调下级遵从上级，必然就会导致"人治"，工作指令会因为"人治"被层层管理者的意志替代，造成指令被扭曲，这是个矛盾体系。

为保证指令能传递到位，塔式管理的权力流必须同时夹带着利益流。在塔式管理中，下层执行者忤逆上级的行为是危险的，他们"听话照做"才会有好的前途，才会得到好的利益分配，因而，逆来顺受、拍马溜须就成了基层人员的生存法则。

塔式管理的遵从模式，必然会导致"管人"和"被人管"成为工作本身，

导致追求“管的过程”和“被管的量”成为工作的标的、由于“权不带责”，成本概念就自然在塔式管理的通道中没有市场了。

在工业生产时代，劳动的价值基本就是机械执行，所以塔式管理的弊病是不明显的。但是在现代市场，由于竞争越来越激烈，对生产创造力的要求越来越高，员工的主观能动性逐步成为企业的根本需求；而爆炸式产生的市场信息，绝不是一两个顶层管理者就能全面消化和准确掌握的，如果没有一个专业的团队来帮助进行信息的集成，并给出专业的分析意见，顶层管理者的个人决策指令往往就是一种片面意见和主观意愿的输出，他们就只能带着整个企业赌博式地前行。于是，扁平的管理结构，就成了现代企业界普遍的追求。

“管人文化”之所以泛滥，是因为“权不带责”的运营体系被推波助澜了。

一般情况下，企业里除了股东以外，其他人是不用承担运营的亏损责任的，这是导致企业工作人员只追求“分派过程”和“执行态度”的根本所在。由于“权不带责”，在分权之后，中层管理者自然就会肆意舞弄权术。因为跟亏损和失败不关联，而升迁和利益又得看“工作场面的热烈程度”，所以作为中层管理者，必然就会不计成本地“大干特干”，尽一切可能利用手中的权力和资源“做事”，于是，把员工调动起来花钱，把事做大就成了他们的基本追求。同样，员工也不需要承担亏损责任，所以他们就会跟着上司把钱花了、把局面搞大，以获得前途和“钱途”。

如果资源耗费量跟中层管理者的收入关联，那他们一定就会想方设法降低损耗；如果事项失败损及管理者的切身利益，那他们必然就会力图把事情做好。执行层也是一样。如果执行费用的大小跟员工收入的多少息息相关，那员工们肯定就会死盯成本损耗；如果时间成本直接跟员工的奖金分配挂钩，那员工们势必就会惜时如金。

2.“责随权分”才能避免务虚

只有简化管理层级，才能弱化“管人文化”；只有“责随权分”才能扭转工作人员务虚的倾向。

如果从责权利细分上着手，在权力和利益分派的同时，连带着责任（一定的经济责任）一起划分，就能打破“因分权而务虚、因务虚而低效”的局面，让劳动者的创造力获得重生。

责权利细分的关键措施是细化绩效考核，即，将每项工作的成本和效益跟执行者的收益直接挂钩。很多企业不是没有绩效考核，而是绩效考核过于表面和抽象，缺乏客观数据支撑，掺杂着考核人的主观概念，所以最后还是会滑落到“按比例评选优秀、轮流照顾情绪”的老坑里。如果每项工作的成本和效益不跟执行者的收益挂钩，绩效考核的执行就无法让大家改变重态度、轻数据的务虚行为。

责权利细分的核心问题是薪酬量化考核，即，将每项工作的量化执行结果直接挂钩员工工资。虽然很多企业也设有绩效工资，但绩效考核往往非常粗略和形式化，不能具体到每项工作，也对应不上执行事项的成本与消耗，特别是非业务部门，绩效工资只是一种格式，是一种奖金的象征性说法，起不到多少开源节流的作用。因为绩效工资起到的作用不大，大部分企业还是不得不以加薪来激励员工，但往往加薪策略只会让员工产生一小段时间的刺激，在“落袋为安”之后，员工很快就会恢复到加薪前的状态，因为**对员工加薪并没增加他的工作时间，也没增加他的工作量，所以，员工亢奋期一过，加薪的作用也就消失了；反而加薪的副作用倒是长久难以消除，往往因为加了张三、李四消极了，加了李四、王五颓废了……**

加薪的做法很容易让财务体系陷入恶性循环，而员工效能却很难因此提升。

因人才竞争的需要，很多企业以高薪来招揽人才，这无可厚非；但如果不能让人才充分发挥作用，这些藏龙卧虎的企业就真正地“藏龙卧虎”了——龙也藏着惯着、虎也宠着闲着。有这么一则实例：

一家做店铺智能设备的企业，因市场推广成立了两个业务部：一个部门是代理商业务部，只有3个经理，负责代理招商、推广辅助的工作；另一个部门是终端店铺业务部，是嫡系作战部队，有3个经理和60多个业务员，直接负责公司所在省份的终端店铺推广业务，这个部门成立的目的是要在最近的市场以最低的管理成本，获得最直接的运营经验，以推广给代理商。但实际的运营结果却非常滑稽：嫡系部队半年下来花的广告费、资料费、差旅费和工资成本为 360 万元，终端设备推广收入只有 80 万元，毛利按 68% 计算，是 54.4 万元；而代理商部半年的业务费、工资成本、差旅费是 36 万元，终端设备推广收入为 930 万元，毛利按 18% 计算，是 167.4 万元。这到底是谁给谁输出了经验呢？

为什么 60 多人创造的效益只是 3 个人的 1/3？

这个公司的老总后来找到了原因：压力等于动力，野生的比圈养的厉害。事实上代理商只有 30% 的提成空间，还得不到公司直接的资金支持，却能很正常地开拓市场；他们大多因为没什么学历、没什么专业技术才得不到好企业的“科班”职位，安享旱涝保收的工资，所以只能自食其力地来做代理，也正是因为他们的资料印刷费、业务推广费都得自己出，才会把每一分钱都用在刀刃上。对他们而言，如果业务没有成交，就要承担亏损，所以他们从不需要公司业务经理来进行鞭策，自觉地起早贪黑，到外面跑业务风雨无阻，对客户的服务无微不至，因此，他们的工作有成效也是必然的。

但嫡系部队学历高、专业精的员工们，条件比代理商优越得多，入职时有三天的强化培训，工资有保障，市场有广告支持，资料有公司提供，住店和交通有报销，连手机话费和餐费都有补助，但他们的业绩却远远无法跟代理商相提并论。其实正是因为工资旱涝保收，他们才做不到迎难而上，只能面对挫折怨天尤人。

这个公司的老总后来总结说，不是公司的业务人员没能力，是公司的机制有着很大的问题。首先，公司的支持方式是有问题的：在代理部业绩没公布之前，终端部出不了业绩，员工们不是在为困难找办法，而是在为结果找理由，大家都在“生意不好怪柜台”——埋怨市场不够成熟，说客户对新产品比较抗拒，嫌公司广告力度不够、产品知名度低、售后服务不到位，甚至埋怨公司印刷的名片不够大气、传单 128 克的铜版纸不够档次……大家集体认为，60 多人都没出成绩，一定就不是谁不努力的问题，而是因为公司和产品不够好。其次，公司的保障模式有问题。比如，一个经理带着员工出差，累了一天下来，晚餐的时候大家在一起吃盒饭，业务员根据公司报销规定点的是不超过20元的餐，经理则可以点25元的；晚上住宿时，经理帮找了个经济旅店，按每天每人120元的报销上限给员工们订了房，但经理的上限是160元，这个旅店没有这样的房，于是经理自己就到对面住更好的酒店去了……第二天，有两个业务员就直接走人了，其他业务员虽然没走，但全没了心气儿，都看着经理去忙，一个两个似动非动的……

太好的保障往往会成为潜能发挥的反作用力。兔子急了才会咬人，狗急了才能跳上墙，压力才是潜能的源泉。有这么一个例子：

有村子里死了个人，大家在乱坟岗挖了个深坑，准备第二天下葬。半夜里一个酒鬼喝醉了，摇晃摇晃地就掉进了坑里，怎么爬也上不去，于是他就想"反正也上不去了，不如就在这睡一觉吧！"这时又有一个壮汉，想回家抄近路，不小心也掉了进去，因为急着要回家，壮汉努力地往上爬，努力了半天，也爬不上去，黑咕隆咚的，怎么办呢？正当他很沮丧的时候，酒鬼慢吞吞地说："别爬了，爬不出去的。"壮汉头皮一麻，大叫："妈啊，有鬼……"于是他一蹦就跳出去了。

有研究表明，人在危急时刻，体内会分泌一种激素，这种激素会激发人体所潜藏的超常能力，而且越危急，潜能发挥越高。人平常的潜能利用率只有6%~8%，像爱因斯坦这样的科学家也仅使用了10%左右。所以，激发员工潜能，提高企业效能，是大有文章可做的。

1.8 招人难留人更难

1. 招人难留人难似乎无法逆转

在中国，廉价劳动力的时代一去不复返了，随着市场竞争的加剧，人才竞争也成了企业无法回避的根本问题。在劳动力买方市场逐步疲弱的今天，企业招人越来越难了，留人也越来越不容易了。

很多企业因为品牌影响力不够、综合基础不高，招人和留人的困难严重制约着企业的发展。所以，除了高薪招聘和不断地加薪留人，企业的人力资源部似乎别无选择。但高薪招聘和加薪留人不仅会让企业在财务上陷入恶性循环，最后变得不堪重负，还会让员工团队走向失衡，无法聚焦工作。

人才的竞争，让企业在招聘市场上不得不持续抬高招人的薪金，可新人拿着高薪进来了，老员工怎么办？对于同等职位的老员工，企业往往只能看到谁不平衡的时候就给谁加薪，可加给了张三，李四总有一天也会知道的，所以最后都会加上去；之后再进的新员工，工资如果低过老员工，转正后他会要求公司“一视同仁”，工资如果高过老员工，老员工又会有新一轮的加薪要求……周而复始，在员工谁也不可能接受降薪的前提下，公司的人力成本只会不断地被抬高，这种只涨不跌的抬高，完全无法兼顾公司的利润是升是降，它只会不断地增加公司的财务风险。为了降低财务风险，企业往往只能让“会哭的孩子有奶喝”，然后执行“工资保密制度”；然而越是保密，员工就会纠结得越厉害，大家总有自己的办法互相打探，所以薪资的失衡往往会使得员工们无法潜心工作。**加薪如果只是增加了财务成本还不算太要命，要命的是薪资加来加去，会使平庸的员工有恃无恐、越来越懒，想赶还赶不走；大家比来比去，会让优秀的员工心理反差越来越大，想留又留不住。**

高薪不一定能留住人，但低薪一定留不住人。所以，很多企业在薪资问题上想了很多办法。事实上，无论是个性化加薪、统一定期加薪，还是年终双薪、增加福利，或者评优、配股，都无一例外地触及了员工“患不均”的本性，让人力资源部总是“按下葫芦浮起瓢”；为了平衡，管理者往往又只能以“公平”为基调，进行各种收益细分，并给出同一细分项一致的收益，而新的细分标准又无一例外地将员工“合并同类项”了，让员工们在“公平”的同一类中，吃起“新型大锅饭”来。

2.“胡萝卜”越来越不堪了

马斯洛把人的需求分作五个层次，认为人总是在满足了较低层次的需求后，去追求更高层次的需求。其实，企业在薪资问题上绞尽脑汁，想方设法满足员工的“第二层次需求”（职位、财产等）的时候，年轻一代的员工们却开始跳过“第三层次需求”（情感和归属感），追求“第四层次需求”（尊重），甚至“第五层次需求”（自我实现）了。不是年轻人太难伺候，是一些管理者out（落伍）了。刻舟求剑的做法，永远也无法解决好企业招人难、留人难问题。

很多老板还在信奉“有钱能使鬼推磨”，认为曾经屡试不爽的“胡萝卜+大棒”就是最有效的管理办法。但是，而今的员工，是越来越自由，忠诚度越来越低了，他们的行为越来越不受约束，而且自我保护的意识和法律意识也越来越强，“大棒”的办法越来越失去效用，“胡萝卜”的制约力也越来越低了。

20世纪80年代以前的中国，人们的生活比较贫困、工作机会比较有限，大家工作主要是为了求生存，所以会因为怕丢了饭碗而努力工作，他们不怕苦、不怕脏、不怕累，甚至不怕死。在那个年代，“螺丝钉精神”成了一种风貌，在管理上，“胡萝卜”当然就很有吸引力，而“大棒”当然也就非常有效。

但随着社会生产力的发展，人们的生活水平提高了，中国的年轻一代基本不再有生存之忧了，这代人的父母也不会再让自己受过的苦在孩子身上重演，何况很多是独生子女，从小就是几个长辈捧大的，参加工作后还有父母在后面为自己拼房、拼婚，为生存而工作的原动力在这些人身上基本消失了。这些新时代的人更多的会以自我为中心，不太能隐忍，也很难为企业“效忠”。在职场中，“自我精神”取代了“螺丝钉精神”。“新新人类”对上司的奖罚贬赏早已不再是听之任之，也不再会被工资绑架，他们可能因一丝丝的不顺心就会撂挑子，甚至可能因一点点的别扭就会拍拍屁股跑到另一个城市去找存在感。有统计显示，不同年代的中国员工，他们第一份工作的平均时长差距很大：“70后”是4年，“80后”是3.5年，“90后”是19个月，“95后”则变成了7个月。在年轻一代看来，不敢跳槽就是没能耐，“说走就走”才叫时尚。

年轻一代有追求自由的资本和理由，因为他们不再需要屈从于什么，他们有很强的个性和自我意识。

员工的需求不一样了，管理自然就不能不变了。

的确，企业竭尽可能给出来的**“胡萝卜”**（薪资、奖金和福利等），**只是在满足员工的“第二层次需求”**（职位、财产等），**而“大棒”**（管理、促进和监督等）**刚好又逆着员工的“第三层次需求”**（情感和归属感）**和“第四层次**

需求”（尊重）**而去，“牛头”确实“对不上马嘴”，招人和留人能不难吗？**

那么，**如果“第二层次需求”无法满足员工了，除了薪资、奖金和福利，企业还能拿出什么来吸引员工呢？**

要满足员工的“第五层次需求”（自我实现），好像更难。毕竟，企业是老板的，管理就是为资本服务的，如果把企业拿来满足员工的自我实现，岂不是企将不企了？

1.9　劳资矛盾不易化解

1. 聘用制导致了劳资利益的对立性

聘用制是当今社会劳资关系的主流形式，它是指资产方通过签订合同以明确劳动工资的形式聘用劳动者的工作制度，劳动合同明确的工资是受聘人劳动力价值的基本界定。

聘用制的实质还是雇佣制，只是比雇佣制更契约化、法律化了而已。在聘用制下，劳资是一种购买关系，劳动者通过出卖劳动换取工资，劳动工资跟生产资料一样在财务上被记为生产成本，因此，剩余价值归资产方，与劳动者无关。

聘用制下劳资的购买关系决定了劳动者不具有产权；又因为不具有产权，所以原则上劳动者就不参与利润分配。因为与产权、成本和利润分配无关，所以劳动者在工作中对固定资产的损耗、生产资料的浪费和亏损风险的扩大是不会在意的。资产方对生产成本负责，成本越大，他们的利润就越小；而员工工资是生产成本的主要部分，直接侵蚀着利润，所以，企业会想方设法降低工资以避免亏损和确保投资收益。因为劳资是利益的对立面，所以无论企业文化如何倡导、管理者如何人性化感染员工，劳资的对立意识始终是存在的。

聘用制在体力劳动为主的作坊和工业生产中是利于利润规划和生产决策的。

在工业时代早期，企业购买了生产资料，以及购买了等同于生产资料的劳动就能轻而易举地进行生产和实现利润了，所以资方在劳资关系中拥有绝对的主导权。那个时期是商品的供方市场，市场中商品较为匮乏，产品只要能生产出来就不愁销，资本只需要规划好成本和计算好利润，就能简单进行生产决策了。而聘用制则非常利于企业清晰地规划成本和计划生产，利于明确地规避风险和保障利润，因此，聘用制成了社会生产使用最广泛的劳资结构模式。

商品经济发展到今天，**供方市场已经转换到了需方市场，商品的迭代速度越来越快，创造力逐步成为企业的核心竞争力**，员工是否能充分发挥主观创造性成为企业成败的关键；而劳动力市场流动性也越来越强，制约员工、制约自观能动性、把员工意识推向对立面的聘用制，其弊端显得越来越突出了。

聘用制决定了劳资的购买关系，员工再清楚不过，自己是在用劳动换工资，所以，员工做工作是“看菜吃饭”的，能少做就尽量少做，免得身体折旧过快。而且很明显，同一个人，帮人打工和自己创业的潜能发挥真的会有天壤之别。

有个叫李雷的人，本科学历，大学时期就勤工俭学养活了自己，没花家里的钱，这夯实了他的工作自信心。毕业后，他就依托着已有的经验和客户资源，找工作和换工作都比较顺利，但辗转了四个公司，觉得都不满意，嫌提成太低，基础工资又不够高。在这几个公司里，他拿到的业务提成基本在4%左右，比大学勤工俭学时的20%低了很多，因为公司要支付他的工资成本，所以提成比兼职的低，这他能理解。只是，他在算计，假如自己做，收益就会是50%，按自己现有的能力和业绩算的话，收益可以翻四倍，反正业务都是自己一个人做出来的，何必帮别人赚钱呢？于是他开了个工作室，招了几个人就自己干了。因为有房租压力，还得养员工，所以李雷非常努力，事无巨细，几乎每天都工作到深夜，每个周末也都搭在工作中了，体重由66公斤降到了55公斤。因为缺少之前那些公司的品牌力和综合服务支持，虽然李雷比打工时努力得多，但业务成交量还少了不少，减去房租、水电费、业务费、工资后，没有盈余，由于维持不了基本的收支平衡，他不得不靠刷信用卡来填补亏损，半年干下来，不仅原先的积蓄耗光了，还欠了两万多元的信用贷款，自己的社保也中断缴纳了。李雷心想，我只是开工作室而已，要是开的是公司的话，还得加上各种税费，会亏得更惨，于是他慢慢意识到了创业的艰辛和打工的无忧。所以他重新去应聘，凭着更丰富的经验和资源，他获得了高薪，月薪（基本工资 + 提成）稳稳当当可以维持在 1.8 万元左右，他觉得这样的工作比较满意，因为社保有公司代交，每月花销八千元还能存一万，没有运营工作室时候的那种巨大压力，每天还可以到点打卡下班，有足够的时间去吃喝玩乐、享受生活。因为能吃老本，他的工作可以轻松应付过去，也由于没多大压力，就失去了创业时的那种激情了，他完全进入了朝九晚五的职业状态。李雷自己的感觉是，打工一周的工作付出，只相当于创业时一天的工作量。

角色决定心态，压力决定创造力，一个人以不同的角色和不同的心态面对工作时，他的状态是完全不一样的。

事业状态：全力以赴。

打工状态：全力应付。

姜博仁在《新合伙制》（姜博仁，2016）中列举了员工的打工心态（表 1–1）：

表 1–1

打工心态的表现

具体表现	心态和行为
浅尝辄止	没有深入研究自己的工作岗位，满足于现状。不愿意学习，怕麻顿。满足于一知半解
拈轻怕重	工作时偷懒、拖延，千方百计躲避脏活、累活，以少干活为荣，还自以为占到便宜
嫉贤妒能	自己不努力，还怕别人表现得比自己优秀，对于比自己强的人百般掣肘
自相残杀	为了拉业务、比业绩，不惜自相残杀、互相算计，结果两败俱伤
麻木不仁	只关心自己的薪水，不关心公司的其他事务，整天浑浑噩噩
推诿扯皮	做事马虎，心态浮躁，遇事推卸责任，给自己找借口，总有理由，没理也要搅三分
心存侥幸	做事草率、冒失、糊弄，出了事就开始装可怜，说“我也没想到会这样”
制造麻烦	满腹牢骚、怨恨，暗中诋毁老板、同事，故意浪费生产材料，存心不让别人好过
得过且过	对自己说：“反正是打工，差不多就行了，干一天是一天，也不会一辈子在这儿干。”
看人行事	心思放在投机取巧、逢迎拍马、寻找靠山上，到处拉关系、搞人情
聪明过度	没好处的事情坚决不干，见别人干了额外的事情还冷嘲热讽
利字当头	遇见问题能拖就拖，觉得造成了损失与自己无关，除非加钱，否则没有动力

聘用制下的员工只会对工作的执行负责，不会对工作的效益负责。

聘用合同就相当于员工的收入保险箱，工作结果的好坏不会影响员工的工资数，所以大部分员工只求工作尽量轻松点，能少做就少做；甚至包括聘来的不少高管，也只是在为了履行职责而履行职责，因为利润和亏损跟自己没什么关系，所以无论企业是成是败基本都不会太着急，大家不会太在意花掉了多少费用，不会太在意产生了多少利润，甚至有的人在有缝隙可钻的时候还会从中捞一把。

聘用制决定了劳资利益的对立性。

因为员工拿多了，老板的利润就少了；给员工发少点工资，老板就可以多得点利润。你多我少的实质，对于老板和员工而言，都心知肚明。所以，员工们平时不管如何显得唯老板之命是从，如何在老板面前显得忙忙碌碌，那都只是表象，一旦工资被扣，他们就会立马翻脸，原形毕露。即便公司已经亏得负债累累，也没多少员工会有恻隐之心，反倒是，公司越亏得厉害，一些人就会越紧张，越是想要强力讨薪，结果不如意，不惜跟老板对簿公堂。

兵法有云：上下同欲者胜。但在公司里，员工和老板的“欲”正好是相反的。

上下不同欲，就没有向心力，所以很多老板都在想办法让员工们心向公司，他们希望建立起荣辱与共的企业文化，营造出琴瑟和鸣的同盟关系，以期激发员工们的工作积极性。可是，大部分公司的文化建设仍然停留在空洞说教和情感交换的阶段，在给予员工一定的人文关怀的基础上，寄希望于员工感动，从而积极拼搏、无私奉献。其实员工们很难被虚幻的文化感动，他们心里都明白，一切的关怀，都是为了换取员工努力工作，令公司赢得利润，在公司空洞关怀的背后，是对实际工资的斤斤计较，所以，员工们几无可能跟老板同心。

2. 劳资利益共同体是解决劳资对立的正解吗

在劳资关系上，还是有很多老板迫切期待改善的，因为员工们的消极被动，已让企业步履维艰，再不激发出员工们的积极创造作用，企业将面临被淘汰。很多企业已在尝试建立与员工共担共享的“合作模式”，不过，又因为员工缺乏经济责任承担能力而难以真正成形。

有些老板想不通，为什么拿出了公司的核心股份来作激励，员工们却并不兴奋。在老板们看来，核心股份就是公司最根本的权益，前期的投入和风险自己承担了，法律责任自己也承担了，然后在责任和风险更小的基础上跟员工共享共担，并且还让员工们继续拥有工资，这是本身就是一种“施舍”，因为员工们出点资，或者以部分薪资冲抵股金，在相比老板们风险低很多的情况下，就能获得跟老板们相同的预期很高的收益，一起“当家作主”……但员工们很难领这种情，他们心里嘀咕得更多的是，公司的目的可能是想让我们“羊毛出在羊身上”吧？

因为劳资关系大多基于聘用形式结成，所以劳资矛盾状态是普遍的现象。在员工大都不具备经济风险承担能力的情况下，老板与员工的责、权、利很难放在同一个层面上进行分配。

目前很多企业都在尝试建立劳资利益共同体，有“员工持股制”，有“合伙制”等。共同体的建设基本上都着眼于**员工配股**，但这些股权激励实际上吸引力和激励作用较为有限，反而有可能会让企业掉到另一个深坑中——**让员工把不少的工作时间和精力浪费在了他们根本不熟悉的股东权益纠结上了，同时也使员工徒增了很多的“患不均”，包括员工之间，以及员工与老板之间。**“万通六雄”，即冯仑、王功权、刘军、易小迪、王启富和潘石屹都是大佬级的行业领军人物，而且他们的责权利承受力也很接近，仅仅才六个人的合伙，最后都难以共存，何况要把一大堆层次不一、诉求各异的人搅到一起，何其难哉！试想，**员工既不了解公司的全局，也看不懂财务报表，更不懂竞争对手的战略，他们怎么跟老板们一道去行使股东表决权呢？**

在劳动创造力转化为企业核心竞争力的大趋势中，劳资利益不统一成为企业发展的最大绊脚石，要实现一百八十度的翻转谈何容易。事实上，在传统结构中，劳资双方的责任承担基础和利益分配立场是不同的。如果硬是将他们混搭在一起，让他们在同一层面上共担责任、共享分配，这确实很不对称，也很难去平衡。那么，劳资共同体到底要怎样来建设，才能真正解放劳动创造力呢？

任何一个创业，都是向死而生的过程。在中国，创业者的成功率只有3%，两个创业者在一起，叫同病相怜；三个创业者在一起，叫抱团取暖；N个创业者在一起，叫失败者联盟。

——吴晓波（艾诚，2017）

第 2 章

创业路上九死一生

2.1　从中国式合伙到中国式散伙

中国的合伙企业做大之后往往就会“树大分枝”，而且大多是矛盾式的分离，这种现象被称作“中国式拆伙”。

江湖义气、兄弟情谊往往是中国式合伙天然存在的元素。在企业的创业初期，大家因为情感和义气，即便是打地铺、啃馒头，也很容易拧成一股绳，并在艰难的创业中惺惺相惜、攻无不克。然而，当企业越做越大，江湖式管理的弊病就会逐步凸显，在“规范化”管理的过程中，利益和规矩不断与情义和义气冲突，打下一些江山后，“排座次、分金银、论荣辱”是必然的，越是有钱分，“大块吃肉大口喝酒”的原始愿望就越难维持，企业不是剑拔弩张内耗不止，便是梁山英雄流云四散。“哥们式合伙，仇人式散伙”几乎成了通律。

2.1.1　比《中国合伙人》电影更惨烈的原型（吴垠，2015）（张兆慧，2013）（李敏敏，2013）

1.“分封制”让新东方称霸中国外语培训市场

电影《中国合伙人》三位主角的原型是新东方的三位创业英雄。

新东方创始人俞敏洪先生曾说，真正的新东方发展和合伙关系远比电影里的复杂得多，合伙人的争吵比电影凶得多。很多企业的合伙人都是基于亲缘、同学、同乡这种有着天然情义纽带关系走到一起的，新东方的渊源主要是北京大学的同学、师生。1995 年，俞敏洪“三顾茅庐”，飞到北美请回北大的原同事徐小平、同学王强，组成了新东方的“三驾马车”，他们特质相近、优势互补：俞敏洪是英语培训大家、王强是英语口语强人、徐小平擅长品牌和宣传。“土鳖+海龟”式的合作，能让大家相互补充和促进。

创业之初，大家的感情和生活都非常亲近，徐小平刚回国时就住在俞敏洪家里。大家把白天吃的剩菜当夜宵，吃完就回办公室加班，累了经常一起睡地板；新东方很多骨干都围在俞敏洪所在的小区附近租房，是为了方便大家聚会。大家工作之余偶尔炒个鸡蛋，喝点小酒，聊事业，聊人生，真可谓无兄弟不创业、无兄弟不生活。

俞敏洪有一套“糖纸理论”：把大人给的糖分给小朋友们吃，自己保留糖纸，然后把小伙伴们聚到一起。这套“糖纸理论”缔造了新东方特色的“分封制”，并因此成就了后来的辉煌。

“分封制”简单明了：俞敏洪根据手下猛将的强项，将公司地盘划分出不同的板块，让大家各自经营，只需上交15%的管理费，其余赚的全归自己。这种体制大大激发了各分封人的事业心和创造力——徐小平在分包的留学、签证、移民版块中，独创一套留学咨询、人生咨询的思想和方法，后来逐步演绎成了“新东方精神”；王强在分包的口语培训版块中，创造了风靡一时的“美式思维口语教学法”；俞敏洪自己，则坚守留学考试培训的老阵地。由于各板块自负盈亏，因此总部没有太大的成本压力。因为分封人挣多得多，所以天下豪杰趋之若鹜，包凡一、胡敏、钱永强、钱坤强、罗永浩、宋洁……这些创业英雄逐一加盟，一时间风云际会、群星闪耀，包凡一从加拿大带回的是一流的英语写作，胡敏开创了新东方“雅思”教学、编出中国第一套托福教材……新东方以气吞山河之势，迅速鲸吞着中国的留学和英语培训市场。

1996年后的几年里，新东方陆续成立了翻译咨询公司、教学软件公司、留学咨询处、出版中心、英语写作中心、基础英语学院、小语种部、高自考部、中小学英语部等，截至2000年，学生人数增加到了10万人，奠定了其在中国外语市场上的霸主地位。

2. 公司化分辙了新东方的“三驾马车”

2000年初，资本市场专家、人民大学金融研究所所长王明夫抛出了“为什么新东方不值50亿”的说法，正式拉开了新东方公司化改革的序幕。同年

5 月，由 11 名校长、副校长、名牌教师组成的股东成立了“东方人科技发展总公司”，2001 年初成立了新东方教育集团，组建了董事会，俞敏洪任董事长兼总裁。

分配和决策机制的调整，冲击着“诸侯们”的地盘和利益，这种结束“分封制”的重新洗牌自然是冲突不断。股权设计中，俞敏洪绝对控股，其余十人分享小股份，而“海龟”们在观念和情感上是不能接受绝对权力的，甚至用“绝对权力导致绝对腐败”这一政治学理念，来抨击权力现实，大家都有种“不是新东方的主人，而是俞敏洪的雇工”的感觉。

在巨大利益面前，友谊和感情似乎不堪一击。

因为股改，小股东的地盘没了，人、财、物的支配权取消了，由于大家的股权朝不保夕，自然就陷入了恐慌，而之前股东们集体推动的改革，逐步被理解为是俞敏洪在“杯酒释兵权”。

于是乎，俞敏洪的信任危机被持续发酵，权术博弈在繁荣发展表象之下孕育着分裂。乱象之下，连俞敏洪都觉得自己不是称职的 CEO 了。由于俞敏洪的退让和妥协，王强在一次董事会上忽然就成了 CEO，这导致了后来的董事会不再算是董事会，而是“CEO 联席会议”了。因为不愿意驾驭“联席会”，所以开会时俞敏洪总是在会议室外徘徊，任由其他董事在会议室里面“畅谈”。

后来的一次会议界定了董事长和“联席会”的权限，即，除战略发展策略、投资、合并、关停这样的事项由董事长最终决定外，其他的事项，包括公司、学校的具体管理均由“联席会”裁决，只需报备给董事长即可。有一次俞敏洪终于忍不住了，从会议室外面闯进“联席会”现场，但他也只是站在会议室门口说话，他主动请缨去担任双语学校的领导——这根本就不是一个董事长的姿态，而更像是一个应聘者在应对主考官们的集体面试。俞敏洪在门口请求完就离开了，然后等着“主考官们”来裁决。但是，“联席会”最后否决了俞敏洪的申请，因为这个时候，谁抢事情做都不会被看作是积极主动地作贡献，而会被看作是“抢地盘”和“树个人权威”的行为。

2001 年 8 月 27 日，王强通过秘书向一墙之隔的俞敏洪递交了一封信，历数了董事长的过错和公司弊病，提出辞职、退股、离开的申请。在第二天的董事会上，王强说他离开的主要原因是“不愿意为一个家族牺牲，因为俞敏洪不能超越他老妈”。面对股东们的挽留，王强痛哭着说：“为了给俞敏洪敲响真正的警钟，我要走……我走了，俞敏洪才能记住今天晚上，才能成为伟人……新东方可以没有我，但不能没有俞敏洪……”徐小平也在会上提出辞去董事职务，声援王强、施压俞敏洪，他甚至建议俞敏洪离开一段时间，出国留学，“成为新人”。俞敏洪在万分痛苦中恳请王强和徐小平留下，自己请求辞去董事长和总裁职务，董事会差点就成了散伙会。

虽然这天没散伙，但徐小平“非暴力不合作”的两个事件却让他们兄弟的感情跌到了冰点：一是在王强给俞敏洪“最后期限”的 11 月 1 日，徐小平激烈地抵制俞敏洪关于钱永强担任推广总监的任命；二是之后的武汉“俞徐演讲之行”，广告早就打了，徐小平没去，让俞敏洪独自去应对。同样地，随后的青城山之行，也就成了俞敏洪的深思独旅。或许因为独旅，俞敏洪得以深思。痛定思痛，俞敏洪在都江堰得到“李冰父子”因势利导、顺其自然的启发，似乎悟到了一劳永逸、成就千秋大业的道理，于是他痛下决心，准备回去之后力挽狂澜。

俞敏洪坚定了，不再因乱象摇摆。

后来，就有了徐小平的两次离开新东方董事会的故事；时至 2006 年，王强也离开了，“三驾马车”彻底分辙，新东方只剩俞敏洪“一驾马车”了。后来，徐小平和王强成了真格基金的负责人，他们陆续投资了世纪佳缘、聚美优品等知名品牌，并未演绎《中国合伙人》完美“聚义”的结局。

2.1.2　万通六雄的江湖情结（郑颖，2016）（吴垠，2015）

1. 万通六君子“座有序”而“利无别”

“以江湖方式进入，以商人方式退出”，是对曾经叱咤地产界的万通集团创始人的最经典阐述。万通的合伙，是“英雄好汉”式的情投意合，万通的散伙，是西式商业化的分道扬镳，从合伙到散伙的激荡 12 年，映射了最具有中国特色的合伙方式，也历经了西方合伙机制的洗礼，是历史性的合伙，也是历史性的散伙。

“万通六君子”——冯仑、潘石屹、易小迪、王功权、王启富和刘军，他们走到一起时，还是磁场相吸、理想相投、价值观契合的六个性格鲜明且各有所长的青年人。1991 年，意气风发的“六君子”在海南正式创立海南农业高技术联合开发投资公司（万通前身，简称“农高投”），王功权任法人代表、总经理，冯仑任董事长，刘军任副董事长，王启富担任办公室主任，易小迪作为总经理助理，而后来的潘石屹主管财务中心。崇尚英雄主义情结的六兄弟，你我之间，“座有序”而“利无别”，开启了他们在海南的“淘金”之旅。

那时候的中国，发展的空间很大，一夜暴富的故事比比皆是。1992 年，“农高投”通过海口“九都别墅”项目的运作赚到了第一桶金，之后就开始迅速壮大，操作“莲怡庐”项目，在海口和三亚经营地产。到 1993 年，“农高投”增资扩股，改制成为有限责任制企业集团，即万通集团，格局越做越大。

“大口喝酒、大块吃肉”，“你有我有全都有”，“但求同年同月同日死”，这是中国式的兄弟情结。万通六君子绝对平等的兄弟情义，充分体现在了六兄弟的股权分配上，即万通股权由六人平均分配、重大决策由六人共同决定。于是，“你我无别、平起平坐”的六个人组成了万通的核心权力层。

2. 权力的平均葬送了万通

起初，六兄弟配合得相当完美，以海南为中心，将事业不断向其他省市扩展。冯仑曾说：“我们这些合伙人一开始合作的基础不是钱，而是大家共同的理想、信念和追求。”奈何各自都是人中龙凤、山中之王，随着布局的不断扩大，彼此意见冲突越来越大，而由于权力的绝对平均，使得各种事项和矛盾没人能直接拍板，所以是是非非如落石般地不断冲击着六个人的关系，万通逐步就走到了岔路口。

随着战略的不断扩张，万通的业务遍布了广西、广东、北京、上海以及长春等地，而六君子也分布到了不同的地方。潘石屹北上探路，于 1992 年底在北京打造了万通新世界广场，使之成了万通在北京地产界的里程碑项目；1993 年，易小迪到广西发展；之后，王启富到了深圳开疆拓土；而王功权到了美国，做起了股权投资。由于沟通不便，六个人之间的信息不对称，且在不同的地域，企业的管理和政策经济环境都有所不同，加之六个人性格迥异，又都很有个性，所以在很多事情上容易产生分歧，相互间的矛盾越来越难以协调。

虽然经营情况和资源结构都在发生着变化，但是六个人仍然保持着个人股权分配的平均。

1994 年，万通在海南一个价值 6000 万元的项目，被买方用不正规手段强迫退回，而且项目已经缩水到只剩 300 万元，王功权被迫签下了一笔带有巨额赔偿条款的“屈辱”协议，万通公司损失了一个亿，这个赔偿协议，成了压死骆驼的最后一根稻草。这一年的秋天，六兄弟在广西西山举行了一次会议，也就是圈里人熟知的“西山分裂会议”。会议上，大家对于海南赔偿协议问题完全无法达成共识；其实在此之前，六人之间的矛盾也早已生了根。当时潘石屹担任北京万通实业的总经理，拥有资源配置最多，经常有人绕过常务董事会直接向潘石屹借钱，导致万通的总部被“架空”，在那时，谁能拿到各地的具体项目，谁就是老板。“西山会议”最大的矛盾焦点就在冯仑和潘石屹身上，据最盛行的说法是，冯仑当时投项目需要潘石屹拨款，潘石屹不批，不同意投资项目，于是就产生了激烈的争吵。

资源的分配问题，是六个人的矛盾关键，公司在未来的发展战略中，该投哪些项目、不该投哪些项目，大家都看法不一，你说你的道我论我的理，谁也不愿意退步。六兄弟都太有个性、太有想法，你难以被我左右，我也不易因你改变自己，大家很难达成一致。由于股份均等，权力平均，大家没有谁主谁次，不可能谁否定了谁，也不可能以谁的主意为主，所以无法集中意见达成共识，除非有人愿意妥协、让步，否则根本无法得出结果。六个人的争吵十分激烈，大家有气愤、有无奈、有难过、有不舍，矛盾夹杂着兄弟情义，在一同经历风雨的难忘回忆中，大家都哭了……在外呼风唤雨的六君子，在彼此面前却显得那么无能为力。

开始于英雄豪杰的结盟，在残酷的商业现实面前显得那么脆弱，兄弟间的深情厚谊，在绝对平均的股权结构里显得那么不堪，这段“哥们式合伙”，终于还是画上了终了的句号。

万通六君子确实个个身怀绝技，聚是一团火、散是满天星。所以万通分家之后，他们各自成了不同行业中的领军人物。冯仑、潘石屹和易小迪成为地产界大鳄，王功权成了风投一雄，王启富和刘军的事业此后也是如日中天。分离后常相聚的六君子，成为中国江湖上广为传颂的英雄。

2.1.3　引人联想的联想（吴垠，2015）（宁肯，2017）

1. 倪光南的离开夯实了联想的销售主导战略

计算机巨头联想集团的曲折发展史，折射出中国企业在激荡市场的艰难探索和中国企业家特有的义利情怀。

以柳传志、倪光南为主的联想元老们，是如何惺惺相惜、优势互补地组合，如何艰苦拼搏、呕心沥血打下江山自不用多说。值得一提的是，在联想的第10 个年头，柳传志与倪光南之间渐生不和，矛盾逐步升级。倪光南是技术派，柳传志是销售派。倪光南主张开发芯片等核心技术，提升竞争实力；而柳传志认为有高科技产品，不一定能卖得出去，只有卖出去，企业才有效益，认为联想暂不具备自主研发处理器芯片的实力。最后，两人对公司经营的理念南辕北辙，联想退出倪光南主导的汉卡市场，柳传志否决了倪光南申请的大笔研发经费，倪光南在联想的主要项目几乎停摆，倪柳关系逐渐恶化。后来倪光南向中科院控告柳传志在联想的香港 IPO 项目中窃取国有资产、虚报资产负债表，恨不得把柳传志送进监牢。不过，中科院及联想的高层力挺柳传志，免去了倪光南在联想的总工职务。

倪柳矛盾持续了四年之后，联想正式解聘了倪光南。后来倪光南在接受媒体采访时坦承，离开联想前的几年是他人生最痛苦的阶段，如果当时柳传志不把他“踢出”联想，他可能会沉浸在负面的情绪里，难以开展自己新的人生。

历史难说对错，倪光南也只是太想把联想放到技术竞争更有利的高度。当年，倪光南主持开发的汉卡系统让联想赚到了上千万元的第一桶金，并在国内率先研发程控交换机，与华为同时取得了国家的入网证；倪光南在联想是力主抓住计算机与通信融合（ICT）的大趋势的。伴随着倪光南离开核心的管理层，联想取消了程控交换机事业部，从侧面成就了后来华为通信设备领域的一家独大。存在值得尊重，发展就是真理。如果被出局的不是倪光南而是柳传志，联想还是今天的联想吗？

2. 联想一直还在让人联想

倪光南没让柳传志身陷囹圄，柳传志后来倒是真的把一度有联想接班人气质的孙宏斌送进了大牢。

柳传志向来不吝提拔年轻人，现任联想集团董事长杨元庆、神州数码董事局主席郭为都是在 20 多岁时获得重用，成为单项业务的总经理。孙宏斌从清华大学硕士毕业后就进入联想，凭着热情与闯劲，很快获得柳传志的信任，被破格提拔为联想集团企业发展部的经理，主管由他在全国各地开辟的 18 家分公司，分公司的头头脑脑基本上都是孙宏斌任命，因此孙宏斌在分公司拥有很高的威信。外界认为孙红得太快，导致部分联想内部人士认为有动用公司内部资产接济个人事业的企图。柳传志硬是以挪用公款 13 万元的罪名将孙宏斌移送法办，最终孙在否认犯罪的情形下获判有期徒刑五年。

“杀掉”自己最看重的爱将，柳传志也是万不得已。而孙宏斌在狱中也深刻反思，出狱后的他专门向柳传志当面道歉，柳传志很感动。另一个细节是，孙宏斌表示希望能跟柳传志成为朋友，柳传志回应说：“我从来不说谁是我的朋友，但是你可以告诉别人你是我的朋友。”

后来，孙宏斌依靠柳传志支持的钱投身房地产，成为房地产界具有影响力的人物。2010 年 10 月 7 日，孙宏斌执掌的融创中国登陆香港证券交易所（以下简称港交所）；2016 年 9 月，孙宏斌出资 137 亿元收购联想控股旗下的融科智地；2017 年 7 月，以 295.75 亿元收购 13 个万达文旅城的项目股权，以 335.95 亿元收购万达旗下 76 个酒店。

2.1.4　家族内斗使出真功夫（吴垠，2015）（李敏敏，2013）

1. 打造了“中式麦当劳”确是“真功夫”

如今在各大机场、火车站、商业中心随处可见的真功夫，是一家典型的中国式家族企业，其创始人是潘宇海、蔡达标和潘敏峰（潘宇海的姐姐、蔡达标的嫡妻）。

真功夫最早不叫真功夫，叫作 168 蒸品快餐店，是三个创始人于 1994 年以 8 万元启动资金，基于潘宇海经营了三年的 168 甜品屋基础上改组而成的。168 蒸品快餐店成立之后，三个创始人各司其职，潘宇海负责对菜品的样式、味道、价格等方面的研究，经常跑到各个星级酒店品尝和学习厨艺，凭借着极高的厨艺天赋，潘宇海推出的蒸饭、蒸汤和甜品，为 168 蒸品快餐店吸引来了大批客户，生意逐渐红火起来；蔡达标则负责品牌的总体策划，把西式快餐行业巨头麦当劳当作商业战略的参考对象和竞争对手；而潘敏峰则负责餐厅的财务，并且基于特殊的家庭关系，潘敏峰还起到了柔和连接三个合伙人关系的核心人物。蔡达标与潘敏峰琴瑟和谐，蔡、潘两家大事小事都有商有量，过着创业初期辛苦但又惬意的小日子，无限憧憬着未来。

1996 年，潘敏峰怀上了第二个孩子，却发现丈夫蔡达标经常晚上三更半夜才回家，借口说是因为工作。之后，潘敏峰打听到蔡在外面有作风问题，此后两夫妻便生了嫌隙。

1997 年，蔡达标和潘宇海商量决定注册成立双种子公司，股权分配潘宇海占 50%，蔡达标和潘敏峰各占 25%。两家人股份平分，这是最中国化的平等结构。后来为了扩大市场规模，双种子公司过渡到了“真功夫”餐饮管理有限公司（简称“真功夫”）。这一转型方案，出自专为企业打造品牌营销策划的叶茂中之手，因为双种子在市场销售中遇到了瓶颈，蔡潘两兄弟专门来到上海，请叶茂中出手策划企业的品牌和营销。

叶茂中的策划也奠定了真功夫扩张的基础。随着周明、万伟明等拥有先进连锁企业管理经验的人才加入，真功夫的发展逐步走上了快车道。以蔡达标、潘宇海、周明、万伟明四人为董事的领导团队，心怀抱负，一心想把真功夫打造成为中式快餐里的“麦当劳”，甚至燃烧着要把快餐店开到麦当劳老家的激情。2003 年，蔡达标游说潘宇海将董事长的位置让位于他，并口头承诺 5 年一换的“轮庄”制，于是，潘宇海便渐渐退居幕后，蔡达标则越来越活跃于媒体的镜头前，成为具有英雄色彩的真功夫代言人。

2. 蔡达标在股权大概上下了真功夫

正当真功夫迅速发展之时，有着密切家族关系的领导层之间矛盾逐渐爆发。到 2006 年，蔡达标的婚外恋情愈演愈烈，蔡达标有了私生子的传闻屡屡出现，这令潘敏峰悲痛欲绝。婚外情令蔡潘夫妻的情义和信任荡然无存，两人于 2006 年 9 月协议离婚，离婚时约定潘敏峰所持有的双种子公司 25% 的股份归蔡达标所有；据媒体报道，潘敏峰以此换取了一对儿女的抚养权。此时，蔡达标与潘宇海在股权比例上达到了均等。

蔡达标与潘敏峰的婚姻的破裂，加速了蔡、潘两家的关系决裂。

2007 年，蔡达标对真功夫进行了“去家族化”改革，引入了风投今日资本和中山联动，成立以蔡达标、潘宇海、今日资本的徐新、中山联动的黄建伟以及潘敏峰五人为董事的新董事会，股权结构重新进行了分配：蔡达标和潘宇海各占 41.74%，双种子 10.52%（由蔡、潘各占 50%），中山联动和今日资本各占 3%，蔡达标和潘宇海依旧维持股权均等的比例分配。此次的资本引入，并未提前告知共事 10 年的周明和万伟明两位元老董事，直接注资的举动让他俩因为没有注册登记而出局了。

蔡达标早就对股权结构动了心思，他觉得，与潘宇海对等的股权结构在未来公司发展的过程中，容易引起在重大决策上的股东矛盾；为了达成自己的核心股东地位，在与两家风投公司合作之初，他就开始为改变这种股权结构作了铺垫。蔡达标在真正掌握了真功夫的控制权后逐步在重要部门“空降”他的“亲信”，一步步削弱潘宇海在公司内部的势力，这种做法令潘宇海十分不满。于是，真功夫内部逐渐形成了两大对立派系，一个是以蔡达标为首“去家族化”的革新派，另一个是拥护潘宇海的“保权派”。

值得一提的是，周明和万伟明在失去董事地位的这一年失望地离开了真功夫；离开后，他俩迅速另立门户，创立了名为“72 街”的中式快餐店。有意思的是，在 72 街的股东合约上，明确写入了“家人、直系亲属不得进入公司，股东合作秉承尊重、理解、宽容的原则”。曾经被从麦当劳挖过来的高层管理者周明和万伟明两人，运用快餐标准化和精益的管理模式，迅速将 72 街发展了起来，到 2011 年的 4 年里，72 街开出了 18 家门店，并将门店紧贴真功夫开设，显示出有与真功夫“贴身肉搏”的能力。

2008 年，承诺 5 年一轮“坐庄”的蔡达标并没有如约兑现自己的诺言，这使得他与潘宇海之间的冲突更为激烈。创始人离心分派，员工祸及遭殃，从管理层到员工，每天都要面临“站队”问题，稍有不慎，就会被“批斗”，就会“丢饭碗”，企业内部人心惶惶。后来，为了平衡局面，真功夫成立了名为“哈大师”的子公司交由潘宇海管理，两权分立。可是蔡达标应允对“哈大师”的 5000 万元投资承诺却未能兑现，蔡、潘两人的矛盾被进一步推向了高潮，潘宇海给蔡达标谈好了的一笔亿元贷款添堵，蔡达标则在公司内部单方面不承认潘宇海的股东身份，取消了潘宇海对公司内部系统的使用权，此后，两人彻底决裂了。

3. 蔡达标没料到女人的功夫才是真功夫

“蔡潘矛盾”之后，蔡达标可谓是祸不单行。

2009 年的某一天，蔡达标的一位情人胡某召开了一个新闻发布会，自称与蔡达标相处 11 年并产下一子。潘敏峰知道此事后怒不可遏，回想创业最艰苦的时期，自己是如何尽心尽力地在蔡达标的背后支持他的，默默为这个家、为公司付出，到头来却换得这样的结果。起初，为了两个孩子她一直选择隐忍。可是老天就是喜欢跟她开玩笑，虽然得到了两个孩子的抚养权，但是小儿子先是被蔡达标的妹妹蔡春媚以报了个需要在外面陪读的培训班为由带走，之后潘敏峰很难再见到儿子了。此事刚过不久，女儿蔡惠亭也开始跟她产生了隔阂。由于女儿已经成年，所以经常在父母两边走住。蔡惠亭因为奶奶从妈妈家里离开，心里开始对母亲产生恨意。后来在大人的纷争混乱之中，蔡惠亭选择了站在爸爸蔡达标一边，渐渐地疏远了潘敏峰，还对媒体表露了不理解妈妈的做法，极力维护爸爸的权益，这让潘敏峰肝肠寸断，她未曾想到头来竟输得了个一无所有。

或许是女儿的“离心”刺激了潘敏峰反抗的决心，她在2009年4月状告蔡达标重婚，要求拿回25%的股权。潘宇海也继续向蔡达标发出攻击，同年7月，诉告真功夫不履行公司股东知情权。短短几个月，私生子抚养案、重婚案、知情权案一桩桩一件件向蔡达标迎面砸来。蔡、潘两大股东的纠纷不断，严重祸及了公司经营。2009年8月，潘敏峰还从真功夫财务办公室拿走若干财务资料。

时至2010年，蔡达标改变公司股权结构的愿望似乎有了曙光，他计划通过控股中山联动，借投资公司之手逐渐收购潘宇海的股份以降低潘宇海的股份比例，最终成为真功夫的真正核心股东。但是，事情并没有按他的意愿发展，2011年3月17日下午，真功夫数名高管被公安机关以“涉嫌经济犯罪”的名义带走，而随后，蔡达标也因涉嫌“非法占用和转移公司资产”被逮捕，真功夫陷入了风雨飘摇的窘境。

在蔡达标被警方带走的第二天，19岁的蔡惠亭还跟着姑姑蔡春红来到真功夫公司总部与母亲对峙，之后时常会在网上发帖暗指一些父母的离婚事宜，甚至苦苦哀求母亲和舅舅：“不要再闹下去了，放过蔡家吧……”儿女的离心，像是插进潘敏峰心里的一把锋利的刀子，这样的痛苦，比面对丈夫出轨要痛上几百倍甚至几千倍。

2013年12月12日，广州市天河区法院认定蔡达标职务侵占和挪用资金两项罪名成立，判其有期徒刑14年，没收个人财产100万元。自1994年创立以来，真功夫一路走向辉煌，截至2015年，已发展成为拥有607家门店的国内第一中式快餐巨头，其门店遍布北京、上海、武汉、广州、深圳等40多个城市。但真功夫股权变更尚未完成之时，蔡达标就已经入狱了。

此后，蔡达标与潘宇海的股权纠纷算是落下了帷幕。有消息称，蔡达标所持真功夫41.74%股权被拍卖，其估值缩水大降7成，约7亿元。

此后，真功夫没有了家庭矛盾和股权纷争，倒是迎来了平稳和发展。

2.1.5　拆伙散伙都背离了初心

中国式合伙，或温情，或义气，或令人感动，或使人歌颂，在中国的合伙关系里面，总是有着浓厚的“情义”色彩，能一起“梁山聚义”的，不外乎配偶、亲戚、朋友、同学、老乡等几种亲密的关系，即使是一开始并不是太熟悉的朋友，合伙之初基本也会先吃吃喝喝建立感情，然后再开展工作。而工作中，遇到意见分歧也会通过吃吃喝喝消除尴尬，取得成果会继续通过吃吃喝喝来加深情义，这就是中国特色的合作关系。在中国，合伙不只是要得到资本盟友，更是要得到同自己荣辱与共的一帮兄弟；不只是要实现金钱的成就，更是要实现众望所归和达成声名显赫，从而抒发最心底的英雄主义情怀。因为，但凡牵手之人，都自命不凡，期许着豪杰聚义，结合为成就之帮，从而扬名立万。

合作团队需要资源互补，需要相互欣赏，更需要相互扶持。组队抱团做事业，不仅仅是为了赚钱，更是想要将这种重要的情义关系延续下去。因此，结为合作伙伴都基于“君子之交”，抑或英雄豪杰式的过命之交，彼此可以不知利益为何物，但必须亲密无间，甚至平起平坐。在合作中，我有你就有，“义”模糊着“利”，在“义”的面前，金钱如粪土，似乎赚钱并不是结果，而重要的是能够同进共退、并肩作战，共同成就一番大事业。

在中国，所谓立业，不仅仅在于金钱上的收获，更在于关系、情义上的拥有；所谓扬名，就是要思想得到簇拥式的喝彩，行动获得众星拱月般的支持。“多个朋友多条路”，在赚钱的同时大家都期许收获更多的名声和关系，因为在强关系的国度，维系好关系本就是合伙中最重要的内容，而名声、地位、情义，则是大家骨子里的诉求。合伙的初心，就是要在逐利和扩展更多关系的时候，加固兄弟间的情义。但结果往往很讽刺，中国式的合伙基本都会印证“没有不散的筵席”，合伙人兄弟反目、手足两立、夫妻成仇的例子比比皆是……合作的目的在于财富和情义，但在鱼和熊掌之间，失去的往往就是赖以合伙的那份情义。拆伙散伙，背离初心，一路积累起来的关系圈被拆卸得七零八落。分崩离析，绝不是当初走到一起时，彼此想要的结果。

同甘苦、共富贵，一同飞黄腾达是美好的愿景，但理想是丰满的，现实却是骨感的。创业的艰苦像是黏合剂，越是艰苦，合伙人之间越是紧密，越是同心齐力，而往往到了有钱分的时候，却是离心的开始。“可共患难而不能同富贵”像是中国合伙人终究逃不过的魔咒，拆伙散伙像是合伙人难以逃脱的宿命。兄弟同心，其“力”断金，可打江山容易，守江山难，“金断其力”的剧目总是一幕幕地上演。走到一起合伙的兄弟，本是朋友中的朋友，本是最不该失去的，却在紧紧相拥之后身心相悖了，这是何等的悲哀？！

拆了伙散了伙，站在中继或重启的坎沿上，都会心如刀绞。为什么合很容易理解，但为什么分不容易搞明白。那么，作为摔过跤的创业人，如何走出下一步？是孤胆闯荡，还是再建“聚义堂”？就算再拉起一帮兄弟，也可能是“猴子捡苞谷”。假使再重复地聚而又散，结果又是众叛亲离，何必再去历经一次次的轮回之苦？

对于中国人，不是名利兼收，难谓成功。

2.2　企业的六大绝命之症

图2–1是国家工商总局（现国家市场监督管理总局）关于中国企业寿命的统计数据示意图，从中可以清晰地看到，企业3年之内是危险期，死亡率为39.5%，5年内死亡率为59.1%，活过20年的概率只有3.2%（数据来源于国家工商总局企业注册局信息中心之《全国内资企业生存时间分析报告》）。

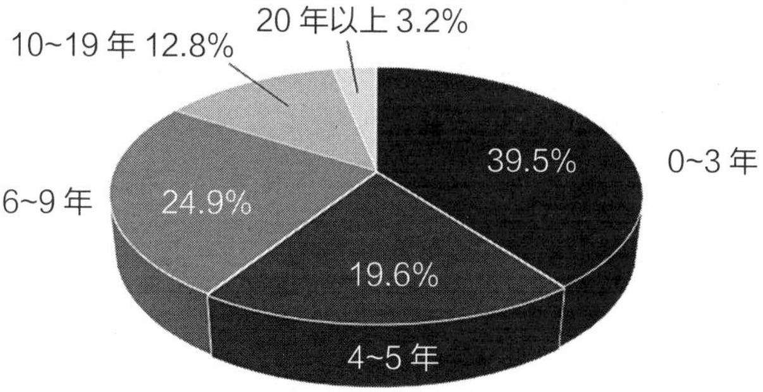

图2–1　2008—2012年中国企业寿命分布

有一家名叫昊昱（化名）科技发展有限公司（以下简称昊昱）的企业，从 2011 年成立到 2014 年注销，历时三年，它的存在是典型性存在，它的“死法”是典型性死法。这家公司从顶层设计到员工激励、从踌躇满志的合伙到心有不甘的散伙都具有普遍代表性。

基于发起人 A（为保护个人隐私，这个公司的高管均用字母替代）的良好关系和市场敏锐度，昊昱集聚了分别在技术开发、市场拓展、行政管理、财务操作方面具有一定经验的 A 的同学或好友 B、C、D、E，组建了一支自认为非常完美的团队。他们无论在资金抗压力、专业互补性，还是年龄结构、性格搭配上，都几乎可以称为天作之合：

A，男性，有政府工作经历，善于公关、有魄力、凝聚力强，有管理能力和团队协调力、年龄最长、服众、经济基础好、抗风险力强。

B，男性，有很强的技术研发能力、成功的产品经验，对行业和技术发展有非常敏锐的感知，带着成熟的技术团队加盟，沉稳且执着。

C，男性，开朗、奔放，善于组建和管理市场团队，拥有直接可用的市场资源。

D，男性，热情、灵活，企业管理学和心理学双学士，协调力强，善于企业文化建设和危机公关。

E，女性，细致、缜密，熟悉税务及企业经营相关法律、善于数据分析、财务控制、法务处理。

昊昱的股份结构在价值体现和权责构成上是非常合理的。企业的决策权有个通律：1/2 以上的股份通过，可以决策普通事件；2/3 以上的股份通过才能决策重大事件。昊昱的股权结构设计中，即便最大股东的股份都没有超过 50%，确保了没有任何人能独断专行；第一、第二大股东分别占 40% 和 20%，加起来没有达到 2/3，也就是说，任何少数股东加起来都没有绝对的决策权，确保了企业重大事项不会被少数股东左右；而最小的股东 E 股份是 11%，核心人 A 加上任何一个股东的股份都超过半数，又确保了核心人在普通事务上的简捷决策权，利于高效运营。

大家对 40%、20%、17%、12%、11% 的股份分配从权力结构、潜在能力、资源价值、贡献可能性和自有资金抗风险力等各方面都很认可。因为公司的技术领先，市场机会好，加上大家齐心努力，一年下来盈利数千万元，大家决定分配红利一千万元，根据股份，大家分得的红利如表 2-1 所示。

表 2-1

昊昱公司原始股份结构及 2012 年分红

职　位	总经理	技术经理	业务经理	行政经理	财务经理	合　计
代　号	A	B	C	D	E	
投资（万元）	20	10	8.5	6	5.5	50
股份占比（%）	40%	20%	17%	12%	11%	100%
分红（万元）	400	200	170	120	110	1000

2.2.1　绝症之一——静态股份无法匹配动态贡献

在昊昱公司起步阶段，无论工作还是生活，几个骨干都像一家人一样，你业务忙我会帮助打打下手，我要出差家里他会帮忙去照看，虽然拿着只够日常缴用的微薄工资，还经常加班……但大家从无怨言，反而感到非常惬意和满足，每逢外人都会情不自禁地炫耀自己相见恨晚的团队。

问题和纠结是从“有钱分”开始的。

因为起步阶段主要是进行技术产品研发，B 在前三个月是最忙的，经常带领团队熬通宵，而 C 比较闲，产品没生产出来之前市场上还没太多工作可开展。在 C 看来，生产不出好的产品，自己就发挥不出多大价值，别说赚钱，就连大家的投资都会血本无归，B 的重要性不言而喻，他的股份只比自己多三个点，好像还有点吃亏，所以常常到研发部替 B 和他的手下煮夜宵。

三个月后，产品研发完成，B 慢慢闲下来了，而 C 忙起来了。没业绩大家就会陷入绝境，C 扛着股东们及其一家人的希望，带领业务部努力拼杀。他经常出差，3/4 的时间在外地，即便回来也是在应酬，连星期天都搭在工作里，而且还时常陪客户到深夜，一年下来，他喝酒醉过一百多次，胃都喝坏了，还曾吐过两次血，自然，家里老小无法陪伴和照顾，最让他难过的是，外面传言他老婆有外遇，而小孩又迷上了手机游戏，成绩一路下滑……面对这些，C 不会埋怨任何人，因为创业是自己选择的，家庭有所牺牲他也有心理准备；

只是在年终分红的时候，C 发现 B 拿的分红比自己多 30 万，他自然就开始权衡起来：自己拼的是 9 个月，B 拼的是 3 个月，我拼的时间是他的 3 倍却少拿 30 万元，这好像不太公平；更何况，不是我把钱赚回来，不是我的努力和牺牲，大家一分红利也得不到，不光红利没有，公司的运营费用也无从谈起，大家的本金拿不回来是小事，还得追加投资。心里虽然有个疙瘩，C 也无法道出，毕竟大家签过协议，按股份分红也是天经地义的。

虽然 C 只是想想，但这个疙瘩却一直埋在他脑海里了。关键是，接下去的每一个月，C 还得一如既往。他不拼，业绩怎么办？可是越拼，他跟 B 的收益反差就越大，心里就越不平衡。

C 的一丝丝心理波动，引起了老大的注意。后来，A 找到 C 谈心，C 见老大关心，终于憋不住了，爆出压抑在心中的郁闷："有些话我知道不能跟大家提，提了会伤感情，会破坏关系，但是我实在是消化不了了，大家的工作都按部就班，可以朝九晚五，该陪老婆陪老婆，该陪老公陪老公，就我在外面拼死拼活，我不拼公司怎么办？你想想，如果再过两年，36 个月，36 减 3，我是拼 33 个月，而 B 只拼了 3 个月，一两倍就算了，足足 11 倍之差啊！大家是兄弟，这公平吗？我越努力，心里可能就越过不去，如果下次分 2000 万，B 就不是多我 30 万，而是多我 60 万了……你看我这身体……你看他，一家人多幸福，每周星期六看电影、星期天野炊，夫妻多恩爱，儿子每学期三好学生，你再看看我老婆、我儿子……都成什么样了？"

A 听完也意识到了，往后，越是赚钱，C 和 B 的付出与收益形成的剪刀差就会拉得越大；不仅是 C，其他兄弟姐妹也免不了会在心里默默地比。A 陷入了沉思，可是他也想不出什么好的弥补办法，只能在言语上安慰安慰 C，让他先去工作，然后自己再慢慢琢磨解决办法。

其实 ABCDE 因为岗位不同、角度不同、压力不同、诉求不同，导致大家对于价值贡献、分红公平性的判断和理解也不同，随着时间的推移和各自工作贡献的变化，互相间的对比必然会导致心理不平衡。但是，大家都只能把不平衡埋在心里，因为大家是兄弟姐妹，提这些敏感的问题很伤感情。另外，也因为股份比例是协议既定的，分红是按各自持股分的，除非变更股份，否则只能继续不平衡下去；可是，变更股份几乎是不可能的，因为越是赚钱，就越不可能有人愿意退让股份！于是，越是赚钱，不平衡的问题就越严重！这种恶性循环让A非常纠结，如果C的股份失衡问题得不到解决，最终一定会爆炸，一旦爆炸，团队可能就完了；但如果提出变更股份，就势必会导致你争我夺的激烈内斗……不变，将来总有一天会散；变，可能明天马上就散。

企业的股份，都是事先确定的，合伙股东既定不变的股份比例和动态发展的实际价值永远无法对等。这是不可调和的矛盾之一。

2.2.2　绝症之二——兼顾个人等于背离团队

股份平衡问题只是团队问题的冰山一角，昊昱继续往前走，几个创始人还会经历更多的纠结。

在第二年，公司各方面基本步入正轨了，B除了负责产品的系统支持和维护，就是对将来技术的发展趋势做研究。他的工作时间比较规范，在不影响工作和公司关系的情况下，他利用8小时以外的时间，在家里帮助同学做软件。做了几个月，同学给了他20万设计费和30万红利，因为这些跟公司没有任何关系，也没有利用公司的员工或者资源，其他骨干虽然知道，但都觉得正常。

当然，B可以，别的股东也可以。

D父亲的生意一直做得不错，D的投资是其父支持的，所以，其父身体偶有不适，D就会抽业余时间到父亲公司帮忙，这也正常。D父亲的生意比昊昱大很多，由于D的协助，他父亲公司每月利润增加50万元左右，细算下来，D“业余”时间的价值可比“专业”时间的价值大得多。这些也无可厚非，毕竟这都是人家自己家公司赚的。

B和D本来分红就多，每个月还有十万八万的外快，这让股份最少的E有些不平衡。不过E也明白，眼红可以，但不能嫉妒，相对而言，自己没什么家庭背景，也没有什么大咖的同学，在外面“业余创收”赚大钱并不现实。于是，她在网上接了些兼职的财务工作，利用下班后的时间在办公室做，一个月下来也能有个几千元的外快，不过这比起B和D来就是小巫见大巫了。

D 本来跟着父亲做挺轻松的，以后还可以子承父业，是受 A 的邀请才投身昊昱创业的。因为 D 的父亲病情突然严重，需住院一段时间，家里人万分焦急，毕竟家业比昊昱大得多，父亲病了没人顶上，而昊昱少了 D 还有四根顶梁柱，所以，D 的母亲哭着求儿子回来。D 把情况跟 A 说了，A 权衡之后跟 D 商量，两人最后意见差不多一致，认为 D 的家业根基比较稳，父亲住院没人顶可能会损失几千万，还不至于垮掉，但昊昱才起步，D 如果离开很可能会导致 5 人组合地震，使昊昱夭折，虽然夭折不过损失几百万，但毕竟牵扯到几个家庭的命运。所以，D 决定以昊昱的工作为主，下班后兼顾父亲的企业。

一个周六（休息日）的下午，B 在公司看见行政部一个小主管利用会议室搞老乡会，当场指责了他。小主管却觉得会议室一直闲着，且本来就是归行政部门调配的，不影响任何人和任何工作，所以反驳 B："大周末的，公司从来没有规定说办公室不可以用，我又不是利用公司资源去赚钱，财务部的某某（指的是 E）天天耗公司的电去赚钱你怎么不去管管呢？" 毕竟不是自己的手下，B 就没有过多跟小主管争论下去，而是将这事跟 A 说了。

A 觉得应该细化一下管理制度，所以，在一次 5 人会议中提出来讨论这件事。这本来是一个极小的行政管理规范问题，只需增加一条诸如"公司资源原则上不可私用、如需借用由行政部经理审批"的规定就行了，可小主管提到了 E"耗公司的电去赚钱"，所以 D 提示 E 以后注意点影响，毕竟是股东。一提到股东，就把 E 的情绪给煽起来了："我在自己办公室里做，影响谁了吗？是我带坏了风气？还是我在占公司便宜？说实在的，我下了班拿外面的单回家做还更清净！不就是觉得自己是股东，应该多为公司承担吗，正是因为是股东，我才在办公室当个值班员，下了班座机没人接听，突访客人没人接待，没见我周末经常接电话、经常招待来访人员吗？我牺牲业余时间接点账目做，还替公司省个值班员，兼做账务这点小收入也抵不过一个值班员工工资，我还错了？ B 和 D，你们下了班完全为自己赚钱、不兼顾公司反而是对的？特别是 D，你每个月家里多赚几十万！哪一点兼顾了公司？"

E 不提"兼顾"还好，这么一提把 D 的痛全翻出来了，他把桌子狠狠一拍：

“你们知道我老爸住院了吗？你们知道我家除了我没人顶了吗？你们知道没人顶我家每月损失的是昊昱的多少倍吗？就算我不在你们不是还有四个吗？我可以不领工资的，甚至可以倒贴一倍工资，公司放我假，可以吗？”

A 意识到火苗在蔓延，还没来得及调和，这头 C 也憋不住了，把桌子拍得比 D 更响：“你家钱多是吗？是工资那点事吗？有本事别要分红呀！你们怎么为自己的事儿都那么来劲啊？这还是大家的公司吗？我也想有周末啊，我更想为家里啊，我不是想周末休息，更不是要去搞私捞，你们没看见我老婆都快跟人跑了吗？没看见我儿子在班里快倒数第一了吗？我只想有一点时间去救救快散架的家……”C 忍不住流泪了，平静了一会又说：“我几乎没日没夜地干，在外面像孙子一样地把钱弄回来给大家分，你们左手在昊昱拿一摞，右手在外面抓一把，似乎很心安理得啊！都是兄弟姐妹，如果还是一家人的话，大家说说，你们周末在干什么？在休息！我周末在干什么？在弄钱！弄回来的钱，是大家一起分的，其他人周末弄的钱，要不要也一起分？”

A 知道，话题再延伸下去就不好收场了，于是他打断了大家的讨论，作了个提议：任何人业余创收不得影响本职工作，非公司相关收益归自己，但不可动用任何公司资源，包括场地和水电；因业务部繁忙，股东们需积极关注和协助业务部的工作。提议没人反对，也就通过了。

后来，因为 A 的逐个促动，大家也常到业务部帮忙。但才过不久，因为 ABDE 不专业，业务越帮越忙，让 C 直摇头，最终大家还是觉得别添乱的好。

E 为了起点正面作用，主动将兼职算作了公司业务；但做着做着，觉得自己那么辛苦也拿不到多少，慢慢地就放弃了；为了照顾 C 的情绪，只要 C 不出差，在公司，E 就陪着在公司；B 和 D 也是，哪怕空着玩玩游戏，也坐在公司。这使得 C 心态平衡了些。

A 感到纳闷：为什么大家空耗着反而就平静了？为什么 D 必须放弃家里的巨大效益才能维持团队的存在……

《水浒传》给了 A 一些提示：英雄们都是没了妻儿老小或者舍弃了家族和个人事业才上的梁山，才能跟兄弟们大口喝酒大块吃肉，如果还牵连着家庭和家业，就很难跟大家亲密地做兄弟，做兄弟就是要同年同月同日死，要绝对一致。

东方之“义”讲求无私和奉献，集体利益至高无上。

当年姚明在 NBA 火箭队的时候，其中一场球，火箭前三节领先，第四节球队核心麦迪不见了，导致火箭输球了；赛后媒体报道说麦迪到医院看老婆生孩子去了。于是全中国球迷都骂开了，有球迷不解：麦迪你就不能打完最后十分钟再去吗？你去医院也进不了手术室，最多只是等儿子出来了去抱抱而已，你又不是医生，打完再去会耽误你儿子出生吗？中国球迷都在骂，但美国球迷却是一片赞扬之声，因为西方尊重个人。假如，换作是姚明，在国家队比赛打到一半的时候他去医院看老婆了，那今天的篮协主席就不是姚明了，因为他当年可能就被口水给淹死了。

团队之外个人利益的兼顾，等同于对集体主义的背叛，但每个人又有着不同的家庭和社会责任需要承担。这是不可调和的矛盾之二。

2.2.3　绝症之三——遵循商业法则等于淡薄兄弟情义

昊昱股东内部暗流涌动，矛盾随时可能会因为一些事情而激化，A 很清楚如果没有一些实质性的平衡措施，总有一天会爆炸。好在公司盈利状况良好，公司正在壮大，于是 A 想到了一个让骨干们绝对一致的办法：都做甩手掌柜！这个方案得到了股东们的一致同意，因为公司有钱，每个月两三万能请到一个比自己更专业的人。有了经理人，大家可以更好地安排时间照顾家庭、发挥各自资源去创收，公司还可以在更专业的管理之下走上规范化道路。果不其然，聘来了职业经理人后，股东们之前的怨气烟消云散，在惬意的游山玩水中重新找回了兄弟姐妹的感觉。

公司的五位职业经理人（分别以 F、G、H、I、J 表示）的确更专业，又由于相对比以前的工作工资更高了，新五人满怀热情地工作，公司业绩蒸蒸日上，老五人似乎也在“投资人”的位置上得到满足。

在一次聊天中，C 提出了一个担忧：业务总监 H 已经熟悉了公司所有的市场代理商，掌握了所有的创收资源，假如，他有一点私心，又或者竞争企业挖人，他随便一跳，就可以薪资翻倍，他凭着这些市场资源，自己单干也是分分钟赚大钱的。

C的担忧引起了大家的重视。不光是H，其他四位新骨干在掌握了公司资源基础后，随时都可以跳槽或者另起炉灶，拿到更高的收益。所以，只给三两万工资的确不可能长久捆住他们。最后大家一致认为，只有期权、股份才能捆绑他们。于是，期权方案制定计划开始了。

B说："联想集团除董事长柳传志持股三点几以外，其他高管像朱立南、陈绍鹏、唐旭东、黄少康等都是一点几到二点几，我们公司将来发展前景很好，所以我觉得他们五个每人2%会很满意。"这个意见得到了大家的同意，于是，大家决定拿出10%股份给新五人。这个消息传递到新五人那里，他们非常开心，因为根据公司的态势，2%的红利会非常可观。

根据A和B的提议，老五人每人让出2%股份，理由是：新五人（执行董事，简称执董）分别接替的是老五人（非执行董事，简称非执董）每个人的工作，解放了老五人，2%由被接替者割给接替者。当然有些老股东不满意这个提议，但是道理确实如此，碍于老伙伴的情面，情愿与否也都签字了。

按照A和B的提议，股份结构如表2-2所示。

表2-2

昊昱公司董事会股份结构建议方案一

职务	非执行董事					执行董事					合计
						总裁	技术总监	业务总监	行政总监	财务总监	
代号	A	B	C	D	E	F	G	H	I	J	
投资（万元）	20	10	8.5	6	5.5	0	0	0	0	0	50
股份	38%	18%	15%	10%	9%	2%	2%	2%	2%	2%	100%

虽然非执董对于新的股份方案都签字了，但后来C提出了一个顾虑：万一五个执董联合起来，公司的运营权力就太过于集中了，会有不可预测的风险，建议再拿出10%的股份来给优秀的中层干部和员工，建立员工持股会，这样一来可以在运营上制衡五个高管，二来可以激励和捆绑优秀的员工、夯实公司发展的基础，培养储备干部。

C 的意见得到了其他非执董的同意。只是，员工持股会的 10% 又该怎么出呢？ A 想提出每人再让 2%，可话到嘴边又收回去了，觉得如果那样的话 E 就只有 7% 了，相对比例缩水太多，而自己的股份就相对太突出了，跟 E 比，最初自己是她的 3.64 倍（40/11），上次股改变成了 4.22 倍（38/9），每人再割 2% 的话，自己就是她的 5.14 倍（36/7）了！如果大家在相对比例上醒悟过来，自己就会成为众矢之的。

其实每个人都会盘算，上次签字小股东就隐隐约约感觉到了不公平。这次非执董会议，CDE 三人聚在一起商量，提出了这么一个建议：非执董的原始投资早已拿回去，风险已经归零了，接下来大家是甩手掌柜了，不用上班，压力和贡献方式都一样了，收益也就应该一样，所以非执董的股份最好重新调配，拨出 10% 的员工股后，剩下 80% 的股份非执董股份应该均摊。

听到这个意见，A 的脸涨得通红……

会议室顿时鸦雀无声，谁都难以再开口，因为只要一开口，要么就是在维护自己的利益，要么就是在迁就他人。其实作为理性的“经济人”，大家心里都有一杆秤，都会权衡利弊，也都会站在自己的角度思考问题，但是只要张口为自己争取权益了，就等于不重视伙伴情谊了……

良久，B 先打破沉闷了，他觉得也不能绝对抹平，之前大家的贡献还是有差别的，如果绝对平均，就抹杀了大家之前的贡献差异，大家还是不能像幼儿园小朋友那样“排排坐吃果果”——没有大小之分，万通六雄就是前车之鉴；他认为 A 毕竟是老大，作用还是高于其他股东的。

听 B 这么一说，A 有了些许安慰，于是说：“因为我股份最大，提出任何方案都好像显得自私，我觉得大家在一起不容易，感情比钱重要，你们讨论吧，只要你们觉得合理就好。”之后，BCDE 七嘴八舌地讨论起来，可讨论了半天也没个结果。

后来，C 建议说：“简单点吧，没有绝对公平的，我们不要再争来争去了，上次决议的比例继续维持，从 A 的股份里划出 10%，这样 A 还有 28%，差不多是我的两倍，这样我认。只是 D 和 E 你们想想，A 是你们的 3 倍左右，你们能接受吗？”C 的建议即表 2–3 所示。

表 2–3

昊昱公司董事会股份结构建议方案二

职务	非执行董事					执行董事					员股会	合计
						总裁	技术总监	业务总监	行政总监	财务总监		
代号	A	B	K	D	E	F	G	H	I	J	K	
股份比例	28%	18%	15%	10%	9%	2%	2%	2%	2%	2%	10%	100%

D 和 E 想了想，表示赞同。

A 听后虽然觉得自己一个人出 10% 不太合适，但毕竟之前刚承诺了尊重大家的意见，为维护伙伴关系，也就勉强同意了。B 随后提议这个意见让大家先消化两天，若两天后没有更好的方案，大家就签字通过。之后大家由于想不出其他更好的办法，就同意了 B 的提议。

A 回去后还是心存芥蒂，虽然不担心自己像俞敏洪那样被“联席会”孤立，但毕竟觉得自己一个人出 10% 太亏了，于是他问了很多朋友，还找了几个专业的咨询公司，最后专业公司建议他们采用“同比稀释”的方法，维持原始的相对比例。A 觉得这样不会损失自己的比例，也是相对最公平的办法，虽然提出来有点伤老大的宽容形象，但在利益面前，这个专业的意见也还是要提出来的。

第三天，非执董集中的时候，A 就给大家亮出了如表 2–4 所示的“专业”股份方案。

表 2–4

昊昱公司董事会股份结构建议方案三

职务	非执行董事					执行董事					员股会	合计
						总裁	技术总监	业务总监	行政总监	财务总监		
代号	A	B	K	D	E	F	G	H	I	J	K	
股份比例	32%	16%	13.6%	9.6%	8.8%	2%	2%	2%	2%	2%	10%	100%

这个意见跟大家之前的期望差距不算大，大家犹豫了一阵，也都签字了。

股改算是敲定了，大家也就收声了。只是，A 的头上，好像多了一顶帽子，帽子上有四个字“比较自私”，在利益面前没有大哥的施舍胸怀。

之后，A的权威当然还在，只是大家再也回不到当初那种状态，大家越来越像理性合作的商人关系，找不到从前那种亲密无间的兄弟情了。

昊昱五人组经过了纠结、争论、质疑、包容，最终还是找到了科学的商业法则。只是，在商业法则的探索道路上，似乎又损失了最宝贵的东西——情义。

合伙企业的建立往往基于创业团队的纽带关系和情义基础，企业的发展又必须遵循商业法则，而法不容情，追求越纯粹的商业法则，就是在走向越纯粹的无情。这是不可调和的矛盾之三。

商业法则和团队情义此消彼长，当企业足够规范，情义也就烟消云散，当初建立的纽带基础，也就逐渐消失了。

2.2.4 绝症之四——运营团队的股份与贡献形成剪刀差

非执董能稳固下来，这是昊昱公司继续发展的基础。

五位执董刚拿到股份的时候是非常满意的，因为作为职业经理人，在别的公司是很难拥有核心股份的。于是，他们积极地带领着全体员工去创造公司新的辉煌。

没有钱分就不会进行直观的比较，执董们一直在兢兢业业地工作着。问题出现在一年之后，因为公司创收过亿，董事会决定分红五千万元，按股份比例分，相应的分配如下表2–5所示。

表2–5

昊昱公司2013年分红方案

年份	职务	非执行董事					执行董事					员股会	合计
							总裁	技术总监	业务总监	行政总监	财务总监		
	代号	A	B	C	D	E	F	G	H	I	J	K	
	股份	32%	16%	13.6%	9.6%	8.8%	2%	2%	2%	2%	2%	10%	100%
2013	股龄（年）	2	2	2	2	2	1	1	1	1	1		
	红利（万元）	1600	800	680	480	440	100	100	100	100	100	500	5000

分红方案出来之后，“层级矛盾”成了新的焦点：新五人认为他们更专业，

学历、职位更高，创收力也更大，而收益却只有老股东的几分之一，甚至不到十分之一，很不对等。在2013年，老五人股龄2年，新五人股龄1年，股龄成倍之差，新五人的收益小，心态失衡度还不是特别大。可如果再往后呢？假如公司发展到了2017年，5000万元的分红仍然按既定的股份比例分配，其反差就会非常地明显，见表2–6。

表2–6

昊昱公司预设2017年分红方案

年份	职务	非执行董事					执行董事					员股会	合计
							总裁	技术总监	业务总监	行政总监	财务总监		
	代号	A	B	C	D	E	F	G	H	I	J	K	
	股份	32%	16%	13.6%	9.6%	8.8%	2%	2%	2%	2%	2%	10%	100%
2017	股龄（年）	6	6	6	6	6	5	5	5	5	5		
	拼搏年数	1	1	1	1	1	5	5	5	5	5		
	红利（万元）	1600	800	680	480	440	100	100	100	100	100	500	5000

从表中能明显看到，老五人股龄是6年，新五人股龄是5年，也就是说，在股龄问题上已经不相上下了。但是，新五人拼了5年，老五人才拼了1年，而结果却是，学历更低的老五人，收益是学历更高、拼搏年数多5倍的新五人的好多倍！这谁受得了？如果再往后呢？如果公司收益更大呢？新老股东的贡献和收益剪刀差会更大！如果股份不变，新五人又怎能将就下去呢？

新五人的利润创造力和实际贡献显然高过老五人，他们不仅掌握了客户资源、运营团队，更掌握着竞争态势、市场脉络，他们完全可以另立山头将每年五千万的红利装进自己的口袋，凭什么拿那么少还在一直为老五人贡献？老五人要怎样才能留住新五人？他们的确能力更强，他们自立门户则可以拥有100%股份，到底多少股份才能打消他们自立门户的想法？难不成要把昊昱的大股份让给他们？天下哪有把自己打下的江山拱手送人的道理？

2013年分红方案出来之后，F私下跟A反映过执董们在红利反差之下的骚动心理，让A跟非执董一起尽早研究一个能适应将来发展的价值对称方案，毕竟盈利局面来之不易。A后来召集了非执董会议，大家承认执董团队的能力更强、贡献更大，也相信他们如果自立门户能做起来，但是非执董也绝不可能放弃控制权底线，哪怕留不住人才。因此，这个问题一直无解。

为了先稳住几位执董，A 私下跟每个执董讲了讲马云的“知足”：你能否认运营不是第一生产力吗？不能，但如果“马云们”（阿里集团的运营团队）纠结“孙正义们”（阿里集团的主要投资人）啥也不干还分走大部分的钱，那阿里的游戏就没的玩了。

非运营股东控股的情况下，相对狭小的运营股份与运营股东的绝对贡献，在时间轨道上必然会形成剪刀差，导致价值倒挂越拉越大。这是不可调和的矛盾之四。

其实，分红方案还把五个执董之间的价值不对称也衬托出来了，因为是完全一样的 2%，他们的职位和贡献不一样导致的失衡，比起之前老五人有过之而无不及，只是因为有着执董和非执董之间的层级大矛盾存在，促使他们暂时“一致对外”了而已，假使层级大矛盾化解了，就该执董层级内的不平衡发酵了。

2.2.5　绝症之五——股权激励激出来的更多是内讧

2013 年的分红方案中有 500 万元是员工红利，这块“额外收益”对员工们的激励作用到底会怎么样呢？

为了给往后的员工层留有激励空间，董事会保留了 5% 的股份未使用，这一次的股权激励只使用了其中 5% 配给优秀员工，员工股东的评定根据工龄、职位、级别、工资和评优资格等条件进行。董事会认为，如果全员配股，失去优劣对比，反而失去了激励，所以，只配给优秀员工，以促使后进的员工更有动力争取在下一次的股权激励中参选。

员工股东评选花了半年时间，也消耗了大家很多的精力。

首先是在标准制定上，因为想广泛征求员工们的意见，所以这一项工作就花了近一个月时间。其实，一旦广泛征求意见，就会迎来诸多不同的声音，为把意见集中成为共识，就会比较复杂，因为每个人都会站在自己的角度提出对自己有利的意见。关于评比的项目大家倒是没产生太多的争论，但在讨论每个评比项的标准线问题上，大家争论得很激烈。比如“股东的工龄达标线”这一项，就花了一天时间，因为没人愿意被划在达标线之下。其次，“股东的职级达标线”的争论也花了一天，因为职级低的员工认为股份不能只给职级高的，所以在他们的强烈抗议下，普通职级的员工也获得了一定的评选比例，这又花了一周。即使一个月后所谓“面面俱到”的评选标准得以通过，仍旧有不少条件差一些的员工满腹牢骚，因为他们被评选上的概率很小。

标准有了，怎么评又是个问题。在讨论评选标准的时候，为了争取评选对自己有利，员工中推选了几个比较活跃的人作为代表来表达意见，这几个人的临时角色类似于“工会领导”。管理层认为，不同部门之间员工不熟悉，就算同一部门的员工，对于被评议对象的工作内容和结果也难以准确掌握，所以，希望以“自己申请 - 主管评议 - 分管领导评议 - 董事会审定”的形式进行；但“工会领导”们认为，这样难免会掺杂管理者的主观意愿，他们的亲信肯定被偏袒，而没有“背景”的员工可能会吃亏，所以强烈要求员工参评。最后达成的意见是，员工评议占 50%、领导评议占 50%。

在员工股东甄选过程中，虽然花精力，但毕竟员工们为了能评上，都在积极工作，一时间，晚上每个部门都是灯火通明，每个周末，都跟工作日差不多，几乎没几个人休息。员工们的相互关系、干群关系都有了明显改善，相互关心的，相互慰问的，和颜悦色、其乐融融，一片温馨和睦的景象，就连平常大家的见面打招呼，都亲切得像一家人。领导们看在眼里，也喜在心里。

可是让领导们没想到的是，评选一结束，这一派融洽的景象立马烟消云散。

原来，大家只是为了能获得选票而“装相”。评选结束不仅“繁荣景象”消失了，总裁办的意见箱里还塞满了各种匿名举报信，主要是举报在评比过程中的不公平现象，因为有太多的人不务正业，一天到晚请客送礼、拉帮结派，甚至还有弄虚作假的，光举报他人证书作假的匿名信就有十几封，一些女孩子为博得领导和同事的好感还专门去整了容……小小公司，折射了人性百态。F 在员工评选股东的总结报告上是这么说的：回头一看，整个公司忙活了半年，其实半数的精力都在非创造性工作上，评选的结果其实并不够客观，公司出现了大量的马屁精，形成了以部门领导为中心的一个个团伙，1/3 的干部被举报了腐败，这些干部都有收礼，其中两个干部有“权色交易”嫌疑，被举报“挂恋爱的羊头、卖评选的狗肉，评选结束就分手，他的前任还毫无嫉妒地对现任亲如闺蜜”；员工之间的评选也难说公平，都是那些能言善辩、善于交际的员工评上了，好多性格内向、默默工作的人没评上……

“繁荣景象”消失只是小事儿，更严重的是从此昊昱所有人都戴上了“阶层”的帽子：非执董－执董－股东员工－平民，“阶层隔阂”让昊昱的管理彻底生了锈。平民们认为，下次评选股东的时间也许遥遥无期，也许不会有下次了，所以工作开始消极，他们觉得股东员工努力是必须的，而自己懒惰是应该的，因为按公司之前的年分红状况预计，股东员工的分红如果摊进一年的工资中，收益基本翻倍了。因此，平民们就把股东员工当作参照物，立为“标杆”，他们不约而同地把工作量压低在“标杆”们的一半左右，只要“标杆”休息，平民就休息。悲催的是“标杆”的标准也在直线下降，因为股东员工都觉得自己的红利已经稳妥了，没必要继续努力，一来二去，“生病”的越来越多，请假已成为惯例。更让人难过的是：只要有股东员工“生病”一天，就会有平民员工“生病”两天！

执董的号召力也在直线下降，在股东员工眼里，执董是“高官”，一个股东员工是这样说的：“他们一个人的股份是我们二十几个人的总和，他们没日没夜工作是应该的，再怎么加班也加不到我们的二十几倍啊。”

一次，A“微服私访”，一个敢于直言的股东员工说的一番话让他陷入了深思，A 问：“大家得到了公司的核心股份，拥有了参政议政的资格和投票权，成为公司的主人，是不是普遍都有了主人翁的心态了？”股东员工回答：“屁！大家在做《公司战略评议表》的时候，都是瞎胡闹，没有人读过‘两会’文件，没有人看过金融新规，很多机密的财务数据大家也没看过；还有那些同行的选项，大家连竞争对手的大门朝哪边开都不知道，怎么填？很多选题大家是闭着眼睛瞎划的，有人把评议当成娱乐。抓阄！抓到什么结果填什么结果。还有人抓阄都懒得抓，直接抄别人的，有人说要不是规定了不议政将会失去股东资格，抄都懒得抄，大家都觉得浪费时间。可能主人翁心态只是你们大领导的美好愿望，‘员工当家作主’只是对外形式上的一种宣示，大家只是有点小感激，感激公司比别的单位多发了点钱。你们在公司的时候，大家表现表现，你们不在，大家还是老样子，迟到挨扣还是挨扣，做错挨骂还是挨骂，当官的高高在上，做部下的献媚讨好，‘主人’是这样做的吗？很多人一有利益就争，没人在意公司的成本，损公肥私的人还是那么多。大家拿个千分之几而已，跟你们的股份一比，就是蚂蚁和大象。大家原先没得比，还没什么感觉，现在拿这点股份，明显是你们的几百分之一，甚至是千分之一，大家都认为这就是在‘陪太子读书’，没人觉得昊昱的事业是自己的事业，更没人真正把公司当家。”

听了这一席话，A 的心里五味杂陈……

员工没有股份，劳资就是对立阵营，配给员工股份，反而让大家“患不均”了，内讧有过之而无不及。这是不可调和的矛盾之五。

2.2.6 绝症之六——分钱变成了分心

执董的对比失衡和员工配股反效应让A有一种“剪不断、理还乱”的无奈，但他作为核心人，还是在积极寻求解决办法。

经过多方咨询和私下意见的交换，执董和非执董初步达成了由执董集体承包并获得承包提成的意见，这样一来，维持了股份的不变，避免了股份地震，也变相地实现了执董多劳多得的愿望和在一定利润基础上超越非执董收益的可能。

针对员工股份的负效应大于正效应，为避免干股权益大于责任的不对称性，避免“平民员工”产生过大的心理反差，董事会经研究，决定学习大部分企业的做法，按 1 元配 1 股的标准收取股金，不认缴的可以放弃股东资格。这样的做法一定程度上缓解了之前的“阶层”乱象。基于公司 2013 年良好的财务利润现实，绝大部分员工股东都认缴了股金。

然而，没有不透风的墙，非执董和执董产生矛盾的消息很快传到了员工层，一时间员工股东全炸了锅，再加上 2014 年公司因耽搁了较多工作时间在内部股改上导致了业绩一步步下滑，认缴了股金的员工都像“孙悟空大闹天宫——慌了神”。之前作为干股股东，分红就是一种净收益，现在承受股金风险，是大家从来没有经历过的，大家已经习惯了领取佣金的无风险状况，如果要倒贴股金，无异于生存出现了危机，所以，员工股东们几乎无心工作，集合起来去跟公司申请退股。面对员工股东的退股潮，非执董努力地挽救，告诉大家公司的盈利状况一直向好，各种矛盾只是形式上的问题，是可以解决的，几个非执董满脸堆笑地告诉大家，只要几个创始人都在，公司奔向上市还是一片光明的……可员工股东们并不在乎非执董画的“未来的饼”，他们担心的是“今天的饥还能不能充”，所以退股潮更是一浪超一浪……面对股东们的集体倒戈，几个创始人只剩下一脸的虚有繁荣。

因为基层工作几近瘫痪，才一个多月，巨大的运营和市场服务费用，就开始倒过来侵蚀 2013 年的未分配利润。屋漏偏逢连夜雨，船迟又遇打头风，财务侵蚀利润的信息泄露了，员工股东更加担心股金会被用以抵债，彻底慌了神，全体罢工了，要求在公司清算市场代理商押金和外债之前，先清退全部股金和发放罢工之前的工资。事情愈演愈烈，后来，非股东员工也加入了罢工，他们不希望公司退股金和还债，让他们领不到该领的工资……

获得超高价值认定、迎来超越非执董收益良机的执董们，余喜尚未了，正准备以集体承包形式走上事业飞速发展道路的时候，公司的工作元件忽然全部停摆，他们还没消一两个来回的摇摆，就从公司的担当一族，很快全部地滑向了被担当一族，承包合同拟到一半，集体转笔书写起清算优先的陈述报告来了。原定的执董和非执董承包战略框架拟定会议，直接转成了清算程序谈判会议。

本来昊昱就矛盾重重、危机四伏，员工的集体罢工和维权，以及执行董事的迅速倒戈，直接斩断了昊昱的运营流程和资金链，引起了各种矛盾的集中爆发。于是，在政府有关部门的监督下，公司很快步入了清算流程。

轰轰烈火的昊昱，就这样，用三年时间，体验完了一个正常企业的生命轮回。

很不幸，昊昱不是因为市场竞争而无力前行，而是“死”于分钱，分钱分得感情消散，纠结纠到没人干活。

昊昱清算完后，A 独自一人来到深圳东部华侨城大华兴寺，在四面佛的莲花座下，昊昱的激荡岁月在他脑海回放，每一面佛，都让他悟出一个“悔不该”：

悔不该之一，不该设立员工股，不该收员工股金。不收股金，就不会刺激他们脆弱的神经，没有员工股，他们就不会去比来比去无心工作，没有员工股，也就不会有平民和员工股东的对立，不是股东，员工就不会跟董事比多比少……

悔不该之二：不该给职业经理人配股。不把他们放进董事会这口锅，就不会跟创始人比，哪怕不断加薪，也用不了 500 万，也不会激发他们另立山头的念想……

悔不该之三：不该搞股权激励。没有股权激励，就不会把职业人用坏，就不会有员工那些纠结；没有股权激励，我就不用去撕下面子保股份，股份是保住了，威望却保没了……

悔不该之四：公司不该分钱。就是分钱，把员工分浑了，就是分钱，把管理层分乱了；没钱的时候，几个兄弟多好，大家亲如一家，再累也不苦。就是分钱，才把兄弟情义分走了……

《中国合伙人》有一句经典台词：千万别跟好朋友合伙开公司。

虽然很不情愿，但我们确实发现了这样一种规律：**没钱分的艰苦岁月，越困难团队越团结；有钱分的成功日子，钱分得越多团队矛盾就越激烈；商业法则的追求，总是在一步步冲蚀团队情义，企业的顶层矛盾，无一例外地表现为：分钱变成了分心。**

未知，是人类的根本动力。

A 下山后，应该会继续“下海游泳”，因为一个真正的企业家，都是在屡战屡败、屡败屡战中越战越勇的，都相信自己能在不到一成的胜算中破茧而出。正是一种天生我才的信念，让他们不惧艰辛、不畏孤独，甚至不惜青春、不惜生命地去证明和实现自己。

第 2 篇

否结归因 管理破壁

千万不要在经验上过于怀旧，因为经验往往就是创造思维的枷锁，是因循守旧的根源。

在员工们“为生存而工作”的原动力消失之后，企业如果找不到劳动者新的动力来源，传统的劳动购买关系将会土崩瓦解。

第 3 章

显影底层逻辑，诊治企业通病

3.1 复盘运营，深挖企业通病之源

3.1.1 企业难免病急乱投医

1. 企业匆匆起步往往会带点莽性

中国市场比较年轻，中国企业是在一个快速发展的环境中孕育和生长的。

在计划经济年代，企业都是圈养出来的。计划经济过渡到市场经济虽已四十余年，但不少的企业人却一直无法完全去除“伸手”的习惯，他们总想依靠政策或仰仗资源来发展，缺少点锐气，跟风多于创造。

然而，市场不是一成不变的，企业的发展不可能有固定的模式。市场中虽也不断涌现着成功的企业，但它们的成功，却难以复制。

中国的市场起步晚、基础薄，所以管理部门和企业都是在“摸石头过河”。

世界发展风云变幻，而中国的发展又必须嵌于世界的发展之中，所以，在不断更迭的经济大潮中，开放与改革就成了中国发展的主题。

“所有的（政府）改革都是从违法开始的”，回过头来你想，中国的联产承包责任制、国有企业的放权让利改革、税收制度改革、社会保障制度改革、金融企业改革。哪一项改革是顶层设计的结果？哪一项改革不是基层老百姓、地方政府不断突破现有法律的结果？中国的制度创新，先天带有违法的特点。（吴晓波，2018）

吴晓波先生在《激荡三十年》的序文里提到，财富积累初期中国企业具有草莽性和灰色性。因为受世界经济变更大潮的影响，中国的市场也在不断迭代。本就没有太多的成功经验可循，中国企业人身上带有一定的莽性是难免的。

由于市场的更迭速度快，对于企业而言，机会是稍纵即逝的。很多时候，创业者还来不及做足准备就要匆匆上阵，很多创业人拉着一帮弟兄，靠着自

己江湖大哥式的威信和手段就开干了。在中国市场，要抓到机会有时候还真得要点莽性和速度，所以，企业是否有成形的制度和规范不是最必要的。当企业已经干起来了，企业主才会去想办法完善管理机制。本来成熟的“管理模板”就不多，所以企业往往是不管见到什么模板搬过来就用；或者聘个“专业”的行政人员，把他过去公司的制度复印出来先套用，等发现问题了，再改、再治。

2. 良方难觅

发展期的企业“身体底子”本就不够好，在多变的市场“天气”中患点病那是常有的事。只不过，市场中几乎没有真正专业的为企业治病的“郎中”。因为真正有经验的企业家，没空去给别人做“郎中”；能有时间“开诊所”的，大多是些“忙不起来”的、“不怎么成功”的可称为“半吊子企业家”的咨询师。当然，也有不少满腹经纶的学究会给企业做顾问，但这些“游医”大多没干过企业。企业得病了，只能要么找“诊所”的“郎中”，要么找“游医”。一些花不起钱的企业，往往只能随便“弄点草药”，哪儿痛就往哪儿敷。

江湖上也不是没有好方子，不少优秀企业已久病成良医，自己摸索出了一些“偏方”。不过，“同行是冤家”，每个稍微成气候点的企业，时时刻刻都在被很多“冤家”盯着。所以，“良医”们只能死死将“偏方”攥在兜里，内部还要建立严格的保密制度。江湖上也流传着不少成功企业的“偏方”介绍，不过都是些“看客”所写，其实是“偏了的方”，因为“良医”们都还在根据“天气变化”忙着内部“配方”的再调整，没时间写作。当然，他们愿意让“看客”写，一般也只是为了提升企业知名度和美誉度，所以他们为防止“冤家”针对，往往不会将核心管理技术全盘托出，他们透露出去的，基本只是些边角小料，或者是自己更新前的“旧方”。内行讲门道，外行看热闹，江湖上“看客”所写的，往往是热闹中的现象，由于他们并未知晓企业真正的机理和运营脉络，所以往往只能说出“其然”，说不出“其所以然”。因为“看客”的“偏方”没有“其所以然”，所以，“患者”就难知就里，当然用起来只能囫囵吞枣。

无论是商学院，还是各种财经杂志，还有一些投资人，往往热衷于研究

创业成功案例，总结商业模式。最有可能的是，他们总结出来的商业模式其实已经是“死的模式”。（艾诚，2016）

中医讲究“悟”，所以，“看客”写的“医书”往往很“玄”，而“患者”悟的结果往往就会有偏差，最后自然也不太容易对症下药。很多企业还是比较喜欢“西医”，因为西方学术毕竟更讲逻辑、讲推理，也会有清晰的“药理说明”和“服用标准”。

企业管理的重心是人。但因为中西方的价值标准差距太大，所以，西方的管理在东方有着很多不适应的地方。

西方把“金钱”当作唯一的价值标准，把“利己”当作最高的道德和法律标准。在西方，“利己”观念经过沉淀已经刻在西方文化的骨髓之中，并逐步形成了一种反集体主义的社会规则，西方人甚至把“个人利益不可侵犯”法律化推到了极致。美国最受欢迎的脱口秀节目（*Oprah*）曾热议了一个话题：12 岁的女儿请律师状告父母挥霍了她的私款……这在中国是不可思议的。还有这么一个事例：在美国，一个别墅的屋主看见一个陌生的日本人进了屋外的草坪，举枪高喊“Freeze!”（站住），日本人赶紧后退，屋主却开枪打死了这个日本人。美国法庭对案件的初审判决是：无罪释放，原因是日本人属于非法闯入私人领域。这样的事情要是发生在中国，“杀人犯”毫无疑问是难逃法律制裁的。

西方社会非常标榜个性，他们的很多管理标准在中国都不太适用。比如，西方人褒奖的“态度自信、彰显自我、语言极具冲击力”，在中国就是“趾高气扬、态度傲慢、说话不可一世”；西方人在上司或领导人发言后可以打响指、吹口哨，这种行为在东方人眼中就是“大不敬”。

西方的首席执行官（CEO）管理模式曾风靡中国，阿 × 巴巴 1999 年也从境外聘请了一大批职业经理人，包括跨国公司的副总裁，但实际这批人并没有在公司起到太大作用。后来马云是这么总结的：“他们的理论，听起来全是对的，但干起来往往是错的。现在想来，创业初期的公司就像一台拖拉机，盲目寻求和聘请国外 CEO 就好比一定要在拖拉机上装配波音 747 的引擎，装上去以后，拖拉机不仅不能跑起来，反而将四分五裂”。江 × 药业总经理易敏之、冠×园副总经理韩兆林都曾公开表明，对于把西方模式引进公司造成的问题进行了反思。

中国的价值标准除了“利”，还有“义”。比如，老板很“够哥们儿”，员工往往就会拼命干；但如果老板经常侮辱人，他给再多的钱，很多员工也不一定愿意干。所以，西方的管理模式在中国总会有很多“水土不服”的地方。

3. 服用“过期药”等于服毒

在互联网科技兴起之前，市场信息的透明度不高，企业的垄断地位和规模大就是最有利的竞争优势，所以，在二十年前企业的主要战略就是抱团取暖，集团化、多元化、规模化成了企业普遍追求的方向。加之中国人大多好面子，所以“把企业做大”成了绝大多数中国老板的追求。

在很多人看来，企业能做大，就一定好。很多的创业人是在一些知名大企业的成功故事中激励出来的，所以他们总想把企业做大，而在治理的过程中，不管企业是真的做大了还是未曾做大，几乎都染上了“大企业病”。一些小小的初创公司也都“麻雀虽小，五脏俱全”，各种部门、各种架构一应俱全。

“大企业病”一般会有这三个方面的病灶：

其一，流程烦琐而复杂。小公司最大的优势是灵活、迅捷、好调头，但不少的老板却偏偏去扼杀掉自己的长处，把公司搞得全是流程和套路，小小一个请款可能都要经过四五个人签字；有的公司还颁布制度上瘾，三天两头下发新规和文件，要求员工学习，还搞考核，似乎公司“规范了”效益就来了；事实上，只要老板意识不到流程是弊端，经理们一定就会拟制出这样或那样的规章制度和文件来彰显“管理价值”。殊不知，一旦员工们更多地把遵守制度和履行流程当作工作本身了，公司就会丧失市场竞争的最大优势，大量冗杂的工作流程将会直接造成财务上的负效应。

其二，管理过度。很多管理者认为管理的职能就是“管”，习惯性地让员工们每天填写各种报表、参加各种培训和考试，每天早晚开例会，随时组织各种探讨会、交流会，书写上交各种心得体会或者工作经验……把员工们拴在办公室和会议室，每天热火朝天的，但实质上却没给员工们有足够的时间去完成实效性的工作。仔细算算成本，管理过度比没有管理更可怕。

其三，少部分人养大部分人。开源人员一般包括研发人员和销售人员，成本消耗人员一般包括行政、人事、财务、后勤和管理人员。很多企业随着时间的递延人员成本会不断扩大，财务负效应的人员相对开源人员的比例总是一路变大，而且，似乎这些成本消耗人员总是不可或缺，少了公司运转就不灵了，反倒是销售人员可多可少，到最后，往往“吃饭”的人越来越多，“粮食缺口”越来越大。

泰勒职能化、精细化的“科学管理”曾在机械工业革命时期对生产力的发展起到了良好的作用，在卖方市场，它绝对是一门科学。但随着商品的富余，买方市场替换了卖方市场，商品迭代成了市场主题词，快速、灵活成了竞争优势，职能化、规模化的“科学管理”弊端日益突显，它甚至可能会让企业因为臃肿和烦琐而在现代竞争中南辕北辙。

经典都有历史性。

市场唯一不变的特性就是变化。沉迷于成型模式的企业，往往就会一直带病前行。

“病从口入”，因为饥不择食，很多企业一开始就种下了病根。**由于市场上鲜有良医，一直带病前行的企业通常会病急乱投医，听信半吊子的“郎中”或纸上谈兵的“游医”道听途说来的“成功经验”，服下卖方市场时期的“过期药”，然后“未老先衰”。**

成功其实不可复制。

回味一下《国际歌》里的一句歌词：从来就没有什么救世主……

面对更迭周期越来越短的市场，企业或许只能因地制宜、因“时”制宜、因“我”制宜，才能对症下药、赢得生机。

3.1.2　员工需求变了，企业管理没变

1. 是年轻人浮躁了还是管理人落伍了

年年岁岁花相似，岁岁年年人不同。很多老板都在感慨：现在的年轻人越

来越难管了，唉……

一声叹息叹出了老板们无奈。的确，相对于“60后”“70后”（20世纪60和70年代出生的人），年轻人的思维和行为变得越来越“不规矩”了，社会上的很多评价，都在说“80后”“90后”（20世纪80和90年代出生的人）浮躁、轻狂、自我、团队意识差、抗压力弱、缺乏耐心、大手大脚、不懂感恩，字里行间都是抱怨，彰显出所谓“主流意识”对青年一代的焦虑和担忧。

当今，社会财富主要掌握在“60后”“70后”手上，所以，这批人的意识就成了社会的主流意识。回顾历史，但凡财富的主流人群，都具有一定的保守性，因为他们更希望“维持现状”。所以，财富的主流人群对于变化的适应会有一定的滞后性。

然而，历史却在不断迭代。

到底是年轻人浮躁了，还是老一辈管理人落伍了？

“80后”“90后”正在逐步成为社会的主角，甚至“00后”也已登上了舞台，历史的乐章迟早会以这些人为主旋律，并继续接力下去。面对即将到来的新“社会主流”，作为曾经的社会主流，绝不能去埋怨，更不要去修正，而要充分认识和理解，搭台让他们更好地展示和发挥。

凭着这样的心态，看到的“80后”“90后”就是：个性、前卫、奔放、追求自由、表现欲强、独立性强、敢于创新。**相对“60后”“70后”，“80后”“90后”更加强调自我，他们在职业上注重选择兴趣、要求尊重、追求自我价值，因为他们不再是迫于生存而工作，他们有太多资本对不满意说“不”，这是无须说教的自信。**

马斯洛的需求层次理论，描述了人的自我实现需求是最高等级的需求，有自我实现需求的人，就能够竭尽所能、使自己趋于完美，自我实现意味着活跃地、充分地、全神贯注地体验工作和生活。

马斯洛把人的需求分成生理需求（physiological needs）、安全需求（safety needs）、情感和归属感（love and belonging）、尊重（esteem）和自我实现（self-actualization）五类，依次由较低层次到较高层次排列，他认为人满足了较低层面的需求就会追求更高层面的需求：

第一需求——生理需要（食物、水等）；

第二需求——安全需要（工作保障、道德保障、财产和家庭安全等）；

第三需求——情感（友情、亲情、爱情）和归属感的需求；

第四需求——尊重（自尊、成就、被尊重等）需求；

第五需求——自我实现的需要。

只有当人从第一需求解放出来时，就可能出现社会化程度更高的第二需求，当这些需求得以满足之后，第三需求才能成为新的激励因素，而到了此时，原先已经满足了的需求也就不再是人的行为主要动因了；当第三需求得以满足后，就会追求第四需求。马斯洛认为，尊重需求得到满足，能使人对自己充满信心，对社会满腔热情，体验到自己活着的价值；第五需求是人们最高层次的需求，即实现个人理想、抱负，发挥个人的能力到最大限度；达到自我实现境界的人，接受自己也接受他人，解决问题的能力强，自觉性高，善于独立处世，完成与自己的能力相称的一切事情的需求，满足这样的需求会使他们感到极大的快乐。

2. 对于需求升级了的员工企业不能刻舟求剑

很多的企业还停留在“员工是购买来的生产资料”的原始理论运用阶段，一直认为，公司提供了工资，员工就必须认真工作，这好像没什么不合道理。但悲催的是，很多管理者一直认为，公司提供了工资，员工就一定会认真工作；但事实情况是有钱能使鬼推磨，却不再那么容易使员工推磨。

虽然社会的消费越来越高，但“80 后”“90 后”的父母们再不济也都拼到了让他们有吃有喝，天下最可贵的就是父母心，中国最典型的亲情美就是父辈们绝不会再让儿女去吃自己吃过的苦，所以，如果鄙视“月光族”约等于是对“月光族”父母的不尊重。“独生子女”是时代的产物，太多的人将来要继承两个甚至四个人的财产，所以得尊重他们对工作的潇洒态度。

既然生存没有了顾虑，工资自然就不再成其为工作的唯一目的。年轻人的工作，更多是为了追求个性的展示，和自我价值的体现。

回头看看一众的中国企业，还在虔诚地膜拜沿用了百年的职能化管理系统，几乎所有的研究都聚焦在岗位职责、工作流程等这些“管”和“制”的套路，管理者依靠着“胡萝卜+大棒”，削尖脑袋地钻研工资分配。试想，员工们都已不那么非它不可了，为何还只一门心思地研究它？或许，一些企业也做了些员工情感、归属感方面的建设，但往往只是走了形式，没真正赢得员工的心；至于什么“员工情感体系”，什么“员工尊重体系”，众多的管理人似乎都没这方面的概念，更何况什么“员工价值实现系统”和“劳资命运共同体”了，或许他们压根就没把员工的意愿和需求放在眼里，所以很多人根深蒂固地认为，公司就是老板的公司，公司是用来满足老板盈利需要的，不是用来满足员工需求的。

作为管理研究人，可以不用去纠结公司所有权是谁的，但不能不去纠结“什么东西才能被员工当回事”，如果在员工不那么当回事的地方煞费苦心，设计出来的游戏就没多少人感兴趣了。

说白了，**大多数公司的运营设计，旨在给员工提供工作机会和工资收入，是希望在满足员工“第一需求”和“第二需求”的基础上，**达成老板盈利的目的。但是，现在的劳动者，更需要的是能彰显个性的环境，需要实现自我的平台，**很多的年轻人，早已经跳过“第三需求”，在追求“第四需求”和“第五需求”了。老板们，醒醒吧！你已经被时代甩开不止一条街了。**

腾讯和阿里巴巴交替成为亚洲最大市值的公司，除了它们，中国著名互联网企业还有百度、搜狐、新浪、网易、京东等，都诞生在20世纪90年代。它们的大当家不算年轻了，年龄最大的是马云和张朝阳，年龄最轻的是刘强东，他们一直努力尝试并成功与“90后”和“00后”打成一片，尽力在为这些年轻人搭好展现自我的舞台。

现代企业家必须具有“空中飞”和“地上玩”的能力，必须懂得在新型员工中“圈粉”；“两栖性”是企业家进化的方向，“两栖企业家”或将是未来的成功企业家范式。

劳动者的从属性已反转为主导性，现有企业已经开始分化。在不远的将来，被人才淘汰的企业会迅速成为历史，留下的是聚得人气的企业，而时代将由这些企业主导。

中国最不缺的就是人；而每个人一旦认真起来，其能量都不容小觑。

事实上，这世上没有不愿意干的员工，只有让人无法愿意干的企业。市场在，机会就在，只要能搭建起年轻人彰显价值的舞台，企业就不容易落伍。**激励机制设立，这是企业管理的"最后一公里"。**

3.1.3 市场环境在变，企业模式未变

1. 一些企业打败了所有的对手，却输给了时代

吴晓波先生对中国市场近 40 年的跌宕和变化做过清晰的解读（吴晓波，2015—2018）：

过去十年，全球市场发生了翻天覆地的变化。十年前，手机还只是"手机"，没有微信视频，没有微博热点，没有天猫购物，没有美团外卖，没有今日头条，没有滴滴打车，没有共享单车……十年前，全球最大的手机公司诺基亚，今天，它倒闭了，在它的最后一次新闻发布会上，全球总裁宣布说："我们倒闭了，我们好像什么东西都没有做错，但是我们今天就倒闭了……"

全球市场风起云涌，在这样的环境中，没有任何一个企业或国家能够独善其身。经历过市场的洗礼，一路走到今天的成功企业，每一个都曾死去活来，他们不断地改革和自我突破，才得以走到今天。作为企业家，"小马哥"带领腾讯集团走到今天，没人知道他曾有过多少次断臂求生和破釜沉舟的痛苦经历。在 1999 年所采用的战略用不到 2008 年，2008 年的战略也不可能一直用到 2018 年,2018 年的战略也不可能一成不变地指引着企业一路顺利地走向明天。不断更新和迭代自我，才是支撑企业在激烈的市场竞争中所向披靡的关键所在。

中国改革开放至今四十多年，市场的环境和要素都发生了翻天覆地的变化：

第一，全球化的停滞，"中国制造黄金十年"终结。2008 年到 2016 年全球贸易增长几乎为零，制造业需要重新想象。

第二，"成本提高＋电商冲击"，传统产业大规模洗牌。

第三，中产阶级崛起，"价廉物美"模式崩溃。

第四，移动互联网，制造业、服务业和金融业的结构性破坏。

中国产业变革进入下半场，这些变化一定还没有结束：

第一，媒体突变，从单向传播到社交化传播。

第二，受众突变，大众消失、圈层出现。

第三，渠道突变，金字塔分销模式瓦解，社交、快递崛起。（吴晓波，2018）

2002年的时候，娃哈哈矿泉水的产销第一次超过可口可乐，娃哈哈当时能做得如此好，多亏了金字塔式的分销体系冲在前面。而如今，娃哈哈的地面分销体系衰落了。隐形的社交渠道逐渐显形，线上购物平台的崛起，让消费变得更直接，从曾经客户向销售商家下订单，再由商家把订单传递给仓库进行发货，变成了消费者的订单由平台下到离消费者最近的店直接发货到消费者手上。同时，还做到了包裹到家“最后一公里”的快递配送，中国每天有1400多万的快递小哥在路上送货，也就是平均每100个人里就有一个是快递小哥。这是非常奇特的“中国现象”。

第四，审美突变，从欧美流到中国风。（吴晓波，2018）

很长时间，我们缺少一种中国的文化自信，西方商业模式是什么样的，我们就照搬，西方有什么技术，我们就模仿，西方审美喜欢什么，我们就喜欢什么。但是，当人们重新找回自我的时候，璀璨夺目的东方元素就会势不可挡，重回主流。

第五，主流突变，从感性人群到新中产人群。（吴晓波，2018）

很多上半场的既得利益者发现商业环境变得异常陌生，正是由于中国金融市场在政治端、供给端、需求端、金融端都发生了本质性变革。这些变革不仅会导致上半场所积累的国民财富进行重新分配，也将推动新的创业者和伟大公司的诞生。正如马克思所说：一切坚硬的都将烟消云散。这就是变革的魅力。（吴晓波，2017）

对于上半场的成功者而言，一切试图采用旧办法维持产业发展和财富的人，都将会被市场淘汰。打破成功，一切归零，重新认识市场，重新熟悉新环境，重新学习新规则、新政策，重新出发，是走向下一个成功的重要课题。

中国市场经历过四波创业浪潮。第一波浪潮开始于1978年十一届三中全会提出的农村经济改革，主流人群以农民和个体户为主，“倒爷”一词就从这个时候开始出现，成了改革开放后第一波创业者；第二波创业浪潮开始于1984年城市体制改革，主流人群是城市边缘人士，诞生了一批至今耳熟能详的企业，比如联想、万科、海尔等；第三波创业浪潮开始于1992年，邓小平南方谈话确立了社会主义市场经济体制，一群体制内的人群看到了创业的希望，陆续开始下海；第四波创业浪潮是从1998年互联网革命开始的，这一波创业兴起了大量的互联网企业，如腾讯、阿里、百度、京东、新浪等。

在这四次创业浪潮中，我们吃的都是“人口红利”。（吴晓波，2018）

但是到了今天，曾经卖方市场的辉煌好像消失了，很多成功的生产模式、商业模式好像都不适用了，甚至消费者好像都变了。不只是小企业因此迷茫而又恐惧着，很多大企业也是如此。

海尔集团创始人张瑞敏是一个拥有敏锐的危机意识的人，在企业资金状况危急之时，大刀阔斧对企业的生产结构、商业结构、管理模式进行了分割，将大生产线分割成一个个微小的独立机构，物流公司解散采用外包的合作方式。他说，关于制造业生产线管理60年的思想终于在今天破产。可想而知，他要“断臂”自救是多么艰难！生产线的大变革，并不意味着市场的消逝，我们还是用着冰箱、洗衣机、空调等电器，市场是一直存在的，只不过意识形态发生了变化，管理思想开始被质疑了。

包括在前几次创业浪潮中获得了成功的中国体操冠军李宁，塑造了非常成功的个人品牌和企业，2010年是其企业的巅峰时期，曾在全国拥有6000多家连锁店，全国的市场份额和耐克齐平，甚至规划占领NBA球队，占领全球市场，却没想到，两年后店铺大面积萎缩了。

新技术的兴起和互联网的强烈冲击，传统制造业和服务业都受到了巨大的影响，新的商业模式在所有行业中，都将覆盖旧的模式。到了2014年，中国出现了第五次创业浪潮，这一波创业人几乎都是“80后”。

2. 只有夕阳企业，没有夕阳产业

新势力的崛起就是对旧势力的冲击。在新的商业模式大规模出现之时，

就是财富的转移过程，这会令很多传统制造业的既得利益者在这个过程中大量失血。

自从有了互联网之后，所有的行业的战略周期急速地缩短，时间段变得越来越短。即需要快速的套现能力和快速反应能力。在这样的情况下，在中国地区是没有夕阳产业和传统行业的。前面讲的案例，无论是卖鞋子的，还是做家具的、洗衣店的，都是传统行业。但所有的变革都发生在这些特别传统的行业中，是在当今的中国市场只有夕阳的企业，而没有夕阳产业。把这句话送给大家："把世界交给80后"！（吴晓波，2015）

中国的市场有很强的政策导向性，对企业的影响和要求跟其他国家很不一样。在不同阶段，企业的生存方式差别很大。

第一波创业浪潮时期，市场刚从计划经济过渡过来，完全是卖方市场，只要有产品，就不愁卖，所以，只要能做生产就行，企业没太多管理要求。

第二波创业浪潮时期，商品生产急剧膨胀，市场出现了竞争，人们对商品的选择有了一定的标准，这就要求企业生产开始讲究标准，品牌价值逐步凸显，市场上广为传颂的是1985年张瑞敏砸掉海尔76台不合格冰箱的事件。

第三波创业浪潮时期，大批社会精英进入市场，社会生产高速发展，国家对外开放全面打开，企业这时面对的不仅是商品、品牌竞争，还要开始面对人才竞争。面对国外优秀商品和品牌的竞争，企业加强内部建设成为必然趋势，大量国外管理模式和经验被国内企业引入和运用。

第四波创业浪潮时期，互联网技术的出现，对国内外企业，甚至各个领域产生根本冲击，所有行业都面对着信息、人才、技术、资金等全方位竞争。企业管理要求全面升级，包括战略规划建设、组织结构建设、制度系统建设、薪酬体系建设、运营流程建设、财税和金融系统建设、人力资源和文化系统建设等。在管理科学上，企业开始由懵懂的孩童，逐步成长，走向全面和完善。

随后第五波创业浪潮开始，各个行业都在颠覆式地快速迭代。一切的坚守，都变得苍白无力起来。好像在没有任何征兆的情况下，很多企业的市场就萎缩了，人员就短缺了，利润就直线下滑了……大家之前还在努力完善内部建设，突然发现一切努力都难以阻止这场危机。为什么各方面都在努力完善，而企业的危机却更重了？

对企业结构和管理的重新思考，已迫在眉睫。

人对于任何事物，从认识到运用都需要经历四个阶段。

第一阶段是认识，求知欲是人类进步的根源，未知会使人脑兴奋，所以对于新事物人们是欣然拥抱的；第二阶段是识别，当人们过了兴奋期后，会产生一定的抗体，这个时候会进行甄别、咀嚼和反思；第三阶段是认知，开始进行取舍、扬弃；第四阶段是运用，吸取精华，内在消化，最后变成自己的概念输出。

对于企业的结构和管理，是得有个从认识、学习，到咀嚼、反思，再到取舍、创造的过程。只是，速度慢了，企业可能就顶不住了。

部分初创企业甚至还处于对过去“经典管理模式”的崇拜当中，因为他们刚从书本中走出来，对于成功企业的崇拜未了，正在导入经典的组织结构和管理系统，复刻着时局完全不同的当年企业的做法，第一阶段都还没迈过，所以学费总归都要交一些的。

经过实践和碰壁，相当部分企业已经明白，靠老板和管理人员通过类似 MBA 之类的“进修”来挽救企业是完全来不及的了，也知道参加社会上一些“经典模式”培训也跟不上时局的变化了；值得庆幸的是，有不少企业家敢于承认，无论是“洋为中用”还是“古为今用”，都不足以让企业屹立不倒。众多企业耗费了不计其数的实践成本，所得出来的这种反思，是极为珍贵的。

“因地制宜”几乎是所有人都懂得的道理，但是真正到了企业管理当中，却很少有人能这样去做。或许是因为太过于迷恋榜样和经典了，南墙撞得还不够疼；抑或很多企业家对于管理模式只是“知其然”，不敢有所舍，也不知道如何舍，所以市场上遍地都是模仿和照搬。

对于管理，如何“知其所以然”，是一门学问。

面对加速更迭的市场，只有认清了市场的变更性，透析了市场的变更方向，明确了“因企制宜”的思路，才不会在新一波的浪潮中被淹没。

吴晓波对“下一个十年”是这样预判的：一是奇点时刻临近，机器人智力逼近人脑；二是中心化的互联网会消失，万物联网时代到来；三是创业革命爆发；四是养老产业将成为中国第一产业。

机器人智力逼近人脑，会倒逼企业运营结构的变革；“去中心化”的世界会使“自成一体”的企业退出舞台；创业革命的爆发，必将掘墓聘用制；曾经的计划生育国策，将会使得接下来的二三十年，中国老龄人口多于青年人口，养老产业将成为中国第一产业。当今企业家们，如果在市场迭代中没有跟上步伐，很快就只能成为“第一产业”的服务对象了。

3.1.4　企业的塔式管理已病入膏肓

1. 塔式管理盛行

塔式管理在中国企业界盛行的原因有三：第一，中国数千年的封建体制结构，一直都是塔式结构；第二，工业革命以来，塔式管理也是西方企业常用的管理模式；第三，中国的市场经济是从计划经济过渡而来，而计划经济的管理本来就需要自上而下，所以过渡到市场经济后，塔式管理便直接覆盖到了企业身上了。

封建社会时期，基于管制辽阔疆土的需要，统治阶层建立起了逐级宽泛的管理体系，这种塔式结构有利于管理指令自上而下传递、财产赋税自下而上归集，而管理红利再由上往下分派，整个体系就牢固了。为维护这样的利益结构，封建统治者往往需要执行“愚民”政策，以避免人们产生与统治者不同的思想，从而引起社会动荡。长期的封建专制管理，滋养着封建社会民众的奴性，而奴化了的民众，反过来又不得不需要塔式管理来维系，否则社会便难以稳定。数千年塔式管理的惯性，传导到了当代中国企业人身上。

工业生产时代，社会物质比较匮乏，市场是卖方市场，产品只要生产出来就能销售出去；只要有资金，就能购买生产资料（包括土地等）；买来劳工（财务上劳工也被划归生产资料），生产就可以顺利进行。那个时候的生产管理无须太多的分析，管理通道能传递指令就行。过去通信落后，不像现在每人都有手机，信息可以直达，所以那个时候基于指令传递的需要，企业必须建立起塔式组织管理体系，划分出不同职能的部门和岗位，以便协调执行共同的生产任务。因为部门协同的需要，以“事”为中心的跨部门的流程设计成为必要手段；随着规模化生产的发展，职能化、流程化的体系变得越来越臃肿，面对更多的任务变化，项目管理机制出现了……在这种复杂的体系中，劳动者过多的主观意识会曲解任务指令和弱化指令被执行的力度，所以塔式管理要求劳动者思想越简单越好，只需如机器般地严格按工序执行并高频率运转即可。基于这些生产管理的需要，整个工业时代企业管理的各项配套措施和建设思维，就围绕着塔式结构来展开了。因为在 20 世纪以前，全球一直处于卖方市场，所以塔式管理就成了企业的流行模式。

20 世纪 80 年代以前，中国实行的是计划经济，整个社会生产均由国家统筹安排，指令理所当然是自上而下的，组织结构自然也是塔式的。虽然中国的市场经济已经发展四十多年了，但信息流和利益流自上而下的传统管理结构仍广泛存在于企业当中。

所以，无论是学习国内外经典企业管理的间接经验管理人，还是有着成功企业管理履历的直接经验管理人，都在惯性地传承塔式管理模式。

2. 塔式管理逐步变成企业的枷锁

知识和经验会在人的脑海里形成一种框架。

莫言（诺贝尔文学奖获得者）曾这样评价自己和自己的作品：我现在看《红高粱》，第一感觉就是当时真敢写，如果带着一种技术的眼光来看，会发现当时那种用词的大胆、野蛮，那种勇气是今天所不具备的；我发现进修之后，我的写作思路和用词规范了很多，但似乎缺少了之前那种“放肆”。当初就感觉到只有那样写才过瘾，才能够表达自己强烈的情绪，所以笔锋和思路很奔放。尽管我也可以从《红高粱》里面读出很多弱点、毛病，但如果现在让我再写《红高粱》，我写不出来了，再写也不是那个样了，写出来的肯定是另外一个“红高粱”。

条件和时间都在变化，人不可能两次踏入同一条河流。所以，千万不要在经验上过于怀旧，因为经验往往是创造思维的枷锁，是因循守旧的根源。正是因为经验，反而让很多管理者不自觉地忽略市场的变化因素，因循过往的管理方法。

当年的小学课文《小马过河》，讲的就是小马差点因为他人的经验耽误了过河，后来妈妈的鼓励让他相信了自己，懂得了真理其实是在自己脚下。

今天，市场环境彻头彻尾地改变了，**商品市场变成了买方市场，市场竞争越来越激烈，对企业的战略反应速度、运营成本压缩、员工创造力要求都提到了前所未有的高度，**曾经在社会生产中产生巨大效用的塔式管理模式，逐步变成了企业的枷锁，它让企业在竞争中的不适应性越来越明显，弊病越来越突出。

激烈的市场竞争，要求企业更为高效，而塔式管理的效用却是背道而驰的。随着市场对企业产品品质要求的提高，企业对于运营中流程的控制、效果的监督、结果的检查会越来越重视，“臃肿”的塔式结构、冗杂的层叠组织，已不能适应激烈的竞争市场。流程化、精细化运作必然会导致人员众多，导致大量的人事协调、制度遵守、流程执行、检查监督等无直接产值的工作成为主要内容，为财务带来极大的负担。塔式管理使企业运营变得越来越慢，成本却变得越来越高，这种**竞争上高效率的要求，与企业负担沉重的基础，是塔式管理在现代市场中的最直接矛盾**。而塔式管理的信息流、权利流都是自上而下的，这两方面都“培养”着被管理人员的“奴性基因”。

首先是塔式管理的信息传递需要机械化执行。在顶层信息往下传递时，为了不被曲解变形，中下层管理人员不能有过多的个性化理解，不能掺杂个人思想，他们需要将每个指令不折不扣地接收和传递，最好做到如军人一样地严谨和准确；当然，到了执行层，也不能掺杂个人的主观想法，如果要完整地接受、准确地执行上级指令，他们最好应该像没有思维的机器一样。在塔式管理中，只有不偏不倚贯彻的干部才叫好干部，只有不折不扣落实的员工才是好员工。作为好干部，就得有军人般的指令复制力；作为好员工，就得有机器般的任务执行力。

其次是塔式管理的权利分流需要“听话照做”。为了保证权力逐级分配和利益逐级分发的严肃性，防止权力被扭曲，防止利益被截留，塔式管理必须让下级敬畏上级，必须维系管理者的权威；上级越威严，团队就越紧密，下级越“听话”，团队就越稳定。为了维护管理者的“威严”，利益分发是严格赋予相应权力的，于是下级“听话照做”才会有“钱途”。所以，权利流的存在，也在“培养”底层工作者的“从属基因”。

在现代市场中，塔式结构组织僵化、适应性差的特性被映射得越来越明显。信息时代对人的主观能动性要求越来越高，这种**经营上主观能动性发挥的要求，与运营中奴化员工的趋向，是塔式管理在现代市场上的最根本矛盾。**

企业的生产实施是基层人员进行的，基层人员指令接受的准确性、行动实施的时效性和任务完成的完满度决定着企业的运作效果。

基层人员相当于是企业的触角，他们能接触到大量一手的市场资讯和竞争信息。在塔式管理中，基层人员是没有决策权的，他们得到了信息和情报也必须等到顶层管理者给出决策指令才能行动，但塔式管理的信息流是单向且垂直的，这种情报从下到上、指令从上到下的通道是单向的，管道比较长，基层人员将情报上传给顶层决策，以及顶层决策指令下达给基层执行，既迟缓又不准确。并且信息的上传和下达都要通过多个环节不同人的传递，很容易被曲解。基层人员接到迟缓而失真的指令采取的行动，实施的效果往往是达不到预期的，他们又需要将执行结果向上反馈，等待弥补或调整后新的工作指令……严格意义来说，这很容易造成恶性循环。

企业的顶层决策人往往高高在上，他们需要管理企业的整个系统、决策和处理源源不断的信息，因为离地面太远，接不上地气，所以很忙、很冷、很孤独。

信息时代的资讯更迭太快，而塔式管理的通道太长、信息传递失准，其顶端的决策者虽然不一定会成为大忙人，但很可能会成为“大盲人”。

塔式组织的策动力主要源于顶层领导人。因为组织非常依赖顶层领导人的个人能力和魄力，所以领导人稍有失误就会差之毫厘失之千里，造成巨大的损失或失败。在互联网发展加快着信息迭代速度的今天，这种**竞争上须情报精准、应对上须行动迅捷的要求，与体系里决策失准、反应迟钝的状态，是塔式管理在现代市场中最致命的矛盾。**

马化腾和任正非的办公室楼层很高，他们的大班椅坐垫很厚，但他们公司的产品却有着令人惊叹的迭代速度，为什么？因为他们的组织结构扁平化了，他们的信息通路很短，更重要的是，他们将机动决策权赋予基层。

3.1.5 聘用制在走向历史（谢轩，2015）

1. 聘用制凸显着劳资的矛盾关系

聘用制沿革于雇佣制，它将会被共享制取代。

雇佣制产生于封建社会。在奴隶社会阶段，奴隶是没有人身权的，他们的劳动只能换取生存的基本食物，他们没有跟奴隶主讨价还价的余地，这个时期，只存在奴役制。到了封建社会时期，农民拥有了人身自由和一定的劳动自由权，对于雇主提供的劳动机会，有选择权和拒绝权，所以，劳动的购买有了一定的契约性，这就形成了雇佣制。虽然被雇佣者在劳动选择中比较无奈，但毕竟有选择权，只是，雇佣制的契约相对简约，契约一般只有劳动报酬的确认，没有劳动安全保障或者劳动者福利等方面的内容，雇佣契约的内容更多是为了保障雇主权益的。

进入工业生产时期，工人的人身自由权和劳动自由权更充分，工人的解放程度高于封建社会的农民，对于劳动的保障和相关权益的要求就更高了，雇佣制逐步进化成了聘用制。相对于雇佣制，聘用制凸显出了劳资的双向性，并在走向平等。聘用制的契约既明确了资方的权益，也明确了劳方的权益，还对劳资双方的义务作出了规定，是一种高级阶段的契约劳动形式。特别是进入现代社会，聘用制是在管辖国家的法律框架下成立的，这就拥有了明确的法律基础和保障。

20世纪以前，劳动者普遍处于为满足生存的需求而劳作，没有所谓的议价权，相对处于弱势，所以，很多国家对于劳动保障有明确的法律规定。而一些企业基于自身的困难，对于政府监制的以保障劳动工资为重心的聘用合同，会想办法“变通执行”，甚至为了逃避责任不签署规范的劳动合同。

任何事物都是波浪式向前发展的。劳资双方的关系，历史上曾是偏袒雇主的，后来的工人运动改变了这种局面，一些国家在劳动保障上甚至还矫枉过正了；未来，经过在轴心左右摆动之后，劳资关系会渐渐走向平衡。

而共享制会迅速让劳资关系走向平衡。

在共享制中，劳资关系不再是主动与被动、强势与弱势的关系，不再有谁购买了谁，或者谁聘用了谁，劳资双方是平等和基本平衡的。这种没有主动与被动、没有强势与弱势的劳动关系不再需要政府来强制，因为劳资合作是真正平等和自愿的了。只要是还需要有第三方（包括政府）来监督和强制签订劳动契约的，就说明劳资关系还可能不平衡，还存在不平等。

聘用制存在合理性的一般前提是，公司及其所在行业的稳定性。

在行业和公司稳定的前提下，公司的利润来源也就相对稳定，员工成本的合理性就有了保证，如若不然，对劳资双方都会是风险。员工工资的数额是合同预先确定好的，当公司稳定性差的时候，相对固定的员工成本就会加大财务压力，成为资本方的风险；同样地，公司不稳定，也增加了被聘用人员的机会成本，因为工作的稳定性低，所以劳动者可能就会产生收入真空期，以及更换工作可能带来更差的收入，这是劳动方的风险。

在中国的“第三次创业浪潮”之前，国有企业和政府机关的工作大都很稳定，很多劳动者可以作为“单位人”拥有稳定的收入。“第三次创业浪潮”开始后，人员流动性被逐渐打开，劳资双方的选择自由度提高了，企业人力资源配置得以优化，但同时员工的稳定性降低了，公司与个人之间的信任度和忠诚度也下降了。很多员工会因为更好的机会经常跳槽，公司越来越不愿意再去培养人，因为培养好了之后员工可能会跳槽更快。这种情形下员工也无法完全沉下心来投入工作，劳资双方的机会成本和收益风险都增加了。

2. 聘用制越来越不合时宜

在聘用制中，员工因有合同为保障，旱涝保收，风险相对不大。因为员工无须对企业的利润风险担责，所以聘用制中员工很难形成主人翁心态，也很难拥有自觉自发的内生工作动力。随着人们生活压力的减小，工资的驱动力越来越小了。由于员工缺乏主人翁意识，企业也只能选择降低劳动力成本，而一旦员工的福利力度不够，反过来又会使得员工的归属感和忠诚度降低，进而又会影响员工的工作积极性，形成恶性循环。随着市场迭代速度的加快，这种恶性循环也在加速。

科技的发展和社会的进步使得市场的竞争越来越激烈。特别是伴随着互联网的高速发展，商品和企业的更迭在不断加速着，这也加快了人才更迭的速度。于是，劳资双方的机会成本和收益风险也在急速上升着。也就是说，企业及其行业的稳定性在急速降低，所以，聘用制的合理性在急速降低。

相对于无保障的劳动形式，劳动者在有着合同保障的聘用制中风险是很低的，因为风险低，所以员工的压力就小；因为压力小，所以员工的潜能发挥就少；因为员工的潜能发挥少，所以企业的效益就低；因为企业的效益低，所以员工的收益是不可能高的。因此，随着市场竞争激烈程度的增加，聘用制对于劳资双方风险都在加大，这促使着企业开始思考用工形式的革命。

另一方面，由于中国步入了资本回报率增速高于劳动回报率增速的阶段，这对聘用制是一种颠覆性打击。因为金融资本回报率更高，所以，劳动密集型企业及其员工的收益增长就会低于房价、物价的增长。那么，相对于整个社会而言，减去通货膨胀等因素之后，劳动密集型企业及其员工的收益实际上是在降低的。特别是在中国的一线城市，很多人的工资表面是在涨的，但在涨速更快的房子和消费水平面前，他们的经济压力变得更大了。资本回报率高于劳动回报率的局面，促进着企业用工形式革命的加速。

聘用制将劳动以契约和法律的形式进行明确了，因为会计周期是年和月，聘用合同会遵循这样的周期来签订，所以，聘用制相当于以月或年为单位让劳动方有了保障，保障多就等于压力小，这种“稳定”的局面，带出了社会产能相对低效的结果。而市场上出现的越来越多的风险更高、创收更高的劳动形式及投资形式，直接挤压着相对“稳定”的聘用劳动形式，对于资本方，它们会更多去选择外包式、合作式、财务型投资式的盈利模式，以降低风险；对于劳动方，他们会更多选择自主式、承包式、创业式的收益更高的劳动机会，以提高收入，所以，在信息、资本、人才高速流转的现代市场中，聘用制正加速走向淘汰。

再一方面，由于社会生活水平的不断提高，劳动者的需求层次提升也在逐级提升，大部分劳动者已经进入（马斯洛需求理论中的）第三、第四阶段，有的甚至进入了第五阶段，所以越来越多的劳动者开始抗拒限制性强、尊重度低、自由度低的聘用制了，他们更愿意去追求更自主、更自由、更具有收益空间的工作形式，比如市场上越来越火的**“任务分包”模式、“项目合作”模式、“创客接单”模式等，这些模式打破了聘用制以时间为劳动价值计量单位、劳动唯一归属、工作环境排他的“稳定”的形式。**因为劳动时间、劳动形式的解放，劳动价值、收益空间的打开，劳动者爆发出了极大的创造力。劳动者对聘用制的逐步抛弃，是企业用工形式革命大爆发的导火索。

于是，共享制开始登上了历史舞台。

3.1.6　责权利的单极化已开始让劳资走向双输

1. 责权利的单极化加固着劳资的对立关系

聘用制下，无论聘用合同是偏袒着资方还是保障着劳方，体现出来的劳资关系实质上都是“资本购买劳动进行生产”，并且让生产的目的狭隘地走向“实现‘资方的’剩余价值”。即便是在劳动人民当家做主的国家里，劳动者的工资在财务上也仍然是“生产成本”，劳动者的颜色同样近似于“生产资料”，劳动契约尽管如何偏向劳动者的保护，也只是更多地保障了既“无产值意义”又不是“生产根本权力”的节假日带薪、非工福利和解雇赔偿权益而已，并未赋予“剩余价值”分配权。并且这种偏袒，如同家长溺爱着孩子，形式上是在爱，实质上是在纵，因为溺爱不仅没法让孩子成才，反而会导致孩子“啃老”，最终可能会啃得老爹只剩下骨头，然后父子先后成为“白骨精”。

一些民营企业当中，资方在“风险 = 收益”的树荫下，更是绝对地捂紧决策权和分配权，连劳动者形式上的保障都想剥夺，因为这些劳动者不仅工作态度被动，还看不见多少忠诚度和责任心。

责权利的单极化关系昭示着劳资的相对关系。

聘用制中，责任和风险全然由资方承担，包括财务风险和法律风险，这都与员工不相干，不仅如此，“无产值意义”的员工保障的扩大，在进一步加大着资方的财务风险。**责任和风险的单极化，架构了劳资双方的对立关系。**

所以，资方把持着包括战略方向、制度制定、生产监督等各方面的关键权力，劳方只有被动的执行权。**决策权的单极化，固化了劳资的对立关系。**

因此，资方就拥有着“剩余价值”的全部，劳方除了生产成本范围内的月薪和基本福利外，没有参与“剩余价值”分配的权利。**利润分配的单极化，加剧了劳资的对立关系。**

2. 双输局面让劳资双方都要求生产关系变革

压力是潜能的来源。员工因为无须承担责任，所以他们的创造力被冰冻起来了。员工创造力低导致了企业利润率低，企业的低利润率造成低报酬率，而低报酬率又降低了员工的动能，**这种恶性循环让资本沮丧，也让员工颓废；于是，在竞争日益激烈的市场环境中，劳资双方面临双输，其纽带开始走向瓦解。**

劳资的对立，决策权和利润分配权的单极化，在生存已经不再是劳动前提的今天，员工对企业的忠诚度和责任心基本丧失了基础。一些企业形式上的文化建设，在员工眼里只会被看作是欲盖弥彰之举。因为员工很难真正用心工作，所以老板会很累。在竞争越来越激烈的当今市场，老板们得是个全才，得是多个方面的专家，同时还必须时刻“眼观六路耳听八方”，否则，老板很容易落入主观臆断的深渊，企业的决策就会差之毫厘失之千里，使全员偏离航向。**意识上对立的加深，更进一步加速了劳资纽带的瓦解、加深了劳资双输的局面。**

互联网的冲击时空无阻，任何行业的城池和堡垒都可能会被击穿。

互联网的冲击波，让本来利润就相形见绌的企业，更加风雨飘摇。**新时代的劳动者，追求的是尊重和自我实现，他们越来越抗拒从属性的劳动关系，**他们很难再有“螺丝钉精神”，很难再简单地“效忠”企业，他们之中的不少人不仅不屑上司的目光，不屑规章制度，甚至已经开始不屑薪资和福利；公司以前行之有效的行政命令和思想教育，特别是加薪和加福利，对于现代年轻人的作用越来越小了，“新新人类”不会再简单地听命和跟随，更不会再简单屈从于“管”。那么，**在“为生存而工作”的原动力消失之后，企业如果找不到劳动者新的动能来源，传统的劳动购买关系将会彻底瓦解。**

当今的市场，**金融资本回报率高于实业资本回报率，这种局面使得实体企业不得不进行劳动变革。**因为再不提升实体企业的劳动生产效益率，他们将会失去企业存在的基础：资金。所以，**责权利关系的变革，是实体企业劳资双方的共同意愿。**

碳元素，平行排列，构成石墨，非常松软；三角排列，则构成金刚石，异常坚硬，用作刀具，切割钢铁轻而易举。这是排列组合的结果。而劳资的组合，如果对立排列，会形成矛盾，相互消耗；如果相融排列，则可以构造出统一的磁场，形成共振，实现双赢。

于是，“愿打愿挨”的局面自然会在很多企业开始形成，那就是：企业将部分“剩余价值”分配权拿出来，叠加在工资之上给到员工，并将一定的参政权、主导权赋予员工，而员工则在自己岗位和能力范围内，开始承担经济上的“有限责任”。当双赢结果出现，这种相融组合必然势不可挡。

共享制是市场发展的自然结果。

3.2 治愈企业通病，让劳动者回归价值生产

英国历史学家汤因比总结人类29个文明兴衰得出结论：对一次挑战做出了成功应战的具有创造性的少数人，必须经过一种精神上的重生，方能使自己有资格应对下一次、再下一次的挑战。

所以，面对跟过往任何阶段都不一样的市场，管理人得对管理思维进行格式化，重新构建出新的管理生态系统。

3.2.1 组织管理新坐标——结构扁平化

1. 扁平组织结构的形成和特点

当今的市场不仅竞争激烈，还更迭频繁。在互联网技术的冲击下，市场

中几乎所有的行业都在快速迭代，几乎所有的“经典模式”也都在被洗礼。

塔式管理在企业界一直是最普遍使用的经典管理模式，但在新的市场里它原先的一些优势逐渐变成了劣势，**规模优势变成了反应慢、更新慢的劣势，精细分工的优势变成了流程长、成本高的劣势，体系完善的优势变成了信息传输慢、传递失真的劣势，执行层准确执行的优势变成了创造力低下、灵活性差的劣势**……而这些劣势，已经成了制约企业发展的根本原因。

在快速迭代的市场中，企业构建一个轻、快、灵活、高效、低成本、高创造力的组织结构和管理模式势在必行。于是，扁平化的组织结构开始出现并盛行起来。扁平化组织结构也是基于互联网技术发展的结果，因为互联网，“管理幅度”理论上被无限拓宽了，一个指令，可以通过系统“集群式”直接传递给N个对象，并且完全不失真，比传统管理中的人传人形式或会议传达形式要及时、准确、快速、宽泛得多。

当然，**如果有企业还在靠人或会议传达管理指令和工作信息，属下还在靠“做笔记”接收指令，的确需要马上格式化了，不然，被时代淘汰是迟早的事。**

扁平化的组织管理模式解决了塔式管理中层级重复、人员冗余、组织效率低下的问题，增加了信息流通效率，能为决策者提供准确可靠的决策依据，并能使工作指令准确快速地传达到执行层。这种模式有如下四个方面的特点：

特点一，组织扁平化。决策层和操作层之间的中间管理层级少，一般中间管理层只有一层，上下级的管理关系是相对归属的，部门之间有一定的管理交叉性。

特点二，流程简短化。决策层的指令可以直通中层和执行层，如果指令仅是需要部门负责人知晓，比如制定战略规划，则指令直通相关管理者即可；如果下发的指令无须中层管理者参与意见，比如休假通知，则可同时直达每个应接收者。执行者从外部获得的第一手相关资讯和竞争信息，以及自身的工作执行反馈，可直达管理层和决策层，无须过滤和转传。决策者之间、部门之间或执行者之间信息直通，跨部门协作无须经过“上级审批”再传递到另一个领导，然后再传发给协作人，因为“上级”同时能收到备份的信息，随时知晓协作资讯和状况，在无须“指点”的情况下，执行者之间直接交流即可，需“指点”的，也可即时参与并给到指导意见。

特点三，执行系统化。无论是组织中的决策指令、执行反馈、协作需求还是外部资讯，多复杂的信息都可以迅速通过互联网，进行程序化执行和集成化处理，这是传统“人治”无法比拟的，而且这种模式还避免了“人治”带来的人为元素和情感掺杂，能快速而精准地传输指令和信息。

特点四，权责对称化。扁平组织的执行层分解了决策层和管理层一定的权责，其中包括基层的执行权责、协调权责和对外的灵活服务权责、特情处理权责，这些权责包含的事务本来就是执行层直接接触的，他们理所当然比管理层和决策层掌握的信息更充分、处理起来更有效，他们更应该拥有这些事项相应的决策权，并承担相应的执行责任。

2. 扁平组织结构的优点

相对于传统塔式结构模式，扁平结构模式的优点是非常突出的，总结起来有如下八个方面：

优点一，体量轻。扁平结构最明显的特征就是管理层级少，省略了大量的中层管理岗位和人员，让企业的体量大大减轻，是“简政”的重要措施。

优点二，信息传递和处理精确。传统的“管理科学”理论中的“管理幅度”认为一个人的精力、知识、能力、经验有限，所能管理的下属人数是有限的，基层管理者能有效管理的下属为 15 至 20 人，中层管理者能有效管理的下属不超过 10 人，高层管理者能有效管理的下属不超过 7 人。制约管理幅度增加的关键，是管理幅度增加后指数化增长的信息量和复杂人际关系之间的矛盾，但在计算机强大的信息处理能力面前，这些问题都将迎刃而解。

优点三，去除复杂的人际消耗。扁平系统中所有信息对接点对点，无须层级过渡，而管理层对所有信息又能得以全部备份和监察。这种流程下，管理者不是传统意义上“又当爹又当妈”的“官”了，他们相对轻松许多，能减去很多指令传递和人际关系问题等非价值创造性的琐碎工作，只需纯粹地进行分析、决策、监督这样的高价值创造工作。执行人员的工作也省却了很多因“人的通路”而复杂化的人际消耗。

优点四，适应性强。面对外部环境的变化和内部战略调整，扁平组织因为结构简单、轻盈，加上“去人化”的简捷流程，更易于调整和应对变化。

优点五，反应快。扁平结构中加入程序系统，很大程度上去除了部门壁垒，使不同部门和板块间的工作协调更为简便，再加上体量轻、执行流程短和信息集成化的优势，能大大提高企业在应对市场竞争和变化的反应速度及处理速度。

优点六，效率和效益高。随着互联网技术的不断升级，扁平组织的人为元素越来越少，当管理者将工作任务和考核标准更客观地制定出来后，执行人就更多只在乎“事”，而无须“看人”，这种去管理化的体系，不仅在人员结构上，还在执行考核上节省了大量的开支。

优点七，权责精准。扁平组织重新定义了决策边界，权责被细化了，特别是执行层获得了相应的执行决策权和调整权。比如员工在面对客户时，他们是最知情和最能迅速反应的人，手中拥有执行权和调整权，他们就能针对客户的不同情况第一时间给予及时、主动的服务或直接解决问题，而无须通过“请示”，更不会耽搁时间。

优点八，创造力强。扁平组织中，员工执行工作因为少了上级或部门协调的“人际”元素，得以更纯粹地把精力放在工作上，加上考核标准的客观化，和手中一定的执行决策权，他们的存在感、责任感和成就感便会大大加强，工作创造力也能得到巨大的激发。

3.“蜂窝组织”逐渐被广泛运用

组织结构扁平化是全球企业结构发展的必然趋势。矩阵式结构是扁平组织的一种方式，曾被不少企业实践。在互联网的推动下，矩阵式结构逐渐演化出了“蜂窝组织”，这种组织结构的出现和演进更是一道非常靓丽的风景线，大量的互联网企业按这种模式进行了结构改革，并不断创新，并取得了良好的管理效果。这种组织结构能快速提升灵活性和反应能力，对组织、个人发展都更为有利。

图 3–1 是蜂窝组织的职能部门和团队组合方式，各个“蜂窝”相互独立而又相互协作，共同组成了可大可小、可任意组合的互助平台。

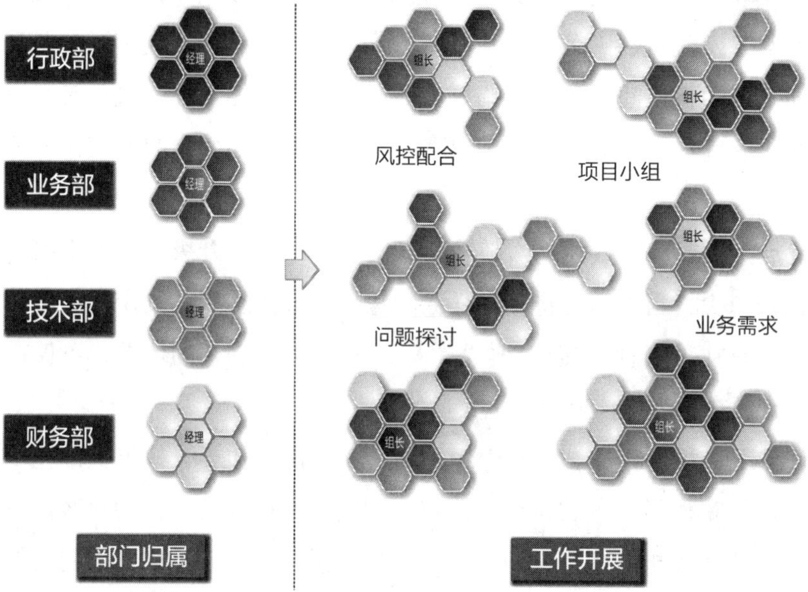

图 3–1　蜂窝组织的结构和运行

图中左侧纵向排列的是职能部门，部门仍按照职能划分和组成，分担和对接公司的各项事务。右侧各图是工作开展时的有机组合，针对各项任务，或者特别对象（内外部用户）的需求，**建立主题式的蜂窝式项目组，主题可以是各种需求、事务、服务、专项工作、业务需求、问题研讨等，项目组根据任务的实际需要可大可小、可加可减，组成人员不限部门，因需搭配。**

蜂窝组织中，每个员工或者管理人员都可以横跨多部门开展工作，可以利用自己的所长，选择担任不同的角色，并针对不同主题变换不同的身份，他们像变形金刚一样，可以根据需要变换角色；他们还可以根据自己的时间，同时担任多个角色。这样的组织能**让所有的员工尽其所能、充分参与、尽情发挥。**

蜂窝组织里没有绝对固定的“官”。具体项目确定后，会由多个参与部门的负责人共同商议，定出其中最适合的部门负责人出任该项目的组长，统领该项目的所有参与人员，被确定为组长的部门负责人在该项目组负责指挥、监督和风控工作，也可以参与具体的执行，他同项目组成员一起，各自拥有和承担相应的权责，大家根据项目成效和承担的责任来分享成果。这样的组织**没有壁垒，没有官僚，没有人耗**。

在蜂窝组织中，任何一个小蜂窝的坏死或剥离，都影响不了整个蜂窝的存在和运转。面对突发性事件，整个组织可以随机地裂变或填补。而在蜂窝的下面，还有一个“蜂巢底板”，这是公司的文化、理念和资本支撑，在底板之上，蜂窝可以灵活应战、各自成长。

腾讯、海尔等优秀企业，都在践行这种去管理化的扁平组织结构。

其实，腾讯的 QQ、微信等产品，基本都不是决策者的创意，大多是公司基层的员工做出来的，因为他们最接近市场、最接近竞争对手的产品。正因为有着蜂窝结构，所以企业的内生创新力才源源不断地涌现。

在海尔，员工的名片是不注明职位的，海尔的新组织模型中只有三个层级，即平台主、小微主和创客。海尔建立了顾客驱动机制，将“与顾客零距离”作为组织变革的首要目标，张瑞敏说：“用户个性化需求是碎片化的，就像一面五彩缤纷的马赛克墙，因此，企业也不能是单色的，必须和马赛克墙对应起来。”海尔在内部还建立了契约机制，促进了内部协同的零距离。其独创的“人单酬”机制和“官兵互选”机制，重构了价值分配体系和权力体系，重塑了人与组织的关系，从而释放了每一个人的活力。海尔前总裁杨绵绵说：“海尔变革的目的就是让每个人**自主管理、自我驱动、自我运转**。”

3.2.2　企业需要变成一个有机联动体

1. 章鱼是生存能力很强的家伙（齐钟彦，1998）

通过百度词条“章鱼”的介绍，可以知道章鱼是种很灵动、很有战斗力和适应力的家伙。归纳起来，它有十大特点：

特点一，强信息力。章鱼头上有两只大大的复眼，因为眼睛突出并分在两侧，环视前后左右和上上下下，无论横向纵向几乎都是 360 度无死角；它的八条触腕非常灵活，每条触腕上约有300多个吸盘，每个吸盘都有神经连接大脑，对外界的信息感知度相当高。

特点二，强分析力。章鱼有着无脊椎动物的最强大脑，智商很高；它有三个心脏和两个记忆系统，一个记忆系统主管大脑记忆，另一个则直接与吸盘相连，储存和应对外部情况；它的大脑中有5亿个神经元，身上还有一些非常敏感的、化学的和触觉的感受器，这使得它拥有“概念智力”，它能够拔掉瓶塞、撬开石头，在牡蛎开口的一刹那把石头扔进去，阻止牡蛎合上两扇贝壳，然后把牡蛎的肉吃掉，自己钻进壳里安家。它能分析对手的能力，遇见比自己强大的，就施展“舍腕保身”术，卸下触腕，像壁虎一样，用舍腕吸引敌人，主身逃之夭夭；碰到弱小的，就把对方打到败为止。

特点三，强安全性。章鱼睡觉时，会安排一二条触腕值班，值班触腕不停地向四周移动，时刻处于警戒状态；如有异情出现，它会立刻跳起来，先喷出浓黑的墨汁当作“烟雾弹”，赢得观察情况的时间，观察清楚后，作出进攻或撤退的决定。若是情况危急，它便会“丢卒保车”。

特点四，强防御力。章鱼会用石头建造“房屋”，这些石头又是防御外敌攻击的“挡箭牌”，当被攻击时，它会把石头推向敌害的一侧，喷射墨汁麻痹敌人，利用石头作为“起跳板”，从体管向石头喷出水流，迅速从反方向逃走。章鱼还有着高度发达的含色素的细胞，能像变色龙一样迅速改变皮肤颜色，如果来不及逃走，它会让自己的皮肤颜色变成环境色，以免被暴露。必要时，它还会拿椰子壳或者贝壳当作“盔甲”。

特点五，强再生力。章鱼舍腕时，伤口的血管会迅速收缩，是不会流血的，伤口第二天就能愈合，新的触腕很快又会长出来。

特点六，强拟态力。遇到危险时，章鱼会把八个触腕中的六个向上弯曲折叠成椰壳的模样，剩余的两个触腕当作脚用，这两只脚倒退时还能让整个身体不起伏地平移，活脱脱像一个被水流冲走的“椰子”，此时两只“脚”走路的速度却远超过八只“脚”，可以达到每秒0.14米。它能变形、能变色，根据情况，它有时把自己变成一束珊瑚，一堆闪光的砾石，或者拟态成海蛇、狮子鱼或者水母等有毒生物，避免被攻击。

特点七，强适应力。章鱼能适应水温的幅度较大，因为它的骨头都退化了。它可以根据需要将身体变成任何形状，人们在英吉利海峡曾打捞出一个容积为 9 升、瓶口直径不足 5 厘米的瓶子，发现里面藏着一条身长超过 30 厘米的章鱼。

特点八，强战斗力。章鱼的头与躯体分界不明显，大脑和心脏都得以很好地保护在体内；它的每个吸盘的拉力约为 100 克，所以它可以搬起比自己重 10 倍甚至 20 倍的大石头，当作建筑材料或者武器；它的口里还有一对尖锐的角质腭及锉状的齿舌，可以钻破贝壳。

特点九，强生命力。章鱼能将水存在套膜腔中，依靠溶解在水中的氧气生活，它离开海水也照样能活上几天。

特点十，强传承力。章鱼从出生开始就独居，凭着超强的遗传基因和自学力，小章鱼很快就能拥有跟长辈们一样的本领，并且能因地制宜地应对新的问题。

2. 小米的成功得益于建成了章鱼式的有机联动体（洪涛 等，2018）

之所以把章鱼的特征列出来，是因为很多优秀企业的组织结构和运营方式跟章鱼非常相像，它们在激烈竞争的市场上显示着独有的适应性、战斗力和生存力，比如手机巨头小米，就是“章鱼式有机联动体”的典范。

小米 2010 年成立，2014 年就成为国内第一大智能手机品牌，从成立到成功，只用了 4 年。2017 年，小米的相关产品中，手环全球第一，空气净化器世界第一，平衡车世界第一，充电宝世界第一，扫地机器人世界第一。2018 年 7 月 9 日，它在香港上市，市值达到 4800 亿港元。

小米之所以能异军突起，因为他有着章鱼般的“特异功能”：

特征一，企业的强信息力构造。

小米的研发团队分为三级：基础员工、主管人员和技术合伙人。小米研发部门没有经理、副经理，这跟章鱼的扁平结构是一样的，神经通路很短、很直接，犹如章鱼的八条触腕由独立的记忆系统处理一样，小米的八位合伙人直接分管各自的业务板块，都能一竿子插到底；而一线员工都拥有一定的处理权。比如，根据客户的投诉或情绪，直接决策赠送贴膜或小配件等。小米对微博客服有"15 分钟快速响应"的规定，使其对外的信息处理能力和速度达到了相对高的水准。每一个一线员工，就是一个吸盘，并通过互联网神经系统集成给"大脑"，对外界的信息感知度和响应度极高。所以，小米形成了自己独有的"米粉"文化和市场体系，拥有着极强的获取用户需求信息并借此迅速转化为产品的能力。小米通过建立论坛、博客形成米粉圈，吸引发烧友级极客，然后将"铁粉"需求设计成产品，经过"铁粉"参与内测，将意见反馈给设计者，迅速依据用户体验感完善产品。

小米就像长着两只环视 360 度无死角的复眼，在横向、纵向扫描民众的需求，这种"最贴近、最符合"用户需求，并且最全面、最快速的商品供应方式，使得小米在多个领域对传统大品牌形成了颠覆式的冲击力。

特征二，企业的强分析力构造。

小米的团队是小米成功的核心原因，为挖到人才会不惜代价，目的就是建造一个"最强大脑"；人才组合上，从合伙人到员工，共担责任、共分利润，这是典型的共享机制。小米的合伙人分管，如同章鱼的多个大脑和多个记忆系统一样，对于问题或者机遇，决策非常快，迭代非常快。它会把决策看成一种试错的手段，开放性地融合业界顶尖人才，形成"蝴蝶效应"，不断地寻找每一个创新技术可能产生的价值。

小米的初始定位非常精准，并不是要通吃各个层面的消费者，而是放弃像老年人这样的更换力弱的群体，找到最具迭代力的人群，即雷军所谓的"喜欢玩机、喜欢折腾、懂性能"的手机控们。有舍，所以有得。

特征三，企业的安全系统构造。

小米拥有完善的集成化、系统化信息储存和应答系统，安全、精确，处理便捷、快速；因为体量轻，人际关系干净，所以能够一致对外。像章鱼睡觉时有两条触腕值班一样，小米全天候在线，无论工作时间还是非工作时间，任何工作异常和特殊情况都能在相关人员的手机 App 上及时反应。

小米的供应链、库存遵循摩尔定律和边际成本递减规律，期间成本会随着时间推移越来越低，以销定产、合理备料。小米长期以来都执行“饥饿营销”，即小于市场需求量供应产品，这不仅保证了成本安全，也在市场上形成了“供不应求”的局面，反而更好地促进了营销牵引力，铺垫了往后的增量。在出货渠道上，小米选择自建电商结合其他线上渠道分发的方式，避免了线下大量的渠道成本。

在小米手机遭遇瓶颈的2014—2016年，小米投资了77家硬件创业企业，其中30家发布了产品，仅2016年生态链硬件销售额就过百亿，这不仅保持了小米的品牌热度，也为它构建了更安全的生态系统。

特征四，企业的强防御力构造。

小米像章鱼似的“自建房屋”，打造了独特的“米粉”需求群体，这种客户别人抢不去。小米也很会利用石头作为“起跳板”，也能像章鱼一样迅速改变体色，拿椰子壳或者贝壳当作“盔甲”。2018年6月小米重启的米聊App版本，类似于微信的“朋友圈”和“游戏平台”结合体，兼顾了即时通信、抖音短视频、微信小游戏等，做成了小米的全面战略铺垫。

从防御的角度，小米也会“舍腕保身”，当然，也会“再次长腕”。小米无人机在首飞直播中失控掉下，还“炸机”了，科技博客“草包科技”曾爆料称，小米无人机生产工厂已经停止出货，后续停止开发新品。虽然小米否认了这一传言，但小米发布的“升级保养活动公告”，对已发货的3000台众筹无人机1080P版用户免费更换电机，让论坛中一些用户认为小米此举像是变相召回。

小米还曾与美的联手推出一款青春版智能空调，宣称可与小米手环、智能家庭套装实时联动，但这款产品的反响很一般，所以被小米给主动叫停了。

特征五，企业的强再生力构造。

第一次试水空调的失败，并没有让小米不再尝试空调制造，2018年，小米再次试水空调。小米敢于试错，正是凭着超强的再生力，小米虽然在冰箱、空调等领域没有颠覆其他品牌，但在手环、空气净化器、平衡车、充电宝、扫地机器人等方面，诞生出了很多领域的行业领先，就连主业手机，也是超越而来的。

小米的再生力，从两方面而来，一是向用户和合作方开放参与节点、设计互交，发酵和扩散口碑；二是共享制下培养了极具创造力的团队。

特征六，企业的强拟态力构造。

拟态和超越，是小米强大的绝招。

小米的基础是硬件，生态与苹果公司极为类似，所以从公司起步到市场战略布局，都是在模仿苹果的基础上试图超越的。因为线下实体店的指针指向苹果，2017年，小米之家全年新开门店235家至287家，覆盖了国内29个省、170个城市，全年累计进店客流达到6713万人，其中购买用户459万人，共有6家门店年销售过亿，年平均单店坪效达到27万/平方米，这远高于其他品牌普通连锁店每年1万~5万元/平方米的水平，仅次于苹果官方体验店（每年约40万元/平方米）。

战术上，小米践行“无印良品”和“好市多”的高性价比精品策略，加上自身擅长的“饥饿营销”，常常像章鱼喷墨似的在市场上制造“物以稀为贵”的烟雾，所以在高端产品大众化和大众产品品质化这两个维度，完美地升级了消费，成就了口碑为王的国民品牌。

特征七，企业的强适应力构造。

小米扁平的组织结构和流程系统，犹如章鱼的八大触腕一样，托举着轻盈的“指挥部”，灵活自如地根据需要进行变形、进退。雷军说“顺势而为”是一种对“道”的尊重，他在很多场合都讲“顺势而为”，甚至他的一个投资公司就取名叫作“顺为”。小米的“顺势而为”是“蝴蝶效应”的思想来源，其一，随用户和消费者需求的变化而调整设计方向和方式，在创新的基础上引领潮流，甚至掀起滔天大浪；其二，顺应员工的创业精神推动快速决策，大道行简，释放着所有参与者的创造思维；其三，时刻保持与公众沟通，顺应时局和市场，能屈能伸。

特征八，企业的强战斗力构造。

小米的躯体跟章鱼一样，几乎没有冗余的部门和人员，身体构成的绝大部分比例都是“作业肌体”，“触腕”再多都不会自相碰撞，行动快速、有序，整个躯体行进和战斗时形成合力和共振，不会产生内耗，是一个完整的有机联动体。小米这种去管理化、去人际化的机制，让战术执行极具侵略性。小米将责、权、利细化到员工身上，激发着每个员工的战斗力，让他们像一个个章鱼吸盘似的能爆发出甚至10倍的拉力。

小米的赢利模式都很“轻”，所以才会紧跟行业的变化速度。小米自己负责研发、设计、售后服务等轻资产的板块，重资产的生产、物流配送环节全部外包，减少了固定成本的投入，甩开最重、最积压资金的部分，所以资金效率很高。

在供应链方面，小米做得也很巧妙：一方面，用“不对称”策略吸引经销商，比如给经销商MIUI激活奖励分成，经销商每销售一台小米手机可获得每月1元的激活费，完美地锁住供销关系；另一方面，像占用牡蛎的贝壳一样，巧妙地将资源“归为已有”，IT桔子数据显示，至2016年小米收购、并购了46家企业，金额超过60亿元人民币，这些企业全部成了小米生态链的利润提供者。

小米的梦想极具侵略性，它所有的战略都基于低成本的放量手机销售，进而长期垄断内部生态圈的利润，如果愿意，它可以轻易吃掉小米手机内所有互联网公司可能的收入；当小米成长到一定阶段后，最直接冲击的不止于“国民手机”华为，甚至可能是基于互联网流量运营生态的龙头阿里和腾讯。

特征九，企业的强生命力构造。

章鱼有着“溶解水吸取氧气”的特异功能，所以它将水存在套膜腔中离开大海照样能活上几天。小米同样具有四个特异功能，让自己在市场上拥有着独有的生存力：

一是用户提供“活水”，小米与用户做朋友，收集用户需求，让用户参与产品讨论和设计，形成了产品的“自来水”。

二是外包方分担了很大的资金压力，小米在各个环节都追求低成本，降低了风险，实现了不可思议的高品质、低价格，让整个市场都目瞪口呆。

三是员工创收能力强，雷军说，KPI（关键绩效指标）不止不适合现代企业，而是不适合所有企业！所以小米宁死都不搞KPI。小米采用的是“员工价值制度”，将员工自己要求的薪酬与公司需要的绩效全面融合，力求找到平衡点，形成劳资利益共同体，共同分享成果收益；员工做多得多，自然都愿意拼命干。这种去人际化的模式，让员工的精力全部都集中在业务上，又由于责权利下放到了基层，能让员工充分得到存在感和价值感，激发着极大的内生力。一个让其他企业汗颜的现象是，小米曾在没有实施打卡制度的情况下，全员把 6×12 小时工作制坚持了三年。因为小米明白，员工都不缺时间，缺的是钱和自我价值的肯定，他们找到了员工自我驱动的源泉。

四是生态合作企业提供“活水”，小米的合作伙伴包括美的、爱奇艺等 210 多家企业，作为爱奇艺的第二大股东，二者不仅可以相互导流增强客流量，还能在市值已超过 300 亿美元的爱奇艺身上得到丰厚的收益。

特征十，企业的强传承力构造。

小米对内建立了很有刺激力的绩效系统，绩效考核和分配标准客观而精准；对外建立了具有强大凝聚力及吸引力的合作机制，合作方式和共赢结构清晰而实效，营造互助共享氛围的同时，建立了一个有序的共振磁场。对于员工，任何人进入都被影响为同颜色，任何新人在同一文化和工作理念底盘上，很快可以同频，并发出同样的声音和影响波；对于合作方，任何单位进入小米生态圈都会体验到良性循环的互补机制和“1+1>2”的收益法则，在共享抱团取暖红利的基础上，继续累加着品牌影响力的贡献。小米在市场迭代中，进化出了跟章鱼一样的传承力。

从出生开始就独居，凭着超强的遗传基因和自学力，小章鱼很快就能拥有跟长辈们一样的本领，并且能因地制宜地应对新的问题。

小米经销商都能清晰地感受到“米粉”的魅力，感受到那么多的微博大号和网络科技达人其实都是小米的“自己人”，都在给小米造势，作为经销商更多地像是在分一杯羹。于是，一个个“小米之家”如雨后春笋般冒出来，在传承小米的盈利模式和品牌影响。

秉承小米独有的理念和章鱼式张力，小米的生态链企业也在不断裂变，至 2016 年，70 多家生态链企业中有 30 家发布了产品，16 家公司年收入过亿，3 家年收入过 10 亿，诞生了包括华米科技（小米手环和手表）、紫米科技（小米移动电源）、万魔声学（小米耳机）、动力未来（小米接线板）、润米科技（90 旅行箱）等在内的明星企业。

同样，小米凭着章鱼式联动体模式，不仅在国内极具收益力，在国外也取得极大的成功。小米手机从新加坡开始，到印度尼西亚、越南等东南亚国家，发展到印度等南亚地区和以色列、阿联酋等中东地区，再延伸到捷克共和国、乌克兰等东欧市场，在高效复制着小米在中国的高性价比爆款策略，并一一取得成功。

章鱼式有机联动体的运营法则是：

情报精准，决断神速；轻装上阵，效益为王；因地变形，因情变速；

因病断臂，因需再生；有序联动，同频共振；上下一体，顺势而行。

3.2.3　建立责权利前端化的员工自驱动系统

1. 企业的规模化和标准化已不再是优势

美国哈佛大学管理学家威廉·詹姆斯研究发现，在缺乏激励的岗位上，员工仅能发挥其实际工作能力的 20%～30%，而受到充分激励的员工，其潜能可以发挥出 80%。（艾诚，2016）

新时代的劳动者，有的跳过了“第三需求”，追求起“第四需求”和“第五需求”了，而大部分的企业，还仍停留在诸如“完善岗位职责、为员工提供良好的工作机会和工资待遇”之类的满足员工“第一需求”和“第二需求”的建设中。这些几近过时的“努力”，在企业绩效建设中显得越来越苍白无力，企业的这种劳动供需的错位状况，到了不得不进行变革的地步。

同时，随着社会生活水平的提高，人们对产品和服务的需求也发生了根本的变化。过去，大家对产品的品质和服务没有过多要求，能满足生活需要就可以，产品和服务的标准化，生产流程和产品供给的规格化就是最大的市场优势。如今，人们对产品和服务越来越趋向差异化和个性化，标准化的产品和服务在迅速被迭代，少数敏锐的企业已经开始转舵，在个性化道路上打开了新的效益大门，而绝大部分企业并未看清市场需求的变化，仍然在一味努力建设“标准化的生产流程”和生产“标准化的产品”，他们还没搞明白为什么企业和产品越来越合规，销售却越来越困难。正是因为企业与市场的这种产品供需错位，倒逼着企业不得不进行变革。

一百多年前，泰勒提出了职能化、标准化生产，于是世界上有了流水线，有了大规模制造和同质化的产品，极大地推进了整个社会的物质文明，泰勒也被奉作“标准管理之父”。然而，在信息时代，人们的个性化、定制化需求逐步在覆盖同质化供给，泰勒及其后工业革命的辉煌，也就逐步暗淡下去，如果现代企业仍然沉浸在“标准管理”的经典中，就将会跟随泰勒逐步走向历史。

韦伯当年提出管理稳固的科层制（官僚制），让企业一百多年以来都沿用金字塔结构。同样，这位“组织管理之父”也在走入历史，因为互联网时代要的是速度，去中心化、去中间化、去等级化成为潮流，臃肿的、官僚的、迟钝的组织结构迅速锈化，金字塔式多层结构的企业正在成为轻盈、扁平组织迅猛裂变的背景板。

马云曾在 2018 年人工智能大会上讲到：“（制造业）企业如果不能从规模化、标准化向个性化和智能化转型，将很难生存下去。”所以，你再不迭代企业生态，市场生态就将迭代了你。

现代劳动者个性自我、行为自由，他们急需张扬个性，急需体现存在感，因此，他们对于刻板的规矩和流程比较排斥；他们不是完全不在乎工资，而是对于固定的工资形式比较麻木，他们需要“刺激”的收益形式，需要足够的“想象空间”，他们不仅不怕困难和失败，反而非常喜欢挑战，越是“极限”越来劲；他们要求工作环境的自由度和自主度，以追求刺激感、存在感、成就感，彰显自我价值。

消费者的个性化、定制化需求，加上激烈的竞争，要求企业必须信息精确、决策快速、处理精准，要求执行人拥有足够的主观能动性，显然，“由前线反馈给后方决策再发出指令给前线执行、有特别情况或变化再反复请示与传达”的传统流程，已经完全无法应对市场的需求速度了，因此，服务、决策、处理必须前端化。用任正非的话讲，就是“让听到炮火的人来做决策”并且“就地组织新的战斗”。

那么，基于员工的劳动方式需求、市场服务需求和竞争需求，责权利前端化的劳动模式成了互联网时代的必然。

2. 海尔践行出来的员工自管理模式（王钦，2018）（党书国，2006）

海尔的责权利前置了。

OEC（overall every control and clear）管理法出自海尔董事张瑞敏。“O”，指全方位；“E”，指每个人、每件事、每一天；“C”，指控制和清理。很好理解，就是全方位地对每个人每一天的每项工作做到控制和清理，用海尔自己的话来说，就是“日事日毕，日清日高”。

OEC管理法将企业的总目标分解成各个部门的分目标，再细化为各个员工的个人工作目标，分别建立公司事务总账、部门事务分类账和个人事务明细账，各项工作具体指标也同时确立，员工在明确自己的个人工作目标之后可以自主进行第二天的工作安排，个人事务账包括工作内容、工作标准、工作频次、计划进度、完成期限、考核人、价值量等，设立好个人事务明细账，然后交上一级主管，审核后生效执行。确立总目标就像是企业这艘巨轮的舵，掌控着整艘巨轮的前进方向，员工个人目标的顺利执行，就是保证船上每一个零件都运行在正确的航线里。总战略的精细分化，落实到每个人的头上，明确每一个人的具体职责，确保所有的事与物都能在工作指针上，使得所有的事都落实到人、所有的物都有人管，人人都对自己的工作目标和责任有清晰的认定，有压力，更有动力，有主动权、更有责任心，在总战略的指挥下，全员的力量都能充分发挥，并且能使在刀刃上，推动着巨轮轰轰前进。

“3E”卡是对员工每天的工作结果进行记录和考评的考核工具，指everyday，everything，everyone（每一天、每件事、每个人），员工每天的工作，根据计划好的事务账进行，在下班前将自己一天工作的质量、产量、物耗、安全、文明生产、工艺操作、劳动纪律量化值填入这张卡中，而卡中的价值直接与员工的收入挂钩，员工通过自我清理工作就可计算出自己的日薪。事务账填写时，需要附上证明工作量和工作结果的相关材料，工作结果确认后交给核验人审核，核验人根据已有标准对所核验的工作逐一核准，按照客观结果进行考核，填写核验意见，然后再提交给上一级领导复审和确认，上级领导定性的工作结果就决定了员工一天的薪酬。自我评价，层层考核，自我认识的提升，保证考核流程的完整，形成一个闭环的考评体系，不断推动着整个组织的螺旋式进步。

OEC管理法由三大体系构建而成，即目标体系、日清体系和激励机制。

在大多数企业中，员工往往是闭着眼睛做事、低着头工作的，大家往往不知道为什么而忙、忙得出什么结果来，只知道我很忙、我得忙，因为我拿了工资，我要是不忙，就不好意思说自己尽职了。工作目标不清晰，员工们只会为了忙而忙。明确的工作目标和清晰的考核标准，就像是黑夜里的一盏明灯，所有的员工，不管是管理者还是执行者，就有了明确的努力方向，知道自己要干什么、按什么标准干、要干成什么样、干好会有多少收益、干不好会有什么责任，这就是责任心和动力的来源，是执行力的起点和落实力的保证。当天的事情当天做，当天的问题当天处理，这是再平常不过的道理，小问题积累久了，就会变成大问题，小故障堆积多了，就会形成大麻烦。“日清”的原则就要求所有人当天的工作必须当日完成，当天发现的问题必须当天处理，从而能够将问题遏制在萌芽时期，避免了因隐患聚积导致的目标落空，避免了积重难返的大问题出现，避免了员工对问题和失败滋生麻木不仁的思想。

张瑞敏在“日日清”的基础上还加了“日日高”的要求，所有人都要在纵向上与自己的过去比较，在横向上与同事同行比较。他认为，比较就是动力，有比较，才能有发展。每天工作要求提升1%，包括提高质量、增加数量、降低成本、改进工艺、革新技术等。“不积跬步，无以至千里；不积小流，无以成江海”，久而久之，就会换来质的飞跃。海尔的激励包括正激励和负激励，通俗地讲就是有成绩就加、出问题就减，这就能有效地刺激每项工作完成结果的最优化、确保问题出现概率和程度的最小化。

海尔按效分配，每个员工都与市场目标、订单、效果直接关联，多劳多得，自己创造的增值部分直接体现在收入当中，只要多劳就能多得，员工对工作更具有责任感，不断挖掘自身的创造力和潜力。将战略目标细化落实给每一个员工，为员工树立了指明灯，激发大家主动地、自觉地去做，而不是下放指令，“逼”人被动去做；企业不再是“发”工资，而是员工自己去“挣”工资，员工有更多的自主权力和更大的价值创造空间，自我经营意识也就培养了起来。员工不再埋藏着心不甘情不愿的“你要我做”“你逼我做”的抵抗心理，而绽放着“我要去做”“我想要做”的迎接心理，如此一来，生产力潜能自会得到巨大的释放。

如果采用压迫式的管理，就会令人产生抵触的情绪，老板布置什么任务，员工都会想，要怎么做才能以最懒的方式交差，而不会站在企业角度考虑，要怎么做才能效果更好、企业效益更大。固定的工资为这样的心理形成了“保护伞”，因为做多做少，每个月的工资都会一分不少地打到工资卡上。因为有聘用合同，因为合同后面有《劳动法》。所以，原则上员工做好做坏，甚至做与不做，企业是没有依据扣钱的，如果公司扣了钱，员工就会问：“凭什么扣我的钱？”注意，是“我的钱”：法律规定了的不论工作效果怎样，只要是在聘用状态下工资就是归属于员工的钱！真扣了，员工就可以拿起法律武器维权。倒是没多少员工会这么想：“我凭什么拿这份工资？”庆幸的是海尔用自身的实践，为企业解决了这种困扰。

张瑞敏说：“要把人当人看，若仅仅把人当作生产工具去完成一些规定的动作，就陷入了‘李嘉图’的‘人是微不足道的，产品就是一切’的槽臼。”海尔给足员工尊重，给足员工自我经营的空间，将工资的“加减棒”放到员工自己的手上，员工工作完成的效果直接转化为工资，收益直接取决于本身劳动创造的市场价值。在这个系统中，收入“多少自定”，无须言语，大家自然就明白了为什么能拿工资、要为企业创造多少价值、能拿多少，而不是挨到月底，等着财务发放合同签订的工资。

海尔为员工搭建的是一个“赛马场”，员工可以在公平的赛道上尽情奔跑、体验成就。在海尔，员工实际上已经成了一个独立的自我经营体，自我规划、自定目标、自定标准、自担责任、自创收益，这种模式给予员工足够大的创造空间，很大程度地激发了员工的潜能和积极性，激发了员工的自主驱动性，巧妙地通过实现员工的自我价值，来达到实现企业价值的终极目标！

海尔在时代的变迁中，始终顺应着时代的潮流走在管理探索的最前沿。

从工业经济时代到知识经济时代、信息经济时代、智慧经济时代，企业与员工的角色和定位，不断地发生改变。工业经济时代，是员工被管理阶段，员工是被管理者、工具人，要对等级权威绝对地服从，是附属于机器设备的劳动生产工具；知识经济时代，是员工自管理阶段，员工是自管理者、准主人，作为学习单元、创新单元、市场单元、利润单元进行自我经营；信息经济时代，是员工自创业阶段，员工是自创业者、合伙人，可以依靠企业资源进行“融智 + 融资”的创客型合伙人；智慧经济时代，是员工自组织阶段，员工是自组织者、社会人，员工的视线不再局限于企业内部，而是内外兼顾，人人都成为“自结社”，人人都成为自媒体，人人都成为自金融，人人都成为自企业，由在职员工转型为在线员工，由单位人转型为社会人，由信奉企业文化转型为信奉职业文化。互联网时代下，信息更加透明化、对称化，市场要求生产服务与客户做到“零距离”，企业内部活性与员工自主创造性需求不断提高，企业管理需要从管制转型为放纵。于是，海尔来到了创客时代。

海尔从管控型组织转型成为投资型平台，从制造产品的企业转变成制造创客的平台。在海尔，“每个人都不再是被动的命令执行者，而是平台上的创业者。整个组织，从原来的传统塔式组织变为互联网蜂窝组织”。创客文化带来的是企业与员工关系的彻底改变，员工不再是单纯的执行者，而是创业者，不再扮演被雇佣角色，而是扮演合伙人的角色；员工独立拥有决策权、用人权和分配权，自主经营，自负盈亏，是独立个体的存在，企业不再是只为员工提供一个岗位，而是提供了一个创业机会，企业只是表演舞台，员工的任何成就，都将获得属于自己的掌声。这是时代选择下的新型管理模式。

管理，需要重新被定义。

在创客时代，海尔走进了管理的新纪元——企业变成了“小微”平台。

小微组织由几个人或几十个人自由组合，在海尔平台注册，像一个个小企业，承包海尔的部分经营内容，自主运营、自负盈亏。企业平台为小微组织提供共享资源和服务，制定统一的战略方向，“小微”依靠平台的资源进行完全市场化的独立经营。在“小微”模式下，采用“0030”的机制——0 底薪，0 费用，30% 的风险基金。“小微”团队的所有收益全部来源于自己所创造的客户价值，出差办事全部自掏腰包；在创造的所有收益中，30%作为风险基金，剩余的收益根据团队成员对小微的贡献进行分配。这是一种责权利前端化、运营市场化的激励机制。

在社会资源组合形式不断更迭的潮流中，“管”字逐渐淡化，“去管理化”的企业生态圈模式已然成为潮流。管理不再是要事事为之，而是要如何做到激活企业活力且无为而“至”，这是后现代管理的方向，是信息化时代对企业管理的要求。海尔实现了责权利的前端化，让第一线有了处理问题的权力，使企业能在速度迭代的市场中极速应变；让第一线能承担起相关的责任，使员工与企业命运相连；让第一线能获得了刺激性的收益，使员工的心真正归集到了企业之中。员工自驱动了，管理也就简单了。可以说，这才是管理的至高水平，更是管理艺术应有的状态。

海尔管理实践表明，前期，每个员工“各安其位、各尽其能、各司其职、各负其责”，在轨道上运行、在体系中活动；后期，“去管理化”、像大自然一样无为而治，这是新时代企业管理的终极追求。作为企业，解决问题层级越低，说明管理水平越高；相反，解决问题层级越高，说明管理水平越低。作为体系，从个体讲，自我导向，自我激励，自我约束，自我发展；从整体上，自驱动性，自增长性，自优化性，自循环性。总之，自运行性，轮回上升。“去管理化”，用国学语言讲，即“无为而治”。从“他组织管理”到“自组织管理”、从“有为而治”到“无为而治”，这是新时代企业管理的根本转型……要想无为首先有为，通过有为（打造体系）最终实现无为……由此带来“边际成本递减、边际收益递增”效应。或者，从“一次劳动一次收益”转向“一次劳动多次收益、一次劳动终生收益、一次劳动多代收益”。当然，体系是动态的。（李海舰 等，2018）

1984年成立的海尔也曾经历过多次的生死考验，多次在变革中重生，与它同期甚至二三十年后的公司，绝大部分都已在市场上销声匿迹。今天，像海尔这样的老牌生产型企业，依然焕发着勃勃生机，能在市场竞争更为激烈的环境下，成为业绩不断增长的市场领军者，是源于它有着一般企业所不具备的特质：勇于自我革新。

2017 年海尔集团实现了全球营业额 2419 亿元，同比增长 20%；利税总额突破 300 亿元，其中经营利润同比增长 41%。海尔在海外已拥有 54 个工厂，整合形成了海尔、卡萨帝、美国 GE Appliances、新西兰 Fisher & Paykel、日本 AQUA、统帅在内的“世界第一家电品牌集群”。以 6 大家电品牌的矩阵优势，“海尔系”品牌已走进全球 160 多个国家和地区，海外近 100% 为自主品牌。（金朝力，2018）

3. 员工自驱动是企业的伟大变革

市场日新月异，变革是企业永恒的主题。

哈默博士（流程再造理论的创立者）说：“打破鸡蛋才能做蛋卷。”过去的任何经验和辉煌，都将随着时间的流逝成为历史；企业在完全被颠覆了的市场中要获得重生，必须蜕变。毛泽东曾在《新民主主义论》中说：“不破不立，不塞不流，不止不行。”蜕皮是痛苦的，破茧是艰难的，但面对竞争和淘汰，这份痛苦，企业不得不主动承受。

海尔的成功经验，昭示着这种变革不是让企业在负重，而是在减压，是减掉了大量的管理内容、减掉了工资成本，这样的变革非但没有打击员工，反而把员工全面激活了，形成了全员的自驱动局面。

这种全员自驱动的模式，迎合了市场服务速度的要求和客户需求个性化、定制化发展的大趋势，迎合了现代员工彰显自我、追求自主的人格特质，极大激发着员工的工作热情和创造性，不仅解放了员工，也解放了管理层，让管理者放任了指导、协调、督促这些传统管理中的“标准化”工序，把精力集中到战略研究这类具有“核心价值”的工作上来。员工自驱动了，大量的管理成本就节约下来了；更重要的是，员工与绩效挂钩，收益来源于所创造的效益，员工的工资不再是“死工资”和“硬成本”，这也大大降低了财务风险、提升了劳动效益。

从责权上看，管理者本就不该死握执行决策权、客户服务权、一线信息处理权，也不该承担这些工作的直接责任，因为他们不在执行层、不在一线，他们基本没有第一手信息，他们往往只能获得经过中间层“人为”转述的二手或三手信息。如果权力不下放一线，员工碰见任何变故和突发状况都须通过流程和管道“汇报请示”，管理者在不一定完全准确了解“汇报信息”的基础上做决策，再将意见通过管理流程和结构管道下达执行命令，一线员工接到的“人为”转述过的执行信息可能失真，也可能就错过了处理的最佳时机；如果情况又发生了变化，执行层又得来回进行“汇报”和“下达”……再者，执行的结果是执行者实施的，管理者不在现场更没有参与实施，由他来承担执行不当的责任也不贴切。瞬息万变的今天，这样的决策和执行流程显然已不合时宜。执行人员才是最了解一线情况，最具话语权、最不用转弯的知情人，他们最能因地制宜，也最应该拥有执行决策权、客户服务权、一线信息处理权。只有让一线人员根据执行现场的具体情况，在第一时间作出恰当的决策和处理，才能适应现代市场的节奏。当然，由执行人承担直接的执行责任，这也是理所当然的。

所以，责权利前端化的员工自驱动模式，是互联网高速发展、信息加速度迭代大环境下的必然产物，是顺应市场、激励员工、盘活企业的最佳运营模式。

3.2.4 变管为放，建立价值导向的共振平台

1.“管”已经成为员工创造力的直接障碍

趋利避害，是生物的本源性特征，是人的行为来源，是人类文明发展的内在推进力。

沙漠中有一种叫“复活草”的植物，在极端干旱的情况下，身体会卷曲成球状，随风滚动，哪怕几十年没遇到水，体内的水分被蒸发掉98%，枯枝干如死柴，也只是“假死”而已。它们一旦被吹到水坑，或遇见下雨，只需几分钟，便迅速复活、生长、结果，果实掉在地上继续成长，水没了，它们又被蒸干、被吹走，继续下一个漫长的复活等待过程。

任何生物都具有“趋利避害”的进化本能。海狮为了适应海里的生活，四肢可以变成“鳍”，竹节虫为了在竹林中生活全身变成竹枝，从 H_1N_1 到

H_7N_9，病菌也会随着人类的医学进步同步变异。宏观而言，人类的躯体和文明进化，源于趋利避害；微观来看，人的每个想法和行为的产生，基于趋利避害。

在工作中，每个人都会趋利避害，选择对自己有利的事项，抗拒对自己不利的事项。人的利益包括金钱、名誉、权力、情感、健康、幸福等，有物质层面的，也有精神层面的。根据马斯洛需求理论，人的利益需求是从初级的物质层面（食物、金钱等）向高级的精神层面（情感、尊重、自我实现等）递进式发展的。

在社会物质生活相对匮乏的情况下，人的物质层面需求是主要需求，人们的工作动因来源于工资收益，而不是对工作本身的兴趣。相应地，企业管理的有效性就是如何利用劳动者对工资的需要来进行生产，以完成企业盈利的目标。劳动者因为趋利，就会选择能获得更高收益的工作和事项，因为避害，自然会有“少做多拿”的动机和行为，于是，企业管理的根本思路就是生产规划、运营实施和监督执行，相应产生了工作计划、组织和监控职能。这种情况下劳动者和管理者是分离和对立的，为利用劳动者的需求完成盈利的目标，针对劳动者的趋利避害，管理者在激励上的有效措施是“胡萝卜”，在督促上的有效方法是“大棒”。

“饱暖思淫欲”。随着物质生活水平的提高，人们在物质层面得到满足，精神层面的需求就成了主要追求，物质需求的动因弱化，精神需求的动因增强。那么，如果工作本身不是员工的兴趣，企业为员工提供的工资，对员工的激励作用就会越来越小了，“胡萝卜与大棒”的管理模式也就逐步失灵了：

获得“饱暖”的员工趋利——获得“胡萝卜”之外的情感、尊重、自主，彰显自我。

获得“饱暖”的员工避害——抗拒“大棒”之下的无情、不尊重、限制自主以及“非我”的事业。

也就是说，传统管理的“计划－组织－指挥－监督”这种“管控模式”，已经越来越难以激发员工的动能了，企业的职能结构到了不得不变革的阶段，企业务必要找出满足员工更高需求的运营模式，才能有效激励员工。所以，一个能满足员工情感、尊重、自由、彰显自我需求的平台，才是企业结构变革的方向。

具体而言，企业要去掉那些约束员工的条文和制度，让员工获得自由的工作时间和环境；设立肯定员工人格、价值的机制，让员工获得尊重；改变管理者与员工的对立状况，使得企业目标与员工需求统一化；建立亲切的人文氛围，重视员工爱情、亲情、友情寄托，让员工真正拥有归属感；把公司的目标分化为员工的个体目标，让员工能在公司平台看到并实现自己的事业追求。

这种革新总结为四个字：变管为放。

道格拉斯·麦格雷戈提出了与X理论不同的Y理论。这一理论强调，在人类的需求中，如何让员工获得自尊、自信、自主，是极为重要的内容。所谓激励，不仅仅只为员工提供工作报酬，更重要的是为员工发展创造机会和提供支持，使员工不断从中获得成就感。在道格拉斯·麦格雷戈看来，现代企业是为促进员工发展建立的人性组织，企业管理的基本任务是机制建设；即通过建立一种制度化环境，使提高企业效益成为实现员工发展的条件。用道格拉斯·麦格雷戈自己的话来说："管理的任务就是营造组织环境，设定工作方法，让员工通过为组织目标努力而实现自身的目标。"这样一来，整个管理关系就倒过来了，从员工是企业实现效益的工具，转变为企业是员工实现发展的工具。（秦志华，2008）

2. 腾讯、海尔都已放飞员工

很多优秀的企业，都摸索出了一套充分满足员工的需求、全面激活员工的机制，形成了独具特色的"开放式员工发展平台"。

腾讯是国内知名度很高的公司，到2018年，腾讯的QQ活跃用户数7.8亿人，微信活跃用户数超过10亿人，公司市值达到了4万亿元。腾讯之所以成为巨无霸，是跟它能不断根据市场和员工的变化，调整企业的运营模式，持续激发员工活力，保持企业旺盛的创造力密不可分的。

腾讯有一套"活水计划"（周强，2018），"活水"引用于南宋朱熹的诗句"问渠那得清如许？为有源头活水来"，寓意是希望员工能自由地在公司内寻找感兴趣的发展机会，永葆激情与活力。根据“活水计划”，腾讯的员工可以在不通过上司的情况下申请自己喜欢的岗位，公司创建了 PC 端和移动端的“转岗申请”平台，非常便捷，平台里有一个《活水平台，私密哒》的视频，告诉所有员工，申请很私密，上司不知道。

员工的自由转岗，形成了优胜劣汰的局面，这对于员工，可以根据自己的专业和兴趣进行工作，使得自己的才能得以充分发挥，也能感受到足够的自主和尊重；同时，员工也是有压力的，没有能力或不好好发挥，好的工作机会马上就会有别的人来顶替。这样“能者上、平者让、庸者下”的竞争机制充分激发了员工的斗志。如果员工提出申请而想去的部门同意接收，原上司只能同意不能驳回，这对于管理者如何尊重和用好员工，并带领团队做出优秀绩效提出了很高的要求，否则，留不住人。这样，也就充分激活了每一个部门和团队。

“活水计划”给了所有员工很大的自由度，同时也通过各种个人和部门的绩效排名，来驱动大家的创造力，因为排名关联收益，所有员工和管理者都会拼尽全力去争取好的名次。

“活水计划”把管理者的管控思维彻底转变为基于用户和员工需求的服务思维。为激发个体活力，管理层会给予员工和团队足够的发展空间和自治权利，不会制造“行政干涉”和“协作牵扯”。对于业务部门，公司让大家自由选择业务方向和开发产品；员工个人的工作目标是自己制订的，而不是由上级层层下达的，他们可以根据自身现状数据和目标利润率来决定下一步的措施，无须申请、审批，只需报备即可。管理层没有任何束缚，员工可以全速奔跑，产品可以如“草莽”般野蛮生长。腾讯对于服务一线，也赋予充分的决策权，只要不伤及公司和客户，大家可以在自己的职权范围内自由决策。

互联网迭代的绝不仅仅是腾讯这样的互联网企业，事实上它在升华所有的企业。不少人认为轻资产企业或小企业容易转型，它们是管理变革的急先锋，其实在互联网技术的冲击下，无论轻重大小，只要转型慢，都很可能会被灭顶，所以，只要善于审时度势，就连重资产企业也能实现升级转型，前面提到过的海尔就是非常典型的代表。

根据外部环境和内部员工需求的变化，敢于不断地迭代自己，是海尔一直保持巨大创新力的根本保证。在组织形态上，海尔是经历过业主制、企业制之后，才逐步演变出平台制的。早期，海尔执行的是传统体制，即业主制，其特征是无限责任；跟大多数企业一样，海尔后来引进了现代企业制度，即公司制，从无限责任转型到有限责任；现在的平台制，使海尔从有边界的发展升级为无边界的发展，使员工从被动的执行者升级成了主动的创造者，对内对外形成了一个共建、共生、共享、共荣的生态系统。对外，海尔的非核心业务板块在全世界实行众包，核心业务板块对全世界实行共享；对内，海尔在经营上执行全员承包，分配上实现全员共享。

企业平台化，即企业从科层制组织转型为平台化组织，包括：①去中心化。企业的领导、上级不是中心，而是以用户为中心，即从以企业为中心的组织转变为以用户为中心的组织。②去中间化，即去掉中间层，让每一个人成为自己的CEO；改革后，海尔内部没有科层，只有三类人：平台主、小微主和创客，平台主就是为创业者提供平台资源，小微主则是创业团队，以前的员工都要转型为创客，即“人人成为创客”。③去等级化。以业务部门为例，实行“人单合一”：人就是员工，单就是用户，“人单合一”就是把员工和用户连到一起，打造一个“共创共赢”的平台；以职能部门为例，打造“两个平台”：共享平台、驱动平台，共享平台要“治而不乱”，驱动平台是“事先算赢”，由此实现“协同共享”。海尔的生态具有如下若干特征：①做小做大融为一体，有界无界融为一体；②用户企业融为一体，内部外部融为一体；③市场企业融为一体，契约产权融为一体；④分工整合融为一体，独立联合融为一体；⑤线上线下融为一体，虚拟实体融为一体；⑥自转他转融为一体，静态动态融为一体。（李海舰 等，2018）

海尔的组织从“命令执行系统”升级到了“创新孵化平台”。大多数企业的员工只是命令的被动接受者，是一个“从动”的“齿轮”；用户也只是产品和服务的被动接受者。而海尔在追求员工自驱动，通过不断“赋权”让一线员工拥有实实在在的“三权”（决策权、用人权、分配权），从而形成“自下而上”的倒逼机制，倒逼管理体系的改进，在“控制”与“自主”之间寻找到新的平衡点。为了做到这一点，海尔走过了从自主经营体、利益共同体，再到“小微”组织三个阶段，探索着“三权”的载体。未来的商业战争是“一线团队的战争”，一线团队直面用户和市场，如果他们不能快速做出响应，企业将失去市场和存在的价值。改变原来组织中“上”和“下”关系，很重要的一个方面就是引入用户评价机制，将原有的上级领导配置资源的方式，转变为用户驱动的资源配置方式。“小微”在“生态圈”中野蛮生长，在开放的环境下，市场和用户来检验他们的生命力，适者生存。今天，在海尔除了看到的“雷神”“智慧烤箱”“巨商汇”“有住”等一个个“小微”在“生态圈”中飞速成长，持续迭代升级之外，一个更让人兴奋，甚至感到有些完全出乎意料的事情，就是一些“小微”就像核爆一样，在进行着裂变，“小微”又繁衍出新的“小微”。（王钦，2018）

公司平台化是员工变化和市场发展的必然结果，共振、共生和共享是企业和员工趋利避害的必然选择。

3. 解放员工才能解放创造力

在工业革命初期，商品稀少，企业只要能生产出产品就能销售出去，就有利润，“命令式”的组织结构能很好地执行企业主意志，让企业轻松实现利润，企业“趋利”而形成了科层制管理；在科层制管理中，企业“避害”而选择低成本“听话的”工人，因为“有想法的”工人工资成本和管理成本高，会削弱企业主的剩余利润。

市场发展到今天，商品极其丰富，服务竞争激烈，标准化商品逐步失去了魅力，消费者的个性化需求逐步成为主流，于是，适应于标准化生产的科层制管理，它的优势逐步变成了弊端和隐患。科层制中，执行者要花大量精力去“学习领悟”和“请示汇报”，管理者要花大量时间去“传达批示”和“过程监督”。非创收性工作占据着企业的主要管理成本，“管人”消耗着管理层，精英们都在刻舟求剑；“看领导脸色”消耗着员工，执行者都在舍本求末。所以，企业为了“避害”必然要“去管理化”，抛弃为管理而管理的科层制。而平台化的企业，员工拥有了一定的决策权，也分担了企业主在经营中的“有限责任”，这也是企业“避害”的必然趋向。

互联网高速发展的今天，只要一台笔记本，有 Wi-Fi，或者只要一部智能手机，包括市场、运营、推广、销售等企业 80% 以上的相关工作，都不再有空间限制。对于员工而言，不必锁死在办公室，不必每天挤地铁公交耗费时间，他们可以在家，或者利用在外面的碎片化时间，完成一个甚至几个企业的工作，“一对多”将会成为普遍的职业状况。对于企业而言，如果员工不占硬成本，他供职多少个公司不重要，重要的是员工“做出贡献才计算收益”。“无成本的收益”是每个企业都不会拒绝的，那么，原先一个上百人的公司，如今也许只需十来个工位和一个会议室可能就够了。

利益最大化是企业，也是员工的终极选择。

平台化的企业中，员工得到了广阔的自主工作空间和自由情感释放，工作创造力得以解放，创造价值得以最大化，从而收益得以最大化；反观企业，“管理成本”大幅降低，“硬工资成本”消失，资本风险大幅降低，利润率大幅上升，这是“趋利”的必然选择。

市场的细分和消费者需求的个性化，把企业和员工串联到了一起，你好我好大家好的共振模式，让“1+1>2”，共担、共享的命运共同体是企业和员工在现代市场中的生存之道，是趋利避害的自然结果。

《人民日报》2018 年 9 月 9 日整版刊文《建设人民满意的服务型政府》。其核心论题就是“放管服”：

党的十九大提出，建设人民满意的服务型政府。在这个阶段，各级政府牢牢抓住简政放权这个“牛鼻子”，以全面深化“放管服”改革为引领，加强监管创新，优化政府服务，提高办事效率，加强各类公共服务供给。党的十八大以来，国务院部门行政审批事项削减了 44%，非行政许可审批彻底终结，进一步激发了市场活力和社会创造力，极大提高了服务型政府建设的实效。

“管”的造字来源是“用竹筒把虫子困住”，“管”即“约束”。

政府的管理那么庞大而繁杂，都在朝着“松绑”的方向进行纵深改革。企业更应该“解放员工活力”，因为“约束员工”是在培养“员工奴性”，“员工奴性”会让老板累死，会让企业举步维艰。如果老板“日理万机”，没有宽裕的时间和轻松的心情，就很难透析市场、洞察对手、运筹帷幄、决胜千里。任正非曾说：“过去的管理是授权于一个人，因此公司命运就系在这一个人身上，成也萧何，败也萧何，非常多的历史证明了这是有更大风险的。”所以，解放员工才能解放创造力、解放创造力才能解放企业。

“放”就是“解放”。

“制”的造字来源是“用刀来裁断滋味”，“制”即“裁制”。

政府都在把“管制”变成“服务”，作为企业，更应该懂得“制”是很难激活员工的。员工是“形在”还是“心在”，潜能发挥的程度天差地别。任何人被“用刀来裁断滋味”都不是滋味，不会心悦诚服，更不会把“裁制者”当“自己人”。但实际上，公司的运营制度，尽是这不许、那不可；还在财务法则中，死死地把员工定性成为成本和包袱……公司都没从根本上把员工当主人，没把“家”拿出来一起“理”，还总臆想着员工把公司当“家”，这叫什么？这叫“午睡梦见热气球——好大的白日梦”。所以，不从根本上革新企业的理念和机制，是无法彻底激活员工的。白开水一样的道理：员工只有把工作当作自己的事情了，才会全力以赴。

“服”的字形是“用手扶人上船”，“服”就是“服务”。

3.2.5　化制为服，实施共担共享的全员责任制

1.“五元时代”来临

随着社会物质和精神文明的进步，在社会生产中，劳动者作为“活的元素”的重要性逐步凸显出来。工业革命时期，社会物资相对匮乏，商品生产出来

不愁销，社会消费对商品的要求也不高，所以，生产只要能正常执行就可以基本确保利润的实现，至于是工人还是机器来实现生产，区别不大。在这个阶段，工人的作用等同于机械，大量的劳动可以被自动和半自动化机器取代，劳动者为了生存而劳动，在生产关系中没有也不会有太强烈的劳动尊重要求，劳动者基本形同于生产资料，是“死的元素”。进入到智慧时代，社会物质丰富，商品竞争激励，消费者个性化和定制化需求日益凸显，劳动创造性成为企业越来越重要的核心要素，市场生产和服务对于劳动者的主观能动性要求越来越高，劳动者必须是更加“活”的元素；同时，在发展中国家和发达国家，越来越多的人不再只因生存压力而被迫工作，他们对于独立人格的要求越来越高，情感、尊重、独立价值实现的需求正在超越生存所需的基本物质需求，“激活”劳动者的难度也越来越大，所以，如何“顺人性、从人欲”，驱动和激励员工，使其获得存在感、满足感和成就感，成为了企业提高竞争力关键中的关键。

人类的一切斗争，都是围绕“分配”来进行的，“分配形式”是社会矛盾的根本，社会分配又基于社会价值的认定标准，社会价值认定标准的根据是生产要素问题。

统计学创始人威廉·配第（William Petty）是最早的宏观经济学者，被誉为古典政治经济学之父，他在 1662 年的《赋税论》（全名《关于税收与捐献的论文》）中提到“劳动是财富之父，土地是财富之母”，明确了劳动和土地是生产要素，标记了生产的二元时代。

亚当·斯密（Adam Smith）因其 1776 年的著作《国富论》（全名《国民财富的性质和原因的研究》）被誉为“现代经济学之父”，他根据当时的社会状况，提出生产的三要素是劳动、资本和土地，就此开启了三元时代。

英国人阿尔弗雷德·马歇尔（Alfred Marshall）是近代新古典学派的创始人，他在 1890 年出版的《经济学原理》明确了土地、劳动、资本和企业家是生产的四要素，于是，四元论开始影响此后的整个世界。

几个世纪以来，社会生产和分配的要素由简单到复杂，是文明发展的必然。四元论又经历了 100 多年，社会生产条件和形式发生了新的变化，“五元时代”形成了。五元，即劳动、信息、技术（含企业家）、资本和土地。

劳动一直是生产中的主要元素，离开劳动，生产就无法形成。

在现代社会，由于生产竞争越来越激烈，以及商品和服务需求的精细化，对劳动者的创造性要求越来越高，所以，劳动要素在生产中的价值和在分配中的比重在显著提升，在“固定薪资”越来越无法完全反映劳动价值的情形下，越来越多的企业开始用期权和股份来激励劳动者了。

资本是生产的支撑和基础，它是风险的主要承担形式，始终占据着最重要的分配份额，其分配方式主要以“股份”来划分。

现代生产中，非农业经营的土地元素已经很弱了，基本包含在了由资本承担的场地租金中，所以往往不会再作为独立元素存在。但在农业生产中，土地还是最基本的生产和分配的独立元素，并列甚至高于资本元素而存在。

2. 分担和分享成就了华为（佚名，2015）

全球知名企业华为凭着卓越的创新力，一直在引领着市场，并形成了它自己的理论体系，在内部发布了《华为基本法》，该制度的第十六条提出了“劳动、知识、企业家和资本创造了公司的全部价值”，并以此四元素为基础进行分配。华为不是农业企业，所以它的生产不包含土地元素，但它对除了土地元素外的四元素在生产和分配的描述，则非常匹配现代商业环境。

华为实践出来的理论体系值得广大企业参考。《华为基本法》关于价值的定义和分配形式的描述是这样的：

第十七条　我们是用转化为资本这种形式，使劳动、知识以及企业家的管理和风险的累积贡献得到体现和报偿；利用股权的安排，形成公司的中坚力量和保持对公司的有效控制，使公司可持续成长。知识资本化与适应技术和社会变化的有活力的产权制度，是我们不断探索的方向。我们实行员工持股制度。一方面，普惠认同华为的模范员工，结成公司与员工的利益与命运共同体。另一方面，将不断地使最有责任心与才能的人进入公司的中坚层。

第十八条　华为可分配的价值，主要为组织权力和经济利益；其分配形式是：机会、职权、工资、奖金、安全退休金、医疗保障、股权、红利，以及其他人事待遇。我们实行按劳分配与按资分配相结合的分配方式。

第十九条 效率优先，兼顾公平，可持续发展，是我们价值分配的基本原则。按劳分配的依据是：能力、责任、贡献和工作态度。按劳分配要充分拉开差距，分配曲线要保持连续和不出现拐点。股权分配的依据是：可持续性贡献、突出才能、品德和所承担的风险。股权分配要向核心层和中坚层倾斜，股权结构要保持动态合理性。按劳分配与按资分配的比例要适当，分配数量和分配比例的增减应以公司的可持续发展为原则。

华为通过自己的实践，经历过诸多的腥风血雨，才慢慢摸索出了属于并适合自己的一套经验和理论，这些经验和理论对社会有着很积极的影响力。华为关于生产和分配要素的阐述，其核心理念是劳动资本化，是分担和分享。

从一个只有6个人、注册资金2万元的小公司，发展到拥有18万名员工、运营覆盖170多个国家和地区、市值超6000亿的全球最大的通信设备公司，这一切都是源于华为非凡的创造力和革新力，而华为的创新力，则源于分担和分享。作为世界500强中唯一的非上市公司，华为的影响力非同一般，它的员工持股制度在业界成为一种典范。

华为的员工持股是从1990年开始的，最初的做法很简单，即员工以每股1元参股，获得参与公司税后利润的15%的分红权。这个制度在当时对华为解决资金困难、留住和激发员工动力起到了非常积极的作用。

后来，华为员工持股由工会集中托管。1999年，华为以设立员工虚拟股的方式调整股权，确立了任正非的独立股东地位；之后，华为扩大股权激励规模，帮助员工申请银行贷款，公司获得大额资金支持，业绩迅猛发展，员工也获得丰厚收益。

从2013年开始，华为先后为外籍员工和国内员工推出TUP（奖励期权计划），让利留权，为未来发展留下空间。

华为有两个股东，一个是任正非，占1.01%股份，另一个是工会委员会，占98.99%的股份。华为没有机构投资者，却能实现30年的高速发展，只是因为拿出了98.99%的利益与员工共享。

对于华为员工的分担和分享，任正非有着自己的想法："我创建公司时设计了员工持股制度，通过利益分享，团结起员工，那时我还不懂期权制度，更不知道西方在这方面很发达，有多种形式的激励机制。仅凭自己过去的人生挫折，感悟到与员工分担责任，分享利益。这种无意中栽的花，竟然今天开放到如此鲜艳，成就华为的大事业。”

3. 只有挣脱“资本 +”的思维的绑架才能化制为服

激烈的现代商业竞争中，企业创造力成了胜败的决定性因素，分配方式则决定着企业的劳资关系和创造力。“上下同欲者胜，风雨共舟者兴”，如何建立一个劳资命运共同体，成为现代企业能否存活和谋求发展的必修课。

劳动本应是生产中的重要和独立元素，但从二元时代到四元时代，劳动在分配中却一直是从属元素，等同于普通的生产资料，是资本购买的对象，属于成本，不参与“剩余价值”的分配；直到现在，仍然只是在会计记账中的“被购买的成本”，被看作是消耗资本、增加资本风险的“利润负元素”。所以，劳动其实一直是不具有独立分配地位的。

然而随着社会竞争对企业创造力的要求不断提升，劳动元素在生产和分配上的作用也在不断提升，华为等众多标杆企业明确提出了“知识资本化”和“劳动资本化”的概念，说明了整个社会对劳动元素重要性的逐渐认可，对劳动在生产和分配中主导地位的逐渐推崇，并在实践上证明了把劳动作为分配独立元素的巨大作用和现实意义。

不过，因为**全球意识形态都被资本绑架着**，所有的商业概念和规则都是以资本为轴心的，“劳动资本化”概念虽然明确了劳动在生产和分配上的独立性及主导地位，但还在“向资本归类”，因为这个词语的定语是资本，其内在思想还是以资本为核心和中轴，残余着“以资为本”的实质思维。也就是说，实践上确认了劳动的独立性和主导性，但在概念上，“劳动”还在被资本绑架着。

“资本 +”思维在全球几近定型。

在重资本和重资产企业中，资本的重要性还是很突出的，但在技术型企业，技术和创造的重要性已经超越资本。资本是逐利的，在技术型和劳动型企业，资本情愿从属，因为劳动主导可以让资本利益更大化。因此，资本寻求和支持劳动创造力的现象越来越普遍，**如何撬动和激发劳动者的主观能动性、围绕价值创造来结构生产组织，成了企业运营和利润实现的核心问题，“知本+”应运而生；而“知本+”实现的问题，已经集中到薪酬变革和股权激励等这些分配问题上了**。

极西方化的“法治企业”，视劳动者为生产资料，一切围绕资本盈利进行。此类企业对于员工而言是冷冰冰的，员工除了能获得工资外，情感、尊重、价值等需求是难以得到满足的，员工很难有归属感和根本动力。因为员工的被动性，为顺利执行生产，企业不得不增加很多鞭策员工的规章制度，因此产生了大量诸如管理和监督这些非直接产能成本，所以，去管理化和人性化成了重要的突破点。

极东方化的“人治企业”，过于依赖顶层管理者，领导意志往往取代着企业战略，这常常会因为上层的意见分歧导致巨大的内耗。由于“服从上级”是开展工作的轴心，员工的工作指针是领导的喜怒哀乐，往往无法针对生产标的本身，务虚严重，产能低下，所以，去人化和客观化成了重要突破点。那么，一套直接针对产能、考核客观化、去流程、去管理、去监督、薪酬正负双面刺激、关联股权的员工自驱动系统，成为广大企业追逐的方向。而小米、海尔等企业，在员工自驱动的实践中，已经树立起了榜样。

制，是制约，作为被制约的员工，怀揣抗拒心理，如何会有同心同德？又如何主动发挥？所以，“制”度越全面，员工越被动。

服，是服务，作为被服务的对象，凭着自主的心态，怎不会为利而往？谁愿自耗生命？所以，服务越到位，员工越主动。

瑞典的北欧航空公司（SAS）总裁杨·卡尔松说：“人人都想知道并感觉到他是别人需要的人，人人都希望被作为个体来对待，给予一些人以承担责任的自由，可以释放出隐藏在他们体内的能量，任何不了解情况的人是不能承担责任的；反之，任何了解情况的人是不能回避责任的。”

4. 全员责任制是劳资命运共同体的基础

联想创始人曾说：“没有责任制的企业从根本上就没有激励，只有建立了责任制才会一荣俱荣，一损俱损。”

没找对方法，管理者才会一味埋怨员工懒惰。其实，员工最不缺时间，员工缺的是钱和自我价值体现。如果有足够刺激的收入让员工看得见、够得着，并且让他们获得成就感，他们自然会努力。员工在自己的职责范围之内是有相应承担力的，无须担心员工分内之事他们做不好，只要是为满足自己的需求而为，员工自会勇于担当。**共担共享的员工责任制，是化制为服的核心方法。这种责任制的精髓，在于让员工在职能范围内有限拥有权力、有限分享利益、有限承担责任。**因为给予了自由空间，所以员工得以充分释放创造力、充分获得存在感、充分实现成就感。

员工责任制实施的关键在于“成私而公”，即，将企业的战略目标分解为员工目标，将员工目标纳入绩效考核，跟收入挂钩，更进一步，也可以跟期权和股权挂钩，这样，员工目标就成为每个人“自己的目标”了。“成私而公”做好了，企业战略落地就能“暗度陈仓”地变成员工需求的实现了，于是，企业就可以“明修栈道”地“全心全意为员工服务”！其而资本，反而能在后面坐收渔利！无妨，因为你好我好大家好，员工欣慰于拼得其所，自主之余体验的是存在感，压力之下换来的是高收入，拼搏之后获得的是成就感，员工乐意。**“全心全意为员工服务”的背后，是企业主的无为而治，是管理成本的节约；而员工责任制实施的背后，是工资成本的下沉，是财务风险的降低。于是，企业收益率提升了，员工归属感出来了，劳动和资本共振了，命运共同体形成了。**

其实，很多企业都在探索更先进的运营模式，花费的精力和财力都不少。只是，在“同行是冤家”的商场中，大家不愿意将自己宝贵的经验教训贡献出来，因为教训的公开会被认为是“家丑外扬”，会伤害品牌和美誉度，经验的公开会被认为是商业机密的外泄，会被竞争对手针锋相对，所以，市场上虽然不乏优秀的运营管理模式和经验，但都被相应的企业给保密了起来。由于无法相互学习，所以，企业都只能自行摸索，以直接的经验和直接的教训来实现成长。这些重叠的投入，对于整个社会是一种巨大的资源浪费，对于单个企业，更是一种耽误和消耗。很多企业由于自身的资源和财力有限，即便是努力探索，也很难摸索出一套优秀的管理系统。

大部分企业的运营重心，都放在了人才招募、管理结构、教育培训、内部协调、制度完善、执行监督等方面，输出的力度不可谓不大，做出的方案不可谓不详细，但效果往往不尽如人意，因为这些方面的问题其实不是最根本的问题，解决这些表象问题也无法根本解决企业的效能问题。即便是直戳员工权益的“提高薪酬、完善福利、精细考核”这些举措，最后也都只起到了隔靴搔痒的作用。要根本提升劳动创造力，需从根本上进行劳动关系的变革。

扬汤止沸，不如釜底抽薪。海尔、小米等这些转身很不容易的“大象”企业都对劳动关系进行了根本的调整，中小企业没有理由还要质疑底盘动刀可不可以。这些成功企业之所以成功，是因为他们知道市场每三年五年一小变，每八年十年一大变，之前的“灵丹妙药”往往过了几年就不再灵验。他们敢于试错、知错、认错和改错，在实战中持续地动态纠偏。发现市场开始“知本 +”之后，他们不约而同都走向了化制为服，异曲同工地实现了共享制。他们让员工跟企业共担和共享，巧妙地实现了员工自驱动，实现了无为而治。

当企业懂得了化制为服，简单实现全员自驱的时候，诸如什么管理人员是否得力、制度建设是否完善、培训洗脑是否到位、人文关怀是否深入、监督力度是否够大、上层领导是否重视这些林林总总的问题就已经不是什么问题了；去管理化了，去监督化了，很多的机构、管理岗位、管理制度、管理的成本都不必要了，而在财务那端，盈利实现却更简单了。

没有人情的规则太过冰冷，没有规则的人情太过混乱。

不要妄想着去堵截人性、去改造人性，管理需要顺应人性，进而激发人性之善。

第 4 章

疏通顶层脉络，诊治企业绝症

4.1　透析人本，探因企业绝症

4.1.1　企业主屡战屡挫，愈挫愈敛

电影《中国合伙人》中有句经典台词——“千万别跟好朋友合伙开公司”，这句话点中了无数企业家心里的痛。

昊昱公司失败后，创始人 A 的四个“悔不该”，最沉痛的感慨就是：教训有了，情谊没了。在合作的起步阶段，虽然没有钱分，但有共同的梦想可以慰藉，而往往最艰苦的日夜，才是真正激情燃烧的岁月；那种荣辱与共、肝胆相照的感觉，让人坚信着自己和自己的兄弟，可铸就传奇；一路上，都在书写着荡气回肠的篇章……当世事浮沉，在经历过商业洗礼之后，会有多少情谊可以留下，又有多少“手足”可以相伴一生呢？曾经名震地产界的“万通六雄”，到头来也是各立山头；新东方的“北大三杰”，最终没能像电影畅想的那样义利兼得；真功夫的家族伟业，在演绎着现实版亲人反目成仇的剧本……

因股权开始，因股权分离……创业路上，成功的概率不足一成；企业屡战屡败间，最焦心的就是分配纠葛。

一朝被蛇咬，十年怕井绳。股权分配，已然成了企业家心中那根“井绳”。而“井绳”的积累，往往会让企业家们愈加谨慎。

回首昊昱，从红红火火地发展，演变到人心渐离，最后发展到员工罢工、骨干反水，直至团队解体，这一曲折过程，让 A 痛定思痛，“打工的人很难同心同德”是他最深刻的教训。当他捋捋头发下山，决定东山再起时，显然“有经验多了”：在新的合伙中他自己独揽九成以上的股份，把绝对的控制权和决策权掌控在手中，其他合作人拿的份额较少，基本相当于摇旗呐喊的角色，以此来避免将来出现内部意见难以统一的状况；对于聘请来的职业经理人团

队，不再划分核心股份，只给他们在工资、福利基础上加些参与红利的期权，以免他们觊觎股东的权益；而对于员工待遇，完全回归最传统的“工资+奖金”的模式，只是多配置了些福利而已。A这样做，是再也不愿意做“东郭先生”。

无畏者无惧。初生牛犊之所以敢想敢干，是因为他们不知道有危险，所以无畏无惧。初涉商海的人，虽然决策经常“冒失”，但正是因为还能“冒失”，才体现出一定的冒险精神。

而人往往历经世事后，就变得“稳重”了，“成熟”的人因为可以预知风险和判断危险概率，思维就比较收敛，所以雷厉风行就少了，思前顾后就多了，自然而然就变得有些保守了。

屡败屡战的教训积累，往往会让企业家走向孤独、保守和不信任，甚至会走向迷信，在风水和命理中找寻真理。在他们的意识里，风水大师的指点，办公桌的方位，镇邪物的摆放这些玄妙建设，就变得重要了起来，没有这些前提，做再多的组织结构建设、激励机制设置都认为是徒劳的。

但是，企业归根结底是“做”出来的，不是神灵“保佑”出来的。

史蒂夫·乔布斯（Steve Jobs）21岁创立苹果公司，比尔·盖茨（Bill Gates）26岁创立微软公司，马克·艾略特·扎克伯格（Mark Elliot Zuckerberg）20岁创立脸书公司……这些影响世界的企业家在开创伟大事业之时都还是“毛头小子”都免不了经常“办事不牢”，但这并没让他们颓废，反而令他们凭着“初生牛犊不怕虎”的精神，愈战愈勇，翻越座座高峰；失误和挫折在他们极具张力的性格里，积聚成的是创造力和革新力，伴随他们年龄增长的，更多是成就，而非“悔不该”。

“张”与“敛”，是两种相反的性格特质，往往在创业之初，企业家都“性张”，经过商场不断地洗礼，绝大多数企业家都“性敛”了。

创业的过程，挫折和成就是并存的。拥有良好团队和科学机制的少数企业，能更好地面对挫折、升华成绩，于是愈战愈勇，愈勇愈张，形成良性循环，企业的自愈能力也会变得越来越强；而团队有缺陷、机制蕴藏病根的大多数企业，面对挫折容易放大问题、激化矛盾，于是屡战屡挫，愈挫愈敛，导致恶性循环，最终积重难返、病入膏肓，这类企业的当家人，往往会屡战屡败。

4.1.2　外圆内方的中国人

1. 社会化的高程度让东方人“外圆”

中国传统文化经历了几千年历史的洗礼，形成了“三主流”文化结构主体。即儒家思想、道家思想和佛家思想为中国传统文化的三大主要组成部分。其中，儒家主张通过“克己修身”达到“天人合一”的状态，道家主张通过“致虚守静”实现“超凡入圣”，而佛家通过禅定、戒律等手段达到“明心见性”。究其本质，三家主张通过自省来提升最终达到所追求的境界，其思想是统一的。因此，将儒、释、道三家的思想统称为传统文化思想，进而构成了中国式文化思想的主要内容。（张喜荣　等，2018）

“孔融让梨”的故事一直被传颂，是因为它体现着中华文化的精髓，传承着民族价值观。孔融年纪虽小，但已懂得谦让，大梨要让给哥哥和弟弟吃，自己吃小的，他的父亲大为赞赏。这个故事蕴含着东方人深谙的处世道理：为人处世，不能只考虑自己，还要替他人着想；理解“吃亏是福”，懂得“利他”，才能赢得更多的尊重和肯定，巩固情谊和关系。

地球中纬度最宜居，被太平洋暖流滋润着的东亚大陆，出现了长江和黄河，正是这两条河流孕育了东方文明。因为地大物博、物产丰富，中纬度东亚大陆上的人则可以自给自足、自力更生。既然可自立，可更生，就无须“舟车劳顿”向外扩张来求生存，毕竟向外扩张，即便征服了许多土地，也只会是“杀敌一万，自损八千”的结果。所以，长江和黄河孕育下的华夏儿女，能保家国平安、颐养天年就是最大的追求。这里的人情愿兴师动众修长城，而不屑于筑战舰。在自己的国家里，他们有足够丰富的物产，吟诗作对、投壶蹴鞠，饱满的娱乐生活让他们的文明由物质满足升华至精神追求。中华的农业文明曾经“孤独求败”，是被世人仰视的“天朝”，有着制度非常相近的数千年封建历史。安居乐业，一直都是这群人的重心。在封建社会严格的阶级分化管制中，人们为了在一个特定的范围里求得生存及获得认可，学会了圆滑处世、周到待人，“收敛”便成了人在社会环境中必要的一种特性，这是社会向更高文明发展过程中，人们共存共生的必然产物。

其实，人都有着张扬的天性；“收敛”特性是在社会化更突出、人与人之间关系更紧密了的情况下增加的。

在地球的另一端，人们还仍然表现着比较单纯的张性，天性开放，极力追求个性思想，行动不拘一格，对于自己从不加以掩饰，他们像大海一般激荡而狂野，不断向外探索，向外索取。西方人，有着海一般的性格。

西方社会秉承“一元”价值观，一元，即利益。因此，利益是西方人衡量价值的核心标准。西方尊崇个人主义，充分尊重个人意愿、深度保护个人思想和利益，西方人在追求个人目的时，不需要过多地考虑他人，他们个性张扬、善于表现，他们的行为奔放自由、无所顾忌。

在东方，人们除了在意自身之外，还很注重集体的存在，在个人主义基础上，还讲求集体主义。**东方社会的价值观是“二元”的，即“利”和“义”这两元。因此，“利”和“义”都是东方人衡量价值的核心标准。**东方人很在意集体，在追求私利时，不是随心所欲的，不是张狂无度的，而是有所顾忌的，是相对收敛的。

儒家主张“以义统利”，道家强调“阴阳和合”，佛家提倡“利和同均”，这些都很好地说明了传统文化思想中的义利关系，即注重它们的相互平衡。当企业利益和个人利益出现冲突时，应注重企业的利益；当社会利益和企业利益发生矛盾时，应以社会利益为重。（张喜荣 等，2018）

中国人一直遵循“非其义不受其利”的古训。

《左传·昭公二十八年》有云：“居利思义，在约思纯。”其意是说，得到利益时需要思考它是否符合道义，在贫困时要保持思想和行为的端正。《格言联璧·处世类》有云：“小人处事，于利和者为利，于利背者为害；君子处事，于义和者为利，于义背者为害。”意思是，小人做事以利益跟自己相和为利，以违背自己利益者为害；高尚的人以道义跟自己相和为利，以违背道义者为害。

“利”和“义”的双重价值观，使得东方人固有的张性，和因在意团队关系使人产生的敛性，矛盾地集合在个体身上，形成了外圆内方的性格。所以，铜钱的造型才能如此长久地被中国人惯用（见图 4–1）。

铜钱的外缘是圆形，因为边缘没有棱角，存储和携带不会伤到自己，在交易的时候，也不会伤到双方，这表达着中国人的处世原则，谦逊周到，圆滑包容，以得和谐共处。铜钱的内孔做成方的，因为在打磨铜钱的时候可以用棍子将铜钱穿起来，固定住铜钱使得它不会来回转动，以提高工作效率，这也像是人本逐利的那股张力，有棱有角。

图 4-1　外圆内方的铜钱造型

古人认为，外圆内方，代表的是天圆地方，外圆是天，内方是地，外圆包着内方，就是天地包容、和谐共存的道理。外圆含着内方，正如东方价值观里的“外敛”约束着“内张”，从而求得和谐共生。

铜钱是货币，买卖离不开它，生意之道自然也要遵循其中的原理。东方人讲求“以和为贵”“和气生财”，对内要严苛求精，才能自力更生、不断进步，对外要周到圆润，才能财源滚滚、生意兴隆，所以铜钱通常就做成外圆内方的形状。

外圆内方彰显着东方的“义利”二元价值体系，在这二元的相互作用下，外敛包裹着内方，内方支撑着外敛。东方的张力不像西方那样毫无保留地暴露在外，因为有了外圆的约束，所以更多的力量会在内部爆发。追求利益，实现个人需求，这是人的本性，是天然的内在张力，这种张性，带来的会是创造，是改变，是革新。张力在外圆的包裹下，平常蓄而不露，然而不爆发则已，一旦爆发会相当激烈。外圆收得越紧，内在的张力就蓄得越大，突破外圆的反作用力就越强，这就像太极拳借力打力一样，外力越大，反送出的力量就越强。所以，东方人的温文尔雅，只是表象，他们厚积薄发，不鸣则已，一鸣惊人。

外圆内方性格的人，因为对外敬畏感强，往往不愿意“造次”，所以内在的张力向外得不到充分释放的情况下，就会向内发泄。因此，外圆内方的人对外委婉含蓄、对内张牙舞爪，或者对外谦恭礼让、对内诡计多端。

2. 东方人的“内张”会因为有着“外圆”而极易“窝里横”

东方人的群体中有一种很常见的现象——“窝里横”。

在昊昱公司创业者激情燃烧的岁月里，内耗成了主题词。创始人之间、经理人团队与创始人之间、股东员工和董事之间、普通员工与股东员工之间的问题剪不断理还乱，纠葛和矛盾犹如病毒一般，最后腐蚀了时至“壮年”的昊昱。

昊昱的老大 A 对于公司盈利中的失败曾经很不理解，最让他想不通的，是起初堪称完美的股权结构，为什么会这么“经不起折腾”？他在四面佛前悟了四个“悔不该”，似乎想明白了失败的所以然，于是后来再创业时锁死了所有的股权。

其实 A 没意识到，他悟到的所以然，虽然能杜绝股权纷争，但同时也锁死了激励，锁死了活力。他后来的做法如同为了防止杂草生长，在菜地上喷洒除草剂一样，在阻止了杂草生长的同时，也让蔬菜无法成活了。其实他并没有弄明白昊昱失败真正的所以然，当然也就无法找到解决问题真正的钥匙。

沿着外圆内方的人性进行深入分析，就能逐步找到问题真正的症结所在。

“一元”价值观的西方人，其张力是没有太多的束缚，所以他们的行为张扬，他们的张力释放一贯表现为“向外侵占”。而外圆内方的东方人，则时刻“注重外部影响”，张力往往表现为内在的纷争。

鞭炮点燃之所以响声大，是因为纸皮紧紧包裹着的黑火药，被导线引燃而产生气体，气体迅速膨胀，内部压强极速增高，纸皮瞬间被冲破，形成了爆炸；而同样剂量的黑火药，在没有纸皮包裹的情况下被点燃，只会冒出一股青烟，而无法形成爆炸力。事实上，鞭炮纸皮裹得越紧，鞭炮的爆炸力越强。同样，因为有“外圆”的束缚，东方人的张力一旦要突破“外圆”，其爆破力会更强；如果“外圆”无法突破，其内燃之后，内耗必然会很严重。

每个人都有利益的诉求、意见的表达和情感的宣泄等基本要求，个性张扬的西方人主要通过公开的竞争或冲突来解决问题；而性格内敛的中国人则会尽量避免竞争和冲突，往往采取内耗，即窝里斗的方式。内耗的起因是多方面的，从表面上看有目标不相容，认识不一致，方式不相同等。从根源上讲，是由于利益诉求、意见表达和情感宣泄等基本要求。（孙玉麟，2006）

昊昱的问题，始于股权“划圈”。最开始是老五人在一个“圈”里，问题就只会在老五人之间发酵；之后把新五人划进股东圈了，“患不均”就扩大到了十人；设立员工股后，又把员工划进来了，“圈”这么多人，当然就热闹了，从此再难消停。

本不在一口“锅”里吃饭，彼此之间是“外人”，大家自然都会“外敛”，理所当然地互相尊重和迁就，各层级间相安无事；但当大家在同一口“锅”吃饭之后，就是“自己人”了，互相之间成了参照物，成了比照对象，大家的“患不均”心理就会发酵，“内张力”就会演绎出争斗的行为。

关于内斗，百度词条上的解释是——指在一个小的环境里有限的几个人之间的病态的竞争。也指自己人打自己人，起内讧。中国有一句谚语“出头的椽子先烂”，当一个人获得成功并超越了别人的时候，他们身边的人不是想怎么奋起直追，而是首先想怎么把他拖下来。

敛的特性令东方人的视线收归于“圈”内，使大家最在意的就是身边的人，在大环境稳定的情况下，个人所能控制的一点点“分配变量”，就形成了个体间的差异，有了“身边人”作为参照物，差异会被放大，而“分配变量”就成了大家攀比的砝码。有了不均，内斗就在所难免。

在这种“下坠式”的东方集体里，“枪打出头鸟”，“木秀于林，风必摧之；行高于人，众必非之”就是必然的结果。在集体中，越是积极的人，就越凸出，越容易受到打压。在这样的氛围里，大家更多不是去想怎么加油干活，怎么努力创造效益，而是乐于把那个最出彩的人给扒拉下来，以求一致。

一个和尚挑水喝，两个和尚抬水喝，三个和尚就没水喝，因为三个和尚很容易“患不均”，很难找到一种平衡的挑水办法。

“下坠式”的东方集体里有着一种无形的、强大的同化力。先进者会给大多数普通人造成压力和不平衡，就会激起大家“求平衡”的行为。因为集体

是“大家的集体”，多数人总是更能代表“集体”，所以少数人总是会被多数人同化；先进者毕竟是少数人，因此先进的往往被落后的所同化。在这样的集体里，“弱者”总能得到怜悯和庇佑，得到分配上的偏袒，“落后等于受益”，“平庸等于安全”，“先进等于吃亏”，这是外圆内方人群“求平衡”的结果。

当个体为完成某一目标而结为集体时，集体计酬和责任公担等常会导致推诿或消极怠工的“三个和尚没水喝”的内耗现象，这也是一种多人“囚徒困境”的现象。因为集体成员的这种行为所依据的是这样的逻辑：我若多干而他人少干，则我付出的成本就比他人多，但我多干的成果却由大家分享。这样我就会吃亏；而我若少干，则不管他人如何干，都会由于低成本的付出而不吃亏。结果就会导致集体中的每个人都认为应该好好工作，却无人真正全力以赴的多人“囚徒困境”。（陆建梅，2000）

一个人会自己扛活，两个人会互相推活，三个人会你死我活……东方人的“患不均”着实让管理者们烧脑。

“外圆”像一个“井口”，“井中之蛙”的视野被局限了，“蛙们”只能在小小的“井里”计算得失，他们惧怕和排斥相互间的利益差别，相互比较就会滋生绝对平均主义，强化彼亏我盈的思维方式，大家不是主张机会均等、过程公平，而是强调结果均等、否定竞争。（孙玉麟，2006）

在企业这口“井”里，大家还在沿袭塔式层级结构进行管理，“蛙们”的晋升隘口，就是讨好上司。在“井”里权力有限的环境下，“官本位”的思想刺激着人们奋力角逐权力和位置，于是，“小蛙”之间钩心斗角、拉帮结派、明争暗斗；“小蛙”对“大蛙”，投其所好、趋炎附势、阿谀奉承；“大蛙”对“小蛙”，拉左打右、因人而制、厚此薄彼。在这种“贬彼抬己”的权谋世界里，强化着“蛙们”去计较“井”里的得失，挑逗着大家的“内方”。

很多人认为：管理，就是管人。这就是将管理人和管理组织混为一谈了，当我们把管理客体看成是一个组织，管理就成为公平公开，一视同仁的制度化管理。当我们把管理客体看作是“人”时，那么每一个人都是个别的、特殊的，管理就成了针对特殊人、特殊事的人情化管理。（孙景华，2006）那么，针对不一样的每个人及其每天不一样的行为，管理往往就会变得相当的繁杂和不确定。**东方的“管理制度”充斥着这不许、那不可的条文，“禁止”和“杜绝”之类的限制性词语在规章制度中使用频率非常高。**

在东方企业里，规章制度往往只是权力实施的基础而已，权力集中在“蛙王”身上，所以**“蛙王”代表着制度，而真正的规章制度则成了一种备案，一种可以通过文字作意志输出的法律基础**。于是，“蛙王”的指示就是大家谨遵的“铁律”。过重的“人治”，往往不是制度实施和规程完善的保证，而是纷争四起和内耗不断的基础。

昊昱的问题在企业界其实很普遍。这些问题的根本，是决策人一步步把更多外圆内方的人扔到一口“锅”里，让大家的“内张力”加速发酵了。事实上，“锅”外的够不着，所以懒得去理；“锅”内的够得着，不是你的，就是我的，所以得抢。于是，同部门的不同部门的人、同级的不同级的人，都不再是统一战线的好战友，而成了跟自己“抢食”的对手。在大家的意识里，“锅”外面的“食”与我无关，无心过问，自己所在“锅”里的“食”伸手可触，绝不能放过。

不是东方企业所用的机制在西方没有成功过，而是东方企业填充到机制里的都是内圆外方的人。也不是内圆外方的人向外就捞不着“食”，而是这样的人在“锅”里捞才兴奋。

4.1.3　横向比导致心态失衡

1.“患不均”的东方人难以避免横向比

人类的斗争，基于分配方式。

企业的责权利划分，是个世界性问题。

东方人因为“外圆”的束缚，注意力集中在内部得失权衡上，大家排斥反差，追求均衡，在彼亏我盈的对比中，这种均衡不是指向机会均等和过程竞争，而是忽略利益来源，指向结果的绝对均匀。所以，**大家的努力不是在过程创造上，而是在成果争夺上。**

中国历朝的起义，只要打着成果均分的旗号，都能聚集广泛的力量。比如黄巢的“天补均平”；王小波、李顺的“吾疾贫富不均，今为汝均之”；钟相、杨么的“等贵贱，均贫富”；李自成的“均田免粮”；太平天国的“有田同耕，有饭同食，有钱同使，无处不均匀，无人不饱暖”。英雄不问出处，只问是否有福同享；江湖不论过程，只论分配结果均等。真正的兄弟，不求同年同月同日生，但求同年同月同日死，此所谓义。

“万通六雄”股权绝对平均，昊昱新五人股份均等，一些企业的“轮值CEO”制度，这些方案在一定程度上都是“为汝均之”，迎合着骨干的结果求同心理。这种结果求同方案的效果如何暂且不评判，但有一点是可以肯定的，结果虽然绝对平均了，但过程中的创造价值并未得到体现，也就是说，过程中创造的价值大小并不影响分配，对成员的创造力起不到直接的激发作用。

在迎合东方人的诉求取向时几乎所有的分配方案都“科学地”走向“结果公平”，小到员工的奖金和福利分配、评优和成果共享，大到公民的社会资源分配和生老病死福利。但是，忽略过程和创造的结果均等制度，并不能直接刺激生产力的提升。成果来源于生产，一种机制指向分配均等却忽略生产过程的激励，它不仅在提升产能上作用有限，反而还会抑勤养庸，导致集体下坠。

结果分配均等越绝对，过程差异的不合理就会越绝对。绝对均等的结果，就会让人追求绝对相当的过程。然而每个人的能力有强有弱，过程贡献自然有多有少，能力弱的人短期内很难做到能力强的人那样的贡献；而能力强的人则很容易因为结果均等而意识到多付出了吃亏，于是向能力弱的人看齐，最终，集体下坠就难以避免。

东方思维更注重结果的公平均分，而非过程创造，因而培育出了集体下坠的集体环境，最后定格了对贡献多寡度量麻木，对分配均否纷争却异常兴奋的思维模式。**而众人的“不患寡”和“患不均”，又反过来驱使了组织规则制定人更加漠视过程激励、偏激于结果的均分研究。**

结果稍有不均，必然激起成员们的“患”，团队便难以有序维系，而结果均等程度越高，成员们争相少干或不干的恶性循环就越激烈……所以，在东方人的世界里，片面追求结果均等是难以形成有效的激励机制的。

在“一元”价值观的西方，因为大家的诉求点简单明了，有利即可，所以只要做好组织内的利益规则，组织运转就有序了。但在“二元”价值观的东方，除了利，大家还追求义；并且，每个人的道义标准还不一样，将不同角度折射出来的诉求差异进行排列组合一下诉求的种类就是二元人数基础上的 n 次方！就像“一个门框是什么形状”这么简单的问题，不同的人就会得出不同的答案：正面的人认为门是长方形的，侧面的人认为是一条线，前上方有人说看到的是正方形，左前方的人认为看到的绝对是菱形……你的利我的利，你的义我的义，小部门中部门大部门的利，大组织中组织小组织的义，还有你们的我们的大大小小团体的利和义……这么多不同的诉求，每一个都要平衡好，难度可想而知。

昊昱公司成立时，五个创始人股份的完美配比可谓经典：任何一个人都没有单独决定权（都不超过 50%）、并非大部分人的意见无法裁决重大问题（任何少于三人的组合都达不到 2/3）、老大加上任何一个人都（超过 50%）可以完成普通问题的决策（最快速行动）、没有老大的参与不可以决策重大事项（超不过 2/3）……而且股份比例是根据各自的能力、资历、资金、职位及可能贡献值判定的最佳份额，这也是大家相当满意的组合结构。看似完美的股份结构依然不能避免后面结构性问题的出现，因为大家是外圆内方的“铜钱”人。

从 C 的角度看，回家挽回老婆、拯救孩子，比工作重要多了；从 D 的角度看，父亲生病了，自己照顾一下家族事业，及时挽回的损失要比昊昱的利润大得多；从 E 的角度看，下班时间赚点外快的同时还能照看一下公司为企业省钱，没啥不妥……各有各的绝对道理，哪个道理几乎都是天经地义的道理；但当大家的义利纠葛在一起时，却又显得那么无理！这就是东方人基于人数 n 次方数量的种种“合理诉求”之间的矛盾，这是一道很不好解的难题。

在“同比稀释”之前，A 曾希望老五人各自拿 2% 给各自的接班人，这似乎很有道理，但对其他人其实不公平；C、D、E 从“大家都开始甩手掌柜了应该摊平点”的角度出发，希望 A 一个人让出股份，似乎也合情合理……而新五人则认为自己对昊昱的绝对贡献，比老五人有过之而无不及，所以，在这个“铁的事实”面前，提出增加股份似乎也是绝对的道理；股东员工在执董和非执董的比照下显得相当“吃亏”，平民员工在股东员工面前一比更是“吃亏得不行了”……欲望使人失衡，失衡使人行动，那么，各自产生方向不一的行动是必然的。趋利避害是人的本性。

趋利避害不仅是人的本性，还是所有生物的天性。

中央电视台第10套科教频道的《自然传奇》栏目于2018年11月12日19：45播出的节目《非自然选择》，讲述了鸟类进化和退化的一些现象：

在加拉帕戈斯群岛生活着一种达尔文雀，以植物的种子和昆虫为食，因为群岛上不同地方的食物差距较大，这种鸟进化出来的喙的大小就不一样，开始向两个不同物种分化。因为人类的进驻和爱鸟，投放大量的食品给鸟吃，因为人类提供的米饭、水果这些食品对喙的要求不高，在短短几十年里，两个方向演变的两种喙，又返祖退化，接近为一种喙。

美国内布拉斯加州的崖燕，是一种以天然峭壁为栖息地的鸟类，常常筑巢于立交桥、隧道等地方，翅膀普遍较长。很多年以来，因汽车撞击导致崖燕死亡的情况经常出现；但近几年，崖燕被汽车撞击死亡的数量却在逐渐下降。为什么呢？原来，在短短30年里，内布拉斯加州崖燕进化了，它们的翅膀平均短了5～7毫米，飞行起来更灵活了，能更有效快速地起飞和控制方向，大大减少了被行驶车辆撞击的概率。

可见，动物在面对环境变化时，都会本能地、自然地趋利避害，包括行为的选择，甚至于身体的变化。

人是高级动物，在面对周围的群体关系和环境时，也必然会趋利避害。

“义”和“利”是中国人的核心价值观。每个人的行为选择，“道义”是外因、“利害”是内因，因为趋利避害是所有生物的本能和进化基因，是行为的根本出发点；而“道义”形成于人类的群体化、社会化发展，是人类的群体利益和社会利益要求的结果，人类的群体利益和社会利益又是一个个单体利益的组合，是为众多个体利益服务的。外因“道义”会在内因“利害”的基础上产生作用。

新东方最初执行“分封制”，俞敏洪、王强和徐小平三驾马车各自拉着不同的业务板块，向公司上交15%的管理费后，其余盈亏自负，各不相干，业务得到飞速发展。在采用股份制之后，产生了“集体”，个人利益跟团队利益就会有冲突，于是后来就变成了“三虎相争”。大家虽然都会在意兄弟情义，但作为“理性人”，在义利权衡中，还是会把自身利益作为基本出发点的。

传统的道德观基于集体本位，宣扬无私精神。过度倡导集体精神，就会造成个人对非集体的利益产生忌惮，让大家避谈个人利益。然而，个人的需要是人的动因，一味地否定自私，自然就会造成假公济私行为的出现。

凡事过犹不及，否定个人需要是错误的。“公”的存在就是为了众多“私”的更好，众“私”的好是“公”的终极目标。更重要的是，自己的所需是所有人行为的原动力，是创造力的根本来源，是生物进化的力量源泉。

在马克思的理论中，他认为人总是以自己的需要为出发点来寻求利益，而且这种寻求不会因外来环境的改变而变化。马克思说，任何人如果不是为了自己的某种需要来做事，那他将什么也不能做；个人利益以及需要是人活动的根本支撑和动力，但是人是社会生产中的人，个人是生活在社会关系中的，受到社会关系的制约。集体利益存在的本质还是为了实现个人利益。（李昌隆，2018）

“患不均”意识就是源于集体利益下个人利益的相互参照，“患不均”意识的强弱在一定程度上是个人追求实现意愿强弱的直接体现。一个人无欲无求，他就不会有强烈的行动力，就不会有很好的创造力；相反，他的欲望实现要求越强，动能就越足。所以，基于自己的需要，在分配中“患不均”，实际上是人的动能所在。

2.“企业绝症之一、四、五、六”都是横向比惹的祸

虽然人的欲望实现要求越强动能就越足，但如果他认为分配结果不合理，就会不平衡，会产生对分配规则的抗拒，甚至产生强烈的打破规则的行动。

基于人们会因分配的不合理而失衡的道理，就容易对“企业绝症一、四、五、六”剖析原因：

绝症一——静态股份无法匹配动态贡献。

企业的股份是事先确定的，股东们在经营过程中的实际贡献价值是动态

变化的，与既定不变的股份比例永远无法对等，这会产生难以调和的矛盾。

昊昱的五位创始人，在签订合作协议时，对于“非常科学”的股份比例都十分满意，但到了分钱的时候，矛盾就会产生。

创立昊昱之前，五位创始人不在一口“锅”里吃饭，因为“外圆”，大家彼此之间会互相尊重和迁就，以礼相待。当有了合伙协议之后，大家进入同一口“锅”，相互就成了参照物；有实际的参照物，就会“患不均”，“内张”就会起作用，一旦有不公平感，就会本能地趋利避害，产生行动。

最初的产品研发阶段，B 最忙，C 没业务可做，最闲。C 觉得 B 研发的产品好坏决定着大家的命运，自己的股份只比 B 少三个百分点，看 B 那么忙好像还有点过意不去。

随着业务的开展,C 的付出和贡献日积月累，而 B 的付出和贡献相对停滞。第一年年终分红的时候，C 拼的是九个月，B 拼的是三个月，C 的贡献时间是 B 的三倍，但 B 却多拿了 30 万元，并且越往后，这种剪刀差将会越大……36 个月的时候，时间贡献差 C 是 B 的 11 倍，而分配差却是 C 比 B 少拿 60 万元！面对这种“不均”，C 不可能不“患”，即便之前有股份协议，即便大家是好兄弟。

在 B 这个参照物衬托下，C 才有“患”。而 C 不会刻意去对比昊昱以外的任何人，也不会刻意和自己在昊昱之前进行对比，即便昊昱以外有太多人比自己轻松却比自己赚得多，或者，以前的自己更辛苦拿得更少，但那都不是问题，因为那些不是一口“锅”里的，就没有“患”的前提。而一个“锅”里的“饭菜”就那么多，你多了就等于我少了，“彼盈我亏”的逻辑就这么成立了。

东方人处理事情，会从“情理法”各方面权衡利弊，不是一纸协议就能代表一切。

这或许就是东方弱“契约精神”的缘由。

西方之所以很讲究“契约精神”，因为他们是“一元”价值体系的，没有那么多的“情理”需要在乎。他们一旦签了协议，无论最终分配是否合理，都应该严格遵守，“风险 = 收益”已植入他们的思维，有风险就担，栽了也会认。即便原有的协议不完善，导致矛盾无法调和，也只会附加契约，而不会质疑原来的协议，更不会拿契约之外的“义”来作为平衡的标准，冲击之前的契约。“一元”的价值观没有所谓的“外圆”，他们只会对外找参照物。因为，他们的竞争是对外延展的。

在东方的“二元”世界里，契约正好就成了“外圆”，把股东们圈在一个“窝”里了，由于大家的视线局限在“窝”里，“患不均”就有了温床；再加上大家从不同的角度掺杂了“义理”进去，标准就开始多样化了。在动态贡献的作用下，不平衡出现且被放大，“不均”就会被“患”，“内张力”就成为“窝里横”的力量来源。而且，“外圆”越紧，“内方”“横”得越厉害。当“内张力”突破“外圆”的时候，契约就变成了“弃约”。

这种典型的契约演绎为“弃约”的过程，就是“中国式合伙”演变成“中国式散伙”的常规操作。

绝症四——运营团队的股值与贡献形成剪刀差。

跟昊昱创始人的“患”一样，当职业经理人团队新五人获得了股份，进入了老五人的那口“锅”吃饭，十个人就相互成了参照物，本来老五人跟新五人的学历、工作时长、“碗”的大小都不可比，但同“锅”之后，不由自主地就会比较了。不比不知道，一比吓一跳，新五人的学历、专业、贡献值等，都甩老五人两条街，而“碗”却小了五倍、十倍，甚至十几倍，这怎么可能平衡？因为老五人是甩手掌柜了，新五人却不可以甩手，随着时间的推移，他们的相对股值和绝对贡献之间的剪刀差将会越拉越大，矛盾也会变得越来越不可调和。

老五人也觉得冤，心想：明明是我们好心，从自己的“碗”里分了一杯羹给你们，你们的工资又没少，那杯“羹”本就是赠品！赠还赠出怨气来了！

在新五人跟老五人还没有并“锅”的时候，新五人对老五人绝对是恭恭敬敬的，不会有多余的嫉妒之心和非分之想，因为不在一个“锅”里，新五人的“手”就不会伸到老五人的“锅”里去“抢食”，就不会把老五人当作参照物，当然就不会有横向比的可能。“远是榜样近是敌”，马化腾每年赚那么多钱，外人会去跟他比吗？大家只会把他当榜样，因为离得远，跟他不在一个“锅”里；当某个外人成了马化腾的合作伙伴，两个“碗”同在一口“锅”里盛饭，才会演绎反差故事。

反差是必然的，因为无论补充的新人贡献多大，创始人即便能力再差，自己打下的江山也不可能拱手让给他人。这种无法平衡的局面，日积月累，契约最终仍然会变成“弃约”。

绝症五——股权激励激出来的更多是内讧。

一般来说，普通员工多半会更为纠结基本收益，因为他们大多尚有生活压力，基本保障对于他们很重要。

当昊昱的一些员工也被并入股东这口“锅”后，执董与非执董就都成了他们用以比对的参照物，“锅”里的“饭菜”分得均不均衡就跟他们有关了，工作时长等指数成为他们权衡得失的标准，当发现自己股份只是大股东的几百分之一、几千分之一、几万分之一，而自己的工作时间更多的时候，心理上的不平衡就出现了。

没有股份还好，员工们在“锅”外反而毕恭毕敬，领份合理工资就能相安无事，一旦有了股份，员工们“患不均”的人性就被刺激了，于是平添了很多的不平衡。

给员工配股的初心是好的，是在给员工们更多的权益，激发他们的工作热情，期望他们增强主人翁责任感，但绝大多数企业的员工配股最后都是事与愿违，不仅没几个员工把公司当家，反而因为失衡他们连本职工作都不再专心了。

绝症六——分钱变成了分心。

员工的抗风险力很低，面对风险会很脆弱。交股金，对于员工而言，他们首先想的不是能分红多少，而是万一亏了怎么办？因为一旦股金血本无归，他们的生活很可能就难以为继。股金和财务风险，跟员工的工作本身没有太多关联；而企业的风险是员工们无力掌控的，交了股金，等于在员工的心头悬了一把刀，任何的风吹草动都会触碰他们敏感的神经，所以，如果公司不是绝对稳定，对于交钱持股，带给员工更多的是激荡，而不是激励。

本书将会在下一章阐述一种给予管理者和员工岗位职责范围内的责任担

当和权利分配的方法，让所有人的压力和风险都能在他可承担的范围内，并且由他自控，收益和分红也不再是吃大锅饭、随大流，而是可以自己把握结果。或许如此，就能真正获得激励的杠杆。

大部分中国式合伙，都表现为在没钱分的艰苦岁月，越困难团队越团结，在有钱分的成功日子，钱分得越多团队矛盾越激烈。

为什么总是分钱变成了分心？因为各种的不平衡平常只是在积累，“不均”的量不明显，但到了分钱的时候，累积起来的较大失衡就会集中以钱的形式量化出来，形成具象的落差，各种矛盾就会集中爆发；因为人在很多需求需要满足的时候，还是会自私的，于实实在在的利益面前，兄弟情面会显得浅薄无力，仁义道德也会被撕得粉碎。“患不均”的东方人，秉持着“二元”价值观，在多层次、多角度的权衡中，价值标准千差万别，“情理法”都是大家处理事情要兼顾的，契约不是唯一的标准，当不一样的标准称出不一样的结果时，平衡就会被打破，外圆内方性格的人，遇事总是外怂内泼，面对内部的不平衡所表现出来的争斗力，会很强悍、很坚韧，直至颠覆原先的框架，把契约变成“弃约”，然后再去寻找新的平衡。心随利往，所以，利若不平，心亦无所眷。

4.1.4 “二元”社会里的义利失衡

1.“二元”的东方人崇尚集体

美国影片里的超级英雄，诸如钢铁侠、蜘蛛侠、超人等，几乎都是从经历挫折开始，一路披荆斩棘，到自我强大，最后有惊无险地、以一己之力拯救世界于水火之中。这些人物，以个人力量撑起了一片天，将个人英雄主义表现得淋漓尽致。

而在东方，“英雄”身上更多应该刻着“精忠报国”和“舍生取义”这样的词语。金庸笔下的郭靖就是典型的东方英雄，侠之大义者，当以天下为怀。何为义？舍家为国、克己奉公，这被看作“义”。在东方，人们敬仰那些为集体无惧牺牲、为集体无私奉献的有大“义”的人；凡忧国忧民、大公无私者，感召力就强。东方的英雄，都该有浓浓的家国情怀，该有“毫不利己、专门利人”的牺牲精神。

西方崇尚个人主义，东方崇尚集体主义。

王治郅是第一个登陆 NBA（美国男子篮球职业联赛）的中国男篮运动员，曾以 NBA 俱乐部比赛为由没有应召加入国家队，被国家队封杀了几年，也被广大球迷所诟病。在国人看来，不去为国争光，而是一心一意在俱乐部赚钱，是“不义”的。本书 2.2.2 提到的麦迪，比赛中途退场去医院陪老婆生孩子，导致球队由赢到输，中国球迷埋怨、指责之声充满整个论坛，而在大洋彼岸的美国，却是一片赞扬和羡慕之声。因为西方，家重于国，个人重于集体；而东方，国重于家，集体重于个人。

西方社会尊重个人，对于个人追求会充分肯定，对于个人利益会优先保护，在个人与集体利益矛盾时，更倾向和支持个人利益。西方的英雄，可以不完美，可以很自我，可以很个性。如果昊昱公司在西方，ABCDE 都是西方人，那问题就简单了：C 可以不用周末来陪客户、不用牺牲周末和假期，家庭生活的好坏就跟公司没有什么关系；D 只要完成了本职工作，剩余时间可以放心地去帮助老爸的企业，那是他的自由；E 完全可以下了班就回家，怎么赚外快都不会有人干涉她，那是她的私人时间。西方社会以个人为轴心，公司是不同人实现自身诉求的综合平台，公司之于个人，是用来表现的，不是用来牺牲的。在公司里，个人无须顾虑别人的看法、不用应对复杂的人际关系，大家没有过多“公司需求”的束缚，只需遵守制度和契约即可。

而在东方社会环境下，谋私利是不被推崇的。站在昊昱集体的角度，C 不能因为老婆孩子而懈怠了工作，D 哪怕在公司闲坐着也不能回家顶替住院的父亲，这都是“外圆”道义约束使然。人们在追求个人利益的同时，必须兼顾他人的看法、兼顾集体的得失。大家做事时要顾及集体和他人，在发展个人时要有所收敛，当义利交织时，要“舍利取义”，也就是说，东方人的行为必须是在道义框架下的行为，“内张”的前提是“外圆”。

西方管理尊重和支持个人主义，鼓励员工个人的创新与冒险精神，并且很强调协议精神。在“弱关系”的西方企业中，人们的工作关系是比较单纯的利益关系，基本没有道义元素的掺杂，大家无须有工作本身之外的其他顾虑；企业只是个人追求利益时所涉及的场所之一，因此很少会出现人际关系的摩擦，很少人会因为角度原因和得失心理去反抗原有的协议和原则，无论它跟后来的变化价值是否匹配，都会遵从协议原则。所以，西方的合作，只要还有利益，就会延续。当然，西方不出矛盾则已，一旦出现矛盾，一般都不可调和，因为大家没有“外圆”，张性无拘无束，遇见问题不会站在他人角度考虑。所以，一旦发生矛盾冲突，往往就是激烈的斗争，甚至战争。

从图 4–2 东西方图腾和标识的张敛，可以看到东西方人的差异。

西方标识和图腾　　东方标识和图腾

图 4-2　东西方的图腾和标识对比

东方人的张扬是有“外圆”约束的，是向内的。东方管理追求和谐共存，重视人际关系，人们的工作处于利义交织的复杂组织体系中，要同时照顾他人的感受、照顾领导者的意图、照顾集体得失，因此总是不可避免地，会有大量的“脸面问题”和“口水问题”，以及来自集体的要求。而站在不同角度，标准和要求是千差万别的，所以，人们很难在是是非非中找到统一的标准。

2. 企业“绝症之二、三”是义利难容的结果

马克思认为：**“需要和个人利益是人全部活动的最终动力和内在根据。”**

人的所有活动和行为动力，都是以满足和实现自我需求为根据的。无论公司如何希望员工无私，无论大家多么推崇舍己为人的人，人们的行为基点，仍然还是个人利益的需要。在东方，越是高层级的管理者，就越得表现奉公

精神，起到模范作用以带动众人。每当管理者追求私利时，大家就会搬出某些角度的“公义”标准，给他扣上“非牺牲精神”或者“非大义”的帽子。所以在东方社会，义利难以得兼。

从义利难容的角度，很容易剖析出企业“绝症二”和“绝症三”的所以然：

绝症二——兼顾个人等于背叛团队。

在昊昱的事例里，B 业余帮帮同学，赚点外快，无可厚非；以此逻辑，D 去帮帮父亲，当然也无可厚非；那么，E 做兼职也算合情合理；于是就有了是否占用公司资源问题，有了是否舍己为公的问题，有了加班多少是否公平的问题……最后形成的是只有大家空耗着、放弃创收才平衡的局面，这是现实版的“三个和尚”，是东方人“下坠式”群体的典型写照。

“集体”这两个字，在东方被渲染为道义的制高点。所以，非大公无私，非克己奉公，就很难称为有“义”。利己不利他，为私不为公，就会遭到道德审判。无论是 B、D，还是 E、A，顾及自己的私利或家庭利益，不能表现出牺牲精神，就会被他人从某些角度搬出“公义”的标准，理也直、气也壮地批判。而实际上，搬出“公义”的标准来批驳他人的人，又何尝不是为了他背后的某种“利”？

反过来看，争斗，是激烈的行为，行为来源于自己的目的。本来，集体利益就是所有个体利益的组合表现，为自己利益而往，天经地义。

只不过，总是杜绝不了一些有利益关联的“大义”卫士，举“大义”之旗，却行“私利”之实。无奈的是，集体中又有大集体、中集体、小集体，人们总是可以站在不同的角度，举着不同颜色的“义”旗，发起声来振振有词。于是，大家之间的指针，才会如此纵横交错，义利纠葛才如此不可调和。

正是因为可以轻易举起“义旗”来振振有词，得出“更合乎情理”的价值或者道义标准，才如此轻易可以掘了原有协议的“墓”。其实，在中国式散伙里，绝大部分不是因为没钱可赚了，大家才分手，相反却是因为有钱分之时，刺激了大家“患不均”的神经，造成“弃约”，才黯然收场的。

绝症三——遵循商业法则等于淡薄兄弟情义。

昊昱五个创始人成为“甩手掌柜”后，之前那些贡献不平衡的矛盾就缓和了很多，因为大家都不贡献了，不用比了，下坠到“零”了，是最平衡的，因为这样就没“不均”可“患”了。这是东方人的无奈和悲哀。

在义和利这二元中，利始终是人们行动的根本出发点。昊昱创始人划分股权给新五人和员工的三个提案，谁提出来的，就是对谁有利的；如果觉得对自己不利，一定会再去思寻方案。权衡利弊时，大家往往不是在跟自己的过去，或者团队以外的人比较，而是在“圈内”，在自己同伴身上横向比较。

当每个人从自己角度争取到相对合理的比例时，就等于“自私”了一回，这跟江湖义气正好背离。江湖要的是“为兄弟两肋插刀”，要的是“舍利取义”，要的是割让和牺牲。特别是老大，他必须比兄弟们更义气，才能笼络人心。之所以认他做大哥，就是因为他是兄弟们之中最能聚义，最能施恩于大家的那个人。所以，当 A 最后终于探索出最具商业规律、最接近实际平衡点的“同比稀释”方案后，他在兄弟们中的威信就降到了冰点，他否定了之前其他兄弟有点自私的方案，他没有为兄弟们割让，更没有牺牲自己；不能舍利取义，不能为兄弟两肋插刀，那还算什么老大？

3. 义利确实难相容吗

在东方，一切合作都建立在“情义”基础上，无义不合作，合作必有义，大家有关系才合作，就算之前没关系，签了协议，也要先吃一顿、喝一轮，再唱个 K，填补好兄弟情义，然后才能开始工作。合作往往靠烟酒开路，靠情义结缘，再靠关系维持。

中国式合伙的纽带是“义”，目的是“利”。但在江湖，“义”被灌注了太多的舍和让的成分，被夹带了无私和牺牲的色彩，造成了“自私”非“义举”，取“利”而不“义”的扭曲价值取向，让中国合伙人义利难以两全。

既然合伙因“义”而成，为“利”而往又是必然，那往往得“利”失“义”就是难以规避的结果。商业毕竟有商业的规则，无论义利纠葛多么激烈，真正成就大业的商界英豪，必然得遵循商业规则，哪怕应对再多的指责。遗憾的是，中国式散伙演绎的，是比西方企业更翻江倒海的故事，痛心的是，**东方企业家每拼成一个事业，最终往往会令自己变成孤家寡人，众叛亲离。**

西方企业里不讲什么仁义道德，除了“法”以外基本没有其他标准，所以一纸协议定义一切，遇到问题再补充协议，用干巴巴的“法”解决一切，自然简单。

西方企业的管理不会有中国企业那种复杂的道义和情理纠葛，然而中国企业却不能依葫芦画瓢，简单西化。因为面对的人群不一样，方法直接移植显然行不通。在中国，想用简单的“法”来治理，抛开所有的道义和情理，把企业弄成毫无人情味的“死”企业，那叫张冠李戴。希望，或者试图把中国人改造成“一元”价值观的想法，更是天方夜谭。实际上，中国企业应该要找到一种适合“二元”价值观，既有“法约”又承“道义”，同时还通“情理”的方法，进而形成一套顺应东方人人性的，具有“中国特色”的企业管理模式。

西方管理是基于西方人、适应西方人的管理。

西方人崇尚自由，追求个人主义，他们的张力没有“外圆”牵制，可以肆意挥洒，虽然天性的释放有利于创造力的发挥，但另一方面，也因为个性的肆意膨胀，使得个体缺乏足够的组织性和集体性，造成整个群体缺乏应有的统一性，难以形成强大的聚合力。人们的行为动因主要基于自身利益，形成的社会局面是自由的、无序的，所以整个市场充满野性，遵循弱肉强食的丛林法则，其竞争结果是你死我活的。因为在这种体系里，大家无须太在意他人和其组织的利益和诉求，所以一旦产生矛盾，就会非常尖锐，没有回旋余地，然后就只能暴力解决，这种不可调和的矛盾，演绎的结果往往只有战争。

尚个人主义的西方人，对集体是约束的、限制的，对个体却是张扬的、不受限制的。崇尚集体主义的东方人，对个体是约束的、限制的，对集体却是扩张的、不受限制的。这种思想创造了东方文明，特别是东方的中国一脉相承地传下来显示了其强大的人文价值，但是另一方面对人的压抑，却让个性得不到张扬，创新能力严重不足……（姚立宏，2011）

明确东方人群的基本特性，分析东西方人群的区别，就能明白一个道理：中国企业不可以简单西化。任何事物都是两面性的，东方人外圆内方的性格既有问题面，也有积极面，一方面，“患不均”的人性既然能让团队“恶性下坠”，它的另一方面，就能让团队“良性共振”。外圆内方和“患不均”是东方人的本性，改变它是绝对行不通的，消灭它更是痴人说梦；既然是人性，就该顺应它，利用它，把它导向创造，引导成个人与集体的双赢局面，这才是管理学研究的正确方向。

西方人没有“外圆”的束缚，西方企业里只有干巴巴的“法”，在管理上无“情”无“义”，所以西方社会不矛盾则已，一旦矛盾就难以调和。东方人有“外圆”，做事不会只顾自己，还会顾及他人，会顾及企业，会产生责任心，遇事会更有耐性和弹性，所以易于被调动。利用好东方人“外圆”的特性，于企业大有好处。东方人“外圆”之内的“方”，是有度的张力，是有序的张力，只要将“圆”的束缚变成回旋加速器，其张力将会在集体方向上成倍爆发，这是西方人不可比拟的。

“患不均”人群的确让众多管理者叫苦不已、闻之心寒，那是因为中国企业尚未把世界通用的经典管理方法真正“中国特色”化，用“一元”的管理理念，来面对“二元”的被管理人群造成的结果，因此才导致了运营团队总显下坠发展态势。

很多管理者正是惧怕大家“患不均”，才一味地在分配上试图平均，这种努力最终总是落进“平均主义”的怪圈里，在平均分配或轮流坐庄的结果中兜兜转转，以求得大家的“不患”。而人的能力强弱总是不一致的，为求“不患”，往往只能高的向矮的看齐，最后大家全部降到“冰点线”，似乎只有这样，才无“不均”可“患”，所以往往要等到“三个和尚都没水喝”了才能平衡。其实，“患不均”既然是人性，就可以“利用”。只要“不患”“患不均”，设法利用“患不均”，就能柳暗花明。因为“失衡是行动的来源”，不失衡了，行为动因反而不足了。**如果企业将大家的“患不均”从“害怕别人比我多”变成“害怕我比别人少”，大家的行为就会从“把别人拉下来”变成“把我拉到比别人高”**。

如此，“企业绝症之一、四、五、六”将药到病除。

同样地，明确了义利失衡会导致企业绝症之二和绝症之三之后，就可以从义利价值观入手，如果将“义”由“利”的“绊脚石”变成“助推器”，如此，企业主们就不用再为义利难以两全发愁了，并且还可因“义”更“利”，因“利”而更“义”。

当然，如果早些年就有这样的共振方法，新东方的“三驾马车”也不至于分道扬镳，联想的两位创始人也不至于到现在还在打嘴仗，真功夫的亲人们也不会反目成仇，昊昱也不会在业务欣欣向荣的局面下轰然倒下……

4.2　重构价值链，根治企业绝症

4.2.1　明修员工栈道，暗度公司陈仓

东方人的外圆内方，方在圆内。亦即，东方人的个性是在集体框架内张扬的，如何抓住这样的特点充分激发个体的能动作用以实现企业目标，是东方管理学的核心话题。

管理是为公司服务的，这天经地义。但如果管理者只是片面地为公司吆喝，而没有在意员工是否逆反，没有抓住员工的基本需求，不从员工的原动力出发，怎能真正撬动大家的积极性？没能真正激发大家的能动性，又如何更好地实现企业的目标？

然而，不少的中国企业，一直还在简单地动员员工为公司积极奉献。无私奉献被管理者认为是高尚的，“吃亏是福”“助人为乐”这些抑私词语大量充斥在一些企业的文化中。在一些管理者的意识里，似乎大家无私了，就能无欲无求地服务于公司，似乎大家自私就于公司不利。这种非黑即白的扁平思维，会将管理拖入“死水潭”。马克思关于“任何人如果不是为了自己的需要来做事，那他将什么也做不到”的说法，指出了人的动力源泉所在。

每个人的行为动因都是自身某种需求的满足。一个人的原动力并非直接来自他人的需求或企业的需求，而是他自己的需要。他人的需求或企业的需要一定是转化为行为人自己的某种需要才能使他有所行动；比如，企业的需要转化为行为人的荣誉需求，他人的需要转化为行为人的成就感，这样他才会

产生行动。如若不然，单纯依靠个人的奉献精神来激发行动，着力点是不深的。如果管理人片面地秉承企业本位思维，而不去追求员工需求的满足，是很难制定出真正有效的激励方案的。

趋利避害是人之本性，趋己利、避己害才是人的行为动因；公司需求、群体关系、组织制度、道德规范这些外因，只有通过内因才能起作用。如果明白了这些核心原理，就能得出一种公私两利、简捷有效的方法：成私而公。

所谓成私而公，就是将各种公司需求、规章制度和道义原则转化为员工个人的某种需求，将“公”的目标和任务分解并转化为“私”的需要和目标，然后员工们在实现自己的需求和目标的同时，公司目标自然就达成了。这种做法起到了“明修员工栈道，暗度公司陈仓”的效果。运用这样的方法，管理者就可以大张旗鼓、毫不含蓄地宣扬公司是“全心全意为员工服务”的，甚至可以让每个人毫无保留、倾尽所能地“自私自利”，而公司却藏在其后，公司利益在员工利益实现之时自然达成。姑且就让大家踏踏实实地“专门利己”吧，因为在成私而公的模式下，所有员工的为“私”，实际上也是在为“公”。

有了成私而公方法，企业的所有诉求都转化成了员工个人的需要，公司的所有规章制度都转向了“为员工服务”，那么，“外圆”就成为“内张”的旋转加速器，可以将员工的张力不断叠加，使之成变成巨大的生产力。

4.2.2　利用分值比将“患不均”的人群从内耗导向共振

1.“患不均”人性可以化作正能量

“不患寡而患不均”本是孔子提出的税收思想，后来被引为对人性本质的勾勒。的确，在“二元”价值观之下，人际关系被凸显出来，人与人之间的比较成为价值权衡的重要方向和方式，由于“外圆”的存在，这样的比较总是呈现为“圈内”的“横向比”，在一个“圈”里的人就互相成了得失的直接参照物，于是，彼盈则我亏、彼亏则我盈的得失观，成了大家的习惯性思维，“寡”却不“患”了，“不均”则成了大家难以接受的结果，所以才会“一个和尚挑水喝，两个和尚抬水喝，三个和尚没水喝”。

东方人的这种得失观，使得中国企业的管理变得相当复杂，大家动不动就闹情绪，动不动就不平衡。因此管理机制稍有不得当，整个团队就会内讧，往往直到大家都“没水喝”了，才无“不均”可“患”。

很多人把“患不均”定义为东方人的人性弱点，并且“深恶而痛绝之”。因此，不少管理者非常害怕被管理者对“不均”的“患”，于是，一方面在管理上极力追求“公平”，一方面在理念上极力宣扬“无私”，力求在分配结果上均衡。这样的管理思想最终往往会把机制引向平均主义，让高人向矮人看齐，把大家引向平庸。

其实，无须惧怕大家“患不均”，更没必要试图去压制或抹平“患不均”的人性，因为这种人性导向得好，不仅可以避免“内耗”和“内斗”，还可以激发出巨大的劳动力和创造力。

任何事物都是辩证的。古人云：“福兮祸之所伏，祸兮福之所倚”，说的就是好坏是可以相互转换的。看看我国古哲学领域最经典的图标（见图 4–3）。

图 4-3　太极图

任何黑中都有白（任何否中都有泰），任何白中都有黑（任何泰中也有否），白极化作黑（泰尽否现），黑极便是白（否极泰来），这是太极图蕴含的哲学原理。

太极拳的精妙之处就是借力打力，你打我的力量越大，我就可以产生越大的还击力。所以，好坏在一定条件下是可以转换的。

“患不均”使人失衡，失衡令人行动。那么，**机制不当时，失衡的人便会“从别人碗里抢以求均衡”，其局面当然是争抢，其结果当然是内耗；**

如果机制得当，失衡的人则会“多挣些让自己碗里的比别人多”，其局面则是比拼，其结果则是创造。一种方向是越耗越少，另一种方向是越比越多。

对于“患不均”的人性如何由消极导向积极，由群体内耗导向群体共振，其关键点在于，如何把人们的失衡从心理上的“害怕别人比我多”，转变为“害怕我比别人少”，从行为上的“想把别人扯低下去”，切换到“要把自己拔高起来”，从结果上的“因分得少于他人难以接受”，置换成“因挣得多于他人而得以满足”。

事实上，完全没必要害怕人们“患不均”，如果人们不“患”了，哪来失衡？不失衡了，哪来“心潮澎湃”？不“心潮澎湃”了，哪会有“激烈地行动”？因此，管理机制的研究应该放在如何导向人们“患”的方向，而不是如何避免大家“患不均”。不懂导向，就会“人比人、气死人”；导向对了，“不均”得越大，大家就会越“患”，而越“患”行动力就越强，你追我赶的局面就会越热烈。那么，该如何引导和利用人们的“患不均”，把大家相互间“你争我夺”的内斗变成“争先恐后”的竞赛呢？

2.“患不均”人性如何导成正能量

把大家相互间“你争我夺”的内斗变成“争先恐后”的竞赛，其核心点在于把人们对“患不均”失衡引发的“不能比人少”的索求欲，导向工作创造，通过工作创造来给自己“碗”里加“肉”，而不是导向集体的“锅”里或者别人的“碗”里，通过抠或抢为自己加“肉”。这种思路在管理学中的具体运用是：建立“分值比”。

分值比是相对百分比而言的一个比值概念。

百分比，大家再熟悉不过了，就是分母为固定的 100，以分子的大小不同来对比相互间值的大小。它的特点是，在既定的分配中，直观地呈现各个分子分别占有总量中的份额多少。比如股份分配，昊昱公司创始人最初的占股如表 4–1 所示：

表 4–1

昊昱公司的创始人股份比例

股东	A	B	C	D	E	合计
股份	40%	20%	17%	12%	11%	100%

百分比是最经典的比值方法，大家从来都没觉得有什么不妥。但就是因为经典，才让人一直忽视着它的弊端。简单分析一下就能发现其中的心理和结果导向是不一样的。

百分比直接凸显了分子占有分母分量的不一样，分子的大小一目了然，所有人的焦点就在于“我从总量中分得了多少”。因为分母是固定的，所以就只有“彼多我少、彼亏我盈”的权衡结果，股份的对比结果是：你多了，我就是少了，我要多点，就必须从你碗里扒拉点过来；而最终导致大家“患不均”的行为结果，一定是你争我夺。

在昊昱公司，任何一个人想增加股份，就必须得从其他股东那里拿过来；想要给新股东和员工配股，就必须从创始人碗里舀出来。这是百分比机制造成的结果。

而分值比导向的却是另一种结果。

分值比，就是分数直接对比，没有分母，或者分母不固定（需要计算占比时所有分子相加得出分母）。它的特点是，分母没有上限，可以随分子的增减而相应地增减。

比如有 n 个人，他们的价值分数可以直接比，需要计算各自的所占比例时也可有分母（所有参比的分值之和为分母），如表 4–2 所示：

表 4–2

分值比

人员	①	②	③	④	⑤	⑥	……	n	合计
分值	23	7	15	73	54	26	……	31	732
占比	23/732	7/732	15/732	73/732	54/732	26/732	……	31/732	732/732

分值比直接对比着各个数值的区别，很跳跃地彰显着数值的区别；在需要分母来计算各自的所占比例时，所有参加对比的数值的合计值就是分母，它是一个不常规的数值，分子除以分母后得出一个不常规的比率（分数值），这个比率不像百分比那么直观，相互之间的比重就被模糊化了。就像炒一只股票，一个人手里买了 2000 股的股票，他很难去计算占了这只股票的百分之几，所以就不会在意占百分之几了，也就淡漠比重的概念了，他只会在意自己的股数是 2000 股，跟某人的 3000 股比的话，对比的结果是自己少了 1000 股，而不是少了百分之几，他要想比那个人多，自己再增加购买 1000 股以上即可。

正是因为分值比的分母不固定，谁的数值要增加，就自己直接增加好了，用不着从别人那里抠来，这就解除了“彼少我才多、彼盈我就亏”的权衡逻辑，谁想比别人多就自己去加、自己去挣，于是，大家“患不均”的行为结果一定是：争先恐后。

篮球比赛之所以能让所有球员积极拼搏，是因为比分无上限，球员可以通过为本方不断地加分而超越对方；同样，对方也是为了争胜，也会努力为本方加分；双方水涨船高，都因为对方的分数增加而激发出本方更大的能量。这是一种争先恐后的良性竞争。假如篮球比赛的规则改为总分恒定为 100，双方从 50 分开始比，本方要得分就得从对方那里抠，最后看谁的分数多……这样的规则，一定会导致球员们拼命去打击和压制对方，从对方手里抢分数，压低对方来提高自己，而不是通过提高自己来超越对方；如果按这样的规则来比赛，争先恐后的局面没了，结果只能是你多我少，你争我夺。

3. 利用分值比可以治愈企业的“六大绝症”

如果用分值比来呈现昊昱公司的前后股份变化，造成的心理影响和行为结果就会完全不一样。

第一，五位创始人在公司成立之初，只需要根据当时各自的资金、职位、能力等价值确定股份数，无须估计以后的价值变化，这样会简单而准确得多。然后确定公允的价值贡献分值，每月将各自的新增价值不断累加进去，这样就将此后的动态价值增加准确地累计出来了，在需要分红或行权的当月，将后来增加的分值转换为股份增加数（股份总数没有上限，可以不断“增发”），按各自的股份总数加权平分权益即可。这样就轻而易举地解决了绝症一之“静态股份无法匹配贡献变化”的问题。

第二，在经营过程中，有人想利用业余时间多为自己创收，或者帮家里干点别的事，甚至辞去公司日常管理职务，这都可以灵活安排。因为大家可以提前决议好，将职位、业绩、加班等所有的有价贡献都进行加分，那么，谁少做点或者辞职不做，只是少加分或者不加分而已（分值累计就是股份累积），原来已有的分值和股数不会减少，在股数只增不减的模式里，谁想多干自愿，谁不想干自便，不会相互扰乱。多为集体贡献的多加股份，少为集体贡献的少拿股份，于是，大家就能公私兼顾了，绝症二之“股东兼顾个人等于背离集体”的问题，也将迎刃而解。

第三，因为股数只增不减，如要新增股东、新增投资或者给员工配股，直接“增发”即可，无须从原来的股份池里抠，所有人的股份只需装进“兜”里，就不再会被稀释或分解，有新贡献或想新引进投资，直接加股数就好，由于都是固定的规则，即便是出现新增股东或增加融资这种大事，直接按章程走财务流程即可执行，无须等新一轮估值完成或大动干戈地开股东会才能进行，非常简易。这些操作的所有过程完全按商业规则进行就好了，跟情谊、道德无任何关系。于是，绝症三之“遵循商业法则等于淡薄兄弟情义”的弊病，立马烟消云散。

第四，至于针对创始人做“甩手掌柜”、新增干股股东学历和资历更高的问题，运用分值比方法也能迎刃而解。在分值比方法中，在职的有在职分，不在职没有职位和日常工作分，掌柜“甩手”还是“不甩手”影响的只是自己的分值而已，多劳多得、不劳不得，跟他人无关；学历、资历高，每期分值高些，学历、资历低，每期分值低些，这样就不会再有心理失衡。分值比的方法中，多劳多得、少劳少得，每个人只需盯着自己的“碗”就行。如果谁非要看别人的“碗”，看见别人更多，那他自己可以努力作贡献，通过加分赶超别人。这样，“患不均”就变成“你追我赶”了。于是，相互间的“不均”，就成了激励。百分比之下，不从其他股东那里抠是无法增加自己股份的；分值比之中，无须其他股东稀释，自己就可以“创造”股份。试想想，如果自己加“肉”比抢“肉”更容易，“你争我夺”还会存在吗？整体的局面，只会是“你追我赶”。分值比的结果是有序共振，是水涨船高，是争先恐后，是良性循环。那么，绝症四之“股值和贡献剪刀差”就失去了形成的前提。

第五，想留住员工，分值比方法也极为简单，该配股权就配，每个月根据员工的贡献值加分就行。多贡献就多加，少贡献就少加，无须人为评议甄选，更无须同事之间横向争夺，大家只需盯着自己的“碗”。如果想盯别人，也只会是你追我赶的结果。于是，绝症五之“股权里激出内讧”也就没有了出现的可能。

第六，分值比方法能让分钱变激励。因为每个人的股份都是根据实际贡献很客观地匹配、根据公允的加分条件自己累加出来的，拿得多的确是因为贡献大，拿得少也只是因为努力不够。想比别人拿得多，多贡献就行，横向比的落差只会形成相互间的激励。所以，分值比方法使得绝症六之“分钱变成分心”就转换成了“分钱激发进取心”。

4.“患不均”的人性“弱点”可以变成优点

当大家因为“患不均”都从“把别人扯下来”切换到“把自己拔上去”的时候，越“不均”就越会令人“患”；越“患”就越失衡，越失衡就越高亢；越高亢，就会越奋力行动。而奋力行动的人反过来又会刺激他人“患”起来，形成相互激励的局面。这种环境中，**越是自私、贪婪的人越会把贪得无厌变成干得不倦，越是“患不均”就越会迸发出“找平衡”的创造力，而落差越大，创造力就越强。**

那么，管理者们所惧怕的“患不均”的人性弱点，就变成了优点，“三个和尚”不仅再也不会缺水喝，还会担心“庙”里的“水缸不够大”。

进一步来说，既然因为“患不均”，曾使得很多老板“大方地”割舍大比例的激励股反而成了“东郭先生”，那也能因为“患不均”，只用比之前更少的股份就可以使得骨干和员工们“贪得无厌”。**满足或不满足是因为参照物的不同；“患不均”变弊为利的核心操作就是心理和行为导向，是参照物的转移。**

这些方法，包括实操细则，将在本书下册第13章阐述。

不过，有这么一种天理：得道多助、道法自然。利剑在手，如何挥舞的结果是很不一样的："术"者，着眼于"人人为我"，往往难以充分"我得"；"道"者，存心"我为人人"反而最终变成了"人人为我"，结果是"大我"，是充分的"我得"。"鱼肉"合伙人和普通劳动者的思想最终可能会导致"穷得只剩下钱"，甚至钱也难以获得太多；"众乐乐"的思维不仅可以名利双收，更可以轻松地无为而"至"。须知，"众星捧月"一定会比"孤星闪耀"的存在感和成就感强得多。特别是在现代企业的环境竞争中，世界逐步变成"地球村"了，再优秀的一个"脑袋"或一小群"脑袋"扭合的"智库"，都无法在信息指数化裂变的情况下，全面应对并精准决策；企业家个人的"英雄时代"将逐步过时，之前，"成也萧何"很容易，现在，"败也萧何"是常态。除非全民皆兵，否则，企业依赖一个或几个人，最终定会被时代淘汰。所以，在利用"患不均"充分激活广大劳动者的基础上，如何建立一个共担共享的命运共同体，才是正道，才会你好我好大家好，最终变得你好我更好。这一"道"的实操方法，将在本书下册第16和第17章详细描述。

4.2.3 义和利的精准量化及契约化

1. 义利交织使得人治成为中国企业的突出特点

"二元"价值观的东方社会，义利交织，人们处理问题总是会同时考虑情、理、法等各个方面，不会像西方那样冷冰冰地只以利和法来权衡。所以，东方"弱契约精神"的社会，人们可以站在不同的大集体、中集体、小集体或者个人角度，以不同的价值或道德标准"有理有据"地得出不同的合情或合理的诉求，而这些诉求，不仅大相径庭，还往往与制度泾渭分明。而在现实社会中，人们的决策更偏袒"合情合理"。所以，别说是约定，就连规程甚至法制被"合情合理"冲击和替换，也是人们可以接受的。所以，变更和动荡是中国式合伙企业的常有表现。

而串联中国企业变更和动荡过程的核心线条，便是"人治"。

沿袭了几千年的金字塔式集权管理，有一种强大的惯性，以至于当今的众多管理人很自然会“官本位”，而诸多被管理人也本能地屈尊于权势。塔式管理自上而下的权利流，在固化着人治模式。“仕为贵、官为尊”被普遍认可，“一人得道，鸡犬升天”似乎就是一种社会规律，更高的权势或更多的利益成了诉求得以实现的更坚固保障，追逐权势成了很多人理所当然的行为取向。于是，在各种大大小小的管理体系中，裙带关系、人情纽带就成了大家实现诉求的必然通道，非正式组织（如同学会、同乡会、亲友团等等）充斥着正式组织的每一个角落，并与正式组织共同释放着权利流，所以，**人们逐渐习惯于事“人”，事“事”之前必事“人”，并且，事“人”远远甚于事“事”**。“人情大过天”，成为绝大部分人的基础价值思维。

虽然中国企业借鉴了西方的管理制度，但深入人们骨髓的“官本位”思想硬是将企业制度替换成了“领导旨意”，“一切行动听指挥”的人远远要比“抗旨循法”的人吃得开，唯上级旨意是从的人叫作极具团队精神，一味死板循法而“不识时务”的人叫作“教条主义”。所以，各种制度只是一种存在形式，它要落地只能通过各级领导“贯彻”，领导们对制度的领悟和输出程度，决定了制度的有效程度（见图 4-4）。

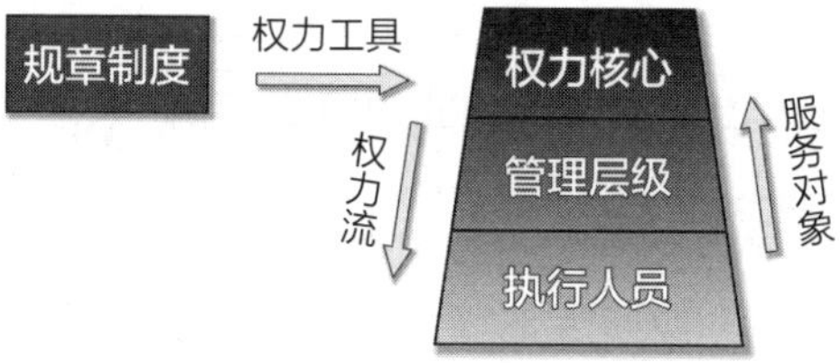

图 4-4　东方特色的官本位组织体系

在东方的官本位结构体系中，制度只是权力核心的工具，各级成员因自上而下的权利流对上级负责，并非直接对制度负责。所以，这种集体内成员的行为指针，是核心领导层的权利分配，而非制度维护。“升官”和“发财”由词组已演进为成语；晋升成了所有人利益扩大化的根本途径，当然也是团队的基本激励手段。因此，团队成员把晋升列为职业追求的第一目标，并以此为动力，就天经地义了。因为升了官，就意味着有权、有钱、有地位、有脸面，所以团队里，大家为了“上位”，必然明争暗斗，你抢我夺，而“牛栏关猫”式的框架设计，正好给“钻空子”的“聪明人”留下了巨大的“发挥”空间，而那些老实本分、不善交际的人，却很难走进向上的通道。

在官本位体系中，充斥着复杂的人际关系。在很多人眼里，管理就是管人。

“强关系”是东方集体的最大特点，中国人讲亲情、讲交情，论血缘、论地域，**各种非正式组织总是令管理局面相当复杂，管理者不得不执行强权管制，而反过来，强权又进一步强化了制度依附于人治输出的模式**。在官本位体系中，成员们总是要努力往权力中心靠，努力讨好上级，务虚事务占据了大家的主要工作内容和时间，非创收性地拉关系、谈感情、走捷径，成为权谋的重要能力，不懂这些，会得罪人，叫作“不会做人”。可以说，维系整个体系的不是制度，而是人际关系。

在义利交织的二元价值观世界里，为了管理的有序展开，为了和谐，公平公正显得极为必要。中国人历来追求结果的均分，最常见的就是奖金福利的均分和评优的轮流；即便是当今一些知名的企业，也常常落入“大锅饭”的漩涡中。**均分奖金福利和轮流评优这种大锅饭一般人都容易理解，但诸如职级划分、计时工资和奖金、轮值制这些“专业管理”范畴的“大锅饭”，大家很难意识到**。

其实，任何非差异化划分、非考核性收益都容易导向平均主义。职级划分，表面是在打破“一锅饭”，但实质只是将“一口大锅”分成了很多“小锅”而已，在同一职级的“小锅”里，所有人的工资还是一致，跟贡献大小没有太多关系。只以时间度量报酬的计时工资和奖金，也是不分动作快慢，甚至不论贡献大小，同一级别的人，相同的时间酬劳一致。“同岗同酬”从不被人置疑，反而被奉为达成“公平”的“科学”方法。“大锅饭”的消极作用无须再一一论述；更让人细思极恐的是这么“专业”而经典的管理，统统都是“大锅饭”。

在人治体系下，没有人盯着，大家很难自觉；即便有人盯着，很多人也只是佯装忙碌。大家都是在表现，做给该看的人（影响自己晋升或降级的人）看，以求让该看的人不会对自己不满。因为只有晋升或降级才跟自己的利益相关，工作创造和企业效益跟自己的收益没有直接关系，所以，事实上不会有多少人脑海里是在为了效益和产能而做事的。在大家看来，就算企业颗粒无收，劳动合同和劳动法还能维系着工资的发放，做多做少收益没多大区别，只有极少数人才会不在乎收益。

人治体系还是弱契约意识滋生的土壤。因为在人治体系中，各种制度是转化为领导人旨意才输出给下级执行的，不仅容易走样，还从实质上削弱了制度的存在性。

“一元价值观”的西方世界，只有一个“利”字，游戏规则简单，制度透明，商法既定，参与游戏的人更容易遵守游戏规则。在义利交织的二元价值观世界里，大家的角度多、看法多、标准不一，加上经过人治管道的曲解，既定的制度和规则被冲击就成了常态，因此，东方社会是缺少契约精神的。重要的是，因为违约惩治机制的粗糙或缺失，违约人所需要承担的风险和损失太低，当违约所带来的收益远远大过违约所需要承担的损失时，人会权衡利弊，进而选择逐利背约。在这种团队里，违约才是“聪明”的，在那些“灵活变通”、善于耍聪明的人面前，守约就是傻，会遭到嘲笑。当多数人都在走捷径、潜规则的时候，守约者反而成了另类，这种环境下，所谓专业的管理制度就只能是个花瓶而已。

2. 义利交织是中国式散伙的根源

很多的中国企业家韧性很强，敢于屡败屡战，誓要在教训的土堆上鹤立起来。这种坚忍不拔的精神非常值得赞赏，但如果屡战还是屡败，始终没摸到失败的原因，不能在下一个战役中确保不再失败，这样的精神不是太无畏了吗？

或许，中国企业沿用的传统运营模式在西方已成功过千百回，但是土壤养分不同，西方的花卉在东方不一定还开得那么绚烂。东西方企业最大的区别在于，西方企业是“冰冷的”，东方企业是“温情的”。很多西方企业，进入中国后也都在努力本土化；而大多数中国企业更懂得去探索洋为中用。只

是，在义利交织的土壤上，很少企业能茁壮成长，绝大多数企业不是死在战场上，而是累瘫在自己家里。这些累瘫在自己家里的企业，其领导团队往往只能推倒重来。然而可悲的是很多的推倒，都没有了重来，这就是常见的中国式散伙。

图 4–5 透析了中国企业内部推倒重来的五大原因。

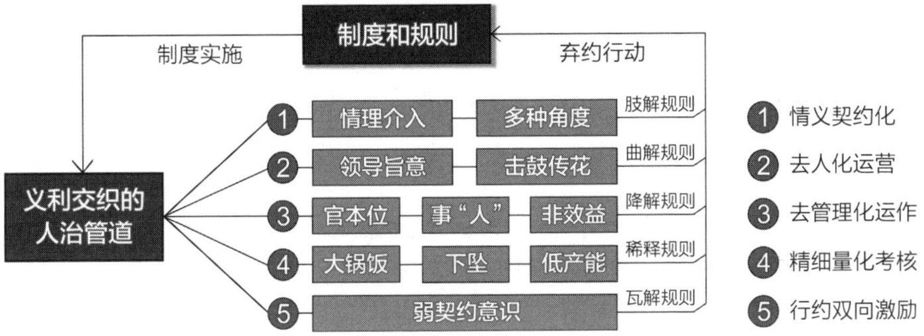

图 4–5　中国式散伙模型及其根治药方

第一是义利交织的中国人群体，在处理问题时总会从情、理、法等多方面去权衡，然后还可以站在不同的角度输出情理结论，很大程度地肢解着既有的规则。

第二是中国人群体习惯于命令式工作，规则总是化作领导旨意来传递和实施，多次传递后，规则已被曲解得面目全非。

第三是中国的管理和被管理者都习惯于官本位，事“事”的核心还是事“人”。

第四是中国人诉求结果公平，追求着成果分配上的结果平均主义，这往往让管理不得不落到了“大锅饭”的漩涡，造成集体的下坠，加上事“人”远甚于事“事”，整个团队的创造力是相当低的，低产能的结果反过来会稀释既有的规则。

第五是中国人的弱契约意识，时刻都在瓦解着既有的规则。肢解、曲解、稀释、瓦解，所以，原有的制度和规则，很容易被推倒重置。

中国人就是义利交织的人，要改变中国人而去适应“专业”的西式管理吗？然而确实有不少的企业还真是这么干的，一遍又一遍地把管理人员和员工送到培训机构“洗脑”，回来后天天进行“文化渗透”和“理念灌输”，配之以一沓又一沓的“规范制度”……

3. 对义利量化和契约化才能对中国员工形成真正的激励

几千年前，大禹把黄河水给治理了。治，疏导也。黄河之水何其汹涌，之前的堵都失败了，所以真正的道理应该是，顺水之势方可理之，阻水之势不可理之。同样地，顺人之性方可理之，阻人之性不可理之。**不要妄想着去堵截人性、去改造人性，因为真正的管理，是要顺应人性、激发人性向善。**不是中国人难管，更不是中国人的人性丑陋，没找到顺应和解放人性的方法，才会觉得中国人难管。

根据顺和放的原理，根治中国式散伙的药方呼之即出：

（1）情义契约化。在“利”的制度、规则基础上，将情义、公理、公德也条约化、利益化，让大家“义”而更“利”，进而“利”而更“义”，将原先的肢解力导为呵护力。（详见本书 5.4.5）

（2）去人化管理。运用电子化、系统化工具，直接将公司目标分解为成员们的执行指令，避免各级管理人员在传递指令中掺杂个人的理解和旨意，去除制度、规则、战略被曲解的可能性。（详见本书 6.2.3）

（3）去管理化运作。将公司的责、权、利细分并前端化到执行层，运用正负双向激励，在执行人员达其所需的过程中直接完成了公司任务，让所有人只需事“事”，无须事“人”，让所有执行人员自驱动。（详见本书第 7 章）

（4）精细量化考核。让员工差异化的能力得以差异化发挥，让差异化发挥的员工得到差异化的收益，让差异化的收益刺激出你追我赶局面，在你追我赶的局面中形成良性共振，进而彻底打破均分主义，将之前的瓦解力转变成加固力。（详见本书 7.2.2）

（5）行约双向激励。将所有制度、规则和行为量化定义，并对守约和正行为计正分，对违约和负行为计负分，分值挂钩所有的权益，让所有的积极行为化作收益，让所有的消极动作变成自我减收，把笼统的制度和规则变成每个人自发的事前承诺，在“成员们”贪婪追逐私利的过程中，将这种追逐

力化作呵护力，彻底将原先的稀释规则局面转变成夯实制度局面。（详见本书第 10 章）

没有人情的规则太过冰冷，没有规则的人情太过混乱。

想让中国人共振，就得义利量化，并且形成制度。

4.2.4 股东层级化达成动态平衡

1. 价值动态称量才能达到动态平衡

所有社会斗争的核心指针，都是分配。

企业内部推倒重来的根本原因是大家都认为贡献与收益不对等。股份是既定不变的，贡献是动态变化的，各种差异化的价值没有秤来称，大家在做了贡献之后，自然要争取自认为应有的。

那么，有没有一种让人明明白白做事、安安心心拿钱的方法呢？

如果要有，这种方法就必须是动态的，能将差异化、适时的各种劳动和贡献准确地记录下来，并且公允、客观。

其实这种秤，已经有了，它叫动态价值秤。

当今市场进入了“五元时代”，价值分配的核心要素有五元，即劳动、知识、能力、资本和土地。在企业实际经营过程中，为便于价值的准确量化，往往会将劳动分为直接劳动和间接劳动（遵守规程的行为）来考核，而过去的“企业家”独立元被归为了“能力”元，知识和能力统一在“资格”元中进行量化考核。所以，企业的价值分配往往就分为“operation（劳动）”“performance（行为表现）”“qualification（资格）”“rights capital（权利资本）”和“land（土地）”五个方面，为便于记忆，分别以 O、P、Q、R、L 来标注这五大要素。

动态价值秤，即，将生产五要素适时进行分值化计量，并将其价值分别记为 O 分、P 分、Q 分、R 分和 L 分。O 分涵括所有的直接劳动（工作）值；P 分包含所有的章程、制度、规则、道义公约、社会秩序等遵守或违反的行为量化值；Q 分包含知识产权、无形资产、企业家、岗位职级、技能资格、信息情报、干股等所有有价资格量化值；R 分是资金分值；L 分是土地量化值。因为精细地、及时地称量，动态分值秤能非常精确地量化劳动、行为、资格、资本、土地的价值，其累计值就是各要素的总价值；只要提前制定公允、客观的量化标准，称量过程和结果就会被全面肯定；将称量和累计程序化，就可以实现去人化管理。而分值的互通性，又让各权益体简单地串联起来成为利益共同体，极大地避免了内耗，简捷地将所有力量激发起来并形成良性共振。

2. 股东层级化是责权利相得益彰的前提

东方人是外圆内方的，对外谦谦君子，对内骄横斗狠，机制不当，结果便是内耗。本书 4.1.3 分析了窝里横向比是造成大家窝里横的根本原因，分析了“并锅”是大家“弃约”的架构性孽因，那么，企业的“锅灶”到底该怎么立才能将人的张性导成创造力、将企业的内耗局面变成协作局面？

“不当家不知柴米贵”。然而，让一大群连财务报表都看不懂也不会看的人来跟董事会一起作投资决策，让一大帮连竞争对手长什么样子都不知道也没必要知道的人来跟老总们一块作竞争决策，这不是瞎胡闹吗？可不少企业就是这么折腾的，一个劲地在普及员工股，以为给了员工股份，员工就成自己人了，就会有主人翁态度了，就被锁定了。然而，企业在将核心股分配给广大员工后，往往事与愿违，不仅没让大家把企业当家，还让他们牺牲了大量的工作时间来“学习行使股东的权益”，还令大家在对比中产生心理的不平衡。

不同职级的人，责权利本来就不该一样，不同经验的人，决策心理本来就不在一个平面，不同家底的人，抗风险力本来就天差地别，把老板和普工们混在一个“锅”里同权、同利、同责，可想而知，企业内部有多闹腾。

华为很成功，但在股权激励上同样经历过很多波折。华为最先以每股 1 元，划出 15% 核心股份给员工，后来又把员工股虚拟化，股权全部收回，至 2013 年又推出 TOP（奖励期权计划），让利留权。

有的企业在拿出核心股权分给员工后，往往会有员工们因为“患不均”而引发内耗的情况发生。这是因为企业管理者没意识到，责权利不可以眉毛胡子一把抓，不同级别、不同经验、不同视野、不同担当力的人，不能简单地混在一个锅里吃饭。

其实，科学的股权激励方法是：股东层级化，即，不同层级的人，责、权、利不一样。比如阿里巴巴采用AB股模式，运营团队股份虽不绝对控股，但拥有绝对决策权，而软银集团虽绝对控股，但不拥有运营决策权。再比如华为的让利留权，均属一个道理。

股东层级化的最佳层级是四层（不含未成为股东的员工），即划分为员工股东、顾问、执行董事、非执行董事，其责权利分别不一样。

有效激励的关键原则是：基础条件有保障、利益想象有空间、挑战难度适当、权力适配到位、责任在执行人可承担范围内。

普通员工的生存条件跟投资人不可同日而语，他们只有在满足基本的生活保障前提下，才可能去面对挑战，而他们能承担的风险也极为有限；高管级别的人阅历和担当力较高，利益诉求也会更有高度；顶层决策层面的人承担力则更高，他们的挑战力、欲望和利益要求非常高；投资人虽风险承担力强，但运营把控力并不一定强；顾问这个范畴的人一般是凭借信息值、经验值获益，并不适合参与运营，承担运营责任。所以，根据基本保障要求、利益满足度、挑战力、把控力、承担力的不一样，股权激励原则上应区分员工、员工股东、执行董事、非执行董事和顾问几个不同层级，相应责权利的程度也分别不一样；而在同一层级里，责权利才有可比性，“患不均”的失衡才有可能从“你争我抢”转化为“你追我赶”。否则，层次差距大的人在一起，追也没法追、赶也赶不上，结果只会是“你争我抢”。

一般来说，普通员工股东不宜全部享有顶层股东权益和承担顶层的责任，权力宜以提案权为限，责任承担宜以绩效扣减为限，不可完全把他们的基础收入变成风险承担；高层级的股东，可叠加一定的决策权，利益空间应有一定的高度，相应的责任也可匹配得更大些；而实股股东，方能享有清算权。

员工的胃多大，就该吃多少饭；拿着不同的“碗”，就该围着不同的“锅灶”吃饭。这样，“不当家的”就没必要在“柴米油盐贵不贵”的问题上瞎烧脑了；“洗菜的”可以跟“淘米的”层次相当，一个“锅”吃饭才有共同话题。

股东层级是有通道的，股东只有能耐（作用力和承担力更高）长了，才能往上走。

层级互通，依赖于统一的度量衡——“动态分值秤”而实现，它能将资本、劳动、技术、信息等所有的创造值、抗风险值客观精准地称量出来，并使得 O、P、Q、R、L 的价值具有可比性和统一性。

过去，企业的价值度量衡是核心股份，在称量时不分层级，将担当力、利益欲不同的人粗暴地集中在一起，责权利“眉毛胡子一把抓”，所以才会出现那么多的不相称、不对等，以及受不住、担不起。要命的是，“一大锅的大杂烩”里，很多人因为参照物没有可比性，难以通过努力工作求得分配平衡，只能从别人“碗里扒食”来抹平差距，“患不均”的人性就只能造成你争我抢和集体下坠的局面。

层级化之后，大家在相适配的责权利层级里，利益相当、挑战适当、权力适当、责任适当，自己要的东西不远不近，努力“跳一跳”够得着，“摔个小跤”自己也不太痛，这样才不会轻易心理变形。重要的是，可比对者是条件相近的人，在动态分值秤中，价值称量客观精准，大家去创造分值，比去别人“碗”里抢夺分值更简单，那么，“患不均”的人，自然就会自己主动去创造。

于是乎，投资层级的执董和非执董们，资资共振；劳动层级的员工们，劳劳共振；层级互通的投资人和劳动者，劳资共振。那么，东方人的“外圆”就从捆绑绳变成“陀螺鞭”，让“内方”的张力加速旋转，全然释放。东方人的团队，就可以不再内耗了。

当劳资协同，共奏交响乐时，一致对外的庞大张力，真不是个人主义的“一元人”所能比拟的。

第 3 篇

闭环“数治” 绩效蝶变

管，是约束。管理从出生就流淌着“针对”的血液，它的力量依托，是工资。当知本时代来临，员工们不再被工资绑架时，管理，也就慌神了。

破，是要从根本上破掉一切为资本服务的出发点，要一切为创造服务，变资本导向为价值导向；破，是要从根本上破掉“管”的理念，解放劳动、解放创造力。

第 5 章

A4 管理法
——用六张表搞定日常管理

5.1 传统管理"把树枝捆在一起却没点燃"

5.1.1 传统管理的形成

传统之所以成为传统，是因为它在特定的历史条件下，成了最合时宜的、被广泛学习和模仿的范式。

1911年，美国经济学家弗雷德里克·W. 泰勒（Frederick W. Taylor）发表了《科学管理原理》（*The Principles of Scientific Management*）一书，首次系统地阐述了基准化、标准化管理的原理和方法，开创了实证管理、过程管理、流程管理的先河，他的工作定额法、能力适应法、标准化原则、差别计件付酬制、计划和执行分离制等，大大提升了企业的生产效率，一直被沿用至今。泰勒提出的标准化管理取代了落后的经验式管理，使得管理学由杂谈变成了一门严谨的科学，因此，泰勒被誉为"科学管理之父"。他把管理从生产中分离出来的思想，奠定了专业化、职业化管理科学的基础。现代的许多企业管理标准，如ISO、GMP等，都源于泰勒的原理。

1916年，法国工业企业家亨利·法约尔（Henri Fayol）在《工业管理和一般管理》一书中，定义了管理的五种职能，即计划、组织、指挥、协调和控制，以及管理活动的14条管理原则：劳动分工、权力和责任、纪律、统一指挥、统一领导、个人利益服从整体利益、人员的报酬、集中、等级制度、秩序、公平、人员的稳定、首创精神、人员的团结；他认为，一般管理的理论与方法不仅适用于企业，而且适用于政府、军事部门与社会团体。

美国教授彼得·德鲁克（Peter F. Drucker）在1954年出版的《管理实践》一书中，将管理学开创成了一门学科；1973年他通过《管理：任务、责任、实践》一书，使之成为管理系统化的教科书。

此后，融合了数学、运筹学、社会学、社会计量学、心理学、经济学和政治学等的管理科学，被贴上了专业化、职能化、流程化、精细化、系统化的标签，在社会生产的运用上，制度化、规范化、标准化的管理系统，就成了经典，成了企业承袭的传统。

改革开放后，我国企业开始全方位学习和借鉴国外的企业管理经验，并结合中国的社会实情和经济特点，逐步形成了具有中国特色的一整套企业管理理念和方法。40多年来，中国涌现出了大量优秀的企业和企业家，至2018年，世界500强企业中，中国超过了120家；期间，也涌现出了大量优秀的经济学和管理学家，如刘冀生、徐二明、舒化鲁等。其中，舒化鲁在西方企业管理理论基础上，结合中国传统文化精粹，形成了一整套系统、完善的企业管理方法和工具，这些成果和方法也成了诸如中国电网、中兴通讯、重汽集团、青岛啤酒、红塔集团、中轻集团等众多中国企业制度建设和管理运用的模板。

舒化鲁先后出版了十几部企业管理专著，包括：《管理学新原理——卓越管理的理论和方法》（39万字，1997年）；《企业规范化管理实施方案》（108万字，2003年）；《企业规范化管理标准体系》（78万字，2004年）；《中国式管理系统实施方法》（50万字，2006年）；《决战十大竞争力》（45万字，2007年）；《企业规范化管理实施的18个模板》（24万字，2008年）；《生－升方略——企业管理规范化模块操作》（42.1万字，2009年）；《为企业文化建设正本》（32万字，2010年）；《企业规范化管理系统实施方案——理论思路清理》（47.6万字，2012年）；《企业规范化管理系统实施方案》系列（含《决策制定管理》，39.4万字；《组织架构管理》，48万字；《岗位员工管理》，52.1万字；《运行流程管理》，45.6万字；《文化建设管理》，42.8万字。2012年）等。

传统之所以能成为范式，因为它足够专业、足够标准，非常完善、无可挑剔。翻看舒化鲁任何一册企业管理标准工具书的目录，都能领略到何为专业。

比如上面所列的《企业规范化管理标准体系》一书，所呈即是专业管理范式，体现了规范化管理成熟而系统的标准，这个系统的各个模块相辅相成，组合起来便是一条“利润生产流水线”，企业安装了这样的流水线日常运营自当有条不紊；当然，流水线的每个模块是不可或缺的，否则，生产的环节就可能会脱钩。从这本书的目录即可看到各个模块架设的重要性（目录内容的部分节选）：

该书第一篇呈示了企业规范化管理的总标准，共有5章32节，主要包括企业规范化管理的行为标准（决策程序化标准、组织系统化标准、奖惩标准、业务流程化标准、管理行为标准化的标准、绩效考核定量化标准、权责明晰化标准、目标计划化标准、措施具体化标准、控制过程化标准），企业规范化管理的效果标准（规范化管理效果检验标准、决策制定零失误标准、产品质量零次品标准、产品客户零遗憾标准、经营管理零库存标准、资源管理零浪费标准、组织结构零中间层标准、商务合作伙伴零抱怨标准、竞争对手零指责标准），企业规范化管理的体系标准（决策制定管理规范化在体系上的标准、组织架构设计管理规范化在体系上的标准、岗位角色管理规范化在体系上的标准、业务流程管理规范化在体系上的标准、企业文化建设管理规范化在体系上的标准），等等。

第二篇呈示了决策制定管理规范化的标准，共有7章43节，主要包括实现决策制定零失误五原则（价值目标明确原则的标准、价值收益最大化原则的标准、责任分解清晰原则的标准、时机选择恰当原则的标准、民主参与充分原则的标准），企业决策框架体系构建管理的标准（企业决策框架体系构建管理的具体要求，从问题维度分析、界定企业决策框架体系的标准，从时间维度分析、界定企业决策框架体系的标准，从组织层次维度分析、界定企业决策框架体系的标准），严格企业经营资源核算管理的标准（资本资源核算管理的标准、人力资源核算管理的标准、市场资源核算管理的标准、社会资源核算管理的标准、信息资源核算管理的标准），决策分析方法选择管理的标准（决策分析方法在明确决策价值目标上，在界定决策约束条件上，在设定约束条件及其相互关系上，在简化决策分析比较过程上的具体要求），严格决策制定程序管理的标准（决策框架体系定位的标准、核算决策所要配置的资源的标准、决策分析方法选择的标准、周密规划决策制定过程的标准、细分决策制定过程和决策责任的标准、详尽决策制定过程记录和分析的标准），企业十类决策制定管理的标准（经营方针决策制定管理的标准、价值目标决策制定管理的标准、行业选择决策制定管理的标准、产品选择决策制定管理的标准、市场推进决策制定管理的标准、内部挖潜决策制定管理的标准、资金筹集决策制定管理的标准、质量方针决策制定管理的标准、人事管理决策制定管理的标准、组织机构设置决策制定管理的标准），等等。

第三篇呈示了组织架构设计管理规范化的标准，共有5章26节，主要包括企业组织事务工作核算管理的标准（信息系统事务工作的内容和标准、组织系统事务工作的内容和标准、营销系统事务工作的内容和标准、财务系统事务工作的内容和标准），企业组织模式选择管理的标准（企业组织模式选择方式、企业实际分析界定管理的标准、企业组织内部人际关系分析界定管理的标准、企业组织模式选择组合管理的标准），企业组织内部单位、部门和岗位设置管理的标准（管理跨度设定管理的标准、事务工作关系界定管理的标准、工作承担形式界定管理的标准、横向部门设置管理的标准、纵向单位设置管理的标准、岗位设置管理的标准），工作标准界定管理的标准（工作内容界定管理的标准、履职标准界定管理的标准、履职条件界定管理的标准、责任权力界定管理的标准），等等。

第四篇呈示了岗位角色管理规范化的标准，共有6章27节，主要包括岗位角色管理的原则（关系平等原则的标准、实施严肃原则的标准、记录明晰原则的标准、诚实守信原则的标准、公开透明原则的标准、责任明确原则的标准），岗位角色能力管理的标准（选择聘用管理的标准、培训管理的标准、员工发展管理的标准），岗位角色意志管理的标准（愿景设计管理的标准、沟通交流管理的标准、授权支持管理的标准、跟踪考核管理的标准、酬赏兑现管理的标准），岗位角色情感管理的标准（尊重人管理的标准、信任人管理的标准、关怀人管理的标准），岗位角色情绪管理的标准（情绪诱导管理的标准、情绪防范管理的标准），等等。

第五篇呈示了业务流程管理规范化的标准，共有6章37节，主要包括业务流程管理八大原则的标准（企业价值增值导向原则的标准、企业资源集中使用原则的标准、信息现场处理原则的标准、员工关系平等原则的标准、责任无极化原则的标准、定期分析改进原则的标准、重点突出原则的标准、工具规范原则的标准），流程活动管理的标准（现有流程活动细分清理管理的标准、流程活动分析管理的标准、流程设计、重构管理的标准、对流程不断改进管理的标准），流程结构管理的标准（流程关系管理的标准、流程衔接接口管理的标准），流程组织管理的标准（上下层流程和上下游流程衔接接口责任落实管理的标准、流程上下游活动衔接接口责任落实管理的标准、流程不断改进、优化责任落实管理的标准），企业综合性大流程内部 97 个基元子流程的标准（信息流 20 个基元子流程的标准、人流 28 个基元子流程的标准、物流 36 个基元子流程的标准、资金流 13 个基元子流程的标准），等等。

第六篇呈示了企业文化建设管理规范化的标准，共有 7 章 41 节，主要包括企业文化建设管理规范化的内容，强势企业文化的基本要求（性质上的先进性的标准、特征上的实用性的标准、体系上的完整性的标准、发展上的自动性的标准、理论上的严密性的标准、形式上的简洁性的标准、表现上的艺术性的标准），企业文化模式，强势企业文化的模式选择管理的标准（企业内部实际分析界定管理的标准、企业外部实际的分析界定管理的标准、强势企业文化的模式选择管理的标准、强势企业文化的模式设计管理的标准），企业文化构成要素设计、构建管理的标准（企业文化核心层构成要素设计、构建管理的标准，企业文化理论层构成要素设计、构建管理的标准，企业文化实体层构成要素设计、构建管理的标准，企业文化表象层构成要素设计、构建管理的标准），企业文化与企业另外四个构成部分的融合管理的标准（企业文化融入企业目标体系的标准、企业文化融入企业组织架构设计的标准、企业文化融入岗位角色管理的标准、企业文化融入业务流程的标准），企业文化构成模块设计、构建管理的标准（内部管理模块设计、构建管理的标准，外部营销模块设计、构建管理的标准，商务合作模块设计、构建管理的标准），等等。

这本书 680 多页的标准方法，没有多余的理论描述，都是实操的条目和明确的运营标准，可以想象，一个企业，只要有了这些工具，就能建立起规范的流程和管理模板，而无须自己去摸索和创造，其管理就能走上轨道，企业机器就可以规范运转起来了。这就像麦当劳的薯条，任何员工做出来的都很标准，味道丝毫不差。

5.1.2 传统管理的历史性

1. 传统管理的演进

在崇尚权威的东方人眼里，是传统，就值得传承；是经典，就值得膜拜，特别是曾经历过计划经济的中国，几乎所有的企业，管理模式都是整齐划一的。似乎，一套专业化、标准化的管理模式，才是企业成功的必然条件。

传统之所以传统，是因为在被广泛认同后，它会得到诸多社会力量的趋附，变得更加标准化、格式化，进而形成定式。

从20世纪20年代到80年代，企业管理由简单的工厂效率管理，发展到一门专业的管理科学。在这个发展过程中，因为社会生产的需要，以及企业内部运营的需要，企业管理的重心，在不同的历史时期都有着不同的特点和时代烙印。企业管理围绕着企业竞争力和生产效益，随着资本、管理者和劳动者之间关系的动态发展，最后融入了企业战略、系统、规程管理，形成了一整套专业化的模式。近一个世纪以来，企业管理的演进路径是这样发展的：

20年代，形成了工厂管理。这个阶段的管理以泰勒的科学管理为基础，遵循效率至上的原则，强调工厂应该以制度管理来代替传统的经验管理，而工人则应当以科学的方法取代过去已经习惯了的工作方式，管理的内容主要局限在工厂的生产管理，其目的是要提高工厂的生产效率。

30年代，产生了人际管理。美国在推行泰勒科学管理的实践中，发现生产率大幅度提高的同时，工人的劳动变得异常紧张而单调，这不仅引起了工人们强烈的不满，还导致了怠工、罢工事件的出现，劳资关系日益紧张。埃尔顿·梅奥（Elton Mayo）通过对西方电气公司的霍桑工厂进行的研究发现，除了工作的实物和技术条件外，工人的动机对提高生产率是至关重要的。他认为，在决定劳动生产率的诸多因素中，置于首位的因素是工人的满意度，工人的满意度越高，其士气就越高，从而生产效率就越高；工人的满意度来源于物质和精神两种需求。于是，企业管理研究的重点从工作方法的因素上转到了人的因素上，管理的重心就是如何创造良好的人际关系、满足劳动者的基本需要，从而提高劳动者对企业的认同感和忠诚度，进而提高生产效率。后来马斯洛的激励理论、道格拉斯·麦格雷戈的 X 理论和 Y 理论，以及威廉·乌奇的 Z 理论，都是对人际关系管理研究的升华。

40 年代，出现了行为管理。随着自然科学和社会科学方面的成果不断涌现，在人际关系研究的基础上，逐步形成了行为科学。行为科学是以心理学、社会学、人类学及其他一切与人的行为有关的学科（如政治学、历史学、教育学、生物学、医学、宗教学等）来研究人的各种行为的一门综合性科学。

50 年代，形成了系统管理。第二次世界大战后，因为企业组织规模不断扩大，企业内部的组织结构也更加复杂，从而对企业管理提出了更高的要求，要如何既能处理好企业内部各个单位之间的相互关系，又能保证组织整体的有效运转呢？于是，美国经济学家肯尼思·博尔丁把控制论与信息论结合起来，于 1956 年发表题为《一般系统论：一种科学的框架》的文章，奠定了系统管理研究的基础。逐步地，在之前只侧重于生产技术过程，或只侧重于人际关系，或只侧重于一般组织结构问题的管理学基础上，系统管理形成了。以至于之后的十几年，“系统科学”“系统理论”“系统工程”“系统分析”“系统方法”等专业术语大量充斥于管理文献之中。

60 年代，产生了决策管理。随着生产和科技的高度分化与高度综合，企业的规模和系统越来越庞大，特别是跨国公司不断地出现和发展，各种管理问题变得复杂了起来，这些企业因为经营跨越了国界，要面临更为动荡不安和难以预料的政治、经济、文化和社会环境。那么，对于企业的统一管理和控制，就需要更为全面的信息基础和更为科学的裁决方式。美国管理学家和社会科学家赫伯特·西蒙（Herbert Simon）深入研究了经济组织内的决策程序，以社会系统理论为基础，融合了古典管理理论、行为科学和计算机科学，提出了管理的决策职能和系统决策理论。

70 年代，出现了权变管理。这个时期的美国，社会不安、经济动荡、政治黑暗等现象空前的严重，石油危机席卷西方，企业的外部环境非常不确定，而企业的管理一直是侧重于对内部组织和经营的管理，并且已经规范化、格式化。这种普遍适用的模式和方法在应对瞬息万变的市场环境时显得相当刻板，对于变化中的问题解决显得很无奈。于是，人们在努力寻求一种随机应变的管理方法，权变管理应运而生。美国尼勃拉斯加大学教授弗雷德·卢桑斯（Fred Luthans），分别于1973年和1976年发表了《权变管理理论：走出丛林的道路》和《管理导论：一种权变学说》两本著作或文章，系统介绍了权变管理。同期，美国西雅图华盛顿大学心理学与管理学教授弗雷德·菲德勒（Fred E. Fiedler）也出版了《权变模型——领导效用的新方向》和《领导游戏：人与环境的匹配》两本著作，阐述权变管理。权变管理，又被称为因地制宜管理。

80年代，形成了战略管理。因为商业竞争越来越激烈、市场细分越来越深入，企业只有灵活运用战略才能获得生存机会。哈佛商学院教授迈克尔·波特（Michael E. Porter）根据市场的演变，先后出版或发表了《竞争战略》《竞争优势》《竞争战略案例》等著作和文章，明确地提出三种通用战略：成本优势战略、差异化战略和缝隙市场战略。波特认为，公司应视具体情况和自身特点来选择战略方针，同时还应该考虑连接产品或者供给的系列信道。波特将这种信道称为价值链，每一条价值链上划分出内部后勤、生产或供给、外部物流及配送、市场营销及售后服务等五种主要的活动，每一家公司的价值链相应地融入一个更为广阔的价值体系。波特的《竞争战略》已再版63次，它改变了CEO的战略思维，总结出了“波特五力模型”，即综合行业中现有对手之间的竞争和紧张状态、来自市场中新生力量的威胁、替代的商品或服务、供应商的还价能力以及消费者的还价能力等五种竞争力而构建的战略应对模型，被企业界广为应用。

90年代后，企业管理模式已经足够专业、规范，也足够精细、全面。也许正是因为如此，在比较成形的模式上，很难再有巨大的突破。至今，管理也就没再演进出新的路径。

2. 传统管理无法以不变应万变

每每构建一整套经典的企业管理制度和系统，都需要输出较多的制度条文和花费较大的业务成本，而管理顾问机构以及企业管理者，期待着他们的输出能一如既往地支撑起企业的盈利局面，更期待着传统的模式一直传承下去。

企业管理模式是经典了，但是社会需求并没有一成不变，相反，社会需求在20世纪90年代之后发生了根本的反转，由卖方市场转为了买方市场。**一直以来，管理对于社会需求都是从属性的，因为只有社会需求才能决定管理模式，没有管理模式牵引社会需求的，期待传统的管理模式以不变应万变，无异于刻舟求剑。**

当社会生产力发展到今天这个高度，商品和服务由富足开始走向冗余，消费者自然就有了更大的选择权，伴随着购买力的提升，买方也将越来越主动。于是，个性化、定制化出现，并且逐步成为主流。正是由于个性化、定制化与标准化、规模化是相对立的，所以标准化、规模化的市场份额正在被加速地蚕食。当规模化生产逐步失去城池的时候，教条化的传统管理也就随之从历史的巅峰滑落下来了。

90年代后，经典的管理似乎停止了演化。

一个世纪的沉淀和演进，在商品的卖方市场中，传统管理越成形，就越能促进企业的效率和效益，最后固化为一种标准与格式，它的惯性，让它墨守。当市场反转为买方后，传统管理的精细程度忽然开始与效益反向增长，于是，管理开始迷茫了。

进入21世纪，人们的物质需求得到了极大满足，贫穷已经不再是社会的普遍的现象，为生存而劳动的时代，逐渐过渡到了为价值而劳动的时代，劳动者的行为动力来源，也从之前的工资需求转向了自我实现需求。

管，是约束；制，是制约。管理从出生就流淌着“针对”的血液。它的力量依托，是工资；它的制约对象，是员工。于是，管理就成了资本实现利润的工具，成了员工的枷锁。过去，企业挑人；现在，人挑企业。**在工业生产时代，管理出效益。在知本时代，劳动者追求的是尊重、自由和自我实现，无论是“管”还是“制”，都成了他们的心理抗拒因子。市场反转了，当员工们不再被工资绑架时，管理，也就慌神了。**

可历史，从不会因为任何传统的固化，而停下演变的脚步。

5.1.3 传统管理的效益衰减演变

1. 传统管理很容易把企业“搞大”

传统是在被广泛地认可后形成的，正因为广泛的认可，让传统走向样板化、标准化、格式化，从而定式、固化，自带保守性，自然地排斥着变化，正如一个生命体，遗传性更强时，变异力就会弱。那么，**当历史条件发生了变化，传统就会慢慢变得不合时宜。**

在商品的卖方市场中，企业只要能生产出产品，就会有市场，所以，只要具备生产条件，做好企业内部管理，利润就能实现了。这种情况下，如何批量生产，如何规模化、集约化、职能化、标准化、程式化，是企业管理完善的方向。因为这样做可以使得单位产品的成本消耗最小化，从而利润最大化。所以，企业管理也以样板化、格式化、规模化、系统化为专业标准。

然而，规模化生产最后革命了自己。

规模化生产的基础是标准化。因为规模化量产，商品冗余问题逐步凸显，消费者在更宽泛的商品选择情形下，形成个性化需求；特别是互联网技术的发展，信息交互越来越便捷，使得个性需求形成了潮流化发展态势，而个性化需求是标准化的反面，当标准化需求遇到瓶颈的时候，规模化也就失去了继续扩大的基础。规模化生产要求管理和监督职能化、系统化，庞大的管理体系会使得管理成本居高不下，加上卖方市场中，劳动者的管理难度越来越高，对管理及其成本的要求也越来越高；同时，因为人才竞争，劳动成本也在持续上升，在标准化生产遇到瓶颈时，规模化管理的成本线也就向上穿透了利润线，财务正效应开始变成负效应。

企业的核心目标是盈利。

然而在中国，集团化、规模化成了大部分企业战略目标里不可或缺的词汇，管理者往往喜欢把总量或总值作为运营目标，却很少把单产或效能作为追逐的标的。从价值观上看，以全为荣、以大为耀，大而全似乎就是成功的标准。企业规模大，似乎就是成功的标志。从组织结构上看，所管辖的人员和资源越多，获得权力和利益的机会就越大，所以，管理者往往好大喜功。

处处可见，哪怕一个小小的企业，也会追求“专业管理”和“职能完善”，麻雀虽小五脏俱全，部门配置应有尽有。于是，组织规模和制度体量总是跟企业寿命成正比，而效益增长，却总会在某个节点上开始跟成本成反比。

中国企业崇尚整合，似乎体量越大竞争力就越强。而实际上，体量大、系统多，内部管理会复杂化，管理成本会上升、运营效益会下降。在消费主导的商品买方市场，竞争更多依靠精准、效能和速度的时候，船大转身难，企业体量大，负重前行，面对竞争就不灵活，系统复杂，决策反应就慢。所以，规模大的优势正在减弱，劣势却更为突出。由于臃肿和慢速，大，并非就是强；相反，大，成本就一定重。

中国大部分企业的死，不是被对手打死的，是自己虚胖而死的。

决策者不懂做减法，是很多企业不堪重负的原因。

快速、灵活、精准是现代企业面对竞争的生存技能。腾讯采取“活水计划”，打破人员在部门的归属性；华为蜂窝式管理，让员工随机地拆解组合，打破了部门边界；海尔的小微组织，化整为零，单元承包，让每个小细胞都能野蛮生长……这些知名企业能在现代竞争中脱颖而出，无一不是聪明地做起减法来，目的就是要解放员工，解放创造力。

2. 制约特征的传统管理正在走向时代创造要求的反面

在科班管理中，员工是被制约的对象，管理的核心理念认为员工是被动的、懒惰的，必须加以管制，才能保证生产的正常进行。泰勒在《科学管理原理》中提到：“几乎没有一个熟练的工人不是投入大量时间研究如何可以慢速工作，并且还使雇主相信他的工作速度是恰到好处的。”泰勒提出了提高工作效率：分析某一特定工作，找十几个特别擅长这一工作的人，研究每个人精确的一系列基本操作或运动，以及每个人使用的工具，用秒表来计算每个分解动作所需的时间，然后选择完成这一工作每一动作的最快方式，再去掉所有出错的、缓慢的、无效的动作，把最快、最好的动作和最好的工具收集成一个系列标准。所以，有了这样的规范，就可以让员工高速率运转，甚至跑赢机器。用一句俗话来概述：最牛的动作，就是管理标准。

管理的经典，就经典在能让员工遵从标准、遵从流程、遵从规范。管理的管道中，已经设置好了阻止懒惰，惩治懈怠的规则，劳动者只能遵从规则和流程，不可以自作主张。并且，无论是操作还是分配，管理都没有给劳动者讨价还价的余地。

传统管理之所以这么强势，是因为它由资本主导着，毕竟，资本提供了劳动者赖以生存的“胡萝卜”。凭着“胡萝卜”，管理就必须完全遵从资本的旨意对劳动者挥舞“大棒”。所以，管理与被管理，是天然的对立关系，员工对于管理制度，是必然地抗拒。

随着知本时代的到来，劳动者的主导性越来越强，劳动力价格越来越高，这是一种必然趋势。规范管理的企业如何维持职能部门的存在和生产人员的完整，已经成为一大难题。生产型企业面对招工难、用工荒问题，几乎无计可施，特别是一些发达地区的工业园区，很难再现当年的繁华。“君不见道边废弃池”（杜甫诗句），厂房空置，愈演愈烈。劳动成本和管理成本陡增，成了传统管理企业的突出特点。

中国“大众创业”局面在互联网平台的支撑下，越来越热烈，自我实现成了时代的音符，灵活就业者数量呈抛物线上涨。在职业人群中，非打卡的任务式工作模式成为很多年轻人热衷的工作方式，同时关联N家公司的职业人越来越多，“自由员工”由“异端”走向常态化，他们以一部手机，替代了之前的办公桌，而传统朝九晚五的约束式工作环境和模式，正在被肢解。

经典管理，对于已经过渡到市场由消费者主导、竞争力由劳动创造的今天而言，已然就是“传统管理”了。传统管理，它开始呈现出保守的颜色，成了臃肿、慢速的代名词，成了财务的负担，成了劳动创造力的枷锁，成了效益的减分项。

5.1.4 传统管理终将会被知本的犄角彻底击穿

1. 劳动主导是知本时代劳资双方共同的价值取向

当历史发生了根本变化，定了式的经典，就会变得不合时宜；历史的力量不可逆，它给了自带保守性的经典两种命运，一是自身变革，一是被革命。

管理毕竟是服务于效益的，所以，基于社会需求和生产关系的变化，管理必然要适应新的生产需要。

从管理学形成到20世纪末，社会生产一直处于卖方市场，即便是西方经济危机周期中的商品堆积，也是相对的多余，在人们的购买力水平不高的情况下，价格偏离值不明显，商品的相对盈余仍然不是买方市场。所以，企业一直只需要研究产品生产，基本不需要研究企业外部因素，因此，管理学也就一直是针对企业内部的。

进入21世纪，社会需求逐步由卖方市场变成了买方市场，企业在社会供求关系中也由主动变成了被动，消费者越来越挑剔，消费者需要的产品和服务更迭越来越快，个性化需求越来越多，企业的产品供应模板淘汰周期越来越短、量产遇到瓶颈，供需矛盾历史性地突显了出来，只规范企业内部流程和机制的管理，越来越无法保证企业的盈利，管理者开始意识到，之前“管理出效益”的“传统科学”，在面对消费市场逆转时显得鞭长莫及。

随着科技的发展，**知识经济逐步更迭了工业经济，劳动创造渐渐成了企业的核心竞争力，劳动者主导的新型生产关系正在形成，资本主导的劳动关系已经在向劳动主导转变。**

传统管理学，是一门“管”的学问，其本质就是制约，它是服务于生产资料所有者的工具，是针对被管理者的约束典章和方法。

当时代发展到由劳动主导阶段的时候，作为被管理者的劳动群体的劳动被动性对生产的制约越来越明显，企业为促进生产不得不持续提高工资。但加大“胡萝卜”的做法也只是增加了“大棒”的力度而已，“大棒”力度的加大虽能少量促进劳动强度，但对于劳动者的积极性和主动性的提高，却是南辕北辙了，因为“大棒”力度的加大只能使管理的制约性更强，使劳动者更被动、更抵触。

加强版的“胡萝卜＋大棒”仍然无法解决“招人难、留人难”的问题，特别是更多劳动者的劳动原动力不再是谋生存了，企业提供的工作机会是否能实现员工的追求，员工在工作过程中是否能得到足够的尊重，成了择业的主要条件。那么，**从出生就镀上了“制约”颜色的管理，从形成到完善都不是为劳动者服务的管理，一直就是资本本位的；在全世界会计记账都把劳动力价格记为成本的情况下，作为资本利润增长中主要消耗力的劳动者，只能被管理。所以，管理想要在知本时代顺应劳动者，先天存在缺陷。**

社会需求反转了，劳资的主导关系反转了，管理如果不反转，还怎么为盈利服务？

因此，**管理不是经典到了“放之四海皆准”，而是在历史发展的时间轴上，到了不破不立的历史节点。**是的，**管理遇到瓶颈了，它只有突破自我才能重生，否则，将会被颠覆。**

那么，如何破，如何立，将是管理的生死话题。

既然用到“反转”这个词，那就是要在传统管理的出发点和理念上做颠覆式地思考和改变。**破，是要从根本上破掉“一切为资本服务”的出发点，做到一切为创造服务，变资本导向为价值导向；破，是要从根本上破掉“管”的理念，解放劳动、解放创造力，变管为放、化制为服。**

因为互联网技术的催生，现代市场迅速由知识经济阶段上升到信息经济阶段，而后又升级到智慧经济阶段。**在现代市场中，创造力成为企业竞争的胜负手，而人，是技术和创造力的载体，是生产要素中最为活跃的要素。要解放生产力，就必须解放创造力，要解放创造力，就必须解放劳动，要解放劳动，就必须解放劳动者，要解放劳动者，就必须解放管理。**而管理，从其诞生，直至发展成为一门学科，成为传承的经典，都是资本本位的，是针对劳动而设立的诸多规程，是约束和抑制劳动者的。所以，传统管理对于劳动者的解放，具有天然的束缚性。**历史发展到必须解放劳动者才能解放创造力、解放创造力才能解放资本的时候，资本就会幡然醒悟，最后自然会遵从于创造，因为资本的本质就是盈利，当资本必须依靠劳动创造才能更大盈利的时候，劳动主导就会顺理成章。正因如此，劳动主导将成为社会生产新历史的明显特征，劳动主导替代资本主导将成为生产关系发展的革命性标志。**

知本时代，劳动创造力已经越来越明显地成了资本盈利的核心要素了，基于资本与劳动的辩证关系中，统一性明显大于矛盾性。所以，这次革命会以动态协调的和平方式进行。因为，管理革命，是劳动和劳动者的需求，更是资本的需求。

2. 小米和海尔已突破了管理界面

在工业革命时期，企业的生产一直是主动的；但随着卖方市场转变成了买方市场，企业的生产由主动慢慢转向了被动。在现代市场，企业能否由被动再次转化为主动呢？

故步自封，必然会被市场淘汰；迎合需求变化而改变内外战略，才能谋求生机。在绝大部分企业只会从动发展的现实市场中，如果能先知先觉地透析社会需求的发展方向，引领消费潮流，企业将会占据主动地位，并能在更大的市场需求浪潮中成为宠儿。小米为什么只用了短短四年的时间，就成了国内一线智能手机品牌？不仅它的核心产品能如此快速地达到这样的高度，其他产品也是打一个成一个。2017 年的销售数据显示，它的手环是世界第一、平衡车是世界第一、充电宝是世界第一、空气净化器世界第一、扫地机器人世界第一。这，就是“前端诱发”的威力。（洪涛，2018）

小米是如何做到的，本书 3.2.2 已介绍过。可以说，小米就是“定制化”需求时代的产物和典型代表，他颠覆了传统企业由内而外的“技术研发 - 批量生产 - 销售推广”战略，采用的是由外而内的“需求预订 - 因需量产 - 对应配送”战略，不仅出品速度快、资金周转灵、客户满意度高，还零库存、低成本、低风险。小米从没有过“为市场销售发愁”之类的问题，因为它一直“供不应求”，小米订单的“自来水”现象着实让同行垂涎三尺。当然，从小米的管理结构可以发现，它跟传统的企业已经大不一样了，它实现了全员承包，组织结构极其扁平，而且责权利前端化、基层化了，员工的存在感和价值感得以充分体现，内生力得以极大激发，这就是“劳动主导”的结果。小米没有了一大套的所谓完善的职能化管理制度，甚至雷军曾说“小米宁死都不搞 KPI”。是的，小米连打卡制度都没实施，员工却没有懈怠的，因为它实现了全员自驱动。这种去管理化、去人际化的机制很好地诠释着无为而治。小米员工的收益完全跟效益挂钩，没有了“固定工资”，没有了“人力成本风险”，员工共担责任、共分利润，这是典型的共享机制，是劳资利益共同体的活标本。

核心竞争力由资本转向了劳动创造，企业要想改变被动局面重新赢得主动，需要变资本主导为劳动主导。小米是从一成立就立足于“定制化”战略的，一开始就以消费需求为先导，自然就形成了责权利前端化，自然就有了劳动本位的基因；而传统企业，要在出发点上去资本本位、立劳动主导，那是要把企业立足点和企业理念来个 180 度的大转弯，这是革命性的翻转，能想象得到这种“政变”的阻碍力度有多大，一是资本是否乐意，二是实施是否复杂。

但事实上很多企业，比如像海尔这样的企业，在完成这种 180 度转变时，并不是有多么痛苦，或者有多大的阻力。因为劳动主导，也是在新的竞争环境下资本利益最大化的诉求。所以，资本不仅不会阻挠，还会很乐意，并且，这种转变在实操上还可以波澜不惊、潜移默化，做到润物细无声。

资本之所以不会不接受劳动主导，因为**资本的根本目标就是利益最大化，何种方式能达成这个目标，它就是资本的追求，至于什么“企业政治”、谁主谁次这些形式上的东西，并不是资本所在意的**。所以，既然市场竞争需要劳动创造作为核心力，那就马上以创造为核心；既然盈利需要劳动主导，那就立即由劳动主导，只要能利益最大化，任何途径和方式对于资本而言都是举双手赞成的，至于企业管理，只是围绕盈利变化的方法论，该怎么变就怎么变。这就是资本最本质的态度。

在劳动主导的实操上，并不需要对企业大动干戈。在劳动创造力成为市场竞争的胜负手、劳动者潜能的发挥决定着企业的生死存亡的现代市场中，以何种方式使自己的利益最大化，既是资本的追求，也是劳动者的意愿，而这种追求和意愿的达成，就指望劳动创造力了。因此，根本无须顾虑劳资各方是否有阻力，只需要单纯地研究提高劳动创造力的方法即可：

解放创造力的研究方向，是如何满足劳动者的社会需求（即，尊重、情感、自我实现需求）。

设计理念是：变管为放，化制为服。

运营原则是：劳动规则人性化，劳动氛围情感化。

实操方式是：成私而公，价值量化。

海尔这样的榜样企业之所以能一直在市场上处于领军地位，最值得称道的就是敢于根据市场变化不断迭代自己，管理模式从1.0、2.0到3.0，现在变换到4.0，即劳动本位的“小微”系统，实现了每个人的报酬与其效能直接挂钩，并按效分配，让全员从利润增值中“挣工资”，让**海尔从此告别“发工资”的时代**。这意味着每个人的报酬是自己创造的，既给予了每个员工充分的尊重，极大地凸显了个体劳动者的价值，也**让企业的“劳动硬成本”趋向于零**。这种你好我好的共赢局面，是劳资在市场变化中动态运动的结果，**其变革的核心就是理念上的劳动主导，建立个体价值的彰显平台，将企业目标分解成个体目标，让细分到个人的每个事项直接跟收益挂钩，从而做到充分尊重个体，充分释放个体能动性**。另一方面，也像小米一样，**在“去管理化”的基础上“无为而治”，让管理和监督成本最小化**。在整个社会都普遍还打不开待遇空间的时候，这种彰显个体价值、能提供巨大收益弹性空间的平台，再次使劳动者趋之若鹜。

海尔这样的“大象”企业都能迅速变管为放、无为而治，何况一个中小型企业。会有难度吗?

基于现代市场的巨大变化，以及走在潮头标杆企业的实践经验，为让不同行业、不同规模、不同结构、不同阶段的企业都能适应卖方市场转为买方市场以及资本主导转向创造主导的社会大翻转趋势，还能尽可能风平浪静地完成创造力解放、完成传统管理的自我救赎，本节接下来将着重介绍无须变更组织架构、人员组成、制度流程等原有基础即可把活力翻转过来的制度与战略落地的方法，以及轻松替换日常管理的拿来即用的6张实操表。

5.2　重序“中台”，把死的制度变成活的引擎

5.2.1　不变而变，潜移默化

1.“自由泳”中的企业可否有一套因地制宜的“中台”系统

企业的后台系统是企业的支撑平台，前台系统是企业的执行平台，而“中

台”系统则是企业的管理平台；“中台”的优劣，决定着后台的稳定和前台的效率。

海尔的组织结构从创客发展到“小微”（类似于一个个小企业的承包体），为广大企业树立起了知本时代高效“中台”的榜样。

海尔“去管理化”、像大自然一样无为而治，这是新时代企业管理的终极追求。概括而言，管理的最高境界是零管理，零管理的实质是自组织管理，自组织管理的前提是要有体系。反过来讲，有了体系，才能实行自组织管理；实现了自组织管理，整个组织才能是零管理。（李海舰 等，2018）

海尔每年投入约30亿元的研发费用，其中的一部分是用于“中台”研发的，因其长期的实践检验，才逐步建立起了自组织体系，真正实现了零管理。海尔的经验是十分值得学习的。

企业大多都忙于埋头拉车，没时间，也没有专业的研究人员和足够的研发资金，所以，在市场突变面前，会显得相当茫然。其实没有哪个企业不努力，但几乎都是企业做得更完善、更周全了，投入也更多了，而利润却降低了，问题到底出在哪，很多人无法找到答案。

一直以来，研究企业管理的机构往往浮于理论探讨，缺少实践，其构想的方案大都无法因地制宜，自然难有实效。因此，几乎所有的企业都只能“自由泳”，自行摸索，几乎都在经历同样的曲折和教训，以相似的付出在慢慢前进，其实大家所进行的研究和实践，所花费的成本和时间大都是重叠的。当然，如果企业付出了研究和实践之后，能找到方向和方法，赢来了持续地发展，那还是值得的，可惜的是，绝大部分企业都牺牲在了半路上……纵使一些企业拥有研发的资金和条件，能摸索出准确方向和有效经验的也只是少数。即便一些企业能摸索出经验，这些经验也会被当作是自己的“商业机密”，因为商场如战场，“同行是冤家”，所以企业的先进经验都会被保护起来；特别是企业为了品牌美誉度，对外只会“报喜不报忧”，所公开的往往是些“光荣史”，而不是自己的核心“实操秘籍”，当然也更不会是他们所经历的教训，因为“家丑外扬”会影响企业形象。因此，大家所能看到的，只是优秀企业的一些枝叶和皮毛。

实质上，面对市场的变化，众多优秀企业的成功经验和有效方法异曲同工。因此，将这些原理和方法整理出来，交付社会，可以避免广大企业进行管理研发的重复投入。另外，没有研究条件、时间上又挨不起的绝大多数企业，正要被时空无阻的互联网刺穿、被指数化增长的信息淹没，如何让大家拥有一套能应对市场突变又能因地制宜的管理实操方法，显得尤为重要。

那么，能让企业因地制宜的有效“中台”到底长啥样？

2. 潜移默化才会顺畅

大刀阔斧地改，会振垮企业；循序渐进地变，才能顺便通达。所以，不变而变、潜移默化，才是最佳的方法。

其实，每个企业或借鉴，或自拟，都有着自己的典章制度，这些制度会随着企业的发展越来越丰富。只是，如何将这些制度变成员工的自觉行动，这却是件很烧脑的事。

西方的价值观是“一元”的，即，金钱是一切价值的衡量标准，所以，西方的管理只会围绕金钱轴心来建立管理体系，企业之内或企业之间，是纯粹的利益关系，很少涉及和融入人情、道义等这些人文领域的东西，他们的管理，是教条的、冰冷的。而中国是一个“二元”价值观的国家，中国企业一般都会在西方企业管理典章基础上加入人文关怀，甚至将关系、人情、道义放进管理系统中，这叫中国特色。当然，这也是对的，因为在中国，关系、人情很有商业价值，道义和面子，很可能影响员工的工作效能。如果让员工觉得够兄弟，他可以为你两肋插刀，钱多钱少不重要，甚至谈钱伤感情，没钱都可以干；如果让人觉得你不仁不义，或者伤人自尊，给再多钱人家都不干。所以，中国企业的管理，已经融进了很多关系和道义的东西。不过，因为数千年以来中国“官本位”的思想根深蒂固，中国式的管理基本上就是“人治”，“老总”就代表着法，“老总”就代表制度和指令，所以，中国企业都是成也老总败也老总，有没有一批得力并且忠诚的管理者，就成了一个企业成败关键的关键。也就是说，管理者“绑架”着公司，因为管理者如果“不忠”，将会“能力越大越反动”。因此，一套“去管理化”的自运作“中台”系统，对于企业，尤其是中国企业，那是至宝。

中国企业往往不缺制度，就算少点什么，也有诸多途径可迅速借鉴而得。中国企业真正难的是缺少好干部，好干部不够，制度落地似乎就受限了。

本章所讲的方法，可让企业解除干部缺乏之困。

这个方法是在原有的典章制度、组织架构、人员组合等都不变更的情况下，将所有的制度（包括行政、人事、资质、权责、财务、分配、信息、技术等制度和规程）通过加减分值表来呈现，变成客观量化的标准，变成简洁的可执行条目，让它在员工面前一目了然。这种无缝对接可理解为“不变”。在“不变”的基础上，把日常管理中依照分值表得出的每个员工的分数，关联到员工自己的工资上，使得关系、人情和道义也跟工资一样价值化、统一化、契约化，通过正激励和负激励让“义”和“利”都成为员工“自私”的追求，成为员工的原动力和自觉行为；通过每天的重复和行为强化，让分值化了的制度，潜移默化，慢慢变成员工的行为习惯；那么，“变”也就在不知不觉中实现了。这就是“不变而变，潜移默化”，看似不动声色，实则是全员调频。

5.2.2　化繁为简，变死为活

1. 很多企业开始懂得“做减法”了

《万达哲学》中有这么一段话：

> 万达非常重视制度建设，1988年，我刚到公司就出台了《加强劳动管理的若干规定》。25年来，万达建立了完善的制度体系，现在每两年修订一次制度……现在万达各个系统的制度加起来有200多万字，但制度不是字数越多越好，尽管业务不断发展，但我们要求字数不增加，还要把事说清楚。（王健林，2015）

好家伙，200多万字，任何一个员工进入万达王国，都会心存敬畏，但敬畏之余，可能还会有担心，因为制度几乎无死角，不经意间可能就违规了，毕竟200多万字，那可不是一般人能记得住的。

一般企业制度要跟万达比完善，那是小巫见大巫。不过，随着年限的增加，企业的典章制度自然也会“丰满”起来。市场中有个较为普遍的现象：企业规章制度的厚度往往是跟时间成正比的。

大多数公司里，上司往往会很忙，对下属的工作无暇细细关注，要考核一个员工的工作对不对得起所领的工资，常常就在于审核他呈上的工作量有多少。一个员工，要稳定自己的工作和获得加薪升迁，就得获得上司的肯定，而得到上司肯定的最直接做法，就是给上司递上很多的“工作成果”——让上司甚至无法看得完的工作结果；无论所做的工作最终效益如何，这样做至少证明了作为下属绝对勤劳了。这好像是一种约定俗成的工作成绩的表达和认定方式。

一个试用期的员工，只要能做出比正式员工多得多的工作量，转正就基本无忧了。一个正式员工，只要有着比其他员工更多的工作过程，那么奖金无忧。而每一个经理上任，又会增加一叠新的条约，可以美其名曰“填充了企业管理上的某些空白”。特别是行政人事部门的员工，不能弄出点新条文的，那他就只能称作人手；只有经常捧出一摞摞新规的，才算是“专业人才”；而且好像弄出来的越多，就是越“专业”。所以，几乎每个企业在前行的路上，管理条文都在与时“巨进”。

大部分企业在新员工进入时都要进行短期职前培训，一般为期两三天。然而，无论企业如何培训，员工基本也只能记住诸如上班时间这些最基本的规矩，因为这些规矩天天重复，而对于那些不常涉及的条文，过些时日也就记忆模糊了。入职培训中制度宣讲的作用，往往只剩下惩戒告知，于日后对员工违规处罚时能“合法化”。事实上，90%以上的制度，大家都记不住，更不可能变成员工们的自觉行为意识。

于是，企业界又开始流行做减法了。

万达也一样。万达集团企业文化中心编写的《万达工作法》中描述到，经过努力地删减，2014版的万达制度正文共52万字，比2012年减少54%。

这52万字，要变成员工的自觉行为，也十分够呛。

重复一下王石的这段话：那些写在纸上、挂在墙上的所谓制度，如果不能体现到当事人的具体行动当中去，就是一堆“死的文字”，就是废纸一张……真正的制度，是隐含在人们每天发生着的、鲜活的、生动的行为背后的逻辑。有些企业喜欢搞《管理制度汇编》，而且一搞就是厚厚的一大本，可是效果往

往相反，汇编整得越厚，越有可能沦为一堆“死的文字”。（王石，2017）

规章制度，就是员工行为的契约。公司的运行涉及各方各面，制度再做减法，也不会太少。管理的关键，是怎么把制度变成员工“行为背后的逻辑”，把死的制度，变成活的引擎。

2. 好的“中台”能让制度变成员工的行为逻辑

把制度简化只是方向，把制度量化，才便于落地。至于如何执行，只要有简明的量化条目，也就没多大难度了。而量化的关键，是数值化，对于积极的行为用正激励，以加分来表述；对于消极的行为用负激励，以减分来表述，如此，就能把冗长的文字简洁化，把难以称量的奖惩度量化，更重要的，还可以在执行过程中“去人化”，让被执行人心悦诚服。

举个例子，比如，关于迟到和早退，制度描述一般是这样的：

上班时间为：上午8：30—12：00，下午13：30—18：00；

上班超过5分钟算迟到，扣10元；

超过30分钟但不足120分钟算旷工半天，扣半天工资；

超过120分钟算旷工一天，扣一天工资；

下班提前5分钟离开算早退，扣10元；

提前30分钟但不足120分钟离开算旷工半天，扣半天工资；

提前120分钟以上离开算旷工一天，扣一天工资；

累计旷工三天扣除当月奖金，视为自动离职；

开会，迟到3分钟以上算迟到，不足20分钟扣10元；

迟到20分钟以上扣30元；

提前3分钟离开算早退，不足20分钟扣10元；

提前20分钟以上离开扣30元；

一个月内没有迟到、早退、请假的，算全勤，奖励40元。

一般针对特殊情况和执行弹性，还得增加相当多的实施细则和说明。例如，刚好迟到5分00秒是算迟到还是不算？再如，张三和李四一同到公司的，同时迟到，打卡也几乎同时（但一个卡钟只能一前一后进行打卡），张三的卡是 8 点 59 分 59 秒打的，理应扣 10 元，李四的卡是 9 点 00 分 01 秒打的，理应扣半天工资，即 8000 ÷ 23 ÷ 2=174 元，两秒之差真的会把李四给气死，李四如果搬出《劳动法》来理论，公司怎么处理……

然而，如果转为分值方法进行量化，却只需寥寥十数个字便可，如表 5–1 所示：

表 5–1

考勤分值化

加分行为	加分标准	减分行为	减分标准
全勤	+12 分 / 月	迟到早退	–1 分 / 分钟

简单、明了，没有模糊区域，没有巨大反差，而且，全部程序化、自动化、去人化、去管理化，再也不会出现“李四气死”之类的问题。

运用这种方法的很多企业，他们上百页的规章制度，就可以被一张 A4 纸给替代了；即便是一些“大象”企业，其数百万字的规章制度，也能简略到不过十数张 A4 纸而已。

中国企业大都明白不能一成不变地照搬西方企业的管理，需要因地制宜，根据东方人的特点尽量做到“人性化”管理，也的确在制度建设时添加了不少人文关怀的内容，但人文建设似乎无法真正赢得员工的忠诚，员工大都还是会以跳槽来升薪。尽管不少企业在人文建设的制度上做得较为细致了，甚至于还给出了核心股权进行激励，但还是无法让员工真正把公司当家看。

然而，一些公司用分值方法将原有的人文制度量化了之后，死的制度立马就变活了，表 5–2 是节选的三项条文。

表 5–2

制度条文分值化

加分行为	加分标准	减分行为	减分标准
直亲参加公司集体活动	+9 分 / 次	缺席公司集体活动	–7 分 / 次
私物公用	+8 分 / 次	公物私用	–8 分 / 次
某区电费包干，同比节约	+5 及 +1 分 /5 元	最后离开未关设备	–6 分 / 次

一般情况下，公司为了保证集体活动的顺利进行，避免请假和缺席的人过多，会规定没有特殊理由或重大事件影响不能轻易请假，但又缺乏足够有力的具体措施来保证，罚款虽令人反感，但不罚款制度就形同虚设，所以，往往只能以缺席罚款来执行这样的制度。因为参加集体活动用金钱奖励来维系显得相当突兀，所以往往只能“负激励”。在员工面前，制度总是冷冰冰的，令人抗拒。在上表所示的分值量化系统中，缺席减分，出席加分，不直接以金钱奖惩，但分数又跟评优、福利、升降职等权益息息相关，于是员工就会趋利避害，尽量避免扣分，避免损失权益，尽量争取加分，以得到更多好处，这叫人性化。如果再加上“带亲人参加公司活动”可以加分，那大家就会能带则带。当一个公司的公开文娱活动能令员工们纷纷带家属或好友参加时，这样的活动就成“family gathering”（家庭聚会）了。当员工的家人经常参加公司的活动，跟同事及其亲友们成为朋友时，公司的圈子，就像是一个大家庭了。而这对于公司的付出，仅是几个数字。

在“公物私用”减8分、“私物公用”加8分的激励之下，公司的物件很难再被据为己有。相反，公司甚至可以少购置很多不常用的物品，因为这些物件完全可以由员工们来填补。比如外出活动需要音响，很可能就有员工认识广场舞大妈，既然有8分可挣，还担心没人借来吗？不要小瞧了员工这点“私心”，诸如此类的一个个加分，表面上员工是在捞好处，实际上是一个个的员工在为公司奉献。这种做法会让公司出现物资短缺之时，随时随地有人补缺。**这是什么？这是“人人为公”的局面，但这却是在让大家“人人为私”得来的。**

传统的公司管理中，为了维护正常的用水用电秩序，会有相应的限制性规定，往往还要安排一个行政人员作为“监工”，每天巡视，看看哪里的水电忘关了，谁该处罚。比较大的企业一个“监工”可能还不够。然而即使企业里有多个“监工”，其巡视面也依然有限，难以面面俱到。分值系统化之后，则可以省去这些“监工”，因为系统中可以设立“（匿名）报告他人加分和减分行为成了每次加1分”的激励条款，那么，就会变成时时有人在、处处是眼睛，就会使得人人都“自私”、个个想加分。拿节约用电来说吧，有“最后离开未关设备每次扣6分”的负激励，首先就没人愿意用自己的6分来送给别人1分，遏制了浪费电的行为发生的可能性；如果再加上“某区电费包干+5分/月，同比节约每5元加1分”的正激励，像文员、前台这些主要时间在办公室的员工，就会每月抢着去包干，因为这5分于其而言是顺便之事，监督得好的话，同比上年，公司节约了电自己就可以额外加分。如果这一条款指向使用者和包干人，就等于形成了节约用电的双保险。这种人人抢着赚分、人人比着开心的局面，对于公司而言只是给出了一些分数，比起一个“监工”的工资，成本低了不知多少倍，关键的作用是，使得公司管理360度无死角了。

当人人都如此这般维护着公司的时候，“家”的氛围不就形成了吗？这比起所谓的培训宣讲喊口号来得更为自然和温暖。或许，这才是老板们梦寐以求的局面和状态吧。

然后，可以累计出每个员工每月的行为分（performance score，即因制度产生的行为分），根据不同公司自定义不同的配比标准，依据每个员工的行为分（简称P分）的每月总分换算成他的当月“赡孝金”，而“赡孝金”不发给员工，按月直接打入其父母账户，如此一来，每个父母都会因自己的儿女的工作而感动和骄傲；同时，因为P分的涨跌决定着“赡孝金”的多少，如果员工某月的“赡孝金”比上个月少，其父母就会以为儿女在单位里“不好”了，所以为了不让父母担心，大家会努力让自己的行为分一个月比一个月高。当员工们都想方设法“芝麻开花节节高”的时候，那会是一个什么局面？那不是一般的争先恐后，那是“你争我夺”，但凡有块果皮掉在地上，都不会停留两分钟，因为谁清理的垃圾谁就得1分。如此的氛围，还会出现电灯没人关吗？还能找到哪里有污垢吗？这种出小力讨大好的事，早被人“抢分”给抢掉了。

每一个积极的行为都有加分，每一个消极行为都会扣分，分数跟自己的奖金、评优、福利、升降职、升降薪、累积期权、信用值等所有的权益分配挂钩。所以，每个员工的每一分，都被认为很重要，每1分都跟权益分配息息相关。也就是说，员工的每个行为都是关系到自身利益的，所以，**哪怕是**

面对顾客的一个微笑、一个坐姿，因为有加分或者减分，自然都会成为每个人的关注点。由于员工的每一个行为都有了刻意要做好的自我意识，而这种意识一天天在被强化，渐渐地，各种正能量行为就成了员工们的自觉行为。因为趋利避害是人性，所以在大家的潜意识里，都不愿意被扣分，都希望多加分。于是，公司里就很难再出现消极的行为，而处处涌现的将是积极的身影，在这种满满正能量的磁场里，任何一个人出现消极的行为就会与环境格格不入，那么他自然也就会收敛消极的思维，被这种共振磁场同化。在良性循环的氛围中，大家时时思良、处处施善就成了一种习惯。那么从此，地上很难再看见果皮纸片，因为它随时会被人“贪婪地加1分”捡走。

中国人在乎“利”，也在乎“义”，在中国，好的“中台”需要做到利义兼施、双管齐下。从学习西方而来的典章制度里，关于利益关系的条款基本已经较为完善，因为“一元观”的西方在“利”的法则上早已非常成形。而关于“义”的条文，经过了改革开放四十多年，已有不少镶嵌进了中国企业的典章制度中，特别是一些大型知名企业，在“义”方面的建设比较完善，其他企业可以通过书店、网络渠道进行借鉴学习。

企业经营管理中，完善制度条款不是什么难事，难的是那么多“死的文字”怎么变成员工的行为逻辑。因为制度大都是非量化的，所以只能安排专人来落实，而在执行的过程中，执行人往往会按自己的理解和喜好来执行，使经营管理最终变成了执行人的意志输出，令制度落地往往遭人抗拒，其效果可能适得其反。

“义”分“大义”、“中义”和“小义”，站在不同的角度，维护不同组织和部门的集体，都是“义”；但即便都是“义举”，却也不易意见统一，因为不同的人就算不是站在自己的角度，而是站在不同集体的角度，也会纷争不断。所以，没有标准化的“义”，就很难实现标准化和契约化。没有统一化、量化、公允化的标准，制度就很容易在执行中被曲解。而分值量化方式，则提供了制度落地的科学方法，让广大企业得以迅速化繁为简、变死为活。如此，管理者们就没必要再在做制度的减法上为砍不砍某个条款而纠结了，无论规章制度有多厚，都可以被一张或者几张A4纸替换。

当一个企业同时拥有“利”和“义”这两个抓手时，自然也就能把义利兼顾的每个员工刷成正能量。有了好的“中台”，制度落地其实就这么简单。

5.3　战略如何落地

5.3.1　量化分解，客观考核

1. 客观考核是战略落地的基础

战略落地，就是将公司的战略战术科学解析为可操作业务，然后精准传达到执行人，令其不偏不倚地实施，最终达成任务目标。事实上，绝大多数战略的实施结果，往往会低于预期，问题出在管理者理解和传达的精准度，以及员工们的执行力度上，这就是大家常说的企业执行力问题。企业的执行力问题是个世界性问题。

企业的执行力差，表面上造成的结果是目标难以达成，实质上会致使利润难以实现。如果企业因执行力差而屡战屡败，目标常常落空，管理者和执行者都会备受打击，久而久之企业的整体竞争力就会遭到质疑，甚至会质疑公司的战略。

中国企业的“人治”，是造成工作指令理解偏差、传递失准的主要原因。在“人治”管道中，管理者惯用开会或发文的形式宣传战略和下达指令，这些战略部署和行动指令往往只是“宏观精神”和方向性目标，要变成行为指令还得层层领悟学习、解析贯彻；而执行人往往又是在上级组织的会议中，或拟定的执行方案中进行工作指令的承接和解读。这样的层层学习，必然就受制于各级干部的“领悟能力”，级级传递，又必然会夹带上各级干部的主观意志，然后，还得考验员工们的解读能力，到了最后，员工所执行的与决策层所制定的或已偏离甚远。这种击鼓传花式的指令传递，会受任何一个环节理解偏差的影响，结果往往是差之毫厘失之千里。本书1.7节提到的“鹦鹉学舌”娱乐节目，主持人的一段话被几个嘉宾转述后，最后传出来的话会面目全非，之所以这种方式可以成为娱乐节目，就是因为人传人，一般传了三五次之后就一定笑话百出，跟原述大相径庭了。所以，以人传人的指令下达模式，要想指令不失准，实在是不可能。

在企业的工作执行中，因每个人的工资在聘用协议里早已明确，有法律的绝对保障，大家不会过多担心公司正常存在的情况下工资的发放，特别是在中国，企业克扣员工工资是违法的，所以大家明白，工作结果的优劣跟工资的领取没太多关联，做得不好最多也就是挨上级责骂；当然，做得好也得不到太多实惠。因此，企业执行力难以提高是有深层次原因的。从根本上讲，这是缺乏有效正激励和负激励的结果。

有效的正负激励机制就是：每一个细节做得好坏，执行人都有奖罚。

人性是趋利避害的，任何行为的产生都源于行为人对利害关系的判断，利益大，进取力就强；利益小，进取力就弱；利益不直接，就没有动力源。危害大，反向力就强；危害小，反向力就弱；危害不直接，就会随心所欲。所以，每项工作如不跟执行人的利害挂钩，员工的执行力就很难提高。

归根结底，要避免企业战略目标落空，需要解决的核心问题有两个：一是如何建立一套抽离透传的指令传递系统，做到“去人化”，让工作指令完全精准地传达给执行人，不受管理者的主观因素影响，也不会被执行人曲解；二是如何建设一套责权利细化到工作每个节点的方法，让每个工作行为都跟执行人的责权利关联。

2. 量化分解是战略落地的保障

海尔在指令精确传输和责权利细化关联上就很有建树，形成了一系列颇具实效的做法，这些做法在其内部叫 OEC 管理法。

OEC 管理法的精髓，就是责权利细分化、终端化、对应化，无论战略目标有多大的，都能科学地分解成每个员工的日常工作，这些工作的每个节点都有客观的量化要求和标准，整个系统完全软件化，不会被管理者个人意识绑架。或者说，中层管理人员在整个工作指令的传递过程中作用已经不大了，管理人员已弱化为“工作结果验收员”，在很多时候，甚至一定程度上可以用普通文职人员来替换掉中层管理人员，这就是所谓的“零管理”。因为在工作指令中有非常细化的量化标准，所以工作结果的考核极为客观，避免了人为主观评定造成的考核偏差，实现了每个工作节点与绩效收益的挂钩，形成了对每个人每次工作的正负双向激励。因为每个考核标准都有优劣程度之分，做得越好，收益越大，做得越差，损失越大，这就会让每个员工把每一项工作尽可能做到最好。因为每项工作同时还捆绑着权责，这就会让每个执行人在工作过程中充分发挥主观能动性，激发出尽可能大的潜能。因为所有工作完成的优劣程度还会关联到除薪酬之外的其他权益，所以就形成了一个全方位、立体化的管理闭环系统，而且这个系统日清日结，让每个人在尽可能做好每项工作的同时，不拖延时间，这就保证了各部门工作的有序运转和良性互动。

作为企业，解决问题的层级越低，说明管理水平越高；相反，解决问题的层级越高，说明管理水平越低。作为体系，从个体讲，自我导向，自我激励，自我约束，自我发展；从整体上，自驱动性，自增长性，自优化性，自循环性。（李海舰 等，2018）

5.3.2 大道行简，成私而公

1.“己”是该克还是该纵

企业目标和项目规划是高瞻远瞩的决策者制定的，普通执行人不一定理解得透，也不一定能够精确解读。

为了让员工们能准确理解和执行工作，有些领导比较喜欢通过开会和训话来发号施令，以体现权威，获得存在感。在会上，领导可能会拿腔拿调，甚至故作高深，以彰显鹤立鸡群的高度，并常以师者自居，在训斥部下中获得价值感，常以只有自己知道“茴香豆有四种写法”来赢得膜拜的眼光，有时还要故作玄乎卖些关子，以增加属下的依赖感，巩固居人之上的地位。而这些企业里的员工也往往是在拜服师傅的状态下接受工作指令，在揣摩上级意愿的心态中执行工作，在沿袭领导喜好的逻辑里完成任务的。

在这种中国特色的管理关系里，企业目标和任务最终总是被干部们带入一个令人仰望而又一知半解的境地中，让员工们不得不层层依赖上级。似乎只有这样，才能巩固结构关系，稳定团结局面，维系团队和谐。即便是员工独立完成了任务，也应该描述为是在某某经理正确指导下完成的。这种让员工从属的团队关系一直是干部们为巩固自身领导地位竭力维护的，也是要打造强有力管理团队的企业由衷力挺的。在这样的磁场中，似乎员工越没有想法，团队结构就越稳固。于是，“火车跑得快全靠车头带”就成了鲜明的中国特色管理模式；这种被管理者绑架的组织结构，往往使得企业“千军易得一将难求”，甚至会造成“一人叛变，推倒从来”的恶果，企业团建就成了永远的话题和持续的任务，因此企业的目标和任务总是飘忽在管理团队的动荡之中。

企业需要打破这种管理者绑架企业、管理者意志替代企业任务的结构关系，让目标和任务能科学分解、抽离透传，最后客观精确、简洁明了地传递给执行人。

基于东方人的“二元”性，中国企业大都会把“文化战略”放到相当高的位置，号召、洗脑、感化、鼓励是中国企业常用的策动方法。除了宣导宏伟的公司愿景之外，管理人员经常会以集体主义思想来撬动员工，灌输“大河没水小河干”和“企业是我家，幸福靠大家”之类的道理，宣扬任劳任怨、忠于职守、严于律己、舍利取义这些“克己”思想，倡导“吃亏是福”的忍让思维和无私奉献的牺牲精神，并经常树立安分、奉公的榜样来感召大家。在越来越不“单纯”的员工面前，这样的“思想武器”效用正变得越来越弱。

其实，员工们都清楚，这些号召都是基于企业的需要，因为大家过于“利己”，企业负担就重了。企业主的这些号召，是为了让大家多干少拿，并且不要有怨言和想法。所以，基于现实的需要，在表面上员工们是奉公的，但实际上，绝大多数员工都还是事事想着自己。

公与私，哪个才是人们行为的根本动因？企业的激励指针到底是员工的公心还是私心？

2. 企业可以成私而为公

马克思说：“在任何情况下，个人总是从自己出发的。”所以，个人的需要才是一切行为的内在动因。

《管子》有云：“夫凡人之性，见利莫能勿就，见害莫能勿避。”趋利避害是人的天性。

从公和私这两个字的起源可以明白一些根本道理：

私字左为禾，即希望和财富；右为厶，字形引于女性私处，甲骨文有女人怀婴之形，寓指生机。禾结子亦犹生育，所以私的本义是生机、收获。

公字上为八，即相背、分开、别离，下为厶，代表私。《韩非子》有云：古者仓颉之作书也，自环者谓之厶，背厶谓之公。

古人即已明了，私是创造之本、财富之源，而公只是私的集合，是分配；所有的创造来源于私的需求。

从企业管理的动力源角度上看，私为本，公为末。如果企业只会片面地压制员工需求之本而求其动力之末，不善促使员工索本求源，结果自然潦倒。

很显然，“私耻文化”攻略是“片面企业本位”的，而“片面企业本位”的实质就是资本本位，资本本位的实质就是资本盈利，其核心目的就是资本赢得更多利润，而在“工资成本化”的现行会计法则里，员工少拿，资本就能多挣。

劳资矛盾一定不可调和吗？

其实，是可以找到一种方法明修员工栈道、暗度公司陈仓的。这种方法明面上处处是为员工服务，满足员工个人的收益需求、尊重需求和价值实现需求，企业甚至可以大肆号召全员“为自我实现而奋斗”，告诉大家越自私、越贪婪越好；而在成就员工的背后，实质上也成就了企业。这种方法叫作“成私而公”。

在“成私而公”的体系里，当员工拼命为自己而赚得盆满钵满的时候，就正是工作目标一个个美满实现的时候，也就是企业财务部金银满仓的时候。归根结底，员工们不管怎么分都只是收益的一小部分，大块蛋糕还是属于资本方的。这是一个你好我更好的局面，为什么非要大河有水倒灌给小河？为什么不可以小河有水汇成大江？小溪聚为川，川聚为河，河汇成江，江流入海，这本来就是自然规律。当收益实现同频了，劳资矛盾不就调和了吗？劳资完全可以是好伙伴的关系。在这个方法里，不会你多我少，没有劳资对立，因为这是一个利益共同体。在这个共同体之中，劳动者会感激资本，是资本用它的抗风险力，为劳动者创造巨大价值和获得巨大收益保了驾、护了航；资本也会感谢劳动者，是劳动者用他们的劳动和创造为资本实现了利润目标。

一个企业如果实现了“成私而公”，员工因为可以光明正大地往自己口袋里装，所以在工作上就会乐此不疲，形成自驱动的局面，而老板们则可以隐身背后坐享其成，省却了鞭策和监督，这不更好吗？

在没解决好劳资收益同频之前，无论是东方还是西方，最常用的管理方法就是“胡萝卜+大棒”，即以胡萝卜为基础，进行正激励，以大棒鞭策，施以负激励。“胡萝卜”之所以管用，是因为在工业革命时期广大劳动者需要它，没有它就无法维持生计；“大棒”之所以有用，是因为一旦挨了“大棒”，会危及劳动者赖以生存的“胡萝卜”。

可是，企业主渐渐发现之前挺管用的“胡萝卜+大棒”，如今越来越不管用了。究其原因，无非就是人们的生活水平提高了，收益来源也增多了，不会轻易在一棵树上吊死了，这儿的“胡萝卜”不好吃随时可以换个地儿，或者，他家里地窖里本来还藏着不少的“胡萝卜”。现在的劳动者大都不再有生存危机，不再是为活命而不得不工作。面对企业，“效忠”二字已经基本从“新新人类”的字典里消失了，他们崇尚自由，做一份工作求的是自在，要是他们觉得“胡萝卜”不合胃口，或者挨了“大棒”，可能会立马抽身走人。

曾几何时，在以“60后”“70后”为主力军的企业里，还是涌现着不少克己寡欲的人的，那时候大家忌惮失去饭碗，如果不听上级的，不讲奉献，随时有可能丢掉饭碗。在那个收入来源很单一的年代，失去了饭碗，生活就会难以为继，所以服从管理才是不二的选择。“私耻文化”颇有作用主要还是因为人们没有其他更好的活路。当社会繁荣起来后，人们有很多条活路可以走了，就不是那么愿意被“绑架”了。

马克思说：“在任何情况下人都是从自己的利益出发的。”所以，私利和自我需要才是人们行为的根本动因。而管理要完成的是公司任务，如果人人都自私，管理怎么办？所以，得有一套劳资利益同频的方法，以便于成私而公。

3. 成私而公是企业实践出来的优秀成果

成私而公已被不少企业实践出来了。这套方法很简单，用好三张表即可。

第一张表，由决策层填写，可把公司目标和战略任务进行量化并分解给各个部门（量化是指责权利的可计量划分）；第二张表，由中层管理者根据决策层的战略部署进行填写，可把部门任务再量化分解，变成每个执行人的可考核工作项，这些工作项夹带着细分的责权利；第三张表，由每个执行人基于上司分派的任务进行协商和确认，其最为关键之处是每项工作及其每个节点都有客观考核标准，每个细节完成的好坏程度都能量化出来并直接跟执行人的收益关联，包括工资、奖励、福利、晋升、评优、假期、期权等，因为工作好坏关乎着收益的多少，所以每个执行人自然会把每个工作细节尽可能做到最好。这第三张表实质上也是权责认定表，它让每个执行人有着相应的自主权，同时承担因失误导致的相关责任，这样做就相当于每个执行人自己给自己发“胡萝卜”，自己给自己抡“大棒”了。第三张表相当于一份员工与单位的双边契约，有了这份契约，完不成任务的自己抽鞭子、减收益，任务完成得好的，自己给自己加“胡萝卜”。这种方式让每个执行人的工作完全跟自己的利益息息相关了，他越自私动能就越大，越贪婪效能就越高；而相比身边的同事，越“患不均”他就越不想比别人收益少，越失衡就越心焦，越心焦产能就越大。至此，**管理者们之前最不喜欢的员工自私、贪婪的人性和“患不均”的心理反过来就变成了巨大的创造力，人性所谓的弱点就变成了优点**。

方法简单，效果却不简单。试想，当一个个的细节任务都被员工尽可能好地完成时，还需担心哪个项目会完不成吗？当一个个的工作事项都被员工自觉超标完成时，还需担心财务利润无法保障吗？自然不必了。既然全员都自驱动了，那鞭策和监督就是多余的了，“管”就是画蛇添足了。这就是小米、海尔们先行先试的优秀成果。这就是管理的最高境界：零管理。

实质上，员工们折腾得如此不亦乐乎，无外乎就是在折腾工资、奖金，以及福利、假期、晋升这些权益，再怎么折腾，也只是折腾着企业营收的其中一小块，而“剩余利润”这块“大蛋糕”还在老板手里。关键是，员工们折腾得越厉害，“剩余利润”就越多。所以，管理者们不仅不应担心大家折腾，还应该努力想办法激励大家去成就自己。这种方法在改变着员工们的工作理念，用海尔官方的说法就是：**员工从“要我做”变成了“我要做”，从“领工资”变成了“挣工资”，公司从此再没有了发工资的概念，员工所有的收益都是从市场创收中得来的。**如此一来，公司财务上“工资成本”这个大项从此就可以长期挂零了，或许，在不久的将来这个账目可以从账簿上摘除了，这可是让资本方的财务风险大大降低了。如此一来，企业的利润产出将十拿九稳。特别是轻资产的企业，在这样的方法中，盈利几乎就像是在“空手套白狼”。

在员工们拼命为自己修造“栈道”之时，公司的“陈仓”不知不觉就满了。这就是“成私而公”的精妙所在。

私利是行为的第一动因。

这三张表格的设计和实操，在下一小节里细述。

5.4 让活力光速回归的六张表

公司的日常经营无外乎这六大环节：获取市场机会→制定战略计划→目标分解到职能部门→员工执行→考核工作结果→论功行赏。

一般的企业，为了战略落地，为了制度规程，为了职能分工，为了执行监督，为了合理分配，会不断地“完善”各种规章制度，诸如岗位划分、职级标准、职场秩序、财务规划、监察纪律等。似乎制度手册越厚，就说明公司越“专业”，似乎工作规则越细，员工效能就会越高。

事实上，框框条条越多，员工越记不住，其行动的束缚也会越多；而规章制度越细致，公司的执行成本就会越高，整体的运营效益就会越低。

把管理搞复杂很容易，网上随时可以搜索一大筐的“专业”制度和运营流程，复制粘贴、修修改改就有了；把管理做得简捷有效，却很需要水平。不少优秀的企业已深知规程冗杂之弊，开始学会了做减法，努力减缩文山案海，减少影响高效的形式规程，让员工们的工作回归创造本身。

以下的六个小节，介绍的是极简的、能替代企业日常运营管理的“A4 管理法”。这是一套用六张表来取代企业日常运营的所有规章制度，因为这六张表都可以用 A4 纸打印和呈现出来，所以称之为“A4 管理法”。“A4 管理法”是中国管理科学研究院立项的“国家‘十三五’重点课题”《分值绩效系统和分值股份系统》中的主要内容，是在众多企业长期实践基础上不断优化出来的。

5.4.1　战略精准对焦的项目任务分解表

表 5-3 即《项目任务分解表》，简称《项目表》，是给公司决策层使用的，其作用是将公司的各项战略、任务和指令进行量化分解，以便传输给各个部门。该表一般适用于“常规战略任务部署”（季度或月度工作任务）、“临时任务安排”（年会、庆典、集体活动等事项）和“指令下达”（规章制度颁布、通知、信息等资讯发布）。

表 5-3
《项目任务分解表》格式

编号：　　　　　项目名称：　　　　　完成周期：

序号	项目事项	完成时间	部门	负责人	牵头人	量化标准	奖励	处罚	备注
…	…	…	…	…	…	…	…	…	…
…	…	…	…	…	…	…	…	…	…

图 5-1 是《项目表》系统化运用 PC 版实操表（节选，表中姓名为化名）。

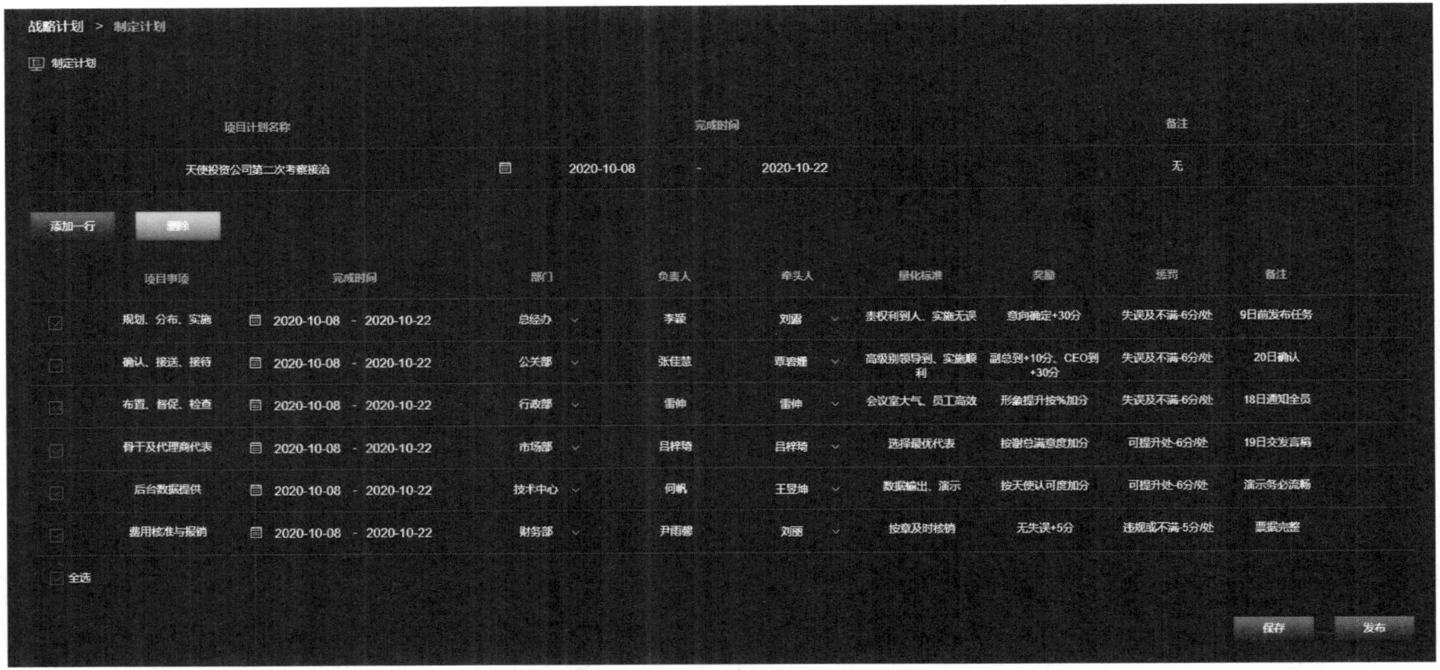

图 5-1 《项目表》的 PC 版实操截图

请思考：常规任务表、临时任务表和指令表时期不一或重叠时，各部门如何操作上表？

5.4.2　按期集合归口的部门工作指令表

《部门工作指令表》（简称《部门表》，格式见表 5–4）由部门负责人制定，它的作用是将《项目表》所列本周期内关于本部门的所有任务，分解为每个执行人可考量的工作。这张表适用于每月（每周）常规工作计划和项目组工作计划（项目组是指蜂窝式管理中根据特有任务由同一部门部分人或者不同部门相关人员组成的专项工作小组），将责、权、利精准量化到每个具体执行人身上，其特色是客观化、契约化。

表 5–4

《部门工作指令表》格式

期号：　时间周期：　部门：　工资总和：　应完成分：　基础分合计：

序号	类型	工作事项	完成时间	基础分	量化标准	加分定义	减分定义	执行人	考核人	备注
…	…	…	…	…	…	…	…	…	…	…
…	…	…	…	…	…	…	…	…	…	…

《部门表》实操有几个关键点：“量化标准”数值化、“加减分定义”对称化、不同执行人的“绩效基础分”与本人工资相称。

《部门表》系统化运用 PC 版实操表详见图 5–2（表中姓名为化名）。

思考：特殊项目组工作是由组长还是部门经理分配？跨期工作如何在不同周期的《部门表》中衔接？

5.4.3　自由选项填格的增量工作选择表

《增量工作选项表》简称《增量表》（格式见表 5–5），是由部门经理制订，给员工自行增选的非指令性的工作事项表。增量工作只有加分，没有减分，目的是不让增选人有心理压力。

表 5–5
《增量工作选项表》格式

期号：　　　　　　　　时间周期：　　　　　　　　部门：

序号	工作事项	完成时间	量化要求	加分定义	考核人	备注
1	公众号吸粉	本周	关注 +1 分 /10 人	超 50 人再 +1 分 / 满 20 人		
2	提供有价信息	本周	提交信息 +20 分 / 项	公司采用再 +100 分 / 项		
…	…	…	…	…	…	…

增量工作是非指令性的，可通俗地理解为“计划外工作”，如情报收集、卫生承包、客户推介等工作，其完成与否不直接影响《项目表》的落地。员工选择增量工作后不会有压力，对所选工作尽力而为即可；如果没时间，所选的增量工作也不一定非执行不可。增量工作对于员工的意义，在于可以增加收益，以及弥补本职工作不足或失误造成的扣分，这些工作的完成可以提升 $V_{效}$（效能值）和 $V_{产}$（产能值），从而提升绩效核算基础，增加在转正、岗评、评优、升迁中的基础分和奖金、福利分配的核算基数。增量工作对于企业而言，是在不消耗硬成本的基础上，增加了创收。《增量表》对于企业是有百利而无一害的，比如，员工介绍应试者，既节省了招聘成本，又扩展了招聘面，过去是 HR 在招人，现在是全民皆做“千里眼”；再比如，情报搜集工作，过去只是老总们在做，政策和竞争信息获取面非常窄，现在是全员都当“顺风耳”。

5.4.4 自行调压增收的职员量化考核表

《职员量化考核表》简称《考核表》（格式见表 5–6），是员工根据《部门表》和《增量表》来确认自己工作内容和绩效考核率的月（周）工作计划与考量表，相当于员工与公司的周期工作协议。

表 5–6
《考核表》格式

期号：　执行周期：　周期薪资：　绩效考核率（%）：　考核工资：　基本工资：　基础分：

序号	类型	工作事项	完成时间	工资匹配	基础分	量化标准	加分定义	减分定义	考核人	备注
…	…	…	…	…	…	…	…	…	…	…
…	…	…	…	…	…	…	…	…	…	…

图 5-3 是《考核表》系统化运用 PC 版实操表（节选）。

《考核表》既然是工作协议，那就须是员工与公司双方的共同意愿，所以，在接收到部门经理的工作指令后，执行人可以根据自己的意愿和情形提出修改意见，经部门经理确认后，正式成为执行人的工作计划和考核形式。

表中的 x%（工资考核率，亦称绩效考核率）由员工在公司既定的范围（不同公司可根据不同阶段设定员工的风险承受范围）之内自定义，每个周期的 x 由员工自定义，但必须在做工作计划时就确定。x 关联着员工的周期基本工资额和绩效工资额，是员工责任担当率和抗风险率的直接体现，不仅直接决定了他本人绩效考核工资的高低，还直接影响着他本人 $V_{效}$、$V_{产}$的大小，转正、岗评、晋升、评优的好坏和干股的多少，也**是表达员工与公司共起伏的程度和主人翁姿态的量化指标，是员工从打工心态进化为事业心态的关键杠杆，是消融企业“硬人力成本”的核心要素。**

表头最末一项的“基础分值”是所有本职工作绩效基础分的合计，是跟执行人的基础工资关联的，工资高则任务重。它是工作是否达标的“及格线”。

表中的“工资匹配”是让执行人将自己的工资，根据绩效基础分相对比重进行相应的分解，把基础工资全部分解到基本工作中，以明确每项基本工作的“人力成本”。举例说明这样做的作用：

一个员工外出给客户送材料，回到公司后跟上司邀功，说乘公交车来回只花了四块钱，为公司节约了四十块打车费。在传统的公司管理中，这种行为很可能会得到褒奖，因为老板会为员工的省钱行为感到高兴……而用《考核表》的结果却是不一样的，员工的这项工作会有清晰的成本显示：送材料给客户，时间 1 小时，考核分值 50 分，匹配工资 90 元。那么可以算算账：打车 1 个小时完成的工作，2 个小时才回来，相当于人力成本由 90 元变成了 180 元，抵掉节约的 36 元（40–4），结果是多耗费了 54 元成本！在这个精算系统中，员工还有何颜面再去邀功？而老板还如何高兴得起来？**没有清晰的成本意识和科学的精算系统，别说是员工，就连很多老板都常常是在丢西瓜、捡芝麻。**

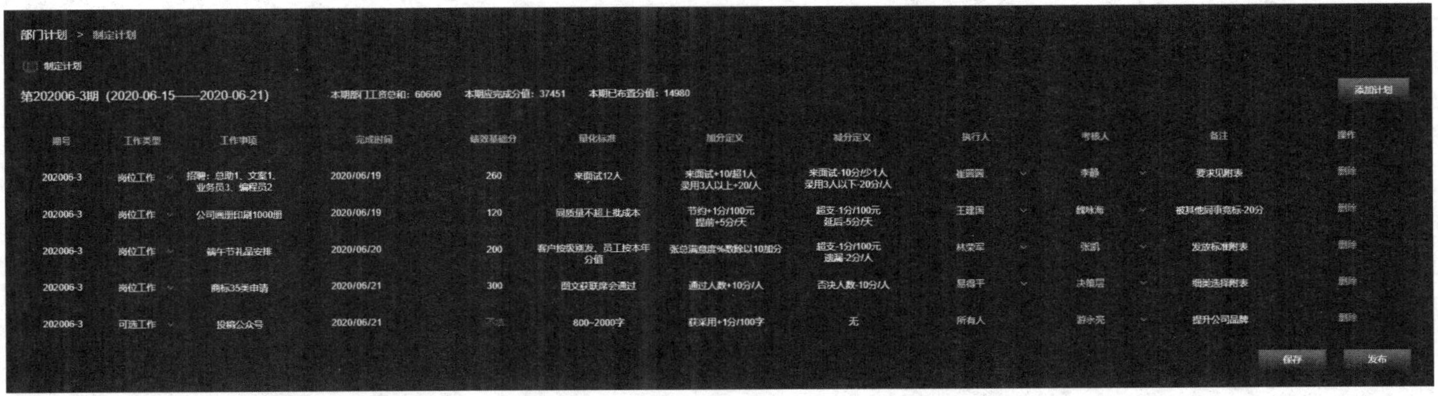

期号	工作类型	工作事项	完成时间	绩效基础分	量化标准	加分定义	减分定义	执行人	考核人	备注	操作
202006-3	岗位工作	招聘：总助1、文案1、业务员3、编程员2	2020/06/19	260	来面试12人	来面试+10/超1人 录用3人以上+20/人	来面试-10分/少1人 录用3人以下-20分/人	崔园园	李静	要求见附表	删除
202006-3	岗位工作	公司画册印刷1000册	2020/06/19	120	同质量不超上批成本	节约+1分/100元 提前+5分/天	超支-1分/100元 延后-5分/天	王建国	魏咏海	被其他同事竞标-20分	删除
202006-3	岗位工作	端午节礼品安排	2020/06/20	200	客户按级别发、员工按本年分值	张总满意度%数除以10加分	超支-1分/100元 遗漏-2分/人	林荣军	张凯	发放标准附表	删除
202006-3	岗位工作	商标35类申请	2020/06/21	300	图文获联席会通过	通过人数+10分/人	否决人数-10分/人	易得平	决策层	细类选择附表	删除
202006-3	可选工作	投稿公众号	2020/06/21	不填	800~2000字	获采用+1分/100字	无	所有人	游永亮	提升公司品牌	删除

图5-2 《部门表》PC版实操截图

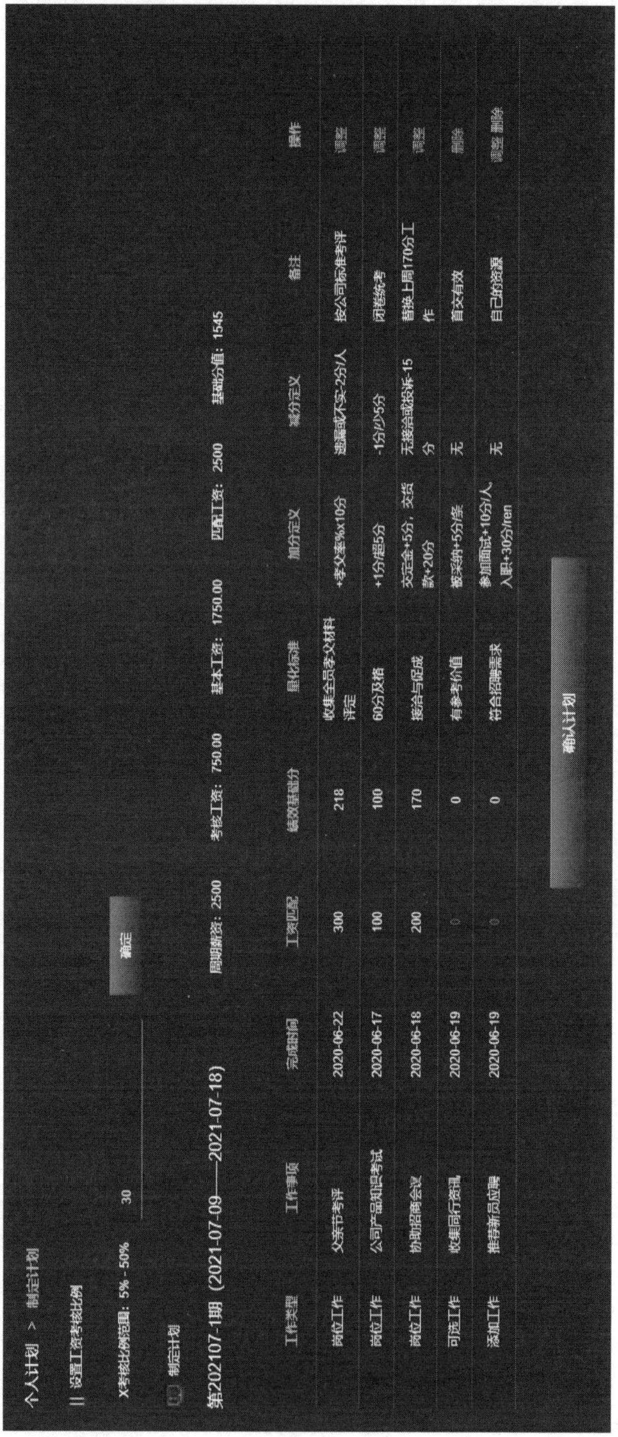

图 5-3 《考核表》PC 版实操截图

每一项工作的考核人（执行人不可见，经理及安排到的考核人可见）不一定是经理。比如员工的业绩，出纳最清楚，经理反而没有具体收入数据，这项工作的考核人只能是出纳；再比如访问量，必须是技术管理员做考核人，因为是他在管理后台。传统管理中一切结果都是由上司评定的，很多数据其实管理者掌握得并不准确，如果没有具体掌握数据的人提前提供考核意见，要么他就拍脑袋评估，要么只能费时费力费成本地先去相关部门和管理人那里调取资料，再进行逐一比对。传统管理中，管理者都“日理万机”，有更多重要的事情需要处理，基本不可能去“不耻下问”，结果必然是拍脑袋评估，而且很难避免地带上些许主观情感色彩。

《考核表》中的一切工作都是量化考核的，结果完成到什么程度会有什么分值执行人自己都清楚，并且知道每项工作执行结果的好坏跟自己的工资挂钩，跟经理没什么关系。所以，经理无须监督和鞭策，更无须看员工的执行报告。在这种组合式的工作状况里，员工自己会着急工作结果的好坏，因为结果的得分与工资密切相关。在这种政策下，鞭策和监督是多余的，经理完全不用像保姆带孩子似地带团队。当然，经理除了将《项目表》细分，基本也没有什么其他管理事宜要做了，所以，经理本人也是《部门表》中执行人之一，否则他的工作量饱和度就成了问题。

执行人完成工作后，根据量化标准和加减分定义，将数据化、图片化的结果及其客观附件材料上传即可，无须给上级长篇大论地写说明文字或总结报告。考核人根据客观数据结果，核实是否属实，给出“建议结果分”即可；然后，经理再根据执行人提交的结果资料和考核人的建议评分，结合原定的量化标准和加减分定义确定每项工作的最终得分。整个过程都是完全数据化的，中间没有人情元素和主观元素掺杂进去，也不会有理解歧义和评定偏差。执行人在工作过程中，可以一心只管把事情做好就行，不用顾虑什么人际关系，更不用担心会被“穿小鞋”。**《考核表》消灭了山头主义，清空了裙带关系。**

$V_{效}$是指工作完成率，它的高低直接关联执行人的绩效工资，也会作为奖金、福利、岗评，升迁、干股的核算基础之一。

$V_{产}$是指产能值，是基于工资基础上的工作结果比率，直接反映执行人是高薪低产还是低薪高产。有了这个值，**员工完全没有必要花精力在人力资源部争取高工资，**因为在本人既定的工作能力（工作结果分）情况下，工资越高，$V_{产}$越低，而较高的基本工资乘上较低的$V_{产}$所得的实际薪酬，往往不如较低的基本工资乘上较高的$V_{产}$所得的实际薪酬。同样，一个员工**如果能力不及，拼命去争取晋升，**也会因为高职位的考量使他$V_{产}$和$V_{效}$无法得到较好的保障，**很可能实际收益不如晋升之前。**所以，《考核表》内含的精算系统，会让每一个人对自己的评价更加客观，“有多大的食量拿多大的碗”。$V_{产}$也是奖金、福利、岗评、升迁、干股的核算基础之一。

《考核表》中，执行人除了确认本职工作外，还有《增量表》所列的“可选工作”进行选择；员工还可以自行增添工作，只要经过经理确认就能执行。可选工作和添加工作可让员工充分利用正常工作中盈余的时间，或者业余的碎片化时间来为自己加分。加分就是加$V_{效}$、加$V_{产}$、加工资，增高一切评比的基础，所以员工无须督促，会自觉增加工资量，自由为自己“加工资”。

请思考：劳动合同定死了员工的固定工资，如何进行绩效工资考核操作？

5.4.5　制度显性落地的行为加减分值表

企业一般会有一本厚厚的制度汇编，作为员工工作执行的蓝本。然而，即便员工参加过制度培训，也只能记住其中较少的内容，大量的“繁文缛节”很难成为员工的自觉意识和行为标准，员工往往只是在犯规了，被处罚之后才能记住相应的条款。

表 5-7 是《行为加减分值表》（简称《行为表》）的示范，用这样的分值量化形式可以将企业的所有规程、制度变成一张简洁的表格，让员工一目了然地知道什么可为，什么不可为，并且知道可为和不可为的程度是多少。如果《行为表》程序化之后会更为直接，员工随时可以在手机上进行关键字查询。

表 5–7
《行为加减分值表》示范

序号	加分行为	加分标准	序号	减分行为	减分标准
1	私物公用	+8 分 / 次	1	公物私用	–8 分 / 次
2	上传他人加减分项被核准有效	+1 分 / 项	2	缺席公司集体活动	–7 分 / 次
…	…	…	…	…	…

有关职场的办公室管理、流程管理，以及宿舍管理、食堂管理、仓库管理、餐馆管理、店铺管理等，《分值绩效系统》中都有成形的模板和样本。

《行为表》中只需添加一条“上传他人加分或减分项被核准有效，每项加 1 分”，就可以不再需要行政部派人到处巡查监督了，每个人都成了督察员，处处会有“天眼”。

行为分（P 分）关联着赡孝金、奖金、评优、福利、升降职、升降薪、期权、信用值等员工的所有权益和分配。

P 分还可以细分出包含红心分（主人翁心态量化值）、爱情分（对伴侣的责任值）、家庭分（幸福指数），来进行员工的情感建设和提升。

很多企业在使用这张表之前，规章制度总是被员工认为是针对员工的束缚条款，员工出现消极行为，就会遭到批评或罚款，但员工的积极行为，却很少有权益奖励。所以，员工对企业的规章制度总是抱有抵触心理。企业使用《行为表》后，还是那些规章制度，但正激励和负激励作用立即就出来了：加分和减分项客观明确，一目了然。因为有数值量化，员工们很容易就能记住。这张表的出台，在员工面前首先有了明确的心理暗示，员工会有意识无意识地进行积极行为、回避消极行为，因为全部条款都关联着员工的收益和所有权益。由于条文简明而客观，员工们自然就会觉得是公平的。

趋利避害的人性会驱使员工们力争一切可加之分、回避一切减分行为。所以，原先的规章制度就转化成了员工们的行为意识和逻辑，一个正能量的磁场就逐步形成了。

《行为表》巧妙地把令人逆反的生硬条文变成了让人向往的权益表，其结果是，一个资本本位的典章体系，迅速变成了劳动本位的激励系统。

请思考：制度理念的乾坤大挪移适合行政事业单位吗？

5.4.6　资源聚合共振的资质量化评分表

《资质量化评分表》简称《资质表》（见表 5–8）的作用是将决策能力、管理技术、生产技能、无形创造、资质基础、情报信息等元素量化，统一为 Q 分。

表 5–8

《资质量化评分表》示范

序号	常规加分项	加分标准	序号	特别加分项	加分标准
1	总裁 / 总经理	+300 分 / 月	1	提供可借鉴新技术信息	+100 分 / 项
2	双学士	+60 分 / 月	2	引荐投资人	+200 分 / 个
…	…	…	…	…	…

近代新古典学派创始人马歇尔在 19 世纪末就提出了价值分配四元论，将“企业家”列为重要的一元。华为公司在此基础上还增加了“知识”这一元。的确，社会进入了五元时代，企业家、知识都成了重要的生产要素。更宽泛而言，这些有价资质涵盖着职能、专业、经验、资证、知识、信息、情报、技术、专利等方方面面，将其量化为分值可便于进行价值匹配和权益分配，从而更好地发挥这些元素在生产中的效用。

在传统的塔式管理模式中，“火车跑得快，全靠车头带”，车厢都是从动的，高层决策者的作用极其关键，“企业家”要素值非常突出。在责权利前端化、基层化的当今，不仅只是决策者的决策力至关重要，管理者和执行者在生产中的创造力也很重要，所以各级职能人员都应该有资质分，只是应根据其重要程度不一赋予大小不同的分值。

专职人员的学历、职称、资格证的不同，代表着不同专业水平，其 Q 分值高低也是不一样的。

著作、专利、技术成果等知识产权，也是生产中极为重要的元素，其创造者也应获得相应的 Q 分进行价值体现。

信息和情报的价值毋庸置疑。所以，包括各方面的顾问、关联人、情报人的信息价值，都应以分值来进行价值量化。过去，顾问、情报人员因不属于专职人员，往往以顾问费、干股形式给予肯定，但顾问费、干股一旦确定就很难撤销，因为撤销等于得罪了这些关系，所以往往挂着很多“硬成本”和“死期权”。但诸多顾问、关系的作用是非常态化的，其作用的偶然性使得这些价值的产生变成一种赌博。现在将这些资质的“日常存在值”弱化，将“事项兑现值”强化，更有利于价值的精准化，有利于关系长久维持。过去，企业情报来源依赖于少数人，或者专门的情报部门，与绝大部分员工都不相干；在当今的互联网时代，信息和情报的获取并不再是特权人士的专利，任何一个普通人都有可能为企业提供有价资讯。所以，开放接口，对任何有价信息提供者均应给予分值激励，让所有专兼职人员都做“千里眼”和“顺风耳”，则非常有必要，而且分值又不是工资，硬成本低。任何一个企业都应该在信息时代建立自己的“统一阵线”，不仅在企业内全民皆兵，还在企业外也建立一个广泛的信息网，团结了一切可以团结的力量，才能在激烈的竞争中获得主动。

请思考：资格是不劳而获吗？

在信息大爆炸的今天，市场在不断细分，体量大、流程多、反馈慢的企业已明显跟不上市场发展的速度，小灵快的企业才能获得竞争的先机。简化、客观、明确、便捷是企业运营的主要法则，以丰满完备、流程烦琐、机构完备为专业基础的“管理科学”已经“不科学”了，大道行简才是实操的真经。写一篇文章容易，把一篇文章变成一句话，则需要水平。将所有的战略及项目任务用几张 A4 纸来表达和落地，替代传统的所有制度、管理、分派、监察，实现全员自驱动，这需要水平。

有了 A4 管理法，被沉重管理拖累的企业，将迅速迎来效益的回归。

A4 管理法过去是纸质化操作的，如今采用电脑和手机系统化执行，则更能让信息、交流、备份、存查、调整这些工作高效、精准地执行和完成。

不得不承认，这个时代，个人干不过团队，团队干不过系统。

很多企业并没意识到，自主权、满足感、存在感和成就感已经成为现代员工的刚需。因此，既有较大利益想象空间又有一定经济责任的岗位分包，不仅正中了现代员工自我实现的下怀，还正中了企业降低风险的下怀，在纵容员工野蛮生长的同时，也能催生出企业的虎狼秉性。

第 6 章

岗位分包
——让打工人变身创业者

6.1 责权利捆绑分配才能让人穷其所能

6.1.1 不担责任很难让人上心

1. 不用担责是员工“职业心态”的成因

如何提高劳动效能，是管理学研究的核心课题。

如果公司是下午6点下班，6点一过人走楼空是很普遍的现象。作为员工，不管工作完成得怎样，只要没涉及扣钱，一般都会准点下班。其实员工提前收拾好东西，准时关电脑，这都是司空见惯的现象；而如果上司还在办公室，碍于面子，一般会拖个几分钟，以表示自己并没那么“争先恐后”要离开。这完全不是因为工作本身需要，只是不能不给领导面子罢了，因为大家齐刷刷地消失，会令上司在老板面前显得管理不严。同样是这些员工，假如他不是打工者，而是自己开店，无论店里是否有生意，他都会尽量晚些打烊，如果一直还有客人，他即便忙到半夜三更，心情也是愉悦的，不会去计较工作时间的长短。

打工，每周工作40小时，这是现行《劳动法》的规定，超时工作不计加班费是违法的。员工认为八小时之外如果不计加班费还在工作，那就不仅是对不起自己，也是“对不起别人”，因为这种行为是在助长企业“违法”，是在让未能多做奉献的同事陷入被排挤或被辞退的风险之中。然而，如果是为自己做事，就会忙完再走，每天不起早贪黑似乎都对不起所交的房租。帮人打工，做事看得过去就行；自己创业，做事就“没有最好，只有更好”。这是两种不同的心态，即职业心态和事业心态。

职业心态：全力应付，遇事解释原因。

事业心态：全力以赴，遇事解决困难。

对于打工者而言，以报酬来衡量工作量是基本的思维逻辑，拿多少钱就干多少事。在他们看来，效益是老板的，只有工资才是自己的，影响工资的事自己才会上心，对于除此之外的事情，说得过去就行。所以，企业管理工作主要就是促使员工完成更多的工作。于是，分派任务、监督检查就成了管理的基本内容，而工作流程的设计、管理人员的安插、工作结果的检查就成了制约效益的关键。若企业的流程不够完善、管理人员不够得力、监督检查不够到位，员工就可能会“磨洋工”，得过且过。

管理学发展到现在，从工厂管理到人际管理、行为管理、系统管理、决策管理、权变管理再到战略管理，对企业的流程设计和监督检查不可谓不到位、不完善。然而，有一个问题始终无解：为什么同样一个人，自己创业就全心投入、全力发挥，而在职场之中，企业设立了那么多的管理人员、那么多的机制和流程、那么多的激励和鞭策措施，其精力投入和发挥程度却达不到自己创业状态时的几分之一？企业的管理还不够完善吗？是不是根本没有一个能让职场人像自己创业那样全力以赴的方法？

企业的管理到底缺了什么？

缺责任分配。

责任分配？企业日常经营中一直都在分派工作呀，分派了工作就是分派责任了呀……

非也！

传统管理中的工作分配，仅仅只是事务和工作量的派送，真正的责任并未分配，因为员工所执行的事项如果失败了，实际上并不需要承担失误造成的增量成本，更不需要承担因此导致的财务亏损。那么，工作做砸了无须承担经济责任（《劳动法》也不允许企业扣员工工资），又何来真正的担责呢？被责骂一顿不叫担责，写个检讨不叫担责，记个处分也不叫真正的担责。如果真罚款，罚轻了触不动，罚重了员工会拍屁股走人；事实上，真正在担责的是老板，因为工作损失和成本增加并未真正落在员工头上。

实质上，企业里谁来支付因事项操作导致的成本增加和损失，就是谁在负责任。而在大部分企业里，始终没有让员工真正分担责任。所以，员工只会是“职业心态”。

2. 责任关联损益是员工的动力来源

有责任才会有责任心，这是非常简单的道理。

要改变员工的“职业心态”方法也并不复杂，即：让员工的每项工作都关联自己的损益。如此，各项事务就可以转化成“员工的事”了。

在第二次世界大战期间，美国空军降落伞的合格率为 99.9%，也就是不合格率为千分之一，这意味着每一千个跳伞的士兵将会有一个因为降落伞不合格而丧命。军方要求厂家合格率必须达到 100%，厂家说他们已经竭尽全力了，99.9% 合格率已达到极限了，除非出现奇迹。军方后来改变了检查制度，每次交货前从降落伞中随机挑出几个，让厂家负责人亲自跳伞检测。从此，奇迹出现了，降落伞的合格率达到了百分之百。

压力等于动力。经过科学实验测试，蕴藏在人体内的潜能很多都是在情急之下才激发出来的。当人面对危险和压力时，潜能会发挥巨大，甚至会迸发出平常根本没有的“超能力”。所以，科学地给员工分配责任和压力，就能激发员工巨大的效能和创造力。

传统管理中有关激励的研究涉及方方面面，每个企业在提高员工效能上都绞尽脑汁。然而，大家基本还停留在教育、施恩、利诱、打压这些隔靴搔痒的表层功夫上，有些企业甚至在这上面投入了巨大的人力物力，效果却微乎其微。事实上，如果激发不出员工的原动力，任何投入都只能事倍功半。

有这么一则实例：

× 源公司因为业务发展计划新增了一个设计部，三名员工由技术部和策划部抽调组成，因新组成的设计人员 CDR 和 PS 技术不够专业，于是公费将三名员工送到培训机构进行一个月的专业培训。培训回来后，才工作一个月，三名员工先后全跳槽走了。他们因为多掌握了一门技术，跳槽后工资差不多能涨 50%。公司老总为了这件事甚是气愤，想责罚人事部，但人事部也没什么违规行为，罚无所据。同时，设计部已经承接了客户的四个订单（四个订单正常质量要求完成的利润一共有 40 万元），箭在弦上，老总只好给人事部下死命令，不管用什么办法，必须保证设计部的正常运营。招聘是来不及的，人事部就拿订单的部分提成进行内部招标，招三个内部员工兼职完成已接的订单，具体条件是：订单按质量要求完成后，根据完成时间，最低得到10%利润（4万元）、最高获得15%利润（6万元），夺标者需缴纳一定的保证金作为任务失败的责任承担（质量不合格，最终利润3万元以下需承担相应比例责任，即利润在0元和3万元之间，需按比例扣除保证金），缴纳保证金多者夺标。标书发出后，共有十多名员工投了标，最后由分别缴纳保证金较高（分别为4000元、3000元、2600元）的前三名员工夺标，三人获得奖励和承担责任的比例为40∶30∶26（约41.67%∶31.25%∶27.08%）。中标者如能在客户需求时间内完成订单、实现利润，即正式调任设计部职位，工资上调一级。结果是：三人自己利用业余时间掌握了CDR和PS设计软件的操作，兼职完成了订单，提前一周结束了任务。按比例，三人分别获得了2.5万元、1.875万元、1.625万元的奖金，并正式任职设计部，工资提升一级。

这个结果虽是人事部无奈之下逼出来的，却让人事经理和老总意外明白了一个道理：为员工提供“周到”的保障并不一定能够保证员工的进步，更不能提升企业的投产比。这如同对孩子的培养一样，保护越多他越娇气。“野生的比圈养的厉害”是一种天理，孩子摔了跤让他自己爬起来，他反而很快就自立了。只要有科学的利益杠杆和责任机制，公司即便不提供什么保障和支持，员工也能“自有办法”。的确，夺标的三人没花公司的培训费，也没花费专门的时间，而在利益大于责任的机会面前，迅速自学掌握了基本的设计技能，在“时效等于利效”的机制下，自行加班加点提前完成了任务，这对于员工自己而言，得到了满意的收益、提升了专业的技能；对于公司而言，实现了企业的效益、维护了企业的信用，这是一个双赢的局面。因祸得福，×源公司从这一事件中悟出了利责杠杆的道理，在多个部门试验了几次招投标工作法之后，全公司迅速实现了部门承包制和项目竞标制，一年下来，还是那些员工，没有新增人员，也没有减员，公司绩效提升了362%，全员收入平均增长了两倍多。

据×源公司老总介绍，自从执行了部门承包制和项目竞标制后，公司的各项基础成本（工资等）几乎降为零了，各种运营成本（广告费等）和管理成本也大幅降低，而利润率却提升了近八倍；之前那么多规章制度渐显多余，因为大家已不再需要牵引、鞭策、监督、检查了，都在自驱动、自运营、自管理。公司之前引以为傲的包含23个级别的晋升制度，曾吸引着很多员工。因为高级岗位有限，员工们就会为了更高的工资力争晋升，甚至有些人为达目的不择手段。在承包制实施之后，很快就没人再去向往那些所谓的“官职”了，因为再高的“官职”工资也有限，反而承包更具吸引力，虽然有一定压力，但承包的存在感、成就感和收入刺激比原先的“官职”更有吸引力。承包所面对的压力是专业范围内的压力，比起“晋升之争”中复杂的人际关系压力更好把握。之前的晋升制度只能对部分人起到阶段性的激励作用，因为升职和升级机会对大多数员工来说是小概率事件；对于公司而言，给予员工晋升，财务成本会增加不少，但绩效却很难同频增长。刚升职的员工一般会在兴奋期热一阵，但过不了多久，工作效能就会恢复当初。于是，晋升制度之于公司和员工的些许效果，在承包制的巨大刺激面前，便显得黯然失色了。

由此可见，员工的动能来源于**责任关联损益。**

世上无难事，只怕有心人。趋利避害是人性，所以，事项跟收益和责任关联起来，员工即会用心，员工用心了公司也就省心了。而损益跟工作关联得越细，员工的动力激发就越充分，最有效的激励就是：将员工的每一个事项和每一个行为都关联损益。

类似的运营方法在国外叫作“阿米巴管理法”，中国也有称之为“内部市场法”的，海尔公司在这方面的实践相当成功。在海尔，这叫“小微”模式。

责任分配的核心是经济责任的分配，但责任分配不是简单地将企业经济责任粗暴地转嫁到员工头上，因为不同层级员工的经济承担力和心理承受力是不同的，分配责任要有个科学的度，让人“能承受，又较吃力”才是最有效的。总之，责任对于单一员工都是“有限责任”，即在自己的职责范围内，承受范围内的一定责任。而公司的运营责任，则应根据不同层级（资本层、决策层、管理层、执行层）的效益，按科学比重给予有限度的分配。

6.1.2 权力必须捆绑责任

1. 权不带责容易被截留

责权利前端化是互联网高速发展、信息加速迭代大趋势下，管理模式进化的必然结果。海尔、小米等优秀企业已经为我们印证了这一必然方向。然而，绝大多数企业还是后知后觉的，仍停留在自身存在感和成就感的基础上固守城池。只有当原先的套路一个个失灵，在自身管理做得更完善、团队工作更努力之时，市场份额反而被不断蚕食，在工资福利给得更丰厚、人文关怀做得更细致的情况下，优秀人才反而越来越留不住，原先很多的优势变成了前进的壁垒，在“汽车的油快烧干”的时候，很多企业才意识到，原来“老爷车跑不了高速路”了。

不善于向全员分解责权利，已经不是不懂现代管理技术的问题了，而是无法在新的市场中立足的问题。

分权重要，不言而喻。但现实就是往往企业分权一分就乱、一收就死。而不善分权，公司上下就会忙的忙死、闲的闲死，老板事必躬亲，员工找不到存在感。在这种情况下，老板越累会显得员工越无能，这种反差显示出来的问题不仅是团队创造力弱，更是老板把不好舵。在信息大爆炸的时代，老板陷于繁杂的具体事务而无法更多地去掌握宏观资讯，致使决策失准、企业偏航，这才是一个企业最大的悲哀。

老板有为，员工无为，企业就会死水一潭。在执行层权力不到位的企业，员工做事往往拖沓推诿，遇事往往抱怨逃避。员工因为没有成就感，工作很难有激情，会得过且过，甚至会觉得“多干多错、少干少错、不干没错”；而老板也会觉得员工不仅没什么能力，还没什么良心，锦上添花时都在，雪中送炭时都没影了。

绝大多数中国企业都在沿袭着自上而下的塔式管理模式，权力通过管理人员层层分解，中间往往会出现很多“权力截留”的现象。管理人常常在分派事务时，拽着权力和利益不放，于是就形成了“官僚”，导致了腐败。“权力截留”的结果，诸如以权谋私、人情腐败、拉帮结派、假公济私、耍弄权威等数不胜数，这些结果非但不能提升效益，反而会造成内部消耗。而当老板发现“权力截留”的弊端时，往往就会重新收回权力。其实老板也很无奈，与其放权造成消耗，不如收了还清净。于是，老板们只好继续“高处不胜寒”。

2. 权责捆绑才能形成激励

企业之所以会出现“权力截留”，主要是因为在分权的时候，并没有同步绑定责任进行分配。何为担责？对工作操作的成本增加，或工作失误造成的经济损失承担责任，那才叫担责。试想，如果经济责任按相应比重捆绑着权力（决策权、管理权、执行权、监督权）分派时，拿了权就同时揽了责，管理者自然就不会不自量力地大肆截权了，他们会掂量着该留的留，该分的分，因为留多了权责在手上可能会“吃不了兜着走”。于是，大家自会掌握分寸，多分责权，毕竟属下干得漂亮就是自己领导有方。一旦每项事务的责权利都捆绑在一起分配，官僚和腐败自然就难以滋生，而执行层也才会拥有更大的空间和动力。

在传统的“人治”体系中，管理者的存在感源于员工们的众星捧月，而成就感则来自“师傅带徒弟”过程中自身经验的传承。“师傅”们鹤立鸡群地存在着，“徒弟”们唯命是从地跟随着……久而久之，这种模式，会让“师傅”越来越不可或缺，“徒弟”们越来越逆来顺受，最终的结果，往往就是“成也师傅，败也师傅”。在决策需要各方各面信息，竞争需要各方各面发挥的信息时代，依赖“师傅”一人的决策等于企业在赌博，因为成败已经不在于团队努力与否了。只有当责权利都捆绑着分解到执行层，员工们才会在追寻存在感和成就感的过程中充分发挥创造力，整条航船才能开足马力。这个时候，领导们才不会事无巨细、辛苦拉拽。相反，执行人尽情发挥，领导者无为而治，那才叫水平。一个管理者懂得运用责权利的杠杆去成就员工，才能坐在员工们垒起来的功劳簿上，轻松收获教练般的成就感。坐在众人抬举的轿子上一往无前，在成就众人中成就自己，这不更好吗？

华为能有今天的成就，任正非说：“正是因为自己无能，才不得不放权，正是因为放权，才成就了各路豪杰，成就了华为和自己。”

人感知自己的渺小，行为才开始伟大。

一个人不管如何努力，永远也赶不上时代的步伐，更何况知识爆炸的时代。只有组织起数十人、数百人、数千人一同奋斗，你站在这上面，才摸得到时代的脚。我转而去创建华为时，不再是自己去做专家，而是做组织者。在时代前面，我越来越不懂技术、越来越不懂财务、半懂不懂管理，如果不能民主地善待团体，充分发挥各路英雄的作用，我将一事无成。

也许是我无能，才如此放权，使各路诸侯的聪明才智大发挥，成就了华为。

我的知识底蕴不够，也并不够聪明，但我容得了优秀的员工与我一起工作，与他们在一起，我也被熏陶得优秀了。他们出类拔萃，夹着我前进，我又没有什么退路，不得不被“绑”着、“架”着往前走，不小心就让他们抬到了峨眉山顶。（秀倩，2011）

6.1.3 责权利的体感度等于激励机制的有效度

1. 从X理论到Y理论

管理学伴随着社会生产的发展一直在进化，但其核心一直都是如何提升劳动效能。美国心理学家道格拉斯·麦格雷戈（Douglas M. Mc Gregor）于1957年提出的X–Y理论在企业界影响很深，道格拉斯把传统管理学称为“X理论”，把他自己提出的管理学说称为“Y理论”。

X理论是建立在“人性本懒”基础上的理论，认为人是天生懒惰的，只喜欢享乐，凡事得过且过，对工作没有热诚，总是尽一切可能逃避工作；而多数人都没有什么抱负、害怕负责任，他们只顾自己、漠视组织。所以，管理必须采取强迫命令，软硬兼施、威逼利诱才能使之就范。一方面，应制定严格的工作计划、进行严苛的工作分配，实施严密的流程控制和严厉的惩罚措施，强行使之劳作；另一方面，需用金钱报酬来收买员工，使之服从和效力，避免矛盾激化。这就是所谓的“胡萝卜+大棒”方法。基于此，管理和监督人员的设置就非常必要。在这样的模式中，管理人员的主要职能是计划、组织、经营、指引、监督；管理者必须设计好严密的操作规范和工作制度，运用相应的职权，发号施令，使员工服从，以完成企业的生产目标。这种管理淡薄情感和道义。

Y 理论与 X 理论对于人性的看法相反，道格拉斯认为，人并不是天生厌恶工作的，大多数人都能对工作负责，并且拥有一定的创造才能。控制和惩罚员工并不是实现企业目标的最佳办法，通过满足员工的需要，使员工和企业目标融合一致，更能提高生产效率。他认为人的行为表现并非天性决定的，而是工业组织的性质、管理思想、政策和实践造成的。人们之所以会产生消极的、抗拒的和不负责的态度和行为，是由于被忽视了基本的社会需要和自我实现的需要，所以，必须尊重和肯定作为企业生产主体的人。员工是可以乐于工作、勇于承担责任的，并且具有一定解决问题的想象力和创造力，管理的关键在于如何营造一个良好的环境，使员工愿意发挥潜能、提高生存效率。基于 Y 理论，Google 公司极力推行高福利制度，而摩托罗拉公司则实行了高度放权的管理体系。

道格拉斯之所以能在 X 理论的基础上提出 Y 理论，主要是因为社会生产关系的演变。

在工业生产时期，人们的物质生活水平还很低，劳动大众为了生存和生活的需要不得不参加劳动。所以，只要工厂能满足他们养家糊口的需要，他们就愿意出卖劳力。因为工人们害怕失去收入，害怕失去工作，工资就是很好的"胡萝卜"，于是，"大棒"就成了很有作用的工具。但是，当人们的生活水平普遍提高了之后，劳动大众的行为动机在物质需求的基础上，升级到了精神需求。

根据马斯洛的需求层次理论，人的需求是沿生理需求、生存需求、社交需求、尊重需求和自我实现需求逐层向上递进的。"饱暖思淫欲，饥寒起盗心"，生理需求和生存需求是较低的物质层面需求，在这些需求基本实现后，人们就会追求社交、尊重、自我实现等这些更高的精神层面需求了。也就是说，人们的生活水平提高了，物质需求的动力就会逐渐减弱，精神需求动力逐步替代了物质需求动力，成为人们行动力的来源。在人的社会性表现上，如果生存都还不能满足的情况下，就很难为他人和社会考虑，其行为表现是比较自私的，在管理上就需要强制手段加以约束，才能保证社会和组织运行的正常秩序；当人们不再为自身生存和生活过于担忧的时候，社会性就会更强，才会更加在意别人、尊重组织和社会，才会更体现出“公心”。这个时候，管理上使用“怀柔政策”就会比“强制政策”更起作用，诸如目标导向、环境吸引、氛围感染、服务提供等。

X 理论曾经在工业生产时期作用显著，而现代社会中，人们更多需要情感、尊重和价值实现，Y 理论逐渐取代了 X 理论，成为企业管理的重要理论依据。X–Y 理论阐述了人性假设与管理理论的内在联系，把人性假设作为管理理论的哲学基础，虽然都有一定的局限性或片面性，但揭示了“人本管理”的实质，在“如何调动人的劳动积极性”方面，为我们提供了很好的理论研究思路和方法参考标准。在劳动创造占社会生产力比重越来越大的今天，这些理论基础和思维方法，对于我们发展现代管理理论、挖掘劳动潜能、探索劳资共同体、提升社会生产力有着重要的借鉴意义。

2. 责权利分解得越到位激励作用就越好

“人本管理”是现代管理研究的主要课题。

舒化鲁在《企业规范化管理实施方案》中明确了管理学的第一原理——“人性定理”，即“一个健康的人的任何一个行为，都是服务于他自己的目的的”。那么：

（1）人是具有自我意识的存在物，明白自己是不同于他人、他物，并且独立于他人、他物之外存在；

（2）人的所有行为都是自我选择的结果，没有哪种由自己完成的行为是他人强加的；

（3）人的任何一个行为都是谋求自我肯定，服务于自己的目的；

（4）人在任何时候都只根据自己所寻求的目的和目标来关注世界、关注他人，而对与自己所寻求的目的、目标不相关的人和物视而不见；

（5）人不但寻求自我肉体保全的“有”的欲望的满足，而且重视自我价值实现的“能”的欲望和自我立法的“善”的欲望的满足，并且“能”和“善”

两种欲望是无限的；

（6）人如果没有外在的约束，被肌肤之利、短期利益所迷惑而忽视或放弃根本利益和长远利益，走向自我异化是不可避免的。

所以，人在可以懒的时候不会不懒，人在勤劳无益时不会不懒……（舒化鲁，2003）

趋利避害是基本物性，生物因趋利避害而进化，人类也因趋利避害而进步。

因趋利避害的本性，所有人都是从自己的角度和本身的利害关系出发来判断是非，利己为是，害己为非，这就叫本位主义。其实，好坏是非都是相对的。然而，人们总是在利益关联体中，因为彼多我寡的关系，而把对立方的利，当成自己的害。

跟所有生物一样，人的趋利避害本性表现的强弱，是生命力盛衰和创造力大小的最直接体现。与世无争、生死由命，己利而不往、害己而不拒，无欲无求或甘心被淘汰，则是动能衰竭和生命力微弱的表现。

管理是组织本位的，它的核心目的是实现组织利益最大化。

当人们还很贫穷，为了生计不得不参加工作时，趋利性会促使他们努力去争取“胡萝卜”，避害性会促使他们尽量去避免挨“大棒”，这种形式下X理论在管理上的作用是显著的。当人们不再贫穷，尊重、情感、自我价值的精神需求替代了基本的吃喝拉撒这些物质需要，趋利性会促使他们去选择宽松的、人性化的、高价值的工作场合，避害性则促使他们抗拒约束的、高压的、低创造的劳动，X理论就开始逐渐被Y理论所替代了。

但是，Y理论只是发现了X理论的时代片面性，基于X理论“人性本恶”基调的反面，提出了“人性本善”的理论假设。Y理论试图以“道义”取代管理，靠“自觉”维系产能，其结果是把管理引入了另一种片面，过于依赖人的自觉性。

人性之利己，本就无所谓善恶，只是趋利避害而已。“人的任何行为都是服务于他自己的目的的”“人在可以懒的时候不会不懒”。因此，如果企业只是片面地以尊重的姿态和宽松的方式来管理员工，大家就会趋己之利，去追求轻松和安逸；避己之害，而躲避劳累和消耗。这样的结果，是难以达成企业目标的。

基于企业本位，在人的创造力成为第一生产力的现代社会，如何利用人的趋利避害本性，使得劳动者的个人价值体现最大化和公司利益更大化同频，实现私利而公益、私害而公损，就成为现代管理学需要找寻的核心突破口。在劳动创造成为社会生产力发展的决定性要素之际，劳资利益共同体是人们的需求层次不断提高、商品市场由卖方市场变成买方市场这种社会大趋势下的必然产物。

劳资利益共同体的实质是劳资责任共担、利益共享，其实施的关键在于责权利分解。对于员工而言，责权利的体感度就等于他的潜能高度。

有这么一则实例：

某公司于年末的一个星期天要召开招商会，需要提前印制公司的画册和宣传单，按原先的流程，应由行政文员小严配合业务部具体执行印制工作。公司的印刷业务有稳定的承接厂商，有长期承接合同，小严按常规流程办理即可。根据约定，印刷厂会提前一天将画册和传单送至招商会租借的酒店会场。按例，本次加印的总价是9000元，厂家因为原材料的成本上涨了，这次收费要提高10%，也就是说总价要增加900元。另外，印刷厂年底订单较多，由于这一订单赶时间，所以还得加收10%的加急费，于是再增加900元，增加成本需要相关的业务部、行政部、财务部相关人员签字，而厂家是收到尾款后送货。公司的付款流程是先请款，然后审批，最后由财务付款；还有一项规定是超过一万元的开支，需要请款部门的主管副总签字。但是主管副总出差了，导致尾款未付，工厂没有收到尾款就没有送货。周日一大早，业务总监到会场检查筹备情况，发现画册和宣传单并未送到，大为光火，严厉地责备小严，要她迅速把事情解决好，小严觉得委屈得不行，解释道："本来周末我是休息的，我是在加班，而且已经到了会计的家，到会计家才知道超过一万要副总签字，但副总出差了我有什么办法。"业务总监告诉小严，可以到总经理家，让总经理签字，等主管副总回来再补签字是可以的，要她务必在9点前将材料送到会场。

可是，9点整招商会开始了，画册和宣传单仍未送到，也没见小严来个电话说明。业务经理火冒三丈，他打电话骂了小严一顿，责问她为什么？小严说：“我不是你手下，你没权力骂我，我已经尽力了，你找我领导去吧。”于是她挂了电话。业务经理气急败坏地打行政总监电话开炮：“你的手下怎么这么拽？让我来找你？她是怎么办事的？还有没有点责任心？招商会办砸了谁负责？”行政总监迅速向小严问明了情况，给业务总监解释说：“小严也蛮委屈的，她本来没有提货的任务，又是休息时间，她一大早跑完了付款的签字，等出纳打完款，印刷厂说过了合同期，超过了派车安排时间，周末他们的司机另有安排了，无法再安排送货。小严又立即找我们的司机，可是公司派车也要签字，她怕打车到我这儿没法报销车费，坐的是公交，等她到我这儿签了字，时间已经过9点了，她觉得再去叫司机开车去印刷厂取货，然后送到会场，估计你们都散场了，所以……”业务总监暴跳如雷：“有那么轴的吗？明知道这样来不及，早跟我说啊，我可以让厂家叫车送过来呀，这样可以来得及的啊！我可以把打车费算进业务费用里，为什么要签字来签字去的呀？现在说什么都晚了……我骂都没力气骂了……”

按往年的惯例，年末招商会业绩都是翻番的，可这次的招商会却比平常的效果还差，跟前次会议比业绩少了26万元。

不久后，公司使用了分值系统，虽然公司制度没什么变化，只是将原有的条文简化成分数了，但整个公司的工作局面却发生了巨变，员工们像换了个人似的。比如小严，她在系统中能清晰地看到自己的责任分，也能明确地看到有利益空隙可钻，就这三条加减分项目使得她在配合招商会时简直判若两人（见表6–1）。

表6–1

某公司制度分值化条文节选

加分行为	加分标准	减分行为	减分标准
同比节约 利用公司资源达成业务	+1分/5元 +1分/千元	造成公司损失相关责任人	–1分/5元

有一次招商会，也是由小严负责加印画册、宣传单，她搜索到几家印刷厂的价格比原供应商价格低，经协商，原供应厂商同意价格下调3100元，根据规定，小严获得了620分的加分，凭着多了的这些分，小严得到了这些嘉奖：①本月绩效工资增加了220元；②在本月公司的月奖金分配中多得了21元；③多项评优名列前茅；④十多种福利核算基数增加了620元；⑤年末奖金核算基数增加了620元；⑥升职升薪的核算基数增加了620元；⑦期权和员工股份核算基数增加了620元。因为得了这么多的好处，赶时间增加的快递公司16元运费小严都懒得去签字报销了，毕竟绩效收益远不止这点钱。

后来的一次招商会里，小严通过自己的努力，居然成功地让工厂印刷费全免，又为公司节约了12000元。因为厂家同意以印刷费作为交换，换取在公司画册里面署名“荣誉承印单位”半个页面的合作商介绍页面及招商会现场的5分钟发言。小严因此又得到了2400分的加分。当然这也是双赢的，厂家在会后获得了6个意向客户，将这6个客户接到厂里参观后，签订了两份长期承印合同，年业务量增加30万元左右。

再后来印刷厂也参加了公司的招商会，成为公司的客户，达成了7万元的业绩，小严又加了70分。

这则实例揭示了一个道理，工作结果的优劣与人的原动力息息相关。因为，人的原动力源于趋利避害的本性。在传统的管理体系中，小严没什么直接的利可趋，也没什么直接的害可避，尽管公司成本增加3400元，业绩损失26万元，即使失误是由她导致，但她却知道制度追究不到自己什么责任，因为失误顶多也就是被批评几句，所以不去变通执行“计划外的工作”，即便业务总监气炸、破口大骂也解决不了问题，因为“等、靠、要”的不光是小严一人，几乎全员都差不多是这种状态，没有利益刺激，没有经济责任，结果当然是干好干坏都一样。而执行分值系统后，之前的制度体系、人员结构、工作分工等都没改变，只是制度量化了，结果却大为不同，小严正是因为节约开支就能加分、造成浪费就会被减分，工作效果才有了显著提升，这就是“责权利体感度等于激励机制的有效度”。于公司而言，其中的成本一目了然：当小严开开心心地拿到2400分时，公司节流1.2万元。这就是公私损益同频，私利则公益，这就是劳资利益共同体最鲜活的体现。

因为趋利避害，当有“造成公司每损失5元减1分”的标准时，谁也不愿意再耽误事，员工也许不在乎得罪上司，但他真的不会愿意“得罪人民币”。本来八竿子打不着的业务工作，小严却信手拈来成交了一个客户，直接为公司赢得了7万元业绩，在过去，这种“狗拿耗子”的事没人会干，现在人人都见缝插针，业务再也不会只是业务部的工作了，整个公司已然全员皆兵。

在责权利分解上，海尔公司就为我们树立了榜样。

海尔的管理模式是人单合一的双赢模式……“双赢”是在为用户创造价值的前提下，员工和企业的价值得以实现。每个人的市场目标不是由上级指定，而是根据自己所负责的市场的第一竞争力所定；每个人的收入也不是上级说了算，而是为用户创造的价值说了算。人单合一是适应互联网时代的要求，因为传统的管理模式是以企业为中心制定的，互联网时代应该以用户为中心而制定。人单合一的本质是：员工有权根据市场变化自主决策，员工有权根据为用户创造的价值自己决定收入。这种全新的模式改变了员工角色，员工从原来被动接受组织的指令到每个人都是经营者，并组成直面市场的自组织，即“自主经营体”。以此改变了传统经济下对市场反应迟缓的弊端。每个员工自主经营而不是被经营，员工可以自运转、自驱动、自创新，在复杂多变的市场竞争中，以变制变，变中求胜。（海尔集团，2012）

6.2　与其去经营员工，不如让员工来经营自己

6.2.1　执行层是生产力实现的基础

1. 传统管理模式下的员工越来越带不动了

“火车跑得快，全靠车头带”曾是一种时代的音符，是对管理干部无可替代作用的一种描述，它在颂扬干部作用的同时，也显示了员工的从动性，在彰显干部不可或缺的同时，也暗示着“成也萧何，败也萧何”。所以，车头很累、车厢很慢成了常态，一旦车头出了问题，整列火车就难以前行。

绝大多数企业都在沿用塔式结构的多层级管理模式，采用这样的模式自然会依赖干部的“车头带”，因为它的权力流、责任流和利益流都是自上而下的，“车厢”们从动执行，越“不折不扣地听命”越是合格的属下。如此，整个企业必然受制于管理团队的完善，而一旦管理层出现空缺，相关板块的工作就难以为继；一旦某个干部情绪不稳，整个系统就会起伏不定；如果再遇到某个干部跳槽或者“叛逃”，那么这整个部门可能就面临坍塌。

在塔式管理模式中，即便“车头”动力十足，“车厢”们的效能也不会太高，因为他们是从动的，只会被拖着走。这样的团队就像一列绿皮火车，车厢越多，走得越慢。“兵熊熊一个，将熊熊一窝”，所以总是有很多管理者在哀叹“一将难求”，因为“车头”既要决策、分配、组织工作，又要示范、表率、督促，还得检查、补漏、评定，不仅专业上要全能，管理上要全面，品行上还要全优，否则就会“上梁不正下梁歪、中梁不正倒下来”，“车头”的任何一环不到位，“车厢”们就可能躺着不动。

员工被动，主要是缺乏动能。

塔式结构中，员工的动能主要来源于干部带动，干部人缘好或者有威严，就能凝聚员工力量，员工就会认这个老大，听从指挥，不让老大丢脸；假如干部人缘差或者不够威严，就很难聚拢员工。之所以员工们有“给面子”式的工作心态，是因为工资早已焊牢在了《劳动合同》中，工作好坏跟工资关联不大，做好点，是给上司面子，做差点，大不了挨两顿批评。因为责权利的深度等于潜能的高度，在“不动员工面包”的情况下，责权利没什么深度，所以其潜能就不会有什么高度。传统的塔式管理中，员工所趋之利是：有少许奖金可加，有晋升和提拔机会；员工所避之害是：挨骂、奖金少些、评优机会小些；这些“利害”的程度，相比起固定的“面包”显然不够厉害。比如，一个员工月工资 10000 元，奖金幅度为 1000 元，那他在基本工资很“铁”的情况下，潜能高度为 1000 元；如果事件涉及他将无法领到工资（开除等），他的潜能高度为 10000 元；假如有一种机制能使得他领到双倍于工资的收益，那么他的潜能高度就能达到 20000 元（本书 9.3.2 将介绍效能的科学量值方法）。巧妇难为无米之炊，干部手中能给手下加的“油”（动力源）只有奖金的奖扣幅度和晋升评议权，但自己“尚未老去”，还堵在属下们的晋升通道中，日常唯一能真正鞭策属下的就只有奖金的奖扣幅度了；假如员工家庭条件优越些，不那么在意奖金，干部就只有靠员工给面子了。即便干部手中的“油”能驱动员工，这种责权利模式形成的结构也明显是“围绕在以经理为中心”的“山大王”团队，那么企业处处将会有山头主义，部门壁垒的存在必然是常态。而这种江湖大哥式的管控格局，在企业无奖金可发的时候，团队也只能叫团伙，并且一旦“大哥”换人，“江湖”必然会重新排列组合，“城头换大王旗”后，新“大王”往往要等到“忍看朋辈成心腹”才能真正提升新团队的执行力。（鲁迅《惯于长夜过春时》：惯于长夜过春时，挈妇将雏鬓有丝。梦里依稀慈母泪，城头变幻大王旗。忍看朋辈成新鬼，怒向刀丛觅小诗。吟罢低眉无写处，月光如水照缁衣。）

晋升制度之于员工，其驱动力相当有限。

首先是“僧多粥少”，能“喝到粥”的概率用脚趾头都能算出来有多小，而且这不是你努力就一定能够有机会的，毕竟师傅（上司）还在，师傅的师傅还没让位，等自己坐上师傅的位置“媳妇都熬成婆”了。其次是看自己专业和经验够不够，就算专业够了还得看适不适合做管理，就算适合做管理还得看合不合师傅的胃口……一个萝卜一个坑，一个部门一个头，除非企业扩大，一个企业不可能为了让优秀的“僧”喝到粥而兑现给他“粥”，“僧”们都明白公司升职制度的用意，那是“驴头前面挂白菜，好让驴儿跑得快”……

晋升制度之于公司，也是问题多多。

首先是晋升之人一般只有三把“火”，火烧过后他的产能又将恢复当初，而公司的工资成本增长后却不太可能再下来了。这是因为薪资涨了，相应的工时量和工作量并没有涨的缘故，这也是众多公司人力成本增长跟效益增长形成剪刀差的重要原因；其次是晋升之人会反刺激未晋升的人，大部分未晋升的人会在同伴晋升后抱着“比上可以不足”的心态对待工作，因为他们会觉得若是不比晋升了的同伴少做点，那是一种吃亏。不难发现，很多科班的人力资源管理者常常为了“专业”（公司的专业化）而“专业”（发挥专业能力），为在老总面前显得“很资深”，把晋升体系搞得很大很全，每个板块都细分出诸如领班副领班、组长副组长、主管副主管、经理副经理、总监副总监、部长副部长、总裁副总裁等的一大堆职位，每个职位又细分出十几个级别，在对本专业的进一步“专业化”中乐此不疲，誓要在别人都不知道“茴香豆有四种写法”的基础上刷出成就感。可没人会想，谁在为他们的“专业”埋单。可以反过来假设，如果人力资源经理要为他们的“设计”造成的成效比（效益减成本）埋单（当然也会因正效益获利），他们的晋升作品一定会变得简单实用，直戳要害。

2. 知本时代拼的是执行层的行动力

无须否定传统的塔式管理和多层晋升制度曾经的历史作用，但是今天，我们必须正视已经到来了的知本时代。

之所以称现今这个时代为知本时代，因为这个时代以知识为源、以创造为本。知本时代是在科技飞速进步、社会生产力快速提升的大背景下，由互联网的发展和信息加速迭代催生出来的。随着知本时代的到来，市场生态发生了质的变化，各行各业都在重新洗牌，“断崖”“迭代”“蜕变”已然成为这个时代的主题词。而管理，也到了必须革故鼎新才能浴火重生的时候，只有变管为放、化制为服，才能重新焕发出企业活力。

知本时代市场的主要特征是速度、融合、智能、更迭，商品市场由卖方市场转为了买方市场，需求的个性化和定制化成为趋势，商品的技术价值占比越来越高，所以，生产对于劳动创造性的要求越来越高，对于信息的需求量、融合力和处理速度的要求也越来越高。但是在传统的塔式管理模式里，“车头”的信息抓取面和储存量，和“车头”的决策指令层层传递给执行者的速度和准确性，以及前线的异情反馈速度、决策层的变更指令执行速度等，都已无法适应现代竞争速度的需要。由于要适应现代竞争的速度，企业的管理结构必须扁平化，信息抓取必须全员化，信息融合必须全面化，信息处理必须系统化，应变决策必须前端化。**传统管理中，员工只需做个听命从动的执行者，但来到知本时代，员工必须成为一个自主能动的运营者。**

过去，企业是在“制造”产品，流程是项目研发→事项计划→任务分配

→生产实施→产品销售，管理是个内部闭环；而在知本时代，企业若再“闭关自守”就很难再获得机会了，因为任何一个赚钱机会都有很多竞争者在候着，等企业慢慢研发好，生产出来再去推销，应有的需求点早被抢走了，所以，现在的企业是在“创造价值”，流程变成了：机会筛选→订单获得→方案确定→生产执行→验收供给。

知本时代的管理必须是一个与市场需求紧密相连的开放性生态系统，这个系统要求企业每个环节的员工都要具有主观能动性。过去的企业像是绿皮火车，只要车头动力足就可以奔跑，现在坐绿皮火车的人越来越少了，企业必须是个“动车组”，每节车厢都自带动力，这样的速度“乘客”才会喜欢。

知本时代，“动车组”拼的就是每节“车厢”的动力。

然而，用绿皮火车的拼装方法，是怎么拼也拼不出个动车组的。所以，必须摒弃“车头”牵引、“车厢”从动的设计原理，让每节“车厢”都有自驱的动力，才能跟得上现代速度。

在知本时代，商品对于劳动创造的要求在不断提高，从动劳动很难适应这种要求了；而“车厢”们的需求层次也在不断升级，固定工资很难再成其为动能了。大家都能感受得到，“车头”虽然也在不断升级，但它的牵引力却在不断变小，“车头”手里掌握的那点奖金和晋升机会，越来越不被“车厢”们所待见。新时代的“车厢”需要的是尊重、情感、存在感和成就感，只有满足这些需求，才能把他们改装成“动力车厢”。“绿皮火车车头”如果还在一味地“从小弟的巴结中刷大哥的存在感”“在徒弟的孝敬中找师傅的成就感”，那他不可能在“动车组”中还能当“车头”，“车厢”们早已受够了替大哥垫脚、为师傅贴金的日子，到了纷纷站起来寻找自我的时候了。所以，企业何不顺势而为，给“车厢”们都装上动力，一来别让“车头”这么累，二来也投“车厢”之所好，大家联动起来，怎么组合都能组成一辆飞奔的动车。这就是所谓的“你好我好大家好，大家好才是真的好”。

只有全面解放了执行层，才能从根本上解放生产力，才能让公司在现代市场竞争中游刃有余。

6.2.2 承包是最大的杠杆力

1. 野生的比圈养的厉害

本书1.8节中例子里的李雷，打工一周的付出相当于自己创业工作一天的劳动产能，这就是是否承担责任的不同结果。同样的一个人，面对同样的工作内容，产能差距怎么就这么大呢？这说明管理可提升的空间还很大。那么，应该可以设定这么一个命题：基于“责权利的体感度等于激励机制的有效程度”原则和马斯洛需求层次原理，来探寻人的自驱动源泉，以得出在职业环境中人人都能自觉高效劳动的自驱动工作法，最终实现管理化蝶。

打工者也能像老板一样地自管理？这是个连老板们都觉得不太现实的问题，是不是一个伪命题？特别是在劳动者的社会需求普遍升级之后，管理更专业、更强力了，待遇也更全面、更宽泛了，在打工者的效能依然持续下滑的情形下，人们更不愿意相信除了更严苛的强制手段外，还有别的什么能让劳动者倾力工作的方法了。打工者自发劳动？这似乎比上火星还难以想象。

难以想象，并不是不能想象。只要人还有需求，还有趋利避害的本性，一切都有可能。

不破不立，一些企业恰恰是在逆管理、去管理化的探索中找到了突破口。

中国实行土地承包制后，农业生产得到了大幅度提升。而在之前的大集体模式中，政府耗费巨大的人力物力带动大家“学大寨”，生产的活力一直不高。承包制之后，具体的生产政府不管了，生产力却大幅提升了，这就是“放”的效果，是去管理化的结果。如此，既节约了政府大量的人财物力，又激发了广大农民的生产积极性。

为了拯救濒临灭绝的大熊猫，人类把它们当宝贝一样地供养起来，它们之后反而慢慢丧失了自然生存的本能。后来，专家提出了“放归自然”的策略，让它们自己面对生存压力，以恢复它们的生存能力，要不然，大熊猫总有一天会被人类惯成“废猫”。

动物是“野生的比圈养的厉害”，人，也一样。所以，如果企业变管为放，反而能激发人的天性。

放任员工，给员工责任和自主，他们则会野蛮生长。

其实，承包就是激励的有效模式。如果能从传统管理的惯性中摆脱出来，回归对需求满足和人性引导的思考，就不会再陷入一味地管理、管理、再管理的漩涡里了。

正是由于管理的惯性，企业管理者没有怀疑，也没有剖析过一直在沿用的聘用制。

从工业革命开始到现在，聘用制一直就是劳资结合的基础，资本购买劳动以实现生产，劳动者出卖劳动以谋求生存，这样的生产关系已经成了定式。这种定式也奠定着企业管理的基调：制约。管理是资本本位的，是为企业服务的，所以劳动者在管理中是从属的、受制的。

然而，生产关系是由生产力决定的。而生产力总是在一定的生产关系中运动和发展的，发展到一定阶段便与生产关系发生矛盾，原有的生产关系由生产力发展的形式变为生产力发展的桎梏，就会产生革命性变革，由适应生产力发展的新生产关系取代旧的生产关系。（卫兴华，2014）

直到20世纪末，聘用制都还在极大地促进生产力的发展，因为大量的劳动者还在为生存和生活而劳动，"趋利避害"让他们在聘用制中不得不努力工作，企业实施"胡萝卜+大棒"的政策颇具实效。在这种情况下，对于企业而言，运用聘用制，劳动成本不高，而且成本明确，利于项目计划和实现利润，利于决策生产。也正是因为企业和劳动者都能因为聘用制而满足自己的诉求，这种劳动关系才得以成为最根本、最广泛的劳资合作模式。

但进入了21世纪之后，随着科技的飞速发展，人们的物质生活水平得以迅速提高，当绝大部分人已经不再为生存而发愁的时候，他们的社会诉求就会发生层次性的变化。即由原先的生存需求上升到了情感需求、尊重需求和自我实现需求，固定的"胡萝卜"已经无法匹配他们的基本需求了，"大棒"不仅威胁不到他们，还跟他们的情感需求和尊重需求相悖，企业赖以生存的根本大法迅速褪色，聘用制面临瓦解。

30年前，中国打工者跳槽频率在4年左右，20年前是2年，10年前为1.5年，5年前缩短到了12个月内，2018年已经接近6个月（"90后"的跳槽频率约为4个月），发达地区的企业近几年普遍遭遇了“用人荒”。

虽然人力成本的增加与人才的稳定性呈反向发展的趋势，但传统管理的基础是劳资购买关系，所以，企业只能选择继续扩大管理投入来维系生产，在加大“胡萝卜”的前提下加重“大棒”，这其实是一种恶性循环。一方面，管理成本的持续增加在加大企业财务风险；另一方面，制约性越来越强的“大棒”正好跟员工的根本需求南辕北辙，员工的动能因此迅速下滑，企业的投入与产出变成了反作用关系。当劳资购买关系变成了生产力桎梏的时候，颠覆性的变革就在所难免。

但绝大部分的企业，仍围绕着劳资购买关系这一轴心，在精益求精地探索更“专业”的管理，诸如岗位全面化、职能精细化、流程标准化、职级稳定化、管理强势化、制约精准化、监督常态化等，似乎管理更“专业”，企业才更有希望。而事实是，这些“专业”无一不是背离着现代员工的基本需求，如此，劳动活力何在？企业希望何在？

很多管理者在经典管理的惯性中，不愿意承认曾经那么有效的“专业”管理和通行了两个世纪的聘用制已经走到了历史的拐点，是因为不敢正视劳资购买关系开始制约生产力发展的现实。如果明明已看到越来越多固守经典的企业在加速锈化，仍然迷恋曾经的辉煌，而不敢破己立己，将必然会在这场生产力要求生产关系变革的运动中，沦为被革命的对象。

海尔这样的大象企业都革了自己的命，把员工从“创客”全部过渡到“小微”，即小型企业式团队承包的自主经营体。自主经营体是海尔人单合一管理的核心和组织载体，所谓自主经营体，是以创造并满足用户需求为目标，以相互承诺的契约关系为纽带，以共创价值并共享价值为导向的自组织。每个员工都必须进入经营体，包括财务、人力等职能部门都要融合进入自主经营体，要提供资源把自己由后台变为前台……海尔的三类三级经营体之间是通过契约关系实现一张企业内部协同创新的网络组织，同时也构成了海尔的倒三角经营组织体系（海尔集团，2012）。

小米也实现了全员承包制，他们跟海尔一样彻底告别了“发工资”时代，财务上已经完成零人力成本，整个企业不仅轻装上阵，还彻底激活了员工。如果这些大象企业都已经证明了承包制迭代聘用制可以实现全面解放生产力，中小微企业还有什么不可以转身的呢?

2. 分包能令“上下同欲”

聘用制让劳资关系天然地对立，因为一旦聘用成立，劳动者就让资方产生了成本，面临财务风险；而在聘用工资既定的情况下，劳动者也认为劳动生产的剩余价值全部被资方占有，如何争取更高的工资成为他们最大的斗争动力。在工资与利润的绝对杠杆两端，劳资利益你少我就多、我亏你就赚，似乎天生就是对立的。

“上下同欲者胜”，责任共担、利益共享的承包制之所以能让企业生产力全然解放，是因为它将劳资的对立关系变成了共生关系，将劳资利益矛盾体变成了利益共同体。

聘用制下，老板是单一承包者，他承担着所有的责任、独占着所有的剩余利润。这种机制的必然结果是，企业风险系于老板一身，老板很累，员工很轻松，员工不分担经济责任和压力。所以在聘用制中，员工是刷不出多少存在感和成就感的。

而共享共担的员工承包制（也可称为“员工有限责任分包制”），则中和了老板过大的压力和员工缺失的成就感。**很多企业根本没意识到，自主权、满足感、存在感和成就感已经成为现代员工的刚需**。所以，**既有较大利益想象空间又有一定经济责任的岗位分包，不仅正中了现代员工实现自我的下怀，还正中了企业降低经济压力的下怀，在纵容员工野蛮生长的同时，也能催生出企业的虎狼秉性**。

确认了现代员工的刚需（见图 6–1），再从趋利避害的根本人性出发，就能得出撬动员工产能的清晰方法、破茧管理。

“世上无难事，就怕有心人”，当员工一改过去为老板打工的心态开始为自己干的时候，还有什么是他们干不了的？还有什么是他们做不到的?

物竞天择，面对外部不断加剧的竞争和内部升级了的员工诉求，建立“上下同欲”的劳资共同体是企业进化的必然方向，也是生产力发展决定的生产关系的必然变化。

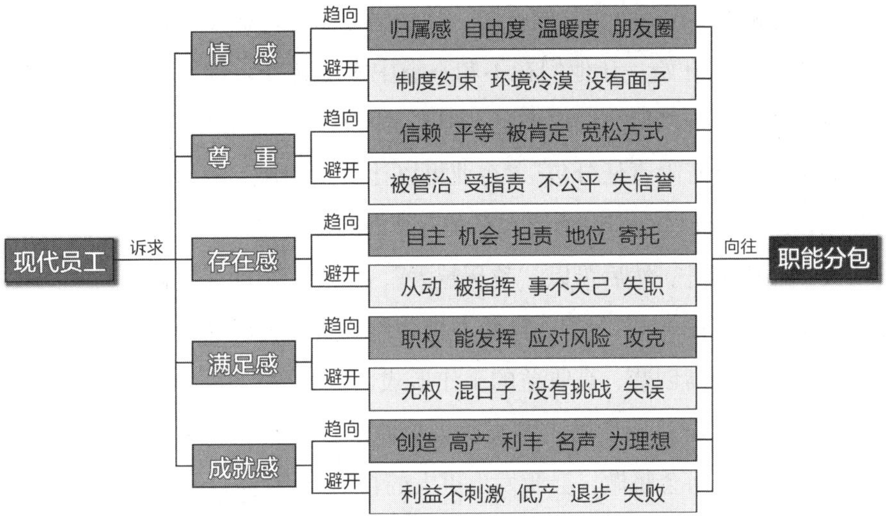

图 6-1 现代员工的诉求指向分析

6.2.3 让“狼人”们在岗位上成就自我的“有限责任分包”

1. 员工承担“有限责任”的程度是个性化的

承包是劳动潜能的有效杠杆，但承包模式的形成不可以一步到位。

我们对“承包”这个词再熟悉不过了，但在不少人的意识里，似乎这种模式对于承包者是“责任很大风险也很大”的，因为我们过去见过的承包，都是责权利“大包大揽”的。而绝大多数员工长期处于较为安逸的打工状态，习惯了旱涝保收，要他们忽然去“承担责任和风险”，会令他们望而却步。因为在员工们的字典里，“承包”是个很大的概念，是近乎“当老板”的、“压力山大”的、巨大责任担当的经营模式，弄不好会“倾家荡产”的。他们或许脑海里曾经也闪现过承包和合作的概念，但他们会认为，想想可以，真的要承包那须等自己翅膀很硬了，有资金底气和全面的经验才能去尝试。所以，在员工面前，不要随意提及“承包”和“合作”这些词语。

其实承包，并不只有责权利“大包大揽”一种模式，如果把责权利进行细分，就可以形成“部分承包”或“半承包”这样的基于较小范围内的小承包。

方法再好，也不能突然给员工们灌输“承包”和“合作”这些概念。本书 5.2.1 阐述过“不变而变”的方法，即用潜移默化、循序渐进的方式，从员工们习惯的形式开始，让他们在不知不觉中实现转变，待大家在先进的模式里习以为常了，再以什么词语来定义都不是问题。

关于“全员有限责任分包”，企业可以让员工们从“一切如初”的打工形式开始，开些责权利的小口子让大家浅尝其中的乐趣，在自己认为“十拿九稳”的情况下循序渐进。然后可以“越玩越大”，一步步实现高收益（其实高收益已经携带了高责任）。实际上，高收益携带着高责任，就已经是承包了。当员工们习惯了这种高创造、高收益的工作形式，再撕掉“窗户纸”，不论如何定义都会令大家兴奋。假如员工们恍然大悟原来自己已是公司的合作者了，他们不会埋怨，反而会骄傲，会激发出更大的自信和创造激情。

实施岗位分包之前，需要明确这种**岗位责任制必须是在员工的工作职能和能力弹性范围之内实施的，施以员工的是有限责任、有限权力和有限利益（但颇具想象空间），并且还必须是个性化的**。虽然员工的潜能空间巨大，但大家实际能承担的责任（经济责任）相当脆弱，责权利可以有一定的延展度，但过犹不及；而且，每位员工及其不同时期的承担力和承受力是不一样的。此前，很多企业也开放过责权利，给过员工较高的行事权和利益空间，但超过员工职能范围的分权，只会造成员工盲目行权；超过员工经济和心理承受力的责任分派，只会造成员工慌乱和逃避；过高的利益分配会造成公司的成本虚高，过低则会造成员工的懈怠。所以，责权利分解，必须有一个适宜的度。

这个度，可以循序渐进地提高。

有的公司“给员工两斤铁就想员工造飞机”，显然是想当然了。所有人都只能在一定的压力承受范围之内，才能正常发挥。当然，大家在适度的延展空间内逐步深入，能力和经验自然会不断增长，假以时日，大家便会更为成熟、更有担当，到那时，公司就算“没铁”，大家也会把“铁”找回来，不仅是飞机，飞船都有可能造得出来。

2. 如何悄无声息地让员工们成为承包人

如何在聘用制基础上，不动声色地实现全员分包，把打工者在潜移默化中变成承包人呢?

首先，公司可以在原有的基础上（包括人员、结构、职责、工作量等都不作变化），直接引入三张表格规范管理人员和员工的日常工作。三张表即5.4.1、5.4.2和5.4.4中所讲的决策人、经理人和执行人分别使用的工作表。

第一张表是《项目表》，这是公司领导下达项目指令用的。过去，公司领导要通过大会小会传达战略精神和项目任务，现在如果用《项目表》就简洁多了，公司定期、不定期的所有战略任务、所有临时活动，以及所有的制度颁布和信息传递等，都用这一表格在线传达即可。这个表格能很明确地将战略任务变成各部门的量化指令，量化指令包含清晰的责任部门、负责人、任务量、工作人数、完成期限、考核标准、奖惩标准等，该表格信息传递迅捷、准确。

第二张表是《部门表》，这是部门经理在决策层给出的一张或多张《项目表》基础上，定期制订的周工作计划表（也可以是每月、每半月或每旬），通过这张表将工作按周期分解到所属工作人员名下，分解内容包括执行人、协作人、任务量、完成期限、量化标准、基础分值、超标奖分定义、未达标扣分规则等。《部门表》也是系统化发布的，信息准确，同样无须大会小会传达，因为周期工作计划是定期发出的，决策层的《项目表》发出不会把经理人的日程给拆分开来（除非是紧急项目），经理人也不会把执行层的时间拆解打散（除非是指令变更）。

第三张表是《考核表》，这是《考核表》是在《部门表》基础上自动生成的，执行人无须花时间拟定，只需将不同意见进行反馈即可。执行人和经理人的工作计划意见统一后，《考核表》就是执行人跟公司的“工作协议”了，所有员工（包括管理者）按“工作协议”执行工作即可。《考核表》均可通过手机或电脑系统传递和操作，经理无须通过开会来分派和串联工作，员工也不用专门跑到会议室领取工作，甚至可以不在办公室就能轻易完成与经理的“工作协议”。同样，经理与员工间的工作指令变更、工作完成后的结果确认，以及工作结果分评定、行政和财务部门的分值统计、工资转换等，也都可以线上完成。

三张表在使用过程中能客观、准确、及时、细致，避免了推诿扯皮，职责明确、任务清晰、量化具体、奖罚有力，先不说是否改变了员工的“打工心态”，至少可以让公司的运作简洁明了、有条不紊。

其次，可以让员工自定义《考核表》中的绩效考核率 x%，让员工们自己“玩” x%，“玩着玩着”不知不觉就“自己给自己发工资”了。于是，岗位承包就悄无声息地形成了。

这个结果是怎样演变出来的呢?

来了解两个公式：

$$W=A+B;\ x\%=A/W$$

W 是周期（月、半月、旬、周）基础薪金，即员工合同工资；A 是绩效考核基础工资，即 W 中用以进行绩效考核的部分，俗称“活工资”；B 是基本工资，W 之中不考核的，固定领取的部分，俗称“死工资”。x% 代表着 W 用作绩效考核的考核率，取值在 $0 \leqslant x \leqslant 100$ 之间，由员工自定义。W 是合同确认的固定额，A 和 B 的取值因 x% 而定。

如果员工对所在岗位工作心中没底，只想要死工资、不愿意参加考核时，可以选择 x=0，这时候 A=0 元，那么 B=W，就会不多不少地依合同领取固定工资，这种情形下，员工就是完完全全按聘用制打工；当员工对自己的工作有一定信心时，可以尝试将 W 中的一小部分划作 A，如果期末的工作结果分大于计划分，A 就会变大，于是 $A+B>W$，就可以拿到比合同既定工资更高的收益。

下面是一个前台文员从“打工者”不知不觉变成“承包者”的例子：

琦琦跟公司签订了试用期 4000 元的月薪（包含基本工资和绩效工资，奖金另计），公司的考核周期以月为单位。第一个月琦琦担心工作不熟悉，不敢拿活工资（因为到月底如果结果分低于计划分，就会 $A+B<4000$ 元），所以她选择 x=0，即 A=0，B=W=4000 元，妥妥地拿到 4000 元的月工资。

为了能转正，琦琦工作非常认真，因为前台工作是她专业对口的工作，稍微熟悉一两周后，工作就可以全部上手了。半个月后，每天的工作考核都能达标，一个月下来，工作结果分总计为4310分，大于本岗位月计划总分3890分，超了420分，但由于她月初选择的x=0，没有活工资A的计算，超过的分值不能转化为工资（当然这些高出的分值在其他的方面，比如奖金、福利、期权的核算中还是很有价值的）。超标了420分，琦琦自己就会去琢磨：假如我月初设定x=1呢？那么——

$A_{考}$=1%×W=40（元），B=（100−1）%×W=3960（元）；

$A_{终}$=$A_{考}$×（4310/3890×100%）=40×111%=44.32（元）；

$W_{终}$=$A_{终}$+B=4004.32（元）（多了4.32元）；

如果x=2呢？就多2个4.32元，$W_{终}$=4008.64元；

如果x=4呢？就是$W_{终}$=4017.28元；

如果x=20呢？就是$W_{终}$=4086.40元……

她心里痒痒的，懊悔不设定更大比例的x，白白少了几十块。

经过了一个月时间的熟悉，琦琦对本职工作比较有信心了。于是，她第二个月尝试设定x=10（就算工作完全做不好，也至少因B=3600元，可以确保3600元的生活开支）。其实她心里很有把握第二个月超过基本标准3890分，甚至超越第一个月分数。

结果，因为工作比第一个月熟练，第二个月她的结果分达到了5180分，那么她的最终工资是：

$W_{终}$=10%×4000×（5182/3890）+（100−10）%×4000=4132.85（元）。

这时候，琦琦心里更难平静了，她在想，假如我第二个月设定x是40呢？那么$W_{终}$就会是4531.40元。

如果x=80呢？$W_{终}$=5062.80元，多了1000多块钱啊！

假如x=100……

想想都激动！

激动归激动，但多少琦琦心里都还是有点小怕怕，万一有个万一呢……所以，x=80，x=100，想想就算了，真的要试还是等转了正再说比较稳妥。于是琦琦将第三个月的x设为相对保守的40，她觉得第三个月达标的概率远远超过不达标的概率，因为不达标只会因为自己工作能力不达标（非人为原因或正常请假是不会影响达标概率的)，而前面有两个月的实际工作经历，验证了自己的能力是达标的，不达标的概率几乎没有可能出现。只要结果分超过3890，x越大工资就越高。第三个月x不设置太高仅仅是心理上想求个绝对踏实而已。

事实上，为了转正，琦琦第三个月比较努力，结果分达到了8220分，根据x=40计算，$W_{终}$=5780.98元。

撩动琦琦心弦的是：如果月初设x=80，那么$W_{终}$=7561.95元；如果设x=100，$W_{终}$=8452.44元，工资比最初翻了一倍多！

所以，后来琦琦转正了，基本每月都把x设到100。

有人有疑问了：如果x=100，公司不就亏了吗？

不！

数学题是这么算的：琦琦一个人干了2.11（即8220/3890）个员工的工作，或者说，琦琦一个月干了2.11个月的工作，公司还省了1.11个员工的办公桌和场地成本，或者说是省了1.11个月的前台办公成本，何亏之有？

3. 任由员工“贪婪”地为自己干

每个人对自己的岗位和能力判断是最准确的，对工作结果达标的概率是最清楚的。特别是老员工，经过了数个月的验证，早就知道了自己是否能过“及格线”，**只要过了“及格线”，x大于零只会有“加工资”这一种结果，而且x值设置的大小跟工资的增加额会成正比，却不会有工资扣减的风险**。那么，在收益率远远高于风险率的情况下，人性的贪婪是挡不住的。所以，当一个人熟悉了自己的工作岗位，有了数个月及格的历史之后，可以想象，他会把x设为多少。来打工，目的就是为了多挣钱，有机会多拿谁会不要？既然我能自己“玩”x，既然我能把4000“玩”成5000、6000、7000甚至8000，那我为什么只“玩”成6000，不“玩”成8000？能要8000却只拿6000，那不是正常人。

在这样的机制下，员工谁能不心潮澎湃？那些能过试用期的正式员工都应该是正常人，既然能转正，就说明能“及格”；既然是正常人，在明明能及格的情况下他们就不会让 x 小。可想而知，“狼人”们会多么不可阻挡，“一个顶俩”的工作局面会有多么热烈。

而在热烈局面的背后，真正笑出声的，是公司老板。因为这样，老板才是“稳坐钓鱼台”的人。

员工的 x“玩”得越高，公司的人力成本就越低。x 是可以放开了任员工们“玩”的，因为无论员工们选择什么样的 x 值，公司的人力成本都只会下降。就算是极端情况出现，所有人都不“玩”x（均选 x=0），公司也只不过是恢复到原来的“完全聘用制”状态而已。而只要有人“玩”x，无论员工是及格还是不及格，公司的人力成本都是在下降的。当一个员工熟悉自己的本职工作之后，看在钱的面子上，自会去寻求满足感和成就感，谁阻挡他去“超标”就是在挡他的财路，自驱动就这样形成了。**当大家贪婪地设置 x=100 时，公司的“人力成本”就是 0 了，岗位分包就彻底实现了。**这个时候，公司就跟上了海尔和小米的步伐了，也就“告别发工资时代”了。

员工们自己乐颠乐颠地“玩”工作了，也就没干部们什么事了。管理部门、监督部门等，还有没有必要保留都是问题。至于说能省下多少管理费用，老板心里自然是有数的。

武术上最高的招数是无招胜有招。

管理中最高的境界是无为而治，放任员工野蛮生长。

如果管理者太闲了，想“有为有为”，还有两个“后手招”可以让公司生产力提得更高，让员工们赚到的 $W_{终}$更丰厚：

第一招，经理可以根据员工们不断增长的能力，动态地提高考核标准。具体做法是，根据员工过往月工作完成度和完成量，将工作量和考核标准（包括奖罚标准）进行动态提高。这样既能匹配和促进员工们不断增长的能力和经验，又能不断地提升公司的产值和利润率。

第二招，经理在制定《部门表》的同时，启用 5.4.4 中所介绍的《增量表》，给公司和员工们更多增收的机会。其实员工不缺时间，缺的是钱。传统管理中员工之所以被动，工作推三阻四，真不是他们干不了，而是他们没有原动力。当企业把每项工作都量化为分值，当每个积分都跟员工的收益关联起来的时候，就不用担心谁还会像木头似的推一下动一下了，谁会跟自己的收入过不去呢？只要能加分（加分就是加工资），员工们就不会懈怠，甚至无论是上班时间还是下班时间，都想着多干点、多挣点。如果《增量表》中提供一些诸如“为公司转发推广文章每次加 1 分”或“每推荐一人关注公司微信公众号加 1 分”等这些不限时间和地点的工作，那么员工在地铁公交上，或者周末在家，都不会闲着，他们也许会像迷恋网游一样迷上点击手机挣分数，如此一来，员工们的碎片时间就可以转化成效益了。在传统体系下，因为每件工作并没有跟收益直接相关，大家做好还是做坏是在看经理的面子，而且只愿意在法定的上班时间内做。但在工作分值化的情形下，大家是看钱的面子在做事，就不会太在意是在公司还是在家里，是白天还是黑夜了，有钱不赚，愧对自己。

“要我干”和“我要干”，结果当然不一样。

思考：工作过程中可否变更 x 值？

绩效考核基础分的设定和加分定义如何控制才符合财务精算？

6.2.4 “资本 +”时代正在切换到“知本 +”时代

1.“劳动者本位”与资本本位水火不容吗

企业管理的核心目的是资本盈利，一直以来其主要内容都是针对劳动生产的制度。“管”是约束，“制”是裁制，企业制度基本是“制约”和“惩戒”的颜色，怪不得一提及管理，员工们就有心理抵触。**基于资本盈利的需要，受限于劳资收益的对立性，管理研究人员和管理者也只能狭隘地输出制约性的管理机制**，而在这样的管理机制下，想改变员工的被动状态，几无可能。

如果劳动大众普遍尚处于因为生存不得不参加劳动的阶段，制约式的管理也能达成企业盈利，至于员工意识对立与否，并不那么重要。可是，现今的市场环境已发生了根本变化，劳动创造成为核心竞争力，解放劳动者的创造力成了解放生产力的核心内容，劳动者是否能积极创造成为企业的胜负手。所以，激发劳动热情，绝不仅仅只是激励机制研究的需要，同时还是企业维持竞争力和生命力的需要。基于此，必须重新思考和定位“管理”这一概念。

要激发员工的工作热情，就必须寻找到员工的劳动原动力；要找到员工的劳动原动力，就必须研究透员工已经变化了的需求；要透析员工的变化了的需求，就不能一味地资本本位，否则，将难以走出经典管理的“庐山”之中。

因为资本本位，基于劳资收益对立性的逻辑，似乎就不可以提及“劳动者本位”的话题，因为“劳动者本位”就是要维系劳动者收益，维系劳动者收益就是在损害资本收益，在传统管理的概念里，“劳动者本位”应该是与资本本位水火不相容的。

但实际上，劳动者和资本是社会生产最基本的两大要素，相互之间的依存性永远大于矛盾性。

或许是经典管理的理念一直在束缚着我们的思维，才导致我们一直无法破茧。

资本是企业发展的基础，管理的资本本位无可厚非。无法破茧的问题其实出在劳资收益对立性的逻辑上。

把劳资收益对立性问题搁到一边，单纯从“劳动者本位”角度去探索，或许一切就会豁然开朗。

其实，在工业革命初期，正是由于资本满足了劳动者的生存需求，才结成了双方“相互满足”的聘用制关系。那么现在，也理应可以找到劳资“互为满足”的合作关系。

在员工的《考核表》中，x设定的比例大小并不是由企业强行要求的，而是由员工自定义的，这似乎有悖于“管理”的基本理念，但正是因为这种“放任”，才把员工们的欲望尽情地释放了出来。看似毫无限制地让员工自己“玩”x，自己“玩”工资，其实这里面蕴藏着真正的管理。形式上，员工的工作很“自由”、很“自主”，甚至很“随意”，员工可以自己把工资提高，自己能翻倍就翻倍，公司完全“不管”，一个员工本来只有4000元的月薪，生生被他“私下”弄成了8000元。有人会很担心，这种“没有管理”的局面会导致“企将不企”。然而，企业是为了管理而管理吗？别忘记，盈利，才是企业的根本目的，如果能达到盈利的目的，管理方式如何，或者有没有管理，有那么重要吗？大家都知道网游厉害，因为它让玩家在很自我、很自由、很随意的情况下，情不自禁、不可自拔，玩家没人管、没人问，而网游平台却在进账。平台悄无声息地，在玩家欲罢不能中把钱赚到，这不好吗？

《考核表》中的 x 让员工自设定，其原理类似于网游，它兼容着网游的六个基本要素：目标化、阻碍性、自由性、存在感、满足感、成就感。

对于 x，员工如何设定，公司都稳坐钓鱼台：x=0，公司即如当初的完全聘用制；x>0，公司的人力成本即在降低，其值越大，降得越多；x=100，公司的人力成本为零。对于这些设计技巧，员工们没多大兴趣研究，大家更在乎的是怎么从“玩”x 中“玩”出高薪；这正如游戏玩家只在意自己的经验值和积分，不去关心平台的赢利模式一样。形式上，员工们“玩”得很嗨，实质上，企业的风险在大幅降低。在员工挣得更高工资的背后，是企业更大创收的实现；在员工自由和自私的背后，是企业的无为而治。基于财务精算而建立的《考核表》，分流到企业账户的那部分是绝对保障的。在企业不动声色地纵容下，员工却一个个由被动变成了主动。悄无声息地，企业就由“发工资”时代过渡到了“员工自己挣工资”的时代；循序渐进中，劳资关系就由聘用演变成了承包；不知不觉间，去管理化的局面就形成了。**于是，“人力成本”一词在渐渐蒸发，“劳资共同体”在自然形成。**

承包概念可以很大，也可以很小。《考核表》的工作内容是部门经理根据部门工作计划分解的，应该都在执行人的职能范围之内，而表中的责任度在执行人工资分割出来的“绩效考核工资”之内范围，所以执行人实现增收是力所能及的。这种全员职能范围内的分权、分责和分利，实际上把老板的总承包分解成了全员的分承包。在员工们不断积累起来的经验、能力和信心基础上，承包进而演变为合伙也将自然而然。

《考核表》显影着一个本质问题：劳资收益同频。

所以，劳资收益并不只有“对立”一种可能。

能实现劳资损益同频，管理就可以蜕变了。如果资本收益可以暗度陈仓，公司就能对员工收益明修栈道。当公司“全心全意为员工服务”了，“管理”就不再姓“管”了，可以改姓“服”了。于是，企业就可以变成员工们施展才能的平台了，之前那些令员工反感的所有制约条文，都可以转换为令员工兴奋的获益公约了。因为劳资损益同频，私利则公益，你好我也好，资本的盈利就完全可以建立在员工利益实现的基础上了，那么，资本本位也就兼容员工本位了。

2. 以资为本的生态正在变成以知为本

“以人为本”的口号在市场上响彻了好多年，但真正意义上的人本机制和成功的人本模式少之又少。所以，实现了全员创业的海尔和小米这些明星企业，彰显着巨大的榜样力量。海尔是这样概括自己的：

传统的财务报表是以资本为中心，追求股东利益至上；海尔自主经营体的三张表是以员工为中心，即以人单合一的机制激发员工的创新力，让员工创造用户价值、创造市场资源，达到用户、企业、员工的共赢，实现员工价值、用户价值、企业价值的相统一。可以说，传统的财务报表是以资本增值为导向，是“资本主义”；海尔的自主经营体三张表是以人为本，即以员工创新力为导向，是“人本主义”的核算体系，这是本质的差异。（海尔集团，2012）

就是因为被劳资收益对立性的固有思维绑架着，一众管理研究者才在人本机制的创建上摸不着北，拉拽着劳资群体在意识对立和行为对抗的历史漩涡里不断消耗。

其实资本是最单纯的。资本自始至终都只有一个诉求：利益最大化。

资本本位理念确也源于资本的这一单纯诉求，但在要树立人本主义才能提升企业核心竞争力的今天，资本却不是一支保守力量，反而是最积极的。正是因为资本的单纯，它才最不会故步自封地维持不能与时俱进的传统管理，真正阻碍人本建设的其实是管理者的经验和思维惯性。

在“管理科学”形成之初，广大劳动者普遍贫困，大家为了生存而渴求工作机会，资本正好能满足劳动阶层的根本需要，于是，双方互为需要，达成了合作。这个时候，工资额度提前确定符合劳资双方的意愿，工人们因为工资明确解除了生存的后顾之忧，资本方因为工资明确得以清晰计算利润，于是，**“固定工资”成了会计学基调性的名词。**

为了便于决策生产和核算利润，会计学一直把“工资分配”算作生产成本。随着“管理科学”的发展，这种会计记账方法逐步披上了“科学”的外衣，并开始定式，再后来，就演变成了经典的格式。

于是，本来是分配板块的劳动者价值体现——工资，成了成本。

于是，工资成了利润的对立面。

于是，劳资收益的关系就对立了。

最终，劳资开始了长达一个世纪的对峙。从本质上来说，劳动和资本是生产中最不可或缺、互为依存的两大要素，谁离开谁都无法体现价值，谁离开谁都无法获取利益，它们深深依赖，统一性才是它们的根本关系。

成本与利润是一组对立关系。基于资本本位思想，管理学踩着“工资成本”的基石，只能演变出“制约”的颜色。为了资本利益最大化，企业就设法以低成本购买劳动力，设法在既定的工资基础上提高劳动效率，于是，降低人力成本和提升劳动效率成了企业盈利的“两条腿”。在管理学起步的那个时代，人们渴求工作机会，企业可以尽量压低工资，人力资源专业化发展有着足够的空间。那个年代，生产的创造性要求极低，“熟练程度”成为效能管理的核心词语，工人的劳动过程近似于机械运作，设法延长工时、鞭策劳动速度就成了企业提升效益的最有效的方法。因此，“制约”成了管理的基本特征，对立成了劳资的基本关系。

当生产关系由生产力发展的推手变成了桎梏，就会有颠覆性的变革，旧的生产关系就会被新的生产关系所取代。

进入 21 世纪后，人们的生活水平大幅提高了，为生存而不得不工作的人越来越少，劳动阶层的社会需求上升了几个层次，人才竞争变得异常激烈，企业购买劳动力变得极为困难，其成本也一路飙升，传统管理中企业盈利的“两条腿”突然瘸了一条。

在互联网的催化下，科技加速发展，企业的外部竞争陡增，创造力成为企业的核心竞争力，员工的潜能发挥成了企业的产能基础，而员工们的根本诉求已由生存需要变成了尊重、情感和自我实现的需求，员工对于企业的加班要求和“大棒”鞭策由畏惧变成了抗拒。于是，以鞭策速度为主要内容的传统管理手段，由原先的促进效能的加速器变成了制约员工主观能动性的拦路虎，于是，企业盈利的“另一条腿”也瘸了。

当传统管理方法开始成为企业盈利的阻碍时，资本是最不能容忍的，它的变革意愿是最强烈的。因为，它本来就只是单纯地追求利益最大化而已。

当只有解放劳动者才能解放创造力，只有解放创造力才能解放生产力，只有解放生产力才能拥有竞争力的时候，人本机制成为企业管理最核心的主题。当企业的外部竞争激烈到要求企业内部只有团结一致才能获得生机，劳动创造力成为价值的主要源泉又使得劳动价值最大化与资本价值最大化由矛盾关系变成了共振关系的时候，劳资利益共同体水到渠成，知本时代便悄然而临。

那么，**以资为本结构的生态，逐步就变成了以知为本，“资本 +”正在切换到“知本 +”。**

管人是最难的，而企业就是由人组成。所以无数管理者和企业家都希望有一天，在企业内部可以实现真正的“无为而治”，让企业自运行、自发展，自己不必深陷其中，抽身去完成更重要的事情。

——王石

第 7 章

员工自驱动
——零管理才是最好的管理

7.1 是什么，封顶了员工的动能

7.1.1 “人治”限制着员工的主动性

“人治”广泛存在于东方企业之中，即便一些企业的整套管理制度都是克隆西方成功企业的，在实际运营时，还是难免要通过“人治”来落地。

中国社会是个人情社会。制度是用以调动人的，人是本，制度是末，不同的人群，调动的方式也就不一样。自然地，人情社会中的东方人，往往靠人情来调动更加容易。

俗话说，“人情大过天”，在中国，人际关系维系着组织结构，而这种长期的强关系结构，孕育出了东方的“二元”（义和利）价值体系，人们权衡利弊时，总得兼顾情义和法理。

其实，一些中国企业管理者常常会落入一个误区：一味地强调“弱关系管理”，单纯而片面地追逐“法治”。落入这个误区是本末倒置的思维造成的，它将管理作为本，人作为末了。而这种本末倒置思维的形成，是因为中国企业在引进西方管理制度的过程中，效果并不佳，广大管理者在面对“捋不清、理还乱”的复杂人情关系时，几乎无从下手，于是就把人情关系定义成是“弱化制度效果的罪魁祸首”，所以要极力在管理中去关系化、去人情化，寄希望于割除人们的情义价值观，把大家导入“毫无人情”的“完全的制度治理体系”之中，以期实现“如西方般的成功”。

制度是拿来适应和激励人的，不是拿来变革人性的。管理学研究的就是以什么样的方法和规程来让特定的人群发挥效用，而不是来研究如何搬出一套一成不变的制度，把不同人的性格“修理”成同样的个体。

西方管理模式因循东方人群的“二元”价值观，而进行人情化改变，这个方向本没错。

只不过，西方管理如果仅仅是简单地允许人情关系在制度上生长，其结果往往只会让复杂的人情关系，把制度肢解得面目全非。更何况，在数千年的“官本位”管理的惯性中，制度会直接被揉搓为顶层管理者的意旨。

通过“人治”管道输出的制度，自然会被管理者的解读结果所替代。在中国，领导的话等于制度的现象处处可见，林林总总的管理问题就会接踵而来：山头主义、利益裙带、假公济私、贪污腐败……而企业往往就会在干部依赖症的漩涡中成为少数人舞弄权术的工具，陷至深处，还常常发出“千军易得，一将难求”的感慨。

“人治”体系中的被管理者，却又习惯于对管理者的顺从，在长期的听命中屏蔽自己的思考和创造。这或许是因为顺从的行为表现，才是获取社会分配最低成本的方式。集权的顶端和听命的底端，固化着自上而下的权利流，让塔式结构的“人治”管道，成为人们不二选择的获益模式。**但这种体系恰恰只能滋养一批又一批趋炎附势的庸才，这种模式的持续，最终只会令企业变成一个“成也老总、败也老总”的赌博式运营体。**

“人治”自古有之，它是数千年专制社会的产物。专制是封建统治者维护皇权的需要。对于必须释放震慑力的统治机器，集权是必然的选择，而金字塔式结构是最稳固的集权管理模式，这种结构只需填充忠实者即可；而作为被统治人群，则是越顺从越便于管理。这种自上而下的权利分配体系，依靠的是层层管理者的交叉链接，于是形成了“官本位”，在这种结构中，关系等于利益。**长期的强关系社会，演绎出了“情义”价值观，而这种价值观已植入东方人的骨髓，演进成了一种性格。**

对于“二元”价值观的东方人，西式管理“水土不服”是必然的，**干巴巴的制度被人情肢解和被领导意旨替换是它破茧前的阵痛，而它化蝶的必要条件正是：情义契约化**（详见本书7.1.3）。

许多企业一谈到加强管理，就是这样不断地加人加岗，以加强监管。先找个监督人，再找个监督人的监督人，然后找个监督人的监督人的监督人……很明显，这是一条死胡同，因为到最后还得要回答：谁来监察“监察部”？谁

来督导“督导室”？谁来审计“审计处”？（王石，2017）

“人治”形成的山头主义、贪污腐败还只是令管理陷入复杂，而它滋养出的执行者顺从的秉性，却直接葬送了劳动者的创造力，在创造力定生死的知本时代，它直接葬送了企业的生命力。

社会生产已由卖方市场转为买方市场，企业的创造力成为核心竞争力，如何激发劳动者的主观能动性成为生产的胜负手，而广大劳动者的潜能发挥是企业创造力的主要来源，那么，限制员工主动性、抑制员工创造力的“人治”，就很难避免被摒弃的命运了。

7.1.2 “法治”很难让员工自觉

1. 企业“法治”的形成

《辞海》中关于制度是这样定义的：制度是指要求成员共同遵守的、按照统一程序办事的规程。用大白话讲，制度就是游戏规则。

游戏规则是制定者为达到特定目的而订立的，也就是说，制度是为组织目标服务的。为了使制度落地，管理就应运而生了。

自从 1911 年泰勒发表《科学管理原理》之后，管理便逐渐演变成了一门科学，而管理的发展，也始终是围绕着组织目标实现来进行的。20 世纪 20 年代，因为商品的匮乏，作为社会生产力发展主动力的工厂，只要能完成生产就可以实现盈利了，所以，这个时期的管理主要就是局限在工厂内的生产管理，统称工厂管理。在工厂管理中，工人等同于机器，如何提高工人的操作速度成为管理科学的核心内容。而工人的价值也与生产资料一致，工人的劳务报酬（工资）自然也就被定义为生产成本。

随着工业生产的发展，社会商品逐步丰富起来，生产竞争开始出现，劳动生产率成为核心竞争力，而员工们的满意度和工作情绪直接决定着劳动效率，管理学研究重心从生产方式转到了人际关系上了。如何营造良好的人际氛围，满足工人的基本需求，就成了 20 世纪 30 年代“人际管理”时期管理学的主要内容。

20世纪40年代，因为社会生产和科学技术的发展，人际管理上升到了行为管理。随着企业规模的不断扩大，企业结构也复杂了起来。到50年代，管理科学进入了“系统管理”时期。进入60年代，随着生产与科技的高度分化与综合，为了应对更复杂的环境与竞争，信息与决策成了管理的核心，这个时期形成了“决策管理”。伴随着一波又一波的经济危机，规范化、格式化的管理，在瞬息万变的环境中便显得相当机械了起来。在70年代，逐步演变出了“权变管理”。80年代，随着市场机会的细分，“战略管理”成为管理学的新高度。自此管理学成了一个很系统、很专业、很规范的科学，它被经典化地复刻到全球各地。

经典的管理定义了劳动者是制度约束的对象，定义了“法治”是企业赢利的根本保障。

2. 被强制的员工必然是抗拒的

之所以20世纪90年代之后，管理学没再演绎出新高度的学派名词，其实不是管理学之于组织体可以一成不变了，更不是市场竞争不再更迭了，而是管理运营在社会中的变化，已经超出了它本身的内涵，再沿着以管理为宾语的基调，就很难再找到合适的定语来跟它匹配以表达它的实质了——因为它的内容和形式都不再是“管”了。

管，约束也。姑且把当今的管理称为“后现代管理”。事实上，后现代管理已经没有什么“管”的颜色了，后现代管理中，一众的管理者已经变成服务者，遍地的被管理者已经成了自主工作人，企业本位已经转变向员工本位，各种约束机制已经被激励机制替换了。当劳动者已经不再是被制度约束的对象时，“管”也就失去了它本来的意义。

随着知识经济的不断发展，人已成为知识的载体，知识管理变得尤为重要，知识和技能成了管理的核心问题。（Drucker，1999）在后现代哲学的影响下，管理学也向着后现代发展，企业员工不只是简单的被管理者，更应该是自我管理者。面对复杂的组织情境，任何一种管理模式都不具有所谓的普遍适用性，这就要求管理学运用不同的社会历史因子来考察在不同语境下比较

有效的管理方式。（Mir R.，Watson A.，2000）

企业文化理论把人视为文化人。这一阶段的管理理论抛弃了传统人性的理性观，主张通过充分发挥人的主观能动性来提高组织效率。因而，人性应得到了充分的解放，每个人都应该成为自己的主宰，并且去谋求自身的全面发展。（李晋 等，2011）

商品竞争由卖方市场转变为买方市场，创造力成为企业的核心竞争力，劳动者就是创造力的核心支点，人本主义成为后现代管理的核心理念。

那么，企业的制度，以及制度落地的方式，就得翻转，或者重新润色。

企业的目的是盈利，企业制度是为企业目的服务的，而制度落地靠的则是管理。这一切似乎都是劳动者的对立面。劳动力成本（工资）在会计核算上是企业利润的负项，劳动者工资越高，企业利润就越低，所以，企业盈利这一核心目的是跟劳动者对立的。而企业盈利又是立司之本，那么，这种“根本对立”的矛盾在后现代管理的人本建设中，又该如何化解呢？这个问题将在接下来的 7.1.5 中简述。

企业在追求资本盈利目的时，为使劳动者的行为符合制度规范，企业管理的强制性特点是非常鲜明的。而管理的强制性，是针对劳动者的。由于被针对，被强制，劳动者的心态必然是抗拒的，其工作不可能自觉。

干瘪地追求从西方照搬过来的“法治”，一味地强化“管”的措施，只会在需要创造力作为核心竞争力的知本时代，南辕北辙，戴盆望天。

有一个很“专业”的公司，为了避免新员工对制度和工作流程不熟悉而导致他们入职后无法即刻做出贡献，也为了避免新员工入职几天后才发现不适应而离开，在新员工入职时先安排了两天半的职前培训。培训的内容主要是十几页的职员道德规范和理念训条、几十页的行为须知和违规处罚，以及上百条的岗位要求和考核细则。新员培训很“赶人”，第一天赶走 20% 左右，第二天再赶走差不多 30%，都是新员工自己走的，最后半天再设置入职考试，第三天来上班的也就只有 20% 左右了。他们的人事主管说，这叫“二八原则”，“精英”永远是 20%，这就是“人力专业”。殊不知，这样留人最后留下的往往是没有跳跃资本、逆来顺受的奴性人手，而不是得力的人才。

这样的公司，真正“赶人”的不是培训新人的主管，而是那些“专业”的规章制度。在满世界“这不准、那不许”的企业里，没几个员工面对企业的制度是欣忭的，这些“人才”大部分也终会有离开的一天，只是迟一天早一天的问题。因为这样的公司自己都没觉得员工该长久，他们认为不断“换血”才能保持企业的活力，信奉的就是“铁打的营盘流水的兵”。不应跟这些为管理而管理的“专业”人士去绕“流水”是不是“活水”这样的问题，因为我们不能被禁锢在历史当中。

如果管理者都打心眼里把员工当过客，谁还会把公司当家？

满社会的这种聘用关系，都在复制。满世界的员工，都是“打工人”。

制度是硬的，管理是冷的，在无须劳动者创造力的工业生产时期，硬制度、冷管理确实能策动劳动行为，提升劳动效率。因此，去掉一切人情元素的“法治”，一直是制度落地的最好保障。可是如今，已到了必须解放劳动者才能解放生产力的时候了，解放劳动者，就必须制度人本化，管理人性化，所以企业的硬制度和冷管理，已经从生产力的引擎变成了桎梏。

那么，就必须变“法治”为激励，把所有的制约条款变成撬动杠杆，把所有的控制方法变成激活机制，让劳动者的人性得以释放，工作潜能得以发挥。

7.1.3 企业管理应该人本化

1. 人本化管理需调整劳资关系和员工需求满足的方向

在知本时代，创造力成为核心生产力，人本理念成为企业管理的核心思想，制度人本化成为管理学研究的核心课题。

其实，管理学在演进的过程中，也一直有进行劳动者行为研究。早在20世纪30年代，梅奥就通过“霍桑实验”提出了人际关系理论，开始从员工的情感和情绪入手，寻找提高劳动生产率的方法，只是市场的竞争焦点一直还游离在生产规模、成本、结构、机会等方面，劳动创造力未成为第一生产力，所以人本研究未能成为管理学的核心。另外，当时资本本位的管理思想，从根本上掩埋着人本研究，让人本理念很难破土，这是重要原因之一。

但是，进入知本时代后，劳动创造力成了核心竞争力，人本思想凸显为企业的核心理念，这个时候，资本本位思维开始被真正地抽丝剥茧。不过，因为资本很单纯，它唯一的目的就是盈利，只要能利益更大化，它不会固守和留恋任何过往与经验，面对生产条件的变化，资本其实是最革命的力量，哪怕是革了传统管理的命。

于是，为了制度人本化，管理在劳资关系和员工需求满足两个方面进行了方向性的变化（如图 7–1）：

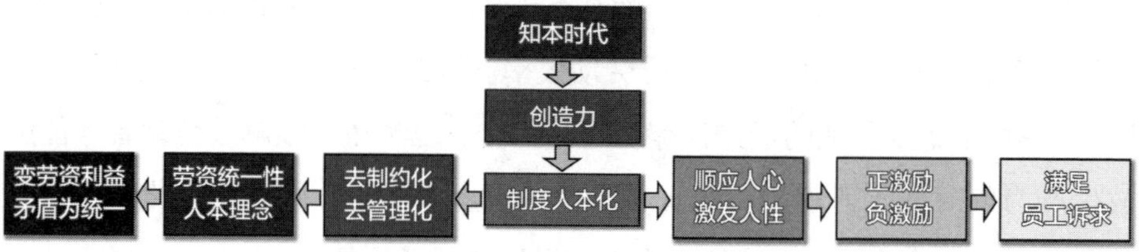

图 7–1 制度人本化建设逻辑图

基于制度人本化需求，需要将制度的"制约性"去掉，削减对员工的各种控制手段，达成"去管理化"机制，追求员工自驱动模式。为了在追求去制约化、去管理化机制的同时，员工的"自由"行为不会令企业失控，并且其行为又需是促进企业效益的，就必须有劳资收益同频性作为前提。如果能做到员工在追求自身利益时，企业也同时获利，那就可以放任员工"自由"了。如此，人本理念就完全可以成为企业的核心理念。要解决劳资收益同频性问题，就得彻底替换掉劳资"彼赢我亏""彼亏我赢"的机理，代之以"彼赢我赢""彼亏我亏"的杠杆。

在满足员工需求方面，企业需要将机制从逆员工心情、逆员工人性的方向，调转到顺员工心情、顺员工人性方向上来，这是 180° 的大转弯，不是仅仅对传统的管理制度润润色就行的，而是需要彻底把制约员工的制度变成"为员工服务"的机制。当然，这并不可以朝着逆企业盈利方向而去，因此企业的基础做法就是要将劳资收益的矛盾性变成统一性，那么，彻底为员工服务的同时也是彻底为企业服务了。至于如何激发员工的人性，将员工导向创造，则需要从正向和反向两方面进行激励。趋利避害是人之本性，是员工行为的起点，让员工尽情趋己之利、尽量避己之害，就能将员工的行为激发到较激烈的程度。于是，企业将利于效能提升的行为项变成员工的趋利项、将悖于效能提升的行为项设为员工的避害项即可。如此一来，就形成了对员工的正激励和负激励机制。

正负激励的实现，在于满足员工需求，即，将员工的所有行为，导向他自己的需求。

2. 人本管理潮流会受东方影响

西方的管理科学起步早、成形早、体系更为完善而专业，但受制于根深蒂固的资本本位思想，虽然也有不少的学者在研究人本管理，但其成果因整个社会“一元”（金钱）价值观的覆盖扁平化了。这些人本管理始终只是寄生在资本杠杆上的枝叶，**连劳动者们，都在以资为本地结构自己的基本诉求，在这种人本寄生于资本的生态环境里，先天缺失人本主导的水分。**

东方崇尚人文主义。

中国的市场经济历史虽然只有短短四十年，但我们从来都不止于模仿和学习。从毛泽东主席变共产国际工人运动为成功的中国农民运动，到邓小平同志倡导的中国特色社会主义市场经济，再到习近平总书记提出的“一带一路”倡议和构建人类命运共同体，无不体现着因地制宜、“因我制宜”的智慧。东方的企业管理，从一开始就散发着人文主义气息。在东方世界里，人们天然地带有“利他”性格，人际学相对管理学而言，早就是一门成熟的学问。因此，**东方的人本管理并不是管理学的派生，它的营养来源不是企业成本或利润，而是天然的社会人际，它从来不是也不会是资本的寄生虫。**

虽然不少的企业家在引进西方经典管理后，被复杂的“二元”人群挤兑到怀疑人生，一度要“回溯”到“冷冰冰”的纯法治管理，但那只是正常的“反刍”。一旦广大企业家消化好西方管理之后，一部部东方特色的人本化制度就会层出不穷。

知本时代需要的是劳动的根本创造力，这种创造力来源于劳动者的纯粹社会诉求，这样的诉求不能寄生在企业的成本或利润上。所以，东方企业中游离于资本之上的人本建设，则更能满足劳动者的纯粹社会诉求。这样，在后进的中国市场中，率先出现人本主导的企业管理模式，也就不足为奇了。

7.1.4 “管”本身就是员工被动的病源

1. 制约型管理越来越不合时宜

不少的企业一直在迷信“管理出效益”，似乎“管”好了，企业目标就能实现了。的确，在供给匮乏的卖方市场，在绝大部分劳动者生活贫困、为生计而不得不工作的劳动力买方市场中，执行好企业生产计划，效益可以实现。但如今，市场反转了，企业制约式的管理反而成了效益的阻碍。

首先，商品买方市场要的是精准服务和速度，静态的规范管理与动态的市场需求是相悖的，管理越成形，灵活性越差，管理规模越大，反应就越慢。

其次，知本时代要求企业人本化，而制约式的管理本身就让员工逆反，它的针对性与员工的意愿是相悖的，管理越严谨，束缚性越强，管理越主动，员工越被动。

许多专家都将制度解释为“行为规范”——上级为了管束下级而单方面制定的行为规范。这种理解其实非常狭隘，有过实际管理经验的人都知道：上级在“管束”下级的同时，下级又何尝不是想方设法对付上级，与上级斗智、斗勇、斗法；因而管理的过程更像是上下级之间的一场博弈、一场游戏。（王石，2017）

张瑞敏跟我有一个非常棒的谈话，我们有一个共识，其中一点就是：大多数公司今天还是以树型图方法来管理的（见图7–2），这个体系有一个缺陷——缺乏创新力，不是很有适应力。这个管理体系里的很多人对自己的工作没有什么激情。

图7-2 分级式管理树型图

为什么我说传统的分级式的管理树型图是危险的？因为这种树型图有个默认前提——最高领导人智慧是高于下面领导人或者下面雇员的。最底端是顺从，上班老板让干什么就干什么，顺从的上面一层是勤奋，再往上一层是智慧，我觉得最底部的这三种能力，在今天已经成为一种货物，付钱就可以获得。如果光有这三种能力我觉得还不够。那我还需要什么？创造力。我需要创造力，需要那些不是来工作，而是自己有自主自发性的人。在（海尔的）小微企业里，员工是有自主性的，他们看到一个问题，看到一个机遇，他们不等，自己冲上去抓住这个机遇，解决这个问题，把创造力带到工作当中来。（Gary Hamel，2016）

2.“管”和“制”只会让员工屈从和被动

初级管理者在管理上喜欢做加法，以能输出更多的规章制度来彰显成就感；而真正通透的管理者却会做减法，通过缩减管理来寻求实效。

管理的执行首先是一种成本的消耗；并且，传统管理的内容更多的是对劳动者的制约和束缚。一味地把管理作为工作本身的管理者，容易滑向成本意识淡薄，产能概念缺失的境地，进而混淆“管人”和“用人”的概念，觉得制度就是用来“管人”的，而意识不到把人用好才是制度的根本目的。

很多管理者的确把管理带入了“管人”的误区，要求被管理者绝对服从，训导他们感恩、顺从，甚至降低人格和放弃尊严来“尊重”管理者。放眼社会上无处不在的所谓“员工潜能培训”，很多是以员工自我作践、自我打脸，或者主管大声呵斥、奴化下属的方式，来演绎领导权威和“团队精神”，这样的奴性驯化，只会更进一步地把员工引向依附，导向被动。

在工业生产中，劳动者的价值体现为体力丰富程度和操作熟练程度，“胡萝卜 + 大棒”是一种有效的手段，在科层制隐藏的丛林法则中，权威和气势在管理上是有正面效用的，工人的顺从和附庸是企业力量凝聚的关键。

“管”和“制”的结果，是员工的屈从和被动。

在知本时代，创造力成了核心竞争力，迫使员工屈服的“大棒”、导致员工顺从的科层制以及滋养员工被动的制约式管理，已不再合时宜。员工的屈服、顺从和被动状态，与竞争所要求的创造力发挥是相悖的。

传统的管理，天然带着制约的颜色，它本身，就是员工从动的病原体。

蛋儿“自破为鸟，他破成餐”。“管”和“制”的力量越大，员工的创造力就会越小，在这种系统里，领导越主动，员工越被动。通过“完备”的“管”和强势的“制”来鞭策员工发挥创造力，员工们只会“成餐”。创造力本身就只能来源于自觉和自发，只有员工们主动去发挥，他们内在的创造力才能真正地被激发出来。

所以，我们要重新审视“管”理。

如何去制约化，如何去管理化，是员工们主动作为的根本前提。

把管理制度变成激励机制，其指针是让员工们自觉、自发、自破、自我驱动。

世界是复杂的。但追根溯源，世界又是简单的，只是人们常常被习惯性思维和貌似科学的理念所禁锢，才把简单的事情弄复杂了（石洪萍　等，2007）。

其实，**真正的制度，不是要把人管死，而是要把人用活。**

7.1.5　满足需求才能令员工“满血”

人的所有行为产生都与自身的需要相关。马克思指出：“任何人如果不同时为了自己的某种需要和为了这种需要的器官而做事，他就什么也不能做。”

关于员工激励，“满足员工需求”的理念在西方更容易被人理解和接受，因为西方社会更彰显个人。

而东方社会深厚的“利他”价值观和浓厚的集体主义精神，常被过度地渲染成了非黑即白式的“私耻公荣”观念，以这样的道德观来激励员工会显得很无力。现实中，很多东方企业还是极其“企业本位”地号召员工克己、奉献。

企业本位并没有错，任何企业的机制都是为其目的达成而形成的。但是片面地站在企业本位角度来压制个人，就是一种不懂人性、不尊重人类行为规律的做法。这种片面企业本位的做法，是难以激发员工创造力的，在知本时代，客观上是对企业目标实现的不负责任。有效的方法应该是，找到个人目的与企业目的的统一性，将个人利益与企业利益由对立转化为同频，以争取在达成个人目的的同时完成企业目标。

美国管理学家贝雷尔森（Berelson）和斯坦尼尔（Steiner）对激励的定义是：“一切内心要争取的条件、希望、愿望、动力都构成了对人的激励——它是人类活动的一种内心状态。”

如果一个企业的目标和愿景描述完全是企业本位的，比如什么“多元化、集团化、国际化”，什么“填补国内 ×× 空白”“实现 ×× 产值”，或者“完成海外上市”“成为行业龙头”等，员工们只会说“关我什么事”“与我半毛钱关系都没有”。那样的空洞表达，是难以激发出员工的主动性和创造力的。

员工的主动性和创造力来源于他的自愿取向和自觉意识，这些取向和意识的产生，则来自他自己的某种需求（生存的、生理的、情感的、心理的）。所以，管理再强大、领导再强势，也只能令员工被动作为，员工的主动行为，一定来自自身需要的追求。

“多巴胺”是驱动行为的神经传递物质，神经学家告诉我们，当人满足自己的真实需求时，大脑会奖励自己一定量的多巴胺，这种能量会使人产生愉悦感。

为避免肤浅的“片面企业本位”思想耽误企业目标的实现，则需要将企业目标分解并转化为个人目标，在员工实现自己的目标时自然实现企业的目标，这种方法就是“成私而公”（如图 7–3）。

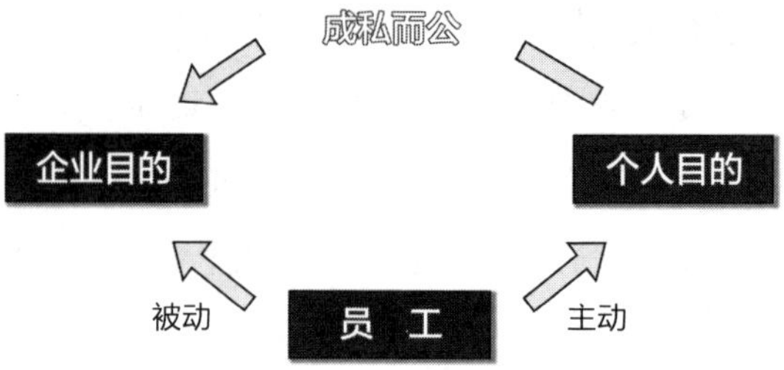

图7-3 员工自驱动原理图

当员工个人面对看得见、摸得着的自身需要时，他的行为就会自愿、自发，无须鞭策、督促，于是，一种自驱动工作体系就形成了，即无为而治，这叫道法自然，这是制度设计的最高境界，这就是“零管理”。

一个校园里有一大片草坪，因为位于教学楼和食堂之间，经常有学生抄近路踩踏，于是校方便在草地旁边竖起一块牌子——“严禁穿行”。可正如现实中，“严禁吸烟”的牌子下边全是烟头、“严禁倒垃圾”的标语周围堆满垃圾一样，“严禁穿行”的效果也好不到哪儿去。校方一看，硬的不行，就来软的，便换上第二块牌子——“芳草有情，脚下留情”，可再温柔的口气也难敌学生们饿到瘪的肚子，踩踏现象仍时有发生。校方一看也不灵，干脆换上第三块牌子——“穿行一次，罚款五十”，再花钱请个老师傅看着。老师傅看着的时候，确实没有人敢穿越草坪了；可老虎都有打盹的时候，何况老师傅，也要吃饭睡觉上厕所，只要老师傅没有守在边上，学生们就像蝗虫一般，飞快地掠过草地。

后来，我同建筑系一位老师聊起这段“牌子风云录”，他笑言道：“这有何难？我规划的小区楼群之间从来不铺人行道，而是种上草。等住户们住进来，按照自身生活需要和行为习惯，踩出一条条通道，世界上‘本没有路，走的人多了，也就成了路’。这时候，我会叫工人们顺着自然形成的通道铺上水泥。因势利导，顺势而为，既方便了住户，又节约了用地，同时还最大限度地减少了踩踏草坪的可能性。”

无为而治靠精巧制度。而制度设计，就是要创设“活的可以自动运行的游戏规则”，或者说“精巧、灵动、自运行的游戏规则”。借助当事人的利益追求和利益博弈，将其合力的方向导向预定目标。借风使船，顺水推舟，从而自动自发地实现组织的政策意图和管理目标。

一个优秀的企业管理者，应当是一个优秀的“游戏规则制定者”。没有必要事必躬亲，事事亲力亲为；只需制定好游戏规则，让别人去玩，而玩的结果正是他想要的。（王石，2017）

7.2 “绿皮火车”改成“动车组”——全员自驱动

7.2.1 激励的“颗粒度”决定了员工的发挥度

颗粒度（granularity）——详细和清晰的程度。

激励机制的有效程度跟激励的详细和清晰程度是成正比的。

“成私而公”绝非要“舍公而取私”，“为私”不等于“无公”，公是众私的公，私是公内的私；不同私之间的诉求是不一致的，狭隘的私相互之间往往是矛盾冲突的。“没有规矩不成方圆”，对于私的解放不等于放任，如果众人对私的追求无序化则会造成内耗，所以，“私为”的前提是“公则”。那么，“满足员工需求”的激励机制是“公则”基础上的撬动杠杆，对于益公的私利采用正激励，对于损公的私利则采用负激励，正激励能够撬动人们“趋利”的天性，负激励则可以激发人们“避害”的本能。

正激励，即正向激励，是通过正面肯定的形式来满足激励对象的需求，诱发和促进其行为，导向目标实现的激励方式。负激励，即反向激励，是通过否定形式来表明惩戒行为，诱发和促使激励对象为避免权益受损而反向行动，导向目标实现的激励方式。

海尔的激励通过满足员工的需求来达到。张瑞敏常提到的人之四大特性：具有个体差异、生理与情趣完整、需要即时激励、追求个人价值的实现。研究和满足人的需要来调动员工的积极性，是海尔文化的一大特色。既通过设置切实可行的目标给人以期望，又通过制度办法刺激动机，如成为“优秀员工”的升级，算是正刺激，而成为“不合格员工”的降级使用就算是负刺激。通过这样反复不断地刺激，促使每个人认同新的更高的目标。张瑞敏说："我们创造的是这样一种文化氛围，你干好了，就会得到正激励与尊重；同样，干得不好，会受到负激励。"（李苗　等，2010）

"成私而公"是基于"趋利避害"的人性，在满足员工需求、实现员工目标的基础上实现企业的目标。

科学的激励机制应从如下八个方面进行设计：

第一，量化考核。即将正激励、负激励行为进行准确定义和数据化考核评价，这是激励机制是否更有效果的重要基础。

第二，细化标的。即对于激励事项尽可能细地分解为具体的执行项，这是激励机制是否有精度的关键所在。

第三，可见与公平。激励标的让激励对象看得见、够得着，并具有公允、公平性，这是激励机制是否有令人信服的根本所在。

第四，奖惩尺度适当。激励事项的奖惩太轻，触动力会达不到应有的效果，而奖惩太重又会使人心态走样，恰如其分的奖惩度才能形成良好的激励效果。

第五，关联权益。奖惩不能停留在口头和形式上，只有跟激励对象的个人权益（包括物质权益和精神权益）直接挂钩才能有刺激力和触动力。

第六，契约化。员工的日常工作必须事先契约化，即对其工作事项及其奖罚预先进行双向确认（在工作计划中明确考核和奖惩标准）。员工的日常行为规范也必须要量化、契约化，并事先公示。有言在先的约定，是激励机制执行起来减少争议的有效保障。

第七，系统化。利用电子技术和网络技术，将激励事项通过电脑和手机系统化执行，可避免管理上的人为曲解，提高运用效率和降低执行成本。

第八，常态化。如果要让激励措施潜移默化地转化为员工的自觉意识和行为准则，就必须将机制执行常态化，持续实施。

激励机制设定的难点和关键点在于量化标准如何细致化，即如何将每个行为项和工作项更细地分解为可量化考评的执行项。谓其难，在于要将所有的制度和每个员工每天的工作事务进行量化考核，并且要可考、可见、公平、适度、易执行；谓其关键，是因为它囊括所有的制度和工作。量化考核的细化程度，决定着员工潜能的挖掘深度和价值评价的精度，决定着激励机制的有效程度。

7.2.2 一张表，即可令员工不遗余力

1.《考核表》是如何让员工不知不觉由打工人变成承包人的

激励机制的细致化并不是要把制度和工作摆弄得多烦琐和冗杂，相反是要简练而精确。具体的执行方法是，决策层的战略规划和项目指令简练而精准地指向执行部门，执行部门经理将战略规划和项目指令尽可能细地分解为量化事项指向具体执行人。战略要大道至简，执行要小道至臻，这是原则。只要掌握了“成私而公”的方法，战略就可以因循员工的个人需求而落地，管理就能做到极简化，对于员工，也就没必要设定太多的框框条条，在没有什么束缚的状况下，“海阔”就可以“凭鱼跃”，员工们可以尽情发挥，自由作为。

达尔文说，能够生存下来的物种既不是最大的，也不是最强的，而是最能适应环境的。这是生物进化的自然法则。国内企业最欠缺的是效率，而恰恰是效率缺乏又导致了复杂化。行政手段和非市场行为可以拼凑“航空母舰”，但“肥胖不等于强壮”，只有简单、流程短，才能提高市场反应速度，提高企业的竞争力，这是企业生存发展的自然法则。

商界传奇人物韦尔奇有一条著名的论断，那就是“成功属于精简敏捷的组织”。他“把大公司做小”的坚强信念和高超艺术造就了 GE“更精简、更迅捷、更自信”的文化，这是简捷化管理的经典范本。（石洪萍 等，2007）

当我们抓住了事物本质，一个公式便足矣。例如，爱因斯坦只用一个“$E=mc^2$”便揭示了质能关系。科学上的“奥卡姆剃刀法则”要求我们直趋事物本质：一个原因就能解释事物，不要用多个；用简单方案就能解决问题，不要用复杂的；否则就是浪费。一句话：把烦琐累赘一刀砍掉，让事情保持简单！

道法自然，无为而治。无为，不是不闻不问，什么也不做；而是不妄为、

不乱为，顺应事物自身的运行规律，因势利导，顺势而为。松下电器创始人松下幸之助被誉为日本“经营之神”，他的经营秘诀就是没有秘诀，“我经营的唯一方法是经常顺应自然的法则去做事”。（王石，2017）

在本书 5.4.1 至 5.4.6 简述了用极简的六张表让所有战略和项目落地的方法，其核心思路就是“成私而公”，使所有的战略和项目转化为员工的需求，让大家“趋己之利，避己之害”，形成自驱动的工作局面。《考核表》到底是如何让执行人自驱动的呢？

可以通过一个员工使用《考核表》的实例来解读。表 7–1 是 HR（人事专员）小玲周计划中的部分事项节选。

表 7–1
小玲的周工作计划节选

性质	（部分）事项	完成	量化标准	基分	加分定义	减分定义
基本工作	协助经理招聘（职位见备注清单）	本周	1. 筛选简历 13 份 / 天 2. 协助招到 3 人	150	1. 筛选简历 +1 分 / 超 1 份 2. 确认录用 +10 分 / 超 1 人	1. 筛选简历 –1 分 / 欠 1 份 2. 确认录用 –10 分 / 少 1 人
	名片制作（见备注清单，被竞标）	11.23	1. 按时按质全部完成 2. 全签领为完成	50	1. 提前 +5 分 / 天 2. 节约成本 +1 分 /5 元	1. 拖后 –5 分 / 天（含返工） 2. 质量 / 价格被竞争走 –15
添加工作	行政区卫生和形象承包	本月	整月 +16 分竞标	/	部门成员无形象扣分 +10 分	部门人形象扣分 –2 分 / 人次
可选工作	公众号吸粉	本周	关注 +1 分 /10 人	/	超 50 人再 +1 分 / 满 20 人	/

“协助经理进行招聘”是小玲的基本工作之一，工作内容是筛选合格简历，并安排和协助进行面试。为确保她筛选简历和协助面试执行的质量，该项工作与招聘结果是否“成功录用”直接挂钩。这个事项中，简历筛选是她自主开展的工作，定义每天筛选 13 份（一周共 65 份）达到面试要求的合格简历为她的标准工作量，然后再协助上司进行面试，并以成功录用 3 人作为协助工作的量化标准，这个事项的基础分是 150 分。如果工作超标完成，包括合

格简历数超标和录用人数超标都有加分；相反，如果工作结果未达标则分别扣分。假如到了本周结束，最终总得分不达标（即低于基础总分），她的绩效工资将低于考核金额，并且在其他所有关联权益（奖金、福利、岗评、晋升、评优、入股等）核算中分值基础处于劣势；反之，若最终总得分超标（即高于基础总分），她的绩效工资将高于考核金额，并且在各项权益核算中处于优势，所以，她会努力地争取每项工作尽量取得高分。实际上作为专业的HR人员，本职工作是她最拿手的，稍微努力点，一周下来多找出十几、二十份合格简历不是什么难事；要是跟上司配合好点，多完成一两个录取名额也是比较容易的。因此，仅这一项工作，多挣得三四十分并不会太难。

“名片制作”是小玲独立进行的另一项本职工作，但这是一项“全员开放”的工作。所谓“全员开放”，是指涉及对外有质量和成本弹性的事项，都会让全员参与竞标，即在系统中自动向公司内所有人公开制作数量、规格、质量、要求、上批单价、时间等信息，系统里的任何人若有优质渠道均可参与竞标，中标者将根据“节约成本+1分/5元”的制度加分，而小玲本人会因“专业人员被非专业人员比下去”而扣减15分，这样就反过来激励着各板块岗位人员必须“专业化”发展；这种负激励，使得她不仅在价格和质量上“不得不”变得更专业；在厂家、运输等外部单位有可能导致返工、延误的所谓“不可控”问题上，也“不得不”做到“可控”，因为延后完成则每拖一天扣5分，迫使她“只能一身才华”地将预判力提到更高、将失误弹性降到更低。这就是负激励鲜活的体现（表中的减分定义都是负激励），它跟正激励（表中的加分定义）一样，能对执行人的潜能激发起到一定的作用。这样的“开放式”竞标还有一个重要的意义——杜绝执行人“拿回扣”的可能性，这一方法用在采购部，或者“体制内”的单位，效果称奇。

表中正负激励之所以能起到作用，关键在于“满足员工需求”，即奖罚直接关联她个人的权益（工资、奖金、福利、岗评、晋升、评优、干股等），特别是唾手可得的工资和奖金。由于每加1分或减1分都会体现在绩效工资中，所以她就会“每分必争”，把每个事项尽可能地做好。

小玲的“添加工作”中有一项“行政部门办公室区域卫生和形象承包”

的参竞工作，以整月加 16 分的标底参加竞标。也就是说，如果她的标底分是所有参竞员工中最低的即可中标，获得该项承包权；如果有多人同时竞出了同样的最低分数，则这些人需继续竞标，直至竞出一个最低分者为止。她作为行政部门的办公室坐班人员，在这项工作的竞争中优势相对更大，因为其他不常在该办公室坐班的员工，以及常因开会和突发事务需要离开办公室的管理干部，都因在办公室进行监督的时间不够充分，在负激励条文“某部门卫生和形象承包者对本部门所有成员的形象和卫生扣分行为负连带责任，责任为每人次 –2 分”之下，优势自然比不过小玲。这项工作对于公司来讲很有意义，既保证了各办公区间的卫生和形象好，又省了一个保洁阿姨的工资；因为这是竞标项，标底分高了自然会有其他竞标者拉下来，最终的中标分数会比较合理，这是“市场规律”。小玲在拿这 16 分时不会太难，甚至把加分定义中的 10 分拿到也不是特别难。首先，关乎每个员工的个人办公区整洁，有正负激励条文的规定在（整洁加分、零乱扣分），所以每个员工不会轻易把自己的办公区弄得不整洁；其次，“千里眼”无处不在，因为“举报他人加减分项者可加 1 分”，全员便都是“监督员”，并不是承包人不在场就有人敢胡作非为的。这种激励机制形成的是一种相互促进的良性循环氛围，想找到别人的扣分项为自己加 1 分的机会很难出现。当然，承包人也不能因为“这个世界太干净了”而抱着不作为的态度，还是要尽可能将本部门出现扣分人的概率降到最低，因为如果真有人被扣 1 分，承包人是扣 2 分的，如果有七八个人被扣分，那承包人这一个月就白干了。为什么当事人扣 1 分承包人却要扣 2 分呢？那是因为假如承包人只扣 1 分，在举报他人扣分的同时也可以为自己加 1 分，一加一减的结果等于出现不良现象时承包人没被扣分，出现多人违规时承包人都可以“白捡”16 分，这不合理。

这种激励机制的良性结果不言而喻，不仅节约了成本，形成了全员相互督促的氛围，让大家把制度变成了自觉的行为意识，还能消除滋养“无脑从属”的“人治”弊病（传统的行政主管巡视监督的方式，既过于主观，覆盖面又窄），把容易让人产生逆反的“法治”转化成了激励人心的杠杆。这样的机制就不再“冷冰冰”了，很人性化。这样做的结果是，**所有的“制约条文”都**

转化成了激发人性的正激励和负激励措施，所有的“公事”都在这种双向激励中变成了个人逐利的“私事”。传统管理中即便安排了较多得力的“监工”，战略和制度都不易落地，而《考核表》之下，大家则会竞相揽下事务作为自己的加分筹码，这样可节约大量的督促成本，战略和制度落地轻松达成，这就是“成私而公”的美妙结果。

公司里类似的“公共事务”都可以“依葫芦画瓢”地让员工们来承包。比如办公室电费包干，夺标者可依据“同比往年当月电费 +1 分 / 节约 5 元、–1 分 / 超出 5 元”标准承包，那么，他势必会在意办公室的每一处用电，不允许浪费。老板或许对于 50 元、100 元的电费不痛不痒，但员工不同，几块钱都很在意，他们来管，可比老板亲自管效果好多了。

是的，员工不会跟人民币过不去，当员工夺得一个承包标的后，你完全不用怀疑他俨然一副“老板样”，甚至会有过之而无不及。

再看看小玲的其中一项“可选工作”：为公司公众号吸粉。选了这项工作，她的碎片时间就完全可以转化为收益了，公交地铁上的无聊时间，以及周末的空闲时段，将不再被浪费；不光是自己，连所有的亲朋好友都可以利用起来，微信朋友圈就能刷分，退休的父母和隔壁的大妈大叔都可派上用场，让闲暇之人也随时创造收益。

其实员工不缺时间，他们缺的是成就感。传统管理中总会听到很多人抱怨没时间，很多工作都做不了，其实这大都只是抱怨，是因为他们拿的是死工资，多做也得不到什么实惠，少做也丢不了什么利益，所以才变得“很没时间”。

有了《考核表》的双向激励，各项事务完成就无须鞭策了，员工会主动去做，因为那些事项对于他们而言都是挣分数、挣工资的“私事”，而且做得越好，自己挣得越多，大家自会尽可能把事情做好。面对工作，员工的态度会变为“谁不让我干好，就是挡我财路”！当员工都在为自己谋福利了，那就不再需要督促了，“人治”多余了，“法治”也多余了。

工作系统会根据工作项的数据结果自动统计总得分，核算出 $V_{效}$（工作完成效率）、$V_{产}$（产出比），然后自动计算出工资，财务人员直接输出即可，这整个过程都很客观、简洁、精确，这种抽离透传的做法避免了“人治”管道的主观意识掺杂。这些数据再进入各项奖金福利计算、评优、岗位考核、期权股份核算，都是非人为的自动化流程，结果更让人信服，反过来，也会激励员工们毫无顾忌地全心全意干好工作。

《考核表》巧妙地实现了员工工作的自驱动，更神奇的是它在不知不觉中，就能把聘用制潜移默化地过渡为承包制，把劳资的对立关系转变为共振关系。

“A4管理法”的六张表完全适用于传统的公司，也就是说，任何公司，都无须进行体制、结构、人员等的变化，就可套用这些表格，只是在具体的实施中，将原有的制度量化为《行为表》，将原有的人力资源管理量化为《资格表》，将原有的决策者、管理者的工作以《项目表》和《部门表》来规范化，将员工工作计划与实操考评套入《考核表》而已，它在形式上可化繁成简，简化制度和管理，使死的制度和管理转化成活的激励机制。这六张表在实际执行过程中，**表面上似乎什么都没变，但实质上它是在潜移默化、不动声色地“成私而公”，在进行聘用制向承包制的转换；它在不知不觉中完成了员工从被动向主动的转变，悄无声息地把人性自私和“患不均”的弱点变成了优点，将劳资对立关系变成了统一关系。**方案实施的整个过程都和风细雨，但结果，却是天翻地覆。

2.《考核表》令人倾其所能的七大设计机密

《考核表》虽简练，但效果显著，其设计的奥妙主要在于如下七个方面：

第一，刺激员工“不知纪极”地为自己“加薪”。表中每个工作项都直接关联本人绩效工资，每项工作完成后都能相应地增加分值，并且因此联动的绩效工资增长数都即时显现在员工的手机App系统首页，员工可以非常直观地感受“每个行动都是钱”的刺激。员工在做好“岗位工作”相关事项时，该拿的工资就拿到了，如果再进行“可选工作”纯粹就是自己给自己“加薪”，多做多加；因为上不封顶，如果“可选工作”做完了还不满足，自己还可以无限制地继续做“添加工作”，只要自己愿意做，那么工资翻番，没人可以阻挡。

第二，通过正反两方面刺激使员工竭力做好每一项工作。每个工作项都在事前量化出基础考核分值，并设定加分定义和减分定义，才能起到较好的激励作用。人是有惰性的，一般不会给自己加压，所以基础分不可以由员工单方面自定义，否则他会把标准越降越低。基础考核分必须先由部门经理，根据该员工的基础工资量和整个部门的任务总量综合预设，然后与员工确认为契约（即在《考核表》上认可有关事项及其考量方式）。关于《部门表》中的整个部门一个周期的基础分总分值设定，以及每个人的基础分值总数，需结合财务精算进行系统化设计，并形成程序，让经理直接套用即可，并非任由部门经理随意设定。部门周期总基础分和每个人的周期基础分总数之所以必须由系统设定，主要是为了避免给员工开放了绩效考核率 x 和绩效工资上限之后，财务利润失控，也是为了避免经理的主观意识掺杂，避免由于经理水平参差不齐而导致的分值与价值失衡。基础分相当于员工工作合格与否的基准线，它的**量化三要素是时间点、量化尺、量化值**，也就是说，每个事项都要以这三要素进行量化定义。在基准线基础上，进行加分定义（超标加分值）和减分定义（未达标减分值）。加减分定义阶梯越细，促动作用越好，但量化尺应与基础分相匹配，量化度应与基础分相当。三要素中时间点很重要，它将员工工作结果定性为完成、提前完成、未完成、终止或是延期，而不同的结果定性，结果分值要作严格区分，即：完成的，按量化标准计分；提前完成的，按加分定义加分；未完成的，要移至下个周期继续，并在最终完成时按减分定义扣分；终止的，需如期得到经理核准为不扣也不加分项，并为避免基础分失允而需经理在下个周期增补相应的基础分值；延期的，平移至下个周期继续执行。只有这样，才能让员工对每个工作事项的执行全神贯注。另外，对于每个工作项结果分高于基础分的，可给予抽奖券奖励，所有奖券集中在月末兑奖，一是刺激员工将每项任务做完美，二是月末集中 PK，刺激员工们的攀比心，三是让月末会议多一项游戏活动。奖券应程序化设计，做到事项与奖券一一对应。

第三，去人化，不让员工在工作中有任何顾忌。去人化包含两方面的设计，一方面是工作项量化遵循自然价值规律和客观衡量标准，比如时长、金额、次数、件数等，避免被主观臆断；另一方面是工作执行过程完全自由化、自主化，去除监工和多余的督促机制（有了清晰的量化考核方式，监督本就已是多余，按标准评出结果就已是最好的监督了）。只有这样，员工才能更好地对自己的行为结果负责。

第四，形成“勤能补拙、巧获其所”的机制。员工的工作事项完成得好，给予加分固然是一种正面的激励，但很多事情往往在执行过程中会遇到特殊状况造成不达标，执行人就会被减分，被压缩绩效工资，这会对他形成打击。如果一个员工受打击面过大，激励作用就会滑向反面，所以，让人能“曲线救国”（通过别的工作弥补回来）很重要。这就得靠“可选工作”和“添加工作”了，有了这两项内容，员工就不用担心某些工作的失误影响到工资和其他权益了，某项工作得分少，可以多做些其他工作把少掉的补回来。于是，能力较差的员工贡献也不会太小——除非他不在乎这份工作了，这对于能力相对较弱的员工来讲是一种极大的心理支撑，也是其自信心逐步增长的保障。当然，对于巧干、能干的优秀员工，更应该给予鼓励，所以，让“挣分数”上不封顶很重要，这样，优秀的员工就可以自己添加更多的工作项，在有限的时间内挣到更多的分数，为自己“加更多的薪”。根据 $V_{产}$来奖励假期的方法，也是一种很巧妙的激励。$V_{产}$是基于员工基本工资和工作周期考核的产能，当 $V_{产}$为 2 时，相当于这个员工一个人干了两人的活，或者一周干了两周的工作，奖励该员工休息一天是个皆大欢喜的局面。员工的绩效工资翻了倍还得到了一天的假期，而企业则赚回了四天（按一周工作五天算，员工用五天完成了十天的工作，奖励一天还为企业省了四天）。

第五，让员工工作起来像玩电游一样欲罢不能。电子游戏之所以让人上瘾，是因为电子游戏的设计遵循了“吸引力六大法则”，即：任务清晰的短目标、时间和进度自由、任务执行自主、适时反馈结果、适应挑战和不断升级、及时兑现奖励（具体在本书 8.5.4 中描述）。而员工的《考核表》，就是按照电游的设计原理设计的。

第六，让员工无法满足于所做的成绩。中国人是“二元价值观”的人，求利，还求名。光有“利”的激励其实还不够，“名”的激励同样有效（这不需要什么资金成本，但作用不亚于金钱激励）。具体设计是，将员工的各种分值结合各项指标进行排名、评优，每月进行一次覆盖面较广的评比和嘉奖；将每个员工的即时排名变化呈现在App首页，让员工每完成一项工作或者加分行为，都能立即看到自己分值增长和各项评比的排名变化，因此而得到成就感和满足感。当然，当其他的同事因完成工作获得加分时，也会引起排名变化，这又会反过来刺激之前加了分的人，形成相互比拼的局面。“不怕不识人，就怕人比人”，中国人可不那么容易在攀比中认输，这种你追我赶的动态PK局面会让大家相互刺激、互不甘心，无法满足于刚获得的满足感，而继续马不停蹄地挣分数。如果再将分值关联上岗位评比、晋升评比、福利累积和股份核算，刺激力度将会更大。

第七，让员工群体自然演变成一个正能量磁场。将公司的利润率$V_{利}$关联到员工的绩效工资核算中，令大家的收益跟公司的利润同频起伏，使“别人的贡献大小都关系到我的收益多少”成为每个员工的基本意识，那么，谁在工作中懈怠就会被众人所不容，谁工作勤奋将会获得众人称赞，谁的工作遇到了阻力将会获得八方来援。在这种体系里，员工们很容易感受到什么是“一条船”，什么是共振。

真正的创造，不是“管”出来的，而是“放”出来的。

怎么管理企业，其实我们不靠人管人。万达的体系基本上是信息化管理体系，万达最牛的管理软件叫作“计划模块化软件”，所有的工作都会输入线上，所有部门每周做什么，全部到线上，一打开电脑，下一步要做什么一目了然，而且我们的信息系统会在每周五有自动提醒，你下周要完成什么工作量等等。（王健林，2015）

思考：怎样精算基础分才能在员工的x取值高和获得$V_{效}$值很大时，令财务利润立于不败之地？

量身高是用尺，称体重是用秤；可我们在丈量员工们的技术值、信息值、经验值、创造值和决断值时，却在用时间尺，付诸月薪或年薪，这跟用皮尺丈量体重一样可笑。

第 8 章

分值计酬法
——颠覆计时工资才能避免“磨洋工”

8.1　计时工资的历史局限性

8.1.1　计时工资的起源及历史作用

1. 计时工资的产生

工资（wages）是指雇主或者法定用人单位依据法律规定、或行业规定、或根据与员工之间的约定，以货币形式对员工的劳动所支付的报酬。工资可以以时薪、月薪、年薪等不同形式进行计算。工资是生产成本的重要部分。法定最少数额的工资叫最低工资，工资也有税前工资、税后工资、奖励工资等各种划分。在政治经济学中，工资本质上是劳动力的价值或价格。（中国国家统计局科研所，2013）

在现今的中国，国家规定工资由计时工资、计件工资、奖金、津贴和补贴、加班加点工资、特殊情况下支付的工资六部分构成。（1990 年 1 月 1 日国家统计局令第 1 号之《关于工资总额组成的规定》）

计时工资是指按计时工资标准和工作时间支付给个人的劳动报酬。有小时工资、周工资、日工资、月工资、年工资等形式。

早在我国古代就有薪、俸、禄等多种“工资”概念，而且基本上都是计时工资。

官吏的俸禄是我国最早的工资。夏商周时期的“禄”是按人口多少分配的，相互之间差距不大；战国时期，“禄”的分配开始出现悬殊，有厚禄跟薄禄之分；汉代，“禄”改称为“俸”，仍发粮食；东汉殇帝延平年间，改为“半谷半钱”，月俸改为“月钱”；唐代以后，薪俸逐渐演变为发放现金；明代商品经济有了一定的发展，官俸改为薪金，当时称“月费”，继而改为“柴薪银”，“薪水”即由此演变而来。月薪（按月发放的工资）是中国历史上运用最广泛的薪酬发放形式，它对于历朝历代的国家管理和社会的稳定，起到了巨大的作用。当今的企业，大多采用的是月薪制。

同样，在西方，自从有了国家，有了官员，也就有了工资。工业革命以来，工资也就成为所有劳动者获得劳动报酬的基本方式，计时工资是其中的主要形式。

2. 计时工资的社会效用

计时工资之所以成为古今中外通行的薪酬发放形式，是因为它只需要设立好工资标准，根据劳动者的工作时长就可以核算，简单明确，便于计划和管理；同时，任何组织、任何工种、任何岗位均可适用，适应性强，实行范围广；另外，在工作计划、任务实施、成本核算、利润统计上，时间工资也是最便捷的，它对于一个组织的财政稳定性有着很大的帮助。

在工业生产时期，社会商品属于卖方市场，有了资本，就能购买生产资料（包括土地和劳动），然后实施生产，获得利润。这个时期的生产无须太多劳动创造力，劳动者只需像机器般运作即可，越熟练，产能越高，劳动熟练程度，或者说劳动者的机械速度决定了生产量和利润。因为劳动力市场是买方市场，一个企业在既定的工资标准之下就能简单实现劳动力购买。工资的既定，有利于企业的成本核算、生产计划、利润规划、流程确认；工资的既定，也利于进行“科学管理”，即，在人力成本已定的情况下，如果提高劳动速率或延长劳动时间，就能增加利润。所以，在那个年代，以计时方式来核算工资，对于管理的规范化和利润实现的确定性是最有利的。

当然，随着时间的拖移，以时间为计价标尺的管理越来越成为体系和模式。

世界通行的会计核算周期有年、半年、季和月，工资作为一项支出，归为期间费用，属于负债类科目，按月计提。

无论是管理形式上的约定俗成，还是核算专业上的通用惯例，计时工资都是无可争议的经典，它在很多国家都已经被法律化了。

我国《劳动法》也在相关条款中，明确了以时间尺度为主的核算标准（节选）：

第三十六条 国家实行劳动者每日工作时间不超过八小时、平均每周工作时间不超过四十四小时的工时制度。

第三十七条 对实行计件工作的劳动者，用人单位应当根据本法第三十六条规定的工时制度合理确定其劳动定额和计件报酬标准。

第四十一条 用人单位由于生产经营需要，经与工会和劳动者协商后可以延长工作时间，一般每日不得超过一小时；因特殊原因需要延长工作时间的，在保障劳动者身体健康的条件下延长工作时间每日不得超过三小时，但是每月不得超过三十六小时。

第四十四条 有下列情形之一的，用人单位应当按照下列标准支付高于劳动者正常工作时间工资的工资报酬（日工资为月薪除以月法定工作日）：

（一）安排劳动者延长工作时间的，支付不低于工资的百分之一百五十的工资报酬；

（二）休息日安排劳动者工作又不能安排补休的，支付不低于工资的百分之二百的工资报酬；

（三）法定休假日安排劳动者工作的，支付不低于工资的百分之三百的工资报酬。

第五十条 工资应当以货币形式按月支付给劳动者本人。不得克扣或者无故拖欠劳动者的工资。

正是因为计时工资的经典性、惯用性和法治化，让我们在研究生产力提升时，几乎从未把核算工资的时间尺拿来拷问。

8.1.2 很多新的劳动价值无法再用时间尺度计量

因为计时工资在一定的时间段内是固定不变的，可以通俗地称它为“死工资”。计时工资的额度是由工资标准和工作时长决定的，在同一工资级别中，不同的人在相同的工作时长里所得的工资额是一样的，所以，计时工资用作劳动价值衡量在等量时长中贡献无差别的劳动还比较合适。比如，无须劳动者发挥主观能动性的机械劳动。不过，即便是在劳动强度无差别的机械劳动中，工人们的劳动熟练程度也不尽相同，也得将不同熟练程度的工人分成不同的级别，分别计算，否则工资量的误差也会较大。

在计时工资制度下，劳动价值是由级别和时间决定的。在同一级别的工人中，虽然工作时间相同，但不同的工人会因为各自的身体状况、精神状况、主观意愿不一样，而出现劳动速率和劳动量的不同，那么，他们的劳动结果自然也不一样。然而，他们领取的工资额却是一样的。所以，**计时工资最大的不足，就是无法直接反映劳动强度和劳动效果**。既然劳动强度和劳动效果无法直接区分，势必会造成平均主义，造成劳动者之间的不公平状况和不平衡心理。

随着社会生产力的不断发展，市场竞争越来越激烈，企业实现盈利的条件越来越多，也越来越苛刻，而这些不断增加的元素，绝大多数都是很难用时间尺来衡量其价值量的。

因为竞争，各种情报、资讯对于企业的方向抉择和战略规划至关重要，情报的失准或缺失往往会直接导致企业的重大损失，甚至会影响到企业的成败。但这种信息的供给及其效用的产生，跟时间长短并没有关系。在现代商业环境中越来越重要的**信息值**，是时间尺无法丈量的价值要素之一。

因为竞争，产业细分程度越来越高，企业生产对于劳动者和管理者的知识水平、专业能力要求也越来越高，而知识量和专业能力在劳动过程中的发挥程度、效用结果，跟时间长短关系也不大。在现代企业运营中作用越来越大的**技术值**，是时间尺无法丈量的价值要素之二。

因为竞争，市场对于产品的品质和服务要求越来越高，劳动人员的纠偏力和风险控制力直接影响业务的达成效果，而这种纠偏力和风控力导致的产能差异，跟劳动时间的长短也没多大关系。在现代市场服务中越来越不可或缺的**经验值**，是时间尺无法丈量的价值要素之三。

因为竞争，产品的迭代速度越来越快，对企业创新能力的要求也越来越高，而工作人员是灵光闪现还是脑洞堵塞，输出的创造性成果大小迥异，这跟工作时间长短也没多大关系。在现代社会越来越决定产品价值量的**创造力**，是时间尺无法丈量的价值要素之四。

因为竞争的加剧，决定企业命运的主要矛盾由内部转到了外部，对于竞争方式的判断、风险程度的分析，直接关系到企业的生死存亡，而企业决策者的判断力发挥和判断结果的正误，跟工作的时间长度也没有什么关系。在决策为王的当今市场中越来越关键的**决策力**，是时间尺无法丈量的价值要素之五。

而在现实的企业管理中，人们还是基于“专业惯性”，对于贡献情报信息的策划部员工和顾问，对于贡献专业知识的设计部、技术部员工，对于有经验的行业能手，对于有创新贡献的员工，对于位居决策岗位的管理者，均以月薪、年薪为主来兑现其价值，这样的薪酬模式对于他们潜能挖掘的作用是非常有限的。我们知道，**量身高是用尺，称体重是用秤，可我们在丈量员工们的技术值、信息值、经验值、创造值、决断值时却在用时间尺，付诸月薪或年薪，这跟用皮尺量体重一样可笑。**

工业革命离我们越来越遥远，市场条件已发生了根本的变化，摆在我们眼前的已经是知本时代，企业仅凭购买几台机器和一批如同机器般运作的劳工，是很难再实现赢利的。在现代市场，创造力才是核心竞争力，企业必须充分激发出劳动者的主观能动性才能立足于市场，而时间过了就有的“死工资”只会让人“磨洋工”，所以，我们只有设法找到激发员工潜能的杠杆，找到能让员工主动创造的机制，才能提升企业的创收能力，而这些激励杠杆和机制的关键点，是准确衡量价值，并能精准价格化。

8.1.3 时间计酬滋生着惰性和矛盾

计时工资相当于驱使员工去“对付时间”。

通常情况下，劳资双方是先确定好工资再开始工作的，一般都会将工作时长、薪酬水平（月薪、年薪等）作为合同的主体内容，合同有着法律的保障，这就给了劳方“安全感”。这种“安全感”在让员工愿意去支出时间的同时，也有了“如何在工作中尽量避免身体加速折旧”的心思。这是人趋利避害的本性使然。趋利，令他尽可能要求高一些的工资；避害，使他尽可能在工资有保障的情况下少付出。于是，在工作中他将会得过且过，如果有人盯着，在后面抽鞭子他就勤快些，没人盯着他将会慢慢地耗。

有一本书叫《肖申克的救赎》，写的是肖申克监狱里的故事，其中有描写这么一种现象，刚入狱的人是十分痛恨监狱周围的高墙的，之后会慢慢适应里面的生活，习惯了以后，就会对监狱生活产生依赖。一个名叫 Brooks 的人出狱后，由于无法适应外面的快节奏社会，甚至自杀了。这是一种“体制驯化”的效应。也就是说，人的意志会在某种体制和环境中被驯化，最后变得顺应和依赖。

一个拿着“死工资”的员工，尽管刚开始可能有诸多想法和不适应，但逐渐地，他会被环境“驯化”，然后顺其自然，并慢慢开始依赖这份工作。即便是当年很聪明的学霸，或者是很张扬的“刺头”，大都也会在无法通过自己改变的体制中，落得个“泯然众人矣”。

周围相近人群的参照物作用，是“体制驯化”的关键，因为一个人刚开始会有着自己的各种想法和不适应，但当逐渐发现很多相近情况的人都在体制中按部就班时，就会觉得这种按部就班有其合理性，于是之前的那些想法就会淡化，不适应就会慢慢消除，因为“存在即合理”。

被“体制驯化”的人们逐渐趋同，在“死工资”的环境下，这种趋同是一种相互下坠的消极趋同，因为相对比之下，多做了就吃亏，少做的就占便宜。“60 分主义”会成为这种环境中的潜规则，如果有人傻乎乎地去努力得到“70 分”“80 分”，这会让管理者发现“60 分”的人不够勤奋，最后会导致大家挨“抽鞭子”，所以这种傻乎乎的“出头鸟”一定会被众人的“枪”打。之所以是“60 分主义”，而不是“50 分主义”，或者“40 分主义”，因为比“60 分”少了太多，也会被当作另一种“出头鸟”挨“枪子”，只不过开“枪”的人就变成管理者了。大家心里都有杆秤，比“60 分”少太多，“饭碗”就不一定能保住，所以自然就形成了“60 分”的潜规则。

面对完全“打工心态”的“60 分主义”人群，企业主似乎也只有“更专业”地去研究“管理科学”，研究如何在既定的人力成本基础上，在既定的工作时间内提高员工的劳动强度，以及如何在不增加或少增加工资的情况下延长员工的劳动时间。于是各种“科学的管理”层出不穷，而这些管理，无论修饰得多漂亮，也掩盖不住尽是针对员工们的制约措施。这些“更完善”了的管理制度，其作用除了能在员工“不得不”的心态下逼出多一些的效益外，剩下的就是将劳资对立意识这颗铁钉更牢固地钉死在铁板上。

在知本时代仍然盛行的“死工资”，对于员工已由一种职业保障退化成了一种职业禁锢；而对于企业，已由一种利润保障锈化成了一种利润黑洞。

8.2　时代在冲击计时工资

8.2.1　计时工资与效益增长已背道而驰

1. 计时工资曾因其“科学性”而成为一种定式

一百多年前，泰勒凭着《科学管理原理》一书的发表，奠定了他在管理科学中的泰斗地位。“科学管理”方法的确在工业生产时期对社会生产力的提升带来了显著的效果。泰勒的“科学管理”方法中最经典的就是，从工人中挑选出 10～15 名身体健康、操作熟练的人，把他们的操作方法、过程和结果记录下来，再编辑成为标准，以此标准来对所有工人进行要求和鞭策，使得所有的工人按照这种高产能的标准来劳作，于是，生产效率就得到了有效提升。

“科学管理”的一个重要前提是，劳动力成本（工资）既定。

当工资既定时，只要设法提高工人的劳动速率，或者增加劳动时间，就能提升企业利润。而时间计酬的方式随着“科学管理”的广泛运用也成了一种专业，因为工人的“必要劳动时间”清晰可见，“剩余劳动时间”和“剩余价值”就可以非常明确地计算出来，项目能盈利多少一目了然，这有利于资本家明确地进行投资规划和生产实施。

所以一直以来，计时工资被作为计算生产成本、判断赢利数额最重要的基础，并伴随着社会生产的发展，成为“管理科学中的科学”，成为一种定式。

同时，如何提高员工的劳动效率，也成了“管理科学”最根本的课题。这也定下了管理学“制约”和“针对”的基调。

泰勒凭借“科学管理”成果，曾希望将“劳资对立”转化为“劳资两利”。泰勒相信采用“科学管理”的方法——即通过“工时研究”和“动作研究”进行工作再设计，减少时间浪费和消除多余动作，就能够发现单位工时产出最大化的“最佳办法”（the best way），进而实现工厂产出和利润较大幅度增长。在产出和利润较大幅度增长的基础上，劳资双方对劳动产品进行分配自然有条件同时增长，各自想要的东西都得以实现，劳资双方就能建立“和谐而非分歧”（harmony，not discord）的劳动关系。但在 20 世纪初代泰勒自己身体力行的管理实践中和“泰勒制”导入的过程中，劳资冲突不是减弱反倒加强，甚至引发较大范围的罢工；1913 年美国上下议院还提出了“禁止泰勒制”的法律提案，这是和泰勒解决“劳资对立”的初衷大相径庭的（朱兆明，2012）。

2. 定式了的计时工资已跟不上时代的发展

一个多世纪以来，生产要素的构成及其比重随着市场竞争的变化在不断变化。工业经济时期，生产要素按其比重大小排列为：资本、土地、劳动，这个时期是生产和分配的三元时期。

随着市场竞争的加剧，信息值、经验值、决策力成为越来越重要的元素，企业家在生产中举足轻重，成为独立的生产要素，并在分配中拥有了一席之地，市场进入了四元时期，各要素的比重排列逐渐变成了资本、企业家、土地、劳动。

随着科技的进步，技术和创新力成为企业的重要竞争力，成为生产的核心要素，市场进入了五元时期，无形资产的重要性逐步超越有形资产，生产要素的比重排列由资本、企业家（技术）、劳动、知识、土地发展成了知识、企业家（技术）、劳动、资本、土地，生产也由劳动力密集型过渡到了知识密集型，工业经济也逐步被知识经济迭代，产品的价值越来越倚重知识、技术和创造，强运营、弱资本的生产格局越发明显，企业结构也在朝着“劳主资次”的方向在蜕变。

市场虽然进入了知本时代，但我们的管理模式却还滞留在工业时代，仍然在以资为本，以资本购买员工和管理者（包括他们身上附着的知识、经验、创造力）为前提，把所有的劳动和智力元素视为生产资料及生产成本，极力地维系着资本在生产和分配上的主导地位。事实上，已成为企业核心价值的知识、经验、技术和创造力，它们的载体——劳动者，其价值的体现仍然是薪酬（少量企业开始辅之以期权了），而薪酬的主要计算方式还是月薪和年薪。

在会计记账上，这些薪酬不是“分配”，而依旧是“成本”。这种价值付出与分配的巨大失衡蕴藏着强大的变革力，生产关系都已发生根本的变化了，我们的管理如果再不自我革命，将一定会被生产力革了命。

再回到月薪、年薪这个微观问题，分析一下它该不该被革命。

时间工资的两个核心要素是级别和时长。在同一级别里的员工，只要工作时长一样工资就一样，工作强度和工作结果不论有多大差别，都不可能改变工资无区别的局面，而这又势必会在员工群体中形成“平均主义”。员工们都知道，做多做少一个样，相对而言多做就吃亏、少做就赚了，在这种“泥潭”里，真心觉得“吃亏是福”的员工没几个，趋利避害的本性必然促使大家一个比一个更“不愿意吃亏”，这就导致了整个团队变成一个下坠的群体。在这种下坠的群体中，大家连基本的劳作都能懒则懒，就更别提会不会在没有工资增长的前提下，去主动进行价值贡献了。

越是这种情况，企业就只能越信奉“管理出效益”，一些“老板化”的管理者似乎非常理所当然地要说“‘胡萝卜’给了，就别怪我抡‘大棒’了”。然后，针对员工的各种不作为、慢作为的制度一沓沓地印了出来，再委派一批监督人员来进行鞭策，绝不允许员工在“必要劳动时间”内连自己的工资都挣不回来，也不允许员工在“剩余劳动时间”里不为企业创造效益。于是，越是“优秀”的企业盈利能力就应该越强，制度的鞭策力就应该越大，员工贡献的“剩余价值”就应该越多——这几乎就成了管理的真理。企业想多挣利润天经地义（大多企业本来就是冲着挣更多钱才创立的），而成本是利润的天敌，尽一切可能阻止成本升高这似乎理所当然；所以，无论管理者把企业描绘得如何美丽，“加工资”都不是企业情愿的。又要“马儿跑得快”，又要“马儿不吃草”，员工们自然都明白老板的心思，得过且过的心理天经地义，员工抗拒管理理所当然。资本因利而来，劳动为利而往，在“你寡我丰”的会计账簿下，劳资对立理所当然。那么又凭什么让劳动者把看不见摸不着又跟工资挂不起钩的智慧自觉地贡献出来？

事实上，劳动力价格一直在上升，特别是拥有一定专业、技术和管理能力的劳动者，他们的薪资期望值及其增长速度，越来越让企业不堪重负。绝大部分企业的利润增幅跟劳动力成本的增幅是成反比的，这些企业“买”到了人才，也可谓藏龙卧虎了。然而，可悲的是这些企业果真把“虎”给卧了，把“龙”也给藏了。领着做多做少一个样的死工资，“龙虎们”自然只会静养，怎么可能会“龙腾虎跃”？在创造力制胜的今天，很多企业不是败给了竞争，而是败在了“藏龙卧虎”。

从智力劳动力的内涵特质看，构成智力劳动力内涵的知识与技术，具有可复制性和无损耗性的特征。知识在被替代之前，其价值就永恒复制，从而无休止凝结在新的产品中。（李奋，2003）

按理，对于智力劳动的投资，企业本可长期获益的，但结果却难如其意。

“龙不腾、虎不跃”，关键问题出在价值丈量上。用“死工资”来衡量机械劳动尚可，但要用它量出智力，这几无可能。因为创造力源于人的自觉和自发，天生染着“制约”色彩的管理，怎么能让人自觉自发呢？月薪和年薪既然只跟级别和时间长度有直接关系，而跟发挥和工作结果却没直接关系，那么，高薪只能增加人力成本，却增加不了员工的智力输出。

在工业生产时期，“死工资”符合劳资双方的需求，工人们大多处于生存线上下，朝不保夕，拥有固定的收入就等于有了生存的保障；而资本家因为人力成本的既定，有利于利润的计算和生产的决策。但在知本时代，人们普遍不再因生存而不得不工作，更多是为了寻求自我价值的实现，寻求存在感和成就感，而“死工资”却难以满足劳动者的这些基本需求，它成了员工们的一种枷锁；对于资本方而言，在创造力决胜负的竞争面前，“死工资”很难激发出劳动创造力，人力资本的投入与产出也很难形成正向关系，“死工资”成为企业的一种负赘。当一种工资形式开始与劳资诉求都背离的时候，它离被淘汰也就不远了。

曾经极为科学的计时工资，在知本时代开始沦为被革命的对象。

8.2.2　突破时间尺度的价值计量方式

生产力决定生产关系。

不少企业因循生产力发展的需求，在积极探索和实践新型的生产关系。

为了弥补计时工资的硬伤（无法反映出劳动强度和劳动结果），推出了奖金、补贴等措施；为了激励专业技术人才，制定了按人头配给的期权、干股方案。这些举措的确对员工起到了一定的激励作用，但因时间工资这一核心标尺并未改变，这些辅助措施的效果是达不到较高水准的。

虽然一些企业在月薪、年薪的基础上，叠加了奖金、补贴等措施，体现了一些时间尺无法丈量的劳动价值，但这些并不能根除月薪、年薪固有的两大顽症：平均主义和劳资对立。

因为承载知识、技术和创新力的员工们的主体价值衡量还是计时工资，在日常工作中，大家不同的发挥程度和贡献结果还是无法从根本上区别开来。如果量化考核并没有细化到日常工作的每个事项和每份价值贡献，并根本地打破“同级同薪”和“按时长计酬”的主薪酬框架，奖金和补贴的辅助性弥补是去除不了平均主义的根本弊病的，非精细化、精准化丈量价值的措施，是很难起到根本性激励作用的。

其实大家都明白，知本时代靠的是创造力，是员工们的用心施展和努力发挥。为了挖掘员工的智力（知识、技术、经验、创造力等）潜能，很多企业可谓绞尽脑汁，甚至认为“舍不得孩子套不着狼”，搬出很大一块核心股份配给员工。可悲的是，经常“孩子”舍了“狼”没套住；或者“狼”套住了，“狼心”没套着……总之，员工们始终难以真正把企业当家，“打工心态”一如既往。很多老板不解：公司实实在在地给了大家核心股份，不收股金还继续发工资，让员工的权益比老板还多（老板自己没工资领）、风险比老板还小（员工不用为亏损买单），为什么却换不来大家真正归属的心呢？

问题还是主要出在时间计酬不能精准量化价值上。

首先，月薪（或年薪）就像蚕茧一样死死裹住了员工那颗“打工的心”。

对于要养家糊口的员工而言，奖金补贴不确定，期权股份远在天边，唯独那份月底就能拿到的工资最是让人牵挂（员工的牵挂就是公司有效的杠杆），这份牵挂决定着员工的日常发挥。

做多做少一个样的固定月薪无法深度刺激员工的潜能发挥，因时间计酬导致的“60 分主义”和因级别工资形成的“平均主义”，最终形成的往往就是一种下坠的群体氛围。这种氛围会锁住员工的主观能动性，如果不打开这把锁，可能永远无法改变员工的“打工心态”。想要挖掘员工的创造力，仅仅只是将承载不同知识量、不同专业和技术、不同经验、不同创造力和决策力的员工，按更细分的不同等级匹配不同标准的工资，那就是旧瓶装新酒，出不来效果的。其实，无论是原来的月薪，还是因为技术和经验而跃升到更高级别的月薪，员工们都知道自己在会计那里是公司的“成本”，是老板获得经营利润的“反向因素”，在没有明确的标尺将自己的工作价值称出来是大于工资的情况下，没有人会相信老板不在“计算着”自己。站在“你寡我丰”跷跷板的另一端，谁都能想到，如果有一天，老板利润减少或者没有利润的时候，裁员的刀就会落在自己头上。天然对立的劳资关系，员工是没有安全感的，没有安全感又哪来的自觉发挥？就算老板能持续赢利，公司能正常运营，员工不担心被裁员，另一个问题也会冒出来制约员工的发挥，那就是劳动榨取。当员工认为老板的利润收获是自己工作创造出来的“剩余价值”时，就不会再心甘情愿地去挖掘工作潜能了。

在会计账上，员工贡献超过了工资（产生了“剩余价值”）是老板榨取了员工，贡献低于工资（老板倒贴了员工工资）是员工剥削了老板。而这，正是月薪制惹的祸。

其次，股份（期权）这口“夹生”的大锅饭，令很多员工吃了反胃。

很多企业设立员工股（或期权）都是划定一定股份比例的股份池，让达标的员工成为员工股东，以此作为激励手段，使员工为达标而努力。为了使这种激励更有效，公司往往还要拟定上市目标，似乎将来上市了，员工就可以一夜暴富了。这种几乎可以被称为“忽悠”的一种手段，在大家没怎么见过上市公司的那个年代，还真能诱惑几个员工去“追梦”。但在今天，员工们心里都明白，公司达到上市条件的概率是多少，达到条件能完成上市的概率是多少，上了市能分红的概率又是多少……回到现实里，员工会想，我能熬到公司上市不被炒掉，并且被评上员工股东，这得先算概率。绝大多数企业都会挂上“上市”的愿景，但没几个员工会把这种远在天边的梦太当作一回事；反倒是很多老板，没把员工说晕，却把自己给说晕了。就算一些效益好、能兑现股东权益的公司，股权激励的结果也并不乐观。因为员工日常的价值并未被精确地量化出来，员工股东的评选往往是在没有太多绩效数据的基础上，靠人为评议出来的，除了评议人的主观意识外，能参考的“客观”条件一般就是岗位职级、工龄等，这跟工资评级的方法几乎一致，所以最终被纳为股东的这些员工，只是同时进了另一口稍微“高级”一点的“锅”吃“大锅饭”而已。之所以说这口“锅”里的“饭”对于员工有点“夹生”，是因为他们不太懂得什么股东权益和股东责任。因为“夹生”，股份的不均就会引起员工股东们“患不均”的本性造成难以控制的内讧，而股份均分又会把员工股东们带进恶性循环的“平均主义”泥潭……

员工内乱只是问题的一方面，在员工们成为股东后，跟老板就互为参照物了，**当员工股东发现自己的股份只是老板的数百甚至数千分之一的时候，不知柴米油盐贵的他们，必然不能理解为什么老板“什么都不做”股份却多了那么多……这只能把劳资矛盾推向更加难以见底的深渊。而这，正是价值不能量化惹的祸。**

由于员工日常贡献的价值并未量化，做多做少没有精确记录，无论是短期的奖金、补贴，还是长期的期权、股份，即便能给出可观的数额，它反过来对员工日常的工作，又能在哪个点上形成激励呢？既然不能对大家的每项工作带来直接刺激，那这个激励措施的意义在哪儿呢？

价值称量不准，价格与价值不匹配，是“激励制度”没有良好激励效果的根本所在。

8.3　时间计酬既非老板也非员工的追求所在

8.3.1　企业要的是运营效益而非员工考勤

有一个叫蒋透的老板，月中照例召集线上业务的三个小组开会。这三个小组各有特点，A 组的人很干练，上班时间工作就利利索索完成得很好，每天可以准点下班；B 组的人比较滑头，上班时间经常“不务正业”，老板不在就聊天、玩手机，老板在的时候才认真工作，不过他们会时常去“请教”老板，顺便拍拍马屁；C组的人比较笨，又比较懒，上班时间玩，下了班才着急地赶工，常“加班”到很晚。为了鞭策大家完成好本月任务，老板在会中强调：“本月任务必须完成，拿结果说话，你们知道我叫蒋透，我讲得够透的了，做不好趁早走人，说什么都没用。”会后，B组的人心一虚，辞职走了。

第二天老板知道B组的人走了心里不是滋味，因为他们平常挺“乖”的，很谦虚，经常主动向老板请教；老板对C组的人也很喜欢，因为他们几乎每天下班后都还在“自觉加班”，其实老板对A组的人每天下班就走都很不满意，所以他在办公室里一阵摇头：“我昨天没讲透吗？哎……该走的没走……”员工们都听在心里，一整天都在揣摩，老板说该走的是谁。C组的人越想越慌：估计是我们吧，月底最有可能完不成任务的就是我们……于是，C组的人也辞职了。

第三天早上，老板刚到办公室，助理就告诉他C组的人全走了，老板脸色一黑，大声道：“我昨天难道没讲透？嗨！怎么搞的，不该走的却走了……”剩下的A组员工把老板两天的话连起来一想，觉得自己才是老板说的该走的人，再待下去也没意思了，于是也都走了。

我们习惯性地认可“加班加点”的人，习惯性地否定下班就闪人的人，是因为我们的思维被时间计酬给定式了，总以为员工“加班加点”公司就赚了，而准点下班的就是为公司贡献少的人。在这种管理思维下，很多员工当然就会出工不出力；当管理者意识到要鞭策员工出力干活时，员工又出力不出活；当管理者意识到要鞭策员工出活时，员工又出活不出效……

事实上，像C组那样的员工，他们耗费了更多的资源，最后的产能还不会太高，A组的人虽然按点下班，但他们的投入产出比才是最高的。我们之所以没意识到公司实际上要的是最终效益而不是要员工蹲在办公室，是因为还没对时间计酬的思维格式化。

8.3.2 员工更不愿意耗时间

不应凭着所谓的经验，用静止的观点来看待不断发展的市场。

曾经，管理很重要的作用就是如何策动员工，避免员工偷懒混工资。

在那个普遍为生存而工作的年代，为了一份工资，人们会不惜使出浑身力量；从另一方面来看，只要给出工资，公司就可以利用上员工们的“浑身力量”。

经过了“50 后”“60 后”“70 后”的集体拼搏，生存线以下的中国人已经不多见了，“再苦不能苦孩子”是那个年代的人主要的拼搏动力，所以他们的儿孙——“80 后”“90 后”，大多数有老可啃，这批人再闯社会，为的是得到认可和尊重，得到存在感和成就感。从整个社会的“跳槽周期”成倍缩短的现象我们可以明白，“80 后”“90 后”不会轻易被一份工资锁住，他们要找一个能够充分展现自我价值的平台，“说走就走”已经在这些新新人类中形成潮流，一旦所在的公司缺少认可和尊重，或者缺乏展示个性的机会，或者不能让人看到自己的空间和未来，他们会扭头就走，去寻找新的机会。

在“耗到一份工资”和“拼点成就感”中做选择题，年轻人基本选后者。

那么，企业的杠杆力量来源，该从“计时工资”转换成什么呢？

8.4　找到企业和员工的最大公约数

8.4.1　劳资矛盾性和统一性的比重更迭

资本和劳动作为生产中最重要的两个要素，它们的矛盾性是非常明显的，在传统会计核算中，**工资（劳动力价格）计为生产成本，成本越高，资本所获得的利润就越低，这种“此消彼长”的利益相对关系，让几乎所有传统管理学派的研究人员对破解劳资的对立关系感到绝望。**

在财富分配环节上如果存在两个利益方，一个是雇主，一个是工人，你的所得就是我的所失，这个对立矛盾是无法破解的。（朱兆明，2012）

然而，劳动和资本不仅不可割舍，还互为生存的基础。因为劳资利益关系存在统一性。马克思深刻地指出资本和雇佣劳动的关系：“资产者及其经济学家们断言，资本家和工人的利益是一致的。千真万确呵！如果资本不雇佣工人，工人就会灭亡。如果资本不剥削劳动力，资本就会灭亡，而要剥削劳动力，资本就得购买劳动力。”“劳动力不卖给资本，就得不到利用。”（王秋梅，2012）

在工业生产革命初期，因为商品匮乏，市场竞争少，企业的产品销售没什么压力，外部的竞争矛盾并不突出，企业的主要矛盾集中在内部，即劳资矛盾。这个时期的劳动创造性要求并不高，能进行简单的机械操作基本就行了，工人只是“有思想的机器”，所以劳动者也就约等于资本购买来的生产资料，从一开始，劳动力价格（工资）也就定义为生产成本了，那么它就成了利润的对立面。于是，伴随管理学的出现，劳资关系从一出生就被烙上了“对立”的烙印。**“劳动者的收益——工资，由资本的购买而来；资本的收益——利润，从工人的劳动中产生”这一“事实”就成了管理科学的最根本逻辑。因为这一逻辑，导致了试图破解劳资对立关系的众多学者们，一直找不着方向。**

沿着所谓“劳资利益互源性”的逻辑，就产生了劳资利益“你的所得就是我的所失”的绝对矛盾关系，这种关系根植在劳资双方的意识里，导致了双方矛盾关系的恶性循环（见表8-1）。在这个“绝对的”矛盾关系中，人们似乎忘却了他们之间根本的统一性。

表8-1

劳资矛盾性和统一性比重的更迭

	工业时代	知本时代
企业主要矛盾	内部的劳资矛盾	外部的竞争矛盾
企业次要矛盾	外部的竞争矛盾	内部的劳资矛盾
劳资利益来源	从对方获取	从外部竞争获取
劳资关系	矛盾性大于统一性	统一性大于矛盾性
劳资关系走势	矛盾性越来越严重	统一性比重越来越大

随着社会生产力的发展，市场竞争越来越激烈，企业的主要矛盾逐步转移到了外部竞争上。人们逐渐感知到，劳资其实是一个整体，如果产品在市场上竞争失败，他们将“一损俱损”。因为外部竞争驱使着劳资产生越来越多

的“一致行动”，这种“对外一致性”在弱化着劳资矛盾，突显着他们的统一性。在这些矛盾转换的过程中，**“利润来源于市场”（产品实现了销售）这一真正的事实，才浮现在人们眼前，而沿着这个逻辑，才能找到破解劳资对立关系的方法。**

从企业发展史来看，企业本身就是劳资合作的一个产物，维系这一内在关系的是劳动关系主体一致的利益需求，即都“有利可图”。国外一些学者对此作出了形象的比喻：企业像条船，上面坐着资本家，也坐着工人，劳资双方无论采取什么行为都是以不“翻船”为前提的。（刘长胜 等，1989）

市场越是“风高浪急”，“船”上的“船员”就越会“一致行动”。生产力决定生产关系，当市场竞争促使劳资关系的天平从矛盾性越来越倾向统一性的时候，劳资利益共同体自然就形成了。

日本企业普遍采用的公司治理模式是“经营主导型”而非“资本至上”，通过终身雇佣、年功序列、企业内工会等人力资源管理制度使员工与企业结成了“命运共同体”，共同分担经营风险、分享盈余利润，形成了一种利益一致型劳资关系，有力地推动了日本战后经济的发展。（刘容，2012）

8.4.2　劳资共振，走向双赢

资本是很单纯的，它的目的只是逐利。正因为如此，资本引领的工业革命曾使社会生产力得到了极大的发展。基于资本的核心追求，在工业经济中它将劳动价值用时间来丈量，并以泰勒的“科学管理”方法为手段，形成了一整套简单、明确，且能保证利润最大化的“专业机制”。这种“工资及生产资料采购费用计为成本，销售收入减去成本等于利润”的格式，成为全球通行的赢利计算法则。很自然地，劳动力价格（工资）提前协定，工人获得的收益被“合理化、合法化、固定化”，利润最后全部归属于资方也就顺理成章了；由于销售收入不一定绝对大于成本，企业发生亏损与工人无关，于是才有了“风险 = 收益”的“理论科学性”——既然资方完全承担风险、工人“旱涝保收”不承担风险，那资方完全占有利润就成了“很对等、很公平”的道理。**工资计为成本，它与利润的对立性跃然纸上。“彼赢我亏”的劳资对立关系自**

然成立了，资方独占利润的结果就被坐实，于是“剥削”关系就存在了。似乎这种“剥削”关系是“零和性”的，产出大于工资，是资本“剥削”了劳动，而产出小于工资，则是劳动“剥削”了资本。

当市场演进到今天，激烈的竞争让劳资不得不“联合起来一致对外”时，他们知道了只有赢得了外部竞争才能“一荣俱荣”，但是“你多我少”的会计记账方式，令双方如鲠在喉，让他们不知道怎样才能真正“拧成一股绳”。

知本时代要求企业具有创造力，而这些力量都蕴藏在员工身上。在“不能解放员工就不能解放创造力，不能解放创造力就不能解放生产力，不能解放生产力就不能利益最大化”的今天，**目的最单纯的资本，为了它“利益最大化”的目的，而成为“最革命”的力量——它要求解放创造力、解放员工，哪怕是“员工上位”都行，只要能够实现利益最大化。**

于是，管理革命也就开始了。毕竟，管理总归是为企业盈利服务的。

劳资要联合，想消除矛盾，就得依照前文来捋一捋问题的源头：“剥削”←利润不共享←风险不共担←工资与利润对立←工资计为成本←时间计酬。

那么，解决时间计酬问题的方法就出来了：价值精准丈量（见表 8–2）。

众所周知，无论任何形式的工资，基本是员工“先劳动后领取”的，亦即，劳动行为是先发生了（生产已执行、劳动价值已产生或实现了），劳动价值才兑现的，无论产品是在发工资前还是发工资后销售出去，劳动价值已经凝结在产品中了，这是事实。

表 8–2

劳资关系的演进

	工业时代	知本时代
劳资利益关系	利益对立关系，你多我少	利益统一关系，你多我多
员工收益归属	生产成本	利益分配
利润分配	资方独占利润	劳资共享分配
企业结构	利益矛盾体	利益共同体
进化路径	成私而公（员工成就自我的同时成就了公司）	
进化实现方法	价值精准量化	

劳动有劳动的价值，资本有资本的价值。

当今社会构成生产的要素主要有劳动、知识、企业家（技术）、资本、土地等。既然是生产要素，它就必须是分配要素，剥夺任何生产要素的分配权都是“流氓行为”。所以，任何生产要素因在生产过程中贡献了价值而获得收益，实质上都是获得了价值分配，至于以什么名词来表示（诸如劳动→薪酬、知识→奖金、企业家→红利、资本→税后利润、土地→租金），并不能否定它从生产中获得了分配的本质。

那么，余下还需解决的问题就只剩下：分配合理与否（价值与价格是否匹配的问题）。

曾经劳动人民的“非暴力不合作”或者“暴力不合作”，无非只是想消灭“剥削”而已，并不是要消灭资本，其对抗的实质，无外乎就是“争取合理的分配”。所以，社会矛盾斗争的核心点，就是分配的合理与否。

社会生产力的发展导致了市场机会细分和竞争的激烈，企业外部竞争要求劳资联合，劳资利益最大化追求引发了劳资共振，劳资共振发酵了劳资共同体。资本和劳动的结合是男女自愿结婚般的合作关系……在资本的作用越来越得到普遍认可的时代，剥削关系已成过去，中性的“共享”一词更能体现新时代劳资双方的合作和交换关系，跨越心理障碍勇敢面对资本（凭其价值获取）报酬的必要性，让资本报酬和价值共享成为新时代社会的共同价值观符合社会整体利益。（张霄，2018）

各取所需、各得所值，世界要的是和谐，不是斗争，当价值能真正精准量化（价格等于价值）的时候，各生产要素就可以良性发展了。

8.5　价格必须基于价值

8.5.1　“按值分配”将会取代“按资分配”

从 17 世纪到 20 世纪，生产要素由二元（土地、劳动）逐步丰富到三元（土地、劳动、资本）、四元（土地、劳动、资本、企业家），进入 21 世纪，知识和创造成为重要的生产要素并迅速成为主导，市场进入了五元时代。

在二元时代，土地是起主导作用的；三元时代之后，资本逐渐取代土地占据主导地位。虽然劳动始终是不可或缺的，但它一直处于被支配的地位，不过，随着科技的发展，劳动要素的地位一步步在升高。到了五元时代，资本的主导地位逐步在被劳动创造替代。

在现代科技革命条件下，智力劳动力的价值创造乘数效应是有目共睹的。比如，在芯片价值中，3% 属于原材料价值，5% 属于设备转移的价值，6% 属于基本投入，85% 以上属于设计者、创造者。因此，科学技术、知识等变成了第一位的核心要素，而其他要素在价值创造中变成了“从属的要素”。（李奋，2003）

正如生产力决定生产关系一样，生产要素决定了分配要素。生产要素的作用构成了产品的价值，获得价值分配是必然的社会规律。只是，一直占主导地位的资本（包括之前的土地）总是极力维护本身的主导地位，试图在分配中占据更大的比重。

过去一百多年以来，资本维护者因资本的主导地位创立了一整套“科学理论”，**在“劳动力价格成本化”的基础上形成了诸如“风险 = 收益”“所有权 = 分配权”等“专业”理论，并以此为基调形成了一系列“完善”的管理体系。其目的无外乎是要“麻痹”人们的视听，固化资本的主导性，最终达到在分配中弱化其他要素分配比重的目的，最彻底的是，它利用这些“科学理论”直接把劳动要素在分配中“清零”**（劳动者不承担亏损风险，所以没有利润分配资格），**让劳动者根本找不着还击的着力点。**

可叹的是，直到劳动和创造已经在价值构成中占主要比重的今天，众多的管理研究人，还有本来就是劳动者一员的企业管理者们，大都因吸吮着资本，还在为“资本本位的管理”添砖加瓦，身体力行那些理论，以不断的经营践行来夯实劳动“生产资料化”的“专业”基础，固化着“资本 +”的运营结构，令劳动和创造在分配的门外兜兜转转，始终无法“按值就位”。

然而，毕竟生产要素决定分配要素这是社会生产的基本规律，知识经济时代，劳动创造的价值比重已经占据重要份额，在历史车轮的牵引下，劳动获得“合理分配”甚至在分配中占“相应的重要比重”，一定会随“知本 +”时代的到来而顺理成章。

“按值分配”是社会发展的必然选择。

在工业革命之前，生产成果是**“按势分配”**的，即依照丛林法则，谁拥有权势谁就占有成果。进入工业经济时期，生产成果遵循“**按资分配**”的原则，谁拥有生产资料谁就占有利润。进入知识经济时期，资本这支生产发展“最革命”的力量，在分配环节却又是一支“最保守”的力量，这是它“最单纯”的逐利性所决定的。尽管资本在分配上极度地“保守”，但“按值分配”最终一定会取代了“按资分配”。

如果有一棵苹果树，“按势分配”就是谁抢赢了归谁，结果就是你死我活；“按资分配”就是谁买种子来种的归谁，结果就是施肥的、浇水的、采摘的、销售的不干了；其实只有“按值分配”，大家论功行赏，才会有来年的好收成。

8.5.2　贯通一切生产价值的统一度量衡

在当今的五元社会，各种要素按其价值比重整体上正朝着“技术（含企业家）– 知识 – 劳动 – 资本 – 土地”这个方向演变。为了便于企业的量化实操，可将各价值要素编成 operation（劳动，简称“O”）、performance（表现，简称“P”）、qualification（资格，简称“Q”）、rights capital（权利资本，简称“R”）及 land（土地，简称“L”）五类（参见本书 4.2.4）。

O 包含所有参与日常工作的专、兼职人员的直接劳动，在日常工作计划、执行、考核中量化其价值。

P 包含所有制度、规程实施中相关人员的行为量化价值。由于社会生产对于劳动的规程或要求越来越精细，很多企业都有大量的“规章制度”，比如万达公司，王健林在《万达哲学》中提到，万达的制度有 200 多万字，制度是对劳动、运营的基本描述，虽然不是直接劳动，但它是劳动、经营实施必不可少的规范。劳动者（包括执行者和管理者）在制度实施中的行为影响着劳动结果，这些行为可以理解为间接劳动，然而，这种间接劳动曾长期未在分配中得到充分体现，因此，制度执行的力度总是达不到应有的效果。不过，现在越来越多的企业，将这种“制度实施”的价值表现，从简单的奖罚上升到了绩效考核，少数企业还将这种间接劳动纳入了期权和股权的核算。制度实施产生的“行为表现”因其对生产结果影响的独特性和重要性，已凸显为一种价值要素。

Q 包含着知识产权、无形资产、企业家及其他劳动者资质的量化值。四元时代把“企业家”单列出来作为一种要素，是因为在此前一两个世纪中，企业家的决策力、经营力、担当力在生产中尤为重要，仅拥有土地和资本并不能直接完成生产，必须由企业家根据市场竞争情况来进行生产方向和方式决策，而后制定规程、安排劳动，并实施管理、监督，才能实现赢利。于是，土地和资本的价值被社会均衡化，甚至有时候弱化成了租金和利息，而企业家则成为生产的关键要素。但随着知本时代的到来，“成也萧何”的企业家越来越突显“败也萧何”的趋势，一个或几个企业决策者的信息触角和信息储存空间的局限性越来越明显。现代竞争中，不光是决策，还包括经营、承担，需要一个全面、精准、快速、综合的联动组织，所以，企业家的个人作用在逐步减弱，其作为独立要素的意义相应在弱化。而专业资格、技术、经验、专利、信息、情报等有价元素，在生产中的作用越来越突出，成为不可或缺的要素，因此，在现代企业运用中，这些元素和企业家元素被一并归纳为生产和分配的“资格”元素。

R 指的是资本的价值，是资金投入的量化值。

L 指的是土地价值，它在农业生产中仍然占据重要地位，但在商业企业中，它已经通过建筑物转化为场地租金，常被 R 替代。

那么，这些价值要素，到底该如何精准化称量呢？

在前面的章节描述过从《项目表》到《部门表》《考核表》的具体操作，可以将每个员工的每一天的每一项工作细致地进行量化考核，将其工作结果的价值大小通过 O 分来体现，事项可以精细到诸如“几点几分将资料传给 CEO 获得 3 分”，结果的价值量化可以精准到“提前两分钟完成根据考核定义最终获得 4 分”等。

《行为表》就是将公司所有的规章制度、流程规则等，量化为 P 分的方法，遵守规则的正能量加分，违反规则的负能量减分，可以细致地对每个人的每一个行为进行量化考核，精确到诸如“会议迟到 4 分钟为减 4 分”，或者“送别客户或点赞获得加 1 分”等。

《资格表》将所有在职的执行董事、非执行董事、高管、普管、员工、顾问的职位、学历、职称、工龄、奖证、各类资格证等确定资质的每月价值，以及无形资产、知识产权、有价信息等，一次性或多个月份的价值量化为 Q 分，可以精确到诸如“公司著作权参与人每项次单独加 93 分及每月每项加 11 分”等。

资本量化的基本方法将在本书下册的第 14 章作详细介绍，主要形式是按资金进入时间起，以 ¥1 元等于 1R 分为基础，再根据整个公司的总劳动创造价值（O+P+Q 分）和劳资相对比例，以月为单位不断叠加相应的创造值，它关联了所有的劳动价值和盈亏，并根据动态的不同所有者 R 分的相对比例，量化出资本的具体价值，精准到每个月。

L 分一般嵌入到 R 分之中计算。

相应的这些价值要素，在分配中的价格表现方式通常如表 8–3 所示。

表 8–3

各生产要素在分配中的价格形式

生产要素	O	P	Q	R	L
价格形式	基本工资 绩效工资 奖金 / 福利 期权 / 干股	奖金 / 福利 期权 干股 / 红利	奖金 / 福利 期权 干股 / 红利	利息 期权 实股 / 红利	租金 干股 / 红利

其中特别重要的是：O 分、P 分、Q 分、R 分、L 分是互通的，“分值”成为所有价值的统一度量衡。

于是，各种价值在薪酬、奖金、福利、期权、股份和荣誉的分配上，就非常客观而精准了，并且在与外部的并购、拆分、融资以及资本市场的对接，也非常相称而便捷。

可以想象得到，所有的贡献价值都如此客观精准了，企业这部机器也就不再会被“人治”困扰了，所有人的心理的不平衡也将烟消云散，方方面面的力量将会倾注在创造上……

于是，“按值分配”水到渠成，劳资对立迎刃而解。

8.5.3 价值尺是劳资同频和消除“剥削”的基础工具

时间计酬是劳资矛盾的祸根。

此前的 8.4.2 有分析过，时间计酬导致了工资计为成本的记账方式，进而形成工资与利润的对立，然后在劳动者不承担亏损风险的基础上，又形成了资本独占利润的结果，后来逼出了劳动阶层的“剥削”理论。这个理论成了劳动者向资本宣战的思想武器。资本之所以会极力维护“工资成本化”法则，是因为在工业生产初期它能实现“剩余利润”的最大化；资本固化“风险等于收益”理论，固化“工资成本化”法则，实际上是为了把劳动在分配中“清零”。

绝对对立的劳资关系极不利于企业的生产创造，不利于整个社会的生产力发展。

劳资关系的僵化实际上是会计核算被点了“死穴”，这个“死穴”就是“工资成本”，它的“经脉”是“工资的时间尺”。为什么会僵成这样？那是因为**会计报表每时每刻都在揭示着“剥削”：工资小于产出，资本“剥削”了劳动；工资大于产出，劳动“剥削”了资本**（因为资本在承担亏损时劳动竟然毫不退让地旱涝保收）。前一点是资本剥削了劳动，后一点是劳动剥削了资本，而且完全没有中间缓冲的空隙，会计的这种死穴被点得绝对无法反抗，因为他想要寻求一条“不剥削”的和平之路，似乎只有奢望每月利润（工资刚好等于产出，员工们刚好执行完“必要劳动时间”就不做了）为零了，如此才能避免“剥削”，可是这样，资本又来这干什么呢？哪里还有生产的开始？

所以，在这个逻辑的背后，比会计更无语的是资本。因为如果企业盈利就是资本“剥削”了劳动——哪怕盈利一分钱（这也是性质问题）——那么，只有劳动是有价值的（可以合理地获得工资），资本是没有价值的（因为它哪怕是只获得一分钱利润都是在“剥削”）。根据这个逻辑，社会生产就不要开始了，只要一开工，“邪恶”行为就产生了。

自从会计被点了“死穴”，企业的血脉就没有真正畅通过，只有消除“剥削”才是消除劳资对立的意识，按会计核算的结果来看，只有企业利润为零才能消除“剥削”……

还能解穴吗？

答案是：能。

其实，只需换个度量衡，死穴瞬间可解。

正解是：用价值尺替换时间尺。

在价值尺丈量下，工资将不再是死工资，而变成了活工资，即有值有酬、无值无酬、值多酬多、值少酬少，薪酬跟利润高低有所关联，在承担“有限责任”的同时获得“有限分配”。于是，劳资收益在责利关系上“同频起伏”，你多我也多，你少我也少，形成了“责利一致型”关系，而原来的劳资对立关系，则变成了共振关系。

价值尺不是只量劳动，还同时为资本称重，为任何有价因子称重。资本也是因其相应的价值比重，获得相应比例收益和承担相应比例责任，而不是责任和利润独揽的。当所有的价值要素都称得恰如其分，并“按值分配”，使得所有收益与价值相当（价格 = 价值）的时候，也就不存在什么“剥削”了。

以时间尺丈量工资，则给了资本压缩劳动力在一个固定价格上，然后独占利润的口实，又给了劳动者“暴力不合作”或者“非暴力不合作”的理由，富 × 康事件是一个典型：

富×康是一家做电子产品代工的台资企业，年营业额达 1800 亿新台币，是一家血汗工厂。2010 年 1 月 23 日，19 岁的富×康员工马向前跳楼死亡，一个生命的终结并不能唤醒富×康的反思更不能阻止“富×康速度”，这仅仅是个开始。在之后的短短四个月，连续有十二位员工跳楼惨案。正如富×康董事长所说“就是把我扔下去，我也不敢保证没有人再跳。”轰动世界的十三连跳也没能阻止“富×康速度”，富×康在大陆的员工的每一个动作和细节都被精准地计算和肢解，数万次的重复使时间成本完全可控，订单上的交货日期被精准计算，高负荷的劳动没日没夜的倒班和加班。（孙旭 等，2013）

在时间工资列为成本的基础上，要么绝对是资本“剥削”了劳动，要么绝对是劳动“剥削”了资本，所以，劳资对立天经地义，企业内部只会争斗不断，那么这个世界也只能永无宁日。

价值尺迭代时间尺，首先是消除了“剥削”的基础，价如其分了，各得其所了，谁也不占谁的便宜了，“剥削”论自然就不复存在了。在这之中，也顺便把资本从牢笼里给解放出来，打掉“资本零价值”的谬论，让资本正正当当地在生产中就位。

价值尺迭代时间尺，突破了工资计入成本的格式，打破了“风险等于收益”的论调，废除了“资本独占利润”的口实，为“共生理论”铺垫了基础。

价值尺迭代时间尺，切断了“所有收益计为分配”导致“资本侵占劳动价值被合理化”的逻辑通路，消除了任何要素“剥削”的可能性，避免了因“工资归为收益分配”陷入“庸俗经济学”的危险。也因此让“生产要素决定分配要素”这个真理得以呈现。

价值尺迭代时间尺，让收益匹配价值，还世界一个公道，不偏资，也不偏劳，只认客观的贡献，把劳资对立变成了劳资同频，去除内耗，远离斗争，让所有的要素奔着价值而去，让所有的力量为了创造而来，这样才能让企业效益最大化，让整个市场和谐有序地良性发展。

8.5.4 分值计酬法是如何欲擒故纵的

1. 网游的六大吸引力法则

价值尺令员工的薪酬“价如其分”。既然所有的努力都不会白费，大家就会尽其所能，自觉而为之。现代员工追求的是尊重、自在、体验、存在感和自我价值的实现。大家都知道网游能让人上瘾，特别是年轻人，一玩起游戏来就欲罢不能，因为游戏很能满足年轻人的这些需求。

那么我们可否利用游戏的原理来设计工作呢？如能实现，也将可令员工们欲罢不能。很多人花钱都愿意玩游戏，何况这种游戏般的工作，在玩的同时，还能赚得到钱。

先来看看表 8–4 所示的游戏设计的六大吸引力法则吧。

表 8–4
六大吸引力法则

吸引力法则	需求满足	设计方式
任务清晰的短目标	存在感	明示目标、清晰任务，很快可完成
时间和进度自由	自在感	自由进行，可暂停、可续玩
任务执行自主	尊重感	过程设计为能随玩家意愿进行并可宣泄情绪
适时反馈操作结果	体验感	即时显示操作结果，玩家成败变成正负刺激
适度的挑战、不断升级	成就感	挑战不易不难，积分达标进入下一级
及时兑现奖励	价值感	及时奖励成果，强化玩家的价值感

游戏的第一吸引力是设定任务清晰的短目标。如果目标不明确、任务不清晰，就会让玩家无畏地烧脑，如果兜兜转转半天都进不了主题，自然就留不住玩家。游戏的设计不能搞得像“悬疑片”一样让介入者只能做观众而做不了“玩家”，所以，要迅速把按钮交给介入者，让他马上拥有参与感。

美国心理学家洛克于 1967 年提出了“目标设置理论”。该理论认为目标是引起行为的最直接的动机，设置合适的目标会使人产生想达到该目标的成就需要，因而对人具有强烈的激励作用。明确的、短期能够实现的目标具有很好的激励作用。网络游戏会清晰地展示游戏任务（比如杀死多少怪物，收集多少物品等），使游戏玩家知道在网络游戏中做什么，怎么做，并且知道自己能够完成游戏任务。另外，网络游戏的任务目标往往是很快就可以完成的。这样的游戏任务设定和游戏玩家很快地体验成功，会让游戏玩家更想玩游戏（张旭，2016）。

游戏的第二吸引力是玩家的时间和进度自由。游戏最忌讳的就是限定什么时候才可以玩，或者玩的过程不能停，停了很多东西就没了，或者下次再玩还需重新开始，这会让玩家有种被强迫的感觉，令人心生不悦。正解是，让玩家随时随地可以玩，玩疲了自己暂停，然后随时可以接着玩，他就会有操控感和自在感。

游戏的第三吸引力是玩家玩的过程充分自主。这个吸引力的反面是：介入者的意愿总是被限制，越来越没劲，最后玩家成了观众。好的游戏是故意让玩家自己“想着想着就那样了”，并且能够让玩家的情绪在玩的过程中充分释放，这样他才会“爽”。

游戏的第四吸引力是适时反馈操作结果。这有利于玩家增强体验感。游戏往往会以“血量”、分数的形式来肯定玩家的操作结果，或增或减，即时显示在屏幕中，让玩家体验自己的意志输出量，让他的心里有一种“猫抓似的”激荡感，通过正刺激和负刺激让玩家欲罢不能。

游戏的第五吸引力是适度挑战和不断升级。难度太小会让人玩得不起劲，找不到成就感；难度太大会让人挫伤情绪，老是完不成也会打击玩家信心。适当的难度设定很关键，积分达标就过关，升到更高级别继续去找成就感。如同周星驰电影中的小人物一般，喜剧外衣之下，是我们每个人都能产生共鸣的个人成长的心酸历程和能力提升之后的自豪感。每一个参与游戏的人都在不断地追求能力的提升，并从能力的提升中获得满足（王川，2016）。

游戏的第六吸引力是及时兑现奖励。对于玩家的行为，要积极强化。积极强化是指当个体完成某一行为后，给予他食物、钱或者表扬，那么这种行为就会被巩固、加强。行为和奖励的间隔比较短就被称为及时强化。心理学家斯金纳强调及时强化的重要性，他认为如果强化不及时，那么强化就起不到维持行为、增进动机的效果（张旭，2016）。只有及时奖励，才能让玩家的价值感体验得更为充分。

2. 让员工像玩网游一样迷上工作

本书前面提到过的《考核表》和《增量表》就是按照六大吸引力法则设计的，可参照图8–1来解析一下这些表格的设计原理。

第一，“设定任务清晰的短目标”法则。部门经理在《部门表》中早已将公司项目细化分解成为每一个人可执行的具体任务，员工《考核表》中的事项明确、直接、清晰，而任务细化则是为了使员工在本周期内，以尽量短的时间去完成，“大道行简”，明明确确。如此，就不至于让员工去“悟”公司的理念或者去揣摩领导的意图，不至于让员工当听众和观众，不至于让执行人绕半天进不了任务主题，而是迅速、直接地让员工成为操盘手和“玩家”。**这些表格追求的是跟传统管理相悖的形式：员工才是主角。**

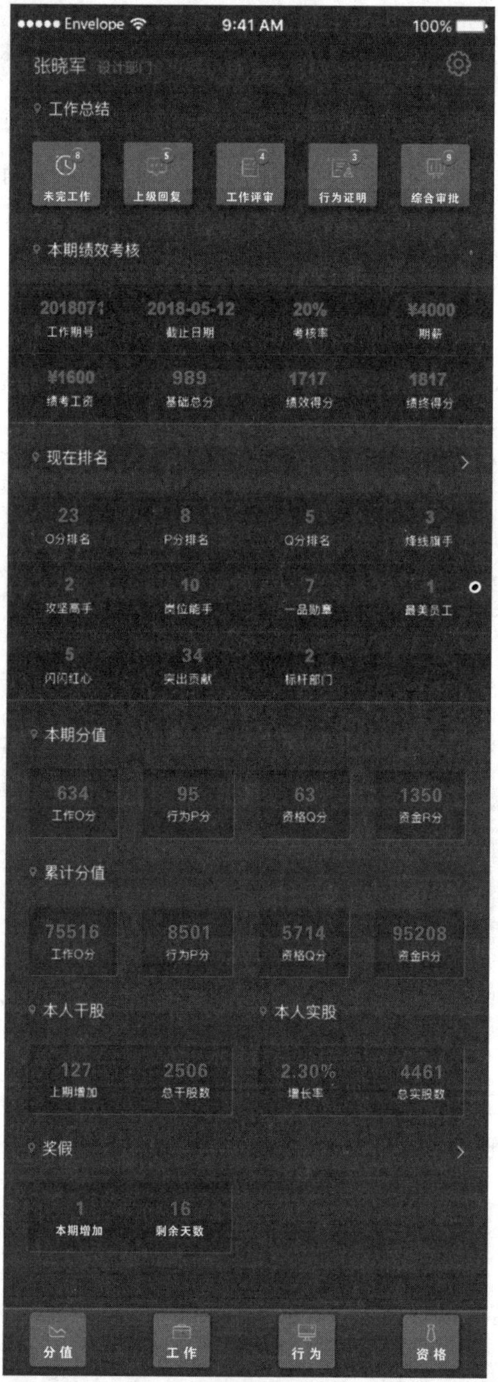

图 8-1　张晓军（化名）的工作 App 首页

第二，“时间和进度自由”法则。绝大多数的企业都消除不了员工的“被奴役感”，因为他们靠的就是“权威管理”，在“权威管理”体系中，员工什么时候要做什么、什么时候完成，都是被指挥、被驱使的。而《考核表》和《增量表》首先是员工在《部门表》基础上，为自己修订的表达自己意愿的“双边协议”，特别是《增量表》，所列工作项选与不选，以及选多少，完全由自己确定，甚至《增量表》中的工作什么时候做，或者做与不做，都是自己决定的（《增量表》没有“减分定义”，不做也不会减分）。**这些表格蕴含着跟传统管理不同的理念：如何放飞员工。**

第三，“任务执行自主”法则。传统管理强调监督与控制，让员工的每一个动作尽量能在管理人的把控之中，工作的过程须完全遵照上级的安排进行，所以员工总是那么被动。《考核表》和《增量表》只要求员工将最后的结果（无论成功还是失败，以及成败的程度）填上去，整个过程没有监督或干预，甚至结果的成与败也不会有人来评论或责备，因为结果分数多少，早在作计划时已定义，而且，所有的分数都关联执行人的切身利益，得分多少那是员工自己的事。**这些表格表达出跟传统管理不一样的宗旨：如何让员工自己爽。**

第四，“适时反馈操作结果”法则。《考核表》和《量化表》的“量化标准”及“绩效基础分”是事先协议好的，每项工作任务都有考量的分值，并在“加分定义”和“减分定义”中明确了超标和不达标及其完成程度的加减分值，员工在工作中完成到什么程度应该会得到多少分，心里是有谱的；即便如此，系统还是第一时间在员工手机App最前端显示其工作的操作结果，包括单项O、P、Q得分及其月累积即时得分、总累积即时得分以及当月O、P、Q得分和所有评优项排名的即时变化、关联工资的绩效得分即时变化，当然还有未完成工作、综合审批等消息，以及本人股份增值状况和假期盈余。这样就可以使得员工的每一个任务执行结果，以及因此影响的所有工资、期权、评优、福利变化都及时地反映出来，彻底刺激员工的贪欲和攀比心，令其欲罢不能。**这些表格表达出跟传统管理相悖的管理者意图：量化反映员工的意志输出。**

第五，“适度的挑战和不断升级”法则。《增量表》和《考核表》的周期长度是实操公司自定义的，可设定为月、半月、旬或周，周期短的诸多好处在此不细表，但其中一点须说明，周期短更利于员工及其经理根据之前周期工作的操作结果，更精准地定义本周期任务的难度和量化值，以便使得一期更比一期具有挑战性，让员工在不断增长经验值的基础上，获得更高的挑战机会和成就感。**这表达出与传统管理相反的企业目标：成就员工。**

第六，“及时兑现奖励”法则。除了符合“加分定义”兑现加分鼓励外，《考核表》中“开心券”发放是一种更明确的任务奖励，它是指员工某项任务结果超过原计划基础分，就获得一张抽奖券，每张奖券由系统自动生成一个编码进行摇奖，以达到即时强化的效果。**这跟传统管理中领导或集体评议不一样的是：获奖与否完全是由员工自己做出来的。**

用一篇文章来表达一个道理不难，要用一句话把道理说透则不容易。十多年前，一些企业的分值考核表是极为复杂的，每张表包含了七八个模块和几十个页面；最近，这些企业的《增量表》和《考核表》就已简化到了一张表。

如果是为了实现公司目标而“要我干”，员工的任务再少都有理由完不成；如果是为了满足自己的追求而变成“我要干”，再多的任务可能都满足不了员工们的欲望。当员工是在满足自己的需要、追求自己的目标时，就会像玩游戏一样把碎片化的时间都用上，那么，计划内的工作就不一定够，所以得有《增量表》。从实操企业我们了解到，《增量表》的操作有两个关键点：一是增量工作尽量安排非必要完成的指导性工作，而不安排必须完成的指令性工作；二是没有减分定义。

当企业的员工用上《增量表》时，说明该公司的劳资关系已经破冰了。

游戏设计者从来都不需要让人知道自己是如何得到平台费、流量费、点击费、兑币费的，它的巧妙之处在于，让玩家在心甘情愿、乐此不疲地满足自己需求的过程中，自动进账。腾讯的业务虽然很广，但它一半以上的收入都来源于游戏。

那么，企业的工作，为何就不可以拿来满足员工的需求呢？

当然可以。

请思考：五种分值之间的“汇率”是多少？

“准四天制”里，低效能员工会自觉工作五天、六天，甚至七天，因为他不会跟自己的收入过不去；能周休三天的，是实现 2 倍产能的人，他一周干完两周的工作，让他多休一天，企业还“赚了四天”！一个企业如果率先抛出四天制，人力部门一定会门庭若市、群贤毕至。

第 9 章

四天工作制能实现劳资双赢吗

有一件极其巧合的事：本章的初稿刚撰写好，中国社会科学院就发布了绿皮书，建议2020—2025年在东部地区企业试行4天工作制，到2030年全国开始实行4天工作制……

9.1 五天制即将谢幕

9.1.1 曾经的六天制

古代假期最早叫“休沐”，古代西汉时期就确立了休假制度，据《汉律》记载“吏员五日一休沐”，即官员每五日当中可以放假一日。除了常规休息，每年冬至、夏至也各放5天假，皇帝诞辰放假3天。这样算起来，一年总共能休假73天，这样的假期一直延续到隋唐。

到唐朝永徽三年，朝廷改“五日休沐”为“十日休沐”，也称为旬休，官员每10日休假1天，除了常规假，每年还有3个“黄金周”，即春节、冬至、清明各休7天，另外中秋、夏至分别休假3天，元宵节、中元节、盂兰盆节、端午节、重阳节、三伏天各休假1天。唐代的探亲假，父母在3000里以外者，每年有35天假（旅程除外）；父母在500里以外者，每年有15天假。儿子行冠礼3天假，子女婚事有9天假，其他近亲的婚假为5天、3天、1天；5月份有15天的田假，9月份有15天备制寒衣假，病假最长不能超过100天；另有父母丧假、老师去世假、皇帝诞辰假等，假日超过了百天。

宋代是中国历史上传统节日最多的朝代，逢节必休，依然有“黄金周”，如元旦、寒食、冬至各7天假，圣节、上元、中元、夏至、腊月各3天假，等等，合计每年假期有一百二十多天。

到了元代，大部分假期都被取消，全年假期只有16天。而明朝的开国皇帝朱元璋也是个“工作狂”，每年只给了18天的假期，元旦5日，冬至3日，元宵节10日。朱元璋过世后，增加了月假3天，加上原来的18天，每年休假有50天。（李云琛，2016）

我们现在惯用的是“五天制”，即每周工作五天。很多年轻人并不了解，在20世纪50至90年代，中国执行的是“六天制”，周一到周六都是工作日，加上各种假期全年也只有70多天的休息。

“星期制”和“每天八小时制”并非自古就有的。“星期制”是古巴比伦人发明的，后来被东罗马皇帝君士坦丁大帝作为法令给颁布，并在罗马帝国执行“星期制”。从此，这一制度也就慢慢地在欧洲主流国家推行。而中国正式沿用星期制，是在洋务运动结束之后。（佚名，2018）

“每天八小时制”起源于1886年，当年的5月1日，以美国芝加哥为中心的35万人为争取权益举行了罢工和游行，争取到了每天只工作8小时的条件，此后，八小时工作制逐步被世界各地采用。

新中国成立之初，由于物资匮乏、社会生产力水平低，为保证物资供应，国家颁布了《关于我国职员工作时间休息时间条例》，规定了每天工作八小时，每周工作六天，休息一天的制度。（佚名，2018）这一制度一直沿用到了1995年。

9.1.2 现在的五天制

五天制的发展由来已久。早在1926年，亨利·福特就已在自己的汽车公司实行五天工作制。20世纪30年代的经济大萧条，降低了人们的消费需求，从而推动了每周五天工作制的实施。在此情况下，美国通过了一周工作40小时的新劳动法规，从而将每周五天工作制以法规的形式固定下来。每周五天工作制在美国建立和普及以后，世界上一批发达国家也相继采用（胡平，2012）。

随着经济技术的发展，五天工作制逐渐普及世界各地。

20世纪40年代起，世界各国相继缩短工时，到70年代，世界各国已普遍实行五天工作制，而且普遍实行了年带薪休假制，并通过各种不同方式不断地缩短劳动工时。美国和英国将每人年平均工时减少到1850小时，法国则减少到了1650小时，当时我国劳动者的法定年工时量为2448小时。如果我国实行五天工作制，法定年工时减为 2032 小时，并按发展中国家的一般水平确定每年 20 天的带薪休假，则我国劳动者的年工时量仍超过发达国家一个半月（胡平，2012）。截至 20 世纪 80 年代，世界上共有 100 多个国家实行五天工作制，其中也包括最贫穷的 44 个国家中的 28 个。

“五天制”是经济发展的必然结果。

生产效率低下时，企业提供社会所需的物资必须依靠大量的时间和成本投入，以量取胜。而随着经济社会的发展，生产效率的提高，技术、劳动力素质等要素已逐渐取代传统的数量投入，“人才”替代了“人数”。五天工作制，一方面足以提供社会所必需的物资，避免了资源的浪费；另一方面，也为员工创造了更多的空闲时间用于自主学习，自我提升。另外，空闲时间的娱乐消费，又能带动第三产业发展，创造新的市场，促进经济结构转型。

我国在改革开放后也逐渐迈上“高质量”发展道路，追求以质取胜。1994 年 2 月，国务院发布第 146 号令，宣布每周 44 小时工作制，这被称为中国特色的“五天半工作制”。1995 年 3 月宣布进一步将每周 44 小时工作时间缩短到 40 小时，同年 5 月 1 日起实施。自此，“双休日”成为中国人民生活不可或缺的一部分。

1999 年 9 月 18 日，国务院发布《全国年节及纪念日放假办法》，决定增加公众法定休假日，将原来的每年公休 7 天增加为 10 天。春节、“五一”和“十一”法定休假 3 天，加上前后两个双休日，就形成了春节、“五一”和“十一”三个连续 7 天的长假。（佚名，2015）

9.1.3　将来的四天制

自改革开放之后，中国的法定节假日加周末休息日逐渐由 60 天增长到 115 天。假日天数逐渐增多，休假制度日趋完善，休假质量不断提升。从改革开放初期的一周休息一天，到后来每逢大周末休息两天、小周末休息一天，到 1995 年后“双休日”出现，到 1999 年“黄金周”问世，再到 2008 年出现 3 个中国传统节日假期，2015 年出现“2.5 天休假模式”（张一琪　等，2018）。

正如张一琪所言，休假制度演变最根本的原因在于劳动效率的提高，而劳动效率则是由科学技术进步决定的。当然，这也是因为生产力和社会经济条件的发展导致的必然趋势。假期数量增加的同时，质量也不断提升。

2018 年 7 月 13 日，中国社会科学院财经战略研究院、中国社会科学院旅游研究中心与社会科学文献出版社共同发布了《休闲绿皮书：2017—2018 年中国休闲发展报告》。绿皮书指出，随着中国社会经济迈入新时代，提升幸福感已成为政府决策关注的焦点。居民休闲意识的提升，休闲愈来愈成为衡量生活质量高低的关键因子。报告建议，2030 年实现“上四休三”。在我国劳动生产率达到一定水平的前提下，可实行每天工作 9 小时、每周工作 4 天的四天（36 小时）工作制。

报告建议，从 2020 年至 2025 年，在东部地区的某些行业国有大中型企业试行四天（36 小时）工作制；从 2025 年起，在东中部地区的某些行业实行四天（36 小时）工作制；从 2030 年起，在全国范围内实行四天（36 小时）工作制。（佚名，2018）

四天制正在向我们走来，有人欢喜有人忧，欢喜的是广大“打工人”，每周都将会有个“小长假”了！忧愁的是众多老板们，企业的盈利是不是更难实现了……

9.2 劳资双方关于假期的诉求矛盾

9.2.1 劳资两方的工作时间博弈

“好逸恶劳”一直被用作贬义词来讽刺懒惰的人。之所以它被用作贬义词，是因为社会还非常需要人们辛勤劳作，追求安逸而不勤奋劳动就会被人所不齿。但这个词其实是人的本性使然，任何人都会追求安逸、避免辛劳。

匈牙利诗人裴多菲的一句“生命诚可贵，爱情价更高；若为自由故，二者皆可抛”之所以盛传全球，正体现了自由的崇高地位，它是人类最高的追求。自由分四个层次：人身自由、财富自由、时间自由、思想自由，这四种自由是由低到高递进的，时间自由和思想自由是高层次的自由。时间是人类来到这个世界最珍贵的财富，因为没有了时间，一切都将失去意义，人的一生属于自己的时间越多，他的生命属于自己的长度就越长。

享受属于自己的时间，本应被羡慕，但从企业本位角度而言，任何自我享受都会被定义为“图安逸”，这样的行为被认为是自私的。这是因为员工与企业在时间诉求上是矛盾的，员工都会追求时间属于自己，企业基于利益追求需要员工的时间为企业服务。

之所以员工与企业对于时间的支配是刚性的矛盾，因为人们已经习惯性认为“时间贡献等于价值贡献”，员工（为企业）将时间贡献给工作，就是（为企业）在贡献价值，而员工将更多的时间支配给了自己，就是（为企业）贡献得更少了。

从形式上来讲，员工与企业时间支配的矛盾性就是目的诉求的矛盾性，因为从静态角度而言员工的时间耗用在“为私”，那他在这个时间里就不由企业支配，就无法“为公”，就于企业无利。

但如果我们从动态的角度分析，会发现员工与企业在时间支配上的矛盾并不完全等于他们目的诉求上的矛盾。企业需要员工的时间，其实质目的是达成企业盈利。企业希望员工更长时间进行工作是为了实现企业更多的增收；而企业占有员工的时间量并不完全等于员工的贡献量。与增收相关的是时间和效能两个元素，时间长、效能低，收益并不高；而时间不长、效能高，收益不会低。有时候，一味地“加班加点”，员工的效能不会高，而一张一弛，员工的效能往往更高。

马克思在《资本论》第一卷曾经引用美国经济学家波斯耳思威特的话说，“只管干活不玩耍，头脑迟钝人变傻”，主张在当时的资本主义条件下缩短劳动时间，增加工人的自由时间。（郑必清，2005）

在实际的工作之中，企业的管理者往往不懂得动态分析，只会一味地想办法占有员工的时间。传统企业的典章制度的字里行间，透露出来的尽是确保员工的时间为企业所有。

这是“计时工资”造成的局面，一众的管理人员和监督人员都在设法占用员工的时间，觉得占有员工的时间越多，企业就越“占便宜”；反过来，觉得让员工休息得越多，企业就越“吃亏”。他们为了占用员工时间而占用员工时间，甚至不记得企业实际要的是什么了，也不管员工效益如何，只要员工工作时间偏少，他们就会不满意。这种管理的另一面，就是员工们极力地在能保证不扣工资的情况下，好逸恶劳。

9.2.2 劳资两方的休假时间矛盾

如果不从法律上保障劳动者的休息时间和假期，劳动者是很难从企业那里获得适当的假期的。因为在管理者的概念里，占有员工的时间就是在为企业增加效益，占有得越多，企业就越划算。这是“时间工资”惹的祸。

管理学是从一百多年前泰勒的《科学管理原理》起步的，那还是工业时代。**在那个时代，劳动基本只是机械劳作，而企业的效益基本就来源于工人的劳动时间，劳动时间长短基本就等于效益的多少，于是“科学管理”大厦被垒了起来，大厦的“基”就是工人的时间管理，“墙”就是工人的熟练程度和工作量。**管理学既然奠了“基”，就一直沿着这个“基”去发展了，“基”不易变，变的只是“墙”的高度。一百多年过去了，管理学已经变成了一门非常精细的专业，它的“基”已经被夯得很实——工作时间管理极为精细（比如上洗手间一天不能超过4次，每次不得超过4分钟），它的“墙”已经垒得很高了——鞭策和监督规程非常强力（比如工作速率不能低于某种程度，否则“末位淘汰”）。有着全球“通用化”的社会基础，和各国政府“法律化”的政治基础，管理的“基”被夯得越来越牢固，甚至都已将劳资双方的意识给定格了；而管理的“墙”也一直沿着“基”垒，直到高耸入云，遮天蔽日。

没什么人去质疑经典的管理科学，没什么人去动它的“基”，去拆它的“墙”。因为一切，都似乎顺理成章。

所以，劳资双方一直围绕着工作时间在博弈。这种博弈的结果，是国家机器的介入，最终形成了休假法令。法律化了的时间和假期，反而更夯实了管理的“基”。

参考国际经验，我国的《劳动法》很清晰地规定了劳动者每天工作时间不得超过8小时，每周不得超过44小时，超过的部分需要支付不低于150%

的时薪，休息日工作的需支付200%以上的时薪，法定假日工作的需支付300%以上的时薪。周六周日为休息日，元旦、春节、清明节、劳动节、端午节、中秋节、国庆节等为法定假日，另还有婚假、丧假、孕假、年假等。所有这些休假都为带薪假。

“带薪假”之于企业，像是被什么东西哽住了喉——在没有进行任何劳动生产的时间里必须支付跟生产进行之时一致的劳动成本。所以，即便是法律强制企业给予员工休息和休假，还是有很多企业“能不执行就不执行”“实在不行就变相不执行”。

一般情况下，员工在没离职之前遇到企业“侵占劳动时间”时，主动维权的不多，因为维权了，就很难再继续工作下去了。所以，很多企业总想多点占用员工时间，加班加点是司空见惯的，而以员工加班加点的表现作为晋升、加薪、评优的重要参考依据似乎就成了职场“潜规则”。当然，这里所讲的加班加点，是无偿的，如果是付加班费的加班加点，就不成其为晋升、加薪、评优的依据了。

很多企业都会给占用的员工休息时间戴个帽子，比如在休息日企业进行“凝聚力建设”（集体活动、文化活动、庆典聚餐等），或进行“为提高工作熟练程度”的各种培训（入职培训、制度学习、技能学习等），在这些帽子上贴个“员工福利”的漂亮标签，以免“被维权”。试问，果真是员工福利的话，为何很多企业会规定“不可以请假”？为何员工们有那么多的不情愿？

对于“带薪休假”，老板当然“心里堵”。“给钱让人去玩耍”，别说老板们心里会不痛快，“别人消费（员工消费休假）我付钱”，换谁谁都不乐意。所以，企业如果可能，就会尽可能避免让员工休假。对于休假，有些企业会有“过期作废”的坑，员工不记得的，或者错过了的，或者不清楚的（如年假，很多员工不清楚什么情况下有，是5天，还是10天，还是15天），过期就“清零”了；有的企业硬性规定“新进员工没有年假”“不主动申请不给年假”“离职员工不补年假”“婚丧病假之前先安排年假”……总而言之，就是尽量少给带薪假。

相关调查显示，67.4%的被调查对象表示身为员工不能在规定范围内自主选择带薪休假的时间；65.2%的被调查对象表示节假日未休假时单位没有补偿3倍工资，或根本没有任何补偿。带薪休假变成永久假期的担忧让职工“心照不宣”（耿晓琴，2017），关于享受不到带薪年假，61%的受访者在职时不敢维权（罗筱晓 等，2015）。

难怪很多企业会抗拒员工的带薪假，因为从表面上看，这似乎“责权不对等”：在休假日中，员工获得了工资，却没给企业作贡献；企业支付了工资，却没有在休息日获得劳动。所以劳资对立才那么理所当然。事实上，员工享受带薪假是有另一层“事实依据的”：企业在工作日内除了占用员工的“必要劳动时间”外，还提前占用了员工的“剩余劳动时间”，带薪假只是企业占用了员工“剩余劳动时间”后的必要补偿。可能一些企业会说：我们处于亏损状态，没有“剩余价值”产生，这怎么算？当然传统管理理论会有很多“合理解释”，在此无须纠结理论问题。总之，企业对于员工休假的抗拒是很难避免的。似乎为了保障员工的休假，对企业就必须得用强制手段。

隆×公司春节结束初八复工，因将一些员工的休假和迟到计为旷工，导致整个公司闹腾了三天无法正常复工。在员工入职培训时，老板交代过人事部不要宣讲《劳动法》有关带薪假的条文，包括公司在此基础上补充的诸如“必须提前申请”等条款，目的是不希望员工休太多的带薪假。不过，毕竟还是有几个员工知道带薪假的，所以，员工甲（两年工龄）春节前因只买到正月十一的回程票，放假前提前申请了4天年假获得了准假；员工乙（三年工龄）放假前未提前买回程票，而是在正月初三买到了正月十二的回程票，他在初三当天给行政经理电话申请了休年假五天，回公司后补手续，获得了准假。准时返回公司的在此不表，说说因买不到初八之前回程票的丙、丁、戊。员工丙（一年工龄）未申请年休，迟到2天，因提前申请了事假而被扣两天工资；员工丁（两年工龄）未申请年休，迟到2天，因未提前请事假，按旷工计，被扣四天工资；员工戊（半年工龄），迟到1天，未补请假手续被扣两天工资。

丁得知自己被扣了4天工资，而甲和乙分别比自己晚来2天、3天却不被扣工资，很是不爽，当他得知去年甲、乙也休了年假时，而自己去年没有休年假，今年还被扣钱，觉得公司的规定太不公平了，要求要么也给补个手续把这几天算年休，去年的不公平就算了，要么今年扣了工资就把去年的年假补回来一并凑个 10 天年休。人事部门说国家有规定，年假不是跨年累积的，补手续也不符合公司规定。丁认为太不公平，于是大闹。事情闹到了老板那儿，老板担心员工们都知道了年假后一个个接着来申请休带薪假，就让人事部跟丁“私了”。最后给了丁 1 天年假（另有 4 天可在一年内申请使用），另 1 天算事假，扣 1 天工资，丁勉强接受了。但没有不透风的墙，丙大概听说了有年假这事，而丁没提前请假才扣 1 天，自己提前请假了反而扣了 2 天，实在憋屈，到人事部要求将请事假改为休年假，人事部说这不符合程序，于是丙也大闹，要求公司“普法”……不明就里的戊也在补申请“年假”……闹腾了三天，结果员工们自己先把法普完了，纷纷计划在不久的将来休假，像戊这样的，虽然还没有年假资格，但也知道了所有的带薪假，随时等着够条件就用。

很多老板对于员工的带薪假，心里纵然百般不爽，但嘴上也说不出不支持的理由。因为会计会说：如果休息日不带薪，按照加班费计算企业就更亏，比如一个员工月薪 3000 元，按休息日带薪算，加班一天需支付 200 元（3000 ÷ 30×2）；如果按休息日不带薪算，一个月减去 4 个双休日，那么加班一天需要支付 272.72 元［3000 ÷（30–4×2）］。老板只好说：那还是休息日带薪吧。其实，他的心里像吃了蟑螂一样难以言表。这种死结，看来好像是无解的。

所有的劳资博弈，都不利于企业的操作和对外竞争，不利于社会的和谐和生产力发展。在现今的知本时代，创造力成了企业的核心竞争力，而创造力来源于劳动者的主观发挥，劳资根深蒂固的对立意识和难以调和的博弈局面，正是劳动者创造力发挥的最大障碍，不消除劳资的对立意识和斗争局面，提升企业创新力就无从谈起。

劳资的对立意识和斗争局面，源于双方的利益矛盾和诉求对立，这些矛盾和对立来源于管理学的“基”和“墙”。劳资都是为收益而来，企业因占有更多员工的“剩余劳动时间”，提升更高的劳动效率而利益最大化，劳动者在既定工资的前提下，因付出单位时间最少和劳动量最小而利益最大化，所以双方在管理学的“基”和“墙”上是根本矛盾、不可调和的，除非动了管理学的“基”，拆了管理学的“墙”。

9.3　走向统一符合劳资双方的根本诉求

9.3.1　使劳资从对立走向统一仅需一把价值尺

我们意识到应该关注人们的工作成果，而不是工作天数。

对当今很多企业来说，工作的本质发生了颠覆性的改变，完成批量生产的日常任务已经不是必需，企业越来越需要员工参与到设计、营销等创意型劳动，但是，长时间以来，管理者还在坚持使用过去的方法。结果，不论企业还是社会，都慢慢受制于“从众思维”，受困于路径依赖，导致创造力缺失。我们从工业时代继承而来的工作模式，让自己成了囚徒。（Kronos，2017）

管理是为企业盈利服务的。当企业只有解放劳动才能解放生产力的时候，管理学就必须研究如何解放劳动；当传统管理学的“基”和“墙”已经成为解放劳动最大障碍的时候，管理学就必须破之重立，更换掉原来的“基”和“墙”。

是的，传统管理因其固有的“基”和“墙”，把针对和制约员工做到了极致，从而也将劳资对立推到了极致，这与知本时代的竞争要求南辕北辙。

那么，我们该如何把这种对立扭转为统一呢？

其实稍加推敲便可追溯到问题的根源——时间尺。

因为时间尺，所以有了“必要劳动时间”和“剩余劳动时间”，有了“剩余劳动时间”才有了“剥削”和以“带薪假”来补偿员工，才有了传统管理的“基”和“墙”，才有了劳资时间和假期的不可调和矛盾，才有了劳资利益的绝对对立性，才有了劳资意识和行为的绝对矛盾。

上一节论述过劳资的统一性比重远大于矛盾性，而时代要求劳资关系必须走向统一。如何实现劳资统一，这是关乎企业发展，关乎劳动者利益来源基础的根本问题。

以价值尺迭代时间尺，就能变劳资的对立为统一。

从劳资的根本诉求出发，我们就可以把这道题彻底解开。

再次明确一下，企业的根本诉求是盈利最大化，劳动者的根本诉求是劳动价值最大化。

劳资利益来源于哪里？资本获利是靠克扣员工工资而来的吗？显然不是！劳动者收益是靠资本给的吗？从“劳动力是资本购买的生产资料”理论出发好像是的，但这是个伪逻辑，因为资本绝不可能无偿付出，它的唯一目的是获得增值收益。如果不是保证“劳动者能创造剩余价值”，或者说不是能保证产品收益大于投入，就不会有生产行为的开始。实质上是，劳动行为产生后，企业将“必要劳动”的成果返还给劳动者而已，劳动者的收益是他们自己的“必要劳动”产生的，是在实施了“必要劳动”行为之后才获得的报酬。

那么，要达成劳资两方利益的最大化，就必须实现企业收益最大化。在现代市场竞争中，要实现企业收益最大化，就必须达成企业创造力最大化，而要达成企业创造力最大化，就要充分发挥资本的最大效用和劳动者的最大潜能。那么，劳资必须不能对立，必须建立协同关系，并且让各自看到自己的效能与收益成正比，从而竭力挖掘自身潜能。图 9-1 清晰地显影了劳资共振的产生逻辑。

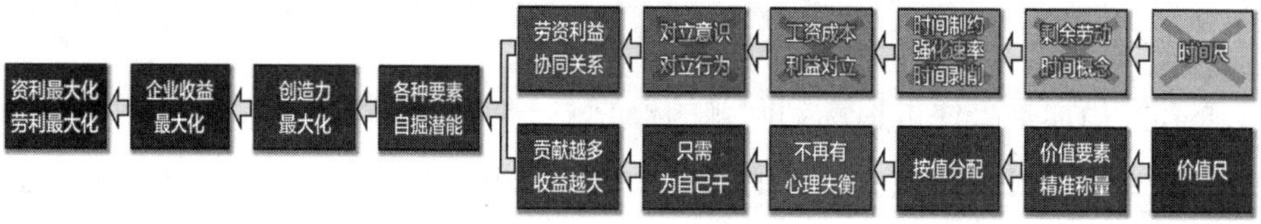

图 9-1 劳资共振原理图

如果我们摒弃工资衡量的时间尺，就没有了“必要劳动时间”和“剩余劳动时间”的概念了。去掉了这些概念，管理上针对员工的时间制约和速率鞭策就不存在，时间剥削也没有了，“工资成本”概念也不复存在了，你多我少的利益对立性也没有了，劳资对立意识也失去了根基，对立行为也失去了来源。当发现外部竞争如此残酷，“你死我也活不了”的时候，劳资终于能意识到是站在同一条船上的了，想实现各自的需求，首要前提是，这条船不能翻，其次就是这条船要走得更快更稳，所以，大家只能协作，各自倾其所能。

而为了让所有要素倾其所能，就应该是贡献越多的收益越大，应该自己所贡献的进自己的口袋，不能有“我的贡献被别人占了”的这种失衡心理；要做到这些，就得准确地称量各自的价值，并做到“按值分配”。所以，拥有一把精准称量价值的价值尺，是所有要素有序共振的基础。

9.3.2　知本调性的效能与产能

在消除劳资利益对立关系的情况下，劳资双方就无须再耗精力相互针对了，各自只需聚焦在如何使自己的利益更大即可；如果建立了“按值分配”的机制，大家就只需着力于自己的贡献。如此一来，管理就简单到了只剩下提升各要素的效能和产能，以及相关的统计和结算了，之前那些针对员工时间的强制手段和鞭策员工速率的强硬措施，已是多余。

在劳资共振的体系中，劳资利益是正向关系，“你盈我就盈，你亏我也亏”，“管理”已经没有了强制和鞭策的颜色，因为任何力量在“利己”的同时也会“利他”，而“利己行为”恰恰是一种无须监督的自觉行为。如果“按值分配”的管理系统还是沿袭传统的“人治”，就会被管理人员加入主观意识，无法真正维系“按值分配”。所以，“按值分配”的管理系统（被习惯称作“分值系统”）必须程序化、系统化、自动化。

在分值系统中，决定企业创造力大小的是员工的效能和产能。

所谓效能，是指员工工作完成的效果和效率，在分值系统中，是员工的周期工作结果总分与计划考核总分的比值乘以相关系数所得出的比率，用$V_{效}$表示。

所谓产能，是指员工的价值贡献率，在分值系统中，是员工的周期工作结果总分与基础工资的比值乘以相关系数所得出的比率，用$V_{产}$表示。

效能和产能反映的内容是不一样的。效能反映的是某个周期员工工作完成程度的质量和效率，产能反映的是某个周期员工价值的产出率。

效能和产能直接用于计算绩效工资，效能值和产能值的高低直接决定了绩效工资的高低，并且还关联着转正、岗评、晋升、评优、奖金、福利、期权和股份，这对于员工的影响力是相当直接的，因为每项工作的完成质量、完成程度、完成效率都以得分高低来反映，每 1 分的增减都直接影响效能值和产能值。也就是说，每项工作的完成情况都直接在系统中变成绩效工资的涨跌，这会让员工不会轻易怠慢任何一个工作细节，不会轻易拖延任何一个点的工作时间，以求工资最高化。所以，设立效能和产能考核的直接作用，是员工倾尽所能地自掘潜能。既然是自掘，那传统管理中的那些制约、鞭策、监督措施也就没太大存在的必要了。而在分值系统中，员工工作分解量化得越细，效能和产能的作用力就越突出。

$V_{效}$和$V_{产}$有个中轴数，即 1。

$V_{效}=1$ 表示工作完成的程度、质量、效率刚好达标；$V_{效}<1$ 则不达标，越小越差；$V_{效}>1$ 则超标完成，越大越优。$V_{产}=1$ 表示工作创造值正好与工资齐平；$V_{产}<1$ 就是所创造的价值抵不过基础工资，越小越差；$V_{产}>1$ 就是所创造的价值超过了基础工资，越大越优。

如果员工的基本能力有限，或者因特殊原因耽误了工作，就可能会导致$V_{效}$和$V_{产}$小于 1，导致绩效工资被拉低到标线之下；为了给员工有弥补的机会，《考核表》中设有“添加工作”栏和“可选工作”栏，员工可以在“添加工作”栏中自行增加工作项，经核准后可实施；也可将《增量表》中给出的工作项纳为自己的增加工作项，完成增加的工作后就能加分，从而使$V_{效}$和$V_{产}$超过标线。这样的做法可以使员工勤能补拙，使得能力较弱者也不会拖后腿，使得任何因特殊情况耽误的工作都能被补回来。

效能和产能的作用也有不同之处。

效能的考核是促使员工自觉将每项工作的质量、程度和时效做到更好，产能关联着“绩效考核率 x”，它能促使员工自觉去“担当”，自觉将自身的创造价值提高到价格（基础工资）之上。$V_{产}$能自动显示员工是高薪低能还是低薪高能，而系统会自动在计算绩效工资时对于高薪低能者进行降值运算，对于低薪高能者进行升值运算，偏离标线越远，系数的纠偏作用就越大，所以，

一味地在人事部“谈一份高薪回来”有可能是吃亏的，会导致被“纠偏”。如果一个员工在相同的结果分值基础上，因高薪低能被向下“纠偏”，很可能还不如以更低的基础工资来计算被向上“纠偏”得到的实际工资高。如此一来，一个员工跟公司是否签订高薪协议就变得不那么重要了，更重要的是在实际工作中是否作出更大的价值贡献。

9.3.3 能否把休假变成产能的引擎

经济合作与发展组织（OECD）的一项研究表明，更高的生产力并不一定随着工作时长的增加而增长。在经济合作与发展组织成员国中，希腊人是最勤劳的，每年平均工作2000小时。德国人每年约工作1400小时，但他们的工作效率却比希腊人高出70%左右。（马洁玲 等，2015）

一张一弛是文武之道，科学的休息有利于员工潜能的发挥。在法律框架下，员工的周末休息是一种“例行休息”，这种休息跟工作没什么实质关系。如果一定要探究这种休息与工作关系的话，那就是员工的身体和精神在休息日得到了休整，避免了员工持续工作产生的疲劳。这种“驰”对于新的一周工作的“张”，只有避免疲劳的作用，没有促进产能的效用。

有一个全新的话题值得探讨：休假可否因贡献而得？能否将休假变成产能的引擎？

探讨这个话题之前可以先研究一下员工的“张”。员工的“张”有“紧张”和“兴奋”两种不同的形式，因外力施压而被动的“张”是“紧张”，因自我驱使而主动的“张”是“兴奋”。“紧张”和“兴奋”都可促使人“快速行动”，但作用和效果却是大不一样的。如果是进行简单的体力劳动，这两种“张”或许区别不大，都能提高产能；但在需要发挥主观能动性和潜能的创造性劳动中，其作用和效果可能就完全相反了，“紧张”会让人忙中出错，“兴奋”会让人灵感迸发；比如一场篮球比赛，紧张的球员会失误连连，而兴奋的球员很容易找到手感，然后怎么投怎么中。

很显然，现代公司要的是员工“兴奋”，而不是“紧张”。但如果是用制约式、鞭策式传统管理，那就只会让员工一回到办公室就“紧张”，而不会

“兴奋”。

员工的“兴奋”有个前提——“我要”，而且最好是“我很想要”。

现代市场中企业竞争的关键就是创造力，所以，从一定程度上来看，竞争的关键就是看谁能让员工们“兴奋”起来。

本书第 7 章讲到了“满足员工需求”，如此就可以让员工们“兴奋”。那么，休假是否也能“满足员工需求”。

中国企业现行的休假虽然叫“带薪假”，听起来好像是“带着公司给的薪水休的假”，但没有哪个员工在休假时是感恩公司的，因为这些假期是法律规定。要说问题的本质，其实是员工在休假中拿回了属于自己生命中本来该有的时间罢了，而工作日则是员工的时间被“卖给了公司”而已。所以，休个“带薪假”，没谁会感恩“支付薪水让我们玩”的公司。

现行的休假是刚性的，跟产能无关。也就是说，无论工作做多做少，休假的权益是一致的。假期每周会如期而至，这不值得人兴奋。当然，休期结束要重新回到堆积如山的工作中，更不可能会令人兴奋。这种休假与工作，除了时间是串联的之外，二者之间就谈不上什么关系了。

而分值系统中的休假却可以令员工兴奋，因为这种假期是“自己给的”，而且有本事还可以多给，这种“自己给的假期”能让员工体验到满满的成就感。

分值系统中的产能有条中轴标线，即 $V_{产}=1$，这条标线是指员工刚好创造了自己的基础工资。当 $V_{产}>1$ 时，员工的贡献就超过了基础工资。如果 $V_{产}=2$，就是创造的价值是自己基本价值量的两倍，或者说，这个员工一周做了两周的贡献，那么，公司可不可以“奖励”他休息一天呢？当然可以，**这是一个双赢的数学题：员工赚了一天，而公司赚了四天**（员工只花了一周时间，即 5 个工作日，完成了两周即 10 个工作日的工作，10–5–1=4）。

如果一个员工一周能拼出 1 天假期，那一个月就能得到 4 天，一年就是 48 天，集中起来一起休，这样的“年假”是绝大部分中国劳动者（除教师等职业外）难以享受到的，当然诱人。

在这种机制下，为了得到更多的休息，员工们自然会力拼 $V_{产}$值。

于是，这样的休假，就成了产能的引擎。

9.4 别人“996”，我们为什么要四天制

9.4.1 四天制终究会来，别“被四天制”了

2016年10月，某知名互联网公司被曝实行全员“996工作制”，即，把执行工作时间从早上9点到晚上9点、一周工作6天作为一种制度。此后，“996”便逐步在互联网企业界蔓延开来，各大互联网公司几乎都在默许这个制度，并任其“习惯成自然”，使之发展成为企业的制度和文化；甚至有人还极力在为“996”正名，美其名曰“这是精英的展现”，称“没能力的人想‘996’都还没机会”。

“996”入选了《咬文嚼字》“2019年十大流行语”和国家语言资源监测与研究中心发布的“2019年度十大网络用语”。

2019年4月11日，人民日报发表评论员文章《强制加班不应成为企业文化》，认为“996工作制”是企业“拥有充分议价权”的结果，“在法律上是得不到支持的”。对于企业而言，营造“鼓励加班”的企业文化不仅不利于提升企业的核心竞争力，反而可能会抑制和损害企业的自我创新能力。以牺牲员工的休息权和健康权为代价换取发展的企业文化，将很难有凝聚力和生命力（彭波，2019）。

三天后，微信公众号“人民日报评论”再次发表评论文章称：强制推行“996”，不仅解决不了企业管理中“委托－代理”难题，也会助长“磨洋工”的顽疾。强制灌输“996”的加班文化，不仅体现了企业管理者的傲慢，也不实际、不公平（李拯，2019）。

延长工时不等于提升效率，长时间工作会造成员工身体上的疲劳和情绪上的抗拒，在一定程度上还会抑制其创造力的发挥。在创造力已经成为企业核心竞争力的今天，如何挖掘员工潜能，追求工作效率才是管理应该研究的正题。

缩短劳动者的工作时长是一种历史趋势。

中国社科院的绿皮书建议在2020年至2025年之间，东部地区的部分国

有大中型企业试行四天工作制，然后延展到中部地区，十年内全国实现四天工作制。

早在2015年8月，国务院就下发了《关于进一步促进旅游投资和消费的若干意见》，提出了“两天半休假”设想。目前全世界已有部分国家和企业开始试行每周4天（36小时）工作制。数据显示，2015年8%的日本企业让员工每周工作4天或更少。（佚名，2018）

四天制始终会来，这是历史的必然。当四天制以法律形式要求统一执行时，企业可别手足无措。

那么，我们该如何迎接这一天的到来呢？

或许很多老板反感“迎接”这个词，因为执行四天制了，企业就要损失1/5的生产时间！反感归反感，但四天制的到来不会因老板们的情绪而改变。如果被动地执行四天制，企业损失的1/5工作时间就会变成损失1/5的工作量和收入。所以我们才应该研究如何“迎接”，如何用四天让员工们完成五天甚至六天的工作创收。

前面已讲过时间尺的问题，如果我们还在运用传统的月薪或年薪模式，一旦每周工作时间从五天改为四天，企业只能白白损失1/5的人力成本。所以我们要在四天制到来的时候变被动为主动，首先得把工资丈量方式给变了，用价值尺替换掉时间尺，才能突破时间剥削的魔咒。不用时间尺丈量工资了，就不会再纠结“剩余劳动时间”这样的问题，“剥削”没有了，劳资对立的矛盾就能化解，工资就可以计为分配而不计为成本，于是“人力成本”就不存在了，这种情况下再缩短工作时间，企业就没什么损失可以计算的了，如此即可化解劳资对立的局面，为启动员工“自掘潜能”的机制赢得前提。

当企业启用价值尺后，各要素的创造价值就可以准确称量出来，在“按值分配”原则之下，所有要素（包括劳动者）“为自己干”就成立了。于是，大家就可以“专心致志”“贪得无厌”地为自己谋福利；在[$V_{产}-1$]=$T_{休}$（$V_{产}-1$取整等于奖假天数）的召唤下，员工们自当竭尽所能地实现高效能和高产能。因为，所有员工都会自觉做到 $V_{产} \geqslant 1$，不让自己的工资小于基础工资（$V_{产}<1$ 则绩效工资按相应比例减少）。即便有些员工在统一工作时间内没能完成

$V_{产}\geq 1$，为了不被减工资，也会自己延时继续工作，直到 $V_{产}\geq 1$。如此一来，出现 $V_{产}<1$ 的情况是极小的概率，除非员工不在乎工资少，不在乎脸面，不在乎福利、晋升、评优和干股，因为 $V_{产}<1$，所有的权益都将减少，并且资格评定处于劣势。

众所周知，传统管理中员工的潜能发挥是很低的，而跟工资、荣誉、前途紧密关联的 $V_{产}$，将使员工自觉挖潜。员工潜能提升 1/5，完全应该在员工的能力范围之内。

当员工做到 $V_{产}>1$，企业的任务就是超量完成了。那么，企业在四天里实现原先的五天、六天的价值创造，做到减时不减效，甚至是减时增效也就不在话下了。

9.4.2 执行“准四天制”，把人才收入囊中

任何“变革”都会带来冲击，任何冲击都容易导致局面的复杂。所以，“变革”应该循序渐进，最好是在“变革”之始无缝对接原先的机制，潜移默化，循序渐进，即便最后发生了翻天覆地的变化，其过程也会比较顺畅。

本书 5.2.1 提出的“不变而变”方法，能让“变革”在风平浪静中完成。

面对四天制，该怎样“不变而变”呢？

可以先执行“准四天制”，即在不改变传统五天制模式的基础上，对于高产能员工给予奖假，一部分人就得到多休一天的福利，五天制还是原来的五天制，一切流程不变，只是部分高产能员工“上四休三”，普通员工照旧上五天。

当越来越多的人眼红“上四休三”的人并开始拼产能的时候，高效的磁场就替代了低效的磁场，$V_{产}<1$ 的人慢慢地就成了另类。当大部分员工都得到了奖假，第五天办公室剩下的人就不多了，那个“准”字就可以摘掉了，四天制自然就形成了。

员工如果做到了“上四休三”，就是 $V_{产}=2$，即一周做了两周的贡献，按五天制的标准，公司奖励了员工多休息一天只盈不亏。如果公司将节约下来“至少五天的综合办公成本”以及多创造的效益部分回馈给员工，那员工 $V_{产}$

=2 时不仅赚到了一天的休息，工资还翻了倍；而公司，不仅“节约了一个员工 4 天的综合成本”，还多留存了“员工创造的减除回馈比例之后的富余价值”。

这是个双赢的局面。

所以，员工们周休三天没啥不妥的。假如有员工胆敢 $V_{产}$=3，“上三休四”，笑死的不是每周可以到美洲玩个来回的员工，而是躺在大班椅上没啥可忧的 boss（老板）。

五天制基础上的“准四天制”该如何实操呢？

正常的五天制就是一周工作五天，周五下午下班前，员工做好本周总结和下周计划。在分值系统里，员工的工作总结和计划可以很简单，总结工作就是将本周《考核表》的“本人工作总结”栏填好，填写时只需针对量化标准和加减分定义上传相应的量化数据，有附属材料的备注说明即可，一般只需几分钟就可完成，无须像传统的总结那样长篇大论写说明报告；考核人和经理也只需以结果数据作评审，简单快捷。计划工作就是将经理规划好的属于本人的工作事项进行确认，有异议的事项可以提出修改意见，经过经理同意即可；本人另可选择《增量表》的部分工作（点击确认即可），亦可自行增加“添加工作”作为下周“自行加码”的工作，提交系统后，本周的工作总结和下周的工作计划就制定完成了，一般也只需十几分钟。由于只需点击确认或填写量化数据，操作极为简便。

$V_{产} \geqslant 2$ 的员工，所获得的假期奖励（简称“奖假”）可在往后任意时段申请休假，不影响正常工作运行即获批准，奖假也可累积并连在一起进行多天休息，或连同中秋、春节等节日一并使用。

周五下午下班前作本周总结时，员工如有未完成的工作事项需继续进行，最迟不超过下周一上班前，届时仍未完成的事项需按“未完成工作”进行总结提交，并进行系统评分，未提交的系统会认作“工作失败”（计分会比“未完全完成”低）。对于“未完成工作”事项的处理，时间上已经不允许再拖延的按减分定义评定工作结果，时间还允许拖延的可转移至下周工作中继续进行，但最终结果仍按原减分定义进行评分。周五下班后继续进行的未完成工作，属于“延时工作”，对于“延时工作”的员工，更多地侵占了公司的办公成本，是在弥补正常工作时间的工作，不属于“加班”范畴，不计“加班工资”（包括正常工作日的晚上和周六、周日的白天晚上），但可鼓励性地给予些许“延时工作分”。

周五结束前早早完成了“计划内”工作的，可以继续进行“自行加码”的添加工作和增选工作，因为做得越多得分越多，得分越多$V_{效}$和$V_{产}$就越高，工资就会越高，包括奖金、福利、岗评、晋升、评优、期权、股份的基础分等，均水涨船高。周六、周日想继续为自己加分的（特别是$V_{产}$差一点点没到2的）可以继续自行加工作，如果“加码”工作是在公司办公室进行的，可计为“延时工作”（获得延时鼓励分）。那么，周六、周日还在工作的并不就是高薪低能，而是有效能和产能的人，大家都是努力为企业添砖加瓦的自觉人，大家所聚的场，是一个你追我赶的正能量场。

当大部分的员工$V_{产}\geqslant 2$时，企业可以指导性安排“三休”，让员工统一在周五或周一休息，周五的工作总结和计划在手机进行线上提交即可。这就是“准四天制”。

在执行“准四天制”时，企业可凭率先“上四休三”这一撒手锏在人才竞争上通杀竞争对手，因为熬惯了五天的职业人群，对于突如其来的四天工作制是没有抵抗力的。现代竞争，争的就是人才。

在国家统一的四天制真正来临的时候，执行“准四天制”的企业只需将原先周五下班前提交总结与计划的工作移至周四下班前执行即可，不痛不痒、顺理成章，效益完美如初。而那些传统五天制的企业，很可能就因为损失了1/5的工作量和收益而难以为继，从此“退出江湖”了。

9.4.3 员工收获的是假期，企业赢得的是效益

很多人羡慕教师这个职业，因为教师有寒暑两个超长假期。有了$V_{产}$这个指标后，员工们也就不用对着教师职业临渊羡鱼了。因为奖假可以累积，如果按周$V_{产}=2$计算，一年就可以累积出40多天，加上原有的法定假，作为普通行业中的一员，每年也可以有一两个月去周游世界了。

拥有灵活的假期，大家再也不必为抢不到春运票而发愁了，再也没必要

挤到黄金周去闻汗水味了，大家可以跟着心情自由地错峰出行。还有，员工们再也不用为不能赶回父母身边亲自祝寿而愧疚难当了。“我的假期我做主”，这可是现代员工而言非常渴求的。

在假期和薪酬双丰收的企业，员工当然幸福。

> 员工的工作幸福指数是指员工能够从他所在的工作岗位和环境实现价值、获得激励和报酬、对工作环境和发展前途的满意程度。对企业而言，如何使员工获得职业幸福感是检验企业管理成效的重要标尺；对于员工来说，是否拥有职业幸福感，既是对企业的满意度、忠诚度的体现，又是个人生活质量的体现和实现自身价值的一种表现。提高职业幸福感，是每一个企业和员工所向往和追求的。（韦敏，2020）

因为奖假可以累积使用，对于平常提前完成工作的员工而言，可以不马上休假，而是继续去“加码”工作，这可以更大程度地提升 $V_{产}$ 值，从而获得更多的假期。这是一种良性循环。

奖假累积连休的结果，就形成了“准四天制”特色的年假制度。员工能休得起年假的，必是公司的功臣，如果他休十天，就是有十个 $V_{产}=2$，相当于给公司赢回了40天，以及多进行了十个星期的价值创造。老板可不怕你休假，只怕你休不起假。

想当初，老板们对年假是何等的堵心和无奈。而今，老板们又是何等着急那些休不上年假的落后分子。

当然，率先实行四天制的企业，人力资源部将会门庭若市，能达到 $V_{产}>2$ 的人才自然不会缺，而对于长期 $V_{产}<1$ 的能力低下者，可以放心地进行末位淘汰，那么，留下的基本就是高产能者了。如此的动态竞争，员工之间只会水涨船高。

在这种没有输家的良性循环磁场中，员工捞的是假期，企业捞的是效益。

在任何情况下，个人总是“从自己出发的”，任何人如果不同时为了自己的某种需要而做事，他就什么也不能做。

——卡尔·马克思

第 10 章

将人性的自私和“患不均”转化为效益

10.1　人的行为源于趋利避害

10.1.1　趋利避害是物种进化的本能

趋利避害一词最早出现在汉·霍谞的《奏记大将军梁商》:“至于趋利避害，畏死乐生，亦复均也。”其意为:趋向有利的一面，避开有害的一面。

趋利避害是所有生物与生俱来的本能，因为这一天性，才使得它们的生存和进化有了保证。

生命的存在和延续有两个必要的条件，一是求生，二是畏死，求生和畏死使得生物产生了趋利避害的本能。趋利使得生物拥有更强的生存能力，避害使得它的生命得以延续，趋利避害是生物存在最根本的保障，是生命延续最大的潜在驱动力。任何生物与外界生存条件之间存在着利害关系，生物必须不断地调节这种关系，也即“趋利避害”才能更好地生存和发展，这种调节活动一旦停止，生物就会死亡。(陈光旨，2001)

在生命延续的过程中，对于利和害，及其程度的判断，使生物产生趋利避害的行为。出于对死亡的恐惧，每个生物体对利害的感知都异常敏锐。通过趋利避害行为及行为的结果，生物体能不断地扩展和丰富对利害的认识，积累更多的趋避经验值，而后形成个体的价值观念，这种价值观念继而让生物体懂得取舍。

趋利避害让所有生物产生自适性，即对环境的天然适应力。进化论告诉了我们适者生存的自然规律，因为生物必须适应环境才能得以继续生存和繁衍，所以不断变化的环境会迫使它们变异出匹配环境的技能，而那些不能适应环境的生物就会被淘汰。变色龙随环境改变体色避开天敌赢得了生存，枯叶蝶把自己的形状和色斑伪装成枯树枝叶来保证自己免被淘汰，竹节虫演化成了竹子般的外形不仅骗过了天敌还骗过了下一级昆虫……几乎所有动物的体型和生理机能，都是因为拥有自适性，在环境适应中演进而来的。植物当然也不例外，比如仙人掌，为了适应干旱的沙漠，将叶片细化成刺状，减少了阳光的蒸腾，茎枝不仅拥有了贮水功能，还长出了叶绿素，在叶片细化后茎枝可以进行光合作用……

生物的自适性保证了物种在大自然的优胜劣汰中得以生存和延续，并不断向更高级进化。物竞天择是达尔文在1859年出版的《物种起源》中的核心理论，“物竞者，物争自存也；天择者，存其宜种也。”（高力克，2010）生物之间存在着生存斗争，适应者生存下来，不适者被淘汰，这是自然的选择。生物通过遗传和变异，在适应自然环境中，从低级到高级，从简单到复杂不断地进化和发展。

遗传与变异是基因相对立的两端，遗传基因令生物维持原有的机理，变异基因让下一代生物体机理突变。生物体有着趋利避害的自适性，在繁衍过程中，会自动随着环境的变化，调节遗传基因和变异基因的比例，使种群朝着适应环境的方向进化；如果环境改变较大，变异基因甚至会令某个物种发展成为一个新的物种。人就是由原先生活在树林中的猿，为适应平地环境进化而来的。而那些自适性不强的物种，因变异力不足，最终被自然所淘汰。

趋利避害的本性也使得生物拥有物竞力，无论是在种群之外还是种群之中，生物个体都得为了生存不断竞争。因为所有生物都拥有物竞力，所以在不同物种之间就形成了相杀相生的链条关系，从而构成了地球的生态圈。动物界的食物链，从大型肉食动物到小型食肉动物，再到杂食动物和植食动物，甚至简单的有机物，会形成一条生物链，而反过来，“顶端”生物最后也要被细菌“吃掉”，进入大自然的循环。从人的视角来看，似乎屎壳郎吃屎、秃鹫吃腐肉很恶心，但这本就是物竞力的精彩体现。生物界正是凭借着相杀相生而维系着平衡的动态发展。

在大自然中，生物的物竞力有时候会表现得令人惊叹。有些动物为了竞争改变食谱，有些动物为了繁衍而牺牲本体，有些植物会吃动物，有些植物学会了“走路”……为了繁衍后代，有25%的公螳螂会在交配后被母螳螂吃掉；有种沙漠蜘蛛，母蜘蛛为了让出生后的小蜘蛛得以存活，就让小蜘蛛把毒液和消化酶注入自己身上，然后让他们吃掉。毛毡苔、茅菜、捕蝇草、猪笼草等植物，都拥有着捕食昆虫的能力；美洲的“行走棕榈”树，为了光照每天可以移动 2 ~ 3 厘米。

因为物竞力，很多物种内部也都会形成相竞相合的关系（co-opetition），当遇到种群外部的威胁时，种群内的个体会联合起来抗击威胁。动物界由低级到高级会形成群体性、组织性，甚至社会性。这种“共同体”有时候会跨域物种，比如，狼演化成狗，就是与人协作的结果，人因为驯化了的狼（后来的狗）的敏锐嗅觉而增强了防御力和搜捕力，狼（后来的狗）因为与人合作而保证了食物的持续性。

物竞力的一个负向例子就是“国宝”大熊猫。因为得到了人类的“优厚”庇护，人工繁育的大熊猫不光生存力持续下降，连繁育能力也大幅降低了。人们后来终于明白，真正要避免“国宝”的灭绝，最好的办法就是维护适于大熊猫生存的环境并把它们放归自然，使这个物种的物竞力得以提升。

物种的相生相杀、相竞相合都源于趋利避害的本性，生物的自适力和物竞力越强、其生存力和发展力就越强。而对于一个想要透析人性、寻找管理秘诀的人来说，必须先从理解和掌握这些自然之道入手。

10.1.2　趋利避害是人的行为根本动因

人类是高级动物，有着跟所有生物一样的物性。趋利避害是生物的本能，是生命的条件反射，是生物界延续与进化最根本的动因。趋利、避害也是两种基本的归纳逻辑，广泛体现在社会行为的各个方面（蒋柯，2009），它是人类进步发展最本质的内在推动力。

人类尽管形成了比动物群落更高级的社会，但人在社会中的行为动因跟动物在群落中的行为动因本质几乎还是一样的。人的趋利避害本性首先体现在生物的本能上，对于“求生”和“畏死”极其敏锐，为求得生存和生命的延续，人会迸发出巨大的物竞力，在获得食物等生存条件和避免受到生命威胁上，会倾其所能。人的趋利避害本性还广泛体现在经济行为和社会行为上，在规避风险的前提下，人们总是追求价值最大化；而且在得到经济利益的情况下，会进一步去追求公众形象和社会影响力。人的趋利避害本性还更高级地体现在精神行为上，为了得到心理的满足感和精神的愉悦而不遗余力，为了避开精神压力和避免心灵的痛苦而竭尽所能。

管子在两千多年前就提到“凡人者，莫不欲利而恶害”，是说，只要是人，没有不趋利避害的。社会交换理论创始人乔治·霍曼斯说：“趋利避害是人类行为的基本规则，由于每个人都企图在交换中获取最大收益和尽可能减少代价，所以交换行为本身变成得与失的权衡。”

出于趋利避害的本能，人会对所遭遇的境况进行“利害”判断，进而给出趋利避害反应，如果趋避行为成功了（得到益处或避开危险），就会把这一次的价值判断作为经验值，强化对利害的认知，并将这种认知融进个人的价值观念中；如果趋避行为失败了（没得到益处或没有避开危险），就会修正原有的利害判断方式，把这一次不成功的趋避行为作为教训积累下来，影响下一次类似情景的反应。如果类似的情景再次出现，人们会根据积累下来的经验和教训来指导趋避行为，若再次成功，则会进一步强化价值观；若再次失败，则对利害的认识进一步修正，甚至改变原有的价值观。人就是在这种不断“习得”的过程中，逐步形成了完整的价值观体系。

人的价值观体系形成后是很难被改变的。有了自己的价值观体系，在面对相应的情形，人的趋避抉择会更加清晰而坚定。

因为有着更立体的价值观系统，相对于其他生物，人的自适性显得更为主观。这种主观包含本能和情绪，在面对利害情形时，会启动自身以及调动外围的力量进行趋避，并会为取得最大益处或最大程度避免害处而将相应力量驱向固守或创变，或者找到固守与创变配比的最优结合。

人的物竞力同样也由自身延展至周边资源，以争取更强大的趋避力量。

人的物竞力对于群体之外，亦是相生相杀，益于本群体的，联合互益，害于本群体的，抗击斗争。

人的物竞力在群体之内同样也会形成相竞相合的关系。当外敌强大时，合大于竞；当没有外敌或者外敌弱小时，竞大于合。“强敌利于团”，当外部矛盾成为主要矛盾时，群体内部是很团结的；当外部矛盾不突出，群体内部矛盾就会容易激化。印度在 2020 年新冠疫情难以控制之时，不断挑起与邻国的边境事端，是因为想转移国内矛盾焦点，渲染“歼敌”以“团结”国民；美国大选，“驴象之争”之所以常拿中国来做话题，是因为他们想借树立起中国这个强大的“敌人”来“聚集民意”，赢得选票。科幻片里，因为有外星人入侵，地球人自然就会同仇敌忾。所以，**要归集人们的物竞力，形成共同体，最有效的办法就是——明确外部竞争压力。**

人作为个体，时刻处于某个组织（企业、家庭、团体等）中，基于精神的或物质的各种需求，其自适力和物竞力的表现，总在个体与集体的利害关系中，或收或放，这种收放的度，取决于集体对于个体的分配。如果集体分配利于个体，这个人则会公私兼顾，但无论他的“公心”有多大，也是为了“因公而私”达成自己的诉求——哪怕只是荣誉感（集体的肯定）和存在感（别人的肯定）。如果集体分配不利于个体，这个人就会从个体角度去释放自适力和物竞力。为了自己的需要而行动，是一个人的本能。

在一个组织体的内部竞争中，如他人或机制对一个个体没有制约，那他的私心会极大地展现；如果因为自私的追求受制于他人或机制，这种受制于他有害，那他会收敛私利的追求。在一个组织中，私心收敛的度，取决于个体的横向对比。他的所得比参照物低，收敛度就低；他的所得比参照物高，收敛度就高。这就是攀比和“患不均”的心理，这也是人的本性。

管子认为趋利避害是驱使人们努力劳动的根本动力，他说：“足其所欲，赡其所愿，则能用之耳”，意思是，满足人的欲望和需求，就能使唤他了。管子还提出了“予之为取”（懂得给予是为了更好地获取）的管理理论。

如果一个组织的分配没有直接跟人的劳作关联，或令人感觉是在吃“大锅饭”，多做等于便宜了他人，那他就会因趋避而“逸多劳少”。这种情形下会形成大家在劳作的时候你不做我也不做、在分配的时候你争我夺的局面，这个组织的整体创造力会很低下。如果组织的分配直接跟人的劳作关联，让个人能看到劳有所得、多劳多得，那大家就会“逸少劳多”，这种情形下会形成你追我赶的局面，这个组织的整体创造力会很高。

10.1.3 个人需求是人的第一行为动因

人性本无善恶好坏，只有本能和天然。善恶好坏都是基于某个人和某个组织的角度，才有的相对概念。比如甲说乙做的事很坏，是因为这个事不利于甲，但换在乙的角度，这个事不一定是坏，而可能是好。比如在某集体中，A 的行为有损于整个集体或者集体中的很多人，大家都会从集体的角度或代表很多人的角度说 A 干了坏事，但从 A 的角度而言，利于自己，就是好。人类说老鼠苍蝇是害虫，是因为它们有害于人的健康，这都是站在人类的视角的结论，如果站在老鼠的角度，人类“赶尽杀绝”的行为那才是“惨无鼠道”地坏；人类说青蛙是益虫，但飞蛾说青蛙是“天底下最坏”的大害虫。所以，**善恶好坏是本位主义的结果，是相对的。**

趋利避害是人的本能和天性，如果不是站在其他人或者某个组织的角度，人的任何行为都无所谓好坏，只是为了活着和活得好一些罢了。从生物学的视角来看，人的任何利己行为，都无可厚非。马克思说：“在任何情况下，个人总是‘从自己出发的’。”（《马克思恩格斯全集》第 3 卷，1960）如果一定要从群体角度出发，那也是因为群体中有自己的私利。如果公私利益存在冲突，个人会从自己的利益出发，同时兼顾群体利益；但在利弊权衡时，个人诉求仍是一个人行为取向的第一动因，群体诉求是第二动因。

群体利益是众多个体利益的集合，基于群体本位形成的规章制度（包括规则、法律以及文化层面的道德规范），是用以维系群体关系、维系众人权益的框架。制度的作用几何，最关键是看它是否撬动了成员的人性。撬动人性的幅度大，制度的效用就大；撬动人性的幅度小，制度的效用就小；撬不动人性，就没作用。从人的自适力来看，如果规章制度是在约束个性，势必会令人“固守大于创变”；如果制度是在激发个性，则会使人“创变大于固守”。约束性的制度，令人畏缩，使人因避害而不敢造次；激励性的制度，令人奔放，使人因趋利而努力发挥。制度设计的奥妙点，就是如何利用人的趋利避害本性。

韩非子云：“人皆挟自为之心，自为则事行，挟夫相为则责望。”（《韩非子·外储说左上》），意思为：人都是有自私心理的，靠自己事情就能办好，而依赖别人办事就会有责备和埋怨。其核心意思是指出自私是人的本性，“不恃人之为吾善”，不能指望别人作出牺牲来善待自己。法家认为“使民必先所恶，然后致其所欲，故力多”（《商君书·说民》），其意为：驱使民众必须先要针对他厌恶的（让他不做不该做的），然后利用他所需求的达成他应该去做的，这就能获得更多的力量。中国古人其实早已参透了管理的奥秘，那就是利用人趋利避害的自私本性，**把有损集体的行为设定为个人的“所恶”，把有利集体的方向变成个人的“所欲”，这样可以调动众人的力量。**

然而，当今却有不少的管理者，为取悦老板，片面站在企业本位角度打造“公司精神”，期望员工树立“私耻公荣”的价值观，而后克己、忘我，不计较工资多少，一心努力工作……这样的管理者，罔顾人之本性，忽视人的行为根本动因，只会导致企业文化建设不断，实际效益无以为算的惨淡结果。

10.1.4 公司目标须通过个人趋利避害方可实现

马克思指出：“任何人如果不是同时为了自己的某种需要和为了这种需要的器官而做事，那他就什么也不能做”（《马克思恩格斯全集》第 3 卷，1960），“人们奋斗所争取的一切，都同他们的利益有关”（《马克思恩格斯全集》第 1 卷，1956）。

人之所以有社会责任概念，是因为对社会有依赖、有所需，归根结底，人们拥有社会性、组织性、道德观，也都源于此。人的需求包括物质的和精神的，诸如交通、食物、福利、教育、声誉等。人的生命活动就是从需要开始的，首先是吃穿住行的基本生存需求，而后是安全、医疗、情感、享乐、尊重、价值感等更高级的精神需求，正因为有了这些需求，人们才会去融入群体，需要是人的全部活动的最终动力和内在根据（刘芳，2015）。马克思说，“把人和社会连接起来的唯一纽带是天然必然性，是需要和私人利益”（《马克思恩格斯全集》第 3 卷，1960），“个人总是并且也不可能不是从本身出发的”，需要和个人利益是人们从事一切活动的根本动力（刘芳，2015）。所以，人们的社会性、组织观、公德心、团队精神的强弱，是由判断“能从中为自己获益的远近、难易和多少”决定的，能清晰地得到比较多，他的“公性”就表现强烈；获益难、不明确、比较少，他的“公性”就体现得比较差。如果一个人根本不可能在某个集体中看到自己获益的可能，那这个集体对他就毫无意义，他也就不可能对这个集体有“公心”。

规律是这样的：**决定一个人行为的第一动因是个人需求，第二动因是集体需求；而集体需求是通过激发个人趋利避害的本性实现对个体的作用的，这种作用是在第二动因体现或转化为第一动因时才会实现。**

作为专门研究企业诉求的管理学，其之于企业效用的大小，取决于将企业目标体现为个人需求的程度，即企业之利体现为何种程度的个人之利而令人趋往，和企业之害体现为何种程度的个人之害而令人规避。具象而言，就是正激励程度如何，和负激励程度如何。

此刻，管理学就通透了：肤浅地表达企业诉求（包括企业的利和企业的害），是难以撬动个人的。比如单纯地向员工宣称企业要打造一个多元化、国际化的 ×× 平台，三年内力争上市、八年成为 500 强，以及企业要努力节流 20%，达成产品降价 8% 以避免被竞争对手淘汰等，员工面对这样的描述，只会认为跟自己没多大关系。

只有将企业之利和企业之害转化成个人之利和个人之害，才能更好地使员工产生趋向或避开的行为。如果将上面的那些企业诉求关联上个人诉求，效果就会完全不一样。比如，每个人的每项工作积分在上市时按 100 分 =1 股的比例折成股份；如果公司成为全球 500 强，折算比例提升为 100 分 =1.2 股，那么可想而知，每个员工对于每项工作会有怎样的激情，这就是正激励的方法。再比如，各项办公成本、管理成本节约部分的 15% 作为奖励发给相关的个人，如果当月节流同比去年达到 20% 以上，奖励比例由 15% 提升到 18%；如果开支同比升高，奖励比例变成扣罚比例。如此，我们会发现每个员工节省开支会多么有智慧，这就是负激励的方法。不懂“成私而公”，只片面地疾呼“要为公司如何如何”或者“不能如何如何”，寄希望于每个人克己、牺牲，怀揣“公司精神”来实现企业目标，是激发不出员工多大创造力的。如果“成私而公”，将公司目标分化成个人目标，在个人目标达成的同时实现公司目标，就能形成有效的激励。

一旦“成私而公”，成员们的自私与贪婪就会变成自我驱动力，变成企业目标实现的引擎。

10.2　个人需求才是根本动力源

10.2.1　“管”和“制”与人性相悖

在工业革命以前，农奴是没有人权的，劳动管理也无须顾及人性；工业革命之初，管理学形成的时候，工厂只需购买生产资料（包括劳动力）和机器开展生产，就能实现利润。而此时，劳动者为了生存不得不参加劳动，在工资与人权的天平上，他们更需要工资。所以，管理达成赢利目的很简单，只需将工人和他们的时间控制在机器上运作即可。管理学从那时候起，就已奠定了“制约”的基调。

随着社会生产力的发展和市场条件的变化，管理学从工厂管理逐步发展到人际管理、行为管理，再到系统管理、决策管理，然后到权变管理、战略管理，其内涵越来越丰富，外延也越来越宽泛，但其“针对”劳动者的“制约”措施不仅始终没有变化，还更为严厉了。

追求企业利润最大化，这是管理服务于企业需要达成的根本目的。传统管理除了要极力降低劳动力成本和提高劳动速度之外，还要努力实现管理的统一化、标准化，因为这样可以节省大量的管理成本。这种大一统的管理给劳动者开放的是共性，关闭的是个性。这种“求同、恒定”的理念跟东方文化很是契合，所以在西方的管理导入中国企业后这些理念被不偏不倚地传袭着。

“求同”和“恒定”便于管理，但这样的管理是在抑制个性，使得众多原本各有特色的劳动者，逐渐滑向“泯然众人”的地步，形成一种“集体无意识状态”。在这种个性被同化的模式里，劳动者只是一个被企业利用的同质化工具，他们的特殊性被掩盖，自主性被埋没，自然，也不会有太多的创造性。不过，在工业时代，也不需要劳动者有多少创造性，工人们越机械，越有利于企业的管理和劳动速率的提升。

在被针对、被强制的环境下，工人们的人性是被束缚着的，并且每个人的个性需求始终是不一样的，有压制就会有抗争，有抗争压制便会更甚，于是，管理上就有了“胡萝卜+大棒”模式。企业一方面以“胡萝卜”来引诱劳动者为了生存参加工作；另一方面，又以“大棒”来迫使他们按统一规程进行劳作，促使他们提高速率。因为抗争与制约相互作用，企业的“管”和“制”变得更加“专业”和严厉，劳动者的人性被束缚得更紧，而劳资对立也更深了。

10.2.2 解放人性才能解放生产力

管理是企业本位的，是为企业效益服务的。

在工业时代，决定企业效益的是生产资料、劳动时长和劳动速度，而工人个性化的特性和需求是逆效益的，这使得管理必须针对性地进行制约。

而今，商品市场从卖方市场反转为买方市场了，企业创造力成了核心竞争力，这对企业管理提出了跟原先不一样的要求，即从要求延长劳动时长和提升劳动速率转向要求提升劳动创造力。而劳动创造力主要凝结在劳动者身上，并且是劳动者自愿自觉才能产生的，按照创造学的原理，创意最初都是源于个人的灵感，任何束缚、压抑或是行政干预都会扼杀发明创造（刘道玉，2016），所以，管理学要造就的是跟原先的制约形式全然相反的释放模式，去释放劳动者的人性，并且让他们自觉自愿地发挥。只有这样才能激发劳动创造力，才能让企业重新回到盈利的轨道上。

创造源于“异化”的思想，源于个人内在的冲动和渴求。传统的“求同”管理体系已经成了创新的最大障碍，如果管理不革了自己的命，那它终将被新时代的企业需求革了命。所以，管理必须迅速顺从企业在新时代的效益诉求，转换理念、解放创造力、解放劳动者，从而解放生产力，而这种解放，是树立人本理念。管理如要不改变企业本位色彩，该如何做到员工本位呢？

企业本位，即要达到企业目的；员工本位，即要以员工诉求为准绳。管理一直以来都是为了企业目的而限制、约束员工的，因为员工的根本诉求是工资收益最大化、劳动时间最少化，而在会计核算和经营管理上，这正好跟企业收益最大化相反。而今，不解放员工就难以解放创造力，不解放员工就难以解放生产力，那企业诉求与员工诉求的根本对立，又该如何化解呢？

10.2.3　着力在沙滩上的“公司精神”

在集体社会里，人们尊崇奉献和利他精神，所以宣扬无私、寡欲的人。在封建专制时期，统治者基于统治的需要，大力推崇以克己、律己为基调的“三纲五常”，宣扬“私耻”道德观，数千年的固化，使得这种道德观浸润到了文化之中。

由原始社会演变为阶级社会的变革中，以血缘关系为基础的氏族制度并未彻底破坏，“夏传子，家天下”，家族成为社会的基本结构，社会只是这个基本结构的复制和扩大（张国钧，1989）。家族观念扩大化演绎成了宗族社会观，以“子从父、臣从君”为核心的权威纲要，把君王、夫父立为了整体利益的轴心，他们的权力是至高无上的、不可侵犯的；这些纲常维系着社会和家庭的稳定。在这种体系中，“集权”是最大的特点，越靠近轴心，权力越大，越远离核心，权力越小，底层的被统辖者必须顺应和附从，否则将丧失利益的分配权，因为他们不是利益的载体，只是轴心人的附庸，所以，也只能基于体系管理的需要无条件地把自身共性化。轴心人代表着整体，整体是绝对至上的，个人是微不足道的，个人在整体面前只有服从或者无条件地牺牲（邹时君，1990）。

为了维护轴心人的权利和封建专制体系，集权是体系管理的核心任务，利益附着于权力，抓住了分配权就抓住了利益，以及被统辖人的使用权，而把权力集好了，就能维系好“集利 – 分利”的系统循环。为了维护集权，成员的依附性和管理大一统是必要的，被统辖人的个性化行为和“异端”思想对于轴心人和体系整体而言是不利的，所以，以克己和寡欲为核心的“私耻”观被历代统治阶层倡导成为主流道德，一种近乎宗教戒律的无私无欲的“私耻”观，长期侵蚀和麻痹着广大被统治者，让他们一代又一代地逆来顺受。

空洞的教条压制否定了个人生存发展的正当利益需求，“公”或集体也就被视为与个人发展的格格不入的东西，个人勉强进入集体并不能充当积极进取的因子，而是需要不断否定个人“私心”的忏悔对象（邹时君，1990）。这种道德观的余波至今还波及一些靠“人治”的企业，被管理者扯出来当“大旗”，上升为“企业精神”，用以束缚和绑架员工。这些企业推崇效忠和牺牲，把个别现象的“无我”员工冠以奉献者和优秀者的高帽，立出榜样，以感召广大员工多作贡献、少要报酬。他们试图把员工机械化，把员工的欲望和需求打压到很低的程度。然而，现代员工越来越拥有了独立的人格，不再那么容易被洗脑，不再那么容易失去自我，所以，在一些“人治”企业里，很多员工人前谦恭舍己，人后唯利是图。

诚然，利他和无私，是一种社会美德，然而只有当人们的物质生活基础较为富足，不为物质欠缺所累时，利他和无私才能成为自觉行为。如果缺乏有效的激励措施，只靠道德绑架是激发不出大多数员工的根本创造力的。

“私耻”观在只需机械劳动的工业生产中还是比较受用的，宣扬奉献，企业则可以压缩工资成本，提高利润。但这种道德观的维系需要一个前提，那就是获得劳动者的依赖性。劳动者在生存尚忧的情况下其依赖性是很强的，他们基于生存需要而不得不接受拥有分配权的管理者的指令。所以，工业时期代言企业的管理者会尽量压低工人们的工资，令他们只能维持基本的生活，因为管理者知道，工人们如果收入太高，“饱暖思淫欲”，思想就会复杂，就会不好控制。

实际上，为了上层的集权和维系“人治”的体系，仍有不少企业还是寄希望于用集体信念作为“公司精神”，以激发员工的劳动热情，似乎员工无私无欲了，公司就可以有更多盈余了。然而，越来越多的人因为生活水平的提高而不再“无我”和屈从，这种集体主义在人们的潜意识中被看成高高凌驾于个人头上的“怪物”，事实上，“私”或“个人利益”不是一条道德诫命，而是一种科学事实（邹时君，1990）。

为了宣扬以集体观为轴心的“公司精神”，维系上层权威，这类企业的管理者需要不断地树立模范榜样和吹风洗脑，因为承载这种道德观的沙滩正在被自立、奔放的潮水冲刷得越来越松软……

从机械生产演绎出来的共性化管理，一直在把员工导向同质化，这样的管理自然会抑制被管理者的个性和思维，扼杀他们的灵性和创造力，导致吃

“大锅饭”的他们，在“患不均”的对比中相互排斥，最后变成了“三个和尚没水喝”。

绞杀员工个性的同质化管理，跟创造力至上的时代越发格格不入了。

历史已发展到产品加速更迭的知本时代，社会的整体生活水平在加速提升，市场对于企业“规格商品供应”的需求逐步演变成了“新品创造和迭代”的需求，传统的以禁锢和奴化劳动者来维持固定生产格式的企业，已经匹配不上现代市场了。这样的企业也越来越无法吸引和留住劳动者。那些固守经典模式的管理者们，左手持着“胡萝卜”，右手拿着“大棒”，盯着几个睡眼蒙眬的“软柿子”，多少还是心有不甘。毕竟，这种模式，曾令企业辉煌过。

促使劳动者们越来越硬气的，不仅在于他们的腰包慢慢鼓了起来，更在于，很多的企业已经砸碎了枷锁，建立起了开放的工作平台任人施展，让他们更容易择良木而栖。这令那些固守经纶、靠“企业精神”撬动员工的企业主们倍感黔驴技穷。

无私何来自己？没有自己哪有个性？没有个性怎么差异化？没有差异化哪来的创新力？

时过境迁，知本时代需要创新力，创新力需要张扬的个性，张扬的个性需要自主的土壤，所以，企业的管理必须颠覆以禁锢和制约为主要手段的传统。时代变了，现代员工要的是自我实现，自我实现需要成就感，成就感需要差异化，差异化需要个性解放的平台，所以，企业必须打破大一统的固定管理模式。

管理是为效益服务的，当我们发现企业只有不断创造才能立足于市场，才能实现效益的时候，当我们明白企业只有解放劳动者才能解放创造力，才能挽救企业的时候，就会重新定位管理，也将会解开对员工的禁锢和制约，进而研究激发员工天性的方法，使大家把自适力调到“创造大于固守”的频道。

为了效益，管理没有什么非固守不可的，包括曾经创造辉煌的“经典”管理模式和“抑私”理念。

10.2.4 高薪留人会不会“懒了和尚穷了庙”

在“得人才者得天下”的现代市场竞争中，拼待遇是企业的第一撒手锏。

只有高薪才能买到优秀人才的使用权。买来了人才如何物尽其用，“金子闪光了”如何不被对手挖走，这是企业管理中的重要问题。

高薪留人，这是企业的本能，无须赘述。“金子”闪出了“金光”，企业自会再加厚禄。然而，现代职业人摸出了一条涨薪捷径——不断跳槽。在企业争夺人才的时代，这确算“真理”。在这个“真理”面前，委屈的是企业。在人才的腾挪中，高薪低产的人越来越多，而企业的人力成本的涨速总是快过效益的涨速。人力市场有着“价格虚高”的趋势，但在人本时代里，这种趋势不会在短期内改变。那么，是不是企业就要长期地“委屈”下去呢？

市场自有市场的规律，人力成本“虚高”自然也是供需杠杆不平衡的结果，是企业需求竞争激烈所致。如果员工们跳槽涨薪的“真理”仍然可以生效，人力成本“虚高”的局面就依然会存在，这只能证明企业对人才的需求仍然旺盛；如果企业需求旺盛，只能证明人才的内在价值在起作用。那么，市场既然出现了人力成本推波助澜的“黑手”，就一定是有企业在人才运用上“物得其用”了，于是才会持续“高价出手”。既然是市场，那就自然有价格与价值的调节，有竞争，有淘汰，有赢家，有输家；而那些“黑手”，多半是赢家，那些最后“出不起手”的，基本就是输家了。当一个企业在人才市场“出不起手”了，也就说明市场杠杆正式起作用了——它要被市场淘汰了。

在人才竞争的输赢背后，实际上隐藏着一种管理变革，那些最后“出不起手”的输家，往往是固守传统管理的“经典派”，能成为“人力价格”推手的赢家，往往就是改变了人才机制的“革新派”，因为他们在更高的人才价格基础上，还能得到“剩余价值”。

“经典派”秉承的是企业本位理念，在传统会计核算上将“高薪”计作“管理成本”，“经典派”管理者凭着“高薪”这个“优质胡萝卜”抡起更重的“大棒”，以令这些高新人才在“法定劳动时间”里尽快完成“必要劳动”，而这些高薪人才会因“避害”而“上有政策下有对策”，在“比上不足比下有余”的表现中确保自己不被炒掉。他们基于“下有对策”，追求少付出，以较少劳动（避害）来对应“高薪”（趋利）。由于这些人才既“下有对策”，又手握“高薪”，往往“必要劳动”还没完成，“法定劳动时间”就过完了，“大棒手”最后没有捶出这些人才的“剩余劳动”，待到会计把加减法算完时，才发现“胡萝卜”喂亏了。无论是“大棒手”用力不够的错，还是人才市场“价格虚高”的错，反正这笔买卖事实证明了是“人才拿多了”企业才没利润可剩的，因为“利润 = 收入 – 成本”这种运算是“全球公认的最正确的”会计算法，因此，劳资对立的关系也就这样被进一步锤实，劳资矛盾也因此进一步加深了。从另一个角度来看，这些人才“必要劳动”都没完成，那就是剥削了企业，虽然这种“私”对于自己而言是天经地义的，但对于企业而言就是一种错，因为是人力成本高了，才把“庙”拖穷的。这种结果，给了“私耻”观点以口实。

反观另一块办公地里，“革新派”树立起了以人为本的理念，他们认为“高薪”只是人才与企业合作的基础，是人才劳动价值的基本体现，企业提供的只是平台，人才可以创造除了基本价值之外更多的奖金和福利，甚至包括期权。在这里，作为人才，你应该尊重自己的趋利避害本性，你应该自私地除了“高薪”以外还应该追求奖金和期权。这里没有“大棒手”，没有“必要劳动时间”，人才是自主的，时间是自由的，企业只是搭了台，大家可以用最短的年限去实现自己的初心和梦想。这里只有舞台，只有精准的价值秤，这个秤会客观地称量劳动、资本的价值，你可以张，也可以驰，还可以看着秤，力所能及地去创造自己想要的更多收获。在这里，人才投入的是劳动和创造，资金投入的是劳动所需的基础条件，价值秤让各种生产要素分得其所。这里没有人力成本，只有劳动投入，人才的“高薪”和奖金福利，都是在劳动创造之后的价值分配；这里没有“剩余利润”，只有因投入而获得的价值分配。“经典派”的盈亏核算公式在这里失去了用武之地，这里遵循的是“价值 = 分配”。“革新派”的绝招是，劳资收益正相关，即，劳动收益和资本收益是同频起伏的，你多我丰，你少我寡。这样的结果是，你鼓励我，我支持你。当人才在价值秤上连基本价值都没赚到（$V_{产}<1$）的时候，资本的分配也少，甚至于亏损；只有人才拿到“高薪”和更多的奖金福利时，资本的分配才会大于投入。这是一条船，人才和资金共起伏，大家再明白不过，想要更多的“鱼”，

得从“海里”多打捞，如果从“海里”捞不着“鱼”，在一条船上的“同伴”身上是抠不到什么实惠的。这条船在“海里”尽情地打捞，每每都能满载而归，难怪在人力市场上敢于“高价出手”。

“革新派”用价值秤实现了劳资损益同频，迎合了买方市场对产品迭代速度的要求，满足了知本时代人才自我实现的需求，还巧妙地化解了劳资利益矛盾和逆转了劳资对立关系，在员工本位的世界里，仍扎扎实实地保持着企业本位的色彩。

10.3 “患不均”该抑还是该扬

10.3.1 不可能消除的“患不均”

事业心态的人会全力以赴，职业心态的人则是全力应付。

作为企业管理对象的职业人，在工作上是很难全力以赴的。不少人曾认为：管理永远不可能让打工人“像老板那样地全力以赴”。如果说管理无法做到令人全力以赴是一种无奈，那让员工们把时间耗在内讧上，绝对就是管理的悲哀。而这种悲哀，几乎普遍存在于企业当中。

“你有我有大家有”，是《好汉歌》里的核心语句，这是中国人的义。中国历代起义都是打着均分的口号，才得以一呼百应。东方人不那么在乎来源和过程，却十分在乎结果的均分，江湖崇尚“不求同年同月同日生，只求同年同月同日死”。这样的文化和价值取向，让**“公平”这两个字在中国往往体现为成果平分**，一个无力贡献的弱者更能获得同情和偏袒，而一个贡献突出的人则更应该舍让；按人头匀，是“义”的作用下最终平衡出来的结果。

“大锅饭”不是哪个时期才有的特产，而是每个时代都不会缺少的。因为中国人“患不均”，所以历史上的农民起义，只要打出“均分”的口号就能一呼百应；当然，历朝管理，也因“匀”得好才能够稳定住大部分被统治者——虽然“秀林木”一直难免遭受“风吹”。

在企业之中，基于层级管理的需要，“大锅饭”发展延伸成了“同岗同酬”

的均分体系，丰寡排列自上而下。于是，晋级涨酬就成了所有人努力的方向。再后来，马屁、山头、壁垒、派系这些内耗的词语，高频率地出现。高薪酬的职位毕竟较少，越往上越少，大家只有奋力争夺，才有可能晋升。而晋升，又是绝大多数人增加收入几乎仅有的通路。

而因为对来源和过程的忽视，任何一个晋升事件的出现，都会在“未晋升者”心中激起涟漪——“凭什么是他不是我？”，于是“患不均”的潮水又喷薄而出。所以，提拔一个人，得顾及方方面面的人，弄不好，被提拔的人担心成为众矢之的甚至都不敢走马上任。

“大锅饭”式的成果均分，必然会导致集体下坠的态势。因为结果均分，多贡献者就亏了，而少贡献者就占便宜了，人都是趋利避害的，谁都想占便宜而不愿意吃亏，所以，往往是你做“8”我就做“7”，我们做“7”他只想做“6”……三个和尚比到最后，都不去担水；当大家都是“0”的时候，结果就绝对平衡了。

一些企业为了避免员工们的整体下坠，制定了奖励先进的办法，让表现突出的人获得奖金，以鼓励他们继续多作贡献。但有经验的企业都明白，如果公开奖励一些人，必然会让更多的人患“红眼病”。人们大都可以接受少拿点，但很难受同层级的人比自己多拿。所以，很多企业都要执行工资和奖金保密制度；财务人员的保密要求尤为严格，违反了那就是“严重丧失职业操守”，是要被开除的。为了绝对保密，一些高层人员的分配甚至连财务人员都无权知晓。但偏偏很多人喜欢追求探秘的刺激，且总有办法套出这些保密的分配，企业所谓的差异化分配，最终总是落得个满城风雨。

面对不可消灭的“患不均”人性，众管理者除了无奈，也只剩下回避这一条路了。

10.3.2　如何把“患不均”的人性“弱点”变成优点

本性的确难移，更何况是所有社会人的本性。所以对于“患不均”的人性“弱点”（因自古以来这种人性在管理者面前总是体现出纷争、内斗的恶果，它一直属于贬义的范畴），管理界人士非常忌惮，或促人敛之，或敬而远之。

然而，“患不均”人性只能是弱点吗？

辩证法告诉我们，任何事物都有两面性。比如洪水，制之不妥，它就是猛兽，大害于人；治之为渠水，则可灌溉农田，大利于人。“大禹治水”早已给我们做出了示范。

遵循大禹的经验，如果避不开，堵不了，那就疏之，而后还可用之。对于“患不均”的人性，是否也可疏而用之呢？

图 10–1 解析了“患不均”演化为纷争和内斗的内在逻辑。

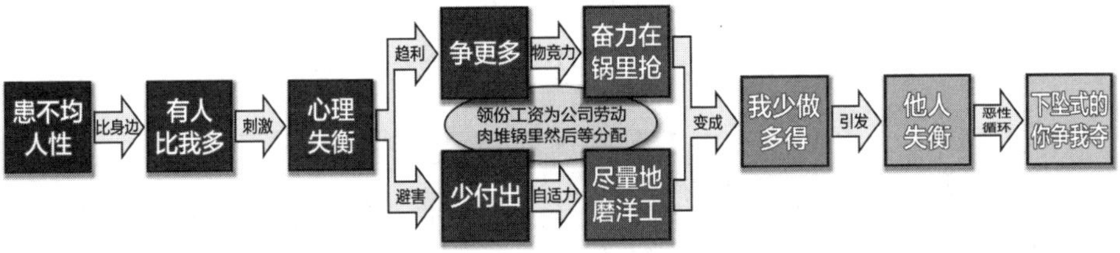

图 10–1　令“患不均”人性形成恶性循环的温床

“患不均”是东方人的天性，人们会有意无意地以身边的人作为参照物来进行得失对比，当发现他人比自己多时，就会受到刺激，产生不平衡心理，因趋利避害的本能，而出现追求平衡的行为。由于企业利益基本上都是为了“公平”遵循“结果均分”原则进行分配的，亦即，将劳动者（以及管理者）按等级划分，同一等级利益相当，以实现“公平”，所以，具体的做法就会是：预先确定好等级工资和职位分工，相应的职员定岗定职，而后进行劳作。这种模式是“每个人领份工资为公司服务”，劳动成果当然是先收归公司，而后在期末，大家再从公司的“大锅”中按预定等级和额度分食（发工资）；如果有盈余，再发奖金。在这种贡献模式和分配原则下，人的趋利本能会让他想要争取更多，在物竞力的驱使下他会设法获得公司更高级别的分配；而他的避害本能会让他想少付出劳动，在自适力的作用下他会尽量能逸则逸，以尽可能少的付出来得到既定好的所在等级的对应收益，如果实现了少做多得的结果，他会觉得满足。“锅”摆在那儿，有人少做多得了，那其他人就吃亏了，于是其他人就会失衡，会“患不均”，也想付出更少拿得更多……这种恶性循环所导致的结果就是整个集体的下坠，整个群体的你争我夺。

既然任何事物有两面性，我们当然可以沿着大禹治水的经验，弃堵举疏，找到“患不均”人性的积极面。

其实，“患不均”的人性使群体滑向恶性循环的根本原因是分配机制，是因为每个人的劳作跟自己的收益不直接关联，导致大家在劳动中因“避害”而竞相自逸，在分配中因“趋利”而争相多得，大家贡献到“锅”里用以分配的量定出后，结果自然你丰我寡，于是，就形成了你争我夺的局面。

其实从分配机制着手，问题将迎刃而解。如果把每个人的劳作同他们自己的收益直接挂钩，大家的目光就会从公司的“大锅”转移到自己的“小碗”里，局面就会像洪水变成渠水一样，发生一百八十度的转变（见图10–2）。

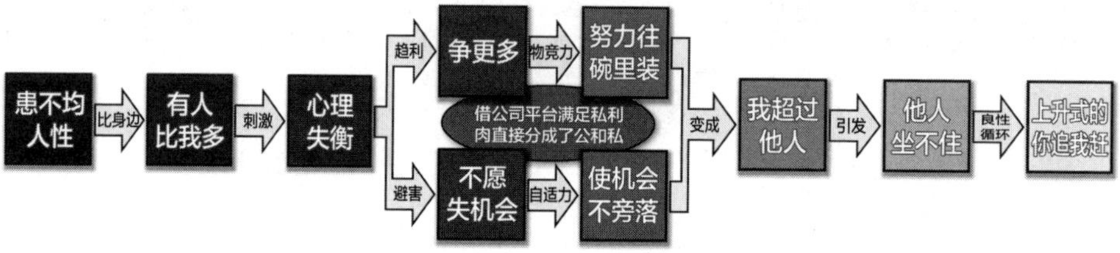

图10-2 把“患不均”人性导向良性循环的机制

在这种机制中，当有人发现身边有人获得的比自己多时，自然就会受到刺激而心理不平衡，因趋利避害的本能就会产生追求平衡的行为。由于这种机制遵循的是多劳多得的原则，每个人做多做少直接决定着自己的收益，具体做法是，**每个工作事项的创造值直接划分为“公”和“私”两块，**“公”因提供的工作条件和平台而收益，“私”因劳动创造而获益，这是客观上的公平。至于“公”的盈余，同样可以参考每个人的实际贡献差而进行加权分配。在这种贡献模式和分配体现里，人因趋利本能而会去争取更多，**在还没到看见“锅”的时候，会先看见自己的“碗”**，既然每进行一项工作都可以“往自己碗里加肉”，大家当然就会努力。在物竞力的驱使下，只会努力往自己“碗”里加更多（做更多的工作）；另一方面，人的避害本能会令其不愿意失去平台上的机会，在自适力的作用下，会尽量不让机会旁落。如此一来，**大家只需凭自己的努力，而无须等到后来的企业分配，就能提前实现“我比别人多”的结果**，从而获得心理上的满足。其实，“锅”是公司的，“锅”里的分配是公司决定的，要在“锅”里得到更多，凭自己一人很难达成。权衡机会成本的高低，还是“往自己的‘碗’里加肉”比“从公司的‘锅’里争肉”成本更低，更为轻松自如，更有保障。所以，没等“锅里的菜煮熟”，一些人的“碗”里就已堆积如山，其他人看着哪里还能坐得住？谁愿意干看着身边的人比自己得到更多？“患不均”的天性会让他们也等不及“锅”里的就迅速行动了，“往碗里加肉”来得更快也更好把握，何必要等“锅”里那更慢更不好把握的呢？机会就摆在平台上，手太慢别人就抢走了！于是，趋利避害的本性会让大家迫不及待……这种良性竞争的结果，就是整个集体的上升，整个群体的你追我赶。

面对人性，如大禹面对之洪水，愚者仇之智者爱。

“患”，表示生命在活跃；人要是不“患”了，面对世间冷暖麻木不仁，面对得失盈亏心如止水，这种人是没有活力的。**对不平衡越是心理波动大，人的物竞力和自适力就越大，行动力就会越大。**对“患不均”进行制约，只能说是浪费了人的活性。当我们害怕人们“患不均”，害怕因此导致群体纷争和内耗，要把一群“生机盎然”的人的天性打压下去的时候，就很难摆脱“结果均分”的“众望所归”结果；但当这一群人因我们的“公平分配机制”而在劳作时释放不出多少能量，集体要死不活，而在分配时却使出浑身解数，于本来就没能从外面赢到多少的集体里你争我夺的时候，也就是我们的项目差不多黄了的时候。所以，应该大胆地利导“患不均”，让员工们的天性尽情释放，团队才会生机勃勃，公司蓝图的实现才会有更好的保障。

就如上述两张图所示，起点一样，两个方向，一方是“你争我夺”，一方是“你追我赶”，区别就在于如何引导。

10.4　把员工自私和贪婪的天性变成效能引爆点

10.4.1　让员工从为企业服务变成为自己服务

个体需要是生物进化的原动力，也是人行为的原动力，既然“把任何社会连接起来的唯一纽带是需要和私人利益”，“任何人如果不同时为了自己的需要而做，他就什么也不能做”（马克思语），那么假设一下，如果无法和个人需要及利益相联系，也可以说就没人会去做。

所以，所有的企业目标，必须转化和分解为个人目标和需要，才能有人行动。企业目标（第二动因）如果不能转化为个人需求（第一动因）作用于人，那它的策动力也必定是有限的。

摸准人性的脉搏，管理其实并不复杂，只要“成私而公”，公司的目标就不会太难实现。但不少的“管理专家”总是把简单问题复杂化，像“博士群里用计算水滴的高度、摩擦力和加速度来回答雨点不超过什么样的高度落下来才不会砸死人”（本书 1.3 小节中的例子）一样，把一个老农两秒钟都能回答的问题摆弄得那么“专业”。的确，我们只需要把企业目标分解成一个一个的个人需要，事情就成了；可还是有太多的管理者就是迷恋“专业”，把管理弄得那么“厚重”和“全面”，似乎拿出的《员工手册》越厚，他就越有本事，这是“孔乙己精神”的真实体现。一些企业管理研究“大家”为了替管理寻找根据，用心良苦地研究劳资的对立关系，绞尽脑汁地寻找对立矛盾的调解方法，然后提出不少寡欲、超我的号召……这些“大家”用心是高尚的，方法却有悖人性。要知道，一个人连自己的需要（物质的或精神的）都没有了，按马克思的原话说，“他就什么也不能做了”。

树立员工本位理念，在管理上是一种变革，这种理念跟企业本位在概念上是相对的。但是，树立起员工本位的同时其实是可以保持企业本位色彩的（见本书 10.3 小节）。如果我们在管理的实际运用中以颠覆性的手段来树立员工本位，或完全否定了企业本位，那我们的管理就会变成无本之木，我们的行动将会对企业造成巨震。所以，我们应遵循“不变而变”的原则，让一切的理念和结果潜移默化。

具体操作是，企业的规章制度、组织架构、人员构成、薪资配额都不变更，仅让决策者用《项目表》来规范分解企业任务，让管理层用《部门表》来量化分解工作，执行层用《考核表》来确认工作和进行考评，这些表格只是把原有的工作规范化、量化、流程化，让工作更清晰、责权利更明确了而已。

如此，项目落地就简明、清晰、有效了。然后，再把原有的规章制度搬出来，将应倡导的各种事项确定为加分项，并设定加分标准，将禁行的各种事项列为减分项，并设定减分标准，罗列为一张《行为表》，以替代之前厚厚的《制度汇编》，如此，制度落地就简捷、明了、便于执行了。

工作还是那些工作，制度还是那些制度，表面上好像一切照旧，只是每项工作和制度条款有了量化的分值而已。然而正是因为如此简单的量化，使得原先令人压抑的工作和令人抗拒的制度变成了令执行人兴奋和向往的激励措施。这些措施之所以能令人趋之若鹜，是因为所有的工作和制度都变成了员工自己的加减分事项，并且执行的优劣不一，分值也不同。对于员工而言，所得的每一分都体现着自己的作用和价值，每一分都关联着自己的收益和名誉，于是，大家便会踏踏实实、认认真真地对待每一项工作和每一个行为。

举例说明，比如，原《制度汇编》有“鼓励员工在会议或培训中积极发言”的条文，这是为了防止冷场而设立的制度。如果在会议或培训中场面太冷，效果会不好，如果有员工积极地发言，场面的感染力会增强。这样的制度条文该如何执行呢？在实操中，主持人或主讲人如果没有点名和鼓励，一般是不会有人“冒泡”的，因为在东方人的群体里，总有一种无形的中庸力量在牵制，大家都不愿意“露头”，因为“出头鸟”随时会被“枪打”。虽然鼓励发言的制度是有意义的，但很难形成促动力。那么，到底应该对积极发言者给予物质奖励，还是给予精神嘉奖？思来想去，好像都不便操作。所以，不好落地的条文，只会是一种印在册子上的空洞说辞。在实际的会议和培训中，真有人积极发言了，最多也只能是主讲人或主持人给予口头表扬；同样，对于“禁止在会议和培训中出现消极言行”的条文，也不好落地。如有人违反，在实操中最多也只能是高管和主持人现场批评，既不能扣人工资，又不好减人福利，这种情境下的制度，能产生多大效用呢？但如果把这样的制度套进《行为表》，激励作用跃然于纸上。在《行为表》中，这两项制度条文变成了“积极发言的每次加5分，消极言论的每次减5分”，既不违反《劳动法》，也能让员工欣然支持，执行起来很简洁、顺畅。因为分数最终会与福利、评优等权益挂钩，涉及每个人的切身利益，大家就会非常在意，甚至会自动争取加分。

当一部分人在为自己加分时，其他人自然会不甘落后，于是，大家都避免扣分，主动争取加分，整个团队便会形成积极的“蝴蝶效应”。

其实，所有的规章制度，都可以如此这般地量化。

再通过多一些条款来感受一下量化的方法和效果（见表 10–1）。

表 10–1

规章制度量化举例

正激励行为	加 P 分	负激励行为	减 P 分
会议 / 培训积极发言	+5 分 / 次	消极言论	–5 分 / 次
调节矛盾成功	+10 分 / 次	无故不接工作电话 / 微信	–7 分 / 次
提供方案被采纳	+20 分 / 项	信息传递失误造成责任	–8 分 / 次
修缮公物	+20 分 / 项	造成公司财产损失	–1 分 /5 元

比如工作信息的传递，传统的制度针对“不接听电话、不回微信，以及信息传递失误影响工作开展”的行为鞭挞，基本上也只能停留在条文上。如果没有造成较大的经济问题，就不能罚款，往往被耽误的人只能向上投诉，然后希望领导“责怪”当事人并“对他印象不好”，以期望在评优和晋升时减低他的印象分……这种形式的制度效用和可执行度自然不会好。将其放进《行为表》效果就不一样了——对于“无故不接电话和微信者”，被耽误人一个截图发到系统，当事人即扣 7 分，对于“信息传递失误造成责任者”，每次扣 8 分，这 7 分或 8 分被扣了后，当事人的奖金数量、评优条件、晋升基础、福利基数、干股份额……都会直接受影响，那么，谁会不重视呢？这种操作，既避免了投诉来投诉去浪费管理成本，又避免了当权者的包庇和主观意识掺杂，客观、明了、简便、有效。

再如员工之间的矛盾和纠纷，如果不严重到经济赔偿和治安责任，制度上往往只能描述为“不允许……”或“禁止……”，然后在执行过程中，真有这样的问题出现，就要等行政经理去调解。而通过《行为表》，就可以将这些难以执行的“不允许”和“禁止”变成减分项，执行时也不必依赖行政经理（万一行政经理不在附近呢……），任何人都可以出面调解，给调解有功的人加 10 分即可。实际上，在《行为表》中所有的条款执行均可以不再等待和依靠行政经理这个“监工”和“判官”，所有员工都将是“千里眼”和“顺风耳”，大家可以相互监督和协调，只需给“汇报人”和“协调人”加分即可。如此，不仅可以省掉很多的管理成本，还能让制度真正得以落地。

一般的公司会对积极提供合理化建议者进行鼓励，但往往也只能注明“给予一定奖励”，因为无法准确预算方案的贡献值，是很难明确奖励金额的，所以最终就变成了依老板心情来定结果。面对这样的空洞条文下，是没多少人真正用心去帮公司想方法的。而这个条文放进《行为表》量化后，给出的是分数，不是钱，就好执行了。如上表，奖励20分对公司而言不痛不痒（建议有重大价值可另加经济奖励），但对于提建议的员工而言，得到多少并不是最重要的，有分加就有存在感和成就感，而且，20分多少还是会在各种权益中变成实惠的收获，这就足够了，于是大家便会上心，但凡有想法，也就不会不上传。

通过《行为表》的分值量化，条文依然还是那些条文，但落地效果显然就不一样了。更重要的是，**这些条文之前都是冷冰冰的，让人感觉尽是对员工的制约和要求，摇身一变，全成了员工自己加减权益的激励条文**。由于每一个加减分项都关联着员工的奖金、福利和干股等所有权益，因此，所有的事项就完全转化成员工们自己的事了，这已然不再是“为企业如何如何”了，而是在“为人民币服务”了。在人民币面前，没几个人会不上心。

过去，公司制度上也有“爱护公物”的条文，可也只是挂在墙上，每件公物总是比员工的私物使用寿命短很多。如果我们把“爱护公物”套进《行为表》，就变成了“造成公物损失每5元扣1分”，那么员工便会像爱护私物一样爱护公物。传统管理中，物件损坏总是要花钱请专门的师傅来维修，如果《行为表》中明示“修缮公物每项加20分”，你会发现原来员工当中隐藏着那么多的“专业修理师傅”。

无论是办公室管理、宿舍管理、食堂管理、仓库管理，还是餐馆酒店管理、店铺管理等等，只要是制度，均可如法炮制。

在员工“为自己服务”的概念中，我们慢慢会发现，原先员工们“事不关已高高挂起”的心态，会变成“只要加分全归自己”的心态。

潜移默化之中，员工本位水到渠成。而公司本位，依然还在。

10.4.2 让企业在“为员工服务”中坐收渔利

如果广大员工都在“为自己服务”了，老板们就轻松了，企业只需“全心全意为员工服务”，即可实现无为而治。

《墨子 · 大取》云：“利之中取大，害之中取小也。”就是说，人会争取利益最大化，会争取损害最小化。所以，我们只需“成私而公”，将公司的任务和制度转化为员工的加减分项，员工自然就会为利益最大化而将加分项做到最好，为了损失最小化尽量减少减分项出现的可能。如此一来，每项工作和每个行为，员工都将会竭尽所能而为之。

分值量化之下，工作局面热火朝天，这是必然的结果。

如果员工们自驱动了，企业管理者就可以像网游平台管理者一样“后撤”了，任由“玩家”自己折腾，自己则隐身幕后。不过，企业要真正做到坐收渔利、稳赚不赔，有一个关键点是绝对不可忽视的，那就是“**员工的分值与薪酬福利之间的折算率**”。只有非常精准的财务精算体系，才能保证在员工愉快地为自己增收的同时，企业稳赚不赔。

财务精算的关键，是价值的科学称量，即直接劳动价值（O 分）、间接劳动值（P 分和 Q 分）、有价资本值（R 分）的精确赋值，特别是当员工自定义绩效考核率 x% 的时候，绩效工资的动态性较大，如何确保劳资分配与价值匹配，是系统设计的重要环节。精算到位，资本就可以轻松“坐轿”，隐身于平台之下，在员工“为自己服务”的背后稳赚不赔。

过去，企业一直是依靠管理人员拽着员工走，拽不动再抽鞭子，员工本位之后，就是员工拖着老板走了。就像腾讯那样，要开发哪款游戏、什么玩法最符合市场需求，都是基层团队提出开发需求方案的，“小马哥”只需在后面给予资金和资源支持即可。

员工本位结构搭建起来后，企业的分工形式也将由“定岗定职”转为“职能互补”，某个职位的员工不再只从事限定的职务，而是可以穿插互补，可以一职多能，这样不仅能避免员工时间利用得不饱满，还能提升员工的综合能力，因为员工“为自己赚钱”是不会嫌工作多的。传统管理机制下，企业员工的工作配合之所以无法跟家庭成员之间的配合相提并论，主要是因为企业里大家是“定职定岗”的，而在家庭中大家是“见事做事”的，家庭里，并未刻板地限定什么事只可以谁做，所以比较和谐而轻快；而在企业里经常会有人忙有人闲，闲人不会“越职”去帮助忙人，一些事没有明确谁做就不会有人主动去做；一旦某个员工暂时不在，相应的事务再急往往也只能等。而员工本位之后，这些局面都将得以改善。

《考核表》中的“可选工作”栏和“添加工作”栏，就是为适应员工自行“加码”而设计的。

不少企业在分值系统的运用过程中，发现之前的很多“漏洞事务”会被填补，比如“首问责任”（个人到公司来办事不知找谁或到哪找办理人，第一个碰见客户的员工有告知义务），之前都是主要依靠前台文员处理，前台文员不在岗时，其他员工第一个碰见必须履行首问责任。在使用分值系统之前，如果前台不在岗，很多员工会以“事不关己高高挂起”的心态对客人视而不见；制度进行分值量化（见表 10–2）后，基本没人再会违反首问责任（违反扣 10 分），很多人会在顺便的情况下积极迎上去（执行加 10 分）服务客人；一些办公区不大的企业还因分值系统把前台给省了，因为技术含量不高的事，大家一起分担便是。

表 10–2

制度分值化示范

正激励行为	加 P 分	负激励行为	减 P 分
完成待客首问	+10 分 / 次	违反待客首问责任	–10 分 / 次
好人好事 / 获客人赞扬	+5 分 / 次	不文明用语 / 争吵	–8 分 / 次
办公室末位安全	+5 分 / 次	使用办公设备未还原	–2 分 / 次
出差省住宿费	+20 分 / 晚	遗失公文 / 资料	–20 分 / 项

制度分值化之后，好人好事和客人点赞的越来越多，矛盾纠纷和客人差评的越来越少。此前制度上虽也有要求每个员工使用设备后还原，但在没有“监工”（行政经理）盯着的情况下很多人就是不执行，因为不是什么大事，

制度上不可能采用罚款等措施来督促；分值化（使用设备未还原扣 2 分）之后，有没有“监工”都没人愿意违反，因为人人都是“千里眼”。为了安全，制度上都有规定最后离开的员工要关电关窗锁门，传统管理中往往还得安排专人巡视检查；而分值化（执行末位安全加 5 分）之后，最后走的人就会像离开自己家一样关好所有门窗设备，专人巡检就显得非常多余了。

分值化之前，员工出差按规定住酒店报销是天经地义，而且高管按更高的标准住店也理所当然；分值化（出差省住宿费每晚加 20 分）之后，很多人会到亲朋好友那儿借宿，一来自己加了分，二来跟亲友加深了感情，一箭双雕。之前员工丢失文件是常有的事，因为不够上心，而不上心的原因则是因为丢失文件在不造成重大经济责任的情况下，最多也只会挨责备一通；分值化（遗失文件扣 20 分）之后，人人都会像保管自己钱包一样保管好文件。

分值化管理**虽然不能使员工们都有老板一样的担当能力，但他们却因为把点滴利益看得更重，工作执行起来甚至比老板更为用心、细致。**

分值化管理的负激励方式虽然不是扣钱罚款，但它比扣钱罚款更有实际效果。因为罚款会让员工逆反和抗拒，而扣分基本不会。这不仅是因为扣分不是直接扣钱，更重要的是扣分是在月底才关联奖金和权益的，员工如果不慎被扣了分，还可以通过多种其他途径弥补迅速将分数加回来，这样既不使员工反感，又能让员工发现自己的弱点，还能激发员工的动能。

分值系统在形式上让员工们几乎变成了“自觉人联合体”（马克思描述的人类社会高级阶段的人群组成形式），他们为实现自我理所当然地自觉，不再需要制约和“监工”。而另一边，企业却可以不声不响地坐收渔翁之利。

管理不是目的，盈利才是企业的宗旨。只要能盈利，管理和监控是紧是松，都已不甚重要了。

传统的管理是制约，是束缚人性，是费力不讨好；实施分值化之后，**员工自驱动了，监控就显得多余了；当员工们的天性得以解放，在自私、贪婪地“谋私利”时，企业其实可以把管理方向修改成“全心全意为员工服务”了。**

无为而治，是一种境界。

10.5 让员工把“不均”“患”成产能

10.5.1 西方企业买员工的形，东方企业收员工的心

生物有高级低级之分，低级生物只能依靠本能进行生活和繁衍，越是高级的生物，其生活和生命形式就越丰富。高级生物演化出了复杂的群体性，群体性的更高层次是社会性，社会性的高级表现就是文明。

马斯洛层次需求理论阐述了人的需求，是按“生理需求→安全需求→情感需求→尊重需求→自我实现需求”的顺序从低级向高级排列的，物质的需求是层次较低的，精神的需求是层级较高的。精神文明是物质文明的升华，是人类社会向更高层面发展的方向。衡量一个国家的文明程度，国内生产总值、军事力量或者物质发达程度只是基础，更重要的指标是精神建设和文化发展程度。

高级文明应该更有社会性和集体性，更有法则和规程，高级社会的人们会更讲究秩序性和组织性，更懂尊重与和谐，更讲公德和情操，更有情义和礼数。而物欲、私欲、丛林法则等这些，动物世界也都有。金钱至上、个人至上，这不是文明更高级的发展方向。

中国人重义，如果老板有情有义，会有员工为其“两肋插刀”；如果老板无情无义，钱再多员工也不一定会卖命。所以，中国企业没有人文建设，不懂利用“关系力”，光有钱还不一定行；相反，懂得人文关怀、巧用“员工关系”，就可以激发出员工的生产力，形成低成本的激励机制。因此，不少企业在引进西方管理时，加入了人文内容。不过，很多企业在人文建设中无法形成系统性的有效措施，人文理念的写入往往只停留在空洞的条文上。为了收拢员工的心，一些企业的领导偶尔也会到员工家里慰问，但那只会是一种特例，由于领导的时间有限，这种慰问无法常规化和广泛普及。稍微做得好点的公司偶尔会举行一些亲子活动、联欢会，节假日会发点礼物，但这些活动也只是浮于表面，对员工的激励作用甚微。

很多人认为，“人文”这种东西很难利益化和量化，所以也就无法常规化、

系统化。

人文内容不是直接劳动，在传统管理模式下，用薪酬来激励显然不现实，因为它会打破和扰乱合理的成本核算体系，但如果没有跟员工的“切身权益”的关联，其作用也就微乎其微……

那么，有没有一种方法，能将情义进行量化和权益化呢？

如果能将情义权益化，就可以把员工的精神力变成行动力；如果能将情义量化，就可以形成常规化、系统化的激励机制。

分值量化的方法此前有介绍过，它能将工作量化，能将资质量化，能将行为量化，当然，也能将情义量化。如果我们用P分来量化情义，就可以避开“硬成本”，不会涉及薪酬成本，但它可以关联员工的其他权益，诸如晋升、评优、期权等，这些权益实打实地关联着员工们的切身需求，所以可以很好地刺激员工。

用P分来量化情义，无论企业想表达什么样的人文内容，都可以非常简洁、清晰且具体地量化为员工们的行为准则，变成员工们的自觉行动纲要。至于互助、协作、友善、尊重等这些“间接劳作”内容，自然可以量化为员工的加减分，变成员工们的正能量；甚至员工们的情感也是可以进行量化的，公司可以利用员工们的情感力和精神力来促进团队的黏合，增强员工的归属感，建立员工与企业的情感纽带，进行文化和思想融合。人的行为都来源于思想取向和意念驱使，所以，企业的制度转化成员工的取向和自我驱使才是管理升华的关键。实际上，影响人的思想比制约人的行为更为有效。**传统企业的劳资关系只是一种建立在经济关系基础上的“买卖关系”，十分脆弱，一旦利益不再，这种关系就无法再维系。**而建立在情感基础上的关系，是很难“割断”的，比如同学关系、朋友关系等。一个企业如果懂得利用“关系力”，将能“非常省成本地”建立起一个稳固的团队。在人们还生活在生死线上的年代，物质需要是核心需求，所以，能保障生存的金钱就成了撬动大家最有力的杠杆；当人们不再有生存压力的时候，存在感、尊重感、情感、声誉、归属感、成就感等这些更高级的需求，就成了大家的根本需求。也就是说，在精神方面的给予，才是大家最需要的，精神方面的建设，才是最有效的团队建设，而这些建设，既能很好地吸引人才、稳固团队，又能很好地节约成本、留存利润。

那么，我们为何不用低成本的方法来做好团队建设呢？

或许，大家还在泰勒的思维里，被经典“管理科学”绑架着。泰勒所处的那个年代，人们只需要钱，在管理上，只需用好经济杠杆即可；新的时代，人们的“口味”早就变了，不换一盘“菜”将无法再符合大家的口味。

人文建设，是知本时代团队建设的根本。

一些传统思维的管理者很难理解，在员工的情感世界里作量化，这跟企业赚钱有关系吗？什么家庭、婚恋、朋友，这些可都是私事。所以，西式管理的企业，才干巴巴、冷冰冰，对于员工而言，它就是赤裸裸的“可以卖劳动换钱”的生意场，不值得忠诚和归属。因此，知本时代到来之后，西式管理遇到了瓶颈。

其实，任何一个人，都不是纯粹的个人，同时都是“社会人”，他在群体中涉及第二人的任何行为，都是“社会行为”，都在群体中有一定的影响力。

一个企业假如能像家庭那样让人坚守，那这个企业将坚不可摧；一个企业假如能让员工形成统一的信仰，那这个企业将战无不胜。

人文的范畴很广，但最能让人揪心的是友情、亲情和爱情，如果在这些方面能进行黏合，将会让员工产生依赖感和归属感。

如表 10–3 所示，员工脱单加 16 分、恋爱失败减 17 分、按恋爱时长每月加（f÷5）分（f 为累计恋爱月数），那么就会给员工注入爱情的正能量，增强员工的责任心，再给予“带情侣参加公司的集体活动”“送情侣礼物”“带情侣旅游”等行为加分，就更能促进员工进行“爱情保鲜”。

表 10–3

人文建设分值化举例

正激励行为	加 P 分	负激励行为	减 P 分
爱情忠诚度（f 月）	+（f÷5）分 / 次	恋爱失败	–17 分 / 次
婚姻质量（婚龄 g 年）	+（g÷2）分 / 月	离婚	–170 分 / 次
带直系亲属旅游	+18 分 / 次	春节不回家	–20 分 / 次

再比如对于员工走向婚姻殿堂加 200 分、离婚减 170 分、婚内按婚龄每月加（g÷2）分（g 为婚龄）、春节回家加 30 分不回家减 20 分、带直系亲属旅游加 18 分等，将会促进员工的感情和家庭责任，增进他们的亲情质量；还可以对于员工重大节日陪伴家人、带直系亲属参加集体活动或旅游等各种积极行为加分，进行正激励，对于不孝顺、不赡养等消极行为进行减分，给予负激励。这种做法，既可以提高员工的素质和责任心，又可以把冷冰冰的企业变成暖洋洋的大家庭，让员工体验到企业就是一个正能量的小社会，培养大家对企业的归属感。有些员工，往往连父母的生日都忘记，更何况在父亲节、母亲节、重阳节去孝敬长辈。企业建立起人文系统后，行政部在员工父母生日当天给个电话、在重阳节给员工的爷爷奶奶寄份薄利，哪天员工要辞职闪人了，连他的爷爷奶奶都会主动向其“问责”……这叫“关系力”，这是情义纽带。

如果再将员工的 P 分按一定比例换算出“赡孝金”，每月直接打入其长辈账户，就会让员工家人的情感紧紧跟公司连在一起。这样做的有趣结果，每个月员工的行为变化直接牵扯着长辈的心，员工 P 分高，家长就骄傲，员工 P 分低，家长就揪心，那么，员工在公司怎敢懈怠？P 分岂能往下掉？这就是亲情的反促动力。

“赡孝金”虽然是每月计算的，但 P 分的累积还同时作为员工中长期权益（诸如评优、晋升、年奖、期权等）的核算基础，员工每月产生的积分，将使得他的权益基础越来越厚，他跟公司之间的关系将更难割断。公司的这些人文建设，会换来员工的正能量、正效应，员工的友情、亲情、爱情被公司积极地牵引着，他们的精神世界将跟企业融合，他们的归属感会日益加深。

公司的各项福利都可以依据员工的积分排名，或总分进行加权分配，如此即可使得员工相互成为参照物，形成你追我赶的良性循环。

有了 P 分进行量化和权益化，人文建设便可精细化、客观化、常规化、程序化了。

这些在西方管理学中是空白的，这是中国特色。

西方企业买的是员工的形，中国企业收的是员工的心。

10.5.2 让爱面子的东方人丢不起面子

收拢员工的心，激发员工本性，这是咀嚼过西方管理学之后中国企业的新境界。

传统管理的核心理念是“管”和“制”，共生管理的核心理念是“放”和“服”。本书10.4.2中，描述了激发员工物竞力和自适力，把“患不均”的人性导向良性循环的原理，本小节将阐述其具体的实操方法。

“患不均”有个基础，即心理不平衡。心理落差越大，物竞力就越大。探讨“患”之前需明白一个心理学概念：适应性偏见。这个概念是说人们对好的、坏的环境和事物经过长时间的接受，最终都会在心理上产生适应。比如人遇到了一件大喜事，刚开始会非常兴奋，随着时间久了，兴奋劲就会慢慢消失；遇到悲伤的事也一样，久而久之，就会习以为常，所以才有“时间是心理创伤最好的药物”一说。一个好心人每天给路边的乞丐10块钱，刚开始乞丐非常感激，后来有一天好心人急着赶往医院没顾上给乞丐钱，乞丐很是生气……这就是适应性偏见。在企业管理中，**长期等量的工资就会让人产生适应性偏见，再高的工资都一样，刚开始会让人有感觉，久而久之就麻木了，没刺激力了。固定工资和格式福利最终失去刺激作用，原因即如此。**

传统管理中的固定月薪、等量福利，乃至相对稳定的期权和股份资格，都因适应性偏见而使激励作用每况愈下。所以，只有打破静态等量的权益形式，才能不断予人刺激。

其实，每个员工不同周期的状态和贡献是不一样的，分值系统激励机制的核心思路就是对工作和贡献进行细致量化，以该期实际的贡献值来**动态核算**权益，多贡献多得，打破了贡献动态分配静态的核算模式，实现长效激励。

传统管理是按职级匹配薪资的，聘用时或评级时定了何种职级，之后每月就按该职级恒定的薪资发放，跟工作做多做少关系不大。因此，几乎所有人在日常工作中都理所当然地被动、拖沓，至于他们的效能是高是低，得看鞭策人的造化了。在这种体制下，员工只会在聘用谈判中和评级前“非常努力”，在日常工作中，努力与否跟权益没直接关系，自适力只会驱使他走向懈怠，适应性偏见只会令他麻木。

分值系统用《资格表》来量化职级，员工的不同能力和资格，比如职位、学历、职称、专业资格证等，按月配比为高低不同的 Q 分，这就能驱使员工努力地不断提升自己的各种资格。因为某种资格证升级，每月便可以获得更高的分值，而不必等待较长周期的评级和晋升，或选择跳槽才能迎来加薪。只有动态地匹配，让员工因资质升级适时获得权益提升，才能避免员工的适应性偏见，避免员工懈怠和麻木。有了这种机制，员工就不再需要在评级时奋力争取了，因为升级不再要看其他人的脸色，自己努力即可；因为每个人都是自己在升级，相互攀比之下，“患不均”导致的失衡，只会刺激大家形成你追我赶的局面。

传统管理对于企业顾问一般是通过每月支付一定额度的车马费来体现其价值，重要的顾问则会匹配一定的干股。但无论是固定的车马费还是干股，也只能让顾问前三两个月感觉新鲜，时间长了之后，他就会麻木。很多公司存在这样的情形，顾问刚开始还每周来一两次，后面就几个月才来公司晃一圈，假如哪一天公司认为他的贡献变小了，减低他的车马费或干股，那就是得罪他了，他会像“乞丐骂施舍人断粮”一样埋怨公司，于是公司就真成了现实版的“东郭先生”。

分值系统对于顾问的价值体现，并非配以固定的等量车马费或干股，而是依据他到公司来指导的次数和提案的数量，以及创造的收益结果来赋予不等量的 Q 分，再通过 Q 分匹配各种福利和期权，如此，顾问们就不会因适应性偏见而懈怠和麻木了，因为实际贡献的大小直接决定了获益的多少。这种形式在不断刺激顾问们进行贡献的同时，又避免了因“干股比例有限”，解除不了过时的顾问而没有空间聘请新顾问的尴尬。Q 分是可以无上限配给的（用加权平分的方法来配比权益，分值无限增加都能匹配“有限的”权益），原顾问的份额不解除也不影响增设新顾问，且增设可以无上限。同样，众多顾问之间也不再需要因顾问股的有限份额而争抢了。因为顾问都是通过自己的贡献为自己加 Q 分的，相互间为了更有面子，便会形成你追我赶的积极贡献局面。

在传统管理中，除非重新估值，否则董事的待遇和股份都是恒定的，非执行董事到公司开个会或者贡献些信息和提案，那都是无偿的“义务”，因为多做少做无法更改既定的份额，所以大家就会麻木、懈怠。

分值系统则能动态地称量每一个情报、提案的价值，每一份贡献都可以分别加分，这就会让所有非执董不浪费每一个信息和每一次机会，努力为自己不断加分。因为互为参照物，大家就会“患不均”，相互刺激，比拼贡献。

10.5.3 将“面子”工程进行到底

虽然可以运用“成私而公”的方法，把公司的需求暗藏在员工们的需求中得以实现，但毕竟人不只有“私性”可以激发，他的“公性”也是可以激发为生产力的。

企业可以在 O、P、Q 分当中，把能体现“公性”的行为项标注为“红心”项，比如正激励中的办公室植物护理承包、私物公用、为公司获得著作权等，负激励中的渎职、不配合工作、虚假报销等。员工累积到的红心分多少，可以体现出他的“公性”强弱，红心分可在转正、岗评、晋升、福利、期权、配股等评比中作为重要的核算指标；而红心分排名比拼，则能让集体主义精神在公司中弘扬，使大家在“公性”上也你追我赶。

“患不均”假如只是引发员工“打嘴仗”，那“失衡”的效率就太低了，为了将任何一点不平衡都形成激励，让每个员工时刻都在“受刺激”，我们可以**将各项指标的全员排名跃然于 App 之上，让每个人时刻能看到自己各个方面的适时排名，以及时刻你追我赶的排名变化状况，令大家时刻处于紧张的“赛车”状态中，因为任何人“加点油门”就撵上别人了，片刻的松懈就会被“超车”**。其具体的做法是：

将员工的 O、P、Q、R 得分及其排名变化，还有各评优项排名变化即时呈现在 App 首页，让他直接看到每做完一项工作或完成一个行为，分数和排名就往上蹿，使他立即能得到成就感和满足感，也因其他同事的适时加分“超车”而时刻不敢懈怠。

这就是很多管理者梦寐以求的“游戏工作法”。

以 O、P、Q、R 的累积分及其排名，以及 $V_{效}$（工作效能）、$V_{产}$（基于工资高低的产出比）排名为基础，我们可以制造出更多员工们的比拼项。

企业还可以在月末将行为模范（P分排名第一名或前几名）评为“最美员工”，让他（们）在次月佩戴一个月的荣誉胸章。之所以这个胸章的机制要设计成每个月流动的，是因为流动才能避免员工的适应性偏见，才能让大家更激烈地比拼。佩戴“最美员工”胸章的人就是品行最优者，这会让佩戴者在同事和客户面前信誉提升，也会鞭策他们在本月更加努力，以免在本月评比中丢失了这份荣耀。对于其他没能戴上胸章的人来说，这是一种刺激，会让他们都暗中较劲，誓在下月把胸章抢到手。

同理，企业还可以每月把效能优异者（$V_{效}$排名第一名或前几名）评为“攻坚高手”，把产能优异者（$V_{产}$排名第一名或前几名）评为“岗位能手”，将贡献率优秀者（O分与$V_{效}$及$V_{产}$的乘积的第一名或前几名）评为“锋线棋手”，佩发流动胸章进行激励。

对于工作、行为、能力等各方面全面领先者（O、P、Q总分第一名或前几名），可以佩发“一品勋章”次月佩戴，让拥有这项荣誉的人同时拥有VIP待遇，即跟客户和贵宾的待遇一样，会议坐上位、电梯走绿道、出差坐头等舱、享有被服务权等，把过去只有老总们才有的尊贵权益开放给普通员工。此种待遇对于大老总们是“适应性偏见”了，他们习以为常，但对于一个普通员工来说，那是一种荣耀和悦心的体验，而任何员工都可以平等竞争这项荣誉，这是一种富有刺激的比拼。一个员工看到自己的“一品勋章”排名靠前，想象着跟董事长一起坐主席台……他会动力满满。

关于优秀管理者的评比，由于每个部门的人数不一样，直接拿总分来对比有失公平，因此可以用部门全员$V_{效}$和$V_{产}$的平均值来评价管理者，那么，不管部门人多人少都有可比性了，$V_{效}$均值优胜的部门领导人可以评为杰出指挥官（工作效率最优），$V_{产}$均值优胜的部门领导人可以评为卓越指挥官（贡献产值最优），在其办公桌上摆放一个月的流动桌旗，并奖励佩戴一个月的流动胸章，如此便可全面对各个部门进行激励，增强各部门的凝聚力和生产力。

对于综合能力强、贡献突出（O、P、Q人均总分与$V_{产}$、$V_{效}$人均值的乘积数优胜）的优秀单位，可以佩发“标杆集体”锦旗，这种锦旗可以永久留存在部门，哪个部门挂的锦旗越多，说明他们的历史越灿烂，为了这种集体荣誉，员工们每个月都不会松懈。

对于红心分靠前的员工，可以佩发“闪闪红心”胸章，这种勋章也设置为永久的，红心章越多，表示员工的“公性”越强。出现这种状况并不奇怪：一个小文员不比一个大经理红心胸章少。这是因为“公性”跟职级和技能高低无关，红心分体现的是员工对公司的贴心程度。那么，不分工种和资格，全员都能赛向心力了。

可比性、非人为因素、时刻刺激、阶段性评比，这是有效激励的核心机密。不懂设计，员工们的“患不均”人性会让人焦头烂额；设计得巧妙，员工们的本性迸发出来的能量会威力无穷。

是内讧还是共振，一念之间。

思考：可以拿O分和Q分直接进行排名评优吗?

一个优秀的企业管理者，应当是一个优秀的“游戏规则制定者”。他没有必要事必躬亲，事事亲力亲为；只需制定好游戏规则，让别人去玩，而玩的结果正是他想要的。

——王石

第 11 章

企业平台化
——无为而治

11.1　老板放手，企业或可更活

11.1.1　老板的独角戏，观众日见稀薄

以族群为纽带形成的社交与生活模式中，历来就有一种辐射力……某个家族但凡出了个达官显贵，不仅本族人会感到无上荣光，连沾亲带故的旁族人也会感到光鲜。所谓光宗耀祖，是指某人在自己的家族史上，留下浓墨重彩的一笔，显耀宗族，恩泽子孙。在人们眼里，光宗耀祖的实现，在于权贵与财丰。

“仕为贵”的文化源于中国数千年的封建专制管理。中国社会是以“家”为单元构成的。以最能支撑生活的家长为轴心，财产共享的直系亲属共同体是“家”；以最高长辈为轴心，财产分理的近亲共同体是“堂”；以最有威望的族长为轴心，同一安全系统的宗亲共同体是“族”；以最能庇护大家的王为轴心，同一地域和文化的社会共同体是“国”。但是，这里的“堂”“族”“国”，是家的“堂”、家的“族”、家的“国”，是“大的家”。所以，其管理都是“家长制”的。“家长制”管理最大的特点是集权，所谓“家有家规、国有国法”，其“规”和“法”都是为了维系“家”的稳定，而“家”稳定的核心就是“家长”的权威，“家长”的权威来源于分配权的集中。在“家长制”管理体系中，“星星”得围着“月亮”转，“月亮”得围着“太阳”转，众人不可忤逆轴心人，否则就是“大逆不道”，将会受到制裁。因为在封建专制体系中，分配源于权力，权力在于官职。

很多人会有“官瘾”。大到权力场，小到同学会，其轴心人自觉不自觉地就会存在感满满、荣光感多多。

在企业这个组织体中，也有不少权力位置是可以让人“显摆”的。

西方人仅以利为求，管理起来反而简单，大家单纯以利益关系维系即可。在“二元”价值观的中国，老板们除了求利，还要求名，渴望名利双收。所以

在中国的企业里，大家除了务“实”，还得务“虚”，虚实结合才是中国企业管理人的生存之道，没有务虚能力的人有时会寸步难行。而作为企业的“家长”，树立权威既是个人脸面的追求，也是体系维稳的需要。曾几何时，企业的“家长”出场得要派头十足，面对“家长”就得毕恭毕敬，“家长”的话就是圣旨，各部门经理手持“家长”的语录就等于拿着尚方宝剑；“家长”出行必须前呼后拥，随从越多表示越有实力。在这种体系中，所有的资源和力量都围着“家长”转，“家长”乐于享受众人“绿叶衬红花”，“绿叶”们也须善于投其所好。

管理学虽源自西方，但在拥有“家长制”传统的东方，善于虚虚实实的老板们，把集权管理演绎得比西方更为精彩。

在产品竞争尚不激烈的卖方市场，能把产品生产出来，基本就能挣到钱。所以，企业只需集权、程式化管理即可，老板凭着“胡萝卜+大棒”一招就能立足江湖。

但“江湖”变成买方市场后，“迭代”成了主旋律，一招鲜很难长久立足。忽然间，一些叱咤风云的企业后来销声匿迹了，一些名声显赫的老板慢慢风光不再了。“计划赶不上变化”成了很多老板的感叹。特别是在互联网的冲击之下，各行各业都在重新洗牌，“自适力”不强的企业，如果变异力弱于遗传力，基本就无法适应新的生态。事实上，在少数企业异军突起的背后，是一片断臂求生的景象。

很多老板一直没弄明白，过去自己嘴巴一喊、手臂一挥，手下就指哪打哪、打哪哪赢，而现在把企业搞得更规范了，管理成本投入更大了，员工福利给得更高了，跟随的人却更少了，而且越来越不“忠心”了……一些老板遇见问题喜欢自省，难能可贵。如果说这种反差是个别企业的状况，老板通过自省和领导艺术的提升也许就能破解难题，可这些状况，是几乎所有企业都存在的，还真不是老板增强自身能力就可以解决的。实质上，这些状况是市场的供需关系和劳动力诉求发生了根本变化，传统的管理和运营模式无法适应这些变化造成的。

随着科技的发展，产品竞争的激烈程度不断加剧，市场主动权已由卖方转向买方，商品“皇帝女儿不愁嫁”的时代一去不复返了。过去，企业闭门造车也可以赢利，现在，不融入某个活跃的生态圈之中很难再接到“活水”；过去，凭着职能化、规范化的管理就能压低成本、稳定产出、获得竞争优势，而今这些优势却成了弊端，因为固定和不变正好跟现代竞争要求的创新与更迭相悖。

随着人们的生活水平不断提高，生存需求已经不再是大家的根本需求，廉价劳动力时代已经成为历史。加上社会就业机会的增加，富余劳动力供给的场景不会再现，员工们不再因为生存而“饥不择食”了，老板们也就再难寻觅任人“鱼肉”的对象了。**当“听命”和“效忠”这些词语被广大劳动者从字典里摘除，老板们字典里那些“拥戴”和“威望”的词汇也就失去了存在的基础。当广大劳动者的尊重和自我需求已经替代生存需求成为第一需求的时候，老板们“胡萝卜”的诱惑力和“大棒”的制约力，也就不复当年了。**

11.1.2　员工不再是“工具人”

“不是我不明白，这世界变化快”。正是这个快速变化的世界，才令一众埋头拉车的老板，迷失在路上……

老板的独角戏里满是权威、制约和程式，这在知本时代创新与迭代的要求中，显得已很不符合时宜了。在权威的身旁，是附和；在制约的下面，是奴性；在程式的背后，是呆板，既然宣唱效忠与顺从，唯老板旨意为转移，那就别太奢望这些听命者会思维活跃；既然要求跟随者唯命是从，不要自作主张，那就别再渴求他们会去创什么新，迭什么代。

市场不会宽容企业的一成不变。企业想要跟上市场的节奏，就要洞悉市场需求的变化。既然市场要求产品不断迭代，那企业就要想办法去创新；既然创造源于员工们的主观挖潜，那企业就要去激发员工们的自觉意识；既然员工的自觉意识需要天性解放的状态和自我激励的杠杆，那我们就该制订出令员工释放自我、迸发天性的机制。

那么，管理研究必须先透析员工的自我和天性。

员工的天性是趋利避害，追求权益最大化、损失最小化。这点之前如此，现在如此，将来也是如此，不会变。

员工的需求，以前是生存和安全，哪里有工资就去哪里；现在不再为生计发愁了，需求自然会更高，大家要的是情感和归属感，进而要的是尊重和自我实现，这一点，过去、现在、将来，会很不一样。

过去，员工的趋利就是看谁给的工资高、稳定，就跟谁。企业只要给得出更好的“胡萝卜”想要多少人就会有多少人。至于员工的避害，就是在工钱既定的情况下能懒则懒，以最小的劳动付出来拿到工资，作为企业，就得善于挥舞“大棒”，避免员工偷懒。所以，对于需要工人像机器一样被规范、被驱使，集权、制约的管理方式对于生产是利大于弊的。

现在，员工已不再是“工具人”，他们的趋利主要是追求情感、归属感和尊重，“胡萝卜”已经不再是他们社会需求的全部，“大棒”和制约跟他们的追求南辕北辙，他们逐渐不愿意在没有情感、没有归属感、得不到尊重的地方获取“胡萝卜”，他们反感“大棒”并开始逃避。

将来，员工很快会把需求升级为自我价值的实现，他们将不再会简单地依附于某个企业，而是要寻找可以实现自己目标的平台，别再提那些充满强权和制约的公司，就连平等度、尊重度不高的地方，都不再是他们考虑的范畴，他们不喜欢无法实现自我的地方。

然而，很多老板的思维还停留在“胡萝卜+大棒”的管理定式里，对于管理的投入跟人才的稳定性成反比百思不得其解，对于自己“用薪又用心”之后，员工纪律性、忠诚度、螺丝钉精神还一代不如一代郁闷不已……水一直在流，船一直在走，刻舟如何能求剑？

事实上，很多老板仍然在唱着曾经很多人捧场的戏，对于年轻一代的各种“大不敬”极为反感，比如，**亵渎“迟到罚款”制度，直接提前垫交一笔钱来买往后的迟到次数**；再比如，**不屑尊卑，上司教诲他时，他会随口就怼“装什么大尾巴狼”**；再比如，**一言不合就撒手，不开心了说走就走，任性到了工资都懒得结，直接拿消失当辞职**。这让早一批在严酷的职场环境下，通过个人努力奋斗赢来今天的前辈，怎么都看不顺眼（姚遥，2016）。很多前辈会经常“关注”后辈们的“素质”，觉得年轻人必须如何、应该怎样，结果往往又会被甩上一句：**“我不要你觉得，我要我觉得。”**

在“过的桥比后辈们走的路多”的老一辈眼里，“后浪”再成长多少年好像都还是孩子……翼装飞行女孩安安2020年5月12日在天门山殒命，引起了社会对生命的大讨论，有人说她用生命体验着生命的意义，有人说她是“在作死的边缘试探生命”，特别是年纪大点的人，对她的行为和生活选择方式非常不解，说她太不尊重父母、不尊重生命……可安安早已为飞行签了生死状，她认为生命的意义就是这样的。

年轻一代的世界，的确不能用老眼光来审视了，毕竟，这个世界已经开始在由这一代人书写。如果我们连年轻一代员工身上很普遍存在的个性都觉得不可理喻的话，那就该反问我们自己是否已经 out 了。工业革命时代，福特的流水线管理模式曾带来了社会生产力的巨大提升，但将福特放到今天的工厂，他只能以泪洗面，在新生代劳动者面前，就算开出逼近成本天花板的工资，也很难有诱惑力，庞大如富士康的企业也只有不断移向更落后的地区，去寻找人肉螺丝钉。缺乏尊严的工种，正在被逼消亡（姚遥，2016）。

年轻一代绝不愿意再做“工具人”。

如果年轻的人“大不敬”现象只是少数人的行为，可以斥责他们“缺教养”；但如果这些现象是普遍现象，那就不是年轻人都错了的问题，而是我们应该重新审视管理模式的问题。

我们曾经引以为傲的管理，其效果的的确确在新生代员工面前越发不堪。

通过表 11–1 新老一代员工性情的对比，我们或许就能明白管理的“戏风”该朝哪方变化了。

表 11–1

老一代和新生代员工的性情对比

性情	老一代员工	新生代员工
自我性	在意他人和组织，有一定的奉献精神	自我，组织观淡漠，遵循“有利而为”
自在感	收敛，顺从，听上级指挥，纪律性强	任性，叛逆，自由，讨厌被约束
表现欲	要面子，怕指责，缺乏表现欲	追求存在感，爱表现，敢秀缺点
情绪表达	收敛，忍让，委婉，务虚，善于伪装	随性，情绪浅，爱宣泄，讨厌伪善
价值追求	讲理想，面向未来，喜欢精神食粮	体验当下，鸡汤免疫，厌烦假大空
开拓性	顾虑较多，思行求稳，避免冒进	喜欢新奇，敢于尝试，富有冒险精神
权威观	在意论资排辈，信任权威，尊重上级	不屑尊卑，信服大牛而藐视权威

如果和“小白领小清新小土豪”们谈大理想、大抱负、大情怀，他们可能会笑场。那，我们就和他们谈论情感、分享、民主、平等与自由……这些都合他们的胃口（艾诚，2017)。在新生代员工眼里，公司不再是高高在上存在的了，对于摆谱的老板，他们可能会选择离开。面对工作机会，他们不觉得是老板在挑，而是他们在选。他们以自我为中心，权威、大道理对他们起不了什么作用。管，只能让他们抗拒，并非他们不渴望工作，而是他们想要一个释放自己、实现自我的舞台；一旦他们找到可以尽情展现的机会，就怪不得他们闲不住了。

微信的市值占了腾讯半壁江山，但它的运营团队只是腾讯的1/26，这么牛的产品，绝不是“统一标准”的管理流程可以输出的，更不是“胡萝卜+大棒”可以鞭策出来的，而是普通的员工们不断“灵光闪现”一步步完善出来的。比如微信红包，就是一个工程师在过年期间的一个闪念，然后做出了系统化的电子红包。现代员工治理强调的是灵活敏捷，不再仅仅是过去的流程、制度、规范，腾讯的管理模式跟我们传统企业的管理模式完全不一样，传统企业强调的永远是外在驱动、标准规范，现代企业强调的是自我驱动（佚名，2016)。

拉拽和鞭挞越来越驱动不了员工了，这些传统的方法费力不讨好；新一代员工追求的是自我价值的实现，搭建一个让员工自我驱动的舞台，不仅能撬动员工潜能，还能让管理变得相当简单。大势所趋，**劳作式就业正在被创业式就业替代，科层制管理将逐步走向平台化协作，未来的企业结构将不再是“公司+打工人”，而是“平台+创业者”**。

11.1.3 换员工来唱主角不好吗

企业招人难、留人难的问题日益严重，人力成本和管理成本的追加并未使问题得以缓解，因为它的症结关键并不在于“胡萝卜”不够大、“大棒”不够有力，而是企业的输出与劳动者的诉求错位越来越严重，在牛头不对马嘴的情况下，企业的拉拽和鞭策有时候只会南辕北辙。

过去，劳动者是为了生存而需要出卖劳动，企业提供稳定的工作机会和薪水正是劳动者们渴求的，双方各取所需，相得益彰，劳动的买卖自然就能达成。但是现在，劳动者的需求发生了巨大的变化，企业的供给如果还停留在过去，供需就错位了，买卖自然就难以达成。

劳动者的需求改变了，企业必须求变以满足员工的新需求，这个道理老板们必须清晰地理解透，否则企业将会被市场抛弃。

研究劳动者需求，进而调整企业的“供应策略”，才能重新确立符合市场规律的生产关系，才能继续发展生产力。

基于惯性，部分管理者或因基于对专业和经典模式的尊重，一时没太在意这么一个实质的问题：企业的根本需求是赢利，而不是追求管理的“专业”；赢利是本，管理是末。虽然道理浅显，但还是有不少老板和管理者仍对于成功过的经典管理模式依依不舍，不敢大胆地放弃固有。

拨开迷雾，即可豁然开朗——

员工主要的诉求是自我实现，他们并不惧怕挑战和压力，不喜欢制约和拉拽，他们厌恶“大棒”，也不太在意固定的“胡萝卜”。既然如此，企业不如就搭个舞台，让他们自己表演，演不好自己认，有了成果跟公司一起分，这不好吗？让他们自主工作，企业把用于鞭策的管理和监督人员下架，省掉一大块管理和监督成本，坐收渔利有何不可？以更低的支出，挖掘员工更高的潜能，放弃点陈旧的套路，换来全员的生机有何不妥？更低的投入、更高的产出，更小的风险、更大的收益，这本就是经营的核心追求。

“搭个舞台让员工们自己跳，老板轻松地躲在后面数门票”，这就是摸准新时期市场脉搏后的劳资新模式。老板固守独角戏是双输，老板搭台让员工唱是双赢，一目了然。

11.2 唱戏不如搭台

11.2.1 企业“附庸管理”的大戏即将谢幕

中国两千多年的封建专制统治形成的“附庸管理”，至今仍然出现在不少企业里，一些企业领导极力维系唯我独尊的管理体系，滋养听令和效忠的随从，要求所管辖的属下唯命是从，杜绝和打击异己；而企业被管理者因慑于权威，只好巴结奉承，遵从“家长”的旨意，成为瞻予马首的工具。

附庸者，常常表现为在强势面前屈服，对于强者盲从，为在强势面前得以存在，扭曲自己的尊严；而另一面，则对弱者又施以意志强加，甚至颐指气使。附庸者往往缺乏独立的思想和平等的精神，对权力顶礼膜拜，他们趋炎附势，以官阶为尊，而非以人格为尊。附庸人群很容易产生羊群效应，形成群体性盲动。

在商品的卖方市场，企业的主要矛盾是内部的生产关系矛盾。基于雇佣制，老板在购买了员工劳动之后，为赚回成本和赢得利润，实施集权和制约式的管理也是必然之举。因为人是趋利避害的，员工们在工资既定的情况下尽量少付出是人性的驱使，企业不得不挥舞“大棒”，以确保生产。“附庸管理”因此得以一直延续。

但是，随着市场供需关系的转变，在“附庸管理”开始成为企业发展的障碍时，它将逐渐成为历史。

在卖方市场中，企业的产品销售不难，只要能让机器按规程运作，赢利基本就能实现，所以老板唱独角戏更能维系企业的稳定，“附庸管理”有利于稳定和降低成本。但随着社会生产力的发展，商品的丰富使得消费市场供需关系发生了反转，在买方市场到来之后，企业的外部竞争压力陡增，复杂的市场带来了巨大的不确定性，企业主内外兼顾经常顾此失彼，战略研究得不透彻成了企业的主要风险点，“成也老板、败也老板”成为常态；商品的快速更迭更需要的是企业的创新力，需要广大劳动者挖掘潜能，“附庸管理”恰恰是创新力和员工自主发挥最根本的障碍。**企业被逼到不打碎制约的枷锁就无法应对市场竞争的地步，“附庸管理”自然也就寿终正寝了。**

在廉价劳动力富余的年代，企业主不缺购买劳动的机会，充足的劳力让他们可以肆意鞭挞工人，以较小的工资成本实现较大的利润收入。进入知本时代，创造力成为企业核心竞争力，企业主再实施“附庸管理”，就等于在抹杀劳动者的创造力，让企业在市场上难以立足，所以，“附庸管理”的淘汰是大势所趋。

11.2.2　搭台的价值远超唱戏的

“附庸管理”虽然丧失了基本的市场基础，但其惯性还在，不少的管理者为维护手中的权力，还是放不下惯用的“大棒”，从打压属下中获得成就感，在舞弄权术中博取关注度。有的管理者总炫耀自己的能耐以获得属下的认同、用师傅教徒弟的方式来驯化员工，这样管理的结果是填埋了员工的主观能动性，而这样的上司，其实也累。

“师傅型”的老板每天会忙得不可开交，从一上班开始，就会有接二连三的属下来请示汇报，有开不完的大小会议，还经常要处理突发事务，调解工作矛盾。由于集权，所有的事情“徒弟们”都得等“师傅”来决策，于是就形成了最具中国特色的风景：“师傅”很忙，两眼一睁忙到熄灯，“徒弟们”很闲，两眼睁睁盼着熄灯。而不甘寂寞的“徒弟们”往往也要整点事情出来，以表示他不偷懒，一个个拿着事情向“师傅”请示，等给个解决的办法，就这样，“师傅”被“徒弟”拱着，日理万机。

优秀管理的核心是如何将战略目标细化成可执行战术、是让更专业的人更多地发挥专业能力。说到管理，刘备论武不如关张，论智不如孔明，他的江山打下来，不是在兄弟们面前如何逞强，而是如何让更专业的人分担专业的活。唐僧团队之所以取得真经，作为团队核心的唐三藏，肉眼凡胎、并无除魔降妖的能力，但他却能将搅浑三界的齐天大圣，以及天蓬元帅、卷帘大将管得服服帖帖，工作分派得恰到好处。如果妖怪也自己打、斋饭也自己化，叫徒弟们哪来成就感？徒弟们又怎么能成佛？**作为团队核心，唐僧只要清晰地知道团队的目标是取经、方向在西方，并向更专业的徒弟们对应分派任务即可。**

韩非子说：上君尽人之能，中君尽人之力，下君尽己之能。任正非正是自谦为门外汉，才成就了华为众精英。

个人英雄主义的草莽时代已经过去了，现代市场的竞争是全方位、立体化的竞争，从细分机会的捕捉、甄选，到方案的形成、完善，再到资源的归集、调配，然后到任务分配、执行监控，以及纠偏、调整，没有一个“八爪鱼”式的联动反应并灵活自适的组织体，是很难应对的，决策者应该将决策职能做得更专业，抬头看路永远比埋头拉车重要。

孙大圣能耐不可谓不大，论铲妖除魔唐僧不可同日而语，但西天取经的伟业要论功行赏，唐僧当数头功，因为专业和能力是为理念和目标服务的，唐僧理念清晰、目标明确，于是仨徒儿的成就就归附于他了。唐僧的管理手段堪称经典，根据徒儿们不同的能耐，让他们在打怪、牵马、挑担这些繁杂的工作中获得存在感；他最成功的地方就是激发徒儿们成佛的理想，然后让他们自驱动；偶尔发现猴子太“出格”了，他就念个紧箍咒；有什么难啃的骨头都让徒儿们去找成就感，让他们在功劳簿上为自己加分。**唐僧作为搭台者，无降妖伏魔之力，仅凭一套“让你唱”的理念，西行一路无为而治，八十一难拂手而过。**

过去的员工为生存而工作，在他们眼里工资是最不可或缺的，企业的人才竞争实打实要付出硬成本；现今的员工追求情感、归属感、尊重和自我价值实现，工资也是价值之一，但已不再是唯一。**真正有智慧的老板应已明白：去满足员工们诸如荣誉、尊严、名声、地位、存在感、情感宣泄、探知欲等这些软成本或无成本的需求，在节约薪酬硬成本的同时，反而更能使员工们乐在其中。**

至此，企业不应该再在拉拽不动的“新新人类”面前怨天尤人了，而应该庆幸，可以付出更少的硬成本，在员工们寻求自身价值实现而乐此不疲的“折腾”中，实现无为而治。

无为而治并非什么都不作为，而是将“唱戏”之为分与“科班”的人做，老板做些观众看不见的“搭台”之为，“搭台”实为基础，看似不惹眼，其实价值比“唱戏”更高。

在企业里，各种事务的价值大小是不一样的，作为老板，需懂得抓大放小。总体而言，决策层需聚焦在机会甄别、项目决策、方案形成、竞争分析、战略部署、资金支持等基础性、宏观性、高价值的事务上；运营层需扛起团队组合、资源集合、战术安排、任务分配、执行督促、力量调整等运作型、中等价值的事务；而执行层则担负起各项执行操作任务。企业的工作接二连三，事务不可能有完结的时候，老板和决策层人员应把主要精力投入到更重要的基础性、战略性事务中，为企业搭建更高的舞台，让更多职能部门和专业人才获得更大的施展空间。

为让企业的运营层和执行层“为”有所值，让决策层“无为”而得其所，应将企业各层面职能的价值作客观呈现，以引导大家各司其职、各就各位、各唱各戏。

一些商场，租户每周工作七天，每天从早上开档到晚上打烊干十几个小时，减去租金管理费、水电费和进货成本，每月赚到的钱往往还盖不过铺租，而商场平台的搭建者在招商完成后就坐收租金了，比租户轻松，收入却更高。

阿里巴巴 2018 年的股权结构中，一号人物马云占 6.4%，加上二号人物蔡崇信和其他高管、董事等运营团队一共占 18.2%，而软银、雅虎这两个平台支持者占了 43.6%。

腾讯 2018 年的股权结构中，一号人物马化腾占 8.61%，而控股股东 Naspers 占 31.1%。

搭台与唱戏，价值孰高孰低一目了然。

所以，企业应该将各项执行、管理、决策事务由低到高进行精准量化，让不同的专业人士对号入座，寻求他们相应的成就感。当执行层、管理层都在自己的层面竭尽所能时，老板也就可以不用眉毛胡子一把抓了，只需集中精力把平台搭建得更高、更实、更稳即可。

11.3　企业平台化趋势，不可逆

11.3.1　他山之石可以攻玉

有个公司要进行商标设计，老总希望企划部一周之内完成设计，设计方案要获得公司 50% 以上人员认可。企划部张经理给平面设计师小媛下发了任务，要求三天内拿出设计稿，留一天进行修正和完善，提前一天交给老总。

小媛接到任务便投入到了紧张的工作当中，反复咀嚼公司的文化和理念，大范围收集优秀的商标作品作为参考，广泛听取同事们的设计建议，用了两天时间，完成了前期的筹备工作，准备进入正式设计阶段；但因为流感正盛，小媛不幸感染了，高烧之下毫无灵感，请假半天到医院治疗，又赶回公司继续工作，可昏昏沉沉的状态，到了第四天仍拿不出个像样的设计稿，张经理勒令她请假一天务必将感冒彻底治好，然后回来作出一两个拿得出手的作品。小媛治病期间张经理向老总汇报了实情，请求延期两天，得到了批准。小媛用了很多办法，在第六天终于把感冒治好，第七天，拿出了两个设计方案，经过张经理的修改，算是基本成形了。于是发到公司群中让全员投票，结果，一个 38%，一个 46%，都没得到过半的认可率。由于宽限的两天时间已到，张经理硬着头皮跟老总说，46% 比较接近 50% 了，是否可以采用？老总脸一黑，说自己心理期望值是 70% 的认可率，50% 的底线绝不可以突破！于是责令张经理必须在十天内（再延三天）拿出合格作品，否则跟设计师一起滚蛋。

拿着“最后通牒”，张经理黑着脸找到小媛，小媛听到“滚蛋”的斥令眼泪都快出来了……张经理决定放下其他工作，全力以赴配合小媛进行设计。可是，大半天下来，因为原设计方案的固有思路的局限，两人始终无法有新的突破。

正当张经理和小媛万分着急之时，前台小静给张经理提了个建议，说小媛虽然是优秀的平面设计师，但她的专长不是设计商标啊，商标设计不是公司的常规性工作，如果因为这次设计把小媛给辞了那是公司巨大的损失，为什么不在专业设计的网站上发个标书呢？

张经理恍然大悟，一个小时就把招标方案做好发到了猪 × 戒网上，标底为 600 元。经过一天半的等待，共收到了九个应征作品，张经理和小媛对其中最优秀的三个作品进行了优化改进，然后发到公司群，结果获得了 79%、82%、91% 的认可率。张经理将这三个方案给到老总，老总当即在 91% 的方案上划了个大红钩儿，并对他们的工作给予了很大的肯定。

上例昭示了“他山之石可以攻玉”的道理。

很多企业中了“自给自足”的毒，认为什么事都觉得可以招聘人来干。

而事实上，市场上的应聘人员是良莠不齐的，企业不可能每个岗位都能招到最专业的人才，所以，企业“自给自足”的事项往往不可能做到足够专业。但很多的老板偏偏要树立多元化的战略目标，盲目追求“做大做强”，这些理念可能会把企业导向大而杂的深渊。因为互联网的冲击，**市场朝着细分化、生态化、圈层化方向在发展，小灵快才能获得竞争优势，**诸多大企业都在化整为零，使每个单元尽可能轻装上阵，中小微企业如果追求规模化，不仅是不自量力、夜郎自大，更是逆水行舟、逆势而为。

在绝大多数企业主都还没反应过来的时候，**“规模制胜”就已经被“速度制胜”所取代了**。

“互联网 +”是宏观韬略，适用于少数互联网龙头企业和国家战略，但这种宏观的规划思维却很容易“撑死”小企业，因为不是所有企业都能最后成为“龙头”的。绝大部分中小型网络科技企业都因好高骛远而失败了，因为要独立打造一个互联网平台，归拢巨量的上下游资源，做出足够大的数据，即便有烧不断的风投资金，也很难在“大象打架”的现代生态圈中立于不败之地，因为互联网的“青春期”早已过去。很多网络企业挣扎到最后，想积累点数据把自己卖了以收回投资都很难如愿。由于互联网“时空无阻”的特性，决定了这个行业有着明显的蝴蝶效应，所以，龙头企业会越活越滋润，其他没做成“鸡头”的企业如果不委身做“凤尾”，会越活越惨淡。而未曾“站在风口飞起来”的中小企业，只能“+ 互联网”（不是以互联网技术独立引领某个行业的风骚，而是基于某个行业的实体运营，进行互联网技术化运用）。

某互联网技术设计公司的业务订单很好地诠释了当今互联网的格局：2017年以前大部分的订单是独立开发 App 的，到 2019 年已经没有几单独立 App 的业务了，大部分需求变成了小程序开发。

2014 年移动支付市场起步的时候，有两家公司也在打造实体店收银平台，甲公司自主研发，组建了近 200 人的技术开发团队，耗时 16 个月，基本完成了收银系统的搭建；乙公司财力有限不敢自行开发，委托专业技术公司开发，6 个月完成了同样的系统建造。或许是因为技术开发团队需要沉淀，甲公司的速度慢了，不论速度，单看成本，甲公司也比乙公司高得多（甲公司 190 人

× 人均 1.1 万元 ×16 个月 =3344 万元，乙公司开发费用只有 200 万元，因为其委托的专业开发公司只需 20 人的团队便可完成）。

太专业的领域可能不太好体会，常见的岗位或许更好理解，比如账务。每个公司都少不了财务工作，而且财务工作必须是会计和出纳分离，公司较大还得有审计。绝大部分小公司也设置了会计和出纳岗位，一般每月都须支付一万多元的工资。但遍地的财税代理公司代理记账年费也就三四千块钱，而且往往比公司自请的会计专业得多。50 倍的成本差，很多老板却不去算这笔账。小微企业真的不必“五脏俱全”。

员工慢了，出了错，只能责备，不能扣工资（违反《劳动法》）；而委托专业公司做，如果拖延了，出了错，不仅可以依合同扣钱，还可以依法追究损失赔偿。

如此算来，又何苦非要自给自足呢？

11.3.2 他山之石更好攻玉

造成“本山之石”不如“他山之石”的原因有二：首先，根本原因是因为中国人外圆内方，对外君子之交、对内“不患寡而患不均”；再者，诱发原因是责利不称所致，“本山”利责不对等，“他山”利责对应。

在前面的事例中，小媛和张经理是“本山之石”，对“本山”制度了如指掌，生病请假合理合规，延期之请有理有据，不能按期完成的“客观理由”总能找得到，工资是入职时已经确定好的，工作结果好坏（包括责任）跟工资不关联，“攻玉”不成老总毫无办法。而在猪 × 戒网上进行应征的，无论是个人还是企业，“他山”“攻玉”不成不仅颗粒无收，还得搭进去时间，而且必须在一天半之内完成，过期作废，所以在“他山”之内，必须以责任制的方式“攻玉”，利责对应，即“攻玉”成功则获利，失败则白干，所以能攻出自己能力范围内的最好的“玉”，且如期交货。反过来讲，假如是张经理在猪 × 戒平台上揽了个活给小媛干，被选上得 600 元，个人跟公司七三分，选不上分毫无收，那么，小媛必将竭尽所能，以最快的速度拿出最好的作品。

长城之所以两千年屹立不倒，全因秦始皇的责任制：每块砖都铸上作者姓名，哪一段坍塌了制造者杀头。所以，所有制造人都不遗余力、竭尽智慧，或加糯米，或反复煅烧，绝不会有“豆腐渣”工程。

甲公司190个“本山之石”，在收益（工资）既定的情况下，因趋利避害的本性，理所当然地能慢则慢、能懒则懒，上司或监督部门敲得紧些就做快些，敲得不紧就做慢些。聘用制下的员工拿的是“短期铁饭碗”（合同期内旱涝保收），自然形成懒人效应，形成“打工心态”，而因“适应性偏见”心理，不懒的少部分人反而成了异端。这对于公司而言，只能“藏龙卧虎”（藏着龙不任其飞，卧着虎不令其跃），由于“龙虎们”都是被公司购买的，完全归属、完全排他，即便闲死，也不可以兼做他为。假如所设职位的业务并非日常性，只能让“龙虎们”静养，比如甲公司的测试工程师，只有等系统设计完后才有工作可做，测试完毕工作又无法饱满。加上新团队的磨合与经验积累，比乙公司的受托公司（“他山”）效益低几个档次也就不足为奇了。“他山”却不同，专业、经验、熟练，单多且工作饱满，关键是有委托合同在，任务期限和质量规定死了，这倒逼着必须执行责任制，每块“玉”都烙着工程师的名字，所以，只能如期攻出客户所需的合格的“玉”，哪怕全公司“流感”，都成不了延期或不达标的理由。

造成“本山之石攻不好玉”的根本原因，是人的“内方”性和责利不直接关联。而“短期铁饭碗”（死工资）是责利不对等和“打工心态”的罪魁祸首。“他山”之所以更好“攻玉”，是因为人“外圆”和责利对应，攻不好“玉”“他山”不仅得不到钱还得赔偿损失。

他公司是“他山”，他部门也是“他山”。依此原理，将“短期铁饭碗”打破，实行责任制，员工根据实际工作结果获得收益和承担责任，那么，员工也可以变成“他山”，而可“攻玉”。

于是，“本山”的“他山化”方法就出来了：**一是非日常性的职能、不专业的领域，有工作任务，外包；二是公司内部市场化，任务可互包、人才可互用**，如3.2.1中所述的蜂窝式组合和3.2.4中所述的腾讯“活水计划”（内部跳槽）；**三是实施责任制**，责利直接关联，如3.2.4中所述的海尔“人单合一”以及“小微”模式。

以“他山之石”来“攻玉”，不仅让员工们释放了天性、激发了潜能，还让他们满足了探求欲和表现欲，得到了自由和自尊，形成了责任感和担当力。同时，“本山”省钱省事省管理，目标完成还得到了绝对的保障，利润实现风险大大降低。另外，因“本山”环境变成了良性竞合的磁场，整个团队的人心会聚得更拢。

让优秀的员工先富起来，然后让观望的员工跟上来，最后让慵懒的员工也紧张起来实现“共同富裕”。这不正是企业想要搭建的舞台吗？

11.3.3　舞台需要水涨船高

科技正以加速度向前发展，各领域的技术迭代周期越来越短。从蒸汽机时代到电气时代用了上百年，从电气时代发展到信息时代用了60年。BB机（寻呼机）、大哥大（手提电话）在20年前还是最前沿的酷炫产品，今天你问问“00后”，他们已经不知道那是什么古董了。10MB的软盘我们用了十几年，30GB的U盘我们用了7年，今天我们已经用上了上百GB的云盘。3D打印、AI智能、AR虚拟现实……一个不小心，我们可能就out了。

可想而知，一个埋头拉车的老板，一个事无巨细的“师傅”，他怎么能跟得上时代更迭的步伐？又怎么不会在日新月异的“新新人类”面前百思而不得其解？

所以，老总们把“戏装”交给员工，用心把舞台搭好才是明智之举，才能挤得出时间抬头看路。

舞台搭建也不是一劳永逸的，因为运用技术在发展、市场竞争在变化、劳动需求在升级，公司的舞台也得动态地相应升级。

曾经，“公司的老大在大会小会中口述工作指令，员工们认真做笔记”的信息传达模式我们用了几十年；后来，我们用电脑、投影取代了纸质记录传达模式；今天，我们进入了移动办公时代，F2F（face to face，面对面）的模式逐步不合时宜。如果还有老板连“小程序”、“移动OA”（Office Automation，办公自动化）都还听不懂，那他得先去自己补课了。

和君咨询董事长王明夫认为，流程化和管控型组织已死，平台化和生态化组织将引领新的潮流。是的，工序严谨、按部就班的公司在快速迭代的市场中，正逐渐丧失竞争力，而依靠个人崇拜、权力威慑来维系运营的老板，也已被自由奔放、自我实现的新生代员工不屑。

中国政府的“双创”（大众创业、万众创新）政策，已打破了在短期铁饭碗中“年轻地养老”的现象。

当然，在竞争激烈的市场中独自创业是极具风险的行为，资金、人才、项目、场地和全面的经验，任何一点不到位都可能导致创业失败，很多人暂存着自己的理想，委身于受聘职位中积攒条件，以待羽翼丰满。

而如果，企业在大家羽翼尚未丰满之时“截胡”，让员工仅凭某种片面的偏才，无须具备当老板的那一串条件、无须承担资金风险就能开始创业，那谁还愿意去博取独自创业那百分之几的成功概率呢?

海尔的“小微”，小米的全员分包就是这么做的。

“岗位创业”在之前的 6.2.3 中已作介绍。企业搭建员工“唱戏”的平台，是要建立一整套符合动态竞争、员工需求升级并且跟随移动设备不断进化的 OA 系统，以实现价值的客观、精准称量，实现责权利对等并相互关联，实现即时反应、高效运行，自动输出。

不过这种耗资数千万、耗时几十个月的系统，其中包括计划模块、执行模块、考核模块、薪资模块、行为模块、资质模块、评优模块、福利模块、股权模块、融资模块等等，一两个月要升级一次，最好不要像甲公司那样自给自足。海尔可以每年“烧”30 亿元的研发费用，但一般的企业可能承担不起。

为了喝杯牛奶，我们没必要养一头牛。

11.4 “后浪”主唱的“开心月会”

11.4.1 员工熠然出镜是月会“升维”的关键所在

企业一般每月都会召开一次月度总结和计划会议（在此统称为“月会”），目的是对上一月度的工作进行总结，对下一月度工作计划进行公布。会议大都是由公司领导来召开，形式基本也都是报告式的。因为领导始终要注意形象和威仪，加上内容很严肃，所以整个过程总是显得很官方、很刻板。这种灌输式的会议相对于管理层而言，基本就是例行公事，而对于厌恶形式主义和说教洗脑的“后浪”员工来说，简直就是一种煎熬。

其实，很多企业已经意识到了，**当今员工的纪律性和归附性相比以前的员工已严重缺失，他们对集体的热忱也不太容易再调动起来，领导对于公司前景和目标的激昂宣讲已得不到多少共鸣了。**稀稀拉拉的掌声可以证明，灌输式的月会将变得越发干枯，其效果自然也越发不济。

“后浪”员工抗拒灌输和拉拽，淡漠尊卑和权威，老套的月会当然显得很不合时宜。既然老板的独角戏越唱越冷，那我们把主角换成员工如何？月会的目的就是继往开来，我们可否根据现代员工的特点，把会议搞得开放些、活跃些，更继往、更开来呢？

答案是：可以。

“后浪”比较自我、喜欢展现，如果企业把月会变成员工的秀场，效果可想而知。

畅享时代公司是较早实践分值系统的企业，他们从 2009 年分值系统 1.0 版本（PC 基础版）就开始使用分值系统。因为每月都有很多员工的奖励和福利发放，他们慢慢把月会演变成了“后浪”唱主角的开心聚会，后来他们就把月会叫作“开心月会”了。该公司的负责人同意本书将“开心月会”的实操方法贡献出来，具体参见本书附录 1 之《“开心月会”实操宝典》（简称《宝典》）。

在畅享时代公司，月会也是逐步由公司领导交给员工组织的，最初是行政部组织，后来演变成由前月冠军部门组织召开了，因为每月系统自动评出冠军部门，作为组织月会的单位，实际上是在体验荣耀，他们会极为上心；这对没能获得组织资格的其他部门也是一种刺激。由于组织的部门经常不一样，所以每次月会的花样亦不尽相同，比起最初总经办或行政部组织的，更有创意、更接地气。

开心月会的形式虽然不拘一格，但目的明确：一是月度总结和计划，承前启后；二是月度奖励和福利，鼓励各部门和员工竞合发展；三是新人秀和员工展示，相互激励。所以，内容基本不会偏离这十个方面：新人亮相、月度工作总结、月度奖励公布、月度评优、升降职情况、新晋股东情况、公司前景展望、下月目标、生日秀和抽奖。

在“新人亮相”中安排“新人秀”和“导师寄语”（导师是指“老带新”的老员工）可以使新员工迅速融入公司，让新人把自己的个性、特点、精彩充分展示出来，表面是秀场，实质上是让老员工充分了解新同事，利于工作配合。因为特长被广泛认可则可加Q分，所以新人会尽量展现自己，全员参与点赞增加了“特长确认为Q分”的公允性。“老带新”的老同事登场，有利于导师增强责任心和新同事增加安全感。

在月会中公布各项分值（每人的O分、P分、Q分、$V_{效}$、$V_{产}$等）及其排名，以及每人父母所得的赡孝金、获得奖假人员名单及天数、月度奖金、公司利润、公司战略实现情况、月度福利（物资福利、生活补贴、车房补贴、社保补贴、理财奖励等）、月度评优名单，则能让所有人拥有存在感、价值感，也会刺激所有人“患不均”，暗中发狠下月超过别人。赡孝金是直接打入员工家长账户的，为了让自己的家人放心，所有员工会为此PK得不遗余力。而获得奖假的天数是工作能力强弱和贡献大小的直接体现，也是获得自由权益多少的直接炫耀，晒这项权益会刺激所有人为了旅游和陪伴家人，而暗暗发誓下个月死拼。因为公司的$V_{利}$（利润率）关联着所有工作人员的效益工资，所以公布$V_{利}$有利于让大家“成私而公”，有利于大家团结互助、积极拼搏。

根据月度各项O分、P分、Q分、R分、$V_{产}$、$V_{效}$及综合排名情况计算出来的月度奖励和福利，没有人为因素掺杂，客观、精准，能对员工起到正面的激励作用。生活补贴的设立会让还在租房的员工很暖心（当然补贴多少得根据分值高低，有差距激励作用才更大）。“先富起来”的供车供房族，也能根据贡献获得一定的按揭款补助，这会很好地刺激大家追求高品质的生活（有车有房的不再有生活补贴）。贡献突出者在一定的工龄基础上，还可获得比普通员工更高的社保和理财奖励，不鼓励跳来跳去的人。因为所有方面的价值都有客观分值，所以设立更多的福利和物质奖励都不会有失公平，公司根据不同的财务状况调整奖励内容和方式，每项奖励都会对下月起到正激励作用。

在“二元”价值观的中国，精神激励的效用在一定程度上可以媲美物质奖励。在11.1.3中提到的各项评比，比较有纪念意义的可以颁发永久奖章，让获奖人积攒荣誉；需要日常相互刺激的可以佩发流动胸章或旗帜。总而言之，要让每个人的每个行为都在“患不均”的刺激当中。如一些领域的工作没能得到常设奖项的充分激励，可以“总经理特别奖”进行弥补性激励。

人力资源部的职级考核和任命通知也可纳入月会予以公布，以先进刺激后进。

公司设立了员工干股体系后，可以在月会上通过公布新晋员工股东、执董名单和进行新晋股东宣誓仪式（面对司旗，在司歌中诵读股东宣誓词），一方面可以肯定具有较高“公心”的优秀员工，另一方面可以刺激后进员工向员工股东会迈进。

每月与公司相关的政策利好，公司获得的各种融资、项目等战略性利好，以及公司赢得的政策扶持、专利、奖证、资质、荣誉等利好消息，都可在月会上公布，一来可以让员工们知晓各项重要咨询和明晰战略方向，二来可以增强大家的集体荣誉感和自豪感。

由决策部门制定的下月目标以及各部门的战略任务，在月会中予以公示。

每个员工的生日如果都在生日当天过，会很烦琐和累赘，按月集中为当月生日的员工在月会上一起庆生，就不再耽误过多的时间，还能利用生日秀相互激励。假如把该月星座的优点和优势以及该星座的中外名人、明星展示出来，对该月出生的员工会是一种莫大的鼓舞，再把一年来该月出生的员工在公司里和社会上获得的各种荣誉，生活的精彩和幸福，以及成功的作品展示出来，会对其他员工带来鼓励和刺激。

所有员工的每项工作达标时，系统会自动配发了奖券，一个月下来每个人手里都握着不少的抽奖券，可以根据奖券数设置几个不同等级的幸运抽奖，随机性、中奖难、奖面广才够刺激。

总而言之，评比去人化才有正效应，奖励纵深化才更具长效，月会不拘一格才能吸引人，员工都是主角才够刺激。

11.4.2 如何筹划“开心月会”

公司可以把上月冠军部门作为月会荣誉组织单位，由这个部门进行月会筹划和组织实施，会务组以该部门成员为主，也可邀请其他部门与员工协助参与，因会务工作也是《考核表》的基本工作，纳入工作考核范围内；而其他部门受邀进入会务组的员工则可将所负责的会务工作列为“添加工作”，而获得更多 O 分。会务工作都有量化考核，又是荣耀工作，是秀场，所以每位会务人员自会尽心尽力。

月会会务组的安排及其工作内容参见本书附录 1。

会务工作根据事务的轻重和多少来确定工作组人数，可独立负责，也可交叉组合，但要确保不相互耽误。其中最好让组织单位的所有人都参与，使大家都能得到锻炼，获得会务操办的实际体验。

在月会的资料准备和筹划过程中，总指挥需安排并提请计分组向有关部门的相关人员索取月会所需的资料，资料准备好后，交给各会务组负责人，然后安排好会务串联演习时间。

在会务演习前，场务组需将会场准备好，会场最好有表演台、讲台、物资存放区。影音组需要提前调试好投影、音响、电脑等设备并准备好相应的电子资料，且按流程编排好。

演练由会务工作组成员参加即可，尽量不耽误其他人的正常工作时间。演练流程应完全按正式流程走，最好待所有人员和物资到位后进行演习，如能一次过便可节约演练时间。总指挥可将部分环节简单略过，一些环节让相关的人会后自行练习，避免演习时间太长。演练的目的只是检查筹备工作的到位情况，以及让所有工作人员熟悉会务环节，以达到最高效率。

流程演习结束后，应对所有物资、道具以及资料进行盘点，并做好物品分类存放、确定存放地点及保管责任人员。

11.4.3 “开心月会”的实施和总结

月会总指挥是月会最重要的岗位，一般可以由冠军部门的经理来兼任，但如果部门经理想甩手，可以在第一次组织月会时带一两个“助理”，之后的活动中以他们为总负责，自己只负责协助指导，“扶上去、送一程”之后，慢慢就可以甩手了。

有了《宝典》，甩手就更简单了，因为《宝典》罗列了每个角色所要操作的每个事项细节，月会实操时，直接在《宝典》上添加实施人名单及评选名额，即可得出完整的执行方案。

月会实施完成之后，各会务组需将各项统计表归档，将所有物资和设备还原，收尾后向总指挥汇报，由计分组对收尾工作的好坏进行计分。

对月会进行总结可以达到宣传品牌、提升经验的作用。

撰写总结报告者，可在编写前先从公司群里听取收集员工们对本次月会的意见，再对比以前的会议，从组织形式、筹备方式、操作过程、实际效果、经验教训等各方面着手撰写，附加上费用列表、数据列表、奖项列表、员工秀短片和资料、岗评和职级考评表、战略报告、摄影摄像资料等有档案价值的资料。报告撰写连同附件资料，一并交由档案室存档。

影音组将整理好的照片和录像公布在公司群，以供员工分享和收藏，同时备份给档案部存档。宣传部可根据月会总结报告编写新闻，新闻审核后可在公司内外发布；文笔好的员工亦可向宣传部投稿，获得采用的依条例加分。新闻可在官网、公众号、订阅号、QQ 群、微信群以及其他自媒体平台发布，作为企业品牌影响力的一种推广方式。

各奖项获得者可公布在公司宣传栏和自媒体上，光荣榜上配上获奖者照片、荣誉称号、成绩数据，一是对先进者进行鼓励，进一步满足他们的成就感和自豪感；二是进一步刺激未获奖者的“患不均”心理，激发他们的拼搏热情；三是展示企业的精神面貌、提升美誉度。

如何把月会的主角由企业领导变成员工，如何把严肃沉闷的工作会议变得引人入胜，把鞭策式的战略布置变成激励式的战斗檄文，不少管理者还缺乏设计思路和实操方法，以上“开心月会”的实操方法或能带来启迪。

11.5　通过年会串联起员工的期盼

11.5.1　能否把年会从句号变成破折号

中国企业一般都会在春节放假前开个年会，一来可以对一年来工作作个总结，二来能够对来年的工作做个展望。传统的年会一般就是吃个大餐，在酒桌上进行一番感情交流，再弄一台自娱自乐的文艺汇演，穿插一些抽奖环节，尽量办得热闹、喜庆些。文化使然，一年一度的年会多少都带有一定的仪式感，然而在“新新人类”面前，这种形式的年会显得越来越不走心了。

很多老板对于年会都有一些共同的无奈，一顿大餐过后，员工们私底下就在对红包的大小及奖品的多少进行议论，各种不平衡和各种盘算在员工堆里滋生，暗中投简历的一个接一个。春节回来，回公司领红包上班的很多都是一些没能力跳槽的人，一些不可或缺的骨干和精英却另谋高就了……

年会发红包是老板们很纠结的，不发讲不过去，发少了留不住人，发多了担心白发了。难就难在，到底怎么发才能不让大家失衡，因为大家各自都有一杆秤，可能无论怎么发都很难平衡；为了让大家别“患不均”，很多公司采取不透明形式发红包。但是，越不透明消息传得越快，员工们似乎是一伙的；特别是一些打定了主意是要走的员工，不会遵守保密规定，“打探他人工资和奖金者罚款 ×× 元”的条款，在更多时候，只能被当作闲暇之时的一种调侃……

一些老板花了足够多的心思做了宣讲片，还亲自上阵激情描绘，费尽心力才把来年的“宏伟计划”讲透，讲得自己都感动了，员工们却好像缺少了感觉神经似的没多少反应。一些员工私下会说：那些什么蓝图，天知道能不能实现，就算实现了，跟我们有多大关系呢？员工们知道，很多所谓美丽的风景只是“画饼”，是否实现也是看老板的心情。连老板也不否定，就算设计了员工干股，也是一种“权宜之计”，若干年后果真有了红利分配，也还会设置上好多的“节流”阀门。其实，越来越多的人不再相信“海市蜃楼”了，特别是“后浪”们，很讨厌空头支票，任何不实际出现在眼前的东西，都很难吸引住他们的眼球。

很多老板逐渐明白了其中的道理，现在的年轻人不再像原先的员工那么好“忽悠”了，他们大都很现实，在他们的字典里很难再翻出奉献、效忠和螺丝钉精神这样的词语了，就算给出比同行企业更高的薪水他们也并不会感恩，甚至还不一定会留下……

到底怎样发红包才能让大家平衡？

怎样描绘未来才能勾住员工的心？

到底开什么条件才能稳定住人才？

其实道理和方法前面的章节已经分析过，有主观性掺杂的评定、考核和分配，是很难让人心服口服的；不是基于量化考核、不是基于本人的具体贡献来进行分配，是很难将“患不均”人性导向良性的。只有在去人化、客观量化的基础上将各项分配、福利关联起员工每项工作的实际贡献，才能够带动员工，才能把员工们“患不均”的人性变成激励的源泉。现代员工有很强的自我辨识力，有很独立的人格和思想，再也不是“跟屁虫”；他们追求自由、好表现、求刺激；他们追求存在感、满足感、成就感，**他们需要一个实现自我的舞台，而不是一个“为实现公司宏伟目标”的工作机会**。所以，描述“公司的”未来，毫无感染力，必须有一整套方案，让员工清晰明确地看到，老板提供的是员工实现自己目标的机会，这样才能让大家上心。

那么，我们是否可以在客观丈量员工过往贡献值的基础上，拉长员工的权益，让员工的收益永远处于“中继状态”，并且越积越多越累越长然后越干越欲罢不能呢？我们是否可以把老板的平台变成员工的舞台，把老板的圆梦地变成员工的走秀场，让年会这个句号变成破折号，让员工们的“患不均”化成摩拳擦掌，让大家的飘忽不定变成迫不及待呢？答案是肯定的。

下一节，一起来领略一下畅享时代公司老板完全放手的“破折号”年会。

11.5.2 如何让年会更走心

每个企业的年会都会根据业务景气与否和员工人数多少来定位规模和形式。

一般来说，业务正红、蒸蒸日上的企业会把年会办得张扬些，以期能进一步鼓舞内部士气，夯实合作单位、代理机构的关系，提升品牌影响力，提升企业在政府部门、媒体、社会的美誉度。像畅享时代那样，能把年会变成扩大员工短中长期权益的展示点和中继站，能利用年会把员工们的自私和贪婪激发为创造力，把大家“患不均”的“劣根”转变成来年不甘人后的干劲，能让老板们袖手旁观、员工们自己把年会升格为盛典，并且办得一年比一年热烈，还把内容多变、形式灵活的聚会，变成一套规范格式的实操模板，这算是玩出新境界了。

年度盛典的定位决定了会议的规模、作用和操办方法，年会定位的八要素是：主题、目的、形式、参加对象、各板块人数、费用计划、时间、地点。

年度盛典的内容一般包含如下 11 个方面：

（1）领导致欢迎辞、祝酒词、答谢辞；

（2）嘉宾致贺；

（3）各单位文娱表演及评奖；

（4）互动游戏；

（5）本年度的成就总结；

（6）各单位的动人事迹；

（7）年度表彰；

（8）年度奖金和福利公布；

（9）来年的战略规划；

（10）抽奖；

（11）晚宴等。

为保障盛典的筹办和实施工作顺利进行，需要专门成立临时工作组，工作组一般需要划分出十几种工作职能：顾问、总协调、总导演、执行导演和导演助理、节目组、主持组、影音及设计组、材料组、宣传组、外联组、礼仪组、舞美组、场务组、财务组等。年度盛典的筹办详见本书附录 2。

得益于月会的锻炼，像年度盛典这种“专业”的会务组织，员工们才不至于漏洞百出；因为工程相对浩大，不可以只由一个或者几个部门操办，应该举全公司之人力来组织。

盛典的规模宏大与否，形式绚烂与否不是最关键的，就算会议简化进行，只要能真正激励员工就是成功的。盛典的核心要点在于如下五个方面：

（1）各项评比不能靠投票或者领导的印象得出来。过多的人为因素掺杂很难做到人心平衡，只有去人化，以日常的客观量化数据为基础，并且以精准可比方式进行评定才可以做到客观与公平。那么，什么才是精准可比的方式呢？举例说明，比如工作了几年的老员工，本年有12个月的数据，本年入职的员工，只有几个月的数据，以分值总和来比就不可比，只有“足月（工作天数够一个月）的月均值（除以月份数）”才能相对公平地比。只有得出这样的客观公允的评比结果，才能避免“奖励了张三，把李四给郁闷了”的局面，才能让员工们“患不均”的人性，演变出你追我赶的良性结果。

（2）各种奖金和福利不能源于领导们的心情或临时决议。非制度化的分配不具有长效性，必须拿出非领导主观臆断、基于每个员工日常实际贡献且具有客观可比性的分配方案，才能真正对员工起到根本的激励作用。只有源于日常工作的、制度化的公允分配才能把大家的自私和贪婪变成生产力。

（3）各项贡献和数据不宜年度划断。不宜当年的贡献值当年结完，而应该将所有人的历史贡献进行累积，化作期权、股份和权益的核算基础；“未来权益”最好是一种“连环套”，并且愈累积愈大，这样才能让员工的“离职成本”足够高（离职将丧失大部分权益），才能让员工欲罢不能。假如仅凭传统的“竞业协议”或“恩威并举”的胁迫手段进行牵制，是非常无力的。

（4）年度的各种分配必须具有普惠性。各种评优和激励必须面广、深入，让每个员工都能在其中分享到一些权益，才不至于使一些人变成“观众”，只有员工们成为主角，老板们才能真正甩手。

（5）来年的战略不能空喊口号。不能只追求“公司的目标”，必须清晰明确地表达公司只是平台，战略目标中的主要内容必须是员工的各项权益指标如何更上一层楼（公司利润暗藏其中即可），这样才能赢得员工们的心。

11.5.3　年度盛典的实操和总结

年度盛典事务繁多，并且一环扣一环，任何一环的失误都可能影响到其他的环节，所以必须有一个科学的“进度表”来保证责任到人、保证各环节不拖后腿。原则上，所有的工作都纳入《考核表》，以使每项工作的完成时间和完成质量得以保证。

因为有嘉宾参加，涉及形象和品牌问题，正式会议不能有太大差错，所以彩排是很必要的。往往盛典场地是租赁的，现场彩排时间有限，彩排前必须做好各项筹备资料、设备和节目的准备。

为节约时间和加强所有人员的顺序意识，彩排的所有环节应严格依据盛典流程顺序进行，由于领导和嘉宾不参加彩排，所以可以安排财务组、宣传组、场务组等把登台的人员充当临时嘉宾（包括发言、颁奖）和领奖人员，以便使流程走得顺畅。

盛典的成功 80% 归功于前期的筹划和准备，为了使前期的努力能变成盛典中的精彩场面，总指挥和总导演需在盛典正式开始前对各项物资、人员和准备工作再作一一检查确认，确保万无一失。盛典的具体操作方法详见附录 2。

盛典结束后，应迅速做好总结，除了提升经验，更重要的巩固宣传效果、深化影响力。

总结报告和新闻可由宣传部撰写，撰写前可广泛听取内部员工、分支机构以及代理商、嘉宾顾问的意见。总结报告的内容除了效果、费用及反馈意见外，还需将筹备情况、进度、评奖、执行情况、各项数据列表、各项设计和影片资料、讲稿、影音资料等列为附表，以供存档和查阅。

现场影像资料整理好可公布在内部群中，供大家分享和收藏。

盛典新闻除宣传部撰写外，还可内部征稿，优秀新闻稿在公司官网、公众号、订阅号、QQ 群、微信群及相关媒体平台发布。

年度评优结果、各项奖励和福利可在自媒体及宣传栏公榜，以夯实内部员工的自信心、加强团队的凝聚力，提升公司的品牌度。

年会成功的关键，不仅在于会议中参与人员的激情四溢和外部人士的认可称赞，更在于员工亲友们的安心和支持，在于全体员工的走心和归心。附录 2 实操手册中的两条暗线串联员工期盼的关键：**一条是藕连感情线，一条是中继利益线。**

盛典的成功之处在于把员工另一半的感情拴牢了，心生去意的员工会被“枕边风”吹回来，甚至还被父母给“维稳”了，那些拿到源源不断赡孝金的父母，要是发现儿女想离职，准备切断他们习惯了的“供给线”，就会成为公司的“盟友”，帮助公司劝留员工。

盛典深奥之处在于员工装进眼睛里的利益一串连一串，马上装进口袋中的只是冰山一角，很多利益是年后拿、下个月或者下下个月拿，而等到下个月，下下个月，累积进去的利益越积越多，越往后，待领的收益就越大，本来年前离职成本就高得让人不舍，一拖再拖，到最后只能是难舍难离。

关于员工利益的中继利益连环套，将在下一章细述。

思考：对应某项工作的开心奖券如何编号？系统跟线下抽奖如何结合？

固定的月薪，等于月度“大锅饭”；固定的年薪，等于年度“大锅饭”。更好的保障除了能带给员工们安全感之外，更多是集体下坠时的有恃无恐。意识不到员工心态被动的根源是工资的既定和固化，一切“专业的”措施对于员工效能的提升都只是隔靴搔痒；而意识不到雇佣形式的劳动关系和工资成本化的会计法则是劳资对立的根源，一切期待劳资关系从对立转为共生的美好愿望都只会成为泡影。

第 12 章

让劳资对立永远成为历史

12.1　劳资对立根深蒂固

12.1.1　深度对立的劳资关系

劳动和资本，是社会生产中的两个最基本要素。在人们的固有观念里，这两个要素是绝对矛盾的两端，似乎天生就是对立的。资本从一出生就烙上了逐利的本性，而劳动力成本从一出场就站在了利润的对立面，彼盈我亏的相对性注定了劳动和资本的矛盾关系，在传统的经济理论中，这对矛盾被认为是不可调和的。

随着经济的发展，商品的丰富程度一直在提高，市场的竞争越发激烈，企业的外部矛盾成为主要矛盾，而劳资在企业内部的“不协调性”，越来越明显地成为企业立足于市场的制约。事实上，劳资互为存在的基础，在协同性决定竞争力的时代，他们之间能否“一致对外”，已经成了企业存活的先决条件，如何调和劳资矛盾一直是个世界性的难题。

求解劳资矛盾，得先从劳资关系的形成开始考究。

在资本主义社会初期，资本的聚集极大地推动着社会的发展，工业文明不仅丰富了社会物质，还极大地推动了科技的进步。工业革命最初是以手工工场和机械工厂的生产为主要形式的，生产所需的基本条件就是场地、设备和劳动，而场地、设备的租赁和购买靠的是资本。在这个时期，社会物资匮乏、商品稀缺，只要拥有了资本和劳动，就能进行生产，满足社会需求，赢得利润；而这个时期的劳动者大都生活在生存线上，他们极为贫困，为求生存，他们非常需要一份收入，获得一个稳定的工作机会，而资本支撑起的工厂正好能满足劳动者的需求，资本需要劳动来实现利润，劳动者需要工资来养家糊口，劳资的雇佣关系理所当然地就形成了。之所以是雇佣的形式，是因为既定的工资额度有利于工人判断是否值得出卖劳力，更有利于工厂判断利润多少，以决策是否可以进行生产。于是，协定周期工资额（日薪、周薪、月薪）的雇佣形式，就成了劳资双方的基本纽带。

在资本雇佣工人的生产模式下，如何促进工人的劳动、提升劳动效率成了一门科学。基于工资既定，为求得更多的利润，延长工作时间、增加工作强度是最有效的途径，泰勒的《科学管理原理》应势而生。管理学从一出生，就定义了雇佣、工资成本、工时、劳动速率这些概念，定义了“利润＝收入－成本”的公式，并围绕着这些基础，完善出了一整套流程和模型。这套程式化的管理模型套在工厂的生产上，着实有效，于是“科学管理”模式就从标准变成了专业，从专业变成了经典。

管理是为企业实现利润服务的，有利于提升利润的所有做法都是管理所遵从的，比如如何降低工资成本、如何增加工作时间、如何保证工作时间内工人们有效地工作、如何提升劳动效率、如何减少劳动保障的耗费等。而这些做法，几乎都是不利于劳动者的，也都将会受到劳动者抵制，为了实施这些做法，必然就会配套诸多的制约措施。所以，管理也就披上了制约的色彩，而制约的对象，正是劳动者。

即便如此，广大劳动者为了生存，还是不得不参与生产、遵从管理。

因为工资既定，员工在被针对的生产中必然是能懒则懒、能松就松的。进一步地，由于资本家一味地在强化制约措施，劳动者们不得不由个体抗争形成了集体抗争，为争取更高的工资和更多的非工时间而努力。

逐利是资本的本性，在经典的管理模式下，资本对于压缩成本、延长工时、提升工效的追求只会变本加厉，这些针对劳动者的制约，会迫使劳动者产生针锋相对地抗争。达不成基本权益，小范围来说，工人们会消极工作、“非暴力不合作”；大范围来说，会集体罢工、游行。20世纪，席卷全球的工人运动，以及以工人阶级为基础的政权革命，都是劳资矛盾激化的结果。

劳资对立意识根深蒂固，劳资矛盾似乎真的难以调和。

12.1.2 劳资对立的理论基础和矛盾定式

管理理论在工业革命中逐步形成，在促进生产力发展中变成定式，它固化了资本雇佣劳动的形式，固化了劳动力成本概念，固化了利润来源于收入减去成本的模式，从而也就固化了劳资的对立意识和矛盾关系。

专业的管理模式之所以专业，是因为它来源于成功的生产实践，而不是学者们的臆造；反过来，专业的管理又在新的生产实践中被运用，并且不断被证明有效，所以才形成了固定的模式。固定的管理模式固化了劳资双方的思维，促使双方在工资额度、工时长度、工作强度、劳动保障等方面据理力争。为了“理”更有据，劳资均在本方的理论之上不断培土。资方力促**劳动力商品化**和**劳动雇佣形式的定格**，以达到**劳动力购买**和**既定工资**的结果，进而便于**将劳力价格编入成本**，因为成本是利润的负耗元素，让劳动者站在利润的反面，就好**将他们剥离利润分配**；因项目投资总会有一定风险，资方以所占有的生产资料在承担风险为前提，树立“**生产资料所有者 = 利润所有者**”的理论，并在劳动力商品化的基础上，将**劳动生产资料化**，以使之跟物资生产资料一样理所当然地**被资方支配**。通过夯实劳动力商品化、劳动力雇佣形式、“三权合一”（**生产资料所有权、使用权和利润分配权合一**）理论和“**风险 = 收益**”理论，以达到实现**独占利润**的“科学目的”。通过夯实这些模式和理论，可以进一步**固化生产关系和社会结构**，**以占领社会意识形态**，完成对**上层建筑**的渗透；有了上层建筑的法律庇护，资本阶层就可以躺在“风险 = 收益”理论基础上独享利润，让劳动阶层的收入被压缩到工资这一个小点上。在资本主义社会，**贫富悬殊，两极分化**极为突出，面对劳动阶层的基本生存问题、拉近贫富差距、避免两极分化，政府除了运用税收和分配杠杆，似乎也没有其他更好的办法。

这就是资本理论的厉害之处。

可以用一个非常朴素的模型来解剖资本理论：

假设有 100 万元的资本投资了一个项目，生产基础设备购买成本为 60 万元，每月的原材料及综合费用为 10 万元、劳动工资为 5 万元、销售收入为 25

万元，折旧按5年计，那么，投资100万元的盈亏见表12-1。

表12-1
投资100万元的某项目盈亏表

（单位：万元）

月份	本金	固定资产成本	原材料	项目收入	工资累计	剩余利润	投资账面盈亏
1	100	60	10	25	5	9	–50
2			10	25	10	18	–40
3			10	25	15	27	–30
4			10	25	20	36	–20
……			……	……	……	……	……
24			10	25	120	216	180
……			……	……	……	……	……

上表中，假如在第四个月项目遇到了风险被停止，则劳动者旱涝保收得到了20万元，资本方则亏损20万元。如果是这样，货币资本投入者亏损较大，而人力资本投入者不光不承担风险，还在这项合作中获利20万元，这样公平吗？显然是货币投资者吃亏了；更明显地，作为成本元素的人力资本投入者是利润值的“反作用力”，所以从“公平”的角度看，承担了风险的一方，通过独占剩余利润来“有所弥补”，是“科学”的（如果不独占剩余利润亏损远不止20万元）。于是，“风险＝收益”理论和“三权合一”理论获得了“非常值得同情”的社会意识根基。这为货币投资者之后持续获得巨大的“剩余价值”打下了坚实的理论基础。

而人数上占社会绝对比例的人力资本投入者，因为未承担项目风险，只能“合理地”分配既定的工资部分。在风险概率实际并不会太高的情况下，贫富分化自然就相当突出了。在这种浸透了资本主义社会上层建筑的“社科理论”中，广大劳动者只有**争取高工资这一条路**。为争取工资的提升，大家不得不向货币投资阶层抗议、抗争，这种抗争甚至会上升为阶级争斗、政治斗争乃至政权革命。引起社会矛盾的根源是贫富悬殊，是横向参考物的反衬（纵向参照物，即劳动收入的过去，即便远低于现在，也不会成为矛盾基础）。为了社会的稳定，政府基本只有启用**税收**和**社保**杠杆才能起到一定的调节作用。

基于抗争的需要，人力资本投入者相应地形成了**“剥削”理论**，把融在生产资料中的货币资本定义为“**不变资本**”，把劳动力资本定义为“**可变资本**”，以“**‘可变资本’完全创造了‘剩余价值’**却没得到哪怕一分钱的‘剩余价值’”为由，驳斥货币投资者“独占利润”的不公平性，人力资本方力挺“**所有的新生价值来源于劳动**”的观点，从态度上把货币资本参与生产的价值降为零，以更好地夯实“剥削”理论。在厚实的“社科理论”山坡上，出于方法上的无奈，人力方还曾经在情绪上定义过资本方是“万恶”的始作俑者。

因为在理论上走到了不可调和的地步，劳资双方也只好在博弈中倾其所能了。

12.1.3 劳资的对立心态让产能形成了封顶值

中国是劳动人民当家作主的国家，自然在劳动者权益的保障上是比较充分的，包括工时上限、工资下限、社保基础、假期福利等，都有很到位的法律和制度保障。即便如此，劳资冲突也免不了时有发生。据《中国劳动统计年鉴》统计，2007年劳动争议案件为50182件，其中由劳动者申诉的案件占92.98%（袁凌 等，2010）。据中国人社部的统计，2012年1至9月，劳动争议仲裁机构立案受理劳动争议案件47.9万件，涉及劳动者66万人。在群体性事件方面，据全国总工会统计，2012年1至8月，全国共发生围绕工资纠纷的规模在百人以上的集体停工事件120多起。“富士康跳楼”事件（邵彦敏 等，2010）是一件比较典型的劳资矛盾不可调和的事件，2010年1月至5月间，富士康公司工人连续发生跳楼事件，9名员工陆续坠楼，引起社会公众的强烈关注；在九连跳事件的余震未消时，殒命人数继续攀升，后来跳楼人数竟达到13人（陶友之，2012）。

生产最核心的两大要素矛盾一直都不可调和，长期制约着生产产能的提升。而以利润规划为基础的**生产成本计划**，已经限定了**生产人数和工资成本上限**；在工资既定的前提下，劳动者自然会“看菜吃饭”，权衡应该付出多少劳动才不吃亏，因此，**劳动支出上限**也非常明确。

为求利润，以资为本的管理基于“利润＝收入－成本”逻辑，始终试图追求“收入增长＞成本增长”的“优秀”结果，上移劳动者的劳动支出上限，以至于演化出了包括当下正火爆的 KPI（Key Performance Indicator，关键绩效指标）和 OKR（Objectives and Key Results，目标与关键成果法）在内的加强版“胡萝卜＋大棒”，这些方法虽常可因较大的“胡萝卜”而得以挥舞更大的“大棒”，令项目目标实现，但始终未改变服务资本、计划利润的本质，不仅并未迭代“管”和“制”的传统管理理念，还有过之而无不及，当然，也就无法改变劳资矛盾，无法达成劳动的自觉，无法根本激发劳动创造力。

传统的生产规划是**以项目为本**的，即**根据既定的项目**来做生产计划，再根据利润目标逐层计划生产资料、人员编制、薪酬标准等，而不是**以人为本**，**根据所拥有的人才**及其能力，去获取市场细分的生产机会。所以，市场上一直盛行“**铁打的营盘流水的兵**”的经营模式。在这样的生产模式里，人，只是一种企业机器运作过程中的构成部件，当企业项目变化了或阶段变更了，这种部件可能就没什么用了；而这些部件的“油耗”（工资）必需遵从利润产出的规则，上限明确、弹性极小。

因为工资的既定和固化，劳动者在既得利益有明确保障的情形下必然心态被动，这是人性使然。工资既已是囊中之物，而且有协议和法规保障，那么，避免身体和大脑的加速折旧（在工作中尽量松懈），是人的本能选择，劳动者的唯一动因，就只剩下如何“做到不被炒掉”了。如果所在企业的“胡萝卜”还挺具诱惑力，他会选择在监督人眼前表现得超过“被炒”底线，如果他本身就想跳槽，就算监督人如何抡“大棒”，他也积极不起来。在这种模式中，大部分不选择离开的人，最普遍的工作心态就是从众，只要“说得过去”，不碰“被炒”的底线即可。在这种“集体从众”的“说得过去”的动态表现中，大家会自觉地松懈，因为这样，动态的参照物可以不断后移，最终大家可以在更松懈的劳动环境中“说得过去”，顺利地保证工资合同的履行，且都能不被解雇。在这种心照不宣的后移心态中，但凡有人反向运动（努力工作），他将是整个群体的“坏人”，因为他的行为在把参照物前移，一旦参照标准前移，就会把“合格标准”提高，这是对广大劳动者身体和大脑的进一步“剥削”。所以，在这种集体下坠的模式中，倾力工作者就成了另类。针对劳动者群体的被动局面，企业只能选择加强鞭策力度、加强监控督促，以阻止标线下移，然而如此，管理成本也就只能长期的居高不下了。

一些管理专家试图在加强鞭策和监控的基础上，施以文化手段和理念建设，但这些方法在人格越来越独立的新生代员工面前，显得越来越苍白无力了。

由于人才的竞争越来越激烈，企业普遍在缩短加薪周期、提高加薪幅度，但这些措施也只会在广大员工的“适应性偏见”中激起短期涟漪，不仅成不了长效激励，还造成工资标准一路上移，直至把利润比例侵蚀殆尽。

固定的月薪，等于月度“大锅饭”；固定的年薪，等于年度“大锅饭”；更好的福利和保障除了带给员工们安全感之外，更多是集体下坠时的有恃无恐。

所以我们应该明白一个道理：纠偏是必要的，但不能矫枉过正。

意识不到员工心态被动的根源是工资的既定和固化，一切的“专业措施”对于员工效能的提升都只是隔靴搔痒。而意识不到雇佣形式的劳动关系和工资成本化的会计法则是劳资对立的根源，一切期待劳资关系从对立转为共生的美好愿望都只会成为泡影。

12.2 劳资对立会在文明的自然发展中被逆转

12.2.1 波浪式的文明会在自修中前进

事物的发展是波浪式前进和螺旋式上升的，是一个“不平衡→平衡→新的不平衡→新的平衡”的循环往复上升的过程。波浪式前进（advance wave upon wave）是对否定之否定规律所揭示的曲折发展、此起彼伏特点的形象比喻，是矛盾运动平衡性的具体表现。最早见之于毛泽东《中国的红色政权为什么能够存在》一文，“割据地区的扩大采取波浪式的推进政策”（《毛泽东选集》第1卷第51页）。毛泽东后来又进一步提出波浪式前进是事物发展客观存在的普遍形式的观点，他说："世界上的事物，因为都是矛盾着的，都是对立统一的，所以，它们的运动、发展，都是波浪式的。"(《毛泽东文集》第7卷第200页)(彭漪涟，2004)

声有声波，水有水浪；光有光波，热有热浪。世界万物都是矛盾式运动、波浪式发展的，自然科学、社会科学，以及经济建设、文化发展也是如此，进进退退、起起伏伏，或者围绕轴心偏上偏下、偏左偏右，都是自然规律。而且，事物的发展都有其自修性，对于上下左右的偏离，最终都会在发展的过程中自我修复。

人类文明的发展也是波浪式上升的。真理往往会藏在偏离轴心的现象中，与谬误交织存在。人们的社会活动在离心力的作用下，会张开来表现，真理只有经过大量的社会实践进行检验，才会逐步清晰；通过更多偏离轴心的谬误，能更好地反辨真理。社会实践在真理轴心的上面和下面不断离心波动，波幅越大，相应形成的逆袭力就会越大，这种逆袭力是自然产生的，是一种回归真理的修正。人们会在逆袭中获得成就感，而极力推进反向运动，但真理往往不是一目了然的，并且轴心也在不断上移，所以事物的反向运动会由于惯性而矫枉过正，滑向另一面，原先的修正力越大，惯性就越大，矫枉过正就越厉害，滑向反面的离心力也越大，于是又形成另一种背离轴心的谬误，再次等待逆袭。**社会活动围绕着不断上移的真理轴心上下运动，振幅越大自修力就越大。**

中华文明正是由于千年之前的波峰很高，所以才有两百年前深深的波谷；而正是这深深的波谷，中华复兴在21世纪才迈向更高的波峰，且势不可挡。**期间，近现代中国革命左倾右倾的小波浪，都是探索真理的自然过程和必要实践。**

劳资矛盾在发展成为阶级斗争后，演变成了政治运动、政权斗争，最后滑向了全球冷战的波谷。那么，这个世界自然就会产生一股强大的逆流，**一场浩浩荡荡的反向运动波正在形成，这股劳资共振的力量将使人类结成命运共同体，将把世界文明推向一个新的高峰。**而这股力量的潮头，就在劳资关系已融合成人民内部关系、正在引领全球"一带一路"共荣战略的中国。

那么，这股劳资共振洪流是怎样形成的呢？

12.2.2 劳资对立否极泰来

生产关系的发展变化自有它内在的规律。

劳资关系形成之初，因为广大劳动者的物质生活水平相当低，而且劳动人数富余较多，所以劳资就以雇佣形式结成了纽带；又因为社会物资匮乏，商品供不应求，能组织起来生产活动者理所当然是主动方。所以，资本以“等同于生产资料”的方式，并且只需要以“后付定额成本”的形式就可以购买到劳动力，然后顺势形成了以此为基调的“三权合一”式的管理模式，将剩余利润全部纳为己有。正因如此，使得广大劳动者的收入往往被压到只够维持基础生存的水平，在劳动方持续的被动局面下，他们不得不抱团抗争，甚至结成党派，形成斗争理论，以争取权益。于是，劳资在成本与利润的矛盾两端，斗争形势愈演愈烈。

然而，劳资毕竟是社会生产中互为前提的两大要素，谁离开了谁都将失去价值，它们自然依存，围绕在生产力发展的轴心周围，波浪式地前进。

当劳资矛盾演化到互为敌对、相互打击时，必然会阻碍生产力的发展，而生产关系是由生产力决定的，对于生产关系的阻碍作用，生产力自会形成修正力。正是因为劳资矛盾的振幅巨大，形成的纠偏力才势不可挡。于是，劳资关系否极泰来。

随着生产力的发展，人们的生活水平在逐步提高，劳动者的需求已由原来的生存、生理需要上升到了尊重、情感和自我价值实现的需要，定额工资已经无法充分满足他们，基本工资的多少对于他们不是最重要的了，更多地尊重、更富有感情的环境才能吸引他们，最为重要的是，他们需要能够提供彰显自我价值的舞台。所以，传统管理中“胡萝卜＋大棒”模式的作用已由生产的正效应逐步演变成了负效应，资方再固守“三权合一”，不开放经营权和分配权就难以适应劳方的基本需求了。那么，**雇佣模式、劳动力价格成本化、“三权合一”以及“风险收益理论”**开始面临瓦解。

同时，因为生产力的发展，商品的供求由卖方市场转向了买方市场，市场竞争使得企业的外部矛盾取代了内部矛盾成为主要矛盾，而竞争的核心要素是创新力，追求利益最大化的资本，成为变革中最积极的力量，它迫切要求企业内部的各种力量聚合起来一致对外，迫切要求团结一切可以团结的力量来形成有利于稳固自身市场地位的生态圈，迫切呼唤企业的创造力。因为创造力依附在劳动者身上，并且产生于劳动者的自觉，所以为了自身的根本利益，资本为解放劳动创造力，根本不会吝啬任何权力和管理模式的颠覆。既然劳动者需要存在感、成就感、归属感，需要自主、自由、自成就，才能形成自觉发挥，才能释放劳动创造力，那么对于他们的需求，满足即可，只要能在外部竞争中取胜，能让投资最终可以获得更大的收益，一切改变，都接受，并支持。

正如在帝国主义国家侵略中国之时，中华民族会空前团结的道理一样，在生死同命的一条船上，面对激烈的市场竞争，劳资自然就会趋向形成共同体。劳资共振，成了双方心照不宣的一致期待，找寻和谐与协作的“损益同频”模式，成了双方自然而自觉的行动。

对于现代劳动者而言，如果有一种模式，工作能自主、收入空间弹性大（有传统薪酬数倍的可能性），只承担可以承受的有限风险（如果工作成果不佳只减少一些收益），那是完全可以接受的，并且是极其令人期待的。

而这种模式，更是正中了资方下怀：不仅人力成本和管理成本下降了，财务风险和竞争风险下降了，员工效能和创造力也提高了，企业竞争力和利润率自然也就提高了。

劳资双方的这种意愿和追求，在12.2.2中的那个朴素模型里，稍作变化即脱颖而出：

假设员工以工资的40%作为工作结果担保（承担有限风险）来换取更高的收入分配，即毛利润升降幅度x跟这40%工资奖扣幅度y关联，假设关联度扩大2倍（y=2x），那么，员工必将为了收益翻5倍（同时避免担保责任工作翻5倍地扣减）而倾尽所能。本书1.8中李雷的事例显示出，同样一个人，没压力和有压力情形下的发挥，效能结果大约有5倍之差。按3倍效能提升计算（同时折旧缩短3倍，为2年），其模型的结果见表12-2。

表 12-2

劳资双赢的共振模型

（单位：万元）

月份	资方本金	资方固资成本	资方购买原材料		项目收入		员工收益			资方收益		资方账面盈亏	
							工资累计			利润分配累计			
								现在					
			原先	现在	原先	现在	原先	固定工资	绩效工资	原先	现在	原先	现在
1	100	60	10	30	25	75	5	3	16.8	9	22.2	-50	-34.8
2			10	30	25	75	10	6	33.6	18	44.4	-40	-9.6
3			10	30	25	75	15	9	50.4	27	66.6	-30	15.6
…			…	…	…	…	…	…	…	…	…	…	…
24			10	30	25	75	120	72	403.2	216	532.8	180	544.8
…			…	…	…	…	…	…	…	…	…	…	…

那么，员工因为效能提升 3 倍而使得收入提升到 3.96 倍［（16.8+3）÷5］，资方虽然原材料成本增加了 2 倍，而且还将毛利润的 40%［16.8÷（75–30–3）×100%］支付给了员工，但利润结余反而提升了 2.47 倍（22.2÷9），人力成本降低了 40%［（5–3）÷5×100%］，最终的财务风险降低了 2.52 倍（按账面盈亏平衡点计算，原先回本 180 天 ÷ 现在回本 71.3 天）。

这个例子只是为了阐述原理，为了便于理解相应的数据才以整数示范。

事实上，企业的具体情况和劳资心态千差万别，绝大多数盈利尚好的企业仍会固守经典，绝大多数劳动者也仍在约定俗成中随大流；只有少数在竞争和内讧中体无完肤的企业，才会“被迫”走出来，打破“完全雇佣”的格局。不破不立，有的企业经历了员工们的“有限责任”承担，最后形成了劳资“完全责任共担”的合伙经营模式。但任何变革都会带来振动，所以，最佳的方式是循序渐进。本书第 6 和第 7 章所述的《考核表》，就是将上例原理，在传统管理模式“一切都不变”的情况下，让员工尝试变化绩效考核率 x，在尝到提高 x 带来的甜头后，员工的自信心会越来越高，他们会在绩效工资涨跌的双向刺激下，发现工资翻倍的奥妙，然后欲罢不能。在员工自己提高 x 的背后，是他们“有限责任”承担的事实；而企业则悄无声息地因员工们的 x 提升，在降低人力成本、管理成本和财务风险的同时，暗度陈仓地在提升企业的创造力、竞争力和利润率。

12.2.3　劳资共振是生产力发展的产物

海尔和小米等不少企业已比较充分地实现了劳资“损益同频”，所有员工的收入全部跟市场挂钩，财务的“人力成本”（硬工资）压力已基本不存在，这种“企业没给员工固定工资保障”的做法不但没有失去对员工的吸引力，反而因为“能给予员工获得更大收益的机会”而令员工们更有成就感和更加努力。君不见，连万人以上规模的制造型企业都在“灵活转身”，那中小微企业还有什么理由说自己“船大难调头”呢？

无论是企业的产值和效益，还是员工的产能和收入，海尔和小米都是同行业中的排头兵，完全保障员工的“铁工资模式”和员工“有效益才有工资的模式”孰优孰劣，就不言而喻了。

其实，企业转向的方法并不复杂，本书 5.4 中所述的六张表就可以令企业站在原地（不变更人员、工资、架构、制度）实现华丽转身。然而本书却用了数百页来阐述这一简约的方法，因为大部分企业人被经典的管理理论牢牢地束缚着，在经验意识和行为惯性中，突变基因很难被激活。在大家无法自我破茧的情形下，本书试图付读者以针，刺穿厚茧，令大家透过针孔看到广阔的天空，而后萌发不可阻挡的生命力，破茧化蝶，翩翩起舞。

在破茧之前，劳资双方只会盯着工资来做文章，在“先有鸡还是先有蛋”的逻辑之中绕不出来。根据行业利润率和过往的财务历史数据，资方只能开出有上限的工资，否则，就不值得干了；果真事后能超预期，才会给劳方发些奖金，这已是“仁至义尽”的方法了。而劳方在上限明确的工资之下，权衡出自身的劳动支出上限，不至于身体付出超标和大脑加速折旧，这也天经地义。于是，**工资和劳动付出，都只能局限在一个狭小的空间范围内**。

当社会生产力发展到一定的高度，市场竞争也更为激烈，而劳资双方的有限付出，致使企业的创造力低下，在企业的利润空间被挤压到负数的时候，他们或因无以为计而消亡，或因重新审视经典的模式而摸索出一条新路。在外部的竞争导致企业滑到了生死线上的时候，劳资才会清醒地意识到原来双方一直都站在同一条船上，相煎何太急？斥力相争将会争无可争，只有同心协力才能找到活路，于是，劳资开始自觉地协调责任与分配。因劳方的诉求已由生存提升为自我价值实现，所以，在协调责任和分配的时候，劳方就以“**拿出部分固定工资作为有限责任承担基础**”，来换取“**弹性更大的成果分配权**”，而这对于资方来说是一件降低固定成本和财务风险，提高创造力和利润率的大好事，于是双方一拍即合，劳资开启了**“有限共担、有限共享”**的协作模式。

这种模式，在**肢解雇佣制，肢解工资成本化，肢解资方独享成果分配模式，肢解“所有权等于分配权”理论和“风险等于收益”理论。**

其实，雇佣模式跟合作模式之间仅有一纸之隔，只是传统的管理理论和管理惯性使人们捅不破这层窗户纸而已，看看图 12-1，就能一目了然找到开启合作制的钥匙。

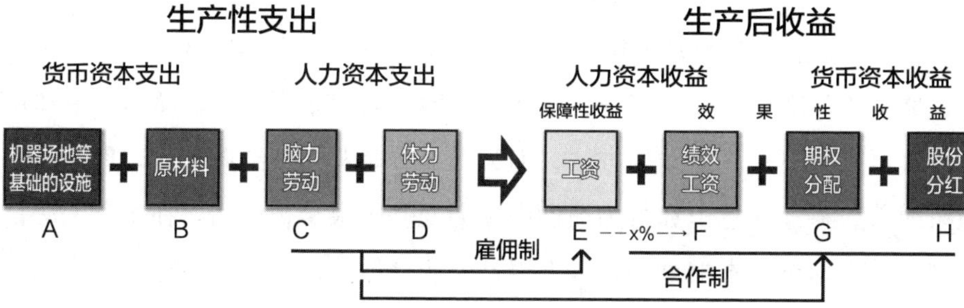

图 12-1　雇佣制转变为合作制原理图

生产是在劳资共同投入的基础上才发生的，资方置办机器、场地等基础设施和原材料，劳方投入脑力和体力劳动，然后才会产生收益（包括员工收益和资方收益）。其中，工资也是在生产活动进行之后才分配的（虽然传统管理中工资是预定的，但不能在不发生劳动行为的情况下发放）。传统管理是基于成本预算和利润规划更加明确的需要，才将上图的“E”（工资）放入计划板块；资本本位理念下的管理为了夯实“风险＝收益”理论，达到独享利润的目的，极力将“劳动力商品化”概念和“工资成本化”概念放在“会计科学”中，将“E”放置到货币资本支出板块，使之立于**利润收益的对立面**，涂上“利润反作用”的颜色，让人力资本支出者带上“旱涝保收”的帽子，从理论上把**人力资本的价值**“科学地”对等为**工资**这个价格，使之没有理论根据，也因为是“利润的负效应”而没有脸面去跟“完全承担了风险”的货币资本去一起分配利润。为维系货币资本方的利润独享权，他们在经济周期周而复始之中，宁愿在危机时直接销毁大量产品，也不愿意给人力方一丁点“分配”的口实，哪怕只是卖不掉的实物产品。在这种生产关系较长时间促进着生产力发展的过程中，货币资本方终于等来了“科学管理”融进上层建筑的结果，于是，**一切法制化了，社会意识形态也被锤实了。**

资方不会去破茧，劳方也意识不到要破“管理科学”的茧，双方就这样在矛盾中一直围绕着“E”争斗，斗到损毁机器，斗到罢工游行，斗到政权更迭，斗到世界冷战。资方赢的，维持原状；劳方赢的，通过上层建筑提升和保障“E”。而无论哪方输赢，劳资矛盾制约生产力的局面，始终都没有破解。

人们解不开劳资对立的局，最后还得靠生产力发展的运动规律，自己破局。

在商品市场转变为买方市场后，劳动群体的社会需求也升级了，以雇佣制为基础的生产关系和管理理论对生产力发展的作用由原先的促进变成了制约，于是，劳资协作成了生产力发展的根本要求。当这种协作使得劳资双方利益最大化得以同步实现时，合作制替代雇佣制、弹性工资替代固定工资、劳资共担共享的模式替代资方独担风险独享利润模式，便理所当然了。

捅破雇佣制跟合作制之间窗户纸的，是生产力发展对企业必须拥有核心创造力这一要求；因为创造力源于劳动者的自觉发挥，而“E”价格已难以匹配知本时代“C”的价值了，只有“E+F”才能匹配“C+D”。

在雇佣制还被惯用的当今，粗暴地置换劳资合作方式会带来较大的震动，为能使合作制平稳顺利地接替雇佣制，循序渐进是必要的，其方法是：如果企业已有“F”，将“F”与“E”合并后（如原先无“F”则不需合并），再由员工本人从中切分出“F”，“F”的比例 x%（即《考核表》中的绩效考核率）由劳动者本人自主个性化切割、自觉逐步提升。当“E”100% 地转化为“F”时，如同海尔、小米那般的“完全合作制”（承包制）就形成了。

12.3 劳资共生关系的形成

12.3.1 合作制在迭代雇佣制

马克思认为，劳动是“人的因素和物的因素”的结合。人的因素指的是劳动者，物的因素指的是生产资料等（邵彦敏 等,2017）。劳资关系是辩证的，既矛盾，又统一（王秋梅，2012），“使他们连在一起并发生关系的唯一力量，是他们的利己心，是他们的特殊利益，是他们的私人利益……所以大家都是在事物的预定的和谐下……完成着互惠互利、共同有益、全体有利的事业。”（《马克思恩格斯全集》第 1 卷，2009）但在过去的很长时间里，一直是资本在雇佣劳动，这种牢固的雇佣关系直到 20 世纪 90 年代才开始松动。

西方经济学为夯实资本雇佣劳动的模式，捋出了很多专业理论，威廉姆森在其资产专用性学说中指出，应将剩余控制权及剩余所有权赋予资产专用性较高的所有者……费茨罗和穆勒提出，有效的所有权结构是把权力集中在流动性较弱的成员手中（张嘉昕，2014），因实物资本的流动性较差且专用性一般较高，所以实物资本是主动方。但当金融产业兴起，强流动性的金融资产在全球的总量已超越了实物资产十几倍之后，资本雇佣劳动的前提也就发生了改变。随着知识经济时代的来临，尤其是风险投资行业的兴起，人力资本的重要性日益凸显，企业对人才的渴求甚至胜过对资本的需要，格罗斯曼和哈特提出的资本在生产中对效率影响的前提也发生了变化（张嘉昕，2014），资本和劳动对效率的影响力发生了逆转。因此，不少的学者开始认为，劳动雇佣资本的时代已经开启。

雇佣，是指雇主为主动方，对被雇佣方拥有绝对支配权。那么，资本和劳动的未来，一定是一方支配另一方吗？

生产力的飞速发展，的确在瓦解着原有的生产关系。一些学者认为，现代股份制正在取代业主制，也有专家在力证合伙制将要覆盖雇佣制……那么，未来的企业主流结构，到底会是怎样的模式呢？

要研究企业模式，得先明确企业的“四权”和“生产五要素”。企业的“四权”是所有权、经营权、操作权和分配权；“生产五要素”是资本（包括货币资本和实物资本）、劳动、技术（包括企业家）、知识（包括信息）、土地。通过研究“四权”和“生产五要素”，就能较准确地厘清生产关系的进化过程和演变方向。

从企业组织形式的变迁过程来看，“四权”是遵循“集合－分散－再集合”的波浪式上升轨迹运动的，现在正朝着更高级的集合方向在发展见表12–3。

表12–3

“四权”的波浪式发展示意表

组织形式	所有权	经营权	操作权	分配权
个体经济	②③⑥	②③⑥	②③⑥	②③⑥
业主制	②⑥	②	③	②⑥
合伙制	①②③	①②③	①②③	①②③
古典股份制	①②④⑤⑥	④	③	①②④⑤⑥
现代股份制（合作制）	①②③④⑤⑥	①②③④⑤⑥	①②③④⑤⑥	①②③④⑤⑥

注：要素代号①货币资本所有人；②实物资本所有人；③劳动者；④经理人；⑤无形资产所有人；⑥土地所有人。

“四权”分离是在组织形式发展到古典股份制阶段形成的，它是专业化和流程化极致发展的产物，而正是因为专业化，使独立承担经营的经理人和独立承接操作的劳动者价值得以突显。随着知识经济的发展，**人力资本成了核心生产要素**，他们介入分配权的愿望日益强烈，而其作为独立资产的地位也显现了出来，并因“**专用性更高**”和“**抵押作用越来越强**”的属性，理所当然地应该列为企业所有者之一。于是，相比之前的“四权”集合，新的集合是一种“生产要素大联合”的集合，是更高级别的结构模式。

形成这种模式还有一个重要的原因，就是“资本产权残缺性必然逐步消除”的发展规律。所谓资本产权残缺性，是指作为独立要素（含“生产五要素”）的资本，它的所有权、使用权、处置权和收益权残缺不全，没有形成一个完整的整体。以人力资本为例，来看看表12–4所示的资本产权残缺性逐步消除的发展过程。

表 12–4
人力资本产权残缺性逐步消除的过程

人力资本的产权	所有权	使用权	处置权	收益权
奴隶制中	无	无	无	无
封建制中	有	无	无	无
资本制中	有	有	无	无

在奴隶制中，奴隶连基本的人权都没有，他们的权益残缺非常明显；到了封建制阶段，农民虽然有了人身自由，但他们仍无法获得劳动和收益的支配权；在资本制初期，工人们不仅拥有了人身自由，还有着劳动支配权，但他们仍无法拥有人力资本的处置权和利润的分配权。随着生产力的发展和社会的进步，人力资本的风险承担力越来越强，随着**独立的抵押性和专用性的凸显**，其产权残缺性必将越来越小，并**最终走向产权完整**。

所以，**在资本雇佣劳动的前提发生改变之后，并不会走向劳动雇佣资本。**虽然人力资本的抵押性和专用性日益增强，一些科技型企业中，就连人力资本的流动性都开始弱于货币资本。但是，货币资本和实物资本也是在向产权完整性发展，不会简单地落入“被支配”的地位。劳与资都将在产权趋于完整的必然趋势下，在企业中结成共担、共享的关系。

由于不同的社会制度下各生产要素的社会基础和法律基础不一样，不同产业中各生产要素的价值比重不一样，各要素消除产权残缺性的条件也不尽相同，因此在企业“四权”中的集合力亦不尽相同。所以，以现代股份制为内涵的合作制并不会整齐划一地浮现，而合作制也会在各要素不同程度地走向独立和完整的过程中，表现为不同完整形式的多种模型。但它的方向，绝对是清晰的。

那么同时，以实物资产所有人（生产资料所有者，俗称“老板”）为主，长期占有分配权的时代即将过去，而维系它的各种理论（包括“货币资本风险理论”和“工资成本理论”等），也将在生产力发展的大浪中被洗涤和迭代，所有生产要素共担、共享的合作制将引领市场的未来。随着各生产要素产权逐步走向完整，特别是劳资共担逆转了劳资对立，新的管理理论也将会逐步出现和成形，它的核心内容是：**共生**。

12.3.2　劳动资产化是逆转劳资对立关系的关键

合作的基本内涵是共担和共享。既然劳资走上了只有合作才能更好实现各自需求的历史轨道，就必然要建设好共担和共享的结构和机制。要共享成果，就必须拥有共担责任的前提。要担责任，人力资源就必须具备一定的产权资本性。

产权资本性主要表现为一定的非流动性和风险承担性。

人力资产在创新型和技术型企业中，的确成了核心价值，在其他类型的企业中的价值地位也逐步在提升。但由于在传统会计法则中它是作为成本出现的，其资产性没有数值表现方式和途径。因此，即便事实上它已具备一定的与货币资本相同的资产性，但在实操上，也因无法数值化而难以介入风险的承担，如此一来也就没有足够的理由跟货币资本平起平坐分享利润，所以它在企业中的地位也就无法真正体现出来。

很多企业基于人力资源的重要性，为增强员工团队的稳定性，只得辅之以年底双薪、长周期奖金和不具备资产价值的分红型干股。虽然这些举措在一定程度上能对员工稳定起到作用，但远未达到“非流动性”的地步，更无法拥有资本“承担风险”的硬特质。那么，该如何在人力资源的事实价值已逼近甚至是超越了货币资本价值的实质状况下，数值化体现它的资产性，并将其纳入风险承担和利润分配呢？

要体现人力资源的产权资本性需要完成如下四个举措：**一是劳动价值数据化；二是收入效益化；三是责任明晰化；四是产权捆绑长期化。**

关于劳动价值数据化，为更全面和精准，应从直接劳动、间接劳动、无形劳动三个方面进行。直接劳动是指工作人员的日常工作，可以用《考核表》对每个员工每件工作事项的操作结果进行客观赋值，以得出劳动者的直接劳动价值（具体操作详见本书 6.2.3 和 7.2.2），直接劳动价值可以 O 分计价；间接劳动是指工作人员遵从运营规程、规章制度的行为，可参考《行为表》进行赋值（详见本书 5.4.5 和 10.5.2），间接劳动价值可以 P 分计价；无形劳动是指工作人员或非工作人员的知识、技能以及他们的情报、知识产权产出行为，可以参考《资格表》进行赋值（详见本书 5.4.6 和 11.1.2），以 Q 分计价。为了使这三个度量衡能统一兑价，其衡量值应该一致，即 1O 分 =1P 分 =1Q 分。

有了劳动数值化，收入效益化就有了前提和执行依据。所谓收入效益化就是收入跟效益同频涨跌；效益好，收入高；效益差，收入低。企业里常见的提成、红利，就是收入效益化的具体体现。传统企业中，除了业务性的工作可以以提成来效益化计酬外，非业务性的工作很难进行效益化计酬。有了劳动数值化，而且是像 O 分、P 分、Q 分这样非常精细的数值化，所有的工作都可以简单地实现效益化计酬了，具体的做法包括**具象结果量化**和**整体效益同频化**两方面。具象结果量化是指 O、P、Q 分值根据具体单项工作或行为结果的价值量大小进行赋值，精准反映单项工作或行为的具体价值量；整体效益同频化是指将具象结果量化值跟企业整体利润率挂钩，使个人劳动收入跟企业利润率同频涨跌（具体操作见 12.4.3）。个人收入包括薪资、福利、期权、红利等，一旦实现了跟企业利润同频，就跟货币资本的收益形式相近了。

有了收入效益化，责任明晰化也就可以简单执行了。所谓责任明晰化，是指具体量化的责任明确地对应责任人。因为每项工作或每个行为是以分值多少的方式来对应具体操作人的，分值的多少体现为操作人的收入多少。可以首先让操作人从经济上对工作和行为负起责任，然后依据分值的多少，再匹配其他奖惩责任。

因为劳动数值是一一对应权属人的，其产权价值和产权归属相当清晰，将每个产权人不断产出的价值累积起来，除了关联绩效工资和短期奖金、福利外，累积值可以作为分配期权分利、股份分红、结业清算等长期权益的核算基础。这些长期权益跟货币资产的权益基本一致，是企业的核心权益，一旦项目成功，长期权益的分配值将会是短期权益的分配值所无法比拟的，那么，人力资源产权捆绑的长期化也就实现了，其稳定性自然不言而喻。

当人力资本可以明确承担责任、具有非流动性特质的时候，它的产权资本性也就非常清晰，可以跟货币资本和实物资本一样分享企业的所有权，而作为所有权资本，分配权也就可顺理成章了。

当人力资本在企业“四权”中跟货币资本和实物资本一致，共担责任、共享利润时，劳资的对立关系也就自然变成了合作关系。

12.3.3 如何将劳资收益的反比关系变成正比关系

劳资合作是社会生产力发展和市场激烈竞争导致企业矛盾重心外移的必然结果，是劳动阶层社会需求升级后，劳资利益更大化追求自然演化出来的形式。当我们捋顺了制约劳资双方的利益机制后，劳资共振就会水到渠成。

在传统的会计核算方法中，由于劳动力价格（工资）被计入了成本，被人为地变成了效益和利润的对立面。结果就成了劳动者工资高了企业效益和资本收入就变低了，而企业压低劳动者工资则能够提高利润，劳动者无形之中就成了企业的负赘。于是，劳动者就这么一直躺在资本对面的深坑里了。就这一所谓的“专业核算方法”，引发了一系列的抗争理论和恶斗结果，资方为求得利益更大化，想尽办法把工资往下压；同时，又想尽办法提升劳动强度，加强劳动监督、拖延劳动时间，并将这些做法极致化变成一整套管理制度，发展成一种专业名曰“科学管理”。所以，我们今天看到的包括众多专家和学者在继续钻研的管理，基本是一种针对劳动者的举措和制约劳动惰性的制度，以及监控和鞭策劳动行为的方法。众人在劳资对立的惯性思维中，认为已经从企业内部抗争发展为阶级斗争，甚至政权战争和全球冷战的劳资矛盾，是极其复杂、不可调和的。

然而，劳资矛盾的关键点却十分浅显，即**既定的工资成本化核算**。并且这是人为的。实际上，劳动和资本作为生产中最重要的两个要素，其严重对立的关系，生产力发展并不是推手，生产力从来都是依赖于劳资协作才得以发展的。

如果将劳动收益端正为产后效果性分配，一切问题都将迎刃而解。

事实上，企业仅仅只是跟员工预定了工资，虽然工资是提前预定好的，但通常情况下并不可能在劳动生产进行之前就支付工资，但预定跟支付是两个概念。实际的生产和分配情况，是资本付出购买基础设备和原材料的成本、劳动者付出劳动成本，共同完成了生产协作，才进行“事后分配”（包括工资发放和利润分配）的，如图 12-1“雇佣制转变为合作制原理图”所示，这是很客观的先后逻辑和因果关系，没有劳资双方的投入和生产动作，“事后分配”不可能进行。传统管理中把工资计为成本，主要是由于预算的需要，但这不可能改变“没有生产动作就没有产后分配”的价值逻辑和因果关系。对于产后分配的模式，仅仅是大家习惯了先进行工资分配，再进行期权和红利分配而已，这只是个先后顺序的问题。至于把先分配的那部分，站在人力资本角度开放地叫作“收益分配”，还是站在货币资本角度狭隘地叫作“剩余利润之前的成本性开支”、仅把后分配的那部分称为收益分配，那都只是站在不同角度的一种用词和会计记账编写的形式而已，它改变不了生产和分配的内在价值逻辑和前后因果关系。

当我们沿袭生产和分配的价值逻辑，就能清晰地看到，不管过去、现在还是将来，劳资永远是生产投入的两个协同要素，无论少了哪一方，社会生产和劳资收益都无从谈起；而无论是“劳动者的工资”还是“资本方的利润”，都是生产投入之后才能进行价值表现的，工资和利润，只是一种词语形式，他们的实质，都是基于自身投入之后的价值回报。

不过，如果只是将既定工资和利润归为“分配”，虽然解决了“对立战壕”的位置问题，但它们仍然有着分配上“你多我少、我多你少”的相对性，不过因为已经是“同一战壕的盟友”了，化解相对性问题也就容易多了。

其实，劳资收益在过去也并不只有反比例关系，业务部门的提成模式就是劳资的正比例关系，这个模式下的劳资收益是同频的。即便是在泰勒时期（工业革命早期），也有劳资收益正比例关系的，比如计件工资，它就是“你多我才多，你少我也少”的同频收益形式。

剖析一下提成和计件工资，就不难破解作为企业的主体工资——非业务性工资与利润的反比例关系如何变成正比例关系的难题了。

提成和计件工资核算方式的内在逻辑是：根据劳动的客观结果，按绩效正向比例计提薪资。如果依此逻辑来核算非业务性工资，理所当然也将会形成工资与利润的正向关系。如此，就只剩一个问题要解决了，那就是如何对非业务性工作的价值进行量化。如果非业务工作的成果可以量化，那就完全能实现按效益的正向比例计提工资。而本书 7.2.2 和 8.5.2 已经将这个问题解决了。

所以，将所有的工资变得跟利润同频，在方法上是可以做到的。我们完全可以解决劳资利益的矛盾性问题，消除劳资的对立意识，为劳资合作铺平道路。

虽然劳资收益同频化在方法上行得通，但毕竟劳资对立意识根深蒂固，劳资收益的反比核算模式已“约定俗成”，劳资行为对抗也已形成了巨大的惯性，如果进行 180° 的大转弯，势必会产生巨大的震动，其结果不一定是良性的。那么，是否可以找到一种润物细无声的平稳方式，让劳资双方潜移默化地，在不知不觉中就完成“乾坤大挪移”呢？

其实，在本书 6.2.3 讲到琦琦“玩”绩效考核率 x% 时，已找到了员工心甘情愿、自觉自发将固定工资变成绩效工资的方法。这种方法的实现是潜移默化的，是由员工从不尝试，到小比例尝试，尝到甜头后再扩大考核率而自发完成的。在其中，员工会在自己能掌控的工作职责和努力范围内，追求更大的个人利益，在欲望的驱使下，情不自禁地最后把固定工资全部绩效化，整个过程完全由员工自定义、自主操作。将保障性工资转成效益性工资的渐变过程，表面上是任员工去追求个人利益更大化，实质上是基于人性的自私与贪欲，让员工不知不觉地就达成每项工作的最好结果和最大价值实现。**在他获得高工资的背后，实质是为企业创造了相当于其工资数倍的价值**。另一方面，**企业表面上“割让”了绩效薪资中的更大比例给员工，实际上在财务精算中，企业相对比例的缩小换来的是绝对收益的扩大**！在员工们乐此不疲地“玩”更高收益的欢呼声背后，是企业效益倍增的无为而治。

如此一来，皆大欢喜。

员工们追求到了自由、自主、尊重、自我价值的最大化，这是新时代劳动者梦寐以求的；而资本方也实现了投入产出的效益最大化，这是它亘古不变的根本追求。

劳资共振，就这样顺理成章地实现了。

在图 12-1“雇佣制转变为合作制原理图”中，“E”转化为“F”之后，人力资源资产化的结果也就锤实了，劳资合作也就彻彻底底实现了。因为在这种模式中，劳资双方都是自觉自发、心甘情愿的，没有强制和胁迫成分，这为劳资产权的长期捆绑奠定了厚实的心理基础。加之双方因此可以很好地实现根本需求，长久结成合作关系也就水到渠成了。

在合作制迭代雇佣制之后，原先支撑劳资相互抗争的**劳动力商品化理论、所有权等于收益权理论以及剩余价值剥削理论**等，将会失去它的社会意义。取而代之的，将会是一整套全新的**共生理论**。

12.4　绘制劳资共振坐标，引领知本时代风向

12.4.1　“切胡萝卜”切出的“岗位创业”

企业管理犹如大禹治水。

任何事物都有其特定的习性，逆其习性得到的是对抗力量，顺其习性得到的是协同力量。大禹治水的经验告诉我们，水的特性是往低处流，堵，是逆水之性，所以，治不服它；疏，是顺水之性，所以可以牵引它走，使它变成灌溉之利。企业管理的是人，人性的根本是趋利避害，所以，顺着人性来管理，很容易激励人，逆着人性而为，则很难激发人的潜能。

泰勒的《科学管理原理》在工业时期是顺应人性的，因为在那个年代，劳动者普遍生活在生存线上，一份相对稳定的工资，是劳动人民最根本的社会需求，工厂提供的“胡萝卜”，很能满足人们的趋利性；而在管理当中施以“大棒”，很能让工人们忌惮被扣工资或者被辞退，这是充分利用了人们的避害性。因此，“科学管理”在 20 世纪中叶以前，极大地促进了生产力的发展。

然而，生产力发展是动态的，生产关系也不可能是一成不变的。由于人们物质生活水平的提高，他们的社会需求普遍升级了几个档次，由原来的生存需要转换到了尊重和自我实现的需要，一份固定的工资在他们看来远不是自我价值的实现，反而是一种“时间的绑架”，是对生命的浪费和不尊重，因此，企业提供的固定“胡萝卜”在绝大部分员工面前已由利逐步转变成了害；而基于“胡萝卜”基础上的“大棒”——一系列约束、鞭策员工的制度和举措，已经违背员工的尊重需求了，它不仅失去了昔日的威力，更成了劳动者力避之“害”，甚至成了劳资双方丧失合作前提的一个恶瘤。

所以本书才提出：变管为放，化制为服。

顺应当今劳动者的根本需求，才能重新开启劳资合作之路，才能更好地发展生产力。方法再清晰不过：**以充分尊重的姿态，搭建起劳动者自我价值追求的平台，在员工目标达成的同时，企业目标自然实现**。而这，正是管理变革的核心思路。

不同的制度和规程，把人性导向的结果是不一样的，或利或害，或合或冲，如何设计规则，这就是管理艺术。王石在谈到制度设计的时候用一则“七人分粥”的例子，说明不同的规则产生的管理效果是不一样的：

七个穷和尚每天早上分一锅粥吃，为了公平他们尝试了很多方案，最初执行的是民主选举制，大家无记名投票选举，得票最高的人来分粥。这种方法表面看似公平，但执行一段时间后，大家发现分粥人自己碗里的粥经常多一些，就通过选举换了一人。但后来的情况还是如此，大家发现这是一种“把好人变坏”的腐化制度，于是进行了体制改良，在选举制基础上增加监督机制，增选一名监督人进行执行监督。这种方式起初效果不错，但到了后来，分粥人和监督人对制度掌握透了之后，由权力制约走向了权力合作，两人的默契使得他们分得最多。大家不得不继续改革，经商议，觉得权力不能太集中，于是实行大民主，选举四个人进入“分粥委员会”，三个人进入监督委员会。这种方式虽然每个人都拥有一定的权利，但执行时必须是所有人到齐才可以开始，而且，各自眼睛的角度是不一样的，因为有的是桃花眼，有的是斗鸡眼，还有的是蛤蟆眼，你看那是一样多的，他看出来的就不一样多，等争出个结果，粥都凉了，这种制度效率太低。

后来大家认为，制度是为人服务的，不能让大家把精力都耗在制度执行上了。经过商议，大家决定用最简单的办法：轮值制。轮流主持分粥，虽然可能分粥人会给自己多分，但轮到其他人的时候可以同样捞回去，这样做最终大家是公平的。但这个方法刚执行问题就来了，分粥人第一个把粥全往嘴里倒，第二天、第三天……轮到机会的人也这么干，可到第四天这个制度就被否定了，因为第五人第六人第七人已经饿得差不多不行了，这个制度漏洞太大。后来大家学习联合国的做法，给每个人一票否决权，对不公平的分配可以说“不”。但这个制度执行起来还是存在问题，因为轮值人的做法只要有一点不合任何人的意，就会被否决，一来二去，粥都发臭了还没分好……

后来，大家用了一种最原始的办法：抓阄法，即分粥和领粥的先后顺序全部抓阄，分粥人最后一个领。这一制度起到了神奇的效果，每人得到的粥出奇地平均，因为分粥人心里都知道，没机会找人搞贪腐，分得不均，最后自己拿到的一定是最少的那一碗。

人性使然，制度的优劣，在趋利避害的人性之下，一验便知。

之所以同样的一个人，创业还是打工其努力程度天差地别，是因为自己创业的时候，努力就能得到该得的报酬，不努力造成的亏损责任得自己承担；而帮人打工，工资既定，还有着劳动法保障，多做少做对工资没太大影响。上司鞭策他去劳动，那是在加速他的身体折旧，是在消耗他的脑力，他为什么不“避”？真不要埋怨员工们不积极，如果是一两个人懒，那的确是人的问题，如果绝大多数的员工都是“打工心态”，得过且过，那就一定是方式的问题了。

“胡萝卜”已不太符合员工的口味，而由它延伸出来的“大棒”，自然就更不合时宜了。可大部分企业沿用的制度，还是那么地“大棒”——尽是对员工的管控、制约、鞭策，所以，我们要做的，不是在原有“专业”基础上修修补补，而是起底原有的理念，换一种地基。

那么，我们该如何在全社会都热火朝天“双创”的大势中，搭建一个既能让员工们为自己“明修栈道”，又能使企业“暗度陈仓”的平台呢？

其实，捋清了方向，很容易看到一个令人兴奋的着力点，那就是“岗位创业”。

通常，大家把“创业”狭隘地理解为“当老板”了，一提到“创业”就联想到开公司、搞合伙，或者开个店，会“弄不好倾家荡产”的。这种狭义概念下的创业，成功率非常低，因为要当一个成功的老板，得有很全面的知识，包括法律、公关、财税、营销、人事等，还需具备资金和风险掌控力，具备足够的经验和心理抗压力，还需要有机会和运气，还要懂得竞品分析和竞争路数。如果不是一个相当全面的人，不能牺牲除工作以外的感情和生活，想要当个成功的老板，几无可能。

然而绝大多数人都有过“当老板”的冲动，或有过那样的理想——即便可能只是梦想。没有梦，人便会失去激情。因此，很多打工者打工也是有“目的”的，他们为了将来能像自己的老板那样为梦拼搏一次，积蓄人脉、积累经验、积攒资金。

有很多勇敢的年轻人，打了几年工，“创业”三个月后银行的数字又“回到了解放前”。

绝大多数人的理想最终都只能在现实中慢慢化作泡影。

但我们不能否定来自梦的力量，不管是曾经遍体鳞伤还是涉世未深，心若在，梦就在，大家心底的那点念想就是力量的泉眼。

所以作为现代企业，应该迅速挂起“岗位创业”的招牌，博揽群英。

所谓“岗位创业”，就是员工仅凭自己有限的专业能力（无须全面的知识），个性化地负责某个岗位的工作，以月为单位，在基本工资之内，划定用以保障生活的工资底线（基本工资），确认剩余的基本工资为绩效考核工资，在量化考核的基础上，按工作的完成率来增减绩效考核工资，因绩效考核工资的减小部分负有限的经济责任，因工作结果的分值获得刺激性的收益（不限于绩效工资、奖金、期权、股份等）。这对于员工而言，既有基本生活保障，又有无限的收益想象空间，既不用承担“灭顶式”的经济风险，又无须等到“羽翼丰满”再去“逐梦”，何乐而不为呢？

如果有一种创业既能追求高收入，又能保留一定的时间去谈恋爱和照顾家庭，那谁还愿意去当那个高风险的“老板”呢？而这对于企业而言，不仅降低了“人力成本”，还提升了劳动创造力，省略了监控和管治，即便员工的绩效收益达到了传统工资的几倍，那也只是财务精算中，他自己多创造出来价值的其中一小部分罢了，在员工高薪的背后，企业的“剩余利润”只会更多。

“岗位创业”无缝对接了聘用制，使“打工者”在自己“切胡萝卜”的过程中，不知不觉地就变成了“有限责任承担”的承包人（具体详见 6.2.3）。

“七人分粥”中的各种制度也是企业界常见的制度，正是因为常见，大家才不那么怀疑地相互借鉴着用，试图从中找到一种适合于自己的。

其实，不少企业也早判断到了劳动者社会需求的升级，并率先引入了劳资合作的机制，有送期权的，有配干股的，有让实股的，不少名家豪言：雇佣制已死，合伙制将取而代之。

可怜的是，一些先尝试员工合伙的先驱企业，已经成了先烈。

如果企业只是“看菜吃饭”式的送点期权和干股还好，给出较小比例的“未来”也不至于会把自己弄死。不过，这种期权和干股既看不见摸不着，又不痛不痒，画出来的“饼”充不了员工的“饥”，舍出的“孩子”套不着“狼”。一些企业见干的“套不住”员工，就来实的，对内铆足了劲造梦，挂上个“上市”战略，然后叫员工掏钱买股，用顶层的暗语来讲这就是“把员工给套牢了”。可事实上，通过这种手段套住员工身体的企业，没几个真正激发出了员工的潜能，更多的现实情况是，员工没被激活，却把企业给套死了，“昊昱之殇”一幕幕在重演。

一些较为成功的企业执行合伙制，也仅敢“捆绑”中高层骨干，因为合伙制的本质是，同股同权，在同利的同时还要同责，而普通员工的视角和承担力摆在那，就算他的胆有那么肥，可他的肩也扛不住。所以说，**合伙制解放不了普通小员工。**

作为普通员工，他们只擅长本岗位那些工作，只扛得住岗位中那点责任，他们经不住“拔苗助长”。企业同样也经不起“大跃进”式的折腾。

而实施“岗位创业”，基于岗位利益的变换，让员工每个月在自己可控的持续上涨收益中充满干劲，是最具有激励效果的。至于如何让人力资产如货币资产般地“非流动化”，可以在此基础上，设计中长期的“利益连环套”（这个“套”于员工而言是褒义的）。

12.4.2 彻底打通劳资链路

链路（link），是指一端与另一端的连接通路。

“切胡萝卜”是劳资合作的起点。“胡萝卜”没切之前，劳资是完全的聘用关系，劳方没担什么责，也分不到什么“剩余利润”。当员工自主切“胡萝卜”时，保留部分保障生活的“胡萝卜”是为了没有后顾之忧，切出来的“绩效考核工资”等于在公司进行“风投”。因为“绩效考核工资”最终是要根据工作结果优劣来确定领取额度的，如果工作结果不佳，根据不良程度，部分“绩效考核工资”就要承担“有限责任”；当然也因为承担了一定的经济风险，所以一旦工作结果超标，就可以根据超标程度放大“绩效考核工资”，这种放大甚至是成倍的，刺激力自不用细说。人力资本的产权资本性，就在这越切越多的“绩效考核工资”中逐步突显出来了。当“胡萝卜”切完，人力资本便与货币资本的责利角度完全相同了；如再设计好人力资本的中长期连环收益，使之成为“非流动性”资产，其产权价值就与货币资本等高了。

员工“自主放大”的绩效收益一般是按月发放的，这是员工的短期收益。短期收益无法促使员工“非流动”。那么，员工的中长期收益该如何设计呢？

设计员工收益，需要先明确几个原则，即**激励性原则、累积性原则、连贯性原则、劳资损益同频原则**，如此，才能让员工走心、定心，让资本放心、开心，达到劳劳共振和劳资共振的效果。具体的设计方案如表12–5所示。

表12–5

员工的连环收益体系设计

阶段		短期	中期	长期
方法		工资逐步绩效化	实施评优、年奖、各种福利、晋升、休假	设立员工期权、股权，内退机制
要点		员工自主定考核率，绩效工资空间大，财务精算	员工行为和资质量化，O分、P分和Q分永续累积并权益化，各项权益嵌套	动态叠加，永无顶点
效果	劳动者	高薪刺激，得到尊重、自主，获得存在感、满足感，倾尽所能	得到增值收入，得到情感满足，获得价值感/归属感/荣耀感，欲罢不能	得到核心分配和产权，获得成就感、安定感，价值实现，难以止步
	资本	人力成本和管理成本降低，收益率提高	羊毛出在羊身上，还结余更多“毛衣”	相对比例减小，绝对收入增大，坐收渔利
	企业	每项工作完成效果好，财务风险降低，内部力量同频	团队稳定，内部聚力、有序，良性循环，资源共振	形成统一阵线，动态平衡，无为而治

员工收益体系设计的关键是从物质上、精神上全方位满足员工需求，深

层次激活他们的内心，通过极富刺激性的正负激励来量化考核每一个细节，令员工对每一项工作和每一个行为自觉做到最好，进而将量化分值进行永续累积并权益化，使各项员工权益形成紧密连环套。在这个体系中，员工由于工作时间的积累，中长期权益会越来越大，其离职成本就会越垒越高。一方面，这个系统会让员工越往后越难以割舍，在充分获得满足感和安定感的基础上，最终将自己的梦想和情感寄予企业；而另一方面，企业则可在劳资损益同频的基础上，顺势下架管制和监督，随员工的逐梦在轿中坐收渔利，完美实现无为而治。

这个体系的收益人员不仅包含在职员工，也包含离职人员和兼职人员、顾问以及外部资讯提供者。虽然这个体系能使员工“离退成本会越来越高”，但也不可能杜绝离职现象。因此，对不同情况离职（合同到期、特殊变故的辞职、末位淘汰、违规劝离、开除等）的员工，应保留不同比例的权益，以使离职人员人走心留，让他们成为可以继续贡献的情报人员，形成外部的一股正能量。同样地，给予达到国家退休年龄和企业内部退休条件的退休员工，仍保留部分比例的权益，则可让他们在不占成本的情况下，继续发挥余热。由于Q分不占企业的硬成本，可以无限量地使用它，广泛吸纳一切有积极作用的人士作为顾问或信息员，以形成一个巨大的资源网，这种“**企业统一阵线**”（见下册第21章）的作用不会亚于专业的尽调和情报部门。

员工们的日常工作和贡献行为可以通过O分和P分量化为资产，各方人员创造的无形资产（包括各种著作权、专利、商标、资证等知识产权）可以用Q分量化为资产，有了这样的价值量化，再加上大家的个人信用，企业人力资本的质押作用将会非常显著。

人力资本因其非流动性、质押作用和担责力，将可以对等地与货币资本、实物资本分享和分担企业的权责利。

人力资本与货币资本、实物资本不仅在权责利方面可以共享和共担，其载体还可以互通。

一方面，劳动者可以同时成为投资人。公司员工除凭绩效工资对运营结果承担“有限责任”、凭个人信用进行风险担当外，还可以通过将部分收益划分为投资，或根据企业需要投入从其他途径获得的货币资本、实物资本，成为企业的投资人，同时拥有劳资两种身份（具体实操方法见下册第13和第17章）。

另一方面，投资人也可以同时参与经营。作为投入货币资本、实物资本的个人，如有时间和能力，亦可入职参与劳动生产，在具体的工作岗位上如同其他职员一样进行工作，通过O分、P分和Q分来输出劳动价值，同时拥有劳资两种身份。

在共生型事业体之中，劳资两方的责权利是共享共担的，因其损益同频，其链路的连通是很自然、很容易达成的。

利益共享和责任共担，才是真正的合作。

12.4.3 共生“轻轨”的系统化建设

劳资共生平台的搭建，可以基于表12–5所述“员工的连环收益体系设计”的内容来进行。其中，平台的短期和中期建设，主要围绕日常管理展开，以绩效考核、行为考量、资质评定、各种奖金和福利、月度和年度评优、升降职、假期等为主要内容，来形成一个统一的日常运营系统；而平台的长期建设，则以所有生产要素的“剩余收益”（主要包括期权、股权等）及其进入和退出机制为主要内容，来形成一个统一的产权结构系统。

这一日常运营系统从形式上看，只是把传统的管理量化、系统化，将原本人为评估的各个环节程序化、客观化，将原本割裂的各类评估结果统一化、规范化了，是在做减法，在将管理精简化、去人化。这套系统在实施时跟企业原有的管理可以无缝对接，无须变更原有的人员、制度和结构，但其运营的效果却非常具有颠覆性，它润物细无声地改变着员工的被动心态、消融着僵硬的劳资矛盾，在激发劳动潜能、消除资源内耗上起到了实质性的作用。本节是整体化地把这套系统梳理成形，以便读者透彻理解。

这一系统之所以能做到表面上不动声色、实质上又促成了劳劳共振和劳资共振，是借鉴了大禹治水的方法，置堵以疏，把传统管理逆劳动者人性的“制约”，化作了顺劳动者人性的“撬动”，形成了劳动自驱，实现了利害转换。它作为一种可量化的人才激励手段与方法，是将员工的能力提升与工作贡献数字化了，通过分数将能力转变为价值认可和提高收入的标准与依据，从而促进员工自我管理意识的增强以及员工自我管理能力的提升（杭晨捷 等，2015）。

这一系统之所以能打通企业的脉络，把企业的常见病化于无形，是因为将所有生产要素的贡献和价值分值化，并统一了度量衡。因为这套系统将所有的工作、行为、资质绩效化了，故称为“分值绩效系统”。该系统已被不少企业进行了实践，其中一些企业已进行了长达十多年的探索和运用，因此，本书才得以梳理出这些实操的经验和理论。

分值绩效系统在运用过程中被一些企业上升到了制度化的高度，比如畅享时代公司所形成的《劳动分值（暂行）条例》（以下简称《条例》），甚至都有了思想高度和哲学高度：

畅享时代公司劳动分值（暂行）条例

第一条 条例依据

《畅享时代公司劳动分值（暂行）条例》（以下简称“条例”）依据《中华人民共和国公司法》及分值系统原理而制定。

第二条 条例实施的目的和意义

通过把在编专兼职人员的工作、行为和资质量化为分值，为职员的岗位考评和各种权益的分配提供客观的数字依据，以激发职员的工作原动力和创造力、实现职员工作的自驱动、满足职员的成就感；同时搭建起员工自定义绩效考核比例、追求高收益、提升承担力、逐步实现事业追求的平台，创造团队和谐、共振、有序的良性循环工作环境，维系创业团队和全员的动态平衡，使职员与公司形成命运共同体，实现劳资的共振关系，在职员和公司共赢的基础上更好地履行纳税义务、为社会创造更大的价值。

第三条 条例的指导思想和哲学原理

以发展了马克思理论的共生价值论为指导思想，倡导人本主义、共生主义，遵循共振哲学和杠杆哲学。

第四条 条例的实施原则和范围

条例采用客观价值尺度，以分值体现价值量，遵循“按值分配”原则；条例适用于公司编制的全体专兼职人员。

……

这个《条例》严整地将分值绩效系统的实操体制化了，其主要内容包括各种分值的定义、构成、量化标准、操作流程、统计输出，以及岗位考评、职级升降、月度和年度评优、假期、奖金、各项福利、股权基础等，形成了一个闭环管理体系。从该《条例》可以发现，其日常经营的核心是“六张表格”（如本书5.4中所示），它涵括了企业所有制度和工作的落地，再辅以《薪资导出表》《评优数据导出表》和“两个宝典”（《“开心月会”实操宝典》《年度盛典实操手册》），日常运营就有条不紊了。

该《条例》除包含了本书各章节介绍的方法外，还有一些本书此前尚未深入剖析的实操方法也颇有价值，主要包括如下16个要点：

（1）岗位工作计划分设定。这项设定的关键在于，员工的计划考核分**不由经理主观设定**，须依据员工的基础薪资进行精算，按一定比例进行程序化设定，达到**既能让员工有很大的收益期望空间，又能确保企业财务上的只盈不亏**；因为计划考核分是程序确定的，经理在执行时，将既定的考核分按相应的比重配置到员工的每一项工作上即可。加分定义和减分定义亦是按考核分的量化定义同比例制定的。还有一个重要操作，是根据员工不断提升的能力，通过系统提高考核分，这可以不断刺激员工的挑战欲，还暗中拉抬了企业的效益率。

（2）可选工作设置。可选工作不可以是支撑性、紧要性、相互影响的必要执行事项，而是辅助性的有价事项，比如卫生、安防、形象、资讯、推介、宣传、培训等，可多多益善，以节省相关职能人员及其相应成本。

（3）度量衡统一。将O分、P分、Q分、R分的称量值一致化，使之分数价值相当，但不可通兑。在O分、P分、Q分的定值条款中，再标注部分条款为红心分、爱情分或家庭分（符号分别为♥、♣、♦），这是员工归属感建设的重要举措。红心分体现的是员工“主人翁”姿态的行为值，所统计出来的红心分能量化不同员工的“归心度”和“向心力”，可作为转正、晋升、评优、福利、股东等考评的客观依据。爱情分和家庭分的比拼可以增强员工的责任心和幸福感，可以固化员工的感情关系，可以增进员工跟企业的融合度，提高员工黏性。

（4）月度和年度奖金。奖金可依据每人当期［O+P+Q］总分进行加权平均分配。月度奖金延后 6 个月发放，可起到稳定人心的作用，特别是对于擅自离职者能起到很强的制约作用。年度奖金的一半可于次年 5 月发放，这也可以对于团队跨年的稳定性起到一定的作用。

（5）岗位考评。岗位考评以 $V_{产}$为主要考核指标，当月 $V_{产}\geqslant 1$ 为合格，合格度以月均值 $\overline{V}_{产}$超过 1 的程度来评定；当月 $V_{产}<1$ 为不合格，不合格度以月均值 $\overline{V}_{产}$低于 1 的程度来评定。试用期职员获红心奖章及月均值 $\overline{V}_{产}\geqslant(1+\Phi)$ 为转正主要标准，月均值 $\overline{V}_{产}<1$ 不能转正；月均值 $\overline{V}_{产}>1$ 但未获红心奖章，或 $1<\overline{V}_{产}<(1+\Phi)$ 时，需再根据其他条件综合判断是否可以转正。正式职员某月 $V_{产}<1$ 为产能报警，人力部和主管需对其进行约谈；连续三个月 $V_{产}<1$ 自动离职。这样考评避免了靠人力部或上司主观臆断进行考评的人为误差，很客观、数据化地把一个员工的能力和“归心度”输出了。

（6）工龄。工龄按月累计。工作日在岗不足 15 日的月份不计算工龄。工龄是人力资本“非流动性”的一个指数，是较多权益计算的基础。“在岗 15 个工作日”的临界线不仅对试用期和正式期员工考核提出了基本工作时长的需求，还兼顾了“四天工作制”的适用性。

（7）职级升降。职级升降的关键指标是红心奖章、绩效考核率 x%、$V_{效}$和 $V_{产}$。红心奖章体现的是“归心度”，x% 体现的是“劳资同频度”，$V_{效}$体现的是工作效率，$V_{产}$体现的是基于所领薪资的产能（高薪低能或低薪高能的程度），不同的职级升降考核中各项指标的准线不一；高级技术岗位的 $V_{效}$和 $V_{产}$特别重要，管理岗位的红心奖章、x%、$V_{产}$特别重要。

（8）奖假和年休。$V_{产}>2$ 时，可按［$V_{产}-1$］取整数作为员工的假期奖励天数。兑现原则是不影响团队整体工作进度，奖假可累积并为年假使用，亦可按固定比例兑换为分值。

（9）物资福利。物资福利的指标可设置为（1+m%）Σ［O+P+Q］/m，在节日和庆典时，可依这个指标排名划分等级进行差异化福利分配，避免平均主义。

（10）**生活补贴**。生活补贴的主要指标是x%、$V_{效}$、$V_{产}$和员工股东资格，但须基于本人及配偶均未有房产和车产，目的是温暖贫困者。

（11）**车房奖励**。主要指标是工龄、劳动分值、执行董事资格，但必须是基于本人及配偶均未有房产情况下本人采用银行按揭形式的首套房购买，或基于本人及配偶均未有车产情况下本人采用银行按揭形式的首辆车购买的需要，可向公司申请一定比例的免息借款。借款在离职时需还清；如在公司合法退休，借款免还。这个方法的作用是：把传统的高薪挽留骨干变成了活奖励，避免了骨干离职造成的企业损失，对于真正非流动的人力资产，是一种“奔小康”的鼓励。

（12）**赡孝福利**。赡孝福利的主要指标是P分和红心奖章。这是通过员工家长的亲情来增强员工的工作黏性和激发员工正能量行为的好方法，因为它是直接打入员工家属账户的一种福利，每月赡孝金的多少反映着员工在公司行为的优劣，所有员工为避免家人的担心都会很孝顺地“报喜不报忧”，如果以客观的P分和红心奖章来替换员工主观的“口头报喜”，**反过来就这会促使每个员工竭力成为遵纪守法者**（P分较高者）**和热爱公司者**（红心分较高者），而且争取逐月更优秀（因为赡孝金比前月下降会让家人担心）；如果员工离职去到没有赡孝金的别的公司，无论薪资多高，他们的父母都会因为无法知晓孩子的动态而难以接受，于是，**家属们无形中成了企业人力资本“非流动性”的重要基础**。而更多的关怀，诸如行政部对员工直系亲属的生日进行祝贺（电话祝福+贺礼），儿童节对员工11岁以下的小孩儿派送礼物，父亲节、母亲节、重阳节对员工的直系长辈进行慰问，春节、端午节、中秋节给员工家属发放礼品等，也将能很好地增进员工的黏性。

（13）**社保奖励**。在“五险一金”之上，再给予优秀员工重疾或意外险奖励，能解决员工深层次的后顾之忧，增强员工的黏性。奖励的主要指标是工龄、月均$\overline{V}_{效}$和月均$\overline{V}_{产}$。

（14）**旅游奖励**。旅游奖励的主要指标是本年奖假天数、工龄、月均劳动分、红心奖章。

（15）理财奖励。理财奖励的主要指标是工龄、劳动分累积、年度大红心奖、执行董事资格，获奖者需为公司提供信用担保，并承诺在公司合法退休，不是合法离退则理财款须归还公司。这样做的目的是增强骨干的稳定性。

（16）人力资产。专兼职人员在无形资产创造、知识产权（商标、专利、著作权）创造、项目促成、政府扶持达成、投资引进、资讯供给、方案提供等方面作出成绩，产权归属公司，但给创造者记名、奖励 Q 分，这**改变了传统聘用制下所有创造成果与员工不相关的格局**。另外，把个人信用给予企业担保者，也以 Q 分来体现其资产值和收益，这是传统聘用制下没有的，**是人力资产与货币资产等高的重要体现。**

产权结构系统的主要内容包括产权要素、股东类型、股东界定、股东责利划分、股东权利和义务、入股条件和流程、股东誓词、权力结构、议事规程、股份转让机制、股东退出机制、上市对接等，这些内容的原理和实操，详见下册第 13 章和第 14 章。

思考：为何《分值条例》中规定“在岗 15 个工作日”为工龄计算临界线？

附录 1

“开心月会”实操宝典

第 1 部分　开心月会的形式和主要内容

1.1　开心月会的目的：

（1）月度总结和计划，继往开来；

（2）月度奖励和福利，竞合发展；

（3）员工展示和秀场，激发能量。

1.2　开心月会的形式：

（1）开放会议形式；

（2）“会议＋文娱”形式。

1.3　开心月会的主要内容：

（1）新人亮相：

1）唯一的我（个人 PPT 或 VCR，含座右铭、人生格言、独立个性、精彩人生等）；

2）个人秀（才艺和作品，特长被认可超 50% 的认定为 Q 分特长加分项）；

3）导师寄语（导师是指“老带新”的老员工）。

（2）月度工作总结（主要是本月各方面的客观数据，可奖励上月某优秀员工来体验“当领导”的感觉）：

1）月度分值及其排名（每人的 O 分、P 分、Q 分、$V_{效}$、$V_{产}$及排名）；

2）赡孝奖金公布（每人父母所得赡养奖金）；

3）获得奖假人员及天数公布；

4）月奖金及其分配公布；

5）财务实现情况及 $V_{利}$公布；

6）月度战略目标达成情况。

（3）月度奖励公布（宽泛安排员工充当颁奖嘉宾）：

1）物质奖励及福利；

2）获得生活补贴名单公布；

3）获得车房补贴名单公布；

4）获得社保奖励名单公布；

5）获得理财奖励名单公布。

（4）月度评优（宽泛安排员工充当颁奖嘉宾）：

1）锋线旗手（$O \times V_{效} \times V_{产}$优胜者）；

2）攻坚高手（$V_{效}$优胜者）；

3）岗位能手（$V_{产}$优胜者）；

4）卓越指挥官（下属成员 $\overline{V}_{产}$人均值优胜者）；

5）杰出执行官（下属成员 $\overline{V}_{效}$人均值优胜者）；

6）标杆部门（人均［O+P+Q］分 $\times \overline{V}_{效} \times \overline{V}_{产}$冠军部门）；

7）一品勋章（个人［O+P+Q］分前几名）；

8）勇士奖章：个人 $\overline{x}$ 前几名，获流动奖章；

9）最美员工（男女 P 分冠军）；

10）闪闪红心（红心分前几名）；

11）突出贡献奖（总经理特别奖）。

（5）升职升薪：

1）职级升降及升降薪公布；

2）任命公告。

（6）新增股东公布：

1）新晋员工持股会名单公布；

2）新晋执行董事名单公布；

3）新晋员工股东宣誓仪式。

（7）前景展望：

1）政策利好；

2）新的契机（合作通报、融资、战略利好等）；

3）喜讯（政策扶持、专利、奖证、资格获批、荣誉等）。

（8）下月目标：

1）各部门基本目标；

2）业绩和利润目标。

（9）生日秀：

1）傲娇星座（本月所属星座的名人及其卓越贡献、该星座的优点和优势 PPT）；

2）闪耀之星（本月所属星座的员工及其贡献、最美最幸福的生活照 PPT）；

3）寿星秀（才艺和作品展示）；

4）生日祝福（点蜡烛、许愿、吃蛋糕、拥抱祝福等）。

（10）快乐大抽奖（所有人的抽奖券兑奖）。

第 2 部分　开心月会的工作人员和准备

2.1　月会会务组的工作内容：

（1）场务组：场地协调、座位安排、会议桌、台布、椅子、主席台、主持桌、水、台布、电源插座、麦克风、电源线等的准备及会后物资归还；

（2）舞美组：投影幕、彩旗、彩带、员工服装、化妆的准备、实施及会后清理；

（3）主持组：主持人确定、主持稿准备、主持、串场、效果渲染和引导；

（4）导演组：员工个人秀排练、彩排和表演指导、流程设计、场景设计以及实演指导和场控；

（5）影音组：投影、设备、灯光、话筒、音效、背景音乐、U 盘、PPT 短片、电脑、翻页笔等的准备、会议 DJ 配合及会后器具归还；

（6）财务组：红包及奖金准备、现场发放、费用报销；

（7）物资组：各项名单、统计表、流程表、报告、道具、设备、各项奖杯、奖章、胸章、奖座、红旗、桌旗、桌牌、司旗、司歌、徽标、奖箱、鲜花、胸花、笔、备用纸张、胶纸、胶水、剪刀、尺子、订书机等的准备、发放登记及会后整理；

（8）计分组：会议筹备、会议前中后所有人的 O 分、P 分登记及录入系统；

（9）新闻组：摄影、摄像的准备和实施，以及会后整理、公榜；

（10）总指挥：事务协调、指导、会务调整、特殊情况处理、会后总结等。

2.2 月会的资料准备和筹划：

（1）人力资源部绩效考核专员：

1）新员工及本月所属星座的员工名单及其有关资料；

2）新员工及本月所属星座员工的相关座右铭、人生格言、独立个性、精彩人生等资料收集；

3）月度分值（每人的 O 分、P 分、Q 分、$V_{效}$、$V_{产}$及排名）统计表；

4）赡孝奖金统计及每个员工父母（或老人）名单表；

5）奖假员工名单及其休假天数统计表；

6）生活补贴名单及其金额统计表；

7）车房补贴名单及其金额统计表；

8）社保奖励名单及其金额统计表；

9）理财奖励名单及其金额统计表；

10）锋线旗手名单及评选意见；

11）攻坚高手名单及评选意见；

12）岗位能手名单及评选意见；

13）卓越指挥官名单及评选意见；

14）杰出执行官名单及评选意见；

15）标杆部门评选意见；

16）一品勋章名单及评选意见；

17）勇士奖章名单及评选意见；

18）最美员工名单及评选意见；

19）闪闪红心名单及评选意见；

20）职级升降及升降薪提案；

21）任命提案；

22）日常奖券的发放表。

（2）设计部设计师：

1）提请进行新员工、本月星座员工相片拍摄和 VCR 摄影；

2）进行有关相片、摄像的美化和艺术处理；

3）进行 PPT 或 VCR 的剪辑、音效、合成；

4）司旗；

5）会场设计和布置方案；

6）提请进行各项奖杯、奖章、胸章、奖座、红旗、桌旗、桌牌的设计和制作；

7）公司展厅光荣榜设计制作方案；

8）提请进行奖券的设计制作。

（3）会议主持人：

1）新员工个人秀、作品展的展示设计方案；

2）提请进行新员工个人秀编导、排练；

3）大抽奖方案；

4）生日秀方案；

5）新晋员工股东宣誓仪式设计。

（4）财务部会计：

1）月度财务实现情况及 $V_{利}$；

2）红包及奖金准备；

3）会务预算方案。

（5）新员工：

1）优秀作品和荣誉提供；

2）个人秀准备。

（6）执行董事：

1）全体执行董事关于新晋员工股东的评审会议的组织、召开和形成决议；

2）新晋员工股东名单；

3）新晋执行董事名单；

4）新晋员工股东宣誓资料。

（7）总经办助理：

1）人力部关于赡孝奖金、奖假、生活补贴、车房补贴、社保奖励、理财奖励、锋线旗手评选、攻坚高手评选、岗位能手评选、卓越指挥官评选、杰出执行官评选、标杆部门评选、一品勋章评选、最美员工评选、任命提案意见的审定意见；

2）月度突出贡献奖提案；

3）月期权奖提案；

4）物资及福利奖励提案；

5）月度战略目标达成情况报告；

6）下月各部门基本目标计划报告；

7）下月业绩和利润目标设定；

8）总经理月度发言稿（含一些奖项公布、月度战略目标达成情况、月度财务实现情况、政策利好、合作通报、融资、战略利好、政策扶持、专利、奖证、资格获批、荣誉等喜讯，下月各部门基本目标、业绩和利润目标等）；

9）提示全员带齐本月所有奖券。

（8）总经理：

1）助理关于赡孝奖金、奖假、生活补贴、车房补贴、社保奖励、理财奖励、锋线旗手评选、攻坚高手评选、岗位能手评选、卓越指挥官评选、杰出执行官评选、标杆部门评选、一品勋章评选、最美员工评选、闪闪红心、任命提案审定签字；

2）月度突出贡献奖、月期权奖、物资及福利奖励提案审定签字；

3）月度战略目标达成情况报告审定签字；

4）月度财务实现情况及$V_{利}$审定签字；

5）红包及奖金审定签字；

6）月会方案及费用预算审定签字；

7）下月各部门基本目标计划审定签字；

8）下月业绩和利润目标审定签字；

9）总经理月度发言稿审定和修改。

第3部分 开心月会的会务流程演习

3.1 会务演习时间和人员安排：

（1）总指挥根据场地和会议组织人员的工作情况调配确认会议时间并发出演习通知；

（2）演练人员为会务工作组成员。

3.2 会务演习的资料和物资准备：

（1）物资组及设计组需于演习前将会议所需所有资料及物料提前采购和准备好；

（2）会议用到的音乐、PPT、宣传片等相关电子资料都需按流程编排好，避免差错；

（3）会议资料及相关物资确定负责人，清点好物料，并做好登记和保管。

3.3 会务流程演习：

（1）所有人员和物资到位后演习尽量一次过；

（2）演练流程完全按正式流程走；

（3）根据节约时间的需要，部分内容可简练略过，或让此环节的人会后自行练习；

（4）一些可能影响多个小组的环节可当即打断强调或重演；

（5）演练的目的是检查筹备工作的到位情况以及让所有工作人员熟悉相关环节。

3.4 流程演习后的安排：

（1）所有物资道具资料的回收和存放：

1）对所有物资、道具以及资料进行盘点；

2）做好物品分类存放；

3）确定存放地点及保管责任人员。

（2）交待好所有登台者做好会前准备并提醒注意事项：

1）熟悉会议流程，提前做好登台准备；

2）做好时间把控。

第4部分　开心月会的实施

4.1 月会正式开始前总指挥的工作要点：

（1）提前半小时在临时会务群里通知全体会务组工作人员，会议开始前10分钟准时到达会议室集合，迟到按《分值条例》扣分；

（2）提请计分组在会议开始前10分钟，对会务组工作人员的各项行为进行加减计分，会议开始后对全员的各种符合加减分的行为进行记录；

（3）要求所有会务工作人员检查自己岗位所需物资是否全部到位，各岗位布置是否全部妥当，没准备妥当的迅速完成；

（4）导演组需提前一天将会议时间和讲话内容专门通知相关领导和嘉宾，总指挥检查导演组是否检查了所有登台人员的准备事项和物资、是否通知了他们登台时间，提请导演组会前十分钟派专人去请领导、嘉宾，引导领导、嘉宾进入会议室，场务组安排好领导和嘉宾的座位和茶水；

（5）提请场务组对会场、坐席、设备、安全、消防、卫生等的准备做全面检查；

（6）提请影音组对音效、灯光、设备进行调试并做好准备，特别提醒注意U盘中电子文档内容的排列顺序；

（7）检查舞美组关于彩旗、彩带等会场装饰是否完毕，员工服装、化妆是否准备好；

（8）检查财务组的红包和奖金是否准备妥当；

（9）检查新闻组和主持组是否准备到位；

（10）提示所有会务人员把会务临时群打开到手机首屏，直到会议结束，任何情况在群里第一时间交流，提请计分组对会务群监督，任何当事人反应拖沓按（–1分/分钟）计分。

4.2 开心月会的流程：

（1）员工进场及热场音乐短片，10分钟；

（2）主持人热场活动及司歌合唱，6分钟；

（3）新人亮相，约15分钟；

（4）月度工作总结，10分钟

（5）奖励公布，10分钟；

（6）月度颁奖仪式，15分钟；

（7）升职升薪公布，5分钟；

（8）新股东宣誓仪式，3分钟；

（9）战略规划，6分钟；

（10）生日秀，7分钟；

（11）快乐大抽奖，6分钟。

4.3 开心月会实施要点：

（1）会议入场环节：

1）提前5分钟在会议室播放热场音乐和短片，在全员群里通知月会即将开始，强调带上所有抽奖券；

2）物资组成员将抽奖箱放置在会议室门口，督促入场人员将抽奖券放入箱中；

3）主持人指挥入场员工按既定区域就座；

4）提前3分钟主持人提醒大家最后安排和处理好会议外的所有事务，包括“三急”和客户事项等，提醒所有人将手机调到会议状态；

5）领导、嘉宾入场时主持人指挥全体员工起立、鼓掌，领导、嘉宾就座后请大家坐下。

（2）主持人热场环节：

1）以事先准备好的游戏进行全场互动，目的是让大家开心地将注意力放进会场；

2）会议时间到，场务组将后门关闭，在前门，手持黄牌对迟到者进行警示，计分专员对迟到者按（–1分/分钟）直接扣分；

3）奖箱移到舞台旁，迟到的人全部到台上放抽奖券，并全部参加互动游戏，游戏是活跃、开心的，与传统的批评和打击方式相反，采用“新新人类”最能接受的快乐教育方法进行负激励，使迟到者既得到强刺激，又不会受到心灵摧残，参与游戏的迟到者，在互动游戏结束时由全员进行点赞，游戏者根据点赞数获得排名，根据排名分别获得3、2、1、0分奖励，让迟到者可以因参与互动节目产生的积极影响力，把迟到扣掉的分数补一些回来；

4）迟到者留下获点赞数冠军，以及点赞数末位n名（跟一品勋章获奖人数一致）在台上，其他人到台下就座；由互动冠军开奖，开出一品勋章获得者，互动末位者，作为颁奖嘉宾给获奖者颁奖、佩戴胸章，以鼓励的方式教育和安慰迟到者，主持人引导掌声让一品勋章获奖者坐到贵宾席（跟领导们一起的座位）。

（3）新人亮相环节：

1）以酷炫、震撼、个性的VCR短片或PPT来分别展示新员工；

2）新人逐个进行才艺表演和发言，秀出与众不同的自己，主持人尽量托举新人，树立其自信心，让他的优秀面得以充分展示，特长被点赞超50%的认定为Q分特长加分项，计分专员作统计；

3）新员工的导师在台上努力做好推荐，让大家熟悉和认可新同事；

4）影音组做好摄影。

（4）月度奖励颁奖环节：

1）由某员工上台体验“领导范儿”，宣读月度效益奖（$V_{利}$和公司绩效奖金）并颁奖，投影配合显示，效益奖人数众多，财务部事先将每人奖金放在红包里，署名，按部门叠在一起，由部门奖金最多者代表上台领取，体验优越感，刺激同事的“患不均”心理；

2）由某员工上台公布赡孝奖金名单（员工家里的老人名单）及金额，投影显示，员工听到长辈的名字及其所得金额，比听到自己的名字激励程度大得多；

3）由某员工上台公布获得奖假的名单及其天数，并颁奖，投影显示；

4）由某员工上台公布获得生活补贴的名单，并颁奖，投影显示；

5）由某员工上台公布获得社保奖励的名单，并颁奖，投影显示；

6）由某员工上台公布获得车房补贴的名单，并颁奖，投影显示；

7）由某员工上台公布获得理财奖励的名单，并颁奖，投影显示；

8）由某员工上台公布月度特别物资及福利奖，并颁奖，投影显示。

上台的员工最好是没上过台，或者上台少，或者是需要负激励的员工，尽量让更多的员工登台。主持人可托举颁奖嘉宾，称其为领导，让他过把瘾。

（5）月度荣誉颁奖环节：

1）由某员工上台公布锋线旗手获奖名单，并授予流动桌牌，投影显示。

2）由某员工上台公布攻坚高手获奖名单，并授予流动胸章，投影显示。

3）由某员工上台公布岗位能手获奖名单，并授予流动胸章，投影显示。

4）由某员工上台公布卓越指挥官获奖名单，并授予流动胸章和桌牌，投影显示。

5）由某员工上台公布杰出执行官获奖名单，并授予流动胸章和桌牌，投影显示。

6）由某员工上台公布标杆集体获得单位，并授予锦旗，投影显示。

7）由某员工上台公布男女最美员工获奖者，并授予流动胸章，投影显示。

8）由某员工上台公布勇士奖章名单，并授予永久胸章，投影显示。

9）由某员工上台公布闪闪红心勋章名单，并授予永久胸章，投影显示。

10）由某员工上台公布特别贡献奖获得者，并授予永久署名奖杯，投影显示。

每个奖项先公布入围者（获奖名额的 2~3 倍）名单，然后再公布获奖者。

11）由某员工上台公布全员月度 O 分、P 分、Q 分、$V_{效}$、$V_{产}$排名（简单浏览，会后发群里）。

（6）岗位和职级考评公布环节：

1）由某员工上台公布全员月度岗位考评结果，投影显示；

2）由人力资源部上台公布转正员工名单，投影显示；

3）由人力资源部上台公布职级升降名单，投影显示；

4）由总办公布任命公告。

（7）新股东宣誓仪式：

1）由某执行董事公布新晋员工股东、新晋执行董事名单，投影显示；

2）全体新晋股东上台面对司旗列队，由某执行董事领誓、新晋股东集体庄严宣誓；

3）由某员工登台股东公布全员最新干股数，包括未成股东员工的“准股份”（刺激他们向股东会迈进，简单浏览），投影显示。

（8）总经理月度战略报告：

内容包括上月度战略目标达成情况、政策利好、新的契机（合作通报、融资、战略利好）、喜讯（政策扶持、专利、奖证、资格获批、荣誉）、下月各部门基本目标、总体利润目标等，由某员工反串总经理，代为宣读报告，效果又庄重又活泼。

（9）生日秀环节：

1）傲娇星座短片播放，内容可以是本月所属星座的人的优点和优势、该星座名人、明星及其卓越贡献等，铺垫本月生日者的自信心和自豪感；

2）闪耀之星 PPT 播放，内容是本月生日员工一年来的贡献、令人羡慕的精彩片段等，彰显寿星们的存在感和幸福感；

3）寿星们的才艺展示，点赞过半的列为 Q 分加分项；

4）全员为寿星们庆生（唱生日歌、点蜡烛、许愿、吃蛋糕、拥抱祝福等）。

（10）快乐大抽奖：

1）由某几个员工上台分别抽取四等奖、三等奖、二等奖、一等奖、特等奖，并颁奖；

2）未中奖的奖券，每张获得 1 元奖金，会后在群里发放。

（11）司歌合唱，结束月会。

4.4 开心月会实施注意事项：

（1）主持人：

1）着装整洁、搭配得当、彰显气质、气场满满；

2）对流程熟记于心，语言流畅，富有感情色彩和感染力；

3）面带微笑，正能量输出；

4）可以用个性风格，多创新，场面热烈就好；

5）以员工为轴心，尽可能让更多的员工登台，尽可能让全员沉浸其中；

6）表达简明、不重复、突出重点；

7）有效控制进度，引导发言人员在规定时间完成；

8）面对突发情况做好语言应急处理。

（2）会务工作员工：

1）熟知流程，明确自己的环节和工作内容，将资料有序排列，确保对应无误；

2）根据总指挥和主持人的调整灵活调配和变换配合方式；

3）做好上场人员的提前通知和引导、服务；

4）确保配合到位，不耽误时间，保证热烈效果；

5）如有上台领奖或表演的，完成后迅速回归岗位。

4.5 开心月会结束收场：

（1）场务组：场地还原、座位还原、会议桌还原、台布回收、椅子还原、主席台还原、主持桌还原、水回收、台布回收、电源插座还原、麦克风回收，场地卫生完成等；

（2）舞美组：投影幕还原、员工服装回收等；

（3）影音组：投影还原、设备还原、灯光关闭、话筒回收、U 盘回收、翻页笔回收；

（4）财务组：票据回收、费用报销、入账；

（5）物质组：各项名单、统计表、流程表、报告、道具、设备回收、司旗回收、奖箱回收、鲜花、胸花、笔、备用纸张等回收；

（6）计分组：会议收尾工作人员的 O 分、P 分登记。

第 5 部分 开心月会的总结

5.1 开心月会总结报告：

（1）报告撰写人：总导演或宣传部。

（2）报告撰写：

1）费用：财务组统计月会总费用并做好相关费用明细表；

2）效果：总导演针对当次月会的举办效果进行总结；

3）反馈：主持组负责对接各人员进行意见收集及反馈；

4）提升意见：总指挥根据月会举办情况总结是否有需改善之处。

（3）报告审核：由总办进行审核、总经理签字。

（4）报告存档：做好报告编号，并根据类别进行档案室存档。

5.2 开心月会报道和公告：

（1）新闻撰写人：任何员工均可投稿，根据条例加分。

（2）新闻撰写和修改：

1）摄影组及时将会议照片发到群里，供大家收藏或写作用；

2）宣传部在群里提示新闻写作三要素，内容以客观、确切、简练、朴实、通俗为主；

3）注意及时性，一般当天活动当天完成报道，征稿最迟不超过二天；

4）征收的稿件由计分专员统计发给宣传部评审，最优作品修改后采用。

（3）新闻审核：宣传部采用的新闻稿送总办审核，总办审核后回复宣传部进行发布。

（4）新闻发布：

1）官网；

2）公众号；

3）订阅号；

4）QQ群、微信群；

5）其他新闻渠道。

（5）新闻存档：做好具体日期主题编号，并根据时间进行档案室存档。

5.3 开心月会影像和照片共享：

（1）影像和照片整理；

（2）优秀影像和照片需发布的报总办审核；

（3）审核通过的影像和照片在QQ群和微信群发布。

5.4 光荣榜上榜：

（1）获奖名单：

1）锋线旗手……

2）攻坚高手……

3）岗位能手……

4）卓越指挥官……

5）杰出执行官……

6）标杆部门……

7）勇士奖章……

8）一品勋章……

9）最美员工……

10）闪闪红心……

11）突出贡献……

（2）上榜光荣头像：摄像组对每位得奖者（部门）进行拍照留影并打印。

（3）贴榜：光荣榜格式固定，按月更换获奖者照片和姓名。

附录 2

"年度盛典"实操手册

第 1 部分　年度盛典的定位和主要内容

1.1　年度盛典的定位：

（1）主题……

（2）时间……

（3）地点……

（4）形式……

（5）参加对象……

（6）各单位拟定人数……

1.2　年度盛典的主要内容：

（1）领导致欢迎辞、祝酒词、答谢辞。

（2）嘉宾致贺。

（3）各单位文娱表演及评奖。

（4）互动游戏。

（5）公司本年度的骄傲。

1）《辉煌的 20××》短片：一年的精彩剪影（热场时的循环播放）；

2）年度总结短片：一年的主要数据、荣誉和成就。

（6）《感动 20××》（各单位的事迹和人物短片）。

（7）年度表彰（入围的个人或单位制作 VCR）：

1）年度标志人物勋章（年总 O 分 ×$\overline{V}_{效}$×$\overline{V}_{产}$总冠军，署名奖章及奖金）；

2）年度卓越功臣勋章（$\overline{V}_{效}$月均值总冠军，署名奖章及奖金）；

3）年度杰出贡献勋章（$\overline{V}_{产}$月均值总冠军，署名奖章及奖金）；

4）年度最快进步标兵（O 分发展值最大者，署名奖座及奖金）；

5）年度功勋指挥官（全员 $V_{产}$人均值冠军部门领导人，署名奖杯及奖金）；

6）年度卓越经理人（全员 $V_{效}$人均值冠军部门领导人，署名奖杯及奖金）；

7）年度模范团队（全员人均［O+P+Q］$\times\overline{V}_{效}\times\overline{V}_{产}$冠军部门，其中 $V_{效}$和 $V_{产}$也是人均值，获匾及奖金）；

8）年度最高价值人物（［O+P+Q］月均分总冠军，署名奖章及奖金）；

9）年度骑士勋章（个人 $\overline{x}$ 前几名，获署名奖章及奖金）；

10）年度男神和女神（男女年度 P 月均分冠军，署名胸章及奖金）；

11）甜蜜一对（P 分中恋爱分年度冠军及其伴侣，署名奖座及奖金）；

12）最美家庭（P 分中家庭分年度冠军，署名匾及奖金）；

13）孝子孝女奖（获得赡孝金年度排名男女第一名者，署名胸章及奖金）；

14）年度特别贡献奖（默默牺牲和承担家庭责任的职员家属代表人物，署名奖杯及奖金）；

15）功勋顾问（编外优秀兼职贡献人，署名奖杯及奖金）；

16）大红心奖（红心分值年度前几名，署名红心奖座及奖金）。

分支机构及代理机构参加时可增设如下年度评优项目：

17）年度标杆事业部（优秀分支机构，匾及奖金）；

18）年度旗舰加盟商（优秀代理机构，匾及奖金）；

19）年度最具影响力人物（优秀代理机构领导人，署名奖杯及奖金）；

20）年度功勋领航人（优秀分支机构领导人，署名奖杯及奖金）等。

（8）年度福利激励：

1）年度奖假名单及天数；

2）年度车房补贴名单及金额；

3）年度社保奖励名单及额度；

4）年度理财奖励名单及额度；

5）年度旅游奖励名单；

6）年度期权奖励名单及权益；

7）年度红利及额度。

（9）火红的未来（短片：政策利好、合作利好、来年的战略规划）。

（10）盛典节目评奖。

（11）盛典抽奖。

（12）司歌大合唱、合影。

（13）晚宴。

第2部分　年度盛典的工作组和筹备

2.1　盛典的工作组:

- 顾问:（名单）
- 总协调:（名单）
- 总导演:（名单）
- 执行导演:（名单）
- 导演助理:（名单）
- 节目组: 小组组长:（名单）
  小组成员:（名单）
- 主持组: 小组组长:（名单）
  小组成员:（名单）
- 影音及设计组: 小组组长:（名单）
  小组成员:（名单）
- 材料组: 小组组长:（名单）
  小组成员:（名单）
- 宣传组: 小组组长:（名单）
  小组成员:（名单）
- 外联组: 小组组长:（名单）
  小组成员:（名单）
- 礼仪组: 小组组长:（名单）
  小组成员:（名单）
- 舞美组: 小组组长:（名单）
  小组成员:（名单）
- 场务组: 小组组长:（名单）
  小组成员:（名单）

● 财务组：小组组长：（名单）
小组成员：（名单）

2.2 工作组的筹备事项：

（1）材料组（含公司人力资源绩效专员、总经办助理等员工）：

1）年度全员分值统计（每人的一年 O 分、P 分、Q 分、$\overline{V}_{效}$、$\overline{V}_{产}$及其排名）；

2）年度标志人物勋章提名名单（获奖名额的 2 倍）；

3）年度卓越功臣勋章提名名单（获奖名额的 2 倍）；

4）年度杰出贡献勋章提名名单（获奖名额的 2 倍）；

5）年度最快进步标兵提名名单（获奖名额的 2 倍）；

6）年度功勋指挥官提名名单（冠、亚、季军部门领导人）；

7）年度卓越经理人提名名单（获奖名额的 2 倍）；

8）年度标杆团队提名名单（冠、亚、季军部门）；

9）年度时代楷模提名名单（获奖名额的 2 倍）；

10）年度骑士勋章提名名单（获奖名额的 2 倍）；

11）年度男神、女神提名名单（获奖名额的 2 倍）；

12）甜蜜一对提名名单（获奖名额的 2 倍）；

13）最美家庭提名名单（获奖名额的 2 倍）；

14）孝子、孝女奖提名名单（获奖名额的 2 倍）；

15）年度特别贡献奖提名名单（获奖名额的 2 倍）；

16）功勋顾问名单；

17）大红心奖提名名单（获奖名额的 2 倍）；

18）年度标杆事业部提名名单（获奖名额的 2 倍）；

19）年度最具影响力人提名名单（获奖名额的 2 倍）；

20）年度旗舰加盟商提名名单（获奖名额的 2 倍）；

21）年度功勋领航人提名名单（获奖名额的 2 倍）；

22）本年度奖假统计表；

23）本年度获得生活补贴名单表；

24）本年度获得车房补贴名单表；

25）本年度获得社保奖励名单表；

26）本年度获得理财奖励名单表；

27）重要材料提供（含公司各机构本年的各项战略目标达成情况、政策利好、合作达成、融资、战略利好、政策扶持、专利、奖证、资格获批、荣誉、喜讯、下年战略目标等）。

（2）影音及设计组（含公司设计部设计师、摄影师、技术部专员等）：

1）各项提名员工和单位的照片拍摄、片段摄影；

2）各项提名员工和单位短片的剪辑、音效、合成；

3）各项奖杯、奖章、胸章、奖座、红旗、桌旗、桌牌、证书的设计及其制作；

4）司旗、U 盘、电脑、翻页笔等的准备；

5）抽奖券和奖箱的设计制作；

6）盛典拍摄设备的准备；

7）盛典的横幅、易拉宝、宣传资料、提袋、礼品、绶带、胸花、座位卡、指示牌、工作证、邀请函（纸质和电子）、吉祥物、签名墙、海报等的采购、设计和制作；

8）盛典热场、演出、颁奖、游戏、致辞等各个环节的影像、音乐的设计；

9）《辉煌的 20××》短片的设计和制作；

10）《骄傲 ××（公司名）人》短片的设计和制作；

11）《火红的未来》短片（来年的战略规划）的设计和制作；

12）各个互动游戏的技术设计；

13）节目单的设计和制作；

14）各项制作、采购的费用预算。

（3）主持组：

1）外请主持人及其费用预算；

2）（联合）主持稿编写；

3）排练和彩排准备；

4）主持人服装、化妆筹划及其费用预算。

（4）财务组（含财务会计、出纳、执行董事等）：

1）年度财务实现情况及利润情况；

2）分红决议案；

3）期权决议案；

4）红包及奖金准备；

5）会务费用预算、预支。

（5）节目组：

1）各部门、各分支或代理机构文娱节目的策划、筛选；

2）各节目的排练、提升；

3）各节目的服装、道具需求表；

4）各节目的人员人数、排练、表演涉及的费用预算；

5）盛典抽奖方设计及费用预算；

6）吉祥物方案设计、演员安排、费用预算。

（6）宣传组：

1）盛典筹备通知函及对各部门、各分支和代理机构的发布；

2）各个领导欢迎辞、祝酒词、感谢辞、嘉宾发言稿的编写；

3）盛典预告宣传海报和文案；

4）公司官网、公众号、订阅号、QQ 群、微信群等渠道的预告宣传。

（7）外联组：

1）盛典会场租赁谈判、协议签订、费用；

2）盛典场地、嘉宾休息室、后台、舞台、座位、设备、投影、电子屏、宣传位、协调人等条件的确定；

3）盛典晚宴的洽谈、菜谱确定、宴前茶点的确定；

4）分支机构、代理商、演员、嘉宾的人数统筹安排；

5）嘉宾、异地员工、代理商的来回车程预定；

6）嘉宾、异地员工、代理商的住宿酒店安排；

7）纸质、电子邀请函的发放和接收确认；

8）外联各项工作的费用预算。

（8）礼仪组：

1）各个迎接点的礼仪设定；

2）礼仪人员的（内外）挑选预案；

3）礼仪培训和预演；

4）礼仪服装的租赁或采购；

5）盛典签到环节、各个颁奖环节、领导和嘉宾上下场环节等的礼仪设计；

6）各礼仪项目的费用预算。

（9）舞美组：

1）舞台布景设计、制作；

2）签名墙设计；

3）灯光效果设计；

4）演员服装与化妆设计；

5）舞美的各项费用预算。

（10）场务组：

1）盛典会场布局策划；

2）盛典会场消防安全方案；

3）安保方案设计及安保人员规划；

4）场地提供方的安保人员及其配合方式；

5）盛典现场员工、嘉宾、演员、工作人员名单及各个环节的人员安排；

6）盛典现场各个区域的物资管理及其安全；

7）不可饮酒人员名单及其注意事项；

8）盛典后的代驾方案及安排；

9）盛典后的收场方案。

（11）导演组：

1）致辞、颁奖、节目、游戏等各个环节的综合统筹安排方案及调整预案；

2）互动游戏策划；

3）现场抽奖策划；

4）走红毯路线策划；

5）节目排演及提升；

6）彩排方案及实施；

7）司歌大合唱及合影策划；

8）场面烘托方案（气球、塑料手掌、哨子、荧光棒、各桌自定义宣传牌和彩笔、彩旗、司旗等）。

（12）总协调（总经理）：

1）关于年度标志人物、卓越功臣勋章、杰出贡献勋章、最快进步标兵、功勋指挥官、卓越经理人、标杆团队、时代楷模、男神女神、甜蜜一对、最美家庭、孝子孝女奖、特别贡献奖、功勋顾问、大红心奖、年度旗舰机构及功勋领袖、年度模范组织及最具影响力领航人提案、本年度奖假统计表、生活补贴名单表、车房补贴名单表、社保奖励名单表、理财奖励名单表审定签字；

2）盛典的横幅、易拉宝、宣传资料、提袋、礼品、绶带、胸花、座位卡、指示牌、工作证、邀请函（纸质和电子）、吉祥物、签名墙、海报等的采购、设计和制作审定签字；

3）《辉煌的 20××》《骄傲 ××（公司名）人》《火红的未来》短片的审定签字；

4）年度财务实现情况及利润情况、分红决议案、期权决议案、年奖金方案审定签字；

5）盛典策划案审定签字；

6）各个领导欢迎辞、祝酒词、感谢辞、嘉宾发言稿审定签字；

7）盛典会场租赁协议、晚宴、茶点方案审定签字；

8）嘉宾、异地员工、代理商的来回车程、住宿酒店安排方案审定签字；

9）盛典总费用预算审定签字；

10）盛典各项事务的协调。

2.3 盛典筹备工作进度表（格式）：

20×× 年度盛典工作进度表

工作组	负责人及电话	组员	工作任务		工作执行时间区间（下行格中填日期）													完成核准人	备注
			序号	事项															
协调组			1														…		
			2														…		
			…														…		
导演组			1														…		
			2														…		
			…														…		
…			…														…		

第 3 部分 年度盛典的现场彩排

3.1 会务组在盛典中的主要职责：

（1）材料组：

1）各项奖杯、奖章、胸章、奖座、红旗、桌旗、桌牌、证书的科学摆放与发放规则；

2）提供各项颁奖的准确名单，与礼仪组、财务组准确对应各项奖杯和红包；

3）气球、塑料手掌、彩旗、司旗等材料的统一发放、回收；

4）各分支机构、代理商、嘉宾、媒体、工作人员、场地方关联人员、参会人员名单提供；

5）各项统计表、流程表、报告、统一管理和提供；

6）备用纸笔、剪刀、计算器、胶纸、包装袋、绳子、扣针、订书机、尺子等工具的提供；

7）徽标、奖箱、鲜花、胸花等物料的提供和管理；

8）工作证、嘉宾证、参会证的对应发放和回收等。

（2）影音及设计组：

1）盛典各环节的短片、影音资料的科学排列和播放，与导演和主持的顺畅配合；

2）与场地方后台人员的配合工作方式和 DJ 实操；

3）U 盘、电脑、影音设备的操作与管理；

4）盛典拍照和摄影，以及后期制作合成；

5）抽奖券和奖箱的设计制作；

6）盛典互动游戏、影音播放的技术实现；

7）盛典网络直播或录播的技术实现等。

（3）主持组：

1）主持稿编写、修改与确定；

2）（联合）主持实施，盛典进行的机动调整；

3）主持人服装、化妆等。

（4）财务组：

1）财务报告、分红决议案、期权决议案的提供和支持；

2）红包及奖金的准备，准确指导礼仪的发放；

3）会务费用的核准等。

（5）节目组：

1）各节目登场、表演的协调安排；

2）吉祥物演员的整场位置、动作的设计和安排；

3）各节目的服装、道具、化妆的实施与统筹管理；

4）各节目的表演者的协调与管理；

5）盛典抽奖方案与主持人的对接、实施等。

（6）宣传组：

1）新闻机构的邀请、现场安排与新闻稿提供；

2）各个领导欢迎辞、祝酒词、感谢辞、嘉宾发言稿准确对应；

3）盛典现场横幅、易拉宝、签名墙的放置；

4）公司官网、公众号、订阅号、QQ群、微信群等渠道的直播与报道；

5）盛典进行前、中、后所有内部人员的O分、P分登记等。

（7）外联组：

1）与会场提供方的综合协调；

2）盛典场地、嘉宾休息室、后台、舞台、座位、设备使用的科学指导；

3）盛典宴前茶点、晚宴菜谱、饮料酒水的统筹协调；

4）分支机构、代理商、演员、嘉宾的人数的确认和座位统筹安排；

5）嘉宾、异地员工、代理商从酒店到会场的车程和安全；

6）嘉宾、异地员工、代理商盛典后回酒店的车程和安全。

（8）礼仪组：

1）各个迎接点的礼仪实施；

2）嘉宾走红毯的引导、签名、留影拍照的引导；

3）嘉宾宣传资料、提袋、礼品的发放和胸花佩戴；

4）绶带、服装的使用、管理与回收或归还；

5）盛典各个颁奖环节、领导和嘉宾上下场环节等的礼仪实施等。

（9）舞美组：

1）舞台使用和布景效果控制；

2）演员服装与化妆；

3）灯光效果指挥等。

（10）场务组：

1）现场横幅、易拉宝、座位卡、指示牌、海报等的悬挂、摆放和回收；

2）签名墙、参会人员座位、会议桌、台布、椅子、主持桌等的布局和协调安排；

3）嘉宾、领导的进场、离场通道安排、座位安排和安全保障；

4）盛典会场消防安全保障；

5）参会人员入场、会中、离场人流的综合监控与安保；

6）场地提供方的安保人员的紧密配合；

7）盛典各个环节台上人员的表演安全、洗手间安全、老幼人员安全；

8）盛典现场各个区域的物资管理及其安全；

9）严密监控周边闲杂人等、阻止非参会人员的进入；

10）盛典后的代驾综合安排；

11）盛典后的收场等。

（11）导演组：

1）走红毯的综合指导；

2）互动综合调动；

3）致辞、颁奖、节目、游戏等各个环节的综合指挥及统筹调整；

4）司歌大合唱及合影的指挥；

5）台上、台下综合调度；

6）所有小组的工作筹备与事项检查等。

（12）总协调：

1）盛典事务的综合协调；

2）颁奖嘉宾的统筹安排；

3）特殊情况的灵活处理等。

3.2 现场彩排的时间和方式：

（1）根据场地方协调出来的场地空余时间，提前确认彩排时间，确认彩排后相关物资的存放地；

（2）彩排时间加入进度表中，尽早通知到所有工作人员和登台人员；

（3）财务组、宣传组、场务组等不登台人员充当临时嘉宾（发言和颁奖）、领奖人员；

（4）所有环节严格依据盛典流程进行彩排。

3.3 彩排必须到位的各个事项：

（1）为了在彩排中节目能通过验收，所有节目必须在彩排前经过导演的指导、修改并演练成熟，最终通过导演的确认。

（2）租赁的场地必须完全确认可以使用无误，包括彩排的时间、场地方协助人员的提供，特别是保证灯光、音效、设施补充等能及时配合到位。

（3）筹备阶段必须建立盛典群，所有会务人员在群中；彩排的时间和具体地址须提前两天在群里通知，彩排前一小时总指挥需对各个小组负责人提醒物资和人员的到位准备。

（4）部分一次使用的道具、物料应准备多份，确保彩排使用后还有正式演出的物料和道具。

（5）彩排前各种道具、服装、物资需全部到位，包括颁奖物品、现场视频音频资料等。

（6）彩排前参加节目人员和所有工作人员必须全部到位，充当发言领导、颁奖嘉宾、受奖人的临时人员全部指定、一一对应。

3.4 彩排注意事项：

（1）如外地演职人员能赶到，就参与彩排；

（2）彩排时应赋予总导演最高的调整和执行权，各个工作人员和登台人员必须听从总导演指挥，有配合不到位的，再由总协调进行协调沟通；

（3）充当临时嘉宾和领导的必须充当到位，该在嘉宾室就在嘉宾室，从被邀请到走红毯，再到发言和颁奖，严格以替身方式进行彩排；

（4）音响、灯光、道具、物料全按实演进行，用掉的物资再补充；

（5）颁奖环节的彩排，获奖名单不用真实名单，以保持实际获奖名单的神秘性，让惊喜留在实演现场；

（6）时间够的话可以进行三轮彩排，第一次彩排主要是检查节目和各会务组的配合熟练度、串联融合度，由总导演根据配合的情况和节目注意事项，随时叫停提示，不熟练的节目不耽误时间，下台后迅速自行练习；

（7）第二次彩排主要是在熟练的基础上验证时间，由总导演根据时间和效果需要对每个环节的时间和方式做最后调整；

（8）第三场彩排完全按实演进行，导演不做任何叫停，对各个环节的问题做好记录，彩排完逐一再提醒要改善的地方。

3.5 彩排后的安排：

（1）对所有的物资、道具以及资料进行盘点，确保齐全，缺失的迅速补充到位；

（2）做好物品分类，部分容易混淆的物资贴好标签；

（3）确定所有物品的存放地点及责任人员，包括场地方的责任人；

（4）盛典各个环节还存在的问题由总导演再交代一遍，大家会后自行完善并牢记注意事项；

（5）所有人员的小件物品尽量自己带，并保管好，盛典时务必带上；

（6）所有相关人员必须熟悉相应道具和物资的存放点；

（7）所有人员盛典前应注意饮食、休息、交通安全，确保盛典当天没有意外和特殊；

（8）确保外地人员熟悉住所与会场间的路线和车程，保证不耽误；

（9）交代外联组必须确保分支机构、代理商、嘉宾的到达时间，以及接送。

第 4 部分　年度盛典的实施

4.1　年度盛典开始前工作要点：

（1）全体会务工作人员、演员必须按指定时间准时就位，计分人员根据条例对各组准备工作进行奖罚计分；

（2）所有会务工作人员、演员检查自己岗位所需物资的到位情况，自己岗位会场布置情况；

（3）会场、坐席、舞台、消防安全等提前检测，确保没有隐患；

（4）摄影、音效、灯光等设备调试到位；

（5）节目单提前给到领导和嘉宾，提前通知他们讲话或登台的时间、提醒做好准备；

（6）各工作人员必须保证获奖名单的保密性；

（7）场地提供方的配合人员和物资全部到位，应急人员随时保持联络畅通；

（8）外地参演人员和嘉宾的接送车程是没有彩排的，必须周密安排和检查，拥有科学的应急和备选方案，确保接送无意外；

（9）重要嘉宾需特别安排到位，嘉宾食宿、接送人员、流程务必周密安排；

（10）提前查看天气情况，对天气变化所需的应急方案要提前准备；

（11）提前查看本地的政府特别安排，特别是有无交通、大型活动耽误本次盛典的，如有需作应急方案；

（12）建立盛典工作微信群，强调盛典当天所有工作人员以该群为主保持联络畅通，手机不要静音；

（13）各个小组或节目单独建群，随时群体内讨论与沟通；

（14）建立现场全员群，在其中及时发布消息和通知，调动积极气氛；

（15）在全员群强调，所有人员注意饮食、交通工具保证和安全，确保盛典当天没有意外和特殊耽误；

（16）提前建立和调试网上传输渠道，让异地客户和代理机构人员能及时收看盛典直（转）播及新闻。

4.2 年度盛典的基本流程：

（1）走红毯入场 + 签名 + 礼品 + 留影 + 各单位剪影联播；

（2）辉煌的 20××（短片：公司一年来的精彩）；

（3）盛世年华（集体歌舞或大鼓等震撼开场节目）；

（4）联合主持人闪亮登场；

（5）董事长致欢迎辞；

（6）政府领导致辞；

（7）重要嘉宾代表致辞和献礼；

（8）节目表演；

（9）年度功勋顾问、年度功勋领袖、年度最具影响力领航人颁奖；

（10）互动游戏；

（11）节目表演；

（12）年度大红心奖、年度卓越功臣、年度杰出贡献奖提名及颁奖；

（13）我们的骄傲（年度总结，短片：一年的主要数据和成就）；

（14）年度生活补贴、年度车房补贴公榜和颁奖；

（15）年度功勋指挥官、年度卓越经理人提名及颁奖；

（16）短片《傲骄 ××（公司名）人》（公司的年度成就）；

（17）年度最快进步标兵、年度标志人物提名及颁奖；

（18）节目表演；

（19）时代楷模、年度男神女神提名及颁奖；

（20）年度社保奖励、年度理财奖励公榜和颁奖；

（21）节目表演；

（22）甜蜜一对、年度孝子孝女奖提名及颁奖；

（23）年度最美家庭、年度特别贡献奖提名及颁奖；

（24）年度大红包（年度红利公布）和年假旅游奖公榜；

（25）火红的未来（短片：来年的战略规划）；

（26）股东宣誓仪式；

（27）年度标杆团队、年度模范组织、年度旗舰机构提名及颁奖；

（28）司歌大合唱及合影；

（29）举杯同庆（领导集体祝酒、晚宴开始）；

（30）节目表演；

（31）互动游戏；

（32）各单位领导祝酒词；

（33）盛典优秀节目颁奖；

（34）大抽奖；

（35）总经理答谢致辞；

（36）盛典结束。

4.3　年度盛典实施的注意事项：

（1）走红毯入场＋签名＋礼品＋留影＋各单位剪影联播环节：

1）公司主要负责人先在嘉宾休息室休息，提前到的嘉宾和家属也引导至休息室；

2）嘉宾和家属签到接待处（含礼品发放和胸花）设立在红毯之前；

3）入场开始前总导演检查所有部门准备到位，所有工作人员佩戴工作吊牌；

4）走红毯的顺序是：工作人员－本部员工－外部员工－演职人员－家属－嘉宾－领导；

5）将近开场，未到休息室的领导、嘉宾和家属，由外联组和总协调分别电话联络，确定他们的位置和预估到达时间，通报总导演是否延长入场时间；

6）领导入场时间开始时礼仪人员到休息室请领导、嘉宾和家属，并引导入场；

7）在签到处，确认嘉宾和家属礼品对应上，礼仪人员帮助佩戴胸花，然后引导走红毯；

8）礼仪人员引导领导、嘉宾和家属走到签名墙签名和留影，摄影人员逐个拍摄；

9）主持人在领导、嘉宾和家属走红毯时播报其姓名，并引导大家欢迎；

10）入场开始后DJ的音乐和宣传片（各单位剪影联播）就一直播放；

11）礼仪人员引导领导、嘉宾和家属按安排好的座次就座（领导应分别安排在不同桌照应不同的嘉宾，员工跟自己的家属同桌）；

12）确认有嘉宾缺席的，座次要及时调整，避免空位；嘉宾带有随从的也要提前确认，保证作为安排合理；

13）人员计划尽量严谨，但后厨应备有加桌的余地，当确认参与增加人数后，决策是加椅子还是加桌；

14）礼品准备留有弹性，嘉宾的随从也必须有礼品；

15）场务人员必须严格把控入场安全，凭票证确认身份入场，参会人员只进不出（洗手间在场外的，出场人员佩戴出入挂牌出门，再进来时回收挂牌），务必杜绝非参会任何人员进场，特别是混场小偷；

16）入场接近尾声时，主持人提示大家，贵重物品各自保管好，或给到场务人员贴标签代保管，结束后领回；有需要登台的人员最好将贵重物品进行托管；

17）洗手间通道需安排场务人员作引导，特别是老幼人员如厕，应提醒注意安全；

18）检查消防器材和消防通道，务必确保通道通畅；

19）化妆间可以统一，更衣室应分开男女；服装和演员物品需有专人看管，做好标签。

（2）节目表演和游戏环节：

1）盛典开始前场务人员应将评分表发到每个参会人员手中（或进场时连同节目单发放）；

2）节目严格按彩排时确定的进行，原则上不可作新的改变和发挥；

3）台上一个节目表演时，节目组提前通知其后的两个节目到场边候场；

4）每个节目结束主持人提示大家打分；

5）表演完的演员应及时将道具和物品清离舞台，放置保管处，自己的物品取走，带到观众区；

6）游戏需按原计划进行，如为了效果更好可与总导演商议变更，但要卡好时间；

7）游戏尽量让更多的人参与互动，特别是嘉宾和家属；

8）如出现意外（如跳闸等），全场听从总导演的调整安排，总协调配合。

（3）领导和嘉宾致辞环节：

1）节目组提前与领导和嘉宾对接好上台时间，做好相关准备；

2）发言稿确定在相关人员手中；

3）礼仪组负责人要熟悉所有环节，提前安排礼仪人员接请和护送领导、嘉宾；

4）摄影人员做好拍摄。

（4）颁奖和福利环节：

1）颁奖先颁排名较靠后的奖，后颁名次靠前的奖项；

2）主持人引导颁奖项目时，DJ播放入围名单，礼仪组务必根据获奖人员在台上的顺序，对应好获奖名单和奖品、红包（注明领取人），排好顺序，认准获奖人及其位置，准确地将奖品、奖杯、红包给到颁奖嘉宾，避免错误；

3）夫妻、情侣和家庭是最重要的单元，在“孝子孝女”“甜蜜一对”“最美家庭”“（家属）特别贡献奖”典礼中，要着重给予恩爱秀、特别彰显家的幸福，并在台上按《分值条例》直接给予到场情侣、家属加分，将入围者的分数显现在大屏幕上，然后现场加上到场分，决出最后的获奖者；

4）红利和期权可以在大屏幕上快速公布一遍所有人的红包数字，要把榜样者单独留在最后特别彰显一下；

5）主持人提示获奖者发表获奖感言；

6）颁奖嘉宾安排时，由较重要的颁奖嘉宾为重要奖项颁奖；

7）礼仪人员需对颁奖嘉宾接请上台和护送下台；

8）主持人提示获奖者和嘉宾留影；

9）摄影人员做好拍摄。

（5）司歌大合唱及合影环节：

1）司歌大合唱紧接着集体颁奖或集体节目安排；

2）主持人指挥上一节目人员留在台上，加入的领唱团人员上场，排在一侧进行司歌领唱，合唱指挥上场；

3）当合唱开始时，主持人请全场人员起立，跟唱，指挥者指挥场上和场下人员一起合唱；

4）合唱时场务人员立即安排站架在台上排好；

5）合唱结束总导演和主持人指挥全员上台，并指挥站位，留出第一排；

6）全员排好后主持人请领导、嘉宾和家属上场，站在第一排，总协调要根据重要性排好领导和嘉宾的位置；

7）合影时音乐不能停，最好继续播放司歌；

8）员工合影时听从摄像人员的微调安排，表情饱满；

9）摄影人员速拍摄完，多拍几张；

10）合影结束，主持人指挥按顺序下场，场务人员清理舞台设施。

（6）晚宴及台上互动环节：

1）晚宴前需有茶点；

2）晚宴的饭菜在后段上；

3）领导集体祝酒前才安排上酒，前面只上饮料和茶水；

4）祝酒后，台上的互动游戏和节目继续进行；

5）总经理可以留一个特别重大的利好消息在最后震撼公布；

6）总协调安排和引导公司领导集体逐桌敬酒，先从嘉宾桌开始，由重要到次重要桌，其他人的敬酒应该在领导敬酒之后进行；

7）总协调及相关场务人员必须不能喝酒，需安排专人巡视全场，确保秩序和安全；

8）舞台、表演协助工作人员需坚持工作，等盛典结束才能正式进餐；

9）所有非嘉宾、非家属人员不可提前离场。

（7）抽奖环节：

1）节目评奖和盛典大抽奖安排在最后，尽量留住嘉宾到最后再走；

2）节目结束后主持人提示大家填好节目评分表，礼仪组需迅速收齐表格给到导演组统计；

3）节目评比结果出来后颁发优秀节目奖及其奖品；

4）盛典大抽奖邀请家属抽奖，主持人尽量吸引晚宴人员的注意力维持台上的热度；

5）在晚宴差不多结束时，结束所有的节目和抽奖；

6）主持人宣布盛典结束时，各工作组重新就位做好收尾工作。

（8）撤场环节：

1）主持人提醒大家领取和携带好各自的相关物品、注意回程安全、按秩序离场；

2）离场顺序：嘉宾 – 领导 – 家属 – 演职人员 – 外部员工 – 本部员工；

3）工作组成员全部等到清场完毕，总协调检查收尾工作完成合格后方可离开。

4.4 年度盛典的收场：

（1）材料组：

1）未领或剩余的奖杯、奖章、胸章、奖座、红旗、桌旗、桌牌、证书的回收、存放和登记；

2）徽标、奖箱、司旗等物料的回收；

3）气球、塑料手掌、彩旗、司旗等材料的清理、回收；

4）工作证、嘉宾证、参会证的回收；

5）纸笔、剪刀、计算器、胶纸、包装袋、绳子、扣针、订书机、尺子等工具的回收等。

（2）影音及设计组：

1）U盘、电子资料、电脑、影音设备的归还或回收；

2）盛典照片、摄影的后期制作合成；

3）感谢地方后台人员的配合等。

（3）主持组：

1）外请主持人的礼品和回程安排；

2）外请主持人的致谢；

3）主持人服装归还等。

（4）财务组：

1）重要财务票据、资料的回收；

2）未发红包及奖金的登记、补发，剩余现金的回收与入账；

3）盛典各方面费用的审核、报销、入账等。

（5）节目组：

1）各项服装、道具、化妆用品的回收与归还；

2）异地演员和工作人员的纪念品发放；

3）对异地演员和工作人员的感谢等。

（6）宣传组：

1）新闻稿送达新闻记者，记者纪念品赠送；

2）记者回程安排、安全到达的确认；

3）横幅、易拉宝、签名墙等宣传物品的清场和回收；

4）台前幕后动人画面的拍摄与记录等。

（7）外联组：

1）整个会场的清场协调；

2）休息室、会场还原、座位还原、会椅还原、台布回收、电源插座还原、麦克风回收，场地卫生完成等；

3）剩余饮料酒水的回收；

4）嘉宾、领导的回程安排、礼品携带、感谢、到达确认；

5）异地员工、代理商回酒店的车程和安全，礼品携带、感谢、到达确认；

6）嘉宾、异地员工、代理商次日的回程安排、护送、礼品携带、感谢、到达确认；

7）场地结账、感谢场地方工作人员等。

（8）礼仪组：

1）外请礼仪人员的礼品携带、感谢、回程安排和到达确认；

2）嘉宾签名本、绶带、服装的回收或归还等。

（9）舞美组：

1）舞台设备、物资的回收与归还；

2）感谢场地方的舞台工作人员等。

（10）场务组：

1）签名墙、横幅、易拉宝、座位卡、指示牌等的清理和回收；

2）所有参会、工作、演出人员的个人存放物品的准确领取；

3）所有参会、工作、演出人员的离场秩序、通道安排和安全保障；

4）盛典会场消防安全保障；

5）盛典后的代驾综合协调安排；

6）感谢场地提供方的安保人员等。

（11）总导演：

1）所有物资回收的统一指挥、包装、标记，清场总检查；

2）回收物资的车程安排、公司存放点的安排和交接；

3）参会、工作人员、嘉宾遗留物品的登记、寻主安排等。

（12）总协调：

1）清场事务的综合协调；

2）特殊情况的灵活处理；

3）重要嘉宾、领导的送别等。

第 5 部分　年度盛典的总结

5.1　年度盛典总结报告：

（1）报告撰写：导演组和宣传部。

（2）报告撰写材料：

1）费用：财务组负责人统计年会总费用并做好相关费用明细表；

2）效果：宣传组负责人针对年会的举办效果进行总结；

3）反馈：外联组负责人对接各人员进行意见年会意见反馈；

4）提升意见：导演组根据年会举办情况总结是否有需改善之处。

（3）报告审核：

1）撰写人负责报告编写、自审，保证报告的客观性、真实性和全面性；

2）撰写人编写完后由总办进行审核、总经理签字。

（4）报告存档：做好报告编号，并根据类别进行档案室存档。

5.2　年度盛典报道和公告：

（1）新闻撰写：宣传组。

（2）新闻撰写：

1）根据年会主题的中心思想，在已有素材基础上定题目、列大纲、完成稿；

2）避免从自己价值观和世界观作为判断依据，内容以客观、确切、简练、朴实、通俗为主；

3）注意及时性，一般盛典当天完成报道，最迟不超过两天；

4）避免使用禁用词：法律类、民族宗教类、涉及我国领土、主权和港澳台类、国际关系类及社会生活类。

（3）新闻审核：宣传组编写的新闻稿送总办审核，总办审核后回复宣传组进行发布。

（4）新闻发布：在公司官网、公众号、订阅号、QQ 群、微信群及社会媒体新闻发布。

（5）新闻存档：做好具体日期主题编号，并根据时间进行档案室存档。

5.3 年度盛典影像和照片共享：

（1）影音组进行影像和照片整理；

（2）总办对影像和照片进行审核；

（3）公司 QQ 群及微信群发布。

5.4 光荣榜上榜：

（1）各项年度获奖者名单；

（2）上榜人照片：摄像组对每位得将者（部门）进行拍照留影并打印；

（3）贴榜：将获奖名单和获奖者照片贴到光荣榜上。

知本+

［下册］

劳资命运共同体的顶层设计

卢继革
韦知彤 ◎著

中国市场出版社
China Market Press
·北 京·

目　录

第 4 篇　股份焊接 劳资耦合

人才的竞争，归根结底是激励机制的竞争。

传统的股权激励，解决了利益怎么分的问题，却没解决利益怎么来的问题，最终总是令大家在还未实现的结果分配上百般纠结；本想把人捆住，却往往事与愿违。

无论多么合理的股份比例，都只能反映签约之时的相对合理性，没有人能在签订合作协议时，就把未来各自的贡献提前准确地计算出来。
动态股份，着重解决了利润怎么来的问题，也科学地解决了利益怎么分的问题。

第 14 章 动态赋值，达成团队永久平衡

谈钱，讲的是利益最大化；谈情，要的是无条件付出。往往朋友间一谈钱，友情就淡了，兄弟间一旦争利，人设就坍塌了。
“成私而公”是避免“关系”腐蚀制度，并将其转化为生产力的巧妙方法。

第 15 章 商情兼容，点燃关系力

传统股份激励仅仅是对未成为股东的员工起作用，对于已成为股东的员工并未形成有效激励；由于所领分红跟日常工作的优劣并无直接关联，股东们当然会“有恃无恐”地坐享红利，工作反而不紧不慢了。而仅有的对非股东员工的刺激结果，却是朝着成为股东的条件为达标而达标的“有为”，和成为股东后实现“少干多拿”、坐享分红的“无为”。如此导向，算哪门子激励？

因为工资是利润的负赘，所以“风险＝利润”，于是“生产资料所有权＝利润分配权”就成了“科学”；在这些经济理论都被夯实了的情况下，劳方根本找不到着力点，只好针锋相对地提出“剩余价值”理论和“全部价值由劳动产生”理论……而这所有的理论都试图把对方在“剩余分配”上推到零点。

第5篇 股权导航 价值牵引

"按值分配"解决了"断崖式"融资问题，使投融双方从相斥走向了互助。有了共振模型，"对赌"理论、剥削理论以及阶级斗争理论都变成了伪命题。在共振模型中，企业主可以根据自身不断增长的股数，画一条不断上移的控股线，明年长膘了可以吃一只象，后年再长膘了还可以再吃另一只象，而自己永远都是大股东……

动态股份可以持续发放，企业融资无须机构估值，自然不会再有中间成本和复杂的手续，也不会有太多时间成本；资金的进出无须稀释任何人的股份、无须变更股东持股结构、不影响任何股东的股份数和增长过程、无须召开董事会、无须变更协议，节省了管理成本、释放了财务压力，最重要的是：公司不会被资金绑架，更不用套现未来。

第 6 篇 分值赋能 共振发展

百分比让人聚焦于结果分配和份额争夺，造成内耗、窝里斗、你争我夺；分值比让人聚焦于过程创造和价值贡献，引发的是共振、比贡献、你追我赶。百分制锁定了合伙人，不到期不可以退；分值制让所有的人和资金进出自如，让股东的股份只增不减。

第 20 章 分值制替换百分制是矛盾转为和谐的秘方

“地球村”时代，固守原有经验的人或将迎来教训，眷恋往日成功的企业或将溃不成军。

第 21 章 分值聚合，构造企业生态圈

“火车跑得快全靠车头带”的企业往往成也“车头”败也“车头”。在大数据时代，企业家如不是身处于一个有效处理和升华海量信息的集体，将会成为企业的风险点。缺乏企业家并非国企的“死穴”，整体创造力才是竞争的胜负手。

第 22 章 分值驱动，力图国企化蝶

管理是随着文明的进步由专制向治理、由治理向自治、由自治向自理升级的。个人征信涵盖个人的经济和商务信息，还可以涵括其公德、伦理、人际、言论等方面的信息，以促使人们不仅追求经济行为诚信，还讲究道德行为诚信。

第 23 章 简政安民的分值征信系统

第 7 篇 共生之道 和鸣自然

共生管理学是从传统“以资为本”的管理学升华出来的，基于共生理念，研究各生产要素和谐共振的管理规律、损益同频的管理方法、共担共享的管理模式，通过“变管为放、化制为服”争取管理效益最大化的一门学科。

第 24 章 企业因共生理念而“得道”

第 4 篇

股份焊接 劳资耦合

人才的竞争，归根结底是激励机制的竞争。

传统的股权激励，解决了利益怎么分的问题，却没解决利益怎么来的问题，最终总是令大家在还未实现的结果分配上百般纠结；本想把人捆住，却往往事与愿违。

第 13 章

知本 C 位，留人留力留心

13.1　员工配股常常南辕北辙

13.1.1　企业本想“优雅转身”，岂料“华丽撞墙”

1. 企业掷出“王炸”也并不一定能炸出多少水花

科技是第一生产力。创造力是科技极速发展的内生源泉，而人才，则是创造力的本体，所以，企业竞争越来越依赖于人才。尤其是在电信、IT 等高科技行业中，企业最核心的资源已不再是固定资产和资金，而是掌握核心技术的员工。在各个行业中，创造力都已逐渐成为核心竞争力，资本的光环在逐渐消退，人本时代即将到来（郑指梁 等，2017）。

人才战略，已然成了企业发展的第一战略。为了招揽和留住人才，老板们纷纷开出一份高过一份的薪金，可招来的人中得力人才并不多，虽然人力成本连年翻升，但人员的稳定性却在逐年下降……

高薪曾是招人留人的灵丹妙药，现在怎么就越来越不灵了呢？因为随着时代的发展，人们的生活方式及劳动追求也日趋多元化。过去，人们是为了生存而劳动，只要工资满意便可，其他条件并不那么重要，所以企业可以“一招鲜，吃遍天”，凭着相对较高的薪酬就能招到人、留住人。然而现在，一出生大多有爹可啃的“80 后”和“90 后”，工作已不再是为求生存，他们更多的是在寻求存在感、价值感、成就感，他们要找的是被充分尊重的、能平等参与的、可以实现自我追求的平台。所以，如果只是一份死板的薪水，很难再吸引住他们。

于是，老板们纷纷在工资的基础上增加福利待遇，有月月发奖金的，有年底给双薪的，有各种评级晋升加工资的，有发物资、送旅游的……总之，只要能给得起，都在“量力而出”。除了想满足员工的“胃”，还想尽力留住员工的心，逢年过节该送礼的送礼，该慰问的慰问，甚至常常举办亲情活动，把人文关怀上升到战略高度，可谓用心良苦。但似乎员工的“胃”是个无底洞，好像倒多少“菜”进去也“喂不饱”，他们能懒还是懒，想发牢骚还是发牢骚。换作以前，稍微加点工资，员工就“皆感恩戴义，怀欲报之心”。可现在，工资加了不少，福利也给了很多，关怀措施持续增加，结果员工一有更好的去处，还是一甩手就走。他们的心怎么就越来越捂不热了呢？很多老板都已经拿出“压箱底”的核心股份了，可这“王牌”也没能“炸”出多少水花……甚至还有些员工说：“股份那都是天上的云，还不如把给我们的股份换成半个月工资来得实在。”

老板们不解：难道公司的未来真这么不堪吗？质疑久了，连老板自己都快没信心了。

其实，倒不是公司未来真的不值钱，而是员工们没兴趣陪老板等未来。事实上，还是难以达成共情链接。有几个公司能有×为公司那样的盈利能力？有几个老板能像×为公司创始人那般慷慨让出98.58%的股份给员工？

然而，即便是×为公司，能连年给出数百亿的分红，也不能完全消除员工的怨声和离职率。在股权激励上独树一帜的×为公司，虽被外界奉为楷模，但其内部的分配也是一波三折，经过了三次大的股权改革，仍还在探索“股权科学”。

早在20世纪90年代初，×为公司从创业初期就放出了股权激励的大招，首推“全员持股”概念，按照每股10元（后来改为每股1元）进行内部股票配发，以企业税后利润的15%进行股权分红。公司员工的收入由工资、奖金和分红三个部分组成，员工入职一年后可使用个人年度奖金购买公司股票，如奖金不够股票派发额，即由公司出面帮助员工向银行贷款购买股票，以现金购买的股票享有股权所附带的全部权利。这样的股权制度不仅在一定程度上“捆绑”住了员工，还为公司赢得了大量的流动资金。（佚名，2018）

到1997年，×为公司对股权制度进行了改制，将员工持股所享有的股东表决权收回，由公司工会集中托管代行权利。在×为公司高层于1998年赴美考察期权激励和员工股权制度之后，进行了第二次大的股改，推行“虚拟受限股”，员工不再持有实股。根据新的股权政策，老员工的股票转化成了虚拟股，新员工不再派发一元一股的股票。而持有虚拟股的员工，享有一定数量的分红权和股价升值权，但不享有所有权、表决权，不能转让和出售，在员工离职时自动失效。其次，向员工派发股权时，仍由公司出面帮助员工向申请银行获取贷款，以此来“捆绑”员工，员工从虚拟股期权中获得的最大收益已不再是固定的分红，而是虚拟股期权对应的公司净资产的增值部分。持股员工仅享有分红和股价增值收益，不涉及产权，以整体社团法人的形式存在，股权激励仅作为一种分红权益，真正维系住劳动关系的还是那份劳动合同。这一次股改帮助 × 为公司渡过了发展过程中的资金困难期，也留住了大量的核心人才。不过，这次改革使该公司的普惠激励变成了重点激励。2008 年，由于受到美国次贷危机引起的世界经济危机冲击，该公司进行了大规模的内部增发。据业内人士估计，2006 年时，该公司内部股约有 20 亿股，而此次需增发约 17 亿股，如此大的增发量导致该公司只能再次对股权结构进行调整，以期实现股权稀释之目的，同时实行员工“饱和配股”（按员工级别设置持股上限）。（佚名，2018）

由于银行给 × 为公司员工提供股票贷款被终止，2013 年，该公司进行了第三次大改革，推出了“虚拟股 +TUP（Time Unit Plan，时间单位计划）”计划，实施员工按照岗位、级别、绩效获配一定数量的 5 年期权，员工不需花钱购买即可获得相应的分红权和增值权，5 年后清零。2018 年后，× 为公司已不再为员工购买公司股权提供资金支持，员工需自己付清全额的配股金额。从有到无，难免令人失落，因为这样的压力让一些员工难堪重负。比如一名新员工，在股权投资上就得投入几乎两年的工资，可以说在入职后的两年时间里，相当于是自己在给自己发工资，而这些股票是不能进行交易的，员工一旦购买了公司股票，就被锁定了，持有公司股份，由原先没有实质风险地享受额外分红，变成了与公司一起承担风险的投资行为。（吕顺辉，2019）

或许，很多企业都知道，不是 × 为这类“大象”公司，根本无法做到让银行“变通”给员工贷款买股票，也很难在内部发行虚拟股、执行增值分红。作为体量较小和市场地位不稳定的企业，一般只能像本书上册 2.2 中所提及的昊昱公司那样，推行近似于合伙或期权的股权激励机制。不过，即便是利润丰厚的昊昱公司在股权激励的中后期也是焦头烂额、不胜其烦。如果企业拿不出多少红利来分，股权到最后激励作用是很有限的。

许多时候，股权激励方案执行的结果往往事与愿违。

2. 股权激励设计不当反而会打破原有的平衡

所谓配股，给的是公司的未来。至于股权的作用几何，则取决于员工对公司未来的认可度，这种认可度源于公司战略、效益、理念、分配机制等，其中效益好坏是最关键的。若一个公司“含金量低”、无钱可分，即便老板再大方，所派出的股份也不会有多大的吸引力。试想一下，如果一个“钱途”都不甚明朗的企业，也想套用×为公司起步时的股权模式进行派股融资，其结果可想而知。当然，我们不否定还是有一些企业很能“忽悠”，把企业的未来包装得光鲜亮丽，以便进行实股派发，多多少少能收到些员工股金。甚至一些已经过了盈利期的“夕阳企业”，还故意造个被上市公司收购的假局，把内部炒热，然后给员工派发股份收取股金。只不过，这种让员工成为企业债务的“接盘侠”的行径，就有些流氓之嫌了。

公司有“钱途”，持有股权就有利可图，对于员工而言就容易形成吸引力。不过，如果方案设计得不科学，股权反而会徒增员工之间的纠结与纷争。昊昱公司的市场机会、盈利能力和人力资源可谓优良，几次的股改又恰好符合时机，方案也看似合情合理，但他们碰到的六个症结，几乎每个症结的发酵都会颠覆企业，而且每个绝症都“无解”。

对于昊昱公司的五位经理人而言，获得配股后收益是工资的好几倍，然而这种职业生涯从未有过的高收入，非但未让他们安心，反而成了他们失衡的起点……在未获得配股之前，创始人的股份数不成为其参照物的时候，他们反而相安无事；在获得配股之后，与创始人相互间的股份就有了对照，均与不均也就被“患”了起来。创始人拼命打下的公司，无论从心理上还是惯例上都只能切出比自己小的“蛋糕”来作股权激励；但更专业的经理人能做出更大的业绩贡献，这也是必然的结果。所以，当创始人“甩手”后，公司越是发展得好，“在职股东”的贡献与股份的“剪刀差”就越大，这叫人如何不“患”？于是，大家更多的精力耗在了没有价值创造的股份落差的纠结上。

同样地，昊昱的员工在只领工资的阶段还安安稳稳，与管理层之间也相安无事。然而，在员工股政策实施之后，原本的平静反而被打破了：

第一，员工们徒增了失衡的心理。为了追求配股“公平”，整个公司耗费了半年时间和大量的精力来进行员工评比，以便鼓励先进、激励后进。可无奈的是，即便这样也很难做到绝对的公平，评比的过程和结果更刺激着大家“患不均”，各种送礼拉票、弄虚作假的负面事件频频出现。最令人痛心的是，团队原本其乐融融的和谐局面消失了，取而代之的是员工间的“层级隔阂”，没评上股东的“平民员工”跟评上的股东员工的收益差距太大，客观上造成了岗位相同、工作量相当的员工，因身份和收益的差别，而形成了事实上的不公平。在很多“平民员工”看来，似乎只有比股东员工懒一些，心理上才可以得到些许平衡。

第二，高管跟员工之间的距离被拉大了。增加了更多收益和权力的经理人股东，因为股份忽然显得高高在上，瞬间拉开了跟普通员工的距离，这种被拉大的权益反差直接植入不同层级人员的脑海里，让广大“平民”员工在直接明了的巨大“不均”中“患”了起来。对于一名普通员工甚至股东员工而言，即使经理人股东 2% 的收益也是自己的十几倍甚至几十倍，“如此不公平”，让员工们怎么想？这种“蚂蚁跟大象”的区别，只能让员工们觉得是在“陪太子读书”……而这种所谓的激励结果，难道不是在归属感的建设上南辕北辙了吗？

第三，员工股东由“合伙人”变成了“拆伙人”。昊昱公司为了避免“平民员工”和股东员工的反差，也为了“套牢”优秀员工，对股东收取了股金。当董事之间矛盾泄露时，担不起经济风险的股东员工神经立马高度紧张；当未分配利润被倒过来侵蚀之后，大家彻底崩溃了。于是乎，股东员工们开始担心为公司“埋单”，纷纷要求退回股金。在个人利益遇到威胁的时候，一个转身大家就结成了老板们的对抗集体。

如此的复杂状况着实令人无计可施。

纵览当下企业经营现状，即便有那么一些公司设立股份激励机制，能避开上述生死问题，但也无法破除“公平配股”（同级股东配股数一致）所导致的“股份大锅饭”和老股东吃股份老本而“躺着蹭分红”的局面。

股权激励设计不当，反而会打破原有的平衡，结果往往事与愿违。

13.1.2 “填格配股”难以让员工归心

过去有效的“填格式”配股（先设定好格式再填入股东）模式，到了劳动者需求发生根本变化的现在，也已变得不合时宜。因为员工“填格”后并未能拥有企业真正的决策权，而且所填的“格”很小。在过去，只要能增加收入，有无“参政议政”权对于员工并不重要，但现在，员工们要的是自主权，要的是自我实现，而所填的“格”并不能给到现代员工真正想要的。虽然在知本时代推行股权激励已是必不可少的，但盲目照搬西方的模式或迷恋曾经比较成功的经典，不仅难以起到留人留心的作用，还很容易因为“格”的大小反差把团队引向纷争，甚至会肢解平衡发展的局面，引发内部危机。

然而大多数的企业，却依然只是在照猫画虎。

在中国市场的股权激励实践中，企业普遍存在着已不再合时宜的三个通病：单纯的企业本位思想、简单的结果分配套路、粗暴的予取予求手段。

通病之一：单纯的企业本位思想。管理是为企业服务的，这没错。制度设计的企业本位思想，这似乎也没错。然而，我们不能不明确，企业最终赢利才是管理和制度设计的目的。如果只是片面地追求企业利益，狭隘地设计企业权谋，不考虑劳动者的需求变化，不研究执行人的创造力挖掘，激发不起工作效能，在创造力决定生产力的今天，片面的企业本位制度将无法达成企业赢利目的。

一直以来，企业制度的设计者都秉承着单纯的企业本位思想，他们的思维过于扁平，其制度设计基本是针对员工的各种制约和套路。在员工配股方案设计中，设计者也因为扁平的思维，往往只会从企业的角度出发，而忽略员工的需求及其变化。因其出发点就是片面地维护企业利益，所以他的思路就是如何帮助企业赢得更多利益前提下，设计出一种套路把员工捆住。于是设计基调就成了“用还没有的未来进行员工劳动的套现”，那么方案自然就是：

把未来的“饼”画大，用未来的分配来诓住员工，如果条件成熟，便收取股金将员工套牢。股份激励，就相当于许诺一个有“钱力”的未来，对于企业而言，何尝不是开不出高工资的“遮羞布”，承诺未来以换取团队现在的付出？（艾诚，2016）

中国市场里遍地都是这样的方案，很多老板觉得：之前有不少企业用得还不错，难道不该这么做吗？

是的，这些做法在喜欢跟风的中国企业界很普遍，在不善创新的、尚未试错过的众多老板眼里，这似乎就是“华山一条路”。但真正实践了这些方案的企业才知道，原来看到的风景跟自己做出的结果差别这么大。即便方案曾经颇见成效，可良好状况总是无法持续，似乎企业的股权激励跟市场法则一样，永远不变的主题是：变化。而企业股改，似乎永远都只会是“在路上”。

其实，在就业机会有限，人们普遍还为生计发愁的年代，不管企业如何“霸道”，员工基本还是顺从的，只要企业稍施“恩惠”，员工就会“受宠若惊”，本来加些工资就能轻松留住人，再“施舍”点股份，很容易把员工“感动坏了”。可是，当劳动阶层的需求由生存上升为尊重和自我实现后，资本时代已过渡到知本时代，老板们如果还以为整个地球都得围着自己转，那他只能被时代淘汰。在以价值创造为核心的知本时代，由劳动者挑选平台已成为趋势，老板们如果还以为派点尚无可估量的未来分红就是给予了员工巨大的施舍，要求员工当下以足够多的劳动给予回报，甚至觉得员工应当少要点“现在”，只能是一厢情愿罢了。其实员工们从来都没傻过，以前只不过是不敢表达而已，而今，知本时代了，主导权更迭了，面对股权套路，员工可能会直接甩给你一句话：丰满的未来是企业画的饼，在骨感的现实面前我们更需要实惠。

中国人讲利，也讲义。如果员工们觉得老板道义，自然不会死抠待遇；如果老板打员工的算盘，员工们的反算能力也会令人惊叹。

通病之二：简单的结果分配套路。上面提到，在资本时代，劳动阶层逆来顺受，在一定工资基础上“施舍”点股份给员工那就是极大的“恩惠”，员工感激之余会认真遵从工作制度，管理者挥舞“大棒”就能提高企业生产效能，无论员工配股方案如何粗糙，都能起到一定的效果。但是在知本时代，劳动者普遍不再有生存压力，劳动机会遍地可寻，也就不再惧怕被炒掉。因此，管理者的“大棒”威力锐减。那么，以未来结果分配为内容的股份，跟日常工作之间的纽带也迅速弱化，配股倒逼效能和产能的作用，也就逐渐丧失了。

简单配股的正作用在消失，但它的副作用却不会跟着消失，因为它打破了原有的平衡，刺激了员工们“患不均”的人性，让大家陷入了“剪不断、理还乱”的怪圈，而且是，公司效益越好，员工们“患”得越厉害，纠结得越深。这种相互间的“患”，将直接导致整个团队无限下坠，恶性循环，决策层稍有不慎，就会像本书上册第2章所述的昊昱公司那样走向深渊。

通病之三：粗暴的予取予求手段。传统的员工配股沿袭的是“胡萝卜+大棒”理念，预先设计好将要给又还没给员工的“胡萝卜”，在员工渴求“胡萝卜”的情形下挥动“大棒”，套现员工的劳动，让“羊毛出在羊身上”，将薅得的“羊毛”记为可分配利润。设计理念其实无可厚非。但是，“羊儿们”现在不惧怕“大棒”了，现在的“羊儿”动不动就炒老板，是老板怕被炒，不再是“羊儿”怕被炒的年代了。各种制约措施都在逐渐失效。既已难求，再施之还有何意义？

企业的“大棒”不仅再难套现员工的劳动了，还会令员工逆反，甚至“快闪”。老板的“羊毛”原理其实“羊儿们”都懂，对于知本时代的“羊儿”，如果所长出来的“羊毛”能让自己“多织几件羊毛衫”，老板别那么粗暴简单、盛气凌人，大家还是愿意让老板“薅毛”的。可如果老板还以一块画中的饼来喝五吆六，最终的结果只会被“羊儿们”顶得人仰马翻，狼狈不堪。

13.1.3 员工配股从“我给”变成“他要”

1. 令“员工本位”即是“企业本位”

基于知本时代商品需求关系的反转和劳动者社会需求的巨大变化，企业股权激励设计的思路必须作出相应的变化。

商品需求转为买方市场后，企业生产不可以再“随心所欲”，而应该“随需而变”。随着竞争日益激烈，市场需求将加速提升企业的适应性和创造力，这就要求企业必须充分激发员工的主观能动性；而劳动阶层的社会需求由生存升格为尊重和自我实现之后，他们只有在得到企业的尊重并能充分体现自身价值的基础上，才可能充分发挥其潜能。所以单纯的“企业本位”思想是无法适应这两种社会变化的，因为它只会片面地追求企业利益，而忽略员工的情感和需求。那么在这种趋势下，我们就必须转换角度和思维，从如何体现员工价值角度出发，把“套路员工”的思维换成“服务员工”的思维。或许，不少老板难以转换这种角度和思维，毕竟他们存在着根深蒂固的劳资对立意识和“彼赢我输”的僵化逻辑，这是人力成本化计算模式所致，是劳资收益反向关系的结果。因此，如果不能从根本上解决劳资收益矛盾关系的问题，生硬地要老板们放弃“套路员工”的思维，树立“服务员工”的意识，那是不太可能的。

管理是为企业所有者负责的，是为企业赢利服务的，这决定了管理“企业本位”的根本属性；而从劳动阶层的心理需要和物质满足出发，即“员工本位”角度设计管理，这似乎是绝对矛盾，不可调和的。但我们今天必须解决这个问题，即实现劳资收益的正向关系。

其实这个问题是可以解决的。本书上册 12.4.3 阐述了如何将劳资收益的反向关系变成正向关系的方法。

如此一来，企业主们就无须抗拒“员工本位”了。因为劳资收益是“你多我多，你少我也少”的正向关系，实现了“员工本位”就等于实现了“企业本位”，所以，在劳资收益正向关系基础之上，企业大力为员工服务，使员工努力工作为自己增收，就等于真正为企业创收了。这种思维方式叫“员工本位之企业本位”，它形式上可以完全遵循“全心全意为员工服务”的规程设计理念，达到充分尊重员工和充分满足员工自我实现的目的，而实质上又充分挖掘了员工潜能和创造力，达成了企业赢利的根本目标。方法上，我们称之为“成私而公”，即“明修员工栈道，暗度企业陈仓”。

在劳资共振基础上，企业很容易定位出劳资收益的黄金分割点，并放心大胆地设计出员工的短中长期利益链，即基础薪资、绩效薪资、奖金福利、期权股份的连环扣。在员工得以尊重和表现的格局下，因其获得存在感和价值感而达成员工不舍平台、自愿留人的局面。

2. 将员工的结果分配需要变成过程创造需要

进入知本时代之后，“大棒”逐渐失灵了，以未来结果分配为内容的员工配股跟日常工作之间的纽带逐渐消失了，配股的激励作用也逐渐消失了，如果不能建立配股与日常工作间新的关联，配发便失去了意义。

那么，**通过配股形成对员工的激励，并且使员工从对结果分配的纠结转变成对日常效能和产能的追求，是知本时代股权研究的重要命题。**

要令配股对员工起到激励作用，就必须使之满足员工的需求。知本时代员工的基本需求是存在感和价值实现。如果能让员工自主、自觉地完成日常工作的每个事项，他就能切切实实地感受到工作的成就感；如果能以收益的方式直接体现员工的日常工作结果，就能让他真正感受到工作的价值实现。

要使员工不在结果分配中纠结，而聚焦于日常的价值创造，就必须消除员工在结果分配中跟他人进行直接对比，使之在日常工作事务中获得满足感。沿袭这一思路，很容易得出“**将结果分配变成过程分配**”的思路，得出“**以日常工作事项的执行结果价值累积为股份**”的方法，这个方法在市场上被称为“**分值股份法**”。在这一方法中，员工的每项工作都关联着自己的短中长期收益，他会倾力完成每项任务，并能从中获得极大的满足感，而最终自己的期权和股份，完全来源于自身的工作成绩，至于别人的期权和股份数值差异，就没有比较的必要了。如果，谁非要在意相互间的数额差异，眼红别人比自己多，这也是一种积极的“失衡”，想要比别人多，那就要比别人更努力。大家越不平衡越好，不平衡就去比创造力，就去努力。于是，原先对结果的“你争我夺”变成了对过程的“你追我赶”。如此的“不平衡”现象，老板们自然是心生欢喜，巴不得天天做个“服务员”。

满足私欲是人生存力之所在，是人的本性。在这种方法下，人的私欲不再是对所在团体的索取，而转化成了对工作价值的追求。那么，私欲越大，贡献值也就越大。

如果员工自主、自觉地开展工作，并相互“你追我赶”，企业原先的各种“大棒”也就真正失去了它的用武之地；因为劳资收益同频了，老板们可以完全退居幕后，任员工如何“饱私囊”均可，实在闲得慌可以给员工们多做些服务，为他们提供更多的支援。在这个“完全为员工实现自身价值服务”的平台上，还会有多少员工想逃离呢?

而最终，在员工效能和价值实现的背后，则是企业产能和效益的无为而“至”。

13.2　令激励对象从聚焦结果分配转为比拼过程创造

13.2.1　从画明天的饼到充今天的饥

1.“画饼”式配股已不再具有吸引力

2005 年 8 月，百度上市当天，创造了 8 位亿万富翁、50 位千万富翁和 240 位百万富翁。据说，百度一位前台小姐的手机被打爆了，因为她也随百度上市成为百万富翁!

造富故事总是真真假假，百度前台小姐的故事是否真实存在，我们不得而知。反正随着阿里巴巴上市，蔡崇信手中 3.6% 的股份，市值飙升为 48 亿美元了。股权的“钱力”，彻彻底底被激发出来。(艾诚，2016) 所以，在 21 世纪的前十几年，股份就是企业最大的激励筹码。

给员工配股，就是将企业未来的分配分享给员工，以便激励和留住员工。过去，企业只要简单“画个饼”，配股就很能吸引员工，但是今天，如果我们仍沿袭过去的做法，其作用将大不如前。

之所以以前简单“画个饼”，配股就极具魅力，主要有如下三个原因:

其一，工业社会时期的商品市场处于卖方市场，一个企业只要有了生产资料和生产条件，能把产品生产出来，就能卖出去，进而实现盈利，员工只要看到企业有正常的生产条件，就能相信企业将来有钱分。

其二，曾经人们以为上市就是一种财富神话，因为有些人确实通过上市一夜暴富了，所以，企业只要在战略计划中提一下上市，员工们便心潮澎湃，对企业无限憧憬。

其三，过去社会就业机会有限，员工普遍生活压力大，因此对企业的依赖性很强，而企业也很容易驱使员工。

但在社会发展日趋多元化的今天，各方面的状况都发生了很大的变化，**“画饼”式配股原有的魅力几乎消失殆尽。**首先，市场已转为买方市场，企业在市场中没有了过往的主动性，竞争、变化、迭代成为主题词，企业今天的繁盛并不等于明天的存在，员工自然不会再轻信企业的未来。其次，互联网加速了信息对称化发展，上市企业退市的事例越来越多，上市成功率不高众人皆知，员工们已不再相信虚幻的神话，企业只是喊句上市的口号很难再触动员工的神经。再者，知本时代的员工大多是为逐自己的梦想而来，他们已不再是为生存而不得不工作，加上就业机会较多，他们不再那么需要依附于某一个企业。所以，本就越发“漂浮”的企业，再画个模糊的“饼”，就只能令员工们所不齿了。

2. 股份激励的着眼点在于员工眼前的自我实现

当今的员工不是在谋生，而是在找平台。

企业配股并非不再有魅力了，其实是更有文章可做了。现在的员工生活压力大为减小，他们不会太纠结每月的那点工资，而是在满足眼前的需要时，试图找到能实现自己梦想的机会。很多企业配股越来越不被员工待见，绝不是股权时代过时了，而是企业“不接地气”的配股方法落伍了。事实上，股权时代正在来临，如何配股已成为吸引和激励人才最有力的武器。

那么，股份激励的正解到底是什么？

当然是要满足知本时代劳动者的需求：尊重、情感、自我价值实现。

因此，以前那种**制约的、武断的、套路的、虚幻的、为资本垫背的、与员工需求背道而驰的配股，其结果只会跟设计者的意愿背道而驰。**正确的员工激励思路是：简明的、平等的、落地的、共振的，具有很强参与感，能让员工自主发挥的。在股权激励上，你可以没有成为行业第一的宏大规划，但你一定要有能让员工每天找到满足感的杠杆机制。

股份激励的正解，可简单理解为劳资共生的事业共同体。

员工配股无外乎是为了留住人才和创造收益。为能充分吸引员工，一方面，股份应关联员工日常工作，令其激发潜能且不断创造，以获得持续的刺激性收益；另一方面，要配套各种物质的、精神的措施，令其满足名誉、社交方面的需求。同时，股份应结合员工的梦想，令其获得事业成就感。配股仅有未来的分配设计而没有日常的效能刺激，是远远不够的，只有将配股关联上具体的工作，让每个员工因配股而在日常工作中努力创造，如此的设计方案，才真正具有现实意义。

今日不保，谈何未来？

13.2.2 科学配股令员工事事尽心

很多企业都懂得，知本时代的来临，员工配股是人才竞争的重要战略。但令管理者头痛的是，过去颇为有效的配股方案，如今对员工的吸引力直线下降，激励作用几乎消失了。

过去收取股金员工都比较踊跃，而现在赠送核心股也没太多员工兴奋。更令人头痛的是，拿了股份的员工，非但没增长多少工作激情，还平添了不少心理的失衡与纠结。

一些企业因配了部分比例的股份给员工，在后期的股权融资、收购并购、吸纳新团队中份额吃紧。回收员工占据的份额吧，又伤不起对内的信用；不回收吧，那些份额不但起不到多少激励作用，还制约了企业的战略发展。×为公司也曾因员工配股数量触顶，而不得不进行股改。2011 年 4 月，×为公司创始人在内部的“如何与奋斗者分享利益”座谈会上，动员老员工主动把所持股票数让一些出来，以便让更多的新员工分享利益。（吕顺辉，2019）

那么，到底有没有一种行之有效的办法，能使员工的配股富有“魔力”，能激发员工的工作动能，又能让股份数取之不尽、用之不竭呢？

配股的吸引力，来源于满足员工不断进阶的需求，配股的作用力，来源于关联每个员工的日常工作；至于配股数量的无穷大，那得有一种无穷数匹配定额数的计算方法。

沿此思路，方法应运而生：把每个员工的日常贡献，包括工作、行为、能力等，量化为可累计的分值，把不断累积的分值数进行阶段性总计，确定固定的兑换“汇率”，再将阶段性总分值数转换为时段性“权益股数”（随阶段延伸动态增长、无“天花板”上限的股数），最后在需要分配的不同时段加权平均对应可分配权益（包括定额或固定比例的静态股份及其权益）。简而言之，就是将每人的动态贡献累积分值转换为股份，匹配静态股权进行分配。

于是，**所有员工就能从聚焦结果分配变成聚焦过程创造了，原先晋升和分配争夺的“战场”就变成了创造和贡献比拼的“赛场”**；原先会导致损人利己、损公肥私结果的员工自私贪婪的本性，神奇地被导向了利己利人、肥私益公；原先员工们“患不均”导致分配上的你争我夺，反而变成了在贡献上的你追我赶。那么，企业从此再也无须打压员工的自私和攀比，无须号召员工们克己抑欲、无私奉献了；反而可以大力鼓励员工“为人民币服务”，因为**他们拼命为自己捞积分和股份，就是在提升企业的产能和效益**。

当然，还可以同时以员工积分为基础来核算工资、分配奖金、发放福利，以及进行评优、岗位考评和晋升考核，使员工的一切短中长期收入和权益都随分值的增长而增长，这就打开了员工们无限遐想的空间，并因所有的期待反过来刺激大家把与分值涨跌相关的每一项工作做得更好。如此这般，还需担心配股的吸引力不够吗？由于分值可以无限累积，其长度无边、宽度无限，取之不尽、用之不竭，企业从此将不再会有筹码不足之忧了。因为即便上万亿的分值和“权益股”，都可以加权平均，迅速匹配上任何有限的股份数或分配额。比如，企业拿5%的少量股份进行全员配股，或者月底只发1万元的奖金，即便员工的总分值（或权益股）为十万、十亿，甚至是更大的数字，也能立即加权平分对应起来，在程序上，是“秒配”的。

13.3 如何设计令员工欲罢不能的短中长期连环利益链

13.3.1 “黄金分割”让企业坐享其成

1. 实现劳资收益同频是管理学蜕变的基础

在传统的管理模式中，因为劳资收益的对立关系，才形成了管理的制约性和劳动者的抗拒局面。很显然，劳动者的抗拒状况是不利于劳动创造和劳动产值提升的，这使得管理学一直围绕着“利诱＋鞭策”的中轴在堆积制约和监控的措施，走向繁重和内耗的胡同。

变劳资收益的对立性为统一性，将会改变管理发展的方向，使之走向简便和高效。在劳资收益同频这个方向上，一切制约和监控都显得多余，管理的内容只剩下明确任务和利益分配了，这极大地节省了管理资源的配置，降低了管理的成本。更重要的是，劳资的对立意识转换成协同意识后，劳动者的劳动态度将由抗拒转为自觉，其工作就会由被动变成主动，劳动创造才赢得了基础，因为所有的创造源于自发。在创造力成为核心竞争力的知本时代，劳动自驱是企业立足的法宝。社会的发展是管理革命的推手，变管为放、化制为服是管理学进化的历史方向和必然选择。

其实，广大管理者只是被“人力成本”概念所绑架，在“支付了工资就必须让员工带来比工资更多的价值贡献企业才能盈利”的惯性思维中，沿袭着鞭挞式管理而已。当我们回溯生产的本质和分配的本源，会很容易明了管理的真谛不在于鞭挞。实质上，管理的目的是让企业实现赢利，而生产要素获得分配的前提是新价值的产生，所以，生产的进行和新价值的实现即是企业的核心任务。以制约为主要内容的鞭挞式管理，必然会造成劳动者的抗拒和被动。不过，在劳动者普遍为求生存不得不逆来顺受的阶段，在无须劳动创造的机械式生产中，鞭挞式管理对于提升劳动速率、增加劳动强度较为有效，进而能较好地提高劳动产能；但当劳动阶层普遍没有了生存压力而敢于抗拒胁迫的时候，鞭挞式管理的作用就径直下降了，特别是员工的创造和潜能发挥成为利润产生的主要基础之后，鞭挞反而变成了劳动产能的负面因素。

任何时候，劳动者主动工作都比被动工作更有利于生产效率提升。如果能设计出让员工自觉工作的模式，当然就可以摒弃传统的制约模式。上册 12.4.3 分析过，即便是在传统管理中，也不乏劳资收益同频的分配形式，比如计件和提成分配模式，就是劳资收益的正向关系；只是因为绝大部分岗位的劳动者无法以计件或提成的形式来计酬，才使得预定工资的方式占据着劳动计酬的主流，从而使得人力成本概念成为管理的基础概念。而成本与利润的对立性，导致了劳资收益和劳资关系的对立性，继而渲染了管理模式的制约色彩。事实上，任何利润分配或薪酬分配（包括计件、提成或是预定的计时工资），都是以生产实现为前提的，当然也都是遵循新价值产生这一逻辑的结果，薪酬成本化统计只是便于预算产后利润，它改变不了先有生产后有分配的价值产生逻辑。当我们把预定工资也如同计件工资或提成工资那般进行绩效考量改造后，就能令计酬回归正常的价值产生逻辑。而在主体薪酬从成本归位分配后，劳资收益的正向关系就完全形成了。如此，鞭挞式管理的惯性，也就无法阻碍管理变革的步伐了，激励式管理就会成为企业践行的主流模式。

在劳资收益同频的基础上，企业主完全可以置身劳动者身后，以甩手掌柜的方式为劳动者加油鼓励，在员工追逐高薪的同时获得丰厚的利润。在这种格局下，企业主可以旗帜鲜明地"全心全意为员工服务"；而员工，则可以无所顾忌地"为自己服务"。因为员工挣得越多，企业利润也会越多。此时，管理的主要问题就只剩下如何设计员工的短、中、长期激励机制了。

员工的激励杠杆如何设定，是激励式管理的核心问题。虽然激励的基础是劳资收益同频，但激励杠杆设定的支点不同，劳资共振的幅度也就不同，因此，如何找准支点，形成劳资的最佳振幅，正是共生管理研究的主题。

2. 黄金分割法

黄金分割是全球公认的"最和谐分割"，它的分割点是（$\sqrt{5}-1$）/2，近似值为0.62，通常用Φ表示这个值。黄金分割有着严格的比例性、蕴藏着丰富的艺术价值，因其具有充分的和谐感和美感，被认为是最理想的结构比例，在各类建筑和艺术中被广泛运用。

黄金分割就是当分割点把一个形态、形式分为0.62和0.38两个部分时，这个分割点是最佳的，它能让该形态和形式最美、最和谐。

古希腊的著名雕像断臂维纳斯及太阳神阿波罗的下身与上身的比例都是0.62比0.38；在达·芬奇的作品《维特鲁威人》、《蒙娜丽莎》和《最后的晚餐》中都运用了黄金分割。埃及的胡夫金字塔，底边长为230.37米，侧面三角形的高186.5米，底边长的一半与侧面三角形的高正好都是黄金比例；法国的标志性建筑埃菲尔铁塔不计天线的总高度是 300 米，第二层观景台高约 115 米，刚好在整个塔的黄金分割点上；还有巴黎的圣母院、希腊雅典的巴特农神庙，这些经典的名建筑，在结构上都使用了黄金分割。

地球上的四大文明古国都处于北半球中纬度，因为中纬度是最宜居的地带；而这些文明中，**更接近黄金分割线的文明则更加璀璨，中华文明是最经久不衰，最具韧性和潜能的文明，其历代都城绝大多数都在黄金分割线上，五朝古都郑州、六朝古都商丘、七朝古都开封、十三朝古都洛阳和西安都刚好位于黄金分割线上。地球上出现的所有强国，**包括公元前 550—前 330 年的波斯帝国、公元前 336—前 323 年的亚历山大帝国、公元前 27—公元 395 年的罗马帝国、632—1258 年的阿拉伯帝国、1299—1922 年的奥斯曼土耳其帝国，以及现代的美国，**其纬度都在黄金分割线上**。

有个神奇的现象，就是东西方两大文明的最强代表——中国和美国，直接交锋的一次战争（朝鲜战争），最后平衡于北纬 38 度，而这两个国家的首都（北京和华盛顿），也不约而同地处于北纬 38 度附近。

畅享时代公司（上册第 11 章例举）能形成劳资共振、劳劳共振、资资共振，将各种关系调节得那么和谐，恰是因为在利益的划分上，运用了黄金分割。

当一个企业，能**将每项工作完成结果的量化价值都进行黄金分割，系统化地进行收益分配，企业的运营将会形成一幅绝美的画面：全员自驱动，各生产要素在和谐的分配中得其所需，良性循环。**因为每项工作或每个有价值的贡献都关联着操作者的收益，结果值的大小都直接反映为收益数的多少（在分值系统中，员工每完成一项工作，其绩效工资、得分、各项评优排名、干股数都能在手机 App 首页看到变化），所以员工们会自觉地把每项工作尽可能做到更好，而企业却因黄金分割，在员工倾力“为自己服务”的背后，坐收渔翁之利。

13.3.2　通过“无上限月薪”使员工动力满格

1. 使员工从“要我做”变成“我要做”

在中华人民共和国成立 70 周年国庆阅兵式的“美好生活”群众方阵中，

快递员是一道美丽的风景线。第一财经商业数据中心（CBNData）与苏宁易购联合发布的《2018快递员群体洞察报告》显示，中国的快递员已经超过300万人，2018年快递业务量逾490亿件。的确，是快递员这些平凡的劳动群体，让中国人如今的生活变得越来越美好。我们经常可以看到一些场景：为了赶时间，一些快递小哥看到电梯繁忙转走步梯拼命奔跑……这就是收益杠杆造成的结果，快递员的送件数量、速度和服务态度跟他的收益直接关联。每项工作执行的好坏决定了项目完成结果的好坏，这反映的是执行力强弱。这就很清晰地得出了结论，员工的执行力和责任心，最核心的两大决定因素是工作事项的量化方法及其跟收益的关联度。

因此，分值系统的设计核心是将员工的每项工作、行为和有价资质量化为分值，并将累积分值关联到员工的短、中、长期的各项收益中。能让员工竭尽所能的，是员工每月可以通过自身的努力争取到比基础考核工资多得多的实际收益。在这个系统中，**员工超标完成每一项工作都等于自己给自己加工资**；除此以外，利用多余时间或碎片时间从事部门所列的“可选工作”，以及自行增加的“添加工作”，均可以成倍增加工作分的比值（因为“可选工作”和“添加工作”没有增加考核基础分，但增加了考核结果分），这等于在加速推升自己的收益值、效能值和产能值（详见上册7.2.2）。因此，**任何一个员工（包括行政人员）每个月都可以通过自身的努力挣到比预定基础工资高出许多的工资**。

当然，**因为有劳资同频和黄金分割的前提，在财务精算之下，员工收入的翻番，则意味着公司实现了更大的收入。**

基于科学分配和精算的需要，这样的操作系统当然得依靠运算程序。尤其是手机在办公运用中承接了更多的电脑功能之后，运维程序化和操作智能化必不可少。

能使得员工从“要我做”变成“我要做”，是因为实现了员工的工作自主和收益自主。而决定员工潜能发挥程度的，是员工的收益空间。所以，**打好劳资同频和黄金分割的地基，就可以给员工放开事务空间和收益空间了。**

2. 如何让员工每个月自己“升薪”

在分值系统的实操中，企业可将紧要和相互影响的事项列为指令性工作，由各部门负责人量化分解为员工的岗位基本工作（必须完成的工作），以确保项目实施的进度和有序性；将非紧要和不影响他人的事项归类于指导性工作，由各部门负责人列为“可选工作”细项，交由员工自主选择执行；如果员工觉得事务还不够，可自行补充“添加工作”项，那么，其工作量便可以足够大了。基于基本工作对应的绩效考核工资，“可选工作”和“添加工作”所对应出来的绩效工资增加额，也就有了客观的标准和足够的空间，并令最终的分配不会大幅偏离黄金分割点。

企业因有财务精算系统的保障，可任由员工无限增收；而员工因有上不封顶的月薪可期，则会竭尽全力地工作。为更好地激励员工，企业还可以在绩效工资考核的基础上，进行岗位考评和月度评优，按月发放效益奖金、赡孝福利或生活补贴。只要这些激励措施都基于员工的日常贡献分进行客观考评，就能对员工的日常工作和行为起到正面的促进作用。上册 12.4.3 讲到了这几项月度考评，这些考评都是基于员工的工作 O 分累积值、行为 P 分累积值、资质 Q 分累积值、绩效考核率 x%、效能 $V_{效}$、产能 $V_{产}$进行对应核算、考量和评比的。所以，反过来这些考评就能通过这六项指标来促进员工的日常工作，员工追逐更高的 O 分值，就会尽可能完成好更多的工作项，努力去实现“三高”：效率高、产能高、质量高（因为时效和质量直接影响分值的大小）；员工提升 x%，表面上是在提升自身的风险收益率，实质上是在降低企业的人力成本；员工提升 $V_{效}$，实际就是在有限的时间内，将工作结果做到更好；员工提升 $V_{产}$，实际就是基于自身的工资基础，去实现更高的产值。

月效益奖金是非定额的，是根据企业不同月份的效益拨出的。如果黄金分割“薅出的羊毛”多，则多拨出点，“薅出的羊毛”少，则少拨出点，“羊毛出在羊身上”，企业财务收益是有保障的。因此，设立月度奖金的作用，不仅能让员工们自己贪婪地“埋头苦挣”，还能通过 O、P、Q 分加权平分效益奖金，让员工看到前后左右的竞争者，在“患不均”的心理作用下，为超过他人而你追我赶。特别是，每个员工每完成一项工作都能令O分排名发生变化，这种动态变化实时显示在每个员工的手机App上，则会时刻产生刺激，让员工们不忍歇脚。

赡孝福利是每月根据员工的P分进行加权平分的，赡孝金可由公司财务直接打入员工亲属账户，通过亲情纽带，能让每个员工在遵守制度和规程上持续优秀。

生活补贴是对未有房产和车产员工的一种送温暖方式，是鼓励大家在企业中尽快“奔小康”的一种机制。生活补贴主要根据x%、$V_{效}$、$V_{产}$这三项指标进行核算的，因此，可直接刺激还在为生活基础而奋斗的员工勇于提升绩效考核率，努力提升效能和产能。

试用期员工的转正考评和正式员工的岗位合格度考评，其主要的指标是$V_{产}$和红心奖章。合格或淘汰的结果都是由员工自己工作的努力程度决定的，只要自己心系企业、工作达标，基本不太可能会被炒掉（除非自己不适合这份工作，或公司业务发生转移，令工作无法饱满，导致所做的贡献抵不过工资）。这是一种客观的自然甄别方式，要么令合适的员工自觉努力工作，要么令不合适的员工自然淘汰。

月度评优是根据x%、$V_{效}$、$V_{产}$、O分、P分、红心分的分别排名或组合排名，来对优秀员工、管理者及部门进行表彰的方法，其实施可以树立出工作标杆，进而激励大家在这几个指标上力争上游。月度评优的具体奖项设计，详见上册11.5部分内容。

基于以上这些设计，从员工自身的、周边的各个方面，以及从物质的、精神的两种层面进行激励，则能令员工们认真对待每一项工作和每一个行为，在潜移默化中，形成自觉端正每个行为、主动做好每项工作的习惯。

13.3.3　设计“福利组合拳”沉淀员工初心

许多企业花了比同行更高的薪水去招揽人才，但最终依然没能把这些人才稳定住，一些“能人”在公司刚上手不久又“飞”了，让老板郁闷的是，再怎么加薪也很难留住人才。

其实，薪水并不是员工工作诉求的唯一因素，要让他们全方面获得满足感，把心沉下来，需要有一套组合拳，全方位、多角度、高频次对接他们各方面的需求点，在他们每一次犹豫和动摇之时，都有良好的满足方式点对点地化解他们的犹豫和动摇。那么，如何才能让员工们欲罢不能呢？这需要分别从短期、中期、长期对员工们的利益需求、情感需求、尊严需求、价值需求给予相应的满足，形成一系列相互嵌套的权益链。

企业可以从以下六个方面进行员工的中期权益链设计。

1. 年终奖金方案设计

春节是员工们的工作间歇期，很多人会在春节后跳槽寻找新的机会，所以企业一般会在春节前发放年终奖金，希望以此留住员工。可现实的情况是，很多企业的年终奖金、年终双薪都不一定能发得其所，有本事的员工就有跳槽的资本，能留下的更多是“跳不动”的。而且，一些企业的奖金分配副作用很大，会导致一些觉得分配不公的人负气离开了。事实上，年终奖金的分配是需要讲究艺术的。因为人性具有“患不均”的特点，稍有不慎就会把人心给分乱、分凉，所以很多老板都经历过“升米恩，斗米仇”的尴尬。平分，会打击优秀；暗分（暗箱操作），会激起员工打探的欲望；民主评议，又助长了山头主义……然而，如果不分，好像又不行，如此烧脑的“剧本”设计，着实让老板们叫苦不迭。

其实，年终奖分配最重要的目的就是对员工起到正激励和负激励，鼓励优秀，策动后进，所以需要有一套“去人化”的客观考量体系，基于每个员工的实际价值贡献，准确地量化出各自的贡献差，这才能抓住“患不均”的人性，让大家从负气的“你争我夺”，变成不服输的“你追我赶”。如何量化出员工们每个人的准确贡献值，这是前提和基础。在分值绩效系统中，O 分，可把每项工作的价值作出准确量化；P 分，则可把每个行为的价值作出准确量化；Q 分，还可把每个员工的能力基础及知本价值作出准确地量化（详见上册第 8 章）。因此，以这些计酬方式来分配年终奖金，就能很好地避免平均主义，山头主义，使分配的差异化变成正大光明的正向刺激力。

一些企业已经实践出了一套很有黏性的年终奖金分配方法，且能嵌套员工短、中、长期权益。这套方法是：把年终奖金分为“年度效益奖金”和“年度理财奖金”两部分，均根据员工的［O+P+Q］总分值进行加权平均分配；而效益奖金又分成两半，一半在春节前发放，让员工及其家人过个好年，分享公司的效益；另一半放在年后的6月份发放，让员工因节后的“离职成本”较高而不动跳槽的念想。须知，到了6月份，又积累了小半年的次年“权益”。

理财奖金则更巧妙，这部分奖金名义上属于员工本人，实际上则是托管在公司名下。公司可提供资本市场上比较有刺激力的、收益不等的多个稳健型理财选项，让每个员工自行选择一种或多种项目，对本人的“理财池”进行打理，每月所得理财收益随当月工资发放，刺激员工的存在感、获得感和满足感。逐年累积的“本金”会让员工们“越陷越深”，而每月新生出来的“鸡蛋”，又让员工们更珍惜池里的“母鸡”。因为“母鸡”是员工“合法退休”（包括符合国家退休制度或企业内部退休制度的退休）才能全额领走，提前离职将会损失较大比例的本金，越早走损失越大，所以大家不愿意“高成本”离职（逐年累积的“本金”会逐年抬高“离职成本”）。其中，被淘汰、被辞退、被开除、非法离职的“损失比例”逐级提高，从另一个侧面也促使了员工们不愿掉进“末位淘汰”的落后位置，不愿轻易违规，更不愿非法离职。这种设计的高明之处，在于能以不同的离退形式领取“本金”，其“本金”不会“全部清除”，存续着一部分比例继续理财，让员工们即便人退休或跳走了，心都还在，他们会继续说公司的好话，而不会轻易诋毁公司。

分值系统有着“企业统一阵线”独特的基础，能让离退人员和未曾在职过的编外人员，和在职人员一样作出价值贡献值。不在职的只是不累积岗位的O分（工作分）而已，但是可以累积P分（行为贡献分）和Q分（情报、无形资产等知本贡献分），因为P分和Q分是不受职位和时空限制的，任何人都可以随时随地进行累积。因此，它可以“团结一切可以团结的力量”，让生态圈内外的一切有益资源和有价信息全都被吸附过来，同时还能形成巨大的黏性。

企业还可以把月度奖金也划分一半作为理财金，加快理财池的“注水”

速度，以更快的频次增加“母鸡”的重量和“鸡蛋”的数量，加重理财池的黏性，让员工更深地沉淀下去。

2. 职级升降方案设计

传统的晋升方案，虽然也有“降”的通道。但实际运用中，却大都只有升，因为“水只会往下流，人只愿往上走”，降就会把人“降死”；而无法降的晋升方案，一方面缺失了负激励的作用，另一方面则使得企业的管理成本只升不降，令企业不堪重负。而这，则是无法量化具体工作的必然结果。

如果能对每个员工所做过的每项工作、所进行的每个行为、所具有的每项技能进行客观量化，就能设立中立的合格标准，以员工自己创造出的贡献值来考量，完全实现“去人化”，员工升是自己努力的“善果”，降也是自己懈怠的“恶果”。如此操作不仅直接明了，还能很好地起到正激励和负激励的作用。

所以，分值系统的升降职、升降薪设计既简单，又令人信服、催人奋进。其考量指标主要有 x%、$V_{效}$、$V_{产}$和红心奖章。x% 能客观反映员工对公司的责任担当程度和工作自信程度，$V_{效}$能客观反映员工的工作完成程度和时效性，而 $V_{产}$则能客观反映员工是高薪低能还是低薪高能。以这些指标的客观数值作为优秀（升职 / 薪）标准、合格（不升不降）标准、不合格（降职 / 薪）标准，员工的量评结果无论怎样，都是他自己造成的。升，他会继续自我鼓励；不升不降，他会在下个周期自我加码；降，他则会自我反思，加倍努力。

在这个系统中，升薪并不会让人躺在功劳簿上安逸地吃老本，只会让员工更加努力拼搏，因为加薪后 $V_{产}$的分母加大了，维持原有的努力程度只会使 $V_{产}$下降，从而影响短中长期一系列的收益和权益，只有贡献增加程度超过加薪幅度，才能使 $V_{产}$值高于原有的值，才能保障短、中、长期所有与 $V_{产}$相关的各种权益不受损失。有更大的欲望，就必须有更大的付出，否则得不偿失。这就是分值连环权益系统绝妙的地方，让人时刻处于逆水行舟当中，不进则退，而且无法怨天尤人。

3. 假期奖励方案设计

假期奖励方案在上册第九章有详细介绍，即以 $V_{产}-1$ 取整为天数的一种产能奖励。此方案巧妙的结果是：员工赚一天的假期，等于企业赚了四天的效益。这是个用休假奖励激发员工提升产能的方法，它颠覆了传统带薪假造成企业负重的模式，让员工的休假变成了企业的增收，这种双赢方案是劳资双方都满意的。

员工所获得的奖励假期可以累积起来集中使用，那么，大家就不用等到“黄金周”或春节才能探亲和旅游了，可以错峰出行，享受真正的时间自由，从此告别“一字长蛇阵”的排队生活。

在实践中，员工通常很少每周把奖励的假期马上用掉，一般都会累积起来凑成一大段的休假。当员工的奖励假期能累积出来的时候，也就是工作黏性加大的时候，因为这样使得员工的“离职成本”加大了。

4. 物质福利方案设计

义和利，是东方人两方面的价值诉求，“无情无义”的企业是员工们不能接受的。所以，在重大节日或庆典时，企业要发放福利有所表示。

很多企业为了“公平”起见，逢年过节按人头分发福利。其实这种绝对的平均主义是最大的不公平，做多做少都一样就是在打击优秀、鼓励平庸。而在分值系统里就不一样了，可以凭借不同员工的客观贡献大小对应分发差异化的福利，如此操作更有利于鼓励先进、激发后进。

在使用分值系统的企业中，其中一家企业的物资福利发放依据是 $(1+m\%)\sum[O+P+Q]/m$，他们把工龄 m 放进去了，这就使得工龄长的人取值更高了，他将获得更多的福利，这无形中又增强了员工的黏性。

有的企业除了重大节日给员工家庭按贡献值派发物资福利外，还会在父亲节、母亲节、重阳节对员工的长辈进行慰问，在儿童节向员工的未成年孩子派发玩具，在员工直系亲属的生日当天进行祝贺。这些举措比起那些只会在端午节发袋粽子、在中秋节发盒月饼的形式主义走心多了，别看它成本不高，却可释放出巨大的能量，对于员工，那就是温暖“1+N”（1 个关怀，N 个感动）。

5. 旅游福利方案设计

传统的旅游福利一般只能惠及部分员工，如果福利给到全员则往往是无差别的普惠。而有着日常 O、P、Q 贡献分累积的分值系统，可以在企业因效益拨出的旅游基金总额之下，对全员加权平均分配基金，那么，就能形成“差异化的普惠”（员工因累积的贡献分值高低不同而获得多少不一的旅游基金），并且，员工可以在基金累积到一定额度，够情侣或家庭使用时，再选择自由出行（因有奖励假期而自由），不像传统的旅游奖励，只能在既定的时间让员工去既定的地方。

在旅游基金考量指标中加上 O、P、Q、m、T（奖励假期的天数），将会大幅度提升全体员工在这几个方面的贡献值。因为平常的贡献值累积越多，所分得的基金数额就越大。如此，既惠及了全员，又为企业的日常工作增加了促进力。

因旅游基金采用跟理财金同样的离退法则处理，也跟理财金一样可以增加员工的工作黏度及团队稳定性。

6. 年度评优设计

年度评优可以通过对 $\overline{x}$%、$\overline{V}_{效}$、$\overline{V}_{产}$、O 分、P 分、Q 分、红心分、爱情分、家庭分等，进行分别排名或组合排名，对年度优秀员工、管理者、部门等进行表彰，以树立标杆，激励员工们下一年度在这几个指标上继续努力。具体方案设计详见上册 11.5 内容。

13.3.4　利用“常态化配股”让员工托付终身

在员工中短期权益连环方案之上，企业可以利用更为深入的期权和股权来锁定其心、令其逐志。

1. 如何让非股东员工一个个自己“近朱者赤”

传统的“股权套路”已不合时宜，“金手铐”式股权已没有了市场，能满足员工需求、兑现员工愿望的股权机制，才对现代劳动者具有吸引力。所以，可以在劳资收益同频和黄金分割的基础上，设计出令员工自愿沉心、自发逐志的长期激励机制。知本时代，劳动者的需求已发生了巨大的转变，很多企业也已摸索出了适应新时代员工追求自我价值实现的股权激励方法。之前提到过的畅享时代公司，其股权设计比较有代表性，机制很人性化，没有强制和胁迫，却能整齐划一地笼络员工；没有蛊惑和煽动，却能让人心甘情愿地参与，然后与公司关联越来越深，最后融成命运共同体。

这个公司首先基于每个员工每天的工作贡献和价值创造，按月不断积累其O分、P分和Q分，在工资奖金和补贴福利之外，再将这些贡献值转化为他每月不断递增的干股数，虽然很多员工还不是股东或者根本不懂什么是干股，但系统都会把他们的累积总分值及其对应的干股数显现在App首页，先入为主地将更高的权益植入到员工们的脑海，让每一个人都能清晰地意识到“在另一片果园里有一大筐苹果”，可努力取之。当一个员工发现身边有人每月领到这个补贴那个基金，而自己却没有，特别是看到别人领的红利比工资还高几倍时，他绝对忍不住不去了解“那片果园”，即“员工持股委员会”。

在通过两名正式员工股东引荐后，想成为股东的意向员工可以详细了解加入股东会的条件、权利和义务，当发现成为干股股东的门槛（$\bar{x}\% \geqslant 10\%$、$\bar{V}_{产} \geqslant 1.1$、$\bar{P} \geqslant 10\Phi$）并不太高时，自然就会去权衡股东的具体权利和义务，一旦察觉收益明显大于风险，便会想方设法争取加入了。

这几项门槛的设计看似简单，却有着莫大的作用。比如$\bar{x}\% \geqslant 10\%$，对于员工来讲只是工资10%的考核率（考核的那部分工资很容易变得更多），可谓九牛一毛，但对于公司来说，那至少是降低了10%的硬成本。更重要的是，员工一旦设定了绩效考核率，就会努力争取工作的结果分大于考核分，就会去模拟x%设定的大小，来观察绩效工资的涨幅，在发现“工作结果分既定时，x%越大绩效工资就越高”之后，则会忍不住想把x%放大；当自己确定所做的本职工作可以“及格”，便能确定自己的绩效工资是有涨幅的，只要把 x% 往上拔高就等于自己给自己加工资。无形之中，员工自己就从一个“打工者”慢慢变成了一个“承包者”（工资成本因 x% 趋向 100% 而趋向零）。

$V_{产}$是产能值，$V_{产}=1$ 是一个员工的工作基准线，相当于传统管理中刚好完成必要劳动而没有进行剩余劳动。要做到 $\overline{V}_{产}\geqslant 1.1$ 并不难，只要本职工作能“大于 75 分”（或者本职工作刚“及格”，再增加一定的“可选工作”也行）即可达成。将这个指标提高 0.1，并非员工为了成为股东便要被公司剥削 10% 的劳动产值，而是员工在为自己加了大约 10% 的绩效工资（在分值系统中没有任何一项工作或一个创造行为是无偿的）。员工向股东条件靠得更近时，有百利而无一害，如此谁又会拒绝呢？如果 $\overline{V}_{产}\geqslant 2$，还能得到一天的休假奖励，绩效工资翻一倍；$\overline{V}_{产}\geqslant 3$，得到两天休假奖励，绩效工资翻两倍，以此类推。

$\overline{P}\geqslant 10\Phi$（即大于 62 分），每个月按制度进行七八项正能量行为就达标了（比如私物公用每次可加 5 分），举手之劳轻而易举。关键是，就连遵守规章制度都不是无偿的行为。P 分关联的权益多达十几项，比如赡孝金这一项，凭着 P 分可以给自己的家属账户赚到不少钱，没人会拒绝给自己涨 P 分。而看似员工们的逐私利的行为，对公司而言，形成的却是遍地的好人好事和全员的遵章守纪。此种制度下，地上都很难再有果皮纸屑，因为它随时随地会被员工为加 P 分而捡走。

对于未加入员工股东委员会的人群，可划上一条动态的黄金分割线。这条动态线很有艺术性，最后会如同收割机一般，将优秀的员工逐个股东化。这条线是：$\sum[O+P+Q]$ 排名在非股东的前 Φ 之内。用老板们的话来讲，就是最后要把所有的“近朱者”染赤。这条线的艺术性在于动态，比如，某个员工达标（三个硬指标）了，但总分排在 Φ 线之后，他是无法成为股东的；但 Φ 线之前的人得以“入园”之后，Φ 线就会往后移（没有新员工入职时），只要他继续维持良好的工作达标状态，最后总能走到 Φ 线前面。有心“入园”的，只要是正贡献者（能产生“剩余价值”），都不会“被浪费”。

在“苹果园”里的“苹果”（各种权益）更多自不用说，作为企业，在黄金分割和劳资收益同频的系统中，倡导的是员工丰收，企业也同步丰收。因此，既不用担心团队稳定性，亦无须担忧企业营利性。

为维持“果园”里“先富起来”的人继续“富有”，“果园”有一则“园规”，要求“果农”们必须遵守 x%>（1–Φ）这一规定，因为这能使大家有更高的风险收益。在更高的风险下，确保员工更努力的状态，这不仅能给“园外”的向往者带来更积极的激励，也能更大地节省企业的人力成本。

在“苹果园的果农们”丰硕的收益及其热火朝天的氛围刺激之下，来“入园”的员工们会更加努力工作以求“入园”。因每个人从试用期开始，就在 App 中看到了自己分值对应的干股数在不断上涨，虽然还不能凭这个数字去“领苹果”，但总归能看到“入园”那条 Φ 线又在向自己靠近，而“达标”本来就不难，何况“达标”本来就是在为自己加薪，因为每个人的∑［O+P+Q］（累积总分值）逐月都在增长，看见放在嘴边却又没能吃到的那些越堆越多的“苹果”，谁会不馋？随着∑［O+P+Q］的增长，当 Φ 线把他都“圈进去”的时候，谁会拒绝到了嘴边的“苹果”？于是，“近朱者”慢慢都变“赤”了。“赤了”的“果农”又因需要保持 x%>（1–Φ），所以“果园”内外将会处处正能量，处处欣欣向荣。因为干股数是随员工的工作延续而无尽增长的，一个人迟迟不“入园”或是想要离开，“损失”只会越来越大。

基于“果农”们 x%>（1–Φ）产生的高绩效工资，“果园”里还有一条“园规”：将超收的绩效工资的（1–Φ）划入理财池。“超收绩效工资”是指员工最终绩效工资超出“绩效考核工资”，即绩效工资结果超过计划，多出来的部分。对于“果农”而言，这部分反正是“计划外”多得的收入，其大部分当月领取了，留下小部分来进行“母鸡下蛋”，钱不但没少，还多出了不少的“蛋”，自然甚为满意。对公司而言，这是在增加员工黏性，在打造劳资命运共同体。

当然，这还远远不够。

2. 可以让员工股东为了进阶更为努力

在“果农”之后，畅享时代还开发了“一座矿山”，即“执行董事委员会”。这里的执董并非传统意义上的投资人，而是“高级员工股东”。这座“矿山”

面对“果农”开放。“进山”的条件是：$\bar{x}\%>\Phi$，$\bar{V}_{产}>(1+\Phi)$，$\bar{P}>30\Phi$，很显然，这是“土豪玩家”的标准。他们是这样自诩的：当上“土豪”就能“进山开矿”，家里有了矿，儿女才是“富二代”！**我们这代人没命做“富二代”，但我们却可以做“富二代他爹”**。

相信玩过 x% 的员工，都知道 1% 和 10% 或者 100% 的难度是一样的。主要是看工作完成结果“及格”与否，“及格”了，是在加薪；“不及格”，就会减薪，只不过 x% 大些则加减的振幅大点而已。所以，$x\%>\Phi$ 比 $x\%>(1+\Phi)$ 仅仅只是更刺激而已，难度是一样的。既然有“山规”，那“山里的富豪”就得保持 $x\%>\Phi$。因为 x% 更刺激，“果农”自然会更勤奋，于是 $\bar{V}_{产}>(1+\Phi)$ 的追求也不难，这是在为自己加薪，何乐而不为呢？于是，“土豪”就这样一个个地“炼”成了。

“矿区”的福利比“果园”多（有一些福利是成为执行董事才享有的），红利也比“果园”厚（独有的执董红利是普通员工股东享受不到的），这是“果农”们“土豪化”的动力所在。为使“果农”们努力加速“土豪化”，他们在“果农”之中也划出了一条黄金分割线：$\sum[O+P+Q]$ 排名在员工股东前 $(1-\Phi)$ 之内才能保持执董的身份。这就刺激了“果农”们为实现自己的梦想与目标而停不下努力的脚步。

3. 让打工人自然而然变成为公司担责的“老板”

在畅享时代的股份激励体系中，“矿山”的后面还有一座桥，桥的后面是个“庙”，“庙”里住着“和尚”。众所周知，和尚是由“施主”们供养的。这里“和尚”指的是投资人，“庙”指的是“非执行董事委员会”，“庙”里的红利比起“果园”和“矿山”更为丰厚，这是打工人梦寐以求的。

过“庙”前这座桥的条件是：“富二代他爹”根据“山规”将超过绩效工资及理财收益 Φ 线的收入划为实股股金。对于“富二代他爹”来讲，反正超收部分也是“额外”多得的，划一部分作股金不影响每月的增收，拿些“鸡蛋”放在“庙”里，将来能孵出更多的“鸡”，关键是，自己摇身一变，从此也成了“和尚”，可以坐享“俸禄”了。

“额外”部分转化为实股，这是畅享时代非常精巧的设计。其一，干股股东并未从家里的“口袋”掏钱，没有增加经济压力和负担，却拥有了实股；其二，员工的实股是自动不断累积，越来越多的，这会让员工跟公司越捆越紧，欲罢不能；其三，公司实实在在获得了源源不断的股金进账，却不用“损失”股份比例。

从“草地”进到“果园”，从“果园”进到“矿山”，再从“矿山”自然进到“庙”里，这些过程都是**通过激发员工的私欲，迎着员工的需求、伴着员工的增收而递进设计的**，并没有“刮员工的油”，更没有“扒员工的皮”，都是**在员工升得越高挣得越多、员工挣得越多对企业贡献越大的良性循环中，由员工们自觉、自励、自驱动完成的。在这样的机制里，员工们不知不觉从依赖者变成了贡献者，从贡献者，又升级成担当者。**

4. 把员工预约好，一直干到老

前面，只是介绍了畅享时代公司员工股东进阶的主轴，其实为了把各个阶梯夯得更实，他们还有很多辅助措施。比如在“果园”的房补、车补之上，再给予车房贷款，其做法是：平均分值排名在全员前 Φ 之内的董事，本人及配偶均未有车产时，购置首辆车采用银行按揭的，可获得按揭总款一定比例的公司免息借款；本人及配偶均未有房产时，购买首套房采用银行按揭的，亦可获得按揭款一定比例的公司免息借款；所有车房借款在离职时全部偿还本金，如在公司合法退休，借款免还。这一激励措施，短期作用是刺激着大家“积极奔小康”，长期作用是鼓励和约定了员工，让大家一直干到老。

畅享时代所设计的诸多配套举措，皆能让员工心驰神往，都可**加深员工黏度**。他们在员工一步步**由旁观者变成主人翁**、从打工者演变成合伙人的基础上，还用上了员工的个人征信，让员工在为项目进行担保时获得一定收益。他们所有的方案，形式上是在**让员工实现自我**，实质上是在**降低公司的财务风险**，是在促使**人力资产化**演进，是在**深度融合劳资关系**。

13.4 层级化分配才是员工配股之道

13.4.1 平层配股牛头难对马嘴

责、权、利对等，形成三位一体的等边三角形，这是管理学的公认法则。

但在员工配股时，大家却都遇到了难题。

大部分企业的股份结构都是单层的，在激励员工时进行的是平层配股，即员工股跟资金股是平级的，其性质和权益基本一致。平层配股的第一种形式是权责对等，执行层和管理层跟决策层一致。这种形式的结果是，不管权力分配是否恰当，股东责任是否能承担，都眉毛胡子一把抓，让所有股东“吃大锅饭”；第二种形式是责利不对等，同股同权却不同责，这种形式会平添诸多的失衡问题。可想而知，一个小员工，或许连竞争对手长什么样都没见过，他怎么行使决策权？或许连资产负债表和损益表都看不懂，他怎么跟老板们一起担风险？最终，企业权力还是得集中在几个老板手里，那么，这如何让小员工们以公司为家？如何让小员工拿出主人翁姿态？

×为公司最初的员工配股，便是将责、权、利对等地捆绑在一起。但到了 1997 年，员工股东的表决权被公司收回，归由工会代行，这是为什么呢？按理，最初的“均利均权均责”是最为平衡和对等的，但在实际运行中，这种结构上的责权利对等，却是对象上的对应错位。特别是普通员工，“不当家不知柴米油盐贵”，却“跑进里屋跟掌柜们一起决策如何买米”，实在是挺难为人的。事实上，普通员工不可能像大老板们那样对企业内外部的信息全面了解，也不可能对公司的财务状况了然于胸，更不可能对竞争对手的状况了如指掌，让他们来进行表决，犹如瞎子摸象。

经过实践，×为公司高层意识到了，简单粗略的权力分派会给企业带来种种困扰，所以进行纠偏。

×为公司的第二次股改是由于内部配股数额受限，第三次股改是将实股激励转换为虚拟股激励。

×为公司前期是替员工贷款购股的，员工所承担的责任是远期的、“隐形”

的，但在“贷款购股”无法继续之后，员工需要自己筹款支付股金了，这感觉就很不一样了。

企业广泛采用的是百分制股份结构，从一开始就是以100%来划分的，股份激励也就是在100%之中划出来的一小块，上限是既定的。这让所有企业都绕不开一个问题：一旦所划出的份额用完了，也就没了筹码；如果还需要进行股权激励，就得再从原股东口袋里去扒。但是，股份被“扒”少了的老股东们，心里总归是不痛快的。这样的股份激励机制，在让新人获得激励的同时，也在让老股东添堵。

本书上册提及的昊昱公司，一些员工由于交了股金，在听闻公司顶层的矛盾信息后，一颗悬着的心立即崩塌了，随之而来的就是蝴蝶效应，连执董们都倒戈相向，站到了与公司抗争的一边。领工资时员工们虽不激奋，但还能按部就班，配了股之后却把大家折腾成了“反动派”，活生生的案例就摆在眼前，“升米恩，斗米仇”，这正是老板们最不愿意接受的结果。

如果一家企业效益好、分红多，股份就奇货可居，而奇货可居的股份往往都会引起大家的争抢，各种所谓“分配不公”的纠纷就会延绵不断；如果企业效益不好或前景不明，股份就一文不值，而被迫投资于不值钱的股份，则往往会被认为是一种绑架。

很多企业发现，员工层的确不宜参与到企业的核心决策之中，也很难跟企业一同去承受不可预见的风险，所以在配股时只采用虚拟股的形式进行，以分红权来激励员工。

其实，虚拟股的分红在员工眼里只是“周期更长”且更不确定的奖金，激励作用比较有限。关键是仅有干巴巴的分红，员工们没有“参政议政”，也就无法生成主人翁的心态，于是，企业期盼的员工归属感便无从谈起。

如果让员工承受企业的经济风险，大家心理会产生变化；如果不让员工承担经济风险，大家又会缺乏责任感。为什么自古就有“富不过三代”之说呢？那是因为“富二代”不曾有过“富一代”的艰苦历练，守起江山来会有天然的缺陷，而“富三代”，就更可能是纨绔子弟了，因为他们习惯了饭来张口、衣来伸手，同比从风险堆里洗礼出来的新生创业者，他们在竞争中可能会更加弱不禁风。所以，有利无责的红利“施舍”，不仅不能得到在危机时期一起扛的团队，还可能会养出一批“白眼狼”。无须担责的股份分配，往往只能培养能同甘不能共苦的员工。老板们之所以不辞辛劳，想把 24 小时当成 48 小时来用，那是因为老板跟企业是共存亡的一体关系，没有退路可言。要让员工也做到像老板这样全心全意为企业付出，光给利而没有责，是绝无可能实现的。相反，因为不担责任，员工们则会聚焦在“利”的争夺上，“患不均”导致的一系列问题就会接踵而至，这激发出的就不是员工的创造力，而是大家的不平衡心理。

不带责任的权利分配，势必会引起员工对权势的依附和向往，企业内部各种“走捷径”的现象自然少不了，“山头”自然就会形成，内耗则在所难免。

在员工不承担经济责任的结构中，等边三角形是不完整的。但在激烈的人才竞争中，老板们已顾不了那么多了，赋利赋权而不赋责，成了众多企业为争夺人才的不得已之举。于是，三角形也就成了“人”形（见图 13–1）。

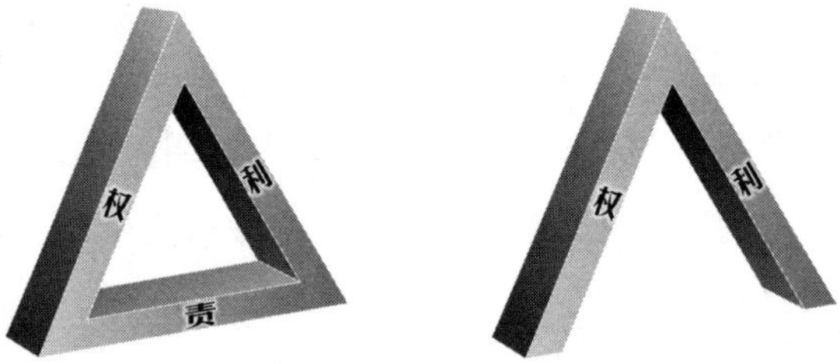

图 13–1　“赋利赋权不赋责”无法形成等边三角形

很多老板直接喊出了“有福同享，有难‘我’当”的口号，力图很人性化地留住人才。但现实的结果是，没有压力就发挥不了潜力，缺少了担当的员工们，很难激发出才能，反而因为“饭来张口”惯了，一旦哪天“饭”少了，他们就不习惯了，最终往往会让老板们变成“东郭先生”。

在员工配股中，绝大部分企业只解决了利益怎么分的问题，却没能解决利润怎么来的问题，无法真正地激发员工们的创造力，反而把大家的精力牵扯到了利益纷争上，不仅不能提升工作效益，还滋生出一系列的问题。

平层配股之于员工，想维系责权利对等，必然牛头难对马嘴；然而不维系责权利对等，又更会引发一系列的失衡。所以，到了这个份上，也是我们重新思考配股结构的时候了。

13.4.2 从“以果施因”到“以因定果”

1.“以果施因”的“计划式管理”只能演绎“胡萝卜+大棒”

知本时代与5G网络一样，正以全覆盖的方式快速降临，并将深深地改变各个行业的业态，它无法顾及人们的认知速度。“得人才者得天下”正成为一种趋势。

各企业主为网罗人才，纷纷搬出箱底货：股份。可令大家无比困惑的是，不割让股份，留不住精英；割让股份，筹码非常有限。面对市场和人才的竞争，企业既要激励人才，又要吸纳资金，估计没消几轮，股份将割无可割……股权激励前，员工干劲每况愈下；股权激励后，员工却在股权争夺上不遗余力了……配股时责权利打包分派，牛唇对不上马嘴；不打包分配，各种失衡又接踵而来……这一系列的世界级难题可是令一心想“让金子发光”的老板们不知所措了。

其实，这些问题并非无解。许多企业走不出这些谜局，主要是因为被传统管理理论给禁锢了。

传统管理得出的经验是，先定好分配，才有利于明确利润计算和生产计划，所以**传统企业一直遵循着“以果施因”的“计划式管理”规则**。因循“计划式管理”的“以果施因”逻辑，在股份划分时，就会以100%的股份作为结果，对各方进行相应比例的分配，所以一开始股份就分配完了。在经营过程中，各板块就只能在定额的百分比中进行有限匹配，**一旦要再次吸纳资源（人才和资金等），只能从原股东手里切割份额，需要吸纳多少轮，就得进行多少轮的重新估值和股权稀释**。这样的做法不仅很折腾，还很耗成本。股权的稀释，最大的消极影响还是股东们被削减后的心理失落，因为他们的权益被“削小了”。

沿袭“以果施因”的逻辑来给员工配股，就会预设一定份额的股份给员工或员工集体，然后按“胡萝卜+大棒”的思路，以股份“胡萝卜”作为条件，对员工的劳动施以“大棒”。这种“股份胡萝卜”与“工资胡萝卜”相比，其“营养成分”（收益）的确定性较差，既看不见也摸不着。所以，管理的“大棒”挥动起来的作用力自然也就弱了，如此还得配备更多的“挥棒人”，并且要“挥棒人”很使力，才能对员工有一定的鞭策力。“股份胡萝卜”亮出来之后，倒是有些地方不需要“大棒”员工们就来劲的，那就是“抢胡萝卜”的游戏。为得到比别人多的“胡萝卜”，一些员工会不遗余力地争抢。这种内耗并非企业配股的初衷，但它却不可避免。

传统的股权激励是先果后因的，所以，配股之后，为鞭策劳动，就得将责权打包分派，于是才导致要么责权牛唇对不上马嘴，要么就是责不打包（不收股金）或权不打包（没有表决权）地进行股份派发，“等边三角形”不完整，当然只会引发诸多不平衡。

所以，要破解这些谜局，还得从传统管理的根基挖起。

2.“以因定果”令内耗和筹码受限问题迎刃而解

起底“计划式管理”，反“以果施因”思路而行之，就很容易柳暗花明。

反“以果施因”的思维是：以因定果，即，按创造价值的多少来进行相应的分配。

以因定果的“果”，是过程创造出来的累积价值，所以相对“计划式管理”模式，可以称这种新模式为“价值化管理”。

沿袭以因定果的思路，在配股时便不会被结果思维所绑架，还能打开筹码上限，以每个生产要素（劳动、资本、技术等）日常的价值贡献累积，来核算结果分配，于是方法也就水到渠成：**将每个生产要素的每份贡献量化为数值，按累积的数值来匹配结果分配。当必须先固定各要素板块的份额时，也可以通过加权平均的办法，将动态的累积值静态化，以匹配上固定的份额。那么 100% 股份的空间，立即就无限放大了，大到可以装下企业发展所需求的一切人才、资金和资源，并且再也不用切割老股东的份额，不用等到繁杂的重新估值方案出来再去吸纳资源，过去的筹码分配受限问题、份额削减失落问题和动态贡献与静态股份不匹配问题，将迎刃而解。**

因为以因定果，所有的“果”，包括收入、福利、荣誉和股份，都是员工的贡献累积而来的。做多得多，做少得少，那么，员工偷懒损失的是自己的利益，他想多赚钱就会去多干活，于是自驱动的良性局面自然就形成了。企业的“大棒”将无用武之地，企业的管理人员和监督人员以及繁杂的管理监督制度，甚至都显得多余了。“果”不是上级分的，而是每个人自己创造出来的，“抢胡萝卜”的局面自然也就不会再出现。谁担心自己的“果”比别人少，那就去努力工作提升贡献值。于是，人们“患不均”的失衡心理，将由原先的“嫉妒”变成了“奋进”，“你争我夺”的内耗，就变成了“你追我赶”的比拼。

因为分配均源于自己的贡献累积，所以按照以因定果逻辑得出来的各种分配方案，都将激励出员工的积极创造力，令其聚焦日常的创造，而无须在毫无产值的股份比例争夺上伤脑筋。这种“价值化管理”的思路，绝不止于股份激励的运用，它适用于所有的分配。如是，**企业内部将不再有那么多令人纠结的工资谈判，不再有那么多令人烧脑的人为评议，不再有那么多令人烦心的股份纷争。**

基于先因后果的思路，平层配股的“责权利分派打包与否”的问题也将迎刃而解了。其实，只要摒弃先果后因的框架，思维立刻豁然开朗：股份如何分配先搁一边，股份是否还作为价值的统一度量衡（责权利统一打包的轴心）也暂且放一边；可以先将责权利进行细分，把刚好适合于某层级要素（人员和资本等）更小的责权利分配给大家，让不同层级的要素**刚好匹配上相应的责权，然后让大家获得的利益恰好就是自己贡献的价值**，如此，既保证了责权利等边三角形的完整，又科学地完成了责权利的细分（见图13-2）。

图13-2 “大三角形”细分成多个“小三角形”

这时候，企业可以把具体生产过程中所产生的价值对等化，形成统一的度量衡：分值，并以此连接所有的交换和分配，使不同的岗位、部门和层级串联起成一个共同体。而所有的分配，包括工资、福利和股份等，均以分值的累积数进行加权平均匹配即可。

13.4.3　横向贯穿 & 纵向拉通的“矩阵股份制”

从大等边三角形到小等边三角形，责、权、利被分别切割重组了，平层配股自然也就被切分了，于是多层级的“矩阵股份制”便应运而出。

责权利根据不同担当力的各层级职员进行细分，才能精确匹配，不“眉毛胡子一把抓”，才能让每个职员权配其位、责配其权、利配其值，才能避免平层配股“员工因不知战略信息而‘抓阄’决策”之类的尴尬，避免“吃大锅饭”。

不同条件区分出来的职员层级形成了矩阵的纵列，不同担当的细分责权利形成了矩阵的横列，其排列是一个规整的矩阵，所以称这样的多层股份制为“矩阵股份制”。

“矩阵股份制”的层级该如何划分呢？是不是划分得越细越好呢？当然不是。因为划分得太细，繁杂程度相应也会提高，太过繁杂就不便于实施操作了。根据职能不同，企业人员可分为投资人、经营决策人、管理者、执行人和兼职顾问五大类。在“分值化管理”体系中，执行人基本是自驱动的，管理者的管理职能已经弱化，管理者同时又是执行人，所以在股份层级中没必要单独列为一级。因而，加上非股东员工，企业人员可以按五层划分责权利（见表 13-1）。

表 13-1

企业人员层级的科学划分

人员层级		经营决策权	福利	利益分配	经济责任
股东类型	非执行董事	战略决策权	无	红利、清算收益	股金、红利弥亏
	执行董事	经营决策权、战略决策权	工作、管理福利、股东福利	工资、奖金、红利、资金股的清算收益	绩效减扣、红利弥亏或股金有限责任
	顾问股东	经营建议权	兼职福利	部分奖金 / 红利	红利弥亏
	员工股东	经营提案权	工作及股东福利	工资、奖金、红利	绩效减扣、红利弥亏
非股东	普通员工	工作建议权	工作福利	工资、奖金	绩效减扣责任

非执行董事，作为不参与日常经营的投资人，因不熟悉经营管理的情况，只需拥有与资金宏观使用相关的战略决策权，凭着资金股承担企业亏损的有限责任，享有股份分红和清算权。

执行董事，属于经营决策人，包括参与经营的投资人和优秀经营者。他们熟知企业的经营情况，拥有经营决策权和战略决策权，无投资的执行董事凭绩效减扣和红利来承担一定的经济责任；有投资的执行董事，凭股金份额及其分红来承担有限的经济责任和享有相应的清算权，执行董事参与工作而享有工资、奖金、工作福利和股份分红等。

顾问，一般属于兼职，对企业的经营状况一知半解，因此只享有经营建议权，以及兼职福利、部分奖金和股份分红的权益。由于其不参与具体工作，所以没有绩效责任；又因为没有投资，所以只需凭分红来承担亏损责任。

员工股东，是指获得干股的员工，其涵盖面广，但绝大部分都是普通职位的员工，他们对企业的整体情况不甚了解，但对具体负责的板块却非常熟悉，所以拥有经营提案权，他们凭着绩效工资等收益，对工作失误承担一定的经济连带责任，相应的，他们享有工资、奖金及股东分红和福利。

未获得股份的普通员工，只拥有所在岗位的工作执行权和建议权，得到工作薪酬、奖金和福利，仅凭绩效工资对工作失误承担一定的责任。

如此，每一个层级相称的责权利就横向贯穿了，而责权利具体的量，则分别根据每个职员的O分、P分、Q分和R分进行个性化动态定义。至于纵向的层级，虽然均有不同的条件标准，但可互通，即当某一层级人员条件符合其他层级时，可更换股东角色、进入符合的层级。这种纵向拉通的做法可形成正负双向激励，让所有相关人员积极争取获得更多的分值，避免失误造成减分；值得一提的是，因为“矩阵股份制”中的股东权益是根据分值个性化动态定义的，所有人均可为自己不断加分、加权益，上不封顶，而“暗中”的“相对股比”不进则退，这会激励大家“永不停歇”。这跟传统平层配股“股东有恃无恐、坐收红利”的激励效果有天壤之别。

“矩阵股份制”避免了平层配股中责权不称或责权缺失等问题，避免了平层配股“只激励未成为股东者为达标而达标、股东坐拥红利而懈怠”的“多劳少得、少劳多分”尴尬。因“矩阵股份制”采用了贡献分值作为统一度量衡，利用贡献累积值配比股份，责权利的任何切分，不仅不会令度量紊乱，反而会使得各生产要素的价值称量更为精准，从而把所有力量导向创造，而非导向争权夺利，其激励效果不言而喻。

13.4.4　层级化的干股池无论大小都能令员工们乐在其中

多层级的矩阵股份制不仅会令企业的责任及分配相得益彰，还能使员工们在干股池内正向竞争，自得其乐，并且会因级别差的吸引而形成跃升的动力。

“昊昱之殇”（本书上册 2.2）中，经营团队内乱的根本原因是横向比，特别是干股股东跟实股股东的比较，让他们产生了巨大的落差。不当家不知柴米油盐贵，在公司步入盈利阶段进来的股东员工，是体会不到公司起步阶段的各种艰辛的。前期股东做过太多的贡献，支撑公司走过了脆弱期，这些都无法用数据体现出来。而后进来的股东员工在盈利期拿劳作数据来衡量与前期股东之间的价值差，是缺乏一定科学基础的。但在平层配股之中，这种直观对比又是不可避免的，它会令管理层严重失衡，令股东员工在巨大的反差中消极怠工。

“同行是冤家，同事是对手”，人们会对与自己有利害关系的人，自然产生敌意，因为他们是竞争者，会“彼多我寡”。而对于那些比自己优秀却无利害关系的人，因为没有威胁，则会成为自己的榜样；一个强者跟自己“在一个锅里吃饭”，那就会令自己“患不均”。所以，在激励机制中，差异化参照物放置的远近，和立多少口“锅”，“锅”里的“肉”怎么分，是很有艺术可讲的。

矩阵股份制遵从两个原则：第一，把具有可比性的人放在同一层级里以因定果；第二，把可比性差的群体拉开一定的距离。在以因定果的规则下，所有人的最终分配基础都是自己贡献的积累。把条件相近、能力相当的人放在一起，就具有可比性，任何个人的突出表现，都能刺激一群人，令大家不甘落后。而正是因为条件相近，这种刺激才能转化为动能，如果条件迥异，被刺激人是无法“依葫芦画瓢”赶超上去的。是“以因定果”的原则使刺激变成了创造力，使团队关系变成你追我赶；如不然，在传统的“以果施因”原则下，大家仍然会聚焦在结果分配上，为了自己分得更多而你争我夺。而“以因定果”，则可令群体中的人由竞争变成激励，由相互抢夺分配变成相互比拼贡献，并且因为相互间有可比性，于是越比越勤奋。而实股股东和干股股东的可比性太差，因此**“层级化区分、矩阵式担享（担当和享有）”**是必要的。“距离产生美”，把层级拉开一定的距离，就能形成榜样，因为可“升级”，榜样的力量就化作大家逐级晋升的动能；而个性化动态衡量价值、恰如其分地细分责权利，使大家**“位权相称、权责相称、值利相称”**，才能科学匹配、精准衡量，才能让大家看到“力有所值、值有所益”，进而充分施展、尽力贡献。

“不患寡而患不均”，分配不公会让人心生芥蒂。很多老板都曾郁闷于为何划了很大一块股份用作激励，员工们却不为所动、不思感恩，反而在相互间蝇头小利的划分上心旌摇曳、义愤填膺。那么，反过来，我们就可以找到一种员工不“患”股份总量之多少，但因群体中有人实现了更多而不甘雌伏、追赶不休的方法，进而回馈给企业。

这个方法，就是分值股份法。

分值股份法可以**凭有限的股份数额来对应无限的劳动分值数**。具体的做法是加权员工的贡献分来对应干股数。于是贡献总分和干股数的任意值都可以对等匹配了，**无论员工累积多长时间的分值，无论分值总数有多大抑或干股数额有多小，两者之间均可实现动态对等**。因此，分值的筹码将无穷无尽，任凭员工人数如何动态增加，任凭员工的贡献分值如何动态增大，干股池都可以静态匹配；员工们热火朝天地贡献比拼和永不停歇地累积分值，永远不会受制于干股池的大小。而另一方面，**无论老板们腾挪多少股份以备融资之需，无论公司保留多大份额告慰“开山元老”，激励股份永远用不完，员工们都将在那一汪干股池中自得其所、比拼不止……**

如梦亦如幻，却可轻松实现。

而这，正是分值股份法妙不可言之处。

13.5　如何让员工离退之后还能继续作贡献

13.5.1　令人聚焦利润创造才是机制设计的轴心

传统的管理模式是“计划式”的，劳资合作薪酬是事先谈妥的，签好合同后再开始进行生产工作。资本合作，也是先谈妥分配比例，签订合同，然后再去开展经营活动。之所以这么做，主要是基于计划的需要，让成本投入有了稳定清晰的计划，最终的利润结果就相对明确，这么做更有利于决策项目是否值得落地实施。

计划式管理的内在逻辑是“以果施因”，在劳动管理中演绎出“胡萝卜 + 大棒”的方法，因为企业确定了给员工的分配结果，所以需要推动员工完成生产，管理的主要内容就是针对员工的劳动进行制约、鞭策和督促。而在资本合作中形成的是对赌方式，即，基于既定的分配比例，本着“协议精神”，监督运营过程，无论各方的实际贡献差异有多大，都按原定的比例进行分配，管理的特点体现为制约、掌控和监督。

计划式管理在商品卖方市场时期较为实用。然而，当市场转向买方市场后，计划式管理的不适应性便逐步凸显了出来：买方市场的特点是竞争、变化和动态，它要求企业必须聚力快速迭代、循机转向、前端应变。但计划式管理，却是机械的、不变的和静态的。

知本时代到来，劳动者的基本需求已由生存需要转为尊重和自我实现需要，“胡萝卜”已很难满足员工的胃口了，“大棒”更是失去了原有的威力，“以果施因”已然无法跟上市场的变化了。

因为企业都是事先计划人力成本，根据岗位设定薪酬，根据薪酬招聘人才，所以这种方式会导致员工在薪酬谈判中是积极主动的，在劳动过程中是消极被动的。如果“胡萝卜”不大，吸引不了人才；如果“胡萝卜”够大，虽把人才吸引了，但更多是把大家吸引到了利益分配争夺上，而不是价值创造上，自私和“患不均”的人性在“以果施因”面前，被导向争斗和内耗。而这，正是职场的常态。

“胡萝卜”式的游戏法则，会引得条件相当者奋力内斗，使得差距较大者直接放弃努力，最终令已得到“胡萝卜”的人在之后的工作中有恃无恐地“磨洋工”（具体能做多少就看监工们挥舞“大棒”的力度了）。这种劳动者的被动工作方式，正好跟新时期市场创造力、应变力的要求相悖。

资本各方之间对赌的弊端，同样也在买方市场被放大。因为分配关系在经营开始前便已确定，那么各方在之后的实际运营中的贡献差，也就无法体现在最终的分配结果上，而可悲的是，既定的分配结果常常跟实际贡献值不一致，导致“打击贡献”的结果：按分配比例是静态的、既定的，价值贡献是动态的、后续的，所以贡献少的仍按既定比例分配，自然占了便宜，贡献多的也不会增加分配，当然就会吃亏。这种“以果施因”的“计划生产”方式，会“让少贡献者满足，让多贡献者添堵”。

因为分配方式是事先约定的，公司只能“以不变应万变”。当市场条件发生改变，企业是很难变更内部资金结构或引进新的力量进行应对的。

随着商品买方市场的发展，企业的计划将越来越赶不上市场的变化，贪图简单计划利润的管理模式正在使运营过程变得越来越复杂，聚焦利益结果分配的计划机制正在使利益来源变得越来越模糊。利润创造是企业经营永恒不变的主题，偏离利润创造的任何形式都将会被摒弃，令人聚焦利润创造才是机制设计的轴心。竞争的压力终会把为了生存的企业逼出创造力，**如何将生产要素从聚焦结果分配转移到过程创造上来，激发出巨大的创造力，成了现代企业不得不面对的问题。**世界潮流浩浩荡荡，很多的企业将会破茧而出。**“计划利润”的时代正逐步走向尽头，未来将是“创造价值”的时代。**正如美国作家威廉·吉布森所说：

未来已经到来，只是尚未流行。（郑指梁 等，2017）

13.5.2 如何设计企业的活力机制

1. 分配既定会令人不思进取

传统的计划式管理让人聚焦于结果分配，而非过程创造，因为收益既定，且有法律保障，势必令人觉得收益理所当然，形成“习惯性偏见”，麻木于既定好的收益，而缺乏危机感，失去压力和动力。这种模式下，大家的动能不是源于内在的追求和自发的动因，而是来源于企业的“大棒”；一旦“大棒”效用退化，企业扔出去的“胡萝卜”将失去吸引力。无论是确定好的固定工资，还是协议好的股份比例，都无法持续形成真正有效的激励。**因为分配既定，大家自然有恃无恐，不思进取。**

许多的“中国式散伙”，都是由于股份既定造成的。因为分配是“计划”好的、固定的，贡献多了吃亏，贡献少的反而占便宜，所以，懈怠者会成为“护法派”，力图维持原有的分配比例；而进取者不愿意懈怠，明知吃亏也埋头苦干，干完了觉得不公平，成为“变法派”，想方设法要变更股份。当然这种不平衡的结果只会是：推倒重来。

× 为公司的成功让它成为诸多企业学习的楷模，其模式备受社会关注。由于其效益好，分红自然就成了公司最有力的激励基础，但也正是因为分红丰厚，激励的副作用也会突显出来：大量的员工坐享分红而产生怠惰心理。2011 年 4 月，该公司不得不出台甄别“奋斗者”的相关举措，对于坐拥股票分红而不再努力拼搏的员工划为“非奋斗者”，削减相应的一些福利和权益，以弥补“以果施因”的缺陷。

故步自封、缺乏活力的企业是无法在现代市场中立足的。2015 年 3 月，美的集团 CEO 方洪波称，要成为跟上时代的企业，美的需要具备扁平、高效、精简的“小公司”的特质，需要具备奋斗、敬业与超强执行力的“创业公司”的特质，需要具备开放、进取、有事业冲动的“新公司”的特质。（郑指梁 等，2017）

李光耀（新加坡国父）在英国留学的时候，到眼镜店配了一副眼镜发现不用付钱，他非常惊喜，原来很多类似的消费支出都是由政府包揽的，他当时想，这是多么文明的社会啊！但后来他逐渐明白了，欧洲很多国家实行这种全面包揽的福利政策，正是导致欧洲人闲散、缺乏活力的根源所在。所以当他成为新加坡总理之后，断然摒弃了英国式的福利和劳工保障路线，在他看来，沿袭政府包揽公民福利的政策会令人们缺乏应有的动力。欧洲人选择了可以让人民更加舒适温暖的道路，换来的却是多年GDP的缓慢增长（3%以下）。政府对民众的过度呵护，最终会让国家的发展走向缓慢。不进则退之后，可能欧洲国家将不得不重新寻找一种新的社会契约。（李光耀，2012）

瑞典的乌尔夫·尼尔森在2007年的一篇文章中写道："福利会催生懒惰，工伤保险会带来受伤，难民政策会引来难民，允许人们在退休年龄前退休会造成人们提前退休。"（李光耀，2012）

李光耀在他的书中写道：福利社会最坏的影响，不在于其僵化或难以为继的本质，而是它削弱了人们努力奋斗的动力。如果保障体系设计成不管一个人是否努力奉献都能得到同样的好处，那他为什么还要努力？……欧洲对于不必要的劳动保障规定没打算撤销，包括管制公司裁员、最低年假等。目前的新经济格局越来越崇尚灵活，它们在这个时候更加固执和保守。法国及其周边国家的工会和社会主义政党，还在尽量延续那个神话，工人可以继续拥有跟过去一样的福利。当地学生要求享有同父母一样的安稳工作，换而言之，他们要求的是世界为他们停业转动。（李光耀，2012）

2. 适度的压力是动力之源

李光耀政府的理念，是福利保障不能过于慷慨，要让人们保持活力，就得要让大家自力更生，任何一项福利举措都要同时连带价值创造，人们享有某种福利的前提是进行社会贡献。所以，弹丸之地的新加坡活力四射，成为亚洲四小龙之一。

有危机，才会有压力；有压力，才会有动力；有动力，才会有创造。

正是因为日本火山地震频发，台风三天两头肆虐，才造就了大和民族强烈的危机意识，这种危机意识令日本人民迸发出了强大的张力和巨大的动能。经过圣德太子改革、大化改新和明治维新，大和民族迅速由蛮夷走向兴盛。尽管国内资源严重匮乏，日本还是在第二次世界大战惨败后迅速成为世界第三经济体。

同样，也正是有了近百年的屈辱历史，中国才爆发出了惊人的反弹力，40年的改革开放，创造了GDP年均增长9.6%的神话。

压力是活力的源泉。一个组织要保持活力，就必须端掉安乐窝，避免人们不劳而获。所以，一切不跟具体创造关联的权益，包括固定工资、例行福利和定额股份，都需要重新定义。

危机与保障，是活力机制的两端。

过度的危机会令人恐慌，过度的保障却会令人慵懒。在保证人们生存和安全底线的基础上，施以可承受的压力，是活力机制的度；任何一种权益值都关联受益者的贡献值，是活力机制的量。度量适当，才是机制活力的关键所在。

因此，一个企业的薪资、福利、红利设计，只需给予受益人底线保障即可；在此基础上，应让所有的权益都关联权益人的贡献值，并以其日常的贡献累积值为基础进行加权分配，这样才能真正激发出员工们巨大的动能和活力。

13.5.3 让企业的整个生态圈活力无穷

1. 让在职的员工自己变成“永动机”

把活力机制的设计原理理解通透之后，如何执行落地才是最实际的话题。

活力机制不仅涉及企业的各个点、面，还涉及整个生态系统。企业生态圈的内外，似乎很宽泛和繁杂，活力机制该如何设计呢？

践行“分值化管理”的畅享时代公司经过十多年的优化升级，凝练出了一套行之有效的活力机制，虽然涉及的范畴很广（包括企业短、中、长期的所有分配，包括企业内外所有专兼职人员在职期间和离职之后的所有权益），但轴心却可以非常简洁明了。

机制的活力轴心，是每个人日常贡献的量化值，包括 O 分（工作贡献分）、P 分（行为价值分）、Q 分（能力资质分）、x%（绩效考核率）、$V_{效}$（效能产出值）、$V_{产}$（产能贡献值），和以这几个数值为基础加权分配企业的各项权益。

首先是薪资设计。

让员工自定义 x%，即，基本工资划分出来的固定工资和绩效考核工资这两部分的具体比例可以自定义。因为每个员工的生活压力各不一样，自定义固定工资额度才能最准确地定义出自己的底线，员工在底线之上进行绩效考核，才有足够的勇气去面对工作中的挑战与风险。固定工资是员工的心理底线，是定额不动的；而绩效考核工资是根据工作完成程度考核浮动的。

员工的所有工作事项都进行量化考核，记为O分，贡献量的多少决定O分值的大小；完成结果的优劣决定了$V_{效}$值的高低（$V_{效}$是O分的结果分与计划分之比）；薪能（在自身工资额基础上为企业作出效益的能力）的高低决定$V_{产}$值的大小（$V_{产}$是工作结果分与基础工资之比）；x%值的高低说明了本人的风险承担的大小。而绩效结果工资是在绩效考核工资基础上加权计算而得，其中的计算系数包含了$V_{效}$、$V_{产}$和x%，所以，绩效结果工资就跟员工本人的每一项工作关联了起来，员工的绩效收益多少完全是自主行为，包括上司在内，所有人的主观意愿都无法左右绩效工资的结果。员工为了取得更好的收益，就必须将每一项工作尽力做得更好，当然也只需做好自己的工作。

其次是各种奖金、福利、转正、岗位考核、晋升、评优等权益的设计。

这些设计都以O分、P分、Q分、$V_{效}$、$V_{产}$、x%的累积分或月均分为基础进行加权核算，于是，员工们要想在中短期的权益上获得多一些，就必须，且只要将日常的每项工作和行为做得好一些。

再次，就是员工的股份设计。

员工股份设为两级，即普通股和董事股，均以$\bar{x}$%、$\bar{V}_{效}$、$\bar{V}_{产}$一定高度的值和［O+P+Q］总分排名为标准。普通股的考核标准相对较低，达标即可申请入股；董事股的考核标准更高，达标才可申请升级。因此，员工为了获得更多的长期权益，就必须，且只要将自己日常的每项工作、每个行为和每种资质尽力做到更好。这些所有的作为和收益，都无须看他人的脸色。员工在成为股东后，因x%>（1–Φ）或x%>Φ的要求，这就使得他们相比普通员工有了更高的风险承担。这两条黄金分割线，使员工股东们的责、权、利很自然地相得益彰，这种劳资共振的局面，让整个企业的内在活力达到了相当的高度。而x%的黄金分割线，并未使员工的风险承担触及上限，这个度至关重要。

这一系列的活力机制，之所以会让员工们活力四射，除了“以因定果”牵引着每个人在每个方面、每时每刻努力奉献外，还形成了劳资共振的良性互动局面：因为人人都“患不均”，都想比别人挣得多，那么就必须，且只要比别人更努力地去创造价值。当“我”更多了，便会刺激他人的“患不均”，别人也会继续努力；当他人超越“我”了，又会刺激“我”再次奋发图强……于是，就形成了你追我赶的比拼格局，这与“以果施因”的传统管理效果完全不一样。“以果施因”的传统机制最害怕员工“患不均”，处处要压制员工攀比的人性，因为在传统机制中，人的攀比本性只会导向内耗，形成你争我夺的恶性循环。人性是自私的，传统管理也害怕员工们的自私，总要绞尽脑汁去号召员工无私、克己，以避免员工损人利己、损公肥私，这是“以果施因”的必然。但在“以因定果”的活力机制里面，企业大可让员工尽情释放天性、贪婪谋取私利，因为员工是越自私贪婪，就会越想要更大的“果”。在公私收益同频的机制里，员工的“果”更大，公司的“果”就会更多；而越是“患不均”的人，就会越不满足于比他人少，就更会想法超越他人，而相互“患不均”，就形成了整个公司你追我赶的共振局面。

在“以因定果”的活力机制下，没有任何一项权益是不劳而获的，没有任何一种晋升和评级是靠人为投票评选的，所有人的“命”都是靠自己“运”出来的，自主命运是活力的根本所在。这个机制不仅使人活力四射，更会使人创造无限。因为所有的权益都是加权分配的，是动态的，一旦不努力了，虽然自己的总分不会下降，但是别人在努力，别人的总分还在上升，这个时候，一进行加权分配，自己的分配比例就相对被压缩了，所以，想比别人分得更多，就需要比别人更努力。活力机制让每个人都如同逆水行舟，不进则退，心有希望，创无止境，员工们不想被他人比下去，就得持续不断做出贡献；而所有的权益都在动态加权分配，要想持续收益，就得持续努力。

2. 让非在职的人员也都停不下来

畅享时代公司的**这套机制绝不止于让专职员工活力无限，它还让所有的兼职员工、外部顾问活力无穷，甚至让离了职的、退了休的人都无法停止贡献，**且看这张“离退福利表”（见表 13–2）。

员工离退，相应的职权自然取消，但可依据表 13–2 保留一定比例的收益权（理财金、旅游金、股份等）及其处置权（继承、清退等）。

表 13–2

畅享时代员工离退保留的权益比例

离退方式	合法退休	合法辞职	被淘汰	被辞退	非法离职或被开除
离退时保留权益	100%	50%	30%	10%	0%
非保留权益的折价	0%	50%×80%	70%×60%	90%×40%	100%×10%

权益包括理财金、旅游金和干股；非保留权益折价清算于离退后第三个月领取。离退人员离退后等同于兼职人员，可继续累加分值和干股数，并拥有相应的分红权。离退干股数 $S_i=f\cdot S_{i0}$，其中 S_{i0} 为本人干股总基数，f 为加权系数，$f=\sum_{d=1}^{n}[O_d+P_d+Q_d]/d100(1-\Phi)$，d 为某分红周期的月份数，$O_d$、$P_d$、$Q_d$ 分别为该分红周期不同月份的工作分、行为分、资质分，$\Phi=0.618$（黄金分割线），当 $f\geqslant 1$ 时，取 $f=1$。

这张表的主要目的，是展示给未离退的所有员工的，而不是为了要在员工离职的时候把它当作撒手锏。**传统管理的字里行间，都充满着制约和对抗的色彩，设计者先是把员工假设为消极和被动的，然后出台规则，可叹的是最终那些规则恰恰就成了员工真正消极和对抗公司的诱因。**员工都是拥有独立人格的个体，没有人会在公司把他当作制约和对付的对象时，还真心地为公司肝脑涂地。所以，这张表首先是把在岗的所有人都温暖了，除非是某员工非法离职或被开除，否则即便离了退了，员工还能继续从公司获得相应比例的权益。如此人性化，既稳住了人心，又激励了人性。

员工在公司工作满了规定的年限，就可申请（不是必须）退休，不是非得等到国家规定的退休年龄不可，且离退后保留 100% 的股份、旅游金和理财金；未到退休年限非走不可的，在合法离职后，还能保留 50% 的权益；能力确实不济而被淘汰的，还能保留 30%；因严重违规而被辞退，仍然可以保留 10%，这会使得员工不可能轻易离开，确有特殊情况或确实不适合继续留下的，也会选择好聚好散，不会不负责任地走，在离开前会尽力把工作做好，以便离开之后还能得到更多的权益。活力机制会经常让离退人员操作一下理财选项，不时领一些利息和红利，这可温暖和激励人心。

即便是员工已经离开了，他们也会因为剪不断的利益线，而自动自发地成为统一阵线的一员，尽心尽力地为企业持续作贡献。由于有 100×（1–Φ）的黄金分割线（约为 38 分），标线以下的离职人员只能按比例行权，所以，他们必然会在每个分红周期内努力贡献，以“越过三八线”。就算因特殊情况不便进行贡献而需要隐匿一段时间，保留的权益也永久存在，待无须隐匿时，还可以继续累积分值和股数，领取收益。

活力机制魅力无穷，活力无穷，它能团结生态圈内外一切可以团结的力量，捆绑上下游一切可以捆绑的资源，聚沙而成塔。

无论多么合理的股份比例，都只能反映签约之时的相对合理性，没有人能在签订合作协议时，就把未来各自的贡献提前准确地计算出来。

动态股份，着重解决了利润怎么来的问题，也科学地解决了利益怎么分的问题。

第 14 章

动态赋值，达成团队永久平衡

14.1　创业团队的失衡是企业动荡的根源

14.1.1　静态股份适配不了动态贡献是团队失衡之源

企业是在问题不断地产生和解决中发展的。

企业的问题分为两种，一种是由于生产推进必然会出现的业务内容的生产性问题，是利润实现必须面对和解决的；另一种是伴随着企业经营的发展滋生出来的非业务内容的矛盾性问题，是利润实现要尽量避免和消除的。生产性问题需通过日常经营管理解决，矛盾性问题则需通过结构疏通和关系调和来解决。但是，诸如本书上册 2.2 所列的六大绝症，是当今企业通用结构和关系所无法调解的，其中关于“静态股份无法匹配动态贡献”的问题，是“中国式散伙”的罪魁祸首。

我国民营企业的平均寿命不到 3 年。导致企业“短命”最重要的原因往往是内部矛盾。而股东矛盾，则是内部矛盾中最根本、最具破坏性的。许多公司业务做得不错，最终也以倒闭收场，甚至越是挣钱，倒闭得越快，这样的结果往往都是因为股东之间的权益不平衡，引发股东矛盾，阻断了公司的持续经营所致。除非实质股东只有一个人，否则民营企业出现股东矛盾的概率几乎是百分之百。（刘国镔，2012）

“西少爷”在 A 轮融资的前夜，三名核心创始人反目，一夜分家，演绎了典型的“中国式散伙”。起初，孟兵、宋鑫、罗高景基于校友之缘在 2013 年 4 月创立了奇点兄弟 IT 公司，股份分别是 40%、30%、30%（吴倩男，2014），孟兵作为老大和产品的主要研发人，股份比例稍大些；宋鑫凭着投资领域的资源和市场经验，罗高景凭着技术专长，各占稍小股份，大家都觉得合理。这样的股份比例是“中国式合伙”模式中最为常见的，也无可厚非。问题出在实际经营开始后，由于每个股东的动态贡献不可能永远保持4∶3∶3，而且不同阶段，相互间的贡献比是不一样的。那到底在合作之初确定什么样的股份比例，才能准确地匹配股东后来的贡献呢？其实，股东在实际经营过程中的贡献是动态的，合作之初定任何比例都不可能准确匹配日后的贡献。那么，在既定的分配比例下，就注定了贡献大的会吃亏，贡献小的占了便宜，同时也注定了股东内部的失衡。一心想拼事业的、贡献大的股东就会在适当的时候谋求变局，而贡献小、求安逸的股东，则总想赖着兄弟情分和股东协议，以延续既定的股份比例。

孟兵和罗高景在创业之初几乎没日没夜地写程序、做产品，而宋鑫不懂技术，产品没出来之前，他没业务可跑，只能陪在一旁熬夜，有时候看看小说、打打游戏，所以，贡献的不平衡从一开始就出现了。孟、罗觉得宋一直就这么懒着，心里不痛快，要求宋去跑业务，宋也努力去跑了不少单位，但结果不理想，宋觉得是孟、罗的产品没做好，而孟、罗认为是宋的销售不努力，于是大家的矛盾就进一步升级了。（艾诚，2017）

后来，袁泽陆加入了“西少爷”。

2014年4月8日，“西少爷肉夹馍店”开张，销售火爆。当天中午便卖出了1200个肉夹馍。凭着“互联网+”的概念和火爆的场面，孟兵登上了各类媒体。几天之后，投资机构就找上门了，并给出了4000万元的估值。引资开启了对股权架构的商讨，也引起了失衡心理的集中爆发。孟兵凭着自己突出的贡献，以便于决策和稳定方向为由，提出了增加3倍投票权的要求，而宋鑫以权利被削减为由极力反对；僵持一段时间后，孟、罗、袁认为宋办事不力、理念不合，提出了给宋4倍的回报，以27万元加2%股份的方式回购宋30%的股份，但宋认为，投资机构给出了4000万元的估值，须给一千万元才肯出局……（吴倩男，2014）

当然，后面的结果大家都能想到，结构散了，融资黄了，兄弟没了。

本书上册提到的几个企业中，新东方也是因为实际经营中股东们的贡献不一样，在从“分封制”向公司制的发展过程中，由于股权和决策权的分配矛盾，导致创始人走向了分离。特别是昊昱公司，五个创始人在企业初创期的股份比例可谓相当完美，任何人都不超过 50%，杜绝了独断专行；任何两人都不超过 2/3，避免了少数股东意愿左右决策；而“老大”加上任何一个股东的股份都能过半，又确保了“老大”在普通事务上决断的迅捷性。五个创始人权衡各自的资源、能力、抗风险力等，均非常认可这样的股份比例。当然，这种科学的比例只是准确地反映了合伙之初相互间的价值比，却无法反映此后大家的贡献差异。昊昱的散伙纵有千般问题，但顶层团队的心理失衡，却是其中最大的原因。

无须质疑西少爷、新东方、昊昱创始人们股份划分的能力，因为并不是他们当初划分股份有何不公。事实上，**再合理的股份比例，它也只能反映签约之时的相对合理性，没有人能在签订合作协议时，就把未来各自的贡献提前准确地估算出来。毕竟，随着企业的不断变化和发展，大家的贡献值一定是动态的、变化的，是根本不可能提前估算的。**

这是个世界性难题，全球的企业在合作之前签订股份比例，都只能是赌。

而这种赌的**结果，是后来贡献大的，吃亏了，贡献小的，占便宜了。所以，前者为寻求平衡总在盘算变局，后者则会赖着合约力图不变。革新派与保守派最终必然会上演权力斗争，在中国，权利的斗争还夹杂着人情与道义，自然会演绎权情大战，大战最终的结果，就是大家所熟知的“中国式散伙”。**

14.1.2　创业团队失衡会引发企业变局

创业团队关系的稳定性如何决定着创业的成败。哈佛商学院教授、《创始人的困境》一书的作者诺姆·沃瑟曼在一项研究中发现，65% 的初创公司因为团队内部的问题而遭遇失败。（艾诚，2016）

创业团队的问题主要在于权情纷争，权情纷争主要源于贡献与股份的失衡。当权情纷争发展到不可调和的地步，便会引发变局。

“西少爷”在投资机构介入之后，孟兵等提出以投资额 4 倍的回报（27 万元加 2% 股份）回购宋鑫 30% 的股份让他退出，宋鑫当然不乐意，因为机构已给出 4000 万元的估值，4000 万元的 30% 是 1200 万元，所以宋鑫索要 1000 万元才肯出局似乎并不过分。当然，双方所给出的价差达到 37 倍，显然不会有结果。

假如是在机构估值之前，公司账上所剩无几，别说 4 倍回报，可能退回本金都算是一种“开恩”。

而事实上，“西少爷”的 A 轮融资失败，宋鑫连本金都没拿回来。失衡不可调和，自然，散伙只能如期而至。

其实，很多创业团队可能在合作之初就已埋下了失衡的伏笔。

吴晓波在《历代经济变革得失》中，从经济视角纵向观察中国历代经济改革后得出结论：儒家思想从方方面面渗透到了中国人的文化骨髓里。一直以来，中国人都有讲面子的传统。很多原本再正常不过的事情，碍于面子，就变得难以启齿。最典型的就是关于借钱和还钱，只要出借人张口要借款人“还钱”，双方可能就难以继续做朋友；对方还钱时，明明心中已经百爪挠心，嘴上还是故作云淡风轻：“不急！你看，我都快忘了！”要命的是，有多要面子，心中往往就有多计较，却还是开不了口，结果导致心理越来越失衡，对对方的怨念日益加深。（艾诚，2017）

孟兵在合作之初觉得“自己是老大，不好意思多要股份。”否则面子上过不去。但凡合伙，作为老大必得举义，只有够义气，兄弟们才会跟随。孟兵如果多要，就有失老大风范；但是，他心里其实还是认为自己作为核心人，价值不是数据能直接体现出来的，股份多一些是应该的。因为碍于面子没提出自己的想法，以及创业初期没日没夜地拼搏，导致孟兵后来“怒其不争”情绪的爆发。

义利纠葛，一直就伴随着团队关系的始末。

就“义”而言，宋鑫似乎是对的，他说：“我跟你谈情，你却要跟我谈钱。我真想不到我的创业兄弟为了钱，会把我逼得那么惨！”就“利”而言，孟兵似乎也没错，宋鑫没做出什么贡献，4 倍回报已经“非常够意思”了。

“义”是一条无形的绳子。合伙创业等于上了同一条“贼船”，团队成员是绑在同一条绳上的蚂蚱，大家的劲要往一处使，每个人都要对企业、对伙伴负责。某种意义上，合伙创业与婚姻有相似之处，从此之后，你不再是纯粹而任性的你，而是团队和家庭中的一员。你的身体、你的时间，都不再完全属于自己。就算你在此之前再放纵不羁爱自由，也要收敛锋芒。你别无选择，只因你做了选择。在创业的高压稀薄的氛围中，每个人都心力交瘁，一旦有人分心，或者不够竭尽所能，便可能引发其他合伙人的指责和怨恨。（艾诚，2017）

义利纠葛之所以复杂，是因为站在不同的角度就会有不同的标准，得出不同的结论。一扇门，张三从正面看说是长方形；李四从斜上方看说是正方形；王五从侧面看说是菱形，谁说的不是“眼见为实”的客观“真理”？

孟兵在“聚义”之初不好意思多要，却在风投注资的前夜，索要 3 倍投票权（吴倩男，2014），从确保企业航向、避免团队内耗的角度，似乎非常必要；但这对于其他股东而言却是“被削减决策权”了，特别是在宋鑫眼里，孟兵这是在为铲除异己做铺垫啊。

人心齐，泰山移；兄弟同心，其利断金。中国式合伙往往源于兄弟同心，但合伙的甜蜜期总是在兄弟们的动态贡献与静态股份失衡产生后迅速终结，当人心渐离，中国式散伙就会在兄弟们越捋越乱的义利纠葛中，成为定局。

14.2　动态股份是破解团队失衡的特效药

14.2.1　价值量化催生动态股份

1. 无法个性化的传统配股往往会变成“团餐式”的人头福利

“江湖”充斥着“情义”。

任何合作似乎都得建立在某种关系的基础上，或同学，或同乡，或亲友，因为有着关系的牵扯，大家就会在合作中顾忌在群体中的脸面，不敢轻易“造次”。于是，这种合作就相对“稳妥”。

在“强关系”社会里，即便是陌生人之间的合作，大家在合作之前也会攀亲带故地找寻相互间的渊源，然后通过饭局拉近感情，才会正式开始。

合伙团队中的“老大”必须“德高望重”，必须够义气，否则兄弟们不一定愿意追随。而团队成员跟“老大”的亲疏关系，则影响着他的责权利分配。“情”和“理”相互交织，镶嵌在“约”之中，形成了错综复杂的运营体。这种运营体，最常见的就是成员们总能站在某种“集体”的角度，“合情合理”地去争权夺利。

最难捋的就是人心。难怪有人感叹：管理其实就是管人。

面对不同角度所谓“合情合理”的各种道理，一直在朝不同的方向撕扯合作结构，如果没有科学的方略，团队心态的失衡迟早会将原有的结构给肢解了。

要避免“情义”的掺杂和“多角度”审视导致标准混乱，得事先将各种“情义”制度化、将各个角度统一化，并将统一好的制度和规则进行量化，形成人人平等的分值规则，以避免“公说公有理，婆说婆有理”的乱象。

“话语权”是大家明争暗夺的最重要的权力，因为有了“话语权”，就能掌控企业的方向和分配。而“老大”往往是集权的轴心，“老大”的理念，在一定程度上浸染着团队的理念。如果企业“成也萧何，败也萧何”，这是“老大”，也是团队的悲哀。

要把“老大”的理念还原到团队的理念，就得建立“去人化”的自运行机制。要建立“去人化”的机制，就得将各种有价资源和价值贡献进行精准量化，设计出对所有人都能机会均等的逐利项，在大家“自私”地逐利过程中，形成自运行体系。其中科学的、统一的度量衡，便是分值。

“万通六雄”平分股权，是最“江湖义气”的典型，这种有悖价值规律的“公平”只能走向终结；“真功夫”的“公平”是“五五开”，这也为其后的股权内斗埋下伏笔（均在本书上册第2章有述）。“西少爷”除了孟兵作为“老大”多拿10%股份以外，也是股份平均的。在创始人之后，再进行骨干“分封”和员工配股，就更会趋向平均了。因为到了管理层和执行层，董事会根本不可能对每个配股者进行“股份个性化订制”。或许，只有在收取员工实股金的时候，才会因所交的股金不同，出现股份差异；如果是配干股，在董事会看来，就是一种“福利”配给，对于达标者往往会按人头均分，跟个人的能力、贡献、价值关系不太大。

市场上，股份激励往往会“大一统”；而“大一统”的配股形同于“大锅饭”，其激励作用当然有限。

要知道，有多少的企业都倒在了股份激励上，不是企业不懂平均分配的弊端，是大家着实找不到根据每个人的不同价值进行个性化配股的办法，退而求其次，才只好“共同致富”了。

2. 动态股份让人各得其所

本书上册详细阐述了“分值绩效系统”，它可以将所有工作人员，包括参与经营的董事会成员的直接劳动和间接劳动价值都精确地记录下来，为个性化配股提供客观而简洁的数据基础。其中这些价值的度量衡，也都是分值。

差异化的分值，在精确地称量着不同人的动态贡献，设定一个兑换值，基于贡献价值的个性化动态股份就产生了，简单、科学。

何为动态股份？它会不会令企业结构变得“极其不稳定”？会不会令大家觉得不托底？

其实，恰恰相反。

每个人的分值按月累计，即把每月的贡献分不断累积成个人干股，每个人和企业的干股总数每月增加。虽然这个数字是动态的，但无论干股总数有多大，都能即刻“加权”匹配固定数额的股份池。比如，所有工作人员（包括参与经营工作的董事）共同享有 7% 的干股，而截至本月干股总数为 67382 股，那就拿 67382 来加权平分 7% 即可。每个人凭自己的干股数配比得到相应的股份，如，张三累积干股数是 1213 股，那么他在公司的股份就是（1213 ÷ 67382）×7%；再下个月，如果张三的干股增至 1289 股，而公司总干股增至 69115 股，那么，张三在公司的股份就是（1289 ÷ 69115）×7%。无论增加多少人，无论递增多少个月，也无论大家的贡献增加了多少，7% 的股份永远不会乱。任由股份数动态增长，企业的静态结构都将稳如泰山。

这种动态股份模式，不是让大家“心里没底”，而是让大家“心里完全有底”，因为自己的“命运”完全掌握在自己手里了，做多得多，不需要再依靠董事会成员的印象，股份多少，自己说了算。更重要的是，过去的“福利型”配股，使得大家的精力聚焦在有限的股份上，“患不均”的人群会你争我夺；而基于每个人实际贡献的分值股份，让员工们无暇顾及别人，每个人只会聚焦工作，以谋取更多的分值。大家的精力集中到了贡献上，非要“患不均”，也只会看着别人的股份比自己多，暗自加码努力工作，以求超越他人，让人来“患”自己，这种相互的“患”，就形成了你追我赶的良性竞争局面。

动态股份，把“自私、贪婪”的人性“弱点”变成了“优点”，变成了企业的效能，越自私的人，效能会越高；动态股份，把“患不均”人群的“鄙俚”性格变成了“优秀”品质，变成了企业的产能，更“患不均”的人，就会更不服输，产能也就更大。

传统的股份均衡模式表面上很平等，实质上是真正的不公平。因为无论贡献大小，股份都一样，只会便宜了“蹭饭”的，亏了“做饭”的，是在对积极创造者的打击，对那些赖着既定股份、靠别人的贡献来分钱的慵懒者的纵容。动态股份则可精确地称量出每个人的实际贡献，体现着多劳多得、少劳少得，体现公平；鼓励先进、激发后进，这才是真正的激励。

如能让所有人为己利而往，“自觉”将会成为了常态，“自驱动”局面则能形成。王石先生说，制度执行的最高境界，就是化作劳动者的自觉行为意识。而动态股份机制，即是如此。

当动态股份体系成为所有人获得权益最简捷的路径时，大家不仅会依仗，更会通力维护这个体系。那么，患得患失的人群，便会由弱契约精神反转为强护约精神。

动态股份可以简单匹配静态股份，那么，对于传统的估值、传统的融资和传统的资本市场，如此这般的无缝对接就好了。

下文还会描述实股（资金股）的动态股份，使劳和资简单快捷地融合在一起动态成长，然后无缝对接资本市场。这是一个极为简明的称量、统计、累积价值的自运行系统，具有准确性、基础性、全息性、系统性、兼容性和简便性的特点。

14.2.2 动态股份让员工权益只增不减

1. 贡献不能转化为分配是传统配股激励效果不佳的问题所在

“西少爷”三位创始人40%、30%、30%的股份比例，是对合伙人能力和贡献预期的基本评价，在合作之初，大家对这个比例基本认可。

但是，孟兵和罗高景是做技术开发的，通宵达旦地写代码、做产品，而宋鑫因为产品没出来，则只能闲着。才合作不久，孟兵就开始对宋鑫“怒其不争”了。后来，孟兵要求宋鑫去跑市场，但宋鑫跑了两个月业绩不好，宋鑫责怪产品没做好让自己的劳动得不到成果，孟兵则认为宋鑫根本没用心做市场（吴倩男，2014）。于是，矛盾开始逐渐显现……

中国式合伙人大多存在“你有我有大家有”的“团队情结”，所以，这就要求大家“全身心地”为集体作贡献，集体之外的个人收入会被视为“不义”，不能为集体作出相应贡献就会受到指责；工作态度比工作成绩重要，别人忙，你也得忙，无论结果如何，忙，就对得起集体。

本书上册第 2 章讲的昊昱五位创始人，其初创时的股份比例堪称经典，无论从哪个角度看都是“合理中的合理”。但是，同样也只是针对签约当时大家的能力值和贡献预期的“合理比例”。创业之初，B 没日没夜地加班做产品，C 没市场可做，每天闲着，还觉得 B 只比自己多 3% 股份有点过意不去；但后来，产品做好了，B 反倒没什么事可忙了，C 没日没夜去跑业务，一年下来，分红 1000 万元，B 只拼了 3 个月，拿 200 万元，C 拼了 9 个月，拿 170 万元，辛苦程度是 B 的 3 倍，所拿还少 30 万元，对其而言这就是明明白白的不公平。再往后看，4 年后的 5000 万元分红，B 依 16% 股份（稀释过）分得 800 万元，而 C 依 13.6%（稀释过）分得 680 万元，事实上 C 是拼了 45 个月，B 只拼了开头做产品的 3 个月，C 的辛苦程度是 B 的 15 倍，却少了 120 万元，这搁谁都受不了啊！没办法，这就是静态股份无法匹配动态贡献的典型例子。

预先确定好合作比例的固定模式，其实不科学，也不稳定。除非大家都有“愿赌服输”的心态，并一定接受最后分配的不公平。可是，有几个人能站在孟兵或者 C 的位置，拼命地工作，还比清闲之人分得少，然后心里还觉得无所谓的？除非他无欲无求，如果真无欲无求，那他也不可能做出孟兵和 C 那般的突出贡献，或者都不可能有合伙的开始。无奈的是这种模式从开始的那天就注定了结局，所以最终形成变局，也只是时间问题。

2. 动态贡献转为动态股份是激励机制起作用的关键所在

动态股份，解开了静态股份无法匹配动态贡献的死结。

合作之初，当然是要设立合作股份，只是，不能以起初的股份比例去掩盖往后的贡献差异。

动态股份的科学之处，是在最初股比的基础上，按月不断累加各位股东的动态贡献，将股东们的实际贡献对比匹配实际所持股份，劳有所得，没有侥幸，让大家心安理得地沉下心来，踏踏实实作贡献，不用花精力去争权夺利。

预先固定的静态股比，无法科学地匹配动态贡献，这还只是形式上的矛盾，它的致命弊端是打击贡献、庇护慵懒，并且把股东们的主要精力牵引在利益分配的争夺上，而无法潜心于价值贡献。

传统的股份模式旨在解决利益怎么分的问题，却没有解决利益怎么来的问题，激励机制往往是把人激到了分配争夺上。而动态股份，则是着重解决了利益怎么来的历史问题，当然同时也科学地解决了合理分配的问题，最终让大家从结果分配的争夺转向了过程创造的比拼。

动态股份激发创造、鞭策慵懒，把所有股东的思维从结果分配的纠葛中剥离出来，引向了过程创造和价值贡献。

动态股份的基础是分值。分值分为劳动分值和资本分值（R分）。劳动分值分为直接劳动分值（O分）和间接劳动分值，间接劳动分值包括行为分值（P分）和资质分值（Q分）。O分、P分、Q分在本书上册有过详细介绍，在此不表。需要特别强调的是，因为劳动创造是不断叠加的，所以，分值就会不断增长，那么，每个股东的动态股份，也就会不断增加——只涨不跌。

有了动态股份，股东们就可以从“情义”的绑架中解放出来，因为各自的股份累积完全“自助化”，无须再看他人脸色，无须顾忌他人的看法，贡献大小完全成了自己的事情，于是，大家基本上就不会再产生不满和不均的心理。同时，“老大”也没有了需要“罩着”大家的压力，员工们也无须因为有人贡献突出而倍感压力了。

在动态股份体系里，股东们的贡献和决策会变得相当自如。只要公司需要资金，愿意增加实股股份的人增加注资即可，无须经过其他股东开会决议，也不会影响其他股东的心情，因为某个股东的股数增加时，注资股东一个人的实股会增加，其他不注资的任何股东，实股数都不会变。如果谁想多增加干股，自己多参与运营工作，多作贡献即可，个人增加劳动分，增加干股，不会影响其他人的分数和干股数。若实股股东不想参加运营工作，不挣劳动分，可以简单做个非运营董事。或者，哪位股东有公司之外更好的赚钱机会，哪边多做，哪边少做，均可自主。

任何人以任何方式进行劳作和做出贡献，均可用分值精准地称量出价值。直接参加专职工作的，按参与部门的评价体系获得 O 分；积极遵守规章制度的，按行为评价体系获得 P 分；担任职位的，或能力提升（包括学历、职称、专业资格、特长等）、提供情报信息、创造无形资产、提供有价值的提案、引资荐人、撮合项目的，按资质评价体系获得 Q 分。总之，任何对公司有益的劳动与有价贡献，都可以精确地用分值来呈现，公司可依每个人的差异化贡献值，个性化地核算出各自的薪酬、奖金、福利、期权和干股。如此，将不再会有人心理失衡。

14.2.3　动态股份让资本持续“滚雪球”

1. 传统市场上股权的值是“估”出来的

“西少爷”孟兵等三人认为，宋鑫靠其他兄弟养着，贡献和股份不相称，给 4 倍回报让宋鑫出局都是“送兄弟人情”；而宋鑫则认为，机构给出的估值是 4000 万元，自己 30% 的股份只卖 1000 万元已经是“贱卖”了。（吴倩男，2014）那么其中 37 倍的价值差距，到底在显示着什么？

“西少爷”跟很多中国合伙企业是一样的，股东们既是投资者，也是经营者，他们的价值包括劳动创造价值和资本投资价值。孟兵等三人认为，宋鑫的劳动价值微乎其微，所能进行价值衡量的主要贡献是投了资金，但投资尚未变成可分配利益，公司的账面上根本没有多少可作清算的资本，退 27 万基本已然挖空公司的运营资金，这已是“很够兄弟”的做法，让宋鑫“满载而退”。

但宋鑫认为，估值都 4000 万元了，自己少要 200 万元（4000×30%–1000）已经“够兄弟”了。

事实上“西少爷”后来的融资泡汤了。假如宋鑫果真拿了 27 万元，就是“赚了”。但又假如，风投进入了，并且将来走到了 B 轮甚至上市，那宋鑫只拿了 27 万元出局，可真是亏大发了。

所以，在资本面前，有很大“赌”的意味。因为在资本市场的值，是“估”出来的，所以称为“估值”。

所谓“估”，大概包含如下几层意思：

（1）估计。根据账面上的资产大致地计价，而很多已耗资财、团队实力、技术基础、劳动沉淀、无形创造价值等，几乎都是不计算在内的。

（2）预估。进行预期，假设有下一轮接盘，而将未来的价值提前测算，再放大“成赚败亏”的“赌”的概念。

（3）估倒。基于投融双方的需求，为达成合作而“匹配”双方的出价，这对于有居间费的估值机构，“迎合双方胃口”比“算准实际价值”要重要得多。

（4）估断。划定价格段，以此次估值为准绳衡定价值，直至下次估值出来才改变价值，两次估值之间的价值增减不作计算，囫囵吞枣。它形成了“断崖式”的融资局面，非进行估值，就难进行融资；或一旦融资，因为融资成本高，就会融个不小的数额，毕竟资金躺在账上本就是个不小的成本。机构估值给企业的成本包括：时间成本（估值时长一般在三到几个月不等）、中介成本、滞留成本，中小微企业可望而不可即。

资本市场是资本的市场，它是资本家们相互倒腾实体以牟取差价的贸易游戏，造梦、玩梦、卖梦是它的核心内容，而创造实际价值的实体企业，只是这个市场的“佐料产品”。

能放大未来价值的资本市场，对于还处在“围城”之外的普通企业而言，是相当崇高而神圣的。这种神圣的机会一旦向普通企业张开口，会让他们兴奋不已，甚至难以淡定。

很多企业认为，一旦挤进资本圈，便可弹冠相庆。然而可悲的是很多企业都是上市给“上”死的。

诚然，资本有资本的价值，但没有足够想象空间的企业，也难以获得资本的青睐。所以，估值之于普通企业，没有太多实质性意义。

如果估不起值，数以万计的普通企业又该如何进行融资呢？股权快速流转的时代已经来临，而中小微企业的股权融资之路，到底在何方？

过去，中小微企业主要靠借债。因为估不起值，股权融资之路于他们基本上是行不通的。然而，现在的市场迭代速度越来越快，“大象”们都要轻装上阵才能应对变化，中小微再举债前行，压力可想而知。

不过此时，动态股份问世了。

动态股份的出现，让企业无须估值机构便可自主计算资金成长值。于是，股权融资便有了可套用的模型。

2. 动态实股实操

动态股份（包括干股和实股）是怎样核算出来，又是怎样自动输出报表的呢？

第一，需了解一个概念：$V_{时}$，即企业的时间风险率。它是根据大数据（权威机构对近 40 年所有企业生命周期的统计数据）得出来的动态值，反映的是不同行业的企业在不同生命周期（包括初创期、成长期、成熟期、衰退期）不同月份的风险程度。

第二，还需要了解一个概念：$V_{抗}$，即企业抗风险率。它是根据企业自身的盈利和亏损月份数，以及市场大数据得出来的动态值，反映着不同行业的企业在不同阶段某月份的风险抵御能力。一般来说，企业在初创期亏损月份数少、盈利月份数多，则抗风险力较强；进入成长期，随着亏损月份数比例的增加，或盈利月份数比例的减少，其抗风险力会下降；但进入成长期，亏损月份数和盈利月份数的比，会在一定数值之上出现拐点，抗风险力也随之上升。

第三，在 $V_{时}$、$V_{抗}$的基础上，可以计算出贡献人的干股数和企业的“生产创造值”。贡献人包括参与生产创造的专职人员和兼职人员（含顾问、编外人员和离退人员），贡献人的干股数是按本人月 O+P+Q 分值乘上 $V_{时}$、$V_{抗}$、C（兑换率）得出来的，而一个月份所有干股数的总和，就是企业该月份的生产创造值。这些数值受企业风险周期和抗风险力波动的影响。

第四，进行实股计算，需明确两个原则，一个公平起步原则，即任何投资进入时都需平等地按“¥1 元 =1R 分”计算 R 分值（资金分值）；一个公平成长原则，即任何资金分值，都要根据它所在月份的生产价值量来成长。基于这两个原则，某项投资的实股数就可以计算出来了，即它的资金分值乘以它的价值产量占比。价值产量占比，是该项投资进入某月份之后的生产创造值累积值除以生产创造值总值。

以上数据，均可运用系统进行自动计算，将每人的 O 分、P 分和 Q 分，以及每笔投资的 R 分逐月录入，每个人和每项资金截至本月的动态股份就自动生成了。

这种基于劳动分和资本分自动输出动态干股和动态实股的系统，可称为分值股份系统。

令人感慨的是，**动态股份是只涨不跌的**。因为企业经营是持续进行的，所以生产的价值在不断叠加，于是动态干股便随之像“滚雪球”一样增长，资本的价值和股份（实股）也会随干股水涨船高，持续增长。

有了动态股份，企业可以不再依赖估值机构，自行得出每月的劳动价值和资本价值量，不仅省时，还省成本，而且还极其简便。令人欣喜的是，按月细分和输出价值量，实时同步匹配投入的资金价值，**解决了“断崖式”估值**的大问题。

企业价值精确到月，不同月份进入的劳动或资金，对企业的贡献差就体现出来了。在无须使用大笔资金的时候，企业无须再像传统的“断崖式”融资那样，一次性融进一大笔资金（传统估值居间成本高，资金量不大划不来），让资金趴在账上耗成本（毕竟不是每个企业都善于理财的）；企业任何一个月都需要钱，当月要多少融多少就行了，资金随时进入，无须大费周折地召开董事会（因为任何一笔资金的进入，只需按其进入月份以后的价值产量来累加它的增长分和股数即可，不会影响其他股东的股数）。所有实股加权平分实股池的股份即可，跟干股一样，任何投资进来，都不会挤压、干扰其他股东，也不会影响实股池的静态数量。那么，**“稀释”一词从此就成为了历史，再也不会来干扰股东们的心态，而资金股东们再也不用整天算计股权，争夺股份。**哪位股东想多占实股，早点进入、多点投资即可，股份的多少取决于自己，与其他资金股东不相干，踏踏实实地努力支持企业生产创造，自己的股数自然会增长。这种机制下，股东间争抢股份已没有了基础，无论是参与经营增长多少干股，还是不参与经营只投多少实股，所得股数全都在于自己，而非取决于他人。如此，谁还会有什么心态失衡？如果非要超越他人股份不可，自己多工作、多投资便可。此时，股东的私欲和“患不均”只会转化成效能和产能，以及股东间的相互激励。

因为可以加权匹配，所以，任何静态的股份（池），任何传统估值、传统融资轮次，任何资产的分离和合并，以及任何清算和退出，动态股份都能即刻无缝对接。

14.3　动态股份可让投资人灵活进出

14.3.1　套牢式的传统合伙，难进，更难出

1. 中国式合伙是套牢式的

中国式合伙都带着浓厚的“情义”元素，不是因为有着某种关系，合伙股东一般都很难走到一起。在强关系的社会里，有“关系”才有信任，有“关系”才会稳固。所以，在合伙中，关系的亲疏比能力的强弱更重要，因为如果关系不深，很可能会“能力越大越危险”，最后给团队带来难以牵制的风险。

团队要接纳一个新人非常困难，除了“关系”的难度之外，让团队挤出股份空间给新人也是非常不容易的。在传统合伙中，100% 的股份从第一天起就已全部分配到了股东手中，再进任何一个人，都要从老股东手里切割一些股份出来。如果公司效益好，老股东谁都不乐意割让股份；公司效益不好，新股东也不会乐意充当接盘侠。往往在进新人重新调整股份之前，老股东静态股份结构就已与经营过程中的动态价值贡献不匹配，而且股东所站的角度不

同，对于互相间不平衡的衡量标尺也完全不一样，失衡、不满和怨气可能早已堆积如山，纷争会一触即发。一旦讨论起股份重构来，“新人”激励股份该设多少的方案还没出台，“老人”相互间的失衡就已难以调和。既然原定的股份结构只是签合约时的合理结构，永远不可能与之后的动态贡献相匹配，那最好就在合约里明文规定大家“愿赌服输”，无论之后谁做多了做少了，谁得多了得少了，都忍气吞声，免得伤和气。所以，最好别再进新人，免得破了之前的“赌局”。

进人难，出人更难。

百分制合伙中，100%的股份分别掌握在合伙人手中，任何一个人要想退伙，大家都得调整股份。本来各自的动态贡献跟既定的静态股份就不匹配，一旦有人要退股，就等于打破了原先的平静，将桌子底下的各种失衡移上了台面，而股东们的角度差和称量尺是不一样的，一旦打开重置股份的话题，就等于点燃了山火。结果，往往会是破了“赌局”，难以为继。

2. 中国式投资也是套牢式的

引进任何一笔资金，均需从已被原有股东分配完的100%股份中分割份额，原有股东要么维系原先的“赌局”在新融资金面前“同比稀释”，要么打破原先的结构比例全部重构，但无论怎样，都得伤筋动骨地召开股东大会，进行变更股比决议。一般而言，新投资进入的阶段，企业价值跟原股东签约时不一样，需请第三方机构来进行估值，才能配比新投资的份额。而一估值，就得尽调，来来回回折腾几个月，既耗时间又耗成本。所以，投资太小，企业的成本划不来；投资太大，伤筋动骨都是“大手术”，而且大资金进入，财务成本就少不了。企业想融点小资金解燃眉之急，唯有举债一条路可走。仔细想想，似乎股权融资跟小额需求，本就不是一个战壕里的话题。

融资难，退资更不容易。

股权投资的退出一般只有企业上市、出售和清算几种途径。也就是说，一旦钱投进去了，就得全部套在里面，没有被收购或上市，就只能套在其中，除非有分红，否则就只好等最后分点“遗产”。企业还在，投资是很难剥离出来的。

14.3.2 动态分值是解开投资人枷锁的密码

1. 动态分值让股东进出自如

合伙人和股权投资难进、难出，这是个“世界性难题”。只要采用的是百分制静态股份结构，这些问题几乎无解。

但是，随着动态股份的兴起，这些问题就不再是问题了。

动态股份的基础是劳资价值的精准称量。因为劳动和资本的价值产生是动态的，要准确表达其价值就只有动态数值。当动态数值能通过加权配比方式适配上静态股份数时，它就能无缝对接上任何传统的结构和市场。

劳资价值的计量单位是分值，包括 O 分、P 分、Q 分、R 分和 L 分，分别计量劳动、技术、信息、资本、土地这五大生产要素。

有了价值的精准称量，所有的股东权益就有了分配基础，能获得什么分配全凭自己的贡献，再也不需要依赖决策层的印象和集体评议，一切“人治”的弊端和人情困扰，都将迅速消散，大家无须再去争权夺利，全部精力均可聚焦在生产创造上。重要的是，因为多劳多得、少劳少得，股东们挣多挣少全在于自己，那么，整个生产就会逐渐变成自主、自愿、自发的过程，而公司则变成了一个开放的自主运营平台。因为劳动值（O、P、Q 分）与资产值（R、L 分）分别计量，股东们投入的资金和劳动就分别体现出了相应的价值。那么，合伙人是参与经营还是当甩手掌柜，也就非常自如了。如果企业在初创期和成长期需要，合伙人可以既加资产分，也加劳动分；在成熟期，或许会有更专业的职业人顶替，就可以不再加劳动分，做甩手掌柜；以及在任何时候，股东在企业之外创收，毫不影响团队关系，因为一个股东的行为不会对别人的分数带来直接的影响。

有了动态股份，任何得力人才都可随时吸纳，即便是吸纳为股东，也不必非开董事会不可，更不必通知股东们来变更协议。因为，所有人的劳动分值和干股数都只加不减，任何股东的分值和股数都来源于自己的贡献，任何一个人进来都是凭他自己的贡献为自己加分，不会对其他人的分值和股数造成影响。因此，只要公司需要增加某个人，或者因扩大经营需要融资，直接由人事部办理入职或由财务部录入资金即可，根本无须董事会大动干戈。

有了动态股份，企业如因业务变化，某岗位不再需要或是某个员工只能兼职，人事部直接按章办理手续即可。离职、兼职者，已有的分值和股数按章保留，往后还能继续作贡献的，继续加分值加股数；不能再作贡献的，分值维持不变，股份按比例保留。任何人离开都不会对其他人的分值和股份造成影响，无须股东开会进行股份变更，更无须顾及“情义”。

在动态股份体系里，股东们直接可见的是自己的分值和股份数，股份池里的相对股份比例是看不到的。所以，当有股东增减时，股东们的股份相对比例虽然实质上被挤小或放大了，但分值和股份数并没有受到影响，大家不会感觉到冲击；股东们能感受到的，是因所作贡献的不断增加或所投资价值的不断增长而导致的自己分值数和股份数的持续增加，而对股东增减或其他股东股份数增加导致的相对股份比例变化却无感。这正如，一个人炒股时，对于一只4亿股的股票，他持有20万股，再买6万股，他只会清晰地感知自己所持的26万股这个数字，假如后来他卖了9万股，也只会感知剩余17万股这个数字，而他永远不会在意，在这4亿股之中，他的“%”是多了还是少了的道理是一样的。这就是聚焦绝对数还是相对比的不同之处。静态股份让人聚焦相互间的股份对比，把大家的精力引向股份比例的争夺，把自私的人性激发为争权夺利，把“患不均”的心理引向内斗；动态股份让人聚焦自己的分值和绝对股数，把大家的精力引向自己股数的增大，引向价值的创造，把自私的人性激发成效能，把“患不均”的心理变成了你追我赶的生产竞赛。

2. 动态分值让企业资金进出自如

有了动态分值和动态股份，企业融资也就可以灵活进行了。

当企业需要股权融资时，无论资金大小，直接按章在财务部入账即可，不需要董事会开会讨论，更不需要股东们来变更股份，因为任何一笔资金的进入，它只需按“¥1元=1R分”起计，根据进来后每月企业的创造价值往上加分即可，并不影响其他资金的价值累加和实股数的增长。跟干股一样，月结时系统自动将实股股东的累积 R 分，加权平分实股池股份。实股池总的“%”可以是静态的，但所有动态的实股数每个月却都可秒配。

股权融资不仅可以即需即融，还不论大小，且完全摆脱了对估值机构的依赖，省去了时间成本、居间成本、管理成本和积压成本，更重要的是还解决了股权融资“断崖式”的大问题，使得资金价值不再囫囵吞枣，逐月精准计价，而非在两次估值中间，无差别地计价。

因为有了动态股份，股权投资的退出机制立即打开了一个大口，令股权融资的难度大大降低了。

动态股份的劳动值和资产值是分离的，资金的价值按月随劳动值增长而增长，并且相对独立。某项资金的剥离或更替，不会影响其他投资股东 R 分的增长和实股数的增加，所以，完全可以自如地剥离或更替，而无须董事会决议和变更股份协议。那么，在企业资金流正常的情况下，某项资金另有用途，需要剥离，可以找相应数额的资金进入来替换自己，剥离资金可以轻松出账。本金出账的方式有三种：一种是更名，即剥离资金将已有的起始分和增值分全部转为与本金相同的接替资金；另一种是换位，即剥离资金减除起始分、保留增值分及其对应的实股匹配权，而接替资金以“¥1 元 =1R 分”的起始分自动开始计算；第三种是转让，即剥离资金将起始分、部分增值分及其对应的实股匹配权转为接替资金，自己保留部分增值分及其相应的实股匹配权。至于采用何种方式，可由企业根据自身情况而定，或任由剥离方和接替方根据企业的效益行情和难易程度自行商定。企业也可确定统一的资金流转方式写进章程，依章程给予资金流动权。而在企业账面资金富余时，则可以解封富余的股权本金，让投资人出账，减除其起始分，保留其增值分及相应的实股匹配权。

如此一来，股权投资“投而无取”就成了过去式。

因为任何资金的进出都不会对其他股东造成震动，所以企业决策层完全可以只根据财务的资金状况，需要多少随时融多少；根据资金的富余量，减少财务成本，富余多少随时剥离多少。资金进出的操作，只需财务在董事会通过的资金弹性范围内自行纳入和拨出即可，随进随出，无须董事会天天开会决策。

有了如此灵活的进出机制，任何企业无论大小，无论阶段，招人裁人、融资减资，均可轻松自如。

而人才和资金的快速流动，正是劳资价值最大化的根本。

14.4　传统配股如何解困

14.4.1　静态股份之困局

静态股份是企业界通用的股份结构模式，这种模式在运用过程中有如下两个较为突出的问题：一是股份空间受限，后期拆解无比困难；二是“大锅饭式”的平层配股激励效果事与愿违。

在实施传统的股权激励方案之后，很多企业会遭遇这么一种困局：股份一旦划出，就难以再收回；而已持有股份的员工反而绑架着公司，假如公司业务发生变化，某些岗位需要撤销，在解雇这些岗位上的股东员工时会无比困难；更为困涸的是，股东员工有恃无恐地占有着股份，即便工作懈怠下来，包括分红在内的股东权益十拿九稳，而公司再有股权融资或下一轮股权激励的需要也就没有了筹码和空间。即便老板们很大方，再切割自己的原始股份，也难以满足企业永续发展的多轮次股权激励需要。

虽然一些企业早有预判，在最初进行股权激励时就已经留有余地，把总的激励股份掰成两份或三份，第一次先用一份，那么，就可以进行两次或者三次股权激励了。不过，虽然多了些批次，但这些批次也非常有限，两三批用完之后，又该怎么办？

×为公司曾在 2011 年 4 月，因一些员工股东坐享公司丰厚分红出现大面积的“怠惰”现象，特别召开了“与奋斗者分享利益”的座谈会，号召持股较多的老员工股东主动减持，包括时任董事长孙女士在内的骨干都进行了减持，这样才给后来的“奋斗者”留得了一些份额（吕顺辉，2019）。

传统的股权激励一般都是“平层配股”（所配股份的层面相同或相近），

以体现“同股同权”的原则。平层配股会很容易导致不同层级员工心态的失衡，特别是普通员工，他们连财务报告都无权审阅，连竞争对手的基本信息都一脸茫然，而财务分析和竞争分析也不应成为他们的工作内容，那么他们如何行使表决权？这种“同权”非常不现实；“同责”也不现实，因为他们下个月的房租或许都还没着落，要去承担公司的经济风险，工作不仅积极不起来，反而会乱了方寸。

× 为公司后来就只能取消员工的“参政权”，保留大家的“分红权”。

“平层配股”往往只能起到“福利式”的激励作用。

“平层配股”在体现“公平”时，基本是对符合股东条件者，给予的“平等的”配股。这种“一视同仁”，表面上是每个人不论条件高低都不会被“歧视”，实质上是在煮一锅不量化具体贡献值的“大锅饭”。其实，平均主义只会养庸抑勤，只会把自私和“患不均”的人性导向慵懒和集体下坠，引发争抢和团队内耗。一些老板认为，很多知名企业都曾收取了员工股金，所以可以效仿他们。其实，收股金之于企业的核心作用，被一些“策划大师”一不小心透露出来：是要“绑死”员工。至于收取员工股金的效果，好像还没有哪个企业证明了能对员工日常工作带了多大促进作用的。从本书上册第 2 章的“昊昱之殇”，我们能明白普通员工交了股金后的心态会是多么脆弱，但凡公司有什么风吹草动，他们就会紧张，生怕股金“血本无归”，果真公司遇到了风险，他们第一时间想的不是如何跟公司一起扛过去，而是如何从财务那里把股金讨回来。

收员工股金的做法往往不是激励，而是“激荡”。

14.4.2 “动静结合”的股份结构魅力无穷

静态股份的形式，保证着企业结构的稳定；但静态股份的困局又似乎无解。

动态股份跟静态股份似乎是相对的，二者不相容，选择动态股份就得抛弃静态股份。

其实不然。

静态股份的困局可解，并且，企业可以在静态股份结构之内进行动态赋值。其方法是：把宏观的静态股份划定为股份池，以月为单位适配动态股份，无论动态贡献值有多大，均以“加权平均”方式配比静态的股份池，即可。

那么，所有的动态贡献将可以量化并挂钩权益分配，同时还继续维持企业结构的稳定。

这种“动静结合”的股份，可以解开传统静态股份的困局。

第一，**“动静结合”股份解决了股份空间受限的问题，避免了股东被切割股份后导致的心理落差。**“动静结合”后，无论动态股份数如何增加，抑或增加到多大的程度，均可秒配相对不变的干股池和实股池。所以，动态股份**原则上可以无上限地增发，可以无止境地进行任意批次、任何数量员工的激励，**当然，也可以在不切割老股东股份的情况下，多次进行融资。股份空间受限的困扰从此不再，老股东被减持股份的心理落差从此不再。

第二，**“动静结合”股份无限打开了激励的宽度和深度。**股份“动静结合”后，能将激励对象从“符合员工股东条件的优秀者”，扩展到所有的专兼职员工，以及编外的顾问、信息员等一切有可能做出贡献的人员。因为动态股份的核算基础是分值，而分值则不分股东或者非股东，只要有贡献值都可记录在册。符合股东条件者，分值就兑成干股数，干股数再进干股池加权平分股份；暂不符合股东条件者，当作“准股东”来激励，让他们继续为成为股东而努力，一旦达到了股东条件，再以分值为基础匹配股份。而已成为股东的员工，也不会“怠惰”，因为人人都在“逆水行舟”，如果自己每月增加的贡献量（分值）比他人少，在干股池中的加权分配基数就相较小，所能匹配的静态股份就少，只有创造出比别人更多的分值，才能使自己的股份相对增加。

第三，**“动静结合”股份解决了传统配股“断崖式”激励的问题。**传统配股是“断崖式”的，每次配股吸纳一批股东，股份分配完毕就得等公司下一次切割股份了；而动态股份则因为数量原则上可以无限增发，所以没有批次和人数限制，没有时间限制，可以随时吸纳新股东。

第四，**“动静结合”股份能让股东的精力从聚焦股份的争夺转移到聚焦自己的贡献上来。**动态股份的基础是各生产要素创造价值的精准称量，所以，它可以让分配不再囫囵吞枣，让股东们可以不再通过“预分配”的股份来“赌”

未来的分配。因为动态赋值精细而精准（精细到每一个行为和动作，准确到将每一份价值赋予相应的贡献人），所以，动态股份可以成为创造与分配的桥梁，使得所有生产参与方从结果分配的纷争转向创造过程的努力。“动静结合”股份体系下的人员，其责权利都源于自己所在的岗位，所要负起的责、所能行使的权、所能获得的利，都是自己能够承受和可以把握的，无须承受跨域、跨岗的权责压力。因大家的权益均源于自身的贡献，故传统股权体系中诸如“多角度权衡纷争”、相互间的得失和不平衡问题等将难以再现。

昊昱公司的“新五人”共同获得了 10% 的股份，但由于他们的学历、能力都比“老五人”强，当他们拼搏的时间超过“老五人”之后，在“老五人”（80% 股份）8 倍股份的对照下，心态极为不平衡。从表面看，“新五人”的学历、能力、工作时长都超过了“老五人”，要比“老五人”多才是“价值平衡”，但“老五人”打下的江山，怎么可能拱手相让？而从所有公司的“常规”来看，“老五人”让出 20% 的核心股作为激励（包括普通员工），已算是“心胸宽阔”了。然而从“新五人”的角度看，这样的差距实在太大了。这就是“平层配股”把股东引向横向对比的结果：只会让人感觉不平衡。不少企业负责人有过这样的经验，不给员工配股反而风平浪静，给员工配股，最后自己往往成了“东郭先生”。

当然，这也是股份激励焦点的问题。

传统配股凸显的是相互间的百分比的对照，谁想增加股份就得从他人处切割，股东们“坐跷跷板”，彼丰此寡、你盈我亏，总量确定，你多我就一定少，这种模式会把股东引向相互比较和分配争抢。动态股份凸显的是每个人自己的分值和股数，并让人感受到分值和股数来源于自己的贡献，而非从他人手中切割。这种模式把股东引向了自主化的绝对增长，让大家无意窥探他人的口袋；即便有人要“患”他人比自己多，动态股份也只会刺激“患”者更加努力去作贡献，以求超越别人。

“动静结合”的股份让大家聚焦于自己的创造和贡献，这形同炒股的人一样，无意去计算自己所占总量的相对百分比，只专注于自己的绝对股数。“动静结合”股份让决策者欣慰的是，大家在绝对数的不断累积中忙得不亦乐乎，难以感受到相互间的相对比，也难以感受到股份池大小对自己的影响，而公司划给大家的干股池是大是小，不影响大家埋头挣分值、埋头拼股数的干劲。

将动态贡献量化，并适配到静态股份中完成“动静结合”，是股权激励机制的巨大飞跃。

“动态赋值”能令员工自驱动工作；由于员工的分值和股份积累源于自身的贡献，大家无须在意他人，也难以感受到相互间的股份比例。所以，即便激励股份池不大，大家也会在股份不断增多的情形中“自得其乐”。“动静结合”模式并非需要较大比例的股份才能执行，且无须变更企业结构，所以它适合于几乎所有类型的企业，为企业的活力带来巨大提升；对于国企，其活力提升的幅度会更大。

“动态赋值”让所有员工和股东的贡献均准确配比在权益中，达成了团队的动态平衡和长期稳定，令企业有了平稳发展的基础。

谈钱，讲的是利益最大化；谈情，要的是无条件付出。往往朋友间一谈钱，友情就淡了，兄弟间一旦争利，人设就坍塌了。

“成私而公”是避免“关系”腐蚀制度，并将其转化为生产力的巧妙方法。

第 15 章

商情兼容，点燃关系力

15.1　企业是否应实施亲友回避制

15.1.1　为何中国企业大多会实施亲友回避制

很多企业都在实施亲友回避制，以避免“剪不断理还乱”的复杂关系影响企业的正常运营。在“强关系”的社会里，错综复杂的人际关系的确让企业管理者们叫苦不迭却又无可奈何。

之所以不少中国企业会执行亲友回避制，原因主要有三：第一，源于西方的“科学管理”其根本管理形式是制度化和流程化，这种形式与“人情关系”难以相容；第二，中国社会是人情社会，人们在处理事情时会兼顾情理，难以绝对遵从制度；第三，回避制在中国渊源很深，至今还在延续。

“科学管理”形成的时候是卖方市场，企业在生产中处于主动地位，只需做好生产便可赢得利润；而制度化和流程化的管理形式有利于节约管理成本，所以，企业管理从一开始便确定了“去人情化”的基调。当然，制度化和流程化的管理追求的是统一格式，对于人情关系是严格排斥的。

人的本性分为自然属性和社会属性，自然属性主要包括食欲、性欲、自我保存趋向等，社会属性主要包括利他性、协作性、依赖性以及更加高级的自觉性等。（百度百科，2020）。中国人的传统心理特点表现为集体取向、他人取向、关系取向、权威取向、服从与自我抑制。总体来说，中国人是社会定向的，强调和谐共处（何旭明，2009），其社会属性更为明显，人情关系更为浓密。

西方人的社会属性相对较弱，人际关系相对简单，起源于西方的“科学管理”自然是更注重研究人的自然属性，所以形成了相对单纯的生产关系，即企业与劳动者是简单的“购买关系”。

中国人受儒家文化的影响，强调个人是相互依存关系中的一员，不是与世隔绝的个体（朴雨淳，2006），其重情尚义有着深厚的文化背景，《礼记·冠义篇》载有："子曰：'凡人之所以为人者，礼义也'。"孟子说："无羞恶之心，非人也。"(《孟子·公孙丑上章》)《礼记·郊特牲篇》中有这一句话："无别无义，禽兽之道也。""有天地，然后万物生焉……有上下然后礼义有所措焉。"(《周易·序卦》) 孔子认为"礼义"是人世间最初的伦理关系，而伦理关系又是奠定社会基本结构的基石（秦武，2017）。

中国人知恩图报，讲究"点滴之恩当涌泉相报"，觉得"人情大如债，顶着锅盖卖"，认为"在家靠父母，出门靠朋友"，重视人情是做人的基本道理，朋友间出现纠纷往往会采用息事宁人的方法来解决，即使"有理"也不一定诉诸法庭，因为赢了官司可能会丢了和气。一个人情味很浓的社会，人们经常感觉到亲友的温暖和关爱，这种友情和亲情，是人类最为美好的感情之一（王利明，2015）。

正是因为中国人重情重义，所以在处理事情的时候难以完全不顾及情理。假如企业组织结构中充斥着各种各样的"关系"，大家在管理制度面前就很难做到"无情无义"，为了避免"关系"肢解制度，很多企业干脆就从源头上杜绝员工之间存在复杂的人际关联——执行亲友回避制。

回避制并非企业管理的"特产"，而是亘古有之。在中国西汉时期，就有了官员回避制，当时主要回避的是亲戚关系；东汉时期，官员回避制还曾以正式的法律形式出台，即"三互法"，其回避对象包括亲属关系和籍贯关系。《后汉书·蔡邕传》记载："初，朝议以州郡相党，人情比周，乃制：婚姻之家及两州人士不得对相监临，至是复有三互法。"指有婚姻关系的出身于两州，不得交互为官，即丈夫不能在自己家乡和妻子家乡所在之州、郡为官，必须到第三地为官（朱永嘉，2015）。隋朝时，回避制度更加严格，规定了县一级的官员不得用本地人。而相比隋朝，明朝的回避制度更为严格，"南人官北，北人官南"，意思是做官须得背井离乡至上千里。隋朝之后，回避制还延展到了职务，规定官员不可连任，三年期满随即调走。唐代之后，回避制延展到了科举考试和司法诉讼。再后来，回避制甚至延展至商人，比如亲戚有盐商者，不得在户部为官等。

如果没有回避制，一个管理体系内部就极易出现结党营私、徇私枉法的乱象。因此，顺着回避制的惯性，中国企业实施亲友回避制不足为奇。

15.1.2　企业是该削足适履还是因地制宜

中国企业在引入西方企业管理模式时，几乎都遭遇到了比西方企业复杂得多的难题：人情关系无时无刻不在向企业管理结构渗透，并逐渐形成肢解企业制度、扰乱分配体系的强大力量。因此，大量的企业只好采取回避制，打散关系网，抑制人情关系的蔓延，向西方企业靠近，让企业运营少些“杂质”。

新华网曾报道，山东省某国有企业执行回避制，清除掉“七大姑八大姨”式亲密关系的中间供应商足有 5600 多家，清理中间利益环节带来的效果使物资采购价格同比降低 15%，节约资金近 18 亿元。近年国企落马的领导人员中，涉嫌通过亲属、朋友甚至情人“损公肥私”进行利益输送的比比皆是。华润集团原董事长宋林、重庆能源投资集团原董事长侯行知、中国移动广东公司原董事长徐龙等国企高管落马的背后，都有利益输送的影子（陈灏，2015）。

或许，人情关系也只能抑制，无法消除。因为一个企业人，首先是一个社会人；在企业里，员工的社会行为逻辑是根深蒂固的。

在“强关系”社会里，一个普通人如果完全不用关系来经营自己的生活，那么，日常生活肯定是障碍多多，困难重重。譬如，入学、就业、个人调动、晋升、开店、办公司、摆平人事纠纷……这些都要依托于熟人圈来解决。熟人可以提供风险庇佑、供给特权和物质优惠，令生活锦上添花。譬如，获得紧缺资源，分享政策性优惠，看病的优先权、名医选择权和更加周到的服务……所以关系是中国人生活的“维生素”。（于阳，2008）

中国人构建“关系”，强调感情及其维系，其焦点在于能在达成目标时节约费用、提高效率。在分配体系尚未健全时，关系网则作为一种非正式规则的代用品存在，因为正式合同不能通过正常的交易得到履行时，就必须依赖这种复杂的人际关系，中国人力图在以信任为基础的关系网内部寻求个人利益保护。作为中国人社会活动基础的“关系”，源于儒教文化。孔子曾说：“四海之内皆兄弟”，无条件帮助他人是高尚的道德行为。但为履行道德义务或维护面子，接受帮助的人下意识地坚持应该有所回报，因此，人们将送礼视为一种表示感谢的方式，而这种方式随即向互惠性发展，形成礼尚往来的基本社会现象，更加推动了“关系”的发展。（朴雨淳，2006）。

“关系”法则往往只是以“潜规则”形式存在于某个正式组织，但它却是人们自觉遵从的行为逻辑，人们对“关系”的依赖有时候超过对制度的依靠，因为依靠“关系”达成目的往往更便捷。

在企业里，以私下“关系”结成的“亚组织”往往浸透在各个角落，给企业管理带来难以规避的冲击和影响。在企业制度面前，“关系”的“潜规则”往往产生着肢解、稀释甚至是破坏的作用，制度是企业本位的，“关系”是个人本位的，所以，员工的各种“关系”一直是受企业抑制的。而个人本位的“关系”，被员工认为是达成目的的最短通道，即便受到抑制，大家也不会放弃经营和维护“关系”。员工会以自己为圆心，按照亲缘、地缘、业缘的顺序排序“关系”的亲疏，形成多个层次的圆圈，并以圆心向外形成一种是非观，近者是，远者非，各个同心圆互相交织、相互维系，以此来构筑权益保障网，大家相互攀亲缘、拉关系，觉得理所当然，“关系”的需要是所有人情根深蒂固的思想，并随着现代社会的发展走向功利化。“关系”会渗入个人因素、带入私人感情，会使管理者任人唯亲，难以维持统一标准秉公办事，会使工作秩序发生紊乱，使组织运行陷于无序与混乱（朱力，1993）。

很多的企业家，特别是涉足过西方企业及在西方学习过的企业家，均赞叹西方人的法制观念和规则精神，指出中国企业里轻视规则、淡漠制度的员工较为普遍，认为人情关系会肢解制度、稀释执行力、破坏运营流程，企业应营造纯粹的运营环境，大力倡导回避制，树立“去关系化”理念，遏制员工形成“关系圈”。

然而，不同文化背景下的人群，其价值取向和行为逻辑并非完全一致的。中国人骨子里的价值观念和情义取向是无法改变的，企业只能削足适履吗？

特别是成立就源于“关系”的民企、私企，连“削足”都难。这些企业基本都是靠“关系”捆绑合作、靠“关系”打开门路的，“关系”从一开始就深深镶嵌在企业中，想割掉几无可能。当企业发现很多“关系”在冲击，甚至是在绑架企业制度执行，迫不得已要推行回避制时，也只能回避已有“关系”之外的关系，避免“关系”的异化而已，却无法真正清除“关系”。企业虽忌惮体系被“关系”冲击，但又不得不继续经营“关系”：对外，得运营好各种通道的关系，“关系”不好寸步难行；对内，得搞好“团建”，赢得员工的心，因为“关系”不深，员工难以归心。

有时候，“关系”却是维系企业结构稳定的基础，层级关系如此，决策团队更是如此。管理团队一旦关系不稳，企业就危险了，而团队维系不仅靠利益关系，更要靠情义关系。

既然讲人情是东方人固有的行为逻辑，割除是不可能的。与其“削足”（抑制员工习性），不如“变履”（制定顺应员工习性的规则）。大禹治水即是变“堵”为“疏”，易害为利，企业为何要生搬西方模式硬套在东方人头上呢？是“变履”易还是“削足”易？因地制宜不可以吗？

15.1.3　企业离不开“关系”

在强关系的社会里，企业无论如何都撇不开各种各样的“关系”。

第一，中国企业的成立，多半都源于“关系”。

企业成立之初，管理体系尚未成形，各项业务尚未稳定，非常需要足够的信任和坚实的内部结构才能扛过脆弱期。所以企业最初的合作伙伴，亲朋好友就是最佳的选择。正所谓“打虎亲兄弟，上阵父子兵”，是因为亲如兄弟方能同心同德，才能相互给予充分的信任；而亲若父子甚至可以以命相托，共同结成足够坚实的利益体。

拥有良好的内部关系是创业团队抵御风险的最基础条件，而拥有良好的外部关系，则能够节约交易费用、提高交易效率（朴雨淳，2006）。

第二，亲友关系是困难之中不可或缺的力量。

常言道，患难见真情。困难之际，有一些经常来往的亲戚和关系密切的朋友，是渡过难关的基础。好的人脉关系就如同一个灵验的护身符，保佑你在奋斗的时候能够激流勇进，披荆斩棘。俞敏洪在奋斗过程中曾得到过很多人的帮助，这与他经常帮助别人，善于搭建人脉圈子是分不开的。在北大当学生的时候，他每天为宿舍打扫卫生，这一打扫就打扫了四年。过了十多年，被俞敏洪从美国和加拿大邀请回新东方一起创业的那些同学给了一个加盟的理由："我们是冲着你过去为我们打了四年水才选择加入的。"就这样，俞敏洪凭借着良好的人脉，在需要帮助的时候就会有很多同学和朋友前来相助，帮助他顺利渡过难关，达成了新的成就。

在东方人的哲学里，关系就是生产力。无论我们走到哪里，"熟人好办事"的潜规则都是适用的。有关系网，就会有人在你春风得意时为你鼓掌喝彩，在你有事需要帮忙时为你两肋插刀。这时候，你就会深刻体会到人脉的力量。反之，如果你没有良好的人际关系，作茧自缚，那就会遇到很多困难，倍感无助。据统计资料表明：一个人获得成功的因素中，85% 决定于人际关系，而知识、技术、经验等因素仅占 15%。（佚名，2019）

第三，维系顶层团队的团结，需要强关系。

"兄弟同心，其利断金"的道理人人皆知。所以，即便合作之初的关系不够亲密，大家也会在合作中不断地加深和夯实关系。因为顶层团队一旦疏于团结、关系不紧密，整个组织便可能是一盘散沙，缺乏战斗力。

第四，团队的稳定，人情关系的作用远甚于工作关系。

人情传统已成为中国社会运行的法理基础，是维护中国社会结构稳定的重要伦理文化力量（贺培育　等，2015）。企业的团队稳定，更是基于这种基础。研究表明，无论是基于工作的联系还是私下友情关系，这样的联系在团队中越多，整个团队结构就越稳定，团队成员往往更为固定。与我们生活经验吻合的是，成员间的友谊关系比工作关系更能稳定团队结构（Harrison，Balkundi David A.，2006）。所以，企业团建的目的就是夯实员工之间和上下级之间的情义，而非巩固工作职能的关联。

第五，人的存在感和成就感源于他人的认可，没有群体间的相互关系，人的价值体现便失去了基础。

东方人求"利"，也求"名"。尤其是创业人，不辞辛劳地工作，主要是希望在功成之上得以名就，为了"脸面"，他们牺牲了大部分的时间，甚至不惜搭上健康。如非身边有着各种“关系”的存在，认可和声誉便无从谈起。

人之所以从动物界分离出来，结成社会，形成文明，是因为人与人之间，有着社会性，有着人情关系。

15.2　企业可以放心起用亲朋好友

15.2.1　“关系”为何会肢解企业制度

企业的规章制度是企业本位的，是为企业服务的；而每一个员工却是个体本位的，是为自己的需求而努力的。但是，个人的欲望总是在得以实现之后，又会进一步升级，所以其个人需求往往处于一种不满足状态，从长期而言，企业分配难以绝对满足每个员工的需求。

企业为何总是无法避免员工私下结成的“亚组织”呢？原因有四：

其一，企业制度一般是由小众人群，也就是企业负责人制定的，其分配往往不会照顾到各方面员工的感受，普通员工为了争取有利于自己的分配，只得去经营和依靠“关系”。

其二，企业里的某些规则虽然可能由众人制定，其分配规则是众人认同和相对公平的，但是其分配执行往往还是掌握在小众人群手中，如果分配规则有着弹性或人为空间，执行人便可能左右分配结果，这时候的普通员工为争取有利于自己的分配，同样需去经营和依靠“关系”。

其三，为了团队稳定，企业的福利分配一般会遵从需求法则，即分配不是根据员工对企业的贡献，而是取决于员工的个人需要（朴雨淳，2006），因每个员工的欲望是无止境的，这种“按需分配”会导致更多的员工不是在努力进行价值创造，而是努力去经营“关系”，以便获得更优厚的分配。

其四，每个员工的角度差和无止境的欲望，令其对企业的分配常处于“不满意”和“不满足”状态，为了满足自己的需求，便会去运营“关系”。

“亚组织”既然主要是基于员工不满足于企业分配而形成的，那它的存在就必然会冲击企业的分配，会肢解企业的规则，腐蚀企业的运营体系。

东方企业里的“亚组织”对于每个员工而言，是以人伦关联的亲疏进行排序的，亲人排在最里圈，按血缘的亲疏程度往外排，顺序是血亲-姻亲-族亲，血缘之外是宗缘、学缘、乡缘、业缘等。在这种“以人伦为之本”的社会里，社会活动的主体不是独立自主的人，而是以各种伦理关系构成的集体（叶俊，2017）。所以，企业里的员工往往是多角色的，既是企业成员，又是多个不同圈层的“亚组织”成员，这令大家在工作过程中需要兼顾规章制度及人情关系，而兼顾人情关系往往就难以坚守制度原则。比如，某位员工犯了工作上的错误，按制度应惩罚，但执行人心里可能会犯嘀咕，因为对象可能是长辈，可能是亲戚，可能是“有恩”之人，执行人难以很纯粹、很简单、很高效地直接做一个本来该有的决定。所以，执行人经常于心不忍，害怕过不了良心这一关，害怕其他人议论纷纷，但如果不处理会更为难，因为以后其他员工犯了，要不要同等的网开一面。如此一来，企业的制度只能形同虚设了（叶俊，2017）。常言道：“情不立事、义不理财”，哀叹的就是情义与制度难以得兼。

15.2.2 如何扭转“关系”的负作用

对于充斥并肢解着企业的人情“关系”，企业本位的管理者一方面会尽力抑制“关系”，以维护企业的正常运行，另一方面又会不由自主地经营自己的“关系”，以增强维护制度的执行力。

其实，要想彻底去除各种关系中存在的一切私人因素也并不现实，而解除了给个人带来方便和利益的“关系”，也并不意味着自此所有人都会一心为公。消灭“关系”，其实也就等同于分离“关系”的原始基础——家族关系。否则，即使这种努力能够使得“关系”向公共领域移动，也无法获得预期效果，因为“关系”的私有特质并不会有任何改变（朴雨淳,2006）。所以，切除“关系”几无可能，而抑制“关系”，也难以令人心向公司，于是，如何利用“关系”，将“关系”转成正作用，成了管理学的新课题。

“太极”哲学揭示了利弊转化的道理。太极拳能“借力打力”，将受攻击的力量转换反击的力量，受攻击的力量越大，形成的反击力也就越大。所以，面对无处不在的“关系”，用“切除法”显然是不可取的，用“打压法”也很难限制“关系”的滋生与发展。“关系”结构在每个人的四周，是社会构成的有机部分，限制“关系”，同时是在限制个人，是在限制员工的创造力。用“借力法”，则可“公”与“私”兼得，令“关系”转变成正效用。

“私”是生物的本性，是生物进化的源泉所在。

私欲是人的动力源（本书上册第 10 章有述），“私”是无法消灭的本性。一些企业管理者打压员工的私欲，力促员工为企业奉献，是因为思维扁平所致，把“私”与“公”对立起来了。

那么，企业里如何做到“公”与“私”兼得呢？

答案是：成私而公。

成私而公是避免“关系”腐蚀制度，并将其转化为生产力的巧妙方法。

成私而公，就是将公司目标细化分解为员工的个人目标，并对每项细分目标进行量化考评，以目标实现的最终贡献值为依据进行个人权益分配，让每个员工在“自私地”追求个人利益的基础上，自然而然地实现公司目标。

在成私而公的方法中，公司的目标都附着于员工们的目标之中，员工们的个人追求得以实现，公司的目标也就实现了。由于员工们的注意力聚焦在自己的利益追求上，自然不会再花太多精力去关注与自身利益关联不大的其他人和事，“拉关系”的意义就不大了。即便要“拉关系”，也是为了寻求帮助实现自己的目标，这无形中便是在为公司而努力，为公司而“拉关系”。

因为成私而公讲求目标精细化、考核客观化、价值精准化，所以就有了按价值分配的量化基础。由于每个员工均聚焦于自己的目标追求中，其行为是自觉、自动、自发的，因此自我驱动就成为一种常态，鞭策和督促便失去了用武之地，监督人员自然也就显得多余了。既然实现了去管理化、去人化，贪腐现象自然就缺少了生存的空间。于是，公司便从一个强扭个人“为公”工作的治理机构，变成了一个为个人谋取私利的服务平台。这便是“变管为放、化治为服”。

这种方法执行的结果，是员工们自私、贪婪地谋取更多私利，便是在为公司做出更多贡献，自私和贪婪的人性“弱点”反转成了提升效能的优点，“贪腐力”变成了创造力，私欲越重，效能反而越高；而“患不均”的心理，便会令人在“看到他人比自己多”的失衡中，产生“要得到比他人多”的行为，形成强大的追求动能。那么，攀比的人性“弱点”也就反转成了提升产能的优点，嫉妒变成了互助，内耗变成了共振，越是“患不均”，其产能反而越大。

当大家在极力“徇私”时，便无暇倾注过多精力去经营“关系”了；即便要经营“关系”和利用“关系”来“徇私”，也就是在“为公”了。那么，各种“关系”于公司的负作用便扭转成了正作用。

15.2.3 让“关系力”变成生产力

企业“成私而公”该如何操作呢？

第一，需将企业目标进行量化分解，使之转换成个人的工作任务。分解的层级较少为佳，对于普通企业而言，普通的分三级（决策层、管理层和执行层）为好，层级太多会导致成本高、效率低。任务分解越细越好，任务量化得细，工作结果便越接近于客观，人为元素掺杂的空间就越小，执行人的价值感就越清晰，动能发挥则越彻底。

工作量化的八要素是：工作事项、完成时间、量化标准、基础分值、加分定义、减分定义、执行人、考核人。工作事项的明确，是为了使执行人目标清晰，令工作分工有条不紊。完成时间的明确，是为了让执行人有着清晰的效率观，这可令在进行加分定义和减分定义时，对于提前和拖延完成工作进行加减分定义，以促使执行人尽己所能提早更多的时间去完成工作。量化标准的明确，是为了让执行人对于工作事项的结果要求有个清晰的认识，对于如何把工作完成得更好有个明确的概念。基础分值，是基于横向对比和纵向对比得出来的价值量化基础数；横向对比从所有执行人的劳动价值定义出发，进行分值对比，得出相对合理、价值相称、相互平衡的考评基础分值；纵向对比从执行人本人的基本工资出发，依据“基本工资高低决定应完成工作量多少”的原则得出相称的考评基础分值，执行人升薪、降薪，工作量就跟着升降，这类似于传统管理中执行人的“必要劳动量”（即“必要劳动时间”内的工作量）。加减分的定义一般根据完成时间和量化标准进行定义，对于高效率、高质量的结果进行正激励，对于低效率、低质量的结果进行负激励；加减分值的幅度，需要与基础分值和量化标准相称，以贴近客观价值（相应的执行表格详见本书上册第 5 章，下同）。

第二，需将每个员工的工作完成结果直接与其收益挂钩，达成执行人“是在为自己增收更多而将每项工作做得更好”的结果，以实现每个人都在“徇私”中自觉将工作做得尽可能好的目的。在工作量化考核的基础上，每项任务的完成结果都以分值呈现，这为挂钩执行人的收益提供了价值数据基础。根据执行人的工作分值（O 分）可计算出他的绩效工资额，分值高，则绩效工资高；分值低，则绩效工资低。反过来的激励作用是，执行人越不希望分值低，就越不会允许自己的工作结果不佳，于是便会尽可能将工作做到最好，以获得尽可能高的分值和绩效工资。如此，全员“自驱动”的局面便形成了，去管理化的运营体系也就得以实现了。

第三，进一步简化管理，将所有的规章制度和工作流程变成激励措施，并以集体互相督促的形式达成去管理化运营。即，将规程和制度变成量化考核条文，正能量行为予以加分（P 分），负能量行为予以罚分，同时，给予隐名报告他人加减分行为者给予加分。那么，这就相当于处处都有了“千里眼”和“顺风耳”，在省去督查人员的情况下，制度也能完美执行。而这样做的结果是，规章制度逐渐就成为员工们的自觉行为准则。

第四，为了更深入地实现去人化管理，可将每个员工的知识与技能（包括决策能力、管理技术、专业水平、能力资质、无形创造、信息资讯等）量化为分值（Q 分），建立统一的量化标准。如此一来，各种人力资源、无形资产、信息资讯工作均可程序化、系统化了，知识与技能的价值就实现了数据化。

O 分是直接劳动贡献值，P 分和 Q 分是间接劳动贡献值，O 分、P 分、Q 分全面而准确地体现了每个工作人员的劳动价值，以这三种分值为基础来进行薪酬、奖金和福利分配，就能精确地做到“按值分配”，让各种人为因素找不到缝隙掺杂进去，让各种“关系”找不到偏袒的门道。

在运用“成私而公”方法实现全员工作自驱动的基础上，可以再进一步推行股份激励，以实现全员“岗位创业”，让所有人从根本上把“职业心态”

转成“事业心态”。具体的做法是，依据每个人的O分、P分、Q分累积值，按相应的比例换算出干股。当大家在薪酬、奖金、福利基础上再拥有股份，主人翁的姿态便可进一步加强。

企业可以将股份划分为干股和实股两块，劳动者凭着O、P、Q分加权平分干股，投资者凭着R分（资金分）加权平分实股，实股随干股创造的价值水涨船高，如此一来，真正的“劳资命运共同体”便形成了。

在全员自驱动、自作为，把工作当成自己的事业努力的情形下，整个企业也就变成了系统化、自助化的平台，员工们将会为自我实现而倾其所能，企业则可以在“全心全意为员工服务”之后，自然实现所要完成的目标。在员工们现实收益最大化的同时，同频实现企业收益最大化，这就叫“明修员工之栈道，暗度企业之陈仓”。

人们苦心经营“关系”，无外乎就是为了帮助自己获得更大的利益，有了成私而公的方法，人们的焦点放在了极力完成个人任务上，而“关系力”也就导向为个人任务的完成，为“私”即为“公”，“关系力”自然就成了生产力。于是，便可放任大家去经营和运用“关系”了。亲友关系本来就是社会构成的结构基础，是最值得信赖的和成本最低的力量，既然是生产力，那就无须回避了，而且还可大力倡导。

商，亦可容情。

“关系力”亦可变成生产力。

传统股份激励仅仅是对未成为股东的员工起作用，对于已成为股东的员工并未形成有效激励；由于所领分红跟日常工作的优劣并无直接关联，股东们当然会“有恃无恐”地坐享红利，工作反而不紧不慢了。而仅有的对非股东员工的刺激结果，却是朝着成为股东的条件为达标而达标的“有为”，和成为股东后实现“少干多拿”、坐享分红的“无为”。如此导向，算哪门子激励？

第 16 章

团队同舟，企业主从孤立到共荣

16.1 “关系”的疏远让企业主高处不胜寒

16.1.1　名利难以兼收

1. 名望难以获得

扬名立传是很多企业家的梦想。

一些明星企业家在成为镁光灯追逐焦点的时候，也成了众人追捧的财富偶像。腾讯的霸气外露让创始人马化腾在文质彬彬的气质之外又增添了气宇轩昂，跃升为“小马哥”；连 1 亿都是“小目标”的万达创始人王健林被尊称为“国民公公”……看起来，这是一个“有钱就是任性”的时代，这是一个企业家最光荣的时代（艾诚，2017）。

然而，在荣获名望的路上，并不是想象中一路上可以有无数的鲜花和掌声，可以不断收获金钱和享受，实际上企业家所要面对和经历的，更多是无数的难题和无尽的煎熬……

条件匮乏的起步阶段支撑自己蹚过风险期的伙伴，资源汇集的成长阶段帮助自己“开疆拓土”的员工，信誉至重的发展阶段使自己声名远扬的亲友，都是创业人需要维系的“关系”，这些“关系”没照顾到位，或许名望便无从谈起。

对“关系”的照顾和庇护，是一种倾斜。倾斜了，大家就实现“指望”了，这种“指望”便是名声的来源。而倾斜了，管理制度就被破坏了；倾斜了，商业规则就被打破了。所以，商不能容情。

一个企业主在制度面前不“冷血”，不铁面无私，管理制度怎么办，合伙章程怎么办？

要遵循商业规则，要维护制度，就不能讲情面，不能照顾“关系”……而身边的“关系”就是名声至关重要的源头。

所以，当一个人最后终于成功了（指赚到钱了），可能很多“关系”早已疏远。

有的人可能会说，过去那些穷亲贫友再难帮上什么，不维系也罢。可是，人言可畏，声望矗立需要千日，毁之可能一朝。何况，人的存在感和成就感最基本的就源于亲朋好友。

自古商者不贵，从商获取名望本就不易。即便有所成就，在商场中成为“秀林之木”，也会遭“风催”。

2. 人情难欠

有些人觉得，如果事业做起来，有了钱，就可以出人头地，名望也有了。或许，真的有了钱才会明白什么是“有名无望”。

当一个人真正在社会上稍有名气时，会更需要身边亲朋好友的掌声和肯定，这是他存在感和成就感的来源。

然而，一个创业人尚在路上拼杀时，为了不让难以帮上忙，又不知内情的家人们为担心，往往就会“报喜不报忧”，这是因为他爱家人，那么，家人们自然也会在亲友们面前“择喜而耀”。逐渐地，远亲近邻也因跟他这个“成功人士”沾亲带故而傲。于是，后来东家有困难向他借钱，西家有人失业了想叫他安排差事，大家遇到麻烦事就来找他……其实呢，他或许正在为资金缺口发愁，正在为公司的“关系户”头疼……而这些林林总总的困难亲友们并不知晓，只觉得他关系更广、能耐更大，找他才能更好地解决困难。当他婉言推脱时，便会有人嚼舌根。于是，他逐渐就成了一个有钱也不肯帮人的“没有人情味的商人”。

“一人得道，鸡犬升天”，大家总期望着身边有“贵人”出现，给自己带来帮助。开公司的人，就是有能耐的人，大家不指望他还指望谁？事实上比起亲友们来他的困难远大得多、时间紧得多，所以他常常会在大家需要帮助的时候令人失望，周边的人常常失望，他的声望如何能好？或许在他刚起步的时候，公司不大、层面不高，还能常从亲友那里得到帮助；当他发展起来，层面更高了，亲友们的小资金、小关系自然也就起不到作用了，于是，更多的就是亲友们找他帮忙了。规模越大，越是如此。因此，创业人越是“成功”，就越可能众叛亲离。

众叛亲离，谁也不愿意。可如何避免呢？

在“强关系”社会里，大家之所以注重关系，是因为关系可为自己带来帮助和好处。由于“义”的存在，关系之间的相互帮衬，便成了理所当然且不直接夹带利益交换的产物；当然人们会自觉地在获得帮助后记下“人情债”，日后在合适之时帮衬对方予以回馈。因此，大家会觉得获得有能力的人的帮助和馈赠，理所当然。

那么，人们之间，逐渐也就形成了这么一种关系结构：更有能力的人给予他人的帮助和利益会较多，所谓有舍才有得，他们通过舍利而得名；而能力较弱的人，则可以从能力强的人那里获得更多的帮助和利益，通过“归附能人”（承认是他的人）和付出赞美（让有能力的人得到声望）而得到馈赠或匀予。所以，一个能者，须不断舍予，才能在别人实现了“指望”的情况下，赢得名声。

一个人的企业越大（或者包装得越大），大家对他的“指望”就越多；而且跟他的关系越近，就越“应该”得到他的照顾和庇佑。所以，亲朋好友缺钱了理所当然都找他，失业了理所当然都指望他，遇事了也理所当然要找他。“不当家不知柴米油盐贵”，大家难以体会他的压力和困难；再加上他沾亲带故者的炫耀，无形中让大家觉得他“拔根寒毛都比人大腿粗”，所以指望他就是“应该的”。

16.1.2　创业人无论成败或许都是孤独者

1. 层面越高孤独感越深

一个人一旦走上创业之路，就注定了与孤独相伴。

在企业的初创期，企业主势单力薄，人才缺、资金少、资源薄，很多工作需要亲力亲为，人手不足得补缺，资金不足得融资，员工失误还得补漏；房租、薪酬、业绩……都得他扛。内部管理、外部公关，似乎哪个环节疏漏都会导致溃堤。由于缺少得力干将，自己只能事无巨细，一旦遇到不专业的事项，便会倍感孤立。

另一面，员工们会问，是双休吗？有五险一金吧？是否有高温补贴？

然而，往往企业主自己没在工资单里，谁来给他上个保险呢？除了债务，便是责任。双休就更别提了，能按时吃饭不伤了胃已是一种奢求。有时为了省点开支，会关掉自己办公室的空调吹风扇……这样的人是真正缺关爱的。

创业之初各方面的困难较多，不确定性较大，公司处于风雨飘摇之中，在遇到风浪时亲友们可能就会担心受拖累，劝他收手，或许只有他才知道收手了押金退不出来、要补偿员工、要偿还债务，可能还有不少的合同不执行要负违约责任……

此时，他骑虎难下。

然而，无论多么艰难，为了员工们不丧失信心，他打开门就得做出满面春风的表情；而谁能体会到关起门时，他瘫在大班椅上的孤独无援？大家会在意他飞得高不高，却不一定知道他飞得累不累。

内心的孤独，才是创业者们中年白头的根源所在。

"打虎亲兄弟，上阵父子兵"，很多创业人在人才短缺的起步阶段，是在亲戚朋友中拉来几个"虾兵蟹将"撑局面的。当企业进入发展期，这些底子比较薄的"开山鼻祖"会逐渐跟不上企业的步伐，但这些人或早已是各部门的经理，因一些人格局有限、小富即安，给他们配上电脑，他们可能就会迷上游戏；让他们熟悉几款 App，他们也许就学会了打赏……

当"亲友团"引领不了管理，需要引进专业人才的时候，企业主可能就要面临两股巨大的逆流冲击波：专业管理者会要求优化管理架构，清理一些"皇亲国戚"；而"亲友团"在不断"失宠"的过程中，会觉得是企业主在"过河拆桥"。当企业主发现连起步之初那种向心力寻不回的时候，才知道越往上走，越是高处不胜寒。

企业到了上升期，会有一些让人窥探的权力，这个时候，团队的内部纷争会不断加剧，"昊昱之殇"（本书上册 2.2 的实例）就很难避免，元老们会"患不均"，会在贡献与分配上不平衡。

静态的股份结构的确无法匹配大家的动态贡献，创业股东十个指头各有长短，所持股份无法对等奉献，身后还背负着不同的社会责任和家庭责任，大家不可能把“有肉一起吃，有酒一起喝”的江湖情结平衡到位。也许想做好团队核心，只能以“冷冰冰”的商业法则去处理创业股东之间的纷争和矛盾。然而，本来就没有一种方法，能将不同视角的“客观结论”组合成同一结论，所以，核心人常会被认为厚此薄彼。如果他对谁都不徇私情，又会被创业股东们认为他已不再是当年有情有义的大哥了，大家还能心甘情愿众星拱月吗？

众叛亲离，就是这么演绎出来的。

当企业步入成熟期，核心人或许有更多的人前呼后拥，是不是就有更多的倾诉对象，不再孤独了？

不，他会更孤独。

由于他位高权重，决策差之毫厘，运营可能就谬之千里，所以每个信息都显得敏感，或许很多的方面家里人理解不透了，或许在朋友和同学面前很多事项不能说了，或许在员工面前得谨言慎行了……

企业主不苟言笑的特质，会随着企业规模同步增强。慢慢地，他会发现自己的掌声越来越多了，亲和力越来越少了；声誉越来越高了，幽默感越来越低了；格局越来越高了，跟人的距离感越来越大了，可以无话不说的交心人，总是随着自己财富的增长在逐渐减少……

很多时候你要在不同的对象面前“伪装”，你在经营管理企业过程中所遇到的问题，你不能跟朋友说，因为这个朋友也许是你的竞争对手，要么你也担心他会不会觉得你无能，你也不能跟家人说，因为你怕家人担心，家人也不明白也不能帮你解决这些问题；你更不能跟下属说，那样下属看到问题多了以后也许还会对你产生怀疑。（张应春，2017）

任正非坦言：“我的私人生活很痛苦，非常寂寞，找不到人一起玩，特别是和基层员工之间，离太远，为了公司能够平衡，我得忍受这种寂寞，忍受这种孤独。”

2. 财富的差距会成为情感的距离

一个人的经济层次越来越高，亲朋好友能与他对等互助的可能性便会越来越小，由于交集少了，亲情、友情也就淡了。企业主每天“日理万机”，很难有时间和心思再跟亲友们闲聚闲聊，久而久之，跟大家的生活和经历差距就会越拉越大，交集点少了，话题也就窄了，疏远是必然的。

表面上，企业主的生意做大了，身边就会聚集更多的人，但他却不再容易找到真诚和信赖，因为平常围在周边的人基本都是利益关联的，他可能连普通人的生活乐趣和情感寄托都难以奢求，再也寻不到在山底仰望时自以为的“幸福”，只能站在山顶时常感叹“高处不胜寒”……（修思禹 等，2013）

有这么一则“上帝惩罚长老”的故事，说的是一个犹太教的长老酷爱打高尔夫，安息日的时候心痒难耐一个人偷偷去打高尔夫，按教规是不可以的，他本打算打完九个洞就回去，当他打完第二个洞时，被上帝知道了，于是上帝决定要惩罚他。在长老打第三个洞时，很神奇地一杆进洞，长老兴奋得不行，于是继续打，第四个洞也是一杆进洞，第五个也是，第六个第七个也是，直到第九个都是一杆进洞，这成绩可比任何世界顶尖高手都厉害，长老乐坏了。但还没玩多久就打完了，长老觉得不过瘾，决定再打九个洞。结果，又全部都是一杆进洞，长老突然觉得索然无味，百思不得其解，一直郁闷了好几个星期……

或许，成功了无人分享，比一无所有更孤独。

瑞典有句格言说：“痛苦与人分担，痛苦便会减半；欢乐与人分享，欢乐便会倍增。”

大众点评联合创始人龙伟说：永远不能放松，诺基亚很牛，柯达很牛，微软很牛，好像越是厉害的公司越容易陷入困境，它的最高峰也就是要往下走的那个点，每时每刻都要战战兢兢、如履薄冰……（艾诚，2017）

企业家真正的痛苦，是孤独一旦开始，好像就只能一直孤独下去。

16.1.3 企业主往往是“人前风光、人后沧桑”

1. 企业主的光鲜只是表象

《中国合伙人》有两句经典的台词：

“掉在水里你不会淹死，待在水里你才会淹死，你只有游，不停地往前游。”

“我没有装孙子，我真的是孙子！”

没当过老板的人往往以为老板自由、潇洒：有使唤人的权力，不被朝九晚五所束缚，还有自如的闲暇娱乐时间。可当自己成为老板之后才发现，原来老板这个行当是个苦差——每天有处理不完的事务，有应酬不完的饭局，胃喝坏了事情还不一定能办好，人还没怎么老啤酒肚就大了两倍，陪伴家人的时间越来越少，孩子的成长常常顾及不到……这好像并不是当初认为的自由和潇洒。

一些创业人原以为公司开起来就有钱进了，不曾想每个月公司的开支往往比收入还大，之前打工多年攒下的积蓄几个月就贴光了，想停还停不下来……为了尚可期待的成功，只能四处举债；实在借不到钱时，甚至连孩子的攒钱罐都想砸开……亲身经历才终于明白，当初打工时看到老板的风光只是表象，在办公室关起门来独自神伤才是创业人真实的一面。

老板这个职业，不是一般人可以干的。

虞崇胜在人民论坛上讲到，他在家乡有一位很有名望的老同学，企业办得红红火火的，有着几千万的资产，原以为他一定很风光、很体面，可没想到见面后看到的他却是一脸的疲惫和沧桑。他老同学说：如果我不结交这些朋友，没有这么多熟人，我的企业就发展不起来。我要不把方方面面打点好，企业就别想平安地办下去，如果有一段时间不去打点，这些“熟人”就会说，怎么了，把老朋友忘了？一旦他们有了这种感觉，我的企业就会遇到麻烦。我身不由己，要想保住企业，还得继续跟这些“熟人”交往下去（虞崇胜，2006）。真正做企业的人大多是“人前风光，人后沧桑”（朱永华，2018）。

企业家，听起来是传奇，走近了全是感叹——风来了，心乱了；冬天来了，阵脚乱了；危机来了，队伍乱了；资本有了，方向乱了；关系妥了，脚步乱了；道德有了，战略乱了……简直是按下葫芦浮起瓢。当企业家有多难？不做企业不知道。“外表风光，内心彷徨，容颜未老，心已沧桑”（Heystacy，2015），这才是企业家的真实写照。

2. 创业人损耗得更多的是亲情和健康

无尽的资金成本消耗，对创业人而言是一种困难，但在这种困难的背后，却是创业人更难以避免的痛苦：生存成本消耗，包括亲情关系和身体健康的损耗。

创业人在起步之初，亲人们基本都会给予他鼓励和支持，因为大家意识不到他创业之后会难以再回到一张桌子吃饭，意识不到他会无暇顾及大家，还以为他会给大家带来荣耀和帮助。

然而，结果往往会令亲人们失望：他有处理不完的事情和解决不完的问题，他不仅难以给到亲人们更多的安逸和享乐，反而会在跨不过坎的时候还得亲人们资助，窟窿太大还得大家四处帮求人借债……的确，他太忙，身不由己，家庭责任承担得越来越少：柴米油盐顾不上、儿女的培养顾不上、父母的生日顾不上、人情世故顾不上……

一旦走上了创业之路，就只能一路走下去，等待他的不是原先期许的自由自在和名利双收，而是骑虎难下的各种艰辛和劳累，各种债务和压力，以及各种风险和责任，各种无助和孤独……他也许最终会明白，无论成败，自己都是输家：如果败了，将负债累累；如果赚钱了，反而亲情会更淡。

冯仑概括创业人的结果基本就是众叛亲离、妻离子散、家破人亡。如果没被冯仑言中，实属万幸。

做企业，失败是大概率事件。即便那些成功的企业家，也是经历过无数次的失败，才得以成功的。

如果屡败屡战最终还是没能成功，那么，创业人亏掉的绝不仅仅是钱，还有一众的朋友和亲人，并且还可能名声扫地，最后只剩下一副各个零件都半残的身体。

如果创业成功，他挣到了很多钱，可能最终也是“穷得只剩下了钱”。

可叹的是，钱买不回健康的身体，买不回疏远的情义，更买不回抚育儿女的时机和陪伴老人的时间！“树欲静而风不止，子欲养而亲不待”。

当很多人终于把钱抱回家的时候，发现儿女早已孤僻地沉浸在网络世界里，才明白孩子最需要的不是钱，而是成长过程中爱的陪伴；当很多人终于有条件带家人任吃任玩了，发现父母早已没了牙齿，也不再有周游世界的硬朗身体，这个时候才明白，原来孝心是经不起等待的。

赚钱的速度往往赶不上父母老去的速度。

当一个企业家无奈到连亲人们都难以理解的时候，才会发现，他所耗掉的生存成本远比资金成本大得多。即便如此，他也难以停下，因为他肩负着太多的责任：投资人的责任、员工的责任以及社会的责任……因为他还有希望扳回来，所以，他会屡败屡战，更加努力，在这场成功率不到 5% 的“赌局”中，越赌越大，不但押上身家，还可能要赌上健康。

在创业路上，很多人赌上了资金、赌掉了家庭、押上了健康。企业家几乎是天天加班，经常还要搭上节假日，饮食、作息不规律，身体有恙也可能一拖再拖。任正非每天工作十几个小时，依旧深感难以应付，因癌症动过两次手术……毕竟他是军人出身，身体底子好，可并不是所有的企业家都能坚强地熬到这把年纪的。让我们一起来看看一组真实的数字：

2004 年 11 月，均瑶集团董事长王均瑶病逝，年仅 38 岁。

2005 年 9 月，网易代理首席执行官孙德棣猝死，年仅 38 岁。

2006 年 1 月，上海中发集团董事长南民病逝，年仅 37 岁。

2007 年 4 月，绿野木业公司董事长许伟林病逝，年仅 42 岁。

2007 年 12 月，百度 CFO 王湛生辞世，年仅 40 岁。

2008 年 7 月，北京同仁堂董事长张生瑜病逝，年仅 39 岁。

2011 年 2 月，成都卫士公司董事长李学军病逝，年仅 42 岁。

2011 年 7 月，百视通首席运营官吴征病逝，年仅 39 岁。

2013 年 6 月，慧聪网首席技术官洪广志病逝，年仅 43 岁。

2013 年 7 月，御泥坊前董事长吴立君病逝，年仅 36 岁。

2013 年 8 月，南阳通宇集团董事长王庆来病逝，年仅 43 岁。

每日经济新闻 2011 年 7 月曾刊登了一则题为《中国 19 个月 19 位知名企业高管离世，超六成死于疾病》的文章中称：

据《中国企业家》杂志针对中国企业家阶层“工作、健康及快乐调查”的结果显示：目前有高达 90.6% 的企业家处于不同程度的“过劳”状态，一个企业家，平均一周要工作 6 天，每天的工作时间将近 11 个小时，而睡眠时间仅为 6.5 个小时。

19 名辞世的高管中，12 名死于疾病，使得高管“过劳死”成为网上热议的话题。

巨人网络董事长兼 CEO 史玉柱先生 7 月 5 日发微博称，他将和阿里巴巴马云、万通董事局主席冯仑、百步亭集团董事局主席茅永红、科瑞集团董事长郑跃文以及恒基伟业的张征宇等集体举办一个追悼会，每个人给自己致悼词，以“结束过去、开始未来”。史玉柱先生在微博中还透露，从此每活一天就净赚 24 小时。(席大伟，2011)

创业大潮中，能最终游上岸的，只有极少数，即便是奋力游上岸了，大多也耗掉了半条命。“40 岁以前用命换钱，40 岁以后用钱买命”似乎是作为企业主的生命常态。

16.2　企业主何以高处不再寒

16.2.1　创业人何必向死而生

东方人更具有社会性，更有集体情结。遵循“共同富裕”的社会价值观可以更好地避免贫富差距，达成社会和谐。

在集体主义社会里，人与人之间会自然寻求均衡，“能者多劳，弱者获得同情和施舍”就成了社会和谐的基础。强者自然是要更多地去创造，多得的也应该匀给他人；而弱者则可以得到庇护和舍与，虽然贡献小，但在分配上获得偏袒是理所当然的，因为“均匀”才能避免差距和失衡。如此，社会才更有人情，更为温暖。

在人情社会里，弱者获得施舍是符合道义的，强者需要施舍这也是道义。这跟“绝对维护私有财产”“弱肉强食”的西方社会不一样。“弱肉强食”的竞争社会虽然会造就不少精英，但矛盾的调和往往极其困难，往往会引发残酷的战争。

事物是辩证的，强调集体主义的社会虽然更和谐，不过在避免贫富差距的同时没能设定科学的激励机制往往也会“养懒抑勤”。

在“患不均”的社会里，历史上连“劫富济贫”行为往往都不是贬义的；农民起义打出“均贫富”口号便能引起广泛的共鸣。

为什么“贫在闹市无人问，富在深山有远亲”？因为一个人有钱了，别人就可能从他那里得到帮助。“一人得道鸡犬升天”，在“关系”社会里人们天生就有一种“蘸富理所当然”的道德情结。

一个人“发达”了，亲朋好友自然而然会向他靠近，因为有“关系”，所以觉得有困难得到他的帮助理所当然。如果他拒绝帮助，就是没良心，是自私，是不讲人情。从另一面来看，人情关系在一定程度上会裹挟些许道德绑架。

但凡举事之人都得有“义”，否则就聚不了人。

所谓“义”，往往表现为“有肉一起吃，有酒一起喝”，表现为成果可匀。

所以作为企业家，得担待更多，得舍与更多，通过“福泽众人”来聚合团队，能“匀给大家”是最终“木秀于林”的保障；一个企业家应该懂得“财散人聚”“有舍才有得”，否则，将可能“风必摧之”。

作为企业主，不仅要对债务负责、对法律负责、对竞争负责，还要对股东负责（盈利和亏损责任）、对顾客负责（质量和服务责任）、对员工负责（薪酬和安全责任）、对社会负责（税赋责任等）、对环境负责（节能减排责任等）……

可是，谁来对企业主负责呢？比如，身体健康、经济亏损、精神损失、法律责任等，只能他自己负责。特别是经济和法律责任，承担不起往往就会受到法律的制裁。企业主并未被定义为弱势群体，即便最后负债累累无力支撑，得到的关注和同情并不多。

中共中央统战部副部长冉万祥曾用“56789”来概括民营企业的贡献，“5”就是民营企业对国家的税收贡献超过 50%，“6”就是国内民营企业的国内生产总值、固定资产投资以及对外直接投资均超过 60%，“7”就是高新技术企业占比超过了 70%，“8”就是城镇就业超过 80%，“9”就是民营企业对新增就业贡献率达到了 90%。（王莹，2017）如何给予创业人更多的理解与支持，是个重要的社会话题。

16.2.2　团队无法休戚与共是企业主孤独的根本

1. 员工们貌合心离让企业主孤立无援

企业主的孤独来自两个方面，一方面是经营压力没人分担，另一方面是心理压力无处排解。企业主孤独的程度往往会跟企业的规模和资本介入深度成正比。

在公司里，一些员工表面上唯唯诺诺、毕恭毕敬，实际上跟老板并不一定贴心，或许他们的努力状态与附和表情只是一种“表现”，更多是为博取上司和老板的好印象，他们不太关心企业的未来和困难，也不会太在意老板的苦楚和压力。而一旦涉及自身利益，他们真实的心理才会显露，比如，他们认为公司是亏是盈，账上是否有钱都应遵照《劳动法》全额发放劳动合同明确的工资，如有克扣或拖欠就“维权”，公司有多难那是老板自己的事。

其实很大一部分员工想得更多的是如何争取高工资，其他的事项只是其次。有的人还时刻“留意着”公司的管理漏洞，如有机会，能薅则薅，如有空间，能截就截；即便老板卖房子、刷信用卡来填补公司有的人也不在乎，拿到有用的资源便想着加薪；有的管理人员甚至还监守自盗。在老板都快撑不住时趁火打劫、顺手捞一把的人都有。假如公司资金链断了，为了存活不得不裁员，一些被裁的人要起补偿来可不含糊，即便是老板把代步工具卖了才能支付也不能不要，如果不补偿就上法院。

维护自己的工资和补偿，大部分员工心安理得。

同舟共济一词，似乎非常缥缈。

为什么企业主会如此孤立无援？

为什么朝夕相处的拥戴者一旦涉及工资会瞬间变脸？

说到底，并非员工与老板天生不容，而是二者的利益是对立的，你多我少、彼盈我亏。利益的对立性，决定了关系的对立性；关系的对立性，决定了老板与员工不是一个战壕的人。至于平常为什么员工总是笑脸相迎、敬重有加，只是这些时候无关他们利益的痛痒而已。

2. 能否把员工放进老板的战壕

有没有一种方法扭转乾坤，让员工貌合神离的状态变成同心协力？

答案是：有。

方法是：**将员工与公司损益的反向关系变成正向关系。**

亦即，将“员工薪酬提高公司利润便减少，员工薪酬减少公司利润就提升”的彼盈我亏关系，变成“员工的收益增多公司的利润才会增加，公司的利润下跌员工的收入也会减少”的同频共振关系。如果做到这样，公司的忧便会是员工的忧，公司的乐便会是员工的乐。

这就是人们常说的“利益共同体”。

如果达成了员工与企业主利益同频、责任共担，公司的压力便不再是企业主独自承担了，产生利润大家共同分配，如此，企业主就不会孤独了。这个方法经一些企业在实践中不断优化，已较为完善。本书上册第 6 章“全员分包法”和第 12 章“劳资共振”管理法均是“劳资损益正比关系”的实操方法。

令人兴奋的是，一些企业在“劳资损益同频”的实践中，升华出了一套全员“岗位创业”的模式，员工无须像企业主一样拥有全面的能力、丰富的经验、丰厚的资源和丰实的抗风险能力，仅凭自己擅长的某一专业能力，在本职岗位上和职责范围内，就可以尽情地施展才华、尽可能多地追逐收益，获得足够的存在感和满足感，充分地实现自我价值。在“有限责任、有限职权”的前提下，相对于公司的巨大利润而言，员工的收益是“有限利益”，但这种“有限利益”相对于传统的月薪，想象空间大了很多。大家在责任能够承担的范围内，去追求翻倍的收益，当然会比较兴奋。由于在岗位创业中员工的收益均源自本人的工作积分，员工的“有限责任”均源自本人的工作结果低于基本标准，因此，大家会自觉将手中的工作尽可能做好，以避免出现失误而拉低自己的收入（承担有限经济责任）。这是一种全员自驱动的局面，是一种共同分担与分享的局面。在这种局面中，老板自然而然就成了“甩手掌柜”。

有意思的是，工作出了差错，员工很清楚自己的贡献分就会减少，收入也会下降，由于责任是自己造成的，便不会赖到他人头上；即便是出现巨大的失误，触及了“产能值连续三个月低于1”的自动淘汰标线，员工也只会觉得是自己无能，不会“生意不好怪柜台”。而通过努力得到高收益，获得存在感和成就感，大家自会珍惜这份工作，感激工作推荐人和公司平台。

在传统的管理模式里，介绍亲朋好友进公司可能会两头不讨好。如果工作轻松收入高，被介绍人觉得你的介绍是应该的，如果工作太累收入不高他可能会埋怨你；而且他认为拿多少工资做多少事是应该的，甚至“磨洋工”也不觉得丢人，因为老板好像不用做多少还赚大钱……另一方面，老板或许会埋怨你，介绍一个敲一下动一下的人进来……为什么会这样呢？因为在聘用模式里，员工的月薪是相对固定的，做多做少跟收益不直接相关，而员工的收益跟老板是成反比的，“不当家不知柴米贵”，员工自然也无法体会到老板们的压力和辛苦，所以，就会能懒则懒，心理还不平衡。

在“岗位创业”模式里，公司跟员工的关系已不再是纯粹的聘用关系，而是合作关系。公司提供创造高收益的平台，员工为自己打工，多劳多得，失误担责。那么，结果不好，大家会从自己身上找原因；得到了较高的收益，除了感谢自己的努力，自然也会感激介绍人和公司所提供的平台。

在“岗位创业”模式下，企业主只需在员工获得收益的情形下，依所占股比自动受益即可，轻松赢利的同时，也能获得成就他人的名声。

上一章讲到了“点燃关系力”，纵然是亲朋好友也一样可以加入公司，“有多大嘴你端多大的碗”，只管挑个合适的岗位去踏实挣钱。在这种模式下，老板不用担心坏了“关系”，做得好坏，得了多少，员工不会怪罪他人。公司面对市场的困境，自己难以挣大钱，于是会跟老板一起着急想办法；挣了大钱，便是分享了老板的成功，当然也会感激老板提供了平台。

大家一起担当，共同分享，企业主自然不再孤寂。

16.2.3 企业可依托动态股份构建一个共生事业体

1. 传统股份激励的效果差强人意

很多企业也在“与员工共享”，设立员工股份激励机制，但是，如果只懂得让员工“共享”，却不懂得让员工“共担”，结果往往会导致公司内部畸形的权力斗争和扭曲的“填格行为”（为了股东资格而不择手段）。

很多人以为，“共担”就是要员工出钱买股份。很多“策划高手”只是为了讨好老板，让老板通过收股金把员工套牢住，并且让员工们在企业亏损的时候一起来埋单。这种手法见多了后，员工自然不会再轻易上套，公司鼓吹上市，往往就只是“画饼”而已，不一定能“充饥”。

即便公司通过收股金“套住”了一批员工，也不一定能对日常工作起到多大的促进作用，因为交了股金只是共担了企业风险、共享了未来分红外，股东的权益与日常的工作并无直接关联。而且，员工们既不清楚外围的竞争态势，也没时间去研究政策风险，既看不了财务报表，也进不了高管决策会，在真真切切领到分红之前，大家对未来心里是不踏实的。很难找出一个逻辑可以说明，员工因为交了股金，就会在具体工作的操持中增加了激情，也找不出哪个角度可以看出，员工因为股金套在了财务上就能像老板一样把公司当家了。

至于主人翁姿态，那只是一种假设。

江湖术士“献媚”之策往往效果难以长久。市场中的“昊昱之殇”（本书上册 2.2 中的实例）比比皆是，交了股金的员工往往会在企业遭遇风浪时产生恐慌，担心自己的股金血本无归，公司真的遇到资金风险时他们可能会“维权”，走到公司的对立面，根本沉不下心来工作。

× 为公司最初就是让员工贷款买股并给予表决权的，经过实践，发现“同股同权”问题较多，之后把员工股东的“参政权”取消了（由工会代行）；后来，又发现“老员工股东”占据大量股票，并依据所持股份坐收渔利，斗志反而日益减弱，新的优秀员工缺少激励的“筹码”，所以出台“奋斗者”标准，稀释股份；再后来，发现“收员工股金”问题也不少，又取消了“实股”，员工股弱化为只保留分红权的“干股”。

“外行看热闹，内行看门道”，但很多“内行”也没摸清楚“门道”。

只有分红的“干股”（没有“参政权”和责任），其作用基本也就与奖金无异，它既难以让员工得到“参与”的满足感，也难以让员工承担到相应的责任，其捆绑作用当然有限。

糟糕的是，传统干股的激励仅仅是对未成为干股股东的员工起作用（让他们为了成为干股股东而努力），对于已经成为干股股东的员工激励作用有限；由于所领分红跟日常工作的优劣并无直接关联，干股股东当然会“有恃无恐”地坐享红利，工作反而不紧不慢了。而仅有的对非股东员工的刺激结果，却是朝着成为股东的条件为达标而达标的“有为”，和成为干股股东后实现“少干多拿”、坐享分红的“无为”。如此导向，这算哪门子激励？

于是，一些“策划大师”又给老板们献出“拖字诀”：别让那些员工这么快拿到股份，慢慢拖，就算条件达标了，也在领导评议和流程环节尽量拖，“在马的头上用竹竿挂一捆草，只有不让它吃到它才会一直不停地拉磨”！好家伙！这可不能当作阳谋。

殊不知，这对未成为干股股东的激励，也就只能激励起他们的“填格行为”，大家为了争抢股东名额而努力，这种为达标而达标的激励背后，可能更多的是请客送礼、拉帮结派，数据捏造、业绩腾挪，实实在在为创造效益而形成的有价值行为，又会有多少呢？大家可自行脑补。

难怪那么多的公司，在对员工进行股权激励之后，留下一地鸡毛。

很多企业直到关门也没弄明白，股份给了和红利发了，为什么还迎不来员工的心？

其实，很多人始终没明了激励的实质。真正的激励，就是要让被激励对象持续地创造更大的效益。通俗而言，就是让被激励者激发出足够大的热情和创造力，把手中的日常工作做得更好。

回过头捋一下传统配股的激励作用。

第一，公司设定一定的干股名额或比例，让员工们为争取名额而不遗余力，**将“运动员”和“裁判”的大量精力耗费在“谁可以达标”上，这不是有效的激励**。抑或，公司执行全员持股，员工们躺着成为股东，其实这种方案更没形成有效激励，连“为达标而达标”的激励作用都丧失了。

第二，公司让员工成为股东之后，依所持股份平等分配红利（红利分配跟日常工作事项无直接关联，只跟股份比例相关），所有**股东均可凭着股份分**

得红利，向非股东员工发出的信号是“只要有股份，工作懈怠不影响分红”，这是激励吗？这是在吸引人追求坐享其成。

第三，公司**不收员工股金，政策就缺乏捆绑作用，员工没什么压力，也就不会有多大动力，这很难称作真正的激励；收取员工股金，不给“参政权”大家会认为公司只是在拿员工来“垫背”，给“参政权”的话，员工跟老板们一起去研究竞争对手和财务数据，那叫“不务正业”，而员工们交了股金却无法掌控企业的走势，除了心里发慌，还能有什么？这是激励吗？**

2. 动态股份为何能形成有效激励

其实激励的设计，不应该纠结于是设定名额比例还是不设定名额比例，是按股份比例分红还是不按股份比例分红，是收员工股金还是不收员工股金，如果在这些问题中绕，是绕不出好效果的。

激励机制的关键不在这些问题上，而是在“公司的股份和红利分配是否直接关联每个人日常工作的量化结果”这个问题上。通俗点说，就是**每个员工的股份数和红利数，是否直接源于自己每项工作结果的优劣程度。**

如果不直接关联，员工便会为达标而达标；如果不直接关联，股东当然躺着分红。

那么，如何才是“直接关联”？

“直接关联”就是员工手中的每一项工作、每一个行为和每一种有价贡献，其价值的大小都进行客观量化，用这些量化的结果，来决定其股份数和分配额。

每个员工的价值贡献都是动态的、延续的，所以“直接关联”必须是动态的、延续的。

那么，股份就必须是动态的、延伸的。

静态股份永远无法对动态工作形成有效的激励。

本书第 2 章阐述了动态股份，此处不再重复。

动态股份的厉害之处在于，让所有的股东和非股东没有精力也不太愿意去关注除自己手中工作以外的事情，大家聚焦于做好手中的每一项工作，以

取得更多的分值（分值的多少决定着包括且不限于工资、奖金、福利、晋升、评优、期权、股份等权益的多少），分值可无上限累积，积分越多就权益越多，分得多少全靠自己，所以大家根本不用看“头上是否悬着一棵青菜”，而是自己不由自主地就成了停不下来的“永动机”。

无须鞭策、事无巨细、尽善尽美，没有终点——这就是动态股份中员工的真实写照。

而动态股份，能形成良好激励作用并具有广泛适用性的关键点在于：

（1）责、权、利精准分配。

什么叫“责”？没有用经济形式来担责就不是真正地担责。

作为普通人，涉及自身的利益，才会上心。即便是干股股东，虽然不涉及股金问题，但同样会以经济形式担责（工作不达标，根据欠缺程度按比例降低绩效核算基础以承担有限的经济责任），这是动态股份的重要原则。股份层级化（一般分为准员工股东、员工股东、顾问股东、执行董事和非执行董事五层）是责、权、利精准分配的前提，之所以要进行股份层级化区分，是因为各层次员工的贡献力、担当力的差距有所不同，实股股东与干股股东的抗风险程度也不相同。传统的单层次股份结构中，让层次不一的普通员工、管理人员、决策者的责、权、利混为一谈，“眉毛胡子一把抓”，所以才会弄出“股金收也不是不收也不是”“参政权给也不是不给也不是”“差额配股也不是全员配股更不是”等一连串的问题来。

层次细分了，就可以让每个人各就各位，在自己熟悉的岗位上对应适当的责、权、利，“肩有多宽就扛多重，嘴有多大就吃多少”。干股股东在自己绩效收益的一定比例范围之内，对工作结果负“有限经济责任”，以相应的责任对等匹配“有限收益”和“有限的权力”，员工们无须跨越自己的工作岗位去“不务正业”，每个人的责、权、利都“看得见、把得住、控得好”，恰如其分，才不会让大家心里发慌，才会促使大家尽其所能。责、权、利的精准分配，是动态股份激励彻底化的根本保证。

（2）权益精细关联。

权益精细关联就是把每一个工作细节、行为细节、资质细节及其价值程度全部量化为数据，以这些数据为基础来进行权益分配（包括薪酬、奖金、福利、评优、晋升、期权、股份等的分配）。亦即，让所有人明白，自己的每个工作、每个行为、每个资质的量化结果，及其优劣程度，都直接决定自己各个方面权益的大小，如果做得再好一点，各项权益便会再多一点；做得差一点，各项权益都会跟着降一些。如此一来，大家便会尽可能将各项事务做得更好。权益精细关联，是动态股份激励全面性的根本保证。

（3）权益动态挂钩。

权益动态挂钩就是将每个人每时每刻产生的工作值、行为值和资质值全部动态累积，关联其所有的权益，没有断崖、不设终点。如此便不存在“躺在功劳簿上吃老本”现象了，员工不断地作贡献，分值便会不断增多，各项权益就会不断增大；而哪位员工一旦停下，其分数虽不会下降，但他人没停其分数便会往上涨，最后加权平分权益时，他就吃亏了，“逆水行舟”的情形下，大家自然会持续努力。员工的各项权益无论大小，均与其动态贡献挂钩，所以这些权益会反过来对员工日常的每一项工作和每一个行为产生刺激作用。即便是员工股东权益之于非员工股东，其作用也不会小，因为“准股东”（还没达到股东标准的员工）的贡献分值会在成为股东后一并带入核算股东权益；员工股东权益之于员工股东，其激励作用同样是长期持续的，因为其贡献分值的累积数大小，直接影响每项权益的多少。因此，员工们自然不愿意歇脚。权益动态挂钩，是动态股份激励永续化的根本保证。

（4）资源加权平均适配。

很多企业的股份结构是既定的、静态的，资本市场的估值模式和投融模式也是成形的、固化的。因此，动态股份必须无缝对接及完全适配企业已有的股份结构和成形的资本市场，才有广泛的适用性。无缝对接的方法是：核算时段的动态股份总数加权平均配比既有的静态股份数或股权比例数。于是，无论企业内部的动态干股数和动态实股数涨到多少，涨到何时，均可速配静态股份数或股权比例数。资源加权适配，是动态股份激励实用性的根本保证。

（5）区分干实股并使之互通。

干股、实股区分开并能互通是指干股和实股的责、权、利不混淆，但干股股东达到一定的条件时，可以参与实股投资，而实股股东可参与或不参与经营（参与者为执行董事，不参与者为非执行董事）。如此，劳资价值则得以精确认定，实股股东无须再被情义绑架，股东们亦可有钱投钱，有力使力，可以轻松进出，大家无须为谁做少了谁拿多了而“患不均”；员工股东可仅凭劳动贡献获得干股，也可“窥视”实股价值量力投资，这样的“劳资共同体”更具融合性和灵活性。在这种模式里，大家无须为能力强弱而患得患失，不再因担当力不同而心态失衡，各自可以有多大能力做多大贡献，能承担多大风险投多大资金。如此一来，劳动与资金的价值均可充分体现。干股、实股区分开并能互通，是动态股份激励深度的根本保证。

（6）系统化和程序化。

动态股份涉及的面相当广、度相当深，要关联的数据相当多、计算量相当大，只有系统化、程序化才能避免运行出错、节约运行成本和确保运行效率。另外，各项工作的考量、各种行为的量化和各项资源的评价要避免人为因素的掺杂，做到公允、客观、精准，系统化、程序化也是必要的；要实现动态股份速配静态股份和传统资本市场，也有赖于系统化和程序化实现。系统化和程序化，是动态股份激励科学性的根本保证。

大道行简，这是系统设计的重要原则。无论多么广的面、多么深的度、多么庞大的数据或者多么复杂的运算，程序化的动态股份系统均可让操作人一目了然，并且“傻瓜式”的使用系统才会更具有实用性。

3. 动态股份实操

通过×弘公司的实操案例可进一步解读动态股份。

×弘公司《分值股份系统》的动态股份表很简约，该表虽然关联着所有员工和投资人历史以来产生的全部O分、P分、Q分、R分，关联着整个行政系统和财务系统，关联着每个月的动态的$V_{利}$（利润率）、$V_{抗}$（抗风险率）、$V_{时}$（时间风险率），但它在系统首页上显示的干股和实股却十分简洁，颇具借鉴价值（见表16-1，表中股东为化名）。

表 16-1

× 弘公司分值股份表

公司基础数据		
月　份	$V_{利}$	W
2018/1	-80.11%	225834
2018/2	-66.08%	201889
2018/3	-52.83%	201905
2018/4	-32.31%	159355
2018/5	12.37%	157946
2018/6	-26.52%	153152
2018/7	-18.90%	146448
2018/8	-33.29%	156122
2018/9	-8.05%	159148
2018/10	5.61%	150311
2018/11	10.56%	147890
2018/12	-3.72%	154676
2019/1	17.43%	144169
2019/2	6.03%	149711
2019/3	19.33%	151933
2019/4	31.47%	152735
2019/5	-18.37%	145389
2019/6	16.26%	155046
2019/7	-37.36%	158112
2019/8	12.47%	143807
2019/9	-6.37%	149739
2019/10	34.49%	141433
2019/11	46.00%	158274
2019/12	78.50%	155293
2020/1	92.31%	154916
2020/2	24.58%	151286

干股股份表		
姓　名	本月分值	总股数
张义革	12988	459.94
覃　怀	10333	388.66
林力宇	9375	381.10
姜　涛	4154	187.88
张启文	5194	188.80
游许江	4340	185.64
文莉莉	5279	191.95
陈霖心	离职	179.12
占择平	5123	201.79
童以方	6533	274.49
莫清萍	4991	176.88
危云逸	4718	171.10
刘　玉	4465	168.23
蒋凯文	4265	188.06
蒋云丽	4183	169.47
宋临芬	离职	111.72
刘雨菲	4963	175.00
赵剑明	4813	174.53
杨子桦	4842	176.45
欧尚武	4111	168.49
曲兴舟	4268	174.35
程　昱	4259	69.10
王小刚	3000	48.67
兰　平	2100	34.07

资金股份表			
单　位	投资（元）	进入月	股　数
梁永辉	1000000	2018/1	50544.73
梁永辉	200000	2018/10	3215.75
旭日资本	500000	2019/4	6028.54
江　权	200000	2019/10	2174.48
梁永辉	300000	2019/12	3212.15
江　权	200000	2020/1	2128.51

干股股份合计	实股股份合计
4645	67304

细细琢磨×弘公司《分值股份章程》中的“股东资格”，可以发现原来劳资损益同频绝非形式上的“捆住”或者表面上的“哄住”，而是设立出精确的自驱杠杆，一切都自然天成，且让所有生产要素浑然一体。以下是该公司《分值股份章程》的部分节选内容：

……

第六条　员工股东的条件

公司员工，包括公司直属在册员工，以及公司派往子公司、联营企业工作且劳动人事关系仍在本公司的外派人员，以及公司全资附属企业的在册员工，公司新员工入职即按《分值条例》核算O、P、Q分，员工满足以下所有条件即可申请成为员工股东：

（1）获得过红心奖章；

（2）转为正式员工（转正前分数带入）；

（3）入职到申请前月且往后x%平均值不小于10%（即$\bar{x}\% \geq 10\%$），x%为绩效考核比；

（4）入职到申请前月平均产值不小于1.1（即$\overline{V}_{产} \geq 1.1$）；

（5）入职到申请前月的月均行为分P大于10Φ（即$\overline{P}>10\Phi$）；

（6）入职到申请前月劳动贡献分月均（∑2［O+P+Q］/m）排名在非股东的前Φ之内，m为工作月份数；

（7）承诺成为股东后每期x%>（1−Φ）；

（8）承诺将本人超收绩效工资的（1−Φ）划入理财池，超收绩效工资为最终绩效工资超出绩效考核工资的部分。

第七条　预备员工股东

满足本章程第六条入股条件并有意愿成为员工股东的员工，可向任何正式员工股东或执董表达意愿，常委会根据具体情况安排两名正式员工股东或执董辅导人对意愿员工进行介绍和辅导，意愿员工充分了解股东及本章程有关情况后，根据公司《员工股东申请书填写须知》书写员工股东申请书，由辅导人向常委会秘书处递交；经员常委会考察、审核、决议通过后，即成为预备员工股东，预备员工股东须填写《员工股东登记表》在常委会秘书处备案。

第八条 正式员工股东

预备员工股东的预备期为六个月，预备期满前，须向常委会递交转正申请，经常委会审核、决议通过后，转为正式员工股东；转正未被通过的，可延长六个月预备期，延长预备期满前，预备员工股东须向常委会再递交转正申请，经常委会审核、决议通过的，转为正式员工股东，不通过的，取消预备员工股东资格。预备员工股东时期的分值与正式员工股东的分值同效作为员工持股核算的基础。

第九条 离退员工股东

公司正式员工股东按政府法规和公司有关制度办理离职或退休手续后时，依本章程仍持有公司股权或股票的，正式员工股东转为离退员工股东，享有部分持股权、分红权，但不再享有表决权、选举权、被选举权，不再参与工作、不再享有工作奖金和福利。

……

第十四条 成为顾问的条件

对公司有贡献价值的非公司在册员工，贡献价值包括但不限于政策资讯、竞争信息、行业讯息、技术资料、方案建议、人才推荐、资金介绍、项目推荐等。

……

第十九条 顾问股东的持股份额

1. 顾问的分值植入《分值股权表》计算出股份；

2. 顾问姓名仅限常委会及其秘书处知晓，顾问在《分值股权表》及其他公开资料中以编号表现。

……

第二十条 执董的资格

入职公司成为员工的实股股东，自然成为执行董事；员工股东满足以下所有条件即可成为执行董事：

1. 获得过5枚以上红心奖章；

2. 工龄12个月以上；

3. 入职以来 x% 平均值大于 Φ（即 $\overline{x}\%>\Phi$）；

4. 入职以来平均产值（即 $\overline{V}_{产}$）大于（1+Φ）；

5. 入职以来月均行为分（即 $\overline{P}$）大于 30Φ；

6. 入职以来劳动贡献分月均（即∑［O+P+Q］/m）排名在员工股东前（1–Φ）之内；

7. 承诺成为执董后每期 x%>Φ；

8. 承诺将本人的理财收益和超收绩效工资的 Φ 划作实股股金。

……

在全员“岗位创业”模式里，所有人均可凭自己的能力实现自我价值，在这种收益自创、责任自担的模式里，普通员工可以自己“升薪”，“蘸富”情节变成了“创富”情节，因为大家在“求己比求人更容易”的情况下，无暇再去“蘸”。那么，企业主便可放心大胆地把想“蘸”的亲朋好友引进公司，让他们来共同富裕。因为公司在全员“岗位创业”之中已简化为一个平台，企业主只需维护好自运转系统，便是在成就大家了；大家成就了，企业主的名望自然就有了。而平台的实质，却是“明修员工之栈道，暗度公司之陈仓”，企业的收益，便在员工们热火朝天的创收中，无声无息地实现了。

因为工资是利润的负赘，所以“风险 = 利润”，于是“生产资料所有权 = 利润分配权”就成了“科学”；在这些经济理论都被夯实了的情况下，劳方根本找不到着力点，只好针锋相对地提出“剩余价值”理论和“全部价值由劳动产生”理论……而这所有的理论都试图把对方在“剩余分配”上推到零点。

第 17 章

催化硬核，构建劳资共同体

17.1　劳资的共生性

17.1.1　共生性是劳资关系的主要特性

1. 传统理论认为劳资矛盾是根本性的

在传统的管理体系中，劳动跟资本是一种矛盾关系，因其利益的对立性，这种矛盾被认为是难以调和的。因此，在企业的实际生产中，劳资对抗一直是企业内部的主要问题。劳资意识的背离，始终制约着企业的效能和产能，制约着企业的生产力和竞争力；因企业对于劳动者的管理一直是制约性的，这让广大劳动者形成了根深蒂固的抵制意识，致使整个生产团队劳动的被动性和消极性，导致了企业管理和监督的难度，导致了管理成本的居高不下，使得产能和竞争力始终无法根本地提高。

导致劳资对立的直接原因，是劳资收益的对立格局。这种对立格局主要表现为双方收益的此消彼长，由于我多你必少，彼赢我则亏，因此双方都在为了自己的收益增多，而极力设法压低对方的收入。

劳资对立的格局，主要是由资方长期的主导地位所导致的。因为资本一直在社会生产中拥有主导作用，所以它拥有着市场话语权；由于拥有话语权，因此就拥有资源支配权和分配主导权。为了自身利益的最大化，资本就将劳动收益（工资）进行成本化归类，使之变成利润的对立面，以此夯实自己独占“剩余分配”的基础。

导致劳资对立的外在环境，是供方市场的格局。

由于资本主义生产的起步阶段和工业革命的发展阶段都是社会生产的卖方市场，在这个时期，社会商品不够丰富，市场竞争并不激烈，企业只要可以组织起生产，就能轻易销售出去，从而轻易实现利润，所以，产品生产主要由资本决定。因为外部竞争矛盾不大，企业的内部矛盾一直就是主要矛盾，而外部矛盾则是次要矛盾。

由于长期以来企业的内部矛盾一直是企业的主要矛盾，在资本强势的格局下，企业管理一直都朝着袒护资方分配比例最大化（分配比例最大化并不等于利益绝对值最大化）**的“胡同”在进发，以至于，管理学花了大量的笔墨在“管”（约束）、“制”（限制）、“监”（监控）**上，**却不能全力以赴地“放”和“服”（释放劳动活力、服务劳动创造性），将劳资双方的精力大量耗费在无直接生产创造价值的管理与被管理、鞭策与抵制的对抗上。**

由于劳动者的劳动被动性，生产热情被激发的高度有限，企业的效能和产能只能长期处于某个临界面之下，而资方在绝对收益并不很大（甚至利润空间越来越狭窄）的情形下，劳方的报酬也只能被限定在一个狭小的范围之内；因为工资的提升空间有限，劳方的生产积极性更为受限，这是一个恶性循环、难以双赢的局面。

因为劳资双方在利益追求上总是花大量的精力在思考“如何把对方的收益更多地划归自己”，不仅使得实际用在生产创造上的精力有限，还使得双方的矛盾持续加深，越往“胡同”深处，这种矛盾越难以调和，以至于有不少的理论家都认为，劳资矛盾是一组“零和性”的矛盾，甚至有理论认为，只有消灭资产阶级，才能解放劳动者。

劳资矛盾难以调和的根源，在于劳资双方在“胡同”里背向使力。

先看看资方的作为。

本来，劳动分配（工资）的预算化（提前预定）是为了让企业更明确地去计算产后利润，更有利于进行生产决策和资源配给；并且，**劳动和资本是生产的两大基础要素，按理说，都获得产后分配是天经地义的事情**。但是，因为从资本主义生产的开始一直到大发展阶段，资本都是主导者，所以，**资本为了追求利益最大化，产生了独占“剩余利润”的思想。于是顺势就将预定工资在财务上归类为“成本”了，既然是“成本”，那就是利润的负赘，既然是负赘，那就是利润的反面成分，既然是反面成分，那它就不能参与分配“剩余利润”**。于是，在锤实了劳动者是利润“反方”的基础上，被资本“供血”

的一些管理者不自觉地站在了资本本位立场，他们**借“工资成本化”的形式，将生产风险承担的功劳全部划在资方账下，而劳动风险完全就被扣在已定的工资范围之内，与企业风险的连线被巧妙地隐藏掉了，于是他们就可以堂而皇之地推出并大力追捧“风险等于利益”和“生产资料所有者就是利润所有人”的这些理论，并借助资强劳弱之势使之风靡全球，欲彻底将劳动要素排挤到分配之外**。资产阶级也凭借着“政权供血人”的基础得到了政治的庇护和法律的偏袒，巩固着自身追求利益最大化的优势环境。

再看看劳方的作为。

劳动大众在劳动力剩余的劳力需方市场中，契约的签订上表现为双方自愿，似乎是平等的。但事实上的格局是，劳方有着为了生存而“不得不”从事劳动的被动性，工资的约定是在资强劳弱的不平衡状况下进行的。于是，工人阶级的代言人针对资本主义的系列理论和强权局面，提出了一系列旗帜鲜明的斗争理论，其中包括剩余价值理论、阶级剥削理论。以此为根据，掀起了广泛的工人运动和阶级斗争，这种斗争甚至发展成为冲击和颠覆政权的力量。因为资产阶级供血政权，争取了政治的庇护和法律的偏袒，一些地区的工人阶级在取得政权后也从政治和法律上来保障自己，甚至可能会为了弥补过去的失衡而矫枉过正，只要用工合同签订，无论工人是否劳动，或劳动付出了多少，也无论资本是否亏损和倒贴，均先保障工人的工资额度、各项保险、带薪假期，以及提供解约补偿等。

其实，没有压力的保障并不能形成足够的激励，没有充分的激励并不能激发足够的创造力，没有充分的创造力并不能实现足够的创收，没有足够的创收并不能给予工人们很高的收益，提高劳动者收益的绝对值，才是真正为劳动大众谋福利，实质上的绝对高收益要比表面的相对保障形式重要得多。

劳资意识的背离，从一开始的企业内部斗争，之后发展成社会矛盾和政治斗争，直至演变为全球意识形态的对峙，以及冷战。

2. 共生性才是劳资的本质关系

当我们回归最单纯的社会生产时其实可以一眼见底，劳资就是社会生产的两个基础要素，是企业生产最不可或缺、最相互关联的两大要素。用马克思的原话来讲，劳资是“互为存在的前提”。马克思说：“资本家和工人的利益是一致的。千真万确！工人若不受雇于资本家就会灭亡。资本若不剥削劳动就会灭亡，而要剥削劳动，资本就得购买劳动。投入生产的资本增值愈快，产业愈繁荣，资本家需要的工人也就愈多，工人出卖自己的价格也就愈高。”同时，他还断言“资本的利益和劳动的利益是一致的，事实上不过是说资本和雇佣劳动是同一种关系的两个方面罢了。”（罗宁 等，2011）

关于劳资关系，毛泽东也强调要“劳资两利”，他指出，“如果劳资双方不是两利而是一利，那就是不利。为什么呢？只有劳利而资不利，工厂就要关门；如果只有资利而劳不利，就不能发展生产。”（夏芸芸，2014）

其实，资方亏损，无力继续支撑生产，劳动也就失去了存在的必要，劳动者的价值也就失去了基础，其收益也就失去了来源。而资本能盈利，劳动者才能拥有收益的保障。而劳动者不发挥，资方就无法保障收益，劳方得不到工资收益，资方也不可能实现收益；劳动者不存在，资本生产也无从谈起。企业就像是一艘行驶于海浪中的船，劳资双方分别是船长和舵手，无论谁制造矛盾，不仅船不会向前行驶，还可能使双方都同船一起沉入海底。劳资双方是因为能够互相带来利益而走到一起的，双方拥有共同的目标，彼此虽有对立性，但更是合作关系（夏洛特，2017）。

共生性，才是劳资的本质关系。

实质上，劳方的收益并不是资方给的，而是源于产品在市场上的销售得以实现，跟资方的收益一样是由市场消费给出的。虽然工资是预定的，但资方在劳方不付出劳动行动、不实现产品价值的情况下，是不会支付工资的。只有劳资两大要素共同进入生产环节并实现增值，双方才能从企业外部得到投入收益——资方投入货币或实物得到利润分配，劳方投入劳动得到薪水。

如果不是劳资合作共同实现了生产增值，是不可能有“资方给劳方支付工资”或者“劳方给资方创造财富”的这种局面存在的。劳资的事实关系，是共同向市场赢回增值利润，然后劳方得到劳动收益，资方得到投资回报。

所以，**共生性才是劳资的核心关系，是关系的主要方面，而劳资的矛盾性，**

是在这个核心关系发生作用，实现了双方作为生产要素的价值之后，在收益分配上派生和延续出来的，它从属于核心关系，是关系的次要方面。

17.1.2　外在的生存压力在催生劳资共同体

1. 外部市场的竞争压力小是劳资矛盾关系的成因

“事不关己，高高挂起”，面对事情绝大多数人都会是这种心态。对于劳动者而言，在传统企业中，只有工资是“关己”的事，而企业责任、亏损、效能不高等，都不是“关己”的事；甚至包括生产效率也不是直接“关己”的，因为工资是经聘用协议明确且受法律保护的，往往跟生产效率并无直接关联，所以，生产效率是公司事。

劳动者基本是以“打工心态”来应付工作的，没多少人会像做自己的事那般地用心对待，这是在制约式管理体系下的必然结果。有机构做过调查，“打工心态”的劳动效能仅仅只有“创业心态”的两成左右。由此可见，劳动者的被动状态和消极心理，是企业管理成本高居不下和产能持续低下的最直接原因。这种局面，的确无法保证企业拥有足够的竞争力。在现代市场中，价值创造力低下，企业就很难再获得较好的效益，这对劳资两方而言，是一个“双输局”。

劳资的对立状态，是劳动者工作被动、态度消极和企业创造力低下的根源。

造成劳资对立状态的直接原因，是双方利益关系的对立性，即你多我少的利益核算关系。由于有“只要压低对方的收益自己的收入便可增加”这样的心理作祟，所以最终的结果甚是可悲，在非价值创造的问题上，既消耗了资方大量的管理精力，也消耗了劳方大量的“争取”精力。劳资利益的对立关系，使得双方都情不自禁地把聪明才智用在了“扒对方口袋”上，而非用到“活水源头”——创造价值上。

造成劳资对立状态的意识根源，是双方的“本位主义”理论体系。

资方仗着学术界认可的和政权界推崇的经典经济学理论及会计法则，继

续维系“工资成本化”的核算方式，进一步夯实“风险 = 收益”以及“生产资料所有权 = 利润分配权”的资本本位“原理”，其目的就是要继续独占分配。在这些全世界的学术界和政权界（包括工人阶级政权）都不否定的强大而系统的理论面前，劳动者根本找不到反抗的着力点，于是他们只能在劳动阶级本位的斗争理论上找个支点，针对性地进行抗争，他们的基石是“剩余价值剥削”理论、阶级斗争理论。劳动阶级凭着这些理论，在全球掀起了巨大的浪潮，甚至一些国家的工人运动推翻了资产阶级政权，虽然未能瓦解和迭代资本本位的理论体系，但暴力地夺取了社会分配权，强势实现了劳动者的收益保障。

然而，无论社会分配的主导权归属何方，资本本位的理论体系仍在大行其道，劳资对立意识并未得到根本消除，劳动者的被动和消极状态并未得以彻底解决，劳动者的劳动激情和创造力并未得到足够的激励。

2. 外部竞争成为主要矛盾令劳资统一性凸显出来了

资本追求投入产出最大化的目标永远不会变；劳动者追求投入产出最大化的目标也永远不会变，只不过，劳动者过去投入的成本主要是体力和时间，现在投入的成本主要是技术和智力。

工业时代，在资本本位的经典管理体系中，劳资的投入产出还是基本可以达到各自“可接受”程度的，而劳资双方，也能长期维系这种矛盾统一的关系。但随着人类文明的进步，社会对企业的生产力要求越来越高，劳动者的诉求也大幅提升了，从基本的生存需求上升到了尊重、情感和自我价值实现的需求，原先内耗式、低创造的企业格局，已逐步满足不了社会生产力的要求和劳动者的高级追求了。生产力的发展，必然要求生产关系的变革。劳动阶级的诉求升级，也在聚焦这一股革命性的力量。

传统的管理模式，不仅长期禁锢着劳动者的创造力，也禁锢着企业的竞争力，禁锢着企业的产能，所以，资产阶层为追求利益最大化，也在形成一股革新力量。

无论是社会生产力发展所要求的“变革指针”，还是劳动阶层的“革命指针”，以及资产阶层的“革新指针”，都不约而同地指向了制约劳动创造的禁锢模式。

社会生产力不断地向更高程度发展，这是一种自然运行的规律，是任何力量都无法阻挡的。**劳资两大生产要素的互耗格局，很大程度上是人为造成的，是资本投入者把劳动收益划入成本、割断劳动与分配关联的结果。假如劳动收益（薪酬）不预提为成本，而是根据劳动实施产生的实际价值来进行分配**（分配可不限于工资、奖金、福利、红利等形式），**那么，就会形成劳资损益同频的结果，在收益上就会劳多资多、劳少资少，劳资关系就会变成共振关系。这种格局下，劳动者自然很清楚自己的收益来源于自己的劳动实操所产生的价值；多劳多得、少劳少得，他便会自觉地去多进行劳动创造，而无须鞭策和监督，**资方也因此省去了大量的管理和督促成本，在劳方自驱动的局面下坐收渔利即可。

这种局面下，资方倒不乐意看到劳方收益太少了，会想尽一切办法为劳方的创收提供资源和服务。而在“共同分配”的格局下，特别是可以参与红利的分配，劳动者同样作为生产资料拥有者（劳动也是生产资料），享有企业的产权（分配权、置换权等），那他们将会视自己为企业的主人，“打工心态”自然就会升级成“事业心态”。在劳动者尽力发挥潜能、自觉进行创造的情形下，生产力自然便会大幅提升。

生产力决定生产关系。

阻碍生产力发展的劳资内耗模式，自然会被生产力的发展革了命，取而代之的将是促进生产力发展的劳资共振模式。其实，在西方社会很早就存在劳资共同管理的模型，比如创建于 1844 年的“罗虚代尔公平先锋社”是其最初雏形，如今具有劳动者管理型企业（Labor-managed firm）组织形态的合作社组织在 20 世纪 90 年代中后期迅速增加，如西班牙蒙特拉贡合作公司（Mondragon Corporation Coopentiva）、意大利拉里戈全国工人合作社（La Lega）和美国西北太平洋胶合板合作社集团（Plywood Cooptives）等都是绩效水平很高的大型工业合作制企业（张嘉昕，2014）。在中国，和谐型劳资关系是政府和全社会共同努力的方向，所以涌现出了诸如海尔的“小微模式”（劳动者组合成小微企业进行创业式自运营）、小米的全员分包模式等很多劳资共生的经营模式。这正是生产力发展的必然结果。

历史的轨迹证明，人类文明发展的内在动力是对自由的追求。

在奴隶社会，劳动阶层是没有人身自由和劳动自由的；进入封建社会，农民拥有了人身自由，但他们被迫受雇于地主，没有劳动自由；到了资本主义社会，工人们争取到了一定的劳动自由权，即可以自主选择劳动场所，但他们仍无法获得劳动时间和劳动量，以及劳动分配的自由权。工人运动一直是为争取更高的收益和更多的休息时间而进行的。

进入现代社会，有相当比例的劳动者已不再是为了生存而不得不劳动了，他们的需求已上升到尊重、自主、自我实现的高度，他们需要自主工作、自由发挥、尽情创造、时间灵活的工作模式，需要生存地位、分配地位，追求经营合作、成果共享，传统的受雇模式对于他们已逐渐失去了吸引力。所以，劳资共生模式逐步成为主流，这也是人类文明发展的自然结果。

管理是为盈利服务的，虽然经典的管理是资本本位的，但**当企业内外环境和条件发生了根本的变化，管理模式开始制约赢利的时候，对于变革经典管理，资本却是最迫切的。**

由于生产力的发展，社会物质达到了较为丰富的程度，市场的供需关系发生了翻转，由供方市场转向了需方市场，产品生产由消费市场决定，企业管理者需要花费大量的精力在市场需求的研究上，这样的市场要求劳资双方步调一致地适应消费需求的变化。

工业时代，企业只需闷头搞好自己的生产，规模越大优势越明显；但在现代市场的生态环境中，企业的规模化生产已由优势变成了不能灵活应对市场变化的劣势，受众圈层化以后，利用媒体单向轰炸，或者自建独有的销售渠道等，这些传统的销售手法也已逐步失灵，企业也该全面更新自己的认知了。

知本时代涌现的是“小灵快”的机会，生产规模越大问题越多，特别是巨无霸式的商业巨人，已经变得步履蹒跚，大企业病难以在传统组织模式中进行解决。传统的企业组织结构形式大致有直线结构、职能结构、直线职能结构、事业部结构、分权结构、矩阵结构。这些组织结构共有的一个缺陷是：

或多或少都带有集权主义倾向，在组织中分权程度较低，使得组织成员缺乏责任感、自律意识、决策权限，从而造成组织的学习积极性较低，缺乏创新精神和激励的动力。现代市场的特点是世界经济一体化、竞争的激烈化、顾客需求的个性化、多元化以及产品的短线化。传统的组织是用来管理以机器为基础的组织，现代的组织却是以知识创新为基础的。创新战略对组织结构的要求是工作专门化程度低、组织正规化程度低、信息自由流通、员工参与决策程度高。这样有利于提高员工的自主性，也更能调动员工的积极性（王春秀，2006）。

一体化的市场环境，要求企业在外必须形成自己的生态圈，否则就很难拥有生存的空间。企业除了要继续加强与政府和各种贸易组织等相关机构的关联外，还得努力建造更紧密的上下游供需链，同时要把与竞争企业的竞争关系调整为“竞合关系”，在适当的条件下“抱团取暖”或“合并同类项”，以赢得更多的生存机会。

激烈的竞争要求企业必须拥有足够的竞争力，而企业的竞争力主要来源于企业的创造力。这势必要求充分激发劳动者的主观能动性和自觉创新力，也要求资本方的有力协作和强力支撑，这就必然要求劳资形成紧密合作的关系，化解矛盾和内耗，变矛盾关系为共生关系，一致对外争取生存空间。

外部的生存危机会聚合内部的力量。

一个团体，或者一个国家和民族，甚至是整个人类，在遭遇外敌侵略时，都会同仇敌忾，形成一致对外的团结力量。电影《流浪地球》诠释了人类在面对共同危机时，各个国家会空前团结的道理。

面对日益加剧的外部竞争和生存压力，企业的外部矛盾已经成为主要矛盾，内部矛盾已退为其次，成了次要矛盾，并且，在共同的生存危机面前，劳资双方都逐步开始觉悟，在自觉寻求将对立关系变为共生关系的方法。

为了激发劳动创造力，各企业都在积极探索各种激励措施，包括工资激励、福利激励、晋升激励，甚至是各种期权激励和股份激励，什么业绩股票（业绩达标给予的奖励性股票）、虚拟股票（只有分红权、升值收益权，不能出售和转让的股票）、股票增值权（股价上升后的增值收益）、限制性股票（有不同限制条件的上市股票）如雨后春笋般涌现出来，企业管理者几乎都在试图弱化劳资对立的意识和劳资对抗的局面。当然，广大劳动者也为追求自身价值得以更充分地实现，在期许企业提供出更广阔的创造空间。**劳资两方的共生意识正在由量变聚集成质变。最终，劳资突破矛盾性与共生性临界面，形成命运共同体，只是个时间问题。**

历史的潮流不可逆。

社会生产力的发展必然要求劳资这两大基础要素消除互耗、走向和谐。人类文明的进程，就是一部自由运动的发展史。劳动阶层一直在向着“自由人”奋斗，生存自由、时间自由、创造自由、财富自由、行为自由，以至于最后的完全自由，这种进程不可逆。劳动者要追求更大的价值和财富，资本要获得更大的效益和收入，但双方在长达两个世纪的“互扒”里，收益并未足够丰富，所以大家慢慢明白了如果不是从企业外部“扒进来”，彼此的“口袋”里是“扒”不出太多的。于是，同舟共济、一致对外逐步变成了双方的共识，在这种共识基础上，共同体成了双方逐愿的必然选择。

方向是明确的，只待方法上的破茧。

以“管”和“制”为核心理念的管理模式被迭代，是历史的必然。

17.1.3　共生，是管理科学在劳资矛盾死胡同里的革命性觉悟

1. 资本主导格局使劳资关系走向矛盾胡同的深处

劳资关系自形成以来，一直是一种矛盾关系。

资本和雇佣劳动形成并且在资本主义生产过程之外处于分离状态，是劳资关系形成的前提条件。马克思指出，在以私有制为基础的简单商品经济中，由于竞争优胜劣汰的作用，商品生产者会走向两极：生产条件较好的商品生产者有可能转化为资本家；而生产条件较差的商品生产者则有可能转化为雇佣工人。另一方面，资本的原始积累加速了劳资关系的形成。第一，原始积累加速了劳资分离；第二，原始积累加速了雇佣劳动的形成；第三，原始积累加速了货币积聚；第四，原始积累借助于国家的力量稳固了劳资关系（韩金华，

2009)。劳动者被资本雇佣的形式，决定着劳动者被支配的地位和资强劳弱的局面。

资本支配劳动，决定了资本主导生产的格局，以及生产管理服务于资本的形式，这种格局和形式一直贯穿着整个资本主义形成和发展的过程。所以，"科学管理"的根基就是资本本位的，而对于收益分配，资本一直在极力去劳动者化。伴随着资本的原始累积，资产阶级逐步取得社会统治地位，雇佣劳动者阶级与资本家阶级的矛盾由潜伏转向公开化、尖锐化并开始成为社会的主要矛盾，劳资之间的利益对立在形式上也由原来自发的、个别的、局部的经济斗争，开始转变上升为阶级的、社会的、政治性的斗争（罗宁 等，2011)。

管理一直在为资本服务。

在表面讨好劳动者（开始劳动之前先定好"工资保障"）的背后，管理仍然以"预定工资记为成本"的核算方式，顺势把劳动者的生产资料所有权和利润分配权给剥夺了。**因为工资被记入成本了，那么，它就是利润的对立面了，是公司的负债和财务风险了；既然劳动者不仅不是风险的承担者，而且还是风险的制造者，那他就不应该拥有分配权！于是，"风险＝收益"的理论就顺理成章了。因为劳动工资被记为成本，那么它就是被资本购买的了，于是，就会被视为与生产物资同类的"生产资料"，既然是生产资料了，没有分配权也就理所当然了，"生产资料所有权＝利润分配权"的理论，就彻底坐实了。**

既然能充分获得利润分配，资本自然欣慰，于是扛着这些经典理论、拽着"活的生产资料"（劳动者），在"胡同"里越走越深。

2. 导致劳资矛盾"零和性"的根本原因是双方理论的"零和性"

在"胡同"里，凭着夯实了的收益理论，资方的确是赢得了利润分配的相对比例，但利润的绝对值，却并非绝对地大。因为在"胡同"里，面对固化了的经典理论，以及固若金汤、又好像必须只能是资方的利润池，劳动阶层想争取更多的收益，根本找不到合适的着力点，他们似乎只有"争取提高工资"这一条路可走。于是工人们从最初个人或小团体的"非暴力不合作"抗议，到后来形成工会，用组织的名义进行斗争，再后来，形成社会运动，直至形成世界性的工人阶级革命，矛头早已不再是个别企业的升薪问题，而是国家层面和法律层面保障工人阶级收入的政治性问题，其革命的风暴甚至是颠覆政权，建立绝对保障工人阶级薪资待遇和政治地位的政府。

期间，**工人阶级还形成了针锋相对的整套理论体系，包括“剩余价值剥削理论”和“所有价值创造源于劳动理论”等**，力图证明工人们只是拿到了自己“必要劳动时间”里应得的价值，而“剩余劳动时间”里所创造的价值被资本家“无偿地”侵占了，所以，工人们有足够的理由拿回自己亲手创造的“剩余价值”。那么，依据这个逻辑，全部的“剩余价值”都应该“归还”工人；**根据“劳动创造了所有价值”的原理，“剩余价值”只有全部“归还”工人才算公平。而按照这一“公平”原理，结果即是：资本不可以有任何“剩余价值”分配。那么，资本所做的任何投资必须是无偿的，资本的任何投资都是零价值的。**既然是零价值零收益的，那资本为什么要去“干公益”？毛泽东早就批驳过此种观点了：“只有劳利而资不利，工厂就要关门。”

“剩余价值”理论激起了工人阶级广泛的热情，聚焦了强大的反资产阶级政权的力量，在一些工人阶级暴力夺取政权的国度里，仁慈的工人阶级并没有完全要回自己在“剩余劳动时间”里的创造，而是以非常宽大的胸襟将几乎全部的“剩余价值”“施舍”给资本家，仅仅只是要求资本家将“必要”与“剩余”夹着的那条标线往“剩余”那边挪一点，以实现自己最朴实的“斗争初始愿望”——提高工资。并且以“施舍”了“剩余价值”的“情感”作为交换，让资本家在“分配”问题之外再“出点血”，给予工人们一系列的“非劳收益”，以免被认为是矫枉过正了。工人们的“非劳收益”（既不是“必要劳动时间”又不是“剩余劳动时间”直接产生的）包括但不限于各种带薪假期（周末、年假、探亲假、孕期等）的收益、企业应缴的各种个人社保、辞退赔偿等。资本家这些“出血”是必须的、是法律的，即便是企业严重亏损或无生产。无论资本方出的这些“血”是否合乎企业内生产核算微观的理，但，这合乎宏观的法。

劳资矛盾的“零和性”，归根结底是因为双方理论的“零和性”。

资方认为，劳方要领工资，就是“利润分配”的反作用力，是财务风险的“制造者”，根据“风险 = 收益”和“生产资料所有权 = 利润分配权”理论，劳方没有任何分配权，哪怕 0.1%；而劳方认为，“剩余价值”是由劳方在“剩余劳动时间”里创造的，根据“劳动创造了所有价值”的原理，“剩余价值”100% 都是劳方的功劳，说 99.9% 都不符合原理。双方的理论都试图把对方的价值清零，旗帜鲜明得似乎没有还价的余地。

3. 劳资理论“零和性”的根源是双方收益的对立性

劳动收益（工资）增加，哪怕只是 1 分钱，“剩余利润”（资方收益）就减少，中间没有空间。劳资的收益关系只能是绝对的你多我少。

由于矛盾的“零和性”，劳资双方，包括他们阵营里的“鼓手”，都只是在极力地为抢夺对方“碗里的肉”而摇旗呐喊。在“胡同”里，劳资双方为争取本方的收益额度不可谓不竭尽全力，大家似乎都不太能意识到，收益真不是对方“碗”里长出来的，如果不是因为能在市场上实现销售，对方“碗”里是舀不出什么东西的。事实上，劳资双方都在如何压低或如何提高工资的问题上纠缠不清，而在如何充分发挥劳动效能和提升生产产能上，却不是那么兴奋——特别是劳方，他们根本就不觉得这些跟自己有多大关系。

“胡同”里劳资关于工资额的鹬蚌相争，如同两个人在打鸟之前，为吃鸟肉激烈争执，而非合计如何努力把鸟儿打下来。

其实在“胡同”里大家都很难“吃饱”。劳动者面对劳动都是被动的、消极的、应付的，“打工心态”的他们不会像做自己的事那样竭尽所能，而资方又必须花大量的成本来制订劳动制度，聘用大量的管理者来策动和监督劳动的实施，即便如此，被动的劳方潜能发挥也还是极为有限。

4. 劳动效率“事不关己”是劳动者消极被动的直接原因

在“工资提前预定并有法律保障、劳动操作在工资确定后进行”的模式下，实质上工资额的大小与劳动操作产生的价值多少是不直接相关的，所以，对于劳方，就只有工资额是“关己”的事，而劳动效率，是“不关己”的事，既然“不关己”，当然就会“高高挂起”。那么，就看老板们的鞭子抽的力度了，抽得狠，就多做点，抽得不疼，就懒散点。

只要劳动操作本身仍是劳方“不关己”的事，“科学管理”费多大的劲，劳动者都不可能真正地主动，也不可能真正充分发挥潜能。即便劳资在“胡同”里打到双方都奄奄一息，或者某一方取得了“根本性胜利”，抑或双方协商一致共同分配“剩余”（包括各种传统的股份激励和所谓的“共享制”），都不可能真正地挖掘出劳动的高潜能。

劳资把精力耗在利益争夺上，自然无法很好地聚焦在生产效能上；即便某一方压倒另一方而夺得了“根本的胜利”，也无益于效益的提升，就如毛主席所说的，“不是两利，就是不利”。企业界流行的各种薪酬激励、晋升激励，同样因为没有解决让劳动者把劳作当作“关己”的事——使工资直接挂钩劳作这个核心问题，也就无法起到真正的激励作用。之所以这些激励不是真正的激励，因为它们往往只是使得员工们为晋升而晋升，为涨薪而涨薪，只是使得大家在讨好上司、拼凑条件，把大量的精力花在如何达标上了，诚然，在为达标而达标的过程中也夹带有做好工作的内容，但这些夹带太不直接，而且还有很多为执行激励措施的“工作”其本身并不直接产生效益；要命的是，很多人只是在争取加薪和晋升的路上，是努力“表现”的，一旦加薪和升职成功，就会停下“表现”——因为上司不可能在短时间内再次给予加薪和升职，所以，“老油条倚老卖老”和“老员工不如新员工努力”的现象，已然成了晋升体制下的常态。

不管利润是升是降，企业的薪资成本往往总是节节攀升，因为企业实际上总是在加薪、升职，很少执行降薪、降职（降薪、降职就等于撵人）。一方面，员工在加薪、升职之后，工作时长并没有增加，工作量也很难增加，所以，给员工加薪和升职，并不等于提升了效能和产能。一味地给员工们涨薪，往往只会增加企业的财务风险。另一方面，员工越是有保障，就越会有恃无恐，越会丧失压力。工会在“胡同”里为劳工们争取再多的保障，哪怕把资本方的利润全争过来，都难以解决让劳动者把劳作当作“关己”的事这个核心问题，反而会令劳工们更加有恃无恐，走向松懈。

同样的，很多企业拿出“箱底货”（股份）来激励员工，得来的结果却是员工“在争取得到股份的路上”很努力，一旦成为股东，就因为有了坐收渔利的分红而懒惰起来，难怪 × 为公司非出台“奋斗者”政策不可，因为产能大的“奋斗中”的员工，得到的永远比产能降下来了的“奋斗过”的股东员工少；而且，很多人是为了达标而达标。

时至今日，企业所闹的“股份激励把团队激散”以及“全员持股把企业持死”这些笑话，可谓多如牛毛、数不胜数，**难怪很多企业不得不效仿“马拉磨”的招数——在马的头上悬一束草，因为马只有在想吃而又没吃到的时候，才会“马不停蹄”。**

因为在“胡同”里相互消耗了大量精力却未能带来丰富的收益，劳资双方都慢慢意识到了“不是两利，就会双输”。在外部竞争成为企业的主要矛盾之时，随着劳动阶层由工资追求转向自我价值实现的追求，大家终于清晰地发现，只有一致对外才能赢得竞争市场的机会，只有共享共担才能真正达成自身利益最大化的需求，于是，走向共生逐步变成了劳资双方的共识。从最初的劳资关系的诞生到 21 世纪劳资关系的发展，企业内部劳资关系在经历了激烈对立与冲突之后，越来越趋向于寻求“合作”与“共生共存”。当前复杂的经济环境使劳资双方也逐渐认识到，合作是实现劳资共赢的唯一方式，劳资之间的共同体关系开始成为探讨的热点。Geoff Dench（1986）将共同体的特征定义为：“共同体理想的一个固有的部分是成员之间共享好处的‘兄弟般的责任’，而不管他们是多么聪明和重要。”马克思和恩格斯从历史唯物主义的角度确认了共同体与个人自由的孪生关系：“只有在共同体中，个人才能获得全面发展其才能的手段，也就是说，只有在共同体中才可能有个人自由。”共同体是人的社会本质及其自由价值的实现场所（郭志刚 等，2014）。

共生型劳资关系是生产力发展和人类文明运动的必然结果，劳资双方也已认识到建立共同体彻底解放劳动才是唯一正确的出路。所以，几乎所有的企业都在寻求和实践薪酬激励和股份激励机制，这是符合历史潮流的。只是众多的企业在如何真正激活劳动者、如何彻底激发劳动创造上，受限于传统的管理思维，没找准最佳的着力点。

任何薪酬激励、股份激励，如果不能真正转变劳动者的“打工心态”，不

能让劳动者把工作当作“关己”的事来主动付出，都是治标不治本。

在劳动阶层的社会需求从生存升级为尊重、自由、自我价值实现之后，管理学研究者们发现，即便是不断地加薪，留人还是越来越难；后来还发现，连资方最宝贵的股份都拿出来，也是越来越留不住人；同时，之前屡试不爽的管理模式，也开始越来越不灵了……面对不断上涨的管理成本和不断下滑的管理策动力，以及不断割让的激励股份和不断下滑的人员稳定性，资本方对管理的质疑已相当深了。

至此，“科学管理”终于开始了自我反省。

有这么一个现象可以让管理学研究者们一点就醒：

一家配送公司，开始是聘用送货员给客户送货，管理不可谓不细致到位，多少分钟必须回应、多少分钟必须送达、损坏物品承担多少损失、客户满意度奖罚多少，送货员后面是统计员、监控员、管理者、核算师，可业务投诉率依然还是居高不下；员工的工资在不断地涨，福利保险一分不少，可盈收的增长率总是跟不上管理成本的涨幅。在公司即将倒闭之际，老板不得不停发工资，将配送业务分包给配送员，可奇迹出现了：原先这帮配送人员在没有工资、没有福利的情况下，业务却做得风生水起，根本不需要人鞭策、监督、管理，而且再也不埋怨下班后送单没有加班工资，反而没日没夜地送，哪怕是深夜，也在“抢单”去送——因为多送多得。而公司呢？省了工资，省了管理人员和成本，业务收益却节节攀升。

是的，平台经济的兴盛，正在颠覆传统的聘用制和劳资关系理论。

在平台经济中，个人使用自有资产或者个人劳动力，为他人提供服务，从而获取报酬，而平台为个人提供信息平台、交易平台等（孟现玉，2018）。

平台经济的出现，颠覆了“劳动者人身从属性”这种一贯的生存关系。

当管理敢于放弃固有，便能很容易地破解劳资矛盾。

5. 劳资矛盾的症结就在于工资额与劳动量的分离

劳资矛盾是从“工资预定”开始的。因为工资是在工人付出劳动之前就确定了的。所以，工人在之后进行的劳动对工资的影响不大了，做多做少完全是看管理者抽鞭子的力度；由于付出的劳动量跟工资不直接关联（工资额与劳动量分离），工人们当然就会能慢则慢、能混就混。而事实上，工人不进行价值创造，资方是不可能结算工资的，所以工人拿到报酬是在工人的劳动完成之后（吕梦倩，2016）；但因为工资额又是事前约定好了的，有契约在，受法律保护，因此即便工资是在劳动完成之后发，也不能因为劳动量的大小来对工资额进行大幅度地调整。最终，工资对于劳动者的触动作用，只剩下“工作机会是否值得珍惜”这个点（因为资方可以通过实际工作考核来衡定他不合格而炒掉他），如果工人已打算辞工，工资对劳动量将起不到什么作用；如果工人还珍惜这份工作，那他也只会做到不被“炒鱿鱼”的程度而已。

工资额与劳动量的分离，是劳动者不把劳作当“自己的事”之根本原因。

工作之前洽谈工资额度，对于劳动者而言是“关己”的事，所以他会千方百计地争取，而一切关于工资涨跌的事，他都会重视；劳动量不直接关联工资额，劳动量就会被劳动者当作“不关己”的事而“高高挂起”。所以，对于劳作，工人们必然是被动的、消极的，是缺乏原动力的，无论管理力度大到什么程度，也难以改变工人们的被动态度。

在大机器时代，劳动的智力要求很低，工人们是主动还是被动对于生产的效益影响不大，只要通过鞭挞和制约来“提高劳动速率”就可以保证生产效益；但到了智慧时代，员工对于工作主动与否，对创造性和效益的影响就完全不一样了，再以鞭挞和制约的方式来管理，等于就是在限制工作者的创造力，所以就难以达成过去那样的效益了。鞭挞和制约，能在体力劳动中让人提高速率，却在智力劳动中令人走向消极。生产力的要求发生了质的变化，如果在管理上“刻舟求剑”，显然就会南辕北辙。沿用只适合于机器操作的传统管理方法，在智慧时代只能出现管理成本与效益形成剪刀差的结果。

工资额与劳动量的分离，让管理和劳资矛盾走向了“死胡同”。一方面，因为工资额提前约定，所以劳资双方都把大量的精力聚焦在工资额的抗争上，只要能降低工资，资方就能降低财务风险和赢得更多利润；而另一方面，劳方则通过个人的形式、集体的形式，甚至组织的形式来争取工资保障。**可悲的是，劳资双方一直争到了国家、政权的层面，都只是在推搪“必要与剩余中间的**

标线”，双方所消耗的巨大资源和力量，都不是在价值创造上。在这条“标线”的争夺上，管理研究的重点被游离到“劳动力供需杠杆”和“社会平均工资额”等这些距离“劳动者把工作本身当自己的事”十万八千里的另一个问题上去了。为什么说“十万八千里”呢？试想，工会或“亲工人阶级的政府”为工人争取到更高的工资保障线和“无劳收益”，能让工人们在劳动效率提高或劳动潜能发挥上带来什么直接的帮助吗？

答案是：不能。

激化劳资矛盾的死穴在于，为维系资方独占“剩余分配”，管理学研究人员做了一件形式上是讨好资方、实际上是让劳资双输并在“死胡同”里越走越深的事——工资记为成本。因为工资记为成本，所以工资成了利润的对立面；因为工资与利润对立，所以劳资对立。**由于工资是利润的负赘，因此劳方不应该参与分配，在“风险 = 利润”和“生产资料所有权 = 利润分配权”这些理论都被夯实了的情况下，劳方根本找不到着力点，只好针锋相对地提出“剩余价值”理论和“全部价值由劳动产生”理论，这些理论都试图把对方在“剩余分配”上推到零点。**劳资双方的矛盾在这些管理理论的推波助澜下，达到“零和性”，或叫“绝对不可调和性”。

劳资关系的“零和性”的确找不到缓冲的余地：利润大于零等于资本剥削了劳动，利润小于零等于劳动占了资本便宜，若要平衡，就只有利益为零了。要是这样，又为何要进行生产？

在资本强势的工业时代，资本盈利容易，常有的现象是“资本剥削劳动”；进入知本时代，却常常出现“劳动占了资本便宜”。由于工资预定，劳动者有恃无恐，被动应对劳作，企业管理成本居高不下，劳动效率不高会导致劳资双方的收益都难以提高，劳动者时间成本花了，收益弹性和增长幅度无法提高，资本投入了成本（包括基础成本和管理成本）也无法攫取更多的收益；管理监督稍有不到位，劳动者就会松懈。在无法产出“剩余价值”的情况下，工人是旱涝保收的，其“法定”工资得以分配后，资本投入了生产资料和生产基础，不仅无法获得收益，还要承担亏损，而劳动者并未完成创造自身工资的“必要劳动”，却领取了超过实际劳动价值的原定工资，这个结果实质上是“劳动占了资本便宜”。劳资理论的“零和性”导致了“绝对的剥削”和绝对的不平等，引发劳资绝对的矛盾和对立，劳资双输的结果在知本时代彰显得越来越明显。

当然，生产力发展和人类文明运动有其自然规律，无论是资本方通过资本理论“算计了”劳动方，还是劳动方通过革命手段矫枉过正了劳动保障，都是生产力波浪运动的必然现象，经过几次反复，智慧的人类就会找准并走向轴心。

平等和自由是时代进步的主旋律，人们始终追求自我的解放与独立人格的发展。收益分享制将成为今后的主流企业模式，传统意义上的雇佣概念甚至将不复存在（张嘉昕，2014）。

6. 将劳资的矛盾性转化为共生性的核心方法是按值分配

在找到了劳资矛盾的症结之后，化解劳资矛盾就相对容易多了。

针对“工资额与劳动量分离”的症结，只要实施“调劳资矛盾性为共生性”的核心手术就可直达要害。这个核心手术就是**按值分配，即根据劳动量、价值量来核算薪酬和劳动分配（包括工资、奖金、福利、期权、股份等），同时根据资本和其他生产要素的价值量来核算“剩余”**。无论是提取工资福利、分拨奖金提成，还是分配期权和红利，甚至清算，都是分配，都是生产要素产生作用之后的分配，这些分配的区别只是先后顺序而已。

执行“按值分配”后，各自所得全来源于自己所做的贡献，大家自然便会把精力聚焦在自己的贡献上。既然“扒别人口袋”增加不了自己的收益，那谁还会白费精力去跟他人争抢呢？于是，大家自驱动了，管理也省事了，内耗也失去了基础；那么，劳资共生体自然就形成了，大家很快就能明白“上下同欲者胜，同舟共济者赢”的现实意义，也更能从中醒悟到，原来对方于自己其实不可或缺。**当劳资一致行动了，之前因抗争需要而生成的风险理论、所有者分配理论、剩余价值剥削理论、劳动产生所有价值理论，自然也就退却了现实意义。**

平台经济在催生更多的自运营劳动者，越来越多的公司也在改聘用制为平台制，**“平台 +”正在消融“打工者”，基于“资本支配劳动”这种生产关系基础的经典管理理论，正在失去实用性**。尽管新的管理理论尚未能跟上社会实践，新的“劳资共生结构”模式也尚未在企业界完全普及，但是，不可否认的是，传统聘用制、传统管理模式，正逐步走向历史。劳动者自运营的大潮势不可当，知本时代迭代资本时代将会成为不可逆的历史现象，劳资共生模式成为社会主流的将来并不会太遥远。

当所有的生产要素都聚焦于生产创造并协同为一致行动力的时候，“科学管理”自然也不会再空守“胡同”，而是会迅速站到劳资共同体的制高点，以“变管为放、化制为服”为理念，逐步完善出一套催化劳资共生的理论。

17.2　劳资命运共同体的设计和实操方法

17.2.1　劳资共生的管理模型

1. 共生理论的产生

在传统的管理中，劳资关系一直是矛盾和对立的。

经过了长期的实践，劳资双方都已意识到了对抗是一种内耗，而如果合作，则能使双方获得更大的利益。对策论里关于重复博弈的分析告诉我们，在博弈过程中，任何一方都会从个人利益出发，隐匿对个人不利的信息，披露对个人有利的信息，而另一方又无法对所观察到的行为进行检验和甄别，进而使任何一方隐匿信息的成本越来越高，而双方合作所带来的收益要超过背叛所带来的收益。因此两者的关系更应该是一种互利共生的模式（郭志刚 等，2010）。

在劳资不断磨合协作模式的过程中，逐步演绎出了共生理论。共生一词来源于希腊生物学上的共生概念，由真菌学家 Anton de Bary 在 1879 年提出，后来 Famintsim 和 Prototaxis 对共生概念进行完善补充，意指不同种属的生物按某种物质联系共同生活（朱玉强 等，2007）。20 世纪 50 年代之后，共生思想渗透到社会诸多领域，被广泛应用于社会学、经济学和管理学的研究中（袁凌 等，2015）。20 世纪 60 年代，美国企业组织规模发生巨变，社会责任及社会伦理备受关注，企业难以单纯依据商法和公司法所确立的股东权益唯一性来继续维持（Weiyan Jiang，2016），共生理论开始形成。德国则是通过 1952 年的《企业组织法》和 1976 年的《共同决策法》之后，奠定了企业员工参与公司治理与管理的基础，从法律上保证了劳资合作（李传军，2011），大大促进了共生理论的发展。

传统管理中的劳资冲突主要表现为权力冲突、利益冲突和情感冲突（席猛 等，2014），这些冲突随着知本时代的到来愈加激烈。在劳资双方都越来越明显意识到对立不利于自己的需求，而合作才能更好地提升自己收益的时候，双方自然而然地走向了合作。而共生理念，自然也就会成为公司利益相关者的共识。运用共生理念处理劳资关系不仅可以让员工参与公司治理，激发起创造力（秦伟平 等，2016），还可以均衡企业的权力分配和利益关系，在营造企业和谐共生文化的过程中，解决情感冲突（朱卫东 等，2019）。

劳资合作的核心内容就是公司的共同治理和分配，即权、责、利的共享和共担。

共生主义者认为，公司的各个利益相关者，包括职工、经营者、供应商、用户和股东，都对企业进行了专用性资产投资，都承担了风险，所不同的只是股东投入的是物质资本，而职工和经营者投入的是人力资本，所以，都应该是企业的产权拥有者和分配的参与者。特别是随着现代资本市场的发展，股东变得分散而消极，且更容易在资本市场上通过“用脚投票”来转移风险，对企业承担的责任日益减少；相反，其他利益相关者，特别是经理人和职工与企业的利害关系更为密切，企业的倒闭意味着他们人力资本的损失，他们更关心企业的发展（李传军，2011），更值得拥有企业运营的话语权。

2. 共生管理模型及实例

共生理论在指导企业管理的实践中，逐步形成了一套包括但不限于劳资的多方利益相关者的共振发展模型，它是从财务资本、人力资本、社会资本、组织资本、生态资本等多元资本共生的视角（黄晓波，2007）（蒋琰 等，2011），对利益相关者进行分类而构建的（温素彬，2010）公平的群体利益分配模型（肖人彬　等，2016），它是基于生物学logistic增长模型得出的劳资共生演化动力模型，通过均衡点、依存系数的不同取值来调整劳资共生行为模式，进而构建利益相关者的和谐共生体。这种模式是动态变化的，其关键在于实现共生体内部利益相关者的共生演化，即利益的同步增长或同步进化，以促进企业的可持续发展（朱卫东　等，2019）。共生模型的结构特征是核心股东、管理者和员工作为企业的物质资本所有者和人力资本所有者共同拥有企业控制权并分享企业剩余，而形成互惠共生性质的责、权、利平衡的相关关系（邓汉慧　等，2006）。

共生模型是建立在利益相关者共同治理基础上，对于利益相关者相互间依存关系的数字化显示模型，它可以通过依存系数的大小，来检验共同治理的效果，并提示结构调整的方向。

共生模型主要包含以下要素（以下模型和数据主要参考《员工与股东的劳资共生演化动力模型研究》，朱卫东　等，2019）：

①利益相关者 i；

②利益相关者 i 在增加价值所得额中的收益 v_i；

③利益相关者 i 因为获得增加价值额的动力值 v_i'；

④利益相关者 i 所处环境的资源承载能力 k_i；

⑤利益相关者 i 对相关者 j 的依存系数 α_i。

以劳资共生为例，i 代表劳方，j 代表资方，可构建出劳资共生演化模型：

$$v_i' = v_i\, r_i\,(1- v_i / k_i + \alpha_i\, v_j / k_j)$$

$$v_j' = v_j\, r_j\,(1- v_j / k_j + \alpha_i\, v_i / k_i)$$

其中 r_i 为 i 的内生增长率，v_i / k_i 反映着 i 的规模水平与最大规模的比例，即自然饱和度；$1- v_j / k_j$ 反映的是 i 对有限资源的消耗导致对自身增长的阻滞作用。

其均衡点是［$k_i(1+\alpha_i)/(1-\alpha_i\alpha_j)$，$k_j(1+\alpha_j)/(1-\alpha_i\alpha_j)$］。

依据共生演化模型，就可以通过依存系数的值，来权衡劳资双方的行为作用，以及检验双方的行为是否形成了共振。

依存系数的值一般可以出现如下12种结果：

（1）当 $\alpha_i=0$ 和 $\alpha_j=0$ 时，劳资双方是独立存在的，如图 17–1，无共生可言；

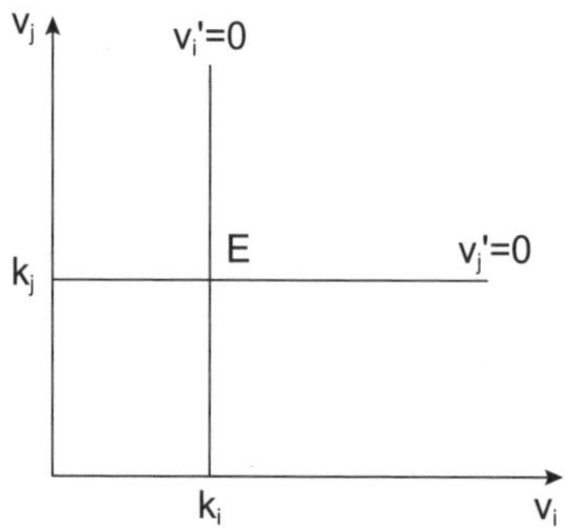

图 17–1 $\alpha_i=0$ 且 $\alpha_j=0$ 时的相轨线

（2）当 $\alpha_i=0$，$\alpha_j>0$ 时，资方得以从劳方行为中获利，资利劳无利，是偏资型共生模式；

（3）当 $\alpha_i=0$，$\alpha_j<0$ 时，资方因劳方行为受损，资害劳无利，是害资型模式；

（4）当 $\alpha_j=0$，$\alpha_i>0$ 时，劳方得以从资方行为中获利，劳利资无利，是偏劳型共生模式；

（5）当 $\alpha_j=0$，$\alpha_i<0$ 时，劳方资劳方行为受损，劳害资无利，是害劳型模式；

（6）当 $\alpha_i>0,\alpha_j<0$ 时，则劳利资损，是劳方因资方获利的寄生型模式；

（7）当 $\alpha_i<0,\alpha_j>0$ 时，则劳损资利，是资方因劳方获利的寄生型模式；

（8）当 $\alpha_i<0$，$\alpha_j<0$ 时，则劳资俱损，是劳资内耗模式；

（9）当 $0<\alpha_i<1,\alpha_j>1$，且 $\alpha_i\alpha_j<1$ 时，劳资双利，但资利大于劳利，是资方单边治理的非对称互惠型共生模式；

（10）当 $\alpha_i>1$，$0<\alpha_j<1$，且 $\alpha_i\alpha_j<1$ 时，劳资双利，但劳利大于资利，是劳方单边治理的非对称互惠型共生模式；

（11）当 $0<\alpha_i<1$，$0<\alpha_j<1$，且 $\alpha_i\neq\alpha_j$ 时，劳资双利，但收益不完全平衡，如图 17–2（2），是劳资共同治理的类似对称互惠型共生模式；

（12）当 $0<\alpha_i<1,0<\alpha_j<1$，且 $\alpha_i=\alpha_j$ 时，劳资双利，但收益完全平衡，

如图17-2（1），是劳资共同治理的对称互惠型理想共生模式。

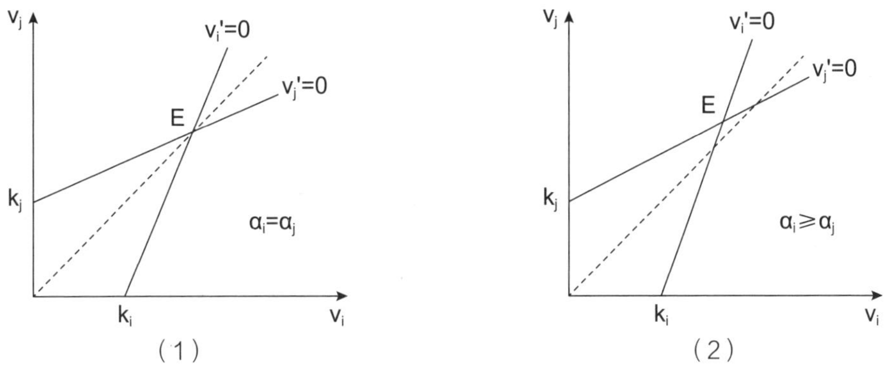

图17-2　$\alpha_i < 1$ 且 $\alpha_j < 1$ 时的相轨线

很多人认为，知本时代只体现在技术密集型企业，因为这些企业的劳动创造性要求高，劳资是共生关系还是对立关系，对企业生产力的影响差距明显，而制造业等行业，对劳动者的智力要求并不高，可以继续沿用传统的聘用模式和管理方法维系企业的运营。其实这种观点忽略了两大问题，一是市场由卖方转向买方后，企业很难再维持一成不变的产品供应模式，缺乏创造力也就失去了市场竞争力；二是现代员工的需求早已超越了生存，升格到了“自我实现”，“管”和“制”已经激发不出劳动者的工作激情了。所以，即便在社会失业率持续维持高位的情况下，仍然有许多的企业遭遇到了用工荒，这些企业在快速迭代的产品市场中步履维艰。

海尔是个老牌的大型制造企业，但它却凭着自身的造新能力，始终走在同行的前列和管理的前沿。很多人根本不曾想到，在知本时代未曾萌芽，传统管理还极为兴盛的20年前，海尔就已开启了员工自运营机制的探索，极力寻找劳资共生之路。这还可以追溯到2003年，在这一年海尔就在着手推进“人人成为SBU（策略事业单位）”机制了。到2005年，演化出了“人单合一”的劳资共生模式，员工们从“创客”到“小微”，都走上了自主经营的道路，从“我要工资变成了我做工资”，彻底摆脱了对公司的依赖，打开了收益的无限上升空间，激发出了自主性和巨大的创造力。同时，企业不仅工资压力变成了零，还在员工们止不住地自我创收背后，实现了巨大的盈利，因为劳资共生的本质，是劳资损益的同频性。在劳资共生模式里，“管”和“制”都是多余的，管理成本可以无限小。

海尔的活力源于海尔员工的活力，海尔员工的活力来自海尔永不停止的“人本”追求。

海尔在引入共生机制后，包括劳资在内的利益相关者收益均在增长；他们通过共生系数和均衡点来调整利益相关者的结构关系。

表 17–1 反映了海尔在共生机制引入前后的劳资依存系数及增加价值动态变化（数据来源于国泰安数据库，2019）。

表 17–1

海尔公司劳资依存关系及其共生行为调整提示表

年度	α_i	α_j	依存系数比较	共生行为调整提示
2002	0.09	7.97	$\alpha_i<1$ 严重，$\alpha_j>1$ 严重	过于利于资方的单边治理共生模式，应较大提升劳方地位
2003	0.84	0.88	$\alpha_i \approx \alpha_j<1$	较为均衡的近似对称互惠型共生模式
2004	0.09	8.46	$\alpha_i<1$ 严重，$\alpha_j>1$ 严重	过于利于资方的单边治理共生模式，应较大提升劳方地位
2005	0.28	2.66	$\alpha_i<1$ 严重， $\alpha_j>1$ 较严重	较为利于资方的非对称互惠共生模式，应再提高劳方权益
2006	0.28	2.64	$\alpha_i<1$ 严重， $\alpha_j>1$ 较严重	较为利于资方的非对称互惠共生模式，应再提高劳方权益
2007	0.75	0.99	$\alpha_i<1$，$\alpha_j<1$ 稍大	偏利资方、接近均衡的基本对称互惠共生模式
2008	1.41	0.53	$\alpha_i>1$，$\alpha_j<1$	较为利于劳方的非对称互惠共生模式，可稍降些劳方权益
2009	0.82	0.90	$\alpha_i<1$，$\alpha_j<1$ 稍大	接近均衡的基本对称互惠共生模式，可稍稍提高劳方权益
2010	4.77	0.15	$\alpha_i>1$ 严重，$\alpha_j<1$ 严重	较为利于劳方的单边治理互惠共生模式，应提高资方权益
2011	1.78	0.42	$\alpha_i>1$，$\alpha_j<1$	较为利于劳方的非对称互惠共生模式，可稍降些劳方权益
2012	0.85	0.87	$\alpha_i \approx \alpha_j<1$	基本均衡的对称互惠型共生模式
2013	0.74	1	$\alpha_i<1$，$\alpha_j=1$，有些差距	接近均衡的基本对称互惠型共生模式，可稍调高劳方权益
2014	0.68	1.09	$\alpha_i<1$，$\alpha_j>1$ 偏大	利于资方的非对称互惠型共生模式，可适当提高劳方权益
2015	0.87	0.85	$\alpha_i \approx \alpha_j<1$	基本成型且均衡的对称互惠型共生模式

表中的 α_i 反映的是资方对劳方的影响，即员工的依存系数；α_j 反映的是劳方对资方的影响，即资方的依存系数。利益相关者共创的增加价值总额包括：员工薪酬、税费、利息支出、红利和企业留存额。

图 17–3 数据非常明显地反映出来，在海尔 2003 年推出“SBU”机制时，劳资双方的依存关系迅速得以改善，形成了一个较为均衡的对称共生关系；但因这一机制并未能在增加价值上产生显著作用，所以到了 2004 年企业恢复了资方支配的状态。但“SBU”的实践已经让企业体会到了劳资合作带来的员工主动性，所以在 2005 年 9 月，海尔果断推出“人单合一”的激励机制，开始针对“工资额与劳动量分离”这个核心问题下手，将员工收入与绩效考核挂钩。到 2006 年，劳资的依存关系得以改善，关键是开始取得了增加价值的提升。劳资双方的收益也呈现稳步上升状态。

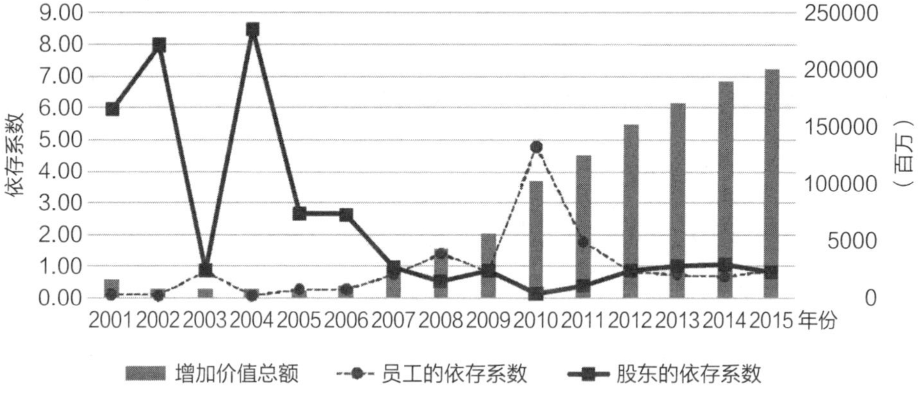

图 17-3 海尔公司劳资共同治理动态演化下的增加价值总额增长图

2007 年，海尔正式开启“自主经营体”模式，直到 2010 年的全面推广，组织结构也由“倒三角”走向平台化，员工的热情被充分点燃，潜能得以充分发挥；当然，在“充分支援”员工承包创业的大势下，公司的股东作出了较大的牺牲，这一年我们可以看到 α_i 值很高，α_j 值很低。但这在资方看来是值得的，因为一旦劳方的“自主经营体”稳固下来，企业将赢得长久的持续发展力。果然，在 2011 年，回调劳资利益关系后，增加价值总额并未回荡，而是稳步上升。到了 2012 年，海尔大胆地对共生模式全面升级，将劳资合作扩展到所有利益相关方的合作，建立多方共赢的共振生态圈，形成了“团结一切可团结的力量”的统一阵线。虽然此后，在微观的劳资依存系数上有些许波动，但经过一两年的运营磨合和动态调整，多方共赢的共生模式日益成形和稳定（见图 17–4），从 α_i 和 α_j 数值可以看到，至 2015 年，共生度达到了几乎完美的平衡程度（见图 17–5）；重要的是增加价值总额、净利润，以及劳方、政府方的收益额都在稳步上升。

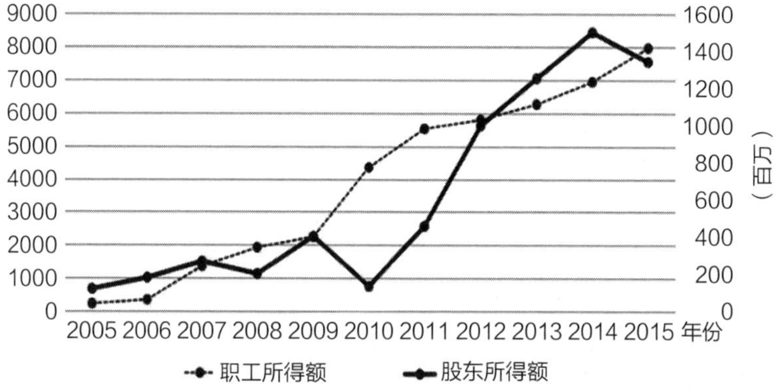

图 17–4　海尔公司劳资关于增加价值所得额变化图

从海尔的共生模式实践及其相关数据我们可以看到，共生模型中的共生度，是共同治理企业调整结构政策的科学依据，通过调整和再验算，在不断寻找平衡点的过程中，找到各方责、权、利的最佳结构，最终形成适合本企业的一套共同治理模式。

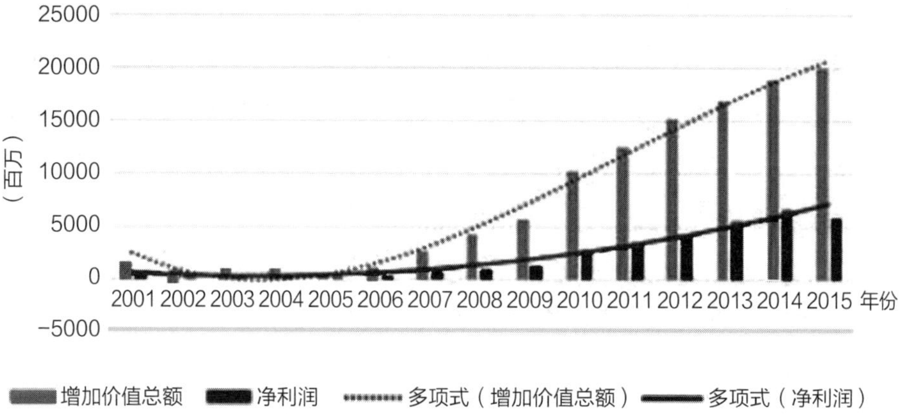

图 17–5　海尔公司劳资共同治理下的增加价值与利润总额增长图

海尔推行利益相关者共生治理的合作模式的目的在于让股东做大、用户做大和员工做大，通过发挥员工的积极性和创造性，满足用户需求实现用户价值的同时，实现员工价值、股东价值及企业价值最大化，而其他利益相关者也会获得价值增值，良好的劳资共生关系是企业价值持续稳定增值的必要条件（朱卫东 等，2019）。虽说船大难掉头，但海尔这个超大型制造企业，却能走在共生模式的前列，将不仅限于劳资两方的所有相关者拉进共担共享的轨道中，并因此取得了巨大的成功。所以，相对更为轻盈的企业完全没有理由做不好。在已经到来的知本时代，企业不应该怨天尤人，而应迅速因“时”制宜，建立共生共赢的统一阵线，避免被时代抛进历史。

17.2.2　劳资共生模式的设计要领

1. 劳资共生模式的八大设计要点

共生模式之于传统管理，的确是颠覆式的，所以对于很多企业管理者而言，要进行设计或导入这套模式自然会感到很茫然。那么，明了共生模式的核心原理就变得很重要。

劳资共生模式的八大设计要点如下：

（1）共生模式的主要激励对象是劳动者，包括经理人和广大员工。虽然共生体系中的利益相关者（或共同治理人）有很多对象，但作为企业创造力的根本来源，还是劳动者。在传统的聘用制模式下，“打工心态”的劳动者尚有巨大的潜能一直未被挖掘出来，每个人在“打工心态”下都比“自己创业”的效能要低很多，改变劳动者的“打工心态”，使之“像自己创业一样”地工作，是共生模式之于传统管理模式，能使效能立竿见影，甚至令产能提升数倍的关键所在。

（2）共生模式的设计原则，是企业的利益相关者损益同频。传统管理的会计记账方法，使得劳资等利益相关者的损益是直接对立的，形成一种彼盈我亏的关系，导致各方倾注了很多的力量在分配的角逐上，耗费了大量的管理成本和资源。共生模式把各方的损益从对立转为同频，则能使各方消除内耗，把资源和力量用到价值创造上。

（3）共生模式的设计核心，是量化各生产要素（利益相关者）**的行为，并据此按值分配**（包括薪酬、奖金、福利、晋升、期权、红利等的分配）。传统管理中劳方工资是预定的固定数，而且还有劳动合同和法律保护，因为不与具体劳动量直接挂钩，所以导致了劳动者的“打工心态”，不把工作当作自己的事来做。很多企业推行的薪酬、福利、晋升、期权和股份激励制度，也因为没有直接与具体工作量挂钩，而收效甚微。资方的分配同样没有直接关联自己的价值创造，企业红利并非根据资本各方在实际生产中所作贡献值进行分配的，而是基于生产开始前各方签订的股份比例来进行分配，这个比例是定好的，与资本各方此后的动态贡献毫无关联，所以，大家常用“对赌”来描述资本合作。共生模式就是要将各利益相关者的实际贡献量化出来，并以此为基础进行动态分配，其目的还是要将各方的力量导向价值创造，充分激发不限于劳资在内的所有生产要素的生产力。

（4）共生模式的设计方向，是各方自驱动。传统管理最大的特点，就是“管”和“制”。因为在传统模式中，各方的收益与行为是脱节的，大家的行为只能是被动的，所以就必须“管”和“制”。共生设计就是要让各方都把事情当作自己的事，自觉自动地去实施，变各方行为的被动为主动，形成各方自驱动的局面，去管理化。现代劳动者的需求已由生存升级到了自由、自我实现，“管”和“制”已南辕北辙。在知本时代，你敢肯定这些需要情感、参与、自由与个人空间的“小白领小清新小土豪”们，心里到底想要什么？（艾诚，2017）他们不怵权威和束缚，讨厌工资绑架；而相反，企业的工作若让他们自主，或许钱就并不那么重要了，刷存在感才是他们更在意的需要。所以，企业大可不必拿大把的钱来砸，给他们一个可以放飞自我的平台，则可。

习近平总书记在阐述实践马克思主义时强调，人类发展规律揭示：未来社会“将是这样一个联合体，在那里，每个人的自由发展是一切人的自由发展的条件”（共产党员网，2018）。所以说，自由，是人类最高的追求，也是人类文明运动的内生动力。

（5）共生模式的设计焦点，是价值累计和动态分配。传统管理中各方消极被动、不聚焦价值生产本身的核心原因是收益值与行为量的分离。因此，要改变这种状况就必须进行行为量化，并根据量化值来分配。因为各方的贡献行为是一直动态持续的，其贡献值应该按期累计，以便精确得出量化结果，所以，共生模式必然要在按期累计出贡献值的基础上，依据累积值进行加权分配。**这种分配方式摒弃了“预定的固定工资”模式和“按既定股份比例分配”模式，将分配动态化了。**当然，这样做的效果也就不言而喻了，即让各方都明白，共生模式再也不是原来的“赌局”（一旦预先谈定工资额或约定好股份比例就无法再改变的赌），大家不可能再依既定比例或数额坐等分配，而是需要持续地去增加贡献值。于是，各方将不会再拼命去争工资额或股份比，而是聚焦于创造新的价值；那么，**“达标前努力、达标后吃老本”的现象将不复存在，企业也就不用去苦思冥想“马和草之间的距离”那样的烧脑问题。**如此，各方将会自觉地为自己的贡献值增加而每时必争、每事必臻，且乐在其中。

（6）共生模式的底层轴心，是核心创业团队的心理平衡。有太多类似俏江南这样的例子，资本进入之后把创业者踢出局的，或者，资本夺走控股权的。像阿里巴巴、京东这样的企业还好，执行了“AB 股”，资本虽然分走了大部分分红权，但创业团队保留了绝对话语权。资本玩的是“实体贸易”，经常借实体玩“轮次”和“出局”，资本对于实体经营并不擅长，且对于获利周期太长的运营管理并不感兴趣。但由于“同股同权”，资本又往往占有了控股权，因而导致原始创业团队被边缘化。试想，最擅长运营的创业团队被夺了权之后，企业还能怎样？

资本市场无时无刻不在诱惑着企业，即便资本没进入，很多企业的创业团队也会被冲散定力，比如“西少爷”。要么，不考虑引入资本，创业团队做到一定规模可能就会或多或少再现“昊昱之殇”（见上册 2.2）。总之，核心创始人是企业的“亲生父母”，他们最了解企业，一旦他们心态失衡，企业基本就难以为继了。所以，企业无论以何种方式来实现共生，都得维系核心团队的心理平衡。如果股份都“动态”（不明确）了，核心团队心里难免会不踏实，而预先划定静态“股份池”，则可以让他们吃下定心丸。亦即，划定核心团队的实股池比例，确定他们的核心股权，是维持他们“亲生父母”资格的根本点。“干股池”与“实股池”分池而治，不会影响各方“每时必争、每事必臻”的热情，因为大家的收益，仍然是基于自己的贡献累积而得，各自的“参照物”都在本股份池之内，其他股份池的大小不影响本股份池的竞合关系。鉴于此，可能不少的企业主会暗自高兴：无论干股池大小，激励作用都不会小。

（7）共生模式设计的技术要领，是加权匹配，即将无限增长的动态值（分值和股份数）按期加权平均配比任何无法扩容的静态值（固定额度或固定比例的分配额、股权数等权益）。

加权匹配是凭包括但不限于劳方无限动态增长的 O 分、P 分、Q 分和资方无限动态增加的 R 分，去适配任何有限的薪资、奖金、福利、期权和红利，以及融资后的股权划分、上市后的拆分与合并、结业后的清算。

（8）共生模式的实用性和适配宽度设计，在于如何跟传统模式无缝对接，利用潜移默化的方式，从“一切都不变”开始，自然而然地到最后“一切都变了”。要做到这样并不难，只要有了“加权匹配”这个法宝，任何原先的静态权益和固有份额，都可以被动态变化值所适配；最后，也就只剩下如何量化这一个问题了。而量化，对有过管理经验的人来讲，这不是什么难题。量化的最简单方法，就是将所有的价值数据化表示为分值。

在“不变而变”的问题上，唯一有跨度的是员工工资如何从前置的固定值后置为动态值，因为每一个员工都有自己的“劳动风险底线”，这并不是政府的“最低工资政策”意义上的风险保障，而是员工与众不同的每个月的基本开支，这种底线非常个性化，而且并非每月一致。如果一个员工下个月可能就交不起房租和手机费，那他是无法把心思放在工作上的。所以，完全没有保障的“后置”（靠做了多少才知道有多少），是行不通的。因此，我们应该这么做：要么“前置”（预定工资）不变，通过“后置”的奖金来激发员工们“每时必争、每事必臻”，这是比较温和的做法；要么，将“前置”给员工自己“切胡萝卜”，将工资划分为“基本工资”（不变的）和“绩效工资”（可变的）两块，用“绩效工资”来挂钩贡献量，这比较适中，因为一步登天跨上“海尔式”的快车，会导致员工们“晕车”。**如果“胡萝卜”让员工们自己**

切，那他们就会像玩电游一样沉浸进去并且越玩越大。“制之不如纵之”，不必担心员工们“不玩”，因为大家不会跟钱过不去，特别是喜欢刷存在感的“新新人类”，他们在持续地自我实现中自然而然就成为“海尔式”的创客了，“全承包”也就水到渠成了。

我们也无须再去为难会计，因为工资本来就是在工作贡献之后发的，实质上处于“后置”的位置上，“工资奖金福利→利息支出→税费→利润→留存”这个顺序本来就一直是这样的，这些无须变化；原先，会计一直没把利息支出前的那些开支列为“分配”，之后才当作“分配”，我们只是希望会计可以将“后置”的各种开支（包括工资、奖金、福利、红利等）都叫作“分配”而已。其实，这只是一种说法而已，毫不影响核算和发放，至于名称叫什么，重要吗？

共生的生态圈建设，旨在“团结一切可以团结的力量”，形成共振盈利的统一阵线，这“一切力量”绝不仅是公司内的劳和资，还包括已离职、退休的、兼职的编外人员和外部的顾问、供需链上下游企业的关联人，以及企业外部的资金、信息、技术、土地等一切有益资源。在劳资合作生态里，将这些资源直接套进去，用P分、Q分、R分（包括L分）量化，并计入分配即可。

2. 劳资共生模式设计应避免的岔道和误区

在劳资共生模式设计时，不要滑向无法充分激发创造力的岔道，或走入引发内耗的误区。

模式设计主要的岔道是：不直接挂钩量化贡献值的各种激励措施，包括为加薪而加薪的薪酬激励、为发福利而发福利的人文关怀、为晋升而晋升的层级划分、为“挂一束草”而设计的期权模式和为分配而分配的股份激励。林林总总，只要不直接挂钩行为人的具体贡献量，都只能是隔靴搔痒，它不仅很难让人“每时必争、每事必臻”，还会使人为了达标而达标，甚至为达标而不择手段，搞笑的情况绝不仅是昊昱员工为了成为员工股东色诱上司、假谈恋爱这么简单，它会导致管理的复杂化，把大量的人力物力导向非利润增长性的事务中。

“同工同酬和团餐式分配等于大锅饭”，等级划分只在员工未达标时为争取达标而努力的过程中起到一定的吸引作用，这种作用有很大一部分力量并未导向直接的利润生产，而是导向了为满足达标条件，一旦员工达标了，公司又难以增加他的工作时长或工作量，这就等于徒增了工资开支，却没有提高员工的效能和产能。而另一方面，“激励对象”因“该得的已到手”而有恃无恐，必然会比未达标时更松懈。这种**“泥牛填海”式的激励措施，几乎涵盖所有的企业**，毕竟，“绝大多数企业都这么做的就一定没错”，至于效果为何不佳，无人意识到要去探究原因。**加薪把企业拖垮、配股把企业耗空的事件比比皆是，很多管理者都以“成败乃兵家常事”聊以自慰，然后走向下一回合的屡战屡败**。

模式设计主要的误区是：股份平层分配（直接拿核心股来分配，且同股同权）。

很多管理者一直没意识到，所谓的同股同权很容易让企业变成“一锅粥”。在同股同权的思维左右下，形成的结果往往就是股份平层分配，然后责、权、利的简单粗暴划分。想想，一个眼界基本限于微观岗位、时间和精力理应置于本职工作的普通员工，为什么要游离于产值贡献之外去跟老总们一起“参政议政”？员工有了“参政权”就把自己当主人然后就把工作事项当自己的家事来负责了？太想当然了。

很多企业闹过“全民持股”以及“员工购股”的笑话，直接让员工们牺牲了大量的工作时间去做“履行股东权利”这些不能创造利润的事务，究其本质，这是在价值创造上的南辕北辙。×为公司的三次大股改，就是在不断纠错，包括收回“参政权”、撤销“实股认购”、推行“虚拟股”。“昊昱之殇”也是股份平层分配的导致的。**股份平层分配犯的大忌是让责任承担力天差地别的人混到“一个锅”里担同样的责任，把权力支撑点差距甚远的所有人拽到“一个台”上行使同样的权力，让贡献能力大相径庭的人跳到“一个池”里坐收同样的红利**。这不叫激励，这叫囫囵吞枣。企业里不同层级的人，责任力差距太大、职责范围各不相同、贡献层面也不大一样，简单粗暴地进行平层配股，最后只会自乱阵脚。平层配股不仅会把执行层的诸多精力导向非创造性事务，还会引发管理层的控制权之争。

17.2.3　劳资共生模式的层级设计

1. 劳资共生机制中人员层级的科学划分

企业中不同职级的人，其视角、能力、职责都有着很大的差距，能担当的责任大小和方式自然也就不一样。那么，相应给予他们的权力也就不应该相同，给予他们的利益也不应该一样。

一般而言，企业的权力由低到高可以划分为工作建议权、运营建议权、运作提案权、战略建议权和战略决策权；利益由表至里可以分为劳动工资、贡献奖金、资格福利、期权红利、结业清算；经济责任承担由浅到深可分为绩效减扣、干股减扣、红利减扣、实股减扣和资金弥亏。不同层级的人应在其合适的位置、凭其相应的能力去适配相应的权力，并负起相应的责任，获得相应的收益。在共生模式中，将企业的人力资本拥有人和资金资本拥有人进行区分，一般可以划分为非股东员工、普通员工股东、顾问股东、执行董事和非执行董事五个层级，他们的责权利由低到高可以按图 17–6 划分。

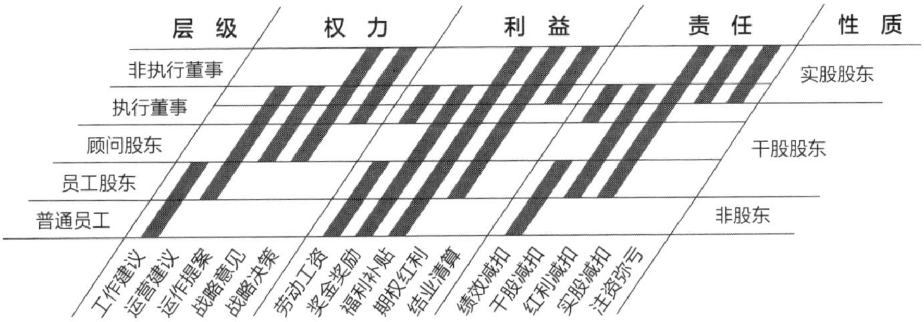

图 17-6　企业责、权、利层级适配表

只有责、权、利的分配恰如其分，才能让相关的人各尽所能、各司其职、各得其所，才能避免“囫囵吞枣”，避免让人把精力耗在非利润创造的事务上。

当然，层次的划分不可以“画地为牢”，将人锁死在某个层级中，而是要让人可以在能力和贡献方式上升之后由低往高晋升。

普通员工是可以通过工作和行为贡献，不断累积 O 分、P 分、Q 分的，当其转正之后，如果效能、产能、忠诚度（红心分等）、优秀度（贡献排名）、担当度（绩效考核率）、信任度（理财金投资率）达到一定高度，说明他的确有较强烈的成为公司共生圈成员的愿望和行动，则可申请成为预备员工股东，其之前的贡献分亦全部带入，通过预备期考察后可成为正式员工股东。每个员工从试用期开始，到转正，再到预备股东和正式股东，其贡献分皆不浪费，全部可转化为干股，如此才能让无论是不是股东的所有人"每时必争、每事必臻"，在工作中尽心尽责。

当员工股东的效能、产能、忠诚度、优秀度、担当度、信任度达到更高的标准，说明他拥有了更强的能力、更大的贡献、更忠诚的心态、更高的担当力和更长久的合作意愿，则可让其申请成为执行董事，成为公司更紧密的合伙人。执行董事不取决于职位的高低，而是面向所有的员工股东，这样的激励面才能宽广（其实职位高低跟忠诚度没有直接的关系）。

干股是由 O 分、P 分、Q 分的累积值转化而来的。当执行董事愿意进一步提升承担力时，则可以根据公司财务的需要和章程进行资金的投入，以股金投资的数量为基础开始累积 R 分和实股数，成为兼有干股和实股双重权益的合作人。

当干股股东作了一定年份的贡献之后，符合特定的标准，则可以从全职的工作岗位上退出，成为"功成名就"的功勋人，享有跟非执行董事一样的权益，成为公司的"甩手掌柜"。

这样的阶梯设计，实际上是把所有人的毕生事业诉求囊括了进去，从每个人的初心实现、理想落地，到离退保障和人生满足，形成了"所有贡献毫不浪费"的一个链条，此谓承接理想、逐梦终生。在这种劳资共生模式下，大家便不会再跳来跳去了。

顾问股东的设立，是为了笼络非公司直属的一切顾问、信息提供者、上下游企业、技术支持单位和宣传媒介等有价值贡献的资源，以 P 分和 Q 分来衡量其动态贡献值，以奖金、福利和干股来撬动其长期提供贡献。

2. 共生机制的“反哺作用”设计

如何让员工在共生模式的晋级体系中避免产生传统晋升制度中的惰性（达标后就有恃无恐地坐享其成）呢？解决这个问题的关键在于“价值持续动态累积”，即，让所有的人在任何层级上都可以继续增加分值、增加股份、增加收益，使大家不进则退。

共生体系中，人们的贡献累积值同时关联着各项权益，所以，任何人多完成一项工作，都是在为自己创收，为自己短、中、长期的所有权益增加核算基础分，因此他难以不去“每时必争、每事必臻”。不同的贡献方式关联的权益，见图 17-7 所示。

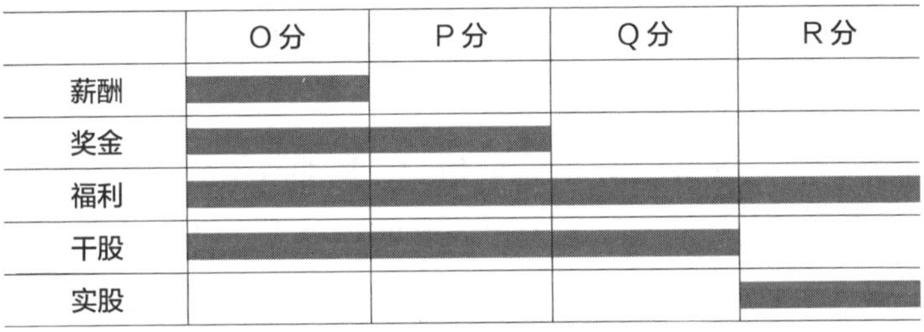

图 17-7　共生模式中行为人的贡献值与权益关联情形

共生模式的退出机制设计也非常追求反哺作用。

退出，并不是就不能再作为了，公司最好别令离退员工“人走茶凉”，这不符合“统一阵线”思想。另一方面，企业最好也不要用提高退出门槛的方式来“锁定”员工，这会重蹈“制”的覆辙。**退出机制的自由度，决定了资源进入的意愿度。**

13.5.3 提到的畅享时代公司是一个践行共生模式较有成效的公司，正是因为其干股股东退出机制的自由度较高，才使得人才吸纳的力度较大。该公司员工的理财金和旅游金，是利润分配前提取专项基金来进行加权分配的积攒型福利。

表 13–2 所指的“合法退休”，是指员工在公司累计工作 8 年以上离岗或符合国家关于退休条件的退休。员工股东累计工作 8 年（表示中途还可以中

断），不一定要到国家法定退休年龄也可以“内退”，并保留所有的股份理财金和旅游金，很人性化，让一些觉得经济和理想追求满足了的人，可以赶在他人之前去颐养天年。在一个发展得比较好的公司，员工如果贡献较多，累积了 8 年的干股，每年的红利和福利当然不会太少，对于人生追求不是太高的员工而言，算是得到了比统一社会保险强得多的终身保障。照此数字推算下去，假如一个人从 25 岁开始打拼事业，那么他 33 岁就可以“养老”了，这是多么大的一种吸引力！当然，如果员工愿意，可以继续供职，继续存更多的保险（干股数、理财金和旅游金）。就为了这份自由，员工会如何努力不难想象。

“供职中途允许间断”是一种管理艺术。

对于一个新入职的员工，可能并不敢确认这个公司就是自己事业的未来，但“允许间断”等于告诉了他，可以试错，于是这个员工便会放开顾虑冲进去拼一把，做得好，继续；做得不好，跳槽。假如跳来跳去，发现别的公司还是不如原来这个“允许间断”的公司，或者，别的公司没有“累积权益”之政策，觉得还是回归原公司更好，于是又折回来积攒“养老保险”。此举甚妙，锁定人才不用“锁”，无招胜有招，人才都自己锁自己了。

如果一个人的确不合适了，或者心思完全不在了，与其强制他留下，不如放任他去，“强扭的瓜不甜”，心不在，潜能发挥难以保证。人离开了，都还有 50% 的利益可拿，这些人在哪都不会说“老东家”的坏话，哪怕是去了不便直接为“老东家”作贡献的单位，也可能是个“地下工作者”，因为他还可以为“老东家”提供“有价信息”和“合理化建议方案”，可以为“老东家”推荐朋友入职、点赞公众号、撮合项目，顺手牵羊地继续挣“老东家”的 P 分和 Q 分，信手拈来地继续提升在“老东家”的股份。当越来越多的人“人走心不走”，可以想象得到，这家公司的统一阵线会有多强大。

员工即便是犯了错误“被辞退”，都还能保留 10% 的股份，可想而知，这人心收罗的力度几何。合法离退的人继续发挥余热就更不用说了，因为他们还留有 100%。

当然，对于有程序不走，非得“非法”离职不可的人，保留其权益也就没有意义了，不能让公司成为“东郭先生”。

这个公司的“淘汰”法则有着比较突出的“反哺”作用。“连续三个月 $V_{产}<1$ 自动离职”，做得不好，都不像是公司要求他如何努力，而是他自己不努力，才使得自己离开，数据会说话，被淘汰只能怨自己。这个产能杠杆，自然会让员工自觉工作，而无须管理者鞭策。这比所谓的“末位淘汰”客观多了。

表中的系数 f 非常有意思，它会让离退人员不愿意间断贡献，因为在分红周期（两次分红中间的时间）内，任何一个月份作出的贡献小了，就会拖整个周期干股数核算的后退（被打一定的折扣）。离退人员便会时刻把公司放在心上，每月多少会做些贡献，这就避免了离退人员从某些月份开始慢慢懈怠下去，然后逐渐疏远和淡忘。

这个机制让离退人员“人走心不走，身退心不退”，不在岗也不遗余力，可算是把“每时必争、每事必臻”做到极致了。

任何商业模式的胜利，一定是基于人性的胜利。（艾诚，2017）

17.2.4 劳资命运共同体的标准化、系统化和程序化

对于很多企业而言，共生模式还是“新生事物”，是“未知领域”，但大部分企业也已意识到了卖方市场转向买方市场、劳动者需求转向自我实现之后，共同治理势在必行，所以很多管理者既想推进，又很茫然，情急之下借鉴和推行的激励措施往往都滑向了本书下册 17.2.2 中所说的岔道，走入了误区，不但没能很好地激活劳动，反而把企业弄得成本虚高、章法大乱。

的确，改革是有风险的，但又不得不改。当然，有海尔这样的航标在，很多管理者还是义无反顾的。

对于不专业、不熟悉的领域，谨慎些是有必要的，因为一旦遇到问题，会不知如何调整；**最危险的危险，是意识不到危险的存在**。所以，借鉴成功企业的经验和成形的模式很必要。

本书上册介绍的共生模式之绩效管理系统，在运用上非常简捷，只需**“六表两典一条例”**便囊括了企业的日常管理，似乎并不复杂。而下册介绍的股

份管理系统更甚，只需**“一表一章程”**，且已非常标准化了，套用起来也无须企业再像海尔那样去“试错”，花上七八年的时间来观察 α_i 和 α_j，不断纠偏，再逐步摸到轴心。其实这套标准模板经过千锤百炼早已化繁为简，把企业的各大战略系统、组织系统、行政系统、后勤系统、人事系统、业务系统、财务系统、信息系统、文化系统等，全部整合在一起，并形成了极简的运用系统。比如上册 5.2.2 中所举的 500 多字的考勤制度变成了十几个字，《行为表》可以让数十万字的《员工守则》变成一张 A4 纸。其实在 20 年前，这套系统的原型是 200 多个表格和 300 多页的实施标准，而且在那个时期“知本时代”的特征尚不明显，相当多的员工还要通过“洗脑”才能转变新观念，所以模式实施很难一步到位。当然，而今的市场和员工已经“走进新时代”了，模式也就可以直观简约了。

共生体系涵盖着企业的方方面面，其内在的各个节点逻辑性较强，各种数据关联性较大，**只有标准化才容易执行，只有系统化才不会相冲，只有程序化才不易出错**。

对于企业管理解读角度不同的人，会把企业带往不同的方向。一些为了向老板显示自己很“专业”的人，往往会不断让企业做“加法”，似乎连老板也以为，能把局面做得越大的，就是越有“能力”的。只有背负教训的人，才懂得“做减法”的重要性。

有一种规律，“专家”做系统，大而全，越做越烦冗；重实效的人做系统，小而精，越做越简练。

颠覆传统的劳资共同体，如果从头开始研究、搭建，再不断地打磨、修正，往往得经过左左右右的好几个来回，至少五六年；海尔有着庞大的管理研发团队，也是经过了十来年，在 α_i 和 α_j 的检验中，不断纠偏才调整到轴心附近的。而今的技术发展日新月异，支撑系统的软件和硬件每几个月基本会迭代一次，一个企业要自己构建一套运行系统，技术支持和适配就够喝上一壶的，所以，企业不应自给自足，耽搁大量的时间在系统建设上。

企业变革最忌讳的是让决策者、管理者和执行人“跨栏”。所以共同体的搭建要坚持“无缝对接”的原则，即，对内无缝对接传统管理，对外无缝对接市场资源；还得坚持“潜移默化”的原则，即，在“什么都不变”的情形下开始，循序渐进地转化，让员工们在不知不觉的状态下最终实现“一切都变了”的结果。传统管理的无缝对接在上册 5.2.1 已述。市场资源的无缝对接主要包括适配传统估值模式和传统拆分、合并、出售、收购模式，以及传统资本市场的上市、增发、并股、退市和清算。这些传统的模式都是按股份百分比来划分的，并且都是进行静态定值的，企业无法要求外部机构“跨栏”，而是仍然要跟他们谈百分比，谈固定比例，以达成合作；在达成合作后，将谈回来的固定百分比做成池，把动态的干股数和实股数在当期进行加权平均配比进去，或者在谈判之前，划定结算时间，将干股和实股总累计数定义为一个固定值，加权配比为某个静态百分比，拿去谈合作。如此一来，共同体就放之四海而皆可了。

共同体的内在数据系统是非常庞大的，它包括在导入系统前的“历史数据”（劳资等各方的历史贡献值）、导入后每天产生的大量“量化值数据”（各方每个行为被量化出来的 O 分、P 分、Q 分、R 分）、每时每刻系统前端需要显示的“动态比对数据”（各方每个行为产生后计算出来的量化提示值）、每个阶段需要导出的“统计表”（包括各周期的工资表、奖金表、评优表、奖券表、转正名单、报警名单、淘汰名单、岗评表、奖假表、赡孝金、月度工龄表、房补车补分配表、物质福利分配表、旅游金分配表、社保奖励表、理财金分配表、干股总表、实股总表等）这些都须“秒显”（立即显示），都须即要即出，人工是不可能办到的，而且人工很难避免计算错误，所以，程序化非常必要。

市场环境是动态向前发展的，劳动者的社会心态也是动态向前发展的，没有任何一种模式可以经典到长期一成不变。所以，共同体也须根据环境和劳资需求变化，而进行动态演进。那么，迭代和更新就必须是常态的，共生模式必须配合一支强大的研发和技术队伍，才能与时俱进。

而且，**研发，必须超前；但执行系统又不能太超前。因为，快人一步可能成为先烈，快人半步才能成为先驱。**

好在，还是有一些先驱企业先行了十几年并未成为先烈，他们一直在超前研发、适时迭代。其运用系统曾被列为中国管理科学研究院“国家‘十三五’

重点课题”（2019 年结题），这一系统被改良为“自助式模板”后，适配性很强，能无缝对接大小不同的各类企业，因为有专业的团队进行技术升级和方法迭代，所以被越来越多的企业学习使用。本书能提出一些升华传统管理的理论和方法，得益于使用这一系统在诸多企业的实践经验。上述课题成果可转化为平台产品，助力拥有一定 B 端资源的咨询、培训、推广企业，令这些单位的资源直接变现，助力企业协会和企业家商会，让这些单位的会员成为市场中坚，也可助力 to B 平台，打造专门的管理服务产品，以造福社会。

胸怀决定格局。

速度决定高度。

企业劳资共同体的后面，是人类命运共同体。

第 5 篇

股权导航 价值牵引

“按值分配”解决了“断崖式”融资问题，使投融双方从相斥走向了互助。有了共振模型，“对赌”理论、剥削理论以及阶级斗争理论都变成了伪命题。在共振模型中，企业主可以根据自身不断增长的股数，画一条不断上移的控股线，明年长膘了可以吃一只象，后年再长膘了还可以再吃另一只象，而自己永远都是大股东……

第 18 章

蛇吞大象
——让创业人不再成为“拉线木偶”

18.1 创业团队是企业的第一生产力

18.1.1 企业魂聚气盛、魂散气绝

1. 创始人团队是企业的灵魂

企业是由创始人团队一手建造的，创始人的初心决定着企业的未来，创始人的特质决定了企业的性格，创始人的理念决定着企业的文化。企业为什么要成立、要干什么、要怎么干、要干成什么样，都源于创始人的初心和信念；而创始人团队的眼界、能力和合拍度，决定着企业的韧性、成长速度及发展前景。

创始人的初心是决定公司今后任何行动的重要元素，检验公司的发展是否脱轨，首要是看目前的公司运作方向是否与创始人创造公司的初心渐行渐远（钟毓文，2018）。从企业的成立、起步到发展、壮大，创始人都倾注了大量的心血，他们像哺育自己的孩子一样，不辞辛劳、摩顶放踵，他们历经磨难才使得企业一步步走上正轨，所以，他们对企业是最有感情的，也最清楚项目的原本，因为他们是从头到尾看着公司成长的（钟毓文，2018）。

因梦想而来，奔理想而去，创始人们把手中的企业看作是自己的未来，是家庭的希望，甚至是他们整个人生的意义，所以他们像呵护生命一样去呵护自己的企业，有他们在，企业的魂就在。创始人在企业发展过程中具有不可替代性（王宁，2018），无论继任者的能力有多强、资源有多大，都难以取代创始人"定海神针"般的作用。创始人自身的声誉与成就是和企业成功与否高度相关的，他们的归属感和对企业的情感，以及对企业成功的渴望程度是替任高管所不可比拟的；创始人之间的默契度也是继任高管人员无法比拟的。因此，维持创始团队的稳定性对于企业经营与发展有着非常重要的意义，

是创造良好企业绩效的基础（钟毓文，2018）。

为什么只有创始人团队才是企业的灵魂？

因为只有创始人才把自己的梦想、家庭的希望全都寄托在企业的希望之上，甚至把自己的理想和人生价值的实现也都押在了企业的成功之上。所以他们才会拥有孤注一掷、锲而不舍的态度和精神，面对重重困难，他们不会退缩，而会迎难而上。

相比之下，其他各方则难以如此。

应聘而来的打工者，跟企业的“魂”一般都相距甚远，他们主要是来挣工资的，是来用劳动和时间兑换利益的，其理想和人生往往另有所在，或想着将来自己创业，以实现自我，或想着在此“镀金”之后，跳到一个收益更高的企业去，总而言之，打工人一般不会因为完全填不满理想的那点工资就把情怀托付给企业的。即便是受股权激励的员工，只要没把未来寄予公司，“魂”也是不在的——这也可以反过来检验一个企业的股权激励机制是否真的到位。

拥有足够高责权利的继任管理人，包括职业经理人以及分享期权、股权的高管，同样，如果他们仍然没把自己的未来和人生实现放进来，只是姑且把这里作为更高追求的一个跳板，那么他们“魂”也是不在的，他们对于企业的命运一般不会孤注一掷，对于工作也难以锲而不舍。因此一个企业的“退出机制”就尤为关键了，如果退出机制的终点不是“退休”，而是让人“退出”后转到其他平台，那这个机制很难让继任的高管们把自己变成企业的“魂”。

至于“博爱”的资本方，就更难以成为企业的“魂”了，它钟爱某家企业，往往同时还会跟其他企业有瓜葛。即便是“天使”，也不太可能“从一而终”。资本的唯一目的就是追求利益最大化，哪里利益更大便奔向哪里，“专一”于某一企业不利于自己的目标追求。资本之于企业，只是生产基础的提供者和经营风险的承担者；资本在实体经营上并不专业，兴趣也不会高，因为实体经营的赚钱效应不如做“杠杆”；企业之于资本，只是分散“鸡蛋”风险的其中一个“篮子”而已。资本永远不会将所有“鸡蛋”放在同一个“篮子”里。

所以，资本成不了企业的“魂”。

2. 创始人团队心散了，企业的“魂”就没了

假如一个企业的创业团队成员被边缘化了，或者因矛盾不可调和而令他们心散，那么企业将难以坚守初心。

风投资本因为逐利的本质，决定了它在投资中的可变性。觉得这家企业利益可观，它就投进来，觉得别处利益更大它能转移就转移。它难以对一家企业“从一而终”，也不擅于实体运营，但为了能保证在合作期迅速把企业的数据做大，以便更快地卖出股份变现，它是一定要争夺企业控制权的，因为它们不愿意创业团队不能完全朝着有利于自己的方向“摆舵”。为能更快获利，把握着控股权的资本免不了会要求企业“快马加鞭”，在运营上急功近利，甚至会“杀鸡取卵”。

资本的“非长久性”在于，把企业的数据做大就急不可耐地找“接盘侠”兑现，以便抽出资金到下一个企业“吹泡泡”。对于之前投入的企业，如果“还有泡泡可吹”，它一般会抱走“母鸡”（本金），留下“鸡蛋”（盈利）那部分股权继续吸吮企业的未来；至于企业将来是死是活，并不是它纠结的，它只纠结于能否再把“泡泡吹得更快更大”，即便企业夭折。

很多创始人在被资本控股之后，在企业里的地位是无法逆转的。如果是面向上市，企业往往就会面对几一拨“接盘侠”，股份会被不断稀释，股权会越来越少。一旦创始人在资本面前失去控制权，就只有被轮番“催促”的命，为了数据的快速增长拼命奔跑；如果企业被透支得不能再透支了，就失去了投资价值，一个个的投资人便会扬长而去。最后面对巨大的泡沫，创始人往往也无力回天。

京×创始人刘强东说：“作为一个创始人，如果控制不了董事会，还搞什么搞？”没有了控制权，自己和公司的命运就不能掌握了。对于“流氓”一样的资本，尊×网创始人侯煜疆感叹道：“江湖之地，不是你干掉别人，就是被别人干掉。”

应×汇创始人罗川就曾跟《创业家》透露，不愿意继续融资做大公司规模，因为融了钱之后很可能到最后公司都不是自己的了。即便是已上市的公司，如果创始人对公司没有控制权，也就没有继续全身投入公司的动力。比如×天连锁酒店，中国第一家登陆纽交所的酒店企业，IPO 之后，创始人郑南雁持股 13.4%，公司董事长何伯权（前乐百氏创始人、今日投资董事长）持股 35.3%，×平资本迟淼持股 22.8%，×联中国总经理林明安持股 16.6%，所以，郑南雁辞任×天连锁酒店集团 CEO 职务，做移动互联去了（佚名，2013）。

新浪网是中国早期的第一大门户网站，也曾是全球最大的中文门户网站，于 2000 年在纳斯达克上市，创始人王志东因此成为互联网创业的英雄人物。然而，因为他反对与持有 4 亿美元现钞的中华网合并，被投资人罢免，成为中国创始人界被逐的第一人。此后，新浪网逐渐让出门户第一的位置。

乐百氏曾是中国响当当的一个名字，从 1989 年到 1997 年，其销售额由几百万跃升到 15 亿元，连续五年在国内的市场都是第一。在法国达能入资一年后，何伯权等五位创始人集体辞职，此后，乐百氏就逐步消失在大众的视野中了。

张杰贤 1997 年创建了中华英才网，1999 年获得了今日资本徐新的投资，2005 年 Monster（美团在线招聘网）以 5000 万美元取得了中华英才网 40% 的股权，通过对赌协议，又收购了其余的全部股权，而徐新从中赚了数百倍收益后全身而退，张杰贤及其管理团队也全部退出了，中华英才网逐渐衰落，于 2015 年被 58 同城吞并。

太子奶是李途纯一手创建的，于 2006 年以出让 31.3% 股份的条件获得了高盛、英联、摩根士丹利的 7300 万美元投资，对赌协议是未来三年利润增长 30%，否则给予投行补偿股份。在 2008 年金融危机时，投行趁机入资夺取了李途纯手中 61.8% 的股份。为挽救太子奶，株洲市政府注资 1 亿元成立高科奶业要回 61.8% 的股份并实施托管，但此时的太子奶已负债 26 亿元，被迫提前履行对赌协议，李途纯惨遭清理……（上述例子参考于搜狐号“创新 party”，2016），2010 年 5 月，太子奶创业元老们集体加盟仙山奶业，原太子奶高管何大亮担任仙山奶业董事长（胡远志，2013），2011 年 8 月，太子奶被新华联及三元食品兼并。

2008 年于刚和刘峻岭创立 1 号店，2010 年公司作价 8000 万将 80% 股权出让于平安，平安意在将 1 号店纳入平安业务体系之下，一开始就奔着控股权而来；而 1 号店选择融资是为了熬过资本寒冬，最终目标是独立上市。平安发现产业链整合未能达到预期效果，2012 年将 1 号店控制权转让给沃尔玛，2015 年 7 月，沃尔玛从平安以及于刚、刘峻岭手中购下了所有剩余股份，宣布于刚、刘峻岭离职。2016 年 1 号店被京东吞并。（吕鹤霄，2018）

母婴电商红孩子成立于 2004 年，年增长率曾高达 300%，到 2010 年营收达到 15 亿元，北极光、凯鹏华盈等机构纷纷入资，2011 年进入 IPO 阶段。但随着资本的不断进入和侵占股权，红孩子的业绩却慢慢停止了上涨，并于 2012 年出现亏损。要命的是，在启动 IPO 的时候，四位创始人走了三个，企业运营更为艰难；由于业绩每况愈下，IPO 搁浅，红孩子于 2012 年 9 月被苏宁兼并。

1990 年张兰创办了俏江南，她的梦想是把俏江南打造成“餐饮业中的 LV”。2008 年鼎晖投资出资 2 亿元占俏江南 10.53% 的股份，对赌协议规定如果俏江南不能在 2012 年实现上市，张兰则需要花高价从鼎晖投资手中回购股份。

2011 年 3 月，俏江南开启国内 A 股上市计划。但由于规范程度未达标，IPO 被搁浅了。2012 年 2 月，张兰把目光转向香港资本市场，为了享受香港 10% 的个税优惠，张兰移民加勒比岛国。可就在香港上市前夕，张兰身为政协委员而移民海外的消息不胫而走，香港上市计划也被搁浅。2014 年 4 月，欧洲最大的私募基金 CVC 以 3 亿美元收购俏江南 82.8% 的股份，但张兰因履行与鼎晖签订的回购计划不得不出售俏江南的股份，至此，鼎晖基金全身而退（郑指梁 等，2017），赚得盆满钵满。而创始人张兰则无奈地净身出户，2015 年 6 月，俏江南被香港保华吞并。

创业团队是企业的“魂”，他们如果被拆散，被夺权，企业的“魂”就会散，气就会慢慢丧失。

18.1.2　创业团队的心理起伏

创业团队随着企业从创建、成长、发展、成熟到衰退，一般都会经历适应期、磨合期、共振期、膨胀期和调整期五个阶段，在不同的阶段，团队成员的心理、态度、期望值以及相互间的关系是不尽相同的。

在企业的创建之初，创业团队成员之间尚不充分了解，彼此表现出在一起的兴奋感和新鲜感，同时也会有一定的拘束和矜持。由于企业的产品和服务尚不成型、管理尚不规范，大家难免也会有一定的困惑和焦虑，因为职责与分工不够明晰、工作流程也不够顺畅，各自都在小心试探着，尽量收敛自己，以求适应各方。

随着团队成员之间的了解越来越深入，新鲜感退却之后，矜持和拘束不再，大家开始大胆地表露自己，原先隐藏着的问题就一个个暴露了出来。这个时候，各自还是会极力为企业的发展，想充分释放能量的，但由于立场、观念、方法和经验的不同，难免会产生各种碰撞和冲突，相互间的争辩、较劲、嫉妒是常有的，由于企业在快速成长，各种职能规范和工作流程正在形成，创业团队间会在挑战、争执、挫折、妥协中不断激荡、磨合，逐步找到一种相互迁就的方式，形成一定的默契和认可，以及团队间的行为规范。

经过磨合之后，创业团队成员之间的争执和分歧开始减少，信任感逐步在加强。由于工作规程的成熟，大家互谅互让，注意力更多转移到了工作创造上，在企业产品和服务逐步成形、市场和渠道逐渐打开、业绩和品牌也稳步提升之际，各自的合作意识和凝聚力在增强，相近的价值观和统一的团队文化渐渐形成，团队的力量出现共振，企业也因此步入发展的快车道。

由于团队的效率越来越高，企业的效益越来越好，大家的成就感和自信心达到了前所未有的高度。各自在所熟悉的岗位上发挥自如，也形成了自己可以把控的模块，包括人群和资源，升华出各自的经验和观点，团队间出现了新的思想分化，各自在功劳簿上开始自持和自傲，在企业目标一个个达成的情况下，不约而同地调高了整体的期望值。这个时候又是最能吸引风投的时候，假如资金青睐，把企业尚未实现的未来价值折成“估值”，估出来的数字一定比财报中的利润数高出很多，这个时候，创业团队的心态膨胀在所难免。

在传统经验的昭示下，膨胀了的创业团队会信心十足，什么规模化、国际化、多元化战略会应运而来，凭着“一览众山小”的优越感往往就会进行全方位的扩张，而企业的人才、资源、经验是否完全跟得上、竞争对手是否太过强大、市场环境和政府政策是否会发生变化这些问题往往会容易被轻视。此时正是企业最危险的时候。当企业的开支在不断扩大，而业绩并没有同步增长时，投资与利润的剪刀差就会形成，加上这个阶段企业的运营模式开始固化、管理人员开始自持，企业衰退的速度往往比之前发展的速度要快得多；另一方面，创业团队成员常常会觉得自己的贡献大，付出与回报不成正比，那么，企业步入调整期也就在所难免了，创业团队或争斗，或重组，或散伙，企业还能延续的概率不会太高。

假如在企业的发展过程中，有风投介入或试图介入，创业团队很容易浮躁、膨胀、急功近利，以至于忘却初心。资本玩的就是未来，估值估出的数字往往会比财报利润高出很多倍，创业团队的自信心便会“大跃进”；令他们眼睛发光的是，资本赚钱的方法太神奇，根本不用含辛茹苦地去做实体价值创造，直接拼凑一下实体，就可以杠杆出数倍的价格。IPO 一旦成功，乌鸡便成了凤凰。

在被资本冲刷之后，不少的实业家“升级”成了资本家。

创业团队往往到了最后，很多人是自己把自己给剥离了。耐得住“资本天堂”诱惑，守得住价值创造初心的创业者，比例委实不是太大。而原有的实体企业，就更得看自身的造化了。

18.1.3　资本倒逼企业的路数

1. 资本的稀释方法

市场有市场的规律，资本圈有资本圈的法则，对于很多朴实的实业家而言，资本圈是神秘的，高高在上的。

在普通人看来，资本市场就是实现财富梦想的至高殿堂，能挤入资本圈就是莫大的成就，圈外的人很难体悟到，资本市场其实是冷酷和嗜血的。

风投资本之所以令实体企业垂涎，是因为它首先是“无偿”的（用掉无须偿还），其次能带领企业实现 IPO 奔向资本的终极殿堂——股票交易市场，在那里，实体的价格可以放得很大（市盈率甚至可以放大到几十倍），而且直接有无须兑责的自然“接盘侠”，让放大了的价格自由兑现。

朴素的创业是靠创始人的原始积累支撑的，稍有不慎，自己的财富可能就会“回到解放前”，所以面对风投资本，创业者当然向往。引入风险投资，往往是创业者期待的企业实现跨越式成长的形式。

然而，广大实业家不一定能意识到，资本市场陷阱重重。

事实上，**资本市场本身并不直接创造利润，而是利用杠杆来放大实体企业的价格，然后进行股权交易；生产价值的实体企业，只是资本用以实现溢价交易的底层托举物。**

在“上市神话”的召唤下，基于实体企业的渴求，风投很容易“套路”企业，最典型的方法是通过“层层培育”，在实现“上市”的过程中层层吸收企业的股权，在杠杆出数倍甚至数十倍价格后，把企业扔给股民们吸吮，自己“金蝉脱壳”，赚得盆满钵满。

很多人知道同比稀释，却不一定熟悉“锁权稀释”（某项股权锁死在下一轮融资时不参与稀释），详见表 18–1 和表 18–2。

表 18–1
锁权稀释方式

	原始股份	设股份池	天使融资	A 轮融资	B 轮融资	C 轮融资	IPO
创始人甲	40%	32%	25.6%	19.2%	14.4%	10.8%	8.1%
创始人乙	30%	24%	19.2%	14.4%	10.8%	8.1%	6.08%
创始人丙	30%	24%	19.2%	14.4%	10.8%	8.1%	6.08%
股权池		20%	16%	12%	9%	6.75%	5.06%
天使投资			20%	20%	15%	11.25%	8.43%
A 轮投资				20%	20%	15%	11.25%
B 轮投资					20%	20%	15%
C 轮投资						20%	20%
IPO							20%

表 18-2

完全同比稀释方式

	原始股份	设股份池	天使融资	A 轮融资	B 轮融资	C 轮融资	IPO
创始人甲	40%	32%	25.6%	20.48%	16.38%	13.11%	10.5%
创始人乙	30%	24%	19.2%	15.36%	12.29%	9.83%	7.86%
创始人丙	30%	24%	19.2%	15.36%	12.29%	9.83%	7.86%
股权池		20%	16%	12.8%	10.24%	8.19%	6.55%
天使投资			20%	16%	12.8%	10.24%	8.19%
A 轮投资				20%	16%	12.8%	10.24%
B 轮投资					20%	16%	12.8%
C 轮投资						20%	16%
IPO							20%

假如创始人甲、乙、丙的原始股份比例是 40%∶30%∶30%，为将来对员工进行股权激励设定 20% 的股权池，为吸引天使资金的进入，企业往往会同意投资方在下一轮融资时估值如果达不到某个特定值，投资方不参与稀释。而估值往往都有“人为因素”，投资方在特定值的设立和估值模型的设计上轻车熟路，很容易达成“锁权”的目的。为便于理解，假定每一轮融资稀释 20%，那么，在 A 轮融资时，未来按同比稀释方式，甲、乙、丙的股份应为 20.48%∶15.36%∶15.36%，但天使锁权的情形下，甲、乙、丙的股份比例则变成了 19.2%∶14.4%∶14.4%；如果 A 轮、B 轮、C 轮的投资都设定达标估值并最终锁权，到 IPO 时，甲、乙、丙的股份就只剩下 8.1%∶6.08%∶6.08% 了（表 18-1），其实在完全同比稀释的情况下，到 IPO 甲、乙、丙分别还应保留 10.5%∶7.86%∶7.86% 股份（表 18-2）。

这叫路数。创始人要熟悉资本的路数并找到方式来跟资本掰手腕，是需要交学费的。

2. 企业被喋血之后是无力回天的

不熟悉资本的路数，创始人很容易被“加速释权”，远远没到“上市”，就已经失去企业的控制权了。

即便是采用上段所举例子中对企业相对有利的完“全同比稀释”方法，创始人也已在 A 轮丧失了**绝对控制权**（须 66.7% 以上，可修改章程、分立 / 合并企业、变更主营项目等），在 B 轮丧失了**相对控制权**（须 51% 以上，拥有一般事项的决定权），在 C 轮丧失了**一票否决权**（须 33.4% 以上），IPO 之后，大部分创始人的**临时会议权**（须 10% 以上，可提出质询 / 调查 / 起诉、清算 / 解散建议）都不存在了，只剩下可怜的**临时提案权**（须 3% 以上）和**代位诉讼权**（须 1% 以上，能间接进行调查和诉讼）。两三轮之后的创始人，不是公司的局外人，还能是什么？

表面上，风投是来输血企业的，让企业可以“无偿”花钱，并助推企业进入财富的终极殿堂。然而实质上，风投是来杠杆企业的，它会包装企业的未来、放大企业的价格，通过下一轮融资，要么倒手，要么进入交易市场，然后交出“接力棒”套现退出。通俗而言，是来包装好企业，然后放大价格倒手卖出去，中间赚一笔。

企业一旦上了资本运作的船，就要拼命摇桨、奔力前行，因为资本为了尽快套现，往往会给企业设定业绩目标，甚至以对赌协议来套路企业。在对赌压力下，企业只能急功近利，为了“数据”不惜一切。**在这个一路寻找下一任“接盘侠”的“光荣”过程中，创始团队的股权被不断稀释，是不可逆的。因为每上一个台阶，企业的价格都被抬升到一个更高的程度，早已把企业的未来和未来的未来用上，创始人想用“现在”来回购，连理论上的可能都没有。**

资本市场的光环，是光芒四射的，但又是冷酷无情的。

企业家进入这个玩杠杆的游戏场，只有竭力托举的份，至于被放在哪个支点上更“值钱”，只能仰仗懂套路的资本玩家。让企业家们解气的是，2016 年 12 月底证监会主席刘士余的“妖精论”：“你（资本）行为上从门口的陌生人变成野蛮人，最后变成行业的强盗，这根本就不是金融创新。有的人集土豪、妖精及害人精于一身，拿着金融牌照，用大众的资金来从事所谓的杠杆收购。”（艾诚，2017）

企业在股票交易市场往往逃不过这两种命运，一是竭力创收，供养一众

嗜血人，在交易波浪中不断地抽血未来；一是未来用尽，因失血过多在最后一批“接盘侠”的殉葬下气绝而亡。

18.1.4 借力资本的企业很难不被绑架

1. 被资本骑上的企业只能亡命地奔跑

资本创造了很多的神话。

在中国互联网企业十余年的发展历程中，资本从未缺席，从初创时的种子资本、天使投资，到快速成长时的风险投资，即使公司上市，也是为了募集股市资本。几乎没有哪个互联网新贵是靠原始积累滴水穿石地长大，在资本的驱使下，互联网企业迅速成长，新浪、网易、百度、腾讯、盛大、阿里巴巴、京东、滴滴的崛起与辉煌，只用了短短十余年的时间。互联网领域的剑舞笙歌，得益于具备摧枯拉朽般力量的资本的涌入（艾诚，2017）。每一年的富豪榜都闪烁着被人们视为神一样的那一批创业英雄，在他们之下，又经常涌现出一些新的富豪，这些创业英雄在财富的习以为常中，连那一堆数字都越来越麻木了，任性得随便一个点子都可以拿来赌上十亿八亿，在榜样的光芒之下，太多的人无法淡定了，做梦都在追寻富豪们的足印。

能排上榜的富豪们，几乎没有一个不是得到了资本助力的，他们那灼眼的财富数字都是资本市场杠杆出来的，所以，怪不得人们惊叹资本和资本市场的神力，并且向往得到资本的助力。

资本市场是玩梦和玩未来的市场，一旦有概念，再稍微有点数据，就可以把些许利润甚至负利润“杠杆”出美丽的价格，企业欣慰于价值被放大，在本来就资强企弱的格局下，企业往往自甘卑微，被套路自然就是常事。

在“以资为本”的资本市场，大家都认同责、权、利对等，资本担负着亏损的责任，理所当然可以对照着估值，依资金占比获得较大比例的股权。而在企业不断成长的过程中，资金的需求是持续的，因而资本有着多次投入的机会，此种情形之下，便是原始创业团队股权的不断被稀释。

在“同股同权”朴素的责、权、利划分原则下，资本一轮轮进入的过程，

实际上也是创业团队不断丧失主权的过程。

资本是逐利的，在通过杠杆和倒手实体就能赚快钱和大钱的情况下，它没什么心思去搞实体经营，力争控股权也只是要让企业经营者们朝着下一批接盘侠的方向尽快把企业的数据做大，所以，一旦资本进入，企业往往就会急功近利。企业依循资本的意愿就再也不会回溯创业团队的初心了。

资本的目的与创业团队的初心大相径庭，因此，控制权的博弈暗流涌动，创业团队以“亲生父母”的姿态据理力争，“企业是我创立的，企业从头到脚流着我的创业血液”，站在道德的高地，更容易获得社会舆论的支持，即便是出局，也能被冠以“悲情”得到同情。投资者因为投了真金白银，基于合同与市场规则，从法律意义上已经拥有着企业的控制权，虽然只是养父母，但拥有白纸黑字的抚养权（艾诚，2017），他们在博弈中的强势虽然得不到同情，却总能得到法律的支持。

当企业被资本绑架，就会朝着资本的意旨走——把数据做大，奔向套现。

而这个方向似乎也是利于创业团队的——股权增值、财富增长，所以创业团队除了控制权的抗争之外，在把数据做大的这个方向上并未觉得有何不妥。其实，在这个方向上，资本有着明确的业绩要求，或有对赌协议在驱使着，创业团队只有拼命向前这一条路可以走，否则将会遭受巨大的损失。

2016年10月6日，春雨医生创始人张锐死于心梗，享年44岁。

怎一个惋惜了得！

春雨医生是一家优秀的创业公司，曾入选《中国企业家》去年的年度“未来之星”，去年（2015年）的盈利非常好，今年6月份又刚完成12亿元融资，上市本无悬疑。但张锐死了，与其说死于心梗，不如说死于劳累和焦虑。他曾说，自己在融到钱以前为怎么找钱焦虑，融到钱以后为怎么花钱焦虑。早在4年前，他就开始焦虑，直到生命的最后一天。（萧三匝，2016）

对于筚路蓝缕的创业者而言，资本成了为逐利驱使企业亡命奔跑的鞭子。

斯人已逝，创业维艰可见一斑。不过，很快有人把这笔账算在资本头上，有人撰文《创业者张锐之死的悲情，无法掩盖他被资本逼死的残酷现实》，尖锐地指出，“真正逼死张锐的元凶，是躲在张锐背后，支持和主导张锐创业，

却又与他的价值理念根本不合的风投和资本逻辑。”（艾诚，2017）

2. 企业在资本的驱使下只能不断被透支未来

不要问资本的良心会不会痛。

在资本意志的绑架下，企业只有拼命地奔跑，追赶时间。因为企业数据越大，就越值钱，更快增长，便可更早兑现。在急速奔跑中，创业团队往往无暇顾及航向的变化，由着初心渐行渐远，为了高估值，他们只能透支未来、杀鸡取卵。

虽然创业团队在把数据做大的问题上并不反对，但他们是能够感觉到企业虚胖的后果的。在这条不可逆的道路上，他们的心态会在丧失控制权的情况下发生变化，暗度陈仓，还是另起炉灶？或是兑现后“升级”去玩资本？这些方向一切皆有可能，然而无论哪个方向，似乎都是在放弃初心。然而控股权丧失之后，又能奈何？很多企业一步步从天使轮到A轮、B轮、C轮的“成功”融资，再到上市的“成功”退出，实质上是创业团队的股权从100%到30%，再到可有可无的主权丧失过程，“把孩子养大，叫别人爹”，收购方这种本不善经营又无心经营，然而却霸占绝对控制权的本质，就是在耍流氓！试想，“孩子的亲爹被剥夺家长权”后，这个企业还会有谁像原先那样用命去经营这个“家”？（郑指梁 等，2017）

“亲爹被剥夺抚养权”的例子数不胜数。

2001年6月1日，新浪5位董事在董事会上宣布免除王志东在新浪的一切职务，新浪网创始人王志东出局。

2012年3月12日，优酷土豆以100%换股的方式合并，8月24日，土豆网创始人王微发微博宣布，“七夕夜晚，七年土豆，今晚正式退休”。

2013年3月4日，尚德电力宣布，原独立董事Susan Wang（王珊）接替施正荣担任董事长，回国一手创办无锡尚德并推动尚德上市的施正荣彻底出局。

2015年10月26日，携程网与百度达成股权置换交易，百度将拥有携程网普通股可代表约25%的携程总投票权，携程将拥有约45%的去哪儿网总投

票权，去哪儿网创始人庄辰超出局。（艾诚，2017）

瀛海威创始人张树新在中兴发投资进入后转型失误被撵走，汽车之家CEO 秦致在平安信托入主后走人，就连教父级的企业家王石，也被宝能系和华润支走……

其实资本也不是只想“吃快餐”。但如果创始人丧失控股权后想放弃了，资本自己是玩不好实业的，所以它只得四处“吃快餐”。

“亲爹”死心，“养父”无心，“孩子”只能到处被寄养，从此再难有“独立的人格”。

这就是资本的游戏。

18.2　价值量化让“对赌”成为历史

18.2.1　不确定性令“对赌”成为常态

1. 对赌往往就是一种保障投资人权益的游戏

“对赌”英语叫“Bet On”，就是赌桌上双方各自猜结果，相应筹码放在桌面上不得收回（即无法耍赖）的意思。（金凡，2019）

在风投领域，对赌就是投资方与融资方在达成并购或融资协议时，对不确定未来结果的一种约定，一般是要求融资方在未来某一时间完成特定的业绩或利润，如果未能达成约定，融资方就要给予投资方一定的补偿，补偿有可能是股权、现金、回购、清算等。

一般而言，天使投资有着孵化企业、跟企业共同成长的成分，对企业的成长率和未来利润难以提出清晰的数据要求，所以使用对赌方式的不算特别多。

但 VC（Venture Capital，风险投资）和 PE（Private Equity，私募股权投资）就不一样了，对于企业已经被哺育到快速成长通道，它们可以清晰地界定企业的成长率，要求企业在下一个阶段达成某个业绩目标，达到某个估值水平，以便实现投资的收益目的。所以 VC 和 PE 往往会跟企业进行对赌。

投行之所以要对赌，主要是因为对投资对象的过去、现在、将来的价值，和运营团队的能力无法作出精确的判断，对运营的结果心里没底，所以才不得不给投资对象加个“紧箍咒”。

造成这种局面的原因主要有两个方面：一方面，投资方的尽调往往只是通过投资对象的近年财报、主要负责人的状况、企业的市场资源等进行调查，并未对企业的风险系数（在起步期、发展期、成熟期、衰落期的风险度是不一样的）、发展韧性（经历过多少波折、打击、亏损后的经验值）、团队成熟度（是从辞退过多少员工才沉淀下来的现有员工，以及它们之间的默契程度）作细致分析，得出的尽调结论只能是较为粗浅的。另一方面，融资方也摸清了投资方的尽调套路，“你若有方法，我便有对策”，在尽调之前早就“做了作业”，并在配合调查时避实就虚，捡好看的写，隐藏不利于估值的情况，在“聪明的”融资人面前，投资人明明都知道，但也并没有太好的办法。

无论是尽调无法精准，还是无法完全掌握企业的运营，总之投资方对于投资对象是否能把企业做到预想的地步，以使自己能顺利地获利退出感到不踏实，但投资却是真金白银的，而所投资金是根据估值来获得股权的，且估值又包含着企业的未来成长值，假如企业在未来一段时间的实际增长值达不到预期，那投资方的占股就吃亏了，基于这个道理，融资方就必须在未来某个时间不能达成特定业绩的情况下补偿“吃亏了的”投资方。这就是对赌游戏的底层逻辑。

所以，对赌协议往往就是“保障投资人权益”的法律文件。

2. 对赌的类型

常规的对赌形式有如下六种：

（1）股权补偿型对赌，即约定融资方在某个时段未能达成特定的业绩或利润目标时，将一定比例的股权补偿给投资方。比如香雪制药收购湖北天济55%股权时，约定湖北天济在2016—2018年业绩增长率不低于10%，否则将向香雪制药补偿股权，所补偿股权数为“当年业绩差额 ÷6.5亿元×100%”，其中6.5亿元为湖北天济的估值（数据源于香雪制药2014年3月21日公告）。

（2）**现金补偿型对赌**，即约定融资方在某个时段未能达成特定的业绩或利润目标时，将向投资方补偿一定数额的现金。例如2007年海富投资以现金2000万元增持甘肃世恒3.85%股权，约定甘肃世恒2008年实现净利润3000万元，否则将按［（1–2008年实际净利润/3000万元）×2000万元］公式补偿海富投资，后因甘肃世恒未完成利润目标，经最高人民法院终审判决，判令甘肃世恒补偿海富投资1998.2095万元。

（3）**股权稀释型对赌**，即约定融资方在某个时段未能达成特定的业绩或利润目标时，将以无偿或较低价格向投资方增发一定数量的股权，从而稀释了融资方的股权比例，增加了投资方的股权比例。例如2005年1月，摩根士丹利和鼎晖以5000万美元收购永乐家电20%股权，约定永乐家电2007年（可延后两年）净利润低于6.75亿元将向上述投资方转让4697.38万股，净利润低于6亿元，则转让9394.76万股（约占总股本的4.1%）。然而从2006年的实际经营走势看，永乐家电将无法完成6亿元净利润的目标，意味着将要补偿3%～6%的股权给上述投资方，迫于压力，最后于2006年7月25日以52.68亿港元的低价被国美电器兼并。

（4）**股权回购型对赌**，即约定融资方在某个时段未能达成特定的业绩或利润目标时，将募集款项以固定的价格回购原投资方持有的股权。例如2016年7月苏宁环球以一半现金和一半股份的方式共计2.08亿元收购伊尔美港华80%的股权，约定伊尔美港华未来三年净利润分别不低于2300万元、2700万元、3000万元，否则伊尔美港华须回补相应的现金，并在触及回购底线时再支付剩余的现金和相应的利息款，以回购苏宁环球所持80%的股权。

（5）**股权激励型对赌**，即约定融资方在某个时段未能达成特定的业绩或利润目标时，将以无偿或象征性的底价方式转让一部分股权来激励管理层，否则，便由投资方转出一部分股权来激励管理层。比如2003年摩根士丹利等投资机构控股了蒙牛，跟原股东签订了业绩激励协议，未来三年的复合增长率达不到50%，原股东团队需输给投资机构不超过7830万股的股权，反之，则由投资机构拿出不超过7830万股的股权奖励给蒙牛管理人员。

（6）**股权优先型对赌**，即约定融资方在某个时段未能达成特定的业绩或利润目标时，投资方将获得特定方面的优先行使权，比如优先分红权、优先表决权、优先清算权等。

在实际运用中，可能投融双方会同时组合上述形式的两种或几种形式进行对赌，但从本质上来看，可分为企业股权变动和投融双方的权利义务变动两大类。

由于目前投融市场一直处于“**投强融弱**”的阶段，所以对赌基本上都是以增加融资方的义务和保障投资方的权益为主，给投资方提出限制或增加融资方权益的内容并不多见。但随着融资方对于对赌形式的熟悉，以及在市场对于实体企业创造力的需求越来越显著的情况下，融资方越来越主动，对赌格局正在朝着双边制约的方向发展。

3. 对赌赢了其实就是输了

无论怎么赌，一个赌字，都突显着制约和被制约双方的无奈，也驱使着被制约方去为完成义务而完成义务。

在中国市场，造假成本很低，尤其是互联网项目，粉饰数据成了行业通病。周鸿祎曾经说，因为有高额对赌，激发恶意的人性，产生各种业绩造假和注水。最常见的是收入造假，将不属于正常营业收入的金额注入母体，达成对赌条件。

行业还出现很多烘托造假的注假流水的地下产业，明摆收费，俨然形成了商业模型。（金凡，2019）

既然这是一场游戏，投资方当然也有投资方的游戏思维。

2015 年 11 月 19 日，华谊兄弟以 10.5 亿元收购冯小刚的东阳美拉，占比 70%，美拉的净资产为负，原因是冯小刚还来不及把主要资产注入就被财大气粗的华谊兄弟收购了。冯小刚凭借这个壳公司就赚得盆满钵满。但是华谊兄弟公司也不是吃素的，于是对赌协议来了：

2016 年度承诺的业绩目标公司当年经审计的税后净利润不低于人民币 1 亿元，自 2017 年度起，每个年度的业绩目标为在上一年度承诺的净利润目标基础上增长 15%。若老股东未能完成某个年度的“业绩目标”，则以现金的方式补足未完成的该年度业绩目标之差额部分。

虽然冯小刚导演的电影《我不是潘金莲》依靠大额票补一举拿下全国院线近半的排片，但×达院线这边却只给了10%多一点的排映。冯小刚认为这是万达对华谊的报复，于是他炮轰王健林的×达院线。据说这个事件与原先×达院线的总经理跳槽到华谊任CEO有关。但究其深层次原因，笔者认为更是冯小刚与华谊兄弟公司签订的对赌协议惹的祸。（郑指梁 等，2017）

其实对于投资方而言，赌赢了往往就是输了。因为企业的业绩或利润目标未达成，且不说双方会不会翻脸对撕，就算融资方认赌服输，至少大家的泡影都破了，希望原本就缺钱的融资方补钱？太无可能了；期待融资方补股份？股份本来就已大大缩水；或是希望接下来有眼拙一点的接盘侠来兜底？太子奶的对赌，投资方是赌赢了，创始人被撵出局，但其实投资方是彻头彻尾的输了。因为资金链已断，投资方自己当了接盘侠，而自己在奶业经营上根本不专业，手捧烫手山芋，欲哭无泪。

18.2.2 通过四个变量把价值称准

投资人之所以要跟投资对象对赌，主要是因为他们对投资对象的过去、现在、将来难以准确地掌握，为保证投产比不低于某条底线所以在未来的一定年限里，设定一个业绩底线来促进投资对象去努力。实现了，大家都好，实现不了，投资对象承担“经营不力”之责。

因为行业里使用对赌已经成为常规，大家也就见怪不怪了，虽然大家心里都明了，“赌”，就是对合作方难以信任，但既是“行规”，“赌”便是了。于是，从签约那一刻起，大家的确就只是甲方乙方了，“亲密无间的合作伙伴”只是场面语。

有了对赌，对于投资人而言便“进有钱赚退有保险”了，如此这般会让人自持，于是，有些投资人对尽调就不那么有所谓了，反正有对赌就有保障，无须再去深究如何把企业的过去、现在、未来的价值精准称量。

因为是个赌局，大家站在各自的角度去玩套路也就心照不宣了。谁都明白，不懂套路，如何一起做局？谁都是“交过学费”才开始赚钱的。“赌”的结果如何，都得认。于是，投融双方各自站在自己的角度研究套路。所以，我们才会经常看到类似的剧本：初见时魅力无限，分手后一地鸡毛。

但毕竟，最终的互撕不是投资的初衷。

我们还是欣慰地看到，市场上出现了一些令合作双方互信和互利的投融共振模型，这是一些回归价值创造的天使潜心实践出来的，能对融资人的历史值和未来值进行定量，能令投资决策无须再靠“赌”。这种共振模型之所以能准确称量企业的价值和未来生产力，是因为它不再只是依赖投资对象所提供的表面上的财报和修剪过的尽调报告，而是在大数据基础上建立价值模型，通过让投资对象输入个性化历史数据，以及持续导入后续数据，来对该企业不同阶段的风险应对经验值、经营韧性、沉淀资产，不同生命周期节点上的盈亏经验值、运营团队成熟度和创造力、单项资金进入后能产生的生产力促进度等进行量化，以达到准确称量企业价值、准确判断企业生产力、准确定义投资进入后的价值量的目的，让投资决策完全基于客观数值，而不再需要依赖评估人的经验进行主观判断。

这个模型中有四个关键变量：

（1）亏损风险抗击率 $V_{抗}$。传统的尽调和估值一般只能浅层次地估算企业的有形和无形资产值，对于企业不同阶段的风险应对经验值、经营韧性和已经无法表现在财报中的沉溺资产、消融耗费基本不去考究（当然也无法考究）。然而这些元素，恰恰又是企业应对变化和抗击风险的重要底盘，$V_{抗}$就是将这些底盘的价值进行数据量化的运算变量。$V_{抗}$计算涉及的要素主要包括需要取值的月份数 T、过往亏损月份数 $T_{亏}$、月亏损额 $C_{亏}$、亏损振幅 $A_{亏}$、盈亏转折数 $n_{折}$等。投融共振模型是基于中国政府有关中国企业近 20 年的财务数据、中外有关企业大数据平台建模的。$V_{抗}$在模型基础上摄取运用企业有关以上要素的所有履历数据，包括各生命周期的盈亏额、月份数和未入财报的相关数据，通过包括 sin、arctan 函数在内的运算，得出的变量值，依据 $V_{抗}$，便可再对企业不同月份的风险应对经验值、经营韧性、动态估值以及每个劳动参与人的产值、每项投资的产值进行计算，并得出具体数值。

（2）时间风险率 $V_{时}$。传统尽调和估值是没有较好的办法针对企业所处的生命周期节点来进行企业盈亏风险值量化评估的，而每个企业自有它的生命周期，并在初创期、发展期、成熟期、衰退期等不同的阶段的经营心态、价值取向、价值创造力是很不一样的。账面资产的相等并不等于生产力会相同，所以，在不同阶段企业的盈亏支撑能力需要计算出来，才能更好地对企业的阶段性价值和生产力进行评估。$V_{时}$的运算涉及的主要元素有所取值的月份数T、过往的盈亏比值$H_{盈}$、盈亏转折数$n_{折}$等，运算中包含着log函数，在共振模型中，通过抓取运用企业有关的行业属性、履历盈亏额、起步时间等数据，来得出时间轴上的盈亏风险率变量$V_{时}$，根据$V_{时}$可进一步计算出企业不同月份的活力值、盈亏支撑力、动态估值以及每个生产元素的动态贡献量、动态干股数和实股数。

（3）团队创造率$V_{团}$。传统尽调和估值往往不会去研究运营团队过往已离职人员、岗位迭代数、每个岗位的人员更迭率、现有团队成员的就职深度、职位稳定性、创造性、发挥度，以及内外关系力等这些问题，但这些问题却又是影响企业生产能力的最核心要素，所以投融共振模型把这些要素都加入计算，以求可以对企业不同时段的团队价值和生产力作出较为准确的评估。$V_{团}$的计算涉及需计算的月份T、过往不同月份的工资总额W_T、岗位迭代率$V_{岗}$、岗位人员更迭率$V_{人}$、岗位去留比$H_{人}$、现有人员时长占比H_i、企业利润率$V_{利}$等元素，通过摄取运用企业所有离任、在任的决策人员、管理人员、执行人员、兼职人员的岗位、任期、薪酬等数据，以及企业利润率等数据，来得出不同月份时任团队的创造率变量$V_{团}$，进而去计算不同月份的团队稳定性、创造性、生产力，以及某项资金进入后的动态产出值、每个生产元素的动态干股和实股。

（4）资本盈利率$V_{盈}$。传统的尽调和估值是不会考究两个估值周期之间各要素的创造价值差的，只会对各要素在估值时作断崖式价值计算。这是因为缺乏除传统估值手段外的动态估值办法，所以，造成投融双方只能依赖传统估值来进行断崖式融资，在两个估值周期的中段是无法进行投融合作的。断崖式融资的估值成本高、周期长，且无法进行灵活投融资和小额投融资。可以说，高成本、长周期的估值投融资办法对于随时需要小额资金的中小微企业而言毫无意义，对于大规模投融资行为而言弊端也很突出，即大额资金让融资方财务成本徒增（或许将迫使融资方去学习理财而降低财务成本）；另一方面，投资方一下拨出巨额资金风险也很大。此外，在两个估值周期中间的较长年份里，各要素的贡献值无法差异化呈现，只能“吃大锅饭”，这也是“赌”的无奈。投融共振模型中的一大亮点，是可以动态计算任何时点进入企业的资金（含其额度的大小）对企业的个性化贡献值，从而使投融行为打破了对传统估值机构的依赖，而随时进行。$V_{盈}$是基于运用企业的利润率 $V_{利}$、团队创造率 $V_{团}$、不同时段的利润比值 $H_{利}$和某项资金的进入时间 t_1 进行运算的某项资金对于企业生产促进度的变量。在统一模型基础上，根据企业的利润发展曲线、团队创造力曲线、抓取时任团队的 $V_{团}$、过往 $V_{利}$、本项资金的金额和履历时间，得出该资金的生产促进力，进而计算出它的动态利润贡献值和每月动态价值。$V_{盈}$同时还是每个专兼职员工动态干股数和其他资金动态实股数计算的关联元素。

$V_{盈}$是灵活投融资、资本价值计算的法宝。

以上四个 V，是各生产要素过去、现在、将来动态价值称量基础，是打破投融对赌局面，实现投融共振的重要技术源泉。

18.2.3 动态估值使“对赌”变成了“对飙”

传统的估值主要依赖于标的公司的近年财报及其上层结构的调查数据，基本也就只能评估出标的公司的账面价值，以及运营管理的能力，并不能评估到其全体运营团队的风险应对经验值、经营韧性、劳动发挥度以及整个公司的沉溺资产、盈亏支撑力，对于团队稳定性、创造力、活力值、关系力、经营心态、价值取向也只能估个大概，而对于细化到每个劳动者、不同时点进入的每项资金在每个月份的具体贡献值就完全无法估算了。所以，传统估值只能对标的公司的账面价值和运营潜能估个大概，而对于团队的生产力，则无法得出非常准确的判断。

传统估值最致命的缺陷是，需要耗费至少数月，大费周折得出来的也只是标的企业截至某个时段的静态价值，不是之前其他时段，也不是之后其他时段的价值。进行估值是为了投融各方“分饼”，即依据某一时段的值来划分股份。而静态的估值是造成投融双方心态相斥、力量互耗的根源。

且不说估值是否精准，“分饼”公平与否会不会对各方造成一定的失衡，这不算是什么致命的问题，真正致命的“分饼”之后大家的消极心态。

静态估值因为只是估了“某一时段的价值”，各方分得的股份在该时段是相对公平的，但此后，各方都在继续做价值贡献，这种贡献是动态的，每个时段绝对不一样。亦即，在“分完饼”之后，静态的股份跟动态的贡献不可能匹配，不公平就跃然于纸上，并且是绝对的。此种状况，真所谓是“赌”。其实，不公平还只是表面的，最让大家无奈的，是“饼分完之后”股份比例一锤定音，不可再变。这就等于，从此往后，谁做出再大的贡献也难以提高自己的股份。那么这样的结果是什么？就是无论贡献差别有多大，都改变不了按“分饼”当时既定的股份来分红的格局。**细思令人汗颜：多贡献者分红不可以提高，少贡献的分红不会减少；贡献多者吃亏，贡献少的占了便宜**……如此情形，大家会否为了不吃亏而少作贡献？

趋利避害是生物的本性。避害，令人不想被占便宜，不愿意在增加不了收益的情况下做得比别人多；趋利，则令人设法“赢下赌局”。为利而往时谁的智商都不低，层出不穷的套路或许都让西方的资本祖师爷们自叹不如。如此，投融双方的主要精力大概也就耗在明争暗斗上了。

大家习惯了如此。便如此吧。所以没什么人去思考：投融双方可否变相斥为互助？可否化互耗为共振？可否把各方的聪明才智从 PK 套路引向价值生产？

毕竟投资方“赌赢了就是投资失败了”，所以还是有人跳出了这个怪圈，实践出了投融共振模型。

这个模型在投融资的运用中，绝不仅仅只是能将估值核算得更精确，还能在有了团队创造力发展曲线、企业未来运行曲线的基础上对企业未来价值判断更准确，更为重要的是，还能彻底扭转投融双方的对立心态，以及互耗的使力方向，使各方的资源和力量引向了价值创造，形成了互利共赢的局面。

之所以能根本扭转投融双方的心态和行为，其关键点是共振模型能按月将细化到每一个人、每一项注资的所有元素的贡献值全部计算出来，将静态估值变成了动态估值，从而解决了“赌”的无奈。

有了以月为单位的动态估值，动态分配就成为现实，**“多贡献多得、少贡献少得”的原则就成立了，各方将不再依“静态的股份”来分配，而是依“动态的贡献”来分配，那么，所有各方将会全力以赴于日常的创造价值。**由于没有“静态的饼要去抢”，大家也就不会再有心思去“扒别人口袋”。若要收益大，唯有多作贡献。

共振模型下，“对赌股权”变成了“对飙贡献”。

18.3　蛇吞了象为何还能继续做大股东

18.3.1　创业团队和资本的共振成长

1. 资本的价值会随着劳动创造水涨船高

在共振模型中，劳动创造值是所有价值的基础；资本的价值是通过支撑劳动创造而得以实现。

每位劳动者的每个直接劳动行为和间接劳动行为都在进行价值生产，通过对每一个工作事项的完成情况进行价值量化（记为工作分O分），对每一个流程执行和制度履行的行为进行价值量化（记为行为分P分），对每一项信息、技术、能力、劳动资质进行价值量化（记为资格分Q分），就可以将每一个生产行为的价值精准量化出来。而有了精确的劳动价值，支撑价值生产的其他生产要素（如资本等）的价值也就可以相应量化出来了。

共振模型可将劳动者每天创造出来的价值细致地量化出来，量化结果在财务上按月为单位进行累计。劳动价值的价格化（劳动报酬）主要表现为薪酬（以O分为基础月结）、奖金（分月奖、季奖、年奖，以O分和P分为基础核算）、福利（包括车房补贴、物资福利、旅游、社保、休假等，分别以O分、P分、Q分或其组合为基础核算）、干股（以O分、P分、Q分为基础按月累积核算）。其中，干股是劳动价值的最高体现，它与实股一道进行“剩余分配”。

在共振模型中，干股是按月因O分、P分、Q分的增长而覆盖式增长的。所谓覆盖式，就是以前月份的价值叠加本月价值后，整体核算出一个值，覆盖掉以前月份的值。这跟分值股份系统中的叠加式（逐月累加）方法不一样。

覆盖式干股的计算要素有d_1（行业系数）、t_i（员工i的工龄月个数）、$\Sigma[O_i+P_i+Q_i]$、$V_{抗}$、$V_{时}$。系统会在每月末自动计算出每一个专兼职人员的干股数，没有人为因素干预。

实股也是按月覆盖式增长的，它的计算要素有d_1、d_2（资本性质系数）、R（投资金额）、$\Sigma S_{干}'$（某项资金履历月干股总数）、$\Sigma S_{干}$（所有干股总数）、$V_{盈}$、$V_{团}$，同样由系统自动运算。**其公平性在于，任何资金从进入月开始的起步分都是¥1元=R1分，从进入当月开始因劳动产值的大小进行同频增长，所以，资金履历月份越多，贡献时长就越长、履历中的劳动创造值越大，增长值就越大，投资额越大，增长基数就越大。这样做的结果是：资金愿意更早投入、更大投入、更迟退出，以更多地支撑劳动价值创造为己任。**

共振模型适用的广泛性在于其中的调节系数d_1和d_2，对于不同的行业，其劳资贡献度是不一样的，在技术密集型企业（比如软件设计公司），劳动价值比重会偏高；在资本密集型企业（比如地产公司），资本价值比重会偏高。在系统中输入行业类型，计算系统会自动适配相应的劳资价值的比重形式。而不同性质的资本，对于劳动创造支撑的价值程度亦是不同的，比如货币资本价值高于实物资本，债务型资本价值低于风投资本，天使资本、VC资本、PE资本、IPO资本的价值也是由高到低不一样的，d_2是调节资本比重的重要砝码。

资本的价值是通过劳动创造产生的，所以在共振模型里，资本的动态股份是随劳动股份水涨船高的。

动态？或许有些企业主心里不踏实了，万一“船比水涨得慢”呢？

其实，有这样的心理很正常，因为老板们觉得固定的股份比例心理更托底，一方面是出于“不希望股权无形中被侵占了”的想法，另一方面是出于对控股权丢失的担心。如果不想“被侵占股份”，最好直接用分值股份系统，直接划分干股池和实股池，将实股比例锁死。

至于企业主的控股权问题，其实完全没必要担心，因为模型设计根据不同行业设定了不同的边界，干股与实股的比率不至于出现较大的振幅。如果有企业主心里不踏实，可以在系统中添加“阀门”，或者直接在章程中明确控制权的归属人，亦可进行“行政方式上的权力委托”。

真正智慧的人更应该清楚这么一个道理：在控制权不变的情况下，企业要的是收益绝对值，而非股份相对比。拿死股份比例，劳动生产力激活不到位，绝对收益少，并非明智之举。相反，相对放开股数，充分激活生产力，获得更高的绝对收益，才是真实惠。散财聚人是一种智慧，任正非就是以这样的智慧成就了华为王国。何况共振模型中本来就有着控制权安全阀，无须散财，也聚人。

从图 18-1 中 × 景公司实例可以看到，一笔资金的进入，突然加大或减小了加权核算的分母，在短期内会对实股与干股的相对比值有些影响，但从总体走势来看，干、实股的整体走势基本是同频上涨的。

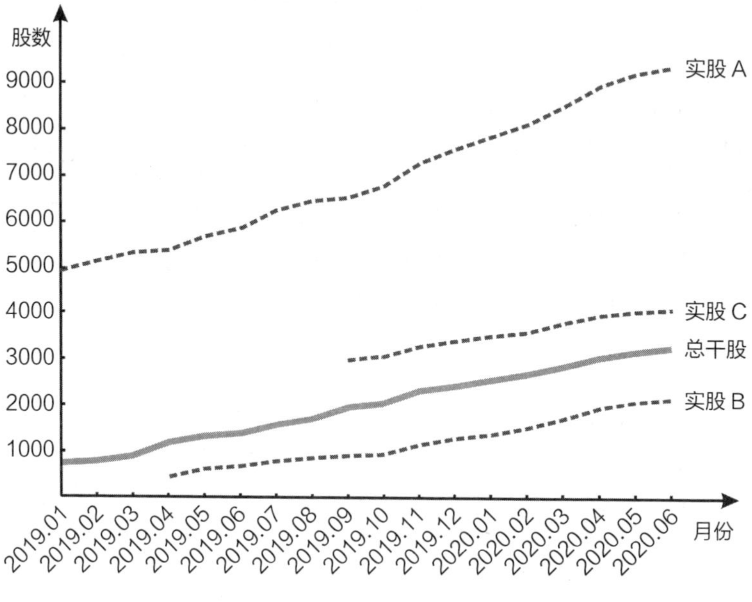

图 18-1　× 景公司实股股东股数增长图

2.“按值分配”可避免分配争端和内耗

动态股份的最大优点，就是能及时并准确地得出劳资及其他相关者的客观贡献值，它为“按值分配”提供了基础。有了“按值分配”，传统管理中的各种分配争端和内耗格局都将迅速消融。

因为“按值分配”了，“断崖式”融资问题也就迎刃而解了。企业和投资方无须在得到下一次的估值报告出来才合作，资金无论大小，随时均可投入，而且投入即可产生价值，并得以计算股权，省去了时间成本和居间成本，增加了合作机会。对于投资方而言，先进入先成长，多进入多增长，所以更愿意早投、多投、长投。对于之前估不起值、融不起大资金只能靠亲朋好友借钱支撑的中小微企业而言，此种方法犹如至宝，因为即便只需融资五万十万，甚至只需三两千，均可以随时操作，让财务录进系统即可，因为是系统化操作，任何资本都是¥1元=R1分公平起步，无须董事会大费周章地开会讨论，财务上缺口多大便根据章程融进多少。

这种形式之所以能跟“公司招一个员工进来”一样地简单和常规化，是因为动态股份数是无上限的，它不像百分制股份，融进任何一笔资金都要稀释原股东的股份，要变更合同。在动态股份模式里，某一笔资金的进出，不会影响其他任何股东的已有股份数，及其因支持生产创造出新价值而产生的增长股数，因为任何资金的价值增长及其计算，都是相对独立的，是按统一比率随干股水涨船高的。让中小企业主更为欣慰的是，向亲友们融钱将不再难为情了，既不用支付利息（支付利息过于商业化会淡漠感情），也无须欠人情（资金进来后自然增长，在公司财务丰裕时随时可按增长后的价值取回），对于有闲钱者，这是良好的投资机会。

因为“按值分配”了，投融双方的关系自然就会从互斥走向互助了，双方的力量自然就会从内耗变成共振了，因为大家都明白，在共振模式里，自己的份额和利益来源于价值生产，而不再是从对方的份额中切割，于是，大家便会把精力从无产值意义的股权份额争夺转移到具体的价值生产中来。由于双方的股份增长是同频关系，所以相互间都不愿意对方减少，都希望对方增收，对方多了，自己也会多，这种模式下，才会有真正意义上的互利共赢。

共振模型里，不仅是投融双方的利益关系是同频共振的，经营团队内部的劳动者关系也是同频共振的，这是一个多方共振的共生模式。

既然“你少我也少，你多我才多”，相互间的利益发展是同向的，那么，任何算计对方的“套路”都不再有意义，任何损人的行为都不再利己，各方自然就成为利益同盟。**运营团队和资本共振起来以后，“对赌”理论、剥削理论、阶级斗争理论便失去了存在的意义。**

18.3.2 蛇要怎么做才能不断地吃掉大象

1. 蛇吞象的原理

在共振模式里，资本的股数是在企业的价值生产过程中，随价值累积不断增长的，虽然所有的资金初始值都是¥1 元 =R1 分，但经过一定月份参与企业生产创造后，其价值及股数就比后来月份进入的相同资金数的价值和股数要大。比如某笔 1000 万资金 A，进入月为 1000 万分，17 个月后增长到了 6000 万分，相当于增值了 6 倍，这个时候有另一笔 4000 万的资金 B 进入，为 4000 万分，A 的股份数就是 B 的 1.5 倍，牢牢控握着相对控股权，1000 万吃掉 4000 万，这叫蛇吞象。

蛇，可以是创业团队，也可以是先期资本。

创业团队凭着最初的起步资本和劳动创造最先起步，其股份积累是最有优势的，从企业成立开始，他们就在积累 O 分、P 分、Q 分，并凭着奠基的资金（虽然小，但复合增长时间长）同时累积 R 分；经过初创期，他们的分值已经积累成了较大的数字，后期进入的资金数只要不超过他们的分值，他们的控股权就一直在。**只要公司还在进行生产，分值一直在增长，创业团队就会持续拥有空间去融资，并同时保留控股权。**

同样地，较先进入的资本，从进入当月即开始进行 R 分积累，逐月增值。如果该资本不参与日常运营工作，就不同时积累 O 分（工作分），但它可以以非执董或顾问兼职的身份积累 P 分和 Q 分（间接工作分）；如果参与日常工作，连 O 分也可以积累，以更广泛的价值创造来加快自身的增值速度。虽然它比原始创业团队晚起步，但相对于后来的资本，它又是相对更早的投入要素，同样可以“吃象”。

其实，这跟传统投资增值出局的原理是有近似之处的。传统投资从天使、A 轮、B 轮、C 轮再到 IPO，也是通过估值方式，让前期资本价值增大，在后期翻倍退出。

不过，这种模式跟传统投融也有不同。其一是受制约性不一样，传统投融依赖于机构估值，受制于估值机构，共振模型每月自动估值，没有外部制约；其二是成本和适用范围不一样，传统估值有机构估值成本和时间成本，只适合于投融规模较大的企业，并且周期长，而共振模型没有机构成本，时间灵活，任何额度的投融行为均可适用，任何企业均可随时使用。

2. 蛇在确保控股权的基础上可多次“吞象”

因为共振模型是逐月自动估值的，没有人为因素，客观、公平，这就使得投融双方没有了心理顾虑，决策起来简单自如。因为共振模型估值周期短、额度不限，执行起来简单、便捷，所以，相当于把投资的进出门槛降到了非常低的程度，大大增强了资本的自由流动性。

传统模式里，资本要出局得满足两个条件，一是下一轮估值完成，二是有新的接盘侠。而**共振模式里，资金随时可以进入**，只要在章程规定的安全弹性范围内，连董事会甚至经理会议进行讨论都显得多余，也无须等到月底。接盘侠这种形式则更不需要出现，因为新资金进入都是从 1 元 =1R 分开始自增长的，不是来承接他人股份的，**资金的进和出互不影响**。只要财务账上资金富余，在安全弹性范围内资金随时都可抽出；或者，财务上资金紧张，任何投资人的资金都可随时补缺。**一个企业在生产正常的情况下，资金的增长就是正常的，因为企业新增的价值在不断产生，赋予资本的价值也在不断增加，所以资金的价值是只涨不跌的；加上资金进出自如，因此，运作熟练的公司完全可以让投融双方如炒股一般使资本快速流动。**

有位企业家曾说，一流的企业家能控制资本，二流的企业家会被资本控制（艾诚，2017）。

共振模型中，企业主完全可以根据自身不断增长的股数，画一条不断上移的控股线，在保证自己的控股权的同时，释放越来越多的股数让投融双方自由流动，在“内部资金流转”中运筹帷幄。

由于企业在不断进行价值生产，“蛇”的价值就会不断地增长，股数增长就一直不会停止，明年长膘了可以吃一只“象”，后年又长膘了，还可以再吃另一只“象”，而自己永远还是大股东，这就是共振模型的魅力。

共振模型的蛇吞象不只是可以在企业内部进行，也可以对接到传统资本市场，凭借着传统估值方式用企业未来放大市盈率的形式，**带着已吞进肚子里的“象”，去吃掉更加大的“象”。**共振模型内在机理只是将现时价值价格化了而已，并未透支未来价值，一旦进入传统资本市场，加入未来价值，“蛇”的嘴巴则可以张得更大。

本书之前已阐述，无限增长的动态股数是可以加权匹配任何静态股权的，能与传统的估值和市场均无缝对接。

蛇吞象只是投融运作的形式，在这个形式的背后，是如何保障创业团队的核心地位。

马云在上市前所占股比为 8.8%，管理层总计 14.6%；软银 34%；雅虎 22%。马云等创始人与软银和雅虎通过投票权委托协议约定，取得了软银和雅虎委托的投票权（郑指梁 等，2017），从而让运营团队留住了投票权，这是资本市场上十分受人追捧的 AB 股模式。截至 2016 年 8 月 19 号，腾讯通过 3 次增持京东股票而成为第一大股东，占股 21.25%，而刘强东持有 18.2% 的股份比例，按照协议，腾讯把其所持有的京东股票投票权的大部分（17.25%）委托给刘强东行使。于是，腾讯投票权为 4%，而刘强东超过了 80%，腾讯虽然是京东的第一大股东，却不影响刘强东对京东的绝对控制权（郑指梁 等，2017）。

不过，**AB 股模式也只是让创业团队留住了投票权，却无法留住最实惠的股份和分红权，创业团队更像是高级打工人。**

通过蛇吞象，创业团队则完全可以将代表主权的主体部分投票权、股份

和分红权一并留下。只有留下真正的实惠，创业团队才不会有“帮别人赚钱”的心理，才不会去琢磨暗度陈仓或另起炉灶的事。

能引进风投资金的大企业家们，自我成就的愿望和局面掌控的能力自当不低，不是因为企业大到连百分之几的股份都够用几辈子，他们不一定愿意接受长期“帮别人赚钱”。在小型公司，AB股方式较难让创始人心安理得。

因为**真正的力量来自：为自己干**。

动态股份可以持续发放，企业融资无须机构估值，自然不会再有中间成本和复杂的手续，也不会有太多时间成本；资金的进出无须稀释任何人的股份、无须变更股东持股结构、不影响任何股东的股份数和增长过程、无须召开董事会、无须变更协议，节省了管理成本、释放了财务压力，最重要的是：公司不会被资金绑架，更不用套现未来。

第 19 章

常态融资法

——让企业的融资股数取之不尽

19.1　令企业膜拜的资本游戏

19.1.1　债权融资与股权融资

企业的融资方式，按大类可分为债权融资和股权融资两种。

债权融资是企业通过举债的方式来获得资金，一般会约定借款金额、偿还时间和利息比率；债款到账后，企业需向债权人按期先支付利息，借款到期时一次性偿还本金。股权融资是指企业通过出让部分所有权、以增资的形式引进新股东从而获得资金，所融资金无须支付利息，也不用偿还本金，但新股东需跟原股东一样占有股份和分享盈利。

从财务效应上看，债权融资必须在规定期限归还本息，是一种财务上的成本和负担，会增加企业的财务风险，过度负债会降低企业的再筹资能力，甚至会危及企业的生存。股权融资因无须偿还，具有长期性、不可逆性和无负担性（韩琳，2011）等特点，但股权融资会稀释股权，牺牲部分剩余索取权和经营决策权，大量地进行股权融资会令企业丧失对企业的控制权。而债权融资则不会被侵占剩余索取权和经营决策权。

在权益行使顺序上，债权先于股权，不管是提取分配（债权的还本还息、股权的分红），还是结业清算，都是债务先清偿，再到股权结算。

如果是上市企业，债权融资（向金融机构借款和向公众发行债券）可在税前扣除所需支付的利息，具有节税效应；而股权融资（发行股票、配股，债转股等）在支付股息时有个人所得税和企业所得税双重压力，会增加企业的财务成本。

19.1.2　中小企业往往只能望“资”兴叹

据统计，我国现有中小型企业 4000 多万家，占全部企业总数的 99%，对中国GDP的贡献率为60%，对税收的贡献率为50%，并解决了80%的城镇居民就业问题。相关调查表明，只有不到20%的企业一年内的流动资金能够满足企业的发展需求，只有不到40%的企业能够获得1～3年的中长期贷款。绝大多数的中小企业因为资金不足的问题，发展之路变得尤为艰难。（贾丽娟，2019）

资本市场对于普通企业而言那是很遥远的市场。首先，一个企业的规范性、成长性、稳定性很难达到资本认为“可包装上市”的程度，就算达到了一定的程度，“被资本认可的成本”也高得令很多企业望而却步，仅各种估值费、律师费、审计费等，都会让企业难堪重负；其次，为期数月的尽调和谈判，也会让企业主掉一层皮。在看见不少的企业“被上市给拖死”之后，很多企业干脆就不去凑这个热闹了。

或许，上市不容易也不等于不可以用股权来进行融资。但问题是，没有专业机构对未来估值的放大，企业“朴素的”股权价值并不高，把主权卖光也融不来足够的钱。所以，普通的中小企业迫于无奈，往往只能选择债权融资。

然而，中小企业的债权融资之路也并不容易走，因为中小企业自身的信用等级比较低，可提供给银行抵押的固定资产有限（彭雪燕，2019）、经营风险较大，加上虚假财务信息披露、合同违约、延期还贷等现象时常发生，这也会导致银行等金融机构对中小企业产生不信任感，提高对中小企业贷款的警惕和防范意识，降低对中小企业贷款的额度及贷款审批的积极性（贾丽娟，2019），因而中小企业取得银行贷款较为困难；而在贷方占主导地位的市场，中小企业和金融机构的地位不对等，即金融机构处于优势地位，这使得中小企业融资难度显著提升了。我国在政策上对中小型关注度不高，所以大量金融机构跟随国家的重视方向，把主要资金投入到了大型企业中，使中小企业融资处境更为艰难（彭雪燕，2019）。

即便是能得到银行贷款，企业要付出的成本也非常高，实际能拿到手的钱并不太多。除了大家知晓的贷款利息外，各种咨询费、顾问费、代销费、抵押物登记和评估费、担保费、风险保证金利息等，往往会超过贷款额的20%，企业真正能拿到的钱甚至都不一定有80%。《投资快报》曾发表了一篇《中小企业融资难，综合成本20%以下近乎绝迹》的文章，称企业贷款“雁过拔毛”现象极为普遍，各种中间机构和金融机构都需要“买路钱”，困扰中小企业的不光是“钱紧”，更是“钱贵”，一位林先生向某国有大行佛山祖庙支行申请贷款1000万元，最后只拿到480多万元。他说：“我2011年9月贷到款，贷款期限是三年，当时利率是基准上浮15%。这笔1000万元的贷款，银行从中收取了40万元理财顾问费用；担保公司从中收取了50万元担保费，105万元保证金，另外，还强制截留了300万元资金，并强制通过我公司的名义借贷给另一家广州的装饰公司。在贷款过程中，还要疏通关系，花了25万元左右，因此最后实际拿到手的资金只有480万元左右。尽管如此，企业3年来依然分文未少地按时还银行贷款及利息。当时同一批去银行贷款的还有十几家企业，有两家公司因为还不起高额的债务，已经倒闭了。”

河北一家中型建材企业借款总额1.5亿元，借款利率每年12%，理论上应年还利息1800万元。但该公司董事长杨某说，“加上各类委托中介费用，平均每年要还息3300余万元，成本几乎翻番。”（萧峰，2014）

据调查显示，在获得融资的中小企业中，56%的中小企业融资利率10%，利率为11%~15%、16%~20%、21%~30%及30%以上的占比分别为38%、10%、7%和1%。所以，更多的中小企业只能从非正规金融渠道中借款，那样手续简便，到款时间快，但向亲朋好友、地下钱庄的借款利率一般都超过15%，甚至有18%的中小企业支付给地下钱庄的利率超过24%。例如，某物流企业通过中间机构获得的贷款年利率在15%左右，同时还要缴纳6%的手续费，资金成本也非常高。（王振红 等，2019）

民间金融由于其没有国家信用作担保，一旦出现挤兑，将很难得以生存。大部分游离于法规之外的民间金融，存贷双方的权益都无法得到法律的保障，而且容易出现违法事件。如浙江女老板杜益敏高息集资7.09亿元，其东窗事发时有1.28亿元未能归还，她以集资诈骗罪被判处死刑。又如轰动一时的东阳吴英案，因为非法集资7.7亿元，也是以集资诈骗罪于2009年12月被一审判处死刑。（任晓怡，2010）

很多的企业主无奈之下就只好依赖自己和家人，把过去的存款充抵进企业，或者拿房子来抵押和变卖，以延续企业的生命，希望能让企业渡过难关，避免前期的投入血本无归。虽然这样可以避免偿还高额的中间成本和利息，但这“搭上身家性命”的做法才是中小企业主真正的风险，一旦渡过不了难关，就可能会家破人亡。

19.1.3 实体企业只是资本游戏的杠杆支点

1. 企业的“升天”之路是不可逆的

相对而言，资本市场的赚钱效应要比实体经营大得多，做些杠杆，搞些转换，利润基本就实现了。而实体生产，则需要辛苦地去做管理、拼市场，整天在收入与开支上煎熬。二者的辛苦程度和财富效益大相径庭。因此，争取上市，是很多企业梦寐以求的目标。

但是，资本市场的水太深了，一个做实体的人不交上足够的学费，很难在这个市场里摸准门道；而且，资本市场的财富增长有一定的游离性，并不是一个企业上市了，市场做得好，财富效应就一定好。

被资本杠杆上市的企业，只是资本市场进行“股权贸易”的支点。资本的买主与卖主站在杠杆的两端摆弄的是市盈率和流动性，在杠杆泡沫大小的基础上赌输赢，而无论企业的利润是多是少，或者账务统计的结果是赢是亏，都不会绝对制约赌局的活跃性。

什么是市盈率?

市盈率（price earnings ratio，简称 P/E 或 PER），也称“本益比”、“股价收益比率”或“市价盈利比率”，是指股票价格与收益的比率。

市盈率高，反映股价可能被高估，持有的风险偏高；市盈率低，反映股价可能被低估，持有风险偏低。但这也不绝对，因为是否被高估或低估，还得看行业、行情、金融杠杆等因素，股票是否有买卖价值，市盈率也只是众多参考指标之一。况且，除了影响市盈率的行业、行情、政策等外在因素外，企业的股息发放率 b、无风险资产收益率 R_f、市场组合资产预期收益率 K_m、无财务杠杆贝塔系数 β、杠杆程度 D/S、权益乘数 L、企业所得税率 T、销售净利率 M、资产周转率 T_R 等内在因素也同时影响着市盈率的起伏，所以，很多的股票交易行为，并不会局限于市盈率的高低。

一般而言，市盈率低于 13，股票会被认为价值低估了，在 14 ~ 20 之间会被认为是正常水平，而在 21 ~ 28 之间则会被认为是价值高估了，超过 28 则是出现了投机泡沫。

有种通俗的比喻，说市盈率就是套现未来的年限，比如，市盈率为 15，大约是将企业未来 15 年的价值用以变现了；市盈率太高，就是套现了太多的未来，不确定性太大，所以风险就高。

有时候，在有“概念”、有未来预期的情况下，高风险也能有高收益，所以，市盈率并不能完全决定股票的赚钱效应。

因此，资本市场的赢利法则对于企业的利润数据有一定的游离性。

简而言之，在资本市场上，资本是通过买卖企业股权来赚钱的，通过包装企业的未来，杠杆企业的利润进行套现，在价值上往往能够以小变大、以无生有。

资本市场赚钱的花样和诀窍相当多，直接的手段包括发行股票、发行可转股债券、配股、增发新股、股权转让、红股派送、转增股本、股权回购等，间接地还可以用资产重组的方法，对企业的资产进行剥离、置换、出售、转让，或对企业进行合并、托管、收购、兼并、分立，甚至还可以运用杠杆放大化炒作，还有做空及做多炒作等多种赚钱手法，每一种花样都有财富效应，怎么折腾都能有交易价值。

资本血管里流的血，是金色的。

除了最初的天使投资外，其他的股权投资大部分都是企业市盈率放大过程中的接盘侠，只要击鼓传花的游戏还在继续，接盘侠们都有赚钱效应，大家赌的就是自己不是最后一个接盘侠。

在资本市场的赚钱游戏里，实体企业的本职就是不断地进行价值生产、赢得利润数据，以供股权资本去折腾，它们会通过各种技巧把企业的未来拽到现在来交易，以实现收益。而实体企业，就跟着控股资本，在出售自己的数据和未来的交易中，分得到一杯羹。在这种贸易里，资本是玩家，它不直接参与生产、不直接创造价值，只负责如何杠杆和交易，凭着所持的股权套取收益，实体企业负责生产价值、做出利润，以供资本买卖各方炒作。

在这些游戏里，如果实体企业不“专业”，是不可能自己去折腾的，因为折腾不好就不会被认可、不会有交易价值，所以，往往只能游离在资本贸易之外，老老实实去进行实体生产，期许资本方将自己放大一些，以分得更多的收益。

其实从“天使”（angel investment）的进入，到后来的 VC（venture capital）和 PE（private equity），再到 IPO（initial public offerings），企业的价值一路在被放大，各轮资金可以在下一轮资金进来时实现赢利，或套现一部分，保留一部分在以后轮次中继续增长；聪明的资本会在下一轮将“母鸡”抱回来，再去别的地方“生蛋”，将“蛋”留下以便孵出鸡来再“生蛋”。而企业自己，在 IPO 之前是很难套现的。

如果说资本市场是股权自由贸易的天堂，企业还得首先感谢“天使”，是它在企业结构还不完善，团队还不够成熟，商业模式还不成形，赢利方式还不稳定的时候，来帮助企业逐步规范和成长，然后才有了后来的 VC、PE，最后才完成 IPO“进入天堂”。

在“升天”的路上，企业一直要努力创造价值，这样才能被各轮资本拽着往前走。

VC 又被称为创业投资，它是在“天使”将企业完善到一定程度，企业的模式相对比较成熟了，用户数据已获得了市场的认可，企业具备了巨大的发展潜能和竞争潜力时进行的投资。它认为，此时的企业虽然风险还很大，但其高成长性也能带来高增值收益。因此，进入企业进行扶持。

PE 是私募股权投资，它是在企业被 VC 扶持到更为稳健、成熟，且基本具备上市把握的基础上登场的。其目的是按照上市的要求进一步提升和规范企业，最后把企业送到 IPO，以便在 10 倍以上的市盈率基础上成功套现。因为这一路上，各个环节都很专业，所以各类资金基本会在下一轮时选择获利退出，或部分退出。一般情况下，各轮次资金在退出时赚个几倍是很正常的，高的赚几十倍也不奇怪。所以到了 IPO 时，企业的市盈率在 20 倍左右是再正常不过的事了。

企业的“升天”之路是不可逆的，因为各轮次资金都要找接盘人，它们有太多的经验和方法能把企业送到下一个交易点，而在数轮的交易之后，企业的未来就越来越多地被套现，除非下一任接盘侠财大气粗愿意为企业的未来埋单，填补之前“大侠”已赚走的钱，而企业自身，是不可能有钱来填补这种空缺的。当然，纯贴钱的事是没人干的。所以，股权资本总会换着花样继续拽着企业往前走。于是，企业只有不断地去生产，不断地被放大、被交易，如果哪一天外部环境发生了变化，“身体被掏空”的企业自己是很难重生的，因为资本市场没有“回春药”。我们经常可以看见一些过度透支持续亏损的企业被 ST（退市警告）、*ST（严重退市警告），它们背着最后一批接盘侠想回归自然生产之路都已有心无力。

2. 没有退路的“升天”企业也有可能让接盘人“入地”

曾经轰动一时的“乐视网退市”事件，网上尽是一些辛辣的文章——《乐视网退市阳谋：孙宏斌止损脱身，百亿负债谁来还？》《乐视网确定退市！28 万股民怎么办？》《1700 亿创业板一哥退市，王思聪、王宝强、广发基金……乐视网都坑了谁？》《乐视网“退市”暴雷！贾跃亭套走 200 亿，收割 2 个大佬、19 位明星、17 家机构、26 万股民！》……

乐视网（股票代码：300104）是 A 股首家网络视频上市企业，2010 年以 29.2 元 / 股发行价开始，是当时最具风头的明星概念股，2010—2016 年，乐视网业绩节节攀高，营收分别为 2.38 亿元、5.99 亿元、11.7 亿元、23.6 亿元、68.2 亿元、130 亿元、220 亿元，归属于上市公司净利润分别为 7010 万元、1.31 亿元、1.94 亿元、2.55 亿元、3.64 亿元、5.73 亿元、5.55 亿元（梅岭，2020）。

漂亮的财报，源自乐视网顺应资本风向的大扩张。从 2011 年成立乐视影业开始，到乐视致新、乐视体育、乐视汽车，直到 2015 年的乐视智能手机，乐视几乎每年都新进军一个行业，而且还在 2015 年收购易到，2016 年拿下酷派，同时进军北美、印度市场。每一项新业务的展开，背后都是源源不断的资金消耗。但雪山崩塌之前，接连推出的新项目还是将乐视网股价不断推向高潮。2014 年，乐视网以 410 亿元的市值成为创业板最大市值的公司，贾跃亭成为创业板首富；2015 年 5 月 12 日，乐视网股价最高达 179.03 元 / 股，市值突破 1700 亿元。被这艘大船所吸引的，有当时的“公募一哥”任泽松、二股东鑫根基金，以及最牛散户章建平等（梅岭，2020）。

乐视网大发展的过程中，的确让很多功成身退的投资人赚了个翻，在他们全身而退的同时，是新接盘人的进入，其中包括人称“白衣骑士”的×创中国董事长孙宏斌，他于2017年1月携150亿元驰援乐视网，并接手已撤身美国的贾跃亭，担任乐视董事长。其实孙宏斌的接盘史战功赫赫，包括绿城地产、万达文旅、李嘉诚……（蒋东文，2020）每每都可以给所接之盘带来第二春。然而，这次接手孙宏斌却失策了，他刚接手后乐视便开始因失血而雪崩：2017年亏损138.78亿元，2018年亏损40.96亿元，2019年巨亏112.79亿元；而此时远在美国的贾跃亭先是和甘薇离婚（蒋东文，2020），又向特拉华州破产法院申请个人破产重组（李越，2020），如果破产成功，不仅可以保全其在美国的大部分资产，而且在破产重组的四年期间，还将获得不被追债的权利（梅岭，2020），他的破产申请书显示，其债务在70亿~705亿元，共计100多位债权人，前三大债主分别为英大资本、中信银行、平安银行（蒋东文，2020）。当然，孙宏斌毕竟能从乐视内部看到雪崩的开始，所以，于2018年3月14日辞去乐视董事长职务、退出董事会，并从各方面努力止损。

孙宏斌和贾跃亭是山西老乡，正应了那句话“老乡见老乡，背后打一枪”……孙宏斌，是贾跃亭收割的第一位大咖。贾跃亭身退美国之后也没有闲着，继续在美国延续他的造车梦。他引起了另一个男人的注意，那就是×大集团的许家印。2018年6月25日，×大健康发布公告，投资8亿美元成为法拉第未来的大股东。结果没有到1个月的时间，贾跃亭就宣布8个亿美元用完了，要求×大健康再投7亿美元。许家印做梦也没有想到，贾跃亭割韭菜的速度如此之快。后来，双方和平分手。短短几个月，贾跃亭手起刀落，就收割了许家印50多个亿，不可谓不快，也不可谓不狠。许家印，是贾跃亭收割的第二个大咖。据不完全统计，给贾跃亭质押过股票的金融机构，最少有17家，其中包括中信信托中信证券、海通证券、国开证券、国泰君安、平安证券、平安信托等。（佚名，2020）

守夜人已黯然离场，乐视网的退市，徒留28万股民及尚未脱身的投资人自我唏嘘。最后的接盘人包括财通基金、大成基金、广发基金、中欧基金等基金公司，还有在乐视体育B轮融资时进入的王宝强、陈思诚、霍思燕、陈坤、贾乃亮、孙红雷、周迅、刘涛等一众明星，他们的投资合计近亿元。贾跃亭通过乐视影业圈了 19 位明星，直接持乐视影业股份的有：张艺谋、郭敬明、孙红雷、黄晓明、李小璐、冯威，间接持股的有：孙俪、邓超、刘涛、秦岚、瞿颖、陈赫等（佚名，2020）。

此前王思聪 100% 持股的普思投资、陈思诚工作室曾向乐视网提起诉讼，分别索赔 9785.16 万元、2896.67 万元。

贾跃亭在资本市场上犹如黑寡妇，所到之处，寸草不生。（佚名，2020）在辞去乐视职务之后，孙宏斌的态度也一度强硬起来："如果挣钱了，祝贺你；如果亏钱了，跟我没关系，别骂我，我还想骂人呢。以后你骂我一句，我骂你 10 句！我亏得比你多。"（李越，2020）

当"被掏空"的企业从天堂掉到地狱，它并不孤单，掉落的有很多也曾是"套路游戏"的胜利者，用孙宏斌泪洒乐视的一句话来讲，这叫"愿赌服输"，谁叫你自愿进这个赌局呢？

这就是游戏。

19.1.4 令企业言听计从的"专业"估值

1. 估值的"专业技术"并非高深莫测

资本市场是资本主导的市场，在企业面前，资本高高在上，而企业总显得很卑微，特别是需要融资的企业。

《投行业务资讯》上报道了一篇《2019 年 A 股 IPO 中介机构费用排行，审计费均值 748.5 万，律师费均值 399.5 万》（佚名，2020）的文章，显示了融资企业的被动与无奈，他们出于对资金的渴望和对上市的向往，往往在资本和机构面前言听计从，对所提条件和所交费用一般不会提出过多异议，完成估值和审计，花费一两千万是最基本的。

估值与审计，难道真就这么专业、这么难吗？

"围城"之外的人，对估值这种"高大上"的"专业"是很敬仰的，但"围城"之内的人知道，传统估值的"专业度"其实并不深，难度也并不大。

估值机构对非上市企业所采用的估值方法主要有资产法、现金流折现法和市场对比法三种，这些方法确实并不深奥。

资产法，也叫“清算价值法”，是根据财报和实际财产剩余，对企业现有的剩余资产进行盘点，按一定折扣率计算资产价值的估值方法。一般而言，在清算中，现金价值无须打折；有价证券和短期投资的变现会有些许成本，可剔除1%的成本；应收账款需根据应收期长短来判断，短期的回收成本小些，长期的回收成本高、风险大，所以，一年内一般打个九五折，一年以上大约只能打个六折；其他流动资产、存货和固定资产变现往往只能折算一半的价值，所以打五折；在建工程变现率低，只能打个三折；长期待摊费用和无形资产如难以核算出价值往往就只能清零。表19-1是某公司的资产负债情况，对各项资产和负债打个折头，合计一下，清算价值结果便得出来了，就加减乘除而已，一目了然。

表19-1

某公司的清算价值

	资产与负债	期末余额（元）	折算率	清算价值（元）
1	现金	310746.00	100%	310746.00
2	有价证券、短期投资	76000.00	99%	75240.00
3	应收账款（一年内）	581532.20	95%	552455.59
4	应收账款（一年以上）、其他应收款	192310.06	60%	115386.04
5	其他流动资产	465200.30	50%	232600.15
6	存货	1652206.00	50%	826103.00
7	固定资产	310258.46	50%	155129.23
8	其他固定资产	21019.18	10%	2101.92
9	在建工程	671801.00	30%	201540.30
10	长期待摊费用	258300.27	0%	0.00
11	无形资产	62000.00	0%	0.00
	合计	4601373.47		2471302.23
1	负债	–476780.51	100%	–476780.51
	清算总计			**1994521.72**

这种方法估出的值往往不高，对于企业而言是比较吃亏的，它没有把团队、技术、创造力等价值计算进去，**仅仅只是在账面上将剩余财产按可变现程度打了个折而已**，技术含量并不高。

现金流折现法是把企业未来一定时期内预期的现金流量还原到现在来体现企业价值的估值方法。其核心计算公式是：

$$P=\sum_{t=1}^{n}\left[CF_t/(1+r)^t\right]$$

其中 P 为企业现在的估值，n 是企业的寿命，t 为年份，CF_t 是企业在 t 年份产生的现金流量，r 为折现率。

举例，某公司投资 2 亿元购买一个创业园，假设经营 8 年后再卖出，预测第一年可收到租金 1500 万元，其后每年增收 100 万元，第 8 年创业园将以 2.8 亿元卖出，按 10% 的折现率计算，该公司的估值（就投资这一个项目而言）即为约 2.27 亿元。（见表 19–2）

表 19–2

某公司的清算价值

年份	现金流总量（万元）	折算率	计算公式	折现价值（万元）
1	1500	10%	$1500/(1+10\%)^1$	1363.6364
2	1600	10%	$1600/(1+10\%)^2$	1322.3141
3	1700	10%	$1700/(1+10\%)^3$	1277.2352
4	1800	10%	$1800/(1+10\%)^4$	1229.4242
5	1900	10%	$1900/(1+10\%)^5$	1179.7505
6	2000	10%	$2000/(1+10\%)^6$	1128.9479
7	2100	10%	$2100/(1+10\%)^7$	1077.6320
8	2200+28000	10%	$30200/(1+10\%)^8$	14088.5229
	估值总计			22667.4632

当然，这只是便于理解而举的数字简明的例子，在实际运用中，现金流的估算和折现率的取值，要根据该公司所在行业的情况及其未来的风险大小来判断。

关于现金流的计算，西方标准公式是：

CF=EB（1–T）+DA–CE–CC

其中 CF（cash flow）为公司现金流量，EB（earnings before interes and tax）是息税前利润，T（tax）为税率，DA（depreciation & amortization）是折旧和摊销，CE（capital expenditure）是资本支出，CC（changes in net working capital）是营运资本变动。

但中国的利润表与国外利润表中的项目顺序不同，各项目代表的意义也不同，所以现金流计算公式替代为：

FC=NP+FE+DA–CE–CC

其中 NP（net profit）是净利润，FE（financial expenses）为财务费用。

加权平均资本成本 WACC（weighted average cost of capital）因宏观经济、公司所处行业、公司自身经营能力而不一致，折现率 r 的选择就不同，一般分 8%、10%、12% 三档，很难有统一标准。

当然，现金流折算法也只是将未来现金折现到现在而已，并未把企业的团队、技术、韧性、沉淀、抗风险力等价值纳入计算，仍只是停留在资产数字上。在知本时代，它对企业未来的生产力估算有着明显的缺陷。

市场对比法包括可比公司法和先例交易法，均是以类似的上市公司作参照，来估算非上市公司价值的方法。

可比公司法是拿具有可比性（同行业、可参考）的同类型上市公司的财务比率 P/E（private/equity，即市盈率）或 P/S（price/sales，即市销率）为基础，乘以目标公司未来时期财务收益后，按一定的折扣计算出企业价值的估值方法。其计算公式是：

V=FE · FP/E

其中 V（valuation）为估值，FE（forward earnings，远期收益）是未来 12 个月利润，FP/E（forward P/E）是预测市盈率。

FE 可以从目标公司历史利润的发展趋势来作出推断，这并不难。而 FP/E 则可以在可比上市公司的平均预测市盈率 RAFP/E（reference average forward P/E）的基础上打个折头即可，即 FP/E=rRAFP/E；而 RAFP/E 则可以在 RATP/E（平均历史市盈率 reference average trailing P/E）基础上打个折头（一般七五折左右）便可，那么则有：

$$FP/E=75\%r \cdot RATP/E$$

一般情况下，目标公司规模越小，离上市越远，r 的取值就越小。天使轮 r=15% 左右，A 轮、B 轮、C 轮 r 分别为 30% 左右、60% 左右、75% 左右。

比如，某公司的同类型多家上市的前 12 个月平均市盈率 RATP/E 为 40，该公司未来 12 个月的利润预测 FE 为 8000 万元，在 B 轮融资时可估值为：

$$8000\text{ 万元 }\times 75\%\times 60\%\times 40=14.4\text{ 亿元}$$

先例交易法：找出与目标估值公司行业和阶段相似的刚被收购（或投资）不久的公司，依据它的交易估值，乘以相互间的财务业绩差，从而估算出目标公司价值的方法。财务业绩可以是近期 12 个月的利润 E，或销售额 S。

例如，A 公司前不久刚被 C 轮收购，估值为 18 亿元，其最近 12 个月的销售额为 3.3 亿元，B 公司与 A 公司是同行，近 12 个月销售额为 2.4 亿元，正准备做 C 轮估值，那么，就可以直接参照 A 公司得出 B 公司的估值结果为：

$$18\times 2.4\div 3.3=13.09\text{（亿元）}$$

小学题难度。**依葫芦画瓢即可。**

市场对比法说到底是一种“懒人”做法，估值科学与否不便去推敲，因为市场随时是波动的，而且世界上本来就没有完全相同的公司，所以不具备“完全可比性”。有这种可能，被拿来参照的公司为了操作股价杠杆，公布的财务信息往往有误导性，如果仅依此“葫芦”来画“瓢”，那么估值的准确性就会大打折扣。然而，除此之外似乎也没有什么更为精准的估值方法了，于是也只能依此将就。假如，参照的这个“葫芦”也只是画出来的“瓢”呢？

而这个“瓢”的原型，也是个“瓢”呢？或许，人们对于市值是“估”出来的早就习以为常，无所谓准确与否了。

已上市企业的估值方法，主要就是相对估值法和绝对估值法，大体原理也跟上述方法差不多，不再赘述。

2. 金融资本杠杆实体企业无碍于“估”得准与不准

其实在金融资本主导市场之前，还是有不少机构在努力研究企业估值精准化方法的，包括本书上一章所提到的各种账面之下的价值，如沉淀值、技术值、团队值、韧性值、创造值、抗风险值等。但由于金融资本的强盛，导致整个资本市场都走向了贸易化，而实体生产则逐步被边缘化，甚至陨落成了财富游戏的一个支点。

市盈率、市销率、市净率（price to book，即 P/B，股价与净资产的比率），这些杠杆词汇风靡在市场上，大家从关注实体企业的价值生产能力，到关心它的业绩发展趋势，再到只提取它的账面数字，最后干脆只玩味它的信息包装，甚至利用时间差将这些信息组合为不同时段的反向诱导信息，以期掀起波浪，引起市场人去追高买入，或者在谷底绝望斩仓，而自己却利用高抛低吸的手法，直接把市场人的钱切换到自己口袋……

游戏发展到这种地步，赚钱是最快最容易的，为何还要去纠结估值方法？为何要去“高投低产”地搞实体生产？所以，不必期望金融资本去经营“投产比不高”的实体业务，做做杠杆和倒手即可，更多“正事”（方向组合信息）才值得他们去花精力。

任由市场自由激荡，劣势者才能更好地被吸吮，而优势者才可以更强大。因为“丛林法则”演绎出来的西方市场已经形成了“强者恒强、弱者恒弱”的“自然”规律。

市场波浪起伏，这是资本财富效应的法宝。所以，市场法则也就成为市场的最高法则。“随波逐流”就是市场法则，大家无须对估值机构吹毛求疵，相互参照一下，便是“随波逐流”。

如果纠结值估准不准，会被认为是太认“估值本身”这个微观道理，其实作为机构，其更重要的任务并不在于追究这个值上，而是在替投资方研究标的公司的未来值不值得玩味。如果标的公司的数据可用作下一轮次或市场交易的杠杆基础信息，就可以去评估。评估完成投资方自可进行下一步的杠杆操作，而机构，居间费就也就落袋了，那些准与不准的道理，并不值得纠结。

所以，**所谓的估值方法，它是手段，是工具，是大家携手走向股权贸易市场的一个过道。其实对于估值机构，要说技术含量，更多的是如何揣摩投融双方的心理需求，在融资方有杠杆价值时，努力撮合，这就是技术。**

对于一两千万元的审计费、律师费，很多企业是懵懂的，虽有些难以接受，但毕竟投资人和机构是来打开“天堂”之门的，企业自然不好意思讨价还价。有句网络流行语“**咱也听不懂，咱也不敢问**”，正应了企业主此中的心境。

即便是看了本书，明了估值游戏的原理之后，企业也得认这些费用，正如一个律师花同样的精力打 1 万元和 100 万元标的的两个官司按金额百分比收费，差距甚大但合理合法一样，大家得遵从游戏规则，因为玩市盈率的地方它就没有小宗生意，费用又怎么可能会少？

估值机构和投资方从来都很淡定，准与不准，不是还有对赌吗，一纸赌约，投方无忧。

本来就是赌局，大家都是来杠杆市盈率的，知道这一路不可逆，都有输赢的心理准备。老手们都明白，每进行一个轮次都是在对企业“杀鸡取卵”。IPO 以前，轮次越高风险越低，IPO 之后浪高水急，就要快进快出，因为企业的未来被透支太多，泡沫累积太大就会有破的可能，所以大家都会祈祷不要成为像乐视里孙宏斌那样的最后一批接盘侠。

市场的波浪不会停歇，乐视悲剧——外人觉得人家一亏就十亿百亿很心痛才称之为悲剧，局内人却认可“输不起怎么玩得起”的道理反而一笑而过——不是第一个，也绝不会是最后一个。

毁灭和重生，于资本市场，只是正常的生态。

19.2　从资本杠杆股权到股权催化资本

19.2.1　告别断崖式融资和机构成本

普通的企业不是不想估值，而是估不起值。

由于没有估值，企业就很难进行无须偿还的股权融资，需要资金就只能去借要还本付息且需支付中间成本的债；迫不得已要进行股权融资的话，大家碰个头、喝个茶，股份比例就凑出来了，如此不严谨的形式，让很多人自己都觉得心里不托底，要达成融资并不容易。

然而对于普通中小企业而言估值的确不太现实。首先是估值费用太高，且因估值规模小的，或因不符合资本操作股权杠杆的轮次，机构不一定愿意进行估值；其次是时间成本太高，进行估值一般需耗费三五个月，还得对企业的多个方面进行尽调，可能会令整个企业耗费大量的时间用以配合调查，企业本来就脆弱，折腾几个月没等资金到账可能就一命呜呼了。

企业即使估得起值，也只能进行断崖式融资——隔数年时间融一次，一次融一大笔资金。因为估值成本高，一次融资额度不大就划不来；做一次估值不容易，再下一次进行估值须等数年之后。

断崖式融资的特点就是估值一轮融资一次，不估值就无法进行股权融资。

所以，这种投融形式只能把资金和价格垒在那个断面上，无论到下个断面之前资金是少了还是多了，或者崖间不同时段的价值是大是小，都只能以之前断面的估值数字为基础，否则，以什么标准定？无法找到精确的标准。

所以注定了这就是个赌局：

其一，不同时点的不同贡献和价值均按断面的同一个值来计算，无论贡献多么大或多么小都只能按断面上既定的股份来分配，贡献多了，只有吃亏，只能认赌服输。

其二，在下一个断面之前，只能按估算融这么一笔资金，多了，财务成本过大难堪重负；少了，不够使用也难以增加，企业无论如何都得走向下一个断面，要么只有认赌服输。

其三，为了撑到下一个断面，本次融资无论财务压力多大，融资不能太少，然后企业背着这一大笔资金，每天支付数额不低的财务费用，市场压力油然而生。

然后，注定了这个局是个耗局：

第一，断面上定好的股份比例即是企业的“宪法”，此后各方的贡献无论差距多大都不可去改变分配比例，于是，贡献大的只能吃亏，贡献小的反而占了便宜，那么，某位股东想要不被人占便宜就只有比别人贡献更少，大家要是这么一比，只有交替下滑的结果。

第二，从每一个断面出发，所有股东（包括任何一个资金持有人或劳动者）增加的任何贡献，都不能在其股份上量化体现，那么，大家凭什么要去积极贡献？

第三，只有在下一个断面展开激烈争夺，才是唯一提高自己股份和收益的途径，那么，除了去做不生产价值的争夺，还有什么方式可以比这更快更直接提升股份和股东权益的呢？

即便如此，为什么投融市场还是如此火热呢？

在金融资本盛行的当今，投融市场不可能不热闹，因为资本会不断地寻找猎物，有了猎物才能掀起“波浪”，掀起“波浪”才有交割的机会，把猎物推上高点交割了钱就赚到了。在巨大的杠杆利益驱动下，投融市场会持续火热。合作是双方自愿的，一个愿打一个愿挨才会有结果。虽然企业是被利用的杠杆支点，用自己的未来供大家一起套现，但毕竟蛋糕做大了自己还是可以分到一块的，至于做大以后企业撑不撑得住，只要创始人能在高点套现逃离，企业的泡沫即便破了又如何？只要能像资本一样套现出局，企业毁了，也是最后的接盘侠埋单，出逃的创始人还可以重新另起炉灶。贾跃亭不就是从乐视网金蝉脱壳了吗？只要在美国申请破产成功，绝大部分债务就可以一笔勾销。资本的游戏里没太多人在意良心不良心，飞向“天堂”的过程中良心不那么值钱。当企业主决定要让资本进行杠杆，准备套现企业未来的时候，钱就比初心更重要了。所以，共同奔赴赌场的大道上，不可能不热闹。

相比实体生产，股权资本赚钱实在太容易，也太快了，这是众多企业主膜拜“天堂”的原因。

在很多人看来，“天堂”之门一旦打开，自己因为“升天”所背负的无论多少的债务也就可以化解了，因为“天堂”这个放大器把企业未来放大出来的影像，足可以覆盖掉所有的债务，甚至还有不少剩余。所以，很多企业是抵挡不住这种诱惑的，为了“升天”，不惜举债，即便“路费”“甲方”（投资方）不承担。

不妨来看看2019年A股市场的“路费”：所有的IPO平均下来，律师费为399.58万元，审计费为748.53万元，信息披露费为468.09万元，保荐费和承销费为5624.25万元，其他费用为121.62万元，合计7348.28万元。（佚名，2020）数据表明，一家企业IPO阶段的花费平均是7000多万元。这些费用或由“乙方”（融资方）提前举债支付，或由其在上市后以股票兑现支付，总之，都该“乙方”买单。

至于“甲方”们分走的那些大头，就更不用说了。林林总总，都是在企业市盈率放大的情况下，吸吮实体企业的血液而实现的盈利。为供养起这么多的寄生者，企业能不“身体被掏空”吗？

当然，也有一些企业骨头硬，不为快钱所诱惑，不想被资本绑架去消耗未来，坚持以生产价值获得发展的初心，比如华为。只不过，守住初心需要底气和定力。

本书便是给众多实体企业带来底气和定力的。

底气和定力，在于利用自有资源，在企业循序渐进的过程中，自然获得源源不断且无需成本的资金，不透支未来，也能从容发展。

给企业底气和定力的方法源于动态估值和动态股份，这个方式是**常态融资法，它可以让企业有用不完的股权和融不尽的资，而且，资金是即需即融，无须成本**。此方法经诸多企业实践，已凝练成一套企业自助运营系统，市场上称这套系统为分值股权系统。

这套系统因为采用的是动态估值，即将每一项工作和贡献事项逐月赋值于贡献人，每月末将每个成员的贡献总分值量化为其股份数，所以动态股份也就形成了。有了动态股份，动态融资（随时随地融资）局面也就形成了。

因为可以将无限大的股份数加权平均分配任何静态利益和权力，所以无限发放股份数的格局也就形成了。因为估值和配股系统是程序化、自动化的，完全无须人力劳动的参与，所以融资成本也就完全不存在了。由于资金即需即融，无须一次性融过多的资金，囤积资金的财务压力自然也就不会有了。

19.2.2　动态估值让企业由“乙方”变成“甲方”

动态估值最核心的意义，就是将每一项工作或贡献的价值精确地称量出来，并赋予贡献人。既然做到精确称量了，那就不是估（大致推算）了。动态估值这个名称更准确地应该叫作**动态赋值**，但市场上约定俗成把计算价值叫作估值，在此还是以**动态估值**来定义更便于理解。

动态估值最突出的作用就是造就了动态股份，而动态股份的产生将彻底改变企业融资的被动地位，使企业由“乙方”（被动方）**变成“甲方”**（主导方）。

投融交易往往是以融资方的需求为起点的，所以一直以来，资本来到企业面前俨然就是一个救世主，由于套现企业未来的本质巧妙地被自由交易市场即时套现的现象给掩盖了，股权投资给到企业是“不用偿还”的，而且投资人于企业还有“升天”引路之恩，故可令企业毕恭毕敬。

其实股权资本一直都在喋血，没有哪一环的利益是天上掉下来的，都是企业辛辛苦苦做利润，然后被杠杆出来的。从天使进入企业，到 VC、PE，再到 IPO 和上市之后，一路都是在企业市盈率不断被炒高的基础上，各方套现而获利，市盈率（或者市销率、市净率）被炒得越高，企业的未来就被套得越远。在 IPO 之前，投资风险较大，因为只有把企业做到下一轮或带入“天堂”，资本才有套现赢利的机会，所以资本定然会对企业快马加鞭；IPO 之后呢，企业同样是扛着众股东逆水行舟，如果扛不动就可能会一起沉溺，所以，企业只能像“乐视网”一样不断地急行军，托举出的每一波升浪，都让一批股民套利而走，而每一波的下降，都是财富的蒸发……

企业一旦走上“天路”，就只能一路往前走，在股东们持续地套现中不停地往前走，尚有被套现的价值，就继续为股东们贡献利润；否则，就只有携最后一批接盘侠等待泡沫的破裂，而无论是继续行走“天路”还是等待泡沫破裂，都无法回归从容生产之路。

华为能踏实地进行价值生产，从容地发展，得益于一直没有被资本绑架、没被“杠”出泡沫。

有了动态股份，企业就可以不去“升天”也能做股权融资了。

因为以动态股份为基础的分值股权系统是一套连上网络就能用的自运营系统，拥有自主交割股权完成投融行为的功能，任何企业都可以依此系统从此告别融资成本、告别对机构的依赖，并且需融多少融多少，什么时候该融就什么时候融。

有人会担心，不让资本主导了，它还愿意投进来吗？

众所周知，资本只有一个爱好，就是风险最小化、利益最大化。所以，资本的核心目的不是一定要主导什么或者要杠杆谁，它只追求在风险尽可能小的地方获得尽可能大的利益。

在动态股份里，资本无须依赖任何估值机构，也没有投资大小的压力，而且进出便捷，还能每月获得赋值、价值只涨不跌，这种稳当获利的机会，不投，它就不叫资本了。

那么，在资本开始追逐企业的时候，就该企业操纵杠杆了。

一头，企业可以利用“即需即融”的资本，把运营团队“杠”得生龙活虎；另一头，企业可以利用运营活力和充足的“剩余”，把资本“杠”得不亦乐乎。

股权投资投的是股权，股权的分配是红利、清算等“剩余”，而在“剩余分配”之前还有什么？还有工资、月奖金、提成、福利、年奖金等非红利性的各种分配。那么，除去员工们的分配之外，核心团队还有太多的激励空间可以拓展：骨干月奖金，这个可以有；执行董事福利，这个可以有；公司整体年度业绩提成，这个可以有；年度管理奖金，这个也可以有；再深入些，季度、年度或三年任务完成的激励性对赌，都可以有！只要是能让企业健康发展下去的，让“剩余分配”继续增长的，都是积极、有效的激励。有了充裕的资金，运营团队的激励措施自然有力道。

企业杠杆的两端是运营团队和资本，他们的收益边界是“剩余分配”。从大原则上看，“剩余前分配”是运营团队和企业的，“剩余分配”是资本和企业的；当然，干股股东也参与“剩余分配”。

杠杆的要点，在于“剩余前分配”用动态的“知本分值”（O分、P分、Q分）进行静态的加权平均分配，“剩余分配”以动态股权进行静态的加权平均分配，动态股权由“资本分值”（R分）和“知本分值”转化而得。

在杠杆的两头，运营团队因资本的充裕而生龙活虎，资本因价值只涨不跌而长期驰援，企业则在运营团队和资本的共振之中，获得“剩余前分配”和“剩余分配”足够的结余。这种**既利用资本的青睐充分杠杆出生产创造，又利用生产创造充分杠杆出资本活性的结果，就是动态股权最现实的作用。**

而共振的结果，是各方自得其乐。

19.2.3 给企业一套自运行资本流转系统

中小型公司能从正规渠道获取到的资金非常有限，他们的融资主要靠自行集资（蔡智渊，2018）；民间融资中间环节少、程序简便、资金迅速到账（吴丽超，2019），这是中小企业以民间融资为主的原因。

中小企业的融资主要集中在债权融资上，因为股权融资对他们来说非常难以操作。除非是在企业组建之初，如需进行股权融资，几个关系亲近的股东权衡一下股份分配即可操作；如果是在企业的中期阶段，要拿出股权来融资非常伤筋动骨。首先，须从老股东手里分割股份，分割时很容易激化原有股东之间累积起来的心理不平衡问题，导致顶层团队失衡；其次，需进行企业估值，以便衡量该让出多少股权融回多少资金，这需要花费大量的时间和成本，这些问题全部解决之后融资操作才能开始，而后还需跟投资方开会、洽谈、交流，确定之后还需通过董事会决议，然后再签署协议、公证，再进行工商变更和财务交割……

债权融资既要还本也要还息，对企业的财务压力是相当大的，而通过股权融回来的资金是不用偿还的，对企业没有财务压力，所以企业渴望用股权来融资，但股权融资的传统做法的确难以操作。

分值股权系统问世之后，股权融资则成了企业的“家常菜”，因为它非常简便。

这套系统的构建思路，是投资款极为公平地以 ¥1 元 =R1 分进入公司，从进入的第一天便开始体现支持企业生产创造的作用，而企业每天的新增价值就跟这笔投资款相关了，于是系统自动将新增价值归属资金的部分平均分配给所有 R 分（给 R 分赋值）。因为价值每天在新增，价值一旦产生了就不会再被抹杀掉，价值产生只会增加，所以 R 分所得的赋值只会上涨不会下跌。**R 分只涨不跌是价值体现的客观结果，而投资者的实股股份是由自身的 R 分换算而来的，所以其股份数也只涨不跌，这对投资方极具吸引力。**

实股股份与干股股份均随企业的价值产出同步增长，这种增长是一种在系统中自动赋值的增长，那么，任何一笔资金或一个人才的进入或退出，除了增大或减小系统加权平分价值的分母值之外，毫不影响其他股份的自增长。通俗而言，就是任何一笔资金或一个股东的进入或退出，对其他股东的股份赋值和股份数都不会造成波动和影响。于是，**所有的干股数和实股数都在随企业源源不断的价值产生而增加，上不封顶，是无限的、动态的。**之后，董事会的静态决策权如何分？各种定量的福利如何分？各种有限的红利如何分？外界传统的合并、分离、出售、清算都要一个静态的百分比怎么算？其方法很简单：**只需将累积到分配时期的股份数（无论多大），加权平均配比所需分配的那个静态值即可。**

资金在这个系统中进出很便捷，如果公司有需求，投资人只需直接跟财务对接，打账、收账即可，进入时间没有限制，何时进入都能获得公平地起步（¥1 元 =R1 分）和公平地赋值（所有 R 分平均赋值，进入当月按所剩工作日占整月工作日比重参与当月赋值）；如果公司资金富余，则可在富余额度内申请套现（扣除税费）。

关于资金进出的额度，由公司根据需求决定，资金缺口大则可融进较多资金补齐缺口，而资金冗余则可以允许多余资金兑出，以减少财务压力。

企业使用这样的股权系统，融资并不需要机构估值，自然不会有中间成本和复杂的手续，也不会有太多时间成本；资金的进出无须稀释任何股东的股份、无须变更股东持股结构、不影响任何股东的股份数和增长过程、无须召

开董事会、无须变更协议，节省了管理成本、释放了财务压力，最为重要的是：公司不会被资金绑架，无须套现未来。

的确可以如此便捷地自助操作？

的确。

这样的操作可以让资金公平起步、科学赋值、和谐成长，这样的股权融资客观、精准、规范、简便、快捷、透明、自由，资金可大可小、即需即融、随余随出，操作简单到了如同一个普通员工入职离职一般，连 CEO 签字这个流程都显得累赘。

众人皆知的道理：**退出的难易程度决定了进入的难易程度**，因此，容易兑出，便无须担心没有资金进入。何况，只涨不跌。

在企业自我把控的这个进出自如的“世外桃源”里，融方满意，投方满足，大家都比在“天堂”自在，至于“升天”之路还走不走，已经不那么重要了。

19.2.4　让企业持续发放股份却无须透支未来

从原理上讲，动态股份可以持续发放。

因为任何静态的分配量（固定量的奖金、福利、红利、清算等权益）都可以跟动态股份某个结算时点的累计值（无论多大）配比，将静态的固定分配量加权平均分配给股份，而股份数可以是任意数，无大小限制，所以，用于融资的股份数理论上可以无尽发放，那么，按 ¥1 元 =R1 分进入的可融资金则可以无限大。

当然，在实际运用中，股份数不应该无节制地发放，因为在新的股数进入时，也会相对挤压老股东的分配空间，相当于在摊薄老股东的股份比例，这跟传统的稀释原理是一样的，新进股数越大，稀释程度就越大。只是，传统的稀释用降低老股东股份百分比来体现，直接、辣眼、扎心；而动态股份中，稀释是隐匿的，人们在自己股数只增不减的过程中感受不到相对百分比在下降，无震、无痛、无感。企业如果无节制地发放股份来融资，一旦需要进行决策时，系统还是会换算出表决权的百分比的，当管理股东的权力比值低于控制线时，就会丧失控制权。所以，企业融资所发出的股数，应该在控制线之内。也就是说，为了避免丧失控制权，核心管理团队可以在释放股权进行融资之前，先输出该时段的股权百分比，在保证控股权的情况下，根据所剩股份数，量力而出进行融资。

由于老股东的权益是在不断增长的，当老股东的股份再次增加后，又可以有新的空间来增发融资所需股份（“蛇”长大的再吞另一头“象”），而不用丢掉控股权。

动态股份让企业在确保控股权的基础上，能根据新增产值不断地、无终点地进行股权融资，甚至不断地“吞象”，这么“酷毙了”的操作，竟还不用透支企业的未来，为什么呢？因为，所有这些“增发”行为，都是循序渐进地基于已有新增创造值进行的，而非急功近利地套现未来，没有制造泡沫、没有虚增市盈率。

如果企业实行动态股份措施，只是想要保住控制权，愿意不断稀释分红权，也可以根据自身可稀释的程度放大“增发量”，以行政手段把“权”和“益”分开定义，即可保住控制权。方法之一是决策权委托法，即像阿里巴巴和京东那样，核心团队受托大股东的经营决策权（投资人将决策权委托给核心团队行使）；方法之二是章程圈定法，即直接在公司章程上规定，无论股份比例如何变化，核心团队的相关决策权不变。如此，动态股份下用于股权融资的股份数便可放心“增发”了。

有了机制，就不用太担心融不到钱了，市场上最不缺的就是钱，缺的是能让资金赚得又稳又快的团队和平台。乐视悲剧让更多的资本明白了泡沫游戏夹带着自己不可预测也难以控制的风险，安全性被重新放到投资抉择的第一位置。越来越多的资金会更愿意伴随不玩泡沫的企业，明明白白地增长、踏踏实实地收割。**赚得又稳又快，才正中资本下怀。**

19.2.5 “蜂巢机制”让投入产出最大化

很多人知道蜂窝结构好看（见图19-1），但不一定知道蜂窝鬼斧神工的背后蕴藏着最节约材料、最稳当结构的科学道理。

图 19-1　蜂窝结构

举例说明一下这个科学道理。

假设有 A、B、C、D 四个城市，AB、AC、BD、CD 之间的距离都是 100 公里（如图 19–2）。

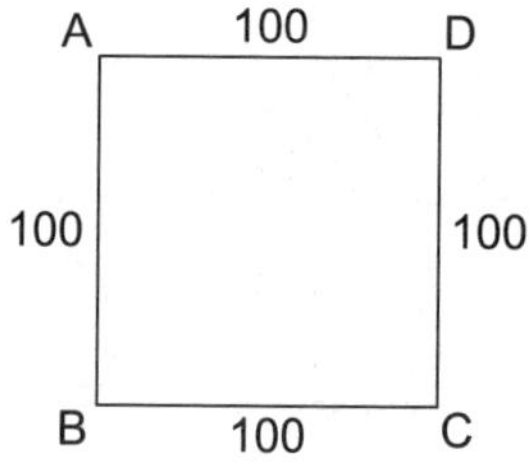

图 19-2　四个城市的距离

我们需要架设电网，让四个城市的供电并联起来，那么，怎样架设最节省材料呢？

普通人的第一反应就是像上图那样，将四个角连起来。那么，我们按这个方案算一下，会花费 400 公里（4×100）的材料，这样的“口”字形架设是最节约的吗？

有人提出了“N”字形的方案，见图 19–3。

将四个城市连成 N 字形（见图 19–3），那么，AB+BD+CD=100+100 $\sqrt{2}$ +100 ≈ 341.1（公里），这比上一个方案节约了将近 59 公里的材料。

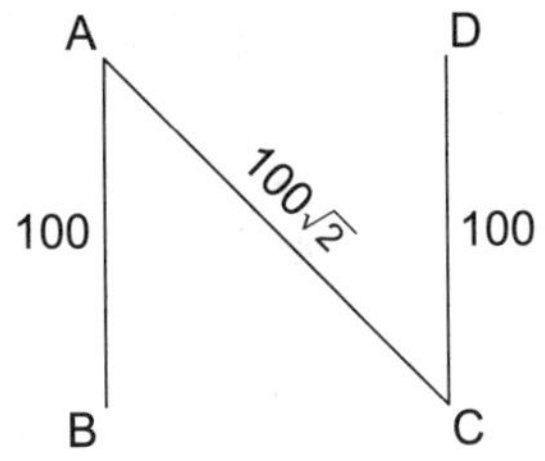

图 19-3 “N”字形方案

还有更节约的方案吗?

有人提出了“工”字形方案(见图 19-4)。

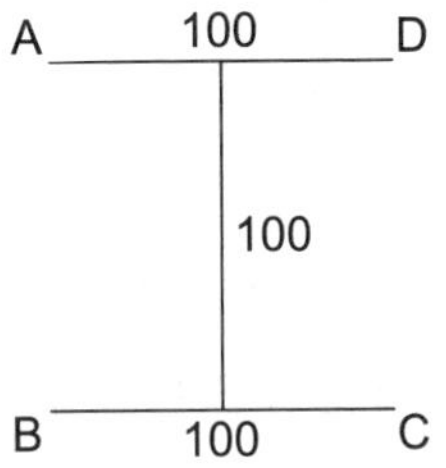

图 19-4 “工”字形方案

即将四个城市连成工字形,很明显是 3 个 100 公里,总材料才需要 300 公里,比“N”字形方案又节约了 40 多公里。

还可以再节约吗?

有人设计出了“X”字形方案(见图 19-5)。

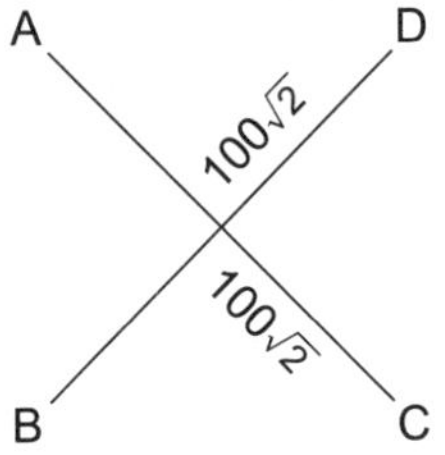

图 19-5 “X”字形方案

即将四个城市连城“X”字形,材料为 $2\times100\sqrt{2}\approx282.8$(公里),于是又节约了 17 公里多的材料。

其实最节约材料的是“蜂窝边”方案（见图 19-6）。

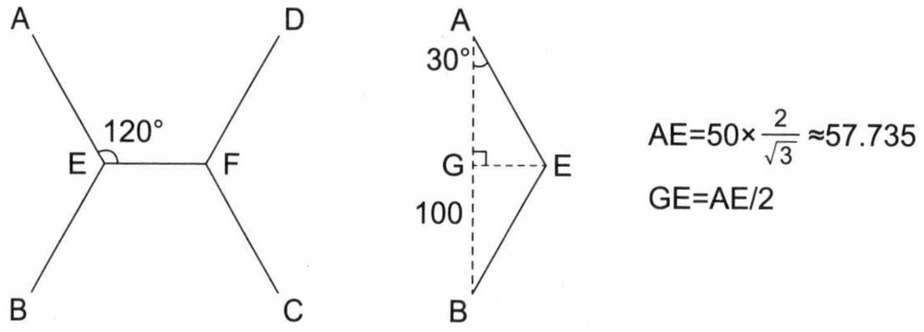

图 19-6　“蜂窝边”方案

即：AE+BE+EF+DF+CF=4AE+EF=4AE+（100−2GE）=4AE+（100−2AE/2）=3AE+100 ≈ 3×57.735+100=273.205（公里）。

又节约了将近 10 公里。这才是最经济的方案。

在实际运用中，通信部门会按蜂窝状布局，将信号塔架设在蜂巢中心，那么这样的布局是最省材料，又能让信号覆盖率最优的。在现实社会的各个领域，蜂窝结构节约材料和能源的事例处处可见。

蜂窝结构所用的材料是最省的，那么材料所占的空间也是最少的，所以，在一定范围内空间容积也是最大的，这个道理在公元前 3 世纪，古希腊学家就已得出结论。

同时，蜂窝结构中，巢壁的承压分布也是最稳的，各壁除双面受力均衡之外，交叉点的力量牵制达到了最平衡的状态，因为∠AEB、∠AEF、∠BEF 都是 120°，Y 字形的结构使各个方向的力量牵扯很均衡，而丁字形、个字形、卜字形、弹弓形等结构，其支点 E 或者巢壁都无法足够稳当（见图 19-7）。

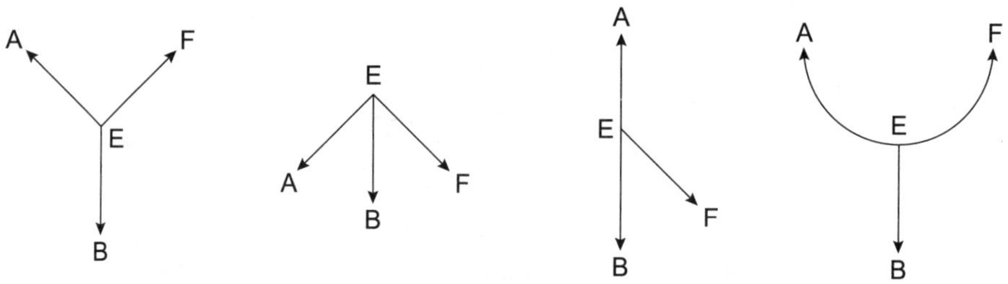

图 19-7　稳定性不同的各种结构

在分值股权系统中，“蜂巢机制”的运用在很多方面都取得了奇效。

比如，融资量最大化（以最少的股份数融进最多的资金）、节税最优化（一个周期内的利益分配使合法纳税最少）、权效最大化（权力的分配与制约达到最平衡状态使权力效能最高）、责任最小化（责任划分使职能人均衡承载，使出错率降至最低）、利益创造最大化（以最小的人财物投入产出最大的利益并使每个单元获益最优）、管理最省（最少的人员和成本覆盖最大的工作面）、时效最高（以最优的时间节点来进行任务分解）等。

所以，广大企业在运用这套系统时，才有了平衡赋值、高效产出的结果。

因为每一个单元（个人或资金）参与生产后都得以准确赋值，其所获利益都源于自己的产出，而非从他人那里分割来，而且都是多劳多得，所以大家都把精力聚焦在生产价值上；同时，由于所有单元的进入与退出均不影响他人，不消耗管理成本，所以传统管理中的你争我夺、力量互耗于非价值生产上的局面自然也就不复存在了，出现的是大家为了自己股份和利益的增长而你追我赶的“比赛”局面。

传统模式里的利益分配格局是你多我就少、你少我才多，但在动态股份体系中，任何一个单元的分值和股份增加，都意味着自己的收益增长和总利益增加，也就意味着其他人利益分配的基数增加，这是一个你好我也好，我好他更好的体系。

内嵌“蜂巢机制”的动态股份模式替代了传统的模式之后，企业内部的争斗会变成互助、内讧会变成共振、低效会变成高产。

19.3 如何把企业的债务化于无形

19.3.1 债务是企业的枷锁

“欠债还钱、天经地义”，这是老百姓认的理。

债务对于企业而言就像是一把枷锁，因为在还清之前，它一直沉重地压在企业身上，并且随着利息的增加不断加重。

而以股权融回来的资金，则不会给企业带来直接的财务压力，因为它既不用还本，也不用付息，仅仅只是占据部分股权。

债权人表面上只是企业财务压力（还本付息），不侵占企业的经营决策权和“剩余分配”权，但在一定条件下，它会因为“权利优先”反超股权，让股权人让位，夺取经营决策权和有限获益权。

在财务分配顺序上，债权是先于股权分配的，债务清偿完毕才进入“剩余分配”。所以，在债务到期不能支付，或出现清偿违约时，债权人将会接管股东对企业的经营决策权，并获得优先清偿的权利。在专业上这叫“决策权让渡”，即剩余索取权向债权人转移。

所以，债务对于企业的风险，不仅仅是本息偿还的压力，还有经营决策权和剩余索取权让渡的危险。

在中国，大部分企业在形式上是按有限责任方式成立的，即在注册资本范围之内承担有限的责任（不承担超过股东注册资金之外的责任），即便是破产，也是拿公司的“剩余财产”来偿还，而股东的其他方面的财产无须拿来填补债务。但实际上，企业的很多债权人是亲朋好友，就算是破了产，股东们也会觉得信用和关系伤不起；如果伤了，就等于失去了东山再起的资源基础。所以，很多企业主还是以“无限责任”的心态来看待债权人的（个人独资企业和合伙制企业责任是无限连带的）。

债务一直是很多企业主的心结，把债务化解掉是他们梦寐以求的。

19.3.2　让债务烟消云散

背负着债务，企业压力重重，脚步很难自如地迈开。那么，有什么方法可以把企业的债务化解掉而不用偿还吗？

分值股权系统可以轻松地把债务化为无形。

动态股份中的实股自从进入企业开始就开始被赋值了，随着所赋的值越多，实股数就越大，也就是说，只要企业还在经营，有新的价值生产出来，实股就在不断增长，只涨不跌，像滚雪球一样，资金的价值越滚越大；而且，因为实股资金的进出相当便捷，这对于追求产出比的投资人而言是非常有吸引力的，当然这也包括债权人。

不妨来对比一下资金在债权和动态股份中的权益，见表 19–3。

表 19–3
资金在债权与动态股份中的对比

对比项	债　　权	动态股份
增值性	资本无增值	资本不断增值
获利方式	一定的固定利息	不断增加的剩余分配，额度上不封顶
获利延展性	到期终止	无限延长
退出灵活程度	到期才可退出	企业资金富余时可退出
经营参与权	无	有

所以对于已借债给公司的债权人，他们自会权衡风险利弊，动态股份的风险显然比债权还小，而收益明显比债权可期，那债权人为何不选择债转股呢？

那么，动态股份机制下的债转股到底是怎么操作的呢？

动态股份之下，当债权人按期领取了利息，表明所领周期该项资本的权益已兑现，那么，债权仅可以在尚未计提利息周期后转为股权，转股时债本金按 1∶1 转为股本金；如果债权人想把债转股的赋值权和获益权前移，就必须将前移周期已领利息全额及其息上息返还公司。至于以何种方式实施债转股，各企业会根据自身需要自定义。

总之，动态股份机制之下开放债转股窗口，对于企业和债权人是一个双赢的局面，债转股后，权益人的投入产出比更高了，自己也取得了更灵活的退出机会；而对于企业，则是发放了一些股份，解除财务压力和风险——本和息即可一笔勾销。

第 6 篇

分值赋能 共振发展

百分比让人聚焦于结果分配和份额争夺，造成内耗、窝里斗、你争我夺；分值比让人聚焦于过程创造和价值贡献，引发的是共振、比贡献、你追我赶。百分制锁定了合伙人，不到期不可以退；分值制让所有的人和资金进出自如，让股东的股份只增不减。

第 20 章

分值制替换百分制是矛盾转为和谐的秘方

20.1　百分制与分值制

20.1.1　企业内部矛盾的根源是损益的相对性

1. 损益的对立关系发酵了企业各方的矛盾

企业总是在诸多矛盾的牵绊中发展的。

企业的矛盾主要有三大块：其一是劳资矛盾，即劳动者与企业之间的矛盾；其二是劳劳矛盾，即工作人员之间的矛盾；其三是资资矛盾，即不同投资人之间的矛盾。

劳资矛盾是企业的核心矛盾，它主要反映在劳资的收益矛盾上，从传统会计的核算上看，员工领取的薪资（工资、奖金、福利等）就是企业的成本，员工的收入增加，企业的收入就要减少，而企业想要提高利润留存，降低员工薪资是最直接的办法。劳资利益矛盾似乎无处不在，包括给员工实施股权激励也是矛盾的：划给员工的股份比例越大，企业所剩的股份比例就越小。

劳劳矛盾是影响企业生产效能的主要矛盾。企业为保证项目有“剩余利润”，往往会划定劳动成本上限；而在有限的劳动收益中，员工们的效能发挥也是有限的。特别是在奖金和干股的分配中，劳劳矛盾尤为突出，因为有上限，而且常按百分比来划分，所以就形成了彼丰我寡、你少我多的分配关系，某人的比例大，他人的比例自然就小。

股东关系是否稳当是一个企业根基牢固与否的关键，资资矛盾是决定企业生死存亡的根本矛盾，因为一旦投资各方闹翻了，企业就难以为继了。而各股东之间的权益关系一直是互斥性的，包括决策权、分红权、清算权等，都是按所占股比进行分配的，分配关系亦是彼丰我寡、你少我多的，某位股东想提高股份，就得降低其他股东的股份。

总而言之，在企业各项矛盾中，因权益有上限，某一方要提高权益比，就得压低他方的权益比，彼丰我寡的意识成了各方的基础思维。所以，企业无时无刻不是暗流涌动，大家都在压低别人抬高自己的收益“跷跷板”上绞尽脑汁。

企业内的各种关系对立的根源，在于各方之间损益的对立性。

2. 企业各方损益矛盾的罪魁祸首是分配上采用百分制

因为百分制凸显的是各方的相对关系，淡化了各自的绝对收益，而使各方聚焦于相对关系的争夺，忽视着绝对收益数的多少。“不患寡而患不均”是百分制之下各方最明显的心理状态。

本书上册 2.2 中列举的企业的六大绝症，患上其一，企业都将难以为继，而百分制股权结构正是这些绝症发酵的反应堆。

第一种绝症是静态的股份无法匹配动态贡献。

股东在合作之初事先确定的股份比例是以协议形式锁定的，而后来各自在经营过程中实际贡献的绝对值根本无法对等于原定的股份比：有的股东贡献相对于股比偏多了，有的贡献相对于股比偏少了，而且每个月谁偏多谁偏少的情况还不一样，但分配利益（红利等）时，大家却是按合同中既定的股份比例来进行分配的，并不是依据实际贡献进行，所以，贡献与分配的不相称性（不公平性）是绝对的。而这种不相称性，导致的是贡献偏多的吃亏了，贡献偏少的占便宜了。因此，自然会有人“为了不被占便宜而少作贡献”，而大家互相一比较，就形成了集体下坠的消极局面。在经营过程中，任何股东积极多作贡献都对自己股份增加起不到作用，要提高己方的收益，最直接的方法就是提高己方的股份比例，而在百分制之下，就只能从合作伙伴口袋中分割股份。所以，百分制股权结构中，各方基本不会关注自己的生产贡献值，反而是被吸引到了“如何从合作伙伴口袋里分割些股份到自己口袋”这个死胡同里。

百分制凸显的是相互间的对比值，而淡化了各方的收益绝对数。亦即，在百分制下，各方对自己最终收益绝对数的多少是没有太强烈感觉的，而同伴们之间的相对百分比大小却一目了然。所以在实际合伙中，有事业心的、自觉拼搏的，不愿意项目失败的创业者，会努力去作贡献，如西少爷的孟兵等；而事业心弱的、能力差点的，不想太吃亏的合伙人，会仗着既定的合伙协议，蹭兄弟们的贡献。最终，“孟兵们”一定会不平衡，变局难以避免。这是百分制下的中国式散伙的缘由之一。

第二种绝症是兼顾个人等于背离团队。

任何一个合伙人“分心”去兼顾公司之外的个人利益，都会引起众合伙人“心散”的蝴蝶效应，从而使原本“紧密团结”的集体被瓦解。

中国式合伙聚于道义，往往也散于道义。

在百分制股份体系中，众合伙人等于将自己的原始投资和整个身体在合伙企业存了“定期”，在合作期间，大家完全捆绑在一起，才叫“凝聚力很强”，股权的百分比结构表示着地位排列和尊卑秩序，这种既定的结果分配方式，让大家敬畏权力结构，并且聚焦相互间的相对分配比和结果相对值，令大家不断发酵“不患寡而患不均”的比对心理。因为股权百分比既定，“分配结果的相对状况”（相对关系）跃然纸上，“道义”顺理成章成了合作的纽带，兄弟间“有钱出钱，有力出力”和“强扶弱、弱依强”的“原始共享共同体”，成为大家必须自觉维护的集体（其实这就是一种简单而大一统的大锅饭集体），大家“不问出处，只求同年同月同日死”，“有酒一起喝，有肉一起吃”，能力大的多捞些回来倒进“锅”里，能力小的只要用心了少贡献也可以一起分……但，不能“一心一意”为集体奉献者，不论贡献大小，都是“非道义”的。所以，任何一种“公司之外的个人利益行为”都是对集体的“不忠”，都要遭到道德的审判。在这种共同体中，“同生死、共患难”是团队凝聚力的核心理念，它给合伙人的时间和原始投资上了锁，任何一个人去兼顾集体之外的关系和收益，或者提前撤离，都是“非道义”的，是对集体的叛离和肢解。当有人去兼顾其他利益时，共同体就会遭到瓦解，因为其他股东在公心与私心比照中会失衡而“有样学样”，造成众人“心散”，而“不分心”地一心一意为集体奉献者，就会产生巨大的道义反差，在道义基础上的共同体将会失去平衡。

第三种绝症是遵循商业法则等于淡薄兄弟情义。

企业越走向成熟，就越需要建立符合商业规则的运行体系，而“冷冰冰”的商业体系，会冲垮以传统道义为基础的原始创业团队的情感结构，导致核心关系的瓦解。中国式合伙的内容更多的是“兄弟结义”，无“义”不合作，合作必有“义”。“结义”的主要理念是：核心人须服众，有突出的能力（包括能力、关系、权威等），须讲义气，懂得施恩，而追随者们则在受核心人恩惠的状况下追随核心人，为核心人所用。

结义的目的是：一致行动。

为达目的，“小兄弟们”必须不能太有个人想法，否则很难聚力；而老大则必须维持足够的权威，有能且有德，这种组织结构中，老大压力较大，“小兄弟们”唯命是从，整个团队“成也大哥败也大哥”，团队行动方向统一，但创造力不高。合伙企业的股权比例在“结义”之初的确定，更像是整个团队尊卑秩序的界定，固化的股权结构等于稳固的团队关系，于是，整个企业就得以在一成不变的“大哥带领”模式中一致对外。在团队中，小兄弟们得懂得示弱和较为顺从，才能维系老大的权威和团队的稳定，任何小兄弟的冒尖行为都是对核心权威和团队稳定的一种威胁，这种冒尖表现将会成为奴性群体的另类，众人的力量表现为“枪打出头鸟”，形成“木秀于林，风必摧之”的态势，而大哥则可以顺着“众意”把“异端”的头按下去。但是，固化的结构是无法适应企业的动态发展的，当企业的各个体系的实际贡献严重与原始股权比例错位，或当企业需要增补新的骨干和资金时，股权结构的调整在所难免。

于是，企业的每一次股份调整都如履薄冰。

所谓义举，就是奉献和匀分。所以，在小股东们“患不均”的“众意”中，“秀林木”们是很难得到股比提升的，企业的股改当然艰难。“老大”可能一直很辛苦，贡献很大，但股份却不能轻易增加。如果想像西少爷孟兵那样提升股份（从兄弟们手中分割），只能“不好意思开口”，因为老大一旦“自私”了，就跟“施恩”相悖了，便威望不再。反而在增补新骨干或新资金需要稀释股权时，众兄弟往往会挤兑老大的股份（老大在起步时股份一般会多些），因为义就是“有酒一起喝有肉一块分”的大一统，不“匀”，就是不“义”。

在股权调整中，先别论老大想要提升股比，就连“不大方施舍”、不尽量与兄弟们匀分都是“不施恩”的行为，都将动摇兄弟们拥戴的信念。匀分，是道义所然，与价值称量是相悖的。这就是百分制结构直接凸显相对关系比，而淡化绝对收益值的结果，它会把大家引向股比的权衡和争夺，而非聚焦绝对收益值和价值创造。企业发展到一定程度，不遵循商业规则就难以发展，遵循商业规则又瓦解了道义的原始基础，让团队走向涣散。

第四种绝症是运营团队的股权与贡献形成剪刀差。

企业的发展往往需要用股权来激励运营团队和吸引投资，而有限的股权百分比，会让运营团队因为股比相对较小始终摆脱不了帮人打工的心态，并且在与原始股东比较下，形成贡献与股权的剪刀差而失衡；另一头，原始股东也因股权融资与投资方在控制权上难以调和。百分制股权结构不仅限死了股权空间，还将各方的注意力引向股权纷争，而不是聚焦在生产创造上。

原始创业团队打下了“江山”，从心理角度和主权角度而言是要保留 51% 以上控股权的，所以，一般只能给出 10% 左右的骨干激励股和 10% 左右的员工激励股，因此，留作股权融资的空间已不足 30% 了，这就决定了股权矛盾难以调和。

首先，运营团队 10% 左右的股权，必然会跟贡献比形成剪刀差，因为当运营团队成为股东，就可以跟原始团队站在同一平面上进行对比，如上册 2.2 中的昊昱公司的情形一样，运营团队的能力和贡献量（包括学历、专业、工作量、利润输出等）相比原始团队，随着时间的推移必然会显得越来越大，而其股比难以再提升，于是贡献和股权的剪刀差将越拉越大，失衡局面会越来越严重。因此，昊昱之殇会在很多企业重复上演。

其次，企业的融资不可能只进行一两次，30% 的股权空间也只够用一两个阶段。随着企业的发展和融资的持续需要，原始股东的 51% 股权往往将会被稀释掉，控股权之争在能持续发展的企业身上是不可避免的。

可叹的是，股权激励和股权融资的本意是要增加生产创造的力量，但百分制凸显的是各方的相对股比，导致了所有的力量都聚焦到了股权纷争之上……

第五种绝症是股权激励激出的更多是内讧。

员工股权激励之所以常出现激励作用不大反而问题一大堆的局面，主要是因为百分制股权凸显的是员工间的相对股份比例差，将大家“患不均”的心理引向纷争，而并没有使员工们因此去聚焦劳动创造。

由于要达到一定的条件才能成为员工股东，因此，股权激励往往令员工们只是奔着达标条件而去，为达标而达标。例如昊昱公司里，员工为了得到股份搞性贿赂的都有。最难以平衡的是未成为股东的员工为了成为员工股东会比较努力，贡献较为突出，但得不到股东分红；而不少已成为股东的员工却因得到了而有恃无恐，松懈下来，坐享股东分红，造成了事实上“懒者丰、勤者寡”的不平等状况（× 为公司的“奋斗者”改革也是出于这个原因）。

在股权激励之前，员工本来领份工资安安稳稳、风平浪静，成为股东后反而容易心态游离得更远，员工股东千分之几甚至是千分之零点几的股份，与原始股东相距千倍，“患不均”心理自然会作祟。实际上很多员工不当家不知柴米油盐贵，理解不了大股东凭什么股份是自己的千百倍，基于自己的工作时长、学历、看得见的贡献都好像没比大股东们少很多，难免会产生“陪公子赶考”般的失落。

假如员工们获得的是只有分红权的干股，没有参政议政的权力，他们的“打工心态”只会更甚；假如员工们买的是实股，对于缺乏竞争情报、财务数据和战略政策透析度的他们而言，决策权则成了一种负担，真正的舵向依然由决策层把握，在企业里，员工们往往会觉得自己属于连签一致行动协议都够不上的傀儡。公司一有风吹草动，员工们就会担心自己那点输不起的股金会不会血本无归，从而无心工作；一旦公司出现困境，大家可能会认为被公司套路了，公司收大家股金是不是为了套牢员工并让员工一起来为风险埋单的。昊昱的员工最后结成反公司的群体力量，就是员工实股惹的祸。

第六种绝症是分钱变成了分心。

未分钱时“不均”还只是暗流涌动，每每到分钱之时，各种“不均”就会在百分制股比的映射下被放大出来，让大家很直观地通过钱的数字量化对矛盾加以确认，各种“不均”在大家的“患”中激化，往往最后又会演绎成为一部中国式散伙的故事。

企业之所以会不断上演内部的股权纷争大戏，其核心问题在于贡献与分配的反差，并且这种反差总会被积累和拉大。造成这种反差被拉大的根本原因是断崖式股权调整，即，各种失衡只能等到下一次的股权调整时才可以进行平衡，而调整过后又再开始新一轮的失衡与矛盾的积累……

造成断崖式股权调整的罪魁祸首就是百分制股权模式，因为它限死了“饼”只有 100，只能分 100，并且每次全部分完；如果有任何新的资源（人才或资金）需要引入，或者内部的失衡需要调整，就得从原有股东手中分割，然后再匀。这种割和匀，涉及基础权益的调整和协议的变更，不可能经常进行，因此，只能在熬了很长时间后不调整确实不行了，才重新割一次、匀一下。而在这期间，除了被匀的当时，大家相对平衡以外，其他任何时候，静态不变的股份与动态变化的贡献，只能失衡。每当分钱之时，就会让人感叹“不比不知道，一比吓一跳”，于是，矛盾总是集中在“丰盛的晚宴”上爆发。

这是损益对立性演绎的结果。

是百分制惹的祸。

20.1.2　分值比和百分比在股权上产生的不同心理和行为导向

1. 百分比与分值比的概念及其在分配结构上的描述

百分比，是将分母固定为 100，以分子来体现比值大小的方法，比如 49%、51%，直观地凸显着分子的相对比重，因为分母是固定的 100，**分子的相对性就是焦点。**

分值比，是分母不固定，以特指的分子数与所有分子合计而成的分母数的比值来体现大小的方法，比如 2/3、15/48，相对的比值被弱化了，**绝对的分子成了焦点。**

百分比和分值比运用在分配结构上，其产生的心理导向和行为导向的结果是大相径庭的。

以股权分配来举例（见表20–1至表20–6）。

按传统的百分制来描述，昊昱公司原始股东的初始股权结构为：

表20–1

昊昱公司原始股东的初始股权结构

A	B	C	D	E	合计
40%	20%	17%	12%	11%	100%

新增五名运营骨干及推出员工股权激励计划后，股权结构为：

表20–2

昊昱公司执行股权激励后的股权结构

A	B	C	D	E	F–J	K	合计
32%	16%	13.6%	9.6%	8.8%	10%	10%	100%

如果再划出20%股权来融资呢，股权结构就要变为：

表20–3

昊昱公司股权融资后的股权结构

A	B	C	D	E	F–J	K	L	合计
25.6%	12.8%	10.88%	8.48%	7.04%	8%	8%	20%	100%

这就是断崖式股权调整，每新增一个资源（人或资），都需要从原股东手中分割股权。

如果以分值制（分母不固定，分母是所有分子之和）来描述，各方的股份比例保持跟百分制一致，则原始股东的初始股权结构显示为：

表20–4

用分值制描述的昊昱公司初始股权结构

A	B	C	D	E	合计
40/100	20/100	17/100	12/100	11/100	100/100

而新增五名运营骨干及推出员工股权激励计划后，股权结构显示为：

表 20–5
用分值制描述的昊昱公司股权激励后的股权结构

A	B	C	D	E	F～J	K	合计
40/125	20/125	17/125	12/125	11/125	12.5/125	12.5/125	125/125

再划出 20% 股权来融资之后，股权结构则显示为：

表 20–6
用分值制描述的昊昱公司股权融资后的股权结构

A	B	C	D	E	F～J	K	L	合计
40/156.25	20/156.25	17/156.25	12/156.25	11/156.25	12.5/156.25	12.5/156.25	31.25/156.25	156.25/156.25

其实，A 的 40/156.25 就是 25.6%，B 的 20/156.25 就是 12.8%，C 的 17/156.25 就是 10.88%，分值比跟百分比所比的值其实是一模一样的，内在比值的大小实质没有任何变化。然而，用这两种不同的分数来描述，让人产生的心理和行为结果却截然不同。

2. 百分制股权结构引发的结果

百分比凸显着分子的比重，这很直观。因为分母是固定的 100，在人们的意识里被弱化了，所以，分子就演绎成了相对比值。

在百分制股权中，一个人的股份比例要增加，其他人的股份比例就必须减少，于是，股东间的关系就显现为“我加你就减、你少我才多”的对立矛盾关系，任何一个股东想要增加股份，只能从其他股东手里分割。而在生产和创造中作出再大的贡献，也改变不了已签的股份协议，改变不了按已定股比来进行分红的事实；相反，少作贡献的股东分红也不会减少，贡献少的占了便宜，贡献多的绝对吃亏，那么，股东们自然会重视股份多少，而非生产贡献。大家表面和气一团，暗中都在算计得失，主要的精力游离于生产创造之外，聚焦在股权的争夺之上，因此，每一次的股权调整，都免不了一番明争暗斗。

在百分制股权中，自私、贪婪的人性被放大成为弱点，并演绎出各种消极的行为，股东之间内讧是必然的常态。“不患寡而患不均”的人性，也会导致股东们的心态不平衡，然后衍生出一系列的内斗和纷争。“人比人、气死人”，很多企业为了不刺激大家“患不均”，避免大家相互比较，建立了“保密制度”，可是，公司越是强调保密，大家打探得越起劲；表面上的信息阻隔，无法根除人们“患”的意识。

断崖式股权调整是百分制股权模式的特产。

因为分母是固定的，分子又不可以超过分母，所以分子的数量就有了上限。一般而言，为了直观地表达股东们股权的权重，企业往往从一开始就将 100% 的股权全部分配给了股东，再增加合作者时，大都会采用股权稀释的办法进行。由于合作各方都签了协议，在合作过程中，股权比例就会被协议固定了下来，不能再轻易更改。虽然协议是在合作经营开始之前签订的，分配比例肯定跟实际经营中各自的贡献不同（所以“对赌”才成为了合作中最常见的词语），但即便如此，“协议精神”仍是合作的重要基础，将协议推翻重来的事件产生的概率显然很小。那么，若非遇到非常重大的资源（人或资）需要并入时，一般都不会进行股权调整。这让资金和人员的流动性变得非常的差，因为变更一次股权，就要重签合作协议，就要召开股东大会，甚至要重新估值，时间成本和经济成本相当高。更重要的是，两次调整中间积累出来的各种不平衡和矛盾，会在新一次的股权调整中集中爆发，这是相当危险的。所以，股权调整周期跨度一般都很大，企业不是到了万不得已的地步，通常都不会进行股权调整。百分制股权模式下，用股权来吸引人才和资金，是极其不灵便的。而好不容易进行一次调整，企业往往就得一次性引进大批资源，比如，一次性融回一大笔资金，这对企业的财务而言，是一种不小的压力和风险。

3. 分值制股权结构引发的股东心态和行为结果

同样的股权调整事件和股权分配，如果用分值比来表示，其引发的股东心态和行为却完全不同。

分值比直观地凸显了分子的绝对数，而非比重。

因为分母不固定，分子就不代表比重了，它纯粹就是计量数的本身。比如 A 的股权 40/156.25，人们很难意识到这是 25.6%，C 的 17/156.25，也不明显是 10.88%。因为各股东股权的分母虽不固定，但都相同，所以，大家只会看到 A 是 40，C 是 17，并且，有一个非常令人定心的概念产生了：任何股东在任何一次股权调整中，他的绝对股数（A 的 40，B 的 20，C 的 17，D 的 12……）都没有变过！似乎，任何一些新增资源（人或资）的进入，都“没动别人的奶酪”。

于是，一系列令人欣喜的变化就出现了——

既然分母（它是所有分子之和）不固化了，那它就可以没有上限，既然分母没有上限，那么分子就可以无限增补。所以，吸纳新的人才和资源，其空间将不受限制。再加上任何一个新资源的增补都不改变原股东的数字，那就无须变更合作协议，无须召开董事会，那么，一个资源的进入或剥离，将会比较简便。所以，企业的人才和资金吸纳便可以日常化进行，断崖问题则不复存在。

那么，用股权来吸纳人才和资金也就不必依赖估值机构了，因为赋予一个人才和一笔资金进入的股权数量，直接与老股东比对即可，无须通过市盈率之类的指标去揣摩未来，相应的决策看当下即可，股东的未来价值，自可留在其进入之后，基于贡献而赋予。

既然吸纳人才和资金日常化了，则无须一次性融入过多的资金，融资带来的财务压力也可大幅降低。当然，断崖融资的机构成本、时间成本、管理成本自然也就削减了。

由于分子的增加不受限制，那么，动态贡献就可即时赋值，贡献与分配不对等的问题将得以解决，各方内斗的局面也将得以扭转。于是，大家的精力则会由股权纷争转向价值贡献。

所有股东可以将已有的股份数稳稳当当地揣在兜里，然后从新的贡献或投资中获得股份数的增加，让自己的股份数只涨不跌，这是分值制股权模式的突出贡献。

分值制下，任何股东都可以因在经营中做出贡献得以赋值，而量化的贡献值可以转换为股份数叠加在股东身上，使得贡献者的股份数可以不断累积上涨。所有股东的股份数，也都是只涨不跌。也就是说，任何股东都无法把他人已有的贡献和股数减除或撸走，每个股东都不必从他人口袋里掏股份，而增加自身股数的唯一途径就是增加投资或增加贡献值。结果显而易见，**不会再有人去觊觎别人的股权，大家会把精力聚焦在生产创造上，互撕互拆的人群变成了埋头苦干的团队**。而越是自私、贪婪的人，想要更多股数的欲望便越强烈，就会越努力作贡献，其工作效能便会越高。那么，**自私、贪婪的人性“弱点”就变成了价值创造的优点。**

分值制中，大家的脑海里很难再浮现百分比概念，比如 A 的 40/156.25 或者 C 的 17/156.25，很难直观理解为百分比，大家更明显意识到的是 A 为 40，C 为 17，以及得到新的赋值后这些数字会增加这个道理。此时，“患不均”心理当然仍会起作用，C 羡慕 A 比自己多是肯定的，这种“不均”确也会让 C“患”而产生心理失衡，期望股份超过 A，但这种“患”和失衡却是非常积极的，因为 C 要超过 A，唯一的途径就是多作贡献。所以，**越是“患不均”、攀比心越强的人，其创造力就越强、产能就越大**。当然如果 C 努力赶超 A，A 也不会坐着等，他也会继续努力，去超越贡献更大的人，这是什么局面？**这是一种互相不服输、尽己所能比拼创造的局面。**

虽然分值比跟百分比在股权描述上，内在的比值实质上是一样的，仅仅只是分母固定与不固定的区别，但它们演绎出来的实操效果却完全不同。百分比凸显的是相对比重，分值比凸显的是绝对比数。百分比让人对股比一目了然，因为“我多只能你少”，所以大家都觊觎着别人手中的股份，时刻盘算着，一旦变更条件成熟便切割他人份额归于自己名下；分值比让人难以直观换算成百分比，就像一个股民炒股难以算出自己的股数到底占整个盘的百分之几一样，满眼只见自己的股数，满脑只想如何多作贡献以便增加自己的股数。**百分比让人聚焦于结果分配和份额争夺，分值比让人聚焦在过程创造和价值贡献**。百分比让股东们像是在进行象棋比赛，大家都设法吃掉别人；分值比让股东们像是在进行篮球比赛，每个人都会竭力为自己涨分。百分比造成的结果是内耗、窝里斗、你争我夺；分值比引发的结果是共振、比贡献、你追我赶。

20.1.3 内耗转为共振的关键是将损益的相对性变成同频性

百分制转为分值制在股东的心态和行为上已取得了方向性的胜利，使大家从“觊觎同伴的口袋”变成了自力更生，精力从毫无产值意义的股权争夺转向了产生价值的经营贡献上了。

不过，是否能彻底将股东们的力量叠加起来形成良性循环，甚至形成共振的局面，还得看股东们内在的损益关系是否能从相对性转为同频性，只有损益同频，才能达成共振的效果。

众所周知，百分制之下，股东的股权比值是“你多我则少”的损益对立关系，所以，股东之间的心态和行为是矛盾对立的。改成分值制之后，股东们的心态和行为逆转了，因为每个人股份数的增加靠的是自己在生产中作出的贡献，而再去“觊觎别人的口袋”对自己已然无益，所以大家只会聚焦到价值创造上。不过，对于股东们而言，股份的增加对自己只是无害，还是无害又有利，决定着大家是只关心自己还是应该同时帮助他人。如果，他人的股份增加于己只是无害，但并无益处，大家便只会“自扫门前雪”，那么，股东之间则难以形成相互帮扶的局面，共振效应并不会产生。如果他人的股份增加不只是于己无害，而且还有利，大家则会自觉地帮助他人。

事实上，因为分值制下任何人的股份增长均是基于赋值成功，而赋值的前提是股东作出贡献，即，增加了企业的产能。按分值系统内置的“黄金分割法则”，贡献股东本人所获的分配只是其中的一部分，大部分的利益自动流入公司账上，公司收入增加，即是所有股东的分配会增加，所以，任何一个股东的股份增加，都意味着其他股东的利益在增加，如果某位股东没有贡献（股份不增加），其他股东的股份增长意味着这位股东的利益小幅增长（加权平均的基数不长，只是分配绝对数增长）；如果这位股东也在贡献（股份数也增加），则其他股东的股份增长意味着这位股东的利益大幅增长（加权平分的基数及分配绝对数都增长）。同理，这位股东的股份增长，其他股东的收益也会增长。因此，这是个“你好我也好，我好你也好”的局面。那么，在这种格局下，任何股东都不愿意其他股东的股份不涨，大家除了极力做好本人的贡献之外，也会帮助他人作出贡献。共振，就是这样形成的。

在分值制下，所有股东的股数都只涨不跌，引进新的资源无须从老股东手中分割，公司直接“发行”新股份即可。

因为股东间损益关系的同频性，原有的劳资矛盾、资资矛盾、劳劳矛盾也就失去了滋生的根基，这些矛盾也将会随百分制一同走向历史。

网上曾热传“1.01的365次方与0.99的365次方”这么一个话题，说道：1.01的365次方=37.78343433289，远远大于1，是1的37倍多；而0.99的365次方=0.02551796445229，远远小于1，1是它的39倍多。这表明了一个道理：1.01就是1+0.01，也就是说，每天增加一丁点儿，一年后，可以叠加出几十倍的结果；而0.99就是1−0.01，也就是说，每天耗费一丁点儿，一年后，就会叠减为今天的几十分之一。不能小看股东们那一点点的内耗，再大的盘子都将会有吃空的一天；也不能小瞧了股东们每一天的丁点贡献，集腋成裘，聚沙成塔，企业的雄起，就在每天0.01的增加之中。

20.2　分值制把企业的“死结”变成了“活扣”

20.2.1　分值制解决了静态股份无法匹配动态贡献的历史难题

1. 只有动态赋值才能称准动态贡献

百分制股权结构的硬伤，是既定的静态股份无法匹配股东的动态实际贡献，这种不相称性注定了股东间合作的不平衡性。

因为百分制中的分母是100，所以决定了分子之和不可以超过100，在股东们合作伊始，这100就已分别归属于不同的股东，并由股东协议锁定了，于是，所有的分配按此比例进行也已被锁定。在经营开始之后，各股东的贡献是大是小，或者是有是无，都无法推翻协议，无法改变分配比例。在既定的协议框架下，一个绝对不平衡的局面必然会出现，那就是在实际的经营过程中多作了贡献者，其股份和分配不可增加，而少作贡献或不作贡献者，其股份和分配也不会被减少。如此，多作贡献者必定吃亏，少作贡献或不作贡献者必定占便宜。这种抑勤纵懒的机制，激励作用极为有限。

分值制则因为分母不固定，可以是任意多的分子之和，所以，分子就没有了上限，那么，动态赋值就拥有了基础，股东的动态贡献在股份分配上就有了匹配的纽带。因为所赋之值可以转化为股份数，未来的贡献就可以未来再赋值，所以股东在合作之时可以忽略未来的变数，只需对照当时的价值来定义股东的股份数即可，合作结构的确定将变得较为简单。合作股东按当时各自的投资额或价值量确定股数后，再将后续的贡献值转为股份叠加起来，形成自己的动态股份，于是，每个股东的动态价值就跟他的股份数和分配量匹配起来了。

动态价值匹配股份数是这样实现的：股东投入的资金均按 ¥1 元 =R1 分进入公司，因支持生产实现贡献而得到不断赋值，所增加的价值量以 R 分的形式不断叠加，每月结束系统按统一标准换算为实股；股东的专职或兼职劳动成果分别按 O 分（记录工作值）、P 分（记录行为值）、Q 分（记录技术和信息值）进行赋值，按月换算为干股。

有了动态赋值，就有了真正意义上的多劳多得机制，股东们自然就会聚焦于生产创造；大家比的是贡献，比的是产值，贡献与分配不相称的格局扭转之后，热火朝天的比赛局面也就替换了明争暗斗的内耗局面。

2. 分值制完美实现了按值分配

百分制凸显股东们股份的相对比重，弱化了大家对绝对收益数的追求意识。由于实际贡献跟股份数和分配比例是割裂的，做出贡献改变不了股比和分配比，而只有从同伴手中分割才能增加自己的股比和分配比。因此，股东们自然会聚焦在股权争夺上，大家“不患寡而患不均”，在股权比例的争夺上不遗余力，明知争得的比例再大，如大家不去努力生产，最后分到的绝对收益数也会比较惨淡，然而大家还是难以将焦点从相对比例的争夺转移到价值创造之上。

而分值制则凸显股东们的绝对股数，即绝对收益基础，隐匿了大家的相对比重，股数一目了然，百分比不易直接感知。因为贡献等于分值，分值等于股数，股数等于收益，所以大家会把精力放在贡献上；而股东们的股份是只涨不跌的，任何人也割不走，因此就不会再有人花心思在动别人的“奶酪”之上了。

百分制令贡献与分配不相称，使得很多企业都要演绎一遍“西少爷”的悲哀：事业心未泯的“孟兵”们顾不上吃亏，每天拼个十几小时，以支撑起摇晃的大厦；而仗着协议蹭果实的“宋鑫”们则认为“大树底下”可以“乘凉”，得过且过、不思进取……当有一天“孟兵”们实在忍无可忍要进行企业重置时，被清理的“宋鑫”们却总能站在道德的制高点上，凭借弱者的角色，博得社会的同情，获得支持的力量……

这都是不能动态赋值造成的后果。

一旦有了动态赋值方法，这种失衡便可以消除，因为贡献者的价值量可以不断兑换成股数，累积为分配的基础，贡献越大者其绝对股份数就会越多，其相对股权比也会越大，而贡献较小者，其绝对股份数就会较少，相对股权比也会较小，贡献小的“蹭”贡献大的可能性已接近于零。

分值制实现了按值分配，所有股东都将凭着自己的贡献和价值获得相应的股数和分配，这不仅可让分配机制趋于公平，更可让所有股东的创造力得以激发。

百分制里企业无法治愈的“贡献与分配失衡”硬伤，却在分值制里自然消除了。

20.2.2 分值制可让合伙人“定期转活期”

1. 百分制等于让合伙人在公司投“定期存款”

在百分制模式下，合伙者本人及其投资就像是在公司投了“定期存款”，不到期难以退出，并且，在“定期存款”中，由于有合作协议和“兄弟情义”的双重捆绑，合伙人须一心一意为公司服务，而兼顾公司以外的利益和关系的行为，会被认为是“不够兄弟”、不讲道义的，破坏团队精神、肢解合作组织的行为。

合伙人在公司“存定期”之后，股权关系则定义着兄弟们的权力秩序和尊卑关系，这种关系是不可以随便变更的，特别是老大的权威，是绝对不可以忤逆的。当然，“一山不容二虎”，团队必须突出老大一个人的权威，才能有主心骨，才会按正常的纲常运作。合作协议只是纲常的形式，真正的纽带是传统道义。在强关系的东方社会，人们不一定会把合作协议看得太重，但会把相互间的关系看得很重。所以，真正能把兄弟们团结好的不是协议，而是情义。

道义要求合伙人须“同生死、共患难”，一心一意为集体服务，所以，这就有了一条无形的边界，大家的资源和精力应当无偿地提供给集体，任何超越集体的关系变现都是自私自利的行为。合伙人因循传统道义形成了“原始共享共同体”，在这个互帮互助的共同体中，人们的共识是“强扶弱、弱依强”，能者多劳成为大家应有的自觉意识，共同体捆绑了大家的人、时间、关系、利益，然后大家在“你有我有大家有”的体系里共享成果。

在原始共享共同体里，因为没有精细的共享量化机制，也就无法形成精细的分配机制，所以不得不以“人人平等”这种粗暴的均分方式来进行分配，往往结果只会变成“吃大锅饭”，就像《水浒传》的水泊梁山，为了梁山组织更稳固，兄弟们都不应该另有家业，“卢俊义”们和“林冲”们没了家和仕途的牵念，才更纯粹地做梁山兄弟，李逵不把老母亲背上山，就很难一心一意为山寨服务。

因为“共同体”缺乏更科学的利益纽带，所以需要更纯粹的兄弟情义来维系，而任何一种“非兄弟”的行为，都会对集体带来冲击和危害，这是“共同体”不可容忍的，在旧时的帮派里，对“非兄弟”行为只能零容忍，否则“帮将不帮”。因此，合伙人游离于集体之外去兼顾其他关系和收益（如昊昱公司的 B 和 D），就是对集体的团结破坏，是对兄弟关系的肢解。一个主要靠道义捆绑的团体，如果兄弟情义散了，协议也就只是个躯壳了。

合伙人被“存定期”的根本原因就是百分制。百分比的分母是固定的 100，所以在百分制股权中分子之和就不可以超过 100。

“没有规矩不成方圆”，合作伊始必须得定好纲常，否则经营起来就会乱方寸，所以分子得稳定地安放在相应股东头上，以股权结构来确定尊卑秩序，而只有锁死这个秩序，纲常才得以稳固。在这种纲常里，道义是团队的纽带。因为股权既定，所以贡献与分配是错位的，因为贡献与分配的分离，团队的稳定只能借助于道义和情感。当然，道义和情感的确可以令团队在贡献与分配分离的情形下得以维系，因为它崇尚“你有我有大家有”的结果平分思想，可以让成员们淡薄差异，让大家放弃小我、克己复礼，在无私奉献中维系其乐融融的集体，**在结果平分思想中，能力大小不是错，不够忠心才是错**，一个人可以能力弱、贡献小，但不可以不忠于集体。在这种思想下衍生出来的行为要求，是强者应该多作贡献，弱者应该得到同情和帮助，**“强扶弱、弱依强”**天经地义。因为成员们都要一心一意为集体，而任何一个成员的分心都会冲击集体，所以，成员们应该在合作期内“存定期”。

在纲常固定的“共同体”中，实际贡献是动态的，分配比例是静态的，贡献大者股份难以提升，贡献小者可以得到庇护，可以蹭好处，这只会把大家导向消极。这种“共同体”创造力低下，也是理所当然。

2. 分值制让合伙人“定期转活期”

“存定期”和“贡献与分配错位”似乎是企业的死结，但在分值制下，却可迎刃而解。

分值制中，分母等于分子之和，但不固定，所以，分子的数值就可以无上限，那么，动态赋值就有了前提，企业发展过程中持续产生的所有贡献都可以量化成分配的基础了。有了动态股权，按值分配就能得以实现，“大锅饭”则随即被打破，大家多贡献多得、少贡献少得，因此会将精力聚焦到生产力的创造上。一个人作出贡献，既利己，也益人，所以，成员之间就形成了互敬互助的局面，大家的生产力创造行为也成了自觉行为，整个企业的运行在大家自觉、互助的状况下自然非常有序。

当然，人们的传统思想还是存在的，但在分值制里，道义却被转化成了生产力，比如，行为人加班加点、招募员工、协助他人等贡献可以量化为O分；

私物公用、节约开支、好人好事，甚至尊老爱幼、遵纪守法、家庭责任、感情质量等可以量化为 P 分；资金引进、项目撮合、情报提供、知识贡献等可以量化为 Q 分。而这些分值均可以转化为干股数，成为股东权益分配的基础。在分值制中，“雷锋”不会吃亏，道义可激发为创造力。

那么，分值制是如何让股东们“定期转活期”的呢？

因为在分值制中分子是无限的，所以股东们的股份数可以随贡献的增加而不断累加，股份数可以只涨不跌，而公司要引进人才或资金时，可以用“新发放的股数”来匹配，无须从老股东手中分割。如此一来，无论增加多少新的股东，都不会影响老股东的股数。所以，新增股东对无须变更老股东的股数，在公平统一的规程下，由财务自行操作即可。那么，引进人才和资金，就可以像员工招聘和离任一样，变成很简单的常规作业了。

既然新进资源不影响任何老股东，那么新股东的进入完全可以程序简单化，只需以统一的规程明确在章程中，由当事人和财务签字确认即可。如此一来，资源的进入机制就相当灵便了。同理，退出机制也如此。

我们会惊奇地看到，分值制下，人才和资金的进进出出如同自贸市场般自由，但秩序井然。

至于股东们如何兼顾公司外的关系和利益，自己权衡即可。因为兼顾也好，不顾也罢，都只是影响股东自己的贡献值和股份数，不会影响其他股东的赋值和增长。

分值制让人在横向对比他人的股数时，对于有人比自己多也会“患”，但此时的心理失衡不会导致大家相互争抢，因为任何股东的股数一旦进了口袋就不会再被剥离，没人抢得了。与其羡慕别人比自己多，倒不如努力干活多去作贡献，毕竟只有贡献值大，才是超越他人的唯一途径。于是，股东们的“患”，就变成了创造价值的原动力。

百分制把人性的自私、贪婪和“患不均”引向相互争抢，分值制把人性的自私、贪婪和“患不均”导向了价值创造。百分制锁死了合伙人及其资金，不到期不可退出；分值制让股东及其资金进退自如。

20.2.3　分值制令义利兼容

1. 百分制之下往往只会商不容情

百分比的分母是 100，所以决定了百分制股权比例之和的上限为 100%，决定了所有股东的权益的上限是 100。为了定下合作的规矩，合伙人在公司成立之时必须明确权责关系，股权关系定了，纲常就有了，运作起来就有序了。而此时，分子分别归属各位股东，道义和情感就成了维系纲常最内在的纽带。

当企业发展到一定的规模，要进行股权激励和股权融资时，稀释股权成了百分制模式下不得已的办法。由于企业成立之后，股东们的动态贡献比不可能跟既定的股份比一致，一旦要稀释股权，就等于给了股东们调整股比的纷争机会，贡献大的股东就成了改革派，要求提高自身的股比，而贡献小的股东则成了保权派，极力维持原有比例，之前积累起来的各种失衡会集中爆发，于是哪位股东稀释多少就成了大家争论的焦点，一场规则与道义的博弈在所难免。改革派认为，公司成立之初谁也无法准确预估未来的贡献值，股权分配只能是估计，后来大家的贡献大小出来了，显然贡献大的应该少稀释，贡献小的应该多稀释，这就是商业规则，无可厚非；保权派则认为，贡献大小按什么标准算这个问题本来就很难，即便能算得出来，那也是前一段时间的贡献，这次调整完了，之后的贡献又变了该如何？又调整？如果频繁地调整股权，耗费顶层团队大量的精力和时间只是其次，组织结构的动荡才是企业发展的危险；本来合作就是一种"对赌"，不应得失上斤斤计较，计较多了就不够兄弟了。（"兄弟"就是你有我有大家有，就是同甘苦，就是不计较得失。）该商？或是该义？老大也为难。

事实上，老大还有更不好面对的难题。

由于老大的股比最大，股权稀释争论的话锋会转移到老大头上来。在合伙经营体中，从"商"的角度而言，老大往往不会参与具象的工作，其战略决策工作大多看不见、摸不着，难以估量。而其他股东做的具体工作比较容易估算，再加上"不当家不知柴米油盐贵"，大家一般体会不到老大所做的无形工作到底价值几何，特别是请来职业经理人之后，大家慢慢都成甩手掌柜，

“无所事事”的状况使得股东们的辛苦程度更接近了，老大占据股份的大头显得更不相称，应该多稀释点才合理。从“义”的角度而言，大家一起打江山，就是为了“有福同享”，现在职业人也进来了，福就应该同享，“均贫富”自古便是聚义的最根本力量，大家跟随老大，就是因为老大有义气，义，就是“有肉一起吃，有酒一起喝”。作为老大，能让众兄弟两肋插刀的，就是一个义字，如果老大胸襟不够宽，不懂“散财聚义”，那众兄弟定不会全力拥戴他。所以，在调整股权时，老大不懂匀予大家，兄弟们必然会寒心。这个时候，哪怕老大以最“商业化”的同比稀释来平衡大家，也是缺少义气——只要老大没有“散财聚义”，稀释方案的出台，便佐证着老大“胸怀不够”。当聚义的意识基础没了，团队的气，也就泄了。

一切的纠结，都源于股东们对股权百分比的聚焦。大家能比的，就是股份百分数。股份是股东的核心利益所在，在百分制中，作其他的任何贡献或努力，都无法直接提高股份，只有“分割其他股东的股份”才是唯一可以直接提高自己股份的途径，设身处地来想，大家不争这个还能争什么？

而这，正是 100 上限引发的问题。

100 的上限使企业内商不容情。

在百分制之下，股东们的股权按比例在签协议时就已固定，大家在经营中作出贡献难以改变股份比例，但是，有一种方式可令股东在将来的股权调整中提高股份比例——“拉关系”。所以，昊昱公司里的权情交易（见本书上册 2.2.5）现象绝非特例。“关系”会腐蚀商业规则，会破坏合作根基。

2. 分值制令合作团队商情兼得

在分值制当中，道义和“关系”却能被转化为生产力，使得团队内部商情兼得，使得“关系”的负作用变成正作用。

在分值比之中，分母是所有分子之和，没有上限，所以分子也就没有数量限制。那么，已经分配给股东的分子（股数）也就无须分割了，如果要赋值股东们增加的贡献，以及要增补新的股东，直接“发行”新股数来配给即可。于是，所有股东的股份数就会只涨不跌。又因为分子总数是随日常的价值产生（每天都在产生）而不断增长的，分母因此也在动态增长，其数值是个不断上涨的动态值，每个人的分子除以总分母（得出来的是该股东的股份占比）是一个复杂的分数（比如A的40/156.25，C的17/156.25），这个分数很难直观地看成百分比，因此，大家对于自己在公司的占比就比较模糊了，就像一个股民炒股一样，他可以清晰看见自己有3000股的股数，却很难直观地感受到自己占整个盘面的百分之几。在百分制里，大家清晰地知道自己的百分比，还十分清楚降低他人股份才能增加自己的股份，所以大家的精力会被引向股份比例之争；而在分值制里，一个人即便知道自己的百分比和别人的百分比，也动不了别人的股数，因为任何人的股数都只进不出，谁也割不走，所以，关心百分比没有太大意义。在分值制中，能让自己股数增长的唯一路径就是得到赋值，而得到赋值唯一的办法就是做出贡献。所以，除了去作价值贡献，股东们对于别的事情提不起太大的兴趣，大家的精力基本就引向了价值创造。

分值制下股东们每完成一项工作，分值的增加数就会呈现在分值系统手机App的首页，分值数的增加就意味着股份数的增加，每到月底，由分值数换算而得的股份数也跃然于App首页，这种予人电游式的快感会刺激大家马不停蹄，因为每个人的成就都看得见、摸得着、做得到，要充值才能玩的电游都能让人废寝忘食，何况这种无须充值还能赚钱的游戏呢？

股东们每天成就感满满，股数天天看涨，会是一种什么感觉？

大家会感激老大。因为大家都感受不到百分比，所以公司尽可以自如地运用股权吸纳人才和资金，公司发行新的股数时大家是无感的（增加新股份不会影响老股东的股数和赋值）。这便是商情兼得。

因为分值制中，股东们是按值分配的，大家的股数只涨不跌，谁也动不了别人的奶酪，而且股份增加只能靠自己去作贡献，拉帮结派、权情交易便失去了土壤。如此，企业里的各种“关系”也就干净多了。因为股份增加源于价值增长，所增价值的分配按照黄金比例自动分流，股东所得只是其中的一部分，更多的是分流到了公司的账上，被所有股东分配。这是一种你好我好大家好的损益同频局面，一个人的收益增长，同时也意味着集体和所有股东受益，一个人的徇私，也就等于在徇公，即便有人去“拉关系”徇私，也是利公和利他的。在分值制下，关系力也是创造力，徇私一词演变成了褒义词。

20.2.4 分值制可在维系创业人控股的基础上持续“增发”股份

1. 百分制下股权稀缺引发的一系列问题

百分制中分子之和是 100，这是上限（股比之和不可以超过 100%），而且这些分子从一开始就已全部分配到了股东手中，所以股权融资、股权激励的空间有限，每次用股权吸引人才和资金，只能稀释原股东的股份，彼长此消，却又无可奈何。

一般而言，企业在对职业经理人激励时会拿出 10% 左右的股权，在进行员工股权激励时又划出 10% 左右，如果核心团队想保留 51% 以上的股份（相对控制权），剩下用于融资的股权就不足 30% 了。所以，多数企业往往在天使资金进入时，就丧失了**绝对控股权（67%）**，在 A 轮融资以后**相对控制权（51%）**也很难再保住，再经过 B 轮、C 轮、D 轮，到了 IPO 时，**一票否决权（30%）**也基本没有了，而一些股东甚至连**临时会议权（10%）**都丧失了，仅剩**代位诉讼权**（间接调查和诉讼权）。

股权总是不够用不只是个形式问题，因为股权的稀缺，激励很可能会变成“激愤”，引资很可能就变成了“引狼”。

“昊昱之殇”中的职业经理人从得到股权的兴奋，到后来股权对比的失落，就是个典型的激励变成“激愤”的例子。五个职业经理人在没有股权时，领份比同行业稍高的工资本来心安理得的，在得到股权后，按理说收益翻了好几倍应该很满意才对，因为工资一分不少，每人无须投入资金便获得了 2% 的股份。刚开始他们的确是兴奋的，因为公司效益好。但正是因为效益好，有钱分，才令他们后来失衡了。没有成股东前，老板们拿多少他们都无感，但成了股东后，跟老股东就直接对比了：学历更高、能力更强，贡献利润更多、供职时间更长，收益却比老股东更少；而且，随着时间的推移，这种反差越拉越大，最后令他们面对巨大的落差无法忍受。事实上，职业经理人“激愤”的真正原因倒不是他们膨胀了，而是百分比之下横向对比所导致的心态失衡。

当然，引资变成“引狼”的例子也数不胜数。

资本，都是奔着利益最大化而来的，股权交易市场是一个杠杆企业利润的市场，一旦对接了风投资本，就等于面朝交易市场的方向前行了。交易市场一般都把企业杠杆到了市盈率的20倍以上，相当于把企业未来20年以上的价值用作了交易，而风投资本进入企业，利益最大化的追求就是把企业带向资本市场。于是，从A轮融资开始，企业的价值就已被放大，再到B轮、C轮和IPO，企业的未来就会被兑现得越来越远。资本是在一轮一轮地把企业放大，才形成快速接力游戏的，每一轮的资金都在放大的倍数差之中，获取利润，然后把接力棒交给下一轮的资金，最后把企业推向自由市场。而在这些轮次中，资本基本会赚上数倍，分别吸食掉了企业未来的几年。企业为何会乐意被杠杆呢？因为能够被估值似乎是一种荣幸，而估值机构就是权威，每一轮估值又“升值”了许多，纸面上他们的价值确也翻番了，欣喜之中便只剩下感激了。

即便企业明白了这个道理，一旦资本开始接力，企业也无法再回头了，因为资本一接力，泡沫就已产生，前一轮资金套走的利益，不是企业账面利润可以填补的，接盘资本所接下来的股权成本早已是现有利润的很多倍，企业基本没有可能回购得了，所以只能陪着接盘资本去寻找下一个接盘侠，直到进入自由市场。当进入自由市场后，企业创始人或许也算是一种成功，因为他们在自由市场也可以有套现的机会了，套现之后，便跟原先的资本一样，吸食掉企业的一些未来。不过，如果创始人套现出局了，企业也就只能在自由市场漂了，这样的企业往往已远离初心，会随波逐流，它未来的几十年已被透支，回归之路的大门早已关闭。乐视网被贾跃亭这个“亲爹”抛弃，就是个典型。

百分制之下，企业股权稀缺是一种常态。

百分制下的企业进行的股权融资只能是断崖式的，并且周期跨度很大。因为要拿股权融资一次，就得对老股东的股份稀释一次，既要面对股东积累的失衡集中爆发，又要开董事会变更协议，十分烦琐；由于要做一次股权融资，就得重新做一次估值，既要花费机构成本，又要消耗时间成本，极其麻烦；因为要拿股权融资一次，就得跟投资人讨价还价，既要面对控股权的明争暗斗，又要面临董事席位的激烈争夺，非常辛苦。所以，花那么大的成本和精力，一次融资必然不能少；但融资多了，股权损失较大只是其次，财务成本过大则会让企业风险徒增。

2. 分值制能迅速化解股份稀缺所导致的相关问题

百分制下股权稀缺引发的一系列问题，会在分值制导入之后烟消云散。

第一，是股份空间受限和老股东股份分割的问题。因为分值制中的分母不固定（是所有分子之和），可以是任意数，所以分子没有上限，理论上股份数是可以无穷大的，那么，在需要股份时（引人、融资、激励），直接“发行”新的股份数就行了，不存在分割老股东股份和股份空间受限的问题。

第二，是断崖融资的问题。因为分子数量无限制，“企业的未来”可以在未来的价值产生后再赋值，“现在的价值”可以只考量当下来配比股份，所以直接参照已有股东的股份即可配比新资源，“估值”和估值机构就多余了；于是，机构成本和时间成本也省了。因为价值是产生之后再叠加给贡献人的，股东已有的股数将可以固化，新产生价值兑换得到的股数不断累加即可，所以，股东的股数是只增不减的，那么，任何新增股东及任何新增价值所引起的新增股数，都不会影响原股东的股数，因此，变更协议、召开股东大会显得累赘。公司需要融资时，随时“发行”新股份即可，没有周期和数量的限制。

第三，是“对赌”的问题。因为资金在进入的时候，完全可以按“时价”来配比，在配比的当时，股份即与价值相当，而后来，每一阶段资金的价值随时得以动态赋值，股数与价值在各个阶段基本都是对等的，不存在“赌”（不相称）这个概念。

第四，是被杠杆的问题。因为股权融资可以不断崖，随时实施，那就没必要将未来元素纳入考量，未来价值可以随赋值不断叠加。企业只要正常生产，每天都会有新的价值产生，有价值就会有价格。资本进入企业后因支持生产而产生价值，因产生价值而得到赋值，因得到赋值而获得股份增加，因股份增加而得到权益增长，因权益增长而在退出时绝对获利，由于分值制中资金退出灵活，资本的收益比（收益除以风险）较高，当可将运行方向的主导权交给企业，无须生拖硬拽着企业奔向 IPO 套利。当企业摆脱了资本的绑架，没有被套现未来，也就不会再被杠杆了。

第五，是泡沫的问题。当企业主导替代了资本主导，不再被资本杠杆和绑架之后，就可以摆脱被放大、被吸吮未来的窘境，就可以不再被吹泡沫了。踏踏实实地以每天新增的生产价值获得增值，避免虚胖，避免走上一条不归路。

第六，是运营团队贡献与股权比剪刀差的问题。因为分值比凸显的是分子绝对数，分数相互对比的比重不直观了，相对性被隐藏起来，所以，在分值制之中股东是不能直观看清自己和别人的股权百分比的，大家均是直观可见自己的股数及其增加值。而股东只要在进行工作创造或其资金还在公司支持运营，其个人的价值就在源源不断地增长，在股数只涨不跌的格局里，股东的成就感是很直接的，也能清晰地感受到贡献与股份的匹配性。至于其他股东，因为起点（时间、岗位、资金量等）和过程中贡献量的不同，股数不一样很正常，再加上自己的股数增加只能源于本身的贡献，不可能从其他股东手中分割，所以大家不会去纠结别人的股数。假如一定要纠结的话，嫉妒他人股数更多，这种“患不均”的心理也只能转化为超越他人的动力，因为超越他人，唯一的可能就是自己比他人的贡献大，所以，“患不均”只会变成产能。由于股权比被隐藏了，没有了直接对比的前提，贡献与股权比剪刀差的问题自然就不存在了，大家要比只会比相互间的股数多少，而这种比，只会形成你追我赶的良性比拼局面。

第七，是股东间的心理失衡问题。百分制下，静态股份无法匹配动态贡献，加上股比直观，股东间的失衡无处不在并且不可调和。而在分值制中，股东贡献的增加随时体现为赋值和股数的动态增长，股东心理时刻处于动态调节的平衡之中，再加上没有股比的概念，股东间难以形成股比的失衡问题。

第八，是创业团队控股权丧失和分配权不断被蚕食的问题。百分制下，创始人的股权和分配权一直都在被蚕食，只要新增合伙人、进行股权融资和股权激励，创始人就得不断地分割股份，即便是阿里巴巴、京东采用 AB 股形式强行“受托决策权”，也无法绝对守住最核心的分配权。而在分值制中，股份是

“记名制”的，创始人始终无须切割自己的股数去融人、融资，创始人的股数一旦记入自己名下就再也不用剥离，股数不仅不用剥离，还会因为贡献的持续增加而不断增长，要融人、融资，直接发行新的“阿拉伯数字”计为新股东名下的股份即可。由于创始人进入的时间最早，无形的抗风险值最大，沉淀的基础贡献最大，所以，其价值是“复式”增长的，而其股数的增速，自然也高于“后来的股东”。为确保自己的控制权和分配权，创始人完全可以根据“增长值”来确定新的“发行”股数，如此，控制权和分配权均无后顾之忧矣。不仅控制权和分配权无忧，还可以进行“蛇吞象”，吞并比自己大的资金后仍保持大股东身份。比如，创始人的投资是 100 万元，根据 ¥1 元 =R1 分的公平原则，以 100 万 R 分起步，两年的贡献下来，涨到了 300 万分，而一只 200 万元的“大象”进来了，200 万元资金起步是 200 万分，小于 300 万分，所以，“大象”只能是小股东；又两年后，创始人涨到了 700 万分呢？再吃个 300 万元的“大象”也不在话下；以后又涨了，再吃，创始人可以一直维持大股东的资格。

大部分的企业主只是被约定俗成的百分制束缚着，才一直没开窍而已，植入分值思维，便可豁然开朗。

20.2.5　分值制能让企业简单实现全员合伙

1. 百分制让人聚焦在相互间的股比纷争上

百分制股权激励实施之后的效果往往差强人意，原因在于百分比凸显的是相对比重，它会把人的注意力聚焦在相互间的股比纷争上，而没有令人聚焦到生产创造上。

百分比因为分母固定为 100，所以百分制之中所有股东的股份比例加起来不能超过 100%，进多少股东、融多少资金都得在这 100 之中分配，而合作一开始这 100 就分完了。所以，再有股东和资金进入就得分割老股东的股份。同样地，用于激励的股份，也是从老股东手中分割出来的，然后众多的激励对象来分那为数不多的百分比，本打算用股份来激励员工，但因为百分比的相对性，却正好激发了大家“不患寡而患不均”的秉性，使大家的注意力并未聚集到价值创造上，而是聚焦到了股权纷争上。

使人注意力偏向股权纷争只是生产经营减少了聚焦力，最让企业受伤的是股东们因为股权激励而“患不均”，产生失衡、走向消极。

首先是非股东员工跟员工股东的比较。因为非股东员工为了达到股东条件会努力争取，而成为股东的员工已“大功告成”，股份到手就再无达标的压力，于是可以坐收渔利，就像×为公司不得不推行“奋斗者”考核一样。事实上，几乎每个公司的股权激励都是在激励非股东，未能进一步激励股东，往往形成的客观结果是非股东的努力与贡献大于股东，而股东的收益却大于非股东，假如一些非股东最后没达标呢？这不是在“偏袒资格、打击贡献”吗？所以不少的企业会尽量让员工“更长时间达不成标”，以使之有更长阶段的争取过程，用某位“策划高手”的话来讲这叫“让马儿吃不到头上挂着的青草它才会继续拉磨，给它吃到了就不会再拉了”。其实，“马儿总是难以吃到青草”以及“贡献更大的非股东每月收入较少”会让很多人对“拉磨游戏”感到失望。不少企业的股权激励，更像是企业与员工的一种博弈。干股对员工的鞭策力越来越小，一些企业就搞个上市的概念推行实股。其实实股，除了把员工捆绑得更紧之外，激励作用也不大；相反，员工因为风险承担力弱，他们的顾虑是股金万一亏了等于生活无保，所以公司稍有风吹草动员工股东们便提心吊胆，难以安心工作，百分之零点几的股份不仅难以让员工“觉得自己是主人”，反而让员工觉得自己在“陪公子赶考”，是来替企业的风险埋单的。

其次是员工股东之间的比较。员工股份基本是员工在未成为股东之前努力达到某种条件而获得的，达标之后，往往再努力工作也很难再次获得股份（名额和数量有限），同时，大家是按股份比例来分配股利，而不是按劳动成绩来分配股利的。那么，就会形成这么一种状况：股东的工作成绩大小往往改变不了股权证上的股份数量，贡献小的股东因已定的股权证上的股份数分配，则占了便宜，贡献大的股东相对吃了亏。为了不被别人占便宜，一些员工便会走向了消极。

让老板们难以接受的，是本来在股权激励之前，员工领份工资虽然缺些激情，但还相安无事，给了股份之后，员工们反而不仅工作效能提高不大，还平添了诸多心理不平衡——原先不是股东还不会跟老板比，后来是股东了，跟老板一比，发现自己的工作并没少太多，但老板的股份是自己的成百上千倍；原先不是股东还不会依着股份互相对比，后来是股东了，总觉得有人做少了却拿多了……

其实这些问题都是源于百分制凸显着股比，让人把目光聚焦到相互间的比重去了。

2. 分值制将人们从相对纷争引向绝对贡献

要彻底解决上述问题，就得从根源上解决，以避免股东们再纠结股比，而是利用大家在股份数上的比拼，去提升贡献值。

分值制在潜移默化中，正好实现了这种焦点转移和效能转换，把股东的股比隐匿起来了，大家看不见相互间的相对百分比，便会聚焦于各自的股份绝对数，而绝对数又只能从本人的贡献中获得，所以，大家就比贡献去了。

由于在分值制中，员工成为股东主要是靠客观贡献值的累积和贡献率的提升，不是依赖管理者和他人的考评，所以员工为成为股东无须讨好他人，更无须去跟他人抢份额，而是只需努力作贡献即可。所以，“为达标而达标”的现象就不会再现，员工为了得到股份只会聚焦创造，作出应有的贡献。

当然，员工的股份并非固定不变，而是随贡献的不断增加而动态增长的，所以，员工们为了得到更多的股份，就会不断地作贡献，因为别人都还在不断地贡献和涨股，慢下来脚步就会“不进则退”，所以不会再有人因为成了股东就“吃老本”了。因此，动态股份会让员工们不吝付出、持续努力。

在分值系统中，因为股份的增加完全源于自己的贡献，其他任何非贡献的方式都无助于自己股份的增长，所以大家只会聚焦在劳动创造上。如此一来，欲望越强的人，为了得到更多的股份就会越有贡献，人性在分值制之下会被导向积极。

因为总股数是随时通过贡献产生而动态增长的，没有人能，也不会有人每时每刻去计算总股数，那么，自己的股份比是多少就很难感知了，至于他人的股份比，因为与自己的股份涨势没有关联，就更无心过问了。所以，大家看见的只有相互的股份数，而股数的增加只源于自己的贡献，“患”股数的“不均”，只会让人更加努力作贡献。在这种机制下，“患不均”的所谓人性弱点，也成了人们奋发向上的优点。

由于员工在未成为股东之前的所有贡献分值在成为股东之后全部带入股份核算，而成为股东后的贡献多少，也决定了股份的涨速，所以，“偏袒资格、打击贡献”自然就不存在了。在公平的“按值分配”体系中，员工为了成为股东会努力贡献，成为股东之后更不会歇脚。

由于没有百分比的概念，股东之间的比重大小没有直接可比性，新股东与老股东、员工与老板之间的相对性，就失去了对比的基础，所谓的失衡和不满也就没有了来源。而大家一定要比股数的话，比出来的失衡，也只会令人比别人更努力。

由于企业与员工的损益是同频的，所以企业无须跟员工博弈，不必去思考“马和草”的问题，甚至可以放开来让员工“搞私捞”，员工损则企业损，员工益则企业益，企业可以堂而皇之地让员工们“为人民币服务”。而企业则可以大张旗鼓地挂起“全心全意为员工服务”的旗帜，明修为员工谋利之栈道，暗度为企业盈利之陈仓，何乐而不为呢?

所以，实现全员合伙，就轻而易举。

3. 责权利的精准细分是全员合伙的必要前提

为更好地促成全员合伙，责权利的细分和精准适配，便显得尤为重要。

在百分制股权结构中，由于股份的百分比是股东间唯一的纽带，所以责、权、利划分是简单粗暴的，同股同权、同股同责、同股同利的做法，造成了股东之间的“大锅饭”现象。这样的做法，是在让一个小文员跟一个总裁一样去表决重要事项、去承担企业的整体亏损风险，根本就不相称。分值制则因为股数没有限制，演绎出了动态股份，而动态股份则实现了价值的精准量化，于是，责权利的细分和精准适配则有了前提。股东的责权利就不用“眉毛胡子一把抓”了，可以根据不同人员的不同岗位、不同职责、不同能力配给相应的责、权、利，让人能够责任匹配能力、权力匹配职能、收益匹配贡献。当每一个人都在自己最熟悉、最能把握和最自如发挥的岗位上适配责、权、利的时候，就是责、权、利效用最佳的时候，就是全员能量发挥最充分的时候。

分值制形成了独特的岗位承包。在岗位承包中，每个人因循自己的工作岗位进行责权利分包，所要承担的是自己完全可以担得起的工作职责范围内的责任，所获得的是自己所担责任完全对应的权利，没有人需要去承担超出自己岗位职责和能力范围的责任。

岗位承包中，所有人收益（工资、奖金、福利、分红等）的计算都基于分值，而分值来源于自己的贡献，所以大家会聚焦于提高自己的分值，聚焦于搞好岗位工作；大家要承担的责任也只是在自己的岗位职责和绩效工资范围之内，所以会自信地去面对责任。责权利适配得恰如其分，是岗位承包独有的特色。岗位承包中，员工们形成的自驱动、自创造、自运营的状态，是其他承包或合伙所无法比拟的。

百分制下的合伙，最多只能在原始创业团队基础上，延展到管理层和骨干人员，因为责、权、利的“大锅饭”很难让全员一起来“分食”。而分值制下的岗位承包，则因为责、权、利适配得恰如其分，让全体员工都很合适地参与了合伙。

因责、权、利的细分，分值股权体系往往会将劳动者划分为五个层级，即非股东一层，股东四层（员工股东、顾问股东、执行董事、非执行董事）。而这些层级是可以由低向高递进的，是不同的人因为能力的提升、经验的丰富、承担力的增长、贡献的增加而得到资格的升级。

分值制之下的全员合伙是按值分配的，而且企业与员工的损益同频，所以企业根本用不着玩“捆绑游戏”。相反，企业合伙的进入门槛和退出门槛越低，合伙人越自甘稳定。因为劳有所得、多劳多得和能力适配岗位、贡献适配收益，所以企业与员工的关系就变成了极为自然的“平台与创业”的关系。其次，由于离退人员还可以保留兼职贡献和股份延续的机会，所以，平台越给大家自由，大家反而越不会随意离开。这种机制下，员工要么干到退休，退了休还发挥余热；要么人离开了还会兼职做，人离心不离。

分值制造就的是“共担–共享–共赢”的全员承包体，并且让所有的承包人都处于合适发展的位置上，让大家竭尽所能。

分值制在全面解放劳动和资金，在全面解放生产力。

20.2.6 分值制让企业融资“虚往实归”

1. 百分制之下企业往往舍而不得

常言道“财散人聚”，是说多分享财富，在满足别人趋利的心理时聚拢可用之人。所以，很多老板会用“舍得”一词聊以自慰——舍得舍得，有舍才有得。当然，大部分的老板也都愿意拿出最核心的权益——股权来分享，以聚拢人才和资金。

然而，在百分制模式下，很多老板舍了并未得到，股权分出去没激发产能，反而激起了失衡和纷争……“昊昱之殇”经常在不同的企业重演，让很多老板郁闷至极。

昊昱公司老大的四个“悔不该”虽然是“十年怕井绳”的心理所至，但也充分反映了百分制股权带来的烦扰：

悔不该之一，不该设立员工股，不该收员工股金。不收股金，就不会动到员工生存的根本，刺激他们脆弱的神经；没有员工股，也就不会有普通员工和员工股东的对比，不会有员工与董事间的失衡，就不会令人心生不平……

悔不该之二：不该给职业经理人配股。不让他们成为董事，就不会跟创始人比；不送他们股份，也不会激发他们另立山头的念想……

悔不该之三：不该实施股权激励。没有股权激励，就不会把人用坏，员工就不会有那么多纠结；没有股权激励，老大就不用撕下面子去保商业规则，结果，自己的股份是保住了，但威望和义气却没了……

悔不该之四：公司不该赚钱。不赚钱，就不会有钱分；就是因为分钱，把员工分昏了头，就是因为分钱，把管理层分乱了心；没钱的时候，大家亲如一家，再累也不苦，就是因为分钱，把兄弟情义分光了……

昊昱员工拿了股权，却在公司最困难的时候，站到了公司的对立面去，为了退股罢工、为了工资维权，昊昱管理层也跟着反水，站在创始人的对立面索要清算优先权……这是昊昱老大痛定思痛的地方，本来大家齐心协力，公司将会继续高歌猛进，反而是因为盈利局面太好，把人心全扰乱了。

可昊昱老大的痛定思痛并未悟出问题的本源，反而走向了结构思维的封闭，为了不再“被蛇咬”，从此不再涉足股权激励，这样的“埋单”并没有买到成长。

其实造成“昊昱之殇”的原因并不复杂，是因为百分制让人聚焦股份相对比了，是因为横向比让大家“患不均”了。

2. 分值制能让企业实现平台化，把资本的喋血性转换成输血性

任何事物都有两面性。既然有些方式会让企业舍而不得，甚至舍了还失，那么反其道而行之，就可能寻找到另一种方式使得企业小舍而得，或者不舍即得。

既然舍而不得的根源是人们的横向比，就可以从横向比这个问题出发。既然员工们横向比，比老板比出心理反差，比同事比出心理失衡，那么，有没有办法让员工不去横向跟别人比，而去纵向比，比自己，比自己的过去、现在和将来，在每天都产生满足感的状况下，把精力从没有价值产生的股权纷争中转到不断产生新价值的工作创造上呢？或者，横向比也行，不是横向去比别人的股份比例，而是比相互间的股份数和贡献量呢？如果有这样的办法，则可以使得企业小舍而得，或者不舍即得。

这种方法，在分值制中完美体现着。

分值制因为隐匿了相对比重，大家很难直观地看到相互间的股权百分比，只可以直观地看见股数，因此大家就没有了横向对比股权百分比的前提，只有股数可以直接对比，而股数只有自己的贡献这个唯一的来源途径，要想获得更多的股数，只能去进行价值贡献，所以，大家“患不均”的心理只会被导向贡献的比拼。因为动态股权是只涨不跌的，员工股东的每一点贡献都体现在赋值和股数增长上，所以大家在每一点贡献中都直接获得成就感的刺激，然后在延绵不断的股数增长中忙得不亦乐乎，看着自己的贡献和股数“芝麻开花节节高”，纵向跟自己的过去对比，在股数和权益越积越多的情形下心生满足，至于每个人的股数到底占整个公司总股数的百分之几，不会再有人过于纠结；另一方面，至于公司让全体劳动者所占的股权总百分比是大还是小，对大家的工作热情产生不了太多的影响。对于企业而言，这就是小舍而大得的局面。

马斯洛需求理论显示，人在满足了较低的生存需求后，就会追求更高级的情感需求和自我实现需求。现代员工已不同于老一辈员工，死工资对他们的吸引力越来越小，他们喜欢自主、自由、有存在感和成就感的工作，“平台＋创业者”模式正在取代“公司＋打工人”模式。而分值制正好可以充分满足劳动者存在感和成就感的需求，分值制衍生出来的岗位承包，足以让一个羽翼尚未丰满、无法独立创业、仅有某种片面专业技能的员工实现自我，在某个专业的岗位上进行创业。这样的工作模式，正好满足了现代员工自主、自由、自足的心理需求。

岗位承包的另一面，是公司人力成本趋零的伟大飞跃。海尔这种大象企业都实现全员“告别领工资时代”了，别的企业也不难做到。在岗位承包中，公司与员工的损益是同频的，公司大可以放开来让员工们“为人民币服务”，员工们可以贪婪地追求自己的股数和利益，越是贪婪，对公司的贡献就越大；员工们也可以放开来相互攀比，越是“患不均”，对利润的产生就越有利。作为已经平台化的公司，自可以在员工们盆满钵满的背后，坐收渔利。公司零工资，这不就是“不舍而得”了吗？

过去，企业用股权融资之后往往就会被资本绑架。

因为上市是资本快速盈利的最佳途径，所以资本总是想拽着企业朝着上市的方向发展，即便不能完成上市，只要能进入到下一轮融资，资本就可套现盈利。而这一轮轮的资本进出和盈利，都是建立在企业杠杆越放越大基础上的，只有市盈率越放越大，各轮资金才得以更大地“增值”出局。市盈率，就是价格除以利润。当企业被送上 IPO 后，市盈率往往都到 20 以上了。其实在第一轮资本套现之后，企业就已经无法再回头，因为被套走的钱，企业自己是填补不起的。此时的企业，只能被继续套牢，一直背着泡沫被喋血。

分值制中，企业可以不玩市盈率，也能一轮又一轮地融资，且能让资本稳稳获利。具体的做法是：股权资本投进企业后，因支持企业的生存而产生价值，因产生价值而得以赋值，因得到赋值而增长股权，因股权增长而得到利益增长，这种价值增长是绝对的，不可逆的，只涨不跌的。既然价值是涨的，价格自然水涨船高，资本无须“吹泡沫”即已稳赚不赔，又因为无须“吹泡沫”，所以企业和资本都可以轻松解放。

其实资本绝不会单看盈利额，它们更看重风险盈利率（盈利率 / 风险率），只有在风险不大的前提下，它们才看盈利额。而分值制中资金的进出相当灵活，利益又只增不减，这种风险盈利率很高，这种方式才是资本的渴求。资本再清楚不过，“吹企业泡沫”也是在放大自己的风险，所以，有分值股权这种稳赚的模式，它们求之不得，它们当然愿意放弃“吹泡沫”的主导权，任由企业自然发展、野蛮生长。如此一来，**股权资本的喋血性，就变成了输血性**。而对于重新赢回主导权的企业而言，阿拉伯数字是取之不尽、用之不竭的，“发放新股份”换来资金等于在做无本生意，利用这些钱再让员工们去创造新价值，然后获得“剩余利润”，这便是“不舍而得”。

分值制下的动态股份没有数量的限制，所以，理论上可以无限发放，可以引很多的人才、融很多的资金。因为新增股份的进入（或退出）不会影响其他股东的股数，所以，引进人才和融资是相当自如的。而人才和资金的流动性强，其活性则会更大，这些资源活力增大，就能使资源组合效用增加。当企业拥有了这么一个“自由股权运行平台”之后，则可以聚财收心，**宽泛而自由地吸纳一切有益资源**。

可喜的是，这个自由平台可以**无缝对接传统的估值、传统合并与分离、传统的资本**格式，其方法只是“动态股权加权平均适配”这么简单。

正是因为百分比凸显相对比重这一个特征，造成了企业一系列的颠覆性问题，所以，针对这一个症结，企业就可以根据太极原理反其道而行之，从隐匿相对比重的角度，探索出具有颠覆性效益的方法。于是，便有了分值制。那么，分值制能让企业对内形成共振共同体、对外形成和谐生态圈、自如吸附一切有益资源并使各方效用和效益最大化，也就不难理解了。

“地球村”时代，
固守原有经验的人或将迎来教训，
眷恋往日成功的企业或将溃不成军。

第 21 章

分值聚合，构造企业生态圈

21.1 “地球村”的生存法则

21.1.1　世间再无“孤岛”

数百年前，航海技术打破了地域经济，之后整个世界便逐步朝着一体化方向发展了。

十多年前，网络科技推倒了文化围墙，地球迅速融合成了一“村”。

人们感觉到一切都在变化，而且变化的速度是越来越快。

有人把互联网拆分来解释，似乎更明晰了：互联网就是互动、联接、网络。所以未来将是一个任意互动、无限联接的网络世界，包括人与信息的互动、人与人的互动、人与物的联接、物与物的联接。

从本质上看，互联网赋予世界的变化方面是：无界限、零距离、去中心化、细分、圈层聚集。

从形式上看，互联网对于传统是颠覆式的，冲击了几乎所有领域，各个地区、各个行业都在被重新排列组合，整个世界正在融化成为一个命运共同体。这个共同体的内部形态是：短距离、互交、板块细分，其中没有孤立体。

在商业领域，互联网正融合一切行业、打破一切壁垒、贯穿一切资源，任何企业和商业行为都将被重置。

过去，有很多小微企业凭着独有的渠道和能力，可以稳定地自给自足，不管宏观经济如何激荡，自己也能在“孤岛”上自在地活着。但互联网不是雷阵雨，它是滔天海啸，没有谁可以不被冲刷，任何企业都将面临资源关系的重建，赢利模式的重构和人才资金的重组，企业要么打开门窗，跳进海里乘风破浪，要么被清洗出局。

大型企业一直就是凭着规模大、资源厚、链条长、战线广，而拥有竞争先机和成本优势，甚至可以独享一定的垄断利润，但在互联网的冲击下，它们原有的赢利闭环都被击穿，原有的利益板块都被肢解，原有的资源体系都被融化。这些企业因为体量太大，导致“船大掉头难”，先前的优势很多变成了劣势，它们要么化整为零，打散固有的体系去竞争新的细分商机，要么只能把自己跟过去的辉煌一并挂上历史的光荣榜。

“地球村”时代，固守原有经验的人或将迎来教训，眷恋往日成功的企业或将溃不成军。

著名财经作家吴晓波说：“互联网下的中国市场，只有夕阳企业，没有夕阳产业。”

是的，一切固守的灭亡，都在诞生着新的生机。

互联网纪元已经开启，几乎所有的行业和企业都难以再划界自治，生产和商务将不再有边界和距离；而各种权力中心也将被稀释，各种商机将透明化和细分，所有的资源都在重组，然后形成越来越细的同质化圈层。

那么，这个世界将不会再有独霸一方的“地主”，也不会再有“独步深山的居士”，开放和共享才是未来的主题词，企业得走向共创和共生。

秉承共生理念，才能继续存活。

21.1.2 没有生态圈就没有存活率

1. 企业应该建立怎样的生态圈

在互联网时代，商业环境已经发生了巨变，机会细分、需求异化、快速迭代、信息通便，通路纷繁成为市场的主要特征。对于企业而言，要面对的变化是全方位的，无论是经营理念、赢利模式，还是运营团队、产品结构、经营管理、资源配置、服务方式都得进行迭代，否则将会被迅速淘汰出局。

传统经济的基础支撑主要是物资与能源，而信息时代，知识与信息成为最活跃的生产要素。在信息时代，资金、人才、技术、土地等资源的流动和汇聚极其迅速，“洼地”很容易集聚资源，极易形成“先者占优，赢者通吃”的局面，所以要求企业主体创意快、启动快、扩张快，否则机遇稍纵即逝。

传统经济是以机械化大规模生产来支持经济增长的；信息经济是以融合应用来培育经济新动能，其核心是信息的跨界渗透（厉敏，2017）。

随着信息的跨界渗透，似乎一切都已突变：

消费受众突变，忠诚度消退，个性化涌现；大众市场消失，圈层群体出现。

消费观点突变，欧美流退潮，中国风盛行；廉价商品失宠，品质服务崛起。

产品需求突变，标准化衰落，定制化兴起；格式产品萎缩，需求迭代提速。

传播媒介突变，单传式凋零，社交式振兴；大众媒体降温，网络媒体暴发。

销售模式突变，分销式谢幕，互交式登场；金塔体系崩塌，平台推广兀立。

在市场环境不复当初之后，企业如果继续沿袭原有的思维去寻找商机和客户，那便是缘木求鱼。

由于消费者已细分在各个圈层中，并且其需求在不断地迭代，再加上各种生产要素都在快速流转，各种资源都在动态汇聚，所以企业必须在动态的市场大熔炉中与各相关的圈层互动，并结成信息和资源通畅的一个生态系统，才能不断赢来商机。企业要结成的这个生态圈应具备如下几方面的功能：

第一，信息捕捉功能，即能从海量信息中感知和捕获可能会转化为商机的信息。这需要建立一个灵敏的“触角”系统，实时对接各个平台和媒介，并将目标消费群的需求走向和供应同行的动态状况等有价资讯收集起来。这个系统相当于企业的“千里眼和顺风耳”，能让企业“透过云层”看到“千里之外”的市场动态，不至于在迅速更迭和激烈竞争的市场中出现“瞎子摸象”的笑话。

第二，机会甄别功能，即能鉴别、甄选出符合自己生产并且有较高投入产出率的商机。这需要建立一个连接行业大数据系统的自由数据库，储存自身过往的生产和供应经验，以及同行企业的生产和供应经验，并在数据库之上建立一套完善的分析中枢系统，可以在已有的经验值基础上，作出投入产出率分析报告。

第三，需求对位功能，即能确认精准的需求客户并能计算出其需求周期和需求量。这需要拥有一个精准客户的圈层对接系统，与圈层平台形成良好的通联和合作关系，一是可以获得精准的需求周期和需求数量信息，二是可以获得更多的产品意见和服务需求意见，三是可以快速获取客户需求的变化方向，四是可以获得更多的客户资讯，以做到知彼知己，精准生产和精准营销。

第四，资源配置功能，即能准确地分析和计算出生产所需的资金量、人才量、资源量、时间量等数据，并给出内部要素的组合方案和所缺要素的外部增补方案。还需要有一个科学的组织管理系统，能合理调配企业内部的人力、物力和财力，并拥有一套与外部人、财、物供应平台紧密相连的供需系统，以便随时能增补生产所需的生产要素。

第五，生产执行功能，即能组织实施或委托实施生产。这需要拥有一个高效率的生产执行、监督实施系统或者托管实施系统，要么能在原有的资源基础上，迅速增补所缺的一切生产要素，然后快速实施生产计划，要么能将生产任务委托给完全有能力完成生产的单位，并有能力确保受托方保质保量地按时完工。这需要与同行保持相当稳定而良好的竞合关系。当然，能够摒弃“同行是冤家”的观念是基本前提。

第六，供应支配功能，即能科学完成质检和送达。这需要拥有一个质检专业、物流通达的输送系统，对出品的质量和数量能进行专业的检测，并能确保所委托的物流、配送单位在运送的过程中不遗损产品，这需有一个物流甄选系统作为前提，拥有多家物流企业的合作关系。即便如此，仍需再建立一套保险赔付机制，把风险降到最低，维护服务质量和品牌信誉，保证后续的商机能够获取。

2. 怎样才能在“地球村”出圈

建立一个开放的、紧密连接各方面资源平台的生态圈，才能让企业在更迭速度越来越快的动态市场中游刃有余。在这个生态圈里，企业得像一个伸缩自如的章鱼一样，“触角”多而灵敏，行动力强、执行力强。有人把现代企业组织称为“章鱼式联动体”。小米的成功很大程度上得益于建立起了“章鱼式联动体”，在本书上册 3.2.2 中，专门介绍了这种联动体的几大特征：强信息力、强分析力、强安全性、强再生力、强拟态力、强适应力、强战斗力、强生命力、强传承力等，这些能力是信息时代中企业必须具备的。

过去，企业的经营思路是厂房－设备－设计－招工－生产－销售，似乎只有拥有了从设施到生产、销售的全套资源和能力的企业才能进行经营和生产，仅拥有其中一个环节或者一些资源是难以创造出价值的。但随着地球“建村”之后，一切企业、一切资源都交织在了一起，各种资源和信息都按类归附在各个平台和圈层中，只要企业足够开放，像章鱼一样地融在其中，就可以与任何相关的企业和资源重组为一个新的组合体，去完成一项单独的任务。企业既可以化身为“大章鱼”，也可以只扮演成“小章鱼”，可以大到像华为一样，拥有从科研、设计，到生产、销售的多个完整的制造闭环体，也可以小到一个人或者一个工作室，只要是融在“村”中的“章鱼”，就可以跟相关的任何资源进行重组，完成某个产品任务的其中一环，以实现自己作为某一项生产要素参与了产品生产的价值。但企业无论大小，都不可以不开放，否则“村委会”不会给你留席位，没有席位，便不会有价值生产的机会。

举个例子，假如某企业有一个一万条牛仔裤的需求订单，并不需要自己开一个牛仔裤生产厂，而是可以直接在 to B 的平台上挑选自己认为最适合的生产厂家，将订单外包，让厂家完成生产即可，然后在物流平台上挑选一家合适的物流公司帮助运送给客户，即可达成客户所需。同样，假如是一个小厂家，那就可以适时地在平台上与人共享订单机会，哪怕只能承接一小部分生产量，也是能获得利润的，完全不必自己承揽所有的生产环节，设立臃肿的组织机构。这就是地球村的生存法则：开放、组合、快速、流动、共享。

过去，生产是企业自己将所有生产要素串联起来进行，现在，企业可以只是扮演部分生产要素的角色，与其他生产要素进行并联，就可以完成生产。

就算是一个“大章鱼”，经营思路也得调整为以需求为导向：商机－甄选－适配－生产－配送。

“地球村”之所以希望“村民”们开放、融汇，是因为这样可以让所有的资源实现快速地流动，达成最小的浪费和最大的效益，让任何资源都不至于闲置。这自然就加速了所有资源的细分，并且促使细分体成长为自主经营体，然后，这些自主经营体交互在一起，随即可以排列组合。

过去，企业需要拥有“从头到尾”所有的职能和要素才能进行生产，并且要大费周折地去各个不相联通的外部卖场中比对和串联上下游资源，才能实现销售和利润。如今，在地球村里，则可以大门不出非常便捷地在网上完成一站式采购，或并联所缺的要素，便可实现价值和赢利，这就是作为地球村“村民”的好处。

当然，成为“章鱼”，才是优秀“村民”的前提，也就是说，无论资源厚薄，都必须融在地球这个大“村”里，开放地与各个资源圈交融，连结成自己的生态圈，让自己变成一个变革能力强、新陈代谢快的有机联动体。否则，无论拥有多厚的资源，或者过去拥有过多少成功的经验，企业如果不开放，不去交融，不建立自己的生态圈，将很难有商机，因为，企业不开放、不流动，就是闲置率高、成本率高的要素，就没有竞争力，结果往往只会被淘汰；再加上自我封闭，企业根本抓不住稍纵即逝的机会。

所以，没有生态圈，根本不可能有存活率。

21.2　可否让企业成为“不倒翁”

21.2.1　让企业生生不息的生态圈

1. 企业的永生密码在于传承与变异

有科学观点认为，基因是永生的，生命体只是基因永生过程的载体。基因支撑着生命的基本构造和性能，生命体的生、长、衰、病、老、死等一切的生命现象，都是基因排列组合的结果。生命体可以灭亡，而基因不会，基因会随着生命体的下一代继续存在，并再次主宰着后续生命体的生老病死。

科学家们一直在研究基因与生命的关系，希望能找到基因永生的密码，解密生命体长生不老的方法。

可是，当科学家们明白了基因的永生密码之后，就基本否定了生命体长生不老的可能性。

基因是极为强大而自私的，也正是它的强大和自私，才使得它拥有着遗传与变异这两种属性，然后得以永生，为了永生，它就得让载体进行生老病死的循环。有一个现实的条件，就是基因及其载体赖以生存的外在环境是不断变化的，如果与变化了的环境不适应，那么基因及其载体都无法生存。所以，基因就通过生命体的繁衍实现遗传与变异，让自己和载体的下一代更适应变化了的环境，与环境的变化同步，这样，既复制了自己，又跟上了环境的变化。如果老的载体不死去，不断繁衍出来的新生命体将会越来越多，最后一定会使资源匮乏，使环境遭到破坏，于是基因、载体、环境共同灭亡；或者，为了不破坏生态链，又让生命体不死的话，那就只能阻止生命体的繁衍，才能保证环境的正常存在。而如果是这样的话，基因及其载体只能维持原样，无法进行遗传与变异，但环境却不会一成不变，当环境持续变化，不变的生命体将无法适应，于是，基因与生命体同样都会灭亡。所以，基因为了生存，只能让载体选择繁衍而放弃永生。

基因携带着所有的生命信息，随生命体代代繁衍而获得永生，这就是生命的意义。

永生的核心密码是遗传与变异。因为遗传与变异，基因及其载体的种群得以“后浪推前浪”，一代更比一代能适应新的环境；因为繁衍与载体的死亡，基因及其载体种群才能将生命延续得与环境浑然一体，一起共生。这就是生态。

生态的本质就是与环境的同频变化，其密码就是遗传与变异。所以，对于一个生命体而言，生态性就是对内具有强聚合性和传承性，对外具有强适应性和统一性；生命体的生命力就体现为与环境的和谐与共生，与环境结合成和谐的共同体。

同理，一个企业的生命力强弱也是体现为与环境是否和谐共生，如果企业具有强生态性也将具有强生存力，这种强生存力表现为与环境融合成和谐的共生体的同时，让自身成为环境不可或缺的有机成分。

企业的永生密码在于传承与变异，变异性使之能与环境同频，维持着在环境中不可或缺的地位，传承性使之维系着生命体的原本性，不管换了多少代人（管理者），本源仍在。而企业就是因为既保持着自己的本性又不断地适应环境的变化，才能随环境的永生而永生。

2. 企业生态圈的构建

企业与环境中的相关资源结合而成的命运共同体，具有明显的依存性和共生性，因此，利益目标具有统一性、并联阵线具有协和性的这种生态圈，也被称为“企业统一阵线”。

“企业统一阵线”由内部硬核和外部生态圈组成，内部硬核包括由劳动者、管理者、顾问人员、生产设施、原材料、生产资金等生产要素，外部生态圈包含由咨询机构、上下游供需单位、信息供给平台、运营支撑平台、资源关联单位、环境关联单位、政府管理部门等利益相关体。“企业统一阵线”中的关联要素和组织，因为损益相关、命运相连，所以很容易目标统一、行动一致。

“企业统一阵线”正是因为并联起了环境不可或缺的众多资源体，形成与环境同频发展的共生关系，才具有了强大的生命力，因为环境不可能割舍自己的有机体。

有了永生基因，才能永生。所以，一个企业如何聚合好内部硬核，并联好外部生态圈，构建出能与商业环境浑然一体的“统一阵线”，是它能否生生不息的必要前提。

21.2.2　融合一切可以融合的力量

1. 企业生态圈的作用在于激发一切有生力量

构建生生不息的“企业统一阵线”需从企业的内部硬核和外部生态圈两方面入手，把内部的各个因子打造成为一致行动的自主经营体，把外部的关联组织和个体激发成为互助共生的合作伙伴。内部的因子则不可依然只是推一下动一下，不可以将大量精力仍然耗费在没有产值的行为上，那么，这就需要有一个彻底激活所有因子的机制，并令这些因子形成共振。而外部的组织和个体不可以依然“界限分明”，不可以由于没有隶属关系而“事不关己”，那么，这就需要一个具有强烈诱惑且能科学引导所有关联人员的机制，使相关人员不遗余力地做出贡献，甚至能令众同行也发挥出互利的正效应作用。

因互联网并联起来的所有组织和资源，相互间的边界被模糊化了，信息的渗透使得大家很难再互不关联，“同行是冤家”的概念似乎也离我们远去。回顾不远的过去，就能看到一个个的冤家对头从相杀到相爱，比如2015年——

2月14日，滴滴、快的宣布战略合并；

4月15日，58同城、赶集网宣布合并；

10月8日，美团网、大众点评网正式宣布合并；

10月26日，携程网、去哪儿网宣布合并……（艾诚，2017）

地球村不支持固守和独占，它在促使所有的“村民”开放和融汇。而想在这个“村”里活得滋润，必须懂得互助与共生，不能单单只想着如何从“村”里或其他“村民”那里索取，还得时刻懂得反哺，只有为“村”里和他人创造出更多被索取的价值，才更显得不可或缺，才能跟随地球一起长存。

那么，要设计出怎样的一种机制，才能让企业内部的所有因子活力十足、使企业外部的所有资源不吝发挥呢？

传统的管理模式中，受聘人员基本抱着“打工心态”工作，如何让这些劳动者由“打工状态”变成“创业状态”，是设计激励机制需要达成的目标。而传统的模式里，对于外部关联资源的激励仅仅限于顾问费和干股，这些方法过于死板和局限，一是无法充分激发编外人员持久的创造性，二是因为份额受限激励的对象比较有限。而此刻看来，似乎只有可以持续发放激励因子的分值制，才能令激励措施具有足够的广度、深度和长度。

归根结底，激励机制是否能令激励对象充分发挥，关键是能不能让激励对象把相关的事项当成“自己的事”看待。的确，传统的模式中，企业的劳动者或顾问人员并未把企业交给的事项完全当成“自己的事”来做，因此，传统的激励机制并未起到根本的激励作用。

那么，到底要怎样才能让相关的人员把手中的任务当成“自己的事”来做呢？

如果老板或机制策划人换位思考，这个问题非常浅显，核心点在于——自我实现。

自我实现是人的最高需求。每个人的人生追求和目标大小都不一样，自我实现并不意味着要当老板，或者要赚得像大老板一样多的钱，其实大部分员工的心理追求并非那么远大，并不奢望做成一份宏大的独立事业，只是需要自己的价值能得到充分发挥、心理能得到充分满足。所以，完全可以把企业划分为无数个“小天地”，让员工们在“自己的小天地”里“我的事情我做主”。一些老板自己目标宏伟，以为员工们也怀揣宏愿，这是想当然了，正是因为这种想当然，导致了误以为员工也会很在意股权，结果划不少核心股出来却没起到多少的激励作用；其实可以反过来，无须拿太多的比例出来，就可以让大家在“自己的一亩三分地”中乐此不疲，只要企业给出的责权利符合大家的小目标即可。

什么样的责、权、利能让大家自我实现呢？

首先是利，应让人有想象空间，并可逐步递进、动态增长，绝不可以是固定不变的——因为人是会产生“适应性偏见”的，即便再高的收益，长久不变也会让人麻木；而动态增长的收益不一定需要太高，却能让人不断获得成就感和满足感。动态收益跟本人的动态贡献挂钩，才能令执行人充分感觉到成就感和实现感。所以，价值的量化及与收益的关联是让人实现自我价值的基本前提。

其次是权，得让人自主。如果员工的工作一直是由上司强加安排和鞭策驱动来进行的，那么员工就会觉得自己只是工具，很难有成就感。只有使所需要完成的任务变成执行人自己想要做，并且可自主完成的工作，才能令执行人获得存在感和满足感。

再次是责，须让劳作者承担因自己工作失误造成的经济责任，只有失误与本人的经济直接挂钩，大家才会重视这些任务。传统管理中员工之所以责任态度不到位，很重要的原因是工作失误不用承担经济责任。每项工作的结果如何量化考评，并且考量值与执行人的损益直接挂钩，是让员工把任务当作“自家事”的必要保证。

最后是股份，需让人觉得公司有自己的份，公司是自我实现的平台而已。传统的股权激励最失败的地方就是让员工们拿着股份百分比来跟老板比，越比越发现是在“陪太子读书”，以及跟同事比，越比越“患不均”，觉得不公平。所以，如何在股权激励中隐匿掉百分比，让员工自己跟自己纵向对比，或者横向与他人对比时，“患不均”会令人你追我赶地去拼贡献。巧妙的股权激励不在于划出来的股权比例是大是小，而是无论大小，都能让人纵向跟自己的过去比发现收益越来越多，进而不断获得成长感和满足感；让人横向比发现通过自己的贡献增加就能把同事逐个超越。股权是公司最核心的权益，让员工们不断地看见自己的股权在增长，才能让员工觉得公司是自己实现自我的平台。而要实现这种“不断地增长”，似乎只有分值制才可以做到。

为了避免“适应性偏见”，激励股份绝不可以是静态的。

而权益必须直接与任务挂钩，才能对任务执行起到激励作用。

2. 企业生态圈构建的核心是科学适配责权利

真正有效的激励措施，必须是让责权利各得其所，那么，就必须做到量化考核（最好细化到每一个任务、每一个行为）、精准赋值、对应分配，同时，还必须维持核心运营团队的地位（包括控制权和分配权），保证整个组织所有的因子的动态平衡。于是，我们需要有一个责权利的分配系统，这个系统能实现量化考核、精准赋值、对应分配，能确保核心团队对控股权、分配权的控制，确保所有成员的心态平衡，确保企业与外界并联组织的顺畅对接，确保与传统估值机构和资本市场的无缝对接。

具体的方法是：

（1）将专职人员的直接劳动量化为 O 分。对每一项工作任务（可无限细化）进行精准量化，在当事人拟定计划时，根据其工资额高低确定任务基准量，根据统一标准设定每项任务的基准分数、完成时间、超标奖分标准以及未达标扣分标准，任务执行完毕即进行评分。其次，任务可自行增选和添加。

（2）将专兼职人员遵守工作制度和流程的行为量化为 P 分。将所有的规章制度和业务流程简化为可考评的加分项和减分项，使任何人的行为发生后可以用分数来定义其行为价值。

（3）将兼专职人员的有价资质和贡献量化为 Q 分，包括各种能力（学历、职位、职称、信用、特长等）、资格（工龄、荣誉、专业资格等）、技术（著作权、专利、方案等）、信息（情报、数据、人才、资金、项目等）等方面。其中可以涵盖外部任何形式的顾问人员、资讯员以及关联单位工作者任何形式的价值贡献，人数无限、分数无限，以利益核算的形式团结一切可以团结的力量，并充分挖掘其一切潜能。公司外部的任何人，包括离退人员和编外人员，提供哪怕再小的贡献，比如一条信息、一个数据、一张名片，都将获得分数。而分数，就是收益。

（4）将投资人（包括执行董事和非执行董事）**的投资及其创造的价值量化为R分。**O分、P分、Q分、R分随任一价值的产生而即时生成，并实时显示在手机App上，让执行人经常地获得成就感和满足感，同时刺激他人的眼球，让其他人也奋起直追。

（5）各种分数按月累积，然后换算为股份数（干股或实股）。因为各种贡献价值是只增不减的，所以各种分数也只增不减，干股和实股只涨不跌，所有的人和单位都能不断获得动态满足，因为他们的股数和权益只增不减，并且非常直观、极为刺激。由于App上只显示各种只涨不跌的分数和股数，没有股份百分比，所以不会有人在股份百分比上进行相互比较，大家要么只会跟自己的昨天纵向比，在每天的权益增长之中获得成就感和满足感；要么就会横向比，发现他人的分数和股数比自己多而“患不均”，而马不停蹄地去进行工作和贡献，以便超越别人。

各种分值关联的权益项为见表21–1。

表21–1

各种分值关联的权益

权益项	工资	奖金	转正	晋升	岗考	福利	评优	期权	股份
O分	√	√	√	√	√	√	√	√	√
P分			√	√	√	√	√	√	√
Q分				√	√	√	√	√	√
R分								√	√

如此一来，任何一种行为、任何一项贡献，因为有价值而得以加分，因加分而增加权益；而任何一种失误、任何一个不利行为，都将被扣分，因扣分

而损失权益，那么，所有的人和单位，都将因为关系到切身的利益，而将各项任务努力做好，避免产生失误和不利于产值的行为。

传统的股权激励模式因为股比有限，对编外关系和资源的吸引很受限，一是人员数量受限，二是吸纳范围受限，三是激励内容受限，四是进出方式受限。而分值制则可以在激励人数、范围、内容上做到无限，并且激励对象进出自由，所以，才得以“融合一切可以融合的力量”。

另外，传统的估值和资本市场需要对接时，将整个系数的动态总股数在对接时进行加权换算，就可以匹配上任意一个静态的百分数了，即与传统模式实现无缝对接。

3. 企业有了“统一阵线”生存力才会足够强大

有了科学适配责权利的运营系统，就能令企业内部硬核的所有力量都聚焦在生产上，并且形成共振、产生“核聚变”的乘数反应，令企业外部的一切有益资源都得以汇聚起来形成一个共振生态圈，而这些资源能自发地为企业带来尽可能大的价值贡献。

于是，企业就能像淮南王刘安的《淮南子・主术训》中讲的“积力之所举，则无不胜也；众智之所为，则无不成也”，如“章鱼”一般，拥有强大的生存力：

（1）强信息力。因为每一个有价信息都能加分，所以内部员工和外在的有关人员都可以成为“千里眼和顺风耳”，像章鱼拥有 360° 无死角的复眼一样，企业将不再只依靠核心团队和调研部门在搜集数据和情报了。

（2）强分析力。共担共享，同心协力，并且可以持续地融进更多的顶尖人才，还包括各类情报人员，这比章鱼拥有两个脑袋还要强大。

（3）强安全性。章鱼在睡觉时，都会留两条腿“值班”。企业集成化、系统化的 App 系统让所有人的内部与外部人员随时通联和反应，任何特殊情况都能让相应的人员及时地应对和处理。

（4）强防御力。因为股数可以无限制发放，所以企业可以大胆试错，一旦有人员和资源富余，可以保留其已有的分数，使富余的人员和资源可以轻松离开，像章鱼断臂一样舍卒保帅。

（5）强再生力。也因为股数可以无限制发放，所以在需要恢复某个部门的时候，可以随时召回已离开的人员和资源，或重新召集新的人员和资源，像章鱼一样，迅速长出新触臂。

（6）强拟态力。企业的每个因子都成了自主能动体，可以因为任务的需要，迅速重新排列组合，组合成新的任务小组；外部人员和资源也可因P分和Q分得以迅速补充。这跟章鱼可以把身体随时变成所需的形状一样，非常灵活。

（7）强适应力。章鱼可以随环境而改变体色，企业因为人员和资源进出极为便利，也可以根据市场环境的变化，随时调整人员和资源结构，改造成最适于环境需要的资源组合。

（8）强战斗力。企业的每一个因子都因为责权利各得其所，所以动力十足，并且大家的贡献都是利己利人的（大家都能得到分配），因而都能自觉地互助，行为自然较为和谐，就像章鱼无论触腕再多也不会自相碰撞一样，随时形成合力和共振。

（9）强生命力。章鱼有“溶解水生成氧气”的特异功能，离开大海照样能活好几天。企业在全员岗位承包的情形下，可实现脱离财务部“供氧”（发硬工资），员工们自会通过创造价值在市场上赢得利润，来反哺自己和公司。

（10）强传承力。小章鱼凭着强大的遗传基因和自学能力，一出生就能独立生存。企业因为营造起了互助共赢的氛围，共振磁场强大，任何一个新进的人员和资源都会很快被同质化，被影响成为同频的力量，同时也发出相同的声音和影响波。

为保障内外生态圈的高效运作，企业应将流程尽量简化，不必像传统管理那样大小事务都要讨论、动辄就要审批。为了去管理化、去人化，企业可以将各种大原则放在章程中予以明确，各种执行流程直接放进系统，尽量做到程序化和自动化。

所谓大原则，主要是股东层级划分及其权利和义务、价值量化方法、分配法则、议事规程等。在章程上明确了各项原则之后，包括利用股权引进人才和资金、激励股权发放等在内的各种“重大”事项，以及赋值、兑股等，都可省却会议流程和协议变更的程序，直接形成常规化操作即可。

如此，企业便能让内部硬核能量最大化发挥，让外部生态圈效用最大化存在，形成一个最开放、最灵动、最广泛、资源流动最快、潜能挖掘最深、效益产生最优的“统一阵线”，成为商业生态中必不可少的有机部分，并且代代延续、生生不息。

“火车跑得快全靠车头带”的企业往往成也“车头”败也“车头”。在大数据时代，企业家如不是身处于一个有效处理和升华海量信息的集体，将会成为企业的风险点。缺乏企业家并非国企的“死穴”，整体创造力才是竞争的胜负手。

第 22 章

分值驱动，力图国企化蝶

22.1　国资的作用不可替代

22.1.1　经济的平衡杠杆

国企（国有企业），是一个国家的中央或地方政府投资控股或参股的企业。

国企按性质可分为商业性、公益性、自然垄断性三类，在中国，也可按归口管理部门划分，可分为国务院国资委监督管理的中央企业、地方国资委监管的地方国企、财政部监管三类企业和中央汇金控股的金融企业四类（佚名，2017）。

伴随着工业革命的开始，国企就诞生了并在社会上不可或缺，因为它在基础产业支撑、国家意志表达、社会平衡调节中的作用，是民营企业难以取代的。

由于道路交通、环境建设等社会基础产业的投资周期长、资金回收慢、赢利效益低，民营企业一般是不愿意涉足的，但这些产业又是社会发展的必要基础，所以，需要国家去投资兴建。

一个国家面对国际关系的变化，基于国家安全的考虑，需要通过调整军工产业、变化贸易总量来调节竞争力量，这些国家意志的表达很难依靠民营企业来实现，所以，只能依托于国企。

另外，在经济的波谷需要拉抬复苏的势头、在经济的波峰需要延长繁荣的时间，或者因为环境变化和生态失衡需要资金来杠杆，都得国企去发挥关键作用。

由于资本具有投机性，市场的自由发展在一定程度之上会形成产能过剩，于是就会引发经济波浪，造成经济危机。凯恩斯主义者认为“经济中不存在生产和就业向完全就业方向发展的强大的自动机制”，所以经济的波浪需要政府机构进行宏观调节，否则经济危机会随着世界经济的进一步融合，波幅也会一步步扩大。于是，凯恩斯的宏观经济学在“二战”期间和战后成为西方各国普遍推行的经济政策理论，这一理论的精髓是国家干预经济。

资本主义国有企业在第二次世界大战期间和战后发展空前迅速，成为了现代资本主义国家国民经济中一支举足轻重的经济力量，同时也是西方国家政府对国民经济进行宏观调控的基本手段之一。

据统计，1982 年，国有经济在国民经济中的比重法国为 22.9%，联邦德国为 14.0%，意大利为 20.0%，英国为 16.2%。

在西欧国家，国企不仅控制着基础设施部门，而且广泛地涉足几乎所有的部门。例如 1982 年的法国，由国企占垄断地位的部门和行业就有煤、电力、煤气、铁路、航空、电视广播、邮政电信、银行、钾肥、烟草、钢铁、航空工程、有色金属、基础化学、人造纤维、武器、电子器材。在交通、通信、能源、金融以外的所谓竞争性部门的营业总额中，国有经济占 32%。西欧国家的国企往往是规模巨大、实力雄厚，具有强大的竞争能力的一流企业。大型国企通过控股公司控制成千成万的工商金融企业，形成巨大的国有经济网络。（杨德明，2005）

西方国家除利用国企干预市场外，还会通过准国营、半国营或国私合营的形式，让国家资本渗透到经济的各个领域进行平衡，形式多样，不限于“发包”、政府采购等。

西方国家通过国企对国民经济进行调节的作用，大致包括如下几个方面：

（1）反经济危机，必要时对经济运行轨迹进行逆操作。

（2）保护本国企业和市场，扩大出口，抵御外资。

（3）振兴本国民族经济，提供廉价的基础设施、能源、技术和资金支持。

（4）提供就业机会，增加民众福利，缓解国内的分配矛盾和阶级矛盾。

（5）实施国家战略计划，平衡国内的产业结构和国际经济关系。

为确保国企和国资的干预力，西方国家基本会以立法的形式，来保证政府对国企的经营权和管理权，内容包括国有企业的创立宗旨、经营方针、人事制度、财会制度、劳动条件、业务范围、集资方式、产品价格、产品质量、主要管理人员的任免、财务监察等，甚至包括投资计划、利润分配、亏损补贴、产品价格、董事长和总经理工资等（杨德明，2005）。

22.1.2　世界经济的定海神针

中国的社会意识形态和国情跟西方有较大的不同，国家的体制区别也很大，在借鉴西方成功经营的基础上，实践出了独具特色的国家管理模式。从结果上看，中国的治理模式已有着越来越明显的优势，特别是在本国经济发展的速度和持续性以及在国际经济波浪中的平衡性和稳定性上，体现出了无与伦比的作用，这跟中国的制度优势有关，也跟中国的国有资本在国民经济中所起到的重要作用有关。

简而言之，中国快速发展的势头得益于体制的优越。

西方的私有制是充分保障资产阶级尤其是垄断资产阶级根本利益的，其国家力量更多是为自由竞争、自由贸易（袁雄锋，2018）服务的，自由市场自然就容易使集约化的资本和企业占据竞争优势，让产业走向垄断，让分配走向极端，所以，西方政府实际上更多是在为金融寡头保驾护航，其国有资本实际上在贫富差距拉大的问题上推波助澜了。因此另一方面，为了缓和社会矛盾，西方国家不得不通过高福利来缓和社会矛盾、平衡大众心理。正是因为西欧国家“从摇篮到坟墓”（杨德明，2005）的福利模式麻醉着劳动大众，才使得普通民众缺少足够的动能；虽然竞争和集约化使得西方的精英“很精英”，但其两极分化的结果，事实上培育着社会动荡的基因。这是体制不同造成的。

中国是以公有制为主体的，其国家力量是为全体人民服务的，政府是为各阶层公平创造保驾护航的，既鼓励社会价值贡献大者获得相对更多的收益，也为相对贫困的人群提供更多的帮助和条件，使其通过劳动和创造走向共同富裕。

正是因为中国的国家力量是扶持全体人民的，所以才激发出了广泛人群的创造力。或许中国的所谓“精英人群”似乎并不十分耀眼，但中国社会的整体创造力及其上升的势头，却是众多国家难以比拟的。中国社会各阶层、各地区的发展也有不均衡性，但**在国家政策和国有资本的调节和平衡下，各种力量都在被引入较能充分发挥的价值创造循环系统中，让原先遥遥领先、现在却一个个被超越的西方国家难以淡定的，是中国的上升势头和良性循环还远远看不到尽头。这是市场宏观调控之优势使然。**

中国的持续高速增长势头和在全球经济波浪中的定力是现象级的，其特点是高速、匀速、稳定、平衡、持久，所以，诸多国家开始争相研究中国现象。

有着傲慢与偏见的一些国家，对于中国的崛起反应较为迟钝。不过还是有不少眼光长远、开放包容的国家在借鉴中国的发展模式。由于**中国现象**源于自身的文化底蕴和发展周期，加之具有独特的聚合力和平衡力，因此**可以被借鉴，却难以被复制。**

纵观历史，中国曾数次由北方民族统治，但都因文化的强大使得统治者都不得不“以汉治汉”。曾经欺凌过中国的列强都发现中国这头雄狮难以驯服，侵略者可以霸占他、欺凌他，却无法改变他；即便是朝代变更，他的文化和魂都在延续。世界上能周期性多次形成文明波峰的民族，似乎只有中华民族。没有深厚的文化底蕴，是做不到不被“强大”国家同化、做不到因“我”制宜的。中国人开放而不会盲从、学习而不忘扬弃，改革却不失传承、自信但不会自持，所以才得以博采众长、不断升华自己。

定力需要底蕴，而底蕴源自修为。

中国人血液里流淌着传承因子，基因里蕴藏着自省元素，骨子里又有外圆内方的秉性，所以中国人相信得道多助，相信天助自助早，进而懂得和谐相处，懂得自律自强。

中国是平衡哲学的鼻祖，太极思想天然根植在每个中国人的脑海中，“白极为黑，黑极则白；白中有黑，黑中藏白”的太极逻辑不只是简单的图像概念，“凡事须有度，过犹不及”早已成了人们的自然行为方式。而西方人遵循丛林法则，他们的世界观是弱肉强食，“强者可恒强、弱者会更弱”是他们认可的生存模式。贫富差距持续拉大是西方社会发展的必然结果，社会矛盾往往会激化为战争。角斗士杀死对方被视为荣耀，竞争获胜将拥有橄榄枝和欢呼声，甚至是自由，而被杀死者得不到怜悯和尊重，甚至会被认为不配拥有自由权和生存权。丛林法则之下的人很难悟透物极必反的道理，很难理解中庸和平衡竟然蕴含着巨大的能量，他们甚至意识不到“太刚则脆，太柔则废”，更不知道道法自然、无为而治、以柔克刚妙在何处。

民众的一致性的程度，决定着一个国家的宏调能力和危机逆向力的强弱。

中华文化让中国人天然懂得“国是家的国、家是国的家；没国哪有家、没家哪有我”的道理，而迁徙民族的骨髓里就缺乏定居民族那种家国情怀，又怎能形成定居民族那种统一性和聚合力呢?

中国的调控硬实力强，2018年10月中国国务院报告显示，2017年企业国有资产为173.5万亿元，金融国有资产为241万亿元，这是世界上绝无仅有的（任晓敏，2019），而且，中国的土地、自然资源等隐性的资产也属于国有，还未计算到国资账本上。所以，相比西方在实施国资杠杆和经济平衡上，中国有着得天独厚的优势基础。

经过了几轮世界经济泡沫的冲击，中国的逆危力越来越强，虽然中国经济与世界经济融合度越来越高了。但面对越来越剧烈的世界经济波动，中国不仅本身的减振体系越做越扎实，在全球的抗振上也贡献得越来越卓越。

22.1.3 中国经济为何可以有序发展

中国经济的稳定发展有赖于其内部各产业的有序互动和资源的良性配比，而中国经济的活力和秩序是其国有资本为对外抵御国际经济泡沫浸润、对内提供优良的基础保障和科学调节而形成的。

为了国内经济长期有序的发展，中国的国资在国内进行了大量的基础性建设，包括供水、供电、通讯、道路、港口等基础硬件，也包括法律制度、行政服务、会计制度、审计制度、税收制度、海关管理等基础软件（卢圣泉，1998）。

中国铁路客运白菜价，高铁白菜价，城市地铁白菜价，公交白菜价，农村水、电、气、网络白菜价……这些都代表着国家通过国企对全民基础公共产品的补贴，这些补贴客观上形成对外资进入中国市场的巨大门槛（佚名，2018），维系着其国内经济的正常秩序。

中国雄厚的国有资本在国内的经济循环、分配平衡、社会矛盾缓和以及国际的贸易竞争上，都拥有着不可比拟的优势，其他国家包括西方发达国家也很难望其项背。近年，中国除粮棉等政策性国企可免交利润外，其他各类国企均会向国家上缴净利润：第一类是石油石化、电力、电信、煤炭等资源垄断型企业，上缴20%；第二类是钢铁、运输、电子、贸易、施工等一般竞争性企业，上缴15%；第三类是转制科研院所、邮政、军工等企业，上缴10%；第四类烟草等特殊企业，上缴25%（沈奇 等，2018）。

由于中国的市场经济体制跟西方的不完全相同，**西方某些国家一直在想方设法拆掉中国的门槛，其目的是想对中国像对其他第二、第三世界国家一样进行“经济殖民”，以其更强大的资本来打压和杠杆中国企业，达到掠夺劳动、抢占资源、赚取重头利润、转嫁金融风险的目的。如果中国的国资实力不够强大，或者不懂“正当防卫”，那中国的企业将会被国际杠杆资本不断地挤压和“割韭菜”，将会为国际金融泡沫埋单。**

以中国的大豆和榨油产业为例。

中国2001年加入WTO以后，国内的杂粮市场遭受国际市场冲击，比如大豆，由于出油率偏低，其生产几乎被冲垮，东北“粮仓”被迫改种其他农作物。2004年，美国操纵大豆价格巨幅震动，将中国很多榨油企业干掉，到2006年中国压榨油市场基本被外资控制（什么金龙鱼、鲁花统统都是）。外资控制中国大豆、榨油产业后就毫不犹豫地开始剪羊毛。从2007年开始，美国大豆价格一路飙升，从每吨500元，最高涨到2008年7月的1650元！豆油也从每吨5000元飙升到15000元，豆米白价格也翻了一倍；直接导致猪肉价格一下子飙到二十几元一斤，几乎让中国举国震动。没办法，中国政府只能派国家队进场，2008年3月中粮、中储粮等国企开始收储大豆与国际资本展开拉锯战。8月美国爆发金融危机，虚高的大豆价格暴跌，国际资本损失惨重，中国国家队抄底大量收储大豆作战略储备，光2008年就买了700多万吨，以后每年只要大豆价格下降就买买买，一旦国际资本炒作大豆价格就动用储备砸盘，所以，虽然中国大豆产业被国际资本击溃，但是，谁也不敢再炒作大豆价格。如果没有国家队这个定海神针，中国现在的猪肉价格至少要翻一番（佚名，2019），中国的民生类企业，也仍将被不断地剪羊毛。

国际资本对中国强大的国资非常忌惮，总想通过各种手段来打压中国，试图削弱中国国资的力量，因为中国国资并不支持它们进行价格操控和对第二第三世界进行泡沫输送。

在没有硝烟的战场上，“国家队”强大与否关乎国家在国际环境中的竞争优劣，关乎本国民企私企是否会被欺凌，关乎本国的民生体系是否会被冲垮。所以，从保家卫国的层面上看，国资的强大跟军队的强大一样，甚至是更重要。

中国经济为何可以有序发展，因为有国资在保驾护航。

22.2　国企发展的思考

22.2.1　国企固有的优势和困难

1. 国企有着很多天然的优势

国企固然重要，但其运营一直以来也存在不少问题，相比优秀的民企而言大部分国企显得活力不足、效率不高，贪腐现象较为普遍。

事实上，国企本有着很多天然的优势：

第一是政策优势。因为国企形式上作为“准政府单位”，政策信息获取的通道自然更短些，往往在经营过程中更易于匹配政策条件而获得扶持，办理各项事务对流程可以走得更顺畅，获得政府各部门的支持可以更便捷。

第二是竞争优势。特别是一些由国家主导的安全和资源产业，如军工、钢铁、石油、电力、煤炭及其他矿产行业，这些产业没有太大的竞争压力；而像电信、航空、运输、邮政、烟酒等民生领域，在市场放开前也曾由国企统一经营，国企在关系、经验、技术和人才基础上都有着先天的优势。

第三是资源优势。作为“国家队”，其资金调集和储备更有保障，出现资金断流的风险更小，而且在土地、能源等资源的获取通路和方式上有着一定的优势。

第四是企业信用优势。因为身后有国家这个强大的后盾，相比民企而言，失信概率要小得多，所以有着民营企业难以比拟的信用优势。

第五是人员征信优势。国企有着国家级的人事档案管理系统，档案记录和反映着干部和职工的个人经历与德能勤绩等各方面情况，包括履历材料、自传材料、鉴定考核考察材料、学历和评聘专业技术职务材料、政审材料、党团材料、奖励材料、处分材料、工资任免和出国等，其中涉及学历、学位、学绩、培训结业成绩表和评定技能的考绩、审批等材料以及涉及招用、劳动合同，调动、聘用、复员退伍、转业、工资、保险福利待遇、出国、退休、退职等材料（文华，2014），它是个人身份、学历、资历等方面的证明，与个人工资待遇、社会劳动保障、组织关系紧密挂钩，具有法律效用，并且还关联着出境、工龄、调动、考证、职称申报、升学等，且跟随终身，对于干部和职工起着较强的道德和行为约束作用。而民企员工的档案则一般不会归入国家档案系统，不跟着员工走，员工违反企业制度的历史会在离职两年后随档案的撤销而一笔勾销，所以对员工的约束力较弱。

第六是规避风险优势。国企亏了有国家兜着、政府兜着，有了错，大部分都可以有客观原因（蒋锡培，2012），亏损弥补、坏账核销这些规避风险的优势民营企业并不具备。

2. 国企特有的无奈

正是因为国企有国家做后盾，所以缺少足够的压力，缺乏着“野蛮生长”的能力，而且，还得承担更多的社会责任，相比民企而言，国企也有诸多无奈：

第一，国企经常要完成“社会任务”，一些“吃力不讨好”（利润不高、回收期长）的项目也得经营。比如环保、道路、水电煤供应等，往往还因为调控、拾遗和补缺而牺牲效率和效益；为了国计和民生，甚至一些根本看不到效益的项目也得经营，比如社会的基础应用研发、技术实验、示范工程等。

第二是层层管控。有国家兜底，自然就得有国家机构管控。为防止国有资产流失，国企的监督和管理自然很严密，资金层层审批、应变速度相对偏慢是难以避免的，在速度制胜的现代市场中略显被动。

第三是社会包袱重。国企在计划经济时代是大包大揽的，既要承担生产职能，也要承担社会职能，包括职工家属区的“三供一业”（供水、供电、供气及物业管理的统称）、企业自办的医疗教育机构、市政及文化体育设施、社区管理、退休人员管理与服务职能等公共服务体系，既要为职工提供生产前、生产后的全方位服务，又要顾及职工生活、福利、社保等方方面面。企业类似于一个浓缩的社会，兴建了大批与生产经营没有直接联系的场馆、设施，诸如食堂、澡堂、医院、幼儿园、中小学等（陈昕钊，2018）。虽然进入了市场经济时代，其包袱还是无法完全卸下，在就业、教育、交通、住宿、医疗、保险、离退人员管理等非效益性保障上，要比民企负担重。

第四是管理者先天缺少经济责任压力。国企腐败程度之所以比国家机关更严重，这是由国企的性质决定的。相对于民企私企而言，它的所有权是国家的，它的负责人充其量是职业经理人，企业的兴衰存亡，对他们没有那么强的利害关系。何况，当今中国的国企高管是有行政级别的官员，可以在国家机关和企事业单位之间调动，这就很容易让人滋生“捞一把走人”的念头（鄢烈山，2015）。**相比民企，国企缺了至关重要的一个元素：与企业生死紧密相关的企业家。**

第五是干部职工在旱涝保收的情况下缺乏足够的活力和创造力。真正地负责，是在经济上负起责任。国企中的干部职工在工资和福利上享有充分的保障，对于工作失误造成的经济损失一般不会从工资中扣减，企业的亏损则更缺乏关联，缺少责任承担的压力，责任心和行动力的激发则欠缺了一个直接的要素。

22.2.2　国企的困局和改革的难点

1. 国企改革任重道远

国企员工收入稳定、保障全面，不少人是冲着“安稳”而进国企的。一些人进了国企，发现论资排辈比较严重，晋升机制不够灵活，激情慢慢减弱，最后“泯然众人”，开始“乘凉”。国企内“乘凉”氛围的形成主要是缺乏激励——正激励和负激励。缺乏正激励主要是因为大部分国企效益相对不高，缺乏充足的收入空间用于激励；效益不高的主要根源是由于缺乏负激励，即给到干部职工的经济风险和压力不高。

别说普通职工，即便是国企的“负责人”，也没有太高的经济风险和压力需要承担。国企的“负责人”其实不是真正的经济负责人，他们基本无须承担（当然也难以承担）企业亏损的责任。国企“负责人”只是国家委派的管理者，等同于民企中投资方委派的“职业经理人”。由于基本无须承担企业亏损的责任，因此一些国企“负责人”便出现了贪腐行为。之所以国企中的贪腐现象比机关单位严重，是因为国企“负责人”的直接参照物——民企负责人的收益空间相对大了很多，不少民企负责人身价过亿，甚至百亿，这难免会对国企“负责人”造成刺激。经营企业所获的“财富值”反差巨大，是造成了一些国企“负责人”心理严重失衡，进而产生贪腐行为的主要诱因。

在国企的传统管理模式中，职工的收益主要是工资和奖金，提升工资主要在于晋升，提高奖金主要看工作结果的评议，而晋升和评议主要在于领导。由于工资是按级别定的，管理岗位数量有限，不懂在上司面前察言观色，不善于在工作中恰如其分，愣头愣脑地瞎积极，有时候会被看成是“对上司位子的威胁”。所以，导致部分职工把巴结领导、讨好上司当作了在国企的生存之道。

在这种模式之中，国企的大部分干部职工并未把主要精力聚焦于工作创造，这是国企改革需要研究的重要问题。

看看近年来 A 股的“亏损王”数据，或许我们会感叹“贫穷限制了我的想象力”：

2005—2016 年，A 股上市公司中亏损最大的公司均是国资委控股的公司（统计时 2016 年年报未出，采用的年报预告数据），详见表 22-1（佚名，2017）。

表 22-1

2005—2016 年，A 股上市公司“亏损王”

年度	公司	实际控制人	净利润（亿元）
2005	海信科龙	青岛国资委	–37.18
2006	东方航空	国务院国资委	–29.92
2007	*ST 华源（大名城）	国务院国资委	–10.12
2008	东方航空	国务院国资委	–139.28
2009	中海远控	国务院国资委	–75.41
2010	华菱钢铁	湖南国资委	–26.44
2011	中海远控	国务院国资委	–104.49
2012	中海远控	国务院国资委	–95.59
2013	保变电器	国务院国资委	–52.33
2014	中国铝业	国务院国资委	–162.17
2015	武钢股份（宝武钢铁）	国务院国资委	–75.17
2016	石化油服	国务院国资委	–160.00
	中海油服	国务院国资委	–117.00

所以，国企改革任重而道远。

自改革开放以来，国企一直在改革，可国企的活力始终没能得到彻底改观。

国企的第一个十年改革主要是推进“市场化”，是调整国家与企业的责权利关系。虽然国企被推向市场了，但“政企不分”的问题并未得到完全解决，现代企业制度并未得以建立。

国企的第二个十年改革的重点是股份制改造，但体制的改革并不彻底，国企盈利能力仍然较差。

国企第三个十年改革的重点是国资管理体制，包括股权分治、建立董事会、主辅分离、政策性破产等。但因国资独大、垄断严重、国企行政色彩浓重等原因，国企的业绩普遍不佳（佚名，2017）。

国企的第四个十年改革的重点是“混改”，包括股权多元化、员工持股、资产证券化、民企借壳、引入战略投资者等，目标已经直指活力和业绩了，但这一轮的“摸石头过河”到底能不能彻底激活国企，我们拭目以待。

一个“混”字，显示出国家对优秀民企运营、管理及赢利能力的肯定，彰显着国家对国企改革的态度是非常坚定的，改革目标直指活力和业绩的坚定。

“混改”以前，有人埋怨说“国企改革改了 30 年，老在重组上兜圈、在资本盈利上动脑筋，为什么不在解放生产力上下点功夫”，这回国家是动真格要搞活机制提高生产力了：2016 年 8 月 18 日，国务院国资委印发《关于国有控股混合所有制企业开展员工持股试点的意见》，将员工持股比例总量上限从 10% 提高至 30%，以增强激励力度（佚名，2017）。

事实上国企改革也只能“摸石头过河”，因为国际上也没有太多“国企成功经验”可借鉴，或者说，中国的国资在国际上已然就是榜样级地存在着。所以，国企难以将希望寄托于海外，潜心探索内部搞活、国资增值之路才是改革的重心。

现行的有关国企股权多元化、资产证券化、民企借壳、引入战略投资者等结构性韬略已较为清晰，并颇具实效，而国企内部活力问题尚需不断研究与探索。

2. 提高员工持股比例就能让员工有“主人翁”心态了吗

配股的确是员工激励的重要方向，但提高员工持股比例就能彻底激活员工、让员工把企业当家了吗？

其实，在2003年十六届三中全会后，陆续有近十万家国有中小型企业完成了股份改革，这些股份改革的企业中约有60%实施了员工持股（文宗瑜，2016）。当时不少人以此为赞，认为员工们持股了就真正是企业的主人了，“主人翁”姿态就有了……然而，实际结果并不如想象的那么乐观。

一些企业让持股的员工们参政议政，可很多员工对于参政议政这些“新鲜事”非常懵懂，他们既不懂市场，不懂什么是垄断和竞争，又没时间研究时政和国际局势，对政策走向也是一知半解，既看不懂财务报表，也看不到企业的全貌，所以每每投起票来就随大流，或者“抓阄”表决，闹出过不少的笑话。更让一些着急企业产能的管理者心疼的，是让职工们去学习业务之外的参政议政，还得牺牲大量的有效生产时间。当然，更让人出乎意料的是员工持股还滋生出了原先都没有的一大堆问题，诸如股份大小不均了、股东跟非股东的层级隔阂和工作量对比之类的“患不均”都出现了，甚至因为干部的持股比例偏大，干群关系还拉开了……结果往往是企业的效益没提高多少，各种让人头痛的问题却增加了一堆。

有些专家认为是因为员工持股的面不够广、比例不够高，所以大家的积极性才没提起来，因此希望增加员工持股比例。其实无论员工的持股比例提到什么程度，人的“患不均”本性是永远存在的。

后来，又有专家反过来对员工持股开始怀疑了，这给改革增加了不少阻力，对于国企改制中实施员工持股，因为舆论上仍存在着反对的声调，所以为了避免“犯错误”，很多企业在混改的员工持股方案设计上，大都以员工象征性参股为基调（文宗瑜，2016）。

其实在形式上，员工持股比例的大小，跟每个人“主人翁”姿态的高低关系并不大。

那么，到底如何设立股权激励机制才能让大家真正把工作当作自己的事情用心做好呢?

3. 员工的保障是多一些好还是少一些好

没有压力就不会有太大的动力，待遇太有保障反而削弱了员工的拼搏精神，降低保障可能又很难留住人才，那员工的保障到底是多一些还是少一些好呢?

国企给人的印象，大概就是安稳、不会轻易炒人、工资稳定、福利全，所以，不少求安逸的人想挤进国企，这些人脑子里主要是想“乘凉”来的。

事实上，很多人都明白，旱涝保收也有弊病，就像溺爱孩子等于害了孩子一样，稳定的福利待遇容易养懒人。正是由于为了给予员工更好的保障和追求“公平”才使得同级别的工作人员薪酬基本差距不大，即无论员工付出的努力大小，完成的业绩好坏与否，或者是否为企业创造价值这些都是无关紧要的，只要员工处于同一级别水平线上，待遇都是相同的，这让很多真正努力的人失去了工作的积极性，也失去了心态的平衡（薛源，2018）。所以，国企普遍存在分配制度僵化、吃“大锅饭”的问题，大家干好干坏差别不大，造成整体上升空间有限、论资排辈严重（陈灏 等，2017），加上国企都严格执行《劳动法》，对工作失职者很难进行大幅度的减扣，所以绩效考核机制一般多流于形式，过多注重非量化的指标，如工作能力、工作态度等（蒋莉，2017），正是因为大家端着“铁饭碗”，所以精力很少聚焦在生产创造上，而是放在了人际关系和相互间的比较上，埋头干活的员工要担心被小人的暗箭和流言伤害，一心扑在工作上的员工要担心被热衷于搞关系的人排挤，努力工作的员工要担心会得罪人而受到打击报复（孙玉麟，2006），这就造成了国企中大家更需要拼的是人际，而不是业绩。晋升靠的是资历、关系、背景，所以最终能够成为干部的都是一些年龄较大，但是没有工作实力的人，一些真正有能力的人却得不到重用，晋升速度缓慢（薛源，2018），这也是官本位思想有足够市场的重要原因。

过多的保障，让国企内部的竞争力倾向了“关系”，让大家缺少了工作的压力和动能，可是如果不保障，国企的吸引力还剩下什么呢?

4. 国企高管要不要执行调任制

调任制的执行主要是为了避免“山头”和贪腐，国企内一旦形成了“山头”，贪腐就随之而来。

不执行调任制，国企头上贪腐这顶帽子似乎很难摘下来。

《中国基金报》2019年底一篇《退休6年后被抓！包钢集团原董事长受贿细节曝光：查封1亿资产，名下11套房》的报道令人震惊（吴羽，2019），同期，光明网也报道称，恒丰银行董事长蔡国华在任期间，平均每天报销的花销额竟达40万之巨。董事长如此，董事长之下的高官也紧跟效尤，由此，这家银行成了众多高管的提款机。该行有着1400亿元的不良贷款和近600亿元的黑洞，银行前后任高管却“前腐后继”，银行能经营好那才是见了鬼。财政的钱来自哪里？还不是来自从公众腰包掏出去的纳税款！这些银行高管的吃喝玩乐贪败霍，最终埋单者究竟是谁。相比之下，十几年前中石化时任总经理陈同海每日挥霍4万多，月均100多万，年均1500万，在蔡国华面前只是“小巫”一枚。一个把银行亏得一塌糊涂的国企高管，也仍是穷奢极欲，将掌管的国企当成私人提款机，让贪腐没了边沿（光明网评论员，2019）。

如果不调任，有的国企高管很可能就会发展成为一方“霸主”。经济参考报2018年6月25日报道，南宁鸿基（由南宁水泥制品总厂改制而成）308名职工实名举报以董事长陶伯强为首的大股东大肆侵占职工利益，比如陶伯强指使公司出资156万元购进一辆德国S350奔驰车供自己使用，并让自己的专职司机享受公司中层副职待遇，这辆车的维修费、使用费和司机工资开支每年超过20万元等。陶伯强曾霸气地说：“今天在鸿基，我就是大王。”虽然职工小股东们按照公司法及公司章程召开股东大会选出新一届董事会和监事会，但他们到工商局办理企业法人代表变更手续时却遭遇了红灯，因为改制时登记的是“有限责任公司”，只注册了13个股东，多数职工小股东登记在持股小组代表名下，无法通过登记档案确认（李新民，2018）。

但如果调任呢？

国企“负责人”在走马观花的任期中的短期行为在所难免，混改就会“拉郎配”，离任时必然留下一个“烫手山芋”（孟庆君，2017）。所以，执行调任制，国企高管就会走马观花，不执行，就会涌现大量的“山头”和贪腐。这是个死结。

5. 一味倚重“国有企业家”利弊几何

“一把手”似乎非常重要。

自从英国人阿尔弗雷德·马歇尔 1890 年出版《经济学原理》之后，“四元时代”就正式开启了，四元即土地、劳动、资本、企业家，企业家的重要性愈发凸显，所以升华成了独立的生产要素。“三元时代”之所以没有企业家这一要素，是因为那个阶段工业商品奇缺，市场竞争不大，只要资本家能组织起生产，就不愁赚不到利润。但是，随着社会生产力的发展，工业商品越来越丰富，竞争越来越激烈。这个时候，如何选择和决策生产就显得越来越重要，甚至是能否得到利润的胜负手，所以，企业家的作用就凸显出来了。直至今日，似乎随着机会的选择和决策更为艰难，企业家就更是显得关键了。

在集权制中，“一把手”一直就是胜负手。

在中国的民企中，一把手聚集着企业的品牌和知名度，往往就是企业的代言人，特别是一些知名企业的一把手，更是吸足了聚光灯，甚至成了“大众创业”最重要的榜样力量。而媒体的推波助澜，更是让成功的民企企业家神一样地存在着，企业似乎“成者，萧何也”。于是，国企改革除了结构改革内容之外，活力改革的重中之重就是国企高管的地位和激励措施了，君不见，去行政化、股权激励、“去脚镣”、法人治理这些呼声和檄文处处充斥于耳。

九三学社广东省委在广东省政协第十一届二次会议上题为《使国企高管成为真正的企业家》（2014）的发言极为精彩，非常精辟地阐明了国企改革的目的和思路，着重点明了改革的目的是“提高企业效率”而不是去“搞拼图”，改革的思路是“建立激励有效、约束有力的委托代理机制”，而不是片面地追捧“国退民进”。

该发言中提到，高盛研究报告显示，2012 年度我国国企的资产回报率低于其他企业 6.5 个百分点。同理，我们也不应把国企效率低下归咎于“国有”，而应该按照十八届三中全会《决定》开出的药方，去健全法人治理结构、建立职业经理人制度，更好发挥企业家的作用。

发言认为，要发挥企业家的作用关键是要去行政化，还列举了“行政化”之下国企高管无法激活企业的四种状态：

一是“身在曹营心在汉”。虽在企业，却有“行政级别”，干不好、换个地方照样做官；职务由上级任命，当上级要求和企业利益不一致，显然应该选择前者；行政体系讲究“上行下效”，“主管部门感冒、下属企业吃药”就成了通病。总之，关云长的主子、关系、归属都不在曹营，一定不会全心全意为曹操卖命。

二是“干好干坏一个样”。高管薪酬非市场化、固定化，主要的依据是“有关规定”，与企业的效益和发展关联度不是很高，“企业价值最大化”很难成为所有国企高管的目标，灰色收入、“损公肥私”却往往成了不少人的选择。市场化选聘高管后的国企，薪酬的双轨制更是人为制造矛盾、打击士气，如中海油上市公司就闹过“集团派驻的高管把工资收入上缴给集团公司”的笑话。不论业绩、只看“身份”，严重扼杀企业活力。

三是“做一天和尚撞一天钟”。为避免“小山头”，“主要干部”得轮换。所以，国企高管没有动力对企业进行长期规划，更无法把企业发展视为自己的事业。更为荒唐的是，如电信运营商层面发生过的竞争对手之间的“一把手轮换”，使得你今天设计的竞争举措、明天针对的就是你自己，何来竞争动力？

四是“戴着镣铐跳舞”。刑法规定国企管理人员包括外派人员都要承担和“国家工作人员”一样的刑事责任，贪污、受贿、挪用公款、不明财产来源、私分国有资产、“不负责任造成企业损失”以及“签订合同被骗”等罪名时刻都在警示着，国企高管在市场开拓和企业经营中怎么能不谨小慎微、畏畏缩缩？“免责”和“避险”等官场铁律，一定会把企业家最需要的创新、试错精神挤在一边。

发言还特别强调，国企本来拥有的资源要多于民企，国企高管从总体上也都是兢兢业业的业界精英，可为什么效率却总是比民企要低？或许其真正的原因在于，“行政化”下的国企高管，既不是企业家又不是职业经理人，缺乏提高企业价值的内生动力，所以企业活力不足，效率低下就在所难免。因此，要焕发国企活力、提高国企效率，去行政化是无法回避的选择。发言中还提出了如下几个方面的建设性意见：

一是先行一步取消广东国企的行政级别，所有管理人员都取消“干部”身份。

二是按照市场同类民企的职业经理人标准来确定国企管理人员的待遇。

三是按照企业的价值对高管进行考核，实施股权激励，只以业绩论英雄。

四是国企高管的任免、任期等，都由股东会、董事会决定，取消主管部门的任免和调动，也不再按党政干部的年龄来退休。

五是修改法律、打碎“镣铐”。强调国企管理人员不应承担比非国企高管更重的法律责任，特别是刑事责任，建议广东率先向全国人大建议废止《刑法》第九十三条关于国有企业管理人员和外派管理人员都“以国家工作人员论”的规定，并对第一百六十五至一百六十九各条原为国企高管特制的罪名，按照对各种所有制一视同仁的标准进行修改，使企业管理者的法律责任不再以所有制区分。

六是在非自然垄断行业的国企尽可能实现“混合所有制”，推动法人治理结构和职业经理人制度的完善。

广东经济杂志不久前也发表文章称，国企治理结构的首要任务是激发以董事长为代表的企业高管的企业家精神，认为企业家精神涵盖战略思维、管理能力、机会捕捉、创新创业、风险承担、失败容忍、诚信敬业、合作共赢、责任意识、贡献社会等多个方面，在有效整合企业的各项人、财、物及无形资产等各种生产要素资源，协调资源提供者和更加广泛的利益相关者之间的利益分配关系等方面具有核心地位（吴东文 等，2019），建议在激发国企高管尤其是董事长的企业家精神时，实施“五位一体”策略，即“帽子”（职位设置）、“班子”（团队组建）、“票子”（激励机制）、“日子”（任期保障）、“里子”（信息公开）五个方面整合协同推进。

《中国企业报》也曾发表文章称，企业家不仅是一种身份，更是一种职能和状态，如创新、承担风险和不确定性、把握利润机会等。文章承认，民营企业由于不靠天不靠地，天然地具有自生能力，因此是培养企业家的摇篮。但中国的国有企业大部分都身处竞争性行业之中，如啤酒业的青岛、珠江、燕京，彩电领域的TCL、长虹、海信等；央企也有不少处在竞争的红海之中，如中国建筑、中粮、振华港机、蓝星清洗等，市场化竞争也很残酷。只要存在市场化竞争，就需要不断创新与超越，就必然催生企业家的才能。该文作者认为，那些称得上企业家的国有企业领导人，其付出与敬业程度并不逊色于私有企业主。在某种意义上，往往是“戴着镣铐跳舞”的他们的奋斗历程更加可歌可泣，他们有企业家的创新才能，又有事业家的责任感和主人翁意识，还要有在体制内平衡各种关系的耐心和韧性，吃的是草，挤出来的是奶，得到的更多是精神安慰和自我实现的满足感（秦朔，2018）。

《国际金融报》曾发表过皮建才的一篇文章，提到国企高管调任制很容易使得国有企业“企业家”的人力资本不能够得到有效的积累，而且其道德风险被人为地加大了（皮建才，2002）。

《光明日报》在2017年曾采访过国家开发投资公司党组书记、董事长王会生，采访中王书记认为，我国国有企业家不同于西方国家的企业家，也不同于民营企业的企业家，他们需要准确把握国有企业“三位一体”的本质属性，正确处理政治责任、经济责任、社会责任三者之间的关系。他们是多重责任的“第一责任人”，政治上要求更高、能力上要求更强、作风上要求更严，所以要给予他们充分的信任，给予他们政治上的爱护、思想上的关怀、工作上的支持、待遇上的保障，应加强激励关怀、创造拴心留人的良好环境，让他们安心创业、踏实干事（温源 等，2017）。

柳传志曾说，国企由于没有真正物理上的主人，只能名义上叫作企业，所以高管会出现短期行为或者是某种为了自己目的的行为。他对于自己的接班人杨元庆贷款几十亿购买联想股份的行为大加赞赏，认为这样才会把自己当成真正的企业主人，才能让企业和团队倚重于他。

不过，也有不少人认为，不能像要求杨元庆一样去要求国企高管，因为国企的高管基本是中途被委任而来的，不是企业原生的，他们对企业、市场竞争状况的了解程度，以及对资本运营技术的熟悉程度都不可能与杨元庆同日而语，让他们拿出比薪酬高出千百倍的钱来为企业担责，缺乏足够的前提。

让国企高管深深地沉到企业当中，命运更紧密地与企业捆绑在一起，应该是利大于弊的；但无论怎么沉，也改变不了他们等同于职业经理人的角色，因为他们最多也就只是从股权激励的角度来持有少量的股份，由于股份比例差距悬殊，想让他们“有一颗老板的心”显然不是那么容易。

在让国企高管沉到企业中的同时，更重要的是监管如何加强。一些国企高管下沉之后，有可能会织出更密集的关系网、形成更紧密的人际圈，甚至有可能手会伸得更深、可能胆子会更肥。因为政企分开、政资分开、所有权与经营权分离（国务院，2015）是国务院明确指出的国企改革方向，国企高管的自主权扩大是必然的趋势，若是长时间停留在一个“山头”上，很多的人成为陶伯强似的“山大王”的可能性必然会大增。

中国法院网2012年曾转载《中国青年报》题为《调查称九成国企企业家因贪腐获罪多在垄断领域》的文章称，法制日报社子刊《法人》杂志发布《2011年度中国企业家犯罪报告》中显示，2009年我国可统计的“落马”企业家有95位，2010年这一数字上升到155位，2011年突破了200位。这些国企企业家包括河北省港口集团董事长黄建华、东航股份公司驻韩国办事处总经理黄舒生、中国移动通信集团重庆有限公司董事长沈长富、广东健力宝集团前董事长兼总经理李经纬等，平均年龄约52岁。在他们合计触犯的122个罪名里，受贿罪、贪污罪、挪用公款罪、巨额财产来源不明罪、职务侵占罪、内幕交易罪、利用未公开信息交易罪等。判决死缓的数量在增加，从7人增到14人，较上一年翻了一番。

案件中有近40%为共同犯罪，平均每案涉及的犯罪嫌疑人达16人。2011年获罪的国企企业家中，约九成系因贪污、受贿问题，且贪腐金额大幅增加，从2010年人均957万元剧增至人均3380万元，其中光明集团创始人、前董事长冯永明一个人就贪了7.9亿元。这些犯罪中让人不能忽视的是国企内部容易出现“一个人垄断的经济活动”的现象。（王梦婕，2012）

在国家加大了反腐力度之后，那些以权谋私的国企高管收敛了许多；但在国资证券化和混改的不断推进中，国企中的高管犯罪现象更多从“风险度较高”的贪污腐败转向了隐蔽性更强的“国资利用”。混合所有制改革过程中最要防止的是国有资产流失问题，警惕国资被贴上“私有化”的标签（黄群慧，2017）。国务院也特别强调国企改革中要重点防控利益输送、国有资产流失等问题突出。

2020年6月24日，《中国基金报》发表了一篇题为《一顿猛操作，只卖9部车，骗了国资几十亿！刚刚被查吴亦凡曾站台！》的文章。文章中显示，赛麟汽车上海分公司被江苏省南通市中级人民法院查封，事件的缘由是该公司的法务乔宇东向检查、国资和审计部门实名举报公司董事长王晓麟，关于虚假技术出资及涉嫌贪腐的问题。

天眼查数据显示，南通嘉禾在江苏赛麟公司占股33.42%，其余66.58%皆为王晓麟实际控制的四家企业股东所有。

乔宇东控诉道，国有股东南通嘉禾实际提供了66亿元资金，而王晓麟实际控制的另外四家企业股东，却以虚假技术出资作价66亿元，“骗得”了赛麟公司股份。王晓麟隐瞒亲属关系，安排其妻丛超以化名进入赛麟工作。王晓麟与其妻丛超、美国赛麟创始人Steve Saleen之间，存在多项虚假和关联交易，涉嫌利益输送和挪用公司资产……（泰勒，2020）

其实在民企之间，“企业嵌套”和“资产引渡”的方法是非常多的，一些“套路娴熟”的“高手”很善于在法律的边沿游走，并且伴随着法律的完善他们的“手法”也会不断升级。而一些国企的“老虎”趁混改的机会也在“进修”资本运作，从“民间高手”那里学到了不少“套路”，所以不再涉足“低级”的贪腐了，“升级”谋划起更隐蔽的套路资产来了。这给国资监管部门“升级杀毒软件”提出了更高的要求。

随着政企分离、政资分离、所有权和经营权分离，国家在国企管理上的不断放权，国资监管难度会增大。因为放开经营权是国务院给出的改革方向，而国企高管或职业经理人仅凭经营权也能玩出很多暗蚀国资利益的花样，比如在关联交易中，让国资控股或参股企业“合法合理”地让利，或者以“合法合理”的激励方式来扩大“剩余前分配”等。

那么，对于国企高管，该如何倚重？放开？激励？抑或约束？监控？

22.3　问号拉直！国企破茧

22.3.1　紧握市场主动权

国企改革已历时 40 多年了，国家对于搞活国企的决心一直没变，国务院每次国企改革的指导意见都会着重强调要以“增强国有企业活力为中心”，但一直以来，国企内部的活力始终还是个老大难的问题，经过了这么多年的努力，都未能彻底改观，逐渐地，大家便把问题更多归咎于“客观原因”了。

政企分开也分了，政资分开也分了，经营权也放了，员工股份也给了，而且各种基础条件和支持力量也提供了很多，然而，一些“大老虎”的贪腐手段倒升级了不少，国企的内部活力却没能彻底激发。在国企内部能尝试的方式都尝试了之后，大家不得不将重心转向国企外部，于是，“混改”成为新一轮改革的重点。

活力四射的民企还是不少的，国企直接效仿是否也能活起来？所以，与民企不一样的地方，就成了国企改革的“要点”。

于是，产权明晰、法人治理、董事会制、委托代理制等去行政化的各种“类民企”治理模式，被植入国企。但毕竟所有权基础存在着本质的不同，民企模式的套用还是无法让国企的活力做到跟民企一样。于是，一些人就戏称国企的董事会是“两只猫逮一只老鼠”，称独立董事是“花瓶董事”（王新红，2018）。

因为国企的“负责人”不是“老板”、不是产权所有者，所以，国企“先天缺失企业家”和“所有者缺位”就被很多人诟病为国企活不起来的“根本原因”；另一方面，因为国企员工有着更多的福利和生活保障，因此，国企的“社会包袱”就被大多数人列为国企被“肥的拖瘦、瘦的拖死”的“客观原因”。

林林总总的“客观原因”，慢慢就让一些国企管理者和执行人心理上产生了阴影。

虽然国务院在《关于深化国有企业改革的指导意见》中非常明确地强调要坚定不移做强做优做大国有企业，并且在指导思想中特别指出国企改革要以解放和发展社会生产力为标准，以提高国有资本效率、增强国有企业活力为中心（2015），但在国企改革的执行中，大家为了“交作业”，在“增强国企活力极为困难”的“客观情形下”，不由自主地都将重心放在了“混改”（包括引入非国有资本、国资入股非国有企业、民企借壳等）和证券化的道路上。因为，这两块骨头不是太难啃，通过“混改”进行重组而得到“数量”业绩不算太艰难，通过上市而杠杆实体实现国资“保值增值”也不会太难实现，而如果去死啃“国企内部活力”这块硬骨头，怕是费尽九牛二虎之力也折腾不出太明显的成绩。

如果只是为了“交作业”，为了凸显业绩而将重心放在“混改”和证券化上、轻视活力建设，那么国企的发展在市场上将会失去一定的主导性。

在“混改”中，国企引入非国有资本或所入股非国有企业，被“输送利益”和“流失资产”的风险就会大大增加。而在国资证券化时，虽然在不着重直接造血、不着重直接进行利润生产的情况下，也能实现“增值保值”，但这也可能会带来两种不利倾向：一是容易陷入泡沫之中，二是在产业发展中处于从动位置。国资在这两种倾向中发展，就可能会丢掉一定的市场主动权，且可能会陷入无尽的股权斗争、经营权斗争以及“杀毒软件”（防流失监管系统）的升级当中。

回过头是否可以反思一下，上述那些“国企搞不活的原因”是否真的就是根本原因，因为很多民企的甩手老板并不主事，经理人却能把企业打理得风生水起。比如美的集团，2003年交由“打工仔”方洪波（他从市场部员工做起，然后慢慢成为经理、总裁、董事长）管理至今，业绩有增无减，而国企凭什么因为“所有者缺位”就注定不活？另外再看看搞得好的民企，有些还千方百计地申请证照搞教育、办幼托，而越是优秀的民企，其福利和员工生活基础保障就越好，不光是搞“小社会”，甚至办大学的也有。所以，国企凭什么拿这些占总成本比例并不高的开支来判活力的死刑？

是否可以轻视“搞活国企生产”，值得深思。

22.3.2　企业平台化潮流中的国企蜕变

1. 市场在朝什么方向发展

变化，是市场永远不变的特征，而且，市场迭代的速度越来越快了。民企的传统治理模式也在被巨变着的市场颠覆，不能迭代自己的民企也在被市场迭代，层出不穷的成功模式总在不断地走向历史；固守一城的公司正在被撕裂，然后被压扁成为开放的平台；沿用了百年的聘用制正在被溶解，合作制开始风靡云蒸。

在频繁更迭的市场中，固守过往成功方法的企业亦将濒临淘汰，何况这些企业的东施效颦者。

国务院在《关于深化国有企业改革的指导意见》中明确了改革要“主动适应和引领经济发展新常态”的指导思想（2015），指明了国企引领潮头的改革思路。

那么，市场的发展将朝向何方？

二十几年来，互联网冲击了几乎所有的产业，也颠覆着人们的认知。所有行业的业态都在重新排列组合：边界消失、资源聚合；消费突变、圈层形成；需求迭代、分销落幕……“孤岛”彻底被击穿，所有的企业跟上下游企业以及竞争对手都并联到了一起，市场的机会被越分越细，企业间的竞争关系正在向“竞合关系”演变；机会如闪电，既一接就火又稍纵即逝，再成功的今天都很快会成为昨天，再没有“家底”的企业都可能是明天的巨龙。小米创始人雷军有一句被无数创业者奉为圭臬的句子：“站在风口上，猪都可以飞起来。”互联网时代，只要找到风口，再稍微长出一对小的翅膀，或许就能飞起来，若是再练练内功，也许就能飞得蛮高。

大数据让“工业 4.0”迅速到来，创造成为引擎，信息成为能源，四元（即资本、企业家、劳动、土地）时代招呼都不打就离我们远去了，“知识”迅速成为其中一元并跃升到生产要素的首席，五元（即知识、技术、劳动、资本、土地）时代悄然来临。“信息”在无声无息中已将我们全部包裹，原先的第一生产要素——资本，已自甘被支配，四处在寻找“知本”来实现自身保值增值；在“知本+”纪元里，承载着知识、管理、劳动三大要素的人，成为第一生产力。

四元时代的第二要素——企业家，已在海量的信息中成为风险点，因为**一个人眼睛环视不全波鳞叠舞的光影，一个人的耳朵侦听不完声频四起的音讯**，没有一个庞大团队架构起的中枢系统来做全面而快速的数据分析，企业家只能是“摸瞎”。虽然**企业家仍然是管理中的重要元素，但他已不能再独立存在，他必然要寄生于一个较完整的大数据处理体系才能产生价值**，所以，进入“五元时代”，企业家已融进了“管理”要素之中。而如果继续按“四元时代”的思维来“成也萧何”的企业，将一定会“败也萧何”。

快速的迭代和激烈的竞争，使创造力成为核心竞争力。

产业资本是“工业3.0”以前的主导力量，那个年代的商品还不足够丰富，商品竞争也不足够激烈，资本投入实业，只要能组织起生产，就能实现利润，而且越规范化、规模越大，综合成本就越低、利润就越大。随着社会生产力的提高，商品的冗余，竞争就越来越激烈了；消费者在供求中走向主动，这种主动的结果演化成了个性需求。于是，定制化形成潮流，标准化商品的竞争力逐渐减弱，企业的规模化由优势变成了劣势，而产业资本在实业中的利润亦开始直线下降。

“工业3.0”以来，社会总资本随社会生产的发展不断增大，从实体中富余出来的资本聚集在一起，玩起了杠杆，于是有了金融资本。

因为进行“排列组合”比经营实业赚钱快，金融资本聚集起来的量越来越大，它杠杆实体的面也越来越广，直至渗透到所有的产业。**能套现未来，这是杠杆资本快速赚钱的秘诀**。因为赚钱快，杠杆资本像磁石般地吸附着各种资源，让资本市场形成一个“庞大而成熟”的市场。正是因为杠杆资本套现未来，所以才处处是泡沫。制造泡沫，便需要埋单者。一般而言，都是资本市场的弱势方在为泡沫埋单。从全球角度上看，下游市场（主要是第二、第三世界）更多地在为第一世界的泡沫埋单。

所以，一个国家没有一定量级的国有资本或联合资本来参与全球金融和贸易，就只能处处替人埋单。

杠杆资本“干炒牛河”（资本市场的“行话”，即杠杆没什么利润的实体企业）是比较难转嫁风险的。所以，它们更需要在有利润量的实体企业之上加杠杆。在五元时代，创造力是利润的源泉，而创造力来源于知识、管理和劳动，于是，资本爱上了知本，它们热衷于投资科技和人才，在更大的创造中实现利润的生产和放大，于是，智慧资本在“知本＋资本”中形成。

这个时候，人，被推到了所有产业链的顶端。

不知不觉，“资本＋”时代在潜移默化中演绎到了“知本＋”时代。

2. 企业平台化发展才能随时代的脉搏跳动

随着人们生活水平的提高，人的社会需求也在向更高级别发展。按马斯洛需求理论的描述，当人在满足了低级别的需求（生存、生理需求）之后，就会“饱暖思淫欲”，追求更高级别的需求（尊重、情感、自我实现）。在“工业 3.0”以前，大部分人还在为基本的生存而工作，所以，一份稳定的收入是他们愿意出卖劳动的理由。“工业 4.0”时代，很多的人已经不愁吃穿了，开始追求存在感和满足感，自由、自主、自我实现成为他们的向往，而压抑、受制、约束成为他们的抗拒点，所以，一份死工资越来越捆不住人才，而“大棒式管理”成了员工的主要拒绝点。

如果连这些最基本的劳动者需求变化都搞不明白，那当然就想不明白为什么公司一再加薪而留人效果却更差了。“胡萝卜＋大棒”只有在“人们为了生存不得不工作”的时代才好用。

“家里有矿，不想上班”只是很多“新新人类”甩给手持“大棒”的刻板 HR 的一句托词，其实现在的年轻人是闲不住的，他们需要一个平台来秀自己。

现代员工期望的工作是什么？工资不一定要非常高，“我的工作我做主”最重要。他们希望工作环境比较宽松，不要有太多的约束，不能太压抑，工作自主，能获得存在感和成就感。如今的年轻人都追求“小世界”，他们不像老一辈的劳动者那样要追求多大的理想和目标，他们不是那么难以满足，有个小空间“自嗨”便会活力四射。

企业过去的优秀管理方法在现代员工面前很多都失去了效用，而过去并不是优势的一些条件，反而成为员工效能的杠杆。

老一辈员工性格内敛、遵从纪律，往往只有在督促和监控方式下才会积极工作；而现代员工任性、自我、追求自由，他们讨厌被控制，喜欢自由组合和自助式的工作方式。所以，现代管理可以通过去管理化的方式达成节省监督成本的目的。

老一辈的员工大多爱面子、怕出错，做工作往往需要上级指导和鞭策；而现代员工则大多爱表现、敢于主动展示自己的优点和缺点，他们常常需要在他人面前刷存在感。所以，现代管理可以大力推行责任制，让员工们在做出成绩后看得见收益、出现失误后自己担当，如此可节省大量的管理成本。

老一辈的员工大多比较委婉，遇事一般能够忍让、能收敛情绪，更多的想法是放在心里，以至于有时候需要心理疏导情绪才能积极开展工作；而现代员工大多比较随性、意见表达较为直接，喜怒哀乐往往直接表露，有情绪会尽快宣泄。所以，现代管理可以运用直接的奖惩措施来导向员工行为，以节省沟通成本。

老一辈员工重视集体，常常畅谈理想、憧憬未来，更倾向于思想引导和理念灌输的模式；而现代员工更讲求实际、在乎当下，大多不喜欢空洞的说辞、不喜欢形式主义，对鸡汤免疫，喜欢在小世界里寻找体验感，不会过于重视横向对比和空洞的期权。因此，现代管理如将员工的日常工作和行为细节与其权益关联便能形成激励，微观的个体激励无须耗用企业太多的期权，短期、中期权益为主即可，更多的股权可以节约下来以备他用。

老一辈的员工更服从于权势、听命于上级，一般不会擅自行动，往往需要上级的带领和监督才会积极行动；而现代员工大多无所谓权势、信服真正实干的能人，追求平等与自由，喜欢自主完成工作。所以，现代管理可以运用去人化管理的模式，节省管理人员和管理成本。

很多老一辈的员工顾虑多、怕出错、做事求稳，往往需要上级管理者来敦促和驱动；而现代员工大多喜欢新奇、勇于尝试，他们喜欢寻找个人成就感，喜欢寻求机会实现自我。因此，现代管理如能搭建一个自由施展的平台，则可以满足现代员工的需求，这种方式可以节省大量的督促成本。

为适应现代员工的需求，企业管理应进行相应的变革（见表 22-2）。

表 22-2
适应现代员工需求的管理变革

人性特点比较	生存需求型员工的特点	传统管理的有效点	自我实现型员工的特点	现代管理的有效点	现代管理变化方向	管理变化实施效果
自我性	在意他人和组织	集体荣誉	自我 / 有偿奉献	个人激励	成私而公	自驱动管理
自在感	拘谨 / 顺从 / 纪律	监控 / 督促	任性 / 自我 / 自由	组合式 / 自助	去管理化	省监督成本
表现欲	要面子 / 从动	鞭策 / 催促	爱秀 / 爱表现 / 主动	个人存在感	责任制	省管理成本
情绪	忍让 / 委婉 / 收敛	沟通 / 疏导	随性 / 耿直 / 宣泄	个人满足感	奖罚直接	省沟通成本
价值观	鸡汤 / 理想 / 未来	引导 / 灌输	当下体验 / 烦假大空	细节关联收益	去横向比	省股权份额
权威观	信任权威 / 听命	拉拽 / 带领	平等 / 藐视权威	自主完成	去人化管理	省管理人员
开拓性	顾虑多 / 求稳	敦促 / 驱使	爱新奇 / 敢尝试	个人成就感	平台化	省督促成本

明了如上变革方向，就不难理解为什么海尔这个数万人的生产型企业，都可以做到全员从“向公司要工资到自己创造工资”、从被管理到自驱动、从打工到创业了。海尔不比一些国企小，它可以做到人力成本“零压力”，可以做到去人化管理，可以做到每年利润稳步上升，而国企为何不可以？

之前，由于缺少了对劳动人群基本需求变化的精准研究，缺少了对市场条件变化的深入研究，过于迷信传统的经典管理和过去的“成熟经验”，而且，在国企改革中往往重股权轻治理、重约束轻激励、重结果轻过程（黄群慧，2017），所以在“活力”上没能取得实质性突破。

在国企改革中，内部搞活还是值得努力的，国企走在市场前列也不是不可能的。如果只是一味把希望寄托在个别负责人身上，一味地在形式上排列组合，或者只是一味地“依民企的葫芦画国企的瓢”，国企的内部活力建设是不容易取得突破性进展的。其实，在资本的需求方式转向、劳动者的社会需求升级、市场迭代不断加速的形势下，民企本身的结构和管理模式也需要发生重大变化，他们也在不断地迭代和动态调整。如果国企只是跟在“成功过的”民企后面建模，或许等辛辛苦苦完成了去行政化、法人治理、产权明晰和职业化改造之后，时代又已更新到更高的层面，等到广大民企的治理模式升级为“平台+创业者”后，国企又跟着去改刚刚完善的“企业+职业人”模式吗？

如果国企在市场中始终慢半拍，局面将会比较被动，想跟先进的民企“混”，人家还不一定乐意。怪不得一些地方的“混改”老是国企热、民企冷，或者，老是一些做得不是特别好，甚至只是窥探国企特别资源的民企才愿意一起“混”。如果与窥探国企特别资源的民企“混”到一起，很可能会落得反而被“蹭”的份。万一再被玩利益输送，或者一不小心国资被人贴上“私有化”标签（黄群慧，2017），那责任可就大了。

其实，摸准市场变化的脉搏、明了市场未来的方向并不会太难，只要了解当今时代的特点、了解资本需求的变化、了解人才需求的升级，就能作出比较准确的判断。

未来的市场是一个去边界化、快速融合、资源共享的共生市场，各种资源，包括资金、人才、技术、信息、土地都将快速流动，在快速流转中实现价值最大化。所以，企业必须打破边界、打破固守，对外全面开放、对内全面改革，提供一个让所有生产资料灵活进出的平台，任各种资源自由流转和发挥作用，才能成为已经大融合了的“地球村”生态中的一个有机部分，才能分享到细分机会的一杯羹，这种连竞争对手都要进行串联的生存方式叫作：平台化。

22.3.3 解放生产力的着力点是生产要素需求的满足

1. 劳动创造的原动力在哪里

互联网穿透了整个世界。

整个世界的资讯因互联网而汇集，造就了信息社会，信息社会又催生了知本时代。

信息的贯通让“地球村”的“村民”对于事务的决策有了“大数据”支撑，开放与共享成为“村民”们增强自身资源基础的自觉法则，共生成为“地球村”

的社会准则；资源的快速流转和被利用，成为其价值最大化的必要条件。

所有的资源都在寻求流转的速度和被利用的价值，包括资金、人才、技术、信息和土地。流动性弱，则会让它们的价值偏小。

所有的边界都在被打破，资源归属的围墙正在被拆除，这当然也包括人力资源。

一直以来，在生产关系上都是企业强势的，人力资源始终隶属于企业。隶者，被役也，所以人力资源一直处于被支配地位。“地球村”之后，人力资源逐步得以解放。

聘用制（包括此前的雇佣制）是雇主支配劳动者的主要模式，它禁锢着劳动者，禁锢着劳动者的活力。在无须创造的手工工业时代，这种禁锢对于社会生产的发展影响不大，但是“工业4.0”之后，创造力成了核心竞争力，这种禁锢的抑制作用就愈加明显了，不懂释放劳动者活性的企业，其创造力当然较为有限；善于释放人性的企业，其创造力自然突出。所以很明显，聘用制背离着“知本”时代的潮流趋势，最终被合作制取代也就不足为奇了。

海尔近十年的实践，证明了合作制替换聘用制能充分激发劳动创造力，而且，企业还因此大大降低了人力成本和管理成本。

合作制之下，企业与劳动者之间可以一对一，也可以一对多或多对一。总之，双方是平等的互利共赢关系，企业提供了劳动者发挥价值的平台，劳动者帮助了企业完成商品生产，双方在价值增长中分享利益。

合作制中，各合作方的损益是同频的，这跟聘用制中的损益对立性完全不同。所以，合作制造就了各方相互协作的思维基础，形成了各方相互依存的共生理念。

马克思早就对人类走向共同体有过准确的预判，并且对共同体中的个人与集体的关系作了清晰地描述，他认为在共同体中可以进行联合起来改变自己的生活条件，并且集体的发展不会以剥削个人利益为手段，而是积极为个人利益的发展创造条件，然后自然就会形成集体利益。马克思和恩格斯指出，在集体中，每个个体的发展都是任何一个个体或者多个个体联合发展的前提条件和基础。在这样的集体中，它将排除所有的不依赖于个人而存在的东西，个体不再是隶属于集体，受到集体的支配，而是集体将从属于其中的每个个体，成为个体发展的条件。集体是自由人联合起来的联合体（李昌隆，2018）。个体与集体的关系从支配与被支配走向平等和自由，是历史的必然。

“科学‘管’理”在21世纪初开始遇到了瓶颈。

传统管理模式下的企业在员工活力问题上同样遭遇到了瓶颈。

资本本位（私资本位或国资本位）思维是造成难以突破管理瓶颈和活力瓶颈的主要原因。管理一直都没有以劳动者角度作为根本出发点，所以对于已发生了巨大位移的劳动者基本需求反应迟钝，并未及时发现劳动者的原动力在逐渐丧失。这就是为什么“加大‘胡萝卜’和‘大棒’而员工忠诚度不升反降”的原因。

在创造力已成为企业胜负手的今天，员工潜能发挥的问题被上升到了前所未有的高度，“知本”的概念在迅速升温，“聘用者的潜能发挥为何比他自己创业状态下的发挥差距巨大”的疑问浮现了出来。不少管理学研究者已经意识到了突破瓶颈之后，管理存在着巨大的提升空间，其核心点在于：员工的岗位创业，其突破点在于：员工从被动变为主动。

管理产生于资本的生产和盈利需要，所以它是资本本位的，是为资本服务的。在创造力逐步成为生产主导之后，“以‘知’为本”的做法对传统管理理念的冲击非常大。“管”的本身是针对被聘用者的一种约束，它是逆“知本”的。因此，要使聘用者从被动变为主动，要“以‘知’为本”，管理必须从根本上颠覆“管”的理念，解开束缚，变管为放，才能突破瓶颈、获得重生。

本来国企是国家的，是全民的。但在具象上，国企是国资的，所以，管理是为国资服务的，其管理者的企业本位思维无可厚非。只是，片面的企业本位思维会让管理者难以自我破茧、萌生“知本”理念。或许，在重温马克思关于人的动因定义之后，国企管理者会豁然开朗，亦可自我化蝶。

马克思认为，需要和个人利益是人的全部活动的最终动力和内在根据（刘芳，2015），“任何情况下，个人总是‘从自己出发的’”（《马克思恩格斯全集》

第3卷，1960），在《共产党宣言》中，马克思和恩格斯指出：“每个人的自由发展是一切人的自由发展的条件”（《马克思恩格斯全集》第1卷，1995），共同体的发展不再以牺牲个体为代价，结束了牺牲一些人的利益来满足另一些人的需要的状况，而是以个体的自由发展为前提和基础（刘芳，2015）。“共产主义者不向人们提出道德上的要求，例如你们应该彼此互爱呀，不要做利己主义者呀等等；相反，他们清楚地知道，无论利己主义还是自我牺牲，都是一定条件下个人自我实现的一种必要形式。”（《马克思恩格斯全集》第3卷，1960），共产主义建立的所有制形式，我们通常称为公有制。然而现实社会主义国家建立的公有制并没有切实地保障公民的个人利益。这种公有制名为全体人民所有，但实为国家所有，个人并不占有生产资料。当我们重温马克思的经典著作，才发现公有制应是（刘芳，2015）“联合起来的社会个人的所有制”（《马克思恩格斯全集》第48卷，1985）。

“任何人如果不同时为了自己的某种需要和为了这种需要的器官而做事，他就什么也不能做”（《马克思恩格斯全集》第3卷，1960）。所以，劳动创造的巨大能量源泉（劳动者的原动力）就在于：其根本需要的满足。

同理，其他生产要素也亦然。

所以，平台化企业的魅力很容易让人感知，因为它是在充分满足人、资金等资源的需要，是在让他们自由地流动、发挥和获益，而不是像传统管理中的企业那样，将其他生产资源“归为资本所有”，并力图单单让资本占有尽可能多的分配。

其实平台制不难理解，就是企业搭台、资源自运营。企业与资源的关系也很好理解，就像“滴滴与司机”“淘宝与店主”“海尔与创客”一样。平台制对企业和劳动者都是双赢的，一方面企业可以省去大量的管理者、管理费用和人员成本，另一方面劳动者可以自我支配、充分发挥，在最大的价值创造中分享到更多的收益。由于各方都“按值分配”，利益分配更接近于“分成”，不会由于“谁把谁归属了”而滋生出额外的硬成本。

当然，平台制需要过渡，因为企业和劳动者还存在思维和行为的惯性，要过渡好需要一定的时间，也需要合适的过程和方式。所以本书介绍了海尔式平台制的成熟模式，也着重描述了聘用制蝶变的过渡方法，其方法的核心是：成私而公、自定义绩考比例。员工可以在“完全聘用制”状况下，根据自身的风险保障需要，个性化定义风险率，在“自切‘胡萝卜’”中自然而然地进入到“岗位创业”中，不知不觉地开始进行工作责任承担，并非常自觉地挖掘潜能。潜移默化中，合作制就形成了。

如果说聘用制企业是“绿皮火车”（这种火车要跑得快，全靠车头带），那平台制企业就是“动车”，每节车厢就有动力，动车比绿皮火车跑得快是必然的。

2. 如何把“绿皮火车”改造成“动车组”

知本时代的资源聚合效应造成了企业两极分化的态势，企业要么迅速腾达，要么快速萎缩，几乎没有“中间地带”。

所以，国企如果能把握时代脉搏，突破管理瓶颈，将可以迅速降低成本，提升利润，可以凭借固有的优势条件抢先吸引资源、占领高地，率先垒出竞争优势、走向良性循环，凭着先“滚大的雪球”鹤立鸡群。反之，如果固守传统管理、笨拙地强留资源，想维持原状或许都是一种奢望。

地球村已经没有“孤岛”，这是个交融一切资源的时代，企业要么开放，要么消退。在地球村里，比的不是“体重”，而是“魅力”，是能让各种资源青睐的能力。这里的一切都是贯通的；企业获得市场的认可跟网红得到网友的认可微微有些相似，“英雄不问出处”，你可以没有足够的积累或者经验，只要能“吸粉”，也可以“一夜爆红”；当然，你今天“红”了，也许明天“百万粉丝”就不再专属于你。就像“‘打工是不可能打工的’窃·格瓦拉（周立齐）”一样，可以迅速拥有百万粉丝，也可以明天就在大众的视野里消失。

这是个快速流转的时代，迭代，是现代市场的主题词。

财政部《关于继续实施文化体制改革中经营性文化事业单位转制为企业若干税收政策的通知》显示，公立医院、银行、高校等单位将先后取消事业编制，这一下砸碎了很多“铁饭碗”，让很多人一下难以转过弯来。毕竟一直以来，事业编制都是人们眼中的香饽饽。

不久前一段视频在网上疯传，因为唐山市政府将高速公路收费站取消，收费员纷纷下岗，一位大姐找领导讨说法："我今年36岁了，我的青春都交给了收费站，我现在啥也不会……"

在时代的洪流面前，再耀眼的成绩也可能转瞬即逝，成为过眼云烟。

大润发创始人离职时说：**"我战胜了所有对手，却输给了时代。"**

缓慢成长，也是一种退步。

很多时候，把你打倒的，甚至不是同行的竞争对手。

这几年，商场上多了很多"高端方便面"，荞麦面、土豆面、刀削面、二细、韭菜面、米粉等，应有尽有。然而，这些曾连续18年销量保持增长的国民美食，在越做越用心的情况下，总体销量却在持续下滑。自从外卖行业横空出世，各种可口美食半小时左右就能送到手上，令方便面一夜之间失去了一大块市场。

刘慈欣在《三体》里说过这样一句话："我消灭你，与你无关。"

和方便面同病相怜的，还有销量下降三成的口香糖。而它的对手甚至连和吃的都毫无关系——线上支付工具。因为在各大商场、超市，无现金支付让收银员不再需要找零钱。

多年的严防死守，终究还是敌不过来自新型产业的降维打击。

成为历史，不过是一瞬间的事。（佚名，2020）

企业即便不想在潮头戏水，只希望"安分守己地"守住原有的资源和市场，时代也不会手下留情，不会让那些资源和市场继续被独占。

地球村的法则很残酷，针对无法冲破原有维度的企业，淘汰谁都不会提前打招呼。

未来的市场，没有休闲区。

在国企改革中，如果不能清晰地洞悉市场的变化和未来的趋势，就很容易使得改革滑向"为了混改而混改"的运动式局面（许光建，2018）。改革的工作内容很多，但如果不敢坚持以增强国企活力作为重心，其他的工作，包括政企分离、政资分离、所有权与经营权分离、厘清产权、完善监管、明晰权责、完善法人治理结构、引入投资者、入股民企、资产证券化等，虽然也不能落下，但基本难以直接令国企步入市场洪流的潮头，去放大国企的优势条件，抢先收拢一手资源。

能够跟国企“混”的“成熟”民企，往往偏向于稳定和传统，“混”在一起之后，也未必能在两极分化的市场中占足优势，一通辛苦下来，也有可能又只是交了份“作业”而已。

如果不能在内部搞活方面取得突破，国企改革难以难获得根本的成就感。过多舍本逐末，信心也会受挫。

不让自己直面激流，往往就会被潮流淹没。只有决意让自己活好，才能迎来生命的精彩。压力是动力源。在动物界为什么往往雄性比雌性更漂亮，因为雌性掌握着繁衍的选择权。所以，雄性为了延续自己的基因而进化出了更艳丽的羽毛、更鲜艳的体色或者更魅力的犄角、更好听的叫声，以争取得到雌性的青睐；而没有获得交配权的雄性则无法延续自己的基因，就会遭到自然的淘汰。雌性不进化出耀眼的外表即可完成延续，而且朴素的外貌可以更好地避免天敌的捕食，这也是基因的选择。而执行“一夫一妻制”、雌雄共同照顾后代的动物，其外貌特征则不会差别太大，比如企鹅。可以说，是压力造就了生命力。

聘用制形式上给了劳动者“旱涝保收”的安稳，也禁锢了他们的创造力。在创造力成为核心竞争力的当今，聘用制不仅成了劳动者追求根本需求（尊重、自我实现）的障碍，也成了资本追求盈利最大化的障碍；而平台制，虽然是把一些压力给了劳动者，但能打破从属的枷锁，释放劳动活力，满足劳动者的根本需求，解放生产力。

22.3.4 国企何以解困

1. 平台化发展可以释放活力

提升国企内部活力和“混改”不是割裂开的两种任务，无论国企是“混”还是“不混”，内部搞活都应该是重要的目标，而且国企平台化可以让民企的人才和资源“混”得更宽泛和紧密。

平台制是一种严密型的企业平台化治理模式，不能简单等同于淘宝这类松散型的网络运营会员制模式。企业平台制中，劳动者参与公司之间的关系虽然不再是严格的从属关系，责、权、利关系却更为严谨的，因此，平台制中的员工跟网络平台中的会员有着质的区别。

平台制中，员工不完全从属于公司，形式上好像是不那么紧密了，但其跟公司的内在关系却更紧密了，双方的关系更像是升级为合作关系了。比起聘用制来，员工在平台制中为工作的失误承担了更直接的责任（包括经济责任），获得的工作自主权则更充分了，而损益跟公司更相关了，员工的权益在公司被无限延续，命运跟公司更一致了。由于平台制中的激励力度更深、刺激强度更大，员工是专职还是兼职根本不影响他潜能的巨大发挥。平台制下的员工形散神聚、面松实紧，员工虽从属性不强，但潜力的挖掘却更充分，这比聘用制下的人在心浮强得多。

平台制实际上更接近于承包制、责任制，它的核心形式是劳动者进行岗位创业和组合事项包干。

所谓岗位创业模式，就是一个并不具备全面能力进行独立创业的人，仅凭自己的一技之长，匹配在企业的某一细分工作岗位上，与其他同事进行分工合作，并自主行使该岗位的行事权、自行承担工作失误造成的一定比例的经济责任，基于自己作出的价值贡献获得收益的创造性工作形式。

组合事项包干，是指公司事项由不同部门最适合员工重组成新的项目组来共同承包完成。各位员工的工作岗位是相对确定的，但其工作任务却可以不是严格条块化的。公司的项目任务往往不是刚好适配于某个部门的，而是需要不同部门的员工来完成，且又不是这些部门的全部员工。所以，在不同部门抽调最适合的员工来完成是最科学的。这种因项目任务需要而重组工作人员的方式通常被称为“蜂窝式组合”模式，在这种模式中，员工的时间运用比较充分、能力发挥比较饱满。

平台制里，员工可以是全职，也可以是半职、兼职，或者在全职、半职、兼职角色中变换。当公司的生产任务均衡时，大家可以保持原有的职位状态，但当公司的任务减少时，一些富余的员工可以转为半职和兼职。即便是全职，他时间富余也可去接其他部门或其他公司的工作；当公司增加了任务项时，现有的员工不够，可临时招募其他公司的一些人或小组补充进行共同完成。这种模式真正做到了物尽其用、人尽其才，员工在工作中可以充分发挥。

这样的运营和效率，才是充分遵循了国务院“改革意见”之“尊重基层首创精神”的基本原则，完成了“改革意见”中关于经营自主灵活、员工能进能出、收入能增能减，以及提升自主创新能力的主要目标（2015）。

2. 平台制或能解决国企的内耗和活力难题

平台制或可令国企长期以来难以治愈的一些固有顽症得以化解。这些顽症首先是内耗和缺乏活力。

平台制下的每一个员工，均可在自己的能力匹配的工作职位上进行岗位创业，而这样的工作方式是从传统的聘用制条件开始的，即每个员工都跟公司预先签订了劳动合同，并确定过基本工资额，基本工资包括固定工资和绩效考核工资。员工在工作计划中根据岗位职责和基本工资额的大小确定工作量，相应的工作量对应着相应的工作分，每项工作有提前完成和超额完成的奖分标准，有拖延完成和不达标的扣分标准，员工提交计划时自定义绩效考核率（即基本工资中设置一定的百分比为固定工资，剩余为绩效考核工资）。员工的每项工作完成后即由本人提交客观的完成结果和完成量，由熟知相应度量数据的考核人根据既定考核标准进行评分。在期（周、旬或月）末，系统自动根据每个员工的实际所得工作分，与计划中的基础分相除，得出工作完成率，再以工作完成率乘上绩效考核工资得出实际可领取的绩效工资，绩效工资加上固定工资即为实际可领的当期（周、旬或月）工资（具体实操详见本书上册第6章和第7章）。

虽然绩效考核率是自定义的，但员工所做的工作都是自己最适应的专业工作，既然每项工作都涉及自己绩效工资的涨跌，而达标和超标都是自己能力范围内的事情，那么有谁会跟人民币过不去呢？因此，在实际操作中，很少会很有哪位员工允许自己的哪一项工作结果不超标。月底，每个员工都会自己去盘算考核率和所得绩效工资额，比如，小李月薪 8000 元，月初定考核率为 10%，即 800 元为绩考工资，7200 元为固定工资，如果月底工作完成率为 120%，800 元就变成了 960 元，多了 160 元。于是小李会想，假如我们月初定考核率为 20% 呢？就是 1600 元变 1920 元，涨薪 320 元。

如果定 30% 呢？涨薪 480 元；

50% 呢？涨薪 800 元；

80% 呢？涨薪 1280 元；

100% 呢？就是 8000 元变 9600 元！

所以在接下去的月份中，他在工作完成率有把握的情况下，自己会去设定更高的考核率，因为考核率高，反过来促使他更不会让完成率往下掉。当他把考核率设定成 100%，如果工作完成率 200%，那他的工资就直接翻倍。工作完成率 300% 就翻两倍。这等于就是自己给自己涨工资，而工作根本无须上司鞭策。如果一个普通的岗位工作者可以这样涨工资，他能不倾其所能吗？谁胆敢不让他多做多加分，就是在挡他财路。

当一个人贪婪地把考核率提高到 100% 时，另一面就是财务部的人力成本为 0。岗位承包就这样不知不觉实现了。

公司完全不用担心员工得到高工资，因为，员工工资翻一倍（完成率 200%），等于在既定时长内他完成了两倍的价值量，而公司相当于节约了一倍的平台成本；而另一方面，公司的收益同样在翻倍。

这是损益同频的结果。

劳资矛盾烟消云散，利益共同体瞬间形成。

岗位承包的方法最巧妙之处在于考核率自定义。现代员工要的就是自主、自决，要的就是自己小世界的这种存在感、成就感和自我实现。

这便是激活原动力。

什么叫原动力？原动力一定是人们自觉地、自主地在想自己之所想、要自己之所要中自发产生的，可不是由外力灌输、施压、鞭策或者胁迫产生的——不管这个外力有多么强大。

传统管理之所以始终难以让打工者把潜能发挥到较高的程度，就是因为“管”和“制”。管，就是约束，制，就是裁断。传统管理试图通过约束和限制员工的自私行为、鞭策和驱使他们进行利于公司的动作，从而实现企业赢利，所以员工的工作始终是被动的，而被动的人，难以激发出原动力。只有颠覆了“管”和“制”的理念，管理才能突破“活力”的界面。很多管理者一直没想明白，为什么不断地涨薪、不断地加福利，也只是换来了员工“三分钟的热度”？因为这些管理者一直没找到员工原动力的源泉。涨薪除了增加公司的成本外，对于提升员工动力的作用其实不大，因为人是有“适应性偏见”的，面对再高的“固定工资”，三两个月后都会麻木。“加保障”是一种并不科学的做法，往往会让人走向安逸和懒惰。

激活原动力，关键在于让员工自动自发地去追求自己的根本需要。

过去，员工们的根本需要是生存，固定工资就是生存的保障，所以，聘用制有效。

现在员工们的根本需要是尊重、情感、自我实现，是自由环境中自主行动带来的存在感和成就感。所以“死工资”对于现代员工而言缺乏刺激作用，而“自己给自己加薪”的平台制才让大家很容易找到自我价值。

去掉“管”和“制”，去掉“保险箱”，员工才能野蛮生长。

平台制中，员工工作超过基础标准，等于自己涨工资，出了差错，等于拿自己的绩效工资去承担有限经济责任，所以，大家自然会竭尽全力。员工的效率和活力，就这样被激发了出来。

而且在自定义绩效考核率中，不知不觉员工自己把“死工资”给打破了。因为每个人的结果分不一样，工资当然就不一样，于是，“平均主义”也自然消除了。至于国企一直以来最令人头疼的内耗问题，在员工岗位创业之后，也自然烟消云散，因为每个人的收益都掌握在自己手中，无须看别人或上司的脸色。所以，大家不会愿意将时间耗在于自己涨分无益的拉踩上，只有聚焦于手中的工作才是唯一涨分的路径，而分数就是利益。

这些操作，也正应了国务院“改革意见”所明确的“建立与企业经济效益和劳动生产率挂钩的工资决定和正常增长机制，推进全员绩效考核，以业绩为导向，科学评价不同岗位员工的贡献，合理拉开收入分配差距，做到收入能增能减和奖惩分明，充分调动广大职工积极性”（2015）的要求。

岗位创业的做法不仅激发了员工的积极性，还大大降低了管理的难度和工作量，因为岗位创业中的员工会自觉工作，而且管理者除了在做计划时要细分工作任务，在员工做完工作事项后要对工作结果进行评分外，基本就没别的太多工作了；细分工作也只是将决策层的战略任务进行细分，并不复杂，至于评分，早已有客观标准，按结果数据一套得分就出来了，无须花费太多的精力。这些工作大部分可以通过程序自助完成，于是大量的管理人员和管理成本可以节省了。这便是去人化管理。

平台制中去人化管理的最重要变化在于：整个公司所有的制度和规程均可以变成《行为加减分值表》，让每个人的行为都纳入系统，化为 P 分进行量化考核，于是，管理简单了，管理人员也节省了（详见本书上册 5.4.5），制度也实实在在地落地了。

另一方面，再将所有人的知识力、能力基础（包括职位、学历、职称、职级、资证、工龄、特长等）以及技术贡献、信息贡献、资源贡献以 Q 分来按月进行量化评定，人事和知识也都可以系统化考核了（详见本书上册 5.4.6）。其特点是知识系统和资源系统的生态化建设及价值称量体系化，这恰是信息时代走向潮头必不可少的基础工程。

在工作量化考核系统、制度量化考评系统和知识量化考评系统运行的基础上，根据每个人差异化的 O 分（工作分）、P 分、Q 分累积量来进行福利考评、转正考核、晋升考核、奖金分配、岗位考评、评优、假期奖励、期权和股权分配，也都有了客观量化的数据基础，这些考评均可全程系统化运行，排除了人为因素，于是，“人治”也就被“系统化”替代了。

3. 平台化或可消除国企人际关系复杂化的顽症

平台制中，不管是 O 分、P 分还是 Q 分，每个人都可以凭自己的喜好和发挥去挣得和累积，无须过多求助于他人，这或可使国企的另一个顽症——复杂的人际关系趋于简单化。

由于有了可以准确称量工作人员每个工作细节、每次有价行为、每项知识能力的客观分值作为基础，各种短、中、长期的激励机制便可完善地设计出来，且能形成良好的杠杆作用。因为各种分值不像驾照每年 12 分年底清零那样，而是永续累积起加权参与各项损益核算，所以就形成了正激励和负激励的长机制；由于员工的每个工作细节、每次行为产生、每项知识和能力贡献都关联着自己短、中、长期的所有权益，所以这样反过来又刺激着员工自觉而用心地对待每一个细节，谁也不愿意因为一次的疏忽产生的扣分，拉低了“这一辈子”的所有权益，谁都希望自己的每个行为能做得更好以使分数更高一些，来抬升往后所有的权益。这种局面下，员工们对于每个工作细节，会比老板还较真。

短期，有足够的想象力空间让员工自己去涨薪；中期，有足够丰富的福利让员工越攒越厚；长期，有足够的可能性让员工觉得能通过平常分数的积累，拿到优厚的期权和股份，令自己遥远以后才能实现的事业梦想得以在当下的小岗位上化为现实。如果能让员工贴紧初心、兑现理想，国企将不再那么难以留住人才，因为分值永续累积，每个员工都会在越积越多的权益中越来越难舍，越来越投入。

归属感，就在兑现理想的每个员工心中自然产生。

地球村中，让资源快速流转的平台才是最有魅力和最能赚钱的平台。

平台制中的人员不是严格归属于某个部门的，而是因不同的任务包随机组合的；这种随机组合让每一个人的工作时间都很饱满，潜能发挥都很充分。腾讯的“活水计划”就是企业内部人才自由流动很好的例子，它可以令员工的潜能得以充分挖掘。平台制下，企业的“内部市场机制”通过动态调节，会自然地形成人力资源的最优配置。当然，这个机制对外也是开放的，当企业的人员冗余时，可以迅速让富余的人半职或兼职，或在岗位上向外“接单”创收，收入与公司按合适比例分配；在企业突然增加了业务，人手不足时，不必通过缓慢的招聘和培养来填补岗位人才，而是即时向同行单位借人，进行项目合作，组合成专门的项目团队，完成项目后各分各利，然后人员“各回各家”。这跟国务院“改革意见”关于“构建和谐劳动关系，建立健全以合同管理为核心、以岗位管理为基础的市场化用工制度，真正形成企业各类管理人员能上能下、员工能进能出的合理流动机制”（2015）的要求是一致的。在这种自然平衡的机制里，国企原先的人员冗余状况自然得以改善，包袱也变轻了。这对个人和企业都有利，个人避免了时间和才能的荒废，增长了收益，企业也节省了综合成本，增加了营业外收益。

由于员工的工作岗位是相对的、工作组合是绝对的，所以部门间的界限已经淡化，国企之前的部门**壁垒问题将可以迎刃而解**。

由于任务包是由相应工作人员自觉组合为主的，无须太多的行政审批和鞭策监控，层层管理会显得很多余，**扁平组织结构水到渠成**。

由于每个岗位都由员工“承包”进行，所有的工作开展又是程序化、自助化的，员工的工作基本处于自驱动的状态，整部企业机器基本处于自运营状态，所以，干部无须过多进行策动和督促，而且，对干部的能力、工作量、人数的要求就大大降低了，之前困扰企业的**“得力干部奇缺”问题基本就不成为问题了**。

由于现代竞争是信息的竞争，每个企业的决策层都不可以再凭感觉“拍脑袋”作决策，需依仗一个信息通路广、信息归集全、信息融汇快、信息分析准的专业团队，依仗团队基于大数据而得出的科学结论，才能把准企业的航向，避免“败也萧何”的悲剧。在“绿皮火车”成功升级为“动车组”后，“火车头”的动力就不再是影响“火车”速度的重要因素了。那么，前文所列令人纠结的**“一把手是否执行调任制”和“一把手要不要倚重”的难题，也就没有纠结的必要了。**

其实，最好的管理，是零管理。

平台制之所以能做到形散而神聚、面松实紧，其建设的核心要点是与各方之间的损益关系由对立性转为了同频性，即形成了“你亏我也赔，你盈我也赚”的利益正比例关系。这跟业务提成的道理是一样的，业务员提成拿得多，公司收益也多，业务员提成低，公司的收益也就少。

因为损益同频，所以公司可以一改过去的企业本位管理理念，无须耗费那么多时间和成本给员工洗脑，非得把员工一个个改造成为无私的、克己的工具人不可了。之所以要反复重申马克思关于人的动力源的观点——“任何人如果不同时为了自己的某种需要和为了这种需要的器官而做事，他就什么也不能做”（《马克思恩格斯全集》第3卷，1960）——是希望大家找到员工的动力源所在，即，员工自己的需要。一个完全“克己”而“无欲无求”的人，是不会有什么创造力的。趋利避害是人生存和进步的本能，如果把“纯企业本位”思想放到一旁，把“管”和“制”理念扔到一边，就能突破思维的界面，在“如何满足员工的私欲”中寻得劳动的原动力，得出“藏公于私”或者“成私而公”的巧妙办法，让形式上的每个人贪婪地“谋私利”等同于实际上的“奉公”。如此，即可实现公私两利。

员工们为己欲而往，奔己利而去，则无往而不达。

平台化的公司在与各方损益同频的基础上，工作事项“放任”即可，各方自会为己欲、为己利而竭力为之，公司则可放心地把精力放在做好各方“谋私利”的基础工作上，为各方助力。这是一个很有意思的局面：每个人竭尽全力在为自我实现而努力，而公司却在“全心全意为员工服务”。

回过头，公司可以将原先的一切制约、限制性措施，翻转为纵容、服务举措，因为公私损益同频了，员工的谋私就是在奉公，当员工为自己赚得盆满钵满了，企业也就金银满仓了。这个时候员工的贪婪，就成了企业盈利最大的动力，当公司做足了为员工们服务的基础工作之后，公司的各项目标将会在员工们的贪欲中实现。那么，公司就可以轻松地藏在其后坐收渔利了。这叫：明修员工之栈道，暗度公司之陈仓。

22.3.5 平台化的国企或可重新成为香饽饽

1. 可令民企的人才和资源更深入地“混”入国企

在“混改”中，国企入股民企，最直接的价值便是参与了优秀民企的成果分配；引入战略投资，最大的意义就是获得了优质资产及其优秀的运作团队。这些举措虽让国企实现了跟优秀民企的捆绑合作，但并未充分获得民企的核心创造力，还不能更深入地让民企的优秀人才和优势资源成为国企的直接创造者。

如果实行平台制，包括战略合作的，以及非战略合作的民企，其优秀人才无论编制是否转移到国企，都可直接为国企服务。因为，平台制中的人才可以挂职、半职、兼职，或者半兼职，或者之前是一种工作形式，之后变为另一种工作形式，以何形式均可与国企发生紧密的责、权、利关系，而这些人才无须“切割”原有与民企的关系和利益。如此一来，民企中的各方面优秀人才，只要对国企有帮助，都可以轻易“混”入国企了。

不仅是人才可以轻易用上，民企的其他资源，诸如知识产权、情报系统、运营网络、服务体系、客源群体、可兼用固定资产、富余流动资本等，均可在不影响民企原有关系的情况下，被国企运用。

而国企对民企资源的予取予求，所需要付出的，可以只是“无中生有”的“阿拉伯数字”（分值及相应的动态股份），不增加硬成本。

这是分值化平台制的优势，它可让“混改”改得更加深入、更为彻底、更具实效。

2. 可令国企在市场中更具魅力

国企如能直接运用优秀民企大量的人才和资源，并通过平台化将原有的问题屏蔽或消除，内部活力将会大幅提升。如此，国企将可以把固有的优势变成胜势，变成持续增长的效益。

本来，国企的很多优势就是民企望尘莫及的：

第一，国企在竞争中获得政策优先知情权和使用权是不言而喻的。在信息时代，信息技术和情报是第一生产力，国家有关部门所建立的资源和数据库自然是准确和权威的，学术和技术力量也是一般民企无法比拟的。所以，在信息、技术、数据的竞争中，国企无论是在通路上、速度上，还是准确性上、全面性上都占有优势，未曾肉搏，就先胜一局了。

第二，国企在自然资源获取和业务通路上更为简便。在信息时代，生产所需的资源摄取保障和速度、资源流转的通路以及业务办理的便捷程度都极为重要，因为很多的资源（土地、矿产、林木等）由国家来统筹或协调，国企自然在资源的摄取上容易占得先机，加上更为熟悉行政流程，事项办理将更为高效。

第三，国企的身后是国家，信誉、品牌和背景天然强大，在吸引力为王的信息时代，这是先天的优势。

第四，国企的干部和职工有着健全而长久存续的档案管理系统，无论是企业还是个人，在信息战中的信用力是民企员工难以企及的。国企及其员工对于各关联方的责任态度，有着足够高的底线，而民企中的一些员工，因个人档案无须带入下一个公司，则有可能会把行为底线降低到法律的边沿。

第五，国企的运营风险相对较低，这是民企不可同日而语的。国企有着国资委这个强大的背景，原则上资金链有足够的保障，而民企则有超过半数死于资金断链。因有坏账冲销、弥亏等这些民企望尘莫及的风险保障，国企的财务风险相对要低得多，在人才、技术和资源的争夺上优势非常明显。

第六，国企的激励空间比民企大出较多。假设在国企和民企各方面的成本和利润相同的情况下，国企的利润有政策规定只需上缴30%以下，也就是说，原则上有70%以上的利润可以用来激励员工。

根据财政部规定，国企是分五类管理的，利润上缴比例为：

第一类为石油石化、电力、电信、煤炭等具有资源垄断特征的行业企业，上缴比例20%；

第二类为钢铁、运输、电子、贸易、施工等一般竞争性行业企业，上缴比例15%；

第三类为军工企业、转制科研院所、中国邮政集团公司，上缴比例10%；

第四类为政策性公司，包括中国储备粮总公司、中国储备棉总公司，免交国有资本收益；

第五类是个特例，烟草总公司，上缴25%。（沈奇 等，2018）

而作为民企，利润大部分则是划归投资人的，很少公司会用超过20%的利润反哺员工。所以，在人才为王的知本时代，无须比拼就直接有了高下。

从五个生产要素的细分项对比平台化之后的国企和民企，便可直观地看到二者的优劣（见表22–3）。

表 22-3
平台化竞争中民企与国企的优劣评分对比

生产要素		对比项	细项评分（民企 – 国企）	民企积分	国企积分
Q	知本/信息	人力资源	企业家 18–7，管理层 21–13，执行层 26–19	65	39
		信息 / 数据	政策 5–13，情报 7–8，截获 6–3，量 5–7	23	31
		技术 / 创新	经验 22–10，研发力 19–28，基础 8–5	49	33
		无形资产	品牌 10–15，信用 9–13，专利 8–7，权威 5–11	32	46
		生态圈	广度 13–15，深度 11–8，紧密度 12–7	36	30
P	管理/机制	组织机构	扁平度 12–7，机动性 14–8，协作性 12–6	38	21
		制度 / 规程	完善 7–11，简明 9–6，实效 13–9	29	26
		激励机制	激励方式 20–13，福利 9–14，激励空间 48–76	77	103
		市场应对	速度 8–6，竞争 11–15，机会 12–10	31	31
		危机处理	危险伤害 7–10，通路 5–9，兜底 3–10	15	29
O	劳动/生产	活力 / 潜能	挖潜 8–6，自主 7–5，活性 9–7，薪酬 13–10	37	28
		驱动性	存在感 6–9，成就感 12–9，自驱动 9–8，档案 8–14	35	40
		安全性	归属感 8–12，情感 8–11，尊重 5–9，信誉 8–14	29	46
		劳动效能	执行 13–8，检查 8–10，能效 14–9，内耗 8–4	43	31
		生产产能	战略 21–17，产出 24–15，社会责任 8–5	53	37
R	资本/资金	资本 / 资金	资金链 30–50，灵活性 10–5，弥亏 15–40	55	95
L	场地/硬件	场地 / 硬件	土地 / 办公 15–20，能源 / 矿产 10–15，交通运输 8–9	33	44
评分总计				680	710

上表是计算了国企“问题后遗症”的粗略评分，不尽准确，却也明晰。或许过些时日，国企通过平台化运营，以及深入“混改”之后，会逐步消除后遗症。届时，其优势将更为明显。

一旦消除或绕开了原有的顽症和弊病，充分引入优秀人才和资源，激发出员工的原动力，国企的各方面优势将会突显出来，重新成为人才和资源钟爱的对象，绝不是一种假设。

国企利国利民，除了本书22.1.1中所述的经济平衡作用、国内企业的护航作用和市场秩序的稳定作用外，还更能直接为国为民带来收入上的实惠。相对民企，国企除同样给国家贡献了税收外，还另上缴30%以内的利润，对国家的贡献更有意义；国企由于没有物理上的“老板”，未上缴国家财政的70%以上利润除了留存企业的发展外，便可直接用来激励员工，此种“共同富裕”的优势民企也很难望其项背。

所以，国企值得支持和期待。

22.3.6 员工持股的真经何在

1. 月薪、级别工资以及统一的福利、奖金、股权都夹杂着“平均主义”

利益是人们行为的根本动力。马克思曾指出：“生产者只有在占有生产资料之后才能获得自由”，他明确提出股份制是向共产主义过渡的过渡点。当我们重温马克思的经典著作，才发现公有制应是“联合起来的社会个人的所有制”（刘芳，2015）。

国务院在“改革意见”中也专门强调，在员工持股探索中要“坚持试点先行，通过实行员工持股建立激励约束长效机制”（国务院，2015）。

不过，我们在生产经营中很容易落入到“结果分配的平均主义”泥潭当中，会导致真正的不公平，这种分配结果在形式上是“公平的”（实际上应该叫“平均的”），但它让在生产过程中贡献多的人吃亏了，贡献少的人却占了便宜。

“结果分配的平均主义”只会带来两种结果：一是全员均分，“吃大锅饭”；二是觉得“吃大锅饭”对能力强者不公平，划分出强弱不同的几个等级，按不同等级归类进行差别化分配。但这第二种情况的“同一等级”内仍然是“吃小锅饭”的平均主义分配，因为在“同一等级”里，每个人的过程贡献也不可能完全一样。划分不同的等级，等于人为地将集体进行了层级化了，反而形成了新的层级矛盾。

如果在某一体系里有“等级区分”和晋升机制，最容易出现的问题就是：激励着人们在“晋升之前”努力“为晋升而工作”，升级之后得到了高一级的利益保障后就“有恃无恐了”，所以总是让人们变成“得到前努力，得到后放松”的状态。这种方式造成的客观结果是：贡献更多的人（指晋升前努力工作者）拿得少（级别比已晋升的人低），贡献更少的人（指晋升后得到更高保障而高枕无忧者）拿得多，这又是一种更深层次的不公平。× 为公司因此只能搬出“创业者计划”来针对那些坐享其成的“高等级人”。

平均主义的本质是：不论贡献过程的差别，只讲分配结果的一致。

平均主义的结果是：贡献多的吃亏，贡献少的占便宜了；后继结果是大家因不肯吃亏而竞相懈怠。

由于简单粗暴地把“一致的分配结果”当成了公平，忽略了个体能力和贡献的差异化，所以才造成了平均主义的恶果；为了避免能力差距过大，而把不同能力的人划分等级，使大家按等级分配，又更深入地造成了同等级的平均主义和阶层矛盾。“以果施因”中的一些管理者只好用“私耻”思维来麻痹大家，号召大家克己、忍让、寡欲，以期淡化矛盾；在贡献大的人总是吃亏的情况下，又告诉大家“吃亏是福”……其实，由麻木和“无欲”个体组成的集体，是没有太大创造力的。

“以果施因”思维的缺陷，在于未关联过程贡献的暴力均分，即，只讲结果一致，不论过程差异，这必然会打击积极、纵容懒惰。**马克思描述的共同体中“每个人是自由发展的”，这是分配的前提，发展，即每个人价值的发挥。产（即生产）是共（分享）的前提；共产的内涵包括共生、共担和共享。**

当我们理解透了马克思主义，就不会只停留在暴力均分的浅层次思维上了，就会科学遵循“按值分配”，解开传统管理中的“平均主义”枷锁，真正解放生产力。

要去除平均主义，就必须将“以果施因”思维调整为“以因定果”，即根据实际的差异化贡献来实施差异化的结果分配。

道理看似简单，但不少管理者往往由于惯性处处都还在执行“平均主义”，大家能直观意识到的诸如按人头分的福利、按人头分的奖金（比如中秋节每人一盒月饼、开年每人一个红包等）是平均主义，不一定能直接意识到的诸如月薪、级别工资、统一社保、均等的期权和股权等，都夹杂着“平均主义”。

是这样吗？

是的，只要是不关联过程的静态分配，基本就甩不净“平均主义”。

学历相同、职级相同、工龄相同然后工资级别就一样，难道能力相同贡献就一定相同？既然不是，那为何工资一样？不同职级的员工社保一致这就更“平均主义”了。

同一个人，这个月跟上个月、下个月的贡献就一定相同吗？既然不同，那为什么每个月工资一样？

达到同样资格或交同样的股金就获得相同的期权、股权，难道他们每个月做的贡献都相同吗？既然不是，那为什么红利分配一样多？

事实上，不同阶段每个人的贡献是动态变化的，所以，为了真正的公平，分配必须动态变化才行。一切静态的薪酬、福利、股权，都是在放纵“平均主义”。一切不关联过程的静态分配其结果都一样，都是在打击积极、纵容懈怠。

2.“按值分配”才能避免平均主义

将思维的频率调整为“以因定果”，就很容易得出一系列“按值分配”的方法，让所有人都按自己实际价值贡献量而获得分配，那大家就会去拼贡献、拼过程，而不是去把精力耗在结果的你争我抢上。

“以果施因”是我们常犯的错误：先定月薪、再干工作；先定股份，再来经营……结果只能是分配不关联过程。“划分级别”这种弥补性的措施只会更加夯实“以果施因”，让种种不关联过程的“系统化工程”，最终都滑向难以调和的深渊。

最朴素的例子莫过于历代农民起义，“均贫富、等贵贱”“无处不均分、无人不饱暖”……其中的“均”字最能唤起人们对公平的向往，聚集人气和力量。但这种虚拟的“平均分配”假想最后都会导致绝对的不公平，“洪秀全”们只能用划分等级来平衡突出贡献者，而突出者在成功晋级之后，自然演化为新的阶层，幻想破灭了的基层大众，与新兴的领导阶层又回溯到了之前社会的贵贱不一……

员工持股的方向当然没问题，问题在于没有“以因定果”，所以致使员工持股公司只能在形式上宣示“员工是企业的主人”，而实质上并没有充分发挥个人的潜能，没有真正解放生产力。

怎样才叫主人？

马克思的定义是占有生产资料的自由人，即自主发挥、自觉行动的共同体成员。在现代企业语境中可以描述为占有股份的、获得充分尊重、得以充分施展的自我实现的员工。

由于“以果施因”，民营企业的员工持股策划人的脑海里，闪烁最多的词汇就是：捆绑、诱惑；国有企业员工持股策划人则敞亮得多，更多想的是主人感、归属感。但无论怎样，策划者的主观愿望都是希望员工们能因获得了股份而努力工作；然而最终激励效果往往不尽如人意，其结果大致雷同：效益好的企业，大家为持股而持股，为了股份争得你死我活，张三评上了打击了李四王五，获得了股份后有恃无恐开始懈怠，员工关系和干群关系走向复杂，自私的人性被激发成群体中的斗争性，“患不均”的心理发酵出了团队内讧的局面。效益不好的企业，推行实股会被看作是绑架员工和为企业埋单之举。这些结果常常跟最初想实现的目标相去甚远。

若把思维调到“以因定果”上，员工持股这本经就不会太难念，只要秉承“按值分配”原则，根据每个员工实际工作过程中的贡献值来核算收益，激励效果立马就能显现出来，过程量化得越细，效果就越好。

具体方法，就是将每个员工的工作创造价值、行为值、能力值累计为实际贡献总分值，再将总分值按统一标准转换为股份数（详见本书第 13 章）。

其实这里面的逻辑非常简单，我们只要明白马克思所说的“人的任何行动都源于自己的需要”，一切从“员工的需要”出发，让每个人分配源于自己的价值产生，就一通百通了。

当员工所有的权益源于自己贡献的累积，而不是别人或上司的行政评议，那他就会把精力聚焦在具体工作创造上，当员工的收入不由合同确认为固定的额度，而是因为在工作中做多得多，做少得少，那他就会想尽办法多做、自觉发挥潜能。无论是工资、奖金、福利、评优、期权、股份，道理都一样，即一切分配源于自己的贡献积累。

贡献一定是动态的，那么，工资一定是动态的，奖金一定是动态的，福利一定是动态的，期权一定是动态的，股份也一定是动态的。

如此，才不会又绕回到“平均主义”的泥潭之中。

22.3.7　如何让国企活水不断

1. 过程关联分配是激发员工动能的关键

工资动态、福利动态、股份动态……那会不会令企业的管理陷入“不确定”的深渊?

回答是：肯定不会。

因为一切价值都可以量化为确定的分值，包括工作、行为、能力、技术、信息力，所以不会导致结果“不确定”。

如何量化价值、如何将价值关联各种权益，在本书前面的22.3.4中已讲述。

过程关联分配，这是激发员工动能的关键所在。

短期，可将员工的O分关联他的绩效工资，让他自定义绩效考核率，通过努力工作给自己涨薪，从而得到自主和尊重，得到存在感和满足感。

中期，可将员工积攒出来的P分关联他的父母赡孝金和个人婚姻质量，将累积的Q分关联他的能力、资质、关系，信息变现，再将O分、P分、Q分累积值关联他的评优、晋升、奖金、休假和各种福利，使员工的各项权益相互嵌套在一起，形成一条永不间断并且只增不减的利益链条（详见本书13.3.3），令其得到足够的情感满足，获得充分的价值感、荣耀感和归属感，然后欲罢不能。

长期，可将员工持续增长的分值转换为期权和股份，镶嵌于每个员工的事业轨道；可在内退机制中明确员工离职或退休后权益部分保留，并可继续累积分值，让他的贡献行为一直持续，人在公司与否都不影响他的心永远在，让他收获成就感、荣誉感、安定感，沉于公司，难以却步。

动态的分值是如何转换为动态股份，以及如何与静态股份池匹配的呢?

将员工自己每月的O、P、Q分总和值乘以一个系数，动态股份便生成了。

将所有员工截止核算月为止的总股份数，加权平均匹配静态股份百分比，即可完成与传统股份比的无缝对接（详见本书 14.2）。

2. 国企股份“两个池”的做法

国企在员工持股改革中，宜将股份划为“激励池”和“非执董池”两个池。

为何要分两个池呢？

一是利于经营权与资产权分离、经营权与监管权分离，二是避免员工在股比上进行横向比，避免干群关系复杂化。

员工激励池的股权一般可设在 5% ~ 30% 之间，非执董池则保留 70% ~ 95% 的股权。

5% ~ 30% 的股权的激励空间够吗？在分值股份制中，股权的大小是不会太影响激励效果的，即便只有百分之几，也挡不住员工们的工作热情（详见本书 13.4.4）。由于激励池与非执董池是分离的，员工是在激励池中获得分配，大家的眼睛一般看不到非执董池里的权益；而在激励池的“庐山之中”，大家也难以直观看到相互间的股比，只可直观看到相互间的动态股数（注意，股数不是股比）。这些股数都是每个员工的贡献值换化而来的，高高低低，显示的是各自的贡献量，任何人的贡献量都是自己平常的努力得到的，不可能从别人的手里抠。所以，大家只有两种对比，一是跟自己的过去和未来比，二是跟别人的现在比。不管是哪一种，都只会刺激员工更加积极拼搏，而不会带来消极影响。

员工跟自己的过去、未来纵向比时，出现的结果是：自己的每项工作完成均有贡献分值增加。即，自己的分数和股数只会涨而不会跌，跟过去比，永远都是涨，每天都能体验到存在感、成就感和满足感，看未来，只有股数“芝麻开花节节高”的景象，会感受到自己的权益越来越大、收益越来越多。那么，员工在持续积累的股数面前，归属感和主人翁意识会越来越强，离开的可能性越来越小，因为股份一直延续，且越来越多，越往后，离开就越可惜。此种模式下，员工逐步就把自己绑定了，根本无须公司刻意去捆绑。

假如，员工跟同事横向比呢？

由于股份都是记名的，均源于员工本人的贡献分，与他人不相干，而他人的股份也记于其名下不可切割，所以不会有人去觊觎别人的股份，大家只愿意聚焦本人的工作，为自己的股数增长而拼搏。然而，作为方案规划者，反而要通过 App 系统数据展示，有意让员工们去比，让大家通过对比来相互刺激，继而你追我赶。

为什么会产生相互激励的效果？

因为，当"我"完成一项任务后，分数立即会上涨，排名也会跟着上涨，看着超越一个个同事，"我"会获得巨大的满足感；反过来，当其他任何一个人完成一项工作而涨分且排名上升，也会刺激"我"，"我"的排名挂在高位还没过多久便被人超越，这会让"我"难以停歇，马不停蹄地继续下一项工作，以便再提升分数……大家相互刺激，像玩电游一样欲罢不能！

传统百分制中，股份是有上限的，任何人要增加股份（股比）就得从他人手中切割，所以造成了"结果上的你争我抢"；而分值股份制中，股份数（非股比）是无上限的，任何股份都源于自己的贡献，且只增不减，所以造成的局面是整个经营过程中的"你追我赶"。

百分制下，人性的自私会发酵为慵懒和懈怠；分值制下，人性的贪婪则会令员工难以知足。百分制下，"患不均"的失衡会导致员工相互间的争斗和内耗；分值制下，"患不均"的失衡则会令员工相互不服气，以至于形成产值的良性比拼。

分值制中股数理论上的无限性，造就了激励空间理论上的无尽性。虽然股数原则上可以无穷大，但却可与静态的激励池股比秒配，不影响传统估值机构和资本市场的传统合作。同时，无论激励池是大是小，基本不会影响员工们相互的刺激和热情，不影响国资独大。

3. 建立中国特色的国企生态圈

因为股数没有明确的上限，公司原则上可以将所有上下游企业的利益相关者、所有政府顾问、编外兼职业务员、技术和信息拥有者等一切有益的人员，以配股的形式吸引进来，建立起最广泛的"统一阵线"（即生态圈，操作详见本书第 21 章)。

此外，为避免侵吞、贪污、输送、挥霍国有资产，让审计、纪检监察、巡视以及法律、财务部门（国务院，2015）起到强有力的监督作用，可以把这些部门和单位工作人员的监察工作进行评分（P 分），其工作分也兑换为股份，享受奖金和红利的激励，为企业的健康发展保驾护航。

由于平台制“一把手”已有集体信息体系支撑，其分析研判作用已经不是不可替代，至于国家执不执行调配制，影响并不大。而且，因为在任与历任，其股份均可一直延续，“走马观花”的做法基本就不大可能出现了。

激励池的激励作用可以通过两种方式来体现：一是在毛利中提取部分奖金（月度、季度、年度不限），所有相关人员在分配当期，按所持股数加权分配；二是允许员工凭自己的股数缴纳股金以使其股份增加分红权限，在公司提取纯利进行分红时，有分红权的激励股增加了与非执董同等的分配权。

由于非执董池也是原则上增长无上限的股数来与静态的股比加权匹配的，它可用以单独进行资本运作。因投资人（国资及其他战略投资人）的股数随公司的价值生产而每月上涨（价值产生只涨不跌，所以股数也只涨不跌），所以投资人可以不断对外“蛇吞大象”地吃进所需资金（详见本书第 18 章），并且还能确保自身的控股权和分配权。如此，原则上引入民间的战略人才和资金是空间无限的。

通过“蜂巢机制”（详见本书 19.2.5），分值股份系统将可以让国资科学布局，网罗尽可能多的民企和平台，以及他们的优秀人才和优势资源，以最小的资金成本覆盖出最大的盈利面，令国企破茧化蝶。

管理是随着文明的进步由专制向治理、由治理向自治、由自治向自理升级的。

个人征信涵盖个人的经济和商务信息，还可以涵括其公德、伦理、人际、言论等方面的信息，以促使人们不仅追求经济行为诚信，还讲究道德行为诚信。

第 23 章

简政安民的分值征信系统

23.1　征信建设的社会意义

23.1.1　征信的作用

在“强关系”社会里，办事往往需要走通“关系”，没“关系”就缺乏信任度，办事就困难得多。

人们之所以逢年过节的时候走亲访友，红白喜事亲朋好友也聚拢在一起，是因为这样才能结成更亲密的关系圈，在有需要的时候才能得到值得信赖的力量，如若不然，就会“人到用时方恨少”。

“强关系”社会里，无论是个人还是企业，其关系圈就约等于生态圈。关系广，就路路通达、事事顺利。人们在处理事情的时候，如果是有“关系”的，就有信任的基础，办事便能顺畅；如果是没“关系”的，相互间就很难信任，事情就会大费周折。

“强关系”社会里的信任成本是很高的。如果你的办事对象是有关系的，他就会顾及亲朋好友的议论，不会轻易为难你，否则影响了口碑，他自己以后就不好混社会了；如果是没关系的，他就会没有了忌惮，可能随时会套路你。所以，人们平常需要培养和维系好“关系”，只有善于人情世故的人，在社会上才混得开。

当然，企业亦是如此。曾几何时，一个正规的企业若是没有公关部，或者没有公关人员，是不可思议的事情，因为不能搞好和维系关系圈，企业是很难生存的。不少企业的负责人每天应酬才是其“最必不可少”的工作，他们每天要花大量的时间用来结朋交友，为企业的前行“打下基础”。

曾经，很多业务都是通过酒桌打开局面的。不过，很多人“成功”了，胃却难以复原了。

这都是因为信任成本太高导致的。

在西方，特别是欧美发达国家，他们有着比较完善的社会信用体系，坑蒙拐骗的责任成本太高，所以人们可以比较简单而直接地相处，不用过多务虑，大家的时间和精力大部分可以放在直接产生价值的事务上，而不是耗费在人情世故上。

所以，如果没有成形的社会信用体系，人们只能靠自己去建立和积攒信任体系，整个社会的生产力和创造力就会大打折扣。没有社会信用体系，信息就很难对称，各种合作的成本就会居高不下，各种事项的风险系数就很难降低。

社会的征信高度，直接决定了文明的发展速度。

什么是征信？通俗而言就是信用度。

百度百科上显示，征信一词源于《左传·昭公八年》中的“君子之言，信而有征，故怨远于其身”，其中，“信而有征”即为可验证其言为信实，或征求、验证信用。从现代商业的角度而言，征信是依法采集、整理、保存、加工自然人、法人及其他组织的信用信息，并对外提供信用报告、信用评估、信用信息咨询等服务，帮助客户判断、控制信用风险，进行信用管理的活动。

诚信是一种社会公德，是为人处世的基本准则。信用本身就有着人际协调和社会协作的功能，信用是道德的基石，也是社会规范的基础（马瑜 等，2009）。

社会有了征信体系，就能从制度规则和法律上规范企业和个人的行为，降低行为人的信用风险，形成良好的社会秩序。

2012年12月26日，国务院第228次常务会议审议通过了《征信业管理条例（草案）》，中国社会征信体系的规则化和法律化建设正式开启了。

征信体系的主要目标，是建立健全社会信用基础性法律法规和标准体系。这个体系应该覆盖全社会，其基础建设包括行为人的信用数据采集、归整和存储，以及信用监管体制和信用服务市场体系。征信数据的公开和共享，能更好地促进信用服务市场的发展，更好地对守信行为进行激励、对失信行为进行惩戒，进而培养出行为人的诚信意识和自觉诚信行为习惯。征信体系建设的指针是商务诚信、政务诚信、社会诚信。征信的覆盖面越广、信用信息采集与共享的范围越大，信用信息产品和服务越丰富、应用越深入，其社会效果就会越好。

大数据是信用建设的重要支撑。“用数据说话、用数据决策、用数据管理、用数据创新”，会给国家治理方式带来根本性变革。应充分发挥现代信息资源优势，建立社会信用数据库和信用数据查询网络，实现信用信息的公开、透明、共享，破除信息交流的障碍，让人们能够便捷地掌握交往对象的信用信息，更好防范信用风险。（佚名，2016）

23.1.2　中国征信体系的发展

早在2003年，国家出台支持征信建设的政策和法律规范之前，因市场的需要，“北上广深”一些地方性的征信机构就已出现，之后迅速发展了起来。

2011年3月，国家在“十二五”规划纲要中，首次以政府政策的形式明确了“加快社会信用体系建设”的要求。

2013年1月21日，《征信业管理条例》由国务院正式颁布，自3月15日施行，其明确了征信业的运营规则，也标志着我国征信法规的正式确立。2013年11月15日，中国人民银行颁布了《征信机构管理办法》，对征信机构的治理、风险防控和信息安全出台了相应的法则。

2015年1月5日，中国人民银行印发《关于做好个人征信业务准备工作的通知》，宣布授予八家机构征信业务资格。

截至2015年6月，央行审批通过的企业征信机构为78家，社会统计的数量约为150家，征信行业收入20多亿元。（民建中央专题调研组，2016）

2016年5月30日，国务院发布《关于建立完善守信联合激励和失信联合惩戒制度加快推进社会诚信建设的指导意见》指出，要依托国家电子政务外网，建立全国信用信息共享平台，发挥信用信息归集共享枢纽作用。后来，央行联合首批获批的8家征信机构成立了资源共享、互通的“信联”；截至2016年底，人民银行征信系统累计接入机构达到2900多个；人民银行征信中心收录自然人9.1亿。其中个人征信与每个人息息相关，关系到大家能不能申请到房贷。

2016 年 9 月中办、国办《关于加快推进失信被执行人信用监督、警示和惩戒机制建设的意见》提出，通过“全国信用信息共享平台”，失信被执行人信息与公安、民政、人社、财政、金融、税务、工商与证券等多个部门信用信息资源共享。（陈斌，2018）

失信惩罚有法可依了，各种“老赖”就不会再肆无忌惮了，仅截至 2016 年 8 月底，全国共限制老赖乘坐火车 155 万余次；乘坐飞机 470 万余次；全国各级工商、市场监管部门依法限制失信被执行人担任法定代表人、董事、监事等共计 66954 人次（胡沛，2016）。

至 2018 年 9 月，“信用中国”平台目前已接入信用电子政务系统 36 家 37 个，包括国家发展改革委的“信用信息查询系统”和“12358 价格监管平台”，最高法院的“全国法院被执行人信息查询系统”，人民银行的“个人信用服务平台”，中央编办的“国务院各部门行政许可事项服务平台”，市场监管总局的“国家企业信用信息公示系统”，国家税务总局的“重大税收违法案件信息查询系统”，最高检察院的“行贿犯罪档案管理系统”，财政部的“政府采购严重违法失信行为信息记录”，公安部的“公安部举报投诉中心”等。另外，这一平台还接入省级信用系统 32 个，已接入试点城市信用系统 40 个（陈斌，2018）。

以张少琴等组成的民建中央专题调研组经调查研究后指出，我国的社会征信体系建设虽然取得一些进展，但仍无法满足市场的需求，特别是在信息采集和使用的法律支撑、信用等级评价标准的统一还亟待加强，同时存在守信奖励不足、失信惩罚机制缺位（民建中央专题调研组，2016）等突出问题。

一个国家拥有成形的征信体系，是可以大量节约社会交易成本的。现代市场经济就是信用经济，市场化程度越高，对社会信用体系的发育程度要求也越高。（王超，2009）。

在一些信用体系建设比较完善的国家，人们的道德水准和遵守社会秩序的自觉意识是比较高的。在德国，地铁逃票都可能会成为人生污点；在韩国，信用不良者不可以享受医疗福利；美国的信用体系已经覆盖到了社会的多个领域，所以美国都不需要给公民设立身份证，所有人只有一个社会安全号

（SSN），人们就业、领工资、纳税、借贷、租赁等各种经济活动的成本较低，而信用一旦有了污点，此后的生活就会有诸多困难。所以，人们自然就养成了重视信用的习惯。

我国的信用体系建设毕竟时间还比较短，整个社会的信用环境还不够成熟，人们的信用意识还比较淡薄，各方面的信用机制，诸如信用档案的登记制度、信用的评估制度、信用的风险预警机制和风险管理制度，以及风险转嫁机制等，都还有待进一步完善。比如我们有些机构征集数据是在个人不知情的状况下进行的，这又涉及个人隐私权被侵害的问题。

不过，随着我国信用市场的发展，人们的信用意识的逐步提升，国家信用法制的不断完善，中国走出一条独具特色的信用建设道路也只是个时间的问题。

23.1.3　让民众从经济行为诚信上升为社会行为诚信

信用管理源于西方，是经济生活的产物。西方人的自我属性重于社会属性，人际关系相对更简单，所以西方社会更尊重个人，完善好个人之间的行为规范，社会就比较有序了。而西方人通常以经济来作为衡量事物的重要标准，所以西方社会的经济秩序建设好了，社会也就比较稳定了，因此，**西方的信用体系更多地应用于经济范畴，具有明显的经济信用特征。**

中国的征信体系建设是学习和借鉴西方的信用体系开始的，无论是在立法上、社会导向上、市场建设上都有着明显的经济烙印。我们的个人征信报告除了基本的个人信息外，主要内容就是个人的金融和商务信息，包括各种贷款、信用卡还款记录明细、为他人担保信息、欠税记录、电信欠费、经济受罚记录等。而个人征信的用途，也主要是在借贷、购房、消费、经济福利等经济行为上。当然，这样的征信体系，也就只会更多地增进人们的经济行为诚信意识，而很少能在人们的其他社会行为上起到约束或促进作用。

东方的文化和价值观跟西方有所不同。

东方社会是“二元”社会，包含义和利两元。价值的衡量是利益尺和道义尺交错的，人们在追求物质需求的同时也非常讲求精神需求，因此，在中国，建设好物质文明和精神文明才能更好地形成和谐社会。在建设好经济领域秩序的同时，还需要建设好意识领域的秩序，社会才能有序地发展。因此，**中国的征信体系可以在经济范畴之上，更宽泛地覆盖包括精神文明在内的社会多个范畴**。亦即，**个人征信在涵盖经济和商务信息的基础上，还可以记录包括人们公德、伦理、人际、言论等方面的社会关系的信息，以促使人们不仅追求经济行为诚信，还讲究道德行为诚信**，经济秩序不等同于社会秩序。

民众行为的自觉性显示着一个国家的管理水平。

对整个社会来说，实现精神上的现代化是一次文明再造的契机，通过持之以恒的努力，给传统以新生，给岁月以文明。（人民日报评论部，2018）

2013 年（中共）十八届三中全会报告提出要“推进国家治理体系和治理能力现代化”，这是一个全新的提法，并有专门一节标题为“创新社会治理体制”。2013 年 11 月《人民日报》刊发的报道《让改革旗帜高高飘扬》，揭秘十八届三中全会报告的诞生过程，报道说：“从‘管理’到‘治理’，一字之变，这是我们党在理论和实践上的重大创新。”

从“社会管理”到“社会治理”，最大的变化是增加了“社会各方面参与”或“社会协同、公众参与”的内涵，即“共建共治”（陈斌，2018）。“共建共治”才能更好地调动各方力量完善社会征信体系，建设良好的社会运行秩序。

征信体系建设的高级指针是人们的诚信意识和信用自觉。

管理的最高境界是零管理；治理的高级阶段是人们的自理。

23.2 构建一个全面兼容的复用型征信系统

23.2.1 分值征信系统让民众成为自觉人和自主人

分值，即分数的价值，是价值的数字量化表示。

人们在生活中会接触到很多的分数，积分入户、驾照分、消费积分兑换……这些都是有价值的分数。在我们的意识里，自然会认为分数越高价值就越大、权益就越多，因为从小到大我们都在被分值熏陶，很小的时候，大人们就会鼓励我们积极作为，每做对一件事情就奖励一颗糖；在幼儿园里，表现好了就可以得一朵小红花，十朵小红花凑齐就能得到一朵大红花……这些糖果和红花就是抽象的分值原型。开始读小学后，更是天天离不开分数，每天的作业和每次考试，都有评分，家长经常会用奖零花钱的形式，来激励我们考高分。

分值跟每个人的生活息息相关，分数够了才能入户口，小孩才能入学，这就能让大家去努力达标，积极作出该有的贡献。所以，分值是一种直接明了的价值量化考评方法，能促使人们自觉自动地为分值而做出积极的行为。比如驾照分，它就能很强烈地约束驾驶员的交通行为，使其自觉遵守交通规则，因为每年扣满12分他就“寸步难行”了。

社会管理中的每项分值几乎都能起到量化价值、区分优劣的作用。加分，便能正激励；减分，则可负激励。

分值方法作为一种管理方法和激励手段是非常简单而有时效的。它能清晰地将能力和知识转化为价值认可，能准确地将贡献和价值量化为直观数字，为“按劳分配”和“按值分配”提供了客观而精确的核算基础，是打破平均主义和主观主义的最有力武器，是实现分配与贡献挂钩的最简明手段，是激励人的动能和挖掘人的原动力最直接的方法。

把分值方法导入到征信系统中，则可以全面拓宽其覆盖面、提升其社会效用，具体将可以在如下几个方面促进征信系统的发展：

（1）实现对行为人诚信度的量化评估。我国现有的征信系统出具的征信报告一般都只是罗列了行为人的诚信行为历史，并未进行量化归纳和评估，对行为人的诚信度没能得出一个直观的数值、给出简明的定性结果。如果采用分值方法，则可将行为人的行为记录量化为数值进行归纳并评估出数值化的诚信度，得出直观的定性结果。

（2）让征信系统简单实现对社会治理的全覆盖。习总书记曾指出，未来的中国最重要的不是经济危机，而是道德和信仰危机（李荣，2015）。在我们身边，主动让座、助人为乐等好人好事在减少，车子倒了不敢碰，老人摔了不敢扶等现象（李荣，2015）都成了中国社会的心病。的确，中国的社会必须得“两手抓，两手都要硬”，仅建设好经济秩序，是远远不够的。而道德和思想涉及的面太广，比如公车让座、见义勇为等很难通过法规来治理，即便一些方面立了法规，执行起来难度也很大。分数不是钱，但它可以关联每个人的切身权益，有着近乎经济杠杆的作用，它可以让法律制约不到的，经济奖罚覆盖不了的应进行激励或约束的社会方方面面都纳为征信管理的范畴，比如网上发帖，正效应达到一定程度的加分、负效应达到一定程度的减分；邻里矛盾，闹事和起哄造成社会责任的减分、劝慰和调解避免严重事件发生的加分；公车上，让座的加分、抢座的减分；在闹市区过马路，不走斑马线的减分、扶老弱伤残的加分等，都可以通过加减分形成策动力。如果确有必要的话，甚至于细到一些颇具影响力人士的仪容仪表、言行举止的“小细节”，都可以简单地覆盖进来，让道德规范和公序良俗能成为人们自觉遵从的规矩，做到社会治理无死角。规则是文明的内化，被普遍遵行的规则就像安全带一样，是社会健康运行的安全保障（人民日报评论部，2018）。因为诚信行为记录会跟随行为人一辈子，且影响他的所有社会权益，所以，每个细小的加减分都将会让人重视。如果社会的方方面面都有了抓手，各种社会问题都将会大幅减少，类似于“四川雅安69岁的侯某隐瞒疫区行程导致百人被隔离”（杨妮，2020），造成大量的社会成本耗费，严重影响他人生活，以及“重庆万州乘客与司机互殴致公交坠江”，造成整车人死亡（刘政宁，2018）这样的事件就会少很多。

（3）通过征信系统来解决社会福利“大锅饭”问题，让社会资源分配转化正能量的杠杆。我们的社会管理主要在于“法”治，人们只要不违法，公民权益基本都是一致的，都能平等享有社会福利。由于没有对公民的行为进行差异化评价，更没有系统地建立起弘扬社会主义核心价值观的机制（李荣，2015）。所以，庞大的社会资源往往是进行平均分配或随机分配的。比如住房公积金，购买了的人获得和使用的方式是一致的，它只能被人们当作一种理所当然的享有福利，而不是一种社会创造的动因。再比如经济适用房，获得分配者往往就是社会的“贫困人群”，这有可能会导致一些人为得到这种福利而“凑齐贫困的条件”，所以它并未起到激励人们努力创造社会价值的作用。

很多的一线城市购车指标是“摇号”分配的，资源分配给了“运气”，表面上这种“随机”好像很公平的，实际上一些指标并未给到真正有需要的人，更没有让这些珍贵的资源发挥出应有的激励作用，这是一种极大的资源浪费。而如果有了分值征信系统对公民社会行为的优劣评价之后，分值更高的人就可以获得更高的公积金贷款利息补贴或更宽松的提取条件，优先获得入户、学位和购车等权益，分值更低的人则排名更后或权益更低；即便经济房是为了安置贫困人群，也可以在贫困人群中，激励大家为了得到这项福利而进行社会价值创造比拼。当然，不只是这些指标，其他的所有社会资源分配都可以按公民的征信分值进行差别化分配。如此，将会激励广大民众为了征信的高评分和优秀级别而努力，大家也将会自觉地养成“不以善小而不为，不以恶小而为之”的习惯。于是人们身上的正能量会越来越多，大家你追我赶会逐步形成良性循环的局面，这个社会将会是一个拥有自洁力的社会。

（4）在征信系统中运用加分和减分，便可激发行为人的原动力，构建出独具魅力的激励机制。我们现有的征信系统尚处在“管理”的阶段，往往是通过宣传、灌输、强化、约束等方式作用于人，人们则基本处于从动、应付的状态，其管理成本比较高。如果把社会正能量的行为都列为加分项、负能量的行为都列为减分项，因每一分都关联行为人的所有切身利益，那么，所列的每一个加分项便会成为人们的正激励项、每一个减分项则会成为人们的负激励项，大量的社会规则将不再需要强制，而会成为了人们的自觉行为标准。如此，就能激发出民众的原动力。

（5）令征信系统的奖惩变得直接有效，迅速形成策动力。直接进行经济奖罚的覆盖面是相当有限的，且因为太生硬很难执行；而分数不是钱，它无论是奖还是扣都易于被大众接受，分数表面上“无关痛痒”，所以几乎可以覆盖所有的规则，但它实质上又关联着行为人的所有权益，令行为人不会怠慢。由于分值的针对性和客观性强，准确度和适配度高，所以它的作用比较直接有效；又由于分值奖扣简单易行、杠杆作用明显，所以易于策动相关资源的力量。广东东莞市就因“积分管理”而成为“全国社会治理十大最佳案例”，中新网报道称，东莞市委副书记姚康表示，东莞在公共服务领域，构建“同城共享”积分管理体系；在社会管理领域，建立风险预警量化机制；在社会信用领域，实施诚信积分管理制度；在居民自治领域，建立文明行为积分卡；在志愿服务领域，建立服务积分互换制度，使东莞已初步形成了“以贡献赢得积分，按积分享受服务”的公共服务供给模式。2009—2015年累计提供13.6万个积分制入学学位；2014年，东莞刑事案件破案数上升11.8%，涉及30人以上劳资突发事件、欠薪逃匿和劳资信访案件分别下降58.7%、73.2%和50%，医闹事件下降38%；涌现出698名“东莞好人”和一大批社区好人，逐步形成“好人接力”和“好人森林”的局面（李映民 等，2015）。南方网也报道称，东莞的“积分管理”确实能够充分激发人的持续内在动力，有效引导群众进行“自我教育、自我调节、自我约束、自我服务和自我发展”。通过文明行为积分，建立个人文明行为记录档案，引导居民增强社会公德观念和公共责任意识，逐步建立起守信激励和失信惩戒的信用联动奖惩机制（王智亮，2015）。

（6）形成征信体系的统一度量衡，让全社会的资源更便于共享。我国现有的各个征信平台基本上是各自独立的，其技术标准和评价方法并不统一，这使得各个系统在资源共享上很难对称，也给“信用中国”的统一建设带来了现实的障碍；同时，不同版本、不同标准的征信报告也令行为人和使用者概念混乱、难以适从。如果以分值作为统一量化手段，定出相对一致的价值标准，便可以形成全行业的统一规则和标准，机构的并联和资源的通兑则会更为简便，资源的汇集和“信用中国”的大融合，也就有了较好的基础。

（7）令行为人的诚信行为能直接关联其所有权益。有了分值作为量化手段，就能将每个人和每个企业的相关行为进行价值量化，并以分数的形式记录下来，这也为行为人的信用等级认定提供了客观的评估基础；由于行为量化和评估结果客观而清晰，因此可以比较轻松地横向关联行为人的相关权益、纵向关联行为人的毕生损益，让大家清晰地知晓每个行为都关联着自身的权益，在与社会损益同频的情况下，自觉变成社会的正能量因子。每个人都是文明的因子。文明不仅体现在精神层面，更体现在你我日常的举手投足、洒扫应对（人民日报评论部，2018）。

（8）促进征信系统长效机制的建立，促进民众成为自觉人。驾照扣分制度是一个比较成功的交通管理制度，它让所有的驾驶人员不敢轻易突破每年最多扣 12 分的底线，自觉遵守交规。不过，因为没被扣完的驾照分每年清零，这使得驾照扣分制度缺乏了长效性，也造成了交规管理上一定的“平均主义”（在分数减扣上每年只要不扣完 12 分，扣 0～10 分跟扣 11 分一样），这会发酵人们的“患不均”心理，使得一些人在当期“用完 11 分”，或向他人非法“卖分数”。其实把驾照分长效化也不难，方法之一是未扣的分数累积为权益分，可挂钩某些权益；方法之二是除原有的处罚外，再累计每年的扣分数，达到一定总扣分数者给予更多的限制；方法之三是将每年的扣分程度纳入“驾驶能力评级”动态考核，每年扣分的多少都影响其伴随终身的评级的涨跌。设计长效机制其实并不复杂，直接将行为人的所有加减分终身累积，然后对应评级，再关联行为人权益即可。当行为人的所有行为都影响一生时，他必然反过来会重视并努力去争取每一个加分、尽量避免每一种扣分，自然而然就成了一个遵守社会秩序和道德规范的自觉人。

（9）实现“精员简政”，让全民成为社会治理的自主人。分值方法或可让**管理升级为治理**，令社会运营更为有效，令社会管理成本下降。在分值方法中，治理者主要是疏通和引导，所需的人员和成本会比较节约，而被治理对象则会更为自觉、更加积极。分值“治理”可以全民参与。其具体的方法是：提供他人奖扣客观证据者，经证实可获奖分。人们的动力源就在这奖分上，因为每一分都是有价的，每增加一分都是在为行为人今生的社会权益核算基础加码，集腋成裘、聚沙成塔，一分一分地积累便可令其正分数达到较高级别，成为高信用人、高权益人。因为分值高，不仅授信额度高、贷款利率低、购房首付少，还能在就医、入户、选择好学校上获得便利，出行走绿色通道、候车坐贵宾厅、购票享受 VIP 待遇和折扣……分值高证明行为人信用好、素质高、贡献大，无形之中人品便高人一等，应聘自然成功率高，待遇更优，与人合作自然更易达成、手续更简；即便是谈个恋爱，一亮出高分数，自然会让漂亮或帅气的对方自然增添几分好感……分值“治理”具体执行的方式是：（通过拍照、录音、录像等方式）匿名举报的，扣违规人分数；隐名（不暴露身份）举报的，另奖励举报人分数；自报的，被扣项减少扣分，加分项依规定加分，所有分项须经核实。如此一来，很多人将会成为“千里眼”和“顺风耳”。那么，一些人就不会再说“没警察我不怕”了，因为大部分人都有手机，随时随地都可能有人盯着违规行为以便给自己加分。如果不是因为奖分，或分值价值不大，是不会有太多人“拾金不昧”、只尽义务不求回报的。一旦有了关联自身各方面权益的奖分，并且分值积累起来终身受用，就能有效刺激民众的行动力了。面对“乘客与司机互殴”，为什么其他人都在危及自身生命安全的情况下还在当“吃瓜群众”？难怪《联合早报》记者说这是“文明的心痛”（林展霆，2018）。如果有奖分，就会有人站出来制止争吵，也许因为有第三者的桥梁作用，这类的悲剧是完全可以避免的。同样，如果有奖分，“雅安老头”去过疫区的众多知情人中，便会涌现出为了加分而举报者，那么，百人隔离也是可以避免的。如果好人好事有分加，“老太太过马路没人扶”的“道德危机”将会消失，社会上“公民素质已‘欠费’，文明‘余额’已不足”（人民日报评论部，2018）的叹息声也会远去，整个社会将会源源不断涌现出正能量。

（10）令征信系统由“治理”向“自理”升华。有人这样定义公共文明：根植于内心的修养，无须提醒的自觉，以约束为前提的自由，为别人着想的善良（人民日报评论部，2018）。人们高度自觉、社会自然有序，才是高度的文明。管理也是随着文明的进步**由专制向治理、由治理向自治升级**的。专制，是通过暴力手段来维系统一；治理，是通过引导疏通达成和谐；自治，是人们自觉行动实现共振。如果以分值作为社会秩序的纽带和民众行为的动因，那么，人们将会逐步变成自觉人和自主人，而征信管理也将会**从治理逐步升华为自理**。

23.2.2 治理升华为自理的关键在于疏导

1.“放”的前提是“治”

没有规矩不成方圆。

相对而言，国家“体制内”的人行事更为谨慎，遵守法纪的意识更强，因为一旦出现违纪违规的行为会被记入档案，污点便会跟随一辈子；当然，一旦有奖励和荣誉，他们会努力争取，亮点也会相伴一生。而“体制外”的人顾虑没那么多，除了法律之外，其他的制度和纪律一般不会让他们太顾忌，因为他们的日常行为结果一般不会入档。既然不损及权益，当然就不成其为忌惮。

在中国，每个公民有着不同的档案，有户籍档案、学籍档案、党团档案、职称档案、人事档案等。户籍档案每个人都有，它关系着一个人的户口、身份证、婚姻、生育、护照、港澳通行证、驾照等一切经济生活和社会生活的基础；学籍档案在参加社会工作后一般就跟随人事档案走，党团档案和职称档案一般也是跟着人事档案走的。国家“体制内”工作的人，人事档案会随着工作单位的变动而转移，一直跟着本人放在工作单位的人事部门，并随时将个人的工作表现、考核鉴定、工资、奖惩和荣誉、社保、职务和职称变化、党团生活内容，以及各种调任、派遣、出国状况等记录到档案中。而“体制外”工作的人，人事档案一般都挂靠在人才中心，企业自建的劳动合同等档案在员工离职后一般只会保存两年（《劳动合同法》的规定是“至少保存二年备查”），离职员工如不主动向人才中心补充履历材料，挂在人才中心的档案就记录不了其工作历史。

民企的规章制度是缺乏抓手的，企业与员工的关系是一种雇佣关系，本质上联系两方的介质就是工资。除了工资，企业的其他措施对员工的约束力比较有限，所以其员工的自我约束力相对于国企更弱一些。

国家对市场管理的宏观思路是“放管服”。“放”是为了“活”，如何让市场更好地“放而有序”呢？

“放”的前提是“治”，抓手和杠杆很关键。

一些企业管理者并未摆脱“西方中心论”，在向西方管理学习的过程中缺乏扬弃思维。

西方比东方更“放”，甚至连市场的秩序都任其自由调节。

其实，与其说西方在经济上信任市场的自我调节作用，不如说是金融寡头们更喜欢追逐波浪，因为波浪越大它们的杠杆越好做，而获利则越充分。

话语权在寡头们手上，在西方语境里市场“自由”便是经济规律。

由于民企和外企的员工档案管理与国家的人才管理体系没有紧密关联上，所以，这些企业的员工在思想、信仰、社会责任感上缺乏价值呈现的窗口，其价值也就难以体现了；而这些员工的创造力在一定程度上在被资本绑架着，成了资本博弈的推手，与社会的精神文明发展轨迹没有直接相交。所以，他们中的不少人思想和行为在滑向无序和自由，与社会核心价值观出现了偏差。

从长期风险上看，道德和信仰的危机大于经济的危机。

因此，应有一定的抓手和杠杆把人们的价值观和行为导向统一。

2. 治理好了才能自理

如何做才能达到“放而有序”呢？

分值征信系统或是“投入产出比”较高的一种抓手和杠杆。

建立分值化的系统，在已有的征信体系基础上改良和规范即可。即，设定分值的统一框架和标准，由各单位依据大原则套用。各单位在管辖范围内，根据社会核心价值观和统一的量化和格式标准，对正能量行为拟定加分量，对负能量行为拟定减分量，即可完成分值化建设。

分值量化方法可运用到各个领域，并可以覆盖到各个角落。比如，员工离职不辞而别扣2分，公民个税贡献每满100元加1分；随地吐痰扣1分；帮扶弱者加1分……均可进行分值量化。各单位拟定加减分项并不没有多大难度，分值量遵照社会统一标准设定，最后经统一审定，以便于统筹和并联。

如此，即可将社会应治理事项简易进行量化和统一，执行起来也不复杂，效果也将立竿见影。

分值化的做法，不只是可以弥补“体制外”人员难以归档所造成的缺憾，还可以将法律未能约束到的社会管理事项、文明道德公约、公民信用举止一并形成治理规范，让企业及其员工“有德可仰、有规可依、有序可循、有信可用”，让人们敬畏法律、尊重规则、维系公德、重视信用。

2020年7月初，“逗鹅冤”（“鹅”，即企鹅，特指腾×公司）成了全网调侃的热点，“南山必胜客”（特指深圳南山区法院7年间诉讼23连胜的“地表最强”

的腾×法务部）被“老千妈”（冒充老干妈经理以假公章骗得腾×公司一千多万元合作的三个骗子）用“萝卜章”摆了一道乌龙冻结了无辜的老干妈旗下两公司 1624.06 万元（田林韬，2020），结果是骗子被抓了，腾×公司撤诉了，冻结解封了。至于腾×公司和老干妈如何漂亮地进行危机公关、聪明地顺势蹭热提升品牌度那是后话，单就事件本身而言，这是一件诈骗案件。其实不论“南山必胜客”有多难觅敌手，在中国公安的地盘上，三个骗子心里一定知道自己的骗局一旦被查是难逃法网的，但他们还是干出了这事。这个案件看似很不可思议，但却是必然多于偶然。假如，所有“体制外”人员的务工履历和行为历史在征信系统中可见，“老千妈”和“萝卜章”就不会有出现的可能，因为根本轮不到“南山必胜客”登场，腾×公司人事部门一眼就能看明白三个“老千妈”有没有在老干妈任过职；或者，因为任何社会行为都将记分并伴随终身，三个“老千妈”心里有那么一些对扣分的敬畏，在一念向恶和一念向善之间，自己便会把那邪恶的念想消散掉，也就不会有“萝卜章”的出现了。

人们公德于心，敬畏于脑，整个社会将会少掉很多不必要的“必然事件”。

思想和信念是行动的航标，对人们进行意识疏导比进行物质驱使更为有效。以分值加减形式设置好“水槽”后，人们的行为意愿自然就会顺着“水槽”的路线走，无须使力，大家便能“前呼后拥”地自动到达“水槽”指引的地方。有了“水槽”，人们的思想和行为便能和谐统一，社会的内耗和矛盾就能大幅减少；社会物质力和精神力有序地运行，生产的良性共振便有了前提。什么方面的行为加分，什么方面的行为减分，就是定“水槽”的方向，并不难确定。所以，把社会资源和力量引导成正能量，把大众的意识和信念引导为社会核心价值观，可以为之。

当人们的行为量化结果与其社会权益直接关联之后，各种社会公德和法律法规便会逐步变成大家的自觉意识。治理升华为自理，尽在分值的一加一减之间。

23.2.3　让各单位自建一套可分可合的征信动态评级系统

简政放权是推动中国经济实现新常态的重要途径和保障，进一步简政放权可以激发市场主体内在活力、增强经济发展内生动力、提高政府治理能力、提升社会创造力。简政放权是要用政府权力的“减法”来换取企业和市场活力的“加法”，以激发市场主体的内在活力（张占斌，2015）。那么，如何在做“减法”的同时，还能有效引导市场方向，让社会活而有序的、资源良性互动呢？

在上一小节设定“水槽”方向，任“水”有序自流的思路基础上，可以设计出一套“各条‘水流’万马奔腾，整个‘水系’浑然一体”的方法，这种方法叫百分制动态征信评级系统。

何谓**百分制动态征信评级系统**？即，**将评议对象因不定时产生的加分和减分累计出来的没有上下限的动态总分值，按统一比率转换为百分制（上限为100，下限为0）中的数值，以0到100为区间对行为人进行优劣定义的征信评级系统。**

以百分制来评级会比较直观、走心，容易规范和统一。百分制是人们最熟知的优劣判断方式，“60分及格，100分满分，60分以下不合格，0分最差”是人们自幼就耳濡目染的，基本已经是大家优劣评判的一种思维定式，能让人直观、简易地感受到好坏的程度。而且，以百分制来评级，易于规范各个版块的评价系统，易于统一管理和并联。

由于每个行为人的加分和减分次数是无限制的，一直累积之后，加分项的总累计可能会有几十分、几百分，甚至几千分、上万分，减分项也可能会有负几十、几百、几千分，而且其分值一直还会不停地变化，要将动态的、无尽的加分值和减分值累积在一起并进行等比转换为有上下限的“级别”数值，须由程序化的系统来完成。

百分制征信评级系统可分可合，既可以让各单位、各机构自成一体地单独运行，又可以让多个系统以子系统的形式合并在一起形成一个母系统（总的有机体）整体运行；当然，各子系统亦可衍生出独立运行的孙系统。

社会上也有不少的百分制评价系统，但一般都是从一开始就直接将100分匹配完了，并没有给加分和减分足够的开放空间。这些方法虽已有较强的激励作用了，但在实际运用中也有明显缺陷。因为在规则制定伊始就得将100

的分数分配完，令所有的考评项的分数累加起来刚好是 100 分，所以在社会条件发生变化之后，有新的考评项需要增补进来或原有的考评项不合时宜了需要删减时，以及原来的某一考评项价值比重发生了变化，需要变更某些考评项分数时，就须将所有的考评项的分数进行重新调配，以便再次凑整为满分 100 分。在实际运用的调整中这样做显得非常不灵活，而且调整成本很高，还给人一种事项分值不严谨、不稳定的印象。如果采用加减分空间不限的等比转换百分制方法，则不仅可以无限开放加减分空间，让加分的正激励和减分的负激励覆盖面变得无穷大，让治理无死角，还可以令各加减分事项的分值保持恒定，不因其他事项的增加、减少或分值变化，而跟着大费周章地再次变更。

一些大城市采用积分入户办法，这也是分值制的一种。曾经也有地方采用过百分制，但因为上述缺陷，后来就都废除百分制了，有的改为不限定分值上限，有的干脆就把具体的评估细项限设上限，以避免总分突破上限。总之，废除百分制后，虽避免了“调整”之苦，却失去了百分制那种优劣的简明性和直观性。如果改为百分制等比转换办法，就可以恒定与简明兼得。

比如深圳市的积分入户制度（属于户籍范畴的孙系统），2017 年的版本是学历最高 100 分，技能获奖最高 50 分，发明创造最高 50 分，纳税最高 100 分，社保最高 30 分，年龄最高 5 分，工伤险最高 10 分，不良诚信记录每条扣 40 分，累计最高是 345 分。2018 年新增的分值项是：住房每月加 1 分，租房每月加 0.2 分；养老保险每月加 0.5 分，还款失信扣 15 或 30 分；法院判列失信减 100 分，刑事犯罪减 200 分，行政处罚减 150 分。之后每年有新增或调整，在此不细述。的确，传统的上限 100 的百分制不适用于社会条件经常变化的入户评价；但上限不明确的积分又显得非常杂乱，很难界定一个固定而明确的达标线，优劣也不简明、直观，不是专业的办理机构，一般的老百姓不容易理解透整个制度，很难形成一个清晰的分值目标。如果进行百分制转换，则无须每年年末才进行一次大调整，随时增补，删减、调整细节分值都可以，避免了让人产生“每年政策都在变”的不稳定感，正激励和负激励的空间也完全打开了。无论正价值的加分项增加到多少、负价值的减分项累积到多少，考评对象的转换得分永远都是在0到100之间，百分制系统可以明确地固定标线，让人们能简单直接地适时判断自己在哪一个优劣级别，还差多少分要去努力。

各单位、各机构的子系统、孙系统亦是如此。

而“征信中国”的总系统呢？则更简单，直接将应纳入的子系统和孙系统进行加权平均即可，比如总共有n个子系统和孙系统，就将评价对象的分数进行加权平均（$Z_1+Z_2+Z_3+\cdots+Z_n$）÷n，这就得出了每个评级对象的总平均分了，这个分值永远在0到100之间，是及格、良好、优良、优秀、特优，还是较差、很差、特差一目了然。

百分制动态评级系统可分可合，灵活直观；包罗万象，却凝为一体。

它可以在“放”的过程中低成本运行，可以放出各单元活力四射，放出社会和谐有序，可以放出机构精简，放出民众自觉；而如何地放，社会力量都能拧成一股绳，“水流”都能导入既定的“水槽”。

有序，便可共振。共振了，生产力就不只是解放这么简单，将会复式增长。

第 7 篇

共生之道 和鸣自然

共生管理学是从传统“以资为本”的管理学升华出来的，基于共生理念，研究各生产要素和谐共振的管理规律、损益同频的管理方法、共担共享的管理模式，通过“变管为放、化制为服”争取管理效益最大化的一门学科。

第 24 章

企业因共生理念而“得道”

24.1　过于本位的企业容易陷入“庐山之中”

24.1.1　管理已非常专业为何企业仍困难重重

1. 偏于谋略往往会“只见树木不见林”

据国家工商总局 2013 年的统计数据显示，中国企业 3 年内的死亡率是 39.5%，5 年内是 59.1%，企业的总平均寿命是 6.09 年，在死亡企业中，批发零售企业占 36.2%，制造业占 17.1%，服务业占 9.7%（佚名，2013）。近些年，受互联网的冲击，企业的存活率在持续下降。

其实每个企业都在努力，无论是正常发展的还是濒临倒闭的，几乎都不曾懈怠。既然如此，那为何仍逃不过九死一生的命运呢？

在早期的“工业 1.0”和“工业 2.0”时代，企业的存活率是比较高的，原因主要在于两方面：一是当时的社会商品并不丰富，市场竞争小，企业组织好生产，一般都能获得实现利润；二是当时的劳动阶层普遍比较贫困，给予稳定的工资就能换取劳动力。在那个年代，企业的核心竞争力是资本和决策。从当时的社会关系来看，企业满足了劳动者的基本生活需求，满足了社会商品的需求，社会各方面基本呈现出和谐发展的局面，企业占据市场的主导权是理所当然的。

自从泰勒的“科学管理”创立之后，企业的管理一直都承袭着“科学管理”的基本理念，即约束、鞭策与监督。无论此后发展出来的人际管理、行为管理、系统管理、决策管理，还是权变管理、战略管理，均万变不离其宗。

可是，从“工业 3.0”到“工业 4.0”时代社会生产条件发生了巨大变化，这些变化几乎是翻转性的。一方面，由于商品的丰富，供方市场已转为需方市场，个性化需求逐渐在替换标准化需求，企业的规模化生产与市场需求的发展方向渐行渐远；另一方面，由于劳动阶层生活水平不断提高，其社会需求已由基本生存需求上升到了尊重和自我实现，企业的约束、鞭策与监督正好与劳动者的根本需求相反；此外，由于知识经济的到来，创造力成为第一生产力，约束和控制正是创造力最大的阻碍。然而，大多数的企业仍在沿用百年一贯的“科学管理”，当然难以活得滋润。

人间的“经典”，多是谋略的精华。

在企业本位的市场中，人们对经典的管理谋略情有独钟，总会因为谋略的实施而沾沾自喜。其实，偏于谋略者“身上的蚕茧”往往是最厚的，他们经常把别人装进套子里，久而久之，自己也在套子里了。

天道自衡，人道失衡。管理者敝帚自珍往往会让企业航行在“人之道”上，而与“天之道”的背离度越来越大。

整个世界的经济都呈现出“损不足而奉有余”的状况，社会分配长期处于资强劳弱的态势，两极分化使强势的资本在产业资本的基础上，形成了金融资本，并孕育出了专业的资本市场。金融资本甚至可以不生产价值，通过杠杆实体企业直接获利，杠杆出来的泡沫不断转嫁给接盘人，导致市场失衡越拉越大。

在“以资为本”的世界经济圈中，两极分化趋势在不断加重，因此也加剧了各国内部的社会矛盾、国与国之间的矛盾、人类与大自然之间的矛盾。

其实中华民族的基因当中本身就拥有着共生序列，不少人懂得两极分化是逆“天道”的，在力图推行共同富裕理念。然而中国不可闭关自守孤立发展，所以，得融入以西方国家为主流的全球经济圈，在自身逐步强大起来后，带动各国共同发展，推进全球命运共同体建设，逐步实现全球的共同富裕。

在以西方规则为主的世界经济圈当中，中国企业能跳出西式管理的思维而走出自己模式的企业并不多。市场虽然处于管理大变革的瓶颈期，但由于企业管理者大多是在资本的分润体系中吸收养分，所以并未去质疑以资为本的经典管理。

“人之道”系于“天之道”。“人道失衡”打破大自然的平衡之后，必将会被“天道自衡”的反作用力“纠偏”。

"工业 1.0"和"工业 2.0"时期，泰勒的"科学管理"是有较强共生性的，它对社会生产发展起了巨大的推动作用，这使得很多管理者对它深信不疑，所以，他们一直在经典管理上推波助澜，以至于后来，"风险等于利润""所有权等于分配权"理论被捶实，致使劳方在剩余分配中的权益趋于零；于是，整个人类社会就继续朝着"损不足而奉有余"的方向深入发展；再于是，有余者更有余、损者更损，"人道失衡"更被凸显了。

而另一方面，劳动阶层在已经"经典化"了的企业管理理论面前，提不出替换性的管理理论，便只好从侧面拿出一套针锋相对的斗争学说，即"剩余价值理论"，通过可变资本和不变资本的论述，来驳斥货币资本独占利润的不公平性，力图树立"一切新生价值源于劳动"的观点，从意识上把货币资本的价值降为零了。

《北美留学生日报》曾发表过一篇《为何"后真相时代"新闻频繁反转？》（佚名，2019）的文章，里面有一幅图（见图 24-1）很能说明视角和立场问题——

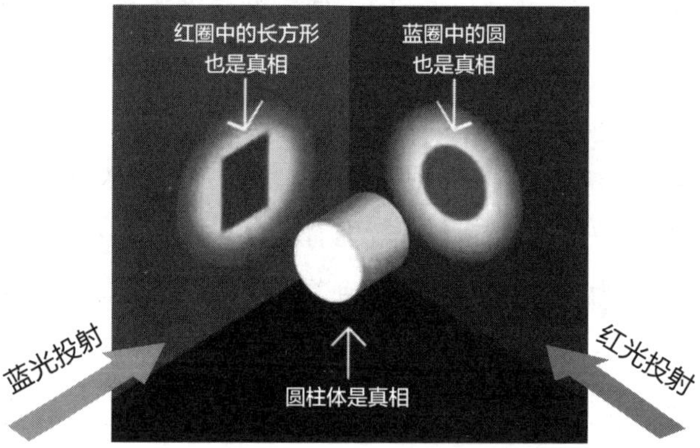

图 24-1　"真相"投影图

该图中，一束蓝光从左边照射过来，三维的圆柱体显现在右边墙上的是"蓝圈内的一个圆"；一束红光从右边照射过来，三维的圆柱体显现在左边墙上的是"红圈内的一个长方形"。在二维的世界，"蓝圈内的一个圆"和"红圈内的一个长方形"都是人们认定的"客观事实"。

跳出“人之道”，便可以发现人们经常会在失衡的两极争论得理所当然，大家会在自己的阵营里，让所有的成员认为“蓝圈里的圆”或“红圈里的长方形”是真理，然后在把别人绕进去的同时，连自己也遁入“庐山之中”了，所以经常只见树木不见林，纵使一叶障目也浑然不觉。

似乎人们很难走出本阵营理论体系的“庐山之中”。

就以诸葛亮来说，因为他重于“义”，只认刘皇叔（刘备），唯正统血脉是从，所以必然是站在刘备阵营的。即使他上知天文、下知地理，排兵布阵出神入化（佚名，2019），可谓兵法上一等一的人才，但他却是极力辅佐自己的主公，图成三国鼎立之势，而非顺应天时，力促联合、和平建国，致使人民跟着陷入连年战乱，仅“火烧赤壁”，就涂炭了十数万人。出于阵营聚力的本位需要，人们一直敬仰他的忠义和谋略；可事实上，诸葛亮和他的阵营所施的非常经典的“人之道”，并不符合天下大同和共生的“天之道”，以至于本国与敌国均生灵涂炭，其主公及主公的幼主也未能善终。

无论阳谋与阴谋，偏于其中往往便会“只见树木不见林”。

2.“剩余智慧”或是“人道失衡”的根源

道，乃万事万物运行的规律，无象无形、无始无终；其大无外，其小无内。它亘古有之，是万变之本，因其始无名，故老子称之为“道”。

术，方法也，是行事的技巧，道之用也。人为生存必须因时因地因事而形成不同的策略，这就是术。

道是万物之本源，术是寻道之手段。庄子说：“以道驭术，术必成；离道之术，术必衰。”“人法地、地法天、天法道”，道控制着天下万物的生化运作，人如果逆天道而为，将遭天谴。天下众多的实用技巧，包括经典之企业管理方法，基本落在“术”上；若是术之无道，则会事倍功半。

“道法自然”是古人千百年来参透的天理。

在《老子》中，与“自然”这个词构造一样、意义相近的词汇有自富、自化、自正、自朴、自均、自宾、自生、自来等，这些词汇都由“自”和另外一个字搭配而成，表示事物“自己”“自我”如何如何。其中的“自”强调的是事物自身的“自发性”、“自主性”和“自为性”，它与其他字组合所构成的那些词汇，均带有来自这种“自发性”而如何的意思（王中江，2010）。“自然”只是形容“道”生万物的无目的、无意识的程序（冯友兰，2000）。

天道自衡，是谓大自然有着自我平衡的力量。人道往往为术，术之不道，则会失衡。

《一般平衡论》（汪叶斌，2013）作者认为，宇宙万物都有求存求在的本能，而求存求在的自然力量使万物趋于平衡，这种“第一存在模式”便是“天之道”。人类跟动物都有原始的“自然我”，但人因为有着“剩余智慧”而区别于其他动物，有着“当然我”。人类在求名求利中形成了人间万态，形成了特殊时段的“第二存在模式”，即所谓的“人之道”；“当然我”的人类由于内在需求的多维繁杂造成了诸多不平衡，包括人自身内在的不平衡、人与人之间的不平衡、国与国之间的不平衡、人与环境的不平衡、人类与大自然的不平衡；“第二存在模式”中人类迷失于自然之中，是不可持续的存在模式。

老子所言“天之道，损有余而补不足；人之道，损不足以奉有余”（自然的规律，是减少有余的补给不足的；可是社会的法则是在减少不足的，奉献给有余的人）很清晰地诠释了“天道自衡”和“人道失衡”的道理。

在资本主导的经济社会里，有资本，常常不用劳作便有收益。比如，实体店铺的租客经常更换，说明做实体店的很大部分人并未赚到钱，可他们几乎是全天候地劳作，而店铺业主则无须付出劳动却可以旱涝保收。“不足”者“损”，“有余”者一直得“奉”。

在资本市场，资金的财富效应是实体企业望尘莫及的。这使得人们在追求产权（含股权）的道路上沉迷于“产权 = 收益权”的“庐山”之中，从不质疑。

可资本市场产生的泡沫，一直是人类社会最为突出的失衡所在；在一定程度上它还是人与自然失衡的推手。

因为拥有“剩余智慧”区别于其他动物，人类的“当然我”在进化的过程中变得膨胀，对于“温和”的大自然，人类不断从中寻求征服的成就感：把矿石变成铁器、把地气（天然气）当作能源；还用风来发电，把炮弹打到天上把雨降下来……在“剩余智慧”的进一步发挥下，人类改造和征服地球的能力越来越强，建造海底隧道、填海造陆，搭建宇宙空间站、研究核聚变……人类甚至可以想象，如果未来会失去太阳，可以把木星引力当作“弹弓”，自己驾着地球去寻找其他“太阳”（电影《流浪地球》情节）。

在只有“低级智慧”的其他动物面前，人类更能得到存在感和满足感，能把野鸡驯成家鸡、能把野狼变成忠于人类的狗，还能让马代步、让牛代劳，甚至可以让马和驴生出骡，可以制造出一种名叫狮虎的新物种。人类甚至有能力改变基因序列重构生命体，创造新的生物，凭着克隆技术，可用动物脏器来替换人的坏死器官……人类已不满足于此，已开始研究生命的延展和对宇宙的驾驭了。

在大自然和其他生物面前，人类越来越敢于想“当然”，也越来越敢于作为。

人类一直在以己为中心，把有利于人类的青蛙、猫头鹰叫“益虫”，把不利于人类的苍蝇、蚊子叫“害虫”，善待“益虫”，消除“害虫”；对于家畜和家禽，让它们生，是为了让它们为人类而死，一切似乎理所当然。

极为本位的“当然我”，世界观里有着明确的敌我性，即害我者敌、利我者友；以此为基础而衍生出清晰的善恶论，即损我者恶、益我者善。

人类通过术，让自己成为地球的霸主。

然而近年频发的各种事件让人类思考了很多，蝗虫、洪水、新冠病毒、厄尔尼诺……越来越剧烈的自然灾害冲击着人们的生活，人类开始认识到大自然的修复力和平衡力了。

其实，人类对大自然的认知还非常有限。

回头看看，在“地心说”的年代，人类理所当然地认为星星比太阳月亮小，而且认为太阳跟月亮差不多大。只是今天我们才觉得这个“理所当然”的结论可笑而已。

人类现在的认识最多的维度也仅限于四维、五维，难道就能说牛顿的万有引力和爱因斯坦的相对论就一定是“真理”吗？

3. 很“当然”的企业容易作茧自缚

“当然我”的人很容易本位，通俗而言就是“很有自我立场”。也正是因为有自我立场，人们才很容易想当然，以二维的“客观事实”为“事实真相”，并坚持所谓的“真理”。

“人之道”就是“当然我”的人类在自己认知的世界里，站在人类的立场上，面对“客观世界”为争得更好的生存权，将“剩余智慧”生产出来的所有的术归整起来的系统性方法。

80 多年前，澳大利亚的甘蔗种植园虫害泛滥，园主、政府和科学家经过讨论，认为施用药剂除虫会造成环境破坏，一致同意用“绿色”的方法来治虫，于是从美洲引进了一种专食甘蔗虫的蟾蜍，以为这就是符合“天道”之举。但其结果却是政府和科学家没想到的：蟾蜍的生存力和繁殖力都更强了，大量繁殖的蟾蜍成了澳大利亚的头号大患，因其毒性大，原生物种大量死亡，生态链被严重打乱，后来政府不得不成立专门的除蟾队，常年进行蟾蜍的消灭工作。

这就是“术”，人类本位的“术”。因为人们在极力为自身的需求而谋划，在他们得到“奉”时，即有他方在“损”。这便是人道。

因为本位和当然，“人之道”才造成了诸多的失衡，包括自身内在的失衡、人与人之间的失衡、国与国之间的失衡、人与动植物间的失衡、人与大自然间的失衡。

本位者的“我”认为“非我”也是本位的，所以“当然我”以外，都是对立的“当然他”。

习近平总书记曾说：“只有那些习惯于威胁他人的人，才会把所有人都看成威胁。”（刁大明，2018）虽然说的是国与国的关系，可这也是“当然我”人类的通病。

“个人图书馆”网站博主“健康讲坛”说：人因为术积累得越多，则禁锢也就越多。这好比是蚕茧，随着术的增多，身上的蚕茧也就越厚。极少数人能从厚厚的蚕茧中破壳而出，完成羽化成蝶的华丽转身。大部分人会被自己编制的厚厚的蚕茧封死，成为“套中人”(佚名，2019)。

本位久了，就成了一种潜意识，人类在“当然我”的“庐山之中”往往只能看见“树木”。面对所谓的地球环境危机，人类喊出了“拯救地球”的口号，可没有人质疑，人类到底是要拯救地球还是拯救自己。

几十亿年前，地球满处是炽热的岩浆、没有任何生物，它那时也是地球；有海洋了，有云雨了，有动植物了，地球它还叫地球；至于是恐龙统治了地球，还是人类崛起统治了地球，抑或是其他什么动物进化统治了地球，地球它还是地球。臭氧层破多大个洞也好，或者臭氧全没了也好，以前的冰河时代有多冷，冰河以前有多热，都只是地球以亿万年为单位的“碳循环”结果，这种循环只是会使得地球表面不适应的生物灭绝、新的适应生物产生而已，不同生物的存在或不存在不会改变地球还是地球的事实，绝不是环境不利于人类了地球就“病”了——人类要拯救的不是地球，而是自己。

本位思想让人类的需求代位地球需要了。

微观于企业之中，无不如此。企业管理人将资本本位的“风险＝收益”“所有权＝分配权”施于员工，让员工买股权，在承担风险的基础上获得较大的收益弹性，认为公司“很大方”地给出了核心股权，结果，员工并未把“打工心态”变成“事业心态”。正是因为管理人的“当然”，才把“蓝圈内一个圆”的“客观事实”认为是事物真相。事实上这些管理人只是站在资本本位的角度，为追求资本利益最大化而施展谋略，在“当然”的理论体系中只见资本意义上的“树木”，并未全览到生产效能的“林”，因此以资本需求代位员工需求，作了“风险收益”和“分配权”的茧而自缚了，一叶障目，竟看不到极为浅显的员工位移后的根本需求——尊重、情感和自我实现。

24.1.2　企业本位之“术”可否“得道”

1. 企业能否从“当然”走向“超然”

本位思维会让人们“当然”；“当然我”往往难以“得道”。

一些企业管理人在“科学管理”基础上自以为有着“专业”高度，认定了二维墙面上"圆"或"长方形"的"客观事实"，这种**降维认知**让他们觉得一切都理所当然。

某策划大师给一间牙膏厂出了个点子：将牙膏的开口加大一倍，以使消费者每次挤牙膏的量不知不觉增加几成。果真，该厂因为这个点子销量提升了一大截。这个方法一时间被很多行业仿效。后来，市面上大量出现宽开口的瓶装商品。

某西方品牌打印机一直销量不高，后来策划机构为该打印机公司谋划了一"术"：降低机器售价，不亏即可，提高打印墨水的价格，从后期的耗材中把利润再赚回来。这一招果真灵，一降价，把大片市场抢到了手上，因为别的品牌墨水不兼容，消费者只能购买这个公司的墨水，消费者占了打印机的便宜，就得在墨水上多花钱……但这个公司的确是从此发展起来了。此种绑架消费者的经典方法，被当今的多个行业用以"杀熟"：饮水机很便宜滤芯贵、汽车很便宜维修贵……甚至各式变种的"术"层出不穷：房价不高公摊面积占了一半，让人打白条暗中利息高出几倍……

其实市场的容量不变并未增大，各公司都如此地"术"，利润终归会回归自然。但在如此套路当中，消费者始终在被鱼肉着；但用这些"术"的商家却引以为豪。

诸葛亮自古即是高明的谋术家，阳谋阴谋运用娴熟。在弱势之时，他多施阴谋，比如苦肉计；强势之时则多施展阳谋，比如七擒孟获。无论阳谋还是阴谋，皆是"术"。很多人崇拜诸葛亮，因为在"当然我"的世界里，生存往往不能无"术"。

很多企业负责人对画饼（褒义词叫"愿景规划"）、设套（褒义说法叫"设立激励机制"）津津乐道，不少资本大咖对杠杆、对赌、借壳和利润嵌套乐此不疲，因为这些"术"似乎能让他们获利，而且能凸显"当然我"的优越性。在"损不足以奉有余"的世界里，不"术"似乎难有活路。人们都从本位角度出发，以"术"维系生存和发展，所以，人道失衡。

正是由于人们基于本位角度趋利避害，而各自的角度不一样，所以才有这么多的消耗——人类之间的，以及人与自然之间的。

汪叶斌在《一般平衡论》中讲到了人的“第三存在模式”，即升华后的“超然我”，这种状态的人能够做到“天人合一”，追求各方共生，且无为而治。

早在遥远的古代，中国的先贤们就已参透了其中的道理。儒家主张通过“克己修身”达到“天人合一”的状态，道家主张通过“致虚守静”实现“超凡入圣”，而佛家通过禅定、戒律等手段达到“明心见性”。无论是儒家的“天人合一”，还是道家的“上善若水”，抑或是佛家的“同体大悲”，都强调人和自然之间的和谐。人的所有活动，都应遵循自然规律，一个企业遵守自然的规律，才能少遇阻碍、少造消耗，才能达成关系和谐，达成生态平衡，做到无为而治，人与人、人与自然之间才能共生（张喜荣 等，2018）。

那么，追求企业利益最大化的管理能走出“以资为本”的“当然”，走向无为而治的“超然”吗？

2.“术术”或可“得道”

对于“人道失衡”造成的诸多“不可调和”问题，不少人持悲观态度的。

既然这些问题已经被意识到，那人们就会想办法去面对和解决这些问题，因为人类毕竟有着别的生物所不具备的“剩余智慧”。

从“人之道”与“天之道”的相互关系上看，人类最终或将可以“术术而道”。“术术”的前一个术是本位之术，即“当然我”向外输出的方法，后一个术是他位之术，即“当然他”向我施加的方法；矛盾对立的“术”相互制衡，最终有可能达成动态平衡。而从“天之道”整体来看，“人道从属天道”，天道自衡终会对人道失衡纠偏。

在劳资关系中，资方因为“当然我”而建立“风险 = 收益”和“所有权 = 分配权”理论，以期独霸剩余分配；而劳方针锋相对地提出“剩余价值剥削”理论，树立“全部利润由劳动产生”的“真理”，其实这都是二者的本位之术而已。双方的矛盾从一个企业内部的“非暴力不合作”，到工会与企业的抗争，再到意识形态的对立，不可谓不惊心动魄。“人之道”的这两极虽矛盾，但也统一，因为劳资二者互相依存，离了对方就没存在价值了。所以，从“人之道”层面来看，当劳资的矛盾没达到一定深度的时候，企业生产还是会产生正利润的；当双方的矛盾激化到一定程度，产能就会为负，从而导致双输局面。那么，任何一方都渴望改变，而无论如何改变，都无法摆脱相互的依赖性，于是，就会朝着统一的方向，重新回归社会生产正效应的局面，演绎出“术术而道”。

其实在劳资关系上，也可能“术术而道”。比如在全球拥有45家工厂的美国戈尔联合公司就是在进行“自然而然的管理”，创立50余年来，它一直保持稳定的收益增长，无一年亏损。在戈尔公司，你找不到传统组织中所谓的指挥链、正式化、管理幅度这些似乎理所当然的概念，大家从不使用类似“老板”“总裁”和“管理人员”这样的称谓，彼此都互称“伙伴”。这不就是管理吗？何必痴迷于“色彩斑斓”的管理概念与理论？让管理回归自然吧！加拿大管理学家亨利·明茨伯格说：“管理完全是一种自然的行为，是我们让管理脱离自然环境，看不清管理的本来面目，从而使管理变得不自然。”（刘永选，2011）

在全球各地，已经有很多的劳资关系演进到合作伙伴关系了，包括美国的“新产业关系”、德国的“社会伙伴关系”和英国的“新合作主义”，这些关系的核心观点是“经济成功”“社会公平”和“共享利益”（左雅晴，2015）。

互联网科技使地球迅速变成了“一个村”，人类的所有活动和力量，无论是相斥的还是相向，几乎都交织在了一起，人类的社会关系已由局部性的调整变成了系统性的大震荡。在经济关系中，企业、个人将变成一个个节点，个人与组织之间的关系也由原来对立的“服从关系”转变为彼此嵌入与链接的“共生关系”，员工正由“被雇佣者”向“合伙人”转化，在现代企业，一个员工完全可以成为一个中心，调动组织资源对市场灵活作出反应（王德培，2020），企业正在走向平台化。

在企业平台化到来的过程中，“人道”如果自衡了，或许企业九死一生的局面将会大大改观。

除了人类自身“术术而道”演绎出来的内生非失衡力之外，另外还有一方面的平衡力，它就是天道自衡产生的力量，这种力量是从外而内对人的行为产生作用的。当人类的社会生产走向极端时，社会环境和自然生态会遭到破坏，这个时候就会产生一股相对应的反作用力，这种反作用力直接威胁劳资双方的利益，甚至是生存。在尚未危及生存时，双方可能仍“当然地”向着失衡的两极走，但当反作用力危及生存时，人们就会为求生存而爆发出强大的行动力——一种与自己之前方向相反的力量——而归于天道之中。

其实人与人的根本关系还是共生关系。共生才能维持长久的发展，才能最终共存于自然。企业之中，无非是人与人、群体与群体的关系，此为“人道”。劳动力与资本的需求保持一致或同步，才能保证正常生产；劳资双方投入得越多，劳动力与资本所获得的收益就越多。劳动关系的实质便是在一定的制度环境下劳动者与企业以某种共生模式形成的相互依存、相互影响、相互促进的共生关系。互惠共生是这种共生系统进化的方向。（崔子龙 等，2014）

随着劳资互惠共生关系的发展，企业将会逐步实现“无为而治”，即：让生产要素各方按照自身的必然规律去发展，使其处于符合“道”的自然状态（佚名，2012），令各方自发而有序地实现生产。

马克思对人类社会的发展和变化有过深刻地论述，他认为人类矛盾发展到了一定程度就会发生逆转。他将人类社会形态的发展分为三个阶段：

第一阶段是人的依赖阶段，这个阶段人的生产能力只是在狭窄的范围内和孤立的地点上发展着，基本上不存在发达的社会分工，人类本身的发展是较为“全面”的，但这种“全面”同时又是极为有限的。

第二阶段是物的依赖阶段，在这个阶段，由于社会分工的发展，完整个体的生命活动被分割开来，物质活动和精神活动、社会生活和私人生活、科学和艺术、劳动和享受这些本是个性活动和存在的各个方面，就开始由不同的阶级分担，从而造成“人的细分”。也正是由于分工的深入发展，人类的各种需求都要通过商品交易来满足。

分工造就了社会的巨大进步，但这种进步又是以人类个体的片面化为代价的，经济社会的巨大发展与人的全面发展形成了对抗性的矛盾关系，矛盾发展到顶点时，解决矛盾的条件也就成熟了。分工培养起来的片面而突出的个人能力，织成了人类的全面能力体系，在这个过程中，产生了一种崭新的社会生产力——科学技术，科学技术为劳动者提供了巨大的剩余劳动时间，这为人的全面发展创造了先决条件，同时也为人类社会进入“自由个性”的

第三个发展阶段打下了基础。（周绍东，2019）

汪叶斌《一般平衡论》的观点跟马克思关于社会形态发展的观点比较接近。在《一般平衡论》看来，“第二存在模式”下，人性异化是“人道失衡”的根本原因。但由于“人法地，地法天”，天道的平衡力最终会反作用于人类的失衡，并对人类产生威胁，迫使人类以“剩余智慧”来求存求活，升华为“超然我”，在追求天人和谐中走向可持续的“第三存在模式”，从而回归人与自然的平衡（汪叶斌，2013）。

越来越多的“环境危机威胁人类生存”的文献涌现出来，说明有着“剩余智慧”的人类已经意识到过于“当然”的害处了。当人们开始重新敬畏自然时，“人道”就会从失衡的极端往回拐，走向和谐与平衡，与自然共生共存。

3. 产业资本或是“术术而道”的急先锋

资本的本性是逐利，它的目的永远也不会变，就是利益最大化。

观其本质，资本是很“单纯”的，它单纯到一切只为实现利益最大化这个目的。而市场却是不断变化的，因此资本追求利益最大化必须“因市场制宜”，所以资本又是最善变的，怎样能使得利益最大化它就怎样变。

农业时代是以自然经济为主体的，生产基本是为了满足劳动者自身生活的需要；随着生产力的发展，农业生产和家庭作坊有了剩余的产品，剩余产品用于交换，就成了商品。随着商品的不断丰富，以商品生产、商品交换和社会分工为内容的商品时代出现了。商品交换产生了巨大的利润，这促进了商品的专业化生产。利润的累积让生产组织者成为资本家，而劳动则等同于生产资料被资本家购买，劳动者则与生产资料所有者分离了，阶级随之形成。由于利润分配集中在资本家手中，劳动者所获得的收入仅能满足基本的生存需要，财富的两极分化越来越严重，社会矛盾也越来越尖锐。

不可否认，资本的形成和发展，对社会生产力和人类物质文明进步起到了很大的作用。不过，由于资本的快速发展刺激了人们物欲的膨胀和异化，也导致“人道失衡”显得越来越突出。

在资本主义初期，由于社会商品匮乏、企业的竞争小，所以只要有资金，就能组织生产、实现利润，资本只需要简单的“术”（购买包括劳动力在内的生产资料）就能达到赢利之目的。这个时候的资本家，向着更“当然”的方向发展着。

进入资本主义中期之后，因为社会商品越来越丰富，企业的竞争逐渐变大，劳动者的诉求也在提高，资本则不光要“术”生产资料了，还得“术”劳动者、“术”竞争对手、“术”消费者，才能实现赢利。这个时候的资本家唯利是图，除了赢利，其他的各个方面，包括自然环境、社会责任、产业平衡均无暇顾及，他们将“人道失衡”推向了极端。

随着社会的进一步发展，**人类的物质文明进入了复式增长阶段**。商品越来越丰富使得市场的细分度越来越高，商品的竞争使得卖方市场反转到了买方市场，资本从生产中的主导性开始走向从动性；而劳动者的生活水平大大提升之后，其社会需求就由生存需要转变成了尊重和自我实现需要，加上社会生产的重心也由机械生产上升到了智能生产，劳动创造替换资本成为核心竞争力，知本时代呼之欲出，劳资关系的主动方也发生了角色转换。这个时候的资本，虽然还是生产资料所有者，但它必须得平衡诸多方面的关系，才能维系生产的正常发展了，它不仅要“术”上下游资源、“术”资本市场、“术”信息通道、“术”劳资关系，还得“术”政府通路、“术”环保要求、“术”社会品牌……因为互联网已将所有资源和信息并联到了一起，使得所有的资源（包括人才、技术和资金等）快速流转，市场的快速细分使得企业对外的依赖性非常高，几乎每一个环节都离不开其他组织——包括竞争对手；特别是人才、技术和信息都打破了企业壁垒在快速流转，企业的竞争关系演变成了“竞合”关系；而劳资的主动角色由资方转为劳方后，劳动的购买关系开始向合作关系甚至是“反支配”（劳动者支配资本）关系演变……

这一切的变化和转换，让资本在“术”和“被术”之中，建立起与各生产要素的协调关系——这种协调关系跟以前的局面完全相反了，包括劳动、资本、技术等在内的所有要素都走向了有序和共生，矛盾关系变成了统一关系，内耗关系变成了共振关系。于是，“人道”在企业间的失衡转向了“与人和”。

其实这一系列的反转，都是资本最朴实地追逐利益最大化的本质使然，因为资本只有顺应当今的市场发展潮流，才能有盈利的机会。

所以，资本为了利益最大化，成了“术术而道”的急先锋。

24.2　道取何处

24.2.1　管理破壁有赖于深厚的土壤和普惠的理念

1. 文明的起源和管理的发展

人类的祖先最初是定居在树林的，那个时候的人还叫作猿。后来地球气候发生了变化，森林大规模减少，猿的一支被迫适应草原生活，于是它们学会了直立行走，演化成了人。草原跟森林不一样，食物不能信手拈来，于是人就必须四处游走，寻找食物和生存空间，这就是最早的迁徙。

此后，大部分人类为了生存空间而在迁徙，包括草原上的游牧民族、辗转进行贸易的游商民族、四处游荡的游击民族以及擅长远洋航行的游盗民族，这些人类群体形成了最早的迁徙民族，他们的血液里流淌的都是扩张和渗透的因子，他们需要在游动和竞争中彰显活性、夺取资源。但也有几支人类的先祖在相对富饶的地域定居下来，包括亚洲、非洲和美洲的原住民族，这些定居下来的人群就形成了定居民族。定居人群有的发展出了灿烂的文明，比如黄河文明、恒河文明。

迁徙文明源自迁徙民族，是指某些人群的先祖经过了多次迁徙，为适应不同地域环境，形成相对动态的生存方式和社会结构模式，具有较强的向外扩张和渗透特性的一种社会文明形式。定居文明则是指某些人群长期生活在某个固定地域，经过数千年的生产和生活，形成相对固定的生存方式和相对稳定的社会结构模式，具有明显的内敛和包容特性的一种社会文明形式。

迁徙民族的主要特征就是游动，其文明在不断的变化中演进和发展。（文扬，2020）定居民族的主要特征就是安居乐业，文明在相对恒定的模式中持续与深化发展。

定居民族追求家园安定，家园安定了，物产和分配才能有序，生存才有保障。所以定居民族的家园概念很重，家是国的构成，国是家的总和，他们会努力守护家园，不屑离开本土入侵他地。对于外族他们能和则和，以和为贵，“朋友来了有好酒，豺狼来了有猎枪”这句歌词，便是定居人性情的写照。因为生存空间既定，生产和分配则须严格按秩序进行，否则容易混乱，荀子认为“求而无度量分界，则不能不争；争则乱，乱则穷”(《荀子·礼论》)。（文扬，2020）**定居民族是讲求秩序的，对内有着强有力的治理措施，**所以，很早便形成了比较完整的社会管理和分配体系，而且，这些管理体系因定居民族居住地的稳定得以传承和发展。一切是为了消除纷争、寻求安定，其文明沿着“定”的路径演化。（文扬,2020）因此，定居民族**有着“外圆内方”的强特征**。

而迁徙民族是在运动中存活下来的，他们尚武抑文，“人不弛弓，马不解勒”，骨子里就烙着竞争二字。族群之间如若哪一方竞争力弱，就会被侵占甚至覆灭，所以他们时刻都得增强力量，在竞争中获得发展。其文明是沿着“争”的路径演化的，他们讲求运动主义。（文扬，2020）固守于他们而言等于坐以待毙，他们必须动起来，因为资源和生存空间是在运动中发现、在运动中索取的，“争”是他们的处世法则。

《史记·匈奴列传》说：“（匈奴）逐水草迁徙，急则人习战攻以侵伐，其天性也。其长兵则弓矢，短兵则刀鋋。利则进，不利则退，不羞遁走。苟利所在，不知礼义。……壮者食肥美，老者食其余。贵壮健，贱老弱。”为什么是“壮者食肥美，老者食其余。贵壮健，贱老弱”，而不是“老吾老以及人之老，幼吾幼以及人之幼”？因为整个部落随时要快速移动，随时要“习战攻以侵伐”，根本顾不上照顾老幼。那些试图要追求尊老爱幼道德标准的游居部落，早已在大草原上激烈的生存竞争中（文扬，2020）被淘汰出局了。所以，迁徙民族不会像定居民族一样“外圆”，守护好自己的一亩三分田就可以了，他们血液里流淌着的就是扩张和争夺的基因。英国教授马丁·雅克说：中国人从未想过扩张，只是在这片土地进行着守护，然而西方国家不是，当西方国家的实力进行到一定程度的时候，这个国家就会进行扩张（佚名，2019）。

西方人很难理解，中国——一个正日益走近世界舞台中央的大国，既不通过侵占领土，也不通过对他国政治军事介入，这样的大国是如何在国际上立足的……18世纪中期的孟德斯鸠就说过，每一个国家各自还有一个特殊的目标，罗马的目标是扩张，斯巴达的目标是战争，中国的目标是安定（周文，2020）。

西方国家所沿袭的是典型的迁徙文明，北美的原住人印第安人已差不多被灭绝了，现有的居民是欧洲殖民者和非洲奴隶的后代。加拿大、新西兰、澳大利亚和南美洲各国都是欧洲大迁徙的产物，它们的国家历史，最早也早不过大航海时代。（文扬，2020）

东亚定居文明的根则在中国，它是定居文明中最灿烂的，底蕴相当深厚，纵然经历了很多次迁徙民族的冲击，也始终没被改变，包括古代被匈奴、东胡、乌桓、鲜卑、柔然、契丹、蒙古、突厥、回鹘、女真、党项、羌、羯、赤勒等侵入，以及近代被西方列强和日本侵略，都一直保持着固有的文明结构和生存方式，即便是宋和明被灭朝了，蒙古人和满族人也只能以汉治汉，中华文明及其社会管理模式始终未因朝代的更迭而中断传承。

定居民族视国为大的家，有着明显的家国界线概念。迁徙民族极具开拓精神，乐于探索和扩张，家国概念相对没有那么重，**他们更渴望自由。定居民族“外圆内方”的特征令他们希望与其他民族和国家和平共处，相安无事；而迁徙民族善于“内竞外张”，倾向于扩张和掠夺，**喜欢世界通行自由，他们**认为竞争才能使“文明”进步，信奉弱肉强食，认为这个世界就应该由强者统治弱者。**

贾雷德·戴蒙德在《枪炮、病菌与钢铁》中谈到，欧洲殖民者赖以征服新大陆的三大秘密武器，归结为三个语词——枪炮、病菌与钢铁，他们就是通过征服、流行病和灭绝种族的大屠杀来形成现代世界的。国强必霸是西方的逻辑，在他们看来，国与国的关系就是掠夺关系。（周文，2020）

美国是迁徙文明的受益者，它喜欢世界“动”起来，因为它曾在第一次世界大战和第二次世界大战的“动荡”中发了战争财，特别是第二次世界大战，它获得了大量的资源和人才，因此成为世界的霸主。二次世界大战后，全球绝大多数国家都在珍惜和维护和平，然而作为唯一的霸主，美国却四处“拱火”，制造动荡和战争。美国建国244年，有222年都在战争，93%的时间一直在作战，（胡大罡，2020）因为它喜欢“动荡”。

美国有一条“黄金分割警示线”，即某个国家的经济实力达到美国的0.618时，就会被认为是达到了美国安全的临界线，所以，在苏联达到警示线时，美国就设法将其瓦解。最终，苏联被“颜色革命”而解体了。19世纪80年代，日本经济指标达到美国的警示线时，被美国以“增加日元汇率灵活性”为由签订了《广岛协议》，此后日元的不断升值，房地产和股市产生巨大泡沫，当日本的股市突破4万点后，美国用巨资进行卖空，致使日本股市狂跌至1万点，日本经济从此陷入泥潭一蹶不振。

近年，中国的崛起也逐渐到了美国战略忍受力的临界线，所以美国将中国断然确定为最大战略竞争对手（环球时报社评，2020）也就不足为奇了。

定居民族是“外圆内方”的，所以无论是人与人抑或是国家与国家之间必然都会坚持和平交往，谋求平等与共生；迁徙民族是“内竞外张”的，所以遵循弱肉强食、适者生存法则，常常制造矛盾和争端。

2. 迁徙民族定居化演绎了企业管理学

定居民族是由迁徙民族选择了资源和物产比较丰富、易于长期生产和生活的地域稳定居住下来形成的。

迁徙民族定居之后，人们开始经营和守护自己的土地，进行种植和养殖活动，逐渐构建起属于自己的家园。当生产形式逐渐稳定，物产逐渐丰富之后，社会产生了分配。为了维持社会生产和分配的秩序，避免由于资源的抢夺而形成冲突，于是社会出现了管理。随着生产不断发展，社会开始出现交易，最早的贸易只是简单以物换物，后来生产能力逐渐提高、生产形势也逐渐丰富之后，出现了作坊经济。

在以家庭或家族为单位进行生产和生活的同时，为了稳固生存基础、抵御外敌，一定地域范围内认知相近、生活互补的各个家庭或家族逐渐结成了资源共享、统筹分配的大型社会组织体——国家。

早在农耕时代，以个人或家庭为作坊的生产形式兴起，生产结果以农产品为主。到了工业革命时期早期，开始出现作坊制或家庭制的生产主体，出现了少量手工产品，这个时期的生产没有明确的分工，手工业仍然占据主要地位。

到了资本主义社会时期，工业化开始出现，机器生产开始投入社会，逐渐代替原始的手工业生产，工人伴随机器生产的规模和效率都相比手工生产更大更高，促进了社会生产力的高速发展。由于机器的诞生，社会生产形式快速发展，原始资本开始积累。随着生产规模变大、生产速率提高，生产形式也越来越丰富，社会生产需要进行明确分工，资本与劳动分离，工厂主负责提供场地和生产资本，购买包括劳动力在内的生产资料，而不直接参与生产过程；工人出卖劳动力获取工资。自从资本的出现，社会生产力更是得到高速发展，生产与分配是社会发展和稳定的基础，所以，管理开始萌芽。

由于资本快速促进了生产力的发展，工厂制形式逐渐演变成为分工明确、资本与劳动更为集中的主体经营形式，于是，出现了企业。企业制度的产生令生产分工更为复杂和细化，企业主为了保证对企业投资的回报，不断完善企业管理制度，约束雇来的劳动者不能进行有损企业利益的行为、督促劳动者不断为企业创造价值，于是，管理就形成了一门学科——“管理学”，此后，管理学越来越完善，越来越庞大，也越来越专业。

管理学的形成和发展，都是迁徙民族定居化的结果。

由于社会生产力的提升和贸易的融通，人们的生存所需得到满足之后，便会追求安定的生活，所以，迁徙民族定居化是人类社会发展的大趋势。无论是在原先游走的地域安定下来，还是殖民，大部分的迁徙民族都已定居化。定居之后，民族文化才能更好地固化、传承和发展。

3. 普惠才能破壁管理

迁徙民族信奉弱肉强食，所以在企业管理上强势的资本作为主导方，针对包括劳动者在内的其他生产要素施以“管”和“制”的措施以维持企业的发展。当市场发展到创造力决定生产力的阶段时，资本方始终难以对“弱势的劳动方”下放主导权，当然也就难以找到真正解放劳动者、激发创造力的有效方法。

而东方的定居民族更具社会性和包容性，普惠理念一直都存在，即便是强势的财富拥有者，也不乏兼济天下的精神，在财富累积的同时一直也在顾及劳动者的实惠。所以在创造力成为企业竞争胜负手之时，企业创立者不吝开放管理权和分配权，以有效激发劳动者的创造力。于是，在聘用制基础上演绎出了各式合作制，共生理念快速发酵，普惠型管理模式逐渐成形。

东方民族的包容性源于其底蕴和定力，而底蕴和定力源自其文化的不断传承与积累。

中国虽朝代更迭较多，但无论朝代如何更换，社会的治理和人们的生活模式都大同小异，总体上都还是在延续着定居文明的社会秩序，人民追求安居乐业、颐享天伦，历代的统治"换汤不换药"，怎么换，都还是在延续和发展定居文明。

东方的定居民族早已在物质文明的基础上形成了系统的精神文明。不过，在迁徙民族强行打开了中国的大门，把中国拖进了弱肉强食的生态圈之后，中华民族再也无法安居乐业，由于经济、军事的落后，而遭到侵略和剥削，甚至还要面临文化上被替换的危险。所以，中国唯有在经济、军事上奋力赶上，才有可能摆脱"失去自我"的危机，重新赢回自己。于是，中国人民需要暂时收敛自己的安逸追求，韬光养晦。

由于在近代遭受了一百多年的凌辱，在西方强大的经济、军事、科技阴影中有两个中国字甚至被赋予了特殊的含义：土、洋。土，相对洋而言是指中国原有的东西，被赋予的含义是"守旧"，它可以组合出很多"落后"的词语，比如土气、土鳖、土得掉渣等；洋，相对土而言是指海外传入的东西，赋予的含义是"时尚"，它可以组合出很多"先进"的词语，比如洋气、发洋财、挟洋自重等。

潜移默化中，一些国人还被思维定式了——西洋的就是先进的。这种思维甚至一直影响到了现代，崇洋媚外之风直到最近二十年才逐渐消退。

因为中国只有在物质文明上迎头赶上，才能逐步摆脱受制的局面，所以，"经济建设"是国之重任。由于认知的惯性，直到现在，仍有一些人被迁徙民族的意识所影响，以为物质的文明就是文明的核心指标，经济、军事、科技的先进，就是文明的进步，而并未意识到，缺少精神文明的文明，是一种层次上的脱节与落后。

中国需要强调“文化自信”，在奋力追赶物质文明的基础上同步发展精神文明。因为一个不懂传承的民族，是没有发展空间的。

丛林里的动物是“按体形来定强弱和秩序”的，所以，“丛林法则”思维的迁徙民族重视经济体量。那么，中国只有“肌肉”更强，才能得到迁徙民族的认可。而且，中国还需持续不断地展现“兼润天下”的气概，让迁徙民族发现中国的强大并不会威胁他们的生存和发展，他们才会明白原来这个世界除了竞争还有共荣。中国只有在高度的物质文明基础上，不断彰显全民幸福指数的高度，迁徙民族才会逐渐明白，精神文明才是人类的真核。是的，物欲升华至情欲，才是人之所以高于动物的根本所在。

世界需要中国。

底蕴和定力让中国人容易悟得天道。

有朝一日，世界或因“中国模式”感悟到文明的真谛和“天道”，由竞争调频到共荣，由互耗调整为共振，这是人类之幸，是人类与自然长期和谐发展的基础。

中国经过了几千年的演化，逐渐结成了从资源统筹、劳动生存、成果分配到精神模型、思想形式，以及人伦秩序和天伦关系的一个闭环系统，这个系统自成一体，可以形成自循环，这便是底蕴和定力之所在。这个典型的定居自循环系统形式上是个国家，它实质上是一个“人和 + 天合”的和谐文明。

英国教授马丁·雅克认为，中国的可怕之处在于，经历了 5000 年依然还是这么强。中国是一个文明，并且还是一个伪装成国家的文明，这个国家正是因为文明的存在才会保持经久不衰，在那里人们的心中，只要文明还在，就还会再次崛起，这也是为什么西方诸多帝国衰落以后就无法再次崛起，而中国却每次都能重新复兴的原因。这是一种文明的表现，是一种早已成熟的文明体系的体现。（佚名，2019）

国家和文明是两个不同的概念，一个是具象的，一个是抽象的。

国家是指在一定地理范围内拥有共同或关联语言、文化、种族、血统和历史，由统一的政府进行治理的人群共同体，它包含领土、人民、文化和政府四要素。文明是历史沉淀下来的，有助于人类增强对客观世界的适应和认知、符合人类精神追求、能被绝大多数人认可和接受的人文、信仰、创造及公知良俗的总和，至少包括有家族观、工具、语言文字、思想、宗教、法律、城邦等要素。国家是有形的，文明是无形的。文明往往依托各个国家来呈现，但又游离于国家机器之外。

国家现象，对内是一种政治治理和社会秩序，对外是疆域关系、资源关系和利益关联，因地域划分的变化和统治方式的改变而动态变化，是一个具象的地理范围内人群关系的综合体，有领地大小变化和存在形式更迭的可能性。文明现象，是在某一特定社会中的信仰、风俗、道德、文化、科技、制度等方面的综合表现，不因国家和人群大小变化而变化，具有明显的稳定性和延续性。

在全球绝大部分地区，相邻的国家基本是拥有相同或相近文明的，不同国家往往可能会因为资源和利益进行合并或分离，因此，国家的变化或消失也是常有的事。但一个文明则不会轻易随国家的变化而变化、随国家的消失而消失，它随所寄生民族的存在而存在，随这个民族的繁衍而发展。

在中国这块土地上，国家是一个宽泛的民族、宗教、人文和地域的组合体，其语言、文字、历史、民俗、人文和思想体系都有着明显的稳定性和延续性，是一种独有文明与系统国家的完美结合体。

美国全国广播公司 NBC 制作的《与媒体见面》（*Meet the Press*）于 1967 年 10 月 22 日采访新加坡总理李光耀，主持人问：你可以预测一下中国的未来吗？你觉得将来一个统一强大的中国对东南亚是个威胁吗？

李光耀回答说：作为一个有着华人基因了解华人性格的新加坡人来讲，我认为中国人能够建立一个强大、富裕、统一的现代化国家，有一天中国变得繁荣了，新加坡将有幸更加安全……（NBC，2020）

从客观结果来看，定居民族表现出了超强的凝聚力、协同力、秩序性和大同性，这是他们追求安居乐业的必然结果。这种特性的确能形成各种资源和各方力量的相融与共振，能达到“与人和、与天合”的共生效果，因而在“人道失衡”中所遭受的“天道自衡”的反作用力就小得多，各种消耗和损失就不会太大，“祸兮福之所倚”，定居民族很快就能在祸福转换中恢复元气，反弹出更大的发展力。

仅从两种民族的内部来看，定居民族“与人和”，资源和力量形成共振，生产力自然更大；迁徙民族“与人争”，资源和力量是排斥和互耗的。如果从自然规律来看，定居民族更懂得“与天合”，人道往往能顺应天道，自然会有“天助”。同时，定居民族由于有着共生的社会特性，其包容性和吸纳性更强，面对西方文明，东方民族会取其精华、去其糟粕，而后传承与发展，演化出更多的文明成果。

全球化的经济发展大势要求企业管理更为开放、更具社会性，而中国具有悠久的人文和社会管理历史，拥有强大的发展潜力，并且有着足够的文化底蕴和定力，有着深厚的普惠理念和共生基因，故可在全球命运共同体的建设和共生型管理模式的发展上作出应有的贡献。

24.2.2　共生管理霞出东方

1. 两个世纪以前一直是霞先出于东方

中华文明是世界公认的古老文明之一，要是论及古文明的高度及其延续性，可以说是古老文明之首。

7800 年前，中国渭水、泾水流域的先民就已能烧制多种形状的陶瓷器具；距今 7000 年至 5000 年时，中国境内的母系氏族公社的人们，就掌握了水稻和粟等种植技术；距今 4000 年至 5000 年时，中国境内的父系氏族公社的人们，就懂得养蚕缫丝，此时其他地域的人类还只会用树皮和动物皮毛遮羞。

中国在商朝时就有了世界上最早的日食、月食纪录；战国甘德、石申的《甘石星经》是世界上最早的天文学著作；中国东汉时期就已将陀螺仪就用于航海，这比欧洲早 1300 多年；西汉发明的天平式温度计，比欧洲温度计的出现早 1600 多年；沈括发现地磁偏南，做出指南针，比欧洲早 400 多年，他创制的“十二气历”比英国早 800 多年……造纸、印刷、火药技术的发明就更无须多言了。这些发明创造都起源于中国，最终影响世界，甚至流传至今。

华盛顿的美国联邦最高法院大楼，在大楼的东门墙上有三个人物的雕塑，是和法律、法制、法典有关的三个人物，有意思的是，这三个人物都来自东方。这三个雕塑的雕塑者梅奈尔解释他的作品时说：“在美国，法律通常自然而然地来源于或者继承先前的文明，这个文明来自东方。”（王石，2015）

英国教授马丁·雅克曾说，中国在晚清之后的200年里只是走了一下神，除此以外，一直是巅峰状态。纵观世界历史，西方国家曾经出现过诸多强大的帝国，比如罗马帝国、大英帝国，这些国家的巅峰时期都曾改变过世界，然而这些帝国在衰落之后，基本很难再次崛起。

基辛格，这位美国曾经的国务卿，曾对中国的近现代发表了自己的看法：在最近200年时间里，中国只不过发生了一点意外，终究有一天这个国家也会回到曾经属于他的位置上去。中国每一次崛起，并非在建立一个新的秩序，只是让文明再次复兴而已。（佚名，2019）

中西方很早就已有了交往，早在周朝，周穆王就已有过西巡；西汉武帝时期的张骞，则开辟了“丝绸之路”，使中西方有了贸易和文化的往来；唐朝是中国古代的鼎盛时期，大批的西方商人来到了中国，还有不少人在中国做了官，他们将中国的丝绸、陶瓷等商品带回了欧洲。

1275年，意大利人马可·波罗和他的父亲一起到达了元朝的大都，此后他在元朝供职17年，经常巡视各省、出使他国，先后将大量的中国先进科技传到欧洲，促进了西方社会的发展。《马可·波罗游记》共有82章是描述中国的，讲述了中国人的智慧和富足，包括奶粉、肉松、火炮、纸币等欧洲没有的东西，描述了雄伟的宫殿、先进的交通、繁华的都市……这部著作令欧洲人对东方的富裕和先进有了一种概念，他们由好奇、惊叹上升到了羡慕、神往，以至于刺激出了包括哥伦布在内的欧洲航海家的东方淘金梦。大航海时代这一次大规模移民潮，实际上是此前500年发生的十字军东征那一次大规模移民潮的继续，都是被同一个动机——寻找东方的财富刺激起来的。（文扬，2020）

比欧洲“大航海”早将近一百年，郑和率领万众团队七次远航，从太平洋到印度洋，最远到达非洲好望角，几乎踏进大西洋。然而，中国却未因强大实施侵略或殖民。

在欧洲人掌握了航海技术之后，便开始向世界各地进行扩张、侵略和抢夺，这是迁徙民族“外张”的结果。

2. 人类命运共同体正在形成

“大航海”之后，全球贸易系统就逐步开始形成。互联网科技发展起来后，不仅是贸易，包括各国的文化、科技、生活等都交融到了一起，世界开始演变为一个关联紧密、矛盾统一的闭环系统。

社会发展至今，物质文明发展到了相当的高度，这令人们的生活方式发生了很大的变化。可是，在科技高速发展、物资愈发丰富的今天，人们的生活到底幸福吗?

来看一下一个普通工作者的一天：清晨起来匆忙洗漱，随意在路边买份早餐匆匆赶往公交或地铁，边走边把早点吃完，挤几十分钟的公交到了公司，然后就是应付不间断的会议、文件、业务、汇报……一直忙至傍晚，有时还得加个班。等到从公司走出来，太阳与月亮或许早已换了班。拖着疲惫的躯体再把家务忙完，或已没有什么时间照顾和陪伴家人了。假如是个高管或者老板，加班熬夜或许就是家常便饭，跟家人吃餐饭都会成为一种奢侈。这种生活节奏的人，近乎一部工作机器，精神层面根本不富裕。

尤瓦尔·赫拉利的《人类简史》揭示：在现代的富裕社会，平均每周的工时是40~45小时，发展中国家则是60甚至80小时（佚名，2019）。有权威机构发布了对现代人压力指数的调查报告，报告显示，有96%的人每天生活在相当的压力之下，生活压力排行依序为：工作、未来及家庭，其中尤以工作（32.5%）为最大压力源。

赫拉利在《人类简史》指出，人类从采集经济走进农业经济、工业经济、信息经济、数字经济。每一次经济的转型都为人类带来巨大的物质回报和极大的科技红利。但问题来了，在人类取得了巨大的物质成就、科技便利了我们的生活之后，却变得前所未有的无聊和空虚，各种精神疾病、抑郁症困扰着我们，令我们脱离了自然，再也找不到属于人本身的精神内核。工业文明和后工业时代的巨变，正在把我们异变为一个个属于单向度的非生命体。不少中国人为了生计离乡背井，常年不能跟自己的至亲在一起生活。亲情远离，爱情缺失，友情虚假，我们幸福吗？（佚名，2019）

相比现代人，古人虽然没有手机、电视、冰箱，但他们从不用担心电子辐射、工业污染，从不用吃垃圾食品、不用精神高度紧张，他们吃的是绿色食品，住的是养生环境，每天还有很多时间跟族人一起游戏，享受鸟语花香……

假如让古人跟我们调换生活，或许他们并不乐意。那么，我们人类到底怎么了？

整个地球的人都被卷入了竞争。

迁徙民族的张性会造成两极分化，"强者恒强"，弱者要么奋斗追赶，要么面临淘汰……世界已形成一种运行规则，竞争失败便会被淘汰。在这种交融中，定居文明安居乐业的"篱笆"也被拆除了，所有的地区都卷入了这个充满竞争与机会的生态圈，都在为利益而角逐。

经济的发达和物质的丰富就是文明的指针吗？

辜鸿铭认为先进的技术、发达的经济、健全的法制、富裕的生活并不就是国家的高度文明，文明主要是建立在物质基础上的一个道德指数、一种精神涵养、一种人性的范型。西方所拥有的仅是凭借法律制度制造出的强大的控制手段，这些并非本质意义上的文明，有时还会成为不太文明的基础和前提。而东方人所拥有的自成自乐的道德境界、率性自为的生活方式、和谐自然的生活智慧和"诗意的、宁静的、自得的精神状态"，才是最文明的人性类型。（胡婷婷，1999）

世界格局被迁徙民族带向了失衡的胡同，人类之间、人与自然之间的失衡正在走向难以调和，如果人类不能及时反省、悬崖却步，只会被"天道自衡"给暴力纠偏，其结果是战争与自然灾害。

不过，拥有更强底蕴和兼容性的定居文明，在这个生态圈中将会输出越来越大的平衡力，并在物质文明贡献的基础上，逐步输出精神文明范式。

作为定居文明的代表，中国秉承和合思想，一直践行"与人和""与天合"。

孔子云:“不义而富且贵，于我如浮云”，这启示人们摒弃悖义而行、舍义取利的行径。和合思想主张“和而不同”，追求“有容乃大”，其核心价值观是开放、包容和共赢，其目的是天下和谐与共生。(张凯兰，2018)和合思想包含着尊重生命的和生原理、和平共处的和处原理、共立共荣的和立原理、共达共富的和达原理以及滋润心灵的和爱原理(张立文，2006)，和合思想下的中国，既不会走西方列强向海洋的扩张、冲突、殖民的老路，也不会谋求与美国海洋霸权对抗，而是始终强调尊重文明的差异性和多样性。和合思想的开放性使中国更具全球调适力，有利于消弭民族、国家、地区之间的矛盾和冲突，实现不同文明和谐共生的目标。和合思想谋求的是全球人民的利益福祉，具有领跑世界发展的巨大能力(张凯兰，2018)。

本能属性是物种的低级属性，是物种生存的基本保障;而社会属性是物种的高级属性，是物种形成文明并向上发展的动力来源。从原始文明到高级文明发展的核心指标，是物质文明向精神文明升华。

文明从低级向高级发展，是人类社会进步的必然方向。

所以，即便全球生态圈发展的主体内容是经济，但人们在物质满足的基础上必然会进一步追求精神满足。精神满足的主体内涵并非争斗和紧张，而是建立在物质基础上的道德指数、精神涵养和人性的范型，是舒畅与轻松，那么，和谐共生最后或将成为人类命运共同体演变的方向。

作为全球生态圈基础组织体的企业，已否极泰来，开启了由矛盾到统一、由内耗到共生的转变。

3. 从“合和”迈向共生

《周易》有云“乾道变化，各正性命，保合太和，乃利贞”，表明宇宙万物的天道处于永恒变化之中;自然运行即是在“元”(万物初始)、“亨”(万物生长)、“利”(万物成熟)、“贞”(万物完成)的循环往复中进行，表现了自然万物生长的和谐，此最自然完美的和谐称为“太和”(王国刚，2015)。人道从天道，人道所致的任何“失衡”，都将在“天道自衡”之下被反作用，只不过，“天道无情”，这种反作用力所致的平衡不是人类本位的，它往往是逆人类行为的。物极必反，反映的就是天道在自衡，任何事物发展到极端，都将会向反面发展。人类社会若要持续生存与发展，不致毁灭自身，就应自觉追求“太和”（王国刚，2015），与天道一致，与各方共生。

大自然在有“剩余智慧”的人类面前，一般都是“非常温顺”的，好像任由人类所为也不直接出现反应，这令人类觉得如何向自然索取都理所当然。人类总是在地球身上找成就感，制造出诸如油漆、杀虫剂、塑料、转基因之类的产品，开采出煤炭和石油。渐渐地，地球的生态遭到破坏，温室效应形成，各种自然灾害愈发剧烈，生态的畸形演化愈发超出人类的掌控，此时人类才慢慢发现，大自然由温和变成了凶恶，人类索取的“新账旧账”原来都要全部积累起来一起清算。当大自然找人类算总账的时候，人类或才醒悟，自己所欠下的账已不堪重负。

人类物质文明的发展已经造成了自然界生物多样性不断减少的后果，而人类精神文明的发展也呈现出多元文化消减的趋势（王国刚，2015），这都是人类“当然我”的结果。

迁徙民族把“当然我”演绎到了极致，并且绑架了全人类在“与人斗、与天斗”，各种索取自然的方法被认为是“科学技术”，无尽的物欲追求被看作是“科技进步”的动力源……或许他们难以理解《易经》所讲的人必须“与天地合其德、与日月合其明、与四时合其序”，认为这是一种消极和懦弱。而中国人却清晰地明白，这才是顺应天道的自然规律。

在人类惹怒大自然之后，天灾人祸必然会产生。这对于大自然而言，只是在“自衡”，但对于人类，只有两种结果：一是继续逆天无度索取，让自然把人类消灭了；二是改变逆天之道，寻求与自然共生。

“剩余智慧”让人类最终会寻求与自然共生。如果必须“与天地合其德，与日月合其明，与四时合其序”才能生存下去，那人类就会与天合、走向“超然”。

在与人和、与天合之道上，中国人有先天的认知基因。

“和合”思想作为中华文明的精神魂魄，经过漫长历史时段的演化，早已浸润和沉积在民族文化的各个方面各个层面：就人与自然关系而言，“和合”思想已转化为“天人合一”观念，成为中华民族延续至今的自然观；就人与社会关系而言，“和合”思想已嬗变为“和为贵”观念，成为中华民族进行族群融合和社会建构的民族观；就人与人关系而言，“和合”思想已具象为“己所不欲，勿施于人”观念，成为国人约束和规范自身行为的伦理观；就人与自身关系而言，“和合”思想已浓缩为“正心诚意”观念，成为国人安身立命的义利观；就文明与文明关系而言，“和合”思想已上升为“协和万邦”“天下大同”观念，成为国人对外交往的和平观。（刘金祥，2018）

中国人认同“天下同归而殊途”（《周易·系辞》），西汉之后中国的文化基本已成形，但仍能包容诸多宗教（佛教、伊斯兰教、基督教、摩尼教等）的融入，因为认同“四海之内皆兄弟”（《论语·颜渊》），所以，中国从来没有发生过宗教战争。和合思想的包容性使得中国更具自身凝聚力。《中庸》云：“和也者，天下之达道也。”所以中国倡导不以战争或暴力冲突为手段来相处。《国语·郑语》所谓“和实生物，同则不继”，即指出和而不同的相处路径。和合的文明性具有同理心，充满包容、感恩与宽恕，这使得中国更具世界关怀力。（王国刚，2015）

中国人相信万物并育而不相害，道并行而不相悖（王政淇，2018），所以给世界提出了可以“与人和”的和合思想，以及可以“与天合”的“人类命运共同体”方案。习近平总书记在《之江新语》中提道：“和”指的是和谐、和平、中和等，“合”指的是汇合、融合、联合等。（王玉西，2018）

习近平总书记在瑞士出席世界经济论坛 2017 年年会提出了“树立人类命运共同体意识”的中国主张和“构建人类命运共同体，实现共赢共享”的中国方案（杨文全，2017）。2017 年 2 月，联合国社会发展委员会第 55 届会议首次将“构建人类命运共同体”写入联合国决议（常红 等，2018），在中国的倡导和带动下，人类已经开始自我纠偏，逐步化解“失衡”，朝着人与人、人与自然和谐共生的“天道”方向一步步迈进。

4. 共生潮流浪起中国

中国的崛起不是一种偶然现象，而是文明发展波浪中的复兴，这种复兴的高度和速度是前浪递进（一浪高过一浪）决定的。

中国正在从一种“追赶式”的力量变成一种“溢出式”的力量。

2019 年 3 月，意大利打破 G7 集团先例，计划加入中国基建项目，这是 G7 中第一个主动在经济上拥抱中国的国家，但绝不会是欧洲地区的最后一个。（佚名，2019）

由中国发起的政府间的合作机构——亚洲基础设施投资银行于 2015 年成立，成员国由最初的 57 个，发展到 2020 年 7 月的 103 个，已囊括了全球一半以上的国家。

《参考消息》于 2020 年 7 月 17 日刊登了一篇题为《德媒：西方国家早已经不再是政治和经济发展的唯一标杆》（佚名，2020）的文章称，德国前外长加布里尔曾在一篇评论中写道：“如果不和中国合作，像气候保护、防止核扩散以及未来的疫病大作战这样的全人类任务，要怎么来完成？”

英国伦敦政治经济学院亚洲研究中心客座研究员马丁·雅克认为，过去，人们总认为西方占据世界主导，现代化进程就是西化，但是中国的崛起让人们意识到，向中国学习变得越来越重要。（环球时报环球网，2019）

2019 年末，在由中国企业改革与发展研究会、中国产经新闻报社、网易财经联合主办的 2020 网易经济学家年会上，复旦大学经济学院院长张军说，按名义汇率来测算，现在我们是 14 万亿，美国 20 万亿，美国增长 3%，中国增长 6%，大概 10 年到 12 年，GDP 就差不多跟美国一样大了，概率应该是 100%。（佚名，2019）

美国全球最大对冲基金创始人 Ray Dalio 于 2020 年 5 月 21 日发表了一篇题为 *The Big Cycles Over The Last 500 Years*（译为《过去 500 年的大周期》）的文章（Ray Dalio，2020）称，**全球霸权和人类一样，也有自己的生命周期。**美国最富有的 1% 人的财富是最底层 90% 人的财富总和，贫富差距越拉越大。近三四十年美国正在反复经历印钱、杠杆、泡沫和衰退，就是这种衰落周期的反映。美国世界最强帝国的领先优势已所剩不多，而且相对正处于衰落之中。中国的实力则正在迅速崛起，而且身后没有哪个国家能够望其项背。他说的实力包括教育、竞争力、科技水平、经济产出、贸易份额、军事实力、金融中心实力、储备货币等 8 个方面。

从 Ray Dalio 绘制的各主要国家的实力对比曲线（见图 24–2）可以看到，美国进入衰退期已经三四十年了，下滑的趋势是无法改变的，而中国近四十年的发展势头前所未有，超越美国成为世界第一仅仅只是一点时间的问题。

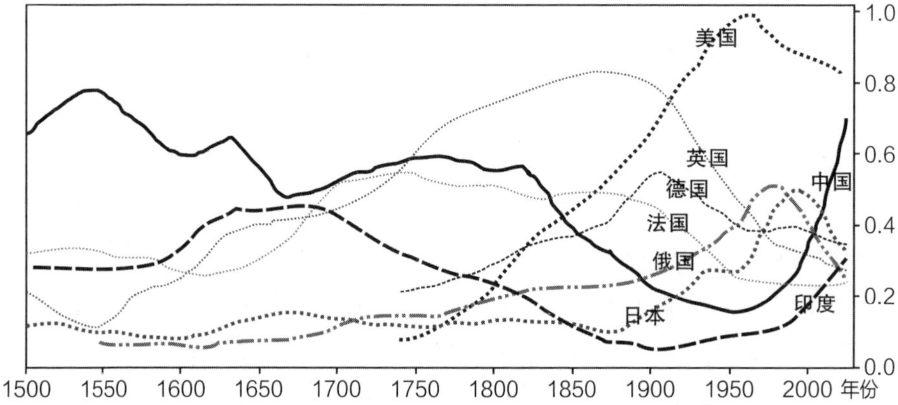

图 24–2　世界主要国家近 500 年综合实力变化曲线图

Bilibili 网站会员“趣奇说”上传了全球上下四千年国力 Top10 的演化视频（佚名，2020），将其中几个主要国家的数据转化为曲线图（图 24–3），就能很直观地看到，只有中国才是一个周期性兴衰的强国，中国只有起起伏伏，没有一蹶不振，也更不会有消亡；而其他曾经称雄过的国家，其兴盛大多只是“一次性现象”，他们一旦衰落，基本就不会再有复兴的可能（至少此前的历史是这样）。

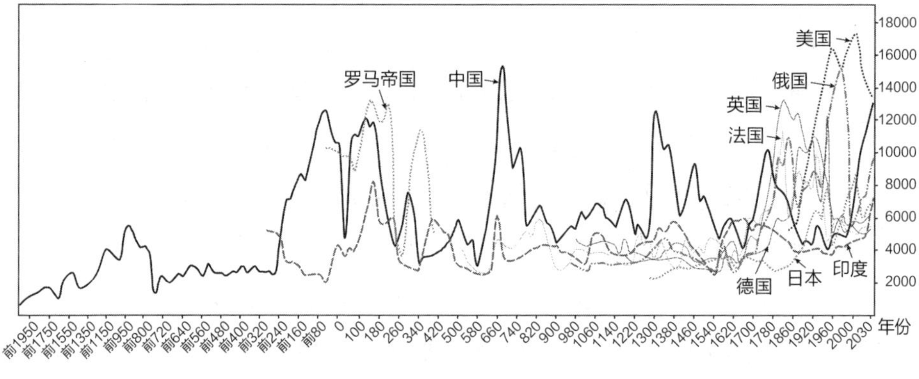

图 24–3　上下四千年主要国家综合国力比照图

Bilibili 网站会员“风中虾壳”上传了公元 1 年—2100 年世界各国 GDP 演变动画视频（佚名，2018），将现几个主要国家的 GDP 数据连接起来（图 24-4）即能清晰地看到，十年后，Top1：中国，Top2：美国，Top3：印度；五十年后，Top1：中国，Top2：印度，Top3：美国。

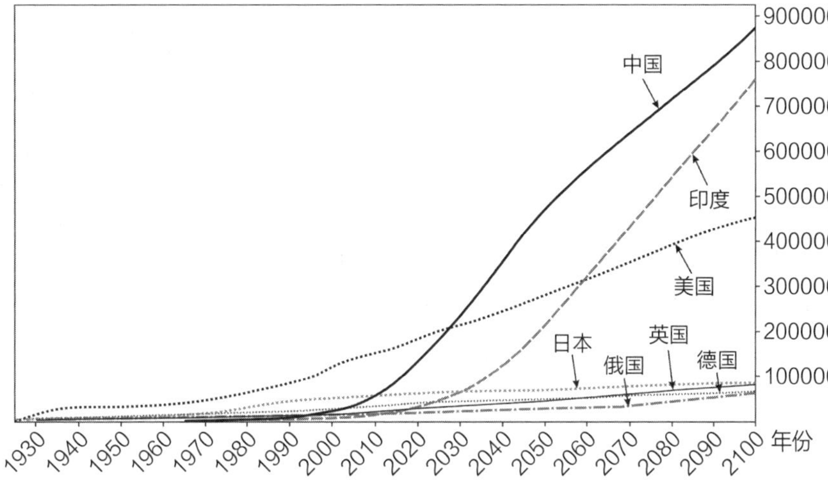

图 24-4　世界主要国家 GDP 演变示意图

基辛格曾说：近 200 年的中国或许只是历史上一个短暂的意外，这并不是常情。如果今后中国要回到属于它的位置并不意外。（佚名，2020）

牛津大学拜占庭研究中心主任彼得 · 弗兰科潘就其新著《丝绸之路：一部新的世界史》说，亚洲的崛起并不是沉睡 2000 多年之后的觉醒，而是历史上亚洲一直在塑造着一切，包括欧洲最初如何兴起也与亚洲有关。中国将重塑世界，西方时代终结了。（孙微，2016）

英国教授马丁 · 雅克认为，中国并非在崛起，而是在复苏，这种复苏仅仅只是中国 5000 年文明当中的其中一次。中国已经做好了未来成为世界第一强国的准备，这对于中国来说十分的熟悉。中国成为世界第一强国，剩下的也仅仅只有时间的问题而已，到那时，中国将会引领世界的发展方向，促使全球走向繁华与富强。（佚名，2020）

英国《经济学人》杂志 2017 年 3 月 25 日发表了一篇题为《中国在国际

经济事务中影响力与日俱增》的文章，说到若中国变成世界头号经济体，也许会成为世界银行和国际货币基金组织的最大出资国。到那时候，根据协议条款，它们的总部将必须搬到中国。（乔恒，2017）

俄罗斯已于2019年把汉语作为了学生的必修课，并在2021年把汉语纳入了高考。

人民网2017年5月13日刊登的《“一带一路”，普惠之路、文化之路、民生之路》（佚名，2017）文章中提到，习近平主席在达沃斯论坛上，号召各国参与全球经济治理，实现均衡普惠发展。其中的核心思想，就是经济发展要惠及世界人民，惠及全球所有国家，由人类共享发展成果。文章说，共商、共建、共享的理念是史无前例的。各国的伙伴关系和兄弟感情，超越了简单的买卖关系，弥补了资本主义冰冷金钱体系里的“基因缺陷”，取而代之的是利益共享、责任共担的命运共同体。“一花独放不是春，百花齐放春满园”，中华文明里还具有独特的“天下观”。放眼天下的情怀和担当，早已经成为深入中国人骨髓里的文化基因。

从1980年到2019年的40年经济数据来看，中国的GDP平均年增长率为9.6%，美国为2.7%，欧洲主要发达国家基本在2%以下；从1952年到2017年，中国的GDP增长了368倍，美国是49倍（佚名，2017）；人均GDP从1000美元到1万美元，美国用了36年，中国只用了18年。（龙小林，2020）

如果只是三至五年的数据，那叫偶然，而几十年的数据累积，就绝非偶然。中国的经济发展潜能是非常难以想象的。

实际上，所有这些波浪，是因为中华文明深厚的底蕴，而这种厚度的形成有赖于其高度的社会性，也正是有着高度的社会性，才能演绎出鲜明的共生性。

要明晰共生能否成为世界潮流，需透析东西方的社会运行机制。

1776年亚当·斯密在《国富论》中提出了处理政府与市场关系的“斯密范式”，认为市场就是“看不见的手”，能自动调节市场，政府无须对市场进行干预，其职责主要是维护市场秩序、保护私有财产不受侵犯、提供国防等必要的公共产品，扮演“守夜人”的角色（周绍东，2019）。所以，从18世纪到20世纪初，西方各国政府基本是任由市场自由发展的。

1929—1933年爆发了世界历史上最严重、最持久、最广泛的经济危机，经济萧条、失业严重，各种经济理论无法解释大萧条中出现的经济现象，更不能为摆脱危机提供“有效的”对策。于是，约翰·梅纳德·凯恩斯通过《就业、利息和货币通论》一书，提出了政府采用财政政策和货币政策来调节市场需求的“凯恩斯范式”，认为政府可以采取相机抉择或微调的干预方法来维持经济的平稳运行，“熨平”经济周期，实现经济的短期稳定和长期发展。（周绍东，2019）

虽然“凯恩斯范式”能对市场的平衡发展起到一定的作用，但它并不能很好地促进市场的快速增长，针对市场的滞胀，20世纪70年代，撒切尔和里根的“新自由主义”粉墨登场，“撒切尔–里根范式”崇尚市场万能、私权神圣，在经济上极力推行彻底的自由化和私有化，并通过“华盛顿共识”成为一种所谓的“普世价值”被推广到全球。这种范式认为市场是有效的，政府是无效的，要求实现“小政府、大市场”。

事实上，西方经济学语境下的三种范式抽象掉了国家的阶级性（周绍东，2019），粉饰了两极分化和金钱政治，其实质就是在为资产阶级、为金融寡头搭架子；特别是“斯密范式”和“撒切尔–里根范式”，更是赤裸裸地是为“无政府主义”唱赞歌，欲将“强者恒强”的丛林法则推向极致，以使小众的强权人群及其滋养的政客得以收割更充分的利益。这种通过“政府不干预”和“市场自然调节”的“无人为因素”的模式，恰恰是人为设定好“强者恒强”的赛道之后为避免其他力量肢解的巧妙“回避”机制，它掩盖了强势的小众群体在分配上享有极端权重的不合理实质，让大众人群的分配权益被压缩到极低的权重，并且还找不出反驳的理论依据。

正因为西方政权的资产阶级本位性，所推崇的理论和市场模式自然都是只维系资产阶级利益（社会小部分群体）的。所以，“西方范式”的管理不是利于大众的，更难以解决西方社会日益尖锐的寡头垄断、贫富分化、危机循环等突出问题。经济危机波幅加大、社会整体发展放慢、生态系统失衡加剧的客观状况，证明了这一切。

马克思曾说，资产阶级生产关系的性质本身决定了资本主义条件下“两极分化”的制度属性。这样的制度属性因财富积累和贫困积累的同一性，最终会导致整个社会再生产过程的崩溃，因而作为“两极分化”对立面的共同富裕就成为未来社会最根本的价值标准。（范从来，2017）

曾经，世界的标杆一直在西方，拥有“强壮的肌肉”就拥有话语权，所以，西方的道理似乎就是世界的道理。而这个道理就是弱肉强食。

直到中国在这个弱肉强食的环境中强大起来并且并未蚕食弱者之后，人们开始有了新的认知。

无论是西方人说的“中国现象”也好，还是周绍东概述的“中国范式”也好，反正，经济数据证明了中国能“熨平”自身的经济周期，能基本避免两极分化和寡头垄断，也能很大程度地避免资源失衡和社会互耗。中国人血液里的普惠基因和骨子里的“共生”理念，直接体现在国际建设的行为当中，比如建设“一带一路”助力各国共同发展，透露出的是互助、互利、共赢的善意和诚意。这是在引领一条“人道应天道”和“人道自衡”之路。

中国能逐步赢得世界的认可，是因为有着独善其身、兼润天下的胸怀，是因为大国担当，以及和平共处、互利共赢的策略。

越来越多的国家开始借鉴中国经验，是因为中国首先能聚合本国的力量，并使之有序运行、形成共振，有效地避免了资源的互耗和社会矛盾，形成了自身持续高速发展的良好局面；其次能在国际上赢得更多的伙伴，形成互利互惠的良性循环机制，并在健康的生态结构中成就长效的共生体系。

共享而非单赢、长效而非苟且、共生而非失衡——这，便是中国方案的核心理念。

中国方案并非只是一种构想或者愿望，而是自身践行的经验。

在中国，不少企业已凭借共生理念破壁了“管”和“制”的外壳，升维了管理，建立起了包含劳动和资本在内的所有生产要素共担共享的命运共同体，实现了“与人和”。管理学的破茧，得益于中国普惠的土壤和社会化程度较高的环境。

共生洪流，正在起浪。

24.3 共生管理学已在普惠洪流中诞生

24.3.1 中国的底蕴升华了管理学

1. 有底蕴和定力才能因地制宜

亚欧大陆的东部，有一块960万平方公里的宜居地，地处中纬度，太阳光照适中，最宜于繁衍；而且这里濒临大洋，太平洋暖流可以带来适量的雨水，滋润万物生长。这里的地理和气候，养育了一群安居乐业的人民及其文化，定居文明在这里生根发芽。纬度太高的地方光照不足，纬度太低的地方气温太高；大陆腹地雨水不足，在大洋中间气候变化又过于剧烈……总而言之，亚欧大陆中纬度的东部条件适中，自然资源丰富，宜于生产、宜于繁衍，因此，这里的人们安居乐业，不图他求。

西方列强以为中国崛起是威胁，其实是以迁徙民族的思维来判断定居民族了。自得其乐的中国人更祈求和平与安宁，四处游弋“杀敌一万自损八千”的勾当不屑为之。

从秦始皇修长城开始，这里的人就只图安居乐业，如何强大，也不愿意丢开惬意的家园到别的地方流浪。只有明白中国人的家园情怀，才能理解为何中国人“外圆内方”。因为家园够好，无须外出惹事，所以中国人对外友好，能化干戈为玉帛就不把矛盾当世仇。

穷则独善其身、达则兼济天下——定居人固有的特点。

中国这一方水土，滋育了外圆内方的一族人。

中国人自古追求“与人和、与天合”，相信得道多助。

中国人“外圆”，对外来人和外来文化是友善的。包容性令其不断吸纳新的文化和营养，底蕴和定力自然越垒越厚。

中高纬度地带的古游牧民族，生活在大陆腹地，生存资源有限，不宜于农耕，难以扎根进行生产，他们只能游走，不断寻找新的草源，即便是“杀敌八千自损一万”也得到处找活路，安定反而会有生存危机。

这些“游而居”民族的后代，血液里流的即是运动的基因、索取的基因、竞争的基因，强者恒强是他们处世逻辑，弱肉强食被他们看作是自然规律，在他们向外探寻的行为惯性中，定性自然较弱。

非洲的定居民族虽历史悠久，但因地处低纬度，生存环境较为恶劣，难以繁育出强大的文明，其文明尚未走出原始丛林，就已被其他文明给覆盖了，他们被放置在世界贸易链的底层，有定力，但缺乏底蕴。

其实，印第安人所生活的中纬度地区，东有大西洋的暖流，西有太平洋的雨水，自然条件比东亚中纬度地区单面临洋更为优越，但恰恰因为过于优越了，才缺少一定的生存压力，压力过小当然动力就有限，于是，他们过于安逸，不断重复着打猎和采摘的生存方式，他们的遥控器先天缺少“快进键”，于是，也落得了被覆盖的命运。

适中，让中华文明延绵发展。

在中国的近邻当中，最具革新力量的国家首当其冲要数日本，四十年前其 GDP 还曾是世界第二。虽然纬度适中，但因火山地震频发和资源不足，所以这个地域的定居人却想着做迁徙人，其定力也有限。文明历史长久的印度，土地很肥沃，来自印度洋的雨水也充足，可就是纬度稍微偏低了一些，所以离“适中”总有些许距离，其底蕴和定力相较中国始终稍弱，于是，在大英帝国打过来之后，中国只是半殖民地，而印度则成了殖民地。也曾做过世界老二的俄罗斯，虽体形全球最大，但纬度实在太高了，生存环境局限着，寒极之极的“战斗民族”徒有一片广袤的地块。

唯有中国这块土地，既宜居，又有催人上进，动态平衡间，孕育了“人和”与“天合”的特有文明。

中华民族，一直气定山河。

中国无与伦比的定性，来源于自身与众不同的底蕴。两个世纪前的几千年里，中国一直就是世界的文明引擎，只是最近两百年走入了文明波浪的谷底。历经 150 年重新超越欧洲的现实，绝对不算偏离逻辑的神奇现象，这只是一种必然的回归。单就经济实力而言，超越美国重新成为世界最大的经济体，也只是年份长短的事情而已。何况，中华文化，一直就没有落后过。

从 1978 到 2017 年，中国经济创造了一个又一个奇迹，其中，GDP 总量从3679亿元到827122亿元，增长了224倍；世界500强企业数量完成了从零到115家的飞跃；高铁运营里程目前已达到2.5万公里，在全球占比66%，还有下边的这些数字：

贫困人数：从7.7亿到3046万；

人均GDP：从381元到59660元；

城市化：从17.92%到58.52%；

特大城市：从1座到12座；

摩天大楼：从1栋到35栋；

专利申请量：从0件到138.2万件……（谢珍　等，2018）

这些速度，连很多发达国家都难望其项背。中华文明就这么独一无二地存在着。

中国之所以是中国，适中也，中正也，中心也，总之，平衡也。

“中国特色”是中华民族底蕴和定力的结晶，在吸纳、传承、发展的过程中，形成了因地制宜的行为力。毛泽东主席曾智慧地把“成功的共产国际工人运动”转换成了农民运动，最终大获成功；邓小平同志提出“社会主义市场经济”，让中国走上了快速发展的道路。电视连续剧《外交风云》第41集中，尼克松（时任美国总统）在出访中国之前问马尔多（法国作家）：“你对中国信仰共产主义怎么看？”马尔多说：“我觉得中国人并不盲目迷信外来的思想体系，他们首先信的是自己。”定居民族善于内在凝聚力量、外在开放包容。

底蕴和定力是升华文化和科技，包括升华企业管理学的重要基础。

“不要人夸颜色好，只留清气满乾坤”。（汪建初，2018）

2. 路，就在脚下

中国能走出一条自己的路，也是经过不断摸索、学习和借鉴得来的，总结起来就是：路，在自己脚下。

一个国家的路走起来要比一个企业的路要难得多，作为一个国家，都能把路走得那么铿锵，那么清晰，而一个企业的路呢，难道还会更难摸索吗？

事实上，我们绝大部分的企业的确没摸出做企业的“道”，一直都在“西式管理”的学习和跟随当中，始终没能走出一条“因我制宜”的路来。

或许是由于企业自始至终都忙于竞争和日常事务应付，很难停顿下来考量和反思。似乎，全世界的企业都是按一个模式走的，自己也无须思量是否不按统一模式，去蹚出一条独特的路。企业界的人的确无暇钻研管理变革，只能学习和借鉴；而学术界的人，又难以亲身实践，只能翻译和拼接。所以，企业管理只有“天下文章一大抄”了。企业管理的模式大同小异，似乎无须苛求“因我制宜”。这或许就是企业死亡率居高不下的重要原因之一吧。

人人都知道成功不可复制，可众企业一直都在抄写成功的模板。

戴尔直销模式成功了，我们的 IT 企业就全是直销；有的企业在此领域获得成功，就要到彼领域复制；很多企业热衷于跟随，视名企的策略或管理为圣经，没有条件创造条件也要复制，仿佛不这样就无法成功。其实，凡此种种的“模仿秀”并不会得到预想的效果，相反还可能拖累了主业、搞乱了阵脚、贻误了战机、稀释了品牌，甚至使企业折戟沉沙。（方家平，2005）

有多少人曾仔细琢磨过一个简单问题的根本原因何在：同样一个人，为什么打工的潜能发挥往往只有创业时的几分之一甚至十分之一？

是否应该反思一下经典的管理模式？

事实上，管理专业并非如一些管理者所言已经完善到了“天花板”之上，而是被桌面板给遮盖住了。其实掀开桌面板，管理的提升空间依然相当大。当管理能让打工者的潜能发挥形同自己创业一样时，才可谓真正的专业。

管理起于西方，同样受制于西方的迁徙文化。

竞争、制约、控制、鞭策、即得、单极，这些企业运营管理的根本理念全都来源于迁徙文明。在这些理念之下，企业外部是你死我活的同业竞争，企业内部是劳资对立的你死我活。我们非常清晰地知道劳资双方同在“一条船”上，却只能任由劳资两方的内心针锋相对，又无可奈何……

其实，这种管理模式在西方社会还是比较有实用价值的，因为迁徙人群认可丛林法则，西方的打工人一般不反感弱肉强食的格局，认为出卖劳动换得收益无可厚非。但这些理念放在东方呢？东方人是用义、利两杆秤来称量劳动关系的，单用西方人“利”这一把秤，有时候不一定能让劳动者买账。

因为着力点错位，所以，纯西式管理的效果在东方往往差强人意。

也不是没有中国企业尝试把“义”导入企业管理之中，然而其做法往往也只是浮在人文概念和空洞的文化感召上，并未形成有效的机制和规程，也没有对道义行为进行量化并与行为人的权益挂钩，所以，企业管理实质上并未走出西式管理的框架。

当然，也并非没有中国企业践行出“自己特色”的一套管理模式，海尔、小米、华为等，就走出了自己的路。特别是海尔，已实现全员自创工资、人力成本趋向于零了。这些成果意义非凡，证明了中国这块土地能让企业有更好的生长力。

这些本土企业的最大的成功之处在于突破了“西式管理”制约和对抗的理念，充分调动了劳动者的积极性和创造性，避免内耗的产生，使企业由监控走向了激励，由管制走向了开放，成功地将劳资的对立关系导向了共振、共享的共生关系，在“与人和、与天合”的方向上，开了一扇天窗。

本章之所以从自然和文明的深度来剖析，是希望能透析“人道”发展的脉络和管理学演化的路径，明晰企业和谐共振、共担共享的发展方向，和因地制宜、无为而治的方法。

路，其实就在自己脚下，在各生产要素的共生之中。

当以劳资为主的各个生产要素结成了损益同频的命运共同体，企业则不再需要鞭策，不再需要监督，就连“管”和“制”都显得多余。在企业当中，即便项目会有生命周期或者失败，但一个损益与共的各生产参与方会如同一个人一样，一个项目亏了，马上还会筹划第二个项目，“铁打的营盘流水的兵”变成了“铁打的团队流水的赢利项目”，那么，倒闭这个词或可放进历史了。

24.3.2 管理将不再姓“管”

近二三十年，企业管理遇到了瓶颈期。

自20世纪开始，管理学从工厂管理、人际管理再到系统管理、权变管理和战略管理，每隔十年左右便会有一次新的升级，但进入21世纪后，管理没再演绎出新的层级，大部分企业只能在原有的管理模式里各自摸爬滚打……

事实上，进入 21 世纪后市场的生产环境和企业的生产条件已发生了很大的变化。一百多年前泰勒在当时的生产条件下建立的管理理念——制约与鞭策，至今没有改变过。或许是因为经过数百年的沉淀，这些理念已相当地全面而完善了，全盘起底会伤筋动骨，所以被经典化了的管理只能因循守旧，而无法跟着飞速变化的市场快速革命自己。

由于传统的管理已非常成体系，且被“圣经化”了，所以想要起底已固化的管理模式必会阻力重重。但如果不解剖传统管理，是看不清它内在斑斑锈迹的。因此，得刨管理学的根。

管理学从 1911 年泰勒的《科学管理》开始，就奠定了管理制约与鞭策的基调，其土壤是资本家的工厂生产。因此，管理的目的是服务于资本赢利的，它是纯资本本位的，是弱化其他生产要素地位的。其他生产要素诉求的结果与资本诉求的结果不一致，甚至相反，所以，资本需要约束其他生产要素（主要是劳动者）对自身诉求的追逐，并鞭策他们沿着有利于资本赢利的方向去产生行为，“胡萝卜 + 大棒”就是最典型的手段。于是，约束、控制、策动、监管，组合起来，就形成了最初的管理。随着生产的发展，这些方法越来越细致，越来越完善，以至于上升到了一门“科学”，这门“科学”就一直是企业不可亵渎的模式和运行法则。

来到 21 世纪，有三大条件的彻底更迭让传统的管理难以为继：其一是商品供求关系颠倒了，商品的供方市场转换成了需方市场——这是商品过于丰富造成的；其二是生产的主导性颠倒了，随着知识经济的形成，创造力成了核心竞争力，劳动主导开始替换资本主导；其三是企业的闭环被打破，制约和监控逐渐失去了运用的前提，这是由于互联网科技并联了所有的资源，打破了一切的行业壁垒（包括企业的边界），资源（包括人才、资本、信息等）形成了自由流动的局面。这种情形下，企业不得不走向平台化，建设能吸纳资源并能令各方获益的激励机制，使各方互助共赢。

合作制正并道主流，资本为了持续赢利，逐步放弃了独控权。

合作制逐渐兴起，聘用制走向淘汰，资本“独裁体制”正在被所有生产要素的“共和体系”迭代。合作制下，利益协同关系才是所有生产要素实现共赢的基石，严密管控、互相制约不再符合合作制色彩，在利益共同体之下也更显多余。那些监管制度、监督岗位、管控机制在各方生产要素形成利益协同关系之后大都失去了意义，管理也将不再姓“管”。

因为损益同频，各生产要素进入企业平台就形成了命运共同体，共同面对亏损、共同分享利润，所以各方的矛盾关系就变成了统一关系，劳劳形成共振、劳资形成共振、资资形成共振，各方自由而自觉地运行，在充分释放能量的情形下，获得价值的最大化实现。

企业在去管理化之后，信息的接口解放了，资本的活性解放了，劳动的创造力解放了，这个时候，管理破茧成蝶，形成了各方自理的格局。

劳资从对立走向共生，是生产力发展的必然结果，是人类文明进化的自然方向。

因为生产力决定生产关系，生产关系反作用于生产力，在生产条件发生了巨大变化之后，原先极大促进生产力发展的聘用制已变成了生产力发展的枷锁，所以生产力迫切要求改变这种生产关系，去除劳资力量的互耗，充分发挥劳资的建设力。所以，劳资协作是社会发展的大势所趋，共担、共享的合作模式将成为主流。相应地，以劳资命运共同体和所有积极要素组成的“统一阵线”为基调的企业理论体系，将取代以资为本的单极化企业理论体系。而这种取代，很奇特地是由仅有 40 余年市场经济实践历史的“菜鸟”地区来引领的，这个地区是：中国。

共同体是大势所趋，共生共荣是人心所向，只有基因里传承普惠的国度，才能更快孕育出共赢的种子。

是的，东方的共生洪流孕育了共生理论，演化了共生管理学。

共生管理学是从传统“以资为本”的管理学升华出来的，基于共生理念，研究各生产要素和谐共振的管理规律、损益同频的管理方法、共担共享的管理模式，通过“变管为放、化制为服”争取管理效益最大化的一门学科。

共生管理学的诞生意义非凡，它标志着管理学“为资本服务”的立足点提高到了“为所有生产要素服务”的高度，标志着“管”和“制”的管理基础已经位移为“放”和“服”，它解放并激活了包括资本在内的所有生产参与者，使“按资分配”原则升华到了“按值分配”，让内部利益相关者的矛盾关系转化成了共振关系；它重构了“资本 +”底盘，使链接两大基础的生产要素——劳动和资本的聘用制转变成了合作制，令“公司 + 聘用者”结构升级到了“平台 + 创业者”，减少了内部消耗，实现了动态平衡，让生产的效能和产能上升了一个级别；它能令生产各参与方结成命运共同体，并可促进社会生产力的加速发展。

24.3.3　共生理念下的企业可走得更远

1. 人类在异化中终会回溯自然

人类起初跟动物一样，在敬畏自然中活得很洒脱，享受着大自然馈赠的一切美好的东西，包括青山绿水、绿色食品和清新的空气，那个时候，人本来就是自然的一部分，所有的事物都那么和谐。

由于人类从生物界脱颖而出，逐步产生了越来越多的“剩余智慧”，制造出了大量的工具，开发和利用自然资源就越来越深入，因此，人类觉得自己有了征服和控制别的物种乃至自然资源的能力。逐渐地，人类开始以自己为中心，把拥有和侵占自身以外的任何物资看作理所当然，包括鸡、鸭、牛、马、鱼，还有树木、石油、煤炭、矿石，并且越来越无度。随着西方近代科学技术的产生，人类驾驭着自己派生的机器隆隆倾轧于曾经派生了自己的自然界的躯体之上，把自己的理性和任性肆无忌惮地展示在世界面前，认为人是宇宙也是自身的主宰，人有权任意支配、处置一切非人类的自然物，自然界的一切都是为了人而存在的，能否满足人类的需要和利益是其他自然物存在的合理性或价值的唯一尺度。人对自身的理解基本是囿于如何征服自然，超越自然，甚至随心所欲地塑造自然，而不是如何与自然融为一体。在这种价值观的影响下，人类取得的大多数成就，是以损害自然环境为代价。或者说，在人与自然的关系上是以生命和自然的不可持续发展为代价的（史莉洁，2006）。习近平总书记在纪念马克思200周年诞辰大会上曾说道：“马克思认为，‘人靠自然界生活’”。人与自然是一种共生关系，人类在同自然的互动中生产、生活、发展，人类善待自然，自然也会馈赠人类，但“如果说人靠科学和创造性天才征服了自然力，那么自然力也对人进行报复”。（曹前发，2020）

人类征服自然的无度，使得自然生态失衡日趋严重，环境的恶化已经威胁到了人类的生存。人类如果不能做出新的调整和选择，将会遭受灭顶之灾（史莉洁，2006）。人类一直以自己为轴心来定义所谓的世界秩序，在“高度发达”的科技成就中，一些人仿佛可以通过其他动物畏惧的眼神来对“自我”顶礼膜拜，甚至因崇拜自己的力量和创造，往往忘却了对人的世界、对自己的行为、对自己的职责和使命、对自己的价值和意义等进行自我剖析、自我反思、自我检点和自我批判，从而成了自己创造的人的世界和自我力量的奴隶……导致了自己常常陷入被自己的非凡能力和杰出成就所设置的陷阱之中而不能自拔。（史莉洁，2006）人类正在更加无度地“征服自然”。

过于本位的人类侵占了很多自然的利益，人类的自然家园也同样遭到了破坏，社会家园也严重失衡，这都是人类过于“当然”的结果。其实可让人类惊醒的不止这些，由于人性的异化，人们的物欲被带向无极，两极分化日益严重，富人“当然”地追求更多财富，在创造和坚守中紧绷神经；穷人为了不被淘汰无休止地追赶……在全球经济一体化的大背景下，绝大多数人被圈进了充满竞争的市场中，沦为生产机器。物欲使人的本性被妖魔化，人们往往顾及不上情感的需求了，精神的空虚和价值的失落酿成了信仰危机。众多的人只重视财富的占有不想却被这种占有欲支配，沦为财富的奴隶，异化为物质的仆役。往往物质越富有，精神越空虚。城市是一个人群集聚的区域，但是，林立的高楼、封闭的居所、专业化的分工、快速的工作节律，使人感到厌倦、不安、无助、孤独、压抑、缺乏安全感，人的精神追求和价值取向发生了畸变，人的审美观也发生了畸变，不再欣赏大自然应有的真朴诗意的大美，而在人工世界里承受机械的喧嚣，人类的精神家园濒临崩溃。互利则共生，互损则俱灭（史莉洁，2006），如果人道失衡的极端化发展势头不能得以改变，人类将滑向自我毁灭……

近年来，天灾人祸似乎越来越多，人类在生产过程中时常会被按下暂停键。这或许不是一件坏事，因为这个时候人类可以亡羊补牢。大自然通过“新冠”、洪水、蝗虫、厄尔尼诺、北极大火告诉人类，要么人类顺应自然的平衡，要么自然就会把人类给“平衡”掉。

毕竟人类有着“剩余智慧”，所以在自身的生存遭遇危机时，便会为了消除威胁而努力。既然这种威胁来自失衡，那么人类就会去思考如何拉平这种失衡。

在被自然的“平衡力”教训之后，人们会慢慢明白，本位和当然的极端化是在自设陷阱，“共生”是自然规律，是生态平衡运行的必然结果，是人类社会及全宇宙平衡运行的必然归宿。人类作为“类主体”为能在地球长久地生存，必须重新考虑自己在宇宙中的位置：人类不应当是一个霸权者，而应当是自然界的看护者（史莉洁，2006）。

作为“人之道”范畴的资本，创立了企业，购买了生产资料、土地、劳动等一切生产条件，主导生产过程和利润分配，以自己为中心，把利用其他生产要素看作理所当然。在金融资本控制了全球经济走势之后，逐渐造就了“以资为本”的世界秩序。资本在市场中不断透支未来、制造泡沫，并且越演越烈，这不仅令企业各方陷入巨大的风险中，也令资本自己置身经济危机之中难以自拔。诸多产业资本也因一味追求利益最大化而走向妖魔化，往往顾及不上具体的价值生产，将企业置身资本市场的杠杆和泡沫当中，只重视利益的收割不想却被这种欲望支配，沦为利益的奴隶，异化为杠杆的支点，几乎无暇顾及卖方市场向买方市场翻转和劳动者需求的根本位移，在规模化产品需求逐步被个性化产品需求覆盖，以及在“胡萝卜+大棒”作用滑向反面之后，基础的价值生产原有前提正在迅速消失，而所谓的杠杆支点，或许连“莫须有”的价值都不再具备了。

不过，凭着“剩余智慧”，否极泰来之时，资本持有人自会为了回溯利益赢取而反思“当然”，在创造力成为竞争胜负手的现代市场，把创造力的载体推向C位，于是有了“知本+”，有了损益同频，有了利益共同体，有了共生管理学。

马克思主义认为，人与自然、与社会、与他人是一个共生的实践过程，人只有在实现这个统一共生之后才能真正地实现自己的发展，这个实践过程是一个共同发展的过程（张永缜，2009）。

当人们顺应自然、认同共生之后，就能达成“与人和、与天合”，逐步消除横在自身面前的阻碍力和迫害力，获得和谐的生存环境和轻松的生活方式，重新并道自然。当然，企业亦如此。

2. 道法自然

人类因为“剩余智慧”而从“自然我”变成了“当然我”，因为“当然我”而自我中心化，因为自我中心化而造成了社会和自然的失衡，因为失衡而造成危机，最后又因为遭受危机而反过来去消除失衡，走向“与人和、与天合”的共生道路，这是一个必然的轮回过程。

人类在“当然我”阶段的异化，主要是因为本位的思想，一味地从自身角度出发，而未顾他方利益造成的。本位思想造成了人的片面性，致使人类行为走向偏激，最后导致与各方的不协调，人道失衡因此成为规律。

人道失衡是人类在“当然我”的本位阶段遭遇困难重重的根本原因，由于天道自衡会对失衡产生反作用力，人道的失衡越大，所遭受的反作用力就越大，这是自然规律。

一个企业的内外交困，往往也是管理者过于本位造成的。

由于资本的“当然”，把内部其他的生产要素置于利益对立关系的位置上，因此在企业中利益纠纷不断、相互关系矛盾，内部力量被大量地耗掉，于是生产往往搞不好，利润也紧张，内部关系则更脆弱。对于外部亦是如此，因为市场的竞争关系，企业把同行当作“冤家”，互相打击、争斗，很多的人力物力也消耗在了非效益创造上。

假如采用共生策略，结果会怎样呢？或许一切问题将可迎刃而解：企业内部由于各方损益同频，有亏损共担、有利润共享，各方的矛盾关系转变成统一关系后，自然便会一致对外；企业外部竞合化，各组织资源优势互补，企业自身的弱势板块无须耗费资金自建，直接将该板块进行任务委托，由更专业的组织负责，合作即可，而自己只需将资金和精力集中在优势板块上，跟其他企业结成产业利益共同体。平台化的今天，已经越来越多的企业采用这种方式进行生产了。此谓共生。

海尔就是最好的例子，“小微”模式让全员变成了承包者，所有员工的收益源于市场效益，若企业出现亏损，员工也得与公司一起分担责任；而员工获得的收入与公司按比例分成，包括行政人员在内所有员工均按效益计算薪酬，人力成本就降为零了。依同样的原理，再将企业各方面的成本进行责任分担，企业的经济风险也就大大降低了。如此，企业只需从各方的收益中抽成，那它岂不是稳坐钓鱼台？

这种合作关系可以借鉴网约车平台运营模式来理解：司机、乘客都是独立的损益主体，如果没有业务单产生，平台不承担车辆运营的油费、维修费；一旦有业务单完成，平台就会有提成，原则上是只赚不赔。只要结算和风控系统设计完善，网站便可去管理化自运营。平台化公司的运营原理近似，这便是共生理念下的现代企业。

在平台化模式下，各方的利益由自身的贡献决定，所以会自觉进行贡献。自驱动局面下，传统管理中的制约和鞭策就显得多余了，企业变管为放即可。

在共生体系中，企业只是一个为各生产要素搭起的平台，在这个平台之上人才、资金、信息等生产要素可以灵活组合与自由发挥；且因客观量值、损益同频，生产参与者各得其所，自会积极贡献、和谐相助。由于各生产要素自身基本不占硬成本，企业作为平台，往往只需判断项目是否有市场空间便能决策，盈利即可分润，而不盈利也不会产生太大的亏损。只要维系各生产要素贡献量值精确化和权益匹配长期化，便能维系“铁打的团队”，于是就可形成“流水的盈利项目”格局，利润延绵不断，企业则可长久发展。

这便是道法自然，是无为而治。

参考文献

艾诚，2016. 创业的常识[M]. 北京：中信出版社.

艾诚，2017. 创业不死法则[M]. 北京：中信出版社.

白云怡，刘欣，李司坤，徐伟，韩晓明，纪双城，青木，陶短房，王伟，陈一，柳玉鹏. 新加坡学者：中共不仅仅是一个执政党，更是一个使命党[EB/OL].（2017-10-20）[2020-08-24]. https://baijiahao.baidu.com/s?id=1581730746341137128&wfr=spider&for=pc.

白云怡，2018. 巴新和萨摩亚驻华大使专访——我们为什么选择靠近中国[EB/OL].（2018-11-15）[2020-08-26]. https://oversea.huanqiu.com/article/9CaKrnKeRu4.

白云怡. 亚投行副行长：中国是一个非常负责的大股东[EB/OL].（2019-01-16）[2020-08-26]. https://world.huanqiu.com/article/9CaKrnKh45o，环球时报.

蔡智渊，李立辉，2018. 我国民营企业的融资困境及解决途径[J]. 企业改革与管理（4）：072.

曹前发. 牢固树立人与自然和谐共生理念[EB/OL].（2020-07-15）[2020-01-01]. http://fgw.czs.gov.cn/fzggdt/lxsh/content_3155684.html.

常红，徐祥丽，姚雪. 习近平提出“人类命运共同体”重大意义之二：中国方案推动全世界[EB/OL].（2018-1-25）[2020-08-22]. http://world.people.com.cn/n1/2018/0125/c1002-29786480.html.

陈斌，2018. “社会信用体系”究竟是什么[N]. 南方周末，2018-09-20（20）.

陈光旨，2001. 管理的主客体关系[J]. 广西大学学报-哲学社会科学版（06）：8-12.

陈灏. 向“夫妻店、父子兵”说“不”：国企引入负责人回避制度效果有多大？[EB/OL].（2015-03-31）[2020-03-22]. http://www.gov.cn/xinwen/2015-03/31/content_2840653.htm.

陈灏，王炳坤，杨毅沉，2017. 国企人才流失现状分析与对策探究[J]. 人才资源开发，5（5）：62-63.

陈昕钊，2018. 国有企业剥离办社会职能的思考与探索[J]. 现代经济信息（14）：102.

陈学东，2020. 乐视网确定退市28万股东何去何从[N]. 新快报，2020-05-15（16）.

陈悦，刘则渊，2007. 管理学的基本概念与学科地位[J]. 管理学报（6）：695-702.

程建岗. "西少爷" 拆伙记[EB/OL].（2015-01-28）[2020-01-09]. https://www.fx361.com/page/2015/0128/781777.shtml.

迟诚，2011. 马克思的劳资关系理论及其当代意义[J]. 长春理工大学学报（社会科学版），24（12）：21-22，36.

崔子龙，张开心，2014. 劳资共生共享与和谐劳动关系构建[N]. 光明日报，2014-07-07（10）.

党书国，2006. 海尔管理模式全集[M]. 武汉：武汉大学出版社.

邓汉慧，张子刚，2006. 企业核心利益相关者共同治理模式[J]. 科研管理，1（1）：81-90.

刁大明. "中国威胁论" 站不住脚　中国的发展是世界的机遇[EB/OL].（2018-10-17）[2020-08-11]. http://news.cctv.com/2018/10/17/ARTIR2v3XyFdJ9NRIKymOJgb181017.shtml.

东方卫报，2018. 未来推行 "四天工作制"[N]. 东方卫报，2018-07-16（A01）.

范从来，2017. 探索中国特色社会主义共同富裕道路[J]. 经济研究（5）：23-25.

方家平，2005. 成功的模式不可简单复制[N]. 中外企业文化（3）：72-73.

冯友兰，2000. 三松堂全集（第7卷）[M]. 中国哲学史新编试稿载，郑州：河南人民出版社.

福建调查总队与漳州调查队联合课题组，2013. 居民工资性收入与劳动生产率关系研究——以福建为例[J]. 调研世界（6）：3-9.

高力克，2010. 革命进化论与陈独秀的启蒙激进主义[J]. 华东师范大学学报-哲学社会科版（3）：32-39.

耿晓琴，2017. 实施带薪休假制度的路径、障碍与对策研究[J]. 人力资源管理（31）：82-83.

光明网评论员. 董事长每天均报40万花销，谁受得了[EB/OL].（2019-12-25）[2020-07-12]. https://www.thepaper.cn/newsDetail_forward_5337736.

郭涵，2012. 趋利避害性与规范管理[J]. 城市建设理论研究（23）: 127.

郭建兰，2008. 增强企业凝聚力之我见[J]. 机械管理开发（06）: 141-142.

郭志刚，张明烨，2010. 劳资共生与管理共赢[J]. 新资本（1）: 42-45.

郭志刚，何飞，2014. 劳资关系共同体模式分析[J]. 经济体制改革（02）: 112-116.

国务院. 国务院关于深化国有企业改革的指导意见[EB/OL].（2015-09-13）[2020-07-15]. http://www.gov.cn/zhengce/2015-09/13/content_2930440.htm.

海尔集团，2012. 努力建设一流创新企业[J]. 科学学研究（30）: 1764.

韩金华，2009. 马克思劳资关系理论的主要特征及其现实价值[J]. 当代经济研究（12）: 6-10.

韩琳，2011. 上市公司债权融资与股权融资的财务效应比较分析[J]. 财会研究（16）: 53-55.

韩苓，2007. 领导权变理论综述[J]. 决策探索（10）.

杭晨捷，孙旭，2015. 积分管理在人才激励应用中的研究与分析[J]. 中国人力资源开发（2）: 38-47.

何旭明，2000. 论人情关系与腐败现象[J]. 社会科学（11）: 19-23.

贺培育，姚选民，2015. 论人情传统的历史成因及其影响[J]. 南华大学学报-社会科学版，16（03）: 42-47.

洪涛，叶群，林伟强. 小米模式深度解析：效率致胜，性价比为王，构建智能生活[EB/OL]（2018-06-25）[2019-05-11]. https://finance.ifeng.com/c/7e08ePxp2wJ.

胡大罡. 建国244年，发动222场战争，如果美国这次败了，将会是世界上最惨的国家！[EB/OL].（2020-06-08）[2020-08-15]. 美篇网，https://www.meipian.cn/2zkr6pj4.

胡沛. 国内首份“老赖画像”出炉　四川近1.5万名老赖遭惩戒[EB/OL].（2016-09-29）[2020-07-22]. https://e.chengdu.cn/html/2016-09/29/content_576140.htm.

胡平. 中国五天工作制出台始末[EB/OL].（2012-08-10）[2019-08-18]. http://wb.qdqss.cn/html/qdzb/20180826/qdzb335237.html.

胡婷婷，1999. 东西方价值观的冲突与思考[J]. 大庆高等专科学校学报（3）：82–84.

胡远志. 太子奶事件缘由[EB/OL].（2010–06–08）[2020–05–07]. https://finance.qq.com/a/20100608/003738.htm.

环球时报 环球网，2019. 中国做对了什么[M]. 杭州：浙江人民出版社.

环球时报社评. 理理美国同中国翻脸背后的利益链条[EB/OL].（2020–07–24）[2020–08–16]. https://baijiahao.baidu.com/s?id=1673022783044073653&wfr=spider&for=pc.

黄飞宏. 为什么要打破部门壁垒[EB/OL].（2014–10–13）[2019–04–09]. http://blog.sina.com.cn/s/blog_5244d1dd0102v572.html.

黄群慧，2017. 破除混合所有制改革的八个误区[J]. 财经界（9）：70–72.

黄铁鹰，2008. 天生企业家[M]. 北京：机械工业出版社.

黄晓波，2007. 基于广义资本的财务报告[J]. 会计研究，（12）：3–10.

黄雪松，2019. 习近平人类命运共同体思想中的马克思主义哲学意蕴探究[J]. 哈尔滨学院学报，40（3）：5–8.

佳鹏，2005. 不要照搬国外模式[J]. 中国国门时报（1）：17.

贾丽娟，2019. 中小企业融资困境及对策[J]. 山东纺织经济（03）：18–19.

姜博仁，2016. 新合伙制[M]. 北京：人民邮电出版社.

蒋东文. 乐视“大结局”：1700亿灰飞烟灭，28万投资者为梦窒息……[EB/OL].（2020–05–16）[2020–05–19]. https://baijiahao.baidu.com/s?id=1666885285725338608&wfr=spider&for=pc.

蒋柯，2009. 趋利避害——自然选择塑造的领域特殊性归纳逻辑[D]. 上海：华东师范大学：239.

蒋莉，2017. 浅析国有企业人才流失的原因及对策[J]. 企业文化旬刊（7）：227–229.

蒋锡培. 民企不具备与国有企业同等竞争环境[EB/OL].（2012–08–27）[2020–07–10]. http://www.iceo.com.cn/column/26/2012/0827/256096.shtml.

蒋琰，茅宁，2011. 多元资本网络：理论框架的构建[J]. 会计研究，（2）：45–51.

金朝力. 海尔集团全球收入2419亿元，海外营收近半[EB/OL].（2018–01–25[2019–05–

16]. http://app.bbtnews.com.cn/?app=article&controller=article&action=show&cont.

金凡. 风投凶狠的资本手段：稀释权到底是什么？[EB/OL].（2019-04-30）[2020-05-08]. https://3g.163.com/money/article/EE0DTA3400258299.html.

九三学社广东省委员会. 使国企高管成为真正的企业家[EB/OL].（2014-01-20）[2020-07-15]. http://www.93.gd.cn/#/detail/48/4875.

孔令晗. 公司年会宣布“996”工作制，是逼员工自愿加班？[EB/OL].（2019-04-14）[2019-11-25]. http://news.haiwainet.cn/n/2019/0201/c3541083-31491168.html?baike.

李昌隆，2018. 马克思关于个人利益与集体利益关系研究[J]. 智库时代（33）：127.

李传军，2011. 德国企业的共同治理模式[J]. 企业改革与管理（5）：66-68.

李奋，2003. 论智力劳动力价值实现最大化[J]. 金华职业技术学院学报（4）：80-84.

李光耀（新加坡），2018. 李光耀观天下[M]. 北京：北京大学出版社：80-83.

李海舰，李文杰，李然，2018. 新时代中国企业管理创新研究[J]. 经济管理（7）：5-19.

李海旺. 制度要实打实落地[EB/OL].（2017-09-05）[2019-03-03]. https://3g.china.com/act/news/11038989/20170905/31285199.html.

李晋，刘洪，2011. 管理学百年发展回顾与未来研究展望[J]. 外国经济与管理（04）：1-9.

李苗，徐科军，其立等，2010. 数字科氏质量流量计正负阶跃交替激励启振方法[J]. 仪器仪表学报（1）：172-177.

李敏敏，2013. 兄弟式合伙，仇人式散伙[J]. 徽商（002）：98-99.

李荣，2015. 社会管理不妨引入“积分制”[J]. 人力资源（03）.

李荣. 在社会治理中导入积分制管理正逢其时[EB/OL].（2018-08-05）[2020-07-22]. https://wenku.baidu.com/view/b5136f73590216fc700abb68a98271fe910eaf8d.html.

李小华. 新冠疫情下 穷人处境凸显美国社会的残酷[EB/OL].（2020-03-23）[2020-08-16]. http://news.china.com.cn/txt/2020-03/23/content_75848613.htm.

李新民，2018. 南宁鸿基：谁念歪了国企改制的“经”？[N]. 经济参考报，2018-06-25（A05）.

李鑫. 德媒：中国已成经济和专利大国 美国不再是“丛林之王”[EB/OL].（2018-03-18）

[2020-08-24]. https://m.sohu.com/a/225779691_114911/.

李映民，李获. 东莞“积分制”获全国社会治理创新十大最佳案例[EB/OL].（2015-10-10）[2020-07-26]. https://www.sohu.com/a/34990684_123875，2015-10-10.

李越. 乐视网退市阳谋：孙宏斌止损脱身，百亿负债谁来还？[EB/OL].（2020-05-16）[2020-05-19]. https://baijiahao.baidu.com/s?id=1666806388081155502&wfr=spider&for=pc.

李云琛. 古代的休假制度[EB/OL].（2016-12-09）[2019-08-18]. https://wenku.baidu.com/view/c878a403fbd6195f312b3169a45177232f60e4ff.html.

李拯. 崇尚奋斗，不等于强制996[EB/OL].（2019-04-14）[2019-11-23]. https://www.guancha.cn/politics/2019_04_14_497599.shtml.

厉敏，2017. 认识信息经济的特征[J]. 科学24小时（7）：10-14.

梁战平. 中国突然公布一组照片，全世界都不敢相信[EB/OL].（2020-03-22）[2020-08-24]. https://www.thepaper.cn/newsDetail_forward_6655092.

林洁如. 中国什么时候能成为最大经济体，张军：10到12年[EB/OL].（2019-12-22）[2019-11-13]. https://www.163.com/money/article/F12JDQKA00259F4M.html.

林展霆. 中国官媒：乘客司机互殴事故是“文明的心痛”[EB/OL].（2018-11-05）[2020-07-22]. https://www.zaobao.com/news/china/story20181105-904807.

刘道玉. 中国人为什么缺乏创造力[EB/OL].（2016-04-06）[2019-09-07]. http://www.chinareform.net/index.php?m=content&c=index&a=show&catid=48&id=4683.

刘芳，2015. 马克思关于个人利益与集体利益关系的文本解读[J]. 云南大学学报（社会科学版）（3）：106-110.

刘国镔. 如何预防股东大战[EB/OL].（2012-02-17）[2020-01-10]. http://www.ceconline.com/financial/ma/8800063839/01.

刘金祥，2018. “和合”思想的主要内涵与当下价值[N]. 黑龙江日报，2018-07-17（06）.

刘容，2012. 日本企业劳资关系的演进[J]. 财经问题研究（5）：115-119.

刘小韩，李同彬，菅海平，2018. 民间借贷融资对民营中小企业的影响研究[J]. 经济界（01）：8-11.

刘永选，2011. 让管理回归自然[J]. 企业管理（8）：15-16.

刘长胜，沓金华，1989. 浅析国外劳资利益共同体及其形成[J]. 改革(4): 143-146.

刘政宁. 重庆万州公交车坠江原因公布：乘客与司机激烈争执互殴致车辆失控[EB/OL].（2018-11-02）[2020-07-22]. http://society.people.com.cn/n1/2018/1102/c1008-30378646.html.

龙小林. 人均GDP从1千美元到1万美元，美国用了36年，日本为17年，我国呢[EB/OL].（2020-01-13）[2020-08-26]. http://zzzzzz.me/post-13903.html.

卢圣泉，1998. 国有企业在宏观调控中的作用[J]. 经济问题(7): 18-21.

鲁贵卿，2018. 管理中的“责权利”平衡之道[J]. 施工企业管理(3): 81-83.

陆建梅. 从“囚徒困境”看集体利益与个人利益的关系[J]. 山东省青年管理干部学院学报，2000-2(83): 60.

罗宁，李萍，2011. 劳资关系研究的理论脉络与进展[J]. 当代财经(04): 120-128.

罗培新，2000. 冷眼看“独立董事”（上）[J]. 金融法苑(12): 53-58.

罗筱晓，卢越，周有强，2015. “零举报”折射维权尴尬[N]. 工人日报，2015-12-19(05).

吕鹤霄. 从1号店到1药网，评论创始人控制权的重要性[EB/OL].（2018-10-24）[2020-05-08]. https://www.jianshu.com/p/a6a28955b682.

吕梦倩，2016. 马克思劳资关系理论下我国私营企业劳资失衡问题探究[J]. 金融经济(16): 108-109.

吕顺辉. 华为股权激励分配方法[EB/OL].（2019-12-09）[2020-12-20]. https://zhuanlan.zhihu.com/p/96082373.

马洁玲，唐丽倩，李强，2015. 休假福利能提升工作效率吗？[J]. 现代国企研究(15): 59-61.

马克思，恩格斯，1956. 马克思恩格斯全集（第1卷）[M]. 中共中央马克思恩格斯列宁斯大林著作编译局，译. 北京：人民出版社.

马克思，恩格斯，1960. 马克思恩格斯全集（第3卷）[M]. 中共中央马克思恩格斯列宁斯大林著作编译局，译. 北京：人民出版社.

马克思，恩格斯，1985. 马克思恩格斯全集（第48卷）[M]. 中共中央马克思恩格斯列宁斯大林著作编译局，译. 北京：人民出版社.

马克思，恩格斯，1995. 马克思恩格斯全集（第1卷）[M]. 中共中央马克思恩格斯列宁斯大林著作编译局，译. 北京：人民出版社.

马克思，恩格斯，2009. 马克思恩格斯全集（第1卷）[M]. 中共中央马克思恩格斯列宁斯大林著作编译局，译. 北京：人民出版社.

马晓霖，2020. 全球疫情让地缘热点集体降温[N]. 北京青年报，2020-04-04（A02）.

马瑜，古涛，2009. 建立健全个人信用体系的必要性[J]. 玉溪师范学院学报（2）：41-45.

梅岭.1700亿创业板一哥退市，王思聪、王宝强、广发基金……乐视网都坑了谁？[EB/OL].（2020-05-14）[2020-05-18]. https://www.sohu.com/a/395208649_313745.

孟庆君，2017. 国企混改困境研究[J]. 现代商业（27）：88-90.

孟现玉，2018. 平台经济下劳动关系认定标准的重塑[J]. 河南财经政法大学学报，33（03）：82-89.

民建中央专题调研组，2016. 加强社会征信体系建设 构筑诚实守信的经济社会环境[J]. 经济界（1）：13-18.

母婴说事.5岁女孩产下一男婴，创下世界纪录！53万娃正被催熟，父母要警惕[EB/OL].（2020-06-30）[2020-07-24]. https://www.sohu.com/a/404987903_120449673.

倪邦文，刘长军，2018. 彰显21世纪马克思主义的真理力量[J]. 求是（15）：15-28.

宁肯，2017. 中关村笔记[M]. 北京：北京十月文艺出版社.

彭波，2019. 强制加班不应成为企业文化[N]. 人民日报，2019-04-11（19）.

彭雪燕，2019. 浅析互联网金融背景下中小企业融资困境[J]. 商讯（04）：62.

彭漪涟，2004. 逻辑学大辞典[M]. 上海：上海辞书出版社.

皮建才，2002. 国企“企业家”五大弊端[N]. 国际金融报，2002-10-29（4）.

朴雨淳，2006. 中国社会的“关系”文化——兼论能否增进“关系”的公共性？[J]. 学海（05）：5-16.

齐钟彦，1998. 中国经济软体动物[M]. 北京：中国农业出版社：302-303.

乔恒（译），2017. 中国在国际经济事务中影响力与日俱增[N]. 环球时报，2017-3-25.

秦朔，2018. 国有企业存不存在企业家？[N]. 中国企业报，2018-04-10（10）.

秦伟平，赵曙明，周路路，等，2016. 真我型领导与员工创造力：中介性调节机制[J]. 管理科学学报，19（12）：83-94.

秦武. 略谈儒家“义”思想及其社会价值[EB/OL].（2017-03-13）[2020-03-25]. http://bbs.tianya.cn/post-233-45863-1.shtml.

秦英，2011. 企业要破除平均主义[J]. 企业文化（5）：218-219.

秦志华，2008. 企业管理的理性与人性[J]. 财经界：管理学家（7）：54-55.

人民日报评论部，2018. 构建匹配时代的精神文明——如何提升我们的社会文明[N]. 人民日报，2018-11-12（05）.

任晓敏，2019. 关于深化国有企业改革的思考[J]. 现代国企研究（3）：209-211.

任晓怡，2010. 我国民间金融的利弊及发展建议[J]. 沿海企业与科技（3）：1-2.

任勇，2018. 服务型政府建设在改革开放中深入推进[N]. 人民日报，2018-09-09（5）.

邵彦敏，杨帆，2017. 利益共享与和谐劳动关系构建[J]. 求是学刊11（6）：52-58.

沈菏生.“和”字当先，管理要靠人还是靠制度[EB/OL].（2013-09-22）[2019-03-03]. https://www.glzy8.com/ceo/25424.html.

沈奇，张玉香，李汶玲. 国企的就是国家的？国企如何分配利润[EB/OL].（2018-03-14）[2020-07-08]. https://www.sohu.com/a/225561649_482521.

石洪萍，王雨魂，2007.“道法自然”与现代简洁化管理[J]. 交通企业管理（12）：75.

史莉洁，2006. 共生理论及其当代意义[D]. 武汉：华中科技大学.

舒化鲁，2003. 企业规范化管理实施方案[M]. 北京：中国人民大学出版社.

舒化鲁，2004. 企业规范化管理标准体系[M]. 北京：中国人民大学出版社.

司马迁，2010. 史记-管晏列传[M]. 哈尔滨：北方文艺出版社.

孙景华，2006. 国人的管理逻辑[M]. 北京：机械工业出版社.

孙微. 牛津大学历史学家：中国重塑世界，西方时代终结[EB/OL].（2016-08-17）[2020-08-25]. https://world.huanqiu.com/article/9CaKrnJX67I.

孙旭，蒋颖，2013. 结合我国劳资矛盾实例论述马克思剩余价值理论[J]. 东方企业文化-企业政工(09): 17-18.

孙玉麟，2006. 国有大型企业集团管理系统内耗分析及治理研究[A]. 天津：天津大学.

孙玉麟，2006. 国有大型企业集团管理系统内耗分析及治理研究[D]. 天津：天津大学.

泰勒. 一顿猛操作，只卖9部车，骗了国资几十亿！刚刚被查封，吴亦凡曾站台！[EB/OL].（2020-06-24）[2020-07-15]. https://www.hxny.com/nd-46812-0-50.html.

谭郑宵，2005. 我国上市公司独立董事制度批判[J]. 时代法学(6): 61-67.

陶友之，2012. 当前亟须正确处理“劳资”利益关系[J]. 社会科学(6): 45-48.

天诣. 效率！蜂窝式组织架构调整[EB/OL].（2017-06-12）[2019-05-04]. https://www.jianshu.com/p/5c40ccf670dd.

田林韬.3傻大闹鹅厂，南山必胜客名号不保，老干妈却已笑晕在厕所了[EB/OL].(2020-07-02)[2020-07-25]. https://www.163.com/dy/article/FGI0D2J7051986UM.html.

田晓明，2018. 近代西方社会管理的历史变迁及启示——基于文化差异的视角[J]. 苏州大学学报(哲学社会科学版)，39(06): 31-41.

汪建初，2018. 论中国道路的自信[N]. 传承(4): 9-12.

汪叶斌，2013. 一般平衡论[M]. 美国：美国学术出版社.

王超，2009. 当前我国社会信用体系存在的问题和对策[J]. 金融经济(08): 152-153.

王川，2016. 游戏的吸引力研究及其对艺术设计教育的启示[J]. 艺术与设计(理论)(5): 131-133.

王春秀，2006. 知识经济时代下的企业组织结构[J]. 云南民族大学学报(哲学社会科学版)(04): 97-99.

王德培. 中国未来40年的大趋势[EB/OL].（2020-06-01）[2020-08-12]. https://zhuanlan.zhihu.com/p/144985896.

王国刚，2015. “一带一路”：基于中华传统文化的国际经济理念创新[J]. 国际金融研究(7): 3-10.

王健林，2015. 万达哲学[M]. 北京：中信出版社.

王利明，2015. 法治与人情[J]. 当代贵州（11）：62.

王梦婕. 调查称九成国企企业家因贪腐获罪 多在垄断领域[EB/OL].（2012-01-16）[2020-07-15]. https://www.chinanews.com.cn/fz/2012/01-16/3606096_2.shtml.

王宁，2018. 创始团队稳定性对企业绩效的影响研究——基于创业板上市公司[D]. 北京：首都经济贸易大学.

王钦. 海尔“人单合一”模式：自驱动、自组织、自演进[EB/OL].（2018-07-02）[2019-05-15]. https://www.qingdaonews.com/content/2018-07/02/content_20171760.htm.

王秋梅，2012.《资本论》利益理论与当代和谐劳资利益关系的构建[J]. 广西师范大学学报-哲学社会科学版08（4）：11.

王石，2015. 中国企业需要契约精神[J]. 中国房地产业（Z1）：52-55.

王石. 最好的制度到底长啥样？[EB/OL].（2017-08-09）[2019-03-03]. http://blog.sina.com.cn/s/blog_ad513ba40102x278.html.

王雯雯. 专访日本“一带一路”研究中心负责人进藤荣一：炒作“中国债务陷阱”非常荒诞[EB/OL].（2019-06-06）[2020-08-26]. https://world.huanqiu.com/article/9CaKrnKkO6r.

王新红，2018. 国企改革：股份制企业治理机制的中国式探索[J]. 法学（1）：31-39.

王莹. 冉万祥：民营企业的作用和贡献可以用“56789”来概括[EB/OL].（2017-10-21）[2020-04-11]. http://www.xinhuanet.com//politics/19cpcnc/2017-10/21/c_129724207.htm.

王玉西. 习近平外交思想中的“和”与“合”[EB/OL].（2018-06-22）[2020-08-20]. https://www.chinanews.com.cn/gn/2018/06-22/8543939.shtml.

王振红，王黎明，2019. 中小企业融资困境成因及对策研究[J]. 山东理工大学学报-社会科学版，35（02）：16-20.

王政淇. 习近平提出“人类命运共同体”重大意义之一：中国智慧启示全世界[EB/OL].（2018-01-24）[2020-08-20]. http://politics.people.com.cn/n1/2018/0124/c1001-29784322.html.

王智亮. 一招“积分制”，破解东莞社会治理难题[EB/OL].（2015-11-16）[2020-07-26]. http://epaper.southcn.com/nfzz/226/content/2015-11/16/content_138147546.htm.

王中江，2010. 道与事物的自然 老子“道法自然”实义考论[J]. 哲学研究（8）：37-47.

韦敏. 关于提升国有企业员工幸福指数的对策探讨[EB/OL].（2020-05-19）[2019-08-26]. https://www.fx361.com/page/2020/0509/6645619.shtml.

卫兴华, 2014. 科学把握生产力与生产关系研究中的唯物史观——兼评“生产关系决定生产力论”和“唯生产力标准论”[J]. 清华政治经济学报（2）: 3-25.

魏艳莉, 李珺, 2017. 浅析中国社会的人情关系[J]. 西部皮革, 39（04）: 222.

温素彬, 2010. 企业社会责任与财务绩效关系的实证研究: 利益相关者视角的面板数据分析[J]. 中国工业经济（10）: 150-160.

温源, 刘坤, 2017. 国企企业家的责任和担当[N]. 光明日报, 2017-09-28（12）.

文华, 2014. 国有企业人事档案管理的现状、问题和对策研究[J]. 实践与探索（195）: 32-34.

文扬. 疫情之下, 欧美国家为何表现得像“失败国家”?[EB/OL].（2020-03-26）[2020-08-13]. http://k.sina.com.cn/article_1887344341_v707e96d501900umtv.html?subch=onews.

文宗瑜, 2016. 不愿、不敢、没钱: 大国企员工持股步履维艰[J]. 董事会（8）: 34-36.

吴东文, 辛宇, 2019. 五位一体 整合协同推进 激发省属国企高管企业家精神[J]. 广东经济（9）: 12-15

吴丽超, 2019. 中国民间借贷的现状和出路[J]. 中国集体经济（14）: 100-101.

吴倩男. “西少爷” 散伙: 互联网思维泡沫破碎[EB/OL].（2014-11-18）[2020-01-10]. https://www.docin.com/p-1334185320.html.

吴晓波. 旧势力将被全面颠覆! EB/OL].（2015-01-26）[2019-05-05]. http://finance.jrj.com.cn/2015/01/26161818768152.shtml.

吴晓波. 为什么我说改革开放的下半场是从2013年开始的[EB/OL].（2017-08-13）[2019-05-05]. https://wuxiaobo.blog.caixin.com/archives/167094.

吴晓波. 所有改革都是从违法开始的[EB/OL].（2018-04-13）[2019-05-05]. https://www.163.com/dy/article/DF9N5ENL0519QQUP.html.

吴晓波.80%企业将倒闭, 5个行业能赚钱[EB/OL].（2018-06-14）[2019-05-05]. https://zhuanlan.zhihu.com/p/38081508.

吴垠，2015. 中国式合伙[M]. 北京：时代出版传媒股份有限公司.

吴羽. 退休6年后被抓！包钢集团原董事长受贿细节曝光：查封1亿资产，名下11套房[EB/OL].（2019-12-14）[2020-07-12]. https://ishare.ifeng.com/c/s/7sPIaqMg9YG.

习近平，2019. 坚定文化自信，建设社会主义文化强国[J]. 求是（12）.

席大伟. 中国19个月19位知名企业高管离世，超六成死于疾病[EB/OL].（2011-07-12）[2020-04-11]. http://news.sohu.com/20110712/n313126995.shtml.

席猛，赵曙明，2014. 劳资冲突研究述评：定义、前因及研究新视角[J]. 管理学报，11（3）：455-461.

夏洛特. 从积极的角度看待劳资关系[EB/OL].（2017-10-18）[2020-04-21]. https://www.sohu.com/a/198857363_717856.

夏芸芸，2014. 论我国劳资关系从利益矛盾体到利益共同体[J]. 现代商贸工业，26（15）：89-90.

肖人彬，王英聪，2016. 面向群体利益分配的蚁群劳动分工建模与仿真[J]. 管理科学学报，19（10）：1-15.

萧峰，2014. 中小企业融资难，综合成本20%以下近乎绝迹[N]. 投资快报，2014-08-27（2）.

萧三匝，2016. 我看青年张锐之死[J]. 中国企业家（20）：002.

谢玮，2016. "80""90"后员工的有效激励对策探索[J]. 产业与科技论坛（15）：11.

谢轩. 雇佣制过时了，打造你的人才联盟！[EB/OL].（2015-06-27）[2020-05-10]. http://blog.sina.com.cn/s/blog_a183e83d0102vufg.html.

谢珍，张楠. 一图看懂中国经济40年巨变GDP总量增长了224倍[EB/OL].（2018-5-26）[2020-08-26]. https://baijiahao.baidu.com/s?id=1601513877091912817&wfr=spider&for=pc.

熊童子. "倒金字塔"管理法，激发企业组织活力[EB/OL].（2017-10-19）[2019-05-04]. https://www.sohu.com/a/198846516_590354.

修思禹，冯海超，梁海松，2013. 不焦虑的活法[J]. 英才（08）：124-126.

秀倩. 华为任正非：《一江春水向东流》[EB/OL].（2011-12-26）[2019-07-08]. https://www.ithome.com/html/it/7973.htm.

许光建，孙伟，2018. 国有企业混合所有制改革的五个关键问题[J]. 宏观经济管理（1）：20–25.

许果，梅林，2002. 论中西方价值观差异及表现[J]. 渝州大学学报–社科版（6）：44–47.

薛源，2018. 从国企成为民企的“黄埔军校”谈经济转型背景下国有企业的人才管理现状及策略[J]. 现代国企研究（2）：14–15.

鄢烈山. 国企腐败程度，必然比国家机关更严重[EB/OL].（2015–3–10）[2020–07–11]. https://news.sina.com.cn/zl/zatan/blog/2015–03–10/10473353/1182425635/467a62230102vlr1.shtml.

杨德明. 现代西方经济体制的比较分析[EB/OL].（2005–04–02）[2020–07–06]. https://bbs.pinggu.org/jg/jingji_xifangjingjixue_16332_1.html.

杨妮. 确诊老人隐瞒到过武汉，致100余人密切接触[EB/OL].（2020–02–04）[2020–07–22]. https://baijiahao.baidu.com/s?id=1657565860687091503&wfr=spider&for=pc.

杨文全. 习近平全面阐述“人类命运共同体”推动建构新型国际关系[EB/OL].（2017–01–20）[2020–08–20]. http://cpc.people.com.cn/xuexi/big5/n1/2017/0120/c385474–29039310.html.

姚立宏. 从东西方对集体和个体价值取向上看如何体现以人为本的思想[EB/OL].（2011–05–27）[2019–06–09]. http://blog.sina.com.cn/s/blog_734850140100sow9.html.

姚遥.90后成职场灾难？说不定是老司机的错[EB/OL].（2016–11–01）[2019–10–11]. http://www.time–weekly.com/post/35039.

叶俊. 企业的制度与人情/佛说法治的十大好处[EB/OL].（2017–08–17）[2020–03–26]. https://www.sohu.com/a/165180804_500851.

佚名（wdb_008）. 企业管理的道与术——阴阳五行与天地人和[EB/OL].（2012–03–02）[2020–08–13]. https://www.docin.com/p–352299475.html.

佚名. 从权责利三者的关系看公司执力[EB/OL].（2013–02–20）[2019–07–08]. https://www.docin.com/p–1852162102.html.

佚名. 国家工商总局：三类行业企业死亡率高达63%[EB/OL].（2013–08–09）[2020–08–11]. https://www.docin.com/p–688589277.html.

佚名. 失去控制权，创始人只能为人作嫁[EB/OL].（2013-11-04）[2020-05-07]. https://jiu.ifeng.com/a/20171215/44805889_0.shtml.

佚名. 建国以来中国休息日和节假日假期的变化[EB/OL].（2015-09-27）[2019-08-20]. https://baijiahao.baidu.com/s?id=1609650773853422873&wfr=spider&for=pc.

佚名. 关系社会是中国暗黑无边的魔咒！[EB/OL].（2015-09-28）[2020-03-22]. http://bbs.tianya.cn/post-free-5265563-1.shtml.

佚名. 在创始人被资本逼走之后，看看这些公司的下场[EB/OL].（2016-06-29）[2020-05-07]. https://www.sohu.com/a/87020344_117132.

佚名. 如果还是胡萝卜加大棒模式，管理怎么跟上新时代？[EB/OL].（2016-11-27）[2019-10-12]. http://www.360doc.com/userhome.aspx?userid=27972427.

佚名. 社会信用体系建设的重大意义[EB/OL].（2016-12-28）[2020-07-21]. http://www.360doc.com/content/16/1228/20/1202394_618494910.shtml.

佚名. 国企改革概念、历史、模式及投资标的选择[EB/OL].（2017-02-26）[2020-07-06]. https://zhuanlan.zhihu.com/p/25438727.

佚名. "一带一路"，普惠之路、文化之路、民生之路[EB/OL].（2017-05-13）[2020-08-25]. https://www.sohu.com/a/140249133_114731.

佚名. 同一件事，博士后花了90万，而农民工190块搞定[EB/OL].（2017-10-07）[2019-03-11]. https://www.sohu.com/a/196744859_684018.

佚名. 华为管理变革的秘密，竟然是……[EB/OL].（2017-11-30）[2019-05-10]. https://www.sohu.com/a/207604943_100076162.

佚名.1952至今中美GDP对比：中国GDP增长了368倍，美国增长了49倍！[EB/OL].（2017-12-18）[2020-08-26]. https://www.sohu.com/a/211284253_100028279.

佚名. 谈谈中小企业里的团队管理的体会和建议[EB/OL].（2018-03-04）[2019-03-05]. https://bbs.paidai.com/topic/1608231.

佚名（响箭先锋）. 中国为什么硬怼美国，这是说的最透彻的一篇好文！[EB/OL].（2018-04-25）[2020-07-08]. http://k.sina.com.cn/article_1457885174_56e58ff6001005yyf.html.

佚名. 华为公司股权激励方案大揭秘！值得学习[EB/OL].（2018-06-04）[2019-12-20]. https://www.sohu.com/a/233936876_263537.

佚名. 如何打破公司部门之间的壁垒? [EB/OL].（2018-06-05）[2019-04-09]. https://zhuanlan.zhihu.com/p/37697872.

佚名. 习近平九方面阐述学习和实践马克思主义[EB/OL].（2018-08-11）[2020-04-25]. http://news.cnr.cn/native/gd/20180811/t20180811_524329242.shtml.

佚名. 揭秘中国封建时代的休假制度，看“双休制”是怎么发展而来的[EB/OL].（2018-08-24）[2019-08-18]. https://baijiahao.baidu.com/s?id=1609650773853422873&wfr=spider&for=pc.

佚名. 公元1年—2100年世界各国GDP变化排行[EB/OL].（2018-08-27）[2020-08-26]. https://www.bilibili.com/video/av30413638.

佚名. 意大利为何在经济上拥抱中国？外媒：欧洲正在“冷落”美国！[EB/OL].（2019-03-19）[2020-08-24]. https://www.sohu.com/a/302404088_334198.

佚名. 与古代人相比，现代人更幸福吗？这问题还真不好说[EB/OL].（2019-05-28）[2020-08-20]. https://www.sohu.com/a/317032054_609049.

佚名. 关系学在东方人的哲学里，关系就是生产力[EB/OL].（2019-07-10）[2020-01-01]. http://blog.sina.com.cn/s/blog_ea1b01e60102zvmp.html.

佚名. 道与术 · 阳谋与阴谋[EB/OL].（2019-10-07）[2020-07-09]. http://www.360doc.com/content/19/1007/08/65667555_865268028.shtml.

佚名. 西班牙加泰罗尼亚地区发生大规模骚乱，俄政府机关报发文，批西方双重标准[EB/OL].（2019-10-21）[2020-08-11]. http://tv.cctv.com/2019/10/21/VIDEsVZ4RM0SEm1BntrLzC9R191021.shtml.

佚名. 英国教授：中国明明是文明，却伪装成国家存在[EB/OL].（2019-11-03）[2020-08-15]. https://zhuanlan.zhihu.com/p/91624242?from=timeline.

佚名. 中国什么时候能成为最大经济体，张军：10到12年[EB/OL].（2019-12-22）[2020-08-25]. https://www.163.com/money/article/F12JDQKA00259F4M.html.

佚名. 疫情下仍生生不息的逆生长！外国人惊叹：全世界恐怕只有中国了[EB/OL].（2020-02-25）[2020-08-22]. https://www.sohu.com/a/375784484_120520487.

佚名.2019年IPO中介机构费用排行，审计费均值748.5万，律师费均值399.5万[EB/OL].（2020-02-14）[2020-05-22]. https://caifuhao.eastmoney.com/news/20200212211014892124510.

佚名. 世界综合国力第二弹，四千年风雨洗礼，中国一直在努力，只是曾经睡着一会!
[EB/OL].（2020–02–22）[2020–08–25]. https://www.bilibili.com/video/av90954704.

佚名. 疫情下的欧盟：从历史来看“团结”的欧洲联盟[EB/OL].（2020–03–19）[2020–08–23].www.jianshu.com/p/b0b65946e80c.

佚名. 一场疫情让你看透什么才是真正的自由和民主[EB/OL].（2020–3–27）[2020–08–23]. http://blog.sina.cn/dpool/blog/s/blog_5cd307c501030d77.html.

佚名. 疫情让人陡然醒悟：原来现在欧美就是当年的大清啊[EB/OL].（2020–04–06）[2020–08–24]. https://www.163.com/dy/article/F9IIVRED05351LIV.html.

佚名. 乐视网“退市”暴雷！贾跃亭套走200亿，收割2个大佬、19位明星、17家机构、26万股民！[EB/OL].（2020–05–17）[2020–05–20]. https://www.bizchinalaw.com/archives/26998.

佚名.2020年底前取消事业编制：时代抛弃你，连声招呼都不会打[EB/OL].（2020–07–03）[2020–07–17]. https://www.sohu.com/a/405530476_420660.

佚名. 德媒：西方国家早已经不再是政治和经济发展的唯一标杆[EB/OL].（2020–07–17）[2020–08–25]. http://www.cssn.cn/.

佚名. 英国教授认为，中国崛起是必然的，因为中国并非真正意义上的国家[EB/OL].（2020–12–28）[2020–08–26]. https://new.qq.com/rain/a/20210315a033im00.

由冠群（译）. 马凯硕：为什么特朗普政府帮了中国[EB/OL].（2020–06–11）[2020–08–24]. http://news.cri.cn/20200611/4e7b532b-8cf1-3609-4240-755760953505.html.

于阳，2008. 中国人的关系网[J]. 教师博览（11）：14–16.

余世维. 中国企业管理12个问题[EB/OL].（2014–10–18）[2019–05–04]. https://www.docin.com/p-930368324.html.

虞崇胜，2006. 潜规则下的熟人社会[J]. 人民论坛（10）：8–11.

袁凌，李健，2010. 中国企业劳资关系内在属性与冲突处理研究[J]. 华东经济管理（2）：55–58.

袁凌，彭长庚，温燕飞，2015. 企业劳资共生模式组合及其演化过程[J]. 城市学刊（1）：23–29.

袁雄锋，2018. 论中国特色政党制度与西方政党制度的区别[J]. 文存阅刊（8）：179–180.

张国钧，1989. 个人利益简论[J]. 马克思主义研究(3)：62–82.

张嘉昕，2014. 排斥与容纳：劳动与资本关系的演进及走向均衡的趋势[J]. 社会科学研究(02)：38–41.

张凯兰，2018. “一带一路”倡议 中华民族和合思想的当代价值[J]. 唐都学刊，34(6)：27–33.

张立文，2006. 和合学[M]. 北京：中国人民大学出版社.

张西振，2013. 企业管理逻辑的起点[J]. 企业管理(11)：42.

张喜荣，李明贺，2018. 中国式企业管理浅析[J]. 中国市场(10)：8–9.

张霄，2018. 剩余价值公平分配之日，消灭剥削目标完成之时[J]. 法制与社会(12)：230–233.

张旭，2016. 谈网络游戏吸引玩家的方式[J]. 大众心理学(5)：41–42.

张旭，刘欢. 你的第一份工作多久换的？70后4年才换80后3年半[EB/OL].(2018–08–09)[2019–04–09]. https://www.chinanews.com.cn/sh/2018/08-09/8594583.shtml.

张一琪，彭训，2018. 中国人假日越来越多了[N]. 人民日报海外版，2018–06–04(5).

张应春. 为何老板做得越大越孤独[EB/OL].(2017–01–03)[2020–04–11]. https://www.sohu.com/a/123235541_582046.

张永缜，2009. 马克思共生思想的概览考察——面向现代性反思对马克思主义哲学的一种新解读[J]. 哲学与当今世界(10)：13–18.

张占斌，2015. 经济新常态下简政放权改革新突破[J]. 行政管理改革(1)：28–33.

张兆慧，胡采苹，2013. 从《中国合伙人》里看中国式合伙[J]. 创业家，03(11).

张志东. 腾讯是如何成长为一家大公司的[EB/OL].(2017–12–19)[2019–05–16]. https://baijiahao.baidu.com/s?id=1587186678120159440&wfr=spider&for=pc.

赵红玲. 重庆坠江公交已发现13名遇难者遗体，仍有2人失联[EB/OL].(2018–11–01)[2020–07–22]. https://news.dahebao.cn/dahe/appcommunity/1263585.

郑必清，2005. 论马克思关于自由时间与财富的思想[J]. 湘潭大学学报–哲学社会科学版(29–2)：20–24.

郑颖. 万通六君子的现状如何[EB/OL].（2016–06–28）[2019–03–03]. https://www.feelcn.com/article/20371_5.html.

郑指梁，吕永丰，2017. 合伙人制度[M]. 北京：清华大学出版社.

钟毓文. 创始人对于创业公司的作用[EB/OL].（2018–10–24）[2020–05–06]. https://www.jianshu.com/p/b3c23ef1292d.

周强. 腾讯内部管理“活水计划”曝光[EB/OL].（2018–05–12）[2019–05–16]. https://www.sohu.com/a/231337098_218070.

周绍东，2019. 中国特色发展经济学：探索与构建[M]. 北京：中国人民大学出版社：15–16.

周微，2016. 企业扁平化管理模式浅析[J]. 福建质量管理（04）：28.

周文. 疫情大考让西方看到中国力量[EB/OL].（2020–03–03）[2020–08–15]. http://news.cnr.cn/native/gd/20200303/t20200303_525000539.shtml.

朱力，1993. 中国社会生活中的关系网亚文化[J]. 社会科学研究（02）：59–65.

朱卫东，张超，吴勇，库泉，张帆，2019. 员工与股东的劳资共生演化动力模型研究——基于增加价值与利益相关者理论[J]. 管理科学学报，2（02）：112–126.

朱永华. 希望有更多人读懂企业家眼里的沧桑[EB/OL].（2018–12–24）[2020–04–09]. https://baijiahao.baidu.com/s?id=1620688464322892559&wfr=spider&for=pc.

朱永嘉. 西方没有“异地回避”，为何中国的回避制度自古偏重血缘地缘[EB/OL].（2015–04–25）[2020–03–19]. https://www.thepaper.cn/newsDetail_forward_1324706.

朱玉强，齐振宏，方丽丽，2007. 工业共生理论的研究评述[J]. 工业技术经济（12）：91–94.

朱兆明，2012. 试论泰勒构建“劳资两利”劳动关系的有效性[J]. 商业时代（20）：8–9.

邹时君，1990. 集体主义：真与伪[J]. 云南教育学院学报（08）：39–45.

左雅晴，2015. 基于共生理论的和谐劳动关系构建研究[J]. 中国劳动，3（06）：52–54.

BALKUNDI PRASAD, HARRISON DAVID A, 2006. Ties, Leaders, and Time in Teams: Strong Inference about Network Structure's Effects on Team Viability and Performance[J]. The Academy of Management Journal, 49(1):49–68.

Gary Hamel. 我需要创造力，需要那些不是来工作，而是自己有自主自发性的人[EB/OL].（2016-04-27）[2020-07-11].www.xici.net.

Heystacy. 柳传志、王健林、任正非、李嘉诚等纷纷感叹做企业真难，一席话道尽企业家的各种忧虑与心酸[EB/OL].（2015-03-02）[2020-04-09]. http://www.kaoder.com/?m=thread&a=view&fid=694&tid=179068.

Kronos. 当一些公司转向“无限休假”制度，这种趋势能走多远？[EB/OL].（2017-11-06）[2019-08-22]. https://www.sohu.com/a/202964695_345508.

M SEMEDO. COMMON OCTOPUS (OCTOPUS VULGARIS), AS A NEW BIOINDICATOR SPECIES FOR COASTAL POLLUTION MONITORING[EB/OL].（2017）[2019-05-10]. http://www.cephsinaction.org/wp-content/uploads/2014/11/M.-Semedo-Common-octopus-as-a-new-bioindicator....pdf.

MIR RAZA, WATSON ANDREW, 2000. Strategic management and philosophy of science: The cases for a constructivist methodology[J]. Strategic Management Journal.

NBC. 经典回顾！几十年前李光耀谈中国未来发展，网友：神了，太准了[EB/OL].（2020-06-21）[2020-07-07]. https://www.bilibili.com/video/av796053238.

OP-ED. 为何“后真相时代”新闻频繁反转？[EB/OL].（2019-08-26）[2020-08-11]. https://new.qq.com/omn/20190826/20190826A0ET2800.html.

PETER FERDINAND DRUCKER, 1999. Management challenges for the 21st century[M]. New York: Harper Collins.

RAY DALIO. The Big Cycles Over The Last 500 Years [EB/OL].（2020-05-21）[2020-08-25]. https://www.linkedin.com/pulse/big-cycles-over-last-500-years-ray-dalio.

SPENSER. 死工资正在拖垮你：雇佣制退出舞台，合伙制会成主流[EB/OL].（2017-3-15）[2019-05-09]. http://bbs.jrj.com.cn/msg,100436048.html.

WEIYAN JIANG, JOHNNY K W, WONG, 2016. Key activity areas of corporate social responsibility (CSR) in the construction industry: A study of China [J]. Journal of Cleaner Production(113):850-860.

wensui. 章鱼的生活习性[EB/OL].（2018-06-25）[2019-05-10]. http://www.wenshui.gov.cn/.

后　记

本书的编撰自 2017 年 12 月 7 日开始，于 2020 年 8 月 5 日完稿，虽忧书中的方法和观点不再前卫，但更恐辜负读者们的错爱，故多方寻求批驳和提升意见，又历经了两年多达七轮的调整，才敢于定稿。

即便如此，我们仍惴惴不安。因为书中介绍的方法和阐述的观点很多是颠覆传统的，难免会对一些固有的企业结构和受益方带来冲击，亦很难周全照顾不同角度的审视者，但我们的出发点是善良和朴实的，想捋出一套“共生管理”方法，以期帮助参与生产的各方突破原先“彼盈我亏”的僵硬格局，形成共振、破茧成蝶，实现价值和收益最大化。故希望能得到各方的包容与理解，如有失偏颇，望给予批评指正。书中的实操方法虽源于各个企业的实践，但提炼出来的一些论点尚未得到广泛的验证，希望专家们给予点拨和端正。

历经五个春秋，本书终于打磨完成，我们衷心感谢张锋波、李建峰、伍冬凤、杨海波、张贤英、张翎、殷钟等好友的大力帮助；我们特别想感谢马蔚华老行长和荣仕星老校长，二位前辈不仅给予了本书方向性的指导，还为本书写了序；我们还需特别感谢给予本书肯定并亲笔题词的郭宏伟会长、谢哲希主席、胡梅林总经理、潘希初董事长、周耀武董事长、袁亚军董事长、李才圣董事长、黄自权副行长，以及在本书出版过程中不辞辛劳，对数十万字文稿一字一句进行打磨、审校的各位领导和老师，尽心尽责对近千页图文逐页逐篇设计、排印的各位专家和职员。当然，我们更要感谢为本书贡献出自己“核心秘密”的“共生管理”践行企业，是你们的实践成果奠定了本书的厚度，是你们的社会情怀垒起了本书的高度，因为你们的探索和奉献，我们才得以破壁管理、升华观念；你们为广大企业和员工从“公司 + 打工人”升级到“平台 + 创业者”树立了标杆、贡献了蓝本，为广大投资人走向价值创造和稳定发展提供了思路、输出了模式。我们愿意作为桥梁，为在中华民族伟大复兴的潮流中，欲从平凡走向卓越的企业和个人，为在世界急需中国方案的趋势里，有着舍我其谁气概的 to B 机构和平台，尽一分力量。

本书在阐述原理时引用了不少实例，参考了不少文献，提及一些作品、专家、企业和企业家，只是为了帮助读者透析相应的方法和道理，并无针对和添色之意，如有不妥，万望海涵，指正之处我们将于再版时修缮。

《知本 +》编撰团队

2023 年 5 月 1 日

著者	卢继革　韦知彤
编撰总策划	张志辉
研究室主任	王　玲
资料采集	卢玙洁　廖思渝
技术审定	龚渝淞
数据校验	樊筱彬　熊　萍
封面设计	张晶晶